Phänomen-Verlag

MARTIN UCIK

SEX
BESTIMMUNG
LIEBE

Ein integraler Ratgeber

Phänomen-Verlag

Bibliografische Information Der Deutschen Bibliothek:

Die Deutsche Bibliothek verzeichnet diese Publikation in der Deutschen Nationalbibliografie; detaillierte bibliografische Daten sind im Internet über http://dnb.ddb.de abrufbar.

Martin Ucik
Sex Bestimmung Liebe
EAN 978-84-949856-1-4

Übersetzung: Schreibwerkstatt Ole Holzmann

Phänomen-Verlag
Web: www.phaenomen-verlag.de
E-Mail: kontakt@phaenomen-verlag.de

Satz & Gestaltung: Phänomen-Verlag

INHALTSVERZEICHNIS

Danksagungen

Zuerst und vor allem möchte ich meinen wundervollen Töchtern, Laura, Lisa und Anna Lea dafür danken, dass sie mich ermutigt haben, dieses Buch zu schreiben, selbst wenn es bedeutet hätte, dass ich dafür meine Anstellung hätte kündigen müssen – das bedeutete mir unglaublich viel! Ich bin unglaublich stolz auf euch und liebe euch sehr! Ich danke meinen beiden Ex-Frauen, dass sie mich geheiratet haben und unsere Töchter geboren haben. Meiner Mutter und meinem verstorbenen Vater für alles, was sie für unsere Familie und mich getan haben – ihr werdet immer meine Vorbilder sein. Auch meinen Geschwistern Barbara und Peter und ihren Ehepartnern und ihren sechs Kindern, dass sie die Ucik-Familientradition in Deutschland am Leben erhalten.

Auch stehe ich tief in Ken Wilbers Schuld für sein unglaubliches Werk, welches mein Leben verändert hat und mir ermöglicht hat, mein erstes und dieses Buch zu schreiben; ich danke für seine aufrichtige Freundschaft und seine großzügige Unterstützung für die integrale Beziehungsvision; und ich danke Andrew Cohen mir die Augen geöffnet zu haben für die evolutionäre Spiritualität und dafür, ein offenes Ohr für mich zu haben bezüglich der Bedeutung von Ko- und Prokreativität in integralen Liebesbeziehungen.

Des Weiteren geht mein Dank an Terry Patten, der mich ermutigt hat, ein Aktivist für integrale Beziehungen zu werden; an Brian Whetten für seine Erkenntnisse zur Abstimmung von femininen und maskulinen Polaritäten zur effektiveren Unterstützung von Hilfesuchenden; an Katherine Woodward Thomas für ihre Werke *Calling In „The One"* (*„Den Einen" herbeirufen"*) und *Lass uns in Frieden auseinandergehen: Wenn die Liebe endet ... - Die 5 Schritte des „Conscious Uncoupling"*, und dafür, mich zu provozieren und voranzutreiben; an Prof. Allan Combs für seine Freundschaft und die brillante Wilber-Combs-Matrix; an Steve McIntosh für sein inspirierendes Buch *Evolution's Purpose (Evolutionäre Bestimmung)* und dafür, mir über die Schulter zu schauen; an Jonathan Gustin für seine Arbeit auf dem Feld der Bestimmung und dafür, viele nützliche Quellen zu benennen; an Prof. Ferdinand Fellmann für sein revolutionäres Buch *Das Paar* welches viele Gedanken des vorliegenden Buchs beeinflusst hat; an die zahlreichen Autoren, deren Ideen mich beeinflusst haben; an die internationalen Verleger von *Integrale Beziehungen: Ein Ratgeber für Männer* Tom Eichler (Deutschland), Ole Vadum Dahl (Dänemark) und Dmitrij Baranov (Russland); den Veranstaltern von Workshops zu Integralen Beziehungen Joseph Robinson (Seattle), Michael Stern, Gilles Herrada und Nomi Naeem (New York), Johannes Asmund Hansen und ID Academy (Dänemark), Dr. Siegfried Falter, Dennis Wittrock, Hilde Weckmann und Karin Lueck (Deutschland), Heinz Robert (Schweiz), Ben Calder (Großbritannien), Todd Isom (Denver), Dr. Marj Britt (Tustin), Dmitrij Baranov (Russland), Haakon Tveita (Norwegen), Dr. Sandeep Gupta (Australien) und Domi Lambregts (Niederlande); an alle Singles und Paare, die mir von ihren Erfahrungen berichtet haben; danke an all jene Menschen auf der Welt, die mein erstes

Buch gekauft haben und mir Rückmeldung gegeben haben; an Allyson und Alex Grey dafür, dass sie großartige Vorbilder und liebevolle Unterstützer sind; an Adelheid Hörnlein und den kürzlich verstorbenen Mark Davenport dafür, dass sie ein Integrales Paar waren, und mich zu ihrer Show eingeladen haben; an meine Freunde Laurie Meyers, Alice Jean Rylaarsdam, Amy Komie, Wesly Feuquay, Brett Solomano und Mark Hezinger für ihre Zuneigung und dafür, dass sie Zeit mit mir verbracht haben, während ich in meiner Schreibhöhle war; an meinen verstorbenen Freund David Pearson, der mich stets angefeuert hat (und der uns viel zu früh verlassen hat … ich vermisse dich, mein „Bruder"), und Beth Scheel Pearson die mir gemeinsam die Ehre erwiesen, sie 2012 zu vermählen; an Robert Docherty von websitetroubleshooting.com für die Hilfe bei den Internetseiten; an meinen Freund Rob Arbittier, der mir großzügigerweise eine vorübergehende Heimat in Sherman Oaks, CA bot, während ich dieses Buch schrieb; an Jed Larson der die Stellung hielt in Santa Rosa, während ich nicht da war; an das plus24.net- und Sommer-Cable-Team und unsere Kunden; an meinen langjährigen Freund Dr. Leon Liebner für die Überarbeitung des ersten Entwurfes dieses Buchs; an Annette Berlin für das kreative Deckblatt und die Gestaltung der eingebetteten Grafiken; an Muzzamil Baig für zusätzliche Grafiken; an Rebecca Newton für das abschließende lektorieren und die Korrekturen; und zu guter Letzt an Harriett Hardman für ihre Beratung und herausragende Überarbeitung. Es wäre nicht ohne euch gegangen!

Es ist 3:23 am Morgen
und ich bin wach
denn meine Ur-ur-Enkel
lassen mir keine Ruhe
meine Ur-ur-Enkel
fragen mich in meinen Träumen
was hast du unternommen, als der Planet ausgeraubt wurde?
was hast du unternommen, als die Erde zerstückelt wurde?
mit Sicherheit tatst du was
als die Jahreszeiten nicht mehr ihren Lauf gingen?
als all die Säugetiere, Reptilien und Vögel ausstarben?
brachtest du den Protest auf die Straße
als die Demokratie geraubt wurde?
was hast du getan, als es dir bewusst wurde?

~ *Drew Dellinger, „hieroglyphische Treppe"* ~

Der Beweis für die Tiefe und Verkörperung deiner spirituellen Erleuchtung zeigt sich in der Qualität deiner Liebesbeziehung. Dort geht Probieren über Studieren. Wenn deine Erleuchtung in deiner Beziehung zusammenbricht, dann ist mehr spirituelle Arbeit angesagt. Und Menschen haben viele Schwierigkeiten in ihren Beziehungen.

~ *Adyashanti* ~[1]

Einleitung

Etliche wissenschaftliche Studien und spirituelle Lehren legen nahe, dass das Leben in einer langlebigen, guten Liebesbeziehung zu verbringen, aufgeweckte Kinder aufzuziehen und seiner Bestimmung zu folgen, wesentlich für unser eigenes dauerhaftes Wohlbefinden sind, wie auch für das von kommenden Generationen – so dass wir in allen Belangen aufblühen können: materiell, physisch, sexuell, mental, psychologisch und spirituell.[2]

In den heutigen modernen und postmodernen Gesellschaften lebt ein zunehmender Anteil der Menschen nicht in solchen Beziehungen und hat keine Kinder, sondern folgt einer individualistischen hedonistischen Lebensweise. Traurigerweise steuert dieser Individualismus seinen Anteil zu den anhaltenden sozioökonomischen Konflikten und Umweltproblemen bei, die die Menschheit erschafft, anstatt einen Beitrag zur Lösung derselbigen zu leisten.

Der Prozess der sexuellen Auslese ist komplett aus den Fugen geraten; eine zunehmende Anzahl von Menschen lebt alleine; die Geburtenzahlen gehen zurück. Die logische Konsequenz daraus lautet, dass wir die nächste vom Aussterben bedrohte Art sind, wenn wir unsere Haltung zueinander und zur Welt nicht ändern. Was ist geschehen? Viele sind vom „wir“ zum „mir“ übergegangen, oder sie lieben sich selbst am meisten, haben die Verbindung verloren zu einer Bestimmung, die über „das Leben in vollen Zügen genießen“ hinaus geht, und haben sich nie die Beziehungsfähigkeit angeeignet, die nötig wäre, um die Besonderheiten der Liebe im 21. Jahrhundert zu bewältigen.

Während unsere Liebesbeziehungen und globalen Herausforderungen konstant an Komplexität zunehmen, suchen immer mehr Menschen nach einfachen Antworten, um auf diese Schwierigkeiten zu reagieren. Dieser vereinfachte Ansatz erfüllt seinen Zweck aber offensichtlich nicht richtig.

Andererseits führen auch die komplexen Metamodelle, die zur Lösung der vertrackten Probleme mit denen die Menschheit umgehen muss hinzugezogen werden zu keiner besonderen Effizienz, da man, um sie zu verstehen, ein Verständnis von philosophischen und wissenschaftlichen Subtilitäten auf Hochschulabschlussniveau haben muss.[3] Ironischerweise übersehen diese komplexen Modelle regelmäßig den einfachen Fakt, dass das *integrieren* von Sex, Bestimmung, Liebe und nachhaltiger Fortpflanzung eine essenzielle Voraussetzung für die Schaffung einer eudaimonischen Welt ist, wie sie von den Erschaffern dieser Modelle erdacht wird.

Es ist Sinn und Zweck dieses Buchs für diese zwei Probleme Abhilfe zu bieten. Einerseits indem es einen einfachen Fahrplan bzw. ein einfaches Modell (das integrale Beziehungsmodell) anbietet, welches klar genug ist, in seiner Fülle von Singles und Paaren aller Bildungsniveaus und Gesellschaftsschichten verstanden und umgesetzt werden zu können und, andererseits, indem es eine Vision beinhaltet, die verständlich genug ist, effizient mit den Herausforderungen auf beziehungstechnischer und globaler Ebene umzugehen, denen sich die Menschheit im 21. Jahrhundert stellen muss.

Ohne ein solches Modell sind wir nicht mal in der Lage zu erkennen, welche Arten von Liebesbeziehungen möglich und erforderlich sind für unser eigenes Wohlbefinden und für die Schaffung einer friedlichen und nachhaltigen Welt, in der gegenwärtige und künftige Generationen aufblühen können.

Mein Antrieb ist, Singles und Paare zu inspirieren, ihre Potenziale zu Heilung und Wachstum zu erkennen, mit denen sie kokreativ Liebesbeziehungen aufbauen können, die nicht nur „selbst-befriedigend" sind, sondern auch die Liebe in konzentrischen Kreisen nach außen tragen können und die ganze Menschheit erfassen.

In den vier Teilen, in die dieses Buch unterteilt ist, findest du eine einfach anwendbare Zusammenfassung von Ken Wilbers renommierter integraler Theorie über menschliches Wachstum und Potenziale die es dir erlaubt: (1) gemeinsam eine erfüllende sexuelle Beziehung aufzubauen, (2) deine eigene Bestimmung mit deinem Partner zu teilen, (3) deinen Partner, und das, was einzig und allein von euch auf allen Ebenen gemeinsam geschaffen werden kann, im tiefsten innern zu lieben, sowie (4) zu erkennen, warum Ko- und Prokreativität (Fortpflanzung) in integralen Liebesbeziehungen auf allen Ebenen von Bedeutung sind. Oder, kurzgefasst: Es geht in diesem Buch um Sex, Bestimmung, Liebe sowie die Schaffung einer besseren Welt.

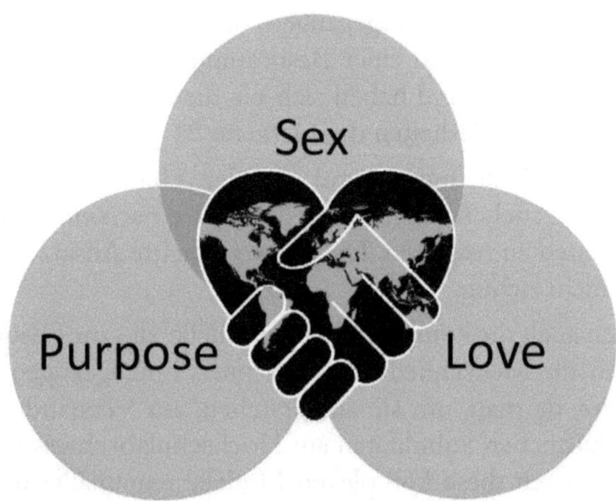

Grafik 1. Sex, Bestimmung und Liebe erschaffen eine bessere Welt

In gewissem Sinne handelt es sich bei *Sex, Bestimmung, Liebe* um vier Bücher in einem, und es ist nicht unbedingt erforderlich, es einem Roman gleich von Buchdeckel zu Buchdeckel zu lesen. Dennoch lege ich nahe, mit Kapitel 1 zu beginnen, worin du einen Überblick über die vier Teile finden kannst. Danach steht es dir völlig frei, zwischen den Teilen und Kapiteln hin und her zu springen – einfach wie es deinen Interessen und Lebensbedingungen entspricht.

Ich bin dir zutiefst dankbar für dein Interesse, kokreativ eine gesunde, nachhaltige integrale Liebesbeziehung mit einer gemeinsamen Bestimmung aufzubauen, die es dir und deinem Partner erlaubt, wahrhaft menschlich zu sein, indem ihr euch auf allen Ebenen eurer Wesen aufeinander einlasst. Eure kokreativ geschaffene Liebe wird dazu beitragen, eine Welt zu schaffen, in der all unsere Ur-ur-Enkel gedeihen können.

Wie ich dazu kam, dieses Buch zu schreiben

"Ich liebe Kinder sehr. Ich habe nie geglaubt, dass ich eines Tages Vater werden würde, aber ich bin unglaublich froh, dass sich meine Einstellung dazu geändert hat. Kinder sind unglaublich wichtig. Ihnen gehört die Zukunft."

~ Elton John ~

Nachdem ich mein erstes Buch, *Integrale Beziehungen: Ein Ratgeber für Männer*, geschrieben hatte, haben mich viele Menschen nach meinem Privatleben gefragt, weshalb ich damit beginnen möchte, etwas aus meinem Leben zu erzählen und von den vier Erkenntnissen, die mich darauf brachten, dieses Buch zu schreiben. Wenn es dich nicht interessieren sollte, so steht es dir selbstverständlich frei, zu Kapitel 1 zu springen, in welchem es mit dem zweckmäßigen Material dieses Buchs losgeht.

Ich wurde 1957 als Teil einer wunderbaren Familie in der Bundesrepublik Deutschland geboren. Meine Eltern waren fast 50 Jahre glücklich verheiratet, bis mein Vater im Jahr 2006 von uns ging. So gut wie alle Erwachsenen, die ich während meiner Kindheit und Jugend kennenlernte, lebten in Paarbeziehungen und hatten Kinder. Ich traf nie und hörte nie von etwas wie einer zerrütteten Familie oder Menschen, die nicht verheiratet sein wollten und Kinder haben wollten.

Ich wuchs in den Ortschaften auf, in denen mein Vater als Elektromeister arbeitete und meine Mutter meine zwei jüngeren Geschwister und mich aufzog. Einen Großteil der Wochenenden und Schulferien verbrachte ich im *Gasthaus zum Ross* meiner Großeltern mütterlicherseits in einem kleinen idyllischen Bauerndorf mit 350 Einwohnern. Ich genoss es, dort in der Küche oder der Metzgerei auszuhelfen und ich fühlte mich zuhause. In diesem Dorf erlebte ich Familien, die mit mehreren Generationen unter einem Dach lebten und gemeinsam auf ihren Höfen und in ihren kleinen Geschäften arbeiteten. An den Wochenenden kam die Dorfgemeinschaft in der Dorfkirche, auf dem Fußballplatz und im Gasthaus meiner Großeltern für gemeinsame Feiern zusammen, oft mit Musik und Tanz.

Mit meinen Eltern und meinen Großeltern aufzuwachsen verlieh mir ein tiefsitzendes Gespür für ein wohlbefindliches Familienleben und funktionierender, florierender Gemeinschaften.

Während ich bei meinen Großeltern war, entdeckte ich meine Leidenschaft für das Kochen und das Musizieren, und ich sah meine Zukunft als Koch, als Musiker, und vielleicht sogar mit einem eigenen Restaurant vor mir.

Mein guter und verantwortungsbewusster, aber auch manchmal stoischer[4] Vater hatte jedoch andere Pläne für mich. Kurz bevor ich mein fünfzehntes Lebensjahr beendete steckte er mich in eine Lehre zum Starkstromelektriker (Energienanlegereletroniker) in dem Energieversorgungsunternehmen, in welchem mein Vater und dessen Vater gemeinsam über 80 Jahre gearbeitet hatten. Meine Ausbildung beinhaltete Schichten in Kern- und Kohlekraftwerken, wodurch ich solides Wissen aufbauen konnte, wie elektrische Energie erzeugt wird. Ich hasste jeden Augenblick meiner Ausbildung und die drei darauffolgenden Jahre in denen ich als Elektriker arbeitete. Es war offensichtlich, dass ich nicht *meiner* Bestimmung folgte, als ich in die Fußstapfen meines Großvaters und meines Vaters trat. Es war das Gegenteil!

Während ich meiner Ausbildung und Arbeit als Elektriker nachging, spielte ich die Keyboards in verschiedenen örtlichen Bands. Dadurch hatte ich die Möglichkeit zu lernen, wie eine Gruppe gebildet und geführt wird, und wie es ist, mit Anderen, mit denen ich die Leidenschaft gemeinsam zu musizieren und Leute zu unterhalten teilte, kokreativ zu sein.

1978 traf ich meine erste Frau, eine examinierte Krankenschwester, bei einer Tanzveranstaltung auf der meine Band spielte. Ein paar Wochen später zogen wir zusammen und nach acht Monaten verlobten wir uns.

In diesem Jahr sah ich die amerikanische Mini-TV-Serie „Holocaust" und war zutiefst erschrocken, beschämt und wütend. Während ich aufwuchs hatte niemand mit mir darüber gesprochen, was während der Nazizeit geschehen war. Der Vater meiner Mutter war während des Zweiten Weltkriegs in Russland verwundet worden und hatte in Kriegsgefangenschaft gesessen, mein anderer Großvater war nicht eingezogen worden, da er verantwortlich war für das örtliche Stromnetz, und meine Eltern waren noch Jugendliche, als der Krieg 1945 endete. Es schien, als hätten alle diese Zeit vergessen wollen und einfach ihre Leben weiterführen wollen. Auch wenn ich erst 12 Jahre nach dem zweiten Weltkrieg geboren worden war, spürte ich in mir eine Verantwortung, alles dafür zu tun, dass solche Grausamkeiten und solch ein Hass zwischen Menschen nicht mehr vorkommen sollten, auch wenn ich damals noch nicht in der Lage war zu erkennen, wie. Später schloss ich enge Freundschaften mit vielen jüdischen Menschen in den USA und es kam zu einem gegenseitigen Heilungsprozess.

1979 lud mich unser amerikanischer Gitarrist, der während seines Militärdienstes in Deutschland stationiert gewesen war, ein, seiner Black Soul Band in der Nähe von New Orleans beizutreten, nach dem er nach Hause zurückgekehrt war. Meine Verlobte und ich kündigten unsere Jobs, verkauften alles, was wir besaßen, und bestiegen einen Flieger nach Louisiana. Dieser Umzug befreite mich von meiner ungeliebten Arbeit und ermöglichte mir, eine völlig neue Kultur und Gesellschaft kennenzulernen – was mich absolut begeisterte. Da die Band nicht den erwünschten Durchbruch schaffte und unsere Visa ausliefen, mussten wir nach sechs Monaten nach Deutschland zurückkehren. Kurz nach unserer Rückkehr nach Deutschland wurde mir ein Arbeitsplatz als Techniker und Fachverkäufer in einem großen Musikgeschäft in Stuttgart angeboten. Ich hatte sofort den Eindruck, dass ich meine Berufung gefunden hatte. Meine neue Stelle ermöglichte mir die Verbindung meiner technischen Talente, die ich von meiner väterlichen Familie geerbt hatte und während meiner Ausbildung weiterentwickelt hatte, mit meiner Leidenschaft für Musik, Wirtschaft und das Zusammenführen von Menschen, was mir von meiner Familie mütterlicherseits eingepflanzt worden war und was ich als Musiker und Kopf einer Band verbessert hatte. Ich war begeistert!

Zu meinem großen Schrecken wurde ich kurz nach Beginn meiner neuen Stelle in die Bundeswehr einberufen. Die einzige Möglichkeit, dem Wehrdienst zu entgehen, war zu heiraten, weshalb meine Verlobte und ich 1980 beschlossen, den Bund der Ehe zu schließen, auch wenn wir doch wenige gemeinsame Interessen hatten und bereits begonnen hatten, uns auseinanderzuleben.

Nach zwei Jahren Tätigkeit in Stuttgart bot sich mir die Möglichkeit, mit einem Geschäftspartner mein eigenes Musikgeschäft in meiner Heimatstadt Öhringen zu eröffnen. Während der Anlaufphase spielte ich Musik in verschiedenen Bands um Geld zu verdienen, und ich und meine Frau, die oft in Nachtschichten arbeitete, sahen uns sehr selten. Sie begann eine Affäre mit einem anderen Mann und ich zog aus, aber nachdem ihre neue Beziehung nicht funktionierte, hatten wir wieder ein Verhältnis miteinander. Zu Weihnachten 1985 überraschte sie mich mit einem Brief, in dem sie mir mitteilte, dass sie aufgehört hatte die Pille zu nehmen und ich unwissentlich ein Kind mit ihr gezeugt hatte. Unsere Versuche der Versöhnung scheiterten und kurz darauf traf sie einen anderen Mann, mit dem sie immer noch verheiratet ist und der ein guter Vater für unsere Tochter Sarah Julia wurde, die nun selbst verheiratet ist und in Deutschland als Lehrerin arbeitet.

Da unser neues Musikgeschäft sehr gut anlief und wir ziemlich schnell Angestellte einstellen mussten, vertiefte ich mich in die Lektüre von Management-Büchern und ging zu Seminaren über Führung, Kommunikation, Zeitmanagement, Marketing und Geschäftsstrategien.

Während eines dieser Seminare hörte ich einen Vortrag von John Hormann, einem Manager von IBM und Aktivisten, der, gemeinsam mit dem Mitbegründer des *Institute of Noetic Sciences (Institut für noetische Studien)* Willis Harman, ein Buch geschrieben hatte mit dem Titel *Future Work*.[5] Während seiner Präsentation zeigte er ein Bild, welches mich nachhaltig geprägt hat; ein Mann sitzt auf unserem Planeten, schaut mit einem Teleskop in die Sterne und währenddessen fällt die Erde unter ihm auseinander.

Grafik 2. Ein Mann beobachtet die Sterne, während die Erde auseinanderbricht

Seine Präsentation und die Lektüre seines Buchs öffnete mir die Augen für zwei wichtige Aspekte: Erstens, das Paradoxon, dass die meisten in die Sterne abschweifen, während die Umwelt zerstört wird und, zweitens, dass die Menschen künftig (wegen der Automatisierung) viel weniger arbeiten werden und daher zusätzliche Wege finden müssen, eine Bedeutung und eine Bestimmung für ihre Leben zu finden. Eine Folge dessen war, dass ich anfing, möglichst alle Wege mit dem Fahrrad zu fahren, um meinen ökologischen Fußabdruck zu verkleinern, ich wurde Vegetarier und fühlte mich noch stärker angetrieben, die Technologie zu vertreiben, die den Menschen dabei helfen sollte, mit Hilfe des Musizierens ihren Lebenssinn zu finden.

1988 traf ich dann meine zweite Frau bei einer Handelsmesse in Basel. Nach dem wir uns über ein Jahr lang regelmäßig getroffen hatten, zog sie von München, wo sie in einer jüdischen Literaturhandlung gearbeitet hatte, in meine Heimatstadt und wir begannen gemeinsam in meinem Geschäft zu arbeiten, wodurch ein Traum für mich wahr wurde. Wir heirateten 1990 und unsere erste Tochter Laura wurde 1991 geboren, gefolgt von unserer zweiten Tochter Lisa 1993.

Da mein Geschäftspartner nach einem Nervenzusammenbruch das gemeinsame Geschäft verlassen musste, hatte ich eine Menge Arbeitsstress und begann an schweren Panikattacken zu leiden. Um mit ihnen fertig zu werden, begann ich mit autogenem Training,[6] einer Entspannungstechnik die verschiedene durch Stress ausgelöste psychosomatische Störungen mindern kann. Diese Art der Introspektive half mir ohne medikamentöse Behandlung dabei, mich langsam wohler zu fühlen und legte den Grundstein für meine spätere Meditationspraxis.

1995 bot sich mir und meiner Frau die einmalige Gelegenheit nach Santa Rosa in Nordkalifornien umzuziehen um dort die Zweigstelle eines weltweiten Gemeinschaftsunternehmens aufzubauen, welches mein Unternehmen mit dem traditionellen Musikinstrumentenhersteller Hohner gebildet hatte. Dort wurde 1997 unsere dritte Tochter, Anna Lea geboren. Lange Zeit hatte ich mich schon zu einem Leben in den Vereinigten Staaten von Amerika hingezogen gefühlt, einerseits weil ich mich für den Holocaust schämte, andererseits, weil ich diese Freundlichkeit, Toleranz, Freiheit, Weltoffenheit und positive Einstellung schätzte, die ich während meiner US-Aufenthalte und der Arbeit mit amerikanischen Unternehmen erlebt hatte.

Kurz nachdem wir die USA erreichten wurde ich ein großer Bewunderer von Steven Coveys Buch *Die 7 Wege zur Effektivität: Prinzipien für persönlichen und beruflichen Erfolg.* Seine Erkenntnisse eröffneten mir vollkommen neue Wege mit anderen zusammen zu kommen und zu arbeiten. In den folgenden Jahren las ich Werke von verschiedensten Leuten, die auf Covey einen Einfluss gehabt hatten, darunter Mahatma Gandhi, Abraham Maslow und Victor Frankl. Das führte mich wiederum zur Lektüre von Autoren wie Scott Peck (*Der wunderbare Weg*), Huston Smith (*Die sieben großen Religionen der Welt* und *Why Religion Matters* (Warum Religionen zählen)) und dem Dalai-Lama (*Die Regeln des Glücks*).

Im Frühjahr 2000 lernte ich dann die Arbeit des spirituellen Lehrers Eckhart Tolle kennen. Seine Botschaft, Frieden und Freude durch Präsenz im „Jetzt" und Akzeptanz dessen was ist zu erreichen, war für mich vollkommen neu und faszinierend. In den folgenden Monaten saugte ich sein Buch *Jetzt! Die Kraft der Gegenwart* förmlich auf. Nachdem ich ihn im Verlauf desselben Jahres bei zwei seiner Vorträge in San Francisco hören und sprechen konnte, meldete ich mich für eine einwöchige Schweigeklausur unter seiner Leitung an, die im Oktober 2001 in Breitenbush (Oregon) stattfinden sollte. Um mich darauf vorzubereiten begann ich wöchentlich einen lokalen tibetisch-buddhistischen Sangha zu besuchen, wo ich lernte, formal zu meditieren, und Zuflucht nahm,[7] nachdem ich das einleitende Ngöndro Training und Übungen vollendet hatte.[8]

Nach den verstörenden Ereignissen des 11. September 2001 und nach dem die Zusammenarbeit mit Hohner zu einem Ende gekommen war, veräußerte ich die Rechte an meiner Firma an eine Vertriebsgesellschaft in Hollywood (Kalifornien) und wurde ihr Geschäftsführer. Da ich hauptsächlich alleine von zu Hause und in einem kleinen Büro in Santa Rosa arbeitete, hatte ich die Zeit meine spirituellen Praktiken zu vertiefen und mehr über Spiritualität, Psychologie und menschlicher Entwicklung zu lesen. Ich wurde auch Besucher des *Center for Spiritual Living* (Zentrum für Spirituelles Leben) in Santa Rosa, wo ich bald auch Teil der Band des Zentrums wurde. Nach einem Lehrerseminar mit Eckhart Tolle leitete ich dort in den folgenden fünf Jahren die wöchentliche *Kraft-der-Gegenwart*-Gruppe.

Leider hatte meine Frau damals kein Interesse an jeglichen spirituellen oder individuellen Reifungsprozessen und ich fühlte mich in unserer pragmatischen Ehe zunehmend einsam, unzufrieden und ungeliebt. Nachdem ich sechs Monate lang jede Woche eine Psychotherapeutin besucht hatte, führten meine Frau und ich ein Gespräch, in dem sie mir enthüllte, dass sie mich nicht mehr liebte und selbst auch unglücklich war, und wir beschlossen, uns scheiden zu lassen.

Ich hatte die Hoffnung, eine neue Frau zu finden, mit der ich meine ökologischen Wertvorstellungen, spirituellen Praktiken, und humanistischen Interessen teilen konnte, die ich heiraten würde, und mit der ich für immer glücklich zusammenleben würde. Aber ich musste leider schmerzvoll feststellen, dass die Partnersuche in meinem Alter als geschiedener Vater von vier Töchtern in einer modernen und postmodernen New-Age-Gesellschaft mit anderen sozialen Normen und kulturellen Werten, als denen, mit denen ich aufgewachsen war, mich vor ganz neue Herausforderungen stellte. Ich war verblüfft, als ich erkannte, dass viele der alleinstehenden Frauen die ich kennen lernte, aufgegeben hatten, in einer Liebesbeziehung zu leben und zufrieden damit waren ihr Leben alleine zu führen. Oder sie hatten eine Liste mit körperlichen, finanziellen, materiellen, sozialen, intellektuellen, emotionalen, spirituellen und sexuellen Anforderungen zusammengestellt, die ich (und viele andere Männer) unmöglich erfüllen konnten. Und diese Frauen waren nicht bereit, ihre Erwartungen zu reduzieren oder Kompromisse einzugehen.[9]

Oft wurde mir von einem Newsweek-Artikel von 1986 erzählt. In diesem Artikel wurde beschrieben, dass attraktive erfolgreiche Frauen über 40 mit größerer Wahrscheinlichkeit durch einen terroristischen Anschlag ums Leben kommen würden, als einen passenden Partner zu finden und zu heiraten. Anscheinend beschrieb dieser Artikel eine landesweite Krise, die noch immer andauerte.[10]

Es gab auch kulturelle Verschiedenheiten, die es mir schwer machten, eine neue Frau zu finden. Beispielsweise hat in Deutschland der Begriff der Überflussmentalität eine negative Konnotation, was die Verschwendung von Geld und wertvoller natürlicher Ressourcen einschließt, während es in meiner neuen Welt positiv besetzt war, materielle Werte anzuhäufen, auch wenn andere verzichten mussten, und eine luxuriöse Lebensweise zu verfolgen, die den Planeten plünderte.

Eine weitere Vorstellung, die mir fremd war, war das „having fun" der Spaßgesellschaft. In Deutschland wurden nur ernsthafte Dinge, die Anstrengung und harte Arbeit erforderten, als wertvoll angesehen. Die deutsche Verfassung beinhaltet im Gegensatz zur Amerikanischen kein „Recht, sein Glück zu verfolgen". Im Gegensatz dazu geben Amerikaner Aktivitäten die nicht „fun" sind, also keinen Spaß machen, keinen hohen Stellenwert. Deutsche sind gegenüber Menschen, die nicht eindeutig nachvollziehbar glücklich sind, grundlegend skeptisch. „Warum hast du ein so breites Grinsen im Gesicht? Hast du keine Probleme?" Wenn Kinder mit sechs ihre Schullaufbahn beginnen, so sagt man ihnen „nun beginnt der Ernst des Lebens."

Ich hatte auch meine Schwierigkeit mit der indirekten und subtilen Art zu kommunizieren, die die meisten Amerikaner pflegen. Auf Grund sprachlicher und kultureller Verschiedenartigkeiten bekam ich die unterschwelligen Botschaften oft nicht mit. Gleichzeitig wurde ich oft als unhöflich wahrgenommen, bloß weil ich offen und direkt mitteilte was ich ehrlicherweise dachte oder fühlte. Auf der anderen Seite empfand ich es oft als falsch und unhöflich, wenn die Leute mir nicht geradeheraus ins Gesicht sagten, wie sie sich fühlten, oder was sie über mich dachten, bloß um höflich und freundlich zu sein, oder nicht zu werten, um dann, deutlich später, ihren wahren Gefühlen, fast einer Rache gleich, freien Lauf zu lassen, oder sie waren passiv aggressiv oder ignorierten mich einfach. Das kannte ich bis dahin so nicht und ich musste lernen damit umzugehen.[11]

Und zu guter Letzt konnte ich auch nicht verstehen, warum so viele Frauen, für die ich mich interessierte, indirekt für eine „Leistung" in Form von Gesellschaft, Liebe, Sex und Heirat bezahlt werden wollten, selbst wenn sie finanziell wohl gestellt waren. Als eine Freundin mir sagte, dass ich, wenn ich um die Hand einer amerikanischen Frau anhalten wollte, einen Diamantring kaufen müsste, der das dreifache meines monatlichen Gehalts kostete (auf Grundlage einer nicht festgelegten Skala der relativen Schönheit und Attraktivität der Frau auf dem „Markt der Begehrlichkeiten"), hörte ich erst auf zu lachen, als ich es im Internet recherchierte und feststellen musste, dass sie recht gehabt hatte.[12] Ich hatte wirklich noch nie von etwas so Lächerlichem gehört. Ich fragte mich, was das alles mit Liebe zu tun haben sollte. Ich hatte den Eindruck einer verschleierten Form von Prostitution.

Erst später verstand ich, welchen Druck die liberale Ökonomie des freien Marktes auf die amerikanischen Frauen ausübte, finanziell erfolgreiche Versorger zu finden. Anders als Frauen in Ländern mit allgemeinem Krankenversicherungssystem, frei zugänglicher höherer Bildung, bezahlter Mutterzeit und weiteren steuerzahlerfinanzierten Sozialsystemen, müssen sich amerikanische Frauen viel mehr auf Partner mit hohen Löhnen zur „sozialen Absicherung" verlassen wenn sie Kinder haben und sich um die Kleinen kümmern oder erfüllenden Leidenschaften nachgehen wollen, die schlecht oder gar nicht bezahlt werden. Ich lernte dabei auch die andere Seite dieser unausgesprochenen Handelsbeziehung kennen, die amerikanische Frauen dazu nötigt Zeit, Anstrengung und Geld zu investieren, um ihre physische Attraktivität zu steigern und damit auf aggressive Weise mit anderen Frauen um die Gunst von begehrenswerten erfolgreichen Männern mit sozialem Status und Beschützernatur zu konkurrieren.

Ich konnte nun auch dieses Ausleseverfahren in den romantischen Fantasien vieler Hollywoodfilme wiedererkennen, in denen die schöne Frau zu guter Letzt stets den wohlsituierten Helden bekommt (oft nachdem er andere Männer umgebracht oder auf andere Weise ausgeschaltet hat), der all ihre Probleme löst und in den sie sich dann unsterblich verliebt.

Um dieses neue Umfeld von Kennenlernen und Beziehung, in dem ich mich nun befand, zu verstehen, und um meine Chancen eine attraktive und kompatible Partnerin zu finden zu erhöhen, fing ich an, Ratgeber zu Beziehungen zu lesen und an verschiedenen Seminaren, Trainings und Workshops teilzunehmen und mich in Gruppen zu engagieren, die sich unter anderem mit Partnersuch, Beziehung, Romantik, Liebe, Intimität, Sexualität, Heilung, Persönlichkeitsentwicklung, Erfolg, und Spiritualität beschäftigten.

Meine Anstrengungen zahlten sich am Ende aus und ich fand Frauen, die eine Beziehung mit mir eingingen. Von ihnen lernte ich viel über bedingungslose Liebe, Feminismus, Polarität zwischen maskulinen und femininen Polaritäten, Furcht und Scham, den sieben Chakren, Persönlichkeitstypen, emotionaler Intelligenz, zeitgleich stark und sensibel zu sein, gewaltfreier einfühlsamer Kommunikation, Astrologie, Schattenarbeit, Polyamorie, tantrischer Sexualität sowie den Myriaden anderer Themen die für postmoderne und spirituelle Frauen in einer Beziehung wichtig sind. Das war alles neu und aufregend für mich und ich wurde ein eifriger Schüler. Leider wurde aus allen meinen Liebschaften nicht die glückliche und gesunde Ehe nach der ich suchte und ich erlebte vielfach Herzschmerz und Frustration nach dem ich verlassen worden war.

Um diese leidvolle Situation für mich und andere in den Griff zu bekommen gründete ich sogar eine wöchentliche „Gruppe für gesunde Paarbeziehungen", die ich singles2couples.org nannte, zu der wir anerkannte Beziehungsexperten einluden um uns aufzuklären. Dennoch schien mich und die anderen Singles und Paare nichts den gewünschten Resultaten näherzubringen.

Im Januar 2006 führte mich eine gute Freundin dann über die *Cosmic Consciousness (kosmisches Bewusstsein)* CDs an die Arbeit des integralen Philosophen und Autoren Ken Wilber heran, die er mit Tammy Simon von *Sounds True* aufgenommen hatte. Ich hörte mir die zehn CDs auf einer langen Autofahrt nach Los Angeles an und es eröffneten sich mir völlig neue Dimensionen die Welt, mich selbst und meine Beziehungen zu sehen.

In den folgenden Monaten las ich zahlreiche Bücher von Wilber. Nachdem in jenem Sommer mein Herz von einer weiteren Frau, die mir zunächst ihre bedingungslose Liebe und Treue geschworen hatte, gebrochen wurde, weil ich ihr nicht angemessen erschien, half mir Wilbers verständliches Integrales Modell von menschlichen Wachstumspotenzialen verstehen, dass viele Beziehungsprobleme, die ich und andere gehabt hatten, nicht lediglich auf Grund von Unterschieden physischer, materieller, sozialer, intellektueller, sexueller und spiritueller Art waren, sondern auch auf Grund von komplexen Unstimmigkeiten in vielen weiteren Bereichen wie der Fähigkeit, verschiedene Perspektiven einzunehmen, feminine/maskuline Polaritäten, Bewusstseinsebenen, spirituellem Bewusstsein, Anima-/Animus-Komplex, sexuelle Entwicklung, Persönlichkeitstypen, Moralvorstellungen, Wege der Bedeutsamkeit, das Unbewusste inklusive des Schattens, Kommunikationsformen, Leidenschaften, etc.

Da es keine Bücher zur integralen Herangehensweise an das Feld der Partnerwahl und des Beziehungsaufbaus gab, verbrachte ich die nächsten vier Jahre damit, *Integrale Beziehungen: Ein Ratgeber für Männer* zu schreiben. Darin wandte ich Wilbers Integrales Modell an, um das Wissen aus mehr als 200 Beziehungsratgebern, das ich gemeinsam mit meinen persönlichen Erfahrungen in Beziehungen und als geschiedener Vater angehäuft hatte, zu integrieren. Ich war damit in der Lage, Männern (sowie neugierigen Frauen, die mein Buch kauften,) zu zeigen, wie sie ihren Partnern auf dem jeweiligen Entwicklungsstand begegnen konnten, und wie sie gemeinsam lernen, heilen, wachsen und Erleuchtung finden könnten.

Als ich das Integrale Beziehungsmodell anwandte, verbesserte sich mein Liebesleben merklich und viele der Frauen, mit denen ich eine Beziehung einging, wurden meine Freunde, statt mir mein Herz zu brechen.

Zu meiner eigenen Überraschung, dank der großartigen Unterstützung von Ken Wilber, wurde das Buch nicht nur populär bei Kennern der Integralen Theorie weltweit, sondern hatte auch einen Widerhall bei Menschen, die sich mit der Integralen Theorie noch nicht auskannten, und die Schwierigkeiten mit ihren Liebesbeziehungen hatten. In der Folge wurde ich im gesamten US-Amerikanischen Raum und nach Europa (einschließlich Moskau), sowie nach Sydney, Australien, eingeladen, Vorträge zu halten und Workshops zu leiten.

Dennoch führte der integrale „Ich und Du" Ansatz in Partnersuche und Beziehungsaufbau einzubeziehen, allein noch nicht zu *nachhaltigen* Liebesbeziehungen mit gemeinsamer höherer Bestimmung die die Welt zu einem besseren Ort machen würden, wie ich im Nachwort meines ersten Buchs im Kapitel *Die Zukunft der Liebe*[13] knapp dargestellt hatte. Tatsächlich hatten sich einige Leser gefragt, warum ich diesen Punkt nicht vertieft hatte.

Vier ergänzende Erkenntnisse

In den folgenden Jahren hatte ich vier ergänzende Erkenntnisse, die diese Vision wahr werden ließen und mich letztlich dahin führten, dieses neue Buch zu schreiben.

Erste Erkenntnis

Meine erste Erkenntnis hatte ich nachdem ich mit Freunden und Therapeuten über die Unfähigkeit anhaltende Liebesbeziehungen zu führen sprach, obwohl ich den integralen Ansatz bei der Partnersuche und in Beziehungen anwandte. Ich erkannte, dass Menschen mit einem grundlegenden Interesse an persönlichem Wachstum und Spiritualität sich oft zu Partnern hingezogen fühlten, die Traumata erfahren hatten oder an Persönlichkeitsstörungen litten. Diese Partner erschienen zunächst unwiderstehlich attraktiv und verführerisch, weil sie bereits einen reichen Erfahrungsschatz durch vielfältige stürmische Liebesbeziehungen hatten, den sie gerne mitteilten. Sie lasen viele Selbsthilfebücher, waren in psychotherapeutischer Behandlung, nahmen an Wachstumsseminaren teil und hatten viele sexuelle Erfahrungen, die sie zügig nutzten um Aufmerksamkeit zu erlangen und geliebt zu werden. Im Vergleich dazu machten Partner mit weniger Beziehungen, weniger Drama, geringerer erotischer Anziehungskraft und niedrigerer Komplexität einen eher stumpfen, langweiligen und uninteressanten Eindruck.

Ich war schuldig im Sinne der Anklage. Über den Zeitraum einiger Jahre erfreute ich mich des Reizes, mit komplizierten Frauen zusammen zu sein, ganz gleich, in welchem geistigen, emotionalen, sexuellen und spirituellen Zustand sie sich befanden. Ich begrüßte die Herausforderungen, die sie mir boten, um zu heilen, zu wachsen und zu erwachen, indem ich „im Ist-Zustand verblieb" und die Verantwortung für meine emotionalen Reaktionen auf ihre (oft verzerrte) Realitätswahrnehmung übernahm. Oder wie jemand zu mir sagte: fast an jedem Tag bot sich mir eine AFGO.*

Selbstverständlich gehört zu vernünftigen Konflikten innerhalb des Auf-und-Abs eines Lebens präsent, liebevoll, neugierig und hilfsbereit zu bleiben, und das Integrale

* Another Fucking Growth Opportunity: Eine weitere Scheiß-Wachstums-Chance

Beziehungsmodell bietet eine wunderbare Anleitung dafür. Aber ich war mir leider nicht bewusst, dass anfänglich spannende Beziehungen mit Frauen mit Persönlichkeitsstörungen oder anderen Verhaltensauffälligkeiten zu verletzenden, ungesunden und nicht nachhaltigen Albtraumeinbahnstraßen werden würden, sobald die anfängliche Zeit der Verführung vorüber war, und sie von mir erwarteten, dass ich ihr Vollzeitunterstützer und Betreuer sein sollte, ohne dass es auch nur einen Hauch von Gegenseitigkeit gäbe, und sie drohten mir, sich nach jemand anderem umzusehen, wenn ich es ihnen versagte.

Das Einlassen mit diesen Frauen war ein klarer Fall von schwacher Abgrenzung, spiritueller Selbstverleugnung (Bypassing), Naivität und bescheuertem Mitgefühl,[14] sowie mangelnder Kenntnis der typischen pathologischen Muster solcher Beziehungen von meiner Seite aus. Dennoch möchte ich die schmerzlichen Lehren, die ich daraus gezogen habe nicht missen und ich möchte niemandem eine Schuld geben. Ich bin sogar dankbar. Diese Erfahrungen ermöglichen es mir, Teil 1 dieses Buchs, in dem wir das Integrale Beziehungsmodell erneut für die Leser untersuchen, für die es neu ist, um drei bekannte und sieben eher seltene Persönlichkeitsstörungen, sowie um vier Bindungsstile, drei Enneagramm-Instinkten und dem Konzept des zwischenmenschlichen Werdens (inter-becoming – inter-werden) – alles, was im ersten Buch noch fehlte zu erweitern. Dieses Zusatzwissen wird euch dabei helfen, andere Menschen mit ungesunden Beziehungsmustern freundlich und mitfühlend zu unterstützen, ohne mit ihnen sexuell, emotional oder finanziell verstrickt zu werden, sowie gleiche und gegensätzliche Partner zu finden und anzuziehen, die psychisch und emotional gesund sind und zu eurer inneren Komplexität passen.

Zweite Erkenntnis

Meine zweite Erkenntnis bot sich mir im Herbst 2010 während eines Vortrags von Andrew Cohen über evolutionäre Erleuchtung, dem ich in Sausalito, Kalifornien beiwohnte.

Bis dahin war meine Spiritualität hauptsächlich beeinflusst von Eckhart Tolles *Die Kraft der Gegenwart*, buddhistischen Praktiken und Ken Wilbers integraler Spiritualität. Diese drei Ansätze können wie folgt zusammengefasst werden:

1. Überwinde dein Ego indem du im Jetzt des Augenblicks lebst und ergebe dich dem, was ist.
2. Fühle weder Hass, Verlangen, oder Bindung für irgendetwas – inklusive Erfolg.[15]
3. Empfange mit offenen Armen die greifbaren, subtilen, kausalen und reinen Bezeugen-Zustände der menschlichen Wahrnehmung während du Wachstums- und Schattenarbeit auf den Ebenen der sieben Chakren und in den Dimensionen des „Ich", „Wir", „Es" und „Es'se" deines Wesens machst, um ein nicht-duales spirituelles Bewusstsein zu erlangen.

Diese Art der Spiritualität erweckte einen Konflikt in mir. Auf der einen Seite wollte ich die Welt wissen lassen, dass ich überzeugt war, dass der integrale Ansatz in Liebesbeziehungen dazu führen würde, dass die Konflikte, Dramen und Leiden zwischen den Geschlechtern beendet würden, und zu gesunden Liebesbeziehungen führen würde, wie ich sie für mich und andere wünschte. Andererseits hörte ich die innere Stimme in mir sagen: „Alles ist gut wie es ist; jeder Schritt, die Dinge auf der Welt ändern zu wollen rührt von dem Widerstand deines Egos die Dinge zu akzeptieren und der Bindung an einen Erfolg, und es wäre arrogant anderen zu sagen, was sie zu tun hätten.“ Dieser Glaube war bequem; ich musste somit nicht das Risiko einer Abweisung eingehen und keine Verantwortung übernehmen.

Während seines Vortrags kennzeichnete Andrew drei Arten von Handlungen: Jene, die ihre Ursache im Ego haben mit „minus eins“, jene die sich auf einen Zustand des Gegenwärtigen und der Akzeptanz des Jetzt gründen als „null“, und jene, die uns ermöglichen, unser Leben entsprechend unserer evolutionären Bestimmung zu führen, als „plus eins“. Dadurch erkannte ich, dass die Leidenschaft, die mich vier Jahre lang antrieb, *Integrale Beziehungen* zu schreiben, nicht nur mein Weg war, von nachehelichen Herzschmerzen zu heilen und um zu lernen was nötig war, um kokreativ gesunde Beziehungen aufzubauen, sondern auch ein Teil der andauernden Entwicklung des Universums, von der mein Dasein ein unablöslicher kokreativer Teil ist.

Seine Botschaft entschleierte mich von meinem Zustand der Verwirrung und ich war voll vertrauen dafür, meine Vision von integralen Beziehungen mit anderen zu teilen.

Einige Monate später nahm ich an der Integral Spiritual Experience Veranstaltung über *Die Zukunft der Liebe* (Integrale Spirituelle Erfahrung) in Asilomar in Kalifornien teil. Dort besuchte ich einen Vortrag von Terry Patten über integrales evolutionäres Handeln. Wie er die Bedeutung mitfühlenden Liebens und entschiedenen Handelns gegen die drängendsten Probleme, denen die Menschheit entgegentreten muss, um zu überleben, betonte, regte mich an, ein Aktivist für Integrale Beziehungen zu werden.

Bei der Integral Spiritual Experience Veranstaltung mit dem Titel *Kosmic Creativity* im darauffolgenden Jahr besuchte ich einen Vortrag von Brian Whetten über „Verkaufen durch Geben“ zur Unterstützung von Professionellen und Non-Profit-Organisationen. Er beschrieb ein Phänomen, welches in vielen Teilnehmern Widerhall fand und welches ich selber oft schon bemerkt hatte: Der Widerspruch zwischen den eher maskulinen Aufgaben Marketing und Verkauf an Kunden oder Gruppen, und den eher femininen Aufgaben, das anzubieten, was unsere Leidenschaft antreibt. Anstatt uns weder auf Verkaufen oder Geben zu konzentrieren, Dinge, die für die meisten von uns von Interesse sind, unternahmen wir oft unwichtige oder zusammenhanglose Handlungen, die weder mit unserer Bestimmung, Vision noch Mission in Verbindung standen. Während dieses Phänomen mit der Bedeutung des Ausgleichs und der Harmonisierung femininer und maskuliner Polaritäten zusammenpasste, wie ich sie in *Integrale Beziehungen* beschrieben hatte, so hatte ich es bislang doch nicht mit meinem eigenen Schaffen und dem Schaffen anderer in Verbindung bringen können. Whettens Präsentation erinnerte mich daran, dass es unmöglich ist, feminin und maskulin gleichzeitig zu sein, und dass ein hin und her Schwanken, ohne den Ausgleich durch die gegensätzliche Polarität, oft unproduktiv, stressbelastet und kräftezehrend ist, vor allem, wenn es darum geht, unserer Bestimmung zu folgen. WOW!

Bei einer Paarübung am folgenden Tag hatte ich die klare Vision einer Liebesbeziehung mit einer gleichen und gegensätzlichen Lebenspartnerin, die sich genauso wie ich dafür begeisterte, Singles und Paare dabei zu helfen, kokreative gesunde integrale Liebesbeziehungen aufzubauen und die Welt zu einem besseren Ort zu machen, und die Freude daran hätte, zusammen zu arbeiten, und die maskuline Polarität zu besetzen während ich in der femininen agiere und anders herum.

Ein paar Monate später traf ich eine wunderbare Frau, die genau das wollte und ich verliebte mich in sie. Wenn wir zusammenarbeiteten war ich oft so überwältigt von der synergetischen Kreativität, die zwischen uns herrschte, dass ich weinen musste. Es war die innigste Liebe die ich jemals erlebt hatte; nicht nur für sie, sondern auch für das, was einzigartig zwischen und durch uns kokreativ entstand und zur Entfaltung kam, wenn wir uns in der vollen 360-Grad-Realisation einer femininen/maskulinen Kokreativität befanden.[16] Die Empfindungen der Kokreativität, die Barbara Marx Hubbard „Suprasex" oder „Bestimmungs-Erregung" nannte, waren tollem Sex ähnlich, und fast so übersinnlich und berauschend wie das Erleben der Geburten meiner Töchter. Das Gleichnis, welches mir immer wieder dafür in den Sinn kommt, ist das des einflügeligen Engels, der seinen zweiten Flügel findet, oder eine Rakete, die endlich genug Treibstoff hat, um in den Weltraum zu fliegen.

Leider stellte sich nach einer Weile heraus, dass meine Partnerin nicht dieselben starken Empfindungen, Leidenschaft und Hingabe für mich empfand wie ich für sie, und sie begab sich auf andere Wege auf der Suche nach Liebe und Erfüllung. Durch das einvernehmliche aber unglaublich traurige, schmerzhafte und für mich beschämende Ende unserer integralen Beziehung erkannte ich, dass Gefährten nicht einfach die Bestimmung ihres Geliebten übernehmen können, wie sehr sie es auch versuchten, ganz gleich, welche Motive und Sehnsüchte sie dabei auch antrieb. Die gemeinsame Bestimmung muss schon im Vorfeld in Art, Grad, Reife und Wirkungsumfang von beiden erkannt und gelebt werden, bevor sie sich verbinden, oder sie muss einvernehmlich aus dem Kontext einer bestehenden Beziehung entstehen.

Diese Erfahrung, für die ich immer dankbar sein werde, inspirierte mich dazu, Teil 2 dieses Buchs zu schreiben, in welchem wir zwischen unserer *biologischen Bestimmung* des Überlebens, sowie der Sicherheit, Fortpflanzung und der Suche nach Lebensqualität auf der einen Seite und unserer *transzendentalen Bestimmung* der Schaffung von mehr Güte, Wahrheit, Schönheit und Funktionalität (Funktionalität im Sinne von funktionierenden oder funktionalen Einrichtungen, Institutionen, Systemen, Mechanismen, Werkzeugen, Mitteln, Kleidung, Körpern, etc.) auf der anderen Seite, welche den Bedürfnissen anderer dienen und von ihnen honoriert werden, unterscheiden, und wie wir unsere Bestimmung erkennen und sie mit einem gleichen und gegensätzlichen Partner teilen.

Dritte Erkenntnis

Meine dritte zusätzliche Erkenntnis hatte ich nach der oben erwähnten Beziehung, die ein trauriges Ende nahm. Ich erkannte, dass Robert Sternbergs Dreiecksmodell der Liebe, welches ich in dem Ratgeber *Integrale Beziehungen* auf den Seiten 105-117 behandelt hatte, und welches wir hier in Teil 1 wieder finden werden, nur acht verschiedene *Formen der Liebe*, die durch verschiedene Grade von sexueller Leidenschaft, emotionaler Abhängigkeit und einvernehmlicher Intimität gebildet werden, wiederspiegelt, aber nicht unsere echte *Fähigkeit zu lieben* berücksichtigt. Die meisten glauben, dass Gefühle der Liebe bzw. Chemie unbewusst entstehen (was sie tatsächlich tun) und dass diese dauerhaft bleiben (was sie nicht tun) nachdem sie „Den idealen Partner" oder den „Seelenverwandten" gefunden, dessen Aufmerksamkeit erregt und ihn angezogen haben, und der dann alle ihre Bedürfnisse, Lust, Wünsche und Fantasien erfüllt. All diese romantischen Gefühle entstehen durch die gemeinsame Resonanz von primären Überlebensbedürfnissen, sexueller Lust, universellen biologischen Präferenzen, persönlicher Geschichte, kultureller Konditionierung und sozialen Normen und Erwartungen.

Bevor ich mich eingehender mit unserer *Fähigkeit zu lieben*, über das *sich verlieben* und *verliebt sein* hinaus, beschäftigt hatte, hatte ich oft gesagt „Liebe ist bedingungslos aber Beziehungen sind es nicht", und dass *Integrale Beziehungen: Ein Ratgeber für Männer* – wie der Titel schon sagt – von Beziehungen handelt, und nicht vom Lieben. Ich sah Liebe als etwas Gegebenes an, sobald sie sich bei einem Paar entwickelt hatte, und dass sie dauerhaft sein würde, wenn man den integralen Ansatz in der Beziehung anwenden würde.

Nun erkannte ich, dass ich auf das reingefallen war, was man den „Mythos des Gegebenen" nennt: den Irrglauben, dass subjektive Erfahrungen der Menschen (wie beispielsweise bedingungslose Liebe) absolute Wahrheiten vermitteln, und dass diese Wahrheiten (beispielsweise: Liebe ist alles) uns einfach gegeben sind. In anderen Worten: Subjektive menschengemachte Konzepte oder Glaubenskonstrukte über Phänomene wie Erfahrungen (wie die „bedingungslose Liebe") könnten allein durch die Introspektive als allgemeingültig bestätigt werden. Ich erkannte nun, dass diese Erfahrungen intersubjektiv waren, und dass unsere *Fähigkeit zu lieben* entlang der sieben Chakren entsteht und geprägt wird und ständig im Wandel ist auf Grund eines höchst komplexen Netzwerks aus innerpersönlichen und äußeren sozialen Systemen, kulturellem Hintergrund und Strukturen des Bewusstseins, die man durch die eigene Introspektive allein nicht erkennen kann.[17] Diese Erkenntnis führte mich dahin, nicht nur durch die Brille des Integralen zu untersuchen wie wir gesunde nachhaltige Beziehungen gestalten können, sondern auch zu erklären, was Liebe und unsere Fähigkeit zu lieben sind.

Bei meiner Forschung traf ich auf die Lehren des Philosophen Georg Friedrich Hegel (1770-1831), der, als Teil seiner dialektischen Methode entdeckt hatte, dass Begierde, welche einen wichtigen Teil der Liebe ausmacht, unausweichlich zu einer Asymmetrie zwischen Partnern in traditionellen, transaktionalen Liebesbeziehungen führt, die möglicherweise sogar zu einem Beziehungsverhältnis gleich einer Herrschaft und Knechtschaft führen.

Seine Erkenntnisse ermöglichten mir ein integrales Modell der Liebe zu entwickeln, welches in seinem Detailreichtum in Teil 3 dieses Buchs zu finden ist. Den integralen Ansatz auf Liebesbeziehungen anzuwenden ermöglicht uns von den verschiedenen Arten asymmetrischer Liebesbeziehungen zu symmetrischer *transzendentaler Liebe* überzugehen, bei der Paare nicht nur einander lieben, sondern noch viel mehr das, was einzigartig zwischen ihnen auf den Ebenen aller sieben Chakren kokreativ hervortritt und geschaffen wird.

Vierte Erkenntnis

Meine vierte weitere Erkenntnis rückte sehr langsam durch die wiederholte Lektüre eines kompakten kleinen Buches, *Habermas: A Very Short Introduction* (Habermas: Eine sehr kurze Einführung*) von James Gordon Finlayson in mein Bewusstsein. In diesem Buch beschreibt Finlayson wie Habermas einen neuen Weg der sozialen, moralischen und politischen Philosophie beschrieb, in dem er sich von dem abwandte, was er „bewusstseinsphilosophisches Paradigma" nannte, welches den Großteil der modernen Philosophie von Descartes bis heute durchdringt. Dieses alte Paradigma spiegelt die verschiedenen Vorstellungen dessen wieder, dass eine Vielzahl denkender und handelnder Subjekte, die alle ihre eigenen Wahrheiten und Wahrnehmungs-wirklichkeiten schaffen, unabhängig voneinander in einer materiellen und sozialen Welt agieren, derer sie nicht Teil sind.[18] Stattdessen beschritt Habermas neue Wege sozialer Philosophie, in der mit der Analyse von Sprachanwendung begonnen wird und die rationale Basis für die Koordination von Handlung in der Sprache verortet. Er kam zu diesem Schluss nachdem er analysiert hatte, welche Handlungen Worte verursachten, und nicht bloß, was sie beschrieben. Das führte ihn dazu zu untersuchen, wie unsere Sprachnutzung mit, wie er es nennt, „kommunikativem Handeln" in unserer „Lebenswelt" von Paaren, Familien und Gemeinschaften, aus denen zunehmend komplexe soziale und politische „Systeme" um Macht und Geld entstehen, unsere Alltagshandlungen bestimmten. Daraus folgt der Schluss, dass die soziale Welt ebenso in uns lebt, in der Art wie wir denken, fühlen und handeln, wie wir auch selbst in ihr leben.

Seine Erkenntnisse führten mich zu der Anwendung, die ihr in Teil 4 dieses Buchs findet: Es sind nicht Singles – die zu Freunden werden, Liebschaften bilden, Gemeinschaften beitreten, sich in sozialen oder anderen Gruppen beteiligen, oder mit Kollegen zusammenarbeiten – sondern kokreative Paare in gesunden nachhaltigen Liebesbeziehungen, die kokreativ erschaffen und sich fortpflanzen, und damit die Voraussetzung für die Bildung von funktionierenden Familien, gedeihenden Gemeinschaften und

---

* Bei der Reihe *A Very Short Introduction* handelt es sich um Einführungen verschiedener Autoren zu spezifischen Philosophen oder philosophischen Themen des Verlags *Oxford University Press*, Anm. d. Übers.

friedlichen Gesellschaften bilden, die wiederum grundlegend sind für eine Welt, in der jeder aufblühen kann, und dadurch eine nachhaltige Zukunft für die gesamte Menschheit erschaffen. **Im Verlauf dieses Buchs werden wir eine solche Welt *eudaimonisch* nennen,** nach dem griechischen Wort für Glück, Wohlstand, oder, präziser, menschliches Aufblühen.[19]

Als ich nun diese vier neuen Erkenntnisse gehabt hatte, widmete ich die folgenden vier Jahre der Recherche und dem Schreiben dieses Buchs – hauptsächlich in Los Angeles, wo viele soziale, Beziehungs- und Umweltprobleme, mit denen ich mich in diesem Buch beschäftige, deutlich zu Tage treten.

Die Absicht hinter diesem Buch ist einfach und offensichtlich: Euch dazu zu inspirieren kokreativ und – wenn möglich – fortpflanzend in gesunden dauerhaften integralen Liebes-beziehungen mit geteilter *transzendentalen Bestimmung,* die das höchste Gut für die größte Anzahl der Menschen bietet und eine bessere Welt zu erschaffen.

KAPITEL 1

Überblick über das Integrale-Liebesbeziehungsmodell (ILB-Modell)

Es ist kein Zeichen von Gesundheit, an eine von Grund auf kranke Gesellschaft gut angepasst zu sein.
~ Jiddu Krishnamurti ~

Die vier Komponenten des ILB-Modells

Sex

Bei der ersten Hauptkomponente des ILB-Modells geht es um Sex. Der Kampf der Geschlechter und die Herausforderungen beidseitig wohltuende und harmonische sexuelle Beziehungen zwischen Männern und Frauen aufzubauen sind wohl so alt, wie die Menschheit. Unmengen an Beziehungsexperten haben ihren Rat angeboten, manchmal auf Grundlage persönlicher Erfahrungen, manchmal auf Grundlage von empirischer Forschung. Dennoch scheinen wir, je mehr wir lernen und uns entwickeln, uns damit zu quälen, gemeinsam gesunde Liebesbeziehungen aufzubauen. In der Konsequenz steigt weltweit die Zahl der Geschiedenen und der Singles. Die Anwendung von Ken Wilbers integraler Theorie über menschliches Wachstum und Potential auf Liebesbeziehungen gibt uns die nötigen Erkenntnisse und Werkzeuge für die Beendigung des Kampfes zwischen den Geschlechtern, und dafür, gesunde Liebesbeziehungen aufzubauen.

Es ist wichtig hervorzuheben, dass Menschen aller Gesellschaftsschichten und Bildungs- und Bewusstseinsniveaus das Integrale Beziehungsmodell erlernen und anwenden können.

In dieser Tabelle stehen die Hauptelemente der ersten Komponente des ILB-Modells:

Sex			
1. Verstehe die primären sexuellen Fantasien und die Angst-Scham-Dynamik			
2. Realistischer sexueller Auswahlprozess			
3. Feminine und maskuline Polaritäten in Einklang bringen			
4. Sich auf dem selben Entwicklungsstand befinden in:			
Bewusstsein	*Sexualität*	*Spiritualität*	*Anima/Animus*
5. Weiter gemeinsam lernen, heilen, wachsen und erwachen			
6. Persönlichkeitstypen und -störungen kennen (sich ihrer bewusst sein)			
7. Gesund und nachhaltig eine sexuelle Beziehung gestalten.			

Grafik 3. Sex-Komponente des ILB-Modells

In Zeile eins der oben abgebildeten Tabelle kannst du sehen, dass die Hauptfaktoren beim sexuellen Auswahlprozess die primären sexuellen Fantasien (Frauen sehnen sich nach Objekten des Erfolgs und Männer sehnen sich nach (jüngeren) Sexobjekten) und die Angst-Scham-Dynamik (Frauen erwählen sich Männer, die versorgen und beschützen und Männer werben um Frauen, die sie würdigen und sie mit Sex und Liebe belohnen). Es ist erschreckend, dass immer noch die wenigsten ein Bewusstsein für diese grundlegenden Dynamiken unseres sexuellen Auswahlprozesses haben, ebenso wie für die negativen Folgen für unsere Liebesbeziehungen und die ganze Welt durch ihre exzessiven Formen. Zusätzlich zu diesen beiden primären Kriterien des sexuellen Auswahlprozesses haben die meisten Menschen sekundäre Fantasien, wie gemeinsame innere Resonanz und Intimität, kulturelle Kompatibilität und soziales Verlangen, die sie erfüllt haben wollen. Liebende beschreiben die entstehenden Gefühle, wenn ihre Fantasien erfüllt werden, als die richtige Chemie. In unserer modernen Welt werden die Erwartungen im sexuellen Auswahlprozess der meisten Frauen, aber auch die von etlichen Männern zunehmend unrealistisch. Die meisten Singles wünschen sich Partner die in Bezug auf Aussehen, Status und Geld über dem Durchschnitt liegen, selbst wenn sie selber nur durchschnittlich sind, oder sogar unter dem Durchschnitt liegen.

Zeile zwei beschreibt, dass wir in Bezug auf unsere primäre Fantasie realistisch sein sollten und nicht außerhalb unserer Liga auf Partnersuche gehen sollten. Stattdessen sollten wir unseren Fokus auf die gemeinsame Bestimmung legen, wenn wir in gesunden nachhaltigen Liebesbeziehungen leben möchten. Darauf gehe ich in Teil 2 dieses Buchs ein.

Zeile drei zeigt, wie wichtig es ist, den Unterschied zwischen gesunden und ungesunden männlichen und weiblichen Polaritäten zu verstehen, und dass diese ins Gleichgewicht gerückt werden müssen und in Harmonie zueinander kommen, um Attraktivität auszustrahlen (wie bei den beiden Polen eines Magnets), und wie Synergie in einer Liebesbeziehung entsteht.

Zeile vier zeigt den weniger bekannten, aber genau so wichtigen Aspekt der Bedürfnisse nach Kompatibilität auf den Ebenen der Entwicklung des Bewusstseins, der Sexualität, der Spiritualität und des Anima-/Animus-Komplex'.

Zeile fünf bezieht sich auf die Bedeutung ständigen gemeinsamen Lernens, Heilens, Wachsens und Erwachens mit dem Partner, um die Liebesbeziehung gesund und energetisch zu erhalten.

Zeile sechs beschreibt die Bedeutung davon, verschiedene Persönlichkeitstypen verstehen zu können, genauso wie ein Bewusstsein dafür zu haben, dass es verschiedene Persönlichkeitsstörungen und unheilvolle Bindungstypen gibt, die jede Beziehung zerstören.

Was uns zu Zeile sieben bringt, in der es um die Bildung einer gesunden integralen sexuellen Beziehung geht.

Bestimmung

Die zweite Hauptkomponente des ILB-Modells bezieht sich auf die Bestimmung. Wenn du jemanden fragst, was seine größte Sorge oder seine Leidenschaft ist, oder was der Sinn des Lebens und seine eigene Bestimmung sind, so wirst du oft nicht mehr erhalten, als einen stumpfen Blick, oder, wenn es hoch kommt, einfache und allgemeingültig Antworten, wie beispielsweise für die eigenen Kinder da zu sein, das Leben zu genießen, oder das Leben voll auszuschöpfen. Nur die wenigsten haben ein gehobenes Gespür für eine Bestimmung, die den Bedürfnissen der anderen nützt, zu einem glücklicheren, gesunderen und längeren Leben führt, und, dass eine höhere Bestimmung mit einem Partner zu teilen ein Schlüssel für erfolgreiche lange Beziehungen sind. Die Tabelle zeigt die Hauptelemente zur Bestimmung im ILB-Modell:

Bestimmung			
1. Unterschiede zwischen biologischer und transzendentaler Bestimmung erkennen			
2. Erkenne deine transzendentale Bestimmung			
3. Erkenne deine natürlichen Talente für:			
Empathie	*Intelligenz*	*Kreativität*	*Kinästhetik*
4. Entwicklung von Fähigkeiten zur Verbesserung von:			
Güte	*Wahrheit*	*Schönheit*	*Funktionalität*
5. Teile die Bestimmung mit einem Partner um Synergie und Liebe von lebenslanger Dauer zu schaffen			

Grafik 4. Bestimmungs-Komponente des ILB-Modells

Zeile eins verweist darauf, dass wir eine *biologische Bestimmung* haben, unser Antrieb zu überleben – Gruppenbildung, Fortpflanzung und das erreichen einer bestmöglichen Lebensqualität – all dies entwickelt sich ganz natürlich wenn wir heranwachsen und reifen. Außerdem haben wir eine *transzendentale Bestimmung* mehr Güte, Ehrlichkeit, Schönheit oder Funktionalität zu entwickeln, um die Welt besser zu machen.

Zeile zwei bedeutet, dass, auch wenn wir alle eine *transzendentale Bestimmung* haben, wir erst mal erwachen und sie erkennen müssen, um sie bewusst auszuleben.

Zeile drei beschreibt, dass unsere *transzendentale Bestimmung* in vier genetisch bedingten natürlichen Talenten (Empathie, Intelligenz, Kreativität und Kinästhetik) verwurzelt ist, die in ihrer Art und Ausprägung bei den verschiedenen Menschen variieren.

Zeile vier verweist darauf, dass diese vier Talente zur Entwicklung von Fähigkeiten führen, die es uns ermöglichen, mehr Güte, Ehrlichkeit, Schönheit und/oder Funktionalität in der Welt zu erschaffen.

Zeile fünf bedeutet, dass es notwendig ist, die *transzendentale Bestimmung* mit einem Partner zu teilen, damit sie eine gesunde Ausprägung erfährt, und durch die Schaffung von Synergien die größtmögliche Wirkung zu entwickeln (was auch gleichzeitig mehr Spaß macht!!), wodurch das Ganze größer wird, als die Summe der einzelnen Teile.

Liebe

Die dritte Hauptkomponente des ILB-Modells ist die Liebe. Viele Menschen haben Liebeserfahrungen sammeln können, aber haben Schwierigkeiten eindeutig zu beschreiben, was romantische Liebe tatsächlich ist und wie man sie erlebt. Viele Lieder, die sich mit der Liebe beschäftigen, zeugen davon, wie beispielsweise „I want to know what love is" (Ich möchte wissen, was Liebe ist) von Foreigner oder „I really don't know Love at all" (Ich weiß nichts von der Liebe) von Joni Mitchell. Wir erkennen Liebe, wenn wir sie sehen oder empfinden, wie beispielsweise in „Love Actually" zu sehen, aber proaktiv Liebe zu erzeugen erscheint schwer bis unmöglich, und somit bleibt für viele die Liebe etwas Geheimnisvolles und Undefinierbares. In Teil 3 dieses Buches entmystifizieren wir den Begriff der menschlichen Liebe. Das wird uns ermöglichen, ein Modell der Liebe aus freier Entscheidung zu entwickeln – wodurch sie wirklich gesund und nachhaltig wird, statt etwas, wonach wir suchen, uns sehnen, hineingeraten, oder was mit uns geschieht. Unten seht ihr die Hauptbestandteile:

Liebe						
1. Liebe als Erfüllung unterschiedlicher männlicher/ weiblicher Bedürfnisse und Sehnsüchte						
2. Bedingte transaktionale asymmetrische Liebe						
3. Gefahr der Knechtschaftsbeziehungen						
4. Liebe für das, was auf der Ebene der 7 Chakren einzig kokreativ geschaffen werden kann:						
Wurzel	*Sakral*	*Solar-plexus*	*Herz*	*Hals*	*Stirn*	*Kronen*
5. Transzendentale Liebe						

Grafik 5. Liebeskomponente des ILB-Modells

In Zeile eins geht es um die traditionelle Liebe, die erlebt wird, wenn unterschiedliche Bedürfnisse und Sehnsüchte von Männern und Frauen befriedigt werden.

Zeile zwei beschreibt, wie die Erfüllung dieser Sehnsüchte zu bedingten, transaktionalen, asymmetrischen Liebesbeziehungen führt.Zeile drei zeigt, dass diese Liebesbeziehungen oft zu Knechtschaftsbeziehungen führen. In modernen und postmodernen Beziehungen führt das oft zu Trennung und Scheidung. Auf diese Trennung folgen dann oft eine längere Zeit des Alleinseins oder seriellen Bindungsaufbaus mit unterschiedlichen Personen, auch mehrere aufeinander folgende Beziehungen und Ehen. Manche Beziehungsexperten nennen dies auch die neue Normalität. Das ist aber defätistisch und muss so nicht sein! Zeile vier deutet auf die Alternative – nicht nur den Partner zu lieben, sondern auch das zu lieben, was nur zwischen euch gemeinsam entsteht; durch eure freien Entscheidungen, zwischen gleichberechtigten und gleichverantwortlichen Paaren, auf Ebene der sieben Chakren. Zeile fünf beschreibt, wie dies zu fortdauernder *transzendentaler Liebe* in lebenslänglichen gesunden integralen Liebesbeziehungen führt.

Eine bessere Welt

Die letzte Hauptkomponente des ILB-Modells zeigt, warum Kokreativität und Fortpflanzung in integralen Liebesbeziehungen notwendig sind, um die Welt zu einem besseren Ort werden zu lassen und eine nachhaltige Zukunft für die Menschheit zu gewährleisten. Für die meisten bedeutet Gesellschaft heutzutage die Summe von unabhängig denkenden und handelnden Individuen. Alternativ ausgedrückt: sie ist ein holistischer Makro-Organismus (wir sind alle eins) oder ein soziales System, von dem die Individuen kontrolliert und regiert werden. In jedem Fall neigen Menschen in modernen und postmodernen Gesellschaften dazu, dem Individuum die höchste Bedeutung beizumessen. Ich widerspreche dem mit meinem ILB-Modell: wir sind Beziehungswesen und es ist ungeheuer wichtig in einer gesunden Liebesbeziehung zu sein, um wahrhaft menschlich zu sein (auf den Ebenen der sieben Chakren und in allen vier Quadranten durch Balance und Harmonisierung der femininen und maskulinen Polaritäten), und Liebesbeziehungen sind fundamental, um funktionierende Familien aufzubauen die

Teil sind von erfolgreichen Gemeinschaften und einer Welt in der jeder aufblühen kann. Unten sind die Hauptelemente:

<table>
<tr><th colspan="8">Eine bessere Welt</th></tr>
<tr><td colspan="8">1. Globale Herausforderungen und wie die sexuelle Auswahl sie bedingen</td></tr>
<tr><td colspan="8">2. Bedeutung integraler Paare</td></tr>
<tr><td colspan="8">3. Einvernehmliches Verständnis und Vereinbarung (Konsens):</td></tr>
<tr><td colspan="2">Moralisch/ ethisch korrekt</td><td colspan="2">Kritisch wahr/ richtig</td><td colspan="2">Ästhetisch schön</td><td colspan="2">Funktional praktisch</td></tr>
<tr><td colspan="8">4. Feminine/ maskuline Geltungsansprüche im öffentlichen/ privaten Bereich</td></tr>
<tr><td>Pflege</td><td>Mitgefühl</td><td>Emotionen</td><td>Beziehungen</td><td>Rechte</td><td>Gerechtigkeit</td><td>Rationalität</td><td>Autonomie</td></tr>
<tr><td colspan="8">5. Kommunikatives Handeln (sag, was du tust und tu, was du sagst)</td></tr>
</table>

Grafik 6. Die Welt zu einem besseren Ort machen – die Finale Komponente des ILB-Modells

Zeile 1 zeigt, dass wir uns der größten globalen Herausforderungen bewusst werden müssen, denen die Menschheit gegenübersteht, und wie diese Probleme durch unseren sexuellen Auswahlprozess entstehen, damit wir die Welt zu einem besseren Ort machen können,.

Zeile 2 zeigt, dass integrale Liebesbeziehungen essentiell beziehungsweise grundlegend sind um „Mensch" in voller Gänze zu werden, und um den größten globalen Herausforderungen entgegenzutreten.

Zeile 3 zeigt, dass man mit seinem Partner ein gemeinsames Verständnis und Übereinkommen dessen entwickeln muss, was in der gegebenen Situation richtig, wahr, schön und funktional ist, um eine glückliche Beziehung zu entwickeln und einen positiven Unterschied auszumachen.

Zeile 4 zeigt, dass man mit Hilfe eines ethischen Diskurses einen Konsens erreichen muss, welcher gute feminine und maskuline Argumente (genannt Geltungsansprüche) für feminine und maskuline Themen einbezieht, die zur privaten und öffentlichen Sphäre gehören, welche in Zeile 3 genannt werden.

Zeile 5 zeigt die Bedeutung davon, angemessenes Handeln einzuleiten sobald ein Paar mit Hilfe einer Kommunikation, bei der ethische Diskursnormen berücksichtigt wurden, einen Konsens erreicht hat. Dieser Prozess heißt daher kommunikatives Handeln; reden ist einfach, aber eine Handlung einzuleiten ohne dass es auf emotionaler und rationaler Ebene innerhalb des Paares durchdacht wurde und ein einvernehmliches Verständnis und eine gemeinsame Entscheidung erreicht wurde, führt oft zu mehr Missverständnissen, Konflikten, Chaos und Problemen.

Auf der nächsten Seite findet ihr noch mal das gesamte ILB-Modell.

Ein Hinweis dafür wie mit dem Modell gearbeitet werden sollte.

Die folgenden 19 Kapitel liefern eine theoretische Abhandlung und praktische Hinweise im Rahmen des gesamten ILB-Modells. Wo du mit der Lektüre oder dem praktizieren anfängst, hängt von deiner persönlichen Lebenssituation ab und was dich am meisten interessiert.

Wenn die integrale Theorie für dich neu ist oder du eine Auffrischung brauchst, ist es wohl das Beste, wenn du bei Teil 1 beginnst. Dort findest du eine überarbeitete Zusammenfassung meines ersten Buchs *Integrale Beziehungen: Ein Ratgeber für Männer* inklusive der Einbeziehung von Persönlichkeitsstörungen, Bindungstypen, Eneagramminstinkten und "Inter-Werden". Wenn dir die letzte Fassung von Ken Wilbers Integrale Theorie oder mein erstes Buch bekannt ist, so solltest du dich nur auf die ergänzenden Teile in den Kapiteln 7 bis 9 konzentrieren.

Geht es dir am meisten um die Bestimmung in deinem Leben empfehle ich dir, mit Teil 2 zu beginnen. Dort findest du Hinweise zum Erwachen, Erkennen, Festigen und zum Teilen deiner *transzendentalen Bestimmung*. Sollten dir bestimmte Konzepte, wie beispielsweise die vier Quadranten oder feminine/maskuline Polaritäten unbekannt sein, lese bitte die entsprechenden Stellen in Teil 1.

Wenn deine größte Herausforderung oder dein größtes Interesse um das Thema der Liebe kreist, dann beginne mit Teil 3 und springe zurück zu Teil 1, wenn dir bestimmte Begriffe unbekannt vorkommen.

Beginne auf jeden Fall mit Teil 4 oder Anhang 1 und 2, wenn du dir nicht sicher bist, warum du dich bemühen solltest, die Fähigkeit zu entwickeln, in einer gesunden nachhaltigen Liebesbeziehung zu leben und – wenn möglich – Kinder zu haben.

Auf jeden Fall danke ich dir für dein Interesse und dafür, dass du die Welt zu einem besseren Ort machen möchtest.

TEIL 1 – SEX

Ist es möglich, sich in der Entwicklung über das Bedürfnis nach einer romantischen Beziehung hinaus zu entwickeln? Nein, das wäre, als würde man mit sich selbst Dame spielen.
~ Ken Wilber ~

Dieser erste Teil dieses Buches beinhaltet eine überarbeitete Zusammenfassung meines ersten Buchs, *Integrale Beziehungen: Ein Ratgeber für Männer* mit der wichtigen Einbeziehung von Enneagramminstinkten und Bindungstypen in Kapitel 7 und Persönlichkeitsstörungen und Inter-Werden im Kapitel 9. Das integrale Liebesbeziehungsmodell gründet auf praktisch allen Elementen von Ken Wilbers neuester integraler Philosophie, welche manchmal "Wilber 5" genannt wird.[20] Er nennt es das AQAL-Modell. AQAL ist seine Zusammenfassung der fünf essentiellen Module aller Quadranten, aller Entwicklungslinien, aller Entwicklungsebenen, aller Zustände und aller Typen. Das integrale Liebesbeziehungsmodell hat die größte Resonanz bei Singles und Paaren jeden Geschlechts und jeder sexueller Orientierung gefunden, die bereits eine große Menge an Erfahrungen in Beziehungen gemacht haben und erfolgreicher in ihren sexuellen Beziehungen leben wollen. Es ermöglicht Männern und Frauen einen Partner zu finden, mit dem sie auf einer Entwicklungsstufe sind, und gemeinsam zu lernen, zu heilen, zu wachsen und zu erwachen.

Wenn euch das AQAL-Modell oder das integrale Liebesbeziehungsmodell durch mein vorheriges Buch bereits bekannt ist, könnt ihr einfach zu den ergänzenden Kapiteln springen, oder ihr überspringt einfach den gesamten Teil 1 und geht über zu den anderen Teilen des Buchs, die euch am meisten interessieren. Wenn ihr Teil 1 durchgeht und die einzelnen Elemente in die Praxis umsetzt, behaltet immer das ganze Modell, wie es weiter unten beschrieben ist, im Blick, denn alle Elemente sind von großer Bedeutung für die gemeinsame Schaffung einer gesunden Beziehung.

KAPITEL 2

Wie wir hier hergekommen sind

Unsere tierischen Ursprünge schimmern stetig durch, selbst wenn sie durch eine komplizierte soziale Evolution gefiltert werden.
~ Richard Dawkins ~

Für eine lange Weile gab es nach dem Urknall vor **13,7 Milliarden** Jahren nur leeren Raum und tote Materie (Quantenteilchen, Atome, Gaswolken, Felsen, Sterne, Planeten und Galaxien).

Vor ungefähr **3,8 Milliarden** Jahren tauchten die ersten biologischen Lebensformen auf der Erde auf, in Form einfacher geschlechtsloser Organismen.

Vor etwa einer Milliarde Jahren entwickelten sich die gegensätzlichen Geschlechter, als bestimmte Lebensformen dazu übergingen, sich fortzupflanzen, indem sie verschiedene Teile ihres genetischen Materials durch sexuelle Fortpflanzung zusammenfügten, und dieses Verfahren an künftige Generationen weitergaben. Heute ist es eine allgemeingültige Annahme, dass Mutationen in den Genen eine zunehmende Vielfalt von Spezies[21] hervorgerufen hat, von denen durch sexuelle und natürliche Auswahl nur die stärksten und/oder am besten angepassten beziehungsweise kooperativsten überlebt haben, um sich weiter fortzupflanzen.[22]

Vor etwa **225 Millionen** Jahren tauchten die ersten Säugetiere auf.

Vor etwa **7 Millionen** Jahren begannen die ersten frühen Vorfahren der Menschen, die großen Affen, damit, die afrikanischen Urwälder zu bevölkern.[23]

Vor etwa **5 Millionen** Jahren führte eine rückläufige Entwicklung von Wäldern und ein Rückgang von Nahrungsmitteln dazu, dass unsere Vorfahren, die großen Affen, von ihren Bäumen herabstiegen. Die Männchen lernten, kleine, kranke oder verletzte Tiere zu jagen während die Weibchen sich darauf spezialisierten essbare Früchte, Wurzeln, Sprossen und Blätter zu sammeln. Die Hinzunahme von tierischen Proteinen auf den Speiseplan ermöglichte es ihren Gehirnen zu wachsen und erweckte einen Hunger auf Fleisch in ihnen.[24] Die Männchen begannen bald, sich zusammenzurotten um gemeinsam immer größere Tiere zu jagen und damit ihren eigenen und auch den Hunger auf Fleisch ihrer weiblichen Gefährtinnen und ihrer Nachkommen zu stillen.

Durch sexuelle und natürliche Auswahl hatten die Nachfahren der erfolgreichsten männlichen Jäger und der gesündesten (nach heutigem Standard die attraktivsten/schönsten) Weibchen die größten Chancen, lange genug zu überleben um sich selber fortzupflanzen. Das daraus resultierende Paarungsverhalten wurde dadurch tief verwurzelt in der physischen und psychologischen Verfassung moderner Menschen.[25] Dies spiegelt sich in dem allgemeinen männlichen Verlangen nach jungen, vitalen und gesund aussehenden Frauen wieder (die meisten Männer werden scharf durch ein heißes Playboy-Model oder einen Pornostar), und in der weiblichen Fantasie, eines gut gestellten und erfolgreichen Alphamannes, der als Beschützer und Versorger agiert, der gutmütig gegenüber ihnen und ihren gemeinsamen Kindern ist, während er im Wettstreit mit anderen Männern aggressiv ist (die meisten Frauen mögen Frauenfilme oder romantische Geschichten mit einem starken archetypischen James-Bond-Helden).

Vor etwa **750.000** Jahren führte die Möglichkeit, das Feuer zu nutzen, um sich vor wilden Tieren zu schützen, um Essen zu kochen (was es für den Körper viel einfacher macht, Nährstoffe aufzunehmen) und im Dunkeln zu sehen, dahin, dass gesellschaftliche Zusammenkünfte bei Nacht möglich wurden, und erweiterte die Möglichkeiten des physischen Wachstums und der sozialen Bindungen dieser frühen Familienklans.

Vor etwa **400.000** Jahren genügten nicht mehr bloß das Schwingen der größten Keule und das Töten der größten Tiere, um die begehrtesten Frauen für sich einzunehmen. Sie wollten umgarnt und unterhalten werden. Als Reaktion darauf begannen frühe Steinzeitmänner mit der Erschaffung von Kunst (Höhlenmalereien, Körperschmuck, Trommeln und Tänzen) und es entwickelte sich die Sprache.[26]

Vor etwa **50.000** bis **200.000** Jahren betraten die ersten ihrer selbst bewussten Menschen (*Homo Sapiens*) die Weltbühne. Wie ihre Vorfahren waren sie nomadische Jäger und Sammler.

Vor etwa **8.000** Jahren läutete die Erfindung des von domestizierten Tieren, wie beispielsweise Ochsen, gezogenen Pflugs (höchstwahrscheinlich durch Männer) den bisherigen Höhepunkt der Landwirtschaftsära ein – zu einem Zeitpunkt, als jagen, sammeln und der einfache Gartenbau nicht mehr die menschliche Bevölkerung in dicht besiedelten Gegenden des Planeten ernähren konnte. Die Weltbevölkerung war zu diesem Zeitpunkt auf **5.000.000** Menschen angestiegen. Das führte zu einer Arbeitsteilung. Das Pflügen konnte ausschließlich von Männern übernommen werden, da Frauen diese anstrengende Arbeit nicht bewältigen konnten. Das war das erste Mal in der Geschichte der Menschheit, dass die Erzeugung von Nahrungsmitteln vornehmlich Männerdomäne wurde. Frauen die schwanger waren oder stillten, konnten keinesfalls einen schweren Pflug handhaben. Dafür bot sich die Möglichkeit, dass sich die Frauen mehr um Heim und Kinder kümmern konnten.

Daraus entstanden patriarchale[27] Strukturen, als die Männer als Jäger und Beschützer auch die Hauptverantwortung für die Nahrungsbeschaffung übernahmen. Man kann es als Resultat dessen verstehen, dass Männer die Dominanz in den öffentlichen Bereichen Gesellschaftsorganisation (Regierung), Bildung, Religion und Politik übernahmen, während Frauen in den privaten Bereichen Familie, Herd und Heim bestimmend waren. Bei dieser Arbeitsaufteilung spricht man oft von männlicher Produktion und weiblicher Reproduktion.[28] Das ermöglichte den Frauen, sich auf die (körperlich) leichteren und weniger gefährlichen Bereiche um Haus und Kinderpflege zu konzentrieren, während die

Männer ihre Leben bei harter Arbeit, gefährlichen Jagden und Verteidigung des Territoriums ihrer Familien und Clans riskierten.

Vor etwa **4.000** Jahren wurden von Männern die ersten monotheistischen Religionen erschaffen, in denen ein männlicher Gott gepriesen wird und die Frauen als minderwertig erachtet werden. Auch wurden die ältesten uns bekannten geschriebenen Dokumente der Geschichtsschreibung verfasst.

Vor etwa **3.000** Jahren lebten ca. **50.000.000** Menschen auf der Erde und die ersten großen Stadtstaaten entstanden in Griechenland. Athen wurde die Heimat von so einflussreichen Philosophen[29] wie Sokrates, Platon und Aristoteles. Letzterer beschrieb in dem Buch *Politik*: „das Männliche ist dem Weiblichen von Natur aus überlegen, und das Weibliche unterlegen, und das eine das Herrschende und das andere das Dienende Geschlecht." Diese Philosophen legten den Grundstein für moderne Zivilisation und die westliche Art zu denken.[30]

Vor etwa **500** Jahren hatte sich die menschliche Bevölkerung auf **400.000.000** Menschen verachtfacht. Kolumbus und andere westliche männliche Abenteurer begingen ihre Unternehmungen in die weite Welt, die zu ihrer Erforschung und zum weltweiten Handel führten, während Kopernikus, Galileo, Keppler und Newton die ersten modernen wissenschaftlichen Erkenntnisse erzielten. Gewaltige technische, philosophische, soziale und politische Fortschritte wurden von Männern[31] während der Zeit der Aufklärung im 18. Jahrhundert erzielt, wonach die Weltbevölkerung explodierte.

Vor **200 Jahren** (um das Jahr 1800 herum) überstieg die menschliche Weltbevölkerung zum ersten Mal eine **Milliarde**. Während der industriellen Revolution wurde die physische Stärke von Männern und Tieren durch die Leistung von Dampfmaschinen und modernen Waffen ersetzt. Diese neuen Technologien erlaubten Frauen Schritt für Schritt Terrain zu betreten, welches zuvor ausschließlich von Männern erschlossen und besetzt worden war und ermöglichte dadurch den Kampf um Frauenrechte,[32] welche zu unterschiedlich ausgeprägten Wellen des Feminismus führte.[33]

Um das Jahr **1900** erlangten Frauen in modernen Gesellschaften zunehmend das Wahlrecht,[34] das Recht auf gleiche Bildung[35] und das Recht in jedem Beruf zu arbeiten, für den sie die Qualifizierung hatten, sowie die gleiche Bezahlung für gleiche Arbeit.[36] Damals wandelten (und zunehmend: fuhren) **1,6 Milliarden** Menschen auf der Erde.

1960 wurde die sexuelle Revolution beflügelt durch die Erfindung der Pille (durch einen Mann, stellt euch das mal vor)[37], die vielen Frauen die volle Selbstbestimmung über ihre Fortpflanzungsmöglichkeiten (und -verhütung) gab.

1970 wurden Gesetze zur Legalisierung von Scheidungen ohne Schuldfrage in den Vereinigten Staaten[38] erlassen, was zu einer Verdopplung der Scheidungsraten führte, da nun die Scheidungen doppelt so oft von Frauen eingereicht wurden, als von Männern.[39]

1980 erreichte die Wachstumsrate der Weltbevölkerung ihren Höhepunkt mit 2,1% im Jahr und fiel dann rapide auf 1% im Jahr 2017, und wird nach Prognosen im Jahr 2100 0,1% erreichen.[40]

1990 bestärkte die dritte Welle des Feminismus moderne und postmoderne Frauen darin, ihren unabhängigen Weg in alle Bereiche der westlichen Gesellschaft, wie wir sie heute kennen, zu gehen.[41]

2017 durchbrach die (menschliche) Weltbevölkerung die **7,5-Milliarden**-Marke, was, von einem evolutionären Standpunkt aus betrachtet, eine unglaubliche Erfolgsgeschichte ist. Gleichzeitig sind es weltweit immer weniger Menschen, die gemeinsam als Paar in einer gesunden nachhaltigen Liebesbeziehung kokreativ sind und sich fortpflanzen. Die Geburtenraten gehen in den meisten westlichen Gesellschaften zurück und liegen weit unter einem Level, welches als nachhaltig bezeichnet werden könnte. Die Menschen haben Umweltzerstörung und eine zunehmende Einkommensungleichheit geschaffen, die die friedliche Koexistenz und Zukunft der Menschheit gefährden.

KAPITEL 3

Vier Dimensionen unseres Seins

Jeden Tag erinnere ich mich hundert Mal daran, dass mein inneres und äußeres Leben von der Arbeit anderer lebender und bereits verstorbener Menschen abhängt.
~ Albert Einstein ~

Beim Lesen dieser kurzen Abhandlung der Geschichte könnte dir aufgefallen sein, dass die Evolution im Allgemeinen, vor allem aber die menschliche Entwicklung, sich innerhalb von vier einander bedingenden Dimensionen, die essenziell sind für unser menschliches Dasein, entwickelt hat (auch genannt Tetra-Evolution).[42] Zur vereinfachten Darstellung hat Ken Wilber diese vier Dimensionen als vier Quadranten gezeichnet.

Die vier Quadranten

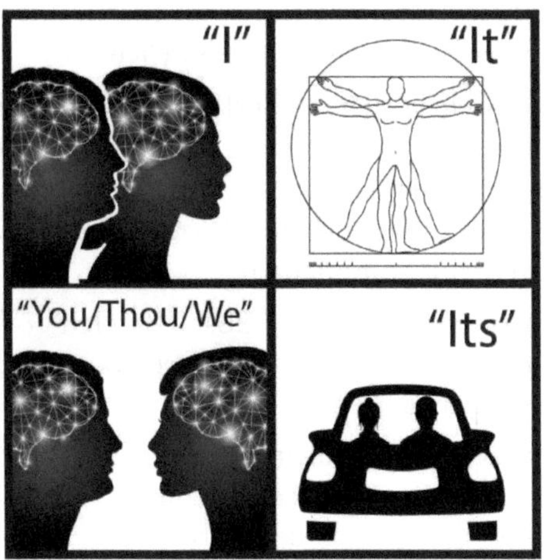

Grafik 7. Die vier Quadranten des AQAL-Modells

Die Quadranten sind wie folgt bezeichnet:[43]

1. Oben Links (OL) "**Ich**" – individuelles, subjektives, inneres Bewusstsein – jenes, welches in dir jetzt gerade lebendig ist (also das Schöne)

2. Oben Rechts (OR) "**Es**" – individueller, objektiver, externer, physikalischer Körper – einschließlich deiner Muskeln, Knochen, Organe, Hormone, Gehirnwellen, Emotionen, etc. (also das Wahre).
3. Unten Links (UL) "**Wir**" – kollektives, intersubjektives, inneres „Kulturelles" – all deine menschlichen Beziehungen der Vergangenheit und der Gegenwart, die deine Fähigkeiten zu sprechen und zu denken auf gewisse Weise beeinflusst haben, genauso wie deinen Glauben, deine Werte und deine Weltsicht (also das Gute).
4. Unten Rechts (UR) "**Es**" – kollektive, inter-objektive, externe, soziale und ökologische Umwelt – der physikalische Ort an dem du dich gerade befindest, einschließlich der Luft die du atmest und allem anderen außerhalb von dir, das deinen Körper beeinflusst und trägt (also das Funktionale).

Unser physikalischer Körper[44] wird im oberen rechten Quadranten dargestellt. Er ist das Ergebnis aus 3,7 Milliarden Jahren biologischer Evolution hin zu einer stets zunehmenden Komplexität, wie zu dem, soweit uns bekannt, höchst entwickelten Organismus, dem menschlichen Gehirn, geführt hat. Wir nennen es das objektive Äußere, weil seine physikalischen Bausteine bis hin zu den subatomaren Teilchen alle ein „Äußeres" haben, das objektiv gemessen, analysiert und kategorisiert werden kann. Das schließt unsere äußere Haut und Körpermerkmale genauso ein wie unsere inneren Organe, Flüssigkeiten, Hormone, Nerven, Zellen und Impulswellen unseres Gehirns.

Eine zweite Dimension, welche sich im Verlauf der menschlichen Geschichte entwickelt hat, ist unser individuelles, subjektives, inneres Bewusstsein, abgebildet Oben Links.[45] Dieser Quadrant repräsentiert das Selbst, das im Jetzt in dir lebt und *wahr*nimmt, und die Welt um dich herum fühlt, und diese Wörter jetzt liest. Dieses bewusste Selbst kann unterteilt werden in drei Komponenten[46]

Unsere unabhängige Wahrnehmung des Selbst, das „Ich" oder „Ego"[47], welches wir im Gegensatz und Unterschied vom Rest der Welt wahrnehmen, der Eindruck eines Individuums, welches unabhängig existiert.

Die körperlich gebundene Persönlichkeit, unser transientes, relatives, oder einzigartiges selbst. Das schließt unsere wandelbaren Gedanken, Emotionen, Werte und Ansichten ein, genauso wie unsere Fähigkeiten der Liebe und des Mitgefühls.

Unser erhelltes, transzendentales, wahrhaftiges, oder authentisches selbst, welches Eins ist mit der Essenz oder Quelle allen Seins.

Innerhalb von Teil 1 dieses Buchs werden wir diese drei Formen des individuellen, bewussten Selbst weiter untersuchen.

Dies führt uns zur dritten essenziellen Dimension unseres Daseins, angesiedelt im Quadranten Unten Links, welche wir die kollektive, intersubjektive, innere, „kulturelle" Dimension nennen. Ähnlich den Genen, die von Generation zu Generation über Keimzellen weitergegeben werden, übernehmen wir auch Sprache, Glaubenssysteme, Werte und Verhaltensarten, die uns von unseren Eltern und unserer kulturellen Umgebung weitergegeben werden. Diese kulturelle Entsprechung zu den Genen nennt man Meme (reimt sich auf Gene), und analog zu diesen haben auch sie die Fähigkeit, sich selbst zu vervielfältigen, zu mutieren und auf selektiven Druck zu reagieren und damit kulturelle Konzepte, Symbole und Verhaltensweisen von einem Geist auf den Anderen mittels Sprache, Schrift, Gesten, Rituale oder andere Nachahmungs-Phänomene zu übertragen. Nimmt man diese Perspektive ein, **leben nicht wir in der Welt, sondern die Welt in uns.**

Eine vierte essenzielle Dimension unseres Wesens ist unser kollektives, inter-objektives Äußeres, angesiedelt im Unteren Rechten Quadranten. Dieser Quadrant beinhaltet das soziale und ökologische Umfeld, welches unserem Körper Halt gibt durch menschlich erzeugte Infrastrukturen, Gegenstände und Systeme, die natürliche Welt und die physischen Interaktionen mit anderen Menschen. Das schließt die Luft, die wir atmen mit ein, genauso wie die Nahrung, die wir aufnehmen, unsere Kleidung, das Heim, Transportmittel, Arbeitsplatz und Geld, und auch die Familie, Freunde, Kollegen und Wahlverwandtschaften.

Um als Mensch existieren zu können, dürfen wir auf keine dieser vier Dimensionen verzichten:

Ohne einen Körper (Oben Rechts) könnten wir vielleicht Engel sein, wären aber nicht in der Lage physisch und physikalisch mit der Welt zu interagieren.

Ohne ein inneres Bewusstsein (Oben Links) wären wir Zombies, ohne Willen und ohne Selbstbewusstsein.

Ohne Sprache, Wissen, Glauben, Werte und Normen, kurz: alles was uns durch Interaktion mit Anderen innerhalb unseres kulturellen Umfelds ausmacht (Unten Links), würden wir uns nicht reflektieren, könnten nicht durch Vernunft und Sprache unsere Handlungen mit Anderen abstimmen, und wären damit unfähig unserer menschlichen Existenz einen Sinn zu geben. Stattdessen wären wir darauf angewiesen, dass andere sich um uns kümmern, damit wir überleben.[48]

Ohne ein soziales und ökologisches Umfeld (Unten Rechts) würde unser Körper nicht überleben (beziehungsweise nicht mal in Erscheinung treten).

Die Einteilung in diese vier Dimensionen wird in den meisten modernen Metamodellen angewandt, darunter: Roy Bhaskars[49] Theorie der vier Ebenen von (1) materiellen Transaktionen mit der Natur, (2) zwischenmenschlicher Handlung, (3) sozialen Beziehungen und (4) Intrasubjektivität; Edgar Morins[50] Modell der Unidualität von (1) natürlicher und (2) kultureller, sowie (3) zerebraler und (4) psychischer Dimension; oder Habermas'[51] drei Wertspähren des (1) Wissenschaftlichen/ Technischen, (2) Moralischem/Legalen und (3) Ästhetischen/Expressiven, mit den damit verknüpften Wahrheitsdimensionen (1) Wahrheit, (2) moralische/ethische Richtigkeit und (3) Aufrichtigkeit, oder einfach ausgedrückt (1) das Wahre, (2) das Gute und (3) das Schöne, unter Ergänzung von Wilbers Hinzunahme von (4) dem Funktionalen oder Anwendbaren.

Das Erfahren der Quadranten

Da du nun einmal ein menschliches Wesen bist, kannst du diese vier Dimensionen in diesem Augenblick spüren:

(1) Die Obere Linke (OL) subjektive, individuelle, äußere „Ich"-Dimension spürst du, wenn du deine Aufmerksamkeit nach innen richtest und dich fragst „was macht mein Leben gerade jetzt aus?" Sie beinhaltet das ganze Spektrum deines Bewusstseins von Eindrücken zu Gefühlen, Gedanken Träumen, Absichten, Intuition, Wahrnehmungen, Projektion, Schönheitssinn und spiritueller Wahrnehmung. Introspektion, Psychotherapie, kognitive Wahrnehmungsübungen und Meditation sind Praktiken, die das Obere Linke voranbringen. Dieser Quadrant wird daher auch der vorsätzliche Quadrant genannt.

(2) Den Oberen Rechten (OR) Quadranten, deine objektive, individuelle, äußere physische Dimension, nimmst du wahr, wenn du deine Aufmerksamkeit auf deinen physischen Körper richtest, einschließlich deiner Haut, Muskeln, Zellen, Hormone, Enzyme, Gehirnwindungen, Geruch, Stimme, Körpergröße, etc. Unterschiede in männlichen und weiblichen Körpern, wie beispielsweise die Geschlechtsmerkmale (Brüste, Penis, Vagina, Körperbehaarung, etc.), hormonelle Ausprägung (Testosteron, Östrogen, etc.) sowie genetischer Aufbau (X- und Y-Chromosomen, etc.) finden ihre Entsprechung im Oberen Rechten Quadranten. Körperliche Betätigung, Ausruhen, Ernährungsentscheidungen/Nahrung, Hygiene, medizinische Behandlung, Yoga, etc. sind Handlungsweisen, die das Wohlbefinden deines physischen Körpers unterstützen. Daher nennt man diesen Quadranten manchmal auch Verhaltensquadrant.

(3) Der Untere Linke (UL) Quadrant repräsentiert deine kollektive, innere, kulturelle „Wir"-Dimension, die du wahrnehmen kannst, wenn du deine Aufmerksamkeit nach außen richtest und dich fragst, „wie lebt meine Kultur in mir und wie setze ich meine innere Wahrnehmung ins Verhältnis zu anderen?" Das schließt alles ein, was du während deines Lebens gelernt hast, wie beispielsweise Sprache, religiöse Vorstellungen, Weltsicht und Moralvorstellungen, genauso wie Vereinbarungen, Bescheidenheit, Mitgefühl, Hingabe und Gläubigkeit. Auch gehören Gesetze dazu, wie die für standesamtliche Heirat und Scheidung. Die Art wie du eine gemeinsame Verständigung mit Anderen herstellst durch Augenblicke der Intimität (die man auch beschreiben könnte als ich-lasse-dich-in-mich-blicken, um die interpersonelle Natur von Intimität hervorzuheben)[52] und Verletzlichkeit, genauso wie dein Entwicklungsstand von Ethik und Moral, deine kommunikativen Fähigkeiten, Weltsichten, Werte und auch deine emotionalen Verletzungen durch Andere finden ihre Entsprechung im Unteren Linken Quadranten. Kommunikations- und Führungstrainings, Paartherapie, Konflikt-lösungsansätze, Meditation, Gebete und andere religiöse Praktiken gehören auch zum UL-Quadranten.[53]

(4) Der Untere Rechte (UR) Quadrant beinhaltet deine kollektive, externe (soziale) „Es"-Dimension. Du kannst diese wahrnehmen, wenn du deine Aufmerksamkeit auf die physische und physikalische Welt richtest, die dich umgibt, und dich fragst, „was ist

das soziale, ökonomische und ökologische Umfeld, das meinen Körper stützt, und welche physikalische Wirkung habe ich auf die Welt?“ Das schließt die Luft ein, die du atmest, das essen, das du isst, dein Obdach, deine Besitztümer, deine Aufgaben, finanzielle Güter und Verpflichtungen, deinen sozialen Status, physische Beziehungen, Familie, Freunde und Gesellschaft. Ebenso fällt in den UR-Quadranten, dass Frauen Männer als ihren Beschützer und Versorger wahrnehmen, dass Männer sich selbst wertiger fühlen mit einer Frau an ihrer Seite, und auch Familienbeziehungen, soziale Unternehmungen, Erziehungsmethoden, Gemeinschafts-gefühl, Mannschaftssportarten, Finanzhaushaltung und physisches Verhalten zwischen Männern und Frauen (wie beispielsweise sexuelle Nötigung, wer kauft den Diamant-Ring, wer macht den ersten Schritt und riskiert es abgewiesen zu werden, etc.). Traditionelles Coaching, die Aneignung sozialer Fähigkeiten, berufliche Ausbildung, Kunst und Handwerk, die Interaktion mit Tieren und der Natur, Umgang mit Geld und Dingen, all dies gehört zu diesem Quadranten.

Wo liegt dein Fokus?

Auch wenn alle vier Quadranten permanent eine Rolle spielen für unsere menschliche Existenz, so schwankt unsere Aufmerksamkeit für gewöhnlich zwischen ihnen hin und her, oft auch mit einer stärkeren Betonung über einen längeren Zeitraum einer oder zweier Dimensionen. Manche Person ist vielleicht zu sehr auf ihre physische Erscheinung (OR) und die harmonische Beziehung (UL) mit der Familie und den Freunden konzentriert, während sie ihren Job (UR) und die spirituelle Praxis beziehungsweise das geistige Wohlbefinden (OL) vernachlässigt, während jemand anderes vielleicht zu viel Wert legt auf die Meditationspraxis und die emotionale Gesundung (OL), während sie 70 Stunden pro Woche als Manager arbeitet (UR) und eine emotionale Intimität mit anderen (UL) vermeidet und die eigene physische Gesundheit (OR) vernachlässigt indem sie Junk Food isst und sich nicht genug körperlich betätigt oder schläft.

Quadranten-Absolutismus

Manche Ansichten und Praktiken legen den Fokus ausschließlich auf einen einzigen Quadranten und ignorieren all die anderen. Das führt zu Quadranten-Absolutismus.

Beispielsweise beziehen sich Praktiken wie Meditation, Unique Self, authentische Begegnungen (Authentic Relating) ausschließlich auf den Oberen Linken „Ich“-Quadranten.

Praktiken wie Yoga (in seiner physischen Ausprägung), bestimmte Arten des Tantra und körperliches Training fokussieren sich ausschließlich auf den Oberen Rechten „Es“-Quadranten.

Praktiken wie die “we-space”-Übungen,[54] Blickkontakt („eye gazing“) und gewaltfreie Kommunikation legen den Fokus ausschließlich auf den Unteren Linken „Wir“-Quadranten.

Praktiken zur Steigerung finanziellen oder sozialen Erfolgs, wie Workshops, Seminare und Trainings, beziehen sich ausschließlich auf den Unteren Rechten „Es'se"-Quadranten.

Wenn wir auch nur eine Dimension unseres Seins über einen längeren Zeitraum ignorieren, vernachlässigen oder marginalisieren, wirkt es sich auch negativ auf alle anderen Quadranten aus. Als eine Konsequenz daraus folgt, dass unser Leben und unsere Liebesbeziehungen aus dem Gleichgewicht geraten und wir und andere möglicherweise darunter leiden.

Daher ist es ratsam alle vier Dimensionen auf gesunde und nachhaltige Art und Weise in Einklang miteinander zu bringen statt ein oder zwei auf einen absoluten Status zu erheben. Eine *integrale Lebenspraxis* (ILP) mit verschiedenen Modulen und Übungen zur Förderung der Gesundheit von Körper, Geist, Seele, Schatten, Ethik, Sexualität, Arbeit, Gefühlen und Beziehungen, wie sie in dem Buch mit demselben Namen erläutert wird, ist eine bewährte Methode, um in allen vier Quadranten ausgeglichen und gesund zu bleiben.[55]

Liebe in allen vier Quadranten

Wenn wir uns verlieben und eine Beziehung eingehen, treten alle vier Quadranten in einen intensiven Austausch mit einem anderen menschlichen Wesen.

Zwei individuelle „Ich's" oder Egos (OL) und „Es"-Körper (OR) erleben eine gemeinschaftliche Erfahrung eines „Wir" (UL), inklusive Verständnis, Resonanz und Intimität (beziehungsweise Missverständnis, Dissonanz und Entfremdung) innerhalb ihrer individuellen und gemeinsamen „Es'se", der sozialen Umfelder (UR).

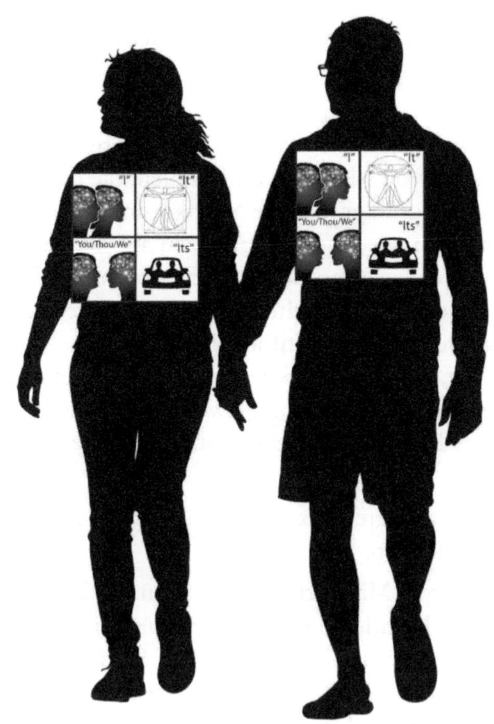

Grafik 7. Die vier Quadranten in einer Paarbeziehung

Sexuelle Anziehung und primäre Fantasien

Männer fühlen sich von Natur aus hingezogen zu jungen (beziehungsweise jüngeren), vitalen und gesund aussehenden Frauen mit zarter Haut, glänzendem Haar, schönen und weißen Zähnen, Symmetrie in Gesicht und Körper, geschwungenen Hüften, schmaler Taille (im Idealfall mit einem Verhältnis Taille-Hüfte von 0,7 – wobei die Relation von Körpergröße und Gewicht ein sekundärer Faktor ist),[56] strahlenden Augen und straffen Brüsten – alles Indikatoren der Fruchtbarkeit und der Fähigkeit gesunde Kinder zu gebären, somit also „reproduktive" Fähigkeiten. All diese Qualitäten sind im Oberen Rechten Quadranten angesiedelt.[57]

Frauen wiederum fühlen sich üblicherweise angezogen von starken, großen,[58] erfolgreichen, intelligenten, gesund aussehenden und unterhaltenden Männern mit einem Verhältnis Taille-zu-Hüfte von 0,9, breiten Schultern, Geld, dem Potential auch künftig den Unterhalt zu sichern, Macht (was jedoch zu Schädigung im Gehirn führen kann)[59] und sozialem Status, die gegenüber ihrer Partnerin/Gattin gutmütig sind und aggressiv gegenüber anderen, und die mit ihrer Partnerin eine exklusive Bindung eingehen und ausschließlich diese lieben (also treu sind). All diese Attribute sind Indikatoren für gute

Gene und die männlichen „produktiven" Fähigkeiten, Merkmale eines potenten Beschützers und Versorgers, und sie sind angesiedelt im Oberen Rechten und im Unteren Rechten Quadranten.[60]

Diese divergierenden Vorlieben entwickelten sich während der menschlichen Evolution durch sexuelle Auslese von Männern und Frauen, die diese Qualitäten im anderen Geschlecht suchten und dadurch gesündere Nachkommen zeugten, mit höheren Fähigkeiten zu überleben und sich wieder fortzupflanzen als die Kinder von weniger attraktiven Partnern. Diese sexuellen Gesundheitsindikatoren wurden im reptilischen und limbischen Teil unserer Gehirne gespeichert, wo auch andere primäre Impulse gesteuert werden, wie beispielsweise unser Appetit auf Fettes, Süßes und Salziges, genauso wie unsere Reaktionen Flucht, Kampf und Starre, worauf wir keinen direkten Einfluss haben, und die wir nur sehr schwer, beziehungsweise unmöglich mit unserem bewussten Sinn, der im viel jüngeren Teil unseres Gehirns sitzt, dem Neokortex, kontrollieren können. .[61]

Wir werden diese tief verankerten sexuellen Präferenzen im Ganzen als die primären (sexuellen) Fantasien bezeichnen.

Die primären Fantasien von Männern erkennt man eindeutig in den Angeboten der Pornoindustrie wieder[62], während Liebesromane,[63] „Frauenfilme" und Filme mit aggressiven Helden, die wahllos töten und andere Männer (und Frauen) unterwerfen, um die „begehrte Braut" und die Liebsten (die von der Gesellschaft unterdrückt werden) zu beschützen, die Gegenstücke sind, die die primären sexuellen Fantasien von Frauen ansprechen.[64]

Männer fühlen sich viel schneller hingezogen und verlieben sich schneller als Frauen, da ihre primäre Fantasie allein auf Aussehen und sexueller Ausstrahlung gegründet ist, die mit einem Augenblick erfassbar sind.[65]

Bei Frauen gibt es prinzipiell denselben Initialfunken, wenn sie einen physisch attraktiven Mann sehen, aber er erlischt wieder sehr schnell, wenn sein sozioökonomischer Status und seine Persönlichkeit nicht ihren primären Fantasien entspricht.[66] Für sie sind zusätzlich zum Aussehen Einkommen, Wohlstand, Erfolg, Charakter, Intelligenz, Wissen, Treue, Erziehung, Bildungsabschlüsse und akademische Titel, Beruf, Errungenschaften, Selbstverwirklichung, Manieren, Lebensweise, Auto, Haus, Kleidung, Ruhestandspläne, Freundeskreis und Integrität von großer Bedeutung; während diese geschlechtsbezogenen Tauglichkeitsindikatoren von Männern bei Frauen kaum noch weniger Beachtung haben könnten.

Hinzu kommt, dass, während die physischen Attraktoren im Oberen Rechten Quadranten im Verlauf der Evolution in allen Kulturen für Frauen und Männer nahezu gleich geblieben sind, die von Frauen gestellten Mindestanforderungen im Unteren Rechten Quadranten bedeutend an Komplexität und Niveau zugenommen haben und außerdem von Kultur zu Kultur, abhängig von den jeweiligen sozioökonomischen Entwicklungen und Werten, variieren. Ein Jahreseinkommen von 60.000 US$ im Jahr zu haben, ein eigenes Haus oder eine eigene Farm zu bewohnen und zu bewirtschaften und einen großen SUV zu fahren genügt vielleicht im mittleren Westen der USA um die primäre Fantasie einer dort lebenden Frau anzusprechen, während es in New York oder San Francisco erforderlich ist, auf ein eigenes Auto zu verzichten, in einem gemieteten Penthouse zu leben und mindestens 500.000 US$ im Jahr zu verdienen, um den Mindestanforderungen einer dort sozialisierten Frau zu entsprechen.[67]

Der evolutionäre Hintergrund für diese wählerische Überprüfung eines Mannes durch die Frau, bevor er als Liebhaber und Partner in Betracht kommt, liegt in der begrenzten Anzahl *ihrer* Eizellen und dem absoluten Überfluss *seiner* Spermien und der Möglichkeit einer Schwangerschaft.[68] Ein Kind zu bekommen verpflichtet sie viel mehr als ihn, sowohl emotional als auch zeitlich.[69] Selbst wenn ein Paar verhütet oder nicht mehr in der Lage sein sollte, Kinder zu zeugen, reagiert das Hormonsystem der Frau genau so, als bestünde das reale Risiko einer Schwangerschaft, in welchem Fall sie dann neun Monate körperlicher gebunden wäre, nicht die Kinder eines anderen Mannes empfangen könnte, ihr Leben während der Geburt riskieren würde und sich viele Jahre um das Kind kümmern müsste, während den Vater vielleicht nichts davon abhalten kann, sie zu verlassen und seine Spermien, Liebe und Fürsorge einer anderen Frau zukommen zu lassen.[70]

Die unten abgebildete Grafik bildet die in den meisten modernen Gesellschaften vorhandene Dynamik zwischen Männern und Frauen ab. Eine große Anzahl Männer von durchschnittlicher Körpergröße und durchschnittlichem Aussehen, Einkommen und Status sehnt sich nach den zahlreichen sexuell attraktiven Frauen – diese zieht es jedoch zu den 5% sogenannten „Qualitätsmännern", die überdurchschnittlich sind, und Topverdiener. Das liegt daran, dass moderne Frauen das Verlangen haben, das, wie sie sich den Partner vorstellen, zu 100% erfüllen zu lassen, während Männer sich für gewöhnlich auch mit der Erfüllung von 80% ihres Ideals zufrieden geben. In Teil 2 werden wir zeigen, wie die geteilte Bestimmung die primären Fantasien mäßigt und normalisiert.

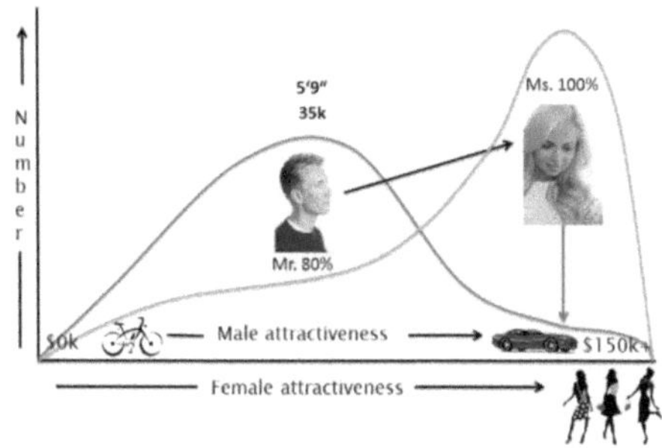

Grafik 8. Dynamiken der primären sexuellen Fantasie

Alle anderen Qualitäten, die Männer und Frauen typischerweise in einem Partner suchen sind sekundär und für gewöhnlich genderneutral. Das schließt gemeinsame Werte, Interessen, Vorstellungen der Lebensweise, Temperament, Pläne und Träume für die Zukunft ein, genau so wie übereinstimmende Bedürfnisse nach gemeinsamer Zeit, Geld und Sex.[71]

Angst-Scham-Dynamik

Eng verknüpft mit der primären Fantasie ist die Angst-Scham-Dynamik zwischen Männern und Frauen. Die unbewusste emotionale Reaktion Angst erwacht in Frauen, wenn sie sich nicht beschützt fühlen vor der Gefahr möglicher Vergewaltigung oder anderweitiger Verletzung, beim Eindruck von materieller Unsicherheit, emotionaler Leere oder des Verlassenwerdens durch ihren männlichen Partner.

Die unbewusste emotionale Reaktion Scham kommt im Mann hoch, wenn er sich für seine Anstrengungen nicht entsprechend gewürdigt fühlt, in der Erfüllung seiner Bestimmung nicht unterstützt fühlt und entmannt (in seiner Männlichkeit angezweifelt) fühlt, und dadurch den Eindruck hat, dass er nicht genügt, um den Bedürfnissen und Erwartungen seiner Partnerin nach Sicherheit, Unterhalt und Wohlbefinden zu entsprechen. Das kann zu einer Abwärtsspirale führen, die im Ende der Beziehung mündet, wenn die Frau nur noch an Allem rumnörgelt und ihn ständig hinterfragt, um sich damit paradoxerweise die Liebe und die Fürsorge zu sichern, die sie haben möchte, und er sich einigelt um den Vorwürfen und den Anklagen zu entgehen.[72]

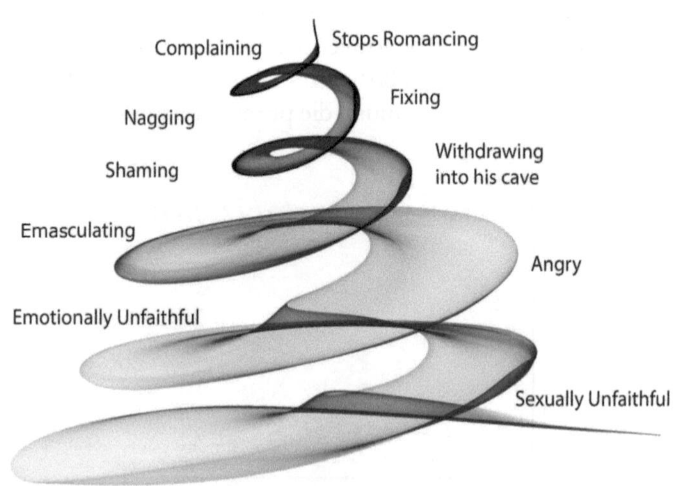

Grafik 9. Angst-Scham-Spirale

Brené Brown[73] definiert die Scham als „das intensive schmerzhafte Gefühl oder die Wahrnehmung des Glaubens, dass wir mangelhaft sind und deshalb der Liebe und der Zugehörigkeit unwürdig." Sie führt weiter aus, dass es drei Dinge gibt, die wir dringend über die Scham wissen müssen: Wir alle empfinden sie, wir alle haben Angst davor, darüber zu sprechen und je weniger wir darüber sprechen desto mehr kontrolliert sie uns. Aber es gibt unterschiedliche Wahrnehmungen der Scham bei Männern und Frauen. Für Frauen hängt Scham von einem Netz unerfüllbarer Erwartungen ab, die da heißen: „Schaff alles, mach es perfekt, und lass niemanden mitkriegen wie sehr du dich dafür abrackerst." Für Männer lautet die oberste Regel der Scham(-vermeidung): „Wirke auf keinen Fall schwach." Als sie Frauen fragte, was bei ihnen das Gefühl der Scham hervorriefe, war die häufigste Antwort das Aussehen – auch nach Jahren der Bewusstseinsbildung und der kritischen Haltung neigen Frauen immer noch dazu Scham zu empfinden, wenn sie sich nicht dünn, jung und schön genug empfinden. Die häufigste Antwort von Männern war, dass Scham hervorgerufen wird durch die Empfindung des Versagens – sei es bei der Arbeit, auf dem Fußballplatz, im Bett, im Eheleben, oder als Vater.[74]

Wenn einem die Angst-Scham-Dynamik bewusst wird, so wird sie zu einer gewaltigen Chance zur Heilung und des Wachstums für beide Partner. Wie wir in Teil zwei weiter untersuchen werden, hat diese Dynamik in der Evolution der Menschheit tatsächlich eine wichtige Rolle gespielt, als jene Männer, die ein starkes kreatives Talent hatten, mit dieser herausragenden Kreativität auf die Bedürfnisse und Wünsche ihrer Frauen und ihrer Kinder nach mehr Sicherheit und Komfort eingingen, indem sie immer bessere Lösungen für die Probleme, denen sie gegenüberstanden, entwickelten.

Romantik und sekundäre Fantasien

Liebende, die nach der Resonanz ihrer primären Fantasien in die romantische Phase eintreten, sprechen dann oft von der richtigen Chemie zwischen den beiden und liegen damit ganz richtig.[75] Lust wird bei Männern und Frauen durch eine starke Ausschüttung von Testosteron hervorgerufen, Intimitätsempfindung entsteht durch Dopamin, Norepinephrin und Serotonin, und Verbundenheitsgefühl entsteht durch höhere Mengen von Oxytocin bei Frauen und Vasopressin bei Männern.[76] Manche dieser Liebeshormone wirken ähnlich wie manche illegale Droge. Sie können ihre Träger zu unbekannten Höhenflügen treiben, Abhängigkeiten hervorrufen und zu schmerzhaften Einsamkeitsgefühlen führen, wenn der Hormonspiegel sinkt.[77]

In dieser Phase treten „sekundäre Fantasien" in allen vier Quadranten auf den Plan:

„Geistige" Qualitäten, zu denen Humor, Intelligenz, Aufmerksamkeit, Schönheitssinn, Weltsicht, spirituelle Verwirklichung, etc. gehören, Oben Links.

„Kulturelle" oder „Wir"-Qualitäten, zu denen Freundlichkeit, kommunikative Fähigkeiten, emotionale Verfügbarkeit, Verständnis, gegenseitige Unterstützung für individuelle und gemeinsame Ziele, gemeinsame ethische und moralische Werte, gemeinsame Zukunftsträume, etc. gehören, Unten Links.

„Körperliche" Qualitäten, zu denen ähnliche Ernährungsgewohnheiten, Gesundheitsprobleme und -themen, Hygiene, Schlafgewohnheiten, körperliche Aktivitäten, etc. gehören, Oben Rechts.

„Soziale" Qualitäten, wie sozialer Status (üblicherweise wollen Frauen durch Heirat aufsteigen), Einkommen, Beruf, Entscheidungen der Lebensweise (wie Leben in der Stadt oder auf dem Land), Reisepläne, Familie, Kinderwunsch, Haustiere, Hobbies, Interessen, etc. Unten Rechts.

Diese „sekundären Fantasien" werden oft als erstes genannt, wenn Singles gefragt werden, was für sie am anderen Geschlecht attraktiv ist und wenn Paare darüber sprechen, was sie am Partner schätzen. Das überrascht insofern nicht, da es nicht als politisch korrekt gilt, seine primären Fantasien auszudrücken, vor allem von Frauen, und wer es tut, gilt als oberflächlich, stereotyp, objektifizierend, vulgär und diskriminierend. Männer sagen eher in der Öffentlichkeit, dass sie sich von jüngeren, attraktiven, gutaussehenden Frauen angezogen fühlen, während es für Frauen schwieriger ist, zuzugeben, dass sie sich ureigentlich von aggressiven, großen, erfolgreichen, Männern, mit einem hohen Status, viel Macht und Reichtum angezogen fühlen. Das letztere kann man den kollektiven weiblichen Schatten nennen, der seine hässliche Fratze zeigt, wenn Frauen wild und wütend werden, wenn man sie mit diesen weidlich belegten und offensichtlichen Tatsachen konfrontiert.[78]

Partnersuche

Vor den modernen Phänomenen der Singlebörsen, sozialen Medien und Weltreisen gab es einen ziemlich eingeschränkten Fundus an verfügbaren Singles im eigenen sozialen Umfeld. Das führte zu einem Gefühl der Verknappung, welches, wie wir aus psychologischen Studien wissen, die Leute entschlussfreudiger macht und wahrhaftig mit der Entscheidung zufriedener.[79] Nachdem die attraktivsten Singles sich einen Partner aus dem begrenzten Fundus ausgewählt hatten, fanden sich die übriggebliebenen Junggesellen und Junggesellinnen auf Grundlage ihrer Attraktivitätsgrade zusammen. In unserer heutigen Zeit der Hyper-Mobilität und der Millionen Singles auf Internetplattformen gibt es eine Empfindung des Überflusses an hochattraktiven, potenziellen Partnern für beide Geschlechter. Das führt zu einer Menge Singles, die sich außerhalb ihrer Liga treffen und Frauen, die sich einer Festlegung verweigern.[80]

Lauri Gottlieb beschreibt dieses Phänomen sehr lebhaft in ihrem Buch *Marry Him: The Case for Settling for Mr. Good Enough* (Heirate ihn: Der Grund warum Mister-Good-Enough auch gut ist). New-Age-Lehren wie *Das Gesetz der Anziehung*, *The Secret* (Das Geheimnis), *Love Will Find You* (Die Liebe wird dich finden) und *Calling In ‚The One'* (‚Den/Die Eine' herbeirufen), die sich vornehmlich an Frauen richten, bauen noch auf dem Problem unrealistischer Erwartungen auf. Viele Singles ziehen es vor, weiter zu suchen, statt sich entscheiden, und mit Hilfe von Methoden die „Conscious Uncoupling (Lass uns in Frieden auseinander gehen)" heißen, beenden Frauen Beziehungen schneller, wenn sie den Eindruck haben, dass ihre Bedürfnisse nicht erfüllt werden. Andere erzählen Lügen über wichtige Tatsachen, wie beispielsweise Alter, Körpergröße oder Einkommen und verwenden ältere oder bearbeitete Profilfotos um den ungreifbaren, vermeintlich perfekten Lebensgefährten zu erobern. Zu guter Letzt führt die finanzielle, sexuelle und emotionale Unabhängigkeit moderner und postmoderner Frauen bei gleichzeitigem Wunsch des Aufwärtsheiratens bezüglich Status und Wohlstand dazu, dass der Fundus an begehrten Männern im Vergleich zu prämodernen Zeiten, als die meisten Frauen kein eigenes Einkommen hatten und in ihrer Familie feststeckten oder als Dienerinnen arbeiteten bis sie verheiratet wurden, logischerweise extrem schrumpft.

Auch sollten wir nicht vergessen, dass sich Menschen im Lauf der Zeit auch in Partner verliebt haben, die nicht unmittelbar ihrer primären Fantasie entsprachen, aber ihren sekundären Fantasien entsprachen. Diese These ist belegbar durch die liebevollen Partnerschaften, die aus arrangierten Ehen hervorgingen, und durch Paare, die erst zu Freunden wurden (beispielsweise am Arbeitsplatz, der Schule, Organisationen, etc.) und sich später ineinander verliebt haben. Diese Form des Verliebens ist mit der Zeit, durch Internetliebschaften (bei der Singles erwarten, dass die Chemie beim ersten treffen spürbar ist oder anderenfalls weiterziehen), notwendigen Gesetzen gegen sexuelle Belästigung, die das Flirten am Arbeitsplatz verkompliziert haben, und dem höheren zeitlichen Aufwand für Fernsehen, Smartphone, soziale Medien, Computerspiele und Haustiere statt sozialer Interaktion mit Anderen, zurückgegangen.

Stets unvollständig und doch vollständig

Folgt man der Logik, dass jedes Inneres ein Äußeres erfordert und jedes Einzelne eine Mehrzahl um zu existieren (was in den vier Quadranten wiedergegeben wird), so sind wir als Menschen *stets unvollständig* in Relation zu unserem kulturellen und sozialen Umfeld – unseren Beziehungen – und gleichzeitig *bereits vollständig* in unserem Körper und Geist. Diese grundlegende Erkenntnis ist der Kern des integralen Liebesbeziehungsmodells. **Wir sind also gleichzeitig ganze Individuen und unvollständige Beziehungswesen**.

In der integralen Ausdrucksweise wird alles, was gleichzeitig ein Ganzes im Selbst (bspw. Du) und ein Teil eines größeren Ganzen (bspw. du als Teil einer Liebesbeziehung, Familie oder Gemeinschaft) als *Holon* bezeichnet.[81] Man kann sagen, dass die gesamte Existenz aus Holons besteht. So sind **B u c h s t a b e n** Teile ganzer Wörter, die Teil ganzer Sätze sind, die Teil ganzer Absätze sind, die Teil ganzer Kapitel sind, die Teil ganzer Bücher sind, die Teil ganzer Bibliotheken sind. Ganze Atome sind Teil ganzer Moleküle, die Teil ganzer Zellen sind, die Teil ganzer Organe sind, die Teil ganzer Organismen, wie Tiere und Menschen, sind.

Vergleichbar damit sind Menschen ganze Teile ganzer Paare, die Teil sind ganzer Familien, die Teil sind ganzer Gemeinschaften, die Teil sind ganzer Gesellschaften, Nationen und der ganzen Menschheit.

Per Definition haben Holons ihre eigenen Charakteristika und können nicht auf die Summe ihrer einzelnen Teile reduziert werden.[82] Ein Organismus ist beispielsweise mehr als bloß die Summe seiner Zellen. Er hat eine singuläre Struktur und Funktion. Ein Wort ist mehr als die Summe seiner Buchstaben. Es hat seine eigene Bedeutung. Eine Beziehung ist mehr als die Summe zweier Individuen. Sie schafft ihre eigenen Dynamiken, Werte und Erfahrungen (denk mal an deine zwei Hände, wenn sie zusammenarbeiten, sowie an zwei Menschen, die Sex miteinander haben).

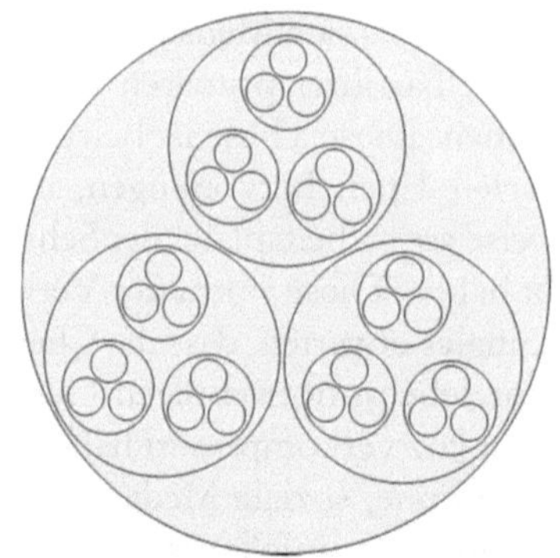

Grafik 10. Beispiel eingebundener Holons

Jeder Kreis entspricht einem Holon.

Verschiedene Holons

Es gibt vier verschiedene Typen von Holons:[83]

(1) *Individuelle* Holons (alles was seine eigene Willenskraft hat, eigenen Willen, Antrieb oder Erfahrung, wie Zellen, Blumen, Hunde oder Menschen).

(2) *Soziale* Holons (Gruppierungen von individuellen Holons, wie beispielsweise Gänseschwärme, heterosexuelle oder homosexuelle Beziehungen, Familien oder Gemeinschaften).

(3) *Artefakte* (Objekte die aus individuellen Holons geschaffen werden, wie beispielsweise Vogelnester, Biberdämme, Gemälde, Bücher, Fahrzeuge oder Häuser)

(4) *Haufen* (Natürlich entstandene Strukturen, wie Dünen oder Blätterhaufen).

Die ersten beiden sind für unsere Untersuchung sexueller Beziehungen von größerer Bedeutung. Daher schauen wir sie uns hier genauer an:

Individuelle Holons haben eine singuläre Steuerkraft, der alle konstitutiven Teile zu folgen haben. Wilber nennt diese singuläre Steuerkraft die *dominante Monade.*[84] Wenn du als dominante Monade deines Körpers entscheidest, einen Spaziergang im Park zu machen, so müssen alle konstitutiven Teile folgen, deine Organe, Gewebe, Zellen, Moleküle und Atome – ohne Ausnahme.

Soziale Holons, bestehen aus Teilen, die auf Ebene von Körper, Geist, Herz oder Seele auf bewusster oder unbewusster Ebene eine gemeinsame Resonanz, ein gemeinsames Interesse oder Bedürfnis haben. Diese Mitglieder sind üblicherweise frei, die soziale Gruppe zu verlassen oder ihr beizutreten nach ihrem Willen – das erfolgt durch Heirat oder Scheidung, Arbeitsaufnahme oder -kündigung, Beitritt oder Austritt aus einem Team oder Verein, oder Zuzug oder Wegzug in/aus einer Gemeinde/einem Land. Da soziale Holons keinen singulären Verstand/singuläres Bewusstsein bzw. keine dominante Monade haben, noch einen singulären physischen Körper, haben sie per Definition keine vier Quadranten.[85]

Feminine/maskuline Polaritäten

Um die simultane Einheit und Vielteiligkeit zu bewahren, haben individuelle und soziale Holons vier Antriebe.

1. Selbsttranszendenz oder Aufsteigen, was sie antreibt, Teil von größeren Ganzen zu werden.
2. Selbstimmanenz oder Absteigen, was sie antreibt, ihre konstitutiven Teile zu erhalten.
3. Selbsterhaltung oder Agenz, was sie antreibt, ihre Ganzheit zu erhalten.
4. Selbstanpassung oder Kommunion, was sie antreibt, sich als Teil zu behaupten.

Aufsteigen steht im Gegensatz zu Absteigen, und Agenz steht im Gegensatz zu Kommunion. Die Gegensatzpaare der Polaritäten können als Graphenzeichnung dargestellt werden (siehe unten) mit Aufsteigen und Absteigen auf der Senkrechten Achse und Kommunion und Agenz auf der horizontalen Achse.

Wie die vier Quadranten (siehe oben) sind auch die vier Polaritäten sowohl in uns existent als auch für unsere Existenz essenziell. Wenn wir unsere Aufmerksamkeit und unseren Fokus über einen längeren Zeitraum lediglich auf zwei der vier Richtungen legen, so entsteht dadurch eine Schieflage: wenn beispielsweise die Selbstliebe mehr Bedeutung bekommt als die Liebe für Andere, Alleingänge einen höheren Wert bekommen als die gemeinsame Arbeit oder das eigene Bewusstsein aufzugeben und in eine abhängige Beziehung zu geraten.

Das integrale Liebesbeziehungsmodell benennt Aufsteigen und Agenz als maskuline Qualitäten und Absteigen und Kommunion als feminine Qualitäten. Männer und Frauen haben dasselbe Potential, jede der vier Polaritäten auf gesunde und ungesunde Weise zu entwickeln. Wie ihr in *Grafik 11. Die vier Polaritäten* erkennen könnt, kann man zu einem bestimmten Zeitpunkt nur agentisch *oder* kommunal sein, bzw. aufsteigend *oder* absteigend, aber nicht gleichzeitig kommunal *und* agentisch noch aufsteigend *und* absteigend – ebenso, wie es unmöglich ist, zur selben Zeit einzuatmen (Absteigen) und auszuatmen (Aufsteigen), oder physisch beisammen zu sein (Kommunion) und getrennt (Agenz). Das bedeutet auch, dass Aufsteigen oder Absteigen (hoch oder runter gehen) entweder kommunal (gemeinsam) oder agentisch (alleine) möglich ist. Die Überschneidung zwischen den beiden Linien liefert zur gegebenen Zeit die nötige feminine oder maskuline Energie bzw. den Antrieb.

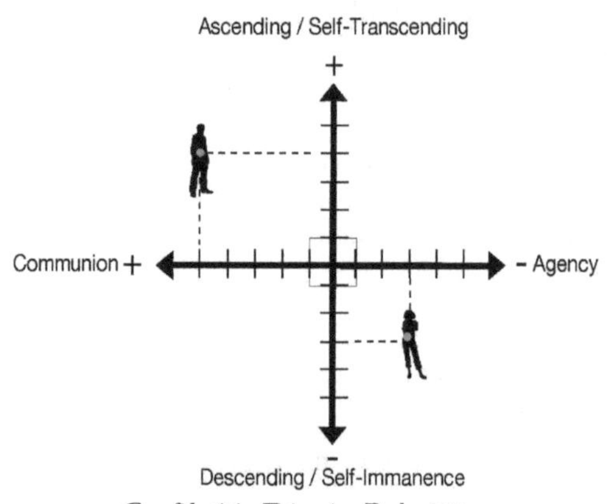

Grafik 11. Die vier Polaritäten

Du kannst in dir in diesem Augenblick wahrnehmen, wie diese Polaritäten in dir ausgeprägt sind.

Aufsteigen

Aufsteigen (oder Selbsttranszendenz) ist charakterisiert als „die Liebe die hinaufreicht" (Eros), die Neues entstehen lässt durch das Zusammenfügen von Teilen/Ganzen zu größeren Ganzen mit ihren eigenen Charakteristika, so wie einzelne Atome sich zu größeren Molekülen zusammen setzen (denk einmal an das einzelne Sauerstoff-Atom, das sich mit zwei Wasserstoff-Atomen, mit ihren jeweiligen Eigenheiten, zu einem einzigartigen Wasser-Molekül verbindet), einzelne Noten werden Teile Ganzer Symphonien, Zutaten werden zu einer Mahlzeit, Farben werden zu Gemälden, Wörter werden Sätze, Wissen wird Bildung, Individuen werden Paare und Gemeinschaften werden Gesellschaften. Aufsteigende betrachten die Realität aus der Ferne und sehen Bruchteile als Teil eines größeren Ganzen oder des gesamten Ganzen. Sie nehmen die Welt durch einen erweiterten Blick aus der Vogelperspektive wahr und versuchen in ihrem Bewusstsein immer höher zu fliegen um alles umfassen zu können. Aufsteigende Energie drückt sich durch Weisheit, Kreativität, Neuheit, visionäre Konzepte, Leere und Stille aus.

Gesundes Aufsteigen kann durch das Verlangen nach Verbesserung, Wachstum, Transzendenz und Erschaffen sowie im Denken in großen Gebilden charakterisiert werden.

Es wird dadurch erreicht, dass man höhere Perspektiven vom Selbst und der Natur der Dinge erlangt. Es erfordert den Willen zum Wandel, indem man alte Paradigmen loslässt und wegen kleiner Angelegenheiten nicht ins Schwitzen gerät.

Ungesundes Aufsteigen ignoriert, unterdrückt, kontrolliert und dominiert das Niedere, anstatt es zu umfassen und sich auch dem zu widmen. Es verleugnet Gefühle, den Körper, Sexualität und Natur.

Die Angst der Aufsteigenden liegt darin, hinabgezogen, verschlungen und absorbiert zu werden, sowie verloren zu gehen.

Absteigen

Absteigen (oder Selbstimmanenz) wird charakterisiert als „die Liebe, die hinabreicht" (Agape) zur Menge und zu den Teilen, alles – einschließlich der Erde und all ihrer Bewohnter – mit selbstlosem Mitgefühl und Hingabe zu umarmen. Absteiger feiern das Leben und seine vielen Ausprägungen, den Körper und ihre Sexualität. Sie gehen mit dem Strom, stehen in Berührung mit dem Reichtum der manifestierten Welt und erfahren Dinge aus der Ganzheit der Existenz indem sie in die Tiefe abtauchen. Absteigende Energie drückt sich durch Gefühle, Mitgefühl, Ergriffenheit, Wärme, Bewegung, Selbstaufgabe, Sättigung und Fluss aus. Ein Absteiger nimmt die Welt und den Körper aus dem inneren heraus wahr.[86]

Gesundes Absteigen bedeutet, mit dem Reichtum und der Fülle der Welt verbunden und dafür empfänglich zu sein, mit beiden Füßen auf dem Boden und im Kontakt mit dem eigenen Körper, den Gefühlen, Emotionen und der Sexualität zu stehen.

Ungesundes Absteigen bedeutet, von den vielen Details des Lebens und seinen Manifestationen, Gefühlen, irdischen Bedürfnissen und Begierden überwältigt und bestimmt zu werden.

Die Angst der Absteiger liegt darin, den Kontakt zur Fülle des Lebens und seinen Kräften zu verlieren, verloren zu gehen und getrennt zu werden.

Agenz

Agenz (oder Selbsterhaltung) ist der Drang in Richtung Ganzheit, durch den eigenen Willen zu handeln, unabhängige Entscheidungen zu treffen und Macht auszuüben. Menschen mit der Neigung zur Agenz haben ein Verlangen, ihre eigene Identität, Persönlichkeit, Individualität, Unabhängigkeit und Autonomie aufrechtzuerhalten. Sie konzentrieren sich auf Rechte, Regeln, Gesetze und Justiz, die die Interessen des Individuums schützen und definieren sich viel mehr durch ihre eigenen Entscheidungen, ihren Erfolg und ihren freien Willen, als dass sie sich durch ihre Umwelt oder die Meinung anderer beeinflussen lassen: Es ist besser, dabei zu versagen, dein eigenes Leben zu leben, als erfolgreich dabei zu sein, das Leben eines anderen zu leben.

Gesunde Agenz unterstützt das autonome Wirken des Individuums, der Gruppe, Organisation oder Gesellschaft.

Ungesunde Agenz führt zu Entfremdung und Trennung von anderen.

Die Angst agentischer Menschen liegt darin, ihre Freiheiten zu verlieren, unabhängige Entscheidungen zu fällen und in Bezug auf ihr Wohlergehen von anderen abhängig zu werden.

Kommunion

Kommunion (oder Selbstanpassung) ist der Drang, sich mit anderen zu verbinden, Teil zu sein und im Interesse einer Einheit oder Gruppe zu handeln und zu kooperieren. Kommunion wird durch die Qualitäten Fürsorglichkeit, Verantwortlichkeit (für andere statt für sich), Beziehungen, laterale Bindungen, Verbindungen, Kommunikation, Empathie, Intimität, Zusammenkommen und Teilnahme ausgedrückt. Kommunale Menschen empfinden, dass ihr Wohlbefinden von ihrer Fähigkeit abhängt, etwas beizutragen, zu vertrauen, von anderen abzuhängen, zu ihrer Umwelt zu passen und ein gegenseitiges Unterstützungssystem von Geben und Nehmen aufrechtzuerhalten.

Gesunde Kommunion drückt sich durch friedvolle, verantwortliche (reaktionsfähige), rücksichtsvolle und fürsorgende Verbindungen zwischen Menschen aus.

Ungesunde Kommunion führt zu Verschmelzung, Abhängigkeit, Bedürftigkeit und Umklammerung – mit dem einhergehenden Verlust des eigenen Willens, der Individualität und der Autonomie – was zu Verstimmung führen kann.

Die Angst von kommunalen Menschen liegt darin, verlassen oder nicht unterstützt zu werden und allein zu sein.

Gleichgewicht und Harmonisierung

Um unsere simultane Einheit und Vielteiligkeit in einer gesunden Liebesbeziehung (und im Leben im Allgemeinen) zu bewahren, müssen wir gesunde Agenz, Kommunion, Aufsteigen und Absteigen harmonisch im Gleichgewicht halten.

Noch einmal: Du als individuelles Holon kannst in diesem Augenblick in diese vier Polaritäten im relativen Kontext hineinfühlen:

Aufsteigen (Selbsttranszendenz) in seiner gesunden Ausprägung ist dein Antrieb eine gesunde Liebesbeziehung kokreativ zu erschaffen; deinen losgelösten Sinn von Ego zu unterdrücken und Demut zu zeigen; anzuerkennen, dass, wie jemand sagte, „eins plus eins alles ist und zwei minus eins ist nichts"; kokreativ Synergien zu erschaffen, in das Neue mit deinem Partner zu gehen und einer Bestimmung zu dienen, die größer ist, als jedes Individuum, und dich dem Dienst für das Allgemeinwohl der Mehrheit der Menschen zur Verfügung zu stellen. In seiner ungesunden Form ist der aufsteigende Antrieb Anlass zur Vernachlässigung der Bedürfnisse individueller Holons (du und dein Partner), die Teil des größeren Ganzen sind (die Liebesbeziehung).

Absteigen (Selbstimmanenz) in seiner gesunden Ausprägung ist dein Antrieb, dich innerhalb deiner Beziehung um dich selbst zu kümmern, für das Wohlbefinden deines physischen Körpers zu sorgen, indem du dich gesund ernährst, ausruhst und trainierst, dich auf den Ebenen der Gefühle und der Sexualität zu verbinden. In seiner ungesunden Form wird der absteigende Antrieb zu einer Auflösung, einem Zerfall oder Abbau des größeren Ganzen (der Liebesbeziehung) führen, in dem der Fokus zu sehr auf dir selber liegt (oft auf egozentrische oder narzisstische Weise, einschließlich dem „New-Age-Narzissmus"),[87] zu viel Eigenliebe oder Liebe für Haustiere statt für den Partner herrscht, sowie das große Gut aus den Augen zu verlieren.

Agenz (Selbsterhaltung) in seiner gesunden Ausprägung ist dein Antrieb, dich selbst und das Ganze zu bewahren, die Integrität, Unabhängigkeit und Autonomie von Liebesbeziehung, Familie, Team, Organisation, Gemeinschaft, Land, etc., um stabil, zuversichtlich und ergeben zu sein. In seiner ungesunden Form führt Agenz zu Konflikt, Isolation, Entfremdung und Einsamkeit.

Kommunion (Selbstanpassung) in ihrer gesunden Ausprägung ist dein Antrieb, mit deiner Partnerschaft auf andere zuzugehen, sie zu verknüpfen, durch sie zu kommunizieren, teilzunehmen, dazuzugehören, Verantwortung zu übernehmen, dich zu bekennen, kooperieren und Mitgefühl zu zeigen. In ihrer ungesunden Form führt Kommunion zu Abhängigkeit, Auflösung und Verlust unabhängigen Funktionierens und des freien Willens.

Da wir nicht gleichzeitig aufsteigen und absteigen (ein und ausatmen) können oder gleichzeitig agentisch und kommunal (allein und zusammen sein) können, brauchen wir einen Partner, um in den Polaritäten ausgeglichen und harmonisiert zu sein. Dies kann erreicht werden mit einem Partner, der hauptsächlich unser Gegenteil ist, oder indem wir Verantwortung übernehmen in der gesunden Ausprägung der vier Polaritäten, wie auf einer Wippe oder beim Paartanz, bei dem einer führt und der andere folgt und beide in der gemeinsamen, mal engen mal weiten Bewegung miteinander fließen. Beide Arten führen zu Anziehung und Synergie durch den Fluss der Energien (denke bloß an Magneten, Batterien oder dem Geben und Nehmen beim Sex). Andererseits wird das Paar durch die Abwesenheit eines Flusses zwischen den Polaritäten eine Stagnation empfinden und miteinander im Konflikt stehen.

Wenn das gesunde *Aufsteigen* fehlt, so ist die Bildung beziehungsweise der Erhalt einer Beziehung nicht möglich bzw. nicht prioritär, weil das Augenmerk zu sehr auf dem Individuum (Agenz) und seinem oder ihrem Körper, den Gefühlen, etc. liegt (Absteigen).

Fehlt das gesunde Absteigen gibt es keine Sorge um das Individuelle, vor allem Körper und Gefühle, keine emotionale und sexuelle Tiefe, keine Fähigkeit oder kein Wille zur Schattenarbeit und keine Sorge um die Erde oder empfindende Wesen.

Fehlt die gesunde Agenz werden die Partner auf ungesunde Weise voneinander abhängig und sind nicht mehr in der Lage ihre Individualität wahrzunehmen und Verantwortung für ihre Entscheidungen zu übernehmen, was oft dazu führt, dass man einander Vorwürfe macht und sich selbst in der Opferrolle sieht. Hinzu kommt, dass es an Fokus fehlt, die Gesamtheit und Integrität der Beziehung und Familie zu erhalten.

Fehlt die gesunde Kommunion werden die Partner innerhalb ihrer Liebesbeziehung nicht mit Hilfe von sorgsamer, rücksichtsvoller und empathischer Kommunikation über ihre Bedürfnisse, Ziele und Handlungen sprechen und sie auch nicht koordinieren. Sie übernehmen auch keine Verantwortung für die Auswirkungen ihrer Handlungen auf Andere.

Zusammenfassung

Die vier Quadranten, oder fundamentalen Dimensionen, unseres Seins (singulär und plural, innen und außen), die durch feminine und maskuline Polaritäten hindurch ausgeglichen und harmonisiert sind und uns ermöglichen, gleichzeitig Ganzes und Teil in unseren Beziehungen zu sein, bilden die Basis des Integralen Liebesbeziehungsmodells. In Teil 3 dieses Buchs werden wir uns mit dem Thema der *transzendentalen Liebe* beschäftigen, die sich in allen vier Quadranten und Polaritäten auf den Ebenen der sieben Chakren manifestiert. In Teil 4 dieses Buchs werden wir tiefer in die holonischen Strukturen eintauchen um zu erläutern, warum Kokreativität und Fortpflanzung in gesunden Liebesbeziehungen für unser eigenes Wohlbefinden und die Zukunft der Menschheit von Bedeutung sind, und warum Paare in solchen Beziehungen vor Singles den Vorrang haben. Daher ist es von Bedeutung, dass ihr euch von den vier Quadranten, Holons und den vier Antrieben, die ich hier, in diesem Kapitel beschrieben habe, ein Bild habt machen können.

KAPITEL 4

Menschliche Intelligenzen, Kapazitäten und Potentiale

Alles was uns an anderen missfällt, kann uns zu besserer Selbstkenntnis führen.
~ Carl Gustav Jung ~

Das zweite der fünf Module des AQAL-Modells heißt Entwicklungslinien (oder auch einfach Linien). Es ist ein tolles Mittel, sich auf die zahlreichen Intelligenzen, Kapazitäten, Kompetenzen und Potentiale, über die die Menschen verfügen, zu beziehen. Die Idee der multiplen Intelligenzen wurde 1983 von Howard Gardner[88] entwickelt und einer breiteren Mehrheit bekannt durch das 1995 erschienene Buch Emotional Intelligence (dt: EQ. Emotionale Intelligenz) von Daniel Goleman.

Unten findest du eine Auflistung der Linien (die zehn bedeutendsten sind fett gedruckt), die Wilber wiederholt in seinen Schriften benennt:[89]

Abwehrmechanismen,
Achtsamkeit,
Altruismus,
die **ästhetische** *Linie (die Schönheit),*
die Linie der **Bedürfnisse** *(unmittelbare Bedürfnisse des Wohlbefindens),*
die **emotionale** *oder* **affektierte** *Linie (das emotionale Wahrnehmen der Dinge),*
Empathie,
Genderidentität,
Vorstellung des Guten,
die **interpersonelle Kapazität** *(sich auf andere beziehen),*
die **kognitive** *Linie (Gewahrsein dessen, was ist),*
kommunikative Kompetenz,
Kreativität,
Kinästhetik,
die mathematische Linie,
meditative Stufen,
die **moralische/ethische** *Linie (was getan werden sollte),*
die musikalische Linie,
die **psychosexuelle** *Linie (Ausdruck des Eros),*
das übernehmen einer Rolle,
Selbstachtung,
die Linie der **Selbstidentität** *(wer du bist),*

Sorgfalt,
sozioemotionale Fähigkeit,
die ***spirituelle*** *Linie (das Ultimative),*
Einbeziehung des Todes,
die Linie der ***Werte/Weltsicht*** *(was zählt) und*
Modi von Zeit und Raum.

Bis zu welchem *Grad* und wie sich diese Linien, Kapazitäten und Potentiale in den Menschen durch die aufeinanderfolgenden und unterschiedlichen Ebenen, Stufen, Wellen bzw. Spiralen (diese Begriffe werden oft austauschbar verwendet) entwickeln, wird im nächsten Kapitel „Ebenen des Wachstums" behandelt.

Ohne an diesem Punkt tiefer Natur und Kultur zu untersuchen,[90] können wir mit Sicherheit sagen, dass das Potential für die Entwicklung jeder Linie entweder genetisch programmiert ist und/oder während der Kindheit geprägt wird, wie wir in Teil 2 sehen werden. Entweder du bist musikalisch, mathematisch, empathisch oder kinästhetisch etc. talentiert oder du bist es eben nicht. **Aus diesen Linien entsteht eine Vielfalt an Leidenschaften, Interessen, Hobbies und Entscheidungen der Lebensweise, die bedeutsame Faktoren in deiner Kompatibilität mit deinem Partner sind.**[91] Vielleicht hat eine Person eine starke Ausprägung von musikalischen, mathematischen und kognitiven Linien, dafür aber eine geringe emotionale Intelligenz und Moral. Eine andere kann stark kinästhetisch, empathisch und umsorgend ausgeprägt sein, aber dafür ein schlechtes Gefühl für Zeit und Raum haben und schwache Abwehrmechanismen.

Während die primäre Fantasie und die gegensätzlichen femininen und maskulinen Polaritäten sexuelle Anziehung und Bindung schaffen, **haben Paare mit ähnlichen Werten, Interessen, Leidenschaften, Persönlichkeiten, Lebensweisen, Beziehungsfähig-keiten, Bedürfnissen und kulturellen/ethnischen Hintergründen – was wir die genderneutralen *sekundären Fantasien nennen* – eine höhere Wahrscheinlichkeit, zusammen zu bleiben.**[92]

In *Integrale Beziehungen: Ein Ratgeber für Männer*, S. 50 bis 59, (und als kostenloser Download verfügbar auf www.integralrelationship.com) findest du Auflistungen von Leidenschaften, Interessen, Werten, Idealen, Bedürfnissen und Darstellungen nebst der Möglichkeit, aus den Kategorien „Muss sein", „Kann nicht tolerieren", „Möchte ich", „Kann ich tolerieren", „Will ich entwickeln" und „Bedarf der Diskussion" zu wählen, die eine wunderbare Grundlage zu interessanten Gesprächen und Erkundungen mit deinem Partner sind.

In Teil 2 dieses Buchs werden wir untersuchen, wie groß die Bedeutung der Erkenntnis und des Teilens unserer *biologischen* und *transzendentalen* Bestimmung mit einem gleichen und gegensätzlichen Partner für die kokreative Erschaffung einer integralen Liebesbeziehung ist.

Zusammenfassung

Nehmen wir auch eine unwiderstehliche sexuelle Anziehung und vielleicht sogar Liebe für ein anderes menschliches Wesen wahr, so sind für die Kokreativität einer gesunden Beziehung/Ehe weitere Kompatibilitäten für Intelligenzen, Leidenschaften, Interessen, Lebensweisen, Leidenschaften und Träumen von Nöten. Viele Menschen sagen, dass sie bedingungslos lieben und geliebt werden *wollen*, romantisieren diese Vorstellung aber auf Kosten praktischer Erwägungen um dann festzustellen, dass der Partner zu verschieden ist, um mit ihm den Alltag zu beschreiten. Das Integrale Liebesbeziehungsmodell wertet die erregenden sexuellen, emotionalen und mystischen Dimensionen sowie den praktischen Nutzen der Liebesbeziehungen gleich (mit anderen Worten: Die Sehnsucht nach tiefer Vertrautheit und bedingungslos zu lieben und geliebt zu werden und die Anforderungen an die Kompatibilität ein „verbundenes" Leben zu erschaffen) – Himmel und Hölle.[93]

KAPITEL 5

Ebenen des Wachstums

Wer den lebendigen Gott von Angesicht zu Angesicht sehen will, soll ihn nicht am leeren Firmament seiner Gedankenwelt suchen, sondern in den Tiefen der Menschenseele.
~ Fjodor Dostojewski ~

Menschen haben unterschiedliche Voraussetzungen für die Entwicklung ihrer Fähigkeiten in den verschiedenen Entwicklungslinien, die wir im vorangegangenen Kapitel besprochen haben. Diese Entwicklung kann sich über ein ganzes Leben hinziehen, und nicht, wie viele immer denken, im frühen Erwachsenenstadium erreicht sein.[94] Jede Entwicklung vollzieht sich in ***Ebenen*** oder ***Stufen*** (Wilber verwendet auch die Begriffe *Wellen*, *Spiralen* oder *Höhen*) von den niedrigsten zu immer weiter entwickelten, höheren Ebenen.[95]

Das Verständnis dafür, welche Entwicklung du und dein Partner auf bedeutenden Linien erreicht haben und was eure künftigen Wachstumspotentiale sind, wird euch ermöglichen, eure Langzeitkompatibilität zu bewerten und gemeinsam zu lernen, heilen, wachsen und erwachsen, anstatt dass ihr auf im Wachstum voneinander entfernt.

Wie lange und auf welcher spezifischen Linie sich Menschen überhaupt entwickeln hängt von vielen komplexen Faktoren ab, einschließlich der genetischen, physischen und mentalen Prädisposition, genauso wie von ihrem sozioökonomischen Umfeld, ihren Bildungschancen, dem kulturellen Hintergrund, der Nahrungsverfügbarkeit, persönlicher Umstände und manchmal auch einfach nur von ihrem Glück ab.

Die Menge der Ebenen auf jeder Linie kann variieren. Die Aufteilung von einfachen Modellen kann bei drei Ebenen liegen, wie *niedrig*, *mittel* und *hoch*, oder präkonventionell, konventionell und postkonventionell, während komplexere Modelle zwanzig Ebenen und mehr herausbilden können.[96]

In diesem Kapitel werden wir uns auf die Entwicklungsebenen von Bewusstsein, Spiritualität, Sexualität und Anima-/Animus-Komplex konzentrieren, die von zentraler Bedeutung für Liebesbeziehungen sind.

„Die Welt besteht aus Objekten und Bewusstsein, welches Objekte interpretiert.“ [97]

Bewusstseinsentwicklung (Farben)

Das menschliche Bewusstsein beschreibt die Fähigkeit, die Dinge, die wir kennen, derer wir gewahr werden, die wir spüren, fühlen oder wahrnehmen, zu interpretieren.[98]

Mit anderen Worten, Wahrnehmung ist das Empfinden, dass etwas existiert; Bewusstsein ist die Art, wie Menschen die Dinge, die sie wahrnehmen interpretieren, und bewusste Entscheidungen treffen. Für Menschen gehören zu diesen „Dingen“ physische Objekte, die man sehen oder vermessen kann (wie den physikalischen Körper, die sichtbare Welt und unsichtbare Kräfte wie elektromagnetische Wellen), aber auch nicht-physische „Objekte im Bewusstsein“ (wie Gedanken, Glauben, Gefühle, Erfahrungen, Absichten, Träume, Konzepte, Theorien, etc.), oder anders ausgedrückt: die zwei Dimensionen dessen, was außerhalb (Objektivität) und innerhalb von uns ist (Subjektivität).[99]

Ganz vereinfacht lässt sich sagen:

Spüre einmal in dich und frage dich: „Wer ist sich der Dinge bewusst?“ Vielleicht antwortest du „Ich“, „der Geist“, „mein Ego“ (als das selbstorganisierende Prinzip), „mein bewusstes selbst“ oder etwas Ähnliches. Dass wir über ein „Ich“ oder „Selbst“ verfügen, das sich selbst in einem physischen Körper wahrnimmt, ist und bleibt ein Wunder, wenn wir uns erlauben es zu bewerten, und ein Mysterium für Philosophen ebenso wie Wissenschaftler. Sie nennen es das „harte Problem“, da es schwer (und vielleicht unmöglich) zu lösen ist.[100] Dieses bewusste selbst, das seine eigene Wahrnehmung der Welt interpretiert – und in gewissem Maße auch kreiert[101] – indem es Informationen selektiv wahrnimmt, bewertet, einordnet, benennt, vergleicht, priorisiert, abspeichert und erinnert, entwickelt sich auch weiter. Ein höheres Bewusstsein zu erreichen ermöglicht es uns, besonnener, differenzierter, liebevoller und mitfühlender auf das zu reagieren, was wir in und außerhalb von uns selbst wahrnehmen.

Die Leute nennen diese Entwicklung manchmal Aufwachsen, Weiterentwicklung, persönliche Entwicklung oder persönliches Wachstum. Wir nennen es *Bewusstseinsentwicklung* und die Ebenen, die wir erreichen *Höhen* oder *Bewusstseinsstufen/-ebenen.*

Kaum ein ernstzunehmender Sozialwissenschaftler, Anthropologe oder Philosoph hinterfragt heutzutage, dass die Menschen zunehmend ihr Bewusstsein im Verlauf der Evolution gestärkt haben und die meisten Psychologen stimmen darin überein, dass die kognitive Entwicklung von Kindern vom Fötus bis zum Ende der Jugend andauert.[102] Des Weiteren gibt es sorgfältige Untersuchungen über Wachstum und Entwicklung von Kindern und Erwachsenen[103], mit zunehmenden Ebenen von Integration und Komplexität, die zu mehr Perspektiven, Kooperation, Sorgfalt, Liebe, Verantwortungsbewusstsein, Kreativität und Mitgefühl führen.[104] Diese Entwicklung schafft natürliche Hierarchien, die sich von beherrschenden Hierarchien unterscheiden.[105]

Bewusstseinsentwicklung beim Erwachsenen entsteht auf drei verschiedene Weisen: (1) nahezu unbemerkt über einen langen Zeitraum; (2) durch gerichtete Meditation oder kontemplatives Gebet gepaart mit psychologischer Heilung; oder (3) wenn spezifische Glaubenssätze, Fähigkeiten und Ansichten eines bestimmten Stadiums keine adäquaten Antworten zu fundamentalen Fragen des Lebens, Herausforderungen und Bedürfnissen beisteuern können, dem oft eine tiefgehende existenzielle Krise der Seele vorausgeht. Das ist oft der Fall, wenn wir uns in einen Partner verlieben, der von uns verlangt zu lernen, zu heilen und zu wachsen, oder nach einer schmerzhaften Trennung/Scheidung. Jede der aufeinanderfolgenden Ebenen bietet bessere Lösungen für die Herausforderungen des Lebens, tiefere Einsichten in die eigenen Erfahrungen, weitere Perspektiven über den eigenen Standpunkt in der Welt und mehr Fähigkeit zu Lieben und des Mitgefühls, als die vorangegangene Ebene.

Ein Schlüsselfaktor um eine gesunde Liebesbeziehung zu erschaffen, ist es, mit einem Partner zusammen zu sein, der auf der passenden Stufe der Bewusstseinsentwicklung ist und der mit uns gemeinsam weiter heilt und wächst.

Die acht Stufen der Bewusstseinsentwicklung und ihre Farben

Wir werden uns jetzt acht Ebenen bzw. Stufen (die Begriffe werden oft synonym verwendet) der Bewusstseinsentwicklung zuwenden. Die ersten sechs Stufen werden zusammengefasst zum **Bewusstsein ersten Grades**, während die beiden höchsten Stufen zum **Bewusstsein zweiten Grades** zusammengefasst werden. Jeder einzelnen Stufe wird eine konkrete Farbe aus dem Regenbogenspektrum zugeordnet, um eine Bewertung oder Etikettierung von Individuen zu vermeiden, und um Verwirrung zwischen den verschiedenen Nummern und Namen der verschiedenen Entwicklungssysteme zu vermeiden.[106]

Es ist wichtig zu verstehen und zu memorieren, dass die unterschiedlichen Ebenen des Bewusstseins nicht verschiedene **Typen der Menschen** beschreiben, sondern die zugrunde liegenden Motive und **Weltsichten in Menschen**, die ihr Denken und ihr Verhalten steuern. Die Frage lautet daher **nicht**, „was denken und wie verhalten Menschen sich?“ sondern vielmehr „was sind die ihnen zugrunde liegenden Bedürfnisse, Werte und Weltsichten?“ die ihr Denken und Verhalten steuern und beeinflussen.

Während du die Beschreibung der acht Stufen liest, behalte bitte im Kopf, dass (1) jede Ebene ihre eigenen Reichtümer/grundlegende Fähigkeiten und Verpflichtungen/Grenzen hat, (2) jeder (auch du) beginnt bei Stufe eins oder hat mal dort begonnen, (3) jede höhere Stufe transzendiert und beinhaltete bestimmte Aspekte der vorherigen, während andere ausgeschlossen werden, was bedeutet, dass vorangegangene Stufen in uns erhalten bleiben, sowohl mit eingeschränkten Einsichten, als auch gesunden Fähigkeiten,[107] (4) höhere Ebenen und gesunde Integration vorangegangener Ebenen sind **immer** erreichbar, was bedeutet, dass wir alle unendliches Heilungs- und Wachstumspotential in uns haben, (5) veränderte Bewusstseinszustände können temporäre Wechsel zu niedrigeren oder höheren Ebenen zu jeder Zeit hervorrufen, und (6) Leute, die beurteilen[108] (nicht zu verwechseln mit verurteilen) tun dies immer von ihrer Bewusstseinsebene aus.

Wenn du die untenstehenden Beschreibungen liest, so kannst du ein Gespür für die Bewusstseinsebenen entwickeln, aus denen heraus du permanent deinen Lebenserfahrungen eine Bedeutung gibst. Das kognitive Selbstverständnis und die Selbstbeurteilung liegen oft zwei Ebenen höher als die tatsächliche Stufe, die aktuell verkörpert ist; egozentrische Menschen, beispielsweise, können glauben, sie wären auf der rationalen Ebene, und pluralistische Menschen vermuten sich auf der transpersonalen Ebene. Daher ist es ratsam, sich durch Rückmeldung von anderen, beispielsweise dem Lebensgefährten, oder noch besser durch eine professionelle Feststellung, eine Überprüfung der tatsächlichen Ebene einzuholen.[109]

Die sechs Ebenen des Bewusstseins ersten Ranges

Präkonventionelle Stufen

Die ersten drei Stufen, bei denen die Perspektive erster Person („Ich, mir, mein") eine zentrale Rolle einnimmt, werden *präkonventionell* genannt. Die Fähigkeit, sich nach den Konventionen anderer, einer Gesellschaft, einer Obrigkeit (Gott, Regierung) oder einer wissenschaftlichen Evidenz zu richten – die Fähigkeit, die Perspektive zweiter und dritter Person einzunehmen, ist noch nicht entwickelt.

1. Infrarot – archaisch – Tod oder Leben

Die Infrarotebene wird *archaisch* genannt und deckt alle menschlichen Bewusstseinsebenen ab, die sich bis vor etwa 150.000 Jahren entwickelt haben. Sie decken alle Grundbedürfnisse, die für das Überleben notwendig sind: Nahrung, Wasser, Unterschlupf, Wärme und Sex. Diese Bedürfnisse sind eng verknüpft mit unserer animalischen Herkunft und sind eingebettet in unserem reptilischen Stammhirn. Auf dieser Ebene wird unser Verhalten zum Erhalt des körperlichen Wohlbefindens von Instinkten und Impulsen gesteuert. Es gibt ein minderes Bewusstsein für Zukunft und Vergangenheit und die Welt wird allein durch die körperlichen Sinne wahrgenommen. Manche spirituell Suchenden verwechseln diese Stufe der Fusion mit der Umwelt (genannt A-Dualität) mit höheren Stufen der Nicht-Dualität.[110]

Nur sehr wenige Erwachsene der entwickelten Welt befinden sich ausschließlich auf der Infrarotebene, beispielsweise psychisch erkrankte Obdachlose, Einzelne Schock- oder Alzheimer-Patienten. Nur 1% der Bevölkerung der USA gehört dazu.

2. Magenta – Magisch-animistisch – sicher oder unsicher

Die Magentaebene wird auch *magisch* oder *abergläubig* genannt. Sie entwickelte sich vor etwa 150.000 Jahren, als die Menschen ein Selbstbewusstsein entwickelten, welches ihnen die Fähigkeit gab, die Gefahren und Bedrohungen ihrer unmittelbaren Umgebung zu erkennen, und Lösungen, die zu ihrer Sicherheit beitrugen, zu entwickeln. Daraus resultierte die Entwicklung von magischen und abergläubigen Erklärungen und Glaubensmuster für das Verständnis für Naturphänomene wie Blitz, Donner, Kreisläufe, Geburt, Krankheit und Tod. Es führte zur Bildung geschlossener Gruppen – oft auf Grundlage von Verwandtschaft – zur Steigerung von Sicherheit und Überlebenschancen.

Für Menschen, die heute auf dieser Ebene sind, bedeutet die Teilhabe an einer Gruppe, Beziehung, Familie, Stamm, Klan, Team oder Kult mehr als die Individualität und die Rationalität. Das folgerichtige Motto lautet: „Einer für alle und alle für einen". Der falsche Glaube an Magie, Gruppenrituale, Kultstätten und Objekte, sowie an Voodoo-ähnliche Flüche, Zaubersprüche, Geister, Glücksbringer, magische Heilkräfte oder wörtliche Interpretation von Horoskopen sind Indikatoren dafür, dass jemand auf der Magentaebene weilt. Aber es gibt positive Qualitäten der Magentaebene, die auf höheren Bewusstseinsebenen verkümmern oder verloren gehen, wie beispielsweise geschärfte Sinne, Empfänglichkeit für natürliche Phänomene, enge Verbindung zu Tieren und übernatürliche Fähigkeiten, wie Hellsehen und Telepathie, wie man sie bei Urvölkern und Schamanen sehen kann.

Postkonventionelles Grün (siehe unten) verwechselt oft die prärationalen Fantasien und Verhalten des Magenta mit nachweisbaren transrationalen Phänomenen und Fähigkeiten die nur von Menschen unterschieden werden können, die auf postkonventionellen Ebenen (Integral) oder höheren Bewusstseinsebenen sind.[111]

Magentawahrnehmung sieht man oft bei Mitgliedern Klan-ähnlicher Familien, Straßengangs, bei manchen Narzissten (die sich magische Geschichten um sich selbst, andere und die Welt stricken, als würden sie in einem Märchen leben), Sportteams, „Wirtschafts-Stämmen", Kulten und heidnischen/erdgebundene Religionen, die die Muttergöttin anbeten. Etwa 10% der Bevölkerung der USA gehören dazu.

3. Rot – egozentrisch – gut oder schlecht

Die rote Stufe wird *egozentrisch* genannt und tauchte vor etwa 100.000 Jahren auf, als die jungen Männer begannen, aus den Bestimmungen der Älteren und den Beschränkungen der Familienklans auszubrechen um ihre Autonomie einzufordern und mit ihren Banden in neue Gebiete vorzudringen. Selbstgefällige Entscheidungen, Macht, Unabhängigkeit, Eingehen großer Risiken, Sturheit und uneingeschränkte Kreativität werden von roter Energie verwendet um die Umwelt und das Schicksal zu kontrollieren, rote Energie richtet sich auf Verhaltensweisen aus, die auf sofortige Belohnung hinwirken, wie beispielsweise Sex, Nahrung, Spielerei, Alkohol, illegale Drogen, Shopping, einfache Unterhaltung, ohne dabei an Andere, die Umwelt und negative Konsequenzen für die eigene Zukunft und die Zukunft Anderer in Betracht zu ziehen. „I want it all and I want it now" (Ich will alles und ich will es jetzt) ist ihr Motto. Der roten Energie erscheint die Welt wie ein Dschungel, in dem nur der angepassteste überlebt. Das daraus entstehende Wertesystem unterscheidet nur zwischen gut und schlecht (für mich). Menschen auf dieser Stufe identifizieren sich mit mächtigen Göttern oder Idolen (Rockstars, Film- oder Computerspielhelden, etc.) die auf ihrer Seite sind und ihre Werte wiedergeben, erwarten Respekt von anderen und bekämpfen jeden und alles was sie kontrollieren, dominieren oder unterwerfen will. In ihrer gesunden Form kann rote Energie erfrischend spontan, kreativ, innovativ, originell, hemmungslos, sorgenfrei und lebendig sein.

Da Rot nur die Perspektive erster Person einnehmen kann, sind Auseinandersetzungen stets durchtränkt mit aggressiven Beschuldigungen und Benachteiligungen der Anderen, und wird überzeugt von der intellektuell, physisch oder emotional stärkeren Person mit der niedrigsten moralischen oder ethischen Anteilnahme für Dritte.

Rotes Bewusstsein findet man oft bei Anführern von Straßenbanden, New-Age-Narzissmus (mit dem Glauben, dass das Selbst die eigene Realität erschafft), Beziehungen zwischen Zuhältern und Prostituierten, wilden Rockstars, Präkonventionellen Künstlern, Rambo- und Terminator-Figuren, skrupellosen Diktatoren, Figuren in gewalttätigen Videospielen und James-Bond-Bösewichten. Etwa 20% der erwachsenen Bevölkerung der USA sind auf der Stufe Rot

Konventionelle Stufen

Die unten aufgeführten Stufen Bernstein und Orange werden *konventionell* bezeichnet, da Bernstein die Perspektive der zweiten Person einnehmen kann (du, Sie) und Orange die der dritten Person (er, sie, es, sie, die). Das ermöglicht Individuen auf diesen Stufen sich den Konventionen (Normen/Regeln) einer Religion, Gesellschaft mit ihren Gesetzen, ihrer Ordnung und ihren (wissenschaftlichen) Erkenntnissen anzupassen und unterzuordnen.

4. Bernstein – mystisch – richtig oder falsch

Die Bernstein-Stufe wird *mystisch* genannt und tauchte mit dem Aufstieg der Landwirtschaft vor etwa 10.000 Jahren auf als die Einschränkungen von Rotem egozentrischem, kurzfristigem Denken offensichtlich wurde. Die Menschen begannen sich mehr darüber zu unterhalten, was die Sterblichkeit ausmachte und was nach dem Tod käme, suchten nach einer tieferen Bedeutung für das Leben (was sie oft in mystischen religiösen Glauben fanden) und entwickelten ethische Verhaltenskodizes (Gesetze) für die zunehmende Anzahl an Mitgliedern ihrer Gemeinschaften.

Bernstein entspricht dem menschlichen Bedürfnis nach Stabilität, Ordnung, Bedeutung, Regeln, Hoffnung, Anerkennung und künftige Belohnung für richtiges Verhalten in der Gegenwart. Werte werden entwickelt aus wörtlicher Interpretation mystischer Überlieferungen, wie beispielsweise Jesu Empfängnis durch eine Jungfrau, Laozi war bei seiner Geburt achtzig Jahre alt, Moses teilte das Rote Meer oder die Befolgung der Zehn Gebote und das Gestehen der eigenen Sünden öffnet nach dem Tod die Tore zum Himmel. Daher führen Gedanken in Bernstein zu einer einzigen echten Möglichkeit zu Glauben und zu Handeln. Das daraus resultierende Wertesystem kennzeichnet die Dinge als gut *oder* falsch, schwarz *oder* weiß, bzw. gut *oder* böse.

Der rechte Weg basiert auf konformistischen politischen, ideologischen, religiösen oder sozialen Glaubenssystemen (bspw. Marxismus, Islam oder Patriarchat) und wird geleitet von einer singulären Autorität, wie dem Vater, der Kirche, der Regierung, dem Herrscher eines Landes, einem Oberbefehlshaber oder einem Lehrer/Guru. Bernsteinwerte findet man daher verstärkt bei den Mitgliedern von fundamentalistischen Religionen, dogmatischen spirituellen Gemeinschaften (mein Gott/Guru hat recht, komme was wolle), patriarchischen Familien (Vater hat recht, komme was wolle), Gesellschaften mit Recht und Ordnung (die Verfassung/Gesetze haben recht, komme was wolle), extremem Patriotismus (mein Land hat recht, komme was wolle), skrupellosen Organisationen (unsere Mission ist die rechte, komme was wolle), Militär (Vorgesetzte und Befehle haben recht, komme was wolle) und hierarchische Unternehmen (der Chef hat recht und Profite sind richtig, komme was wolle).

Das richtige Benehmen und das befolgen der Regeln, Gesetze, Anordnungen, Ideologien, Religionen oder eines spirituellen Weges versprechen Belohnungen in der Zukunft, wie der fortwährende Rückhalt durch die Familie, Beförderung, Erhalt von Auszeichnungen, Erreichen des Paradieses nach dem Tod, Erlösung oder Erleuchtung. Falsches Handeln führt zu Chaos und Bestrafung, wie der Verlust der familiären Unterstützung, unehrenhafte Entlassung, Kündigung oder Rücktrittsforderung, Gefängnisstrafe, Verbrennen in der Hölle oder die Verdammnis im ewigen Zirkel von Leiden und Wiedergeburt. In seiner gesunden Form führt Bernstein zu Stabilität, Sicherheit, Ordnung für Familien, Gruppen, Organisationen und Gesellschaften, die diese aufblühen lassen. In der ungesunden Form ist es dogmatisch, intolerant, repressiv, irrational und extremistisch.

Da Bernstein in der Lage ist, die Perspektive zweiter Person einzunehmen, können Differenzen für gewöhnlich beigelegt werden indem eine höhere Autorität und übergeordnete Regeln angerufen werden, oder durch weibliche Unterwerfung gegenüber der patriarchischen männlichen Perspektive.

Bernsteinwerte findet man in patriarchischen Familien- und Geschäftsstrukturen, Regierungs- und Militärorganisationen, hierarchischen Unternehmen, fundamentalistischen Kirchen und spirituellen Gemeinschaften, der republikanischen Partei (USA) und auf Fox News. Etwa 40% der erwachsenen Bevölkerung der USA befinden sich auf der Bernsteinstufe.

5. Orange – rational – gewinnen oder verlieren

Die Orange Stufe wird rational genannt und entwickelte sich vor etwa 300 Jahren im Zuge der Aufklärung die zum Aufstieg der Moderne führte, nachdem Wissenschaftler, Forscher, Philosophen und Sozialreformer die feudalistischen Systeme und den Absolutismus von Monarchien hinterfragten und die Dogmen der Kirche angriffen. Heute repräsentiert Orange den Wunsch der Menschen nach einem guten Leben voll materiellem Überfluss und persönlicher Freiheit, die durch sachliches Denken, Anwendung wissenschaftlicher Methoden, demokratischen Kapitalismus und Sozialismus, individueller Entscheidung, Güte und die Jagd nach Erfolgen via kontrollierter Risiken erreicht werden. Das daraus resultierende Wertesystem bedeutet „Gewinnen oder Verlieren". Gewinner sind die, die effizient ihre höhere Bildung und Klugheit, besseren Talente und die besten verfügbaren Informationen anwenden und finanziell, sozial, politisch oder akademisch Erfolg haben. Orange Individuen denken und handeln global, zeigen

(Selbst-)Vertrauen, glauben an ihre Fähigkeiten, haben eine „wir-schaffen-das"-Einstellung („Yes we can"), arbeiten hart und genießen das Leben in vollen Zügen und gehen wohlberechnete Risiken ein um das große Los zu ziehen.

Von dieser Ebene aus wirkt die Welt wie ein sich stets wandelnder und entwickelnder Ort, mit unendlichen Möglichkeiten und voller Gelegenheiten für die die klug, flexibel, schlau und schnell sind. Rationale, pragmatische, selbstbewusste, intelligente und geistreiche Menschen mit Wissen, finanziellen Möglichkeiten oder sozialem/politischen Status (wie Albert Einstein, Tony Robins, Bill Gates, Steve Jobs, Ted Turner, Elon Musk, Sheryl Sandberg, Barack Obama, Angela Merkel) sind ikonografisch für Orange und ersetzen die mystischen Obrigkeiten des Bernstein als Autoritäten, Vorbilder und Vordenker. Effizienz, Effektivität, positives Denken, Visionen, Führung, strategische Planung, Zielsetzung, Innovation und die Fortschrittsbeurteilung (wo stehen wir, wo wollen wir hin, wie schaffen wir das) sind die obersten Prioritäten. Orange will die Fakten und nichts als die Fakten, Konflikte werden auf rationale Art gelöst („Zum Konsens kommen ohne nachzugeben")[112], oft durch teure Anwälte oder unter Toleranz für Kollateralschäden.

Auch wenn orange Energie skrupellos bei der Verfolgung von Zielen sein kann und ein Mangel an Bewusstsein vorhanden sein kann, wenn Schaden, den andere erleiden, gerechtfertigt wird als „notwendig und vielleicht sogar gut für sie",[113] so zieht sie auch die Langzeiteffekte der eigenen Handlungen in Betracht (sonst wäre sie Rot, egozentrisch). Wiederkehrende Kunden werden geschätzt und belohnt, Zelte nicht einfach abgebrochen, das Vergangene wird vergeben, wenn es sich für die Zukunft auszahlt und das Errichten von Netzwerken mit ähnlich gesinnten anderen wird als wichtiges Handwerkszeug für den Erfolg gewertet. Orange wirkt manchmal wie Teflon, wenn es Emotionen unterdrückt, die andere vielleicht abstoßen oder von Schwäche zeugen könnten, oder die Energie aus der Effizienz ableiten. Probleme, die andere aus der Bahn werfen könnten, gleiten einfach ab. Wenn etwas misslingt, so hält die Niedergeschlagenheit nicht lange an. „Raff dich auf, schüttele den Staub ab und fang von vorne an" ist das Motto.[114] Anstatt andere nach Unterstützung oder Rat zu fragen, was vermieden wird, da es Schwäche implizieren würde, fordert Orange Daten und objektive Informationen, die ausgewertet werden um zu eigenen (Ent-)Schlüssen zu gelangen.

Die Amerikanische Verfassung und viele andere Gesetze die zum Schutze individueller Freiheiten, Rechte und der Verfolgung persönlichen Glücks erlassen wurden entstammen der rationalen orangen Ebene. Durch Fortschritte in verschiedensten Bereichen des Lebens, wie Medizin, Transportwesen, Informationstechnologie, Architektur, Landwirtschaft und der industriellen Fertigung von Gütern trägt Orange auch zur Reduzierung der Armut in mehr und weniger entwickelten Ländern bei. Orange-Errungenschaften haben unsere moderne komfortable Lebensweise geschaffen und die Lebenserwartung der Menschen gesteigert. Auf der anderen Seite ist Orange aber ebenso verantwortlich für einen Großteil der Umweltzerstörung und der globalisierten sozialen Ungerechtigkeit, die aus dieser Stufe entstanden sind.

Beziehungskonflikte in Orange werden für gewöhnlich auf eine der folgenden Weisen beigelegt: In der Verständigung über die gegenseitige Uneinigkeit, durch finden einer Win-Win-Lösung, durch rationale Argumente (was manchmal dazu führt, dass Männer einen Streit gewinnen aber die Beziehung verlieren) oder durch Hinzunahme einer therapeutischen Beratung (die dazu tendiert, die Frau zu unterstützen) oder durch Anwälte (in welchem Fall für gewöhnlich die Seite mit dem meisten Geld, der größten Ausdauer und der stärkeren Skrupellosigkeit obsiegt).

Oranges Bewusstsein findet man an der Wall Street und in Silicon Valley, in weiten Teilen der Filmindustrie in Hollywood, auf CNN, in der Kosmetik- und Mode-Industrie, wissenschaftlichen Zirkeln, auf Leitungsebenen, im gehobenen Mittelstand, in Reichtumskirchen, bei Weiterbildungs- und Wohlstands-Seminaren und unter linksgerichteten Republikanern, Demokraten und liberalen Feminist*innen. Der Anteil von Orange an der erwachsenen Bevölkerung der USA beträgt 30%.

Postkonventionelle Stufen

Die Grüne postmoderne, pluralistische Stufe wird auch postkonventionell oder postmodern genannt, da sie die Perspektive vierter Person („alle von uns") einnehmen kann und die mystischen Regeln von Bernstein und das normative Denken von Orange transzendiert.

6. Grün – pluralistisch – empfindsam oder indifferent

Die Grüne Stufe wird *pluralistisch* genannt. Sie hat sich vor etwa 100 Jahren entwickelt und erreichte ihren Höhepunkt in den 1960ern, als postmoderne Künstler und Intellektuelle die Theorien, Überzeugungen und Ideologien der Moderne hinterfragten. Grün wird gekennzeichnet durch vielfältige Interpretationen von Geschichte, Sprache, Wissenschaft, Religion, Spiritualität, Politik, Kultur und sozialen Systemen – verbunden mit dem Glauben, dass es keine absoluten Wahrheiten gibt, und dass diese statt entdeckt geschaffen werden. Die Fähigkeit, die Perspektive vierter Person (eine kulturelle Perspektive) einzunehmen, ermöglicht stärkeres Mitgefühl, mehr Idealismus und Teilnahme. Das Empfinden, dass alle Menschenwesen – unabhängig von Rasse, Gender, Sexualität, kulturellem Hintergrund und Klasse – gleich geboren werden und gleichbehandelt, gehört und respektiert werden sollten, wird prävalent. Grün hat ein starkes Empfinden dafür, dass der menschliche Geist befreit werden muss von oranger Gier und Bernsteindogma mit dem Grundgedanken, dass Männer ihre Egos aufgeben und Frauen für sich einstehen und ihre „femininen Gott-Kräfte" ausüben und sich „reinhängen" sollten.[115] Menschen auf dieser Stufe sind gegen Hierarchien und Patriarchate und errichten laterale soziale Strukturen mit Betonung auf Freundschaften, Empathie, gewaltfreier und empfindsamer Kommunikation und Konsens. Die mögliche Kehrseite dieses Ansatzes ist, dass Diskussionen endlos werden können, wenn alle Teilnehmer immer mehr widersprüchliche Meinungen äußern und nie einen Konsens oder eine Entscheidung erreichen.

Menschen auf der Grünen Stufe ihrer Entwicklung haben die Fähigkeit subjektiven non-linearen Denkens und zeigen einen hohen Grad von affektiver Herzlichkeit und Sensitivität gegenüber anderen, sofern diese mit den grünen Werten übereinstimmen. Sie haben eine gesteigerte Wahrnehmung dafür, dass alle Wesen in einem großen Netz des Lebens verknüpft sind, und die Fürsorge um Mutter Erde und all ihre Bewohner nimmt zu. Mit dieser tiefen Empfindung von fürsorglicher Verbindung kommt der Wunsch nach Frieden und Glück, was die Erkundung von eigenen und anderen Gefühlen und innerer Wahrnehmung anregt, mit einer gesteigerten Aufmerksamkeit für das Unbewusste. Diese Erkundung bringt grüne Männer oft in Kontakt mit ihrer Anima (was ihr Ego abbaut, wodurch sie femininer werden) und Frauen mit ihrem Animus (was ihr Ego wiederum stärkt und sie maskuliner werden).

Während es so scheint, als würde Grüne Energie alles und jeden willkommen heißen, so stellt es sich doch klar gegen die orange Rationalität und der patriarchalen Konformität mit Gesetz und Ordnung von Bernstein und teilt wütend gegen diese aus. Da Grün die Existenz natürlicher Entwicklungshierarchien negiert und gegenüber anderen Einteilungen argwöhnisch ist, lehnt es Meta-Modelle, die Grün transzendieren und inkludieren, vehement ab und unterstellt ihren Befürwortern Elitarismus und Arroganz, aufgeblasen, klassifizierend und beurteilend zu sein. „Was für Stufen?", sagen sie, „Wir sind alle gleich! Alles ist relativ! Es gibt viele Wahrheiten und alle haben die gleiche Gültigkeit". Durch die Aberkennung jeglicher Hierarchien und der Kennzeichnung derselben als klassifizierend, gewaltsam und überholt findet sich grüne Energie schnell in „performativen Wiedersprüchen"[116] wieder, wie beispielsweise: „Laterale Systeme sind besser als Hierarchien" (dabei unwissentlich eine eigene Hierarchie aufstellend („keine Hierarchie ist besser als jede Hierarchie") oder „Die Leute sollten nicht so beurteilend sein" (was auch eine Beurteilung ist) oder „Ich hasse Menschen, die lieblos sind" (was lieblos ist) oder „Lasst uns für den Frieden kämpfen" (was nur zu mehr Konflikt führt). Daher wird es auch oft „der (all-)gemeine Grüne Mem" genannt.

In seiner engstirnigen Selbstgerechtigkeit verbietet sich Grün weiter zu wachsen und verwehrt anderen nicht selten in die Grüne Stufe vorzudringen. Gleichzeitig sieht Grün jene auf der roten Entwicklungsstufe (egozentrisch) als Opfer von orangem rationalem Geiz und Bernsteins konformistischer Unterwerfung. Grün neigt dazu Magentas abergläubige Stammesgefüge, Leben, Glaubensformen und Verbindung zu Mutter Erde und all ihrer Bewohner als Form transzendentaler Wahrnehmung zu romantisieren. Diese Interpretation von Grün lässt das präkonventionelle Rot und das postkonventionelle Grün manchmal ähnlich erscheinen, da sie beide unkonventionell sind. Wilber nennt dies die Prä-Post- (Kurzform von prä- und postkonventionell) bzw. Prä-Trans-Irrtümer (Kurzform für prä- und postrational).[117] Die Energien dieser zwei Stufen resonieren manchmal in einer sehr verwirrenden und auch destruktiven Weise, wenn z.B. sofortige Befriedigung verwechselt wird mit „Im Hier und Jetzt sein", wenn rote Gewalt während einer Greenpeace- oder einer Antiglobalisierungsdemonstration ausbricht, grüne Männer sich in rote Frauen verlieben, wenn sie ihre hemmungslose Sexualität nutzen um zu kriegen was sie wollen oder grüne Frauen sich von der groben Männlichkeit roter Alpha-Männer angezogen fühlen, die sie dann oft emotional, finanziell und sexuell ausnutzen.

Konflikte werden in Grün für gewöhnlich durch gewaltfreie und empfindsame Kommunikation gelöst,[118] die Schwerpunkte auf das Mitteilen von Gefühlen, Ausdrücken von Bedürfnissen und Mitteilen von Wünschen (anstatt von Forderungen) legt, mit dem Ziel eine emotionale Bindung, bi-laterales (Ein-)Verständnis und Empathie für die beteiligten Parteien auszubilden, ohne dabei an ein pragmatisches Ergebnis gebunden zu sein. Dieser Ansatz der Konfliktlösung kann zu endloser emotionaler Abarbeitung bis hin zu emotionaler Erpressung (Emotional Blackmail) führen,[119] ohne dass eine praktische oder funktionierende Lösung erreicht wird.

Grünes Bewusstsein sieht man bei Bewegungen und Organisationen, die sich um Menschen- und Tierrechte, Umweltschutz und Freiheit bemühen, bei radikalem und Ökofeminismus und den humanistischen Wissenschaften. Grün führte zur Bildung von Organisationen wie Greenpeace, Amnesty International, Ärzte ohne Grenzen, BUND und der National Organization for Women (NOW).[120] Grün spiegelt weniger als 10% der gesamten erwachsenen Bevölkerung der USA wieder, mit höheren Ballungen um Boston, Nordkalifornien, Boulder (Colorado), New Mexico und Oregon.

Postpostkonventionell

Mit weniger als 1% der erwachsenen Bevölkerung der USA auf der Petrol-Ebene und weniger als 0,1% auf der Türkisen Ebene und darüber hinaus ist das Bewusstsein zweiten Rangs sehr selten[121] und repräsentiert den Gipfel der Evolution des menschlichen Bewusstseins.

7. Petrol – integral – ganzheitlich oder partiell

Die Petrolebene wird *integral* genannt, postpostmodern, meta-modern oder supramodern.[122] Der Begriff „integral" tauchte im frühen 20. Jahrhundert in Indien und Europa auf[123] und wurde in den 1970ern von führenden Psychologen und Sozialwissenschaftlern in den USA weitestgehend anerkannt.[124] Petrol ist nicht bloß eine weitere Stufe sondern kennzeichnet außerdem den Übergang zu dem, was wir Bewusstsein zweiten Ranges nennen. Vorangegangene Ebenen beharren darauf, dass ihre jeweilige Sicht der Dinge die beste und einzig richtige Art ist, die Welt wahrzunehmen. Wenn Individuen und Gruppen eines Bewusstsein ersten Ranges bedroht oder herausgefordert werden, so reagieren sie negativ und keilen aus, unter Verwendung ihrer jeweiligen Mittel (Infrarot und Magenta mit voodooartigen Zaubersprüchen; Rot mit Wut und roher Gewalt; Bernstein mit moralistischen Feldzügen, Verurteilung und Verdammung; Orange mit kalter Logik und Kollateralschäden; und Grün dramatisierend, beschämend, entmannend, schikanierend, demonstrierend, mit Aktivismus und unendlichen Prozessen).

Petrol (und darüber hinaus) erkennt intuitiv die Bedeutung aller vorangegangenen Ebenen an – einschließlich des eigentlichen Entwicklungsprozesses – und integriert die gesunden Qualitäten der maskulinen Agenz mit der femininen Kommunion. Es ist die erste Stufe die anderen nicht ihre Werte aufzwingt indem sie ihnen sagt, sie sollten so sein, wie sie selbst, auch wenn sie ihre Schwierigkeiten mit Grün hat, der vorherigen Stufe aus der sie hervorgegangen ist und von der sie sich nun marginalisiert und angegriffen wird. Auch wenn Grün, wie oben bereits beschrieben, die Überzeugung hat, alle einzubinden und zu lieben und niemanden zu verurteilen, so ist es doch besonders voreingenommen und lieblos gegenüber integralen Menschen, da die Letzteren die Tendenz haben, Grüne auf ihre Widersprüchlichkeiten hinzuweisen und diese vorführen wenn sie sich in performativen Widersprüchlichkeiten, den Prä-Trans-Irrtümern, holistischen Perspektiven und anderen Paradoxa verlieren und sich über diese lustig machen.

In Petrol ersetzen Wissen und Kompetenz Rang, Macht, Gender oder Status. Flexibilität, Spontanität und Funktionalität werden zu den höchsten Prioritäten. Im Gegensatz zu Grün, das sich Entwicklungshierarchien verweigert und darauf beharrt, dass alle Menschen gleich sind, sieht Petrol den Beitrag, die Vorteile, Werte, Verbindlichkeiten und Beschränkungen jeder vorangegangen Stufe. Petrol unterstützt das Kultivieren von ausgewogenen femininen und maskulinen Polaritäten auf jeder Stufe (bekannt als Selbstverwirklichung[125] und verbesserte horizontale Translation),[126] kommuniziert mit Anderen auf ihre Weise, ermöglicht ihnen das gesunde Wachstum durch die Stufen und erkennt an, dass weit höhere Entwicklungsebenen möglich sind. Petrol kann weiter sehen als die Perspektive vierten Grades, in dem es die kulturellen Konstrukte von Grün betrachtet und erkennt, dass die vorrangige Weltordnung aufbaut auf den Ergebnissen der Entwicklungsstufen, genauso wie auf der Bewegung von Individuen und Gruppen durch die Stufen.

Aus der Perspektive des Bewusstseins ersten Grades betrachtet können Menschen auf der Petrolebene kalt, berechnend, opportunistisch, manipulativ, analytisch, distanziert, zynisch oder arrogant erscheinen – manchmal sind sie es tatsächlich – da Petrolenergie schnell entmutigt, gelangweilt oder frustriert ist, wenn sie glaubt, alles gesehen zu haben. Und während es Menschen auf Petrol, wenn sie sich bemühen, leicht in der Lage sind, mit anderen in früheren Entwicklungsstufen in Verbindung zu treten, so fühlen sie sich oft isoliert und einsam, da sie von den eingeschränkten Weltsichten, hausgemachten Dramen, engstirnigen Klassifizierungen und naiven Stereotypisierungen, die für Menschen mit Bewusstsein ersten Ranges üblich sind, schnell ermüdet werden.

Konflikte in Petrol werden gelöst durch so genannte „Geltungsansprüche“[127] der moralischen Richtigkeit, weitgehend anerkannter Wahrheiten und Ehrlichkeit oder dem, was gut, wahr und schön ist, unter Einbeziehung der Perspektiven aller vier Quadranten (erste, zweite, dritte, vierte Person, bzw. Ich, Wir, Es, Es'se), sowie der Entwicklungsebenen und des Unbewussten. Das Ziel ist es eine Lösung des Konflikts zu finden, die dem Gemeinwohl der größten Menge von Leuten dient.

8. Türkis – transpersonal – Weisheit und Mitgefühl

Die Türkise Bewusstseinsstufe wird *transpersonal* (oder post-/supraintegral) genannt[128] und beinhaltet alle Stufen über der *integralen.*[129] Während Menschen auf der Petrol-Stufe dazu neigen, die innere und äußere Verfassung Anderer analytisch, linkslastig, gerecht, emotional distanziert und aufstrebend zu beobachten, analysieren und bewerten, ohne sich authentisch einzubinden, zeigen Menschen auf der Türkisen und höheren Ebenen eine wirkliche Verkörperung, Umfassung und Durchwachsung von gesunden Qualitäten der vorangegangenen Stufen mit einem neuen Fokus auf Liebe und Mitgefühl, der die grüne selektive Liebe und das willkürliche und leidensfördernde „Idiotie des Mitgefühls" transzendiert.

Türkis badet sich in der Gesamtheit seines Wesens und der Welt ohne sich darin zu verlieren. Wünsche, (An-)Bindungen und Ängste werden genussvoll ausgetauscht mit einer Zunahme an Weisheit, Mitgefühl, Flow und Verkörperung. Dieser transformative Wandel beruht auf einer bewussten methodischen Dekonstruktion von unbewussten Gewohnheiten des Geistes, einer achtsamen Vermeidung der geistigen Umleitung und einer sorgfältigen Heilung von psychischen Verletzungen durch den Aufbau intimer verletzlicher Beziehungen, die Petrol oft vermeidet. Eine Wahrnehmung des intersubjektiven und interobjektiven *Interwerdens* durch die Kokreation von Erfahrungen und ein Empfinden einer universellen einheitlichen Ordnung, die das Ergebnis aller Manifestation ist, gerät in den Fokus. Für Türkis (und darüber hinaus) ist eine glanzvolle Vereinigung theoretisch und praktisch möglich, und es können immer mehr Perspektiven eingenommen werden. Das bezieht oft die Entstehung einer neuen Spiritualität als Verflechtung aller Existenz mit ein.

Türkis (und darüber hinaus) hat die Weisheit zu akzeptieren was ist, proaktiv zu reagieren wo Handlung erforderlich ist und eine Situation für sich zu belassen, wenn eine Gegenhandlung mehr schaden würde als helfen. Mit anderen Worten heißt das, dass der Fokus von der Sorge um die Welt zu einem Einfluss auf die Welt steigt.

Menschen auf dieser Ebene empfinden, dass sie „Teil der Welt sind, aber nicht losgelöst von ihr sein können."[130] Sie transzendieren das Denken von gut/schlecht, richtig/falsch, gewinnen/verlieren, empfindsam/gleichgültig und integriert/partiell, und umfassen dabei beide Seiten des Bewusstseins zugleich.[131] Sie fördern die Schaffung des Guten, der Wahrheit, der Schönheit und der Funktionalität auf allen Ebenen des Bewusstseins und repräsentieren die Spitze der menschlichen Bewusstseinsentwicklung, mit weiteren möglichen Ebenen.[132]

Konflikte werden in Türkis gelöst durch das Finden einer höheren (transzendentalen) Wahrheit durch dialektische Prozesse (oder fernbleiben von Abwesenheiten) von These (Abstrakt), Antithesis (oder Negation) und Synthese (oder Überwindung durch Negation der Negation). Wie in Teil 4 umfangreich erläutert, ist das Ziel die nützlichen Teile einer Idee zu bewahren, während man die Beschränkungen, die ihr innewohnen überwindet, und es wird geleitet von dem Wunsch der beteiligten Parteien ihre eingeschränkten Sichtweisen, die zum Konflikt führten, zu transzendieren um ihre Gedankenkomplexität zu erweitern und damit diese der Komplexität der Situation anzupassen und um die unbewussten Aspekte ihres Wesens bewusst werden zu lassen (siehe auch **Fünf Formen des Unbewussten** in **Abhängigkeit und das Unbewusste**, unten).

Zusammenfassung der Bewusstseinsebenen

Die unten abgebildete Tabelle fasst die verschiedenen Stufen und Farben und den Anteil an der erwachsenen US-Amerikanischen Bevölkerung, im Kontext der vier Überebenen zusammen.

Gruppe	*Ebene/Stufe*	*Farbe(n)*	*Grober Anteil an der US-Bevölkerung*
Zweiten Grades	*Postpostkonventionell*	*Türkis Petrol*	*~ 1/500*
Ersten Grades	*Postkonventionell*	*Grün*	*~ 1/10*
	Konventionell	*Orange Bernstein*	*~ 2/3*
	Präkonventionell	*Rot Magenta Infrarot*	*~ 1/4*

Tabelle 1. Entwicklungsstufen, die dazugehörigen Farben, die Anteile an der US-Bevölkerung

Individuen auf den Stufen mit warmen Farben (Infrarot, Rot, Orange und Petrol) verorten die absolute Kraft in sich selbst und haben einen inwärts gewandten, ich-orientierten Fokus: *Mein* Überleben, *meine* Kraft, *mein* Erfolg, *mein* kosmischer Bezug. Ihre Art zu leben fokussiert sich auf singuläre bzw. authentische Selbstverwirklichung in der äußerlichen Welt und wie diese verändert und gemeistert wird. Individuen, die hauptsächlich von den kühlen Farben (Magenta, Bernstein, Grün, Türkis) aus agieren, empfinden die ultimative Kraft als etwas, was außerhalb von ihnen ist und größer als sie selbst, so wie: *unser* Stamm, *unser* Land/Gott, *unsere* Welt, *unser* Interwerden. Sie opfern oder transzendieren das Selbst und legen ihren Fokus auf die Stabilisierung ihrer inneren Welt und erreichen einen Frieden mit ihr, um dem großen Ganzen zu dienen. Während die Individuen auf der Spirale aufsteigen und in ihrer Komplexität wachsen, gibt es ein Wechselspiel von innerem und äußerem Fokus.[133]

Transzendenz und Inklusion/Exklusion

Männer und Frauen wachsen auf spezifische Weise durch die Stufen des Bewusstseins ersten Ranges. Männer neigen dazu, auf sich bezogen (agentisch) und wachstumsorientiert (aufsteigend) zu sein, und über die Stufen aufzusteigen indem sie die eingeschränkten Sichtweisen der vorherigen Ebenen mithilfe von Negation, Abgrenzung und Unterdrückung *transzendieren und exkludieren (ausschließen)*. Frauen hingegen neigen dazu, beziehungsorientiert und (kommunal) und erfüllungsorientiert (absteigend) zu sein, und neigen dazu die vorherigen Stufen durch Anbindung, Vereinigung und Erhaltung zu *transzendieren und inkludieren (einschließen)*. Daraus folgt als Konsequenz, dass Männer meistens aus der höchsten errungenen Ebene herab agieren und sich schwer damit tun, das Verhalten, die Werte und die Weltsichten von Anderen in niedrigeren und höheren Stufen zu tolerieren (bspw. erkennbar bei dem Versuch, Anderen die eigenen Ansichten und Werte aufzuzwingen oder sie auf die eigene Ebene zu zwingen).[134] Frauen wiederum, die von der Evolution dazu bestimmt waren Kinder aufzuziehen (die ganz natürlich alle auf der infraroten Ebene starten), und einen männlichen Beschützer/Versorger zu bewirten, gleiten unbewusst zwischen den Stufen ersten Grades, die sie bereits transzendiert haben, hin und her.[135] Dies führt dazu, dass ihr Wesen komplexer erscheint als das der Männer. Diese Komplexität findet eine breite Resonanz in vielen Witzen, Schriften und Filmen zum Verhältnis Mann-Frau, ebenso wie in dem unten abgebildeten Bild.

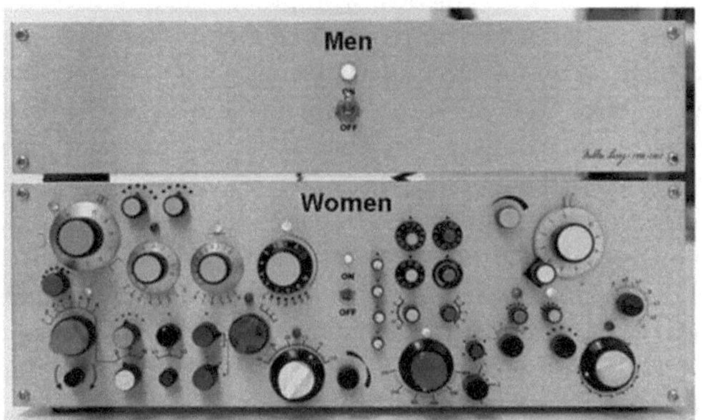

Grafik 12. Witz über die unterschiedliche psychologische Komplexität von Männern und Frauen

Da Männer mit einem Bewusstsein ersten Grades mit Anderen hauptsächlich von ihrer höchsten Ebene der Bewusstseinsentwicklung in Beziehung treten, resonieren sie mit ihrem Partner (und Anderen) allein auf dem höchsten gemeinsamen Nenner den sie haben.[136]

Grafik 13. Männlich-weibliche Dynamik im Bewusstseinswachstum

Die Permeabilität zwischen den Stufen von Frauen erklärt auch, warum die meisten Frauen im Bewusstsein ersten Grades nicht hierarchisch denken und die Idee der vertikalen Entwicklung bei Erwachsenen ablehnen oder lediglich anerkennen, dass Männer und nicht Frauen nach der Jugend durch die Stufen der Entwicklung wandern.[137] Wenn

Frauen Wachstums- und Entwicklungserfahrungen machen, so vergleichen sie es oft mit einer abnehmenden oder zunehmenden horizontalen Bewegung, oder den sich ausbreitenden Wellen des in den Weiher geworfenen Kiesels, aber nicht mit einem plumpen vertikalen Aufstieg einer hierarchischen Leiter.

Kompatibilitätsmatrix

Wie wir oben gesehen haben, so definiert unsere Ebene der Bewusstseinsentwicklung (bzw. Höhe) wie wir die Welt, uns selbst und die anderen wahrnehmen. Das hat logischerweise einen starken Einfluss auf unsere Liebesbeziehungen, vor allem wenn Konflikte auftreten. In wen wir uns verlieben, wird primär durch unbewusste Prozesse aus unserem limbischen System und dem reptilischen Gehirn gesteuert. Die Hormone die ausgeschüttet werden, wenn unsere primäre Fantasie angesprochen wird und wir uns verlieben, führen oft dazu, dass wir vorübergehend die Warnzeichen ignorieren, die uns eigentlich auf Inkompatibilitäten auf den Ebenen des Bewusstseins hinweisen. Ist diese Phase des Hochgefühls vorbei und die Hormone des Überschwangs ziehen ab werden potentielle Differenzen offensichtlich. Es ist dann nicht mehr von Bedeutung wie sehr wir uns sexuell von unserem Partner angezogen fühlen oder uns in unserer psychischen Verfassung und dem Unbewussten ergänzen oder gemeinsame Interessen, Entscheidungen der Lebensweise, Träume, Werte und Leidenschaften haben – die Qualität und der Erfolg unserer Liebesbeziehung wird letzten Endes bestimmt durch unserer Bewusstseinsebene und die des Partners.

Wenn wir die acht möglichen Ebenen der Bewusstseinsentwicklung, die wir oben benannt haben, für den einen Partner auf die vertikale Achse legen und für den anderen auf die horizontale Achse, so ergibt das 64 mögliche (In-)Kompatibilitäten.

Um diese Matrize anzuwenden musst du lediglich die Schnittfläche der höchsten Bewusstseinsebenen, die du und dein Partner jeweils individuell erreicht habt, heraussuchen, und ihr erhaltet eine kurze Beschreibung der Beziehung, die am wahrscheinlichsten zwischen euch beiden ent- bzw. besteht.

Female / Male	Infrared	Magenta	Red	Amber	Orange	Green	Teal	Turquoise
Turquoise	Caretaker / Dependent	Caretaker / Dependent / Magic-Connection	No Partnership	Friendship	Mentor / Friendship / Lovers	Mentor / Friendship / Lovers	Co-Creation / Opposites	Inter-Being
Teal	Caretaker / Dependent	Caretaker / Dependent	No Partnership	Friendship	Mentor / Friendship / Lovers	Mentor / Friendship / Lovers	Co-Creation / Opposites and Equals	Co-Creation / Opposites
Green	Caretaker / Dependent	Caretaker / Dependent Pre/Post fallacy	Pre/Post fallacy	No Partnership	Confusion Frustration Divorce	Feminine / Masculine Role Reversal Divorce	Mentor / Friendship / Lovers	Mentor / Friendship / Lovers
Orange	Caretaker / Dependent	No Partnership	Trophy Wife / Boy Toy	Opposites / Not Equals Divorce	Independenc e Equals / Not Opposites Divorce	Confusion Frustration Divorce	Mentor / Friendship / Lovers	Mentor / Friendship / Lovers
Amber	Caretaker / Dependent	No Partnership	Frustration / Divorce	Co-Creation / Opposites Not Equals	Opposites / Not Equals Divorce	No Partnership	Friendship	Friendship
Red	No Relationship	Red Abuse of Magenta	Codependenc e Marry-Divorce Cycle	Frustration / Divorce	Trophy Wife / Boy Toy	Pre/Post fallacy	No Partnership	No Partnership
Magenta	Survival-Bond	Survival-Bond	Red Abuse of Magenta	No Partnership	No Partnership	Caretaker / Dependent Pre/Post fallacy	Caretaker / Dependent	Caretaker / Dependent / Magic-Connection
Infrared	Survival-Bond	Survival-Bond	No Relationship	Caretaker / Dependent	Caretaker / Dependent	Caretaker / Dependent	Caretaker / Dependent	Caretaker / Dependent

Tabelle 2. Kompatibilitätsmatrix für Männer und Frauen auf verschiedenen Ebenen der Bewusstseinsentwicklung[138]

Generell kann man sagen, dass Personen, die sich vollständig auf einer Bewusstseinsebene verwirklicht haben, am besten mit Partnern zusammenpassen, die dieselbe Höhe erreicht haben, was durch die Schattierungen in der Matrize verdeutlicht wird. Personen, die sich gerade auf dem Übergang von einer Stufe zur nächsten befinden, dürften sich am meisten angezogen fühlen von Partnern (und mit diesen am kompatibelsten sein), die auf der Ebene sind, zu der sie sich gerade hinbewegen. Die größten Schwierigkeiten für Konfliktlösungen bestehen bei Paaren auf nebeneinanderliegenden Bewusstseinsstufen ersten Ranges, (Grün bekämpft Orange, welches mit größter Vehemenz Bernstein von sich stößt, welches wiederum entnervt ist von Rot).[139] Menschen, die mehr als eine Ebene des Bewusstseins ersten Ranges auseinander liegen, haben für gewöhnlich überhaupt keine Resonanz in ihren Werten, mit der Ausnahme der Prä-Post-Irrtümer zwischen präkonventionellem Magenta oder Rot und postkonventionellem Grün, da sie ja alle „unkonventionell" sind.

Die aufkeimenden Konflikte zwischen Partnern, die sich auseinanderleben oder die nach der Verliebtheitsphase erkennen, dass sie sich auf unterschiedlichen Bewusstseinsebenen befinden, können nicht einfach durch bessere Kommunikation oder andere Mittel zur Versöhnung gelöst werden. Diese Beziehungen sind einfach nur dem Untergang geweiht … tut mir leid.[140]

Spirituelle Entwicklung

Der Begriff *spirituell* beschreibt im Allgemeinen „das, was nicht an Zeit, die physische Welt oder geistige Konzepte gebunden ist", was alles in Verbindung mit unserem Geist und unseren Sinnen steht. Wie können wir also von Spiritualität sprechen, ohne es zu etwas zu machen, was es nicht ist, nämlich ein Konzept? Es ist unmöglich! Wir können nur darauf deuten, wie mit dem Finger auf die Leere oder die Einheit zu zeigen. Viele heilige Schriften und Gedichte tun das.[141] Leider betrachten die meisten Leser, Schüler und Praktizierenden lediglich den Finger und verwechseln ihn mit dem, worauf er eigentlich deutet. Andere wiederum blicken in die Leere oder Einheit, auf die der Finger zeigt, und versuchen etwas Isoliertes zu finden. Der Geist kann diese Einheit, Leere, Fülle nicht begreifen, da er zu sehr von der Trennung von Subjekt und Objekt abhängt. Moderne Physik und Philosophie, ebenso wie die traditionelle Mystik, verweisen auf die unendliche und ewige/zeitlose Einheit, Verbundenheit, Verbindung bzw. Nicht-Dualität. Alles, dich eingeschlossen, ist Teil dieser Einheit, der viele Namen gegeben wurden, bspw. Gott, der Eine, der Geist, das Absolute, die Unendlichkeit/Ewigkeit, das reine Bewusstsein, allgegenwärtiger Ursprung, Vereinigtes Feld, oder Grund allen Seins. Metaphorisch ließe sich sagen, dass diese Einheit sich lediglich selbst empfinden könnte, wenn sie sich in eine „Zweiheit" aufteilte, was wir als die Dualität von Vergangenheit und Zukunft, Leere und Form, Licht und Dunkel, Mann und Frau, männlich und weiblich, etc. wahrnehmen, die gleichwertig real sind. Gibt man den Gedanken auf, dass diese *Gegensätze* von endgültiger Bedeutung sind, so kann das ewige und unendliche Eine, das Spiel von Zeit und Leere und Form, beginnen. „Warum macht sich das Universum [die Einheit] die Mühe, zu existieren?"[142] bleibt den Wissenschaftlern, Philosophen und Mystikern bis heute ein Geheimnis.[143] Das starke Verlangen unserer Seele bedingungslos zu lieben und geliebt zu werden kann als die Sehnsucht anerkannt werden, zu dieser Einheit durch individuelle Selbsttranszendenz zurückzukehren.[144] Wodurch die Spiritualität zum sogenannten spirituellen Materialismus wird.[145]

Da wir nun über das Unaussprechliche gesprochen haben (war einfach, oder?), können wir über die fünf allgemeinen *Stadien* der spirituellen Erfahrung sprechen, die durch spirituelle Praxis umgewandelt werden in bewusst wählbare beständig zugängliche bzw. gegenwärtige Wahrnehmungs*stufen*, für die wir uns *entscheiden*, anstatt sie *zufällig* zu erreichen.

Zustandsstufen

Spirituelle Zustandsstufen entfalten sich meistens in einer bestimmten Reihenfolge, die oft in Verbindung gesetzt werden mit den drei Zuständen die jeder Mensch, unabhängig von Alter, Bewusstseinsebene, Bildung oder kulturellem Hintergrund im Verlauf eines normalen Tages durchläuft: Der Zustand des *Erwachens* bzw. der *rohe* Zustand (wenn wir physischer Objekte bewusst sind), der *träumende* oder *feine* Zustand (wenn wir uns nicht-physische Objekte vorstellen können) und der Zustand des *traumlosen Schlafs* oder *ursächliche* Zustand (wenn wir in den Zustand zeitloser Leere fallen, ohne eine Wahrnehmung von physischen Objekten oder Vorstellung von Objekten). Zwei weitere höhere Zustände sind möglich:

Der eine wird als *reines Bezeugen* bezeichnet, in dem wir eine direkte, unmittelbare Erfahrung von allem machen, was in unsere Wahrnehmung eindringt, bevor es von unserem Bewusstsein interpretiert wird. Das führt zu einer Empfindung der *Einheit in der Zweiheit*, da es immer noch eine losgelöste Wahrnehmung gibt, die sich der unmittelbaren Wahrnehmung bewusst ist.

Die zweite, die höchste Stufe der spirituellen Erkenntnis, heißt *nicht-duale Wahrnehmung*. Dabei handelt es sich nicht im eigentlichen Sinne um eine Zustandsstufe (da dies streng genommen zu einer dualen Trennung von Subjekt und Objekt führt), sondern um die Gesamtheit von Leere und Form, die erreicht wird, wenn alle Dualität der vielschichtigen Dualitäten der vorherigen Zustandsstufen dekonstruiert sind. Mit anderen Worten: Nicht-duale Wahrnehmung entsteht, wenn der Zeuge und das Bezeugte zu einem werden, oder: wenn die Einheit sich selbst wahrnimmt als Leere und Form.[146]

Eine weitere hilfreiche Art die Entwicklung der spirituellen Zustandsstufen zu betrachten (oder auch jede Art des Wachstums) besteht in der klaren Unterscheidung des Selbst von den Dingen die dieses Selbst wahrnimmt, wie beispielsweise physische Objekte, durch die Objekte im Bewusstsein geschaffene Gedanken, aber auch Gefühle, Ahnungen, Empfindungen und Erfahrungen (einschließlich spiritueller Erfahrungen). Dieses „Ich“, „Subjekt“ oder „Selbst“ das sieht, erlebt oder betrachtet ist im Ursprung seiner selbst nicht bewusst. Wird es gesehen wird es zum Objekt – was oder wer betrachtet also? Dein „Ich“, „Selbst“ oder „Bewusstsein“ kann sich selbst nicht sehen, so wie du dein Gesicht auch nicht sehen kannst (ohne den Spiegel).

Kurz und bündig kann man also sagen, dass Wachstum und Entwicklung dann erkennbar werden, wenn das Subjekt, mit dem wir uns identifizieren, das Objekt des Subjekts der nächsten Stufe wird.[147]

Wie oben bereits kurz erwähnt, so entfaltet sich spirituelle Erleuchtung üblicherweise in fünf allgemeinen Zustandsstufen:[148]

1. Roh/erwachend

Die Ausgangsstufe von spiritueller Erkenntnis wird die rohe/erwachende (oder psychische) Zustandsstufe genannt. Es ist der große Schritt der Transition von physisch zu spirituell, von einer vollständigen Identifikation mit der materiellen Welt und dem physischen Körper zur geistigen Welt. Diese Zustandsstufe geht einher mit der Erkenntnis, dass du nicht definiert wirst von dem was du hast: weder die materiellen Objekte, die du als deine Besitztümer ansiehst (wie Geld, Auto, Heim, Kleidung, Schmuck, etc.), noch dein sozialer Status (Arbeit, Mitgliedschaften, Abschlüsse), noch dein physischer Körper mit seinen Bedürfnissen, Impulsen und Emotionen.[149] Anstatt reflexartig auf innere Gewohnheiten und das Verhalten anderer zu reagieren, lernst du zunehmend wie du aufmerksam damit umgehen kannst – und wie du einen achtsamen Umgang damit finden kannst, indem du einen „Raum" erschaffst, zwischen Impuls und Reaktion, und somit bewusst eine Entscheidung triffst.[150] Du wirst zum Zeugen deiner physischen Umgebung und erlangst die Herrschaft über deinen Körper, anstatt dessen Sklave zu sein. Das klingt vielleicht einfacher als es ist und es erfordert Stärkung durch Übungen, wie beispielsweise Yoga, bewusste Atmung[151], Entspannungsübungen, körperliches Training, Kontemplation (bspw. das Lesen eines Buchs), oder – in schweren Fällen von krankhafter Bindung – Psychotherapie. Denk nur mal nach, wie oft du unbewusst konsumierst, eine negative emotionale Reaktion auf die Realität eines Anderen hast, körperliche Belastung vermeidest, deinen Körper falsch ernährst, oder deinen Selbstwert definierst durch dein Auto, das Geld das du hast (oder nicht hast), andere materielle Besitztümer oder die äußere Erscheinung oder den sozialen Status deines Partners.

Das Bewusstsein von „Ich habe einen Körper – aber ich bin nicht mein Körper", gepaart mit der Fähigkeit ihn wahrzunehmen und zu nutzen, statt von ihm genutzt zu werden (nicht selten durch Suchtverhalten),[152] ist ziemlich befreiend. Menschen die diese Zustandsstufe der spirituellen Erkenntnis erreichen, machen ihre ersten übersinnlichen[153], synchronistischen[154] oder mystischen Erfahrungen mit der Natur,[155] und sie nehmen das Erwachen in einer anderen Realität sehr bewusst wahr. Hinzu kommt die Einsicht, dass physische und emotionale Schmerzen des Körpers zwar nicht vermeidbar sind, aber dass das Leiden optional ist. Da also der Körper Objekt des Subjekts wird, nimmt das Mitgefühl für das Selbst und die Anderen zu.

Das Feminine in dieser Zustandsstufe strebt mit dem Bewusstsein zum Körper und zur manifestierten Welt (absteigen). Diese Abwärtsbewegung erschuf Religionen wie den Paganismus, die die Erde und Göttinnen preisen. Das Maskuline strebt fort vom Körper (aufsteigen) und negiert seine Freuden, wie man es in den traditionellen Formen der Religionen sieht, die männliche Götter anpreisen, wie Christentum, Hinduismus und Islam, aber auch der Buddhismus (der keinen Gott hat).

2. Subtil/träumend

Die subtil träumende Zustandsstufe wird erreicht durch Güte oder entwickelt durch tägliche spirituelle Praxis wie Meditation oder kontemplative Anbetung. Sie entsteht aus der Erkenntnis, dass du nicht bist durch deine Gedanken und deine Ansichten. Man kann es vergleichen mit dem Erwachen aus dem Schlaf nach einem Traum – du erkennst, dass zufällige und ungesteuerte Gedanken (Annahmen, Projektionen, Vorurteile, etc.), die für gewöhnlich genährt werden durch Schmerzen aus der Vergangenheit und Ängsten vor der Zukunft, genau so unwirklich sind, wie die Träume der Nacht. Diese Gedanken spielen in deinem Kopf den Radiosender mit der „hätte-hätte-Fahrradkette"-Schlagerendlosschleife. Und wenn es so ist, so unterscheidest du dich kaum von einer verrückten Person, die auf der Straße Selbstgespräche führt. Diese Selbstgespräche (oder -gedanken) können negative Emotionen hervorrufen, die wiederum weitere paranoide Gedanken begünstigen, was im schlimmsten Fall zu Depression[156] und anderen Krankheiten führen kann. Menschen, die die feine Zustandsstufe erreichen, erwachen aus diesem Albtraum des kognitiven Knasts, und lernen, ihre zufälligen Gedanken als unreale Objekte in ihrem Bewusstsein anzuerkennen. Sie sind entweder in der Lage die Lautstärke runterzupegeln (das Gemüt zu beruhigen), den Power-Knopf zu drücken, den Sender von MIST zu LIEBE (positive Gedanken) zu wechseln oder einfach nur die Gedanken zu beobachten und ihnen ihre Freiheit zu lassen, wie der Baum, der die Brise durch seine Äste fegen lässt, ohne sich von ihr zu beeinflussen zu lassen.

Fortgeschrittene Arten der Erkenntnismeditation, wie beispielsweise Vipassana, das den Fokus auf die Atmung legt, oder die Rezitation von Mantras, sind Praktiken, die Individuen dabei unterstützen, ihren Verstand zu beobachten, beruhigen und erkennen. Sie kommen in die Lage ihren Verstand als Mittel für Visualisierung, Introspektion, Kontemplation, Kreativität und kritisches Denken zu benutzen, anstatt von ihm benutzt zu werden. Mit der Erkenntnis „Ich habe Gedanken, aber ich bin nicht meine Gedanken"[157], haben Personen die Möglichkeit, klar zu träumen[158], Erfahrungen subtiler Erleuchtung zu machen oder eine tiefempfundene Liebe für die gesamte Schöpfung zu empfinden. Manche werden dabei zu „Erfahrungsjunkies" und ziehen von einer/m spiritueller/n Event, Kurs, Workshop, Reise oder Praxis zum/zur nächsten, kommen dabei aber niemals in die Lage, diese Stadien zu einer konstant präsenten oder abrufbaren Stufe zu machen.

In dem Versuch diese Zustandsstufe durch Beobachtung und Beruhigung des Verstands zu erreichen strebt das Maskuline danach, Gefühle und das bedingte Selbst zu unterdrücken und dem zu entsagen, während das Feminine das Selbst stärkt und sich tiefer mit den Gefühlen und dem Herzen verknüpft.

3. Kausal/Tiefschlaf

Die kausal-formlose Stufe ist vergleichbar mit tiefem, traumlosem Schlaf. Es ist eine zeitlose Offenheit bzw. Leere, die erreicht wird durch tiefe Meditation und wird daher auch manchmal „der vertikale Fall" genannt. Im Zen heißt es „Satori", „Radikale Leere" oder „Wolke des Unwissens". Damit einher geht die Erkenntnis, dass du nicht gleich bist mit deinen Erfahrungen oder Gefühlen (anwesend, glücklich, traurig, niedergeschlagen, ängstlich, zufrieden, wach, friedvoll, verbunden, ungebunden, etc.), die deinem Denken und Urteilen zugrunde liegen, noch mit deinen Eingebungen oder Absichten. Auf dieser Zustandsstufe verpufft jede Identifikation mit der physischen Welt, Objekten im Bewusstsein und weiteren Erfahrungen. Es wird oft verglichen mit Leere, mit dem Unterschied, dass es sich nicht um Nichts handelt, sondern um die absolute Fülle des Seins und der Gottheit, die den Raum als Licht erfüllt. Es ist so erfüllend, dass keine andere Erscheinung Platz haben kann. Bewusstes träumen wird mehr zur Regel und es gibt ein klares Bewusstsein des „Ich habe Erfahrungen, aber ich bin nicht meine Erfahrungen". Die meisten Menschen kehren zu einer der vorherigen Zustandsstufen zurück, oder erleben einen „Rückfall", wenn sie einen Eindruck des Ursächlichen erfahren konnten – wie beim tiefen, traumlosen Schlaf.

Das Maskuline strebt danach, diesen Zustand als radikale/n Stillstand und Leere zu erfahren; das Feminine nimmt es als radikale Fülle und Fluss auf.

4. Reines Bezeugen

Die Zustandsstufe des reinen Bezeugens wird erreicht, wenn der (losgelöste) Betrachter bzw. die Wahrnehmung, die die zeitlose Leere der kausale Zustandsstufe erreicht hat, einen Schritt weitergeht und die Erfahrung und der/die Erfahrende eins werden. Wir nennen das hier die direkte oder unmittelbare Erfahrung, oder auch „One Taste", wenn aufnehmen und handeln, und damit auch „sein", vor den Gedanken auftreten.

Der Sinn für „Ich empfinde das Sein aber ich bin nicht das Sein" entsteht. Der bezeugende Zustand wird zur Zustandsstufe, wenn es dir möglich ist, bewusst auf Loslösung von Verhaftung und Verlangen zuzugreifen, so wie es möglich ist, auf Sprache, Gehen, das Spielen eines Musikinstrumentes oder andere kreative Aktivität zuzugreifen, ohne darüber nachzudenken (und damit im Fluss zu sein), und sich dabei eine feine Wahrnehmung während des traumlosen Schlafs zu erhalten.[159]

Die neuesten neurowissenschaftlichen Erkenntnisse beschreiben diesen Zustand wie folgt: Es gibt einen kontinuierlichen aufwärts gerichteten Strom von Reizeinströmung in dein Gehirn.

Für gewöhnlich werden durch komplexe Prozesse die meisten Einströmungen im limbischen System gefiltert und modifiziert, bevor die „Daten" an den bewussten Verstand, der im Neokortex sitzt, weitergegeben werden. Dort wird ein abwärts gerichteter Prozess in Gang gesetzt, der die Reizeinströmung danach klassifiziert, ob es sich um ein bekanntes oder um ein neues Ereignis handelt. Erscheint es bekannt, so nimmt der bewusste Verstand an, dass es das „gleiche ewiggleiche" von vergangenen Erfahrungen ist, die bereits im Gedächtnis gespeichert sind, und schenkt dem keine oder nur wenige Aufmerksamkeit – hier war ich schon, das habe ich schon gemacht. Ist es allerdings ein neues Ereignis – ein neuer Anblick, Klang, Geruch, Geschmack oder Gefühl – so lenkt der Verstand viel mehr Aufmerksamkeit dahin und entscheidet aktiver wie darauf zu reagieren bzw. zu antworten ist.

Auf der Zustandsstufe des reinen Bezeugens nimmt der Aufwärtsstrom der Reize zu (die Wahrnehmung ist geschärft, so wie wenn wir verliebt sind, unter dem Einfluss bestimmter Drogen stehen oder in einem fremden Land reisen) und der Abwärtsprozess nimmt ab, so dass alles direkt und unmittelbar mit einem unverbrauchten und neugierigen Verstand des Anfängers aufgenommen wird. Da die Empfindung von Realität in unserem Verstand ist, werden auf der Stufe reiner Bezeugung Wahrnehmung und das Wahrgenommene „eins".[160]

Diese Zustandsstufe wird oft verwechselt mit dem präverbalen a-dualen oder verschmolzenen Zustand, in dem sich Säuglinge und Tiere befinden. Trotz aller Ähnlichkeit bezeugen, erfahren und reflektieren diese nicht ihre Umwelt, sondern sind in diese integriert und reagieren auf diese instinktiv oder reflexiv. Ein gutes Beispiel ist das Spiegelexperiment. Säuglinge und Tiere erkennen nicht, dass der Spiegel die Umgebung reflektiert. Sie nehmen die Reflektion als Teil ihrer Umgebung und ihr Abbild als ein anderes Wesen wahr, während eine Person auf der Zustandsstufe reinen Bezeugens sich der reflektorischen Qualität bewusst ist und die Reflektion von der Umgebung abgrenzen kann.

Auf dieser Zustandsstufe ist die feminine/maskuline Dualität vollständig transzendiert.

5. Non-Dualität

Wie zuvor erwähnt, ist non-duale Wahrnehmung nicht bloß eine Zustandsstufe, sondern eine völlige Einverleibung oder Verkörperung aller vorangegangenen Zustandsstufen und kann bloß angedeutet werden. In der vorangegangenen bezeugenden Zustandsstufe kann man komplett absorbiert werden in der unmittelbaren Erfahrung und dem „Jetzt" und damit ignorant werden für die Intersubjektivität und Interobjektivität. In der Nicht-Dualität wird beides integriert: Leere manifestiert sich als Form und Form als Leere und beide entwickeln sich im Lauf der Zeit durch Interwerden. In diesem Zustand gibt es keine Trennung von Selbst oder Zeuge, der die von sich losgelöste Zeit, Form, Leere oder sogar die Erleuchtung (wer oder was bleibt noch zu erleuchten?) wahrnimmt.[161]

Non-duale Wahrnehmung kann man nicht erfahren, da alle Erfahrungen (einschließlich des bezeugenden Zustands) kommen und gehen und einen Zeugen benötigten, der eine Erfahrung macht. Sie ist auch nicht in Worte zu fassen. Sobald du darüber sprichst wird es etwas, was von dir losgelöst ist, und somit wird es dual.

Non-dualität wird beschrieben, wie wenn man die Spitze einer Stange erreicht und es dann schafft, noch einen weiteren Schritt zu gehen. Was dann folgt ist das vollständige Entleeren des Subjekts (Kletterer) in das Objekt (Welt), wodurch es keine Subjekt-Objekt-Dualität mehr gibt. Der Zustand ist frei von jeder Form des Blicks auf die Welt welcher Art von welchem Aussichtspunkt auch immer. Du bist dann Teil der Weltperspektive oder eins mit der Gottheit (aber es tut mir leid dich zu enttäuschen: du bist noch immer keine allwissende Gottheit – diese Vorstellung wäre bloß eine psychotische[162] Wahnvorstellung, der viele New-Age-Narzissten verfallen).

Non-dualität führt wiederum zu einer Balance und Harmonisierung von maskulinen und femininen Polaritäten, aber auf eine geschlechtslose Weise. Ein einzelner Mensch kann auf physischer Ebene offensichtlich nie „Eins" sein (man ist entweder männlich oder weiblich)[163], und es ist unmöglich gleichzeitig männlich oder weiblich zu sein (oder kannst du gleichzeitig ein- und ausatmen?), aber wir können die Ganzheit sowohl physisch als auch psychisch in der transzendentalen sexuellen Vereinigung und während der transzendentalen Kokreation (wie in Teil 2 beschrieben) erfahren.[164]

Spirituelle Selbstverleugnung

Wir sollten im Sinn behalten, dass es bedeutende Unterschiede gibt zwischen (1) Identifikation bzw. Verschmelzung, (2) Desidentifikation bzw. Aufspaltung und (3) Abgrenzung bzw. Unterdrückung. Die ersten beiden Wörter (1) beschreiben das Selbst, welches sich komplett mit etwas äußerem, wie beispielsweise Geld, dem physischen Körper, Krankheit, Gedanken, Glauben, Gefühlen oder Empfindungen, identifiziert bzw. verschmilzt. Die zweiten Wörter (2) beschreiben externe Objekte die „besessen" werden, aber uns nicht definieren, wie beispielsweise Ich (als Subjekt) habe Besitztümer, einen Körper, Gedanken, Gefühle, Empfindungen und Ich pflege und schätze sie auf eine ungebundene Weise. Das dritte Wortpaar (3) ist der Versuch, sich von diesen Objekten zu lösen und sie als Illusionen oder Energien, die uns nicht gehören oder definieren zu negieren. Darin jedoch liegt eine Gefahr. Dieser Versuch der Verleugnung kann zu einer äußeren Projektion, spiritueller Selbstverleugnung (Spiritual Bypass) und Trennung von der eigenen Verantwortung führen:[165] Geld ist bloß „Energie" die ins Leben hereinfließt und wieder heraus; Ich bin nicht wütend – du machst mich wütend; alles Denken ist schlecht und Gedanken sind irrelevant; ich bin nicht krank – Krankheit ist lediglich ein geistiges Konstrukt; Gefühle sind nicht real – sie werden bloß von Gedanken erschaffen.

Entwicklung der Sexualität

Es gibt fünf allgemeine Zustände/Stufen von sexueller Entfaltung zwischen Partnern, die ihre genetische Zusammensetzung (bspw. Libido),[166] Erfahrungen sowie physische, psychologische und spirituelle Gesundheit wiederspiegeln.[167] Ähnlich der Entfaltung von spirituellen Erkenntnissen, wie oben beschrieben, können diese fünf Ebenen als temporärer Zustand oder, durch Partnerpraktiken wie Tantra, als ständig erreichbare Stufen erlebt werden.

1. Unterdrückte Sexualität

In dieser, der niedrigsten Stufe werden Körper und Sex mit Argwohn wie etwas Negatives und Schmutziges betrachtet. Nicht selten geleitet von Scham-, Schuld- und Angstgefühlen, die von Kindheitstraumas und Missbrauchserfahrungen rühren können, neigen Erwachsene auf dieser Ebene dazu sexuelle Aktivitäten im allgemeinen zu vermeiden, oder sie handeln unter Pflichtgefühlen auf entfremdete Weise (mit geschlossenen Augen, unter der Bettdecke, im Dunkeln), oder sie entwickeln in ihrer Sexualität zwanghafte Störungen bis hin zu Sex-Sucht und anderen ungewöhnlichen Handlungsweisen. Oraler Sex oder ähnlich lustvolle sinnliche Handlungen sind für Menschen auf dieser Stufe, auf der Zurückhaltung und Scham gleichbedeutend sind, für gewöhnlich kein Thema.

2. Ficken

Auf der Stufe Ficken ist Sexualität animalisch, Selbstnutz und auf die physischen Freuden des Körpers beschränkt. Partner auf dieser Stufe neigen dazu sich gegenseitig zu objektivieren ohne eine tiefere persönliche und emotionale Bindung aufbauen zu wollen. Sie wollen Spaß haben, abschalten, und geben nicht allzuviel auf die emotionalen Bedürfnisse, Gefühle oder sexuellen Vorlieben ihres Partners. Es gibt keine Scham und kein Schuldgefühl und alles ist möglich – was aber verwechselt werden kann mit den höheren zügellosen Formen transzendenter Sexualität. Männer auf dieser Stufe manipulieren Frauen oft dahingehend Sex zu haben und Praktiken zu vollziehen die schmerzhaft sein können, wie unerwünschter Analsex oder „Deep Throat"/ „Gagging".

Auf der Stufe Ficken wird alles als OK vorausgesetzt, bei dem der Partner mitmacht – oder zumindest nicht die Polizei ruft. Es gibt nur selten einen vorangehenden Dialog darüber, was einvernehmlich ist, über sexuelle Vorlieben, sexuelle Vorgeschichte, sexuell übertragbare Erkrankungen, No-Gos, Sicherheits-/Codewörter, Erwartungen was nach dem Sex aus der Beziehung werden soll oder mögliche Konsequenzen, wie emotionale/sexuelle Abhängigkeit oder Schwangerschaft. Frauen auf dieser Stufe neigen dazu eine unausgesprochene Erwartung an den Partner zu haben, sich nach dem Verkehr exklusiv zu binden, und fühlen sich benutzt und missbraucht, wenn der Partner weiterzieht. Auch kann es Frauen passieren, dass sie absichtlich aber ohne Abrede Schwanger werden um einen Partner zu binden und/oder um Unterhalt und Sozialleistungen zu beziehen.

Wenn die Aufregung des Neuen eines Sexualpartners verfliegt verlieren Paare auf dieser Stufe oft die Lust auf Sex miteinander und hören entweder auf, Sex zu haben, oder suchen sich einen Fickpartner.[168]

3. Sex haben

Bei dieser Stufe kommt Achtsamkeit ins Spiel. Sex wird zu einer bewussten Entscheidung zwischen Paaren, die eine Verständigung und Vereinbarung über die Auswirkungen und Konsequenzen von sexueller Interaktion haben. Sex zu haben wird als schöne und wichtige Aktivität angesehen, die zwei Menschen zusammenbringt und zahlreiche Vorteile für die physische und emotionale Gesundheit mit sich bringt.[169] Für gewöhnlich wird sich darüber verständigt, ob Monogamie oder Polygamie in ihren verschiedenen Spielweisen vorherrschen soll, und die Partner geben sich Mühe, wenden Zeit und Kraft auf für den sexuellen Austausch miteinander. Sexualpartner auf dieser Stufe legen Wert auf mehr als bloß die physischen Aspekte (Ficken) und nehmen sich gegenseitig als bewusste Subjekte wahr. Der Fokus liegt darauf den anderen innerhalb seiner Grenzen zu erfreuen.

Gleichwohl kann diese erhebliche Fokussierung auf die Befriedigung des Anderen dazu führen, dass man nicht seine eigenen sexuellen Bedürfnisse, Wünsche und Fantasien ausdrückt. Die eigenen Bedürfnisse vom Partner nicht erfüllt zu bekommen kann dazu führen, dass die Sexualität nur auf dem kleinsten gemeinsamen Nenner ausgelebt wird und beide Partner mit der Zeit unbefriedigt und unerfüllt werden.

Auf dieser Stufe werden Schwierigkeiten innerhalb der Beziehung, wie beispielsweise Machtkämpfe oder emotionale Zurückgezogenheit, ins Schlafzimmer mitgeschleppt, dort aber nicht gelöst. Anstatt sich aber, um die sexuelle Beziehung zu verbessern, mit den zugrundeliegenden Fragen und Problemen zu beschäftigen, neigen Paare dazu neue Sexualstellungen oder -orte auszuprobieren, machen Rollenspiele, verwenden Sexspielzeuge, schauen Pornofilme oder gehen in Swingerklubs. Sofern diese Paare nicht die nächste Stufe sexueller Entwicklung erreichen, wird die sexuelle Interaktion langweilig, sie stirbt ab, oder wird so problematisch, dass die Beziehung ein Ende findet, wenn einer der beiden sich in einen anderen Sexualpartner „verliebt“.[170]

4. Liebemachen

Auf der Stufe Liebemachen wird die Sexualität eines Paares zum Ausdruck der wahrhaften Liebe, des gegenseitigen Anerkennens, tiefgehender emotionaler Verbundenheit und der Freude, miteinander zu sein. Körper, Verstand und Herz werden in den Liebesakt integriert, welcher nicht mehr bloß etwas ist, „was Paare so machen“, sondern Ausdruck dessen, was sie als sexuelle, menschliche Wesen sind. Es bedarf keiner besonderen Anstrengung die Zeit oder die Kraft aufzubringen, um die sexuellen Bedürfnisse zu erfüllen. Ihr Liebemachen ist eine lebensverbessernde und jungbrunnenhafte Bestätigung ihrer Bindung und der stärke ihrer Beziehung. Sie sind offen dafür, über ihre Wünsche zu sprechen und alle Arten von gutem Sexspiel auszuprobieren, die Freude bringen und ihre Verbindung stärken. Für gewöhnlich halten sie während des Akts des Liebemachens die verbale und non-verbale Kommunikation (Augenkontakt, Wahrnehmung der Atmung, etc.) aufrecht. Sex hat auf dieser Stufe nicht die Funktion Konflikte zu überdecken, einen Ausgleich zu schaffen oder sich gegenseitig zu manipulieren. Stattdessen werden möglicherweise auftretende sexuelle und emotionale Blockaden im Miteinander gelöst und, falls nicht möglich, so wird therapeutische Hilfe in Anspruch genommen, um die Probleme, die innerhalb und außerhalb des Schlafzimmers auftauchen zu lösen.[171]

5. Transzendentaler Sex

Diese Stufe spiegelt alle gehobenen sakralen bzw. tantrischen Sexualpraktiken wieder, die durch sexuelle Vereinigung zu einer Erfahrung von spirituellen Zuständen führen können, die die Empfindung des Liebenden von Trennung voneinander und dem Universum transzendieren, wie beispielsweise Kundalini.[172] Diese Sexualität entwickelt sich bei Paaren zur Stufe, wenn die Partner, die eine tiefe Seelenverbundenheit haben, sich einer herausragenden physischen, emotionalen und zwischenmenschlichen Gesundheit erfreuen und eine gehobene Stufe der spirituellen Entwicklung (siehe spirituelle Entwicklung, weiter oben) erreicht haben, einhergehend mit der Fähigkeit der intensiven Präsenz und völliger Hingabe. Spirituelle Praktiken, wie beispielsweise Meditation, Partner-Yoga und rauschhafter Tanz, sind oft mit dieser Art des Liebemachens eng verwoben.

Partner, die sich bewusst auf dieser Stufe befinden, weisen dem Liebemachen viel Qualitätszeit zu (anstatt darauf zu warten, endlich in der Stimmung zu sein); sie erschaffen geweihte Orte zuhause oder auswärts (denk nur an einen schön dekorierten warmen Raum, weiche Decken, verschiedene Kissen, gedämmtes Licht, duftende Kerzen, Räucherstäbchen, ein verschleiertes Bett, Öle und Lotionen und sanfte Musik); und sie erschaffen sich weitreichende gemeinsame Erfahrungen, wie durch Rituale (wie bspw. sinnliche Speisen (Erdbeeren, Schokolade, Eiscreme, etc.), Augenkontakt („Eye Gazing"), erotischen Tanz, bewusstes synchrones Atmen in den sieben Chakren, Rezitation von Mantras, Lesen von Gedichten,[173] stimulierende Berührungen und Massagen im Wechsel, Spiel mit Objekten (Federn, Boas, Seide, Blütenblätter, Eiswürfeln), sanfter Geschlechtsverkehr oder hemmungslosem Durchvögeln (bitte nicht als Vergewaltigung falsch verstehen)).[174] In der Tat hat eine Studie der University of California Davis nachweisen können, dass tief verbundene Liebende unbewusst ihre Herzfrequenz synchronisieren und in denselben Intervallen ein- und ausatmen.[175]

Eine geläufige Stellung für eine tiefe tantrische Verbindung ist, wenn der Mann mit gekreuzten Beinen sitzt (oder auch auf einem Stuhl) und die Frau auf ihm, was ihnen ermöglicht, sich gegenseitig als Gegensätze und Gleiche von Angesicht zu Angesicht zu begegnen.[176] Das Ziel transzendenter Sexualität ist es, nicht bloß Befriedigung und Orgasmen zu erlangen, sondern auch den Energiefluss den sieben Chakren entlang der Wirbelsäule zu heben (Kundalini), sowie die Seelenverbundenheit zwischen den Liebenden zu vertiefen, was sie dazu führt das göttliche bewusst zu empfinden, anstatt während eines kurzen orgastischen Schubs unbewusst „Oh, mein Gott!" auszurufen.[177]

Das erfordert von Männern die Fähigkeit ihren Orgasmus zu verzögern oder zu vermeiden und/oder Orgasmen zu haben ohne zu ejakulieren, indem sie ihren Beckenbodenmuskel anspannen.[178] Oft können tief verwurzelte emotionale Blockaden, die im Körper verankert sind und eine weitere spirituelle Entwicklung blockieren, durch transzendentalen Sex erkannt und gelöst werden.

Anima- und Animus-Komplex-Entwicklung

In der Jung´schen Psychologie werden Anima und Animus als Brücke zur Seele angesehen. Während unserer Selbstidentifizierung als Jungen oder Mädchen in der Kindheit verdecken, trennen, unterdrücken oder verwerfen wir in unterschiedlichen Abstufungen, aber exkludierend, die Qualitäten des anderen Geschlechts.[179] Auch wenn wir alle von einer Mutter geboren wurden, so ist dieser komplizierte Prozess für männliche Kinder anders als für weibliche. Kleine Jungs nehmen ihre eigenen Unterschiede zu ihrer Mutter sehr schnell wahr und lösen sich üblicherweise sehr schnell von ihr um sich mit Vaterfiguren zu identifizieren, während kleine Mädchen eben lernen, dass sie wie ihre Mutter sind und nicht wie ihr Vater, was ihn zu einem Mysterium werden lässt.[180] **Carl Gustav Jung[181] entdeckte diese Abspaltung und nannte die unterdrückte weibliche Natur in Männern Anima und die unterdrückte männliche Natur in Frauen Animus.**[182] Die Teile dieser unterdrückten (und daher unbewussten) Naturen, die im Verlauf des Lebens nicht erkannt und wiedereingebunden werden tauchen als innere Schatten auf, die Teile der Seele bedecken und folglich zu Projektionen auf das andere Geschlecht werden. Diese Bündel verknüpfter unbewusster Inhalte wird ein Komplex genannt.[183]

Die Stufe von Anima-/Animus-Entwicklung, auf welcher sich Individuen befinden, wenn sie das Ende der Adoleszenz erreichen, hängt sehr stark von der Beziehung ab, die sie während der Kindheit zu ihren Eltern gehabt haben, vor allem zu dem Elternteil des anderen Geschlechts, aber auch zu anderen Bezugspersonen und Familienmitgliedern.[184] Jede traumatische Erfahrung führt dazu, die Sache zu verkomplizieren. Es kann passieren, dass Menschen in dem Post-Adoleszenz-Komplex, den sie entwickelt haben, bis an ihr Lebensende hängen bleiben, oder sie heilen und erreichten höhere Stufen, sobald die Möglichkeiten einer Stufe ausgeschöpft wurden und Schmerz sie antreibt, die nächste zu erreichen. Diese Bewegung tritt jedoch nur selten ohne Qual oder Krise auf, wie bspw. Kämpfe mit dem Partner, Sucht, Arbeitsplatzverlust, Umzug, Trennung und Scheidung.

Wenn Männer und Frauen, im Lauf der fünf Stufen durch interne Entwicklung dessen, was sie äußerlich suchen oder vermeiden, ihre Anima-/Animus-Projektionen im Verlauf ihrer Partnerschaften transzendieren, werden sie damit belohnt, dass sie tieferempfindende, lebenslustigere und kreativere Menschenwesen werden, und, außerdem, ausgeglichenere Partner in ihren Liebesbeziehungen.

Die fünf Stufen der Anima-/Animus-Komplex-Entwicklung, die unten aufgeführt werden, liefern dir eine allgemeine Orientierung bezüglich dessen, wie sich der weibliche Animus und die männliche Anima entwickeln könnten.

Beachte, dass Stufe fünf für beide Geschlechter nahezu identisch ist.

Stufen der Anima-Entwicklung des Mannes

1. Frauen als Mutter

Er braucht eine Mutti, die für ihn sorgt.

Auf dieser ersten Stufe ist die Anima eines Mannes komplett mit der Mutter verknüpft. Dabei muss die Frau nicht zwangsläufig die Mutter sein, aber dem Bild einer Mutter entsprechen, die ein verlässlicher Zulieferer von Nahrung, Sicherheit und Liebe ist. Sie entspricht allem was natürlich, instinktiv und biologisch ist.[185] Ein Mann mit einem Anima-Komplex dieses Typs kann nicht ohne starke Bindung zu einer Frau funktionieren und wird schnell Opfer ihrer Kontrolle und Ausbeutung. Nicht selten leidet er an Impotenz oder hat kein sexuelles Verlangen und wird daher auch gerne Muttersöhnchen genannt. Die griechischen Sirenen und die Loreley sind die Personifikationen dieser gefährlichen Aspekte der Anima, die einen Mann auch mal nach gescheiterter Liebesbeziehung in den Selbstmord treiben können.

2. Frauen als Sexobjekt

Sie soll seinem Wohlbefinden dienen.

Auf der zweiten Stufe ist die Anima eine kollektive Sexprojektion. Sie ist die Marilyn Monroe, Madonna oder jedes mögliche Playboymodel. Männer auf dieser Stufe entsprechen meistens den Don Juans, die alle Frauen als Sexobjekt ansehen und sich wiederholt in sexuelle Abenteuer stürzen. Das kann auch mal in sexuellen Abhängigkeiten kulminieren. Diese Beziehungen sind ausnahmslos von kurzer Dauer, da er nicht treu ist, sich stetig nach seiner nächsten Eroberung umsieht und keine Frau seiner unrealistischen Vorstellung des idealen weiblichen Partners entsprechen kann.

3. Frau als Gattin

Er will ihre Loyalität und Unterstützung.

Auf der dritten Stufe der Anima-Komplex-Entwicklung ist ein Mann bereit für eine Frau zu sorgen und sich seiner Familie gegenüber zu verpflichten. Er ist der liebende Beschützer und Versorger, den sich Frauen auf der äquivalenten Stufe drei ihrer Animus-Entwicklung suchen. Männer mit dieser Anima akzeptieren ihre Partnerin so wie sie ist, solange sie ihre Rolle als unterstützende, bescheidene, umsorgende und treue Gattin, verfügbare Sexualpartnerin und liebende Mutter seiner Kinder erfüllt. Seine Sexualität ist für gewöhnlich in die gemeinsame Beziehung integriert und hat keine autonome Funktion, die ihn zu sexueller Freizügigkeit führt. Er kann unterscheiden zwischen Liebe und Lust, was es ihm ermöglicht, eine andauernde Beziehung aufzubauen (sofern sie bleibt), da er den Unterschied zwischen der Objektivierung seines sexuellen Verlangens und dem Nutzen, ein treuer Mann für seine Partnerin zu sein, erkennt.

4. Frau als Führerin zu Kreativität und Erkenntnis

Er hadert mit ihrem Unabhängigkeitsbedürfnis.

Auf der vierten Stufe übernimmt die Anima eines Mannes die Funktion, ihn in sein Inneres zu führen. Frauen werden, wenn sie Stufe vier ihrer Animus-Komplex-Entwicklung erreichen, oft emotional und finanziell unabhängig von Männern, nicht selten verlassen sie dann ihren Gatten/Partner gegen seinen Willen. Diese Abwendung stellt die Männer oft vor Herausforderungen, die allein gelassen werden und sich andere Quellen der Wertschätzung, von Wert, Bedeutung, Erfüllung, Glück, Belebtheit, Leidenschaft, Freude, Sinn, Frieden und Liebe außerhalb der Beziehung suchen müssen. Dabei taucht dann oft das Verlangen auf, die tiefgreifenden Fragen des Lebens zu beantworten, darunter „wer bin ich?“, „wo komme ich her?“, „warum bin ich hier?“, „was ist der Sinn des Lebens?“, „was soll ich tun?“, „was ist meine Bestimmung?“ und „wohin soll ich gehen?“.

Das Wälzen dieser Fragen, das Lesen von Büchern, wie das was du gerade in Händen hältst, Meditation oder das Suchen einer Gemeinschaft mit anderen Männern auf ähnlichen Pfaden in Männergruppen, New-Age-Kirchen und Wachstumsworkshops geben Männern auf dieser Stufe die Möglichkeit, tief sitzende Ebenen ihrer unbewussten Anima in ihr Bewusstsein zu rücken. Gelingt es ihnen, so schaffen sie es den befreienden Prozess des Erwachens ihrer authentischen Natur, wahren Bestimmung, eigenen Leidenschaften und Fähigkeit, „bedingungslos“ zu lieben – und das alles unabhängig von einer Beziehung mit einer Frau.[186]

Auf der anderen Seite handeln diese Männer als wären sie in einer Midlife-Krise[187], sie scheuen Bekenntnisse, vermeiden tiefergehende Intimität mit Frauen im Allgemeinen oder finden sich in serieller Monogamie oder Polyamorie wieder[188], um zu vermeiden, dass sie ihre neugefundene Freiheit opfern müssen oder sich von einer einzelnen Beziehung einschränken zu lassen. Somit bedeutet diese Erfahrung lediglich ein partielles Erwachen, da die Idee des Alleinseins weder integral ist, noch die vollständige Verwirklichung menschlicher Entwicklung. Dieses partielle Erwachen wird transzendiert, wenn ein Mann die fünfte Stufe seiner Anima-Entwicklung erreicht.

5. Frauen als gleichgestellte Partner

Er begegnet ihr als gegensätzlicher und gleichwertiger Partner.

Gleich einer Frau auf dieser Stufe (siehe unten), akzeptiert auch der Mann auf Stufe fünf seiner Anima-Komplex-Entwicklung die Tatsache, dass Konflikte und Zwiespalt intrinsisch zu menschlichen Beziehungen gehören, und er sieht den Nutzen, den die

Lösung derselben für sein fortschreitendes Heilen, persönliches Wachstum und seine spirituelle Erkenntnis bedeutet. Er fühlt sich selbstbewusst, sicher und hat keine Schwierigkeiten damit seiner echten geschlechtlichen Essenz Ausdruck zu verleihen (welche in den meisten Fällen bei heterosexuellen Männern maskulin ist), und dabei bezieht er sein Femininum (Anima) mit ein.[189] Diese Selbstakzeptanz ermöglicht ihm verschiedene Ansichten, Erfahrungen und Empfindungen seines weiblichen Partners anzunehmen ohne sich von ihnen bedroht oder angegriffen zu fühlen oder von ihnen verwirrt zu sein.

Ihre echten femininen Stufe-Fünf-Qualitäten komplementieren seine Maskulinität auf natürliche Weise und anders herum. Da er seine eigene bestimmungsgemäße Identität gefunden hat, die nicht von ihrer Inspiration, Unterstützung oder Bestätigung abhängt schätzt er die Unabhängige Autorität[190] seines Partners und fühlt sich nicht verantwortlich, empfindet keine Scham oder Unsicherheit, wenn sie unglücklich ist – auch wenn er in der Lage ist Empathie, Hingabe und Fürsorge zu zeigen, und sie bei Bedarf auch unterstützt – und erfreut sich umso mehr, wenn sie glücklich ist.

Weder klammert er, noch schiebt er sie weg, sondern öffnet sich voller Hingabe um sie auf allen Ebenen seines Wesens zu umarmen wenn sie zusammen sind, und er bleibt in sich ruhend und erfüllt, wenn sie gerade nicht zusammen sind. Dieser alles umfassende Gleichmut ermöglicht es ihm, in eine gereifte monogame Beziehung einzutreten, als gegensätzlicher und als gleichwertiger Partner, was den Weg ebnet für ganz neue Lebenserfahrungen, emotionale Heilungsprozesse und tiefe spirituelle Erkenntnisse, was wiederum Nährboden ist für selbstlose Handlungen voll Güte und Hingabe für Andere.[191]

Stufen der Animus-Entwicklung der Frau

1. Männer als das außenstehende Fremde

Sie fürchtet, hasst und liebt ihn.

Aufgrund von Misshandlung oder Verlassenheit durch Männer, mit denen sie sich während der Kindheit identifizierte, wie beispielsweise ihr Vater, eine Vaterfigur, der ältere Bruder oder männliche Verwandte oder Familienfreunde, negiert und unterdrückt eine Frau auf dieser Stufe ihren Animus als etwas Fremdes innerhalb und außerhalb ihrer selbst. Sie vertraut ihrer Mutter und anderen Frauen, während sie Männern misstraut, sie hasst und fürchtet. Das wird oft kontrastiert durch eine eigenartige Neugier auf Männer, von der sie und die Männer, mit denen sie sich trifft, irritiert sind.

Diese Doppeldeutigkeit kann sie extrem verführerisch, bedürftig und anhänglich werden lassen, und starke Symptome des Syndroms des „Verführen und Vorenthalten“[192] ausprägen. Sobald ihr ein Mann nahe kommt zieht sie sich zurück um dann wieder nach mehr zu verlangen, wenn er auf Distanz geht. Sie kann das Herz eines schwachen Mannes brechen, der versucht zu beweisen, dass er anders ist als die Anderen, sie von ihren Ängsten befreien möchte. Das kann zu gegenseitiger Abhängigkeit führen, wenn sie sich in ihrem wahnhaften Katz- und Mausspiel verfangen.[193]

Innerhalb der Einschränkungen ihrer eigenen Domäne, wie Haus, Familie und weiblich geprägter Arbeitsumgebung (bspw. Lehrerin, Krankenschwester, Künstlerin, Gärtnerin, Therapeutin, Heilpraktikerin, Arbeit mit Tieren, etc.) kann eine solche Frau geerdet und selbstbewusst wirken. Außerhalb dieser Beschränkungen überlässt sie die Arbeit und Verantwortung für eine funktionierende Gesellschaft den Männern und psychologisch gesunderen Frauen.[194]

2. Männer als Vater, Gott oder König

Sie möchte seine Bestätigung.

Das Selbstwertgefühl einer Frau auf dieser Stufe ist direkt verknüpft mit der Rückmeldung und der Bestätigung, die sie von Männern erfährt. Sie wird oft geleitet von dem Bedürfnis, als die attraktivste Frau angesehen zu werden, und bewertet ständig ihren Wert mithilfe ihres einverleibten männlichen Urteils und durch externe männliche Spiegelung. Das kann durchaus zu einem Bruch in ihrer Persönlichkeit führen, wenn sie männliches Verhalten kopiert um von Männern gemocht zu werden, und sie sich bei anderer Gelegenheit als verführerische Femme Fatale (wie im Film *Basic Instinct*) darstellt um Projektion für Sehnsüchte zu sein.

Sie verbirgt sich entweder hinter einer weiblichen Maske von wunderschönem Äußerem, einer anmutigen charmanten Art und einem unterhaltsamen Esprit, oder sie entwickelt eine ausgelassene Attitüde mit Frotzelei, Wetteifern und Herausfordern, oder anderen Methoden, die Erfolg versprechen. Frauen auf dieser Stufe werden angezogen von Männern, die sie als attraktiver, intelligenter und aufregender wahrnehmen als sie jemals selbst sein könnten. Sie versuchten oft den Erwartungen der Traummänner zu entsprechen, indem sie sich Diäten unterwerfen, krasse Workouts machen, sich chirurgischer Eingriffe unterziehen, sich den intellektuellen Interessen der Männer anpassen, neue Fähigkeiten entwickeln und sexuell verfügbar sind.

Bleibt eine Frau auf dieser Stufe, so läuft sie große Gefahr in eine tiefe Depression zu stürzen sobald ihre Schönheit und sexuelle Attraktivität verfliegen und damit auch die Zahl der Herrschaften, die sich nach ihr umdrehen und die Zahl der Bewunderer abnehmen.

Das kann dazu führen, dass sie allen intimen Beziehungen entsagt, da ihr Perfektionismus ihre Fähigkeit der Barmherzigkeit und Gnade gegenüber ihren eigenen Fehlern, und den der anderen, überwiegt. Das kann sie dazu bringen sich in einer kühlen und verbitterten Selbstverleugnung zurückzuziehen, in der ihr Kummer alle Arten von psychosomatischen Krankheiten, wie Panikattacken, Erbrechen, Herzproblemen, Erschöpfung und körperlichen Beschwerden hervorruft.

Ein starker, bewusster und geduldiger Mann (oder ein guter Psychotherapeut) kann eine Frau auf dieser Stufe dabei unterstützen, ihr Selbstwertgefühl, ihre Leidenschaften und ihre Identität wiederzufinden – ganz unabhängig von männlicher Bestätigung – was ihr dann ermöglicht, Stufe drei ihrer Animus-Komplex-Entwicklung zu erreichen.[195]

3. Männer als Helden

Sie möchte, dass er sie umsorgt.

Eine Frau auf dieser Stufe verlangt nach einem Mann als Beschützer und Versorger, ausgestattet mit Stärke, Mut und Geschick, der ihre Bedürfnisse befriedigt, sie wertschätzt und sie heiratet. Er entspricht ihrem idealen (und oft unrealistischen) Bild des gütigen Ritters in schimmernder Rüstung, der ihre Erwartungen nach gutem Aussehen, Intelligenz, gutem Ruf, stabilen Finanzen, Großzügigkeit, Loyalität, Humor, Freundlichkeit, Fürsorge, Integrität und Treue erfüllt.

Um eine gute Verhandlungsposition zu haben wird diese Frau sich viel auf ihr Aussehen, ihre Gesundheit und Fitness fokussieren und sich der männlich dominierten Welt anpassen indem sie nach höherer Bildung strebt, eine Karriere in Angriff nimmt, für soziale Gerechtigkeit kämpft oder ihre Energie aufwendet um ein scheiterndes Unternehmen zu retten. Sie tritt selbstbejahend auf und erwartet dafür etwas. Sie funktioniert gut in der umkämpften Welt der Männer, sieht sich als ebenbürtig, ist bereit Verantwortung zu teilen und zu übernehmen. Sie wird mitwirken und sich einbringen solange ihr Partner in der Lage ist, dafür ein Mehr zurückzugeben – schließlich wollen Frauen aufwärts heiraten.

Solange er ihre Erwartungen nach finanzieller Sicherheit, sozialem Status und Hingabe erfüllt, wird sie ihn unterstützen um sein volles Potential auszuschöpfen, während sie sich diese Erfolge selber nicht zugesteht. Das kann später zu Unmut und Wut führen, wenn sie erkennt, dass ihr das Recht auf das Ausleben ihrer Fähigkeiten „verweigert wurde", und auch, wenn ihr Partner nicht mehr in der Lage ist, ihren sich steigernden Erwartungen zu entsprechen (größeres Haus, Auto, Urlaub, Karriere, Einkommen, etc.)

Manche Frau auf dieser Stufe wird sich in sich zurückziehen, wenn sie die transiente Natur ihrer physischen Attraktivität anerkennt, ihre Fähigkeit mit Männern erfolgreich zu sein hinterfragt, mit der eingeschränkten Akzeptanz in der männlich dominierten Welt konfrontiert ist oder an die sogenannte gläserne Decke stößt. Das kann dazu führen, dass Frauen ihre weibliche Autorität[196] auferstehen lassen, wenn sie die Verantwortung für ihre eigene Identität übernehmen und sich zu Stufe vier ihrer Animus-Komplex-Entwicklung fortbewegen.[197]

4. Männer als unabhängige Wesen

Sie will ihre Unabhängigkeit.

Eine Frau auf Stufe vier trifft bewusste Entscheidungen im Sinne ihres eigenen Interesses und für ihre Selbsterfüllung – unabhängig von Männern, einem Partner oder Gatten. Diese Transition findet auf Grundlage der Erkenntnis statt, dass sie nun auf ihre eigenen Lebenserfahrungen aus den Beziehungen mit Männern zurückgreift und sie nun ihre eigene Identität wiederfinden will. Sie wird aufhören mit dem Versuch, in allen

Belangen perfekt zu sein, bloß um ihrem Partner zu gefallen (der ihr auf der vorangegangenen Stufe noch eine heroische Vaterfigur war), da sie emotional frei ist von seiner Bestätigung und Unterstützung. Da sie nun erkannt hat, was ihre ureigenen Quellen der Wertschätzung und Bodenständigkeit sind, arbeitet sie nun daran ihre weibliche Autorität aufzubauen. Finanzielle Unabhängigkeit durch eigene Arbeit oder durch andere finanzielle Quellen, die teilweise eher Frauen zur Verfügung stehen (wie beispielsweise Scheidungsabfindungen, Alimente und Kindergeld /Unterhalt, großzügige Liebhaber, Unterstützung durch Eltern oder Sozialleistungen) sind Grundvoraussetzung für diese Transition.

Männer können feststellen, dass ihre Partnerinnen Stufe vier ihrer Animus-Komplex-Entwicklung erreichen, wenn sie häufiger in Frage gestellt werden, ihre Bedürfnisse weniger beachtet werden, die Frauen nach finanzieller Unabhängigkeit streben und die Verantwortung von sich weisen, die Beziehung zusammen zu halten. Wenn ein Mann mit einer Frau auf dieser Stufe zusammen ist, so sollte er wissen, dass es **nicht sein Fehler** ist, dass ihr Schmerz zu bleiben größer ist, als ihre Angst ihn zu verlassen, und dass **er nichts dagegen tun kann**, außer sich emotional[198] und sexuell um sich selbst zu kümmern, die finanziellen Werte, die ihm gehören, zu schützen (wenn nötig auch mit Hilfe eines Notars oder Anwalts) und, sofern es ihm möglich ist, seine ehemalige Partnerin mit Liebe und Mitgefühl bei der Transition zu unterstützen. Sobald sie sich getrennt haben und/oder geschieden sind, wird sie sich zum ersten Mal in ihrem Leben frei fühlen von der Bewertung und den Bedürfnissen der Männer.

Diese neuerdings alleingestellten Frauen sind dann sehr beschäftigt mit den Herausforderungen durch Arbeit, Tiere, Kinder, soziale Aktivitäten, Haushalt, Hobbies, Weltreisen und ihre Freundschaften.[199] Zugleich blicken sie herab auf Frauen, die weiblichere oder ausgeglichenere Qualitäten aufweisen und die sich nach einer bindenden Partnerschaft mit einem Mann sehnen (oder sich in einer solchen befinden). Frauen auf Stufe vier empfinden Frauen in Beziehungen als wären sie auf den bemitleidenswerten Stufen zwei oder drei, in der Abhängigkeit eines männlichen Partners (der sie selber ja gerade entflohen sind). Es könnte aber auch sein, dass verheiratete Frauen bereits auf Stufe fünf sind, was Frauen auf Stufe vier noch nicht ergründen können. Sie missbilligen Frauen in Beziehungen und werten sie als unterentwickelt, und stellen sich oft auf gnadenlose Weise in soziale und berufliche Konkurrenz zu ihnen. Frauen auf Stufe vier brechen meistens mit der konventionellen Rolle der sorgenden Mutter, zeigen nur schwierig ihre Liebe und fühlen sich wohl ohne Beziehung zu einem Mann.

Dennoch bleibt bei diesen Frauen eine schwelende Angst vor Isolation, vor allem bei älteren Frauen, wenn Sorgen um das Schwinden der Fähigkeiten und der Autonomie in Krisenmomenten hochkommen. Das führt oft zu ambivalenten Gefühlen. Auf der einen Seite gibt es ein geheimes Verlangen nach der Stabilität und Unterstützung die eine Partnerschaft mit einem Mann in Zeiten von Stress, Ermüdung, Einsamkeit oder Verlangen nach Sex mit sich bringt. Auf der anderen Seite gibt es die Angst davor, wieder emotional abhängig und gebunden zu sein, übervorteilt oder unterdrückt zu werden.

Ständige Klagen darüber, dass es einen Mangel an guten Männern gibt, die gesund und attraktiv sind, hochintelligent, erfolgreich, im Leben stehend, reif, freundlich, liebevoll, großzügig, entfaltet, unterstützend, spirituell und verfügbar wenn sie gebraucht/gewollt werden, aber andererseits flexibel, nicht fordernd und unabhängig sind, sind das Markenzeichen von Frauen auf Stufe vier.[200] Die drei Lösungen, die sich für dieses Dilemma bieten, sind: sie werden männerhassende Singles, „Freundschaften mit Plus" oder die Aneinanderreihung serieller monogamer Beziehungen.

5. Männer als gleichgestellte Partner

Sie will ihn als gegensätzlichen und als gleichgestellten Partner.

Genau wie der Mann hat eine Frau auf Stufe fünf ihrer Animus-Entwicklung akzeptiert, dass Konflikt und Zwiespalt für menschliche Beziehungen intrinsisch sind, und sie hat erkannt, dass eine Beziehung wichtig ist, um einen Ausgleich in ihrem weiteren psychologischen Wachstum und ihrer spirituellen Erkenntnis zu haben.[201] Nachdem sie mit der Transzendenz ihres Animus-Komplexes ihre eigene Autorität abgesteckt hat, sieht sie Männer nicht mehr als fremd, über-, untergeordnet oder unabhängig. Sie gelangt zu der Erkenntnis, dass die Idee des einsamen Lebens und Voranschreitens eine verzerrte Auffassung menschlicher Existenz ist, da niemand alleine lebt.

Die Tatsache, dass wir Menschen sind, zeigt ihr, dass wir eine Vielzahl ökonomischer, physischer, sexueller, psychischer und spiritueller Bedürfnisse haben, die nicht erfüllt werden können, wenn wir alleine leben. Zu guter Letzt hat sie die Erkenntnis, dass eine ausgeglichene Person sich nur in einer Konzeption des „ich und die anderen" auf allen Ebenen des Seins entwickeln kann, und niemals durch Erkenntnisse eines unabhängigen Ichs.[202] Diese Frau hat dann das Bedürfnis nach der materiellen, intellektuellen, emotionalen, sexuellen und spirituellen Synergie, die mit einem Mann geschaffen wird, der ihr als ein gleichwertiges Gegenstück begegnet (d.h. gegensätzliche feminine und maskuline Polaritäten mit gleichen Bewusstseinsebenen, Rechten und Verantwortungen im Wechselspiel). Da sie wahrscheinlich noch nie eine Beziehung auf Stufe fünf erlebt hat, benötigt sie die Führung eines Mannes auf Stufe fünf seiner Anima-Entwicklung, der in der Lage ist, ihr auf einer integral gebildeten Weise zu begegnen. Diese Paare sind dann in der Lage interdependente[203] Beziehungen zu entwickeln, in welchen sie gemeinsam heilen, lernen, wachsen und erwachen, sowie sich gemeinsamer sozialer und familiärer Unternehmungen erfreuen, während sie zum Wohlbefinden anderer beitragen.[204]

Zusammenfassung

Nicht bloß Kinder, auch Erwachsene haben das Potential sich zu entwickeln. Diese Entwicklung erscheint als Folge von Ebenen oder Stufen, von der niedrigsten zur höchsten, vergleichbar mit einer Treppe oder den exzentrischen Wellenformen des Wassers, nachdem ein Stein hineingefallen ist. Jede höhere (oder weitere) Stufe liefert bessere Antworten auf die Lebensfragen und -herausforderungen als die vorherige. In diesem Kapitel haben wir die Ebenen von vier Entwicklungslinien definiert, die von herausragender Bedeutung sind für integrale Beziehungen: (1) Acht Ebenen der Bewusstseinsentwicklung bzw. -höhe (von archaisch zu magisch, egozentrisch, konformistisch, rational, pluralistisch, integral und transpersonal); (2) fünf Zustandsstufen der spirituellen Entwicklung (von roh zu fein, ursächlich, bezeugend und nicht-dual); (3) fünf Ebenen von sexuellem Ausdruck und Erfahrungen (von unterdrückter Sexualität zum Ficken, Sex haben, Liebemachen und transzendentalem/tantrischen Sex); und (4) fünf Stufen von Anima-Komplex bei Männern und Animus-Komplex bei Frauen. Der grundlegende Gedanke ist, dass Partner, die auf derselben Entwicklungsebene auf diesen wichtigsten Entwicklungslinien sind, und die es schaffen gemeinsam zu lernen, zu heilen, zu wachsen und zu erwachen, die besten Erfolgsaussichten für gute Beziehungen haben.

KAPITEL 6

Zustände des Verliebens

Romantische Liebe ist entweder das einzige worüber ich sprechen möchte, oder das letzte was mich beschäftigt – abhängig vom Moment. Wenn ich in der Stimmung bin darüber zu sprechen erscheint sie groß und bedeutend. Bin ich nicht in der Stimmung, erscheint sie mir fast schon neurotisch. Eins bleibt aber konstant, egal wie es ist: Romantische Liebe ist ein Mysterium.

~ Marianne Williamson ~

Alle temporären (phänomenologischen) Empfindungen, die fließend auftauchen und wieder verschwinden, und als solche vom Subjekt erkannt werden können (bspw. Ich war sauer, fröhlich, schlafend, träumend, wach, bekifft, betrunken, verliebt, etc.), werden Bewusstseinszustände genannt (nicht zu verwechseln mit der vertikalen/hierarchischen Struktur der Bewusstseinsstufen, von denen aus die Zustände beobachtet und interpretiert werden). **Um im Kontext des Buchs zu bleiben werde ich mich in diesem Kapitel vor allem mit den Zuständen des „sich Verliebens" beschäftigen.**[205]

Empfindungen wie sexuelle Lust, Schwärmerei, romantische Glückseligkeit, emotionales Binden oder Schmerz/Depression durch Trennung oder Scheidung sind temporäre Zustände (und keine Stufen), die von höheren oder niedrigeren Ausschüttungen spezifischer Chemikalien im Körper, genannt Hormone und Neurotransmitter,[206] rühren (Ungleichgewicht).

Erfreulicherweise sind alle hormongesteuerten Zustände des Sich Verliebens (und Entliebens) **temporäre Zustande** und keine **permanenten Stufen**. Die drei Hauptzustände /-phasen der Anziehung, die unten beschrieben sind, liefern einen sehr allgemeinen Überblick über die komplexe und mysteriöse Rolle, die Chemie in der menschlichen Wahrnehmung von Lust, Romantik, Bindung und schmerzvoller Trennung spielt.[207]

Phase 1 – Lust

Sexuelles Verlangen und Lust werden gesteuert durch das Sexualhormon Testosteron. Nicht nur Männer haben es – auch wenn die Menge des Hormons beim Mann in der Regel zehnmal so groß ist wie im weiblichen Körper, was dazu führt, dass Männer dadurch häufiger an Sex denken und ihr Verlangen größer ist.[208] Testosteron spielt auch eine wichtige Rolle für die sexuellen Wünsche und das emotionale Wohlbefinden von Frauen. Nichtsdestotrotz ist das für das Nähebedürfnis der Frau vorrangige Hormon Östrogen, welches Verführung, Offenheit und Empfänglichkeit stimuliert, genau wie das Bedürfnis nach körperlicher Nähe, Hautkontakt und Sex.[209] Östrogen ist ebenfalls von Bedeutung für die vaginale Gesundheit: Es bedingt gute Schleimproduktion in den Schleimhäuten, Muskelspannung, Elastizität, Dicke der Vaginalwände und einen gesunden PH-Wert. Wenn die Östrogen-Werte während der Menopause abfallen nimmt auch die Frequenz des Geschlechtsverkehrs ab, was eine natürliche Konsequenz der gesunkenen Schleimproduktion, dünnerer Vaginalwände, geschwächter Vaginalmuskulatur und einem erhöhten Risiko bakterieller Infektionen ist.[210] Manchmal gibt es im mittleren Alter aber auch eine Umwälzung des sexuellen Appetits, wenn bei Männern das Testosteronlevel sinkt und die Libido abnimmt, während sie bei Frauen steigt, da die testosteronüberlagernden Effekte des Östrogens zurückgehen.[211]

Egal wie es ist, zunehmende Testosteronwerte steigern das sexuelle Verlangen und bringen Männer und Frauen dazu sich nach jemandem umzusehen, und gesunde Östrogenwerte machen Frauen verführerischer und empfänglicher.[212]

Phase 2 – Romantik

Das ist die wirklich liebestrunkene Phase. Nachdem sich Menschen verlieben und in den romantischen Zustand eintreten, können sie kaum noch an etwas anderes denken. Sie haben keinen Appetit, brauchen weniger Schlaf, verbringen Stunden im Wachtraum und endlose Zeit mit Telefonaten, E-Mail-Austausch und Kurznachrichten und versuchen so viel Zeit wie möglich miteinander zu verbringen. Im verliebten romantischen Zustand spielt eine Gruppe von Neurotransmittern, genannt Monoamine, eine wichtige Rolle. Diese sind:

Dopamin – wird auch von Kokain, Nikotin, Heroin und anderen süchtig machenden Substanzen aktiviert. Es ist Ursache für den Antrieb den belohnenden Reiz wiederzufinden und wird daher in Zusammenhang gebracht mit jeder größeren Sucht, in diesem Fall nach dem entsprechenden gegensätzlichen Partner.[213]

Noradrenalin oder Norepinephrin – ähnlich dem weitaus bekannteren verwandten Adrenalin steigert es die Energie, die Erinnerungsfähigkeit für neue Reize (Männer können tatsächlich, wenn sie sich verliebt haben, viel besser zuhören und an das gesagte erinnern), die Atem- und Herzfrequenz und den Blutdruck. Die Kehrseite jedoch ist, dass der Appetit nachlässt, begleitet von Schlaflosigkeit und Rauschhaften Zuständen. Es versetzt einen in die Bereitschaft „zu fliehen oder kämpfen", was Neuverliebte oft dazu bringt, in gewissen Situationen übermäßig zu reagieren oder reizbar zu sein, beispielsweise wenn sie eifersüchtig werden.[214]

Serotonin – ist wohl eine der wichtigsten chemischen Komponenten der Liebe. Ein niedriger Serotoninspiegel ermöglicht eine Steigerung der Sexual- und Liebeshormonspiegel von Testosteron, Dopamin und Noradrenalin.[215] Der Zustand von Verliebten ist mit dem von Menschen mit Zwangserkrankungen vergleichbar – die serotoninarmen Gehirne von verliebten denken obsessiv an das Objekt der Begierde, was sie zeitweise verrückt macht, vor allem dann, wenn die Liebe nicht erwidert wird. Serotoninspiegelhebende Antidepressiva (bekannt als (selektive) Serotonin-Wiederaufnahmehemmer oder SSRI (Akronym des englischen Selective Serotonin Reuptake Inhibitors)) wie Prozac, Celexa, Lexapro, Luvox, Paxil oder Zoloft können in solchen Situationen zwar helfen, bergen durch ihre Wirkungsweise aber auch das Problem in sich, dass ihre Anwendung das Verlangen nach Sex und die positiven (romantischen) Empfindungen für andere hemmt. Wenn möglich ist es daher absolut ratsam auf diese medizinischen Hilfen zu verzichten.[216]

Die durch Chemikalien induzierte romantische Phase dauert üblicherweise zwischen 3 und 24 Monaten, was evolutionäre Gründe hat. Das war für unsere Vorfahren die Zeitspanne, in der es sinnvoll war, Versuche für eine Schwangerschaft zu unternehmen. Wenn keine Nachkommen gezeugt wurden war es für sie von Vorteil weiterzuziehen und sich einen anderen Partner zu suchen. Und auch moderne Paare, selbst wenn sie keine (weiteren) Kinder zeugen möchten, könnten sonst dauerhaft vernarrt ineinander sein. Sie würden nicht in der Lage sein ihre Pflichten zu erfüllen und zu arbeiten. Das bedeutet aber nicht, dass sie nach der romantischen Phase nicht mehr romantisch sein dürfen – genau das Gegenteil ist der Fall.

Wenn Liebhaber es schaffen, die unausweichlichen Konflikte, die zum Ende der romantischen Phase auftreten, auf konstruktive Weise zu bewältigen und zusammen bleiben,[217] können sie in der darauffolgenden Bindungsphase die Langzeiterträge einer gesunden Liebesbeziehung einheimsen, wie beispielsweise ein gesteigerter sozialer Status, finanzielle Stabilität, körperliche Gesundheit und sexuelle Befriedigung sowie persönliches und spirituelles Wachstum.

Phase 3 – Bindung

Zwei miteinander verknüpfte Hormone unterstützen Paare dabei ihre Beziehung nach der romantischen Phase aufrechtzuerhalten, vor allem wenn eine Schwangerschaft eintritt. Diese chemischen Stoffe entwickelten sich durch die Nachfahren von gebundenen Paaren, die zusammenblieben und sich gegenseitig unterstützten, und damit erfolgreicher waren ihre Kinder aufzuziehen als Paare die sich trennten.

Oxytocin – wird während der Entbindung ausgeschüttet und ist für die Milchproduktion in der Mutterbrust verantwortlich. Es hilft dabei, die starke Bindung von Mutter und Kind in Stein zu meißeln. Oxytocin wird aber auch von beiden Geschlechtern beim Orgasmus ausgeschüttet und dient dazu die Bindung zwischen sexuell intimen Erwachsenen zu stärken. Es verringert Stress, vor allem bei Frauen, und ihm werden weitere gesundheitsförderliche Wirkungen für beide Geschlechter nachgesagt.[218]

Vasopressin – es ist *das* Monogamie-Hormon und spielt eine wichtige Rolle in der Langzeitbindung zwischen Partnern. Der Spiegel steigt vor und während des Orgasmus. Der bindende Effekt von Vasopressin wurde entdeckt als Wissenschaftler unterschiedliche Mengen des Stoffs in die Körper von Präriewühlmäusen spritzten.[219]

Langzeitbeziehungen können auch nach der romantischen Phase befriedigend und aufregend bleiben wenn das Paar entlang der wichtigen Entwicklungslinien kompatibel ist, sich innerhalb seiner Beziehung dem beständigen persönlichen und spirituellen Wachstum verschrieben fühlt und gemeinsame bereichernde Aktivitäten unternimmt, wie beispielsweise Reisen, Hobbies, gemeinsame Projekte, Verwirklichung gemeinsamer Träume, Teilnahme an Wachstumsworkshops und ein gemeinsames, aufregendes tantrisches Sexualleben auszuleben.[220]

Zusammenfassung

Die verschiedenen Empfindungen von Lust, Verliebtheit, Romantik und Bindung sind temporäre hormongesteuerte Zustände und keine permanenten Stufen. Auch wenn Chemie eine bedeutende Rolle im sexuellen Auswahlprozess und der kokreativen Bildung einer Beziehung spielen, so können die Liebeshormone für die Warnhinweise blind machen, die eigentlich darauf hinweisen, dass es wohl kaum zu einer gesunden Langzeitbeziehung kommen kann. Durch die Unterscheidung und Integration beider Aspekte von Liebe – der hormongesteuerten Aufregung von blinder Leidenschaft und die objektiven Kompatibilitätsfaktoren – können integral informierte Singles und verliebte Paare eine verantwortungsbewusste Partnerwahl treffen und damit das Risiko von unguten emotionalen, finanziellen und zeitlichen Aufwendungen für angehimmelte Partner, die höchstwahrscheinlich weiterziehen und ihre Herzen brechen werden, minimieren. Entwicklungsmäßig und anderweitig kompatible und gesunde Paare, die sich ineinander verlieben, können ihre Leidenschaft und Chemie wiederbeleben indem sie romantische Aktivitäten unternehmen, ihr Sexualleben verbessern und gemeinsam lernen, heilen, wachsen und erwachen.

KAPITEL 7

Untersuchung von Persönlichkeitstypen

Das Verständnis der Vorstellung von Menschentypen war für unsere Vorfahren so wichtig, dass sie sie auf die Sterne projizierten.

~ Mark Hezinger ~

Alle Menschen verfügen über bestimmte Persönlichkeitscharakteristika oder -eigenschaften, die im Laufe ihres Lebens konsistent bleiben und sich nur insofern verändern, als dass sie gesundere oder weniger gesunde Formen annehmen. Das integrale Modell bezieht sich auf diese fixen Charaktereigenschaften als Persönlichkeitstypen oder auch einfach nur *Typen*. Die populärsten sind:

- Introvertierte und extrovertierte Typen
- A-Typus- (ungeduldig, unversöhnlich) und B-Typus-Persönlichkeiten (ruhig, gelassen)
- Die neun Typen des Enneagramms
- Die astrologischen Sternzeichen des Tierkreises
- Drei NLP-Typen
- Die fünf Sprachen der Liebe
- Der Myers-Briggs-Typenindikator
- Die vier Bindungstypen oder -stile.

Wie bei den vertikalen Stufen der Bewusstseinsentwicklung empfinden die meisten Menschen mit einem Bewusstsein ersten Rangs andere, die nicht wie sie selbst sind, als seltsam und sehnen sich nach einem Partner der ihnen gleich ist, wie beispielsweise einen weiteren introvertierten, jemanden, der dieselbe primäre Sprache der Liebe spricht oder der ebenfalls visuell ist. Integral gebildete Paare können Synergien zwischen sich aufbauen indem sie aktiv die unterschiedlichen Stärken ihrer Persönlichkeitstypen verstehen, wertschätzen und sich daran erfreuen und dabei die möglichen Tretminen und Fettnäpfchen umgehen.

NLP-Typen

Beim Neuro-Linguistischen Programmieren handelt es sich um eine Methode, die in den 1970ern entwickelt wurde um therapeutische Ergebnisse und persönliche Erfolge zu verbessern, indem erfolgreiche Verhaltens- und Kommunikationsmuster repliziert werden. Das Modell wurde rasch populär im Handelssegment, in der Bildung und im Veränderungsmanagement um ein besseres Verhältnis zu Kunden, Studenten und Angestellten aufzubauen, ebenso wird es angewandt um Beziehungserfolge zu erhöhen, vor allem durch Männer.[221] NLP kennzeichnet drei grundlegende Lern- und Kommunikationsmodalitäten bei Menschen: auditiv, visuell und kinästhetisch.[222]

Auditive Typen verbinden sich durch verbalen Austausch und lernen und kommunizieren mit Worten.

Visuelle Typen bevorzugen es, die Dinge zu sehen/zeigen und mithilfe von Bildern zu kommunizieren und zu lernen.

Kinästhetische Typen möchten die Dinge spüren und anfassen und kommunizieren durch geteilte haptisch-sensorische Erfahrungen.

Fünf Sprachen der Liebe

Aufbauend auf den drei NLP-Typen, die oben beschrieben wurden, wurden fünf verschiedene Weisen identifiziert, auf die Menschen natürlicherweise ihre Liebe ausdrücken und sich geliebt fühlen.[223] Das sind:

1. Bekräftigende Worte (NLP: auditiv) wie beispielsweise „Ich liebe dich", „Du bist wundervoll" und „Ich vermisse dich". Diese Art der Bestätigung kann verschiedene Formen neben der Kommunikation von Angesicht zu Angesicht annehmen, wie regelmäßige Anrufe, das Versenden von E-Mails, Kurznachrichten, Karten und handgeschriebenen Liebesbriefe.
2. Wertvoll miteinander verbrachte Zeit durch das Unternehmen schöner Sachen, wie Kinobesuche, das Spielen von Brett- und Kartenspielen, gemeinsam verbrachte Zeit mit Freunden und Familie, Shoppen, Sport, Veranstaltungsbesuche, Kochen oder Reisen. „Es ist nicht wirklich wichtig, was wir tun, solange wir es gemeinsam tun" ist das Motto von Menschen mit dieser Sprache der Liebe.
3. Geschenke (NLP: visuell) wie beispielsweise Schokolade, Blumen, Kerzen, Bücher, Kleidung, Schmuck, Autos, Boote, Häuser, Inseln oder Ländereien .
4. Dienstleistungen für den anderen, vor allem Dinge, die er oder sie nicht mag oder besonders schätzt, zum Beispiel das Kochen, Hausputz, Gartenarbeit, Frühstück ans Bett bringen, Autofahren, Reparaturen im Haus oder das erledigen von Botengängen.

5. Körperkontakt (NLP: kinästhetisch) wie Händchenhalten, kuscheln, küssen, Massagen geben und erhalten, gemeinsames *Bad und sinnliches/Sex*.

Alle Menschen haben eine primäre und eine sekundäre Sprache der Liebe, die ihre natürlichste und intuitivste Weise ist ihre Liebe auszudrücken und sich geliebt zu fühlen. Oftmals sind sich Partner nicht bewusst, dass sie unterschiedliche Sprachen der Liebe sprechen und haben daher Missverständnisse bezüglich ihrer Zuneigung und Wertschätzung füreinander. Während er beispielsweise seine Liebe zu ihr zeigt, indem er ihr Auto wäscht und ihr Geschenke kauft würde sie von ihm lieber Liebesbriefe erhalten und mit ihm kuscheln.

Du kannst die Sprache der Liebe deines Partners herausfinden indem du kluge Fragen stellst (frag einfach nach einer Liste von 20 und mehr Dingen, die deinen Partner dazu bringen, sich geliebt zu fühlen und erfülle ein paar davon jeden Tag), auch durch aufmerksames Beobachten, durch einen Online-Test[224] oder indem du den Fragebogen am Ende des Buchs *Die 5 Sprachen der Liebe* von Gary Chapman beantwortest.

Das Enneagramm

Das Enneagramm ist die Synthese von verschiedensten alten Lehren. Es ist heutzutage eine der populärsten Typenlehren. Es findet eine breitgefächerte Anwendung in der Geschäftswelt (Teambuilding und Veränderungsmanagement), Psychotherapie, bei persönlichem Wachstum und Spiritualität.[225] Das Enneagramm-Symbol besteht aus drei ineinander verschlungenen „Dreiecken“ die eine geometrische Figur mit neun Punkten entlang eines Kreises bilden, jeder dieser Punkte entspricht einem spezifischen Persönlichkeitstyp. Es ist nicht unüblich, wenn du dich selbst in allen Typen wiedererkennst, dennoch wird einer herausragen, mit dem du dich am ehesten identifizieren kannst. Jeder der neun Typen hat ungesunde, durchschnittliche und gesunde Ausprägungen (oder Anlagen und Bürden).[226] Die Ziffer über oder unter dem Haupttypus einer Person entspricht seiner sekundären Qualität bzw. Flügel, und die beiden inneren Linien weisen auf die beiden entsprechenden Typen zu denen ein Individuum sich in Fällen von Stress/Auflösung und gesunder/m Integrierung/Wachstum hingezogen fühlt.[227]

Grafik 14. Das Enneagramm

Die neun Typen des Enneagramms

1. Der Reformer, Richter, Perfektionist

Legt Wert auf persönliche Integrität und strebt nach Wahrheit. Kann Lehrer sein aber auch Kreuzritter oder Anwalt. Ist oft unwissend über seine eigenen Defizite aber übermäßig kritisch den anderen gegenüber. Hat Angst davor korrumpierbar, böse oder fehlerhaft zu sein. Will gut sein, ausgeglichen, perfekt und integer.

2. Der Helfer, Geber, Sorgsame

Ist mitfühlend, aufmerksam, großzügig und fürsorglich. Kann anhänglich, bedürftig, schmeichelhaft und manipulativ sein. Oft wohlwollend und sucht die Nähe von anderen, es kann ihm aber passieren, dass er Dinge für andere tut damit diese von ihm abhängen und nimmt es dann übel, wenn es als selbstverständlich angesehen wird oder er sich nicht gewertschätzt/gesehen fühlt. Fürchtet sich davor, sich ungewollt oder ungeliebt zu fühlen.

3. Der Macher, Status-Sucher, Erfolgsmensch

Ist anpassungsfähig und wandelbar. Schreitet auf Erden voller Selbstbewusstsein und handelt so, dass es Bestätigung und Errungenschaften mit sich bringt, manchmal auf Kosten seines/ihres eigenen Ichs. Fürchtet das Versagen und die Bedeutungslosigkeit. Sehnt sich danach sich wertvoll und nützlich zu fühlen.

4. Der Individualist, Romantiker, Ästhet

Wird getrieben von dem Verlangen zu verstehen und seinen/ihren Platz in der Welt zu finden. Braucht Individualismus, ist kreativ, intuitiv und menschengerecht. Fürchtet die Identitätslosigkeit und Bedeutungslosigkeit. Möchte von Bedeutung sein.

5. Der Beobachter, Experte, Denker

Wird geleitet von dem Verlangen die Welt zu verstehen und zieht Selbstwert aus seinem Beitrag. Kann zurückgezogen wirken, beobachtend und ruhig, bis er/sie mit einem klugen Beitrag beeindrucken kann. Fürchtet Inkompetenz und Nutzlosigkeit. Möchte vor allen Dingen fähig und wissend sein.

6. Der Loyalist, Held, Rebell, Beschützer

Strebt nach sicherer Stabilität und zeugt von uneingeschränkter Loyalität und Verantwortungsbewusstsein. Tut sich schwer damit erneut zu vertrauen, wenn er getäuscht wurde und ist anfällig für ängstliches Denken. Zeigt emotionale Angst sowie reaktionäres und paranoides Verhalten. Fürchtet sich davor, ohne Unterstützung und Führung zu sein. Braucht Sicherheit und Unterstützung.

7. Der Enthusiast, Abenteurer, Sensationssüchtige

Ist abenteuerlustig und stets beschäftigt, liebt das Leben mit seinen verschiedenen Freuden und Geheimnissen und rast von einer neuen Erfahrung zur nächsten. Furcht davor, sich nicht selbst versorgen zu können und hat Angst davor im Leben etwas zu verpassen. Will Zufriedenheit und erfüllte Bedürfnisse.

8. Der Anführer, Boss, Einzelkämpfer

Ist stark und hat das Verlangen ein mächtiger Anführer zu sein, der die Zügel in der Hand hält. Kann freundlich und wohltuend sein, aber auch diktatorisch, manipulativ, skrupellos sowie bereit, alles zu zerstören, was ihm im Weg steht. Hat Furcht davor von anderen verletzt oder kontrolliert zu werden. Sucht Selbstschutz und möchte die Kontrolle über das eigene Leben und Schicksal haben.

9. Der Friedenstifter, Vermittler, Bewahrer

Ist empathisch, aufnahmefähig, höflich, ruhig und im Frieden mit der Welt. Vermeidet Konflikte, zieht sich zurück, verschließt sich und befolgt die Wünsche anderer. Neigt zu Abgrenzung und passivaggressivem Verhalten. Furcht vor Angst und Trennung. Braucht innere Stabilität und Seelenfrieden.

Die Enneagramm-Kompatibilitäts-Konstellationen

Keine Typenpaarung ist in sich besonders gesegnet oder verdammt. Gesunde Beziehungen können zwischen allen Typen entstehen, vor allem wenn die Partner sich ihres Typus und dem des Gegenübers bewusst sind, mitsamt der entsprechenden Stärken und Schwächen (und diese sich gesund ausdrücken). Im Internet und in Büchern kannst du kostenlose oder -günstige Einstufungstests machen, die die Typen von dir und deinem Partner feststellen und ebenso die Synergien und potentiellen Konflikte, die in Eurer

Beziehung innewohnen und für Harmonie und Fluss sowie Dissonanz und Konflikt sorgen. Ich kann diese Tests nur empfehlen.[228]

Drei Instinktvariationen

Die drei Enneagramm-Instinkte (oft fälschlicherweise als „Subtypen" bezeichnet) sind Teil unserer Persönlichkeit und extrem wichtig für das Verständnis von uns selbst und anderen. Wir alle haben unterschiedlich ausgeprägte Selbsterhaltungsinstinkte (die den Körper und sein Leben und die Funktion erhalten), Beziehungsinstinkte (oder Sexualinstinkte – für die Ausbreitung von uns in der Umwelt und über Generationen hinweg) und Gemeinschaftsinstinkte (um mit anderen klar zu kommen und sichere soziale Bindungen aufzubauen).

Die untenstehenden Beschreibungen folgen dem Material auf www.enneagraminstitute.com.[229]

Selbsterhaltung

Menschen dieses Instinkttyps sorgen sich stets um grundlegende Bedürfnisse des Überlebens, die sie auf unsere gegenwärtige Gesellschaft übertragen. Selbsterhaltungstypen lassen ihre Gedanken um Geld, Essen, Heim, Gesundheit, körperliche Sicherheit und Komfort kreisen. Sicherheit und physisches Wohlbefinden sind die Prioritäten. Probleme in Räumlichkeiten fallen ihnen schnell auf, wie beispielsweise schwache Beleuchtung oder ungemütliche Stühle oder sie haben Schwierigkeiten mit der Raumtemperatur. Sie beschäftigen sich viel mit Essen und Trinken, übertreiben es entweder durch viel essen oder strenge Diäten. Bei gesunder und durchschnittlicher Ausprägung sind sie bezüglich der Grundbedürfnisse von den drei Instinkttypen am praktischsten veranlagt – das bezahlen von Rechnungen, Haushalt und Arbeitsstelle, Erlernen nützlicher Fähigkeiten usw. geht ihnen leicht von der Hand. Wenn diese Typen allerdings ins Negative umkehren, haben sie große Schwierigkeiten, sich um sich selbst zu kümmern. Ungesunde Selbsterhaltungstypen essen und schlafen wenig oder werden besessen von Themen der Gesundheit. Sie haben dann oft Schwierigkeiten im Umgang mit Geld und handeln in selbstzerstörerischer Weise. Kurz: Selbsterhaltungstypen legen den Fokus auf die Verbesserung ihrer persönlichen Sicherheit und des Wohlbefindens

Sozial

Dieser Subtyp legt besonders Wert auf die Interaktion mit Anderen und hat dabei einen besonderen Sinn für den Wert oder die Wertschätzung, die er durch die Teilnahme an kollektiven Aktivitäten erfährt. Das schließt Arbeit, Familie, Hobbies, Mitgliedschaften ein – prinzipiell Alles was dem Sozialtyp dazu dient, mit anderen zu einem bestimmten Zweck zu interagieren. Der Sozialinstinkt birgt aber weitere Imperative in sich. Darunter sticht das Verständnis von „Platz" in einer hierarchischen Struktur besonders hervor. Das ist für Menschen genauso wichtig wie für Hunde und Gorillas. Das

Bedürfnis nach Beachtung, Anerkennung, Ehre, Erfolg, Ruhm, Führung, Wertschätzung und Zugehörigkeit sind Ausdruck des Sozialinstinkts. Sozialtypen wollen gerne wissen, was um sie herum passiert und möchten einen Beitrag zum menschlichen Unternehmen leisten. Es besteht ein großes Interesse für Veranstaltungen der eigenen Kultur, manchmal auch von einer fremden Kultur. Sozialtypen haben prinzipiell ein großes Interesse an der Interaktion mit Menschen, vermeiden aber Intimität. Im unausgeglichenen, ungesunden Ausdruck können diese Typen antisozial und unausstehlich sein und ihre Gesellschaft verabscheuen oder ihre sozialen Fähigkeiten sind verkümmert. Kurz und knapp: Sozialtypen fokussieren sich darauf mit anderen Menschen so zu interagieren, dass es ihren eigenen Wert steigert, ihrem Sinn von Errungenschaften entspricht und ihnen einen sicheren „Platz" gibt.

Sexuell/Beziehung

Viele identifizieren sich erst mal mit diesem Typus, wobei sie wahrscheinlich die Vorstellung ein Sexualtyp zu sein damit verwechseln, besonders attraktiv zu sein. Sollte man diesen Typ als glamouröser als die beiden anderen ansehen, so ist daran zu erinnern, dass ein Instinkt auch ins Negative umgekehrt werden kann, was zu den größten Problemen führen kann. Bei gesunden bis durchschnittlichen Typen gibt es ein Verlangen nach intensivsten Erfahrungen – nicht unbedingt sexueller Erfahrungen aber von ähnlicher „Ladung". Diese Intensität ist in einem tollen Gespräch ebenso zu finden wie in einem aufregenden Film. Es ist viel geschrieben worden über die Vorliebe dieses Typs von persönlichen Gesprächen zu zweit im Gegensatz zur Vorliebe der größeren Gruppen des Sozialtyps, aber eine kurze Umfrage im Bekanntenkreis bringt immer wieder zum Vorschein, dass Alle ein Zweier-Gespräch vorziehen. Der Unterschied liegt in der Suche nach der Intensität des Kontakts und dem Ausdruck des Verlangens nach Intimität. Sexualtypen sind die „Intimitätsjunkies" unter den Instinkttypen, denen es oft passiert, dass sie dringende Verpflichtungen vernachlässigen oder sogar grundlegende Pflege, wenn sie von etwas in den Bann gezogen werden. Das führt zu einem weitgefächerten, forschenden Lebensansatz, aber auch zu einem Mangel an Fokus für die eigenen Bedürfnisse. Neurotisch ausgeprägt kann dieser Typ sich in einem umherirrenden Fokusmangel, sexueller Freizügigkeit und sexuellem Austoben manifestieren, oder auch umgekehrt in einer ängstlichen, dysfunktionalen Haltung gegenüber Sex und Intimität. Sexualtypen werden so oder so intensiv sein – auch in ihren Ablehnungen. Kurzgefasst: Sexualtypen legen ihren Fokus auf das Suchen und Erleben von intensiven, intimen Interaktionen und Erfahrungen mit Anderen und mit der Umwelt um ein mächtiges Empfinden der Lebendigkeit zu erfahren.

Wenn du deine Instinktvariante und/oder die deines Partners nicht weißt, rate ich dir auf jeden Fall zu einem Test.[230]

Myers-Briggs

Mit Hilfe des Myers-Briggs-Typenindikators können alle Menschen mit vier Gegensatzpaaren klassifiziert werden:

1. *Extraversion (Extraversion, E) - Introversion (Introversion, I)*
2. *Sensorik (Sensing, S) – Intuition (Intuition, N)*
3. *Denken (Thinking, T) – Fühlen (Feeling, F)*
4. *Beurteilung (Judgement, J) – Wahrnehmung (Perception, P)*

Introvers und Extravers[231]

Dies sind die Attribute die ausdrücken, wie ein Mensch Energien empfängt und verortet. Der Energiefluss des Extrovertierten ist nach außen gerichtet und auch der Fokus richtet sich auf andere Leute und Dinge. Der Energiefluss des Introvertierten richtet sich nach innen und der Fokus liegt auf den eigenen Gedanken, Ideen und Eindrücken. In dem Buch *Still: Die Kraft der Introvertierten* beschreibt die Autorin Susan Cain, dass Introvertierte Extrovertierte verstehen und wertschätzen können, aber nicht umgekehrt.[232]

Sensorik und Intuition

Hiermit wird die Verarbeitung nicht-rationaler Sinneseindrücke beschrieben. Menschen können ihre Sinneseindrücke nicht kontrollieren; nur die Verarbeitung derselben ab dem Punkt, wenn sie den bewussten Verstand erreichen. Sensorische Menschen legen den Fokus auf die Gegenwart und auf die konkrete Information, die durch ihre fünf Sinne zu ihnen kommen. Intuitive Menschen neigen dazu, den Fokus auf die Zukunft zu legen, mit einem neuen Blick auf Muster und Möglichkeiten und lassen sich gerne leiten von ihren unbewussten und spirituellen Sphären.

Denken und Fühlen

Das sind die Schlüsselfaktoren für Urteils- und Entscheidungsvermögen. Beide Typen streben an, rationale Urteile und Entscheidungen auf Grundlage der Informationen ihrer Sinneswahrnehmung (siehe oben) zu fällen. Denker neigen dazu ihre Entscheidungen auf Grund von Logik („wahr-falsch" oder „wenn-dann") und einer objektiven Analyse von Ursache und Wirkung zu treffen. Fühlende Menschen neigen dazu ihre Entscheidungen nach Werten und subjektiven, auf Gedanken um Andere aufbauende Beurteilungen („mehr-weniger" oder „besser-schlechter") zu treffen. Man kann sagen, dass Denker mit ihren Köpfen entscheiden, während Fühler mit ihren Herzen entscheiden. Wenn Denken und Fühlen extrovers sind, fußen Entscheidungen oft auf externe Quellen und allgemeinen, akzeptierten Regeln und Abläufen. Introvers denkende und fühlende neigen dazu ihre Urteile subjektiv zu machen, basierend auf intern geschaffenen Ideen für logische Organisation und Bewertung.

Beurteilung und Wahrnehmung

Diese Terminologie kann durchaus missverständlich sein – der Begriff des „Beurteilens“ schließt nicht automatisch die Verurteilung ein, ebenso wenig bedeutet „Wahrnehmung“ automatisch „verständnisvoll“.

Menschen, die die Beurteilung vorziehen, bevorzugen einen geplanten und organisierten Ansatz für das Leben und haben am liebsten alles in bester Ordnung. Menschen, die die Wahrnehmung vorziehen, neigen dazu, Flexibilität und Spontaneität im Leben den Vorrang zu geben und ihre Optionen offen zu halten.

Kombinationen

Die möglichen Kombinationen der vier Kriterien sind für den Typen bestimmend. Beispielsweise:

ISTJ – Introvertiert (I) fühlend (S) denkend (D) urteilend (J)

Die sechzehn möglichen Kombinationen sind ISTJ, ISFJ, INFJ, INTJ, ISTP, ISFP, INFP, INTP, ESTP, ESFP, ENFP, ENTP, ESTJ, ESFJ, ENFJ, und ENTJ.

Wenn du deinen eigenen Typus und den deines Partners mitsamt den Stärken und Schwächen herausfinden möchtest, dann empfehle ich dir einen Online-Test zur Myers-Briggs-Typologie zu machen.[233]

Bindungstyp/-stil

Ein weiteres Modell zur Feststellung von Persönlichkeitstypen sind die Bindungstypen/-stile. Menschen unterscheiden sich stark in ihrem Bedürfnis nach Intimität und Nähe. Es gibt vier allgemeine Bindungsstile, die während der frühen Kindheit durch die Beziehung mit den Hauptbezugspersonen ausgebildet werden. Ist der Stil erst mal definiert, so bleibt er auch im Erwachsenenalter verankert und wird erkennbar dadurch, wie die Erwachsenen sich in persönlichen Beziehungen binden und wie sie als Eltern mit ihren Kindern agieren.

Kleine Kinder benötigen zu mindestens einer Hauptbezugsperson eine abhängige Beziehung, um eine normal verlaufende soziale und emotionale Entwicklung zu durchleben. Ohne diese Sicherheit können sie an schweren psychologischen und sozialen Schwierigkeiten leiden. Wie die Eltern oder Bezugspersonen in den ersten 2 Jahren auf ihre Kinder (re)agieren, vor allem bei Unwohlsein, prägt maßgeblich den Bindungsstil, den die Kinder entwickeln. Dieser Stil wird tiefgreifenden Einfluss auf ihre Gefühle, Gedanken und Erwartungen in ihren Beziehungen im Erwachsenenalter haben.

Das Verständnis von Bindungsstilen ist von großer Bedeutung, denn sie können Einblicke in die Gefühle und Entwicklung der Partner in ihrer Kindheit ermöglichen und Aufschluss darüber geben, welchen emotionalen Einschränkungen für das Beziehungsleben sie dadurch unterliegen. Dieses Verständnis der eigenen grundsätzlichen Ausrichtung zu anderen Menschen kann dabei helfen, die eigenen Beziehungen zu verbessern, einschließlich der Beziehung zu den eigenen Kindern.

Es gibt vier Typen: (1) Sicher/Autonom, (2) Ängstlich-Besorgt, (3) Abweisend-Ausweichend und (4) Ängstlich-Ausweichend.[234] Diese frühen Prägungen treten in unseren erwachsenen Beziehungen so auf:

Sichere Bindung

Erwachsene mit diesem Bindungsstil neigen dazu eine positive Wahrnehmung ihrer selbst, ihrer Partner und ihrer Beziehungen zu haben. Sie fühlen sich wohl in der Intimität und in der Unabhängigkeit und halten diese beiden Pole im Gleichgewicht, sind verlässlich und konsistent, treffen Entscheidungen gemeinsam mit ihrem Partner, kommunizieren über Probleme in der Beziehung, können aus Streitigkeiten heraus Kompromisse schließen, haben keine Angst sich zu verpflichten und in gesunder Abhängigkeit zu stehen, sehen Beziehungen nicht als harte Arbeit an, schaffen Nähe die zu weiterer Nähe führt, stellen Freunde und Familie schon früh vor, drücken ihre Gefühle für den Partner natürlich aus und spielen keine Spielchen.

Ängstlich-besorgte Bindung

Diese Erwachsenen haben ein hohes Bedürfnis nach Intimität, Bestätigung und Ansprechbarkeit von ihrem Partner, können übermäßig abhängig werden, drücken sich eventuell übermäßig emotional aus, sorgen sich und können in Beziehungen sehr impulsiv sein. Sie verlangen in Beziehungen viel Nähe, äußern ihre Unsicherheiten, wie beispielsweise Angst vor Ablehnung, sind unglücklich, wenn sie nicht in einer Beziehung sind, spielen Spielchen um die Aufmerksamkeit und das Interesse ihres Partners aufrechtzuerhalten, haben Schwierigkeiten auszudrücken, was sie stört, erwarten, dass ihr Partner ihre Gefühle und Bedürfnisse korrekt deutet,[235] machen sich ständig Sorgen um die Beziehung, haben Angst davor, dass kleinste Fehler die Beziehung vernichten, glauben, dass sie Schwerstarbeit leisten müssen, um sich das Interesse ihres Partners zu bewahren und sie sind stets misstrauisch, dass ihr Partner untreu sein könnte.

Abweichend-ausweichende Bindung

Sie sehnen sich nach einem hohen Grad von Unabhängigkeit und vermeiden oft jegliche Art von Bindung. Sie sehen sich selbst als in sich genügend an, sind unempfänglich für Empfindungen der Bindung, brauchen keine engen Beziehungen für ihr Wohlbefinden, unterdrücken Empfindungen der Verletzbarkeit, gehen mit Zurückweisung so um, dass sie sich von ihren Partnern distanzieren (die sie oft eher geringschätzen), vertrauen nur wenig, senden gemischte Signale, legen viel Wert auf ihre Unabhängigkeit, entwerten ihre aktuellen oder vorherigen Partner, nutzen Strategien zur emotionalen und physischen Abstandhaltung, betonen Grenzen innerhalb der Beziehung, haben eine unrealistische romantische Ansicht davon, wie Beziehungen zu sein haben, haben Angst vom Partner ausgenutzt zu werden, haben eine klare Meinung über Beziehungen und kompromisslose Regeln, gehen bei Streitigkeiten weg oder explodieren förmlich, drücken ihre Absichten nicht klar aus und neigen dazu, sich schwer damit zu tun darüber zu sprechen, was zwischen ihnen und ihrem Partner los ist.

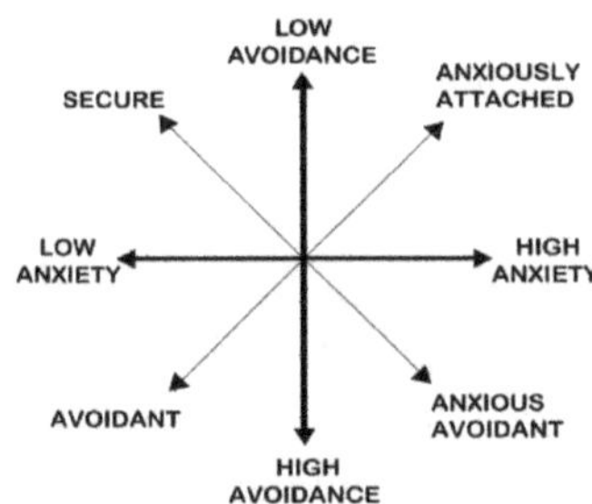

Grafik 15. Bindungsstile

Die obenstehende Grafik zeigt, wie die Überschneidung von niedriger und hoher Ausweichung und niedriger und hoher Angst zu einem vierten Bindungsstil führt.

Ängstlich-Ausweichend

Wird manchmal auch desorganisiert/desorientiert genannt. Dieser vierte, zusätzliche Stil umfasst jene Erwachsene, die eine niedere Angst und eine höhere Vermeidung gegenüber Bindungen haben und in einem konstanten ambivalenten Zustand leben, in dem sie gleichzeitig Angst davor haben, Anderen zu nah oder zu distanziert zu sein. Sie können ihre Ängste nicht unterdrücken oder ihren Gefühlen entfliehen. Stattdessen lassen sie sich oftmals von ihren Reaktionen überwältigen und erleben emotionale Stürme. Sie neigen dazu, emotional durcheinander oder unberechenbar zu sein. Sie halten Beziehungen für das funktionierende Modell, dem man entsprechen muss um die eigenen Bedürfnisse zu befriedigen, wenn man anderen aber zu nahe kommt, dann werden diese einen verletzen. Mit anderen Worten heißt das, dass die Person, der man nahe kommen möchte um sich geborgen zu fühlen, dieselbe Person ist, vor der man sich fürchtet.

Ängstlich-ausweichende Personen versuchen ihre Gefühle in Schach zu halten, sind dessen aber unfähig. Nachdem sie sich in traumatischen Zeiten während der Kindheit von ihren Gefühlen gelöst haben, bleiben sie gewissermaßen fortwährend von sich getrennt. Sie sehnen sich nach Beziehungen und fühlen sich erst mal wohl, bis sie emotional stark eingebunden sind. An diesem Punkt kommen die unterdrückten Gefühle der Kindheit wieder zutage und werden so wahrgenommen, als wären sie gegenwärtige Reaktionen, da die Person, die sie erlebt, sie nicht zeitlich einordnen kann. Tatsächlich ist es so, dass die Person gar nicht im hier und jetzt ist, sondern plötzlich das alte Trauma wieder erlebt. Das Leben dieser Menschen ist nicht im Einklang: Sie haben keine einheitliche Wahrnehmung von sich selbst noch haben sie einen klaren Bezug zu anderen. Daraus folgt, dass sie keine organisierte Strategie haben, um ihre Bedürfnisse von anderen erfüllen lassen zu können und sie landen in schwierigen, dramatischen Beziehungen, mit vielen Aufs und Abs. Sie haben oft Angst davor verlassen zu werden, ringen aber auch mit zu viel Intimität. Sie klammern sich an ihren Partner, wenn sie das Gefühl haben, abgewiesen zu werden und fühlen sich gefangen, wenn Nähe entsteht. Es scheint oft so, dass sie mit ihrem Partner im gegenläufigen Rhythmus leben. Ein Mensch mit einem ängstlich-ausweichenden Bindungsstil kann sich auch in einer von Gewalt geprägten, unterdrückenden Beziehung wiederfinden.

Sicher werden

In seinem Buch *The Developing Mind: How Relationships and the Brain interact to shape who we are* prägt Dr. Dan Siegel den Begriff der „erarbeiteten Sicheren/Autonomen Bindung". Auch wenn Bindungsstile in der Kindheit gebildet werden stellt er die These auf, dass es möglich ist, sie umzudeuten und ungesunde Verhaltensweisen hinter sich zu lassen, die daraus entstehen und mit Hilfe eines ausgebildeten Therapeuten ein „kohärentes Narrativ" aus den Erfahrungen zu verfassen. Dieser Prozess unterstützt die betroffenen dabei zu verstehen, wie ihre Kindheitserfahrungen sie noch in ihren erwachsenen Beziehungen beeinflussen. Durch die Schaffung eines „kohärenten Narrativs" ist es dem Gehirn möglich neue Verflechtungen auszubilden, die ihnen sicherere Bindungen ermöglichen, indem sie in Beziehungen eine emotionale Resilienz und Sicherheit aufbauen können.

Da die Fähigkeit zur sicheren Bindung in frühen Beziehungen gebrochen wurde, ist es lediglich möglich, in einer Beziehung die daraus folgenden Schäden zu heilen, oder aber eine dramatisch gescheiterte Beziehung methodisch zu analysieren und durchzugehen. Siegels Kollegin Dr. Lisa Firestone sagt: „Eine nachgewiesene Möglichkeit unseren Bindungsstil zu wechseln ist es, eine Bindung zu jemandem aufzubauen, der einen sichereren Bindungsstil hat, als wir selber. Wir können auch mit einem Therapeuten reden, da die therapeutische Beziehung dabei helfen kann, eine sicherere Bindung aufzubauen. Wir können uns selbst fortwährend besser kennen lernen, indem wir unsere vergangenen Erfahrungen verstehen, uns selbst einen Sinn geben und den ganzen Schmerz unserer Vergangenheit erleben, und dann vorwärtsgehen als selbständige und abgegrenzte Erwachsene. Indem wir das tun, können wir uns in der Welt mit einer inneren Sicherheit bewegen, die uns dabei hilft, den Verletzungen zu widerstehen, die zum Leben dazugehören."[236]

Wie auch bei allen anderen Persönlichkeitstypen tragen wir auch von jedem Bindungsstil Teile in uns, die jeweils gesund und ungesund ausgeprägt sein können. Ein Mensch, der generell sicher bindend ist, kann in ängstliche und ausweichende Verhaltensmuster verfallen, wenn er oder sie sich verliebt und in Beziehungsstress gerät. Es wird dir helfen, frühe Verletzungen aus der Kindheit zu heilen, wenn du bewusst auf den eigenen

Bindungsstil und den des Partners eingehst und wenn ihr euch auffangt, wenn einer von euch in alte Muster zurückfällt.

Falls du Interesse hast, einen Bindungsstiltest zu machen, so kannst du online welche finden, oder in dem Buch „*Attached*“ von A. Levine und R. Heller, auf den Seiten 40-43.

Weitere Typisierungen

Es gibt viele weitere Formen, Menschen zu typisieren (die manchmal stereotypisieren), die weitaus weniger wissenschaftlich fundiert sind, aber ebenfalls dabei helfen können, für gegenseitiges Verständnis zu sorgen. Dazu gehören beispielsweise Zahlensymbolik (Numerologie), Human Design System,[237] Geburtsreihenfolge,[238] Genetische Typen,[239] Hartman Personality Profile,[240] das innere Tier, kultureller Hintergrund (bspw. europäisch oder asiatisch), oder „Rasse“.[241]

Zusammenfassung

Persönlichkeitstypen beschreiben Charakterzüge, die während des menschlichen Wachstums und der gestuften Entwicklung beständig bleiben. Die meisten Einstufungen, wie beispielsweise die Art, wie Menschen Liebe zeigen oder empfangen, die Enneagrammtypen oder Bindungsstile, beruhen auf belastbaren psychologischen Testreihen oder Selbstversuchen und beschreiben übliche Resonanz auf die Realität, die unter der Oberfläche unserer allgemeinen Wahrnehmung liegen. Andere Typisierungen haben ihren Ursprung im Aberglauben oder in kultureller Stereotypie und können bestenfalls interessante Themen für wahrhaft selbstentlarvende Unterhaltungen liefern. Unsere eigenen Typen, und die des Partners, auf den verschiedenen Gebieten zu erforschen und zu besprechen kann Spaß machen und uns mit neuen persönlichen Erkenntnissen versorgen, die das Selbstverständnis und auch Liebesbeziehungen verbessern können.

KAPITEL 8

Persönlichkeitsmatrize

Wichtig ist, dass man nicht aufhört zu fragen: Neugier hat ihren eigenen Existenzgrund. Man kann nicht anders als staunend über die Ewigkeit, das Leben und die wunderbare Struktur der Realität nachzudenken. Es ist mehr als genug, wenn man lediglich versucht, die kleinen Mysterien des Tages zu verstehen. Diese heilige Neugier soll man nie verlieren.

~ Albert Einstein ~

In den vorangegangenen Kapiteln haben wir – in einem kleinen Crash-Kurs – menschliche Entwicklung und Persönlichkeit von einem breiten Spektrum an Perspektiven und Ebenen betrachtet: Die vier Dimensionen unseres Seins (bzw. die vier Quadranten), feminine/maskuline Polaritäten, die acht Bewusstseinsebenen (von archaisch bis transpersonal), die fünf Zustandsstufen spiritueller und sexueller* Entwicklung, fünf Stufen der Anima-/Animus-Komplex-Entwicklung und verschiedenste Persönlichkeitstypen. Um zu begreifen, wie diese Perspektiven ineinandergreifen und die Qualität und Nachhaltigkeit einer Beziehung über die Erfüllung primärer Fantasien und die Verliebtheitsphase hinaus beeinflussen, ordnen wir diese in der untenstehenden Persönlichkeitsmatrize.[242]

* In diesem Sinne bezieht sich sexuelle Entwicklung auf die innere Wahrnehmung und die emotionale Gesundheit welche die Sexualität einer Person beeinflussen und nicht auf die physische Entwicklung von Geschlechtsorganen und die Ausschüttung von Hormonen.

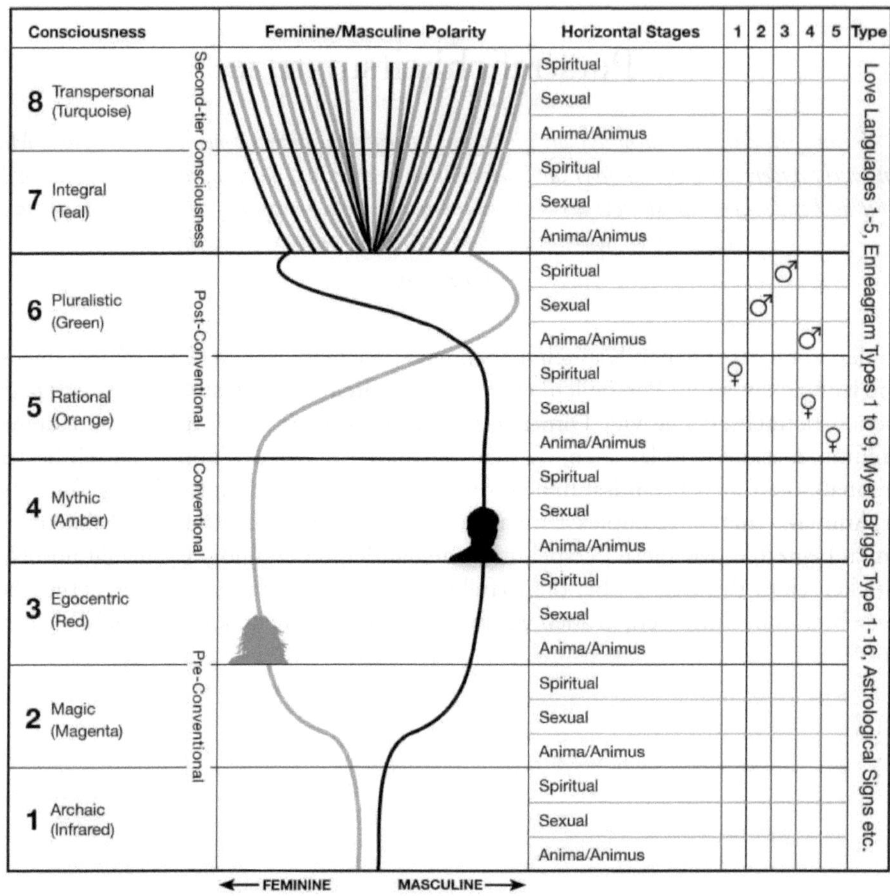

Grafik 16. Persönlichkeitsmatrize – ermöglicht die Abbildung deiner Entwicklung

Erkunden wir also diese Matrize von links nach rechts.

Bewusstseinsstufen

Die acht Stufen der Bewusstseinsentwicklung, die wir in Kapitel 5 mit Farben gekennzeichnet haben, befinden sich auf der vertikalen Achse ganz links, mit der niedrigsten archaischen Stufe ganz unten und der Transpersonalen ganz oben. Sie beschreiben die Höhe, Weltsicht, sinnstiftenden Strukturen, Komplexität der Gedanken oder auch einfach die Bewusstseinsebene, von der aus alle anderen Bereiche der Persönlichkeitsmatrize, wie beispielsweise die spirituelle Wahrnehmung, interpretiert werden.

Feminin/maskulin

Neben den Bewusstseinsstufen liegen zwei mäandernde vertikale Linien, die die häufigsten Veranlagungen zeigen, die die femininen und maskulinen Polaritäten bei Männern und Frauen prägen, wenn diese sich in ihrem Bewusstsein entwickeln.[243] Sowohl Männer als auch Frauen haben in ihrem Ursprung auf den ersten beiden Bewusstseinsstufen eine relativ undifferenzierte Polarität. Auf der egozentrischen Roten und der konformistischen Bernsteinebene weisen Männer üblicherweise vorwiegend maskuline Ausprägungen und Frauen feminine, was die Ursache für die Begriffe „männliches" und „weibliches" Handeln ist.

Die entgegengesetzten Polaritäten werden auf der rationalen orangenen Ebene neutralisiert, auf der Frauen dazu neigen, zu ihren maskulinen Qualitäten zu wechseln und Männer dazu neigen, ihren agentischen und aufsteigenden männlichen Qualitäten Ausdruck zu verleihen. Daraus resultiert, dass der energetische Fluss, der sexuelle Anziehung und Synergien zwischen Männern und Frauen auf früheren Bewusstseinsstufen entstehen ließ, versiegt,[244] und die klar aufgeteilten Geschlechterrollen aus Rot und Bernstein sich auflösen, wenn Frauen durch persönliche Wachstumsarbeit, Therapie, spirituelle Praxis oder Wandel im Hormonhaushalt ökonomisch und emotional von Männern unabhängig werden.[245]

Auf der Grünen pluralistischen Ebene beginnen Männer und Frauen damit, eine tiefere Verbindung mit ihren inneren Qualitäten einzugehen, die sie zuvor auf den früheren Entwicklungsstufen unterdrückt haben. Für Männer bedeutet das oftmals, dass sie ihre Anima vollkommen für sich annehmen – was oft ein Schwenk zu ihrer femininen Seite bedeutet – während Frauen eine Tendenz dazu haben, ihren Animuskomplex zu Stufe drei zu transzendieren und ihre Maskulinität zu stärken.[246]

Auf der integralen Petrolebene zweiten Grades werden sich beide Geschlechter der Vorzüge bewusst, die gesundes Aufsteigen, Absteigen, Agenz und Kommunion in ihr Leben bringen und sie lernen, eine Balance und Harmonie in ihren Beziehungen herzustellen. Sie sind nun in der Lage ihre femininen oder maskulinen Polaritäten entsprechend der Erfordernisse der jeweiligen Lebenssituation bewusst zu verkörpern, und sie sind in der Lage Synergie und sexuelle Polaritäten mit einem gleichen und gegensätzlichen Partner gemeinsam zu schaffen.

Die transpersonale türkise Ebene kündet von der Wiederkehr einer authentischen Verkörperung der eigenen sexuellen Essenz, diesmal aber mit bewusster Anerkennung, Wertschätzung und Genuss gesunder gegensätzlicher Polaritäten der Partner und anderer menschlicher Wesen.

Zustandsstufen

Rechts von den beiden vertikalen Linien der femininen und maskulinen Polaritäten auf der Persönlichkeitsmatrize befinden sich drei Reihen mit den fünf Zustandsstufen der spirituellen und sexuellen Entwicklung und die fünf Stufen der Anima-/Animus-Komplex-Entwicklung. Diese Reihen ordnen wir für jede der vertikalen Bewusstseinsentwicklungsstufen horizontal an. Dafür gibt es drei Gründe: (1) Sie entwickeln sich unabhängig auf jeder Bewusstseinsebene und werden von der jeweiligen Stufe bewertet;[247] (2) spirituelle und sexuelle Entwicklung können auch als temporäre Zustände erlebt werden, die vielleicht zu Zustandsstufen entwickelt werden; (3) und ihre Entwicklung kann sich aufeinander auswirken. Das spiegelt auch (1) das menschliche Potential wieder, auf jeder vertikalen Ebene der Bewusstseinsentwicklung höhere Stufen der spirituellen, sexuellen und Anima-/Animus-Komplex-Entwicklung zu erreichen; (2) es wird dadurch deutlich, dass die Erfahrungen auf jeder Ebene temporäre Zustände sein können, aber auch durch Sex-Therapie und Tantra (für sexuelle Entwicklung), Meditation und andere Praktiken (für spirituelle Entwicklung) und Psychotherapie (für Anima-/Animus-Komplex-Entwicklung) in permanente Stufen umgewandelt werden können; und (3) die drei Linien sind miteinander verbunden, da ein Höchststand der Entwicklung bei einer Linie sich positiv auf die anderen Linien auswirken kann.[248]

Typen

Ganz rechts seht ihr die verschiedenen Persönlichkeitstypen, die wir in Kapitel 7 durchgegangen sind.

Was ist die kosmische Adresse?

Wenn wir der Persönlichkeitsmatrize die Perspektiven „Ich", „Wir", „Es" und „Es'se" der vier Quadranten hinzufügen, die wir in Kapitel 3 behandelt haben, erlangen wir, was Wilber die *kosmische Adresse* nennt – die allgemeine Zusammenfassung deiner Wahrnehmung (und die der anderen) zu jeglichem Zeitpunkt. Zusammengefasst lässt sich sagen, dass die kosmische Adresse eines Individuums wie folgt definiert ist:

Perspektive + Höhe + Zustandsstufe + Typ.[249]

Daraus resultieren um die 1000 verschiedene Kombinationen (8 x 5 x 5 x 5) der fließenden femininen/maskulinen Polaritäten mit den Persönlichkeitstypen jeder Person. Bitte einmal tief durchatmen!

Im allgemeinen Sprachgebrauch würden wir sagen: „Wo komme ich her? Woher kommt er/sie? Wie nimmt er/sie mich wahr? Wie nehme ich sie/ihn wahr? Wie begegnen wir uns?"

Die Anwendung der kosmischen Adresse ermöglicht dir Überschneidungen und Differenzen zwischen dir und deinem Partner zu erkennen und eröffnet dir den Blick auf die Wege zu künftiger Heilung, fortwährendem Wachstum und spirituellen Erkenntnispotentialen in eurer Beziehung.

Zusammenfassung

Die Persönlichkeitsmatrize kombiniert die individuellen Stufen der Bewusstseins-entwicklung zur Linken mit den üblichen Tendenzen der femininen und maskulinen Polaritäten von Männern und Frauen in der Entwicklung (dargestellt durch die zwei mäandernden Linien) sowie die fünf Stufen der horizontalen spirituellen, sexuellen und Anima-/Animus-Komplex-Entwicklung. Ganz rechts findest du die verschiedenen Persönlichkeitstypen. Durch die Integration dieser Elemente (8 x 5 x 5 x 5) erreichen wir eine Persönlichkeitsmatrize mit 1000 möglichen Kombinationen der femininen und maskulinen Polaritäten mit den verschiedenen Zuständen und Typen für jeden Partner. Durch Einbeziehung der Perspektiven der vier Quadranten gelangen wir zur kosmischen Adresse. Auch wenn dies völlig überflüssig klingt, wenn du in einer gesunden und produktiven Liebesbeziehung mit einem kompatiblen Partner bis, so ist diese Persönlichkeitsmatrize doch ein unerlässliches Mittel um festzustellen in welchen Bereichen deiner Beziehung Inkompatibilitäten angesiedelt sind, die zu Dissonanz und Konflikt führen. Zusätzlich bietet sie einen Fahrplan für künftiges Lernen, Heilen, Wachsen und Erwachen.

KAPITEL 9

Zusammenfinden

In der Arithmetik der Liebe macht eins und eins alles und zwei minus eins ist gleich nichts.
~ Mignon McLaughlin ~

In diesem Kapitel werden wir uns eingehend mit acht unterschiedlichen Formen der Liebe und den entsprechenden Intensitäten, die die Menschen erleben können beschäftigen.

Wenn zwei Menschen in einer Liebesbeziehung zueinander finden, so entsteht eine intensive Interaktion ihrer jeweiligen vier Quadranten miteinander.

Auch wenn Liebe für gewöhnlich vom einzelnen Individuum im jeweiligen Oberen Linken, inneren „Ich"-Quadranten und dem Oberen Rechten "Es"-Quadranten erlebt wird, so entsteht die tatsächliche *Liebesbeziehung* in der Kokreation durch die Unteren Linken, intersubjektiven „Wir"-Quadranten, was zu verschiedensten Graden der *Intimität* führt, und durch die Unteren Rechten, inter-objektiven „Es'se"-Quadranten, was zu den verschiedenen Intensitäten sexueller *Leidenschaft* führt. Letztere hängt stark davon ab, inwiefern die jeweilige primäre Fantasie der Liebenden angesprochen wird.

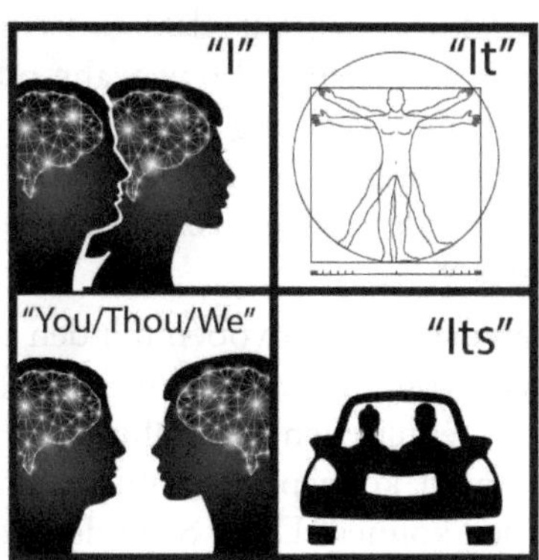

Grafik 17. Die vier Quadranten – von neuem betrachtet

Zu den genannten Faktoren *Intimität* und *Leidenschaft* gesellt sich noch eine unbewusste Dimension, die sich in gesunden und ungesunden Formen und Abstufungen der emotionalen *Abhängigkeit* ausdrückt. Diese dritte Dimension wird bestimmt durch die psychologische Verfassung jedes Partners, einschließlich ihrer Bindungstypen/-stile, die wir in Kapitel 7 behandelt haben, sowie ihrer unbewussten Zusammensetzung und möglicher Persönlichkeitsstörungen – womit wir uns direkt beschäftigen möchten.

Abhängigkeit und das Unbewusste

Wir tragen alle eine individuelle psychologische Blaupause in uns, auf der die Details und bleibenden Eindrücke unseres Erbes und unserer Lebenserfahrungen festgehalten sind. Die unerforschten/unbewussten Teile dieser Blaupause beinhalten jene Informationen, die ursächlich sind für unsere irrationalen Ängste, Sorgen, Bewältigungs- und Abwehr-mechanismen, aber auch für unsere Kreativität, Träume und Leidenschaften. Und genauso, wie die bewussten Aspekte unserer inneren und äußeren Dimensionen haben auch unsere unbewussten Teile feminine und maskuline Polaritäten, die sich gegenseitig ergänzen und anziehen.

Es gibt 5 bedeutende Bestandteile des Unbewussten, die von Bedeutung sind für die mysteriös-magnetische Anziehung oder Abstoßung, die Liebende immer wieder auf den Ebenen ihrer Körper, Herzen, Seelen und ihres Verstands erleben.[250]

(1) Das **Grund-Unbewusste** beschreibt unsere unerfüllten, eingelagerten Potentiale. Jeder Mensch trägt, von der Zeugung an, in sich das Potential, sowohl körperlich als auch im Bewusstsein zu wachsen (von Körper zu Verstand, Seele und Geist). Die unverwirklichten Stufen dieser möglichen Wachstumspotentiale werden nicht aktiv unterdrückt oder unbeabsichtigt verdrängt; sie sind einfach noch nicht entwickelt. Einfache Beispiele dafür sind sexuelle Impulse und Ausdrucksweisen von Kindern, die auf Grund des jungen Alters noch nicht entwickelt sind. Auch wenn ein Mensch oder ein Baum seine eigenen, individuellen Qualitäten entwickeln wird, so sind die grundlegenden Strukturen alle als jeweiliges noch nicht erschlossenes Potential der jeweiligen Art tief verankert. Im Falle eines Kindes wissen wir, dass es Erwachsen wird, im Falle einer Eichel wissen wir, dass sie niemals zu einem Löwenzahn oder einer Birke werden wird. Das Grund-Unbewusste liefert die Erklärung dafür, warum Menschen sich unbewusst angezogen fühlen von einem gegensätzlichen Partner mit dem sie in ihrer Art und Weise wachsen können um ihre vollen Potentiale auszuschöpfen und somit voll Mensch zu werden, auf allen Ebenen ihres Wesens.

(2) Das **archaische Unbewusste** ist verwoben mit den einzigartigen Veranlagungen und Instinkten, die Individuen von ihrer Ahnenvergangenheit vererbt bekommen haben. Diese sind verwurzelt im reptilischen Stammhirn und in der DNA und existieren bereits bevor Sprache erlernt wird, konzeptuelles Wissen entwickelt wird und persönliche Erlebnisse erinnert werden können. Diese Seite des Unbewussten lässt Menschen die Welt so wahrnehmen und darauf reagieren, wie es wohl auch ihre Vorfahren taten. Dieses angeborene Konglomerat an Neigungen erklärt, warum Menschen sich mit einem Partner, der einen vergleichbaren Hintergrund hat, am wohlsten fühlen.

(3) Das **untergetauchte Unbewusste** ist das, was Carl Gustav Jung den Schatten bzw. das Unterbewusste nennt.[251] Es beschreibt jene Erfahrungen und Erinnerungen, die einst bewusst waren und nun aus der Wahrnehmung herausgefallen sind, entweder durch einfaches Vergessen oder den Kraftakt der Verdrängung, Unterdrückung oder Abspaltung. Das sind jene Elemente unseres Seins, die inkompatibel sind mit dem Ego (was lediglich eine Maske ist und oft als falscher Eindruck des Selbst verstanden wird).

Wenn wir mit diesen Elementen unseres Wesens konfrontiert werden, neigen wir dazu defensiv oder aggressiv zu reagieren, aus der Angst heraus jene Verletzung wieder zu erfahren, die uns dazu gebracht hat, diese Erinnerung an das Ereignis aus dem Gedächtnis zu drängen. Wie es in der Psychologie heißt: „Wut birgt Angst und Angst birgt Verletzung."[252]

Der Anima-/Animus-Komplex ist eine Subkomponente des untergetauchten Unbewussten die auf das andere Geschlecht übertragen wird. Ein Mann, der die Neigung hat, seine Gefühle zu unterdrücken, wird sich von einer Frau angezogen fühlen, die stark emotional ist. Eine Frau, die sich unsicher fühlt und stets nach Bestätigung durch Andere trachtet wird sich wahrscheinlich angezogen fühlen von einem egozentrischen und arroganten Mann. Ein Mann, der sich wertlos fühlt wird sich mit hoher Wahrscheinlichkeit von einer Frau angezogen fühlen, die erfolgreich ist und eine höhere Bildung hat. Eine Frau, die das Leben als sinnlos empfindet, wird sich wahrscheinlich angezogen fühlen von einem Mann voller Leidenschaft und Sinn. Früher oder später wird das dazu führen, dass die Liebenden von den Qualitäten des Partners, die sie bei sich selbst unterdrückt haben, genervt sind, und Konflikte, wie beispielsweise Streitigkeiten (im Versuch den Anderen zu ändern), und Rückzug keimen auf ... es sei denn die unbewussten Projektionen und Verhaltensmuster werden durch Vereinnahmung[253] bewusst gemacht und genutzt um zu heilen und zu wachsen. Damit lässt sich wiederum erklären, warum Menschen sich zu anderen hingezogen fühlen, die dieselben Defizite haben wie sie selber – sie können somit ihre eigenen psychologischen Wunden heilen. Damit ist auch die Erklärung gegeben, warum die magnetische Anziehung, die manche Partner zusammengebracht hat, versiegt und sie getrennter Wege gehen sobald die älteren Wunden geheilt sind.

(4) Das **eingebundene Unbewusste** wurde von Freud als das Über-Ich bezeichnet, und er bezog sich darauf, dass Teile des Selbst (Ich) Teile seiner Existenz kritisch betrachten kann, wie beispielsweise den Körper, das Verhalten, Gedanken, Gefühle, Emotionen oder sogar seine Essenz – aber nie sich selbst. Es ist die innere Stimme (Richter, Beschützer, Skeptiker, Führer, Suchender, etc.)[254], die bewusst unterdrückt, aber ihrer eigenen Existenz unbewusst ist. Andere – vor Allem ein Seelenverwandter – können in der Lage sein, dieses eingebettete, unbewusste „Ich" zu erkennen und es einem zu spiegeln – bis das Subjekt dieser Bewusstseinsebene zum Objekt der nächsten Ebene wird, wie wir in dem Bereich über spirituelle Entwicklung in Kapitel 5 herausgearbeitet haben. Damit lässt sich beschreiben, warum wir uns von einem gleichen und gegensätzlichen Partner angezogen fühlen, der hinter unser falsches Ich blicken kann, da es schließlich unser tiefster Wunsch ist, so gesehen und erkannt zu werden, wie wir wirklich sind und in unserem wahren Wesen zu erwachen.[255]

(5) Das **auftauchende Unbewusste** ist vergleichbar mit den oben genannten **Grund-** und **Archaisch-Unbewussten**, da es noch nicht aufgetaucht ist, mit dem Unterschied, dass Grund und Archaisch in der Vergangenheit liegen (mit dem oben genannten Beispiel der Eiche – die Evolution der Eichen in der Geschichte und die daraus entstandenen Fakten für das Wachstum als Eiche – beide unbewusst eingebettet in der Eichel)

und das auftauchende Unbewusste in der Zukunft liegt (das Neue, das aus der Entwicklung dieser einen Eiche entsteht). Dazu gehören beispielswiese Menschen, die höhere Ebenen der Bewusstseinsentwicklung ablehnen (wie beispielswiese das Orange negierende Bernstein). Sie tun dies aber nicht, weil sie aktiv die Ansichten einer höheren Bewusstseinsebene ablehnen – sie haben einfach noch nicht die Entwicklung zur nächsten Bewusstseinsebene vollzogen und sind daher ihrer unbewusst. Damit lässt sich erklären warum Menschen – und vor allem Frauen – die mit einer spezifischen Bewusstseinsebene Schwierigkeiten haben, von einem Partner auf der nächsten Bewusstseinsebene angezogen werden.

Das unbewusste Zusammenpassen

Menschen scheinen eine intuitive Fähigkeit zu haben, den Aufbau des Unbewussten eines Anderen zu lesen.[256] Partner, zu denen wir uns emotional (eher noch als sexuell oder einfühlend) hingezogen fühlen, spiegeln uns unser Unbewusstes hauptsächlich auf zwei Arten: (1) sie hatten während ihres Heranwachsens ähnliche Erfahrungen wie wir und, vor allem, (2) haben sie andere Bewältigungsmechanismen entwickelt als wir. Dieses Zusammenpassen der Unbewussten zweier „gleichsam kompatibler Symptomatiken" führt dazu, dass wir uns mit Menschen, die unsere psychologische Verfassung am besten ergänzen, gegenseitig anziehen und uns ineinander verlieben, wodurch uns das Gegenüber die Möglichkeit bietet zu lernen, zu heilen, zu wachsen und zu erwachen.

Diese „bessere Hälfte" wird dann als Seelenverwandter wahrgenommen, der uns die besten Möglichkeiten bietet unser falsches „Ich" zu transzendieren, psychisch ein Ganzes zu werden und die Fähigkeit intensiver zu lieben zu entwickeln, was in Teil 3 beschrieben wird.[257]

Auch wenn keine zwei Beziehungen gleich sind, so haben Psychologen doch sich wiederholende Muster des unbewussten, ergänzenden Zusammenpassens bei Paaren feststellen können:[258]

- **Eltern und Kind** – haben oft ähnliche Probleme bei Abhängigkeit und Vertrauen.
- **Herr und Sklave** – Haben Schwierigkeiten mit Autorität und Kontrolle.
- **Distanzwahrer und Verfolger** (auch bekannt als „verführen und zurückziehen") – haben ein verzweifeltes Bedürfnis nach (und gleichzeitig eine große Angst vor) Intimität und haben das perfekte Gegenüber gefunden.[259] Der eine verfolgt den anderen – ist aber nicht schnell genug um wirklich nahe zu kommen; der andere läuft davon – ist aber nie schnell genug, um wirklich davonzukommen. Kommt der eine näher so zieht sich der andere zurück – und im nächsten Moment tauschen sie die Rollen.

- **Idol und Verehrer** – Bestehen darauf den anderen auf einen Sockel zu heben. Das ist oft ein Zeichen für Wettbewerb und das Gefühl der Unzulänglichkeit.
- **Hänsel und Gretel*** – sie sehen gleich aus, haben dieselben Interessen und – vor allem – können dieselben Dinge nicht leiden.
- **Katze und Hund** – oberflächlich betrachtet scheint es so, als hätten sie sich niemals treffen sollen. Sie streiten ohne Unterlass und vermeiden Intimität indem sie auf dem Kriegsfuß leben.

Vielleicht erkennst du ja in deiner Liebesbeziehung und in anderen manche Elemente dieser gegensätzlichen Paare wieder.

Romantisierung des Unbewussten

Dr. Ayala Malach Pines[260] schafft in ihrem herausragenden Buch *Falling In Love* (S. 194-195) eine sehr treffende Zusammenfassung der Anziehung des Unbewussten und des Potentials für Heilung und Wachstum:

- Unbewusste Kräfte bestimmen viel stärker als logische Überlegungen in wen wir uns verlieben.
- Eine intime Beziehung ist eine der besten Möglichkeiten, um ungelöste Probleme der Kindheit zu überwinden.
- Die unbewusste Wahl fällt auf die Person, mit der wir unsere Kindheitserfahrungen am besten wiedererleben können; daher vereint diese Person die wichtigsten Aspekte unserer Eltern.
- Negative Aspekte beider Eltern haben einen größeren Einfluss auf die Liebhaberwahl – vor allem bei obsessiver Liebe – als die positiven Aspekte, da die Verletzung bzw. der Verlust, der durch diese hervorgerufen wurde einer Heilung bedarf.
- Je traumatischer die Kindheitswunde ist, und je größer die Ähnlichkeit des angebeteten mit dem Elternteil, von dem die Verletzung ausging, desto stärker drückt sich das Verlieben aus.
- Im Verlieben gibt es eine Rückkehr zur ursprünglichen Symbiose mit der Mutter, einer perfekten Vereinigung ohne Grenzen des Ichs. Darin liegt der Grund dafür, dass wir uns nur in eine Person zurzeit verlieben können. Die

---

* Anmerkung des Übersetzers – Ucik verwendet das im angloamerikanischen übbliche Bild der *Babes in the Wood.* Das bezieht sich auf das gleichnamige Volksmärchen, welches seine erste Erwähnung im 16. Jahrhundert in England findet. In dem Märchen sterben zwei Kinder, Schwester und Bruder, die im Wald allein zurückgelassen werden, und werden von Rotkehlchen mit Zweigen bedeckt.

Rückkehr ins vergangene Paradies weckt die Erwartungen, dass die geliebte Person all unsere kindlichen Bedürfnisse befriedigen kann.

- Da das Verlieben durch ein inneres, romantisches Bild gelenkt wird, haben Verliebte den Eindruck, sie hätten sich schon immer gekannt. Und da das die Wiederbelebung von konkreten und starken Kindheitserfahrungen beinhaltet, haben Verliebte den Eindruck, dass die geliebte Person die einzig wahre ist und dass der Verlust derselben unerträglich wäre.
- Wenn sich ein Paar verliebt, so ist ihre unbewusste Wahl gegenseitig und ergänzend, was die beiden Partner befähigt, ihre eigenen Kernthemen auszudrücken. Gemeinsam schaffen sie sich als Paar ein gemeinsames Kernthema – das Thema, um das die meisten künftigen Konflikte kreisen.
- Die Verbindungen von ungelösten Kindheitsproblemen und später auftauchenden Problemen zu verstehen führt dazu, dass Empfindungen von Schuld und Schande abnehmen, und es hilft beiden Partnern, die Verantwortung für ihren Anteil an Beziehungsproblemen zu übernehmen.
- Partner, die die Gefühle ihrer Partner wahrnehmen, Mitgefühl ausdrücken und geben, was der andere braucht, können die romantische Spannung unendlich lange beleben.
- Mitgefühl auszudrücken und dem Partner seine Wünsche zuzugestehen ist das beste Mittel um zu wachsen. Wenn die Partner wachsen, so wächst auch ihre Beziehung. Und Wachstum ist das Gegenstück zum (Beziehungs-)Burnout.

Zahlreiche Quellen belegen auf überwältigende Weise, dass Liebesbeziehungen zwischen Partnern, die gleich und gegensätzlich sind, die besten Möglichkeiten bieten, um unsere psychischen Wunden und andere seelische Narben abzuheilen. Liebesbeziehungen sind unerlässlich für die Entwicklung von gesunden Ausprägungen unserer Fähigkeiten auf jeglicher Ebene der Bewusstseinsentwicklung, die wir erreicht haben, ebenso für die Transzendenz unserer beschränkten Sichtweisen, um schließlich unsere *biologische* und *transzendentale Bestimmung* (siehe Teil 2) auf gesunde und nachhaltige Weise zu leben.[261]

Persönlichkeitsstörungen

Bis jetzt haben wir uns mit den relativ häufig vorkommenden Ausprägungen der Persönlichkeit beschäftigt, die irgendwie zu bewältigen sind: Unbewusste Muster, emotionale Stimuli (Trigger) und falsche Identitäten, die im früheren Verlauf des Lebens errichtet wurden (manchmal auch „emotionale gebrochene Zehen“ oder „emotionales rotes Tuch“ genannt). Diese Muster sind das, was oft für Anziehung untereinander sorgt, im Verlauf der Zeit aber für Konflikte sorgen können. Erfreulicherweise können diese Muster von „bewussten“ Paaren ebenso angegangen werden wie von fähigen Therapeuten.

Nun wenden wir uns Problemen zu, die eine größere Herausforderung stellen: Persönlichkeitsstörungen (PS), die sich durch Muster von anhaltender Instabilität der Stimmung, des Verhaltens, der Selbstwahrnehmung und der Funktionsfähigkeit auszeichnen, die zu impulsivem Verhalten und instabilen Beziehungen führen.

Folgt man dem Diagnostischen und Statistischen Manual psychischer Störungen (DSM) der *American Psychiatric Association* so sind Persönlichkeitsstörungen **„überdauernde Verhaltens- und Wahrnehmungsmuster die sich merklich von den Erwartungen des kulturellen Umfelds und des Individuums, das ihnen unterliegt, unterscheiden.“** Diese Muster sind oftmals gefestigt und konsistent in den verschiedenen Situationen und **werden oftmals von den betroffenen Individuen als angemessen betrachtet,** auch wenn sie negativen und zerstörerischen Einfluss auf ihren Alltag (vor allem ihre Liebesbeziehungen) haben. Daher sind diese Störungen oft unheilbar, es sei denn die Betroffenen sind in der Lage und haben den Willen einen langwierigen und anstrengenden Weg der Heilung zu beschreiten. Das ist oft nicht möglich, wenn einerseits ein Mangel an Einsicht für das Problem vorliegt und andererseits ein Mangel an Motivation, finanziellen Möglichkeiten und Zugang zu fähigen Therapeuten und Psychiatern gegeben ist.

Es kann auch Fälle geben, in denen Therapeuten eine Behandlung bestimmter Erkrankungen, wie beispielsweise Borderline oder Narzisstische Persönlichkeitsstörungen, abweisen, da sie wiederholt die Erfahrung gemacht haben, dass Klienten mit diesen PS nicht gewillt oder nicht in der Lage sind, sich zu verändern und dann die Therapeuten beschuldigen, unfähig zu sein.

Die DSM-5 listet fünf Persönlichkeitsstörungen auf und weist jede einer von drei Gruppen (Cluster) zu.

Cluster A (sonderbar, exzentrisch)

paranoide PS, schizoide PS, schizotypische PS

Cluster B (dramatisch, emotional)

Borderline-PS, histrionische PS, antisoziale PS, narzisstische PS

Cluster C (ängstlich, vermeidend)

Vermeidende PS, dependente PS, zwanghafte PS, passiv-aggressive PS

Beachtet bitte, dass Persönlichkeitsstörungen, auch wenn sie sich von Geistesstörungen wie Schizophrenie und Bipolarität unterscheiden, qua Definition zu gravierenden Beein-trächtigungen führen können.

Die häufigsten Störungen, die Beziehungen beeinträchtigen und am Anfang am schwierigsten auszumachen sind, sind jene aus Cluster B, so dass wir unsere Untersuchung dort beginnen möchten.

Histrionische Persönlichkeitsstörung (HPS)

Gemäß einer Studie der Psychologin Krystle Disney und ihrer Mitstreiter an der Saint Louis Washington University sind Symptome einer histrionischen Persönlichkeitsstörung starke Indikatoren für eine hohe Wahrscheinlichkeit einer Trennung/Scheidung.[262]

Menschen mit dieser Störung weisen folgende Verhaltensmuster auf: übertriebene Emotionalität gepaart mit dem Bedürfnis nach Aufmerksamkeit, unangemessen verführerisches und sexuell provokantes Verhalten, lautes unangemessenes Auftreten, übertriebenes Verhalten, dramatische Gefühlsausbrüche mit einem impressionistischen, wenig detaillierten Stil, Beeinflussbarkeit durch andere, starkes Bedürfnis nach Bestätigung und Verlangen nach Stimulation. Histrionische Menschen sind lebhaft, dramatisch, begeisterungsfähig und flirtig. Frauen sind von HPS viermal so oft betroffen wie Männer.

Hinzu kommt Egozentrismus, Zügellosigkeit, ständiges Verlangen nach Bestätigung und beständig manipulatives Verhalten zur Befriedigung ihrer Bedürfnisse.

Menschen mit HPS sind für gewöhnlich sehr funktionsfähig, sowohl sozial als auch professionell. Sie haben starke soziale Fähigkeiten und nutzen diese um andere so zu manipulieren, dass sie selbst im Mittelpunkt der Aufmerksamkeit stehen. HPS hat einen Einfluss auf die romantischen und sozialen Beziehungen einer Person, ebenso auf die Fähigkeiten mit Verlust und Versagen umzugehen. Sie begeben sich gegebenenfalls wegen einer Depression in Behandlung, wenn eine romantische oder anderweitig enge Beziehung zu einem Ende kommt.

Personen mit HPS haben oft Schwierigkeiten ihre persönliche Situation realistisch einzuschätzen und dramatisieren oder übertreiben ihre Schwierigkeiten stattdessen. Sie durchlaufen oftmals häufige Jobwechsel und aufeinander folgende sexuelle Beziehungen, da sie schnell gelangweilt sind und sich der Frustration lieber entziehen, statt sich Herausforderungen und schlechter Gefühle zu stellen. Da sie dazu neigen sich nach dem Neuen und Aufregenden zu sehnen, geschieht es ihnen, dass sie sich in gefährliche Situationen begeben. Diese ganzen Faktoren führen dazu, dass es ein erhöhtes Risiko einer klinischen Depression gibt.

Zu den HPS-Charakteristika zählen:

- Exhibitionistisches Verhalten.
- Unangemessen verführerisches Auftreten oder sexuelles Verhalten.
- Beständiges suchen nach Bestätigung und Zustimmung.
- Übermäßige Empfindlichkeit gegenüber Kritik und Missbilligung.

- Stolz auf die eigene Persönlichkeit und Widerwille sich zu verändern, sieht jede Veränderung als Bedrohung an.
- Nutzt somatische Symptome (körperlicher Krankheit) um Aufmerksamkeit zu erlangen.
- Hat das Bedürfnis, im Mittelpunkt der Aufmerksamkeit zu sein.
- Niedrige Frustrationstoleranz und niedrige Toleranz zeitverzögerter Belohnung.
- Schneller Wechsel emotionaler Zustände, die anderen oberflächlich oder übertrieben erscheinen mögen.
- Neigung zu glauben, dass Beziehungen intimer sind als sie tatsächlich sind.
- Schnelle Entschlüsse.
- Abschiebung der Schuld eigener Fehler und Enttäuschungen auf Andere.
- Leichte Beeinflussung durch andere, vor allem durch jene, die sie „richtig“ behandeln.
- Übermäßig dramatisch und emotional.

Manche mit einer histrionischen Tendenz oder Persönlichkeitsstörung wandeln ihre Verführungsmethode mit dem Alter in eine mütterlichere bzw. väterlichere ab.

- Leicht beeinflusst durch andere oder durch Umstände
- Emotionale Labilität; Oberflächlich
- Auftreten; das physische Äußere wird genutzt um Aufmerksamkeit auf sich zu ziehen
- Übertriebene Gefühlsausbrüche; theatralisch

Borderline-Persönlichkeitsstörung (BPS)

Hierbei handelt es sich um eine ernstzunehmende psychische Störung, die geprägt ist von einer beständigen Instabilität von Gemüt, Verhalten, Selbstbild und Funktionsfähigkeit. Das führt oftmals zu impulsiven Handlungen und instabilen Beziehungen. Eine Person mit BPS unterliegt intensiven Momenten der Wut, Depression und Angst, mit einer Dauer von ein paar Stunden bis zu ein paar Tagen, gefolgt von Euphorie und Überschwänglichkeit.

Manche Menschen mit BPS haben auch andere parallel auftretende psychische Störungen, wie beispielsweise Gemütsstörungen, Angststörungen und Essstörungen, gepaart mit Drogenmissbrauch, Selbstverletzung, Selbstmordgedanken und suizidalem Verhalten bis hin zu tatsächlichem Suizid.

Menschen mit BPS neigen zu starken Gemütslagenwechseln und Unsicherheit bezüglich ihres Selbstbildes. Daraus resultiert, dass ihre Interessen und Werte schnell wandeln können.

Zu den weiteren Symptomen gehören:

- Verzweifelte Anstrengungen reales und vorgestelltes Verlassenwerden zu vermeiden.
- Intensive und instabile Beziehungen zu Familie, Freunden und geliebten Personen, mit Wechseln von extremer Nähe und Liebe (Idealisierung) zu extremer Abneigung oder Wut (Abwertung).
- Gestörtes und instabiles Selbstbild bzw. Selbst(wert)gefühl.
- Impulsives und oftmals gefährliches Verhalten, wie beispielsweise Kaufrausch, ungeschützter Geschlechtsverkehr, Drogenmissbrauch, rücksichtsloses Fahren und Esssucht.
- Wiederkehrendes suizidales Verhalten oder Androhungen, Selbstverletzendes Verhalten („Ritzen").
- Intensive, stark schwankende Stimmungen, mit Episoden von wenigen Stunden bis zu ein paar Tagen Dauer.
- Chronisches Gefühl der Leere.
- Unangemessene, große Wut oder Probleme in der Kontrolle der Wut.
- Stressverknüpfte paranoide Gedanken.
- Schwere dissoziative Symptome, wie beispielsweise Veränderung des Körpererlebens (der Körper wird nicht zu-sich-gehörig empfunden), Selbstwahrnehmung außerhalb des eigenen Körpers oder Verlust des Kontakts zur Realität.

Symptome können von gewöhnlich erscheinenden Ereignissen ausgelöst werden. BPS-Betroffene können durch kleinste (vorübergehende) Trennungen von Menschen, denen sie nahestehen oder wenn plötzliche Veränderungen auftreten der Empfindung von starker Wut oder hohem Stress ausgesetzt sein.

Studien belegen, dass Menschen mit dieser Störung in emotional neutralen Gesichtern Wut wahrnehmen und stärker auf Worte mit negativer Bedeutung reagieren, als Menschen, die nicht unter dieser Störung leiden.[263]

Beziehungen mit Menschen, die an BPS leiden durchlaufen in der Regel drei Phasen, oftmals zyklisch: (1) der verletzliche Verführer, (2) der Klammerer und (3) der Hasser. Dieser Ablauf kann Monate und teilweise sogar Jahre dauern, bis er einmal durchlaufen wurde. Im Verlauf der Zeit kann die Persönlichkeit unkontrollierbar von einer Phase zur nächsten vor- und zurückspringen.[264]

Narzisstische Persönlichkeitsstörung (NPS)

Menschen mit narzisstischer Persönlichkeitsstörung (NPS) haben erhebliche Schwierigkeiten mit der Wahrnehmung ihres Selbstwerts, dabei haben sie eine starke Empfindung eines Vorrechts. Das führt dazu, dass sie glauben, eine besondere Behandlung zu verdienen, besondere Kräfte zu haben, herausragend talentiert zu sein oder dass sie besonderes genial oder attraktiv seien. Ihr Anspruchsempfinden kann sie dazu verleiten, in ihren Handlungen den Wert der sie umgebenden geringzuschätzen und zu missachten. Sie sind charakterisiert durch ihre anhaltende Grandiosität, ihr exzessives Verlangen nach Bewunderung und ihre Verachtung und Mangel an Empathie gegenüber anderen. Sie zeigen sich oftmals arrogant, mit einem Sinn für ihre Überlegenheit und mit einem Verhalten des Machtbestrebens. Menschen mit NPS beschäftigen sich mit Fantasien unendlichen Erfolgs und ebensolcher Macht – so sehr, dass sie sich in ihren Tagträumen verlieren können, während sie über ihre überlegene Intelligenz und atemberaubende Schönheit fantasieren. Sie können so sehr in ihren Fantasien gefangen sin, dass sie keine Mühe für ihren Alltag aufwenden und ihre Energien nicht dafür aufwenden, ihre Ziele zu erreichen.

Für Menschen mit NPS ist der Status von großer Bedeutung. Sie auf eine Ebene zu stellen mit berühmten und herausragenden Persönlichkeiten, bedeutet ihnen viel. Allerdings können diese Personen von einer Überidealisierung von anderen dazu übergehen diese zu entwerten.

Menschen mit NPS empfinden oft eine Niedergeschlagenheit, wenn sie erkennen, dass sie normale, durchschnittliche menschliche Beschränkungen haben; dass sie nicht so besonders sind, wie sie glaubten oder dass andere sie nicht so sehr bewundern, wie es ihnen lieb wäre. Diese Erkenntnis wird oft begleitet von Empfindungen großer Wut oder Scham, die sie dann an anderen ablassen. Ihr Bedürfnis mächtig zu sein und bewundert zu werden, gepaart mit dem Mangel an Empathie für andere führt zu konfliktbehafteten Beziehungen, die oftmals oberflächlich sind und ohne jegliche Intimität und Fürsorge sind.

NPS unterscheidet sich stark von einer starken Selbstsicherheit: Menschen mit NPS neigen dazu, sich selbst wertiger zu schätzen als andere, dahingehend, dass sie die Gefühle und Wünsche von anderen geringschätzen und erwarten, als höhergestellt behandelt zu werden. Und das unabhängig von ihrem tatsächlichen Status oder ihren erbrachten Leistungen. Hinzu kommt, dass Menschen mit NPS schwächere Egos haben, unfähig sind, mit Kritik umzugehen und dazu neigen, andere kleiner zu machen um selber überlegen zu wirken.

Menschen mit NPS haben die meisten bzw. jedes der hier aufgelisteten Symptome:

- Eine übermäßige Empfindung von Bedeutung und Übertreibung eigener Leistungen und Talente.

- (Tag-)Träume von unbegrenzter Macht, Erfolg, Genialität, Schönheit oder idealisierter Liebe.
- Selbstverständnis als einzigartig, überlegen und verknüpft mit Personen und Institutionen von hohem Status.
- Selbstwahrnehmung als würdig einer besonderen Behandlung und Gefolgschaft durch andere.
- Unwillig oder unfähig der Empathie mit Gefühlen, Wünschen oder Bedürfnissen von anderen.
- Bedürfnis nach ständiger Bewunderung durch andere.
- Beutet andere aus um selbst zu gewinnen.
- Glaubt, er oder sie sei besonders und einzigartig und könne nur verstanden werden von Menschen mit hohem Status, bzw. sollte nur mit diesen in Verbindung stehen (oder mit entsprechenden Einrichtungen).
- Erwartet unverhältnismäßige Sonderbehandlung und besondere Aufmerksamkeit für seine/ihre Wünsche.
- Extrem neidisch auf andere und glaubt, dass andere genauso neidisch sind auf ihn/sie.
- Hat einen ausdrücklichen Hang zur Arroganz.

NPS-Symptome sind allgegenwärtig, in verschiedensten Situationen auffällig, gefestigt und bleiben im Verlauf der Zeit konsistent. Dasselbe trifft auf die Selbsteinschätzung zu. Betroffene neigen dazu, zwischen dem Glauben an ihre unbegrenzten Fähigkeiten und den Gefühlen der Kraft- und Wertlosigkeit und der Niedergeschlagenheit, sobald sie erkennen, dass sie normalen und durchschnittlichen menschlichen Beschränkungen unterliegen, zu schwanken.

In Beziehungen

Menschen, die in jungen Jahren Verletzungen und Traumata erfuhren, die sie prädisponierten für die Entwicklung von NPS entwickeln Symptome, die sich auf die Entwicklung ihrer Krankheiten im Laufe ihres Lebens auswirken. Ihr Verhalten im Alltag ist Menschen, die psychisch gesund sind, sehr ähnlich. Tatsächlich ist es sogar so, dass das charmante, Erfolg ausstrahlende, extrovertierte, selbstzentrierte, manipulative, unüberlegte und bedürftige Auftreten von Menschen mit NPS diese beliebter und erfolgreicher als gesunde Menschen sein lässt (aber auf Kosten von anderen). Daraus folgt oft, dass Menschen mit NPS keine Notwendigkeit zur Veränderung erkennen können – bis sie mit dem Verhalten, mit dem sie aufgewachsen sind, nicht mehr vorwärtskommen und dadurch zunehmend isoliert sind, oder in eine Depression fallen, körperliche

Krankheiten entwickeln, oder sogar suizidal werden. Wenn sie sich ändern würden (o-der könnten) würde ihr Leben, wie sie es kennen, auseinanderbrechen und sie hätten keinen Handlungsrahmen um in der Welt zurecht zu kommen.

Die Persönlichkeitszüge von NPS-Betroffenen machen diese ausgesprochen anpassungsunfähig, wenn diese versuchen eine intime Liebesbeziehung einzugehen. Ihr gestörtes Selbstverständnis, instabile Gemüter und unkontrolliertes Verhalten verlangen von jeglichem Partner, der sich darauf einlässt, den Willen und die Fähigkeit mit jeder Menge Turbulenzen und Verletzungen umzugehen, besonders dann, wenn die äußeren Umstände Probleme verursachen, die sich auf die bereits gereizten Gefühle und schwierige Konstellation mit dem NPS-betroffenen Lebensgefährten auswirken. Gesunde Partner fühlen sich oftmals betrogen, wenn ihr anfangs rücksichtsvoller, aufmerksamer und reizvoller Partner, in den sie sich verliebt haben, mit der Zeit „verschwindet" oder sich gegen sie wendet, was zu Gefühlen führt, die man als ungeliebt, ungesehen, einsam und unsicher beschreiben kann. Daraus folgt, dass ihr eigentlich gesundes Selbstbewusstsein, ihr stabiles Leben und ihre Unabhängigkeit zunehmend schwinden. Es fällt ihnen zunehmend schwer, ihr Recht in Anspruch zu nehmen, ihre Bedürfnisse und Gefühle auszudrücken, und es ist nahezu unmöglich sich **gesund abzugrenzen**, vor allem wenn die eigenen Grenzen während der Kindheit nicht respektiert wurden. Diese Beziehungen gehen dann durch 22 Stufen des Verfalls.[265]

Gelegentlich erleben Menschen, die einen Partner mit einer NPS haben, wiederkehrend ein aufflammen der Wärme und der Fürsorglichkeit der Person, in die sie sich verliebt haben. Schließlich kommt noch hinzu, dass diese Liebenden in Not oft unglaublich klug, kreativ, talentiert, erfolgreich, attraktiv und/oder schön sind. Sie sehnen sich nach der emotionalen Verbindung, fühlen sich auch der Beziehung verpflichtet – wenn sie doch bloß mehr Liebe und Wertschätzung erfahren würden.

Zur Verteidigung von gutmeinenden, empathischen Liebenden mit einer Abgrenzungs-schwäche, die oft mit ungesunden Partnern in Liebesbeziehungen mit gegenseitigen Abhängigkeiten verweilen: NPS sind oft schwer auszumachen, vor allem von Laien, aber auch auf diesem Gebiet ausgebildete (die oft selbst betroffen sind – ein Grund warum sie diese Berufswahl treffen) tun sich damit schwer, denn, anders als andere Probleme der psychischen Gesundheit, sind NPS nicht klassifizierbar als „Krankheit" für die es „Heilung" gibt.

Hochentwickelte Menschen, die ein Faible für Psychologie, Spiritualität, persönliches Wachstum und Anteilnahme an anderen haben, empfinden oft eine Faszination und eine starke Anziehung für Partner mit NPS, da sie oftmals ein ähnliches Interesse für Heilung und Wachstum haben und die Person mit NPS eine Herausforderung für sie ist. Die „Betreuer" erfreuen sich der anfangs tiefen emotionalen und spirituellen Verbindung, der Romantik, Aufmerksamkeit und sexuellen Intensität ... bis sich das Blatt wendet.

Am Ende führt es oft dazu, dass die NPS-betroffenen Partner ihre empathischen „Helfer" ausbeuten und missbrauchen und sie mit der Begründung aussortieren, sie seien „unerleuchtet“, „nicht entwickelt“, „lieblos“, „eigennützig“, „passiv-aggressiv“ oder „hätten sie ausgenutzt“, obwohl es genau andersrum war. Und, um die Schmach und die Verletzung zu erhöhen, sprechen sie in der Öffentlichkeit auch noch schlecht über den anderen.

Die meisten Laien gesellen sich dann auf die Seite der Person mit der NPS, da sie nur ihre strahlende, charmante und verletzliche Seite sehen und sie als die armen misshandelten Opfer wahrnehmen, wenn sie von ihrem miserablen Liebesleben hören, anstatt sie als die Urheber anzusehen. Berühmte Beispiele dafür sind Prinzessin Diana[266] und Marilyn Monroe.[267]

Wenn du in einer Beziehung mit einer betroffenen Person bist, so ist es dringend erforderlich, dass du dir professionelle Hilfe holst, und dass du an deinen Problemen der Abgrenzung arbeitest, um eine bestehende, miserable Beziehung zu beenden – auch wenn es sich grausam und lieblos anfühlt – und solche Risikobeziehungen in Zukunft zu vermeiden. Deine Bestimmung (wie in Teil 2 beschrieben) zu leben und zu teilen und eine integrale Liebesbeziehung (Teil 3) aufzubauen ist von größerer Bedeutung, als der Erlöser einer einzelnen Person zu sein und mit dieser im Zeichen von bedingungsloser Liebe und selbstlosen Mitgefühls unterzugehen.[268]

Weitere Persönlichkeitsstörungen

Die unten gelisteten Persönlichkeitsstörungen sind häufiger und einfacher zu erkennen. Menschen mit diesen Störungen haben weniger Neigungen eine Liebesbeziehung einzugehen und werden daher weniger Sorgen verursachen. Es ist dennoch hilfreich sie zu kennen, da sie auch Teil der oben genannten NPS sein können.

Paranoide Persönlichkeitsstörung (PPS)

Diese psychische Störung ist durch paranoide Tendenzen und allgegenwärtiges, beständiges Misstrauen gegenüber anderen gekennzeichnet. Menschen mit dieser Störung können überempfindlich und leicht beleidigt sein und haben stets einen beobachtenden, durchdringenden Blick auf ihr Umfeld um Hinweise zu finden, die ihre Ängste und Vorurteile bestätigen. Paranoide Menschen sind eifrige Beobachter. Sie glauben sich bedroht und suchen nach Zeichen und Hinweisen für diese Gefahren und sind schwer vom Gegenteil zu überzeugen.

Sie neigen zu Vorsicht und Misstrauen und haben eine sehr beschränkte Emotionalität. Ihre geringe Fähigkeit von emotionaler Beteiligung und das allgemeine selbstisolierende Verhalten ergänzen ihre Alltagserfahrungen oftmals noch mit einer schizoiden Qualität. Menschen mit PPS neigen dazu, Groll in sich zu tragen, sind argwöhnisch und ichbezogen, interpretieren Handlungen von anderen als feindselig und haben einen unnachgiebigen Sinn für Persönlichkeitsrecht.[269]

Schizoide Persönlichkeitsstörung (SPS)

Diese Persönlichkeitsstörung zeichnet sich durch ein Desinteresse an sozialen Beziehungen aus, mit Tendenz zu einer einsamen oder zurückgezogenen Lebensweise, Heimlichtuerei, emotionaler Kälte und Apathie. Betroffene können unfähig sein eine intime Bindung zu anderen aufzubauen und haben gleichzeitig eine reiche, präzise und exklusive innere Fantasiewelt.[270]

Schizotypische Persönlichkeitsstörung (STP)

Diese psychische Störung ist gekennzeichnet durch eine starke soziale Angst, Paranoia und oftmals ungewöhnliche Vorstellungen. Menschen mit dieser Störung empfinden ein starkes Unwohlsein mit engen Beziehungen, vor allem, weil sie der Vorstellung unterliegen, ihre Nächsten haben negative Gedanken über sie – weshalb sie vermieden Bindungen aufzubauen. Merkwürdige, manierierte Ausdrucksweisen und seltsame Kleidungsstile sind ebenfalls Symptome dieser Störung. Betroffene können in Unterhaltungen seltsam oder auch gar nicht reagieren, oder mit sich selbst sprechen.[271]

Dissoziale Persönlichkeitsstörung

Auch bekannt als antisoziale Persönlichkeitsstörung (APS) und, veraltet, als Soziopathie. Diese Persönlichkeitsstörung ist gekennzeichnet durch ein beherrschendes Muster der Missachtung oder Verletzung der Rechte von anderen. Oft ist eine verkümmerte Empfindung von Moral offensichtlich, ebenso liegen oft eine kriminelle Vergangenheit, juristische Verfahren oder impulsives und aggressives Verhalten vor.[272]

Selbstunsicher-vermeidende Persönlichkeitsstörung

Auch selbstunsichere Persönlichkeitsstörung (SUP) oder ängstlich-vermeidende Persönlichkeitsstörung (ÄVPS). Die Betroffenen zeigen Muster sozialer Isolation, Empfindungen der Unzulänglichkeit und Minderwertigkeit, extreme Empfindlichkeit gegenüber negativer Bewertung und Vermeidung sozialer Interaktion trotz eines starken Wunsches anderen nahe zu sein. Sie beschreiben sich selbst als unruhig, ängstlich, einsam, unerwünscht und isoliert von anderen. Das Verhalten beginnt üblicherweise im frühen Erwachsenenalter und taucht in verschiedensten Situationen auf. Betroffene nehmen sich selbst oft als sozial unverträglich oder unattraktiv wahr und vermeiden soziale Interaktionen aus Angst verspottet, gedemütigt, abgewiesen oder einfach nicht gemocht zu werden.[273]

Abhängige Persönlichkeitsstörung

Früher bekannt unter dem Namen asthenische Persönlichkeitsstörung. Betroffene zeichnen sich durch ständige psychische Abhängigkeit von anderen aus. Diese Persönlichkeitsstörung ist eine langfristige Erkrankung bei der die Menschen stark von anderen abhängen, damit ihren emotionalen und körperlichen Bedürfnissen entsprochen werden kann. Nur Wenige erlangen eine gewisse Unabhängigkeit.

Zwanghafte Persönlichkeitsstörung

Diese Persönlichkeitsstörung ist gekennzeichnet durch Muster der Sorge um Ordnung und Ordentlichkeit, Perfektionismus, übermäßiges Achten auf Details, mentale und zwischenmenschliche Kontrolle und einem Bedürfnis nach Kontrolle des eigenen Umfelds, mit dem Verzicht auf Flexibilität, Offenheit für neue Erfahrungen und Effizienz.

Arbeitssucht und Geiz findet man bei betroffenen dieser Persönlichkeitsstörung ebenfalls wieder. Rituale werden so sehr eingehalten, dass Freizeitaktivitäten und Freundschaften ausgeschlossen sind. Betroffenen fällt es möglicherweise schwer sich zu entspannen – sie haben immer das Gefühl ihnen geht die notwendige Zeit verloren und dass mehr Anstrengung erforderlich ist, um ihre Ziele zu erreichen.

Sie neigen dazu ihre Aktivitäten auf die Minute genau zu planen – Ausdruck ihrer zwanghaften Neigung die Kontrolle über ihre Umwelt zu bewahren – und sie haben Schwierigkeiten mit unvorhersehbaren Situationen, die sie nicht kontrollieren können.

Betroffenenzahlen

Der umfangreichsten Studie zu Persönlichkeitsstörungen zufolge, erhoben vom US-Gesundheitsministerium (U.S. National Institutes of Health (NIH)), leiden 2,7 % (manche Zahlen deuten auf bis zu 5,9%) der US-Bevölkerung an BPS, 6,2% an NPS,[274] und 2-3% an HPS (Wikipedia).[275] Da manche unter mehreren Störungen leiden, kann man sagen, dass 10% der US-Bevölkerung an BPS, NPS und/oder HPS leiden.[276]

Von den Betroffenen, die den Kriterien einer BPS-Diagnose entsprechen, waren 53% Frauen und 47% Männer. Von jenen, die den Kriterien von NPS entsprachen, waren 62% Männer und 38% Frauen und HPS betrifft vier Mal so viele Frauen wie Männer.

Sehr viel mehr weisen teilweise Muster einer PS auf, leiden aber nicht unter der voll ausgeprägten Persönlichkeitsstörung. Daher kann man sagen, dass die Zahlen der Menschen mit diesen Problemen deutlich höher sind.[277]

Forschungen auf dem Gebiet der Scheidungsraten zeigen, dass Menschen mit PS eine größere Wahrscheinlichkeit einer Auflösung der Ehe haben, als Menschen ohne PS.[278] Da Menschen mit PS eher alleinstehend bzw. serielle lose Beziehungen haben, und etwa 30% der US-Bevölkerung alleine leben,[279] kann man sagen, dass einer von drei Singles (in den USA) betroffen sind und daher Schwierigkeiten haben in einer Beziehung zu leben.

Schlussendlich hängen die Zahlen der PS davon ab, wo die Mediziner die Trennungslinien von „normalen“ Persönlichkeiten zur „wahren“ Beeinträchtigung ziehen. Das Kennzeichnen der zehn Persönlichkeitsstörungen ist schwierig – sie verlässlich zu erkennen, noch viel mehr. Als Beispiel möchte ich fragen, wie weit denn Persönlichkeitszüge von der Norm abweichen müssen, damit die Persönlichkeit als gestört (an)erkannt wird? Wie wesentlich ist denn eine „wesentliche Beeinträchtigung“? Und wie ist „Beeinträchtigung“ zu definieren? Wie auch immer diese Fragen zu beantworten sind – ihre Antworten sind verbunden mit einem großen Anteil an Subjektivität. Persönliches Missfallen, Vorurteile oder ein Wertekonflikt – alles kann erheblichen Einfluss haben auf eine Diagnose von Persönlichkeitsstörung, und es ist viel darüber gesprochen worden, dass die Diagnose oft nicht viel mehr ist als eine zweckdienliche Kennzeichnung von Unerwünschten und sozial Unangepassten.[280]

Daher ist es wichtig, dass eine in einem psychologischen Beruf ausgebildete und zugelassene Person eine Bewertung vornimmt, ob für eine Person eine PS-Diagnose (oder einer anderen Störung) angemessen ist oder nicht, und vor allem auch um die richtige Behandlung einzuleiten. Auf der anderen Seite heißt es aber auch nicht, dass jemand gesund ist, wenn er oder sie eine Diagnose und/oder Behandlung ablehnt, bzw. der Meinung ist, dass er/sie keine PS hat (die Verleugnung einer PS ist bei Betroffenen häufig). Schlussendlich ist der beste Hinweis auf die psychologische Gesundheit eines Menschen seine Fähigkeit seine *biologische* und *transzendentale Bestimmung* in einer gesunden Liebesbeziehung zu teilen, so dass die Beziehung zu mehr Güte, Wahrheit, Schönheit und Funktionalität in privaten und öffentlichen Bereichen führt, wie es in den Teilen 2 und 3 beschrieben ist.

Die Acht Gestalten der Liebe

Zeichnen wir die *Vertrautheit* oder *Intimität*, die von Liebenden in ihren unteren linken Quadranten geschaffen wird, *Leidenschaft*, die durch die unteren rechten Quadranten geschaffen wird und *Festlegung* oder *Abhängigkeit* (*Dependenz*), die durch ihre unbewusste und psychische Beschaffenheit entsteht, als Linien, so können wir diese zu Robert Sternbergs bildhaftem Dreieck verknüpfen, welches ihr hier sehen könnt.[281]

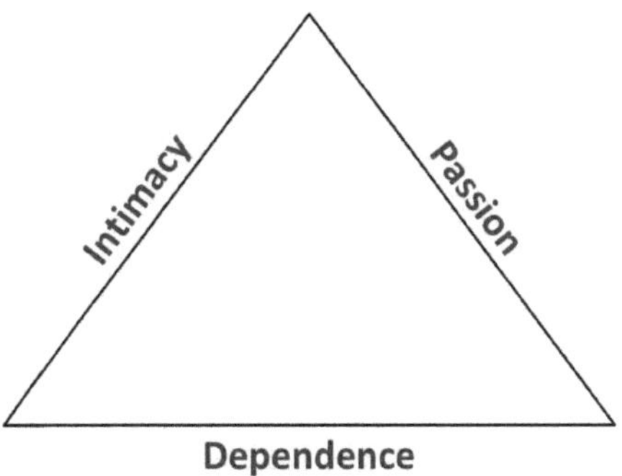

Grafik 18. Das Leidenschafts-Vertrautheits-Dependenzdreieck

Durch Verknüpfung der verschiedenen Möglichkeiten von An- oder Abwesenheit der verschiedenen Seiten des Dreiecks ergeben sich die *acht Gestalten der Liebe*, die Paare erleben können.[282]

1. Nicht-Liebe ist gegeben, wenn es keine gegenseitige Wahrnehmung von Intimität/Vertrautheit, Leidenschaft und Dependenz zwischen zwei Individuen gibt. „Nicht-Liebe" kann sich zu anderen Arten der Liebe wandeln, wenn die beiden Personen regelmäßig schöne oder bedeutsame gemeinsame Unternehmungen unternehmen und wenn ihr erster Eindruck voneinander neutral oder zumindest nicht negativ war.[283]

2. Sympathie oder **Freundschaft** entsteht, wenn zwei Menschen *Vertrautheit/Intimität* durch intellektuelle, kulturelle, wert-/weltsicht-/interessenbasierte, emotionale oder spirituelle Resonanz ähnlicher Art und Ausprägung ihrer unteren linken Quadranten füreinander teilen. Sie sagen von sich sowas wie „wir verstehen uns", „wir ticken gleich", „wir sind auf gleicher Ebene", „wir haben dieselben Werte", „wir sehen die Welt mit gleichen Augen", „wir vertrauen uns blind" oder „wir sind beste Freunde", und, wenn die Resonanz nachlässt oder die Vertrautheit verloren geht, „mein Partner fühlt sich fremd an", „ich verstehe ihn/sie nicht", „wir haben uns auseinander gelebt" oder „wir verstehen uns nicht".

3. Verliebtheit[284] wird empfunden, wenn es eine *leidenschaftliche* körperliche Anziehung – ausgelöst durch eine Entsprechung der primären Fantasien in den rechten Quadranten – gibt. Es ist der Hauptgrund, warum sich jemand zu einer Person des anderen Geschlechts hingezogen fühlt und der Körper Lusthormone ausschüttet. Ist die Verliebtheit gleichermaßen zwischen euch, so werdet ihr wahrscheinlich sagen, dass „die Chemie stimmt", „wir fühlen uns sexuell angezogen", „wir können unsere Hände nicht voneinander lassen", „wir haben großartigen Sex", „wir haben miteinander viel Spaß", „wir unternehmen gerne was gemeinsam" oder „wir sind ein tolles Team".

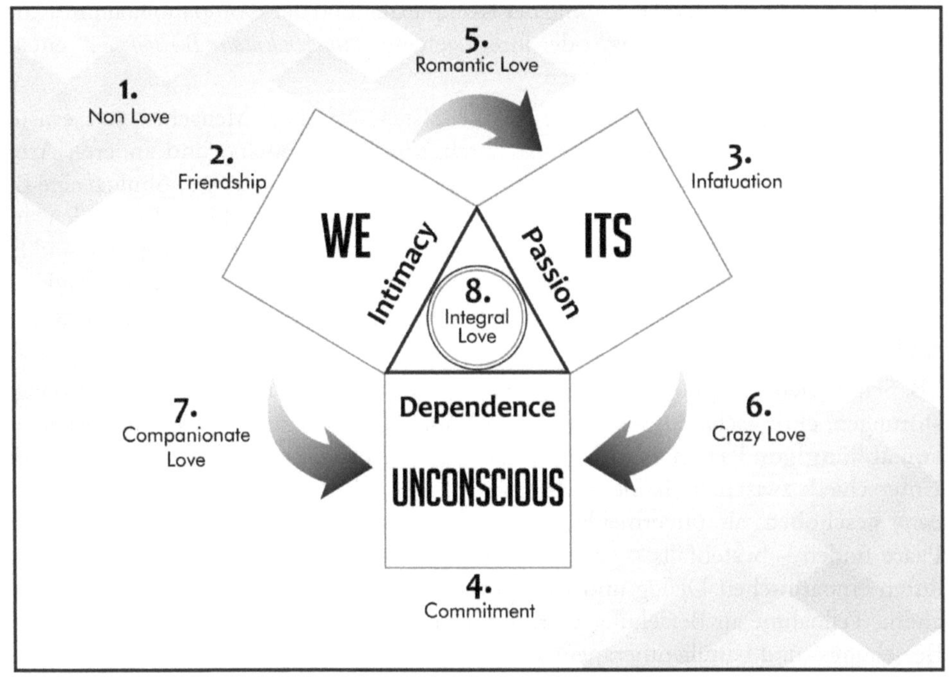

Grafik 19. Die acht Gestalten der Liebe

4. Leere Liebe oder **Verbundenheit** entsteht bei Partnern durch (1) verschiedenste Arten der *Dependenz*, die aus gegenseitiger Kompatibilität des Unbewussten oder durch pathologisches Zusammenpassen (wie oben beschrieben) des Paares, oder (2) durch die Synergie und Freude durch eine gemeinsame *transzendentale Bestimmung* (was wir eingehend in Teil 2 dieses Buchs beschreiben werden). Diese beiden möglichen Grundlagen für leere Liebe/Verbundenheit, die zu Abhängigkeiten führen können, werden oft miteinander verwechselt. Die eine resultiert aus verletzenden Trennungen, Negierungen, Unterdrückungen oder Ablösungen, die Ursache für Mangel, Bedürftigkeit und Schwäche sein können und zu Projektionen auf das Gegenüber führen können. Die zweite rührt von einem Gefühl der Fülle, Ganzheit, Bereitschaft und Bestimmung und ist erfüllt von dem, was nur zwischen gleichen und gegensätzlichen Partnern geschaffen wird.

Sie würden sagen: „wir können nicht ohneeinander", „wir treiben uns gegenseitig an", „wir brauchen uns", „wir ergänzen uns", „wir hängen voneinander ab", „wir tragen viele Kämpfe aus" oder „wir sind seelenverwandte/Doppelflammen/würdige Gegner". Die unbewusste Dimension von Liebesbeziehungen wird oft als mysteriös, wunderlich oder zauberhaft wahrgenommen, da diese „verliebten" Paare keine rationale Erklärung für ihre magnetische Anziehung haben.

Auf Grund der Art, der Abstufung, der Komplexität und der Kompatibilität ihres „unbewussten Zusammenpassens“ oder ihrer „geteilter *transzendentaler Bestimmung*“ entstehen sechs Arten der Abhängigkeiten:

A. **ko-abhängige** Beziehungen entwickeln sich zwischen Menschen mit ernsten Krankheitsbildern (meistens ausgelöst durch Kindheitstraumata) und anderen Arten von Psychosen[285] oder Persönlichkeitsstörungen deren Heilung für gewöhnlich eine Behandlung durch einen professionellen Therapeuten erfordern.[286] Diese Liebenden sind oftmals aufeinander fixiert (begleitet von den dazugehörigen Trennungsängsten und Eifersuchtsattacken) oder verfangen sich in endlosen „Spielen“ von „verführen und vorenthalten“, wie sie für Menschen mit Borderline-Persönlichkeitsstörungen typisch sind.[287]

B. Schwächere Ausprägungen von Schatten und Neurose wie beispielsweise Zwangsstörungen, chronische Angststörung oder Phobien führen zu Bindungsempfindungen von **abhängigen** Paaren. Konflikte werden in diesen Beziehungen oft ignoriert, auf die Unterschiede zwischen Männern und Frauen (siehe John Gray, *Männer sind anders, Frauen auch*) geschoben, als unvermeidliche Realität jeder Partnerschaft akzeptiert oder die Paare finden – bestenfalls – einen Umgang mit ihnen und akzeptieren sie; entweder durch empathischen Dialog und Kompromiss, Prozesse mit Hilfe von Selbsthilfebüchern, Teilnahme an Beziehungsworkshops und -seminaren oder durch die Hilfe von Beziehungs- und Familientherapeuten.

C. Wenn die Partner einen gewissen Grad an emotionaler und finanzieller Freiheit erreichen, wird ihre Beziehung **unabhängig**. Manche – besonders Frauen des New-Age und feministischer Strömungen mit einer Animus-Komplex-Stufe vier, aber auch krankhaft agentische Männer – sehen das Streben nach Unabhängigkeit als die höchste Ebene jeglicher persönlicher und spirituellen Entwicklung an, da sie danach streben, unabhängig von einem Partner eigenständig, vollständig und erfüllt zu sein. Sie werten jedes Verlangen in einer Liebesbeziehung zu sein, welches in ihnen oder in anderen aufkeimt, als Schwäche oder als Rückschritt in unterentwickelte abhängige oder ko-abhängige Beziehungen, denen sie schließlich gerade entflohen sind. Diese Angst, in Abhängigkeit oder Ko-abhängigkeit zurück zu fallen, treibt Menschen auf dieser Stufe in ungesunde Ausprägungen von Agenz, Absteigen oder Aufsteigen und verwehrt ihnen die Erkenntnis, dass Unabhängigkeit eine gesunde und notwendige (aber letztlich vorübergehende) Voraussetzung ist, um die nächste Stufe von menschlicher Beziehung zu erreichen: Wechselbeziehung (Interdependenz)

D. Singles und Paare auf der **interdependenten** Stufe haben die Erkenntnis erlangt, dass niemand unabhängig von anderen existiert,[288] und dass eine auf allen Ebenen unseres Wesens ausgeglichene Persönlichkeitsentwicklung (Körper, Verstand, Herz und Seele) stets einhergeht mit einer Einbeziehung von gesunden Komponenten der femininen/maskulinen Polaritäten in den inneren und äußeren Quadranten in Ich-Du-Beziehungen.[289] Für diese Paare wird das Teilen materieller Ressourcen im gemeinsamen Leben, das Wertschätzen unterschiedlicher Ansichten auf gleicher Bewusstseinsebene, das praktizieren sakraler Sexualität, Schattenarbeit[290] und der Dienst für Andere durch Teilung der höheren Bestimmung Hauptinhalt. Im Gegensatz zu Personen auf der unabhängigen Stufe, die glauben, sie wären ganz und vollkommen – und daher Partnerschaften vermeiden, die ihr Ego (als falsch verstandener Sinn des Selbst) in Frage stellen würden – schätzen interdependente Paare ihre Unterschiede als Nebenprodukt ihrer „Vollkommenheitstäuschung"[291] und freuen sich über gegensätzliche Ansichten als Mittel für tiefste Heilung, Lehre, persönliches Wachstum, spirituelle Erkenntnis und Dienst für Andere.[292]

E. Menschen, die eine transpersonale Bewusstseinsstufe und höhere Ebenen spiritueller Erkenntnis erreicht haben stehen mit sich und ihrem Wesen in Frieden und sehnen sich weder nach einer Beziehung, noch weichen sie ihr aus. Sind sie in einer Liebesbeziehung, so machen sie die Erfahrung des „**Inter-Seins**", bei dem jeder Partner einfach nur ist, ohne das Bedürfnis, einander zu verändern – man wird wahrgenommen und aufgenommen, aber nicht übernommen. Keinem von beiden verlangt es nach jemand anderem, noch haben sie Angst sich in der Beziehung aufzulösen oder verlassen zu werden, was die Möglichkeit einer gereiften Monogamie eröffnet[293] und sich dem Ideal der bedingungslosen Liebe anzunähern, die, zumindest theoretisch, frei ist von jeglichem Bedürfnis oder jeglicher Angst.[294]

F.) Aus dem „Inter-Sein" entsteht das Potential für ein bewusstes **Inter-Werden**, wenn wir mit einem Partner, mit dem wir eine *transzendentale Bestimmung* teilen, kokreativ sind und die Erkenntnis eintritt, dass das Leben ein dynamischer kokreativer Prozess ist, in dem sich die materiellen und immateriellen Bereiche entfalten, von denen wir ein integraler Bestandteil sind.

Verknüpfungen

Die Verknüpfung und Vermischung dieser drei zentralen Dimensionen der Liebe (Vertrautheit/Intimität, Leidenschaft und Dependenz führt uns zu vier weiteren Arten der Liebe:

5. Romantische Liebe entsteht zwischen Partnern die eine Kompatibilität des Unbewussten oder eine Bestimmung teilen, die *Vertrautheit/Intimität* und sexuelle *Leidenschaft* teilen, aber keine größere emotionale *Dependenz* erleben.

6. Alberne Liebe entsteht, wenn zwei Menschen dieselbe *Leidenschaft* durch eine starke sexuelle Anziehung füreinander und *Dependenz* durch ein Zusammenpassen des Unbewussten empfinden, die aber keine Vertrautheit durch gemeinsame Werte, Lebensweise, Interessen und Weltsicht erleben.

7. Kameradschaftliche Liebe entsteht, wenn ein Paar sich auf den Ebenen der *Vertrautheit* und *Dependenz* begegnet, aber keinerlei sexuelle *Leidenschaft* (mehr) empfindet.

8. Integrale Liebe entsteht, wenn ein Paar gesunde Ausprägungen von *Vertrautheit/Intimität*, *Leidenschaft* UND *Dependenz* miteinander teilt und diese auf ausgewogene Weise auslebt.[295] Diese Gestalt der Liebe ist Grundlage für eine integrale Liebesbeziehung mit geteilter Bestimmung, wie wir es detailliert in den Teilen 2 und 3 dieses Buchs beschreiben werden.

So wie jeder Partner vier Quadranten mit den jeweiligen Entwicklungslinien und -erfahrungen hat, hat jeder auch sein eigenes Dreieck der Liebe.

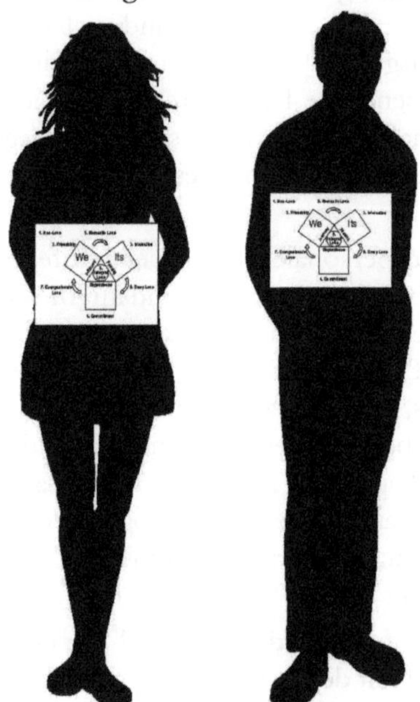

Grafik 20. Jeder Partner erlebt seine Kombination aus Leidenschaft, Dependenz und Vertrautheit.

Einer empfindet vielleicht eine hohe sexuelle Anziehung, während der andere bloß an einer Freundschaft interessiert sein könnte. Bei einer anderen Paarung könnte der Eine eine starke emotionale Dependenz erfahren, während der andere starke romantische Gefühle in sich hat, ohne sich festlegen zu wollen. Bei einem dritten Paar möchte der eine hauptsächlich Sex, während der andere bloß Interesse an einem kameradschaftlichen Zusammenleben mit besonderer Nähe ohne Sex hat.

Intensitäten der Liebe

Indem wir die Intensitäten dieser drei Dimensionen der Liebe als Linien mit entsprechender Länge zeichnen, erlangen wir individuelle, unterschiedliche metaphorische Dreiecke. Die Gestalt und Kongruenz der *Dreiecke* zu verstehen, wird es dir ermöglichen, die unterschiedliche Intensität, mit der du und dein Partner die Liebe erfahren, zu unterscheiden.

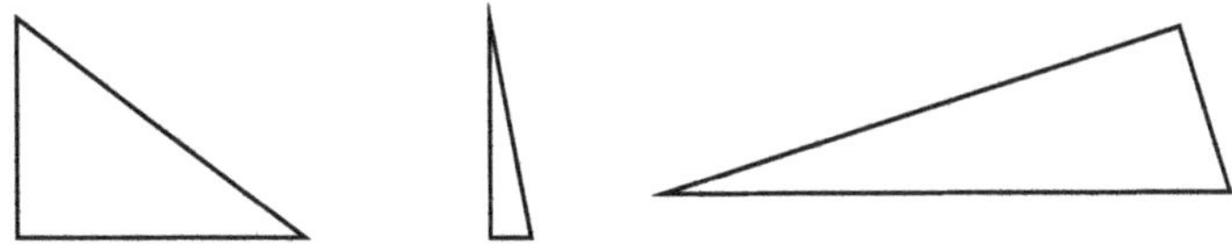

Grafik 21. Beispiele unterschiedlicher Dreiecke der Liebe

Betrachten wir die oben abgebildeten Dreiecke, so sehen wir, dass das linke Dreieck eine gewisse Ausgewogenheit von Intimität, Leidenschaft und Dependenz aufweist, während beim mittleren die Dependenz gering ausgeprägt ist und beim rechten wenig Leidenschaft zu sehen ist.

Es ist uns möglich, die Dreiecke jedes Partners übereinanderzulegen, um zu sehen, wie sie zueinander in Bezug stehen.

Ist es so, dass die drei Seiten deckungsgleich sind, so wird die Beziehung von beiden Partnern als ausgewogen, harmonisch, bereichernd, befriedigend und erfüllend wahrgenommen; sind sie es nicht, so wird sich das Paar gefordert, kollidierend, unbefriedigt, dissonant und in ihren Bedürfnissen nicht gesehen fühlen.

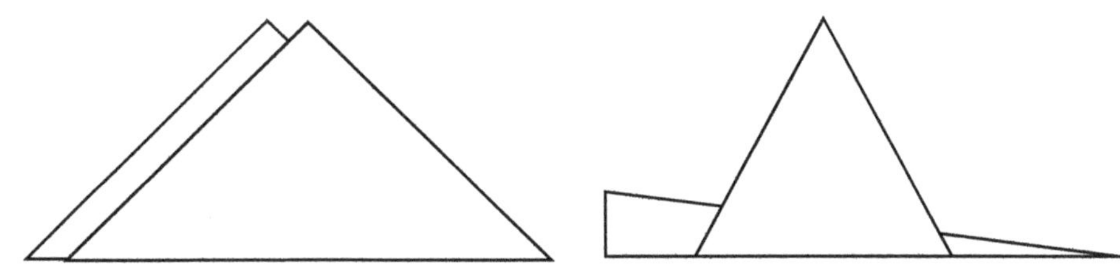

Grafik 22. Beispiele von übereinandergelegten Dreiecken um die empfundene Gestalt und Qualität der Liebe zu vergleichen. Ausgeglichen und harmonisch unausgeglichene Vertrautheit, Leidenschaft und Dependenz

Wir können daher noch einen Schritt weiter gehen, indem wir anhand der unterschiedlichen Seitenlängen der Dreiecke auch noch die Intensität bzw. den Grad von *Vertrautheit/Intimität*, *Leidenschaft* und emotionaler *Dependenz* bestimmen.

Dreifache Dreieckspaare

Zusätzlich zu dem Dreieckspaar, welches die aktuelle Realität der beiden Partner beschreibt gibt es ein zweites Paar für die projizierten Ideale und ein drittes Paar für die Vorsätze jedes Partners.

Lebst du Polyamourös oder in einer offenen Beziehung, so wird jeder weitere Partner im Beziehungskomplex noch seine eigenen Dreiecke mitbringen, was bei drei Personen in polyamouröser Beziehung zu 3 x 3 x 3 = 27 möglichen Dreieckspaaren führt, für jeden weiteren Partner steigt die Menge exponentiell an – ganz schön komplex, diese Beziehungen, was?

Unausgewogene Dreiecke

Wenn eure Liebesdreiecke nicht ausgeglichen harmonisieren, dann ist auch eure Beziehung nicht so sehr erfüllend, wie sie sein könnte.

Fehlt es an Intimität/Vertrautheit (linke Seite) so sind dein Partner und du wahrscheinlich auf verschiedenen Stufen eurer Bewusstseins- und/oder spirituellen Entwicklung und/oder ihr habt unterschiedliche Interessen, Leidenschaften, Werte, Bedürfnisse, Träume und Ziele.

Fehlt es euch an sexueller Leidenschaft (rechte Seite), so entsprecht ihr wahrscheinlich nicht mehr der jeweiligen primären Fantasie des Partners, seid auf unterschiedlichen Ebenen der sexuellen Entwicklung oder es fehlt euch an den entsprechenden femininen/maskulinen Polaritäten im Gegenüber.

Wenn ihr keine Dependenz (unten) mehr empfindet, dann habt ihr entweder eure Arbeit in der Heilung, dem Wachstum, am Schatten oder auf spiritueller Ebene abgeschlossen, die euch emotional zueinander gebracht hat oder ihr seid auf andere Stufen der Anima-/Animus-Komplex-Entwicklung gestiegen. Vielleicht habt ihr euch auch von problematischen Gefühlen lösen können, ihr unterdrückt unangenehme Gefühle oder ihr verpasst Wachstums- und Entwicklungspotentiale (siehe hierzu auch spirituelles Bypassing in Endnote 165) um Konflikte zu vermeiden, deren Lösung schwierig erscheint, die aber für deine persönliche Heilung, dein Wachstum und dein Erwachen gut wären. Statt in diesem Fall die Beziehung zu beenden kann ich hier nur das hinzuziehen professioneller Hilfe empfehlen.

Wenn die linke und die rechte Seite eurer Liebesdreiecke weitestgehend ausgeglichen sind und ihr gelegentlich streitet, so ist es bloß ratsam in der Beziehung zu bleiben und die unterschwelligen Verletzungen zu heilen. Wendet die 80/20-Regel an, nach der 80% der Beziehung harmonisch sein sollten und bis zu 20% dürfen dissonant sein.

Sein oder nicht sein – das ist hier die Frage

Dieses berühmteste aller Zitate aus Shakespeares *Hamlet*[296] um Selbstmord oder Aushalten der Qualen kann ebenso auf Beziehungen angewandt werden. Lebst du in einer schwierigen Partnerschaft: ist sie es wert zu bleiben, oder solltest du sie aufgeben? Bist du ein Single und glücklich oder unglücklich: ist es ratsam allein zu bleiben oder solltest du einen Partner suchen? Die Antwort ist: „kommt drauf an“ – selbstverständlich.

Eine verletzende, schädliche oder nicht erfüllende Partnerschaft zu beenden kann im gesunden Prozess der Entwicklung gerechtfertigt und notwendig sein.[297]

Und doch, einen emotional und/oder spirituell herausfordernden, aber sonst stärkenden, liebevollen und passenden Partner zu verlassen – oder die Vermeidung von Liebesbeziehungen im Allgemeinen als „Erleuchteter" oder „um das Leben in vollen Zügen zu genießen" – ist nicht die Antwort auf unsere existenziellen Fragen, Probleme und Herausforderungen. Eine verantwortungsbewusste Wahl fällt stets auf das gemeinsame Leben in einer gesunden Beziehung mit geteilten Ressourcen, da dies zu langlebigem Glück, emotionaler Gesundheit, sexueller Befriedigung, spirituellem Wachstum und umwelt-verträglichem und nachhaltigem Leben führt.[298]

Lebst du in einer Beziehung mit einem Partner auf unterschiedlichen Ebenen der Bewusstseinsentwicklung und/oder der „horizontalen" Zustandsstufenentwicklung, so wird es dir ein Bedürfnis sein, das Potential des weniger entwickelten Partners zu Heilung und Wachstum einzuschätzen. Von niemandem kann verlangt werden, dass er ständig Rückschritte macht, um eine andere Person glücklich zu machen. Wenn du auf einer der vier Linien, die wir zuvor in der Persönlichkeitsmatrix integriert haben (Bewusstsein, spirituell, sexuell, Anima-/Animus-Entwicklung), mehr als eine Stufe von deinem Partner entfernt bis, so wird es für beide zuträglich sein, wenn ihr die Partnerschaft auf friedlichem Wege beendet und einen kompatibleren Partner findet/anzieht, auch wenn das im ersten Augenblick vielleicht schmerzhaft sein kann. Das ist vor allem so, wenn du dich auf der Bernsteinstufe oder darüber befindest und mit einem Partner auf Rot zusammen bist, was am häufigsten Grün passiert (siehe prä-/post-Irrtum).

Wenn ihr eine Differenz von einer Stufe habt, und der Partner auf der niedrigeren Stufe befindet sich in der Aufwärtsbewegung, so ist es richtig vom höherentwickelten Partner zu warten und liebevolle Unterstützung für die Wandlung zu geben.

Wenn ihr euch auf denselben vertikalen und horizontalen Ebenen befinden und Konflikte habt wegen Schwierigkeiten bei der Kommunikation, Genderunterschieden, Problemen der femininen/maskulinen Polaritäten, Krankheiten, Persönlichkeitsstörungen, Schatten oder Komplexen, so ist es das Beste zu bleiben und zu heilen – falls nötig mit Unterstützung eines Therapeuten oder, in weniger schwer wiegenden Fällen, durch Teilnahme an Workshops oder gemeinsamer Arbeit mit Hilfe eines Beziehungsratgebers (siehe Appendix I in *Integrale Beziehungen: Ein Ratgeber für Männer*). Setzt du dich nicht mit deinen persönlichen Schwierigkeiten in deinen aktuellen Beziehungen auseinander, so werden dieselben Probleme in deiner nächsten Beziehung auftauchen oder dich im Singleleben verfolgen.

Es ist eine Herausforderung für einen Mann jeglicher Höhe, vielleicht sogar unmöglich, in einer Beziehung mit einer Frau zu sein, die auf Stufe vier ihrer Animus-Komplex-Entwicklung ist. Wenn sie nicht den ausdrücklichen Willen hat zu bleiben und er in der Lage ist ihr jegliche Freiheit und jeden Raum zu geben, die sie für ihre Transition durch Stufe vier benötigt, wird sie ihn zwangsläufig verlassen oder ihm sein Leben zur Hölle machen. Sei es wie es sei: **NICHT SEIN FEHLER**. Männer können dies als Möglichkeit sehen, auf ihre Anima-Komplex-Stufe fünf aufzusteigen, ihre *transzendentale*

Bestimmung (siehe Teil 2) auszuleben und eine integrale Ebene des Bewusstseins zu entwickeln (oder darüber hinaus).

Es kann noch weitere gute Gründe geben, in einer unglücklichen oder sogar ungesunden Beziehung zu bleiben, wie die Fürsorge für andere (Kinder, greise oder kranke Eltern, Menschen in der Gemeinschaft) und sozioökonomische oder kulturelle/religiöse Gründe; schlussendlich tust du aber weder dir noch deinem Partner einen Gefallen indem du diese hoffnungslos, undankbare Beziehung, die keinen von euch erfüllt und eurer *transzendentalen Bestimmung* nicht zuträglich ist, andauern lässt.

Zusammenfassung

In diesem Kapitel haben wir die drei Hauptelemente von Liebesbeziehungen (Leidenschaft, Vertrautheit/Intimität und Dependenz) zu acht Gestalten der Liebe zusammengeführt. Wir sind zu der Erkenntnis gelangt, dass die eigentliche Partnerschaft sich durch die unteren linken „Wir"- und rechten „Es'se"-Quadranten bildet, sowie durch die fünf Aspekte der unbewussten Blaupause, die wir alle in uns haben, was durch sechs Formen der Abhängigkeit zur Dependenz führt. Die acht Gestalten der Liebe (Nicht-Liebe, Sympathie/Freundschaft, Verliebtheit, leere Liebe/Verbundenheit, romantische Liebe, alberne Liebe, kameradschaftliche Liebe, integrale Liebe), die du und dein Partner in unterschiedlichen Intensitäten empfindet (gekennzeichnet durch die variierenden Längen der Linien der Dreiecke), werden verdeutlicht durch die verschiedenen Gestalten der Dreiecke. Hinzukommt, dass es drei Dreieckspaare gibt, jeweils eins für die wahrgenommene Realität, die projizierten Ideale und die angestrebte Liebe der Partner, differenziert durch Art und Ausprägung der Dreiecke. Des Weiteren haben wir uns mit unbewussten Persönlichkeitsstörungen, problematischen Bindungstypen (Kapitel 7) und anderen Krankheiten beschäftigt, die zu anfänglicher Anziehung und Dependenz führen können, aber jegliche Beziehung zerstören können.

Schlussfolgerung Teil 1

Wir haben angefangen mit einem kurzen Abriss der Geschichte der Evolution der Geschlechter, die zu unserer modernen und postmodernen Gesellschaft geführt hat. Das führte uns zu den fünf Hauptelementen des Integralen Beziehungsmodells: (1) Die vier Quadranten mit dem holonischen Aufbau und den femininen/maskulinen Polaritäten, (2) Entwicklungslinien, (3) Entwicklungsebenen, (4) vorübergehende Bewusstseinszustände (mit einem Schwerpunkt auf den drei Phasen der Liebe) und (5) Persönlichkeitstypen einschließlich der Bindungsstile. Diese fünf Elemente als essenzielle Aspekte unserer menschlichen Wahrnehmung und unserer Wachstumspotentiale entstammen den Erkenntnissen von Ken Wilber und seinem AQAL-Modell.

Wir haben diese Elemente dann in der Persönlichkeitsmatrix mit ihren acht vertikalen Ebenen der Bewusstseinsentwicklung, den femininen/maskulinen Polaritäten (fließend dargestellt als Fluss im Flussbett) und den Persönlichkeitstypen auf der vertikalen Achse sowie den fünf Stufen der spirituellen, sexuellen und Anima-/Animus-Komplex-Entwicklungslinien auf der horizontalen Achse zusammengefasst. Die Matrix, in Verbindung mit den vier Quadranten, ergibt die kosmische Adresse jedes Partners in der Beziehung.

Wir haben uns dann damit beschäftigt, wie zwei menschliche Holons durch (1) ihre gemeinsame innere Dimension, die Vertrautheit und Intimität ermöglicht, (2) ihre gemeinsame äußere Dimension, die zu Leidenschaft führt, und (3) fünf Arten des Unbewussten, und mögliche Persönlichkeitsstörungen/Erkrankungen, die zu den verschiedensten Arten der Dependenz führen, sexuelle Liebesbeziehungen bilden. Diese drei Dimensionen werden bildhaft dargestellt durch drei Liebesdreiecke, die den Ist-Zustand, das projizierte Ideal und das angestrebte Wesen der Beziehung für jeden Partner darstellen. Die jeweiligen Längen der Dreiecksseiten drücken den Grad der Intimität/Vertrautheit, Leidenschaft und Dependenz aus, wodurch wir acht Gestalten der Liebe ausmachen können, von Nicht-Liebes- zu Integralen Liebesbeziehungen.

Auch wenn es sich sehr technisch und unromantisch anfühlt, sexuelle Liebesbeziehungen durch eine integrale Linse zu betrachten, so hat das Modell nachgewiesenermaßen weltweit Singles und Paare dabei unterstützt, ihr Leiden zu mindern, indem sie mit Menschen (und Partnern) zusammengekommen sind, die auf ihrer Bewusstseinsebene sind, mit denen sie gemeinsam lernen, wachsen, heilen und erwachen können, bzw. Beziehungen mit Verständnis, Liebe und Mitgefühl zu beenden, wenn es unüberwindbare Unterschiede in den jeweiligen kosmischen Adressen gab.[299]

Teil 2 – Bestimmung

Sobald du über das bloße Überleben hinausgehst, wird die Frage nach Sinn und Zweck in deinem Leben von größter Bedeutung.

~ Eckhart Tolle, Eine neue Erde ~

Der integrale Ansatz für Liebesbeziehungen hat vielen Singles und Paaren weltweit Möglichkeiten eröffnet, ihr Liebesleben bedeutend zu verbessern und ihre Leiden zu verringern. Leider konnte der integrale Ansatz für Liebesbeziehungen des „Selbst, Auge in Auge mit dem Anderen" für sich noch keine Antwort auf eine Kernfrage liefern: Wie erschafft man kokreativ gesunde, *lebenslange* Liebesbeziehungen, die einem höheren Gut dienen und die Welt besser machen?

Für die kokreative Erschaffung solcher Beziehungen müssen wir nicht bloß den integralen Ansatz für die Partnersuche und den Beziehungsaufbau anwenden, sondern auch noch eine gemeinsame Bestimmung teilen, die größer ist als die jeweiligen individuellen Bestimmungen und dem Wohlbefinden anderer dient. Bevor wir so eine Bestimmung in einer Liebesbeziehung teilen können, müssen wir wissen, welcher Art, Ausprägung, Auswirkung und Reife die Bestimmungen von uns und unserem Partner sind.

Wie in der Grafik unten aufgezeigt, werden wir in Teil 2 erst mal zwischen unserer *biologischen Bestimmung* und der *transzendentalen Bestimmung* unterscheiden. Wir werden unseren Blick darauf wenden, wie drei grundlegende Überzeugungen von unseren Ursprüngen und der Entwicklung menschlicher Wesen sich auf unsere Sicht auf individuelle Bestimmung auswirken. Darauf folgt eine Erkundung dessen, wie Gene und Prägung sich auf unsere physische und psychologische Entwicklung auswirken, so dass wir die Voraussetzungen haben, unsere *biologische* und *transzendentale Bestimmung* zu leben. Dann werden wir unterschiedliche Gründe untersuchen, was uns zu der Erkenntnis führt, dass wir eine *transzendentale Bestimmung* haben, bevor wir uns dann den vier fundamentalen natürlichen Talenten zuwenden, die in Art und Ausprägung variieren und uns zu der Entwicklung der Fähigkeiten führen, die die jeweilige Ausprägung unserer *transzendentalen Bestimmung* beeinflussen. Zuletzt werden wir sehen, wie das Teilen unserer *biologischen* und *transzendentalen Bestimmung* mit einem gleichen und gegensätzlichen Partner die Synergien erschafft, die zur Grundlage einer Lebenslangen, gesunden integralen Liebesbeziehung wird.

Bestimmung			
1. Unterscheidung von biologischer und transzendentaler Bestimmung			
2. Erkenntnis deiner transzendentalen Bestimmung			
3. Bestimmung der natürlichen Talente:			
Empathie	*Intelligenz*	*Kreativität*	*Kinästhetik*
4. Entwicklung von Fähigkeiten zur Schaffung von mehr:			
Güte	*Wahrheit*	*Schönheit*	*Funktion*
5. Teilen der Bestimmung mit Partner zur Schaffung von Synergie und anhaltender Liebe			

Grafik 23. Übersicht über die Komponente der Bestimmung des ILB-Modells

Zwei Arten der Bestimmung

Es gibt zwei Arten allumfassender Bestimmung; unsere *biologische Bestimmung* bzw. „biologisches Imperativ", die wir mit allen Lebewesen teilen, und unsere transzendentale Bestimmung, die ein Alleinstellungsmerkmal der Menschen ist, da nur Menschen sie haben können. Die Wissenschaft hat inzwischen belegen können, dass neben der *biologischen Bestimmung* auch die Ursprünge unserer *transzendentalen Bestimmung* durch die Natur vorbestimmt sind. Beide Bestimmungen werden somit geformt durch die Gene und die Prägung, haben eine bewusste und eine unbewusste Dimension und werden getrieben, wie wir weiter unten sehen werden, von einem sogenannten kokreativen Impuls.

Unsere *biologische Bestimmung* liegt darin, unsere Existenz durch selbsterhaltene Prozesse wie Stoffwechsel, Fortpflanzung, Territorialismus, Wettbewerb, Zusammenarbeit, Lebensqualität, Gemeinschaftsbildung und Agenz aufrechtzuhalten.[300]

Unsere *transzendentale Bestimmung* liegt darin für (mehr) Güte,[301] Wahrheit, Schönheit und Funktionalität (wie in den vier Quadranten gezeigt) zugunsten des Wohlbefindens von anderen zu sorgen. Wir nennen sie *transzendental,*[302] da sie weiter geht als die *biologische Bestimmung.* Da die *transzendentale Bestimmung* in Art und Ausprägung genetisch bedingt ist,[303], ist sie insofern „a priori"[304], dass ihre Potentiale in uns vorhanden sind, noch bevor unsere Sinneswahrnehmungen und Sprachfähigkeiten sich entwickeln.[305]

Wenn wir unsere *transzendentale Bestimmung* erkennen, so ist ihre Wirkung auf die Welt von vielen Faktoren abhängig: Art und Ausprägung unserer natürlichen Talente, Bewusstseinsebene und spirituelle Entwicklung, Gender und die Möglichkeiten, Freiheiten und Unterstützung die uns unser soziales und kulturelles Umfeld bieten.

KAPITEL 10

Sinnstiftung

Das Leben hat keinen Sinn. Jeder von uns hat eine Sinn und wir bringen ihn zum Leben. Es ist eine Zeitverschwendung nach dem Sinn des Lebens zu fragen wenn Du die Antwort bist.
~ Joseph Campbell ~

Es ist von äußerster Bedeutung zu verstehen, dass Menschen auf allen Bewusstseinsebenen in ihrer *transzendentalen Bestimmung* erwachen können. Soll heißen: Zu unserer *transzendentalen Bestimmung* zu erwachen und sie zu leben erfordert nicht, dass man auf einer transpersonalen Bewusstseinsebene ist oder auf einer gehobenen Ebene spiritueller Erkenntnis. Wie wir in Kapitel 12 sehen werden, so haben etliche Menschen im Verlauf der Geschichte ihre *transzendentale Bestimmung* gelebt.

Wie wir unsere *biologische Bestimmung* leben und unsere *transzendentale Bestimmung* erkennen, leben und teilen ist grundlegend durch unsere Überzeugungen und unser Verständnis davon, wie das Universum entstanden ist und was der Ursprung und die Entwicklungsgeschichte der Menschheit ist und, daraus folgend, der Art, wie wir unserem Leben Sinn geben, geprägt. Diese grundlegenden Überzeugungen und Auffassungen mit einem Partner zu teilen ist von enormer Bedeutung, um in einer Liebesbeziehung eine *transzendentale Bestimmung* zu teilen.

Daher beginnen wir unsere Erforschung der Bestimmung indem wir auf die drei häufigsten Annahmen über unsere Existenz von Menschen weltweit blicken:

1. Kreationismus, wie er von vielen Menschen auf prärationaler und mystischer Bewusstseinsebene angenommen wird.[306]
2. Evolutionstheorie, die den größten Anklang findet bei Menschen auf rationalen Bewusstseinsebenen.
3. Intelligentes Design[307] findet den größten Anklang bei Menschen mit postrationaler Bewusstseinsebene, aber auch bei manchem auf prärationaler Bewusstseinsebene.

Wenn dir diese drei häufigsten Annahmen und ihre zugrundeliegende Argumentation geläufig sind, kannst du die ersten Teile dieses Kapitels überspringen und bei dem Kokreativen Impuls weiterlesen in dem die etablierten Annahmen, die wir nun untersuchen werden, integriert werden.

Drei grundlegende Annahmen

Eine Meinungsumfrage in den USA im Mai 2014 in den USA ergab folgende Verteilung der drei grundlegenden Überzeugungen von Herkunft und Entwicklung der Menschheit.[308]

1. Kreationismus (42% der US-Bevölkerung)
2. Evolutionstheorie (19% der US-Bevölkerung)
3. Intelligentes Design (31% der US-Bevölkerung)*

Wie wir in der Grafik unten erkennen können, haben sich diese Zahlen in den letzten Jahren nicht besonders verändert.

Which of the following statements comes closest to your views on the origin and development of human beings?

1) Human beings have developed over millions of years from less advanced forms of life, but God guided this process, 2) Human beings have developed over millions of years from less advanced forms of life, but God had no part in this process, 3) God created human beings pretty much in their present form at one time within the last 10,000 years or so

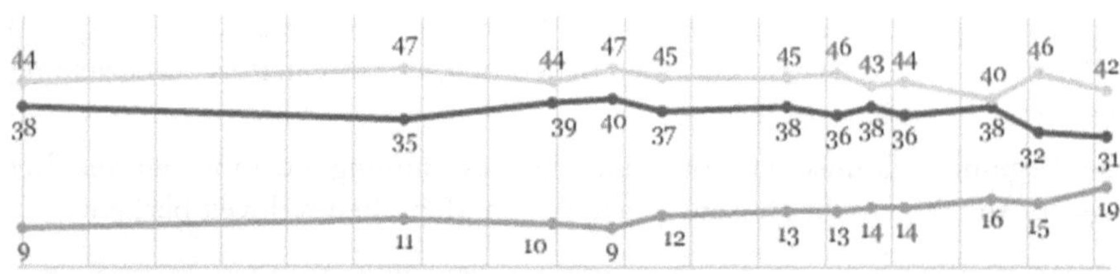

Grafik 24. Gallup-Studie zu den verschiedenen Ansichten zu Ursprung und Entwicklung der Menschheit

Die fehlenden 8% werden einer anderen Theorie folgen oder keine Meinung haben.

---

* Anm. d. Übersetzers: Zahlen für Deutschland aus dem Jahr 2009, EARSandEYES:

1. Kreationismus (16%)
2. Evolutionstheorie (69%)
3. Intelligentes Design (4%) (3% Andere Theorie, 7% Weißnicht)

Nach dem wir uns den drei geläufigsten Annahmen über unseren Ursprung zugewandt haben, werden wir uns noch mit einer vierten Alternative beschäftigen; der des Kokreativen Impulses, der jeglicher Existenz vorangegangen ist und Kokreativität und Fortpflanzung ohne jegliche eigene Intelligenz oder Zwecke antreibt. Die Idee eines Kokreativen Impulses kann der vereinigende Anstoß für Menschen sein, die an Kreationismus, Evolutionstheorie oder intelligentes Design glauben, da ein Gott, reine Physik oder irgendwie geartete Intelligenz der Ursprung sein können. Zum jetzigen Zeitpunkt können wir uns einfach darauf festlegen, dass wir Menschen den Kokreativen Impuls durch den universalen Antrieb aller Organismen zu leben und durch unseren sexuellen Antrieb wahrnehmen.

Welchen Standpunkt du letzten Endes einnimmst wird einen Einfluss darauf haben, welche Methode zum Erkennen deiner *transzendentalen Bestimmung*, die in Kapitel 13 beschrieben werden, am meisten Anklang bei dir findet, und mit wem du am kompatibelsten bist.

Kreationismus

Kreationismus ist die Annahme, dass das Universum und all seine innewohnenden Organismen von Gottheiten, menschenähnlichen Wesen oder Tieren geschaffen wurden. Magische und mystische Schöpfungsgeschichten finden sich in nahezu allen religiösen Strömungen und werden von ihren Anhängern in verschiedenen Abstufungen als authentisch angesehen. Diese Geschichten haben ihren Ursprung oft in einer dunklen, ungewissen Vergangenheit. Judentum, Christentum und Islam haben alle ein und dieselbe Schöpfungserzählung, wie sie in den ersten beiden Kapiteln des Buches Genesis geschrieben steht.[309]

Im Hinduismus, dessen Ursprung vor der jüdisch-christlichen und buddhistischen Überlieferung in der Synthese verschiedener indischer Kulturen und Traditionen liegt, wird der Schöpfungsakt auf verschiedene Weisen beleuchtet. Einer der ältesten Schöpfungsmythen besagt, dass das Leben in einem kosmischen Ei entstand. Eine spätere Erzählung lautet, dass alles aus den verstümmelten Gliedmaßen eines riesigen nichtnatürlichen Mannes geschaffen wurde, der von den Göttern geopfert wurde. In späteren Überlieferungen liegt der Ursprung des Universums in der Schöpfung Brahmas, im Erhalt durch Vishnu und, um Raum zu schaffen für die nächste Schöpfung, der Vernichtung Shivas.

Im Buddhismus gehören die Fragen zum Ursprung des Universums und allen Lebens zu den „14 nicht beantworteten Fragen". In diesen geht es um die Existenz der Welt in Zeit und Raum, persönlicher Identität und Leben nach dem Tod, die nach Buddha kontraproduktive spekulative Bereiche waren. Auch wenn Fragen nach der Evolution und dem Ursprung des Lebens keinen Einfluss auf das Erreichen der Erleuchtung haben (das Ziel in den meisten buddhistischen Lehren), lehnen der Dalai Lama und viele andere Buddhisten die Evolutionstheorie als Theorie, die allein auf natürlicher Auslese und zufälligen Mutationen gründet, als ungenügend, um die Entwicklung des Lebens und des menschlichen Bewusstsein zu erklären, ab. Diese Ablehnung ist mindestens teilweise begründet in dem buddhistischen Glauben der Wiedergeburt in jeglicher Form, als Tier, Mensch oder übermenschliches Wesen, jeweils abhängig vom Karma.

Bei den Ureinwohnern Amerikas und indigenen Völkern gibt es wahrscheinlich genauso viele Schöpfungsmythen wie es Stämme gibt.

In den verschiedenen religiösen Traditionen steht die Ursache der Existenz untrennbar verbunden mit der Bestimmung. Es gibt einen Grund, warum die Schöpfung geschah, und genau so gibt es einen Plan für das Geschaffene, vor allem für die Erschaffung des Menschen. Ein Hauptfokus der theistischen Religionen liegt auf der Erkenntnis des Plans und dem Handeln in Einklang mit diesem, indem man sich auf die Führung durch Schriften und Offenbarungen durch Gebete verlässt.

Loyal Rue[310] beschreibt Religion als „eine kulturelle Einheit, die auf Metanarrativen aufbaut und angibt, wie die Dinge sind und welche Dinge von Bedeutung sind. [Religion] bietet ihren Anhängern eine persönliche Ganzheit und soziale Zugehörigkeit. Das Ziel einer Religion liegt darin, die Emotionen ihrer Anhänger zu bilden (auszubilden), so dass die Ziele der kulturellen Tradition erreicht werden können.“

Ursula Goodenough, Professorin der Biologie an der Washington University in St. Louis, schreibt in *The Oxford Handbook of Religion and Science*, dass Religionen drei Sphären menschlicher Wahrnehmung umspannen:

(1) Die interpretative Sphäre (auch bekannt als theologisch, philosophisch oder existenziell) gibt Antworten auf die großen Fragen, wie „warum gibt es etwas und nicht nichts?“, „Gibt es für das Universum, oder für mein Leben, einen Plan, eine Bestimmung?“, „wie kann ich mich mit dem Tod arrangieren?“, „warum gibt es das Böse und so viel Leiden?“

(2) Die spirituelle Sphäre beschreibt innere persönliche Resonanz auf das Sein, wie Dankbarkeit, Ehrfurcht, Demut, Andacht, Zustimmung, Transzendenz und Freude.

(3) Die moralische Sphäre beschreibt äußere kommunale Resonanz, wie Fürsorge, Mitgefühl, Gerechtigkeitsempfinden, Verantwortungsbewusstsein, Vertrauen und Festlegung.

In diesem Sinne beschreibt religiöser Naturalismus die interpretativen, spirituellen und moralischen Antworten eines Menschen auf unser Verständnis der Natur.

Die zehn Gebote, die von größter Bedeutung für Judentum, Christentum und Islam sind, beinhalten unterschiedliche Richtlinien (bzw. Gesetze), die die Familie und die Gemeinschaft schützen, indem sie als größtmögliche Verletzung einer Person den Mord benennen, als die größtmögliche Verletzung der Familienbande den Ehebruch, als die größtmögliche Verletzung von Handel und Recht die Falschaussage, als die größtmögliche Generationspflicht die Ehrung der Eltern, als die größtmögliche Pflicht gegenüber der Gemeinschaft die Ehrlichkeit und als die größtmögliche Verletzung des Eigentums den Diebstahl. Ein Schlüsselsatz in der Genesis (1:28) ist „seid fruchtbar und mehret euch".

Zusammenfassend lässt sich sagen, dass für die meisten religiösen Menschen, die an den Kreationismus glauben, der Sinn des Lebens in der Anbetung Gottes oder ihrer Religionsstifter, und der Befolgung der Gesetze, die sich auf Moral, Ethik und Dienerschaft beziehen und ewiges Leben im Himmel, das Erreichen des Nirvana oder anderweitige Belohnung nach dem Tod versprechen, liegt. Kreationisten neigen dazu früh zu heiraten, viele Kinder zu kriegen, in engem Verbund mit ihren Eltern zu stehen und sich um diese zu kümmern, und mit ihren Gemeinschaften enge Banden zu knüpfen.

In diesem Sinne wird die Prämisse dieses Buchs, dass Paare in gesunden, lebenslangen Liebesbeziehungen, die kokreativ funktionierende Kernfamilien als Grundlage prosperierender Gemeinschaften aufbauen, essenziell sind für die Erschaffung einer friedlichen Welt, in der jeder aufblühen kann, bei Kreationisten Anklang finden.

Evolutionstheorie

Vereinfacht bedeutet Evolution, dass etwas entsteht, was zuvor nicht in dieser Form existiert hat. Diese neuen Formen sind die Summen ihre Teile. Sie haben neue Eigenschaften, die sich gänzlich unterscheiden von ihren konstituierenden Bestandteilen und können nicht auf diese reduziert werden. Diese Entwicklung von Neuerungen heißt Emergenz. Ein einfaches Beispiel: Wassermoleküle (H_2O) haben ganz andere Eigenschaften, als ihre Bestandteile; sie sind die Kokreation, die aus zwei Wasserstoff- und einem Sauerstoffatom emergieren.[311] Emergenz umgibt uns nicht bloß in der nichtlebenden Welt; sie ist auch Hauptantrieb der lebenden Organismen, wenn beispielsweise durch Genexpression Moleküle kokreativ geschaffen werden, oder Organe aus der Kokreation von Zellen entstehen.[312] Vergleichbar damit emergiert aus der Kombination der Buchstaben B, L, U, M, E eine neue Bedeutung (und Symbol), womit ein bestimmter Teil einer Pflanze beschrieben wird. Mit anderen Worten: Emergenz bedeutet, dass aus wenig mehr wird.

Die wohl bekannteste Phrase um diese Auffassung zu verstehen ist „Das Ganze ist mehr als die Summe seiner Teile". Dabei geht es nicht darum, dass man etwas Größeres oder etwas Höheres ausmacht, sondern etwas ganz anderes. Dieses Ganz Andere kann wiederum auf einer weiteren Stufe der Ordnung teilnehmen bei der Schaffung eines weiteren Anderen.

Die Evolutionstheorie, wie sie von der modernen Wissenschaft anerkannt ist, ist relativ jung. Sie entstand während der Aufklärung in der Zeit von 1650 bis 1780, in der Kulturschaffende und Intellektuelle Vernunft, Forschung und Individualismus über die mystischen Religionen und die feudalen Autoritäten stellten. Das Wort „Evolution" wurde erstmals in der Mitte des 17. Jahrhunderts gebraucht um zielorientierte, geplante Prozesse zu beschreiben, wie beispielsweise Militärmanöver oder das Wachstum von Embryos. Es kommt aus dem lateinischen und heißt „entfalten" oder „abwickeln", im weiteren Sinne auch „werden". Im 18. Jahrhundert wurde das Wort von Philosophen und Wissenschaftlern übernommen, die die Idee Platons einer göttlichen Ordnung, Planung oder Bestreben der Perfektion (manchmal als Eros[313], aufstrebende Liebe[314] oder Omega-Punkt bezeichnet) ablehnten und nach Erklärungen für die gerichtete Entfaltung natürlicher Phänomene im Sinne physikalischer Gesetze suchten.[315]

Der Begriff der „Evolution" wurde von Anhängern Charles Darwins (1809-1882) berühmt gemacht. Darwin beschrieb, dass alle Lebewesen vom selben Urahn abstammten und die Unterschiede durch Prozesse sexueller und natürlicher Auslese (Überleben des Angepassten) entstanden. Darwin selber übte Kritik an der Verwendung des Wortes Evolution, da damit eine zu stetiger Verbesserung, von gut zu besser zu am besten bis hin zur Perfektion richtungsweisende Bedeutung verbunden ist, somit auch mit einem klaren Anfang hin zu einem definierten Ziel (er zog andere Begriffe, wie „Transmutation auf Grund von natürlicher Auslese", vor). Für ihn ließ diese Interpretation, dass alle Lebensformen sich natürlich verbessern, Raum für die Idee eines höchsten Erschaffers und der perfekten Kreation, welche Darwin aber ablehnte. Er erkannte, dass der Evolutionsprozess nicht unidirektional war und die Dinge sich auch gegenläufig („Devolution") entwickeln konnten.

In modernen Wissenschaftskreisen wird das Wort Evolution häufig genutzt um Theorien über graduelle Entwicklungen zu beschreiben, besonders von einfachen zu komplexeren Formen, wie des Kosmos, der Arten, des Bewusstseins und der Kulturen.

Kosmische Evolution

Moderne Evolutionstheorie besagt, dass unser expandierendes und beschleunigendes sichtbares Universum (80% sind nahezu unsichtbar) aus über zwei Billionen Galaxien besteht,[316] jede davon mit etwa 100 Millionen Sternen wie unserer Sonne. Es entstand nach dem Urknall vor etwa 13,7 Milliarden Jahren; es folgte die Entstehung unseres Sonnensystems vor 8,9 Milliarden Jahren, als ein kleiner Teil der riesigen molekularen Wolke unter Einwirkung von Gravitationskräften zusammenfiel.[317]

Lawrence M. Krauss erörtert in seinem 2012 erschienenen Buch *Ein Universum aus Nichts: … und warum da trotzdem etwas ist*, dass kein Gott oder sonstige metaphysische[318] Macht oder Bewusstsein von Nöten ist, um zu erklären, wie das Universum mit unserer Milchstraße, dem Sonnensystem und unserer Erde aus dem „Nichts" entstehen konnte. Auch wenn er im Vorwort des Buchs bekennt, dass „wir möglicherweise nie über genügend empirische Informationen verfügen werden, um diese Frage eindeutig beantworten zu können [die Frage, warum es etwas gibt statt Nichts]" und dass „die moderne Naturwissenschaft in unterschiedlichem Gewand die Frage angehen kann und tatsächlich angeht" und „legen alle nahe, dass es kein Problem darstellt, aus nichts etwas zu erhalten". Physiker wie Krauss vertrauen darauf, dass die Entdeckung von Antiteilchen, dunkler Energie, Multiversen, virtueller Partikel (die entstehen und wieder verschwinden (und oftmals schneller als mit Lichtgeschwindigkeit unterwegs sind und daher nicht beobachtet werden können)) und die zunehmende Komplexität der zugrundeliegenden

Mathematik, die versucht, die sich wiedersprechenden Theorien der Quantenmechanik und der allgemeinen Relativitätstheorie unter Einbindung der Wurmlöcher[319] miteinander zu verbinden, bereits schon bzw. noch den kreationistischen mystischen Überzeugungen und den metaphysischen Argumenten der Anhänger des intelligenten Designs, wonach es Etwas geben muss statt Nichts bezüglich der Erschaffung des Menschen und des menschlichen Bewusstseins, den Todesstoß versetzen wird.

Biologische Evolution

Bis heute gibt es keine klare Trennung, wo unbeseelte „tote" Materie aufhört und das Leben, mit Viren oder Bakterien, beispielsweise, beginnt.[320] Die modernen Wissenschaften haben die Annahme, dass Atome und ihre Bestandteile, wie beispielsweise Quarks (die vielleicht einen eigenen Willen haben, oder auch nicht), sich selbst vor 3.8 Milliarden Jahren zu RNA, DNA, und Proteinen – den Makromolekülen, die für alle bekannten Lebensformen erforderlich sind – zusammengefügt haben.[321] Dieses organische Zusammenfügen verlief wahrscheinlich in drei Stufen; (1) die Synthese von Aminosäuren; (2) die Katalyse chemischer Zusammensetzungen zu Urorganismen und (3) die Ankunft komplexerer organischer Moleküle auf der Erde – einschließlich Vorläufern der RNA – durch Meteoriten, Asteroiden, Kometen oder Planetoiden.

Dieser Prozess führte zur Entstehung der ersten einzelligen Bakterienähnlichen Organismen, die manchmal als unsere „ersten gemeinsamen Vorfahren"[322] bezeichnet werden, da ihre DNA/RNA noch weiterhin in allen lebenden Organismen auf der Erde existierten – Menschen eingeschlossen. Die genauen Schritte, wie und auch warum Leben aus lebloser Materie hervorging, ob auf der Erde oder woanders im Universum, bleiben im Dunkeln.[323] Jedoch gibt es zahlreiche Hypothesen, wie die ersten vielzelligen Algenähnlichen Organismen vor etwa 1 Milliarde Jahren zu komplexeren Lebensformen emergierten.[324] Eine Hypothese besagt, dass eine Gruppe von Zellen sich zu einer Nacktschneckenförmigen Masse zusammenfand und fortan als vielzellige Einheit unterwegs war. Eine andere Hypothese beschreibt, dass primitive Zellen sich teilten und dabei zu Zellen mit mehreren Kernen wurden, und somit eine Gruppe miteinander verbundener Zellen in einem Organismus wurden.[325] Eine weitere Hypothese ist die Annahme, dass bei der Teilung eines einzelligen Organismus die Tochterzellen sich nicht teilten, was zu einer Zusammenballung identischer Zellen in einem Organismus führte, die später unterschiedliche Gewebe bilden konnten.

In jedem Fall gilt die Annahme, dass Mutationen innerhalb der DNA-Struktur dieser Organismen eine zunehmende Vielfalt der Arten ausbildete, als komplexere Organismen damit begannen, sich durch Kombination ihrer genetischen Information (DNA) reproduzierten, und diese Information an künftige Generationen weitergaben. Durch sexuelle Selektion bei fortgeschrittenen Spezies – oft erkennbar im Handicap-Prinzip bei Männlichen[326] und positiven Merkmalen für Reproduktivität bei Weiblichen – wählten die bestangepassten Mitglieder einer Spezies einander für die Fortpflanzung. Von diesen gezeugten Nachkommen überlebten durch natürliche Auswahl nur die bestangepassten und konnten sich weiter fortpflanzen. Dieser evolutionäre Prozess ist die wissenschaftliche Erklärung dafür, dass so hochspezialisierte Organe wie Augen und Gehirne entstehen konnten.

Dr. Steve Paterson von der School of Biological Sciences (Fakultät für biologische Studien) der University of Liverpool vertieft die Evolutionstheorie indem er sagt: „Im Verlauf der Geschichte wurde ein Großteil der Evolution verstanden, als wäre ihr Antrieb die Notwendigkeit sich der Umwelt oder dem Lebensraum anzupassen. Die Red-Queen-Hypothese stellt dies in Frage, indem sie darauf verweist, dass die meiste natürliche Selektion aus den koevolutionären Interaktionen mit anderen Arten entsteht, nicht aber aus Interaktion mit der Umwelt. Das legt nahe, dass der evolutionäre Wandel aus Anpassungen der Spezies im direkten Wettbewerb miteinander verlief. Diese Theorie ist weitestgehend in wissenschaftlichen Zirkeln anerkannt, aber es ist das erste Mal, dass wir mit lebenden Wesen einen Nachweis erbringen konnten.“[327]

Der Kyoto-Preisträger und molekularevolutionäre Biologe Masatoshi Nei fügt hinzu: „Jeder Teil unseres Körpers wird gesteuert von Molekülen, daher ist es notwendig, Evolution auf molekularer Ebene zu beschreiben. Das ist der wahre Antrieb der Evolution: Der Wandel der Moleküle. Sie verändern sich durch Mutation. Mutation bedeutet eine Veränderung der DNA durch, beispielsweise, Austausch oder Insertion von Nukleotiden. Als erstes braucht es die Veränderung, natürliche Auslese wird dann folgen, oder auch nicht. Meines Erachtens ist Mutation der wichtigste Auslöser der Evolution. Natürliche Auslese ist vielleicht möglich, weil manche Arten der Variation besser sind als andere, aber Mutation erschuf die verschiedenen Typen. Natürliche Selektion ist sekundär.”[328]

Emergenz der Menschen

Vor etwa 4 Millionen Jahren emergierten die frühesten nachgewiesenen Vorfahren unserer Art; sie hatten einen aufrechten Gang und waren in der Lage Werkzeug zum Schneiden zu verwenden.[329] Der zunehmende Verzehr von tierischem Eiweiß und die Gewalt über das Feuer, die es ermöglichte Nahrung zu kochen, was wiederum den Geschmack verbesserte und die Nahrungsaufnahme vereinfachte, hatte einen positiven Effekt auf das Wachstum des Gehirns und die Verflechtung des Frontalkortex. Um die 3,7 Millionen Jahre später tauchten unsere direkten Vorfahren, die Homo Sapiens, in Afrika auf[330] und breiteten sich auf nahezu allen Gebieten unseres Planeten aus, um dort die verschiedenen Kulturen, die wir heute kennen, zu entwickeln (siehe auch Teil 1, Bewusstseinsebenen).

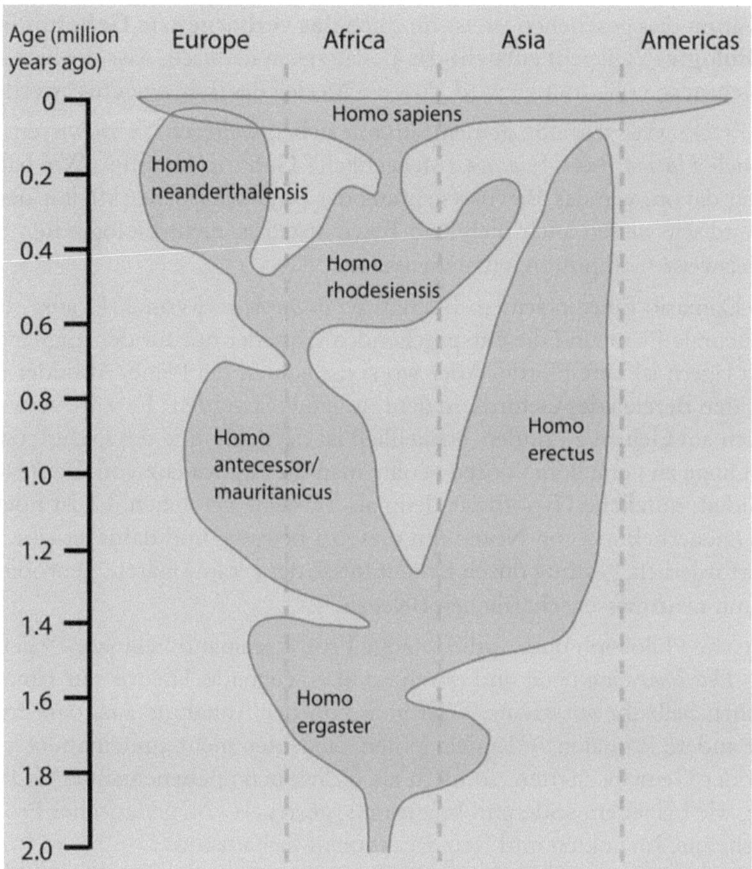

Grafik 25. Der aktuelle Stand der Forschung bezüglich zeitlicher und geographischer Verteilung hominider Bevölkerung.[331]

Evolution des Bewusstseins

Vor etwa 200.000 Jahren entwickelte sich ein Sinn für Selbstwahrnehmung bzw. Subjektivität beim Homo Sapiens, wie es, soweit wir das beurteilen können, zuvor nicht bei Lebewesen vorgekommen ist. Wie diese Emergenz vonstatten lief und wo die Trennung zu ziehen ist, zwischen dem, was Holmes Rolston als „Objekte mit Willen" und „Subjekte mit Willen" bezeichnet[332], gehört zu den ungeklärten Fragen von Wissenschaft und Philosophie die Raum zu jeder Menge Spekulation bieten.[333] Richard Dawkins, der zu den großen Kritikern des Kreationismus und des intelligenten Designs zählt, schreibt in seinem Buch *Das egoistische Gen*: „Die Evolution der Simulationsfähigkeit [einer Version der Umwelt im Gehirn von Tieren] scheint im subjektiven Bewusstsein kulminiert zu sein. Warum dies geschehen ist, ist für mich **das verborgenste Geheimnis der modernen Biologie**. Vielleicht entsteht das Bewusstsein dadurch, dass die Simulation der Welt im Gehirn so vollkommen wird, dass ein Modell des ‚Ich' eingefügt werden muss."

Richard Frackowiak schreibt, gemeinsam mit sieben weiteren Neurowissenschaftlern, in dem Buch *Human Brain Function* (Menschliche Gehirnfunktion): „Wir haben keine Vorstellung davon, wie das Bewusstsein aus der physikalischen Aktivität des Gehirns entsteht, und wir wissen auch nicht, ob Bewusstsein in nicht-biologischen Systemen, wie beispielsweise Computern, entstehen kann."[334]

Antonio Damasio führt in seinem Buch *Selbst ist der Mensch* von 2011 aus: „Die Tatsache, dass neurale Pläne und die entsprechenden Abbilder nur für den Eigner verfügbar im Gehirn lagern ist eine Hürde. Aber wo sonst sollten die Pläne/Abbilder auch sein, als im privaten Bereich des Gehirns, in dem sie gebildet werden? Es wäre verwunderlich, sie äußerlich am Gehirn zu finden, schließlich ist die Anatomie des Gehirns nicht dazu gemacht, Dinge zu veräußern. Vorerst sollte man die Äquivalenz von Geistes- und Gehirnzustand als nützliche Hypothese, denn als Tatsache verstehen. Es ist noch eine erhebliche Datenerhebung von Nöten um diese zu belegen, und dafür ist eine neue Perspektive erforderlich, gestützt durch Erkenntnisse der evolutionären Neurobiologie, gemeinsam mit neurowissenschaftlichen Belegen."[335]

Der deutsche Philosoph und Anthropologe Prof. Ferdinand Fellmann[336] liefert in seinem Buch *Das Paar* eine neue und durchaus überzeugende Theorie zur Emergenz des menschlichen Selbstbewusstseins.[337] Er geht von der Annahme aus, dass frühe Menschen, wie andere Primaten, in Rudeln lebten. Sie lebten nicht „miteinander", als Paare, Familien oder Gemeinschaften, sondern als Individuen „nebeneinander". Das Verhalten wurde, wie bei jedem anderen Organismus, gesteuert von genetischer Programmierung, Biochemie, Instinkten und Reiz-Reaktions-Mechanismus.

Das Leben im Rudel wird primär von Grundbedürfnissen des Überlebens bestimmt: Nahrung, Sicherheit, Territorialismus und Wohlergehen. Der sekundäre Antrieb ist in Wellen auftretendes Verlangen nach Sex/Fortpflanzung, welches durch hormonelle Zyklen bestimmt wird: Östrogen bei Frauen während der Brunft und bei Männern Testosteron, was ihr Verlangen in Wallung bringt. Außerhalb dieser fruchtbaren Zeit voll Lust und Erregung, war für Frauen Penetration eine Bedrohung und sie verspürten kein Verlangen nach Sex, vor allem, wenn sie schwanger waren oder nach der Geburt, da dieselben Hormone, die die Milchproduktion anregen, dafür zuständig sind, die Ausschüttung von Lusthormonen zu hemmen.

Alphamänner hatten den Hauptzugang zu Frauen, die ihnen wegen ihres Status im Rudel und ihrer Stärke Zugang zur Fortpflanzung gewährten. Die Nachkömmlinge wuchsen mit der Mutter im Rudel heran. Wenn der Rudel eine gewisse Größe übertraf, spaltete sich eine Gruppe ab und folgte einem neuen starken Alphamännchen auf neuen Wegen.

Es ist durchaus möglich, argumentiert Fellmann, dass das Bewusstsein und die Entwicklung der Humanisierung nicht daraus entstand, dass einzelne im Rudel auf magische Weise eine Selbstwahrnehmung entwickelten und dann größere kulturelle und soziale Strukturen, bzw. Holons, von denen **Paare lediglich eine von verschiedenen Arten waren**, bildeten. Ihm zufolge ist es eher wahrscheinlich, dass unsere Vorfahren durch erotische Liebesbeziehungen zu selbst-bewussten menschlichen Wesen wurden. Seine Argumentation ist folgende: Diese Beziehungen entstanden als Frauen begannen, Sinnlichkeit und Penetration mit attraktiven Männern außerhalb ihrer hormonellen Paarungszeiten zu genießen und sich mit ihnen gemeinsam als Paare von den Rudeln lösten. Aus dieser Paarbindung entwickelte sich eine neue Form der Sexualität über den instinktgesteuerten Fortpflanzungstrieb hinaus. Diese blieb natürlich, entsprach aber nicht mehr den primären Bedürfnissen nach Nahrung und Sicherheit oder den sekundären Bedürfnissen wie den hormonellen Kopulationstrieben, wodurch sie sich von den einfachen Fortpflanzungstrieben löste.

Im Gegensatz zum Stillen von Hunger – der ausgelöst wird durch Ghrelin, einem Hormon, das im Magen ausgeschüttet wird und dem Gehirn Appetit signalisiert und externe Substanzen wie fette, süße und salzige Speisen benötigt, um die Ausschüttung von Wohlfühlhormonen wie Dopamin und Serotonin zu steigern – ermöglichen Augenkontakt, Umarmung, Sinnlichkeit, Sex und Orgasmus ohne Zuhilfenahme Anderer Substanzen (wie Nahrung) einen erhöhten Ausstoß der oben genannten chemischen Substanzen sowie dem hinzukommenden Belohnungshormon Oxytocin.

Gesteigerte Mengen des Neurotransmitters **Dopamin** stimulierte „Verlangen und Belohnung" durch Auslösung eines intensiven Glücksrauschs, wenn der Partner verfügbar war. Daraus resultierten ein höheres Leistungsvermögen, geringere Notwendigkeit von Schlaf oder Nahrung, gerichtete Aufmerksamkeit und besondere Hochgefühle durch die kleinsten Details der neuen Beziehung. Der Effekt auf das Gehirn gleicht dem Konsum von Kokain!

Ein anderes Hormon, **Serotonin**, eines der bedeutendsten Liebeshormone, löste im neuverliebten Paar ein konstantes ersehnen des Zusammenseins aus. Mit dem Vergleich von Blutproben neuverliebter fand Dr. Donatella Marazitti, eine Psychiaterin der Universität von Pisa, heraus, dass die niedrigen Serotoninspiegel von neuverliebten vergleichbar sind mit den Werten von Zwangsstörungsbetroffenen.

Und letzten Endes auch noch **Oxytocin**. Dieses starke Hormon, welches von Männern und Frauen beim Orgasmus ausgeschüttet wird, stärkte das Gefühl der Bindung und verstärkte die Empfindung von Nähe nach dem Sex. Die Theorie besagt, dass mit der Häufigkeit von Sex eines Paares auch die Bindung zunahm. Oxytocin führte auch zu weniger Angst, beförderte die sozialen Interaktionen von Paaren und ermutigte Personen Rückhalt von anderen zu ersuchen. Auch schützte es die Herzen der Liebenden vor den Auswirkungen von Stress, indem es den Blutdruck und den Glukosespiegel senkte und dabei half, dass sich die Zellen des Herzes besser regenerierten.

Wie bei allen Wohlfühlhormonen, die durch genussvolle Tätigkeiten freigesetzt werden – bspw. durch Verzehr von Schokolade (Endorphine und Serotonin), sportliche Betätigung (Endorphine), verlieben (siehe oben), Konsum gewisser legaler und illegaler Substanzen oder Sex – haben wir den Drang in diesen Zustand zurückzukehren sobald die positiven Effekte nachlassen.

Regelmäßiger körperlicher Kontakt und Geschlechtsverkehr wirkte sich nicht bloß durch die stressreduzierenden und immunsystemstärkenden Hormone unglaublich positiv auf die Gesundheit des Paares aus und erhöhte gleichsam die Überlebenschancen durch das aufeinander Acht geben. Die wachsende sexuelle Bindung führte auch zu einer Zunahme der Schwangerschaften und zu einem besseren Überleben der Nachkommen. Aus der evolutionären Biologie wird klar, dass die Züge/Gene dieser gebundenen Paare viel stärker an folgende Generationen weitergegeben wurden, als die von denen, die innerhalb eines Rudels lediglich kurzfristige Bindungen zur Fortpflanzung eingingen. **Und damit wurde die ausschließende Paarbindung bei Menschen die Norm**.

Der intensive und regelmäßige Kontakt zwischen zwei Partnern hatte dann auch einen Einfluss auf den allmählichen Übergang von „Objekten mit Willen" zu „Subjekten mit Willen". Bis dahin befanden sich unsere Vorfahren, so wie die meisten anderen Säugetiere, in einem konzeptionslosen Geisteszustand, der ein Abbild der Welt um sie herum schuf. Es war für sie nicht erforderlich über Konzepte zu verfügen, die wahrgenommene Phänomene mit Hilfe von Sprache in einen Kontext setzt, um sich in der Welt zurecht zu finden. Im Gegensatz zum Sapiens mussten sie die Umwelt nicht kennzeichnen oder interpretieren. Sie waren im Besitz eines „phänomenal basierten Bewusstseins": Die unmittelbare Wahrnehmung, bevor ein Phänomen von einem selbstbewussten, subjektiven „Ich" interpretiert oder bewertet werden kann. Das bedeutet, dass sie keine Vorstellung davon hatten, was es bedeutet eine Erfahrung zu machen, da jeder Erfahrung die „Ich"-Perspektive fehlte.[338] Moderne Menschen haben weiterhin solche präverbalen Wahrnehmungen, wenn sie eine unmittelbare Reaktion auf ein Ereignis zeigen. So müssen wir beispielsweise nicht erst mit Hilfe von Sprache oder Konzeption eine Sinneswahrnehmung reflektieren um unsere Hand zurückzuziehen, wenn wir einen extrem heißen Gegenstand berühren. Es gibt eine ganze Menge solcher präverbalen Reaktionen, wie beispielsweise unsere Arme auszustrecken, wenn wir stürzen, beim Anblick einer Schlange stillzustehen oder wegzuspringen, bei einem widerlichen Geschmack die Miene zu verziehen und auszuspucken oder beim Anblick einer geliebten Person einen Adrenalinschub zu erleben. Zu weiteren direkten Wahrnehmungen gehören die Überwältigung, wenn wir einer bewegenden Musik lauschen oder einen tollen Sonnenuntergang betrachten, in einem kreativen Schaffungsprozess vertieft sind oder einen Orgasmus erleben. Der Unterschied zwischen phänomenal basiertem Bewusstsein und reflektierendem Bewusstsein gründet in dem Unterschied, wie diese Arten des Bewusstseins von der unmittelbaren Erfahrung getrennt sind. Daraus folgt, dass das präreflektive Bewusstsein mit der unmittelbaren Erfahrung gleichsetzbar ist. Umgekehrt heißt es, dass der Reflektion eine bestimmte Loslösung von der Erfahrung innewohnt.

Beispielsweise gibt es klare Unterschiede zwischen der Erfahrung körperlicher Schmerzen, Vertiefung in eine Tätigkeit oder tiefen traumlosen Schlaf, und der Beschreibung der Erfahrung, sei es für uns oder für andere.

Durch diese neue Art menschlicher Interaktion, getrieben durch sexuelle Freuden oder Eros, was heute alle Bereiche menschlichen Lebens prägt, wurden sich unsere Vorfahren zunächst ihrer Partner so bewusst, dass daraus dann das Subjekt „Ich“ entstand, das in der Lage war, physische Objekte in der Umgebung, einschließlich anderer Menschen, bewusst wahrzunehmen, zu interpretieren und sich von ihnen zu unterscheiden. In der intersubjektiven Spiegelung und der Fokussierung auf gemeinsame Bedürfnisse und Erwartungen erkannten sie ihr eigenes Selbst. Wir können diese heranreifende Selbstwahrnehmung bei kleinen Kindern im Alter von zwei Jahren beobachten, wenn ein eigenes „Ich“ entsteht, das sich der Objekte in der Umgebung in der Interaktion mit den Bezugspersonen immer mehr bewusst wird.

Nun war es unseren Ahnen möglich, äußere Interaktionen mit der Welt mit Hilfe von funktionalen Handlungen, Zeichen oder tierischen Lauten zu beobachten und zu steuern. Aber die Mitteilung innerer Motive und Gefühle, die diese Handlungen steuerten, war nur möglich durch enthüllende Sprache, die die Grundlage schuf für das menschliche Bewusstsein, wie wir es heute kennen.

George Herbert Mead sagte, dass das Verhalten von anderen in Menschen Resonanz erzeugt (bspw. Wut, Traurigkeit oder Freude) und somit eine Bedeutung bekommt, von der es nur noch ein kleiner Schritt zur Sprache ist. Das ist der Unterschied zwischen Tieren und der symbolischen Kultur der Menschen. Sprache folgt nicht den Gedanken. Kommunikation findet nicht in unseren Köpfen statt, sondern ist Symbolisierung der Beobachtung von äußerem Verhalten.[339]

Fellmann folgend bedeutet das, dass der allgegenwärtige Sextrieb bzw. Eros bei Erwachsenen, der allgemeingültig ist und alle Aspekte unseres Wesens durchdringt, zur Entstehung selbstbewusster Paare führte, und daraus die Bildung von Familien, Stämmen und Gemeinschaften entstand, die *miteinander* statt *nebeneinander* lebten, und wahrscheinlich die Gesellschaften bildeten, wie wir sie heute kennen.[340] Eros bzw. Lust und die ausschließende Paarbindung befreite Menschen mit Hilfe der Intersubjektivität von den Einschränkungen als „Objekte mit Bewusstsein“ und ermöglichte ihnen zu „Subjekten mit Bewusstsein“ zu werden, mit Genderidentität und Sprache.

Evolutionskritik und -moral

Ursula Goodenough und Terrence W. Deacon schreiben in *The Oxford Handbook of Religion and Science (Handbuch für Religion und Wissenschaft)*, S. 868-870:

> Die frühesten Momente moralischer Empfindsamkeit trugen zur Entwicklung menschlichen Selbstbewusstseins im Allgemeinen bei.
>
> Die wahrscheinlich am häufigsten geäußerten Bedenken bezüglich der biologischen Evolutionstheorie sind, dass sie zu moralischem Relativismus hinführt. Es wird argumentiert, dass

es, ohne „höhere" Autorität, ohne einen höher gestellten Schiedsmann mit Plan und Sinn, keine ontologische Basis für moralisches Verhalten von Menschen gibt, was dazu führt, dass alles erlaubt ist. Manche gehen so weit, dass ein wahrgenommener moralischer Verfall unserer Gesellschaft durch die Verbreitung von Erkenntnissen über die Evolution verursacht wurde. Tom DeLay, ehemaliges Mitglied des Repräsentantenhauses und Mehrheitsführer (USA) von 2003-05, hat medienwirksam behauptet, dass das Columbine-Schulmassaker ein Ergebnis dessen war, dass die Schüler der Evolutionstheorie ausgesetzt sind, da „unser Schulsystem den Schülern beibringt, dass sie bloß begabte Affen sind, die aus einer Ursuppe evolutioniert [sic] sind".

Intensive Studien zu anderen Primaten widerlegen diese Behauptung, da sie belegen, dass diese Tiere sich in höchst effektiven und zusammenhängenden Sozialsystemen zusammenfügen, in denen schon Formen von Respekt, Freundschaft, Zusammenarbeit und Gegenseitigkeit, Empathie, Humor, Loyalität, Erziehung, Vergebung usw. bestehen. Die nicht-menschlichen Affen sind, mit den Worten des Primatenforschers Franz de Waal, „gutmütig". So betrachtet bedeutet das, dass es als moralische Ausgangslage vielversprechend ist, begabte Affen zu sein.

Während der koevolutionären Laufbahn von Gehirn, Sprache und Kultur landeten die prosozialen Empfindungen unseres mit den Schimpansen gemeinsamen Ahnen nicht im evolutionären Mülleimer. Unsere Moralstruktur ist kein Instinkt, das plötzlich aufpoppt. Es ist etwas, was jeder von uns konstruiert, indem wir soziale Empfindungen eines Primaten im Kontext kultureller Stimuli und Lehren erweitern und neu verknüpfen. Von besonderer Bedeutung ist, dass das Ergebnis der Entwicklung der individuellen Fähigkeit Tugend [Empathie] die Empfindung von Vergnügen und empfangener Bewunderung ist. Jene, die mutig, ehrfürchtig, gerecht und einfühlsam sind, sind oft zufrieden mit diesen Wesenszügen – sie werden als gut und schön wahrgenommen – und sie werden von anderen hochgeschätzt.

In seinem Buch The Mating Mind beschreibt Geoffrey Miller, dass diese Wesenszüge der Anpassung dienen, und dass sie für die sexuelle Auswahl grundlegend sind: Menschen, die diese Qualitäten zeigen, haben eine bessere Chance als Partner und für die Erziehung der Kinder mit guter Fürsorge und Klugheit gewählt werden. In jedem Fall ermöglicht die Emergenz-Perspektive den Menschen nicht als diskontinuierlich moralisches Wesen sondern als emergierendes moralisches Wesen zu verstehen, das Kernfähigkeiten und -empfindsamkeiten der Primaten erweitert und ihre Schönheit und Werte in Kunst, Literatur und religiösen Lehren belebt. In der Tat vermitteln die Mythen und Metaphern aus den tausenden religiösen Traditionen zeitlose Erwartungen und Verständnisse dessen, wie man am besten „gut" ist.

Den Blick auf Primaten zu richten und nur ihre prosozialen Fähigkeiten hervorzuheben gibt natürlich nur einen Teil des Ganzen wieder. Eigennutz ist ein wesentlicher Zug aller Organismen und in den Verzweigungen des Eigennutzes von Primaten lauert stets die „dunkelste" Erscheinungsform. Für viele ist das eine unüberwindbare Hürde des Projekts der Suche nach Moral in der Natur. Erinnert man daran, dass man Affen dabei beobachtet hat, wie sie einander verletzen und sogar töten, Gewalt anwenden um Sex zu erlangen, abweisend und grausam sind und beständige Xenophobie aufweisen und dies dann ähnlichen Verhaltensweisen bei Menschen gegenüberstellt, wie es Jonathan Glover auf erschreckend klare Weise getan hat, so senkt sich Trübsinn über die Gemüter.

Es ist wichtig hervorzuheben, dass die Existenz von Eigennutz und seiner dunkelsten Ausprägungen welcher Art auch immer nicht der Existenz von Prosozialität widerspricht. Prosoziale Fähigkeiten bedeuten nicht, dass asoziale Fähigkeiten absent wären. Auch diese haben ein eigenes emergierendes Leben. Wir können dann darauf verweisen, dass Primaten, sowohl human als nicht-human, sich meistens dann asozialen Verhaltensweisen ergeben, wenn sie Stress unterliegen, und vor allem bei anhaltendem Stress. Unter solchen Umständen gehen wir in Deckung und setzen eigennützige Überlebensmuster ein, was die vorgegeben Verhaltensweisen aller Lebewesen sind, und diese sind dann oftmals antithetisch zu Prosozialität. Eine Möglichkeit die Chancen für die Moral zu verbessern liegt daher darin, die Bedingungen, in denen die Menschen physisch oder emotional verarmt, bedroht, abgelehnt, misshandelt oder verhöhnt werden und alleingelassen und unsicher sind, zu verbessern.

Solche Bedingungen befördern die Entmenschlichung und Dämonisierung dessen, was als „Ursachen" der Verhinderung ausgemacht wird, was dazu führt, dass diese zum Ziel von Ausgrenzung und Brutalität werden. Solche Bedingungen machen Menschen empfänglich für radikale Fundamentalismen – viele geben sich dabei als besonders moralisch – die unsere Ängste und unsere Gier mit ihren Versprechen wecken.

Unsere Fähigkeit, unsere sozialen Kernempfindungen zu rekonfigurieren, ermöglicht es uns, unsere moralischen Ansichten zu erweitern, so dass wir in der Lage sind, uns nicht nur um unsere Familie und unseren Stamm zu kümmern, sondern auch Ökosysteme und Biodiversität zu erhalten. Ökomoral ist eine religionsähnliche Haltung, die ohne Kraftaufwand aus emergentischen Überzeugungen hervorgeht. Dabei fordert sie nicht nur unsere Gefolgschaft ein, sondern auch die kontinuierliche Beteiligung bei Schutz und Preisung dessen, aus dem wir entstanden sind.

Kleine Kinder haben eine angeborene Fähigkeit moralisch Entscheidungen zu treffen,[341] und es scheint, als könnte diese verkümmern, wenn sie keine Anleitung von Erwachsenen für ihre moralische und ethische Entwicklung erfahren. Und während grundsätzliche Moralstandards bei allen Menschen auf konventionellen und höheren Entwicklungsstufen allgemeingültig zu sein scheinen, so ist ihr ethischer Ausdruck innerhalb verschiedener Kulturen sehr unterschiedlich. Dasselbe scheint der Fall zu sein für das was wahr angesehen wird, und wie diese Wahrheiten sich für das entwickelt haben, was schön ist, und für das, was funktional ist.

Die Verknüpfung von Evolutionstheorie und Moral werden wir in Kapitel 12 wieder aufnehmen. Zusammenfassend lässt sich sagen, dass die meisten Menschen, die ausschließlich an die Evolutionstheorie glauben, ihrem Leben einen Sinn geben durch (wirtschafts-)wissenschaftliche Bildung, Steigerung ihres sozialen Status in ihrer Peer-Group, eine Lebensweise im materiellen Überfluss, gesundes Leben durch Training, Diät und Medizin, finanziellen Erfolg mit dem Zweck, das Leben in vollen Zügen zu genießen, Partnerbindung, die Status und Erfolg erhöhen und bei der der Partner dabei hilft, das gute Leben zu genießen, Kinderlosigkeit oder mit kleiner Familie mit nur ein bis zwei Kindern und frühem zur Ruhe setzen im Wohlstand. Sie versuchen oftmals dies zu erreichen, indem sie tun, was sie selbst für moralisch richtig, objektiv richtig, ästhetisch schön und praktisch funktional halten, ohne dabei einer höheren Autorität oder spirituellen Führung zu bedürfen.

In diesem Sinne dürfte bei Anhängern der Evolutionstheorie die Prämisse dieses Buchs, dass die Anwendung effizienter Strategien um in Beziehung zu treten und gleichzeitig das zu tun, was einem am meisten liegt, und ein zufriedenstellendes Liebesleben zu führen die besten Mittel sind, ein erfolgreiches und erfülltes Leben zu leben, durchaus Anklang finden.

Intelligentes Design

Die Vorstellung eines intelligenten Designs (ID) kann als postmoderne grüne und integral türkise Antwort auf die ureigenen Widersprüche der mystischen religiösen Glaubenssysteme am einen Ende des Spektrums und als Kritik des Naturalismus oder des wissenschaftlichen Materialismus mit dem potentiell innewohnenden Nihilismus der positivistischen Erklärungen der Evolution, wie sie oben hervorgehoben werden, am anderen Ende des Spektrums, verstanden werden. Kritiker des ID, wie Richard Dawkins, sehen darin lediglich eine verschleierte Form des Kreationismus und bestreiten ihn vehement. Dabei gibt es viele Argumentationen, die für ID sprechen.

Eine dem Kreationismus sehr nahestehende ist New Age, mit ihren magischen Interpretationen und spirituellen Erfahrungen. New-Ager ziehen metaphysische Konzepte ins Feld, die tatsächlich stark dazu neigen, lediglich das Konzept eines mystischen „Gottes" oder „Schöpfers" durch andere Begriffe zu ersetzen, wie beispielsweise „höhere und intelligentere" „Kraft", „Geist", „Bewusstsein" oder „evolutionäre Lebenskraft" mit einem Telos (Ziel)[342], die die Schöpfung „gestaltet" oder leitet – hin zu immer mehr Komplexität, Liebe, Güte und einem besseren Leben. Menschen können diese „höhere Macht" hypothetischerweise direkt erschließen, sich mit ihr verbinden, sich nach ihr ausrichten oder sie verkörpern, um glücklichere, gesündere, erfolgreichere oder auch erfülltere Leben zu führen, indem sie das, was sie ersehnen, erlangen (bzw. werden) indem sie selbst (anstatt eines mystischen Gottes) ins Zentrum des Universums rücken und ihre eigene Realität und ihr Schicksal manifestieren. Diese Ansicht impliziert dann auch, dass sie niemand anderen brauchen (sollen), um glücklich und erfüllt zu sein. Dieser Glaube führt oft zu dem berüchtigten New-Age-Narzissmus (siehe auch Teil 1, *Narzisstische Persönlichkeitsstörung*, Seite 133), die das Individuum, welches „vom Geist oder einem höheren Bewusstsein geleitet wird", in den Mittelpunkt des Universums stellt. Das führt zu dem, was Wilber die Flachland-Perspektive im Oberen Linken Quadranten nennt.[343]

Anhänger dieser Ideen vermengen oft vereinfachte Interpretationen moderner Physik, wie beispielsweise Quantenverschränkung,[344] Nichtlokalität[345] oder Stringtheorie[346] (die umstritten sind und lediglich von den Experten auf den entsprechenden Feldern gerade noch verstanden werden können, geschweige denn von Laien), mit ihren Vorstellungen, um für die mystischen Prinzipien und die Intelligenz, die die gesamte Existenz manifestieren lassen, derer sie selbst Teil sind, zu begründen. Gleichzeitig bestehen New-Age-Anhänger darauf, dass diese gutmeinende Intelligenz nicht durch Theorien jeglicher Art erklärt noch verstanden werden kann, womit dann auch das rationale Denken zum Feindmuster dieser Anhängerschaft wird.

Eckhart Tolle schreibt in Eine neue Erde:

> Das Denken zerteilt die Wirklichkeit in leblose Fragmente. Aus dieser fragmentierten Sicht auf die Realität entstehen ausgesprochen unintelligente und destruktive Handlungen. Es gibt eine tiefere Ebene des Ganzen, tiefer noch als die Verflechtung von allem Existierenden. Auf dieser tieferen Ebene sind alle Dinge eins. Dies ist die Quelle, das unmanifestierte Leben. Es ist die sich im Verlauf der Zeit als entfaltendes Universum manifestierende zeitlose Intelligenz. Das Ganze besteht aus der Existenz und dem Sein, das Manifestierte und Unmanifestierte, die Welt und Gott. Wenn du mit dem Ganzen auf Linie bist, wirst du Teil der Verflechtung des Ganzen und seiner Bestimmung: Die Entstehung des Bewusstseins in dieser Welt. Es ist eine äußere Manifestierung der zugrundeliegenden Intelligenz der sichtbaren Welt und eine tiefere Verbindung, die unser Verstand nicht nachvollziehen kann.

Wissenschaftlicher denkende Unterstützer des intelligenten Designs nutzen es, um die ungeklärten Geheimnisse der Evolution zu erklären – wie die Entstehung des Lebens überhaupt, die Wendepunkte der Evolution, für deren Erklärung (noch) fossile Beweise oder andere Belege fehlen, die Entwicklung komplexer Zellstrukturen und Organe, wie Augen und Gehirne, deren Erklärung mit Hilfe der Evolutionstheorie kaum zu erklären sind, und die Entstehung des Selbstbewusstseins bei Menschen. Sie sind der Auffassung, dass eine höhere Intelligenz oder ein Mindestgrad metaphysischer Kräfte notwendig sei, um die anscheinend direktionale, zielgerichtete Entwicklung des Kosmos zu erklären: Von primordialen Partikeln (Atmosphäre) zur Bildung von Sternen und Planeten (Geosphäre) zur Entwicklung des Lebens (Biosphäre) zu selbstbewussten Menschen und ihrem Verstand (Noosphäre) hin zu einem angestrebten „Omega-Punkt" perfekter Harmonie, Einheit, Güte, Wahrheit und Schönheit, auf den alle Schöpfung hinzielt.

Die Post-Metaphysik in Wilbers integraler Theorie behandelt alle Probleme, mit denen Grün hadert (die Abwesenheit von Ontologie und Absolutum) durch Integration der vierfältigen holonischen Strukturen der inneren und äußeren sowie singulären und pluralen Bereiche, was er in den vier Quadranten abbildet. Wilber hält an der Überzeugung fest, dass es ein Telos (Ziel) und auch ein „Ende", eine „Bestimmung" bzw. eine „Richtung" gibt. Mit anderen Worten bedeutet das, dass es irgendeine Art unbestimmbare Intelligenz gibt, die alles durchzieht, sei es pantheistisch[347], teleologisch[348], oder panpsychistisch[349], und Gebilde gestaltet, wie beispielsweise das Gehirn oder das menschliche Bewusstsein, für die die Wissenschaft (bisher) keine Erklärung findet.

Sei es wie es sei, führt das intelligente Design dazu, die Gefahr des Nihilismus zu vermeiden, die moderner Lebensweise innewohnt: Wir wären bloß eine zufällige Anhäufung von Atomen auf einem unbedeutenden Planeten der einen von Milliarden von Sternen (unsere Sonne) in der Milchstraßengalaxie umkreist, die eine von Billionen von Galaxien im Universum ist, welches vielleicht auch nur eines verschiedener Multiversen ist. Ebenso umschifft man mit Hilfe des intelligenten Designs die Notwendigkeit eines mystischen Gottes für die Erklärung der Schöpfung, den wir nutzen, um uns mit moralisch-normativer und ethischer Führung auszustatten.

Für gewöhnlich finden Menschen, die an das intelligente Design glauben, im Kreislauf nach Sinnsuche Erfüllung in den Bemühungen um die Selbsttranszendenz oder die völlige Verkörperung des Geistes und Selbstverwirklichung als Individuum. Sie streben nach Glück und Erfüllung unabhängig von anderen, indem sie ihrer Intuition oder einem spirituellen Pfad folgen um das Erwachen oder die Selbstverwirklichung zu erreichen[350] und folgen der Annahme, dass jeder für sein Glück und sein Schicksal selbstverantwortlich ist.

Auch wenn die meisten männlichen spirituellen und New-Age-Lehrer die Bedeutung von glücklichen und tragfähigen Liebesbeziehungen als Teil des Pfades zur Selbstverwirklichung hervorheben und selbst oft verheiratet sind, haben ihre Lehrlinge oft Schwierigkeiten im Liebesleben. Dieses Buch wird daher durchaus bei Anhängern des intelligenten Designs unter den New-Agern und spirituell Suchenden Anklang finden, da die Ideen des Erwachens und des Teilens der *transzendentalen Bestimmung* mit einem gleichen und gegensätzlichen Partner es ihnen ermöglichen kann, in Liebesbeziehungen, wie ihre Lehrer es leben und es ihnen raten, kokreativ zu sein und zu erwachen.

Verbindungen

Auf Basis der individuellen Entwicklungsstufe der Bewusstseinsebene, der kognitiven Intelligenz, der Ebene der moralischen Entwicklung, der spirituellen Erkenntnis und ihrer sozialen und kulturellen Hintergründe bringen die Menschen eine Mischung dieser drei allgemeinen Theorien zu unserem Dasein zum Ausdruck. Ein Wissenschaftler auf der orangen Bewusstseinsebene, der sich für die Evolutionstheorie ausspricht könnte dennoch an den religiösen Moralwerten von Bernstein festhalten. Ein Befürworter des intelligenten Designs auf integraler Ebene wiederum könnte durch die Brille des magischen Denkens, ausgelöst durch den prä-/trans-Irrtum, blicken und dabei offen sein für neue Erkenntnisse der Evolutionswissenschaftler. Ein Kreationist wiederum kann die Evolutionstheorie anerkennen, indem er darauf besteht, dass sein einzigartiger mystischer Gott dahintersteckt und darauf verweist: „Wer hat die Evolution und ihre Theorien erschaffen??? Mein Gott!"

Kokreativer Impuls

Das integrale Liebesbeziehungsmodell bietet als vierte Alternative den Kokreativen Impuls als zugrundeliegende Ursache und Antrieb für die Entstehung des Universums, des Lebens und des menschlichen Bewusstseins. Dieser Kokreative Impuls hat für sich keine „Intelligenz" noch ein Telos (Ziel). Es ist eher die Kraft, die die beständige Kombination des Seienden antreibt und damit zur Emergenz neuer Formen führt, wie es in der Evolutionstheorie beschrieben ist.

Der Begriff des Kokreativen Impulses steht im losen Zusammenhang zum *Willen* nach dem Philosophen Arthur Schopenhauer (1788 - 1860). Schopenhauer beschreibt es so:

„Es ist eine ungerichtete reine Energie, der keine Form von Intelligenz oder Bewusstsein innewohnt, und die für alles verantwortlich ist, das sich in der phänomenalen Welt manifestiert." Wie Kant hing auch Schopenhauer der Vorstellung an, dass Raum und Zeit Teil der phänomenalen Welt der Sinne und unmittelbaren Wahrnehmung sind, was bedeutet, dass sie Konzepte unseres Verstandes sind, und nicht außerhalb dessen bestehen können.[351] *Daraus folgt, dass der Wille der Welt der Zeit keine Achtung schenkt und keinen kausalen oder räumlichen Gesetzen folgt. Das führt dazu, dass der Wille des Universums und der individuelle menschliche Wille ein und dasselbe sind und dass die phänomenale Welt geleitet wird von diesem umfänglichen zeitlosen und grundlosen Willen.*[352]

Mit anderen Worten bedeutet das, dass daraus entstehende Eigenschaften als Konsequenz von dialektischen Beziehungen bzw. „Liebe" zwischen ganzen Teilen (Holons) sind, die angetrieben werden von dem Kokreativen Impuls um neue Ganze zu erschaffen, die ganz neue, unterschiedliche Eigenschaften aufweisen und wiederum zu neuen Teilen komplexerer Holons werden. Auf diese Weise „entsteht mehr aus weniger" solange Kokreativität zu Tage tritt. Dieser Prozess ist, entsprechend der integralen Theorie, sowohl nach oben, als auch nach unten erkennbar.

Wilber schreibt dazu: „Selbst empfindungslose materielle Systeme haben einen inneren Antrieb zur Selbstorganisation. Wenn physikalische Systeme dazu gebracht werden ‚stark aus dem Gleichgewicht zu geraten', entfliehen sie diesem Chaos indem sie in höhere Stufen der Ordnung eintreten – wie Wasser, welches, beispielsweise, zuerst ungeordnet in den Abfluss fließt um dann in einem perfekten Strudel abwärts zu ziehen – das nennen wir ‚Ordnung aus dem Chaos'. Wenn unbelebte Materie über einen innewohnenden Antrieb zur Selbstorganisation und zu Ordnung aus dem Chaos verfügt, so haben belebte Systeme – einschließlich der Evolution – gewiss einen Antrieb den die Philosophen oftmals als ‚Eros' bezeichnen, einen angeborenen Antrieb zu größerer Ganzheit, Einheit, Komplexität und größerem Bewusstsein."

Robert Laughlin (Nobelpreisträger und Professor für angewandte Physik der Stanford University) stellt die Behauptung auf, dass „emergente Eigenschaften schon auf der Beziehungsebene [!] zwischen subatomaren Formen auftreten, und dass die grundlegenden ‚Gesetze' der Natur auch bloß emergent sein könnten."[353]

Und auch wenn wir nicht wissen können, warum alle Einheiten, von subatomaren Teilchen bis hin zu allen lebenden Dingen einschließlich der Menschen, von einem Kokreativen Impuls angetrieben werden miteinander in Beziehung zu treten und mit anderen Einheiten, zu denen sie sich hingezogen fühlen (oder sie lieben), kokreativ/prokreativ zu sein, so können wir doch dieses Phänomen überall um uns herum beobachten und in uns, als Wunsch nach Liebe und Prokreativität (Fortpflanzung), empfinden.

Der verstorbene Roy Bhaskar (1944 – 2014), Begründer der philosophischen Strömung, die er *Kritischer Realismus* nannte, hebt die Tatsache hervor, dass wir zwar nicht wissen können, warum es den Kokreativen Impuls mit seinen zugrundeliegenden Dynamiken gibt, aber sehr wohl die daraus entstehenden Phänomene (wie bspw. menschliche Liebe) beobachten und studieren können, indem wir die Welt in drei Bereiche aufgliedern:

Das Reale (Essenz): beschreibt die zugrundeliegenden generativen (kausalen) Mechanismen von Strukturen oder Feldern (oder Kräften) die den Fluss von Phänomenen (Ereignissen) kokreativ erschaffen. Diese sind in Schichten aufgebaut (bspw. Mechanismen der anorganischen Welt, die Biosphäre und die Soziosphäre).

Das Gegenwärtige (Ausdruck): beschreibt Ereignisse, ob von Menschen beobachtet, oder auch nicht (bspw. Urknall, französische Revolution, eine menschliche Handlung).

Das Empirische (Erfahrungen): beschreibt empirische Beobachtungen von Ereignissen (bspw. Beobachtungen durch das Mikroskop, historische Dokumente).

Im kritischen Realismus heißt es, dass *das Reale* „vorwärts drängt um seine unendlichen Möglichkeiten und Potentiale zu verwirklichen und seine schöpferische Fekundität[354] auf eine Weise zu entfalten, die sich unserer menschlichen Oberherrschaft und Kontrolle entzieht. Das bedeutet, dass das Wesen bzw. die Essenz eines Objektes stets viel größer, reichhaltiger und reicher an Potential ist als jegliche Struktur von Ereignissen die stattfinden und wahrgenommen werden (auf den beschriebenen Ebenen des gegenwärtigen und des empirischen), ebenso als auch die Summe dieser gegenwärtigen und empirischen Qualitäten."[355]

Mit anderen Worten heißt das, dass es eine natürliche und eine soziale Welt gibt, in der Ereignisse stattfinden, basierend auf den Ursachen und der Natur der Dinge, unabhängig und jenseits von menschlicher Wahrnehmung. Ihre Existenz kann lediglich indirekt über *das Gegenwärtige* erkannt werden, durch die Erfahrungen, Beobachtungen, Gedanken, Gefühle, Bewertungen, Kategorisierungen, Separierungen, Schichtungen, etc. die Menschen machen.

Ein weiteres Element des kritischen Realismus (oder, um genauer zu sein, der spätere dialektische kritische Realismus), der für unsere Untersuchung des Kokreativen Impulses von Bedeutung ist, der uns dahin bringt unserer Bestimmung zu folgen und in Teil 4 als Argument dient, warum es für uns wichtig ist ko- und prokreativ zu sein, ist das Konzept des Seins, (für den individuellen Menschen) das Fehlen einer Liebesbeziehung, von Nachkommen oder Güte, Wahrheit, Schönheit oder Funktionalität und des Werden, bspw. als Paare, Kinder, Familien oder einer besseren Welt.

Bhaskar erläutert, dass es nicht bloß Veränderungen in der Natur gibt, wie die Bäume, die im Herbst ihre Blätter abwerfen um Platz zu schaffen für die neuen, die im Frühjahr nachwachsen, sondern auch Veränderungen im Gewebe von menschlich geschaffenen sozialen und kulturellen Welten. Diese Veränderungen schließen das Aufheben dessen, was ist, durch Negation oder Unterdrückung, ein, so dass neue Strukturen entstehen können, die vorher nicht vorhanden waren. Mit philosophischen Begriffen erklärt heißt das „Absenz von Präsenz (Fernbleiben von Abwesenheiten)" oder „Negation der Negation". Bhaskar schreibt: „Die unausgesprochene Annahme ist, dass das Negative stets positiv hinweganalysiert werden kann, ausschließlich mit positiven Begriffen. Die Welt [aber], einschließlich der natürlichen Welt, schließt Abwesenheiten, Weglassungen, und Defizite ein, genauso wie Anwesenheiten, Gewinne und Energien."

Das bedeutet, dass die Absenz von Paaren, Familien mit Kindern, Gemeinschaften, etc. nicht mit positiven Begriffen „weganalysiert" werden kann, da die Entfernung ihrer Absenz (durch Ko- und Prokreation, getrieben durch den Kokreativen Impuls) fundamental ist für unsere menschliche Existenz. Es ist unser Auftrag (oder unsere Verdammnis) zu lieben, kokreativ und prokreativ zu sein und die Welt zu verbessern. Es liegt in unserer Natur, wie wir unten sehen werden.

Und auch wenn wir nicht verstehen können, wie und warum es einen Kokreativen Impuls und Kokreativität gibt, können wir feststellen, dass die Bestimmung subatomarer Teilchen ist, miteinander in Beziehung zu treten bzw. „miteinander Liebe zu machen" um kokreativ Atome zu bilden, deren Bestimmung es ist, „miteinander Liebe zu machen", um kokreativ Moleküle zu bilden, deren Bestimmung es ist „miteinander Liebe zu machen", um kokreativ DNA zu bilden, deren Bestimmung es ist, „miteinander Liebe zu machen", um kokreativ Gene zu bilden, deren Bestimmung es ist, „miteinander Liebe zu machen", um kokreativ Proteine zu bilden, deren Bestimmung es ist, „miteinander Liebe zu machen", um kokreativ Zellen zu bilden, deren Bestimmung es ist, „miteinander Liebe zu machen", um kokreativ Gewebe zu bilden, deren Bestimmung es ist, „miteinander Liebe zu machen", um kokreativ Organe zu bilden, deren Bestimmung es ist, „miteinander Liebe zu machen", um kokreativ Organsysteme zu bilden, deren Bestimmung es ist, „miteinander Liebe zu machen", um kokreativ Säugetiere zu bilden, einschließlich der Menschen.

Holmes Rolston hebt hervor, dass unter dem Deckmantel der Subjektivität – unter unserem bewussten Verstand, die sich im Neokortex unseres Gehirns befindet und uns erlaubt, bewusste Gedanken, Beobachtungen und Erfahrungen zu machen – **Leben bestehen bleibt.**[356]

Wir Menschen erleben diese Lebenskraft als den tiefliegenden instinktiven Willen unserer Bauteile, wie unserer Zellen und Organe (und somit auch uns selbst, da wir uns davon nicht lösen können), kokreativ zu sein und zu überleben,[357] und durch unseren Sextrieb oder Eros mit anderen Menschen kokreativ und prokreativ zu sein. Unser gesamter Organismus (einschließlich unserer Zellen) leidet, wenn wir zu lange alleine sind. Schau dir einfach die grausamen negativen Effekte an, die Einzelhaft über eine längere Zeit auf den emotionalen und gesundheitlichen Zustand eines Menschen haben kann.[358] Man muss im Gegenzug nur unsere Sehnsucht nach Liebe und geliebt zu werden und unser Verlangen, Bedeutung für das Leben daraus zu ziehen, dass wir jemandem anderen etwas bedeuten, betrachten.[359]

Schopenhauer betonte, dass es nur einen Gegenstand im gesamten Universum gibt, den wir aus dem inneren kennen können, und das ist unser Körper. Nur bei unserem Körper sind wir in der Lage uns nach innen zu wenden und die grundlegende Beschaffenheit zu erforschen. Und wenn wir uns unserem Inneren zuwenden, und versuchen zu fühlen (oder zu verstehen), was der innere Kern ist, so finden wir da den reinen Lebenswillen, den der Philosoph Henri Bergson *Élan Vital* nannte, die Lebenskraft, reine Energie, Trieb und Drang, die das Zentrum allen Lebens ist.[360]

Das ist der empirische Gehalt von Schopenhauers Metaphysik, in der der *Wille* als die Essenz der Natur bzw. als der Kern und das Ganze betrachtet werden. Legt man die metaphysischen Spekulationen beiseite, so ist doch die herausragende Erkenntnis, dass der anonyme Wille zum Leben die Instanz ist, die die Verantwortung trägt für die persönliche Identität: „Von ihm ist im Grunde die Rede, so oft „Ich" in einem Urteil vorkommt. Er also ist der wahre, letzte Einheitspunkt des Bewusstseins und das Band aller Funktionen und Akte desselben: er gehört aber nicht selbst zum Intellekt, sondern ist nur dessen Wurzel, Ursprung und Beherrscher." Für Schopenhauer **„kann jene Anhänglichkeit nur im Subjekt derselben gegründet sein. Sie ist aber nicht im Intellekt begründet, ist keine Folge der Überlegung, und überhaupt keine Sache der Wahl; sondern dies Leben wollen ist etwas, das sich von selbst versteht: es ist ein Prius des Intellekts selbst. Wir selbst sind der Wille zum Leben: daher müssen wir leben, gut oder schlecht."**[361]

Das führte Schopenhauer zu der eher negativen Ansicht, dass die Menschheit dem Wohlwollen dieses verstandlosen, ungerichteten, universalen *Willen* unterworfen ist, der hinter den meisten unserer Bedürfnisse und Sehnsüchte steckt, die zu einem beständigen Leiden führen. Als Erforscher östlicher Religionen, insbesondere des Buddhismus, sah er die einzige Lösung zur Beendigung menschlichen Leidens im Pfad der Selbsttranszendenz und der Erkenntnis der (*transzendentalen*) Bestimmung. Ihm Zufolge kann der *Wille* nicht gebrochen werden, kann aber durch eine höhere Form der Weisheit gelenkt werden. „Denn wenn der Wille zum Leben da ist, so kann ihn, als das allein Metaphysische oder das Ding an sich, keine Gewalt brechen, sondern sie kann bloß seine Erscheinung an diesem Ort zu dieser Zeit zerstören. Er selbst kann durch nichts aufgehoben werden, als durch Erkenntnis." Für Schopenhauer liegt die einzige Form der Erlösung darin, dem *Willen* seine Entfaltung zu erlauben. Die Entfaltung des *Willens* erscheint in seiner reinsten Form als Intuition, die für sich kein Diener des *Willens* ist. In der intuitiven Entfaltung des *Willens* wird er sich seiner selbst bewusst. Was daraus entsteht ist die „Idee" (Kreativität), die genauso real ist, wie der *Wille*. Das nun erkennende „seiende Bewusstsein" verdrängt dann das bedürftige „sehnende Bewusstsein". Nur als Resultat dieser Erkenntnis kann der *Wille* sich selbst aufheben, und damit das Leiden, welches unauflöslich mit seiner Erscheinung einhergeht, auflösen.

Fellmann fügt hinzu: „Wenn wir unseren *Willen zu leben* auf die Sexualität übertragen, so wandelt sich das Bild, weil ein Partner hinzukommt. Die Anwesenheit des anderen fußt dabei nicht auf Rationalisierung, sondern auf den Freuden und den Leiden, die Liebende gemeinsam teilen. Mitgefühl ist der Zustand, durch den wir die Anwesenheit eines anderen menschlichen Wesens wahrnehmen. *Der Wille zum Leben*, der sich in unserer Sexualität manifestiert, ist fokussiert auf einen anderen Menschen, für gewöhnlich des anderen Geschlechts. Die Entwicklung von Individualität und Identität steht in Zusammenhang mit der exklusiven Beziehung zwischen Mann und Frau [oder Paaren desselben Geschlechts]. **Letztlich ist das Selbstbild nur dann keine solipsistische Fiktion – die Ansicht oder Theorie, dass das Selbst nur alles ist, was als existent bekannt ist – wenn es den Blick des Geliebten erwidert, der durch nichts ersetzt werden kann.** Der Mensch, der sich selbst als die höchste Instanz der Realität wahrnimmt, sieht die anderen bloß als simple Objekte wahr. Diese Wahrnehmung wandelt, wenn man den Fokus auf die Sexualität und die Liebesbeziehung setzt. Da sexuelles Verlangen sich [für gewöhnlich] auf einen Partner in Zweisamkeit richtet, wird das Prinzip der Selbstwerdung – die Weise auf, die ein Ding identifiziert wird, um von anderen unterschieden zu werden – zum Prinzip der Realität. Die Anwesenheit des anderen wird nicht als rationale Erkenntnis wahrgenommen, sondern in Form von Schmerz und Glück, welche die Liebenden gemeinsam erleben."[362]

Daher geht das ILB-Modell davon aus, dass der kokreative Prozess und die Koemergenz nicht auf individueller Ebene enden, noch stellt es individuelle Menschen noch ein höheres Wesen, wie einen Geist, oder Gott, an die Spitze. Es macht den Vorschlag, dass die Bestimmung individueller Menschen darin liegt, „einander zu lieben" um kokreativ Paare zu bilden (und damit die Abwesenheit derselben zu entfernen), deren Bestimmung es ist, Sex zu haben um Nachkommen zu zeugen (und damit die Abwesenheit derselben zu entfernen) und damit kokreativ liebevolle, funktionale Kernfamilien zu bilden, deren Bestimmung es ist, „einander zu lieben" um kokreativ blühende Gesellschaften zu bilden (und damit die Abwesenheit derselben zu entfernen), deren Bestimmung es ist, „einander zu lieben", um kokreativ friedvolle Gesellschaften zu bilden (und damit die Abwesenheit derselben zu entfernen), deren Bestimmung es ist, kokreativ eine friedvolle und nachhaltige Zukunft für die Menschheit zu schaffen (und damit die Abwesenheit derselben zu entfernen).

Wie wir im Folgenden in diesem Buch sehen werden, sind unsere Körper und unser Verstand, ebenso wie Kultur und Gesellschaft, derer wir Teil sind und die wir kokreativ gestalten, in einem konstanten Prozess des Interwerdens, der seinen Antrieb hat im Kokreativen Impuls. Dennoch sind wir Menschen die einzige Spezies, die genug Bewusstsein entwickelt hat um den natürlichen, kokreativen und prokreativen Impuls mit Hilfe von Liebesbeziehungen zu übergehen und die Fähigkeiten zu entwickeln, die *biologische* und die *transzendentale Bestimmung* in gesunden integralen Beziehungen zu leben, anstatt sie spirituell oder anderweitig zu umgehen oder zu unterdrücken, was zu der tieferen Bedeutung in unseren Leben führt, nach der viele so suchen. Auch wenn wir nicht direkt nachvollziehen können, was uns dazu in erster Linie antreibt. Alles was wir wissen ist, dass es für uns auf lange Sicht zu Leiden führt, wenn wir nicht unsere *biologische* und *transzendentale* Bestimmung auf gesunde und nachhaltige Weise leben.

Existentialismus

Dass unsere Leben eine Bedeutung haben, über die Erfüllung *biologischer Bestimmung* und über die Dienerschaft für magische Geister oder einen mystischen Gott (oder Götter) hinaus, ist ein Gedanke, der mit dem Existentialismus im neunzehnten Jahrhundert und mit der menschlichen Psychologie im zwanzigsten Jahrhundert aufkam.[363]

Søren Kierkegaard,[364] der Vater des Existentialismus,[365] regte zur Mitte des neunzehnten Jahrhunderts an, dass jedes Individuum – und nicht die Gesellschaft oder Religion – allein dafür verantwortlich ist, dem Leben einen Sinn zu geben und es aufrichtig und leidenschaftlich, bzw. „authentisch" auszuleben. Der Existentialismus wurde in den Jahren nach dem 2. Weltkrieg populär und übte einen starken Einfluss auf andere Disziplinen neben der Philosophie aus, darunter Theologie, Dramatik, Kunst, Literatur und Psychologie.

Jean-Paul Sartre[366] erklärte in seiner Vorlesung *Existentialismus ist ein Humanismus*, dass ein zentraler Standpunkt des Existentialismus ist, dass die „Existenz der Essenz vorausgeht". Was aber bedeutet das? Es bedeutet, dass eine der wichtigsten Errungenschaften der Menschen ist, dass sie unabhängig handelnde, verantwortungsvolle und bewusste Wesen sind (was er die „Existenz" nannte), und nicht die Marken, die sie tragen, Rollen, die sie spielen, Stereotypen, denen sie vielleicht entsprechen, oder andere vorgefasste Kategorien, denen sie vielleicht entsprechen (was er die „Essenz" nannte). Als der Atheist, der er war, glaubte er, dass, wenn es keinen Gott gab, der unsere Essenz oder Natur bestimmte, so müssen wir erst existieren um uns dann unsere eigene Essenz aus der Interaktion mit unserer Umgebung und uns selbst zu erschaffen. (Damit bezog er sich auf den existentialistischen Philosophen Friedrich Nietzsche, der wohlweislich zum Ende des neunzehnten Jahrhunderts öffentlichkeitswirksam ausrief: „Gott ist tot".) Mit dieser Erkenntnis hatte er ernsthafte Auswirkungen auf unsere Wahrnehmung der Eigenverantwortlichkeit dafür, wer wir sind und was unser Leben bedeutet. Deshalb argumentierte er, kommt die Bedeutung nicht von außen, bspw. von anderen. Es ist etwas wahrhaft Einzigartiges für jeden – eigen und unabhängig. Das jeweilige Leben des Individuums ist, was den Rahmen bildet für das, was man seine „wahre Essenz" nennen kann; die individuelle Essenz wird nicht durch andere definiert und willkürlich zugeschrieben. Demzufolge **erschaffen menschliche Wesen mit Hilfe ihres eigenen Bewusstseins ihre eigenen Werte und geben ihrem eigenen Leben einen Sinn**.

Mit einem ähnlichen Ansatz wurde Viktor Frankls[367] Logotherapie Mitte der 90er begründet mit dem Ansatz, dass die primäre motivierende Triebkraft eines Menschen ist, seinem Leben einen Sinn zu geben. In seinem weltberühmten Buch *Der Mensch auf der Suche nach Sinn* schrieb er, dass wir die Freiheit haben, Sinn darin zu erkennen, was wir tun und was wir erfahren, oder zumindest in der Art wie wir mit einer Situation umgehen, die unvermeidbares Leid bedeutet. Wir können diesen Sinn im Leben auf drei Weisen erkennen: (1) indem wir ein Werk erschaffen oder eine Tat tun; (2) indem wir eine Erfahrung machen oder jemandem begegnen; und (3) auf die Weise wie wir mit unvermeidlichem Leiden umgehen. Während seiner Zeit als Gefangener in Konzentrationslagern erkannte er, dass einem Menschen alles genommen werden kann, außer der letzten menschlichen Freiheit – die Wahl der eigenen Haltung gegenüber dem gesetzten Rahmen. Wenn Menschen sich nicht durch die ersten beiden Möglichkeiten einen Sinn geben konnten, so sah Frankl die Ursache dafür in ihren Ängsten, Neurosen, Depressionen, Zwangsstörungen und anderen Persönlichkeitsstörungen.

Abraham Maslow schrieb in seinem herausragenden Werk *Motivation und Persönlichkeit* von 1954: „Die Wissenschaft der Psychologie war auf der negativen Seite weitaus erfolgreicher als auf der positiven.... Sie offenbarte uns viel über die Defizite, Krankheiten, Sünden der Menschen, aber wenig über die Potentiale, Fähigkeiten, *erreichbare Ziele* [Betonung hinzugefügt] oder über die psychologische Gesundheit." Er prägte die Begriffe „Gipfelerfahrung", „Selbstverwirklichung" und „Synergie", mit denen er Menschen beschrieb, die ihre Bestimmung erkannten und mit anderen zusammenarbeiteten, um die persönlichen Stärken zu maximieren und Resultate zu erzielen, in denen das „Ganze größer werden konnte, als die Summe seiner Teile".

Integration von Kreationismus, Evolutionstheorie und intelligentem Design

Unsere *biologische Bestimmung* und unsere *transzendentale Bestimmung* haben ihren gemeinsamen Ursprung im Kokreativen Impuls. Wie wir sehen werden, kann die Vorstellung des Kokreativen Impulses, der sich selbst in der Welt verwirklicht, die beständigen Wahrheiten in den Theorien des Kreationismus, der Evolutionstheorie und des intelligenten Designs beibehalten, während ihre Beschränkungen überwunden werden.

Der Kokreative Impuls braucht keinen Schöpfungsmythos, auch keinen mystischen Gott oder mehrere Götter, Geister oder Kräfte um unsere Existenz zu begründen. Er ermöglicht persönliche Freiheit, Wahlmöglichkeiten und Verantwortlichkeit, aber auch die Aneignung von bestimmten religiösen Moralvorstellungen im Zuge dessen, dass wir unsere Leben in den Dienst eines größeren Guts stellen (statt eines Gotts), gleichzeitig wird die Bedeutung von Ko- und Prokreativität in lebenslangen, gesunden Liebesbeziehungen (Ehen) anerkannt, genauso wie von durchdachten Gesetzen, die friedvollen und stabilen Gemeinschaften und Gesellschaften zuträglich sind.

Die Vorstellung des Kokreativen Impulses steht dem naturalistisch-existentialistischen Nihilismus der Evolutionstheorie gegenüber, wonach das menschliche Leben keinen Sinn hat (den wir ihm nicht selbst zusprechen), indem er ins Feld führt, dass Menschen das Ergebnis einer langen Reihe von bestimmungsgemäßen physikalischen, biologischen, kulturellen und sozialen kokreativen emergenten Prozessen sind, die in uns fortleben und die alle aus dem Kokreativen Impuls hervorgegangen sind. Auch wenn wir nicht in der Lage sind, wissenschaftlich zu erklären – um es mit Hawkins und Bhaskar zu halten - warum es den Kokreativen Impuls am Anfang gegeben hat, und wie genau die verschiedenen Entitäten kokreativ sind, damit das Universum sich „ausbreiten kann, um seine unerschöpflichen Möglichkeiten und Potentiale zu verwirklichen und seine kreative Fruchtbarkeit zu entfalten", und auch wenn wir Menschen den Impuls zu Ko- und Prokreativität übergehen können, so führt das ILB-Modell ins Feld, dass das Ausleben unserer *biologischen Bestimmung* (einschließlich der Fortpflanzung), wie bei allen anderen Lebewesen auch, und unserer *transzendentalen Bestimmung*, die uns Menschen einzig ist, der Sinn unseres Lebens ist. Das nicht zu tun führt zu starkem Leiden auf individuellem und kollektivem Level, da es unserer menschlichen Natur entgegen geht. Gleichzeitig führt die Idee des Kokreativen Impulses dazu, dass die Einbindung aller bisher bekannten und künftiger Erkenntnisse aus allen wissenschaftlichen Disziplinen möglich ist.

Dieser beschriebene Gedanke eines Kokreativen Impulses, dem keine Intelligenz oder Bewusstsein innewohnt, unterscheidet sich von den Ideen des intelligenten Designs, Vitalismus,[368] Élan Vital,[369] Orthogenese,[370] Evolutionärer Bestimmung und andere New-Age-Gedanken. Alle diese behaupten auf diese oder jene Weise, dass lebende Organismen sich grundlegend von nichtlebenden Entitäten unterscheiden, und dass diese geleitet oder beeinflusst werden durch irgendeine Art von außenstehender, höherer Intelligenz, Seele oder Geist. In all diesen anderen Theorien leitet dieser Geist die lebenden Organismen „aufwärts" oder „vorwärts" zu einem ultimativen Omega-Punkt (Gott o.ä.), wie es Teilhard de Chardin[371] oder Hegel davor beanspruchten, die behaupteten, dass Philosophie, von einem idealen Standpunkt aus betrachtet, „kein anderes Objekt hat als Gott und somit in seiner Essenz eine rationale Theologie ist". Ähnlich beschreibt Steve McIntosh in seinem Buch *Evolution's Purpose* (Evolutions-Bestimmung), dass die Evolution naturgemäß durch dialektische Prozesse zwischen Schönheit und Wahrheit zu immer weiteren Ausprägungen führt, die zu mehr Güte hinleitet", auch wenn diese nicht intelligent gestaltet oder auf andere Weise von außen gesteuert wird [im kreationistischen Sinne], aber kreativ und originell von den Evolutionskreaturen selbst durch ihre Auswahl gestaltet wird." Zwar ist dies sehr gut durchdacht und der Vorstellung des Kokreativen Impulses sehr nahe, aber McIntoshs Theorie folgt der Annahme, dass der Evolutionsprozess im menschlichen Bewusstsein und seiner Kultur verankert ist – dabei stoppen die meisten Menschen auf modernen und höheren Stufen der Entwicklung die Ko- und Prokreativität.

Das Hauptproblem dabei, für das wir mit diesem Buch eine Lösung finden möchten, ist, dass die Unterstützer des intelligenten Designs die Tendenz haben, jenen den höchsten Wert bzw. „Tiefe" zuzusprechen, die sich mit dieser „höheren Intelligenz" oder „evolutionären Bestimmung" auf Linie zu bringen vermögen, und diese in den Mittelpunkt des Universums rücken und dabei den Fakt ignorieren, dass die kulturelle Evolution und die Erlangung höherer Bewusstseinsstufen Ko- und Prokreativität in gesunden Liebesbeziehungen voraussetzen.

Wie wir in Teil 4 näher betrachten werden, missachten Unterstützer des intelligenten Designs oft die Tatsache, dass wir Beziehungswesen sind und keine einzelgängerischen, spirituellen, einzigartigen, authentischen oder evolutionären Wesen, was dazu führt, dass sie der Bedeutung von Ko- und Prokreativität zwischen Menschen, die ihre *biologi-*

sche Bestimmung ausleben und kokreativ mehr Güte, Wahrheit, Schönheit und Funktionalität erzeugen, indem sie ihre *transzendentale Bestimmung* leben, keine Beachtung schenken, oder diese sogar negieren. Praktischerweise übersehen Anhänger des intelligenten Designs, dass die Entwicklung des Bewusstseins und der kulturellen Evolution mit der biologischen Evolution, mit der Produktion und dem Aufziehen von Nachkommen in funktionalen Kernfamilien, intrinsisch verwoben ist.

Auf der anderen Seite berücksichtigt das ILB-Modell die Tatsache, dass alle Organismen zumindest gewisse funktionale Neigungen zur Vereinfachung des Lebens und Steigerung des Wohlbefindens haben, die wie intelligente Entscheidungen wirken. Das E. Coli-Bakterium kann Lactose verarbeiten, indem es die Lactose in Glucose und Galactose aufspaltet, zieht es aber vor, die Glucose zuerst zu essen, wenn sowohl Lactose als auch Glucose verfügbar sind und wird die Lactose erst essen, wenn die Glucose nicht mehr verfügbar ist.[372] Pflanzen scheinen Licht dem Dunkel „vorzuziehen" und ihre Wurzeln Richtung Wasser zu recken; Tiere „werten" bestimmte Gebiete und Nahrungsmittel sowie spezifische Qualitäten beim Partner höher als andere und treffen dementsprechend ihre Entscheidungen. Auch wenn es von einer menschlichen „anthropomorphen"[373] Perspektive so wirkt, als würden sie bewusst agieren, so sind ihre Entscheidungen vordefinierte, instinktive, unfreie Reaktionen auf ihre Umwelt, die durch ihre genetische Programmierung, Signalweiterleitung[374], Biochemie und Reizreaktionsmechanismen bestimmt werden, die die Handelnden nicht bewusst beherrschen können, da kein selbstbewusstes Subjekt zugrunde liegt.

Letztlich – und das ist für mich der Hauptpunkt – ist es jedoch nicht von Bedeutung für das ko- und prokreative ILB-Modell, ob ein mystischer Gott, die reinen physikalischen „vier grundlegenden Kräfte" oder ein intelligenter evolutionärer Impuls, Geist oder jegliche anderweitige intelligente Kraft oder Schöpfer die Existenz des Universums eingeleitet hat, solange du für die Idee offen bist, dass der Sinn des Lebens darin liegt, unserer genetisch veranlagten *biologischen* und *transzendentalen Bestimmung* zu folgen, die getrieben wird vom Kokreativen Impuls sich fortzupflanzen und kokreativ mehr Güte, Wahrheit, Schönheit und Funktionalität mit einem kompatiblen Lebensgefährten zu erschaffen, anstatt Ko- und Prokreativität im Geiste des Nihilismus, Vernunftglaubens, Hyperindividualismus oder New-Age-Narzissmus zu unterdrücken und ein kinderloses, einzelgängerisches und hedonistisches Leben zu verfolgen.

In Teil 4 dieses Buchs werden wir uns näher damit beschäftigen, warum das Ausleben der *biologischen* und *transzendentalen Bestimmung* in gesunden, festgelegten, lebenslangen Liebesbeziehungen von Bedeutung ist für die Entwicklung des Bewusstseins und eine bessere Welt.

Zusammenfassung

In diesem Kapitel haben wir auf die drei häufigsten Glaubensvorstellungen, die sich auf den Ursprung des Universums und der Menschheit beziehen geblickt; Kreationismus, Evolutionstheorie und intelligentes Design. Wir haben gesehen, dass die Prämisse dieses Buchs, dass Paare in integralen Liebesbeziehungen grundlegend sind für eine bessere Welt, in der jeder aufblühen kann, mit all diesen drei Ansichten kompatibel ist. Wir haben uns dann dem Kokreativen Impuls zugewandt, der die gültigen Wahrheiten bestätigt und die beschränkten Ansichten jeder der drei grundsätzlichen Glaubensrichtungen überwindet. Welchem dieser vier Glaubensgrundsätze du dich zuschreiben magst, wird definieren, welche Methoden zur Erkennung deiner *transzendentalen Bestimmung* und zum Teilen derselben mit einem Partner am meisten in die resonieren.

KAPITEL 11

Biologische Bestimmung

Wir sind das Ergebnis aus 4 Milliarden Jahren zufälliger, langsamer biologischer Evolution. Es gibt keinen Grund zu glauben, dass der evolutionäre Prozess angehalten hätte. Der Mensch ist ein sich wandelndes Tier. Er ist nicht der Klimax der Schöpfung.

~ Carl Sagan ~

Bevor Menschen ihre *transzendentale Bestimmung* als Erwachsene erkennen und mit Leben füllen, müssen sie erst gezeugt und geboren werden und ihre *biologische Bestimmung* leben.

In diesem Kapitel werden wir uns damit beschäftigen, wie unsere *biologische Bestimmung* von der Zeugung bis zum Tod abläuft und wie unsere Natur und unsere Erziehung während der Entwicklungsjahre die Grundlage für das Leben unserer *transzendentalen Bestimmung* ist. Ein grundlegendes Wissen über unser genetisches Erbe und darüber, wie die Entwicklung unserer Körper und Gehirne abläuft, ist essenziell um die Methoden, die in Kapitel 13 und 14 vorgestellt werden, um unsere *transzendentale Bestimmung* zu erkennen und allein und gemeinsam mit einem kompatiblen Partner zu entfalten, einzuordnen.

Das Ausleben unserer angeborenen *biologischen Bestimmung* bzw. unseres Imperativs fängt schon auf der Stufe des Zellhaufens an und folgt einer aufwärtigen Spirale zunehmender Komplexität. Dazu gehören die Zeugung, die Entwicklung im Mutterbauch, die Geburt, das Heranwachsen zu Erwachsenen, die für sich selbst sorgen können und ihren Beitrag für die Herkunftsfamilie und die Gesellschaft leisten, in Wettstreit um einen passenden Partner treten, sich fortpflanzen und eine Familie gründen, für Sicherheit und Unterhalt für die Familie sorgen mit Hilfe von Territorialismus, Zusammenarbeit und Wettbewerb mit anderen (genannt Koopetition),[375] Aufbau der bestmöglichen Lebensstandards für uns selbst, unsere Familie und unseren Stamm/unsere Gemeinschaft, Sorgen für die Alten, Helfen beim Aufziehen der Enkelkinder, Altwerden und sich dem Tod ergeben.

Die meisten Menschen identifizieren sich mit dem Ausleben der *biologischen Bestimmung* (unabhängig davon, ob sie kokreativ und/oder prokreativ sind, oder nicht) bis zum Ende ihres Lebens, während sich nur wenige dafür interessieren, ihre *transzendentale Bestimmung* zu erkennen und zu leben.

In jedem Fall kann man sagen, dass deine Existenz begann, als sich das genetische Material deiner Eltern zusammensetzte, um den funktionalen menschlichen Stamm zu bilden, aus dem dein Körper sich entwickelte, so dass wir damit unsere Untersuchung beginnen.

Bevor wir damit beginnen, möchte ich dich darauf aufmerksam machen, dass sich das Feld der genetischen Forschung beständig entwickelt. Du kannst die neuesten Entwicklungen auf www.sciencedaily.com/news/plants_animals/genetics/ (eng) verfolgen.

Gene und Gehirne

Sowohl männliche als auch weibliche Embryos verfügen über sogenannte Urkeimzellen.[376] Sie bilden unsere Verknüpfung zu den ersten lebenden Organismen, die auf der Erde vor 4 Milliarden Jahren existiert haben. Durch Kokreativität und spätere Prokreativität wurde ihre genetische Information, in Verbindung mit Mutation und Addition von DNA, zur nächsten Generation weitergegeben. Aus diesen Stammzellen erwachsen alle Pflanzen und Tiere auf der Erde, was ziemlich beeindruckend ist.[377] Das führt dazu, dass diese Zellen manchmal schon als unsterblich bezeichnet werden, da sie die Generationen miteinander verknüpfen und bekannt sind als unser Urvorfahr.[378]

Diese Stammzellen reifen in Frauen zu Eizellen und in Männern zu Spermien, die man auch Gamete nennt.[379] Wenn du natürlich gezeugt wurdest (im Gegensatz zu In-Vitro-Befruchtung),[380] so wurde die Eizelle (oder „Ovum" – eine von den vielen Eizellen mit denen deine Mutter geboren wurde) die in den Eileiter geriet befruchtet von einem (dem schnellsten) von hunderten Millionen von Spermien deines Vaters. Das genetische Material deiner Gamete ging so über die Keimzellen deiner Vorfahren auf dich über. Das ist deine evolutionäre Verknüpfung zwischen vergangenen und künftigen Organismen – es sei denn du hast dich nicht fortgepflanzt (sei es nicht gewollt oder nicht gekonnt) oder, wenn du noch jung bist, willst oder wirst dich nicht fortpflanzen (was ich hoffe, mit diesem Buch zu ändern).[381]

Deine genetische Zusammensetzung

Jeder Gamet beinhaltet 23 Chromosomen. Sie entstanden während der Reifung deiner Eltern im Mutterbauch durch einen beeindruckenden mehrteiligen Prozess, der Meiose genannt wird.[382] Dieser Prozess teilt die 46 Chromosomenpaare der Keimbahn- und Stammzellen, die deine Eltern von deinen Großeltern erhalten haben, jene von deinen Ur-Großeltern, usw. Während der Meiose werden die 23 Chromosomen per Zufall von beiden Großeltern zusammengesetzt. Beispielsweise können in deinem Gamet mütterlicherseits Chromosom Nr. 10 von dem Vater deiner Mutter stammen, Nr. 13 aber von der Mutter deiner Mutter.

Das 23. Chromosom des Spermiums deines Vaters war entweder ein X oder ein Y und bestimmte dein Geschlecht bei der Zeugung.[383]

Chromosomen bestehen aus der DNA,[384] eine Doppelhelix mit über 3 Milliarden Basenpaaren. Zwischen 8% und 15% der DNA beinhalten die angenommenen 20.000-25.000 menschlichen proteinbestimmenden Gene[385], die die grundsätzlichen Informationen beinhalten, die notwendig sind um aus uns, durch 3 Trillionen Zellenteilungen unserer totipenten[386] Stammzellen Menschen herzustellen.[387] Die Rolle der verbleibenden 85-92% so genannten nichtkodierenden[388] "Junk-DNA" sowie die möglichen Effekte des umstrittenen Feldes der Epigenetik[389] in der Zeugung ist zum Zeitpunkt der Veröffentlichung dieses Buchs unklar, aber wir können davon ausgehen, dass die wissenschaftlichen Fortschritte weitere Aufschlüsse bringen werden.

Aus der Befruchtung des Eis deiner Mutter durch das Spermium deines Vaters entsteht eine einzelne Zygote[390] mit 46 Chromosomen in 23 Paaren, zur einen Hälfte mütterlicherseits des Baumstamms der Keimzellenlinie, zur anderen Hälfte väterlicherseits. Daher hast du Charakteristika deiner Vorfahren mütterlicher- und väterlicherseits übernommen, wie möglicher- und beispielsweise Haarfarbe und -form deines Großvaters mütterlicherseits oder die Sommersprossen deiner Großmutter väterlicherseits. Genaugenommen kann das heißen, dass manche Teile unserer genetischen Zusammensetzung bis zu unserem einzelligen Urahnen zurückverfolgt werden können, der vor Milliarden von Jahren gelebt hat.[391]

Welche Teile der Gene deiner Mutter und deines Vaters in dir zur Expression gelangen werden hängt mit der Kombination dominanter und rezessiver Gene im Chromosomenpaar zusammen. Das stärkere Gen (bzw. die stärkeren Gene) wird sich immer durchsetzen, während die Kombination aus zwei schwachen Genen den rezessiven Teil ausprägen wird.[392] Das stärkere Gen für braune Augen wird dabei das schwächere für die blauen Augen übertrumpfen, während die Paarung von zwei Genen für braune Augen und die Paarung von zwei Genen für blaue Augen zur Ausprägung der jeweiligen Augenfarbe führt. Dasselbe gilt natürlich für die Gene, die für die Expression von Talenten oder Persönlichkeitszügen führt, was wir uns weiter unten genauer anschauen werden.

Deine befruchtete Eizelle wanderte nun den Eileiter deiner Mutter hinunter und ließ sich im inneren der Gebärmutter nieder. Nachdem die einzelne befruchtete Eizelle (oder Zygote) begonnen hat sich zu teilen, haben sich die entstandenen Tochterzellen in die hunderten spezialisierten Zelltypen umgewandelt, die deine Organe gebildet haben, einschließlich deines Gehirns, deiner Muskeln, deines Bluts, deiner Knochen, etc.

Für die kleinen Unterschiede unter den verschiedenen Menschen sind die insgesamt 0,1% Variationen im Genom zuständig. Die offensichtlichen Expressionen dieser genetischen Kodierung sind unsere Körpermerkmale, wie beispielsweise das Aussehen unseres Gesichts (ich möchte dich hier an eineiige Zwillinge erinnern, deren genetische Zusammensetzung identisch ist), Fingerabdrücke,[393] unsere Haar- und Augenfarbe, Körpergröße (ist zu 80% genetisch vorbestimmt, der Rest ist von der Prägung abhängig), Körperform, Gewicht, unser Haaransatz, unsere Grübchen, Ohrläppchen, Kinnform, Sommersprossen, Laktose- (in)toleranz, Risiko von Krankheiten einschließlich Suchterkrankungen und wie wir Augen sehen können.[394]

Das menschliche Genom wird oft bezeichnet als „funktionierende Blaupause oder genetische Programmierung der menschlichen Rasse“. Wie dem auch sei, nur ein paar

Gene bieten eine klare Blaupause oder eine eindeutige Programmierung für unsere Entwicklung, wie beispielsweise die Augenfarbe. In den meisten Fällen sind die Gene bloß einer von vielen kausalen Faktoren, die zusammen mit Ereignissen während unseres Heranwachsens, unserem sozialen Umfeld und Mutationen auf molekularer Ebene während der Zellteilung[395] mit Auswirkung auf unsere genetische Prägung, gemeinsame Determinanten unseres Phänotyps sind.[396] [397]

Entwicklung deines Gehirns

Unsere genetische Zusammensetzung bietet aber nicht nur die Grundlage für unser Äußeres und die Funktion unseres Körpers, sondern auch für die Entwicklung unseres Gehirns. Wenn ihr in den nächsten Abschnitten über die Entwicklung des Gehirns lest, behaltet bitte im Hinterkopf, dass die Beziehung von physischen Strukturen des Gehirns und seiner Funktionen nie einfach ist und dass es nahezu täglich Fortschritte bei der Erforschung unserer Gehirne und der dazugehörigen biologischen Prozesse gibt, genauso wie bei der Erforschung unseres Verstands und unseres Bewusstseins.[398]

Entwicklung des Gehirns vor der Geburt

Was wir heute wissen, ist, dass unser physisches Gehirn während der Schwangerschaft in einem komplexen Zusammenspiel von übertragenen Genen und anderen Faktoren entsteht. Dazu gehören das Umfeld der Mutter (wie bspw. Toxine,[399] Geräusche, Sprache, etc.), ihr Lebenswandel (Ernährung, Medikamente, Übermäßiger Konsum von bestimmten Substanzen (bspw. Drogenmissbrauch, aber auch Schmerzmittel, Koffein, etc.), Sport, Schlaf, etc.), Hormonhaushalt (bspw. Stresshormone wie Cortisol und Adrenalin) und der allgemeine Gesundheitszustand. Wenn deine Mutter beispielswiese täglich 400 Mikrogramm Vitamin B zu sich nimmt (durch Blattgemüse oder Vollkorn), so wird dein fötales Zellwachstum, deine Gewebeentwicklung und deine DNA begünstigt. Gleichzeitig sinkt die Gefahr von ernsthaften Defekten im Rückenmark (wie Spina Bifida) um 70% und das Risiko mit einer autistischen Störung geboren zu werden sinkt um 40%.

Lediglich 20 Tage nach der Empfängnis, wahrscheinlich noch bevor deine Mutter überhaupt wusste, dass sie schwanger war, begann die Entstehung von Neuronen, die spezialisierten Zellen, die die Grundsubtanz unseres Gehirns, unseres Rückenmarks, unseres zentralen wie auch unseres peripheren Nervensystems bilden.[400]

Eine gewöhnliche neuronale Zelle besteht aus dem Zellkörper (Soma), in welchem die DNA gelagert ist und der Energie bildet, sowie aus den Dendriten (Rezeptoren)[401] und einem Axon (Sender/Transmitter)[402] mit denen das Neuron mit Hilfe von elektrischen und chemischen Signalen mit anderen Neuronen kommuniziert. Diese Botschaften sind die körperliche Basis aller Gehirnfunktionen. Die Dendriten erhalten eingehende Signale von anderen Neuronen und die Axonen und ihre Verästelungen senden Signale an andere Neuronen.[403] Manche Axonen sind mit Myelin beschichtet, einer fettigen Substanz die das Axon isoliert und die Effizienz der Kommunikation steigert (mehr dazu später).

Etwa sieben Wochen nach der Befruchtung sind Neuronen und Synapsen, die in der Wirbelsäule gebildet wurden, hinaufgewandert um das Gehirn auszubilden.[404] Die ersten Strukturen, die dabei gebildet werden, sind das Stammhirn und das Kleinhirn, die nun die Vitalfunktionen deines Körpers steuern, wie deinen Herzschlag, die Atmung und den Blutdruck. Danach entsteht das limbische Gehirn mit Hippocampus, Mandelkern und Hypothalamus, über die Emotionen, implizite Werte und andere besondere Funktionen gesteuert werden, die unser späteres menschliches Verhalten wesentlich bestimmen. Dein Nervensystem war nun weit genug entwickelt, dass dich laute Geräusche außerhalb des Mutterbauchs stören konnten und du hattest deine Schlafzyklen, einschließlich der REM-Phase (Rapid Eye Movement – Tiefschlafphase), während der wir träumen. Die Großhirnrinde (Cerebrum), von der der Neokortex den Hauptteil ausmacht (dieser schrumpelige Teil, der die äußeren sechs Windungen des Gehirns ausmacht), entwickelt sich zuletzt. Er ermöglicht dir die spätere Selbstwahrnehmung, Sprache, Denken, Fühlen und Erinnern.

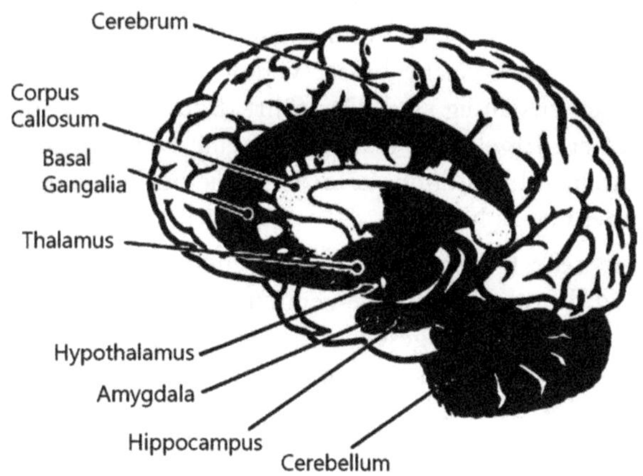

Grafik 26. Teile des menschlichen Gehirns.

Andere Hauptteile des Gehirns, wie auf der Abbildung zu sehen, schließen den Thalamus, der sensorische Informationen weiterleitet und als Zentrum der Schmerzwahrnehmung fungiert, die Stammganglien, die die bewusste Motorik steuern sowie das Lernen, Verhaltensmuster bzw. „Ticks“, wie Zähneknirschen, Augenbewegung, Wahrnehmung und Emotion, und der Corpus Callosum, ein schmales Bündel neuronaler Fasern mit einer Länge von etwa 10cm, die die linke und die rechte Gehirnhälfte miteinander verbinden und die Kommunikation der beiden Hirnhälften ermöglichen.

Zwischen 6 und 12 Wochen nach Beginn der Gehirnentwicklung hat dein Körper angefangen unterschiedliche Mengen von Androgenen[405] zu entwickeln, besonders Testosteron, das bei männlichen Föten etwa doppelt so viel ist wie bei weiblichen Föten. Das Testosteron hat einen prägenden Einfluss auf die Entwicklung des Gehirns. Im Durchschnitt sind männliche Gehirne um die 10% größer als weibliche Gehirne. Dennoch konnte, unabhängig von der Größe des Gehirns, kein Unterschied des IQs zwischen Männern und Frauen festgestellt werden. In MRTs konnten größere Mengen grauer Materie im weiblichen Hippocampus, dem Bereich, der wichtig ist für die Erinnerung, festgestellt werden, ebenso im linken Nucleus caudatus, von dem man annimmt eine tragende Rolle bei den Kommunikationsfähigkeiten zu spielen. Bei Frauen sind auch jene Regionen besser verknüpft, die mit der sozialen Kognition zusammenhängen, wodurch sie besser in der Lage sind zu verstehen, wie andere Menschen sich fühlen, und „sozialer" zu interagieren.[406] Auch haben Frauen mehr Verbindungen zwischen den beiden Gehirnhälften, was ihnen einen Vorteil bei der Verknüpfung von Informationen und bei der Konklusion verschafft, da die linke Gehirnhälfte für das logische Denken, die rechte Gehirnhälfte für die Intuition zuständig sind.

Im Gegenzug haben männliche Gehirne mehr Verbindungen auf der Längsachse, was ihre akustische und visuelle Wahrnehmung stärkt. Sie sind dadurch besser darauf eingestellt das wahrzunehmen, was um sie herum geschieht, was ihnen ermöglicht, schnell zu handeln – um beispielswiese auf eine unmittelbare Bedrohung zu reagieren. Bei Männern sind auch jene Gehirnbereiche besser verknüpft, die für die motorischen und räumlichen Fähigkeiten zuständig sind. Das führt dazu, dass Männer oftmals bei solchen Tätigkeiten bessere Ergebnisse erzielen, die eine Hand-Augen-Koordination erfordern und die räumliche Einordnung erfordern, wie beispielswiese das Werfen eines Balls oder das hämmern eines Nagels.

Junge Gehirne sind sehr formbar und die entscheidenden Bereiche wachsen oder schrumpfen abhängig davon, wie sehr sie genutzt werden. Doch je mehr Testosteron ein Gehirn in der Gebärmutter ausgesetzt ist, unabhängig ob weiblich oder männlich, umso länger wird ein Neugeborenes mechanische Objekte fixieren, und umso weniger auf Gesichter blicken. Später werden Kinder mit höheren Testosteronspiegeln mehr Zeit bei der Sprachentwicklung benötigen, weniger Augenkontakt aufbauen und sozial unbeholfen sein. Auch werden sie eher männlich konnotierte Spielzeuge bevorzugen (Fahrzeuge und Waffen statt Puppen)[407] und sich für Systeme interessieren und dafür, wie Dinge funktionieren.[408] Dabei haben sie dann größere Schwierigkeiten mit eher weiblichen Zügen, wie beispielsweise Empathie, das Verstehen von Gefühlen anderer und das Einnehmen der Perspektive eines anderen.

Gegen Ende der Zeit im Mutterbauch hatte dein Gehirn um die 86 (± 8) Milliarden Neuronen. Mit der Ausnahme der Neurogenese,[409] bei der neue Nervenzellen in der subventrikulären Zone und im Hippocampus (dem Sitz der Erinnerung) entstehen, bleibt die Anzahl der Nervenzellen im Gehirn bis zu deinem Tod nahezu gleich.[410]

Zum Zeitpunkt der Geburt sind genug Synapsen entstanden, dass du außerhalb des Mutterbauchs überleben konntest. Du hast nun deinen Kopf zur Seite gewendet, wenn etwas deine Wange gestreichelt hat, hast an allem gesaugt, was in deinen Mund kam, die Luft angehalten, wenn du unter Wasser gerietst und Dinge in deiner Hand so fest umklammert, dass man dich daran hochziehen konnte. Das alles sind offensichtlich lebensnotwendige primäre Eigenschaften und Reflexe, die das Überleben in der Natur an der Seite deiner Mutter sicherten.

Entwicklung des Gehirns nach der Geburt

Zum Zeitpunkt deiner Geburt war den Körper genetisch darauf vorbereitet, mit gesunder, altersgemäßer Ernährung, Bewegung und Erfahrungen in einem unterstützenden Umfeld zu wachsen und sich zu entwickeln. Im Vergleich zu Primaten und anderen Tieren haben Menschen bei der Geburt relativ gering ausgebildete Überlebensinstinkte.[411] Gleichzeitig sind menschliche Gehirne die komplexesten und am meisten entfalteten. Dieses herausragende Organ ermöglicht es uns, in unserer Jugend derart Sinne und Fähigkeiten zu entwickeln, dass wir interdependente Erwachsene werden, die in den verschiedensten natürlichen und sozialen Umfeldern überleben können. Die Fähigkeit, in so unterschiedlichen Umfeldern zu überleben gibt es nur bei Menschen.

Synapsenbildung, -eliminierung und Myelinisierung

Wie oben beschrieben lieferten die Gene den Großteil der Informationen für die Bildung der Synapsenverbindungen im Gehirn von der Zeugung bis zur Geburt. Als du aber nun das Licht der Welt erblicktest, hat sich das geändert – von nun an und für etliche Jahre erwartete dein Gehirn äußere Sinneserfahrungen um sich weiter zu entwickeln und die Grundlage zu bilden für das spätere sogenannte *erfahrungsabhängige* Lernen und Entwickeln. Das initiale *erfahrungserwartende* Lernen beinhaltet drei grundlegende Prozesse:

(1) Der erste Vorgang ist die Entwicklung unserer Sinne durch Bildung der Synapsenverbindungen zwischen den Nervenzellen, mit einer unglaublichen Rate von etwa 700-1000 pro Sekunde, während der ersten Jahre nach der Geburt. Das führt zu einem beeindruckenden neuronalen Netzwerk mit Billionen Verbindungen, durch die dein Gehirn lernte zu sehen, zu hören, zu fühlen, zu schmecken und zu riechen und auf deine Umgebung zu reagieren, Geräusche und Sprache zu unterscheiden und Symbole zu erkennen. Diese Verbindung lieferten damit eine starke oder schwache Grundlage für das synaptische Netzwerk, welches später durch das erfahrungsabhängige Lernen erforderlich wurde.

(2) Der zweite Vorgang ist die Synapseneliminierung – die Beschneidung von ungenutzten Verbindungen – die es deinem funktionalen Gehirn ermöglichte, effizienter zu sein und das Lernen verbesserte, indem redundante, obsolete oder nicht mehr genutzte Verbindungen entfernt wurden.

(3) Der dritte erfahrungserwartende Vorgang, der erforderlich ist für das Lernen, ist die Myelinisierung der Nervenfasern mit einer fetthaltigen Biomembran (wodurch die weiße Substanz entsteht), wodurch die Kommunikation der vielgenutzten Neuronen um das dreitausendfache im Vergleich zu normalen Nervenzellen, beschleunigt wird.

Wir werden uns nun diese drei Vorgänge genauer anschauen, da sie notwendig sind, damit wir als Erwachsene unsere *transzendentale Bestimmung* erkennen und entfalten können.

Die Sinne

Für gewöhnlich sprechen wir von fünf Sinnen – Sehen, Hören, Tastsinn, Riechen und Fühlen - wir verfügen aber noch übersensorische Systeme die uns Informationen über unsere Körperlage, viszerale (die Eingeweide betreffende) Empfindungen, Temperatur und Schmerz liefern.[412] Alle Sinne sind bei Geburt rudimentär ausgebildet und werden dann während unserer Kindheit und Jugend im Gehirn durch erfahrungserwartendes Lernen mit Hilfe von externen Sinneswahrnehmungen weiterentwickelt und geschärft.

Die Entwicklung der Sinneswahrnehmung ist ein dynamischer Prozess, der in unserem Gehirn vonstattengeht, schließlich ist unser Gehirn kein passiver Empfänger für sensorische Signale. Was wir sehen, hören, fühlen, schmecken und riechen ist bereits beeinflusst durch Gefühle, Erinnerungen, Stimmungen und Überzeugungen. Unsere Wahrnehmung der Welt ist letzten Endes eine Schöpfung des Gehirns und dieselbe physische Erfahrung kann von einem anderen Menschen, oder aber auch von uns selbst zu einem anderen Zeitpunkt, sozusagen tagesformabhängig, unterschiedlich wahrgenommen werden.

Alle Sinne verwenden dieselben grundlegenden Nervenbahnen: Ein Sinnesorgan, das Erscheinungen wie Licht, Klang (Luftdruck/Wellen), Gerüche, Temperatur oder Körperkontakt in elektrische Impulse umwandelt, die dann durch Nervenfaserbündel zu den entsprechenden Bereichen des Gehirns geleitet werden, um sie zu verarbeiten. Signale von den Ohren werden zur Hörrinde im Temporallappen geleitet, von den Augen zur Sehrinde im Occipitallappen, von der Nase zum Riechkolben. Aus den entsprechenden Mustern neuronaler Aktivität leitet das Gehirn die Einzelheiten des Gehörs, des Sehens, des Riechens und anderer Sinneswahrnehmungen ab. Mit Hilfe der Sinneswahrnehmung gibt das Gehirn den Dingen einen Sinn, indem es die eingehenden Informationen mit der Erinnerung, Gefühlen und Kognition verknüpft und somit organisiert. Bemerkenswerterweise hat die Forschung ergeben, dass ein auditiver Stimulus 8-10 ms benötigt, um vom Ohr aus den Hörlappen im Gyrus temporalis superior zu erreichen, ein optischer Stimulus aber 20-40 ms benötigt, um von den Augen aus den Occipitallappen im hinteren Teil des Gehirns zu erreichen. Gleichermaßen beträgt die durchschnittliche Reaktionszeit (RZ) für die Wahrnehmung visueller Stimuli um die 180-200 ms und für akustische Signale um die 140-160 ms – dabei weisen in nahezu jeder Altersgruppe Männer schnellere Reaktionszeiten als Frauen auf – dieser „Rückstand“ bei Frauen ist nicht durch Übung zu reduzieren.[413]

Top-Down- und Bottom-Up-Prozesse

Im Verlauf der Zeit beziehen die Sinneswahrnehmung und die Informationsverarbeitung im Gehirn „Top-Down“ und „Bottom-Up-Prozesse“ mit ein. Das bedeutet, dass die hochentwickelten Teile des Gehirns nicht bloß passiv Sinnesinformationen erhalten, sondern auch bedingen, indem irrelevante Eingaben gehemmt werden und aus Informations-fragmenten Strukturen mit Bedeutung gebildet werden. Erwachsene sind beispielsweise in der Lage, auf einer lauten Party eine Unterhaltung zu führen, da das Gehirn automatisch dafür unbedeutende Geräusche und andere Informationen ausblendet. Auch sind wir in der Lage, aus Teilstücken von gehörten Lauten Wörter zu bilden und zu verstehen, ebenso auch bild- und fragmenthafte Wahrnehmung zu Gesamtbildern zusammenzufügen.

Dazu sind wir in der Lage, weil unsere Gehirne mehr machen, als lediglich auditive und visuelle Empfindungen zu übersetzen – sie füllen die Lücken und filtern heraus was sie als irrelevant werten, womit sie uns auch vor Überreizung schützen und dafür sorgen, dass wir den Fokus behalten. Bei Menschen mit Hochsensibilität sind diese Filterautomatismen schwächer ausgeprägt.

Beispiel? Es ist eagl in wcheler rhnfgeeloie die bstuchbaen in eniem wrot snid. das eniizg whictgie ist, dsas der etrse und der lztete bstuchbae am rtigeichn paltz snid. der rset knan tatol deiuranchnedr sien und man knan es ienrmomch onhe porbelm lseen.

Wr knen sga poblmos Wter lsn, n dnen mrere Buctben flen, d unr Grn dn Rst hnzügt.

3b3n50 157 un53r 63h1rn 1n d3r l463, d1353n 73x7 0hn3 d4rÜb3r n4chzud3nk3n zu l353n

d1353 n4chr1ch7
d13n7 4l5 b3w315 d4für,
d455 un53r v3r574nd
h3r4u5r463nd3 l3157un63n
vollbr1n63n k4nn!
b331ndruck3nd3 le157un63n!
4m 4nf4n6 w4r 35 5chw3r,
4b3r nun,
4b d1353r z31l3,
li357 d31n v3r574nd
g4nz 4u70m4715ch
0hn3 üb3rh4up7
n4chzud3nk3n.
531 570lz!

nur w3n163 k03nn3n d45

l353n

Diese Fähigkeit kann auch zu Fehlinterpretationen führen – wenn wir nämlich sehen oder hören, was wir erwarten zu sehen bzw. hören. Sind die Linien unten gerade oder gekrümmt?

Grafik 27. Optische Täuschung. Gekrümmt oder gerade?

Sieht Lincoln hier normal aus?

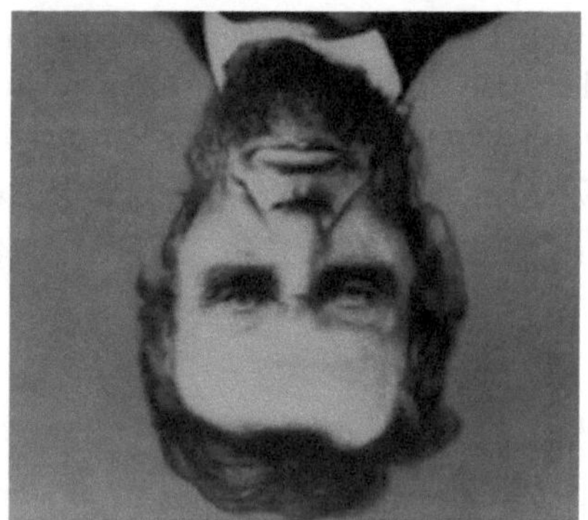

Grafik 28. Foto von Lincoln auf den Kopf gestellt.

Eigentlich ja, aber drehen wir es um und schauen es noch mal an.

Grafik 29. Foto von Lincoln, richtig herum.

Etwas ist falsch … sein Mund und seine Augen sehen nicht ganz richtig aus.[414]

Die horizontalen Linien unten – sind sie gleich lang?

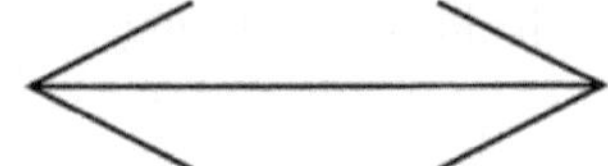

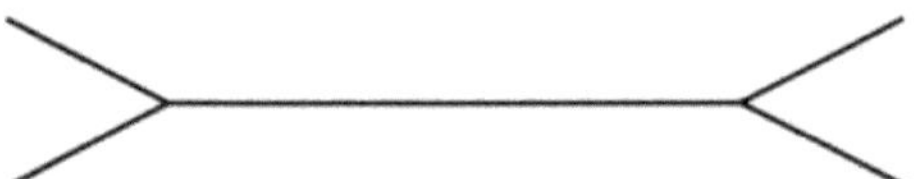

Grafik 30. Optische Täuschung mit Pfeilen

Die beiden Horizontalen sind gleich lang, auch wenn die untere länger wirkt.

Es ist nachgewiesen, dass die „Mentalität" – Erwartungshaltung – die neuronale Reizung in den primären sensorischen Hirnrinden beeinflussen kann: Wir sehen und hören (fühlen, riechen, etc.) oft, was wir als Sinneswahrnehmung erwarten. Siehst du zum Beispiel die alte Frau unten?

Und die junge Frau?

Grafik 31. Optische Täuschung – junge und alte Frau in einem Bild

Erfahrungserwartendes Lernen

In den ersten Lebensjahren *erwartet* das Gehirn, dass es durch seine Sinnesorgane Sinneserfahrungssignale empfängt. Jegliche Erfahrung wird dabei ihren Zweck erfüllen, sofern die Sinne gereizt werden. Das Zentrum für Kinderentwicklung der Universität in Harvard (Center on the Developing Child at Harvard University) schreibt dazu:

> „Ereignisse hinterlassen eine chemische „Signatur" auf Genen, die dafür verantwortlich ist, ob und wie die Gene zur Expression kommen. Diese Signaturen in ihrer Gesamtheit werden Epigenom genannt. Das Gehirn ist während der frühen Entwicklung besonders reaktiv auf spezifische Erfahrungen und die Umgebung. Externe Erfahrungen entfachen Signale zwischen den Neuronen, die mit der Bildung von Proteinen reagieren. Diese genregulatorischen Proteine haften sich an den Kern der neuronalen Zelle, wo sie Enzyme entweder anziehen oder abstoßen, die sie an die Gene anknüpfen können. Positive Erfahrungen, wie die Möglichkeit vielfältige Lernchancen zu haben, und negative Einflüsse, wie Unterernährung und Umweltgifte, können die Chemie beeinflussen, aus der die Gene der Gehirnzellen zusammengesetzt sind – **eine Veränderung, die temporär oder dauerhaft sein kann**. Dieser Prozess heißt epigenetische Modifikation. Epigenetische „Marker" verfügen darüber, an welchem Ort und wie viel Protein von einem Gen hergestellt wird, effektiv bedeutet das, dass das Gen „an" oder „aus" ist. Solche epigenetische Modifikation erfolgt für gewöhnlich in Zellen aus denen Organsysteme bestehen, dadurch wird beeinflusst, wie diese Systeme sich entwickeln und wie sie funktionieren. Das bedeutet, dass Ereignisse, die das Epigenom im frühen Leben, zu einem Zeitpunkt, an dem sich spezialisierte Zellen von Organen, wie **das Gehirn**, das

Herz, die Nieren, gerade erst entwickeln, beeinflussen, eine starke, lebenslange Auswirkung auf die körperliche und geistige Gesundheit haben können. Die Tatsache, dass Gene modifizierbar sind durch hohe Stresslevel, Ernährungsprobleme sowie andere negative Einflüsse unterstreicht die Notwendigkeit von unterstützenden und fürsorglichen Erfahrungen für kleine Kinder in den frühen Kindheitsjahren, wenn die Gehirnentwicklung am schnellsten verläuft."[415]

Fehlende Erfahrungen

Wenn diese erwarteten Erfahrungen nicht durch unsere Sinne zum richtigen Zeitpunkt in der richtigen Menge im richtigen Alter zur Verfügung gestellt werden, so können sich unsere Gehirne nicht richtig normal entwickeln.

Das visuelle System kann dafür gut als Beispiel herhalten. Wenn visuelle Stimuli fehlen, beispielsweise durch Defekte des Auges oder wenn das Neugeborene über einen langen Zeitraum im Dunkeln eingesperrt wäre, so würden sich die visuellen Teile des Gehirns nicht entwickeln und feineingestellt und das Kind wäre dann, als Erwachsener, nicht in der Lage, voll zu sehen. Dasselbe gilt für andere Sinnes-Systeme.[416]

Ein anderes Beispiel erfahrungserwartenden Lernens ist die natürliche Fähigkeit des Menschen, Sprache zu lernen. Kinder lernen ihre Muttersprache unter einer großen Breite von kulturellen Bedingungen. Unsere Gehirne sind dazu programmiert, menschliche Sprache zu erkennen, subtile Unterschiede zwischen individuellen Sprachlauten zu unterscheiden, Worte und Sinnzusammenhänge zusammenzusetzen und, lange bevor wir später die Regeln der Grammatik in der Schule lernen, Wörter in Sätzen zu ordnen. Menschen haben keine angeborenen Veranlagungen für die charakteristischen Phoneme einer Sprache – die in der Wahrnehmung unterschiedlichen Einheiten eines Lauts in einer Sprache, die ein Wort von einem anderen unterscheiden – im Deutschen beispielsweise die langen und kurzen Vokale in Lamm/lahm, Beet/Bett, rasten/rasten (sie rasten (fuhren schnell), sie rasten (ruhen sich aus)), oder K und T in Katze/Tatze. Das bedeutet, dass Kleinstkinder alle Laute menschlicher Sprache wahrnehmen und unterscheiden können. Letztlich verlieren sie diese Fähigkeit aber. Ein berühmtes Beispiel ist die fehlende Fähigkeit von japanischen Muttersprachlern, R und L zu unterscheiden – diese Unterscheidung gibt es im Japanischen nicht. Das bedeutet, mit anderen Worten, dass die individuelle Sprache eines Kindes, der Wortschatz und der explizite Dialekt und Akzent mit dem es spricht, von dem kulturellen Umfeld in dem es heranwächst abhängt – von den tausenden Stunden (selbst schon im Mutterbauch), die es damit verbringt zunächst anderen zuzuhören und dann mit anderen zu sprechen. Das genetische Potential ist erforderlich, aber DNA alleine bringt keinem Kind das reden bei.[417]

Auch wenn die ersten drei Jahre für die erfahrungserwartende Gehirnentwicklung durch Stimulierung der Sinne von größter Bedeutung sind, handelt es sich dennoch nicht um ein enges und striktes Zeitfenster, welches danach geschlossen wird, wie in der Abbildung unten zu sehen ist.[418] Manche Zeitfenster reichen bis in die Jugendjahre, beispielsweise die verschiedenen Arten des Sehens – Sehschärfe, Farbwahrnehmung,

Bewegungsschärfe, Tiefenwahrnehmung, binokulares Sehen – jeder dieser Punkte hat seinen eigenen kritischen (oder empfindsamen) Wachstumszeitraum. Das Diagramm, welches von UNICEF herausgegeben wurde, bietet eine Übersicht über das jeweilige Zeitfenster für die gesunde Entwicklung der jeweiligen Sinneswahrnehmung und die kognitive Entwicklung in der frühen Kindheit.[419]

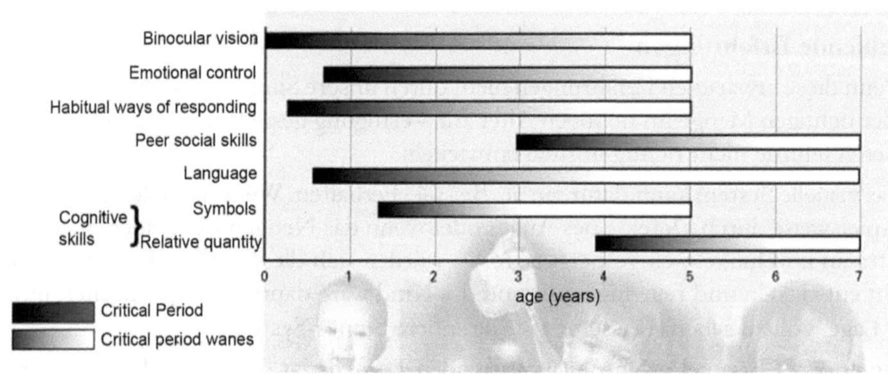

Grafik 32. Kritische Zeitfenster für die Entwicklung des Gehirns.

Darüber hinaus sind die richtigen Nährstoffe für die Entwicklung des Gehirns nach der Geburt sehr wichtig. Omega-3-Fettsäuren[420] beispielsweise, ein Hauptfett für das Gewebe von Augen und Gehirn, findet sich in der Muttermilch wieder (einer der vielen Vorteile des Stillens) sowie in Nahrung mit Fischen, Nüssen und Samen, die von Kleinkindern gegessen werden können.

In den meisten Fällen liegen die Arten der Stimuli, die junge Gehirne für das erfahrungserwartende Lernen benötigen, den Kindern in Hülle und Fülle zur Verfügung und ein breites Spektrum an Erfahrung ist dafür geeignet. Nichtsdestotrotz gibt es Unterschiede, die sich auf die frühe Entwicklung des Gehirns auswirken. Wenn wir die Erfahrungen, die Kinder vor dem Fernseher und beim Computerspielen haben, mit denen vergleichen, die Kinder haben, wenn ihnen vorgelesen wird oder sie frei in einem adäquaten Umfeld spielen können und Beziehungen zu Menschen aufbauen können, so werden die Unterschiede offenbar. Oder wir stellen uns einfach die Unterschiede der täglichen Stimulation von Kindern vor, die in der Stadt, mit zwei arbeitenden Eltern aufwachsen, verglichen mit Kindern auf dem Lande, denen ein breites Spektrum an Landschaft und freien Spielmöglichkeiten zur Verfügung stehen.

Ein sehr trauriges Beispiel für Kinder, die nicht genügend Stimuli und Nährstoffe erhalten haben, sind die Kinder, die ihre ersten Jahre in den tristen Waisenhäusern Rumäniens verbracht haben. Manche von ihnen sind inzwischen junge Erwachsene, die in den USA leben und eingehend untersucht werden konnten. Diese weisen eine große Vielfalt an Problemen kognitiver Natur und ihres Verhaltens. Ihre Gehirne verfügen über eine geringere Menge weißer Substanz als vergleichbare Kinder, die unter normalen Umständen aufgewachsen sind. Die beeinträchtigten Regionen ihrer Gehirne schließen jene mit ein, die für die kognitive Leistung, emotionale Verarbeitung, Konzentration, ausführende Funktion und Sinnesverarbeitung zuständig sind. Diese Ergebnisse belegen, dass äußerliche Beeinträchtigungen der Sinneswahrnehmung im frühen Alter dramatische anatomische Auswirkungen auf das Gehirn haben, die zu keinem späteren Zeitpunkt wieder gut gemacht werden können und bestätigen die Annahme, dass sich das auf das Verhalten auswirken kann.[421]

Aufschlag und Rückspiel

Eine weitere Hauptdynamik im Entwicklungsprozess unserer Hirnarchitektur in jungen Jahren ist die Interaktion, *Aufschlag und Rückspiel*, zwischen Kindern und ihren Eltern und anderen Bezugspersonen. Wenn ein Kleinkind plappert, gestikuliert oder weint und ein Erwachsener darauf passend mit Augenkontakt, Worten oder Körperkontakt reagiert, so werden im Gehirn des Kindes neuronale Verknüpfungen gebildet und verstärkt, die die Entwicklung von kommunikativen und sozialen Fähigkeiten stärken. Gleich dem hin und her im Tennis-, Volleyball- oder Tischtennisspiel bietet dieses Prinzip dem Baby Unterhaltung, aber auch die Möglichkeit seine Fähigkeiten auszubilden. Wenn die Bezugspersonen sensibel und ansprechbar für die Zeichen und Bedürfnisse eines jungen Kindes sind, so bieten sie ihm ein Umfeld, welches reich ist an Aufschlag-Rückspiel-Erfahrungen. Fehlt aber ansprechbare Pflege – oder die Reaktionen sind unzuverlässig oder unangemessen – so wird die Entwicklung des Gehirns, und folglich auch die physische, geistige und emotionale Gesundheit, gestört, was später zu Verhaltens- und Lernstörungen führen kann. Das bedeutet, mit anderen Worten, dass ein Mobile über der Wiege, Mozarts Musik[422] oder Fernsehen[423] für ein Kind, bei gleichzeitiger Abwesenheit von gesunder Aufschlag-Rückspiel-Interaktion, nicht zu einer gesunden Ausbildung der Synapsen führen kann.

Das anhaltende Fehlen von dieser Interaktion wirkt sich tatsächlich sogar doppelt negativ auf die gesunde Entwicklung aus. Nicht nur, dass dem Gehirn die positive Stimulierung, die es benötigt, fehlt – die körperliche Reaktion darauf ist Stress, wodurch das Gehirn in der Entwicklung möglicherweise schädlichen Hormonen ausgesetzt ist. Normaler Stress, der durch die Ausschüttung von Hormonen verursacht wird, für den ein Umgang durch Interaktion mit anderen erlernt wird, ist noch keine Gefahr und ein wichtiger Bestandteil in der Entwicklung des Gehirns und führt zur Entwicklung eines breiten Spektrums physiologischer Reaktionen, die den Körper darauf vorbereiten mit Gefahren umzugehen. Doch starke Mengen toxischer Stresshormone, über einen längeren Zeitraum, ohne fördernde Beziehungen, die in der Lage sind, das Kind zu beruhigen, schwächen die Architektur des Gehirns in der Entwicklung. Diese Stressfaktoren behindern die Entwicklung neuronaler Verknüpfungen, vor allem in jenen Regionen des Gehirns, die für die Fähigkeiten höherer Ordnung zuständig sind, und führen so zu lebenslangen Lern- und Verhaltensbeeinträchtigungen, die zur Hauptursache mannigfaltiger gesundheitlicher Einschränkungen körperlicher und mentaler Natur sein können, mit denen die Menschen in ihrem späteren Leben zu kämpfen haben.

Neuronale Plastizität

Der Begriff neuronale Plastizität wurde in der zweiten Hälfte des zwanzigsten Jahrhunderts geprägt, als neuere Forschungen ergaben, dass bestimmte Bereiche des Gehirns bis in das Erwachsenenalter formbar (oder „plastisch") bleiben. Diese Ergebnisse revidierten den etablierten wissenschaftlichen Konsens. Zuvor war man davon ausgegangen, dass sich das Gehirn in den kritischen Phasen der Kindheit voll entwickelt und danach relativ unveränderlich oder „statisch" bleibt. Neuroplastische Veränderungen können im Kleinen, durch kleine Veränderungen einzelner Neuronen, oder aber, wie beim Remapping nach schweren Verletzungen, vor allem bei Kindern, über das gesamte Gehirn verteilt stattfinden.

In manchen Bereichen der Sinneswahrnehmung ermöglicht die neuronale Plastizität die Entwicklung gesünderer neuronaler Verknüpfungen und die Neugestaltung älterer, unvorteilhafter – es bleibt jedoch ein schmerzhafter und mangelhafter Prozess, der viele Jahre der Psychotherapie bzw. psychologischer Betreuung erfordert.

Änderungen im Verhalten, Umwelteinflüsse, Gedanken (Achtsamkeit) und Gefühle können ebenso neuronale Anpassungen durch aktivitätsabhängige Plastizität hervorrufen. Diese Erkenntnis der neuronalen Plastizität hat bedeutende Auswirkung auf die Wahrnehmung von Entwicklung des Gehirns, Lernen, Erinnerung und Genesung nach Gehirnschäden.[424]

Ähnlicherweise führt der Verlust eines Sinnes zur Stärkung eines anderen (oder mehrerer). Die erhöhte Sensibilität des Gehörs und des Tastsinns vieler Sehbehinderter spiegelt die Neuzuordnung von Teilen des visuellen Kortex für die Verarbeitung auditiver und haptischer Verarbeitung wieder. Manche Erblindete sind sogar in der Lage, sich durch Echoortung zu orientieren, indem sie mit ihrer Zunge Klickgeräusche machen und auf die, von Objekten zurückgeworfenen, Geräusche achten. Dabei nutzen sie neuzugeordnete Regionen des Gehirns, die bei gewöhnlicher Zuordnung das Sehen verarbeiten.

Synapseneliminierung (Pruning)

Ein weiterer wichtiger Faktor für die Erkenntnis und das Entfalten unserer späteren *transzendentalen Bestimmung* ist die Synapseneliminierung durch *Pruning*. Es gibt zwei Arten der Synapseneliminierung „breites stereotypes Axon-Pruning" und „kleines Pruning der Axonterminale".[425] Das erste findet kurz vor und nach der Geburt statt, das zweite während bestimmter Zeiträume in der Kindesentwicklung und, in bestimmten Bereichen des Gehirns, bis in die frühen 20er, wodurch das Gehirn plastisch bleibt, d.h., offen für Veränderungen.[426]

Pruning im kleinkindlichen Gehirn

Wie oben beschrieben wandern Neuronen während der Entstehung des Gehirns aufwärts zu ihren bestimmten Orten. Während dieses Prozesses hinterlassen sie lange Axon-Verästelungen sowohl zu geeigneten als auch zu ungeeigneten Zielbereichen hinter ihnen. Durch die Synapseneliminierung werden die Synapsen, die für die Funktion des Körpers nicht mehr erforderlich sind, gekappt und entfernt und es bleiben nur noch jene Verknüpfungen, die mit den funktionalen verarbeitenden Zentren des Gehirns verknüpft sind. Dieser Prozess ist genetisch bedingt und ermöglicht dem Gehirn unnötige und einfache Verbindungen zu lösen und komplexere Strukturen aufzubauen.[427]

Dave Featherstone, Professor der Biologie/Neurowissenschaften verfasste diese Analogie der Synapseneliminierung:

> *Stellen Sie sich eine neue Stadt vor. Sie benötigt Straßen, die alle Häuser und Gebäude miteinander verbinden. Wenn die Straßen so strukturiert würden, wie das Nervensystem Verknüpfungen zwischen den Zellen erschafft, dann würde jede neue Stadt damit anfangen, wie irre Straßen zu bauen, die alles miteinander verbinden. Das würde dazu führen, dass es zu viele Straßen gäbe und die Anordnung wäre nicht sehr praktikabel. Es würde 15 Straßen zu dem einen Haus geben, 2 zu einem anderen und ein Haus würde keine Straßen haben. Es würde etliche Straßen zu Plätzen geben, die dort gar nicht gebraucht werden. Wie kommt man mit diesem Chaos zurecht? Im Verlauf der Zeit werden die Straßen entfernt, die nicht benötigt werden. Und nur die meistbefahrenen Straßen würden übrigbleiben. Am Ende sieht es dann so aus, als wäre alles von vorneherein elegant geplant. Alles ist effizient. Tatsächlich ist es aber das Ergebnis von (über-)ambitioniertem Straßenbau gefolgt von ‚Straßen-Pruning'.*[428]

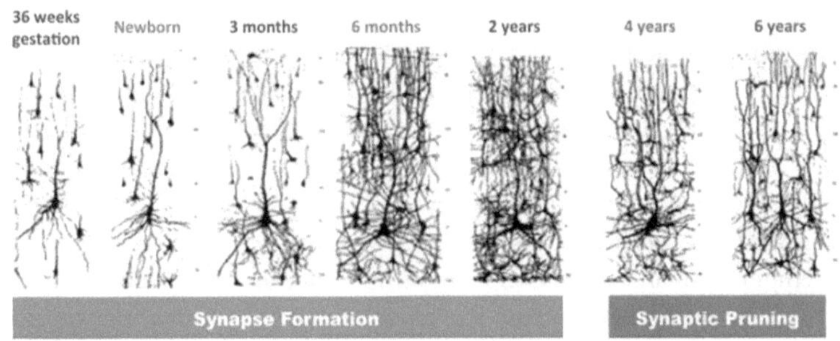

Grafik 33. Synapsenbildung und -eliminierung im Gehirn

Pruning im reifenden Gehirn

Die Synapseneliminierung, welche mit dem späteren Lernen in Verbindung gebracht wird, ist bekannt als das „kleine Pruning der Axonterminale" und hängt stark von Umwelt- und Umfeldfaktoren ab. Wenn wir Erfahrungen machen und Lernen, fahren Axone kurze Verästelungen zu Neuronen in einem bestimmten Feld aus. Manche dieser Axonterminalverästelungen werden gekappt, da sie im Wettstreit gegen stärkere, belebtere Verknüpfungen unterliegen, andere Verästelungen werden nach der Verfallsregel bei Nichtnutzung gekappt, wie wir auch schon bei der synaptischen Plastizität festgestellt haben. Diese Art des Pruning wird auch als neuronaler Darwinismus bezeichnet, da nur die kräftigsten und angepasstesten Synapsen das Erwachsenenalter erreichen. Das bedeutet, dass jene Schaltkreise, die aktiv verwendet werden, bestehen bleiben, während jene, die wenig und gar nicht gebraucht werden, Gefahr laufen zu verwelken und zu verschwinden.

In den frühen 20ern findet der Kreislauf des Pruning seinen Abschluss, und es bleiben junge Erwachsene mit voll entwickelten Gehirnen zurück. Sie haben nun ihre grundlegenden Fähigkeiten, Persönlichkeiten, Charakter, Werte und Vorstellungen. Diese Gehirne haben nun eine gewisse Immunität gegen Veränderungen, um die Fähigkeiten, die sie erworben haben, dazu gehören Laufen, Sprechen, Schwimmen, Fahrradfahren, Musikinstrumente, soziale Kompetenzen, etc., zu bewahren (es wäre schlimm, wenn wir diese notwendigen Fähigkeiten, mir nichts, dir nichts, wieder verlernen oder variieren würden) und das Erlernen zusätzlicher Fähigkeiten oder die Änderung von Gewohnheiten und des Charakters werden zunehmend schwerer.

Dabei ist es aber wichtig festzuhalten, dass das synaptische Pruning in der Adoleszenz sich stark von den regressiven Mustern im hohen Alter unterscheidet. Während nämlich das Heranwachsendenpruning erfahrungsabhängig ist, sind die verkümmernden Verknüpfungen im gehobenen Alter es nicht. Pruning kann man vergleichen mit dem Zurechtmeißeln und Formen eines Steins zu einer Statue. Wenn die Statue fertig ist, beginnt das Wetter, die Statue zu erodieren. Diese Erosion entspricht der erfahrungs*un*abhängigen Löschung von Verknüpfungen.

Glitchy Pruning

Seit einigen Jahren gehen die Forscher der Vermutung nach, dass das *Glitchy Pruning* (defizitäres Pruning) eine nicht unerhebliche Rolle bei der Entstehung psychischer Störungen spielt, da viele während der späten Adoleszenz oder im jungen Erwachsenenalter zutage treten, nach dem das Pruning stattgefunden hat. Die ersten Hinweise darauf lieferten bildgebende neurowissenschaftliche Untersuchungen, die belegten, dass die Gehirne von Menschen mit psychischen Störungen im Vergleich mit neuro-typischen Gehirnen weniger neuronale Verknüpfungen in den vorderen Gehirnregionen aufwiesen. Menschen, die an Schizophrenie leiden scheinen eine Genvariation zu haben, die das aggressive „Kennzeichnen" zum Pruning wichtiger Verknüpfungen bedingt.[429]

Myelinisierung

Myelinisierung spielt auch eine wichtige Rolle bei der Erkenntnis unserer *transzendentalen Bestimmung* und für die Entwicklung der Fähigkeiten sie zur Entfaltung zu bringen. Myelin ist eine fettige Substanz die zu 40 Prozent aus Wasser, zu 45 Prozent aus Lipiden und zu 15 Prozent aus Proteinen besteht. Sie ist weiß und unter dem Mikroskop als die weiße Masse des Gehirns erkennbar. Sie bildet eine Ummantelung der Nervenfasern (Axone) und isoliert sie, ganz so wie der leitende metallische Kern eines Kabels ummantelt wird von nichtleitfähigem Plastik um Kurzschlüsse zu vermeiden.

Während der fötalen Phase sind die Axone ohne jegliche Ummantelung ausgebildet. Die Myelinisierung beginnt in den letzten Monaten der Schwangerschaft, findet unter hoher Geschwindigkeit in der frühen Kindheit statt und wird dann bis in die frühe Adoleszenz langsamer. Unbedeutende, selten genutzte Verknüpfungen erhalten dabei keine Myelinbeschichtung und senden die Impulse recht langsam, während jene, die vital sind und oft genutzt werden, ummantelt werden. Den myelinisierten Verknüpfungen ist es daher möglich, Signale ohne Streuung und Interferenz mit anderen Signalen naheliegender Axone von Nervenzelle zu Nervenzelle zu senden. Die Ummantelung verhindert somit auch das „entweichen" elektrischer Impulse und die Übermittlung derselben bei hundertfacher Geschwindigkeit. Es wird auch die Refraktärzeit (die Ruhephase zwischen den Impulsen) um das dreißigfache verringert. Daraus ergibt sich, dass die neuronale Feuerungsrate mit Hilfe der Myelinisierung dreitausendmal so schnell erfolgen kann wie ohne.

Die Ernährung der Mutter mit genügenden Proteinen und Spurenelementen ist während der Schwangerschaft und für die Kinder nach ihrer Geburt unerlässlich, damit die Myelinisierung ohne Probleme ablaufen kann. Es gibt einige Hinweise darauf, dass ein Vitamin-B12-Mangel während der kritischen Myelinisierungsphasen die Ummantelung der Nervenfasern hemmen kann. Bekannt ist auch, dass Krankheiten, die die Myelinisierung stören, auch einen Einfluss auf die kognitive Funktion haben. Die fehlende Myelinisierung kann dabei auch weitere negative Effekte auf die Kindesentwicklung haben, wenn nämlich die verantwortlichen Bezugspersonen passiveren Kindern weniger Aufmerksamkeit zukommen lassen, die dadurch weniger Anregung aus dem Umfeld erhalten und dadurch weniger aus dem Aufschlag-Rückspiel-Prinzip profitieren können. Das alles kann noch durch sozioökonomische Benachteiligungen verschlimmert werden, die oft Ursache für Nährstoffmangel während Schwangerschaft und Kindheit sind.

Als wir im Kindesalter erkannten, dass wir in der Lage waren eine anfängliche Herausforderung, wie beispielsweise Laufen, Fahrradfahren, Schnürsenkel zubinden, Schwimmen, Lesen, Schreiben, das Spielen eines Musikinstruments, ein ferngesteuertes Auto zu Fahren, etc., zu meistern, ohne bewusst darüber nachdenken zu müssen, so hatte dabei die Myelinisierung ihre Finger im Spiel. Sie führte dazu, dass wir die Fähigkeit automatisch abrufen konnten, indem sie schneller da war, als wir denken können. Dieser Automatismus wird manchmal auch Muskelgedächtnis oder Körpergedächtnis genannt, da der Körper macht, ohne zu denken. Genauer bedeutet es aber wirklich nur, dass das Gehirn schneller macht, als es denken kann.[430]

Erfahrungsabhängige Synapsenbildung

Wenn wir um die drei Jahre alt sind wird neues Gehirnwachstum und die Verfeinerung existenter Strukturen durch die sogenannte erfahrungsabhängige Synapsenbildung befördert. Im Gegensatz zu der erfahrungserwartenden Entwicklung, die unter Normalbedingungen unbewusst schon vor der Geburt einsetzt und bis in die frühe Jugend reicht, unterscheidet sich diese Art der Gehirnentwicklung sehr von Mensch zu Mensch, da sie abhängt von den individuellen Lernbedingungen und der Entwicklung der Fähigkeiten. Ein Kind, welches beispielswiese in der Großstadt aufwächst und früh Musik- oder Tanzunterricht erhält, oder viele Sprachen in der Umgebung wahrnehmen kann, entwickelt Fähigkeiten, die es für das Stadtleben stärkt, während ein Kind, welches in einem ländlichen Umfeld mit wilden Tieren und Landwirtschaftstieren aufwächst, besser ausgestattet ist, um in der Natur zu leben.

Oder, um eine IT-Analogie zu wählen: Erfahrungserwartendes Lernen ist vergleichbar mit der Installation des Betriebssystems auf dem Computer, welches erst mal vergleichbar ist mit dem eines anderen Computers, während erfahrungsabhängiges Lernen vergleichbar ist mit den einzelnen Programmen, die installiert werden, und auch mit den Dateien die mit ihrer Hilfe geschaffen und gespeichert werden.

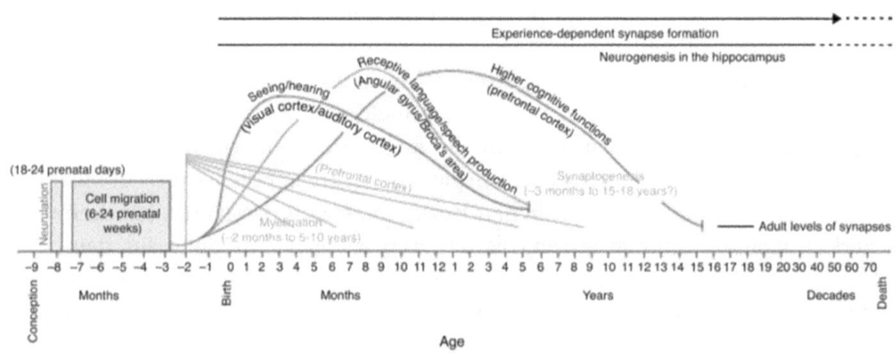

Grafik 34. Synapsenbildung

Entwicklung des Gehirns und die Bestimmung

Auf Grund der schnellen Bildung von Synapsen und der raschen Myelinisierung in jungen Jahren sind wir in der Lage unsere genetisch bedingten natürlichen Talente und Fähigkeiten viel schneller zu entwickeln als im fortschreitenden Alter, wie wir auch in dieser Grafik sehen können:[431]

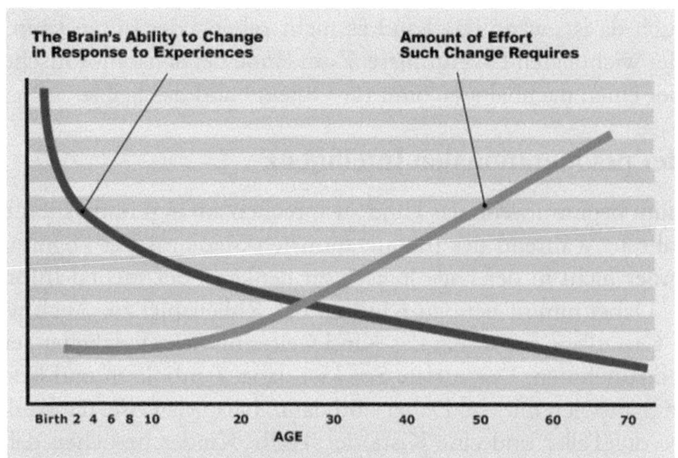

Grafik 35. Altersabhängiger Rückgang der Synapsenbildung

Die Epigenetik und das Pruning können teilweise erklären, warum manche Menschen natürliche Talente und Stärken entwickeln, die es ihnen ermöglichen, mit Leichtigkeit ihre *transzendentale Bestimmung* als Erwachsene zu erkennen und zu entfalten, während andere unterschiedlichste Strategien anwenden müssen und individuellen Pfaden folgen müssen (womit wir uns in Kapitel 12 beschäftigen werden), um ein Gefühl dafür zu bekommen, was ihre Bestimmung, über die *biologische Bestimmung*, hinaus ist, während andere niemals etwas darüber erfahren.

Kindesentwicklung

In Zusammenhang mit dem erfahrungserwartenden und dem erfahrungsabhängigen Lernen stehen die Stadien der kognitiven Entwicklung die der schweizer Psychologe Jean Piaget[432] herausstellte, angefangen mit dem Stadium der Sensomotorischen Intelligenz der ersten zwei Lebensjahre, gefolgt von dem Stadium der Präoperationalen Intelligenz , der konkret-operationalen Intelligenz und der formal-operationalen Intelligenz bei Kindern und jungen Erwachsenen.

Stadium der sensomotorischen Intelligenz

In dieser Phase erleben Kinder die Welt durch Bewegung und ihre fünf Sinne von einer sehr egozentrischen Perspektive – sie sind nicht in der Lage, den Standpunkt anderer einzunehmen.[433] Wie weiter oben beschrieben bauen Kleinkinder ihr Wissen und das Verständnis von der Welt durch die Koordination von Erfahrungen (wie beispielsweise Sehen und Hören) mit körperlicher Interaktion mit Objekten (wie Greifen, Saugen, Drauftreten) auf. Sie entwickeln sich dabei von reflexivem, instinktivem Handeln nach der Geburt zu symbolischem Denken gegen Ende dieses Stadiums im Alter von 24 Monaten. Die Entwicklung der Objektpermanenz, dem Bewusstsein darüber, dass ein Objekt auch da ist, wenn das Kind es nicht sehen oder hören kann, ist in dieser Phase eines der wichtigsten Erkenntnisse. Zum Ende der sensomotorischen Phase entwickeln Kinder einen nachhaltigen Sinn für Objekte und das Selbst.

Stadium der präoperationalen Intelligenz

Dieses Stadium beginnt, wenn das Kind zu sprechen anfängt und dauert bis zum Alter von sieben Jahren. Während des präoperationalen Stadiums der kognitiven Entwicklung sind Kinder nicht in der Lage logisch zu denken oder mental Informationen zu manipulieren. Dabei nimmt bei den Kindern das Rollenspiel zu. Auch wenn es dafür eine wichtige Grundlage ist, so hat das Kind weiterhin Schwierigkeiten, einen anderen Standpunkt einzunehmen. Das meiste Spiel ist dabei symbolisch und bezieht die Veränderung von Symbolen mit ein. Dabei sind dann, beispielsweise, die Bauklötze was zu essen, Papiere die Teller und eine Kiste der Tisch. Kinder brauchen dabei nicht mal wirklich Objekte, da ihr Handeln allein schon in der Lage ist, imaginierte Objekte zu erschaffen, die für die ins Spiel integrierten Objekte herhalten, wie beispielsweise im Schwertkampf mit einem unsichtbaren Schwert oder beim Wiegen eines unsichtbaren Säuglings.

Die präoperationale Phase ist dabei dürftig und logisch inkonsistent was Denkoperationen betrifft. Das Kind ist in der Lage belastbare Konzepte genauso wie magische Überzeugungen aufzubauen. Das Kind ist dabei jedoch nicht in der Lage Aufgaben zu erfüllen, die von ihm eine zu hohe geistige Partizipation erfordern. Das Denken ist weiterhin egozentrisch, was bedeutet, dass es Schwierigkeiten hat, die Sichtweise Anderer zu verstehen.

Das Stadium der präoperationalen Intelligenz wird unterteilt in zwei Unterstadien: das Substadium des symbolischen Denkens und das Substadium des anschaulichen Denkens. In der Phase des symbolischen Denkens sind Kinder in der Lage Objekte in ihrem Verstand zu verstehen, sich vorzustellen, zu erinnern und zu vergegenwärtigen, die sie nicht vor sich haben. Diese Phase kann verglichen werden mit der magischen Magenta-Stufe der Bewusstseinsentwicklung, die wir in Teil 1 untersucht haben.

Im Substadium des anschaulichen Denkens stellen Kinder die typischen „Wie-“ und „Warum-Fragen“ und wollen alles wissen (und geben manchmal vor, alles zu wissen, was vergleichbar ist mit der egozentrischen roten Stufe der Bewusstseinsentwicklung.

Stadium der konkret-operationalen Intelligenz

Im Alter von sieben bis elf Jahren lernen Kinder logisch zu denken und Umkehrungen zu verstehen – die Fähigkeit, den Ursprungszustand im Verstand wiederherzustellen nachdem eine Veränderung stattgefunden hat – sie sind dabei aber darauf beschränkt was sie physisch beeinflussen können, wie beispielsweise das Bauen oder Reparieren eines komplexen Apparats. Auf dieser Stufe sind Kinder offener für Logik und Erhaltung, Themen, die ihnen zuvor fremd waren. Kinder machen drastische Fortschritte bei ihren systematischen Fähigkeiten und verlassen die Egozentrizität, was bedeutet, dass sie in der Lage sind zu erkennen, dass andere die Welt anders wahrnehmen als sie selbst. Dieses Stadium kann verglichen werden mit der konformistischen Bernsteinstufe der Bewusstseinsentwicklung, siehe Teil 1.

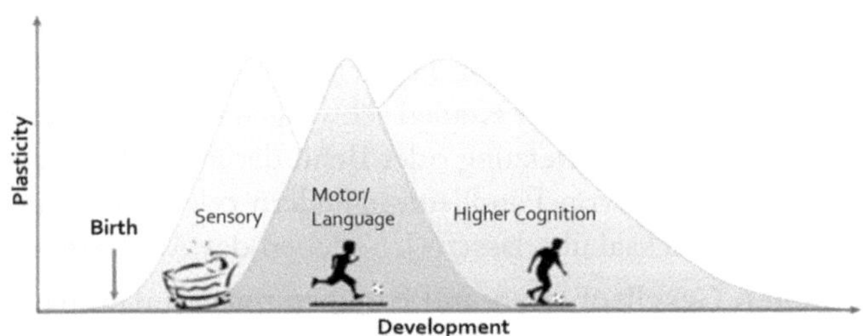

Grafik 36. Entwicklung und die Plastizität des Gehirns.

Stadium der formal-operationalen Intelligenz

Ab dem 11. Lebensjahr aufwärts entwickeln die meisten Kinder und Erwachsenen abstraktes Denken und sind in der Lage, logisch zu denken, was zu der Fähigkeit der Metakognition führt – dem Verstehen und Bewusstsein über die eigenen Denkprozesse. Sie haben mehr Fähigkeiten zur Problemlösung, oft auch mehrstufig.

Dieses Stadium kann verglichen werden mit der orangen „rationalen" Stufe der Bewusstseinsentwicklung. Untersuchungen haben aber ergeben, dass nicht alle Menschen in allen Kulturen das formal-operationale Stadium erreichen und dass jene, die es erreichen, es oft nicht in allen Lebensbereichen anwenden, und daher teilweise unlogisch, irrational oder unvernünftig wirken können.[434]

Von der Pubertät bis in den Tod

Zum Ende der Pubertät haben die meisten jungen Menschen genug Überlebensfähigkeiten entwickelt und ihre grundlegende Bildung abgeschlossen. Das ermöglicht es ihnen so unabhängig zu sein, dass sie erweiterte Fähigkeiten erwerben können, die notwendig sind um ihre *biologische Bestimmung* zu leben, wie beispielsweise eine Berufsausbildung zu machen oder einen höheren Bildungsweg zu beschreiten, das Ergreifen einer Arbeit, einen Partner zu finden/anzuziehen, kokreativ eine Beziehung aufzubauen, Prokreativität, Fürsorge für eine Familie, das Aufbauen von Lebensqualität, Unterstützung der Nachkommen beim Aufbau und Pflege einer eigenen Familie, Fürsorge für die eigenen Eltern und andere ältere Verwandte und schließlich das Erleben von Unterstützung durch die eigenen Kinder, wenn man selber alt geworden ist.

Wie diese fortgeschrittenen Phasen der *biologischen Bestimmung* sich bei den verschiedenen Individuen und Familien entfalten hängt größtenteils von der Evolutionsstufe ihrer Kultur und Gesellschaft ab.

Überleben und Sicherheit

In **Gesellschaften und Stämmen von Jägern und Sammlern** müssen die Menschen erfolgreich lernen zu jagen und zu sammeln: wo sie essbare Wurzeln, Sprossen, Früchte und Gemüse finden und wie sie sie erkennen und einfache Methoden der Speisenzubereitung, wie das Kochen auf offener Flamme. Sie bemühen sich um Sicherheit in dem sie sich um ein Feuer versammeln, sich in Höhlen verstecken und sich beschützen indem sie weglaufen, Steine werfen oder Keulen schwingen und Holzspeere werfen. Jene, die auf Grund von Krankheit, Verletzung oder Behinderung nicht in der Lage sind für sich selbst zu sorgen, werden von Familienmitgliedern oder dem Stamm unterstützt, oder sie werden ihrem Schicksal überlassen (Überleben des Angepassten).

Bei den **Bäuerlichen Gesellschaften** und Familien müssen die Menschen folgendes lernen: Haltung von kleinen Nutztieren für den Erwerb von Milch, Eiern, Fleisch, Häuten, Haaren, etc., die Aussaat von Pflanzen mit Hilfe eines Stocks und wie sie Nahrung haltbar machen können mit Hilfe von Trocknung oder Räucherung. Diese Menschen sorgen für Sicherheit indem sie sich in einfachen Behausungen verstecken und handgemachte Waffen verwenden. Manches Mitglied dieser Gesellschaft entwickelt dabei vielleicht Fähigkeiten, die nicht direkt mit der Nahrungsproduktion verknüpft sind, wie beispielsweise Schamanen, Krieger oder Wärter.

In **Ackerbau betreibenden Gesellschaften** und Familien müssen die meisten Menschen lernen, wie man Essen auf Land wachsen lässt, welches sie mit Hilfe von der Kraft von Tieren beackert haben, wie sie Vieh halten, große Tiere schlachten und große Mengen von Essen verarbeiten und lagern, um die Bevölkerung und die Tiere auch in schlechten Zeiten zu ernähren. Mitglieder dieser Gesellschaften bemühen sich um Sicherheit indem sie in festen Häusern wohnen, sich hinter Stadtmauern, Festungen oder Burgen verschanzen und sich mit weiterentwickelten Waffen aus Stahl, wie Messer, Schwerter, Kanone und Pistole, verteidigen.

Eine zunehmende Zahl von Menschen müssen sich in diesen Gesellschaften nicht mehr um die Nahrungsmittelproduktion und die Sicherheit bemühen und können Fähigkeiten als Handwerker, Händler, Lehrer, Künstler, Wärter, Gesundheitsversorger, Würdenträger oder Kleriker entwickeln und ihre Produkte und Leistungen gegen Geld für Nahrungsmittel und weitere Bedürfnisse handeln. Jene, die nicht für sich selbst sorgen können, werden üblicherweise von der Familie oder Institutionen, die von religiösen oder behördlichen Organisationen geleitet werden, unterstützt.

In **modernen und postmodernen Gesellschaften** müssen die meisten Menschen – mit Ausnahme von Landwirten, Nahrungsmittelverarbeitenden, Soldaten und Mitgliedern der Judikative und Exekutive – keine Fähigkeiten erwerben, die es ihnen ermöglichen Nahrung zu produzieren oder für die eigene Sicherheit zu sorgen. Sie können stattdessen einen der vielfältigen Berufe erlernen oder als ungelernte Arbeitskräfte arbeiten um Geld zu verdienen, womit sie dann Essen, Güter und Leistungen erwerben können. Sicherheit wird weitestgehend geboten von Militär und lokalen Sicherheitsbehörden und nur wenige auf dieser Stufe besitzen Waffen oder verfügen über Fähigkeiten zur Selbstverteidigung. Auf Grund der sozialen Absicherungssysteme, die durch staatliche, kirchliche oder sozialinsitutionelle Unterstützung geboten werden, oder durch Partner, die für Unterhalt sorgen, können Menschen, die nicht arbeiten können oder wollen, mehr oder weniger komfortabel leben.

Paarung und Prokreativität

Nach der Pubertät beginnen Heranwachsende damit, ihren natürlichen Instinkten zum finden/anziehen eines Partners zu folgen und erforschen ihre Sexualität.

In **prämodernen Gesellschaften** herrschen für gewöhnlich strenge mystische oder Stammesregeln, die Balz und Vollzug auf Grundlage von Alter, sozialem Status, Religion, Rasse und magischen Riten des Übergangs regeln, ebenso wie das Verhalten von Paarungswilligen, wie beispielsweise das Alleinsein während des Annäherungsprozesses, körperlicher Vollzug vor Anerkennung der Beziehung, Erlaubnis der Eltern zum Heiraten der Umworbenen sowie pekuniärer oder materieller Austausch, wie Aussteuer oder Brautsteuer. Arrangierte Ehen mit starken Unterschieden bei der Wahlfreiheit sind oftmals die Norm und die Fortpflanzung gehört zu Leben dazu.

In **modernen und postmodernen Gesellschaften** verfügen die Menschen über viel mehr Freiheiten darüber zu entscheiden, wen sie wann wo treffen, wann und mit wem sie Sex haben wollen (einschließlich gleichgeschlechtlichem Verkehr), zu heiraten oder unverheiratet zu bleiben und ob sie schwanger werden. Während Singles in prämodernen Gesellschaften oder in Familien mit traditionellen Werten oft mit um die zwanzig sesshaft werden und eine Familie begründen, nehmen sich Menschen in modernen und postmodernen Gesellschaften oft viele Jahre oder sogar Jahrzehnte nach der Pubertät bis sie sich entschließen eine Familie zu gründen, oder sogar das gesamte Leben kinderlos und ungebunden zu verbringen.[435]

Kernfamilie

Die, die sich auf einen Partner festlegen und sich in einer gesunden Beziehung und funktionierenden Gesellschaft fortpflanzen, werden ein Stadium erreichen, indem sie eine Lebensweise annehmen, die die Entwicklung der Nachkommen unterstützt und somit für ihre Familie sorgen.

In **prämodernen Gesellschaften** findet das im Stammesgefüge mit der Hilfe von anderen Mitgliedern statt, in Dörfern und Städten durch das Zusammenleben von mehreren Generationen unter einem Dach, wo sich alle gegenseitig unterstützen.

In **modernen und postmodernen Gemeinschaften und Gesellschaften** bedeutet das Gründen einer Familie für gewöhnlich auch in der bestmöglichen Nachbarschaft zu leben, eine Arbeitsstelle zu finden, die unterstützend ist für die Familie, einen guten Zugang zu Schule und Gesundheitsversorgung zu haben, familienfreundliche Unternehmungen zu machen und Geld zu sparen für die Bildung der Kinder. Mit anderen

Worten bedeutet das, dass man die höchste Lebensqualität für die Familie zur Verfügung stellt.

Im mittleren Alter, wenn die Kinder dann außer Haus sind, unterstützen viele Paare und Geschiedene ihre alternden Eltern und/oder ihre eigenen Kinder beim Großziehen ihrer Kinder oder sie gehen über zu einer hedonistischen Lebensweise.

Auf der Suche nach Lebensqualität

Menschen haben zwei grundlegende Ansätze auf der Suche nach Lebensqualität entwickelt: Hedonismus auf der einen Seite, bei welchem der Fokus auf dem Streben nach Glück durch Bemühung zur Steigerung des Wohlempfindens (positiver Affekt) und Minimierung von Leiden (negativer Affekt) und Eudämonismus auf der anderen Seite,[436] bei dem es um das Wohlbefinden durch Sinnstiftung, Verwirklichung menschlichen Potentials und Erkenntnis und Entfaltung der *transzendentalen Bestimmung* geht.

Die Forschungen von Martin Seligman konnten nachweisen, dass Menschen, die hedonistischen Aktivitäten (d.h. Freizeit, Ruhe oder Spaß) nachgehen, zahlreiche positive Empfindungen haben, energetischer sind und geringe negative Affekte haben. Während dieser Aktivitäten sind sie glücklicher als die, die eudaimonisch Zielen nachgehen. Auf lange Sicht aber sind die, die nach einem eudaimonischen Leben streben, indem sie ihre Bestimmung erkennen, ihre potentiale und Fähigkeiten voll ausschöpfen und einem höheren Gut dienen, zufriedener mit ihrem Leben.[437]

Die meisten Eltern in prämodernen Stadien finden ihren Sinn (und manchmal auch ihr Glück) im Aufziehen ihrer Kinder und geraten lediglich in hedonistischere Bereiche auf der Suche nach Lebensqualität wenn ihre Kinder in der Lage sind, für sich selbst zu sorgen und sie sich um ihre alternden Eltern kümmern.

Wohlhabende moderne und postmoderne Eltern, die sich ein Kindermädchen leisten können das sich für sie um ihre Kinder kümmert, die sie oftmals bloß als Statussymbol halten,[438] neigen teilweise dazu schon von Beginn an hedonistischen Bestrebungen nachzugehen. Das ermöglicht es ihnen, Singles und Paaren zu begegnen, die sich dazu entschlossen haben, sich nicht fortzupflanzen und direkt hedonistischen Lebensentwürfen zu folgen, wenn ihre grundlegenden Bedürfnisse des Unterhalts, nach Sicherheit, Behausung, Verkehr und Einkommen befriedigt sind. Ihre Lebensentwürfe beinhalten oft das Verfolgen von gutbezahlten Berufsleben, die es ihnen ermöglichen einer komfortablen und luxuriösen Lebensweise, langer Urlaube an exotischen Plätzen, attraktiver Geliebten und wechselnden Partnern, nationalen und internationalen Reisen und anderen Lustvollen Aktivitäten bei sportlichen, kulturellen, sozialen oder spirituellen Ereignissen mit ähnlich gesinnten zu frönen.

Lebensende

Zum Lebensende hin werden vom Leben begünstigte Senioren umgeben sein von Familienmitgliedern und -freunden, die für sie sorgen, während ihr Körper und ihr Verstand abbauen, bis sie sterben.

In modernen und postmodernen Gesellschaften verbringen die Menschen ihre letzten Jahre ohne familiäre Unterstützung in ihrem eigenen Zuhause, in Seniorenwohnheimen oder in betreuten Wohnanlagen, in Krankenhäusern oder Hospizen, vor allem dann, wenn sie keine Kinder hatten, die nach ihnen schauen, oder sie von ihren Kindern entfremdet sind.

Zusammenfassung

In diesem Kapitel haben wir festgestellt, dass Menschen eine *biologische Bestimmung* haben, was wir mit allen anderen Lebewesen gemein haben. Sie entfaltet sich ab dem Zeitpunkt, als das genetische Material unserer Eltern bei der Empfängnis miteinander verknüpft wurde und ist aktiv bis zum Tod. Von großer Bedeutung für die Entfaltung unserer biologischen Bestimmung sind die gute Versorgung mit Nährstoffen und eine gesunde Lebensweise unserer Mütter während der Schwangerschaft, ein fürsorgliches Umfeld nach der Geburt, mannigfaltige Möglichkeiten für erfahrungserwartendes und erfahrungsabhängiges Lernen, passende Aufschlag-Rückspiel-Interaktionen mit wachen Bezugspersonen, wirksame Synapseneliminierung und Myelinisierung, Entwicklung von Fähigkeiten im Kontext unserer natürlichen Talente, das Finden eines Partners und Fortpflanzung, Großziehen von Kindern, das Streben nach bestmöglicher Lebensqualität, die Fürsorge für die Alten, umsorgt werden durch die eigenen Kinder oder weitere Personen, innerer Frieden und gutes Sterben. Wie wir feststellen konnten sind Menschen die einzigen Lebewesen, die ein gewisse Wahlfreiheit über diese Form der Entfaltung entwickeln konnten, wie beispielsweise darüber, ob sie sich fortpflanzen oder nicht, oder die große Vielfalt hedonistischer und eudaimonistische Entfaltung der Lebensqualität.

KAPITEL 12

Natürliche Talente

"Finde den Ort, an dem sich deine größte Freude und der große Hunger der Welt sich begegnen."
~ Fredrick Buechner ~

Während die Phasen der biologischen Bestimmung sich bei allen gesunden Menschen auf natürliche Weise von der Geburt bis zum Tod entfalten – ganz unabhängig davon, ob die individuellen Aspekte der Ko- und der Prokreativität erfüllt werden oder nicht – ist die Fähigkeit der Erkenntnis und der Entfaltung der transzendentalen Bestimmung den Menschen eigen und wird individuell bestimmt durch die Kombination von

- Gene, die uns bestimmte Talente eröffnen.
- Entwicklung unseres Körpers und unseres Gehirns, einschließlich Gender.
- Familiäres, soziales und kulturelles Umfeld in dem wir aufwachsen.
- Entwicklung von Fähigkeiten durch Lernen und Üben, vor allem in jüngeren Jahren.
- Die Erfüllung von Bedürfnissen auf positive Weise, die von anderen anerkannt werden kann.

Kurzgefasst lässt sich sagen, dass unsere *transzendentale Bestimmung* die Kombination ist aus: genetischen/natürlichen Talenten + Fähigkeiten + Erfüllung von Bedürfnissen + Wertschöpfung für Andere.

Sowohl die *biologische Bestimmung* als auch die *transzendentale Bestimmung* werden angetrieben vom Kokreativen Impuls, mit dem wir uns in Kapitel 10 befasst haben.

Vorteile der Entfaltung unserer *transzendentalen Bestimmung*

Der Dalai Lama und Arthur C. Brooks schrieben in der New York Times: „Amerikaner denen es wichtig ist, Gutes für andere zu tun, sagen mit doppelt so großer Wahrscheinlichkeit von sich, dass sie mit ihrem Leben zufrieden sind. In Deutschland sagen Menschen, die ehrenamtlich für die Gesellschaft tätig sind, fünfmal so oft von sich, dass sie sehr zufrieden sind als jene, denen der Dienst an der Gesellschaft nicht von Bedeutung ist."[439]

Wissenschaftler des Rush University Medical Center in Chicago beschrieben Menschen mit einer Bestimmung in ihrem Leben als „ausgestattet mit der Tendenz, Sinn aus ihren Lebenserfahrungen zu ziehen und eine Empfindung von Intentionalität und

Zielrichtung zu haben, die ihr Verhalten bestimmt." Ihre Forschung ergab, dass die im höheren Alter besser funktionierenden Gehirne den Menschen zu Eigen waren, die eine Bestimmung in ihrem Leben angaben. „Die Entfaltung der eigenen Bestimmung hat eine Auswirkung auf die zelluläre Aktivität im Gehirn. Plaques und Fibrillen entstehen zwar dennoch, aber es scheint, als würde das Empfinden einer Bestimmung dazu führen, dass die Schutzfunktionen des Gehirns verbessert würden. Nicht nur das – je stärker die Bestimmung empfunden, desto mehr steuert sie für die Reserven bei." Diese Ergebnisse hielten sogar stand, als die Forscher die Unterschiede bei Bewegung, Bildung und weiteren Faktoren überprüften. Weitere Studien stellten eine Verknüpfung der Wahrnehmung der Bestimmung nicht nur mit den langsameren Verfallsraten der Kognition her, sondern auch für die langsameren Raten des körperlichen Verfalls und für den Tod.[440]

Das Purpose Guides Institute hat ausführliche Forschungen hierzu betrieben und hat folgende Vorteile für Menschen, die ihrer Bestimmung nachgehen, aufgelistet:[441]

- Bis zu 7 Jahre mehr Lebensdauer (NIH, 1998; Carlton, 2014)
- Erhalt gesünderer Zellstrukturen (UNC/UCLA, 2013)
- Reduktion der allgemeinen Sterberate um 23% (Mt. Sinai, 2015)
- Mehr kardiovaskuläre, neuroendokrine und immunitäre Gesundheit (Institute on Aging, UW-Madison, 2006)
- Doppelt so hohe Wahrscheinlichkeit, täglich etwas Neues zu lernen (Gallup/Healthways, 2013)
- 42% Steigerung bei der Wahrnehmung von Zufriedenheit (Leider/Metlife, 2009)
- Reduktion der Wahrscheinlichkeit an Alzheimer zu erkranken um 240% (Boyle/Rush, 2014)
- Mehr Widerstandskraft gegen Depression (Journal of Clinical Psychology, 1980)
- Sinkende Raten von Jugenddepression (PNAS, 2014)
- Um 23% reduzierte Sterberaten durch koronare Herzerkrankungen (Mt. Sinai, 2015)
- Senkung der Schlaganfallsterberaten um 72% (Koizumi, 2008)
- Vierfache Wahrscheinlichkeit der beruflichen Beförderung (Gallup/Healthways, 2013)
- Sie empfinden eine 47% höhere Erfüllung (Leider/Metlife, 2009)
- Nehmen eine 31%ige Steigerung der Liebesempfindung wahr (Leider/Metlife, 2009)

- Erleben Sinn in ihrem Leben in Zeiten der Dissonanz besser (Stanford, 2014)
- Sind gegenüber anderen Ethnien toleranter (Harvard/Cornell/Carleton, 2014)
- Haben ein zunehmendes Verlangen nach Bildung (Stanford, 2015)
- Sind zunehmend philanthropisch und betätigen sich 50% mehr an ehrenamtlichen Tätigkeiten (Gallup/Healthways, 2013).

Die Verknüpfung all dieser Vorteile mit der Tatsache, dass Menschen in glücklichen Ehepaare sich besserer körperlicher und emotionaler Gesundheit, sexueller Befriedigung und Langlebigkeit[442] erfreuen, macht aus dem Erkennen, Entfalten und Teilen der *transzendentalen Bestimmung*, mit einem gleichen und gegensätzlichen Partner, in einer lebenslänglichen, gesunden Liebesbeziehung (plus körperlicher Betätigung und gesunder Ernährung) ein sicheres Mittel für ein langes und erfülltes Leben.

Vier grundsätzliche natürliche Talente

Curtis Adney, Autor von *What Were You Born To Do* (Wozu du geboren wurdest), hat gesagt: „Du wurdest geboren, um der Menschheit deinen eigenen Beitrag beizusteuern. Auf diese Bestimmung hinzuarbeiten erfüllt einen mit Glück und Erfüllung. Sich dem zu widersetzen verursacht jedoch Stress und Leere. Um deinen Auftrag zu erfüllen, sind in deiner DNA natürliche Talente eingewebt. Es ist so dezent, dass du es kaum bemerkst; aber so energetisch, dass es der Quell deines höchsten Potenzials ist."[443]

Heutzutage erkennen die meisten Menschen an, dass die Kombination der Gene, die uns von unseren Vorfahren gegeben wurden, gepaart mit der Erziehung und der Umgebung, die uns umgab, als wir aufwuchsen, die Entwicklung unserer Körper und Gehirne beeinflusst hat. Weniger bekannt sind allerdings die neuesten wissenschaftlichen Erkenntnisse, dass natürliche Talente, die sich in Art und Ausprägung nur minimal bei den Menschen unterscheiden, ebenfalls in unserem genetischen Aufbau verankert sind.[444] Diese Talente werden in vier Kategorien unterteilt:

- Empathie, die Bestimmungen bedingt, die Güte schaffen.[445]
- Intelligenzen, wie bspw. IQ,[446] mathematische Fähigkeiten,[447] und Lesefähigkeiten,[448] die Bestimmungen zur Schaffung von Wahrheit bedingt
- Kreativität,[449] die Bestimmungen zur Schaffung von Schönheit bedingt (wie bspw. Musik, Malerei, Gärtnern, Architektur, etc.)[450]
- Kinästhetisches Vermögen, welches, im weitesten Sinne, Bestimmungen zur Erschaffung von Funktionalität bedingt.[451]

Ein bekanntes Beispiel dieser vier grundsätzlichen menschlichen Qualitäten, welche die Pfeiler unserer modernen Gesellschaft wurden, sind die Nobelpreise, die Persönlichkeiten und Organisationen ehren, die mehr Güte durch Frieden, mehr Wahrheit durch Entdeckungen der Physik, Chemie, Physiologie oder Medizin, mehr Schönheit durch Literatur und mehr Funktionalität durch bessere ökonomische Modelle erschaffen.[452]

Genetische Prädisposition

Zahlreiche Philosophen, Soziologen und Anthropologen, sowie auch Anhänger des Kreationismus und des intelligenten Designs erkennen ein Telos (Ziel) oder eine evolutionäre Bestimmung die von einem mystischen Gott, Geist, höheren Bewusstsein oder einer Intelligenz gesteuert wird und die Menschen und die kulturelle Evolution zu immer mehr Güte, Wahrheit, Schönheit und Funktionalität führt. Das ILB-Modell geht nicht davon aus, dass diese vier grundlegenden menschlichen Qualitäten Ergebnis einer mysteriösen höheren Macht oder einer irgendwie gearteten evolutionären Leitung zu mehr Komplexität und Liebe (oder Güte, Wahrheit, Schönheit und Funktionalität) sind, sondern durch das eigene sexuelle Auswahlverfahren genetisch programmiert wurde, und dass diese, anscheinend aufwärts weisende, Richtung kokreativ durch die weiblich-männliche Angst-Scham-Dynamik erschaffen wurde, die entstand, als die Menschen ihrer selbst bewusst wurden.

Sexuelle Auslese

Sexuelle Auslese ist der allumfassende Begriff, der die Modi der intersexuellen Partnerwahl umfasst, bei der Angehörige eines biologischen Geschlechts (üblicherweise weiblich) einen Partner des anderen Geschlechts für die Kopulation auswählen. Dieses Auswahlverfahren fußt auf der Attraktivität der phänotypischen Eigenschaften[453] sowie der intrasexuellen Auslese, dem Wettkampf von Angehörigen desselben Geschlechts (üblicherweise männlich) um den Zugang zu den attraktivsten Angehörigen des anderen Geschlechts. Aus diesen beiden Arten der Auslese folgt, dass manche Individuen bessere Chancen auf die Reproduktion haben, als andere im selben Umfeld, entweder weil sie bunter oder größer sind und aggressiver (üblicherweise die Männlichen … denken wir bloß an Pfaue oder Seelöwen), oder durch Auswahl des am besten passenden Partners zur Fortpflanzung (üblicherweise durch die Weiblichen).[454]

Bis vor etwa 200.000 Jahren wurde das sexuelle Ausleseverfahren unserer Vorfahren allein geleitet von phänotypischen/körperlichen Merkmalen und instinktiven Verhaltensmustern, so wie bei anderen Primaten. Männer befanden sich im Wettstreit um die attraktivsten und fruchtbarsten Frauen mit den besten reproduktiven Merkmalen die, im Gegenzug, die stärksten und aggressivsten Beschützer und Versorger mit den besten reproduktiven Merkmalen auswählten. Die Gene der angepasstesten Paare wurden häufiger weiter gereicht an die folgenden Generationen, als die von im Vergleich schwächeren Paaren. Das bedeutet, dass die körperlichen, sexuellen Merkmale der Stärke und

Angepasstheit und die Auslesemuster genetisch fest in unseren reptilischen und limbischen Gehirnen verankert wurden und kaum überschrieben werden können. Diese Dynamik können wir heutzutage sehr gut erkennen, wenn wir sehen, dass Männer sich instinktiv von jüngeren, attraktiven, fruchtbaren Frauen angezogen fühlen und ihre Blicke nicht von ihnen lassen können, und dass Frauen plötzlich weiche Knie kriegen und erregt werden, wenn sie einem großen, starken, schlanken, aggressiven, verwegenen Alphamann mit wildem Blick,[455] tiefer Stimme, breiten Schultern und vollem Haar begegnen.[456] Es ist aber offensichtlich, dass das weibliche sexuelle Auswahlverfahren dort nicht stehen geblieben ist.

Vom Tier zum Menschen

Auf der archaischen Stufe waren vormenschliche Männer und Frauen, ähnlich den anderen Säugetieren, mit ihrer Umgebung verschmolzen und sie lebten in Rudeln nebeneinander statt miteinander. Sie überlebten durch unbewusste instinktive Mechanismen (Streben nach Sicherheit, Nahrung, Sex, Lebensqualität und Großziehen der Kleinen).

Als die Menschen ihrer selbst, anderer und ihrer Umgebung bewusst wurden, nachdem die Frauen sich vom Rudel lossagten, um mit einem attraktiven Mann Sex zur Freude zu haben und exklusive Paarbindungen eingingen, entstand ein zusätzlicher Druck der sexuellen Auslese für die Männer. Mit zunehmendem Bewusstsein und der Fähigkeit, die Vergangenheit vergegenwärtigen und die Zukunft zu erahnen wurden unsere Vorfahren der natürlichen Zyklen und Ereignisse, wie beispielweise Wetterbedingungen (Überschwemmungen, Trockenheit, Hitze, Kälte, Donner, Blitze, etc.), Jahreszeitenwechsel, schwächende Krankheiten, Stimmungsschwankungen, Geburt und Tod, Menstruationszyklen, merkwürdiges Verhalten anderer, etc. bewusst. Zu diesem Zeitpunkt emergierten alle Arten von Ängsten, übernatürliche Erklärungen und Überzeugungen zu den natürlichen Ursachen und Effekten.

Es ist nachvollziehbar, dass Frauen diese Ängste nicht bloß durch Körpersprache und Verhaltensmuster ausdrückten, sondern auch durch Laute. Männer, die für Frauen in Not nicht bloß als fitte und aggressive Beschützer und Versorger dienen konnten, sondern auch noch für ihre Verzweiflung Empathie zeigten, mit ihnen phonetisch kommunizierten und ihr Wohlbefinden steigern konnten erlangten Zugang zu den attraktivsten Frauen.

Diese Frauen hatten einen größeren reproduktiven Erfolg als jene, die Männer erwählten, die nicht gut zu ihnen waren.

Die hinzukommende emotionale Sicherheit und die Intimität führten zur Entwicklung der ursprünglichen, einfachen Formen von Sprache, die die Voraussetzung sind für die Entstehung der „symbolhaften Kultur", die vor etwa 150.000 bis 50.000 Jahren emergierte.[457] Die „symbolhafte Kultur" ist ein Begriff, der von Archäologen, Anthropologen und Soziologen angewandt wird, um die Erfindung von Objekten und mentalen

Konzepten zu beschreiben, die nicht in der natürlichen Welt (mit ihren Steinen, Pflanzen, Tieren, Wetterphänomenen, etc.) existieren, sondern lediglich in der symbolischen Welt der Konzepte und Artefakte.[458] Die frühesten Indikatoren der symbolhaften Kultur sind einfache Werkzeuge, die aus zusammengesetzten Teilen besteht, wie bspw. ein Stein, der mit einem Faden an einen Stock gebunden ist, auch gelochte Muscheln, die aufgefädelt eine Schmuckkette werden, sowie weiterer Schmuck, Körpermalereien, Begräbnisstätten und magisch-mystische Rituale gehören dazu. Diese symbolischen Ausdrücke sind Beleg für einen gewissen Grad von Empathie, kognitiver Intelligenz, ästhetischem Empfinden für das Schöne und den kinästhetischen Fähigkeiten, die auch dazu dienen einen besseren Zugang zu attraktiven Frauen zu erlangen indem auch ihr Wohlbefinden und ihre Lebensqualität verbessert werden.

In Konsequenz aus der Entwicklung der Fähigkeiten paarten sich die attraktivsten Frauen mit den stärksten, aggressivsten und fähigsten Männern, die obendrein auch noch die besten Fähigkeiten dieser vier zusätzlichen Anpassungsindikatoren aufweisen konnten. Die Nachkommen dieser Paare hatten dann auch die besten Voraussetzungen, um zu überleben und alt genug zu werden, um selber Nachfahren zu zeugen. Somit wurden ihre Gene in größerem Maße weitergegeben, als die von weniger attraktiven Frauen, die sich mit schwächeren, weniger spektakulären Männern zufrieden geben mussten.[459] **Dadurch wurden die vier sekundären Attraktorfaktoren Empathie, Intelligenz, Kreativität und kinästhetische Fähigkeiten nach und nach durch die menschliche sexuelle Auslese genetisch kodiert und zu dem, was die späteren Philosophen als die vier essenziellen Qualitäten bzw. Dimensionen ausmachten, die die Menschen von anderen Lebewesen unterscheiden und für Wilber die Grundlage für die Anordnung in den vier Quadranten ist.**

Im Verlauf der Zeit wurde das Aufweisen eines oder mehrerer dieser vier zusätzlichen Leistungsfähigkeitsindikatoren zunehmend relevant für die weniger aggressiven und physisch schwächeren „Beta-Männer". Diese zusätzlichen Fähigkeiten verhalfen physisch schwächeren Männern einen Vorteil, ihre Mitbewerber durch Klugheit auszustechen und damit der Schande zu entgehen, nicht zu genügen, um von attraktiven Frauen für Sex, Liebe und Gesellschaft erwählt zu werden. Somit führte auch die Angst-Scham-Dynamik, getrieben durch die verschiedenen sexuellen Begierden bzw. primären Fantasien, zu dem einzigartigen augenscheinlichen Fortschritt, hin zu mehr Güte, Wahrheit, Schönheit und Funktionalität. Dieser Fortschritt geschah durch die Weitergabe von Genen und Memen, die später dann zu den Stufen des Bewusstseins und zur kulturellen Evolution, wie ich es in Teil 1 beschrieben habe.[460] Die Emergenz und Anerkennung höherer Stufen ging mit der Ko- und Prokreativität von Männern und Frauen weiter.

Dabei möchte ich festhalten, dass es bemerkenswert ist, dass diese vier fundamentalen menschlichen Dimensionen sich nicht in ihrer grundlegenden Art verändert haben, lediglich in ihrer Ausprägung, ebenso sind keine weiteren Dimensionen entstanden.

Das Verlangen nach diesen vier zusätzlichen Leistungsindikatoren von Männern finden wir in jedem Profil auf jeder Partnerbörse wieder, ebenso auch bei dem, wie Frauen ihren Wunschpartner, neben dem guten Aussehen und körperlicher Gesundheit, beschreiben: Er sollte freundlich sein und keinen emotionalen Ballast mit sich schleppen, auch frei von Zorn sein, er muss gebildet sein, kreativ talentiert und muss in der Lage sein, häusliche Reparaturen durchzuführen (oder anderweitig kinästhetisch talentiert sein).[461]

Was Frauen unter Güte, Wahrheit, Schönheit und Funktionalität verstehen, unterscheidet sich aber auf den verschiedenen Entwicklungsstufen.

Die Stufen und die natürlichen Talente

Auf der magischen Stufe sind die vier Dimensionen wie folgt ausgeprägt:

Güte: Loyalität gegenüber dem Stamm (einer für alle, alle für einen) und Schutz für die lebensstiftenden Frauen.

Wahrheit: Gesellschaftlich anerkannte Wahrnehmung von Ursache und Wirkung, auch wenn diese nicht konsistent oder wiederholbar war, was zum „mystischen Denken"[462] und übernatürlichen Erklärungen natürlicher Phänomene führte.

Schönheit: Artefakte und Rituale (wie Trommeln, Stammestänze, etc.) zum Schutz der Mitglieder der Stämme vor bösen Geistern und zur Beruhigung der guten Geister, ebenso auch zur Huldigung der lebensstiftenden Weiblichkeit.

Funktionalität: Praktiken und Werkzeuge, die das Lagern, Jagen und Sammeln, tägliche Nahrungszubereitung und die Organisation des alltäglichen Lebens in Stämmen und Klans in ihren Lagerstätten bzw. Behausungen verbesserten.

In heutigen Gesellschaften können wir das magische Denken und Handeln bei Frauen erkennen, bei denen ursprüngliche Ängste entfacht werden durch reale oder eingebildete Situationen, die ihre Sicherheit (oder ihrer, wenn vorhanden, Kinder) beeinträchtigen, und sie sich hingezogen fühlen zu Männern, die sie vor Verletzung und Umwelteinflüssen beschützen können – aber auch beim Aussprechen Voodoo-ähnlicher Beschwörungen oder beim praktizieren magischer Rituale wie Energieheilung, Schamanismus, etc.

Von der Magie zum Egozentrismus

Die egozentrische Stufe entstand, als heroische Männer bessere Lösungen entwickelten, um die Ängste und Bedürfnisse von Frauen zu bedienen, und eine kritische Masse attraktiver Frauen mit ihnen ko- und prokreativ wurden, während Männer, die diese zusätzlichen Qualitäten nicht so sehr boten, nicht gut genug waren und abgelehnt wurden. Auf dieser Stufe werden die vier Dimensionen wie folgt ausgedrückt.

Güte: Das Erwarten von Respekt für einen selbst und die nächsten, das Ausnutzen der eigenen Macht und Bekämpfung und Vernichtung dessen, was falsch oder bedrohlich wirkt.

Wahrheit: Alles, was den Interessen der Führenden und ihrer Gefolgschaft nützt, unabhängig von jeglicher Objektivität. „Es ist wahr, weil ich es so sage."

Schönheit: Artefakte, die den Selbstwert und den Status mächtiger Männer stärken und die sexuelle Attraktivität von Frauen und ihrer Fruchtbarkeit betonen, wie zum Beispiel bei der nahezu 30.000 Jahre alten Statue „Venus von Willendorf" zu sehen.[463]

Funktionalität: Werkzeuge, Waffen und Machtstrukturen, die es den mächtigen Männern ermöglichen, ihre Stämme zu leiten, andere zu unterjochen und effizienter zu jagen und zu töten.

Männer die nicht aggressiv, ruchlos und dominant genug waren empfinden Schande, da sie nicht von den sexuell attraktiven und aufregenden Frauen, die sie begehren, erwählt werden.

In der heutigen Gesellschaft sehen wir egozentrisches Denken und Verhalten bei dem aggressiven Verhalten von Männern gegenüber anderen Männern beim Sport, in Banden, Kriegen und anderen physischen und gewalttätigen Wettstreiten, Äußerungen (wie „das ist meine Meinung", „das sind meine (alternativen) Fakten"), grober Kreativität und dem Zeigen von Statussymbolen. Für Beispiele hierfür reicht es einfach die Tagesschau, Sportschau oder das Unterhaltungsfernsehen, mit seinen Filmen mit heroischen Helden, die die sexy Frau erobern, indem sie ihre Wettstreiter erniedrigen oder umbringen, einzuschalten.

Von Egozentrismus zu mystisch-konformistisch

Diese Stufe entstand als eine kritische Masse von Frauen mit Männern ko- und prokreativ wurden, die ihre Ängste und Bedürfnisse nach Unterhalt und Sicherheit durch Landwirtschaft und Armeen bedienten und sich Verhaltensregeln, wie beispielsweise die zehn Gebote[464], auferlegten um ihre patriarchalen, landwirtschaftlichen und feudalen Gemeinschaften zu organisieren. Auf dieser Stufe wurden die vier Dimensionen wie folgt ausgeprägt:

Güte:

Ein Leben entsprechend der moralischen Mythen der monotheistischen Religionen, die Handlungen in „gut" und „schlecht" kategorisieren, sowie der Gesetze des Landes, welches festlegt was „gut" und „schlecht" ist.

Wahrheit: Was auf einer konkreten Ebene von Ursache und Wirkung nachgewiesen werden kann, sowie die verschiedensten mystischen kreationistischen Überzeugungen bezüglich des Universums und der menschlichen Ursprünge und ihrer Schicksale, die auf dieser Ebene allgemein gültig sind.

Schönheit: Kunst, die die männlichen Herrscher und die Götter preist und ehrt, wie religiöse Musik und Schriften, ebenso auch solche, die Männer, Frauen und Kinder auf realistische Weise in ihrem Umfeld, in Bildern und als Statuen, abbildet.

Funktionalität: Fortgeschrittene Werkzeuge für die Landwirtschaft und die Kriegskunst, herrliche repräsentative Bauwerke, weite Boulevards, üppig ornamentierte Brücken, sichere Lagerungsinfrastruktur für große Nahrungsmassen, Geschäfte für Händler und Handwerker sowie Gesetze, die von Wachen, Bütteln, Polizei und Soldaten durchgesetzt werden.

Männer, die diesen Regeln und Werten nicht entsprachen waren beschämt, da sie nicht von attraktiven, traditionellen Frauen, die sie sich wünschten, gewählt wurden.

In heutigen Gesellschaften können wir diese mystische Dynamik in traditionellen Ehen wiederfinden, in denen innerhalb derselben sozialen Standards (Klasse) sowie innerhalb der Glaubensgemeinschaft geheiratet wird, mit Ehemännern/Vätern, die ihrer Familie Stabilität und Sicherheit bieten, indem sie Verantwortung übernehmen, hart arbeiten, ihr Leben aufs Spiel setzen, falls nötig, ein sicheres Dach über dem Kopf bieten und als Patriarchen über ihre Familien leiten.

Von mystisch zu rational

Die nächste Bewusstseinsebene emergierte während der Phase der Aufklärung und erreichte ihre volle Entfaltung als genügend Frauen mit jenen Männern ko- und prokreativ wurden, die ihre Ängste und ihre Bedürfnisse am besten mit den Errungenschaften, Erfindungen und Entdeckungen der Moderne bedienen konnten, wie beispielsweise der industriellen Massenproduktion, fortgeschrittene Medizin, moderne Kriegsmittel, parlamentare Demokratien, neoliberaler Kapitalismus, grundsätzliche Menschenrechte, moderne Kunst, Massenunterhaltungs- und Informationstechnologien. Auf dieser Ebene werden die vier Dimensionen wie folgt ausgedrückt:

Güte: Die Sicherheit und die Lebensqualität für viele zu verbessern, ethische Handlungsweise und Fortschrittlichkeit.[465]

Wahrheit: Was wissenschaftlich belegbar und pragmatisch ist.

Schönheit: Was Form und Funktionalität miteinander verknüpft, bspw. moderne Architektur und industrielles Design, moderne Kunst und Mode.

Funktionalität: Das vorantreiben des Fortschritts mit Hilfe moderner Technologie sowie sozioökonomische und politische Systeme, die den Menschen eine Welt bieten, in denen sie ein gesundes, produktives Leben führen können.

Männliche Verlierer, die nicht klug genug und finanziell erfolgreich waren wurden beschämt, da sie nicht von attraktiven Frauen, die sie sich gewünscht hätten, erwählt wurden.

Diese Werte führten erst Mal zu einer merklichen Explosion der menschlichen Bevölkerung, da die Kindersterblichkeit sank und die Lebenserwartung durch Verbesserungen der Gesundheitsfürsorge, der sanitären Einrichtungen, höhere Nahrungsmittelqualität, weniger ausbeuterische Arbeit und mehr Freizeit zunahm.

In den westlichen modernen Gesellschaften neigen die finanziell und emotional unabhängigen Frauen auf dieser Stufe dazu, sich auf Stufe vier ihrer Animus-Komplex-Entwicklung zu entwickeln, sowie sich weniger fortzupflanzen (unter den nachhaltigen Raten von 2,1 Kindern pro Frau) und später (oder sogar gar nicht) mit einem Mann kokreativ zu werden (heiraten), um das gute Leben in vollen Zügen auszuschöpfen – was zu mannigfaltigen negativen gesellschaftlichen und persönlichen Effekten führt, was wir detailliert in Teil 4 untersuchen werden.

Von rational zu pluralistisch

Die grüne Bewusstseinsebene emergierte, als die Männer die Ängste der Frauen bedienten, die durch die negativen Auswirkungen der Überbevölkerung, der globalen Atomkriege, der Umweltzerstörung, der Tierquälerei, Unterdrückung von Minderheiten, von moderner Medizin begünstigter Krankheiten, industrieller Nahrungsmittelproduktion, hierarchischen Machtstrukturen und dem Mangel an Liebe und Mitgefühl begünstigt, bzw. verursacht wurden – und für alles wurden die Männer verantwortlich gemacht. Auf dieser Stufe sind die vier Dimensionen wie folgt ausgeprägt:

Güte: Das Feminine, Friedvolle, Urteilsfreie, Pluralistische, nonhierarchische, Spirituelle, Umweltbewusste, Tierfreundliche, Archaische, Postrationale, Unkonventionelle und das Antiestablishment.

Wahrheit: Die jeweilige subjektive Sicht der Dinge, die persönlichen Erfahrungen und der individuelle Umgang mit der Realität, realisiert in verschiedenen Formen fragmentierten, einfachen, polemischen oder defensiven Pluralismus'.[466]

Schönheit: Postmoderne Kunst, Tanz, Architektur, Kleidung, etc., das Urige, Feminine und Spirituelle.

Funktionalität: Dinge die natürlich, holistisch, nachhaltig, friedlich, divers, inklusiv, alternativ (bspw. Lebensweise, Beziehungen, etc.) und egalitär sind, bzw. eine solche Prägung ausdrücken.

Männer, die nicht sensibel und stark, spirituell und bodenständig, gebildet und bescheiden, klug und unprätentiös, reich und selbstlos, lustig und ernst, liebevoll und aggressiv, etc. waren, um von den attraktiven Göttinnen, die sie sich ersehnten, auserwählt zu werden, empfanden Scham, da sie nicht gut genug waren.

Viele Frauen auf dieser Ebene bekamen übermäßig feminine, sensible und spirituelle New-Age-Männer, die keinen Wert auf Status und Wohlstand legten und unfähig waren, als Versorger und Beschützer aufzutreten, und nicht für die Ko- und Prokreativität in festlegenden Beziehungen geeignet waren.

Gleichzeitig entwickelten sich viele Frauen auf der grünen Stufe zu Stufe vier ihrer Animus-Komplex-Entwicklung, nahmen ihre feminine Macht und Autorität in Anspruch und wollten die Welt verändern, indem sie sich selbst Erfüllen wollten und unabhängig sein wollten, anstatt zu heiraten und Kinder zu kriegen.

Wie wir genauer in Teil 4 betrachten werden, haben die positiven Werte und Errungenschaften der grünen Stufe, auf Grund des Mangels an Fortpflanzung, noch nicht die kritische Masse erreicht, die notwendig wäre, damit sie von der Mehrheit der Gesellschaft angenommen werden.

Von pluralistisch zu integral

Die nächste Bewusstseinsebene emergierte, als Männer die Schlüsselängste der Frauen bedienten, die erkannten, dass das Beschreiten des Lebenswegs, ganz auf sich allein gestellt, ohne einen gleichen und gegensätzlichen Partner, dem man auf allen Bewusstseinsebenen, in allen vier Quadranten begegnet, ziemlich anstrengend ist. Von diesem Ausgangspunkt aus, ist es für Frauen durchaus ersehnenswert ihre Kräfte mit entfalteten Männern zu bündeln, wodurch sie gemeinsam in der Lage sind, ihre femininen und maskulinen Polaritäten zu bündeln und auszugleichen. Am Ende war es eben doch nicht so erfüllend, wie zuvor angenommen, die Hälfte der Menschheit (die Männer) zu ignorieren und es als kraftvolle Frauen allein zu versuchen und dabei, wie es Grün gerne tut, Menschen auf orange- und bernsteinfarbenen Stufen zu bekämpfen um die Welt zu verbessern. Auf dieser Stufe sind die vier Dimensionen wie folgt ausgeprägt:

Güte: Die Unterstützung der Menschen bei der gesunden Integration der vier Quadranten auf ihrer Bewusstseinsebene und die Ermutigung zum Wachstum auf die nächsthöhere Stufe, wenn sie soweit sind.

Wahrheit: Findet statt in ihren relativen und absoluten Formen, in denen Geltungsansprüche (die folglich gute Argumentation) für Meinungen und Handlungen angeführt werden. Anerkennung der Tatsache, dass jede*r von seinem/ihrem Standpunkt aus Recht hat, aber dass nicht alle gleich im Recht sind, da auf dieser Stufe der Kontext von großer Bedeutung ist.

Schönheit: Das was den Zeitgeist jeder Bewusstseinsebene auf kreative und authentische Weise wiedergibt und dabei in integrale Kunst integriert, wie beispielsweise die Gemälde von Alex und Allyson Grey.[467]

Funktionalität: Werkzeuge, Methoden und sozioökonomische/politische Systeme, die den Bedürfnissen der Menschen auf allen Ebenen entsprechen und den Aufstieg der Ebenen ermöglichen.

Männer erlebten Beschämung, als sie von attraktiven Frauen, die sie begehrten, abgewiesen wurden, deren Bedürfnisse nach emotionaler und finanzieller Sicherheit durch Schutz und Versorgung sie nicht befriedigen konnten, auf welcher Bewusstseinsebene ersten Grades ihnen auch begegnet werden sollte.

Heute sehen wir, dass die Metamodelle, die aus dieser Phase entstanden sind, vor allem bei Männern resonieren, die die Welt zu einem besseren Ort machen wollen, indem sie andere unterrichten, sich selbst zu helfen. Sie wollen aber selten wieder direkt mit dem Durcheinander des Lebens in Beziehung treten und vermeiden daher Beziehungen auf den früheren Ebenen, denen sie entkommen sind. Diese Männer werden oft als zu kopflastig und rational, zurückgezogen, entfernt, arrogant, aufgeblasen, abgehoben, berechnend und opportunistisch wahrgenommen und fühlen sich daher oft isoliert, missverstanden, desillusioniert und allein. Hinzu kommt, dass es auf dieser Ebene deutlich schwieriger ist, ein gutes Leben zu führen, als auf der grünen Ebene.[468] Wie wir genauer in Teil 4 untersuchen werden, führt das, und die Tatsache, dass um die 80% der Menschen auf der Petrol-Ebene männlich sind, dazu, dass Ko- und Prokreativität auf dieser Ebene nahezu unmöglich werden. Daraus folgt, dass die Werte und Ansichten dieser Ebene von weniger als 1% der Bevölkerung in modernen und postmodernen Gesellschaften angenommen werden, was die kulturelle Evolution zum Stillstand geführt hat.

Von integral zu transpersonal

Die nächste Bewusstseinsebene emergierte als Männer die Ängste der Frauen bedienten, dass die Metatheorien der vorherigen Ebene nicht genügten, um die bedeutenden Beziehungs- und systemischen Probleme, denen die Menschheit gegenüber steht, zu lösen. Sie begannen, die gesunden Fähigkeiten aller Bewusstseinsebenen ersten Grades zu integrieren (anstatt sie bloß hinter einer Maske von oben herab zu analysieren) und das Leben auf allen Ebenen zu leben. Auf dieser Ebene erfuhren die vier Dimensionen folgende Ausprägung:

Güte: Was die Menschen dabei unterstützt Güte zu schaffen und friedvolle Beziehungen auf jeglichen Entwicklungsebenen einzugehen, im Gegensatz dazu, es lediglich als Potential aus dem Bewusstsein zweiten Grades aufzufassen.

Wahrheit: Wird erlangt durch die Integration der Weisheiten verschiedenster Metamodelle, wie beispielsweise Roy Bhaskars *transzendentaler kritischer dialektischer Realismus* und Edgar Morins *Komplexitätstheorie*, die sich, grob ausgedrückt, mit den sozialen (interobjektiven) und kulturellen (intersubjektiven) Aspekten des Lebens unter Einbeziehung von Liebe und Mitgefühl und pragmatischen Theorien und Ansätzen auseinandersetzen, um höhere Wahrheiten und, vor allem, die **Weisheit und Wahrheit der Frauen** zu ergründen.[469]

Schönheit: Natur, Tiere und Menschen aller Altersstufen, Gender, Rassen und Entwicklungsebenen.

Funktionalität: Was auf persönliche Weise, in der Beziehung, lokal, regional und global die Nachhaltigkeit für Umwelt und Sozioökonomie begünstigt, unter Einbeziehung der Rechte und Bedürfnisse jetziger und künftiger Generationen, weshalb auch die Ko- und Prokreativität in gesunden, nachhaltigen Liebesbeziehungen auf allen Bewusstseinsebenen dazu gehören.

Männer, die ihre *biologische* und *transzendentale Bestimmung* voll ausleben empfinden keine Scham, wenn sie keinen gleichen und gegensätzlichen Partner für die Kokreativität anziehen können.

Wir können heute das Potential dieser Stufe bei jenen erkennen, die nicht bloß von oben herab auf andere auf niedrigeren Ebenen der Entwicklung blicken und diese analysieren und versuchen, diese auf ihre Bewusstseinsebene zu ziehen, sondern integrale Teile des gesamten sozialen Gefüges sind, indem sie ihre *biologische* und *transzendentale*

Bestimmung leben. Diese Stufe ist für ebenso viele Männer wie Frauen attraktiv, die sich für die unermesslichen Möglichkeiten, gemeinsam ko- und prokreativ zu sein, öffnen. Das wird durch zwei Dinge ermöglicht:

Der erste ist, wie Jenny Wade in ihrem Buch *Changes of Mind*[470] herausstellte, dass Frauen Orange und damit auch Petrol überspringen können und direkt von Grün zu Türkis übergehen können, wo sie „postintegralen" Männern begegnen können.

Der zweite ist, wie wir detailliert in Teil 4 untersuchen werden, dass Türkis die erste Stufe ist, auf der Personen vollständig ihre gesunden weiblichen und männlichen Polaritäten einbeziehen können. Hier möchte ich erstmal festhalten, dass die einzige Möglichkeit für sie, weiter zu wachsen, in den Beziehungen liegt.

Gemeinsam können diese Paare die Probleme auf den Ebenen angehen, auf denen sie entstanden (ohne dass die Paare „hinabsteigen" müssten). Sie inspirieren und unterstützen andere auf früheren Stufen dabei, ihre Bestimmung zu erkennen und zu leben, was sie dann „höhere Bestimmung" für Magenta, „eigene Bestimmung" für Rot, „Gottes Bestimmung" für Bernstein, „wahre Bestimmung" für Orange, „Seelenbestimmung" für Grün oder „evolutionäre Bestimmung" für Petrol nennen (was wir übergreifend als *transzendentale Bestimmung* bezeichnen), und sie unterstützen sie dabei, nachhaltig kokreativ und prokreativ zu sein.

Türkise Paare geben es auf, ausschließlich danach zu streben, andere auf die transpersonale Ebene hochzuziehen um die Probleme der Menschheit zu lösen. Statt dessen erkennen sie, dass, auch wenn der positive Einfluss des Lebens der *transzendentalen Bestimmung* mit jeder Bewusstseinsebene zunimmt, wir die Probleme der Welt nur lösen können, **wenn mehr Menschen auf allen Bewusstseinsebenen ihre *transzendentale Bestimmung* erkennen und sie mit einem gleichen und gegensätzlichen Partner teilen, mit dem sie gemeinsam ko- und prokreativ sind oder, wenn das nicht möglich ist, andere Paare auf gesunde Weise beim Großziehen ihrer Kinder unterstützen.**

Zusammenfassend kann man sagen, dass die sexuelle Auslese von Frauen eine größere Auswirkung auf die menschliche Evolution hatte als die natürliche Auslese mit ihrem Überleben des Angepassten. Allgemein muss man sagen, dass man erst gezeugt und geboren werden muss, um die Fähigkeit zum Überleben zu beweisen.[471] Hinzukommt, dass der Prozess der weiblichen sexuellen Auslese (statt eines metaphysischen, evolutionären Antriebs oder intelligenten Schöpfers) auch die kulturelle Evolution zu mehr Güte, Wahrheit, Schönheit und Funktionalität antrieb, sobald die Frauen Männer erwählten, die diese Qualitäten aufwiesen und sich mit ihnen fortpflanzten.

„EICK-Kurve"

Bis hierhin konnten wir nun erkennen, dass unsere genetische Information von unseren Vorfahren an uns weiter gegeben wurde, und dass die ureigensten menschlichen Fähigkeiten Empathie, Intelligenz, Kreativität und Kinästhetik durch die sexuelle Auslese an uns weiter gegeben wurden. Das geschah durch den dem Menschen eigenen sexuellen Auswahlprozess bei dem angstgetriebene Frauen Männer nach diesen vier zusätzlichen Indikatoren auswählten und die Männer Scham empfanden, wenn sie nicht von den attraktiven, fruchtbaren Frauen ausgewählt wurden, um die sie wetteiferten, weil ihnen diese vier Qualitäten fehlten.

Die „EICK-Kurve" zeigt die Ausprägung der vier genetisch verankerten natürlichen Talente, Empathie, Intelligenz, Kreativität (C für das englische creativity) und Kinästhetik, kurz EICK, mit der ein Kind geboren wird.

Die genetische Veranlagung dieser vier Talente können wir bei „Wunderkindern"[472] am besten erkennen, die eine gehobene Ausprägung humanistischer, intellektueller, künstlerischer oder kinästhetischer Talente aufweisen, bevor sie überhaupt sozial geprägt werden.[473] Diese Kinder haben einen natürlichen Trieb die ihrem Genie eigenen Fähigkeiten weiterzuentwickeln, selbst wenn ihre Eltern sie dabei entmutigen oder sie in missgünstigen Situationen aufwachsen, wie das Leben des indischen Mathematikers Srinivasa Ramanujan, das 2015 mit *Die Poesie des Unendlichen (The Man who knew infinity)* verfilmt wurde.

Begabte Kinder[474] scheinen aktiv nach Möglichkeiten zu suchen, ihre angeborenen Gaben zu erweitern.

Junge Menschen, die nicht schon früh eine eindeutige Veranlagung von Talenten aufweisen, hängen von der Inspiration und Führung ihrer Eltern, Bezugspersonen, Vorbilder, Lehrer, Mentoren und Freunde ab, um ihre Talente mit der Zeit zu erkennen und durch Übung die Fähigkeiten zu entwickeln sie auszudrücken. Anderenfalls werden sie ihre Begabungen niemals erkennen und entwickeln.

Die Metapher von unterschiedlich hohen Bergen kann als Bild für die unterschiedlich ausgeprägte genetische Veranlagung der vier natürlichen Talente für Empathie, Intelligenz, Kreativität und Kinästhetik dienen. Die Veranlagung eines Wunderkindes kann mit einem Hochgebirge verglichen werden, auf der das Kind durch Übung aufbauen kann. Die Veranlagung eines begabten Kindes ähnelt eher einem Mittelgebirge, wobei die Landschaft eines weniger begabten Kindes eine einfache Hügellandschaft bildet.

Grafik 37. EICK-Kurve, die Berg-Metapher

Familiäres, soziales und kulturelles Umfeld

Wie die Ausprägung von natürlichen Talenten sich entwickeln kann, hängt vor allem vom familiären, sozialen und kulturellen Umfeld ab, in dem die Kinder aufwachsen.

In den heutigen prämodernen Entwicklungsgesellschaften haben nur wenige Kinder die Möglichkeit, ihre natürlichen Talente ins volle Potential zu entfalten. Menschen in diesem Umfeld sind oftmals viel zu beschäftigt mit den unmittelbaren Bedürfnissen des Überlebens, der Sicherheit, der Partnersuche und der Fortpflanzung, oder ihre Möglichkeiten werden begrenzt von familiären Traditionen, Genderrollen, sozioökonomischem Status, kulturellen Normen und der Infrastruktur, wie beispielsweise Schulen und Mittel/Werkzeug.

Das ist in modernen und vor allem in postmodernen Gesellschaften anders, in denen die meisten jungen Menschen ermutigt werden, ihrer Berufung oder ihrem Glück zu folgen, und sie haben die Freiheiten und Möglichkeiten, auf ihren natürlichen Talenten aufzubauen. Dennoch wird die Erkenntnis der natürlichen Talente und wie sie entwickelt werden geprägt von Einkommen, Gender, Rasse/Migrationshintergrund, sozialer Klasse und Status und der Qualität und dem Erfolg von Primär-, Sekundär- und höherer Bildung.

Wie wir bereits bei der Entwicklung des Gehirns feststellen konnten ist das Alter zwischen 3 und 20 Jahren von größter Bedeutung für die Entwicklung und Übung von Fähigkeiten. Die synaptischen Verknüpfungen werden während dieser Lebensspanne viel schneller gebildet, es finden verschiedenste Phasen des Pruning statt, die das Lernen unterstützen, und oft genutzte Synapsen werden für exponentiell höhere Feuerungsraten myelinisiert.

Das Schulsystem hat einen enormen Einfluss auf diese zweite Phase der Entwicklung des Gehirns. Während alle Schulen Wert legen auf das Lesen, Schreiben und grundsätzliche Mathematik, setzen manche, vor allem in der entwickelten Welt, einen Fokus auf Geschichte, Erdkunde, Wissenschaft, Sozialwissenschaften, Fremdsprachen und weitere Inhalte, wie Kunst, Sport, etc. Wie die Lehrinhalte miteinander verknüpft werden, und wie der Schwerpunkt gesetzt wird, unterscheidet sich stark bei den verschiedenen Schulen, wie beispielsweise kommunale Schulen, Reform- und Waldorf-, Montessorischulen, private Oberschulen, ebenso auch von Land zu Land. In den USA ist die Betonung des Sports in der Schule beispielsweise deutlich höher als in europäischen und asiatischen Ländern, wo die akademische Leistung und das Lernen von Fremdsprachen einen höheren Stellenwert haben und es nur selten schulgebundene Sportmannschaften gibt.

Während der Fokussierung auf der allgemeinen Bildung haben die Auslöschung von Schwächen, das Erlangen guter Noten und das erreichen hoher Bewertungen von standardisierten Tests oft Vorrang vor der Erkenntnis und der Förderung der natürlichen Talente, was junge Menschen deprimieren und frustrieren kann, vor allem jene, die in der Schule Schwierigkeiten haben. In diesem Fall werden die Sensibilität von Eltern, Familienmitgliedern und Freunden sowie die verfügbaren Mittel zu entscheidenden

Faktoren, da sie für die Förderung (oder die Behinderung) der natürlichen Talente der Kinder außerhalb der Schule verantwortlich zeichnen. Hinzu kommt, dass auch die Kultur, in der das Kind aufwächst, den Ausdruck der natürlichen Talente bestimmt.

Die Entwicklung eines musikalischen Talentes hängt beispielsweise von den Musikinstrumenten ab, die in der entsprechenden Kultur vorhanden sind, ebenso von der Möglichkeit der Eltern diese und den dazu gehörenden Unterricht verfügbar zu machen, außerdem von den Musikstilen die gehört werden, welcher Musikstil in der jeweiligen sozialen Klasse vorrangig ist, und ebenso, welche Wertschätzung Musik als Ausdrucks- und Kunstform erfährt. Dasselbe gilt für andere künstlerische Talente, wie beispielsweise Malen, Schreiben und bildende Kunst. Ebenso werden auch die Talente für Güte durch die moralischen und ethischen Normen der Familie des Kindes und der Kultur geprägt, Talente zur Wahrheit durch intellektuelle Stimulierung in Gesprächen zu Hause, die verfügbaren Bücher und Bildungssysteme, die Talente zur Funktionalität durch körperliche Aktivitäten und Spiel.

Werden die natürlichen Talente nicht früh erkannt und ihre Entwicklung nicht durch die Verfügbarkeit von Ressourcen unterstützt, oder die Talente werden aktiv von den Eltern durch Verbot bestimmter Aktivitäten unterdrückt (damit ein Kind den Erwartungen oder der Vision der Eltern entsprechen kann), so können sich die Fähigkeiten nicht entsprechend ihres Potentials entfalten. Familien können beispielsweise die finanziellen Mittel oder die nötige Zeit fehlen, können relativ dysfunktional und künstlerisch oder sozial minderbemittelt sein, oder es fehlen ihnen andere Mittel um das Kind zu unterstützen. Andere Eltern neigen vielleicht dazu, ihre unverwirklichten Träume auf das Kind zu übertragen, definieren ihren Selbstwert durch den Erfolg oder Misserfolg ihrer Kinder, möchten vielleicht soziale Erwartungen erfüllen oder orientieren sich an äußerlichen Erziehungsstandards, und sind so für Frustration beim Kind verantwortlich.

Natürliches Talent und Gender

Das biologische Geschlecht und das kulturell geprägte Gender sind auch wichtige Determinanten für die Entwicklung und Ausprägung der natürlichen Talente.[475] Von Natur aus ist es Männern unmöglich biologische Mutter oder Prima-Ballerina zu werden, ebenso ist es Frauen nicht möglich auf gleicher Ebene mit Männern in Wettbewerb zu treten, wo körperliche Kraft und Ausdauer vorrangig erforderlich sind. In dutzenden von Sportarten liegen die weiblichen Rekorde 10 Prozent unter den männlichen Rekorden.[476]

Aus evolutionärer Sicht ist es auch sinnvoll, dass Männer das verzichtbare Geschlecht sind und die Leben der Frauen beschützt werden. Betrachten wir beispielsweise einen kriegerischen Stamm oder eine kriegführende Nation, die in ihren Schlachten die Hälfte der Männer und die Hälfte der Frauen im Kampf opfern und eine gleich große, die lediglich Männer opfert: Wenn beide Gesellschaften sich dann mit derselben Rate fortpflanzen, so wird die zweite bald die erste zahlenmäßig schnell übertrumpfen.[477] Daher wurden der Schutz der Frau und die Opferung der Männer genetisch kodiert. Als einfaches Beispiel sei darauf verwiesen, dass Männer instinktiv ihr Leben riskieren um Frauen und Kinder in Gefahr zu retten, während Frauen instinktiv Schreien und um Hilfe rufen, wenn Männer in Gefahr sind.[478]

Dennoch haben die kulturell konstruierten Genderrollen einen viel größeren Einfluss auf die Entwicklung und die Ausprägung der Talente als das biologische Geschlecht. Frauen und Männer in prämodernen Gesellschaften unterliegen oft einer engmaschigen Einteilung der Genderrollen, bei der die Frauen oft hauptsächlich im häuslichen Umfeld und mit der Aufzucht der Kinder beschäftigt sind, während Männer oftmals öffentlich aktiv sind, und beschäftigt mit der Versorgung und dem Schutz. In modernen Gesellschaften haben die Frauen nahezu dieselben Rechte wie die Männer, aber die alte Aufteilung der Verantwortlichkeiten dringt immer noch durch, d.h. Frauen sind meistens eher damit beschäftigt, den Haushalt zu führen und die Kinder großzuziehen und die Erwartung an Männer lautet, dass sie erfolgreich sein sollen und ihr Leben im öffentlichen Bereich aufs Spiel setzen. Es ist doch überraschend, dass höhere Stufen sozioökonomischer Gendergleichheit zu einem Rückschritt zu traditionellen Aufteilungen der Genderrollen führen.[479] Staaten mit den höchsten Stufen der Gendergleichheit, wie beispielsweise die skandinavischen,[480] sind oftmals auch die mit der größten Genderspaltung in der entwickelten Welt. Die Wahrscheinlichkeit, dass eine Frau in einer Teilzeitstelle arbeitet ist deutlich höher, und die Wahrscheinlichkeit, dass sie im Topmanagement arbeitet, deutlich geringer. Nur ein kleiner Teil der skandinavischen Frauen arbeitet als Manager oder als Fachkraft. Die meisten arbeiten in schlecht bezahlten und in traditionell weiblichen Berufen. Entgegen allen ernsthaften Anstrengungen, die Genderstereotypie zu bekämpfen, möchten die meisten schwedischen Mädchen in der Tagespflege oder als Kindermädchen arbeiten, die meisten Jungs dafür als Handwerker oder LKW-Fahrer. Es gibt eine zunehmende Zahl an Hinweisen, dass die Menschen in den weiter entwickelten Ländern stärker ausgeprägte Genderunterscheidungen vornehmen, und nicht weniger. Die Frauen entscheiden sich frei dazu, weniger zu arbeiten und weniger zu verdienen, als Männer. Die Forscher auf diesem Gebiet nehmen an, dass der Grund dafür darin liegt, dass die Menschen in reichen und gebildeten Gesellschaften mit hoher Gendergleichheit freier sind, sich selbst auszudrücken. Genderunterschiede scheinen also keine Erscheinung der Unterdrückung, sondern des sozialen Wohlstands zu sein.

Tatsache ist, dass Untersuchungen von Menschen in über sechzig Ländern der Welt belegen, dass gendernormiertes Verhalten kulturell universell ist – Männer neigen in allen Kulturen dazu, selbstbewusst aufzutreten und weniger emotional ausdrucksstark zu sein, Frauen sind dafür fürsorglicher und kooperativer.[481] Bei freier Wahl neigen beide Geschlechter dazu, ihre natürlichen Talente dementsprechend auszuprägen.[482]

Die Baum-Metapher

Ich möchte mich des Baums als Bild bedienen. Damit können wir gut veranschaulichen, wie unsere genetisch veranlagten natürlichen Talente durch Natur und Prägung ausgeprägt werden:

Der Same (die befruchtete Eizelle oder Zygote) des metaphorischen Baums beinhaltet die Information, dass du als Mensch (und nicht als Fruchtfliege oder Elefant) groß werden wirst, ebenso dein Geschlecht sowie die Art und den Grad deiner genetisch veranlagten natürlichen Talente zu Empathie, Intelligenz, Kreativität und Kinästhetik oder, bildhafter, die potenzielle Größe deiner vier Hauptäste, entsprechend der Talente. Der Same wird in die Erde gepflanzt (der Bauch deiner Mutter). Durch die Kräfte des Kokreativen Impulses beginnt er zu wachsen, mit Wurzeln nach unten und in die Breite von unterschiedlicher Länge, um die Nährstoffe zu erhalten, die für das Wachstum des Baums erforderlich sind (die Ernährung deiner Mutter und ihre körperliche Gesundheit). Kurz danach treibt der Schössling zur Oberfläche (vorgeburtliche Körper- und Gehirnentwicklung). Die Qualität des Nährbodens sowie Faktoren wie Verfügbarkeit von reinem Wasser und notwendigen Nährstoffen und die Abwesenheit oder Anwesenheit von Schädlingen haben einen positiven oder negativen Einfluss auf das Wachstum von Wurzeln und Trieben. Ungünstige Bedingungen können einen unumkehrbaren Schaden verursachen. Deine Geburt entspricht dem Durchbruch des Schösslings an die Oberfläche. Unter guten Bedingungen in den ersten Jahren kann der Schössling einen Stamm und bis zu vier zarte Äste unterschiedlicher Größe, entsprechend der genetisch bestimmten Talente, entwickeln. Zusätzlich zu den guten Bedingungen unter der Erde ist der Prozess dieser Phase der erfahrungserwartenden Entwicklung mitbestimmt vom Reichtum an sinnlichen Erfahrungen und der Abwesenheit von schlechten Einflüssen über der Erde. Die meisten Einwirkungen während dieser Zeit haben einen wichtigen Einfluss auf das künftige Wachstum des Baums. Sollten Äste, die die genetische Veranlagung haben groß und stark zu werden (Talente), gekrümmt, zerbrochen, abgeschnitten werden, oder ihre Blätter von Insekten zerfressen, so haben diese Äste nicht die Möglichkeit entsprechend ihres vollen, genetisch veranlagten Potenzials zu wachsen; vielleicht geben sie es sogar auf und verkümmern. Die Äste aber, die am wenigsten beschädigt und am besten gestärkt wurden, werden ein gewisses Wachstum erreichen, selbst wenn sie nicht von der genetischen Veranlagung dazu bestimmt waren, am größten zu werden. Mit anderen Worten bedeutet das, dass es viele Faktoren der Natur und der Prägung gibt, die sich auf die Entwicklung des Baumes und seiner Äste in seiner frühesten Entwicklung, wenn er am verletzlichsten ist, auswirken können, und damit dazu beitragen, dass er nicht sein genetische Veranlagung ins vollste Potential entwickeln kann.

Dann wachsen noch kleine Zweige an den größeren Ästen, sinnbildlich stehen sie für die individuelle Entwicklung spezialisierter Fähigkeiten zur Erfüllung der *biologischen Bestimmung* des Baums und sie erschaffen Güte, Wahrheit, Schönheit oder Funktionalität mit Hilfe von erfahrungsabhängigem Lernen und Üben. Am Ende wird kein Baum dem anderen gleichen, auch wenn sie alle aus derselben Samensorte hervorgegangen sind und im selben Wald aufwuchsen. Manche Bäume konnten dabei ihre genetisch veranlagten natürlichen Potentiale/Talente entfalten, weil sie ideale Wachstumsbedingungen hatten, andere haben vielleicht einen schönen Hauptast, wiederum andere sind vollkommen degeneriert. Nahezu alle Bäume werden dabei in der Lage sein, ihre *biologische Bestimmung* des Überlebens und der Entwicklung neuer Samen zu erfüllen, auch wenn sie selbst nicht in der Lage waren, ihr volles Wachstumspotential zu entfalten.

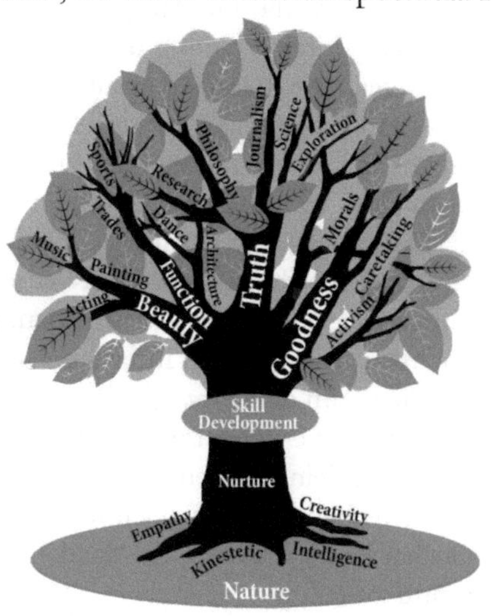

Grafik 38. Baum-Metapher mit Natur, Prägung, Entwicklung der Fähigkeiten und ihrer Ausprägungen

Menschen, die nicht in der Lage waren, ihre Talente voll auszubilden und ihre *transzendentale Bestimmung* zu leben, fühlen sich oft schlecht, unvollkommen und frustriert und leiden vielleicht sogar an Persönlichkeitsstörungen oder schwereren Geisteskrankheiten. Sie haben dann manchmal die Tendenz ihr „zu kurz kommen" durch Süchte zu kompensieren, wie beispielsweise Fresssucht, Drogen, Sex, Shoppingsucht, Streit, Gewalt, sowie durch anderes ungesundes, lebensverneinendes Verhalten. Das ist natürlich nicht ihr Fehler, da sie weder die Art und den Grad ihrer genetischen Veranlagung der Talente wählen konnten, noch die Gesundheit ihrer Mutter, ihre Prägung und die Möglichkeiten, die ihnen in der Kindheit geboten bzw. verwehrt wurden.

Da Menschen mit mehr Bewusstsein und Handlungsspielraum ausgestattet sind als Bäume, sind sie in der Lage zu erkennen, dass sie vielleicht nicht in der Lage waren, ihr volles Potential ihrer natürlichen Talente auszuschöpfen (ihr Äste zu vollem Wachstum zu bringen). Sie sind dann in der Lage ein Verfahren einzuleiten, in dem sie zu ihrem Ursprungssamen zurückkehren und ihre psychologischen Verletzungen heilen, um zu erkennen, was aus ihnen hätte werden können und dann die Äste (Talente) zu stärken, die sie hätten entwickeln können. Die, die in der Lage waren, ihre natürlichen Talente in der Kindheit voll oder weitestgehend zu entwickeln, finden dieses Verfahren eventuell sehr einfach, vielleicht sogar unnötig. Für die, die nie diese Möglichkeit hatten, kann es nahezu unmöglich erscheinen.

Die Berg-Metapher

Kehren wir nun zu der Berg-Metapher zurück, um diesen Punkt zu veranschaulichen. Wir können sehen, dass eine Person, die die Möglichkeit hatte, ihr Talent auf dem höchsten Punkt der EICK-Kurve durch Prägung und Fähigkeitenentwicklung auszubauen, ein viel, viel höheres Niveau der Fähigkeiten und des Erfolgs erreicht, als eine Person, die dieselbe Arbeit auf einem niedrigeren Gipfel aufbauen muss. Das bedeutet dann auch, dass eine Person, die auf einem niedrigeren Punkt aufbauen muss, viel, viel mehr Anstrengung und Zeit aufbringen muss, um denselben Punkt bei der Entwicklung von Empathie für andere, das Erlernen einer zweiten Sprache, das Spielen eines Musikinstruments oder das gewinnen einer Medaille im Sport zu erreichen. In Wirklichkeit würde die Person, die auf einem niedrigeren Gipfel aufgebaut hat (oder bauen musste), immer von Menschen behindert werden, die auf ihren höchsten Gipfeln gebaut haben. Daher ist es zwingend erforderlich, um deine *transzendentale Bestimmung* zu leben, dass du deine natürlichen Talente und Stärken erkennst und bestimmst, indem du deine EICK-Kurve zeichnest und das Potential deines Talent-Baums erkennst, damit du deine Fähigkeiten und Stärken dementsprechend ausbauen kannst. Im nächsten Kapitel wirst du vier Talenterkennungsmethoden kennen lernen, die dir dabei helfen, deine *transzendentale Bestimmung* zu erkennen und zu teilen.

Grafik 39. Die EICK-Kurve als Berg-Metapher mit unterschiedlich entwickelten Fähigkeiten

Zusammenfassung

Wie wir oben festgestellt haben, gibt es eine verwirrende Komplexität bezüglich der Einflüsse der Gene und der Entwicklung des Gehirns (Natur) sowie Umweltfaktoren (Prägung), unser Geschlecht/Gender und das kulturelle und soziale Umfeld auf die Verhaltensmuster, die zur gesunden Entwicklung oder unglücklichen Bremsung der natürlichen Talente führt. All diese Faktoren beeinflussen die Motivation und die Vorlieben die den Anstoß liefern, Erfahrungen sowie emotionale und körperliche Reaktionen zu sammeln bzw. zu bewirken, die dann zur Entwicklung von Fähigkeiten und Verhaltensmustern führen. Menschen, die in einem gesunden Umfeld und einer funktionalen Familie mit mannigfaltigen Lernmöglichkeiten aufwuchsen, können immer mehr dieser Umstände um sich sammeln, die im Gegenzug die Entwicklung ihrer natürlichen Talente befördern.[483] Das wird es ihnen relativ einfach machen ihre *transzendentale Bestimmung* zu erkennen, zu entfalten und zu teilen. Menschen, die diese Möglichkeiten in der frühen Kindheit nicht hatten, können jedoch immer noch ihre natürlichen Talente erkennen und die Fähigkeiten entwickeln, ihre *transzendentale Bestimmung* im höchstmöglichen Umfang zu entfalten und zu teilen und ein erfülltes und sinnvolles Leben zu führen.

Der Grad zu dem deine natürlichen Talente sich entwickeln und zu dem dein Leben mit ihnen in Einklang ist, bestimmt, welche der verschiedensten Methoden, die wir weiter unten untersuchen, für dich am besten geeignet ist, um deine *transzendentale Bestimmung* zu erkennen und zu entfalten. Es wird dabei deutlich werden, ob du es alleine, machen kannst, mit Hilfe von Selbstuntersuchung und Tests, oder ob du dabei der Hilfe eines Buchs, Online-Kurses, Workshops, persönlichen Beraters, Therapeuten, Ausbilders, Gruppenleiters oder Bestimmungsführers bedarfst. Welchen Weg auch immer du dabei wählst: Die Investition in die Erkenntnis deiner natürlichen Talente und das Entfalten und Teilen deiner *transzendentalen Entwicklung* lohnt sich, da sie deine Lebensqualität verbessern wird, genauso deine Liebesbeziehungen, und am Ende sogar die Welt.

In Kapitel 13 werden wir untersuchen, wie du deine natürlichen Talente entdecken kannst, deine *transzendentale Bestimmung* herausfindest und sie mit einem gleichen und gegensätzlichen Partner teilen kannst, was dann zu der kokreativen Bildung einer gesunden, lebenslangen integralen Liebesbeziehung führt, die wir in Teil 3 untersuchen werden.

KAPITEL 13

Transzendentale Bestimmung

Der Sinn des Lebens ist es, deine Gabe zu erkennen. Die Bestimmung des Lebens ist es, sie weiterzureichen.
~Pablo Picasso~

In den letzten Jahren nahm die Zahl der Bücher, Kurse, Seminare, Trainings, Übungen, Lehren, Therapien, Workshops und Lehrmethoden zu, die eine Vielzahl an Sichtweisen liefern, was die Bestimmung sein kann und Methoden anbieten, diese zu erkennen, zu erkunden und zu entfalten. **Es ist eine Idee, deren Zeit nun gekommen ist.**

Wie wir weiter oben feststellen konnten, wissen wir nun, dank genetischer Forschung, Neurowissenschaften, Biologie, moderner Medizin, Soziologie und Psychologie, dass nicht eine mystische Seele, höhere Bestimmung, mystischer Gott, leitender Geist, äußere Intelligenz, Zielrichtung (Telos) oder evolutionäre Bestimmung – auch wenn viele Bücher und Leeren über die Bestimmung das suggerieren – sondern genetische Veranlagung, die Gesundheit der Mutter, komplexe biologische Prozesse während der Schwangerschaft und der Kindheit, Ernährung und allgemeine Lebensbedingungen, erfahrungserwartendes und erfahrungsabhängiges Lernen, die psychologische Verfassung (vor allem während der Kindheit) und die Übung der Fähigkeiten unsere *transzendentale Bestimmung* bestimmen.[484]

Diese neuesten wissenschaftlichen Erkenntnisse führen nicht dazu, dass die verschiedenen Methoden zur Erkenntnis unserer Bestimmung, die magische, mystische, rationale oder transrationale Ansätze einbeziehen, ungültig sind. Im Gegenteil, **jede dieser Methoden hat ihre Gültigkeit; wichtig ist, dass wir die fundamentalen und nachhaltigen Wahrheiten einbinden und ihre Einschränkungen transzendieren!**

Sieben Stufen zur Entfaltung unserer *transzendentalen Bestimmung*

Um unsere *transzendentale Bestimmung* zu entfalten brauchen wir:

1. Erkenntnis der Tatsache, dass unsere Leben eine Bestimmung über die Erfüllung unserer biologischen Bestimmung und eines hedonistischen Glücks hinaus haben.
2. Abschaffung psychologischer Blockaden die uns bei der Erkenntnis und der Entfaltung unserer transzendentalen Bestimmung im Wege stehen.

3. Erkenntnis der natürlichen Talente und der daraus entstehenden transzendentalen Bestimmung nach Art und Ausprägung.
4. Das Erlangen der notwendigen Fähigkeiten, durch Lernen und Üben, um unsere transzendentale Bestimmung auf bestmögliche Weise zu entfalten.
5. Befriedigung der Bedürfnisse auf eine Weise, die von anderen wohlwollend akzeptiert werden kann.
6. Kontinuierliche Steigerung unseres Wirkungsfeldes indem wir unsere Höhe, Tiefe und unsere Berufung ausbauen.
7. Bewusst werden darüber, auf welcher Reifestufe sich unsere transzendentale Bestimmung befindet.

Wenn du das Gefühl hast, dass du klar weißt, was deine genetisch veranlagten natürlichen Talente und die daraus resultierende *transzendentale Bestimmung* ist, dann möchtest du vielleicht die entsprechenden Kapitel überspringen und dort weitermachen, wo es um das Teilen der Bestimmung geht.

Schritt 1: Das Erkennen unserer *transzendentalen Bestimmung*

Im Gegensatz zur *biologischen Bestimmung*, deren Verlauf natürlicherweise und unfreiwillig, unter normalen Bedingungen bei körperlich und psychologisch gesunden Menschen, von der Zeugung zum Tod abläuft – wie bei jedem anderen willensgesteuerten Objekt, bzw. lebenden Organismus – müssen wir **die Tatsache, dass wir eine transzendentale Bestimmung haben, erkennen, bzw. unseren Erweckungsmoment haben**. Diese Erweckung kann spontan erfolgen, durch eine persönliche Erkenntnis oder einen „A-ha!-Moment", sie kann aber auch durch ein äußeres Ereignis eintreten, welches plötzliche Klarheit über unsere Rolle bei der Schaffung einer besseren Welt bringt – über das Entfalten unserer *biologischen Bestimmung* hinaus – nachdem es unbewusst in uns schon eine Weile gegoren hat. Andere wiederum erleben die Erweckung der *transzendentalen Bestimmung* schrittweise, wenn sie feststellen, dass die Entfaltung ihrer *biologischen Bestimmung* nicht mehr die tiefer gehenden Fragen des Lebens beantwortet, wie beispielsweise: „Was ist der Sinn des Lebens?" „Warum gibt es uns?" „Wo kommen wir her?" „Was ist unsere Bestimmung?" „Warum leiden wir?" „Wie können wir wirklich erfüllt und glücklich sein?" „Was ist meine Bestimmung?" „Wie kann ich einen Beitrag leisten?" „Wo gehe ich hin?" und „Wie werde ich in Erinnerung bleiben?"

Solche Fragen tauchen oft nach einem Ereignis auf, das tiefe Einschnitte bzw. Veränderungen im Leben bewirkt, wie bspw. sich Verlieben, schmerzhafte Trennung, das Erleben der Geburt eines Kindes, eine spontane Gipfelerfahrung oder eine spirituelle Erkenntnis, Rausch durch Rauschmittel, ein farbenfroher Traum, seelischer Zusammenbruch auf Grund eines dramatischen Ereignisses, wie der Verlust einer geliebten Person, eine Nahtoderfahrung oder eine lebensbedrohende Krankheit, die tiefere Beschäftigung mit einem spirituellen Lehrer oder einer spirituellen Lehre, die Arbeit mit einem Therapeuten, Begegnung mit einem weisen Menschen, Teilnahme an einem Wachstumsworkshop oder Entwicklungsseminar oder das Lesen eines Buchs zu diesem Thema, wie das, was du gerade jetzt liest.

Die wahren Antworten auf die Fragen nach unserer *transzendentalen Bestimmung* und ihrer ursprünglichsten Ausprägung sind, qua definitionem, immer lebensbejahend, förderlich für die gesunde Ausprägung der *biologischen Bestimmung* und im Dienste des Wohlbefindens von anderen, weshalb sie auch immer den Wandel von hedonistischen zu eudaimonischen Modellen der Erlangung von Lebensqualität bedeuten.

Diese Unterscheidung zu machen ist absolut notwendig um unsere *transzendentale Bestimmung* abzugrenzen von lebensverneinenden oder zerstörerischen, narzisstischen, egozentrischen, ideologischen, zynischen, nihilistischen, hyperindividualistischen, extremistischen oder anderweitig fehlgeleiteten Handlungen im Namen der Glückseligkeit, der Lebenserfahrung, des Befolgens innerer Stimmen, Verwirklichung von Gottes Wille, Erfüllung einer höheren Bestimmung oder einfach nur dem Ermöglichen eines Geistes, eines Bewusstseins, evolutionären Impulses oder einer evolutionären Bestimmung auf falsche Weise wahr zu werden.

Unglücklicherweise verpassen einige der ansonsten sehr hilfreichen Methoden und Übungen zur Erkenntnis der Bestimmung (die wir weiter unten untersuchen werden) diese notwendige Unterscheidung und führen keine normativen Richtlinien an.

Es ist nicht von der Hand zu weisen, dass etliche Übeltäter, darunter Nazis und andere Faschisten, Terroristen, Massen- und Serienmörder, Rassisten, Frauenhasser, falsche spirituelle Lehrer und andere, die, im Namen von „göttlicher Ordnung", „höherer Gewalt", „tieferer Berufung", darwinistischer Überinterpretation des „Überlebens des Angepassten", „eigennütziger Handlung", „wir zuerst" oder „höherer spiritueller Motive", absichtlich andere Verletzen und ihren Vorteil aus ihnen ziehen oder Umweltzerstörung betreiben, Argumente angeführt haben, mit denen sie versuchten ihre Bestimmung zu begründen und ihre schädigenden Handlungen zu rechtfertigen.

Das bedeutet in anderen Worten, dass wir sowohl auf einer fortgeschrittenen Stufe unserer Bewusstseinsentwicklung (selbst integral oder transpersonal) und/oder spiritueller Erkenntnis (einschließlich nicht-dual) sein können und davon überzeugt sein können, dass wir unsere Bestimmung entfalten, und dennoch komplett darin scheitern, mehr Güte, Wahrheit, Schönheit und Funktionalität zu erschaffen.

Nur Menschen, denen das Recht auf das gesunde Entfalten ihrer *biologischen Bestimmung* verwehrt wurde und ihre *transzendentale Bestimmung* nicht erkennen konnten, und jene, die tiefliegende Kindheitswunden und schwere psychische Krankheiten haben – wofür sie selber, wie oben beschrieben, gar nicht die Verantwortung tragen – handeln auf lebensverneinende, destruktive Weise und sie brauchen und verdienen unser Mitgefühl, ebenso wie unsere Unterstützung, damit sie ihrem schädlichen handeln ein Ende setzen können – oder sie müssen daran gehindert werden, was der Lehrer der Gewaltfreien

Kommunikation Marshall Rosenberg die „schützende Kraft" nannte, in Unterscheidung von „Strafhandlungen".[485]

Auffällig ist dabei, wenn wir die Geschichte der Menschheit betrachten, dass Gruppen, Bewegungen, Ideologien, Religionen, Philosophien und Gesellschaften, die von Visionären beeinflusst oder geleitet wurden, die ihre *transzendentale Bestimmung* entfalteten, sich gegen jene durchsetzen konnten, die Übel, Falschheit, Abscheulichkeit und Zerstörung propagierten, auch wenn es manchmal etliche Jahrzehnte oder sogar -hunderte benötigte, und leider gibt es dafür auch Ausnahmen … am Ende schreiben die Gewinner die Geschichtsbücher.

Mahatma Gandhi sagte prominenterweise: „Immer, wenn ich verzweifelt war, fand ich Trost darin, dass die Liebe und die Wahrheit in der Geschichte immer gesiegt haben. Es gab Tyrannen, es gab Mörder und für kurze Perioden glaubte man, sie seien unbesiegbar. Doch am Ende gingen sie immer unter. Denke daran. Immer."

Diese Prämisse wird sich bewahrheiten, sofern immer genug Frauen mit Männern ko- und prokreativ werden, die ihre *transzendentale Bestimmung* ausleben und für mehr Güte, Wahrheit, Schönheit und Funktionalität sorgen.

Spirituelle Erkenntnis und Bestimmungserkenntnis

Es gibt einen grundlegenden Unterschied zwischen den östlichen Vorstellungen und Praktiken die zu einer möglichen spirituellen Erkenntnis führen und den westlichen Prozessen zu Erkenntnis und Entfaltung unserer *transzendentalen Bestimmung.* Östliche Praktiken haben üblicherweise einen **Fokus auf das Innere**, zur Eliminierung des Leidens durch Entsagung der Bindung an materielle Objekte und den Körper, des subtilen Verstands und der Gedanken sowie von kausalen Gefühlen mit Hilfe der Selbsttranszendenz und des Ausschlusses der sogenannten niederen Willensbereiche und durch das tugendhafte Leben durch, beispielsweise, Beschreiten des achtfachen Pfads im Buddhismus.

Dabei fehlen aber den östlichen Traditionen oftmals die westlichen Erkenntnisse über das Unbewusste und die Entwicklungsstufen des Bewusstseins. Der spirituelle Fokus auf das selbst führt bei westlich geprägten oft zum hedonistischen, hyper-individualistischen New-Age-Narzissmus (Streben nach individuellem Genuss, Schmerzvermeidung, Überzeugung, dass jeder seine eigene Wirklichkeit erschafft, Selbstliebe statt Liebe für andere, Verdrängung dessen, was auf der Welt los ist, etc.) und spiritueller Selbstverleugnung (der Erleuchtung wegen und um das Selbst in den Mittelpunkt zu rücken Unterdrücken der negativen Gefühle, Vermeidung problematischer Bereiche psychologischer Natur und die Entwicklung betreffend, das Verhaften auf einer kindischen magischen Entwicklungsstufe, Vermeidung festgelegter Liebesbeziehungen und der Fortpflanzung). Beides, sowohl die spirituelle Ausrichtung auf das Selbst, als auch die spirituelle Selbstverleugnung kann genau zum Gegenteil der Entfaltung unserer *biologischen* und *transzendentalen Bestimmung* führen.

Im Gegensatz dazu entwickeln wir einen **nach außen gerichteten Fokus** wenn wir erkennen, dass wir eine *transzendentale Bestimmung* haben, was Fragen dazu aufwirft, wie wir den Bedürfnissen von anderen auf Lebensbejahende Weise entsprechen können, die von anderen auch wohlwollend akzeptiert wird, denen wir entsprechen können, wenn wir die notwendigen Fähigkeiten entwickelt haben, die auf Linie sind mit unseren genetisch veranlagten natürlichen Talenten.

Dennoch können uns spirituelle Praktiken der Ego-Transzendenz dabei unterstützen, unsere *transzendentale Bestimmung* zu erkennen, indem sie die Überlagerungen entfernt, die ihre Ursache in einer fehlgeleiteten Selbstwahrnehmung haben, und uns dadurch daran hindern, uns nach unserer *transzendentalen Bestimmung* auszurichten – und das entfalten unserer *transzendentalen Bestimmung* erfordert von uns auch eine gute Selbstwahrnehmung durch Lernen, Heilen, Wachsen und Fähigkeitenentwicklung.

Für die meisten bedeutet das nicht bloß das Erlernen einiger Fähigkeiten, minimale Anpassungen vorzunehmen oder das eigene Repertoire an Erwiderungen auf die Herausforderungen des Lebens zu erweitern (um es mit integraler Ausdrucksweise zu sagen: eine bessere Übersetzung auf der jeweiligen Bewusstseinsebene). Es bedeutet eher, in bessere Möglichkeiten hinein zu wachsen, was oftmals abschreckend und komplex erscheinen kann. Menschen, die diese Herausforderung wahr- und annehmen haben oft den Eindruck einer Diskrepanz zwischen der Komplexität der Welt wie sie ist und ihrer Bestimmung auf der einen Seite und ihren inneren Möglichkeiten damit umzugehen auf der anderen Seite. Es gibt dabei nur zwei logisch erscheinende Möglichkeiten, mit dieser Diskrepanz umzugehen: die Komplexität der Welt zu verringern, was nicht erfolgen wird, oder die geistige Komplexität zu erhöhen, was eine tiefgehende innere Arbeit erfordert, die weit über spirituelle Praktiken hinausgeht.[486] Darauf werden wir später noch mal zurückkommen.

Schritt 2: Abschaffung psychologischer Blockaden

Die meisten Bestimmungstrainer und -lehrer sind zu der Erkenntnis gelangt, dass ihre Schüler zuerst ihre psychologischen Blockaden angehen müssen, wie bspw. Ängste, Schamgefühle, eigene Entwertung und tiefwurzelnde Verhaltensmuster, bevor sie ihre Bestimmung erkennen und entfalten können.

Sie haben erkannt, dass die meisten Menschen einen natürlichen Widerstand bzw. Immunität gegen Veränderung haben. So wie unser physisches Immunsystem uns vor schädlichen Krankheiten schützt, so versucht uns unser Selbst vor den riskanten und gefährlichen Veränderungen in unseren Leben zu beschützen. In den meisten Fällen ist das natürlich super, da es uns davor bewahrt übereilte Entscheidungen zu treffen und uns leichtsinnig und riskant zu verhalten und damit für die nötige Stabilität und Kontinuität in unserem Leben sorgt. Menschen, die dieses gesunde psychologische Immunsystem nicht haben, haben oftmals Persönlichkeitsstörungen und weisen ein instabiles, unzuverlässiges, unvorhersehbares und verstörendes Verhalten auf – manchmal unter dem Deckmantel der Kreativität, des Reformismus, der (R)Evolution oder dem Folgen eines inneren Gefühls, einer Intuition, einer Gabe oder einer obskuren inneren Stimme.

In manchen Fällen kann unser physisches Immunsystem aber sogar unsere Gesundheit gefährden, genauso wie unser psychologisches Immunsystem uns bei notwendigen gesunden Veränderungen und im Wachstum stören kann. Eine Studie hat beispielsweise ergeben, dass nur einer von sieben überlebenden Schlaganfall- und Herzschlag-Patienten in der Lage war, schädigendes Verhalten, wie bspw. ungesunde Ernährung, Rauchen und fehlende Bewegung, zu ändern, selbst wenn die Ärzte sie darüber aufklärten, dass ein „weiter so" die Wahrscheinlichkeit eines Todes innerhalb eines Jahres drastisch steigert.[487]

Genauso unterliegen die meisten Menschen dem Risiko, ein unerfülltes, stressiges und selbstzerstörerisches Leben zu führen und früh zu sterben. Sie sind, auf Grund von alten Gewohnheiten, Sicherheitsbedürfnissen und Immunität gegen Veränderung, nicht willig oder in der Lage, notwendige Heilungs-, Lern-, Wachstums- und Erkenntnisarbeit zu leisten oder das Leben zu ergründen und ihre *transzendentale Bestimmung* mit einem Partner zu teilen. Wie es im Sprichwort heißt: „Sie scheitern bei der Erkenntnis, dass das einzige Risiko im Leben darin besteht, kein Risiko einzugehen" und dass „es besser ist, dabei zu scheitern, ein eigenes Leben zu führen, anstatt erfolgreich das Leben eines Anderen zu führen."

Auf Grund dieser natürlichen Veränderungsimmunität müssen sich die meisten Menschen erstmal mit ihren begründeten und unbegründeten Ängsten und Widerständen auseinandersetzen, bevor sie sich dem Prozess der Erkenntnis ihrer natürlichen Talente und der Entfaltung ihrer *transzendentalen Bestimmung* widmen können. Anderenfalls wird ihr Ego ihr Suchen entkräftigen, blockieren oder zum Stillstand bringen. Manche werden vielleicht sogar ihre ersten Hinweise auf ihre natürlichen Talente erhalten, wenn sie sich mit ihren Ängsten auseinandersetzen und diese überwinden. In *True Purpose* (Wahre Bestimmung) schreibt Tim Kelley: „Vielleicht glaubst du, dass es keine Widerstände zur Erkenntnis deiner Bestimmung gibt, aber wenn das stimmt, dann würdest du sie bereits kennen!"[488]

Zwei Methoden haben sich als belastbar erwiesen beim Umgang mit unseren Ängsten und Wiederständen gegen Veränderung: *Voice Dialogue (Dialog der Stimmen)* und *Overcoming our Immunity to Change (Das Überwinden unserer Immunität gegen Veränderung).*

Voice Dialogue

Voice Dialogue wurde in den frühen 70er Jahren des vergangenen Jahrhunderts von Hal und Sidra Stone begründet. Sie entdeckten die Existenz von verschiedensten Subpersönlichkeiten (auch Energiemuster oder Egos genannt) in der menschlichen Psyche. Die Stones beschrieben es so, dass jede Subpersönlichkeit sich wie eine reale Person verhält und ihre eigenen Überzeugungen, Eigenschaften, Regeln und Verhaltensweisen hat. Indem sie mit diesen einzelnen Egos sprachen waren sie in der Lage zu erkennen, welche Rolle bei dem Schutz des Individuums vor gesunder Veränderung und Wachstum jedes Ego übernehmen konnte. Der theoretische Rahmen ihres Ansatzes, der als die *Psychologie des Egos* oder *Psychologie des Selbst* bezeichnet wird, beinhaltet eine eingehende Analyse der Funktion der verschiedenen Egos in Individuen, wie sie sich in einem Beziehungsverhältnis verhalten, wie sie die Entscheidungen einer Person beeinflussen und wie sie Bewusstseinsentwicklung eines Menschen beeinflussen.

Die Stones beschrieben dabei zwei Haupttypen der Subpersönlichkeiten – Primäre Egos und verleugnete Egos. Primäre Egos gehören zur Gruppe der dominanten Egos, die die jeweilige Persönlichkeit und das Leben bestimmen. Diese Gruppe wird auch als das handelnde Ego bezeichnet. Verleugnete Egos sind jene Subpersönlichkeiten, die den primären Egos gleich und gegensätzlich sind. Auch wenn sie sich in ihren Werten unterscheiden und im Konflikt zueinanderstehen, so leisten sie alle doch einen Beitrag zum Überleben, den sozialen Fähigkeiten und dem allgemeinen Wohlbefinden des Menschen. Das hervorhebend, betonen die Stones die Notwendigkeit, jede Subpersönlichkeit während der Therapie mit dem größten Respekt zu behandeln.

Im Verlauf ihrer Arbeit sind die Stones zu der Erkenntnis gelangt, dass es von Vorteil ist, wenn man sich die Erfahrungen von beiden Gruppen gleichzeitig zu Nutze macht: Sowohl von den primären, als auch von den verleugneten Egos. Um das zu erreichen, muss die therapierte Person sich von dem primären Ego lösen und in einen neutralen Bereich eintreten – frei vom handelnden Ego – um die sowohl das primäre als auch die verleugneten Egos beobachten zu können. Dieses Setting – bei dem das Individuum in der Lage ist, einen Schritt zurückzutreten, aus der Ferne zu betrachten, die Erfahrungen sowohl des primären, als auch der unterdrückten Egos zu bewerten und besser darin zu werden, bewusste, zentrierte Entscheidungen zu treffen – wird als der bewusste Ego-Prozess bezeichnet.[489]

Big-Mind-Prozess

Dennis Genpo Merzel übernahm die Stoneschen Voice-Dialogue-Methoden für seinen *Big-Mind*-Prozess, mit dessen Hilfe man ein Realitätsbewusstsein entwickeln kann, der das einfache Persönliche bzw. rein Subjektive transzendieren kann. Während seiner Sitzungen sind die Teilnehmer dazu angehalten, ihren verschiedenen Persönlichkeiten in ihrem Unbewussten eine Stimme zu geben um sie so bewusst werden zu lassen. Merzel beschreibt diese „Stimmen des Selbst“ wie folgt:

„Jeder von uns hat eine unbestimmte Vielfalt an Stimmen bzw. Perspektiven in sich. Um eine Vorstellung davon zu kriegen, wie diese sich verhalten, schlage ich vor, dass Sie sich als großes Unternehmen mit sehr vielen Angestellten vorstellen. Mit wie vielen? Das weiß niemand. Es ist skurril.“

Indem man jede Stimme mit ihrer Funktion im Ich-System kennen lernt, kann man ein empirisches Bewusstsein des wahren Ichs erlangen. Das erfolgt als Konsequenz daraus, dass man jede Stimme als eigenen Standpunkt anerkennt. Jedes Mal, wenn eine bestimmte Stimme in den Vordergrund tritt, gibt es einen geistigen Stellungswechsel, der Repräsentant ist für eine dieser Perspektiven: eine eindimensionale Sicht der Dinge und Lebenserfahrung. Sind uns unsere verschiedenen Perspektiven bekannt, steigert das unsere Aufmerksamkeit. Dabei gibt es keine falschen oder richtigen Perspektiven: Nur die eigene Wahrnehmung derselben. Das Wesen der bewussten Wahrnehmung ist die weiträumige Ruhe und Stille, bzw. die kausale Welt. Die Entstehung der inneren Stimmen des Verstands ist das Ergebnis der internen Unterteilung der Persönlichkeit. Diese Unterteilung hängt mit der Tatsache zusammen, dass verschiedene Teile auch unterschiedliche Funktionen haben. Ohne eine liebevolle Wahrnehmung widerstehen die Teile der Vereinheitlichung. Das Ego-Selbst, der Kern der Persönlichkeit, existiert in der Isolation seiner eigenen verstörten Wahrnehmung und Überzeugung, dass es von allem anderen unabhängig existiert.

Stimmen des Selbst

Ähnlich wie Merzel nutzen Tim Kelly und seine Trainer die *Voice-Dialogue*-Methode für das „klärende Durchschreiten durch das Ego“[490] um mit den verschiedensten Ängsten und Sorgen ihrer Klienten umzugehen, die sie davon abhalten, ihre *wahre Bestimmung* zu erkennen und entfalten.

Es gibt vier Gruppen der zu unterscheidenden inneren Stimmen.

Die *Wächter* dienen dazu, das Selbst zu beschützen – der kleine Funken bewusster Wahrnehmung, der vom Ego übernommen wird; der instinktive, animalische, unabhängige Sinn des Selbst:

- Der Beschützer
- Der Kontrolleur
- Der Risiko-Manager
- Der Kritiker bzw. Richter
- Der skeptische Zweifler oder Zyniker
- Das Opfer
- Der Image-Berater

Die wiederstehenden Stimmen verfügen nur über ein Wort, „NEIN“, was in der Regel nicht von dem bewussten Selbst wahrgenommen wird. Stattdessen werden sie empfunden als ein Gefüge von beweglichen und chronischen Spannungen im Körper, Müdigkeit, Rückzug und Aufmerksamkeitsblockade:

- Das verletzte Selbst
- Der Fixierer
- Das verletzte, verletzliche oder unschuldige Kind

Die *Stimmen der Freiheit* sind Stimmen, die dazu dienen das Selbst ins Wagnis, raus aus der Sicherheit und der Komfortzone, zu ziehen, damit es reifen kann in dem es das Leben mit all seinen Unwägbarkeiten und Gefahren lebt:

- Verlangen
- Der suchende Geist
- Der Geist der nach dem Weg forscht
- Der, der den Weg beschreitet

Transzendente Stimmen sind die Qualitäten, die unsere Wahrnehmungen wachhalten, wenn wir über das Bewusstsein des Selbst hinausgehen. Sie treten nicht in einen internen Dialog ein. Stattdessen werden sie erkennbar, wenn das Ego-Rauschen transzendiert wird. Sie können als innere Weisheit intuitiv wahrgenommen werden und gelegentlich manifestieren sie sich als untergründiges Flüstern des Selbst. Sie werden lediglich gesondert aufgeführt, um das aufgeklärte Lernen und Verstehen zu unterstützen.

- Der Weg
- Großer Verstand
- Großes Herz
- Yin-Mitgefühl
- Yang-Mitgefühl
- Der Meister

Der Dialog

Der Prozess der Erkenntnis dieser, und Arbeit mit diesen, inneren Stimmen bzw. Selbsts, die sich Mühen uns zu schützen, wird verrichtet durch handschriftlichen Selbstdialog oder durch die Zusammenarbeit mit einem ausgebildeten Trainer oder Therapeuten.

Der erste Schritt besteht darin, alle Worst-Case-Szenarios all deiner Ängste, die dich davon abhalten, deine *transzendentale Bestimmung* zu entfalten, wie beispielsweise: „Wenn ich meine Bestimmung entfalte, dann werde ich kein Geld verdienen", „Ich würde alles verlieren, was ich habe", „Mein Partner würde mich verlassen", etc., zu erkennen. Im nächsten Schritt, schreibst du für jedes Szenario nieder, was passieren würde, wenn sich diese großen Ängste bewahrheiten würden. Wiederhol diesen Schritt so lange, bis du entweder anfängst, dich zu wiederholen, oder dein Verstand leer erscheint, weil du an nichts Schlimmes mehr denken kannst, oder du zu dem Schluss kommst, dass das alles doch gar kein Problem darstellt.

Als nächstes solltest du festlegen, ob du weiterhin deine *transzendentale Bestimmung* erkennen und entfalten wollen würdest, wenn das Schlimmste eintreten würde. Ist dabei die Antwort „Nein“, stell dir die Frage, bis wohin du deiner Bestimmung folgen würdest, wenn du an einem Punkt feststellen würdest, dass diese Angst sich erfüllt und was du stattdessen tun würdest. Wenn du einen Worst-Case-Szenario-Plan aufstellen kannst, mit dem du umgehen kannst, so wird dir dein beschützendes Ego oder Selbst die Erlaubnis erteilen, den nächsten Schritt zur Erkenntnis und Verfolgung deiner Bestimmung zu gehen. Wiederhole dieses Verfahren für all deine beschützenden Stimmen.

Der zweite Schritt ist die Rückversicherung deiner inneren Beschützer, dass es in deinem besten Interesse ist, deiner *transzendentalen Bestimmung* zu folgen. Kelley schreibt, „deine inneren Beschützer haben dein Leben über Jahrzehnte beeinflusst. Sie treffen die meisten deiner wichtigen Entscheidungen. Sie übernehmen die Hauptverantwortung. Erkennst du deine Bestimmung, könnte sich das ändern. Sie könnten ihre Macht aufgeben. Du beruhigst sie mit einem Dialog bzw. indem du mit ihnen verhandelst.” Dieser Dialog folgt in ungefähr dem folgenden Schema:

Du: Ich möchte mit meiner/m inneren [Name der Stimme, bspw. Skeptiker] sprechen.

Stimme: Was willst du?

Du: Was ist dein Auftrag?

Stimme: Ich beschütze dich vor …

Du: Ich möchte meine Bestimmung kennen lernen. Was sind deine Sorge/Ängste/Widerstände, etc.?

Stimme: Meine Sorge ist, dass du …

Du: Warum glaubst du das?

Stimme: Weil …

Du: Ich höre, dass du besorgt bist, aber …

Deine innere beschützende Stimme wird für gewöhnlich von dem Standpunkt eines/r unbewussten Wunde, Schmerzes oder von negativen Gefühlen der Vergangenheit aus sprechen und die Befürchtung haben, dass, wenn du ein Risiko eingehst, du wieder verletzt oder enttäuscht sein wirst. Oder sie spricht von der Perspektive einer Angst vor der ungewissen Zukunft, wobei sie alle möglichen negativen Szenerien entwirft und dabei suggeriert, dass es besser ist, das zu bewahren, was du hast, anstatt etwas zu riskieren. Du allerdings, sprichst nie vom Standpunkt eines vergangenen Schmerzes oder einer Angst vor der Zukunft, sondern aus dem Hier und Jetzt.

Der dritte Schritt ist, herauszufinden, ob es noch übriggebliebene Stimmen gibt, die nicht mitmachen bei der Suche und Entfaltung der *transzendentalen Bestimmung*, und sich von diesen die Erlaubnis einzuholen. Dieser Prozess verläuft nach ähnlichem Schema wie zuvor und beinhaltet verschiedene Phasen: (1) Aufbau der Kommunikation; (2) das Kennenlernen der Stimme und ihrer Aufgabe; (3) ihre Sorgen erfahren; (4) das Ernstnehmen ihrer Sorgen und das Verhandeln einer Lösung; sowie (5) das Beenden der Kommunikation indem du dir die Erlaubnis einholst und ihr eine Vereinbarung trefft im Sinne von „wenn X passiert, dann folgt Y“, oder ihr vereinbart, euch auf dem Wege noch mal zu Unterhalten.

Wenn diese Prozesse in dir resonieren, so solltest du erwägen Merzels Buch *Big Mind – Big Heart* zu lesen (oder Online-Quellen zu nutzen – leider ist Merzels Buch bislang nicht auf Deutsch erschienen).

Immunität gegen Veränderung

Die Professoren der Harvard Graduate School of Education Robert Kegan und Lisa Laskow Lahey haben die These aufgestellt, dass wir, wenn wir bei einem selbstgesteckten Ziel scheitern, wie beispielsweise bei der Erkenntnis und Entfaltung unserer *transzendentalen Bestimmung*, nicht scheitern, weil uns die Willenskraft fehlt, sondern eher, weil da wohl ein „emotionales Immunsystem“ am Werk ist, welches uns vor Enttäuschung, Angst oder Scham schützt.

Sie entdeckten eine mächtige Dynamik, die uns dazu führt, genau dort zu bleiben, wo wir gerade sind, auch wenn wir ehrliche oder sogar leidenschaftliche Absichten zur Veränderung haben. In ihrem Buch, *Immunity to Change: How to Overcome It and Unlock the Potential in Yourself and Your Organization* (Immunität gegen Veränderung: Wie man sie los wird und das eigene Potenzial entfesselt), beschreiben sie vier kritische Stufen zur Überwindung von emotionalen Fallen, die uns davon abhalten voranzugehen und eine echte Veränderung zu vollziehen. Zu Beginn fragen sie uns, was uns davon abhält, unser Ziel zu erreichen. Als zweites benennen sie, dass die Hindernisse, die wir wahrnehmen, höchstwahrscheinlich daher rühren, dass wir uns gegen Festlegungen wehren. Anstatt unser Ziel einem Zeitmangel, Geld, Unterstützung oder anderen Mangelempfindungen zu opfern, fordern uns Kegan und Lahey dazu auf, darüber nachzudenken, wie wir mit diesen raren Ressourcen umgehen.

Sie beschreiben, dass wir, um unsere Immunität gegen Veränderung zu überwinden, tief in uns suchen müssen um herauszufinden, was sich in uns gegen das Erreichen unseres Ziels stellt. Diese verborgenen, miteinander rivalisierenden Festlegungen wurzeln in unseren Weltansichten – unsere hauptsächlichen Annahmen, wie die Dinge laufen. Veränderung kann nur eintreten, wenn wir unsere Art zu Denken ändern (und wir damit wortwörtlich unsere Hirnwindungen neu verdrahten). Ihr unten abgebildeter Immunitätsplan kann uns dabei helfen, unsere Empfindungen gegenüber spezifischen Veränderungen zu erkunden und besser zu verstehen, wie diese Empfindungen unser Bemühen uns zu verändern torpedieren. Ihr Verfahren umfasst vier Phasen.

Ziel	*Stattdessen getan/nicht getan*	*Verborgene rivalisierende Festlegungen*	*Übergeordnete Annahme*
Entfaltung meiner transzendentalen Bestimmung	*Hedonistische Befriedigung*	*Ich zwinge mich zur Loyalität, sehne mich nach Spaß und Sicherheit. Ich habe Angst davor, einsam und pleite zu sein.*	*Freude, Risikovermeidung und Loyalität sind die Mittel zum Glück.*
Zusammenarbeit mit einem Bestimmungs-führer *Eine Weiterbildung machen* *Geld sparen um selbstständig zu werden* *Einen Lebensgefährten finden, der meine Bestimmung teilt.*	*Ich gehe mit meinen Freunden aus um Spaß zu haben.* *Ich bleibe in einer dysfunktionalen Beziehung.* *Ich arbeite in einem unbefriedigenden aber sicheren Arbeitsverhältnis.*	*Meine Freunde sind von mir abhängig und ich muss Arbeits- und Freizeit austarieren.* *Ich fühle mich meinem Partner gegenüber verpflichtet* *Ich habe meinen Kollegen versprochen, dass ich nicht kündige, außerdem muss ich noch meinen Studentenkredit abbezahlen.*	*Wenn ich meine alten Freunde vernachlässige werden sie mich nicht mehr unterstützen und ich werde keinen Spaß mehr haben.* *Wenn ich meinen Partner verliere könnte ich den Schmerz nicht aushalten und niemand neues finden.* *Wenn ich meinen Job aufgebe, dann kann niemand die Lücke füllen und ich werde pleite sein.*

Phase 1: Liste mit deinem Verbesserungsziel

Welchen Bereich deines Lebens möchtest du positiv verändern? Schreibe das, dem Beispiel unten entsprechend, oben in Spalte 1 der Immunitätskarte.

Tabelle 3. Beispiel für die rivalisierenden Verhaltensweisen, die dich von deinen Zielen abhalten.

Schreibe darunter jene Handlungen, die dir dabei helfen können, dein Ziel zu erreichen. Für unser Beispiel von Erkenntnis, Entfalten und Teilen deiner *transzendentalen Bestimmung* kann dazu auch gehören, dass man sich nach Workshops oder Kursen erkundigt, die uns dabei helfen, unsere natürlichen Talente zu erkennen, neue Fähigkeiten zu erlernen, oder das Erlangen von Zertifikaten und Titeln, das Schreiben eines Buchs, Antreten einer neuen Arbeitsstelle, Geld sparen für die Zeit der Transition oder das Finden eines neuen Partners, mit dem man seine Bestimmung teilt.

Phase 2: Erkenne welche Verhaltensweisen dich von deinem Ziel abhalten

Was tust du (oder tust du nicht) was deine Bemühungen zum Erliegen bringt? Fasse diese Verhaltensweisen in Spalte zwei zusammen. Es kann so wirken, als wäre es schon genug, wenn wir diese Verhaltensweisen benennen und uns darauf konzentrieren, um sie zu verändern. Aber wir wissen doch, dass es einfacher gesagt ist, als getan. Es ist daher erforderlich, dass wir tiefer wühlen, um die Wurzeln unseres Scheiterns in den nächsten Schritten zu finden, damit wir nicht bloß unser Verhalten, sondern auch unsere Geisteshaltung verändern.

Phase 3: Erkenne deine rivalisierenden Verbindlichkeiten

Hier steigen wir nun in die wirkliche Selbstuntersuchung ein. Schaue dir die Verhaltensweisen an, die du in Spalte zwei eingetragen hast und stelle dich der Frage, wie du dich fühlen würdest, wenn du das Gegenteil tun würdest.

Vielleicht ist deine Angst, dass du Zeit verschwendest, dass ein Kurs zu teuer ist, dass Andere dich für verrückt oder eigensinnig halten, dass es zu schwer ist oder es dein Leben, wie du es kennst, verändern würde und du darüber unglücklich und pleite und desorientiert wärst. Hier kann man ziemlich eindeutig das emotionale Immunsystem bei der Arbeit beobachten, welches die Gefühle von Scham, Enttäuschung und Angst abwenden möchte. Hast du diese Gefühle, so kannst du vielleicht deine rivalisierenden Bindungen als Wunsch nach Respekt, nach Anerkennung als verlässlicher und fürsorglicher Mensch und nach finanzieller Sicherheit verstehen.

Welche Ängste hast du davor, eine Veränderung einzuleiten? Fasse diese im oberen Kästchen der Spalte drei zusammen und konkretisiere, wie sich diese Ängste ausdrücken – deine rivalisierenden Bindungen – darunter.

Phase 4: Erkenne deine übergeordneten Annahmen

Nun stehst du deinen Einschränkungen gegenüber, die du überwinden musst, um dich nachhaltig verändern zu können. Versuche deine rivalisierenden Bindungen mit, „wenn ___, dann ___" zu beschreiben.

Vielleicht schreibst du, „wenn ich mein Leben nicht wie bisher lebe, dann werde ich vielleicht als selbstsüchtig und gleichgültig angesehen".

Schreibe alle deine übergeordneten Annahmen von möglichen Konsequenzen in Spalte vier.

Wiederhole dieses Verfahren für alle Ziele, die du erreichen möchtest.

Nutze, was du gelernt hast

Die Immunitätskarte wird dir dabei helfen, zu erkennen, warum du bei den nötigen Veränderungen zur Erreichung deiner Ziele scheiterst. Bei der Lösung musst du deine Gefühle mit einbeziehen. Dann kannst du deine Annahmen überprüfen, die den größten Barrieren entsprechen. Ziehe dabei risikoschwache Szenerien in Betracht, um die ersten Schritte in Richtung deiner Ziele zu gehen, bspw. das Lesen eines Buchs über Bestimmung im Geheimen oder die mit Freunden verbrachte Zeit zu reduzieren. Oder unterhalte dich offen mit deinem Partner über deine Pläne. Wenn du mit der gegebenen Zeit deine Annahmen überprüfst, wirst du feststellen, dass sich deine Überzeugungen langsam verändern, was dich frei macht, deine Ziele zu verfolgen.

Schritt 3: Natürliche Talente und Bestimmung erkennen

Welche Methoden sich für dich am besten eignen, um deine *transzendentale Bestimmung* zu erkennen und zu entfalten, hängt vor allem von deiner Bewusstseinsebene und spirituellen Entwicklung ab, ebenso auch von Art und Ausprägung deiner genetisch veranlagten natürlichen Talente, wie diese während der Schwangerschaft und deiner Jugend gefördert wurden (wie man an der Form deines metaphorischen Talente-Baums erkennen kann), wie du deine natürlichen Talente nach Art und Ausprägung bereits hast erkennen und weiterentwickeln können sowie von deinem Gender/Geschlecht, Alter, deiner psychischen Gesundheit, deinen Lebenserfahrungen und von deinem sozialen und kulturellen Umfeld.

Natürliche Talente und grundlegende Überzeugungen

Kreationisten

Für Kreationisten und religiöse Menschen, die sich vornehmlich auf der magischen Magenta- und der mystischen Bernsteinstufe der Entwicklung befinden, sind die Antworten auf die Fragen nach der Bestimmung meistens einfach gefunden; wir sind dazu da, den Geistern Folge zu leisten oder Gottes Willen zu befolgen. Sie sehen ihre Bestimmung darin, egozentrisches Verhalten abzulehnen und den Mitgliedern des Stammes, der Familie oder der Gemeinschaft, die derselben Überzeugung sind oder denselben Ideologien anhängen, zu helfen. Siehe dazu *Leben mit Vision: Wozu um alles in der Welt lebe ich?* von Rick Warren, welches weiter unten auch zusammengefasst wird.

Evolutionstheoretiker

Anhänger der evolutionären Theorie, Atheisten, Agnostiker und existenzialistische Philosophen, die sich vornehmlich auf der rationalen orangen Stufe der Bewusstseinsentwicklung befinden, haben oft die Überzeugung, dass das Leben (und das Universum) keinen Sinn hat oder den Sinn erhält durch das was sie tun und dadurch wie erfolgreich, wohlhabend, gesund, erfüllt und glücklich sie sind. Für sie liegt die Bestimmung oft darin, das Leben in vollen Zügen zu genießen.

Lawrence M. Krauss schreibt in *Ein Universum aus dem Nichts: ... und warum da trotzdem etwas ist*: „Ein Universum ohne Bestimmung oder Führung [wie von ihm entworfen] wird für manchen bedeuten, dass das Leben wertlos ist. Für Andere, mich eingeschlossen, ist so ein Universum bekräftigend. Es macht die Tatsache unserer Existenz noch beeindruckender und es motiviert uns, in unseren eigenen Handlungen den Sinn zu finden und das Beste aus unserer kurzen Existenz zu machen, allein dadurch, dass wir sind, mit einem Bewusstsein gesegnet, und mit der Möglichkeit, so zu sein.“[491]

Ursula Goodenough beobachtete: „Nicht für jeden ist die Evolutionstheorie das Richtige. Manchen macht ein sich selbst erschaffendes Universum Angst und Anomie, anderen bietet es aber Orientierung und Begeisterung. Manchen erscheint es als Zerstörung der Bedeutung der Bestimmung, wenn man sie als emergente, sich entwickelnde Möglichkeit deutet, für andere wird die Bestimmung von diesem Standpunkt aus zum ersten Mal bedeutend, sogar heilig. Manchen erscheint die Erkenntnis von emergenten menschlichen mentalen und emotionalen Fähigkeiten als Missachtung ihrer Selbstwahrnehmung; Andere feiern das, was vor uns vorgefallen ist, als die Vorbereitung der spektakulären Leben, die wir leben.“[492]

Die Bücher, Methoden und Verfahren, die Unterstützer der Evolutionstheorie und Rationalisten entwickelt haben, um unsere Bestimmung zu erkennen, legen den Schwerpunkt auf Glück und Erfolg durch Kenntnis unserer Stärken und Abschaffung unserer psychischen Blockaden, die uns davon abhalten unser Leben in vollen Zügen zu genießen und unsere Träume und Ziele zu verwirklichen. Oftmals ohne dabei zu sehr an Andere, die Zukunft unserer Erde oder das Wohlbefinden künftiger Generationen zu denken. Siehe hierzu *Entwickle deine Stärken* von Tom Rath und *True Purpose* (Wahre Bestimmung) von Tim Kelley, die wir in diesem Kapitel noch behandeln werden. In diesen Büchern kann man einen klaren Fokus auf die individuellen, agentischen und aufsteigenden Qualitäten erkennen.

Intelligentes Design

Vertreter des intelligenten Designs, die man vor allem auf der pluralistischen grünen und der integralen petrolfarbenen Stufe finden kann, ebenso aber auch auf der magischen magentafarbenen und der egozentrischen roten Entwicklungsstufe, sehen ihre Bestimmung darin, eine gewisse höhere Intelligenz, die die Menschen zu einer perfekten Harmonie, zur Erkenntnis der Einheit mit der gesamten Schöpfung und bedingungsloser Lieber antreibt, wahrzunehmen und sich mit ihr gleichzuschalten. Sie finden ihre Bestimmung in Suchen und Finden von Erfüllung durch Heilung, Lernen, Wachstum und Erkenntnis, sowie darin, einen positiven Einfluss auf die Welt zu haben, indem sie sich für andere Kulturen interessieren und sozial und die Umwelt betreffend aktivistisch werden.

Beispielhafte Lehren und Bücher zur Erkenntnis der Bestimmung für Menschen, die an das intelligente Design glauben, sind Bill Plotkins *Soulcraft* und *Natur und Menschenseele*, Otto Scharmers *Theorie U* sowie Joanna Macys Arbeiten und Lehren zur *Experiential Deep Ecology* (Erfahrbare tiefe Ökologie)[493], mit denen wir uns weiter unten auseinandersetzen werden.

Vier Typen von Bestimmungsbestimmungsmethoden

Es gibt vier grundsätzliche Arten von Bestimmungsmethoden, die von Bestimmungslehrern entwickelt wurden, um uns bei der Erkenntnis unserer natürlichen Talente und der daraus entstehenden *transzendentalen Bestimmung* zu unterstützen.

Diese vier Bestimmungsmethodentypen nennen wir (1) autobiografisch, (2) lückenspezifisch, (3) egotranszendent und (4) egobestätigend.

Bestimmungsmethoden-Typ 1: Autobiographische Methoden

Autobiographische Methoden sind besonders wirksam für Menschen, die durch Arbeitsverhältnisse, Beziehungen, Lebensmodelle, Leben an verschiedenen Orten, etc., mit allen Hochs und Tiefs, die dazu gehören, einen herausragenden Erfahrungsschatz in ihrem Leben sammeln konnten

Autobiographische Methoden sind genau das, wonach sie klingen: das Verfassen der eigenen Biographie als Mittel, das eigene Leben zu erkunden und daraus die Bestimmung abzuleiten.

Die Vorteile der autobiographischen Methoden zur Identifizierung von Talenten und Bestimmung sind, dass sie recht einfach sind, oftmals ohne professionelle Hilfe angewandt werden können, mit Hilfe von Online-Tests erweitert werden können (siehe weiter unten) und nicht viel Zeit- und Geldinvestition erfordern. Und üblicherweise beziehen sie verborgene Hinweise wie offensichtliche Tatsachen mit ein.

Die eine Strategie besteht darin auf Tätigkeiten und Erfahrungen zurückzublicken, die uns über einen längeren Zeitraum mit Glücksgefühl, Erfüllung, Erfolg und Lebenslust gesegnet haben, im Gegensatz zu jenen, die uns diese Empfindungen verwehrt ließen. Die gewöhnliche Untersuchung beinhaltet dabei Hobbies, Jobs und Beziehungen. Urlaub, besondere Ereignisse oder kurze, befriedigende Erfahrungen führen in der Regel nicht zu den gewünschten Informationen. Die zugrundeliegende Annahme ist, dass wir dann glücklich, inspiriert, aufblühend und erfolgreich waren, als die Aktivitäten mit unseren Talenten in Zusammenhang standen, und was sich nicht so anfühlte, war es eben nicht. Wir werden die Momente (und Zeiträume), als wir uns bedeutend fühlten, in unserem Leben entdecken, wenn wir folgende Fragen beantworten:

- Wann hast du eine große Leidenschaft und Erfüllung gespürt? Was passierte damals in deinem Leben?
- Wann hat sich dein Leben sehr wertvoll angefühlt? Womit warst du da beschäftigt?
- Wann hast du dich verbunden gefühlt? Wann hat sich alles im Fluss und leicht angefühlt?
- Wann hast du Synchronizitäten und glückliche Zufälle wahrgenommen? Was hast du da getan?

Eine andere autobiographische Methode heißt *Essence Conversation* (Essenz-Gespräch), von Hans Phillips.[494] Phillips unterbreitet den Vorschlag, dass du zehn Leute, die dich gut kennen, befragst, was passiert, wenn du einen Raum betrittst, und was dazukommt, wenn du erscheinst. Der Gedanke dahinter ist, dass andere unsere Essenz (Talente) besser wahrnehmen können, als wir selbst. Der Nachteil ist, dass es oft einen gelernten Coach braucht, um die Antworten zu interpretieren.

Eine wissenschaftlichere Herangehensweise fußt auf 40-jährigen Recherchen von Gallup. Gallup hat dabei mehr als 10 Millionen Menschen aus jedem bedeutenden kulturellen Umfeld, Land, Wirtschaftsfeld und Stellung untersucht – vom Hausmeister bis zum Vorstandsvorsitzenden, vom Geistlichen zum Regierungsmitglied. Gallups Erkenntnisse konnten bestätigen, dass nur diejenigen, die sich auf ihre natürlichen Talente konzentrierten und die nötigen Fähigkeiten zur entsprechenden Ausprägung trieben, den Eindruck hatten, dass sie in ihrem Bereich Erfolg hatten, unabhängig von ihrer Rolle, ihrem Titel und sogar ihrer Bezahlung.[495]

Mit Hilfe dieser Daten werden in dem Buch *Entwickle deine Stärken: mit dem StrengthsFinder 2.0* 34 Talentmotiven[496] aufgeführt (siehe unten in der Sektion „Vielfalt der Ausprägungen"), die die Grundlage für die Formel für den Aufbau von Stärken bilden:

Talent (eine natürliche Art zu denken, fühlen oder des Verhaltens) x **Investition** (aufgebrachte Zeit für die Übung, die Entwicklung von Fähigkeiten und den Aufbau einer Wissensgrundlage) = **Stärke** (die Möglichkeit, dauerhaft fast perfekte Leistung abzuliefern).

Die Leser des Buchs können durch die Teilnahme an einem Online-Test eine Liste mit ihren fünf besten Talenten erhalten. Diese Liste bietet einen Anhaltspunkt für jene, die nicht die Zeit aufbringen können, eine tiefere Introspektion vorzunehmen oder sich nicht mit Begriffen wie Gott, Geist oder Seele anfreunden können, oder auch mit dem Begriff der *transzendentalen Bestimmung* über unsere *biologische Bestimmung* hinaus fremdeln. Die Analyse der eigenen Stärken kann somit ein guter erster Schritt sein, um sich eingehender mit den Untersuchungen der eigenen *transzendentalen Bestimmung* sein.

Die Identifikation der natürlichen Talente anhand dieser Methoden kann für die hilfreich sein, die stark darin unterstützt wurden, Fähigkeiten zu entwickeln, die ihren natürlichen Talenten entsprachen, und die ihre Leidenschaft zu ihrem Beruf machen konnten bzw. zumindest zum Nebenberuf oder Hobby.

Der Nachteil der autobiographischen Methoden ist, dass sie Jüngeren, mit eingeschränkten Lebenserfahrungen und unreifen Gehirnen die noch nicht voll ausgebildet sind (ich möchte hier noch Mal auf das Pruning verweisen), nicht genügend Ergebnisse liefern können. Auch helfen sie nicht denen, die einem geradlinigen, engmaschigen Lebensweg folgten, da Menschen mit eingeschränkten Lebenserfahrungen die Vielfalt an Erfahrungen und Gelegenheiten fehlt, mit deren Hilfe sich die genetisch veranlagten natürlichen Talente erkennen kann. Mit anderen Worten: Autobiographische Methoden bleiben im Rahmen des kulturell bedingten und sozial konstruierten Selbst bzw. Ego verhaftet – und das Ego ist nicht immer ein objektiver Betrachter.[497]

Bestimmungsmethoden-Typ 2: Abwesenheitsmethoden

Abwesenheitsmethoden zielen darauf, herauszufinden, was fehlt – sie suchen nach den Lücken, den Fehlenden.

Diese zweite Gruppe der Methoden ermöglicht es uns, verborgene natürliche Talente zu entdecken, die mal als Potential da waren, für deren Erkenntnis und Ausprägung uns aber die Fähigkeiten fehlen. Diese Methoden erfordern von uns, dass wir, mit Hilfe von psychospirituellen Übungen, tief in das Unbewusste dringen – und gehen damit tiefer als die autobiographischen Methoden.[498] Dazu können Gebete oder „Unterhaltungen mit Gott",[499] angeleitete oder selbständige Meditationen zur Beruhigung des Verstands, intuitives oder kreatives Schreiben,[500] Kunsttherapie, Ökotherapie,[501] Traumanalyse, Hypnosetherapie, schamanistisch medizinische Reisearbeit (manchmal unterstützt durch Drogen, Ayahuasca, Ketamine oder Magic Mushrooms) und begleitete Visionssuche dienen. Abwesenheitsmethoden folgen dem Ansatz, sich mit unserem unbewussten Verstand in Verbindung zu setzen, um eine Verknüpfung aufzubauen zu dem, was in unserer Kindheit in uns resonierte bevor der starke Sinn eines eigenen Ichs und Schutzmechanismen entstanden, und somit unverwirklichte Potentiale zu enthüllen.

Betrachten wir das mit Hilfe unserer Baum-Metapher bedeutet es, dass wir zurückgehen zu dem Punkt, als die ersten Triebe aus dem Samen, unserer genetischen Veranlagung, keimten um sich zu entwickeln und dann verkümmerten oder sogar beschnitten wurden. Beispielsweise könntest du durchaus ein kreatives Schreibtalent haben, auf Grund einer Lese-Rechtschreibschwäche aber entmutigt worden sein. Oder du hast ein musikalisches Talent, deiner Familie fehlten allerdings die Mittel, die Instrumente und Unterricht zur Verfügung zu stellen. Oder du hast ein Talent für Empathie, aber der Ausdruck von Gefühlen und das Erleben von Intimität wurde in deiner Familie und in deiner Kultur nicht geschätzt.

Wenden wir diese Methoden an, so werden wir einen Prozess erleben, der uns dazu führt unsere Schmerzen, Ängste und Schamgefühle zu überwinden. Stattdessen werden wir ein Wiederaufleben unserer natürlichen Lebensenergien erleben. Diese Energien können wir dann dazu aufwenden, unsere natürlichen Talente und unsere Bestimmung wachsen zu lassen – wie die Nährstoffe, die die keimenden Zweige und die Früchte eines Baumes nähren.

Abwesenheitsmethoden können eine viel größere Herausforderung darstellen als die autobiographischen Methoden. Sie führen uns vermehrt in Kontakt mit tiefwurzelnden Kindheitswunden und führen zu einem schmerzenden Konflikt zwischen der Entfaltung unserer *biologischen* und *transzendentalen Bestimmung*, denn es kann dazu führen, dass wir stark über den Sinn des Lebens im Allgemeinen, unseren Platz in der Welt und unserer eigenen Sterblichkeit grübeln. Die Wahrscheinlichkeit, bei der Anwendung dieser Methoden alte Wunden zu öffnen, ist umso größer, wenn wir den Eindruck haben, dass wir daran gescheitert sind, bislang authentisch und bedeutend entsprechend jeglicher Bestimmung zu leben. Darüber hinaus steigt der schmerzvolle Druck dieser aufwühlenden Erfahrung noch, wenn wir, auf der Suche nach tieferer Bedeutung, Bestimmung und Erfüllung, vor der Herausforderung stehen, unseren Beruf, unser bequemes Leben oder unsere familiäre Beziehung zu ändern oder aufzugeben.

Die meisten Menschen sind erst bereit diesen Weg zu beschreiten, wenn **die Qual, das alte Leben weiterzuführen, größer wird, als die Angst, es zu verlassen** – genauso wie bei ungesunden Beziehungen. Wenn wir den Mut aufbringen, diese neuen Wege zu beschreiten, sind die ersten Schritte, neue Fähigkeiten zu entwickeln, sich neue Referenzen zu suchen und sich zusätzliche Ressourcen zu erschaffen, um den Übergang und die Entfaltung der *transzendentalen Bestimmung* zu ermöglichen.

Andernfalls besteht ein zu großes Risiko einen unbefriedigenden Job oder eine ebensolche Beziehung hinter uns zu lassen, anstatt schrittweise die Veränderung einzuleiten oder uns nicht gänzlich lösen zu können. Gleichzeitig können uns unbegründete Ängste und Sorgen, die wir zuvor in diesem Kapitel angesprochen haben, davon abhalten, unsere *biologische* und *transzendentale Bestimmung* voll auszuleben und uns ein Gefühl des Sehnens, während wir älter werden, lassen.

Angeleiteter Bestimmungs-Prozess

Jonathan Gustin, ein Psychotherapeut, Meditationslehrer und integraler Mentor und Gründer von The Purpose Guides Institute[502] entwickelte das nun folgende zwölfstufige Verfahren, welches seine Kunden bei der Erkenntnis ihrer natürlichen Talente (mit seinen Worten: *Soul's Purpose* (Bestimmung der Seele)) unterstützen soll. Er beschreibt das Verfahren so:

Pflege der Seele

In diesem ersten Schritt musst du Wege erkunden, die dich darauf vorbereiten die Schwelle zwischen dem Leben, welches du jetzt lebst, und dem Leben, zu dem du berufen bist, zu überschreiten. Pflege ein „Miracle-Morning"-Ritual, welches dich auf das Leben eines mit deiner Seele in Einklang befindlichen Lebens vorbereitet. Schaffe Platz in deinem Leben, damit etwas absolut Neues, Mysteriöses und Generatives in dein Leben eintreten kann. Erkenne deine Seele und erlaube ihr, dein Wesen zu beleben. Übe dich in der Verkörperung deiner Seele und spüre den Unterschied zur ständigen Vorbereitung auf die Erkenntnis deiner Bestimmung. Erschaffe dir einen Bestimmungsaltar in deinem Zuhause der für dich zur axis mundi[503] für deine Bestimmungsreise wird. Lerne die häufigsten Fallen und Umwege kennen, die dir auf dem Weg zu einem bestimmungsentsprechenden Leben begegnen können.

Bereite deine Reise vor

Erschaffe dir einen Fahrplan mit den acht Facetten der Bestimmung deiner Seele: Vision, Werte, Stärken, Essenz, Hingabe, Aufgabe, Botschaft und Übertragungssystem.[504] Integriere die drei Welten des Bewusstseins, die der dreifaltigen Bestimmung des Lebens entsprechen: „Erwachen, Erwachsen und Erscheinen." Lass dich nicht von der Wechselhaftigkeit des Lebens stören. Verwandle die täglichen Enttäuschungen in spirituelle (Um-)schwünge.

Vorgegebene Bestimmung

Erkenne, dass die Bestimmung, die dich durch das Leben führt, wenn du nicht von deiner Seele geleitet wirst, deine vorgegebene Bestimmung ist: Eine Kombination aus vererbten Werten, mit denen du geprägt wurdest und den Schutzmechanismen, die du während deiner Kindheit gelernt hast. Die vorgegebene Bestimmung treibt dich fort von deiner authentischen Bestimmung, während die Bestimmung deiner Seele dich zu deinem Schicksal führt. So lange deine stärksten dich antreibenden Sehnsüchte von deiner vorgegebenen Bestimmung kommen, wird deine Fähigkeit, dein Schicksal zu erfüllen, blockiert werden. Differenziere zwischen den beiden Arten von Bestimmung, die dich antreiben: vorgegeben vs. wahr, defensiv vs. evolutionär, vererbt vs. offenbart, sozial bedingt vs. seelisch bedingt, unbewusst vs. bewusst, mangelbestimmt vs. liebesbestimmt, etc. Erkenne deine persönliche vorgegebene Bestimmung, unter der deine wahre Bestimmung verborgen ist. Praktiziere Aufmerksamkeit im Augenblick, um die Interaktionen, Selbstgespräche und Verhaltensweisen, die ihren Ursprung in deiner vorgegebenen Bestimmung haben, zu erkennen. Praktiziere auch effektive Bestimmungs-Abfrage: „Was würde meine Seele tun?“

Erkenne deine Bestimmung

Wenn du deine Bestimmung erkennen willst, so gibt es zwei Ansätze: Direkt und indirekt, bzw. induktiv und deduktiv. Der indirekte Pfad zur Bestimmung nutzt die Intelligenz deines Verstandes um zu bestimmen, bzw. abzuleiten, was deine wahre Bestimmung ist. Entdecke die Fußabdrücke der Seele in deiner Vergangenheit. Untersuche, wie deine Gefühle, insbesondere deine Leidenschaften, Hinweise auf dein Schicksal geben können. Finde die verborgenen Hinweise, die dir Fantasien, Ansprüche, Tagträume und die Vorstellung, wie du in Erinnerung bleiben möchtest, für deine wahre Bestimmung liefern. Schau nach Hinweisen der Seele bei dem was du liest, welche Filme du dir anschaust, welche Hobbies du hast und auch welche Helden und Vorbilder du dir erwählst.

Auf Widerstand stoßen

Erkenne die Teile in dir, die sich dagegen wehren, dass du deiner wahren Bestimmung folgst, einschließlich des Kritikers, des Zweiflers, des Kontrolleurs, des Rebellen, des Aufsteigers, des Beschützers und des Image-Beraters. Wenn einer dieser Teile bei deinen Versuchen, die Bestimmung deiner Seele zu übernehmen, Widerstand leistet, spürst du womöglich Anspannung, Angst, Stillstand oder Besorgnis oder du findest dich in einem Zustand ständiger Ablenkung wieder. Du musst anerkennen, dass Widerstand gegen die Bestimmung deiner Seele natürlich ist. Unterscheide dabei in der Perspektive deiner Wächter zwischen den echten und den vorgestellten Risiken, die das Entfalten deiner wahren Bestimmung bietet. Entlarve die eigentlichen Sorgen dieser Teile von dir. Arbeite mit deinen Stimmen, damit du dein Schicksal entfalten kannst.

Evolutionäre Spiritualität

Evolutionäre Spiritualität ist, durch Verwirklichung der eigenen Bestimmung der Seele, kokreative Erschaffung der Zukunft. Erkenne, was du aus der Vergangenheit, der Gegenwart oder der Zukunft geschaffen hast, und was das Wissen der Zukunft, vor allem der kommenden zehn Jahre, dir mitzuteilen hat. Erkenne, dass die evolutionäre Bestimmung und die Bestimmung deiner Seele identisch sind: sie helfen bei der Entstehung von mehr Güte, Wahrheit, Schönheit [und Funktionalität]. Erkenne, wie die Seele der Ursprung der Zukunft ist, aus dem sie im Jetzt entsteht, wie das Leben ein entstehender Prozess ist und, so gesehen, ist unsere Seelenarbeit Teil dieser nie endenden Entwicklung. Entsage der Bindung an die Agenda des Egos sowohl in der Spiritualität des Seins als auch in der Spiritualität des Werdens.

Vorbereitung der Seelenaufgabe

Unternimm eine ganztägige, abgeschiedene Zeremonie in der Natur, bei der du fastest und für eine Vision deiner Bestimmung betest. Verlass die Gemütlichkeit und die Sicherheit deines Heims um in der wilden Natur deine Seelenbestimmung zu finden – das haben die Menschen so schon immer gemacht: Buddha hatte seine Erkenntnis unter einem Baum; Jesus zog in die Wüste; Mohammed fastete und betete in einer Höhle, als der Koran zu ihm gelangte; und Moses zog auf einen Berg um eine Vision für sein Volk zu finden. Nutze diese antike, naturverbundene Zeremonie, die in den verschiedensten Zeiten angewandt wurde, und erlaube der wilden Natur dir deine wilde Seele zu spiegeln. Du wirst dabei, durch Eintauchen in die Natur, Verzicht auf Nahrung und Gesellschaft und transformative Praktiken, ungeahnte Schichten in der Tiefe deines Wesens finden. Werde dabei zu einem offenen Füllkrug, der befüllt werden kann mit der gesegneten Berufung deiner Seele.

Seele empfangen

Aristoteles prägte den Begriff „Entelechie", mit dem er die vollständige Selbstverwirklichung eines Lebewesens beschrieb. Er beschrieb, dass die Entelechie einer Eichel die Eiche ist. Es ist die Entelechie der Eichel, die ihre Entwicklung vorantreibt. Diese Theorie wird oftmals als die „Eichel-Theorie der Seele" bezeichnet. Die Behauptung ist, dass du bereits das volle Potential und die Kraft deiner Seele besitzt – die Aufgabe besteht darin, deine Seele vollständig zur Entfaltung zu bringen. Erkenne, dass das sprichwörtliche „Du kannst alles sein, was du willst" komplett falsch ist, da deine Aufgabe angeboren ist und dein Ziel darin besteht, den Imperativen deiner Seele zu folgen, und nicht deines Egos. Nutze den Prozess der Entelechie um der „Eiche in dir" zu lauschen und nutze Meditation um verborgene Bereiche deiner Seele zu erwecken.

Höchste Definition der Seele (Das Geschenk)

Verwirkliche die Gaben deiner Seele so, dass du in der Lage bist, die Welt daran teilhaben zu lassen, indem du zu der Entwicklung einer anderen Person einen Beitrag leistest. Das Ausleben deines Geschenks ist gleichzeitig eine zutiefst erfüllende und leidenschaftliche Antwort auf die Bedürfnisse der Welt. Der Theologe Frederick Buechner fasste dies sehr eloquent zusammen: „… unsere Berufung findet sich dort, wo sich unser größtes Glück und der Hunger der Welt begegnen."

Bestimmungsvolles Handeln

Beschreite deinen Weg. Identifiziere dabei was das Ausleben deiner Bestimmung untergräbt, wie beispielsweise das Totschlagen von Zeit, das Wissen, das du nicht lernen willst, die Verbindungen, die du nicht aufbaust, die Gesundheit, die du auf dem Weg opferst, die Menschen, die dich umgeben, die deine Anstrengungen nicht unterstützen und wertschätzen. Triff deiner Bestimmung entsprechende Entscheidungen, mache Übungen um herauszufinden, was für deine Entwicklung nicht sinnvoll ist, lebe jetzt deiner Bestimmung entsprechend und lerne aus dem Wissen von echten Fehlern.

Verwirklichung der Seelenaufgabe

Kehre nach deiner Seelensuche in dein vorheriges Leben zurück und erfülle dein Umfeld mit deinen Gaben. Halte das Feuer deiner Vision auch in einer oft gleichgültigen Welt am Leben. Bewahre deine Vision davor, zu einer Erinnerung zu verblassen. Vertiefe und verwirkliche deine Bestimmung in deinen Beziehungen, sowohl im Arbeits- als auch im privaten Umfeld.

Verwirklichung

Mark Twain schrieb: „Die beiden wichtigsten Tage deines Lebens sind der Tag, an dem du geboren wurdest, und der Tag, an dem du erkennst, wieso." Akzeptiere die Aufgabe bevor du dein Leben in Übereinstimmung mit den tiefsten Wahrheiten, die du über dich erfahren konntest, lebst. Wie der Poet David Whyte schrieb: „Bewahre dir deine Wahrhaftigkeit im Zentrum der Vorstellung, mit der du geboren wurdest." Verschiebe deinen Fokus von der Erkenntnis zur Entfaltung deiner Bestimmung, voller Hingabe, als Beweis deiner Liebe und deines Dienstes für das Leben. Untersuche, ob du genug Informationen über deine Bestimmung herausgefunden hast. Nimm in dich auf, was dir während deiner Seelensuche begegnet ist. Verfasse eine Erklärung zu deiner Bestimmung, in der die Essenz deiner Bestimmung korrekt wiedergegeben wird.

Theorie U

Eine Abwesenheitsmethode, die unsere Suche nach der *transzendentalen Bestimmung* von einem persönlichen Level auf organisatorische und globale Dimensionen erweitert, ist die Theorie U. Das U steht für die U-förmige Grafik, die ihr Begründer, Otto Scharmer, in seinen Büchern *Theorie U* und *Von der Zukunft her führen: Von der Egosystem- zur Ökosystem-Wirtschaft* anwendet.

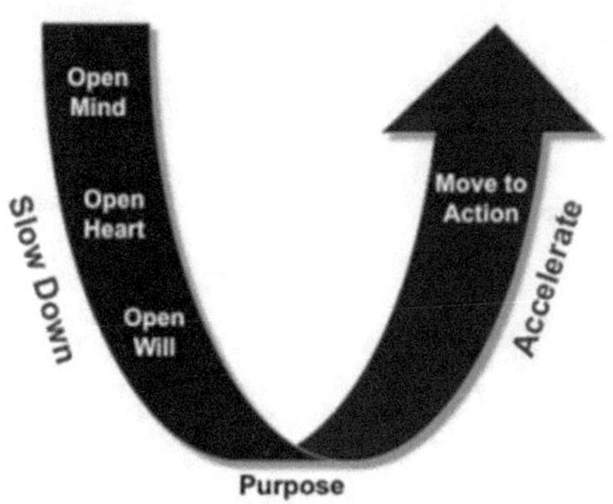

Grafik 40. Otto Scharmers Modell der Theorie U

Im letzteren beschreiben Scharmer und seine Co-Autorin Katrin Käufer, dass wir in einem Zeitalter des Umbruchs [ganz im Ernst] leben, welches die Möglichkeiten zur persönlichen, sozialen und globalen Erneuerung und Wiedergeburt bietet (damit aber auch potentielles Chaos und Zerstörung, wie es nach den US-Präsidenten-Wahlen 2016 offenbar wurde). Scharmer und Käufer zufolge stirbt eine alte Zivilisation und eine hedonistische Geisteshaltung des maximalen materiellen Konsums des „Mir", die die Menschheit in einen Zustand von „organisierter Verantwortungslosigkeit" geführt hat, die **„kollektiv Ergebnisse erzielt, die niemand möchte"**.

Beim „U"-Verfahren ist es erforderlich, dass wir in tiefere Bereiche unserer Menschlichkeit eindringen, die derzeit abwesend sind. Wir müssen dahin vordringen, wo wir erkennen, wer wir wirklich sind, und wer wir als Gesellschaft sein wollen. Unseren Antrieb müssen wir von dort, wo er für gewöhnlich ist, nämlich im Kopf und in den Genitalien, zum Herzen verlegen. Es ist ein Wandel von einer Ego-System-Wahrnehmung, die sich nur um sich selbst, die eigene Familie und vielleicht noch um die, die unsere Ideologien teilen, kümmert, zu einer eudaimonischen, globalen Öko-System-Wahrnehmung (so wie es auch Bill Plotkins Vision von einem Wandel von Egozentrismus zu Ökozentrismus ist, womit wir uns später auseinander setzen werden). Die Ökozentrische Geisteshaltung kümmert sich dabei um alle (einschließlich einem selbst) und entsteht dadurch, dass wir uns unsere *transzendentale Bestimmung* erlauben (die sie das „essenzielle Selbst" nennen), die von dem Wohlbefinden des Ganzen zehrt um sich zu entwickeln.

Scharmer und Käufer tragen drei hauptsächliche Abkopplungen bzw. Abwesenheiten der Menschheit zusammen; ökologische, soziale und spirituell-kulturelle. Diese stehen in enger Verbindung zu Güte, Wahrheit und Schönheit, und können uns daher dabei helfen, unsere *transzendentale Bestimmung* zu erkennen und zu entfalten. Scharmer und Käufer unterteilen diese drei hauptsächlichen Abkopplungen in acht Unterkategorien bzw. „Blasen":

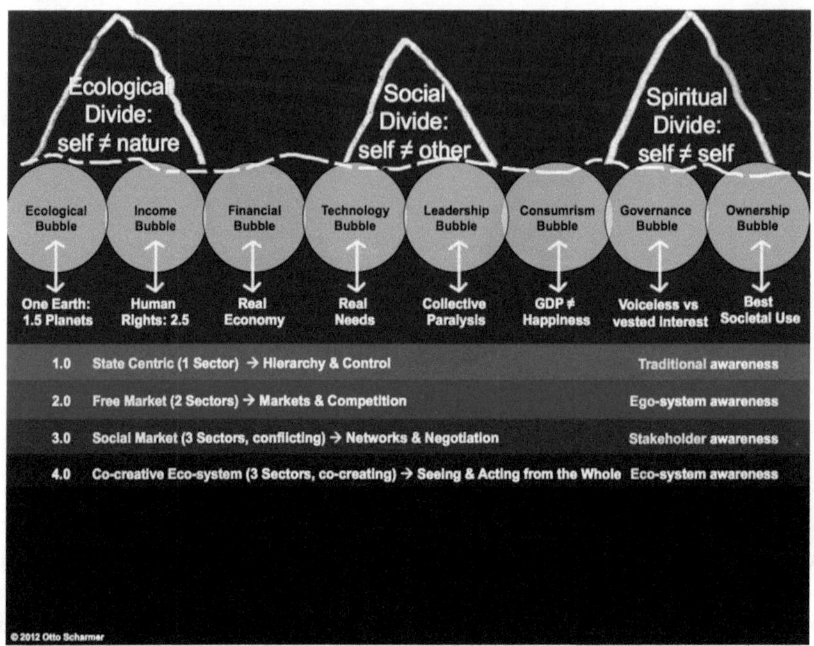

Grafik 41. Scharmer und Käufer – Abkopplungen der Menschheit

Diese Blasen können dir Fingerzeig sein, welche Bereiche dich am meisten Leidenschaft spüren lassen, welche dich am meisten interessieren und bei welchen deine Kompetenzen liegen, und bei welchen dein Interesse zur Veränderung am größten ist.

Diesen „Unterteilungen" und „Blasen" liegen vier geschichtete Stufen, Logiken und Paradigmen ökonomischen Gedankenguts zugrunde, die in Korrelation stehen zur mystischen/konformistischen, traditionellen Wahrnehmung von Bernstein, zur rationalen, egosystemischen Wahrnehmung von Orange, pluralistischer Interessenwahrnehmung von Grün und integraler ökosystemischer Wahrnehmung von Petrol. Die Autoren schreiben, dass wir, wenn wir die notwendige, gesunde Integration für eine nachhaltige Zukunft auf allen vier Stufen voranbringen wollen und die Transition von „mir" zu „uns" zu „wir" zu „wir alle" vorantreiben wollen, (1) bessere Beziehungen zu anderen aufbauen, (2) bessere Beziehungen zum gesamten Gefüge (System) aufbauen und (3) bessere Beziehungen zu uns selbst aufbauen.

Die Abwesenheitsmethode Theorie U gründet auf der Erkenntnis der Autoren: „Wir können beobachten was wir tun und wie wir es tun, aber die Qualität der Quelle, von der aus wir im „Jetzt" handeln (unser innerer Ort bzw. Bewusstsein), scheint außerhalb der Reichweite unserer Beobachtungsgabe, Aufmerksamkeit und Wahrnehmung zu liegen." Auf Grund dieser Erkenntnis haben sie die *Acht Prinzipien des Presencing* (bzw. Beseitigung der Abwesenheit) entwickelt, die uns dabei helfen können, unsere *transzendentale Bestimmung* zu erkennen und zu leben.

Acht Prinzipien des Presencing

(1) Energie folgt der Aufmerksamkeit. Wo auch immer du deine Aufmerksamkeit hinlenkt, wird die Energie des Systems auch hingehen. „Energie folgt der Aufmerksamkeit" bedeutet, dass wir versuchen müssen, unsere Aufmerksamkeit von dem, was wir vermeiden wollen, auf das, was wir verwirklichen wollen, hinzulenken.

(2) Folge den drei Strömungen des U. Es wird als U-Prozess oder U-Verfahren bezeichnet, weil die Reise diese „Gestalt" hat. Um zum tiefsten Grund der Transformation zu gelangen, ist es erforderlich erst das „U hinabzugehen" (links), indem wir unseren Geist, unser Herz und unseren Willen öffnen und dann, nachdem wir durch das Nadelöhr gegangen sind (unten), „gehen wir das U hinauf" (rechts) um die Erneuerung zu verwirklichen. In den Worten des Ökonomen Brian Arthur, Kollege der beiden, bedeuten die drei Hauptströmungen des U-Verfahrens:

(A) Das U hinabsteigen: „Beobachten, beobachten, beobachten." Höre auf, nur aufzunehmen, und tauche vollständig in die Orte des höchsten Potentials, in die Orte, die von der größten Bedeutung sind für die Situation, mit der du zu tun hast, ein.

(B) Am unteren Rand des Us: „Zieh dich zurück und reflektiere. Ermögliche dem inneren Wissen zum Vorschein zu kommen." Gehe an die Orte der Ruhe, wo das Wissen zu Tage tritt. Hier nimmst du alles wahr, was du am Ort des Zuhörens erfahren hast, nachdem du gefragt hast: „Was möchte hier zu Tage treten?" und „Wie steht es in Zusammenhang mit dem Vorwärtskommen?" Die Hauptfrage ist: „Wie können wir Teil der Geschichte der Zukunft werden, anstatt an der Geschichte der Vergangenheit festzuhalten?"

(C) Das U hinaufschreiten: „Handle im Augenblick, anstatt groß Pläne zu machen. Erkunde die Zukunft indem du handelst. Entwickle einen Prototyp. Ein Prototyp erkundet die Zukunft indem er etwas Kleines schnell und spontan macht; er liefert schnell Rückmeldung an alle wichtigen Interessenten und ermöglicht dir deine Idee weiterzuentwickeln und zu wiederholen."

(3) Geh an den Rand des Selbst indem du die Feinstimmung dreier Instrumente in Angriff nimmst: (1) Der offene Geist, (2) das offene Herz und (3) der offene Wille. Mit einem offenen Geist können wir alte Denkweisen hinter uns lassen. Mit dem offenen Herzen sind wir in der Lage uns einzufühlen und eine Situation durch die Augen eines Dritten zu betrachten. Mit einem offenen Willen können wir loslassen und [das Neue] kommen lassen.

(4) Schreite durch das Nadelöhr. Am tiefsten Punkt eines jeden Us gibt es eine Schwelle. Diese Schwelle zu überschreiten, beziehungsweise durch das Nadelöhr zu gehen, kann sich durchaus wie Tod und Wiedergeburt anfühlen. Der Begriff des „Nadelöhrs" bezieht sich auf ein Tor im alten Jerusalem, wo, gemäß der Bibel, „es einfacher ist, ein Kamel durch ein Nadelöhr zu treiben, als dass ein reicher Mann in das Reich Gottes einzieht." Damit ein Mensch sein Kamel durch das Tor in Jerusalem treiben kann, muss er ihm alle seine Last abnehmen. Genauso ist es mit dem Nadelöhr am

Tiefpunkt des Us. Wenn wir dort hindurch wollen, müssen wir alles loslassen und unsere überflüssige Last abladen. Durch dieses Tor zu schreiten heißt, sich den beiden Hauptfragen unserer Reise zu stellen: „Wer ist mein Selbst?" und „Was ist mein Werk?" Das Selbst ist meine höchste zukünftige Möglichkeit. **Das Werk ist mein Sinn für die Bestimmung. Es ist meine Bestimmung, die ich hier auf Erden zu erfüllen habe.**

(5) Transformiere die drei Feinde. Scharmer und Käufer haben sich gefragt: Warum ist der U-Weg der am wenigsten befolgte, warum sind sich die meisten Menschen intrinsisch dieses tieferen Prozesses des Wissens bewusst und dennoch wird er so selten auf den Komplex größerer Systeme angewandt? Ihre Antwort lautet: In dem Augenblick, in dem wir uns darauf festlegen, diesen Weg zu beschreiten, begegnen wir diesen drei Hauptgegnern: (1) Die Stimme des Urteils (verschließt den offenen Geist), (2) die Stimme des Zynismus (verschließt das offene Herz), und (3) die Stimme der Angst (verschließt den offenen Willen).

(6) Beginne stets damit, dich „beim Riss einzufinden". Wo begegnen wir als erstes der Zukunft? „Such es mit den Händen, denk nicht darüber nach, fühl es" ist die wichtigste Lektion, die die Figur Bagger Vance, im gleichnamigen Film von Robert Redford, dem Golfspieler Junah erteilt. Die Zukunft zeigt sich zuerst in unseren Empfindungen und durch unsere Hände, nicht in der abstrakten Analyse. „Sich beim Riss einfinden" bedeutet, sich den Eröffnungen, Herausforderungen und Störungen, an denen du das Ende der Vergangenheit und den Beginn der Zukunft wahrnehmen kannst, zu stellen.

(7) Transformiere die Bereiche der Unterhaltung vom Empfangen von Information und vom Debattieren zu einem Dialog und zu kollektiver Kreativität. Jeder soziale Bereich braucht einen Container. Übergeordnete Konversation wie der Dialog und dialektische und kollektive Kreativität erfordern weiterentwickelte Container und Räume. „Die Qualität von Konversation zu transformieren" bedeutet, innerhalb eines Systems, die Qualität einer Beziehung und des Denkens zu transformieren – und somit auch die Qualität künftiger Ergebnisse.

(8) Stärke die Quellen des Presencing, um destruktive Dynamiken des Absencing zu vermeiden.[505] Moderne Gesellschaft emergiert aus dem Zusammenspiel von zwei mächtigen sozialen Feldern: Presencing und Absencing (siehe Grafik)

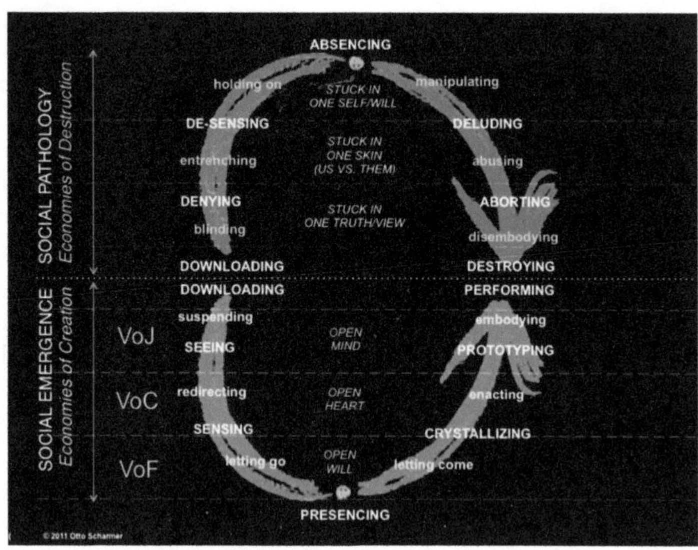

Grafik 42. Scharmers Theorie-U-Verfahren

Das Theorie-U-Verfahren, wie oben zu sehen, lässt sich wie folgt zusammenfassen:

Gesunde soziale Emergenz durch Presencing ist auf der unteren Hälfte des Bildes abgebildet und funktioniert durch das Öffnen des Geists (transzendiere die SdU, die Stimme des Urteils), des Herzens (transzendiere die SdZ, die Stimme des Zynismus) und des Willens (transzendiere die SdA, die Stimme der Angst).

Das Gegenstück der sozialen Pathologie dazu ist auf der oberen Hälfte abgebildet und wird geprägt von Menschen und Organisationen, die an der Idee hängen, dass (1) es lediglich eine Wahrheit gibt, anstatt mit einem offenen Geist zu handeln, (2) es ein „wir gegen die" gibt, anstatt mit offenem Herzen zu handeln und (3) mit einem festgefrorenen Selbstbild agieren, statt mit einem offenen Willen.

Fazit

Der Vorteil der Abwesenheitsmethoden liegt darin, dass sie viel genauer sind als die autobiographischen Methoden, da sie die Erkundung von Abwesenheiten ermöglichen, die mal Potentiale waren, aber nie, oder nur teilweise, genährt wurden durch Nahrung, kindgerechte Behandlung, erfahrungserwartendes und -abhängiges Lernen und Übung. Abwesenheitsmethoden eignen sich gut für Menschen, die bereits spirituelle Wachstums- und psychologische Heilungsarbeit hinter sich haben, oder die dieser Arbeit offen gegenüber sind. Die Kehrseite der Abwesenheitsmethoden liegt darin, dass sie viel Zeit in Anspruch nehmen können und oftmals Begleitung durch eine erfahrene, professionelle Person erfordern.

Bestimmungsmethoden-Typ 3: Egotranszendente Methoden

Egotranszendente Methoden wirken am besten bei Menschen, die nie einen Sinn für Bestimmung in ihrem Leben hatten, oder die kein Vertrauen in Methoden haben, die sich mit dem Selbst/Ego, der Psychologie, Rationalität oder dem Unbewussten befassen, um die Bestimmung zu erkennen, oder die eine enge Verbindung mit der Natur empfinden und daher keinen Bezug zu den autobiographischen oder Abwesenheitsmethoden haben, mit denen wir uns zuvor beschäftigt haben.

Wie der Name bereits impliziert, zielen egotranszendente Methoden darauf ab, über unsere kulturell konditionierte Wahrnehmung des Selbst hinauszugehen, damit unsere *transzendente Bestimmung* sich natürlich, im Augenblick, ohne von einem Selbst gefiltert oder beurteilt zu werden, entfalten kann.

Befürworter der egotranszendenten Methoden betonen, dass der eigene Wille, die Bestimmung oder die Wahrnehmung des Selbst eine Illusion ist, die vom Ego erschaffen wurde. Ihrer Meinung nach gibt es einen göttlichen Willen, bzw. Intelligenz, Bewusstsein und Bestimmung, die außerhalb der Reichweite des konditionierten und individuellen Sinnes des Selbst liegen. Wir können uns nach dieser höheren Macht ausrichten, indem wir durch spirituelle Praxis, durch „Gott lauschen" oder indem wir uns eng mit der Natur und unserer Seele verbinden im Jetzt ruhig, gegenwärtig und hingebungsvoll werden, und dann von einem Ort unser Leben leben, der über dem Ego liegt.

Der Gedanke, von einem Ort des gegenwärtigen und der Ruhe, zu leben, erwuchs bereits vor tausenden Jahren. Im Tao Te King heißt es dazu:

Hast du die Geduld.
um zu warten, bis sich der Schlamm gelegt hat.
und das Wasser klar ist?
Kannst du regungslos verweilen
bis die richtige Entscheidung fällt?
Der Meister sucht nicht nach Erfüllung.
Nicht suchen, nicht erwarten,
er ist anwesend,
und kann alle Dinge begrüßen.

Vorgeschlagen wird hier das Prinzip des „tun durch nicht-tun", bzw. *Wu wei* im Taoismus, das wortwörtlich als Nichthandeln definiert wird.[506]

Mit unserer Baum-Metapher lässt sich sagen, dass egotranszendente Methoden daran ansetzen, dass man den Baum an sich loswird, bzw. ihn ignoriert und umgeht, da er ein falsches Bild des Selbst wiedergibt, und stattdessen von Augenblick zu Augenblick lebt. Andere egotranszendente Methoden erfordern von uns den Baum aus dem Samen (der

Essenz, Seele oder Quelle) heraus neu wachsen zu lassen, geleitet von einer höheren Macht, Weisheit oder einem natürlichen Wesenszustand.

Da egotranszendente Methoden sehr stark sind und am tiefsten greifen, haben sie auch etliche Kehrseiten: (1) in einem Zustand vollständiger Egotranszendenz zu erwachen kann lange dauern, es ist schwer zu überprüfen (welches Ego und welcher Lehrer wären dazu in der Lage??), vielleicht sogar unmöglich. (2) Praktizierende vernachlässigen oftmals Schattenelemente und andere Formen des unbewussten Geistes, was zu verheerenden Wahnvorstellungen führen kann, wie es schon bei den verschiedensten Kulten, religiösem Extremismus und spirituellen Gemeinschaften zu sehen war. (3) Sie haben eine notorische Ignoranz für Aspekte genetischer Prädisposition und neurowissenschaftlicher Erkenntnisse. (4) Sie verkennen die Tatsache, dass jeder Gedanke, jedes Gefühl, jede Annahme, jeder Glaube (einschließlich nichts zu glauben) und jede Erfahrung zwangsläufig durch unsere kosmische Adresse kontextualisiert wird und nicht absolut ist. Lehrer und Praktizierende dieser Methoden neigen dazu dem „Mythos des Gegebenen" anheim zu fallen, einem absolutistischen Oben-Links-Quadranten-Ansatz zu folgen, der sich ausschließlich auf die individuelle, innere Dimension unseres Wesens richtet, und das fehlgeleitete Versprechen in sich trägt, dass sich von dort aus die anderen vier Quadranten magischerweise entwickeln werden (perfekte OR-Gesundheit, UR-Wohlstand und UL-Beziehungen) ohne irgend eine Handlung für die Entwicklung von Fähigkeiten zu unternehmen, oder es gibt den prä-/trans-Irrtum der Verwechslung von kindischen oder magischen prärationalen Überzeugungen und Verhaltensweisen mit transrationalen Stufen.

Das Letzte kann zu unverantwortlichem, irrendem Verhalten und Instabilität führen, wenn die Führung, Intuition, Anweisung, Bestimmung oder Stimmen, denen man folgt von einem gestörten, abergläubischen oder irgendwie krankem Geist kommen, der nicht mehr in der Lage ist zu erkennen, was nach unserer *biologischen* und *transzendentalen Bestimmung* ausgerichtet ist, und was wahnhaft ist.

Sei es wie es sei, wenn diese Fallstricke des New-Age-Narzissmus und der spirituellen Selbstverleugnung erkannt und umgangen werden, so können egotranszendente Methoden die fortschrittlichsten und stärksten Methoden und Praktiken zur Erkenntnis unserer natürlichen Talente und zur Entfaltung unserer *transzendentalen Bestimmung* werden.

Bekannte Befürworter dieser Methoden sind unter anderem die Autoren Rick Warren, Eckhart Tolle, Andrew Cohen, Bill Plotkin und A.H. Almaas, mit denen wir uns im Folgenden auseinandersetzen:

Gottes Bestimmung

in seinem Bestseller, bietet Rick Warren einen moralistischen Ansatz zur *Leben mit Vision: Wozu um alles in der Welt lebe ich?*, mit mehr als 30 Millionen verkauften Exemplaren Entfaltung der Bestimmung – sein Fokus liegt auf einem externen mystischen Gott bzw.

für „spirituelle aber nicht religiöse Personen" auf einem höheren Bewusstsein oder Geist.

Zusammenfassung von *Leben mit Vision*:

Gemäß der Bibel (Job 12:10 TEV) „ist es Gott, der das Leben der Kreaturen lenkt; weshalb Jedermanns Leben in seiner Macht liegt." Dementsprechend müssen wir zu Gott blicken, wenn wir wissen wollen, warum wir auf die Erde gepflanzt wurden.

Fragen zu stellen, die das Selbst in den Mittelpunkt stellen, wie bspw. was möchte ich sein/werden, was soll ich in meinem Leben machen oder was sind meine Ziele, Bestrebungen, meine Zukunftsträume, etc. werden niemals unsere Bestimmung zu Tage führen, da diese Bestimmung viel weiter geht als unsere persönliche Erfüllung, als unser Seelenfrieden oder unser Glück. Es geht weiter als die Familie, Karriere, Träume oder Ziele. Jeder andere Weg führt in eine Sackgasse.

Im Gegensatz zu anderen Büchern, behauptet Leben mit Vision von sich, kein Selbsthilfebuch im eigentlichen Sinne zu sein. Es beschreibt vielmehr, dass die Antworten auf die Fragen des Lebens und nach unserer Bestimmung in der Bibel zu finden sind. Da Gott die Quelle bzw. der Erschaffer allen Lebens ist, ist es das Beste den Erschaffer zu fragen, wenn wir seine Schöpfung verstehen wollen.

Das Hauptmittel zum Leben mit Vision ist die Egotranszendenz und Selbstaufopferung (mit anderen Worten: Transition von der roten Bewusstseinsebene zu Bernstein). Warren stellt die Behauptung auf, dass wir für Gott leben, nicht für uns selbst. Er zitiert Dr. Michale Denton, einen erfahrenen Forscher für menschliche Molekulargenetik, der sagt, „Alle gefundenen Hinweise der biologischen Wissenschaften unterstützen die Grundannahme … dass der Kosmos im Ganzen spezifisch gestaltet wurde, das Leben und die Menschheit als Ziel und Bestimmung."[507] Demnach wären wir kein Unfall oder Zufall, sondern Gottes Plan.

Warren zufolge sind die Hauptantriebe im menschlichen Leben Ablehnung von Schuld und Wut, das Festhalten an Schmerzen, das schmoren im Leid und das Durchdringen der Vergangenheit, Angst vor Fehlern oder Erfolg, Verlangen nach Sicherheit und Vermeidung von Risiken, Materialismus, Verwechslung von Selbstwert mit Nettowert (eine Kritik von Orange), Bedarf nach Bestätigung, Erfüllen von Erwartungen Anderer und der Versuch, jedem zu gefallen. Er kritisiert die Versuche der Menschen, ihre Lebensbilder mit Hilfe von Kleidung, Schmuck, Autos, Haarschnitten, Aufklebern und Tattoos auszudrücken.

Die Entfaltung eines Bestimmungsvollen Lebens, wie es ihm vorschwebt, vereinfacht unser Leben und fokussiert unsere Anstrengungen. Es definiert, was wir tun und lassen sollten. Wir werden damit effizient anstatt durch ziellose Ablenkungen unser Ziel aus den Augen zu verlieren. Warren unterstützt George Bernard Shaws Empfindung, „die wahre Freude im Leben ist es, dich einer Bestimmung hinzugeben, die von dir selber als Kraftvoll anerkannt wird, und damit eine Naturgewalt zu sein, statt ein fiebriger, kleiner, selbstsüchtiger Klumpen von Kränkungen und Beschwerden, der sich immerzu darüber beschwert, dass sich die Welt nicht neigt, dich glücklich zu machen."

Um unsere Bestimmung, die uns Gott geschaffen hat, zu erfüllen, müssen wir das konventionelle Wissen hinterfragen und mit (drei) biblischen Lebensmetaphern ersetzen:

1. Das Leben ist eine Prüfung des Charakters, des Glaubens, der Gefolgschaft, der Liebe, der Integrität und der Loyalität
2. Leben bedeutet Vertrauen. Wir sind die Verwalter dessen, was Gott uns anvertraut hat.
3. Das Leben ist vorübergehend, widme dich Dingen die ewig sind.

Das höchste Ziel des Universums ist es, die Herrlichkeit Gottes zu zeigen. Wenn ein Teil der Schöpfung seine Bestimmung erfüllt, so zeigt es die Herrlichkeit Gottes.

Die fünf Bestimmungen Gottes für unser Leben sind:

1. Verehrung Gottes indem wir ihn Ehren, uns an ihm erfreuen, ihn lieben und uns ihm widmen.
2. Liebe für andere Gläubige.
3. Wie Jesus Christus zu werden und stets an ihn zu denken.
4. Anderen mit unseren Gaben dienen.
5. Sich mit anderen über Gott und Jesus Christus austauschen.

Mit anderen Worten ist es das Lebensziel Gott, durch größte Liebe zu Ihm, völliges Vertrauen zu Ihm, absolute Gefolgschaft für Ihn, beständig zu Ihm zu beten und Ihm zu danken und unsere Fähigkeiten im Dienst für andere zu nutzen, zum Lächeln zu bringen indem wir zu seiner Zufriedenheit leben, anstatt für unsere.

Warren betont, dass Ergebenheit ein unpopuläres Wort ist, fast so sehr verachtet wie Unterwerfung. Es impliziere verlieren, und niemand wolle ein Verlierer sein. Ergebenheit beinhaltet sich ergeben, wodurch es Bilder hervorruft, wie das Verlieren einer Schlacht, oder eines Spiels, oder sich einem stärkeren Gegner zu unterwerfen. Das Wort steht immer in einem negativen Kontext, wie beispielsweise auch, wenn sich Kriminelle den Autoritäten ergeben. In unserer modernen, kompetitiven Kultur wird uns immer beigebracht, nie aufzugeben und nicht nachzugeben, so dass wir keinen Umgang mit Ergebenheit lernen. Wenn gewinnen Alles ist, so ist Ergebenheit undenkbar. Eher sprechen wir über das Gewinnen, den Erfolg, Überwindung und Eroberung als darüber sich und seinen Stolz, seine Angst, seine Scham und seine Kontrolle zu beugen, sich zu unterwerfen, zu ergeben und zu befolgen.

Ergebenheit bedeutet, sich seiner Bestimmung (oder Gottes Willen) zu ergeben und damit sein Leben und seine Leiden(schaft) zu opfern, um zu ändern, was verändert werden muss. Gottes Wort zu kennen (sein Freund, etc. zu werden) bedeutet, die Bibel zu kennen, mit ihm zu sprechen (beten) und zu meditieren (an ihn zu denken). Wir sind Gott so nahe, wie wir es bestimmen. Gott will alles von uns … Herz, Seele, Geist und Kraft.

Unsere größte Ablenkung bei der Hingabe sind wir selbst – unsere Interessen und unsere Bekümmertheit, was andere von uns denken. Was uns die Verehrung Gottes abnimmt, ist unsere Selbstzentrierung. Gott möchte eine Familie und erschuf uns um Teil davon zu sein. Da er Liebe ist, misst er den Beziehungen große Bedeutung bei. Sein Wesen ist ein Beziehungswesen. Unsere spirituelle Familie ist sogar von größerer Bedeutung als unsere physische Familie, da sie von Dauer ist. Im Leben geht es um bedingungs- und selbstlose Liebe. „Liebe deinen nächsten wie dich selbst", aber liebe wahre Gläubige (Gottes) mehr als andere. Beziehungen müssen in unserem Leben eine höhere Priorität haben als alles andere. Wie Organe können Menschen auch nicht alleine existieren. Das Leben muss in wahrer Kameradschaft geteilt werden. Eine Gemeinschaft aufzubauen erfordert eine Festlegung und Regelmäßigkeit. Innerhalb der Gemeinschaft teilen wir wahre Gefühle (Authentizität), ermutigen einander (Gegenseitigkeit), unterstützen einander (Sympathie), vergeben einander (Gnade), sprechen in Liebe die Wahrheit aus (Ehrlichkeit), bekennen wir uns zu unseren Schwächen (Bescheidenheit), erkennen unsere Unterschiede an (Höflichkeit), lassen wir uns nicht zu Tratsch hinreißen (Vertrauen), geben der Gruppe eine Bedeutung (Regelmäßigkeit) und bauen gestörte Beziehungen wieder auf.

Da es im Leben immer darum geht, wie man liebt, verlangt Gott von uns, dass wir Beziehungen hochhalten und uns bemühen, sie sorgsam zu erhalten anstatt sie aufzugeben, wann immer eine Kluft, eine Verletzung oder ein Konflikt auftauchen. Bescheidenheit bedeutet nicht, schlecht von uns zu denken; es bedeutet, weniger an uns selbst zu denken. Bescheidene Menschen legen ihren Fokus so sehr auf die Unterstützung anderer, dass sie nicht an sich selbst denken.

Um Christus zu werden, wurden wir geschaffen. Wir wachsen auf, um wie Jesus zu werden, indem wir zu Jüngern werden. Um unser Leben zu ändern müssen wir die Art ändern, wie wir denken. Willenskraft alleine liefert dabei nur kurze Erfolge. Stattdessen müssen wir unser Denken von uns zu anderen lenken (von Rot zu Bernstein).

Warren sagt, dass uns die Wahrheit verändert. Viele unserer Schwierigkeiten haben wir, weil wir unsere Entscheidungen nach unverlässlichen Autoritäten ausrichten: Kultur (jeder tut es), Tradition (haben wir schon immer so gemacht), Vernunft (ist doch logisch) oder Emotion (es hat sich richtig angefühlt). Aber nur Gottes Wort erfordert Gefolgschaft.

Gott hat eine Bestimmung für jedes Problem. Wir müssen geduldig sein und beharrlich, Charakterbildung ist ein langsamer Prozess, Versuchungen widerstehen, die uns davon abhalten, unsere Bestimmung zu entfalten, auf Kurs bleiben (in Bernstein bleiben) und unseren Fokus neu ausrichten – wir tun das Richtige, statt das Falsche zu vermeiden. Was wir vermeiden bleibt bestehen. Es gibt kein Wachstum ohne Veränderung. Es gibt keine Veränderung ohne Angst. Es gibt keinen Verlust ohne Schmerz. Gewohnheiten zu entwickeln und zu verändern benötigt Zeit.

Zusammenfassend lässt sich sagen, dass wir auf die Erde gesetzt wurden um etwas beizutragen, und nicht um bloß zu konsumieren. Er macht den Vorschlag, dass wir eine Erklärung zu unserer Mission verfassen, die wir sowohl teilen, als auch konkret leben. Teile das Wissen über die spezifische Bestimmung und Gottes und Rick Warrens Lehren, gib deine eigene Agenda auf und wende dich einem lokalen, egozentrischen Denken ab, hin zu einem globalen, weltzentrischen Denken.

Gottes Wille

Ähnlich wie Warren, aber weniger dogmatisch, schreibt Eckhart Tolle, Bestseller-Autor von *Jetzt! Die Kraft der Gegenwart* und *Eine neue Erde: Bewusstseinssprung anstelle von Selbstzerstörung*, in einem Newsletter:

> Indem du nach dem gegenwärtigen Augenblick ausgerichtet lebst, richtest du dich auch nach dem universellen Willen aus, den man auch „Gottes Wille" nennen könnte. Du hast keinen eigenen, losgelösten Willen. Der separate Wille möchte den eigenen Sinn des Selbst verbessern oder stärken. Der separate Wille kümmert sich nur um das „mir", das „ich", das Ego. Es gibt aber ein göttliches Bewusstsein, das eine Bewusstsein, den evolutionären Impuls. Was wir im hier und jetzt tun, richtet uns danach aus. Die daraus entstehende Handlung hat eine andere Energie. Der Wille, der da hinein fließt ist nicht mehr egoistisch. Du und das Universum werden eins und als solches wird es durch dich erschaffen.[508]

In *Eine neue Erde: Bewusstseinssprung anstelle von Selbstzerstörung* führt er den Gedanken fort:

> Das Ganze besteht aus Existenz und Sein, dem Manifestierten und dem Nicht-Manifestierten, der Welt und Gott. Wenn du dich also mit dem Ganzen ausrichtest, wirst du ein bewusster Teil der Verbundenheit des Ganzen und seiner Bestimmung: der Entstehung des Bewusstseins in dieser Welt. Dann gibt es einen anderen Weg der kreativen Manifestation, der zu denen kommen kann, die ihrer inneren Bestimmung des Erwachens treu bleiben. Plötzlich, eines Tages, wissen sie, was ihre äußere Bestimmung ist. Sie haben eine große Vision, ein Ziel, und von da an arbeiten sie daran, dieses Ziel umzusetzen. Hier entsteht die dritte Modalität des erwachten Tuns: die Begeisterung. Enthusiasmus (von altgriechisch „en" und „theos", was Gott bedeutet) bedeutet, dass es tiefe Freude an dem gibt, was man tut, plus das zusätzliche Element eines Ziels oder einer Vision, an der man arbeitet. Anhaltende Begeisterung bringt eine Welle kreativer Energie hervor, und alles, was du dann tun musst, ist „auf der Welle reiten". Im Gegensatz zum egoistischen Wollen, das in direktem Verhältnis zur Intensität seines Begehrens Opposition schafft, steht der Enthusiasmus nie im Widerspruch. Er ist nicht konfrontativ. Seine Tätigkeit schafft keine Gewinner und Verlierer. Enthusiasmus und Ego können nicht koexistieren. Enthusiasmus „will" nichts, weil ihm nichts fehlt.[509]

Er zieht folgenden Schluss:

> Freude an dem, was du tust, verbunden mit einem Ziel oder einer Vision, an der du arbeitest, wird zur Begeisterung. Vergewissere dich, dass deine Vision oder dein Ziel kein aufgeblähtes Bild von dir selbst und damit eine verborgene Form von Ego ist, wie zum Beispiel der Wunsch, ein Filmstar, ein berühmter Schriftsteller oder ein wohlhabender Unternehmer zu werden. Vergewissere dich auch, dass dein Ziel nicht darauf ausgerichtet ist, dieses oder jenes zu haben, wie zum Beispiel eine Villa am Meer, deine eigene Firma oder zehn Millionen Dollar auf der Bank. Ein aufgeblähtes Bild von dir selbst oder eine Vision von dir selbst, die alle diese oder jene statischen Ziele haben und dich daher nicht ermächtigen. Vergewissere dich stattdessen, dass deine Ziele dynamisch sind, d.h. auf eine Aktivität hinweisen, an der du beteiligt bist und durch die du sowohl mit anderen Menschen als auch mit dem Ganzen verbunden bist. Anstatt dich selbst als einen berühmten Schauspieler und Schriftsteller zu sehen und so weiter, siehst du, wie du unzählige Menschen mit deiner Arbeit inspirierst und ihr Leben bereicherst. Das ist der kreative Gebrauch des Geistes, und deshalb gibt es kein Wollen. Du kannst nicht manifestieren, was du willst; du kannst nur manifestieren, was du bereits hast.[510]

Evolutionäre Bestimmung

Mit seinem Buch *Evolutionary Enlightenment: A New Path to Spiritual Awakening* (Evolutionäre Erleuchtung: Ein neuer Weg zu spiritueller Erkenntnis) entwickelt Andrew Cohen die Egotranszendenz weiter, indem er spirituelle Praxis in den Kontext kultureller Evolution und Kokreativität mit Anderen setzt. Er schreibt:

Jeder ist in der Lage egofreies Bewusstsein in der Ruhe und Einsamkeit tiefer Meditation zu erfahren. Wenn wir aber die Evolution in Bewusstsein und Kultur katalysieren wollen, so müssen wir unsere tiefsten Überzeugungen und spirituellen Wahrnehmungen des Möglichen teilen und dann hart gemeinsam arbeiten, um diese Möglichkeit Realität werden zu lassen. Einander finden – die anderen Personen zu finden, die für die Evolution von Bewusstsein und Kultur ebenso leidenschaftlich empfinden, wie wir selbst – befreit und erhöht unseren Geist und bietet uns die Inspiration die hohen Stufen zu erklimmen, wofür uns alleine vielleicht der Mut fehlen würde.[511]

Im Kern von Cohens neuer Ordnung von menschlicher Beziehung befindet sich das Wechselspiel von verschiedenen dynamischen Prinzipien: Die simultane Erfahrung von Autonomie und Kommunion, der vertikale Zug evolutionärer Spannung und der generative Zündfunke kreativer Reibung.

Ein solches, scheinbar paradoxes Ereignis [simultane Erfahrung von Autonomie und Kommunion] kann stattfinden, wenn zwei oder mehr Menschen gemeinsam ihr Ego transzendieren. Wenn ein Individuum eine starke Autonomie erfährt, so findet das oft auf Kosten von Kommunion mit anderen statt. Evolutionäre Spannung ist die erfahrbare Qualität des neuen Bewusstseins, das sich zwischen Individuen entfaltet, die in Autonomie und Kommunion zusammenkommen. Das ist es, worum es bei authentischer, evolutionär erleuchteter spiritueller Partnerschaft geht. Denn Menschen entwickeln sich nur in der Interaktion mit anderen.

Wie wir in Teil 1 dargelegt haben, bilden die Beziehungen, die wir eingehen und die Werte, die wir teilen die Struktur der intersubjektiven Dimension, die wir als Kultur bezeichnen. Cohen fragt, „was geschieht mit der Liebe, wenn Gott zum evolutionären Impuls oder Eros wird? Das ist die Emergenz einer ganz anderen Art der Liebe – der Ausdruck Gottes im Werden. Wenn du etwas absolut Neues erschaffen willst, so musst du ein Vorreiter sein, du musst ein Veränderungsagent werden. Ansonsten wirst du nur ausgetretene Pfade betreten und den Mustern nacheifern, die von unzähligen anderen ausgetreten wurden."

Die Bestimmung der Natur

In seinem herausragenden Buch *Natur und Menschenseele: Das Lebensrad und die Mysterien eines seelenzentrierten Erwachsenseins* bietet uns Bill Plotkin, ein Tiefenpsychologe, Wildnisführer und Agent für kulturelle Transformation, einen nuancierteren, naturorientierten Entwicklungsansatz für die Egotranszendenz. Im weitesten Sinne ersetzt Plotkin das Konzept eines Gottes oder Geistes durch die Natur und fordert von uns, unsere Aufmerksamkeit von einem egozentrischen zu einem ökozentrischen Fokus umzulenken.

Er betont: „Jeder Mensch hat durch seine Seele eine eigene und mystische Beziehung zu der wilden Welt. Das Ego separiert uns davon." „Reife und wahres Erwachsensein wurzeln auf transpersonalen Erfahrungen – in mystischer Verbundenheit mit der Natur, erfahren als sakraler Moment – der dann verkörpert wird in seelendurchdrungener Arbeit und reifen Verantwortlichkeiten."[512]

Plotkin unterteilt die Welt und unsere Wahrnehmung von ihr in drei unterschiedliche Sphären:

1. Die *Überwelt*, die sich nach transzendenter Erkenntnis, Bewusstsein, Geist, dem Einen, dem Göttlichen, sowie auch den höchsten nicht-dualen Lehren orientieren. Mit integralen Begriffen würden wir das als Aufsteigend oder als die maskuline Polarität bezeichnen.

2. Die *Mittelwelt*, die alltägliche Welt von Arbeit, Schule, Familie, Geld, Macht, Produktion und Verarbeitung von Essen, Unterhaltung und Sozialisierung. Es ist die einzige Welt, die viele Menschen kennen. Beim Integralen Liebesbeziehungsmodell nennen wir das die *biologische Bestimmung* sowie die Balance und Harmonie von maskuliner Agenz und femininer Kommunion.

3. Die *Unterwelt*, die die mystisch-poetische Welt der Seele ist, die selige dunkle Welt von Traum und Vision, in der wir unsere eigenen Gaben und unsere Bestimmung erkennen. Dort liegen, laut Plotkin, die großen Potentiale der Menschheit. Mit integralen Begriffen, würden wir hier von Absteigend, bzw. von der femininen Polarität sprechen. Dort liegen auch unsere genetisch veranlagten natürlichen Talente.

Bei Plotkin sind das Ökologische (die Natur) und die Seele (das Beseelte) dasselbe. Unser Seelenleben ist der innere Ausdruck unseres Platzes in der externen natürlichen Welt. Teil des Unterweltprozesses ist das loszulassen, was wir glauben, was wir sind – etwas, was in unserer Kultur oft umgangen wird und, wenn es stattfindet, oft mit einer Krise einhergeht. In anderen Kulturen und vergangenen Zeiten ist die Seeleninitiation Teil des Lebens, aber heutzutage erreichen nur 10% der Menschen in westlichen Kulturen den Zustand, den Plotkin ‚Seeleninitiation' nennt.

Er versteht die planetare Krise und das Elend, welches von der nicht nachhaltigen Lebensweise der Menschen hervorgerufen werden, als Initiationsmoment der Unterwelt für unsere ganze Spezies. Was wir glauben, was wir in der Mittelwelt waren, muss sterben, damit wir anfangen können, uns selbst neu kennenzulernen – in der *Überwelt* und in der *Unterwelt*. Das ist die „interne Arbeit" der Transformation, die laut Plotkin von einigen Menschen zurzeit angegangen wird. Gleichzeitig räumt er ein, dass er nicht weiß, ob die Menschheit auf diesem ökologischen Pfad folgen wird oder stattdessen in der entgegengesetzten Richtung weitermachen wird, weg von Seele und natürlicher Welt. Mit anderen Worten, ob wir rückschrittlich sein werden (siehe mehr dazu in Teil 4).

Plotkin beschreibt weiter, dass das unreife Ego die persönliche Entwicklung behindert, wenn es sich Veränderung, Verlust, Schmerz oder radikaler Transformation widersetzt. Ein reifes Ego begreift wiederum die Notwendigkeit sich einer größeren Macht zu ergeben – beispielsweise während Tod/Wiedergeburt und der Reise in die Unterwelt, wenn sich das Ego der Seele ergibt, oder während der Egotranszendenz, wenn sich das Ego dem Geist ergibt. So wie die Seele ein Agent des Geists ist, so ist auch jedes seeleninitiierte Ego ein Agent der Seele und somit auch des Geists."[513]

Zusätzlich zu der Entfremdung von Natur und menschlicher Seele beschreibt er folgende Beobachtung: „Viele Menschen leiden im Erwachsenenalter an einer Vielzahl von psychischen Störungen des Heranwachsenden – behindernde soziale Unsicherheit, Identitätsverwirrung, unglaublich niedrige Selbstwertschätzung, wiederkehrende körperliche Gewalt, materialistische Besessenheit, geringe oder keine Fähigkeit zur Intimität oder Empathie, Abhängigkeiten und emotionale Taubheit. Viele Männer in der westlichen Kultur verbringen ihr Leben damit, von den Abenteuern früh-adoleszenten Heldentums zu träumen – entweder auf den Spielfeldern der Elite, in den schnellsten Autos, auf den höchsten Gipfeln, in den meisten Betten oder in den exklusivsten Chefbüros. Viele Frauen hoffen, bei einem dieser männlichen Exemplare des adoleszenten Helden zu landen – oder eine weibliche Version davon zu werden.“[514]

Wir werden später zu Plotkin zurückkehren, wenn wir uns mit den Stufen der Reife beschäftigen, um dieses Modell der acht *seelenzentrierten Stufen* der Reife zu untersuchen und zu integrieren.

Essenzielle Bestimmung

Eine anspruchsvolle und manchmal undurchsichtige, dafür sehr tiefgehende egotranszendente Methode ist der *Diamond Approach* für die spirituelle Entwicklung, der von moderner Tiefenpsychologie und Therapie beeinflusst wurde. Dieser Ansatz wurde entwickelt von A. Hameed Ali, einem spirituellen Lehrer und produktivem Autor, der unter dem Pseudonym A.H. Almaas seine Bücher veröffentlicht. Er betont, dass unsere menschlichen und spirituellen Qualitäten aus den essenziellen Bestandteilen des Selbst entspringen, unsere animalischen Eigenschaften aus Dimensionen von vitaler Energie und Materie entstammen, die aus dem Bewusstsein unserer Seele entspringen.

Almaas zufolge wächst die Seele primär, indem sie Interaktionen mit den Hauptbezugspersonen verinnerlicht. So verinnerlichte Objektbeziehungen verschaffen der Seele eine verständliche Gestalt der Selbsterfahrung. Die Seele hat ihren Ursprung als gestaltloser bewusster Organismus. Aber die Bilder und Eindrücke, die aus diesen Objektbeziehungen entstammen, strukturieren die Wahrnehmung, wodurch ein selbst-bewusstes Individuum entsteht, eine autonome, wiedererkennbare Persönlichkeit. Die persönliche Geschichte, die diese Ich-Struktur mit sich trägt, trägt zu ihrem eigenen Charakter und ihrer Persönlichkeit bei. Es liegt in der Natur dieses Verfahrens, mit dem die Seele ein Ich entwickelt, dass es Struktur in seine Wahrnehmungen bringt, indem es das geistige Selbstbild kristallisiert, wodurch es die Linse wird, mit dem es sich selbst und die Wirklichkeit betrachtet. Diese Ich-basierte Linse wird zur Grundlage der dualistischen Wahrnehmung und damit dann zum Haupthindernis der spirituellen Entwicklung. Nichtsdestotrotz ist die Ausbildung eines Ichs eine natürliche Stufe der Entwicklung der Seele, und damit notwendig für die Entwicklung der kognitiven Fähigkeiten und des Potentials, in der Welt zu überleben.

Almaas beschreibt seinen Ansatz zur Egotranszendenz wie folgt:

Der Zusammenhang des Reifeprozesses und der essenziellen Entwicklung der Seele und ihrer Strukturen sind eigentlich transitive Phasen auf dem Weg der essenziellen Verkörperung. Die Strukturierung, sich selbst als autonomes Individuum zu erkennen, ist ein Teilaspekt der persönlichen Aspekte der Essenz, mit dessen Hilfe die Seele sich selbst als spirituelle Gestalt und gleichzeitig als Person, die wahrhaftig mit Anderen in Beziehung treten kann, wahrnehmen kann. Ein anderer wichtiger Aspekt des Selbst ist die Struktur des Selbstbildnisses, die dem Selbst die Möglichkeit gibt, sich selbst zu erkennen und seine Handlungen einzuordnen. Das wird ausgeprägt mit Hilfe des essenziellen Identitätsaspekts, dem Ausgang des Lichts und der Gegenwart, die es der Seele ermöglicht, ihrer Natur bei der Selbsterkenntnis treu zu bleiben.

Als Ego ist die Seele ihres eigenen Wesens nicht bewusst, und ihre Selbstwahrnehmung unterliegt den geistigen Strukturen, die in ihrer Vergangenheit gebildet wurden. Aber auch diese Strukturen geben Elemente ihrer wahren Natur wieder. Indem man sich seiner verschiedenen inneren Zustände bewusst wird, und indem man sie offen und ergebnisoffen hinterfragt, kann die Seele beginnen, diese Zustände als das zu sehen, was sie tatsächlich sind: Zustände der Seele, die durch geistige Strukturierung aus der frühen Kindheit geordnet sind, einschließlich der dazugehörigen Affekte und Erinnerungen. Das Wahrnehmen dieser geistigen Natur der Strukturierung kann der Seele ermöglichen, sich zu öffnen, ohne ausschließlich von den geistigen Bildern geprägt zu sein. Das eröffnet dann die innere Dimension des Raums, die es im Gegenzug ermöglicht, dass die essenziellen Aspekte, die mit den zugehörigen Egostrukturen verknüpft sind, sich entwickeln. Die Seele beginnt dann zu erkennen, dass sie ein spirituelles Potential hat: Zustände des Bewusstseins im Jetzt, Perfektion des „Seins".

Das Hinterfragen ist ein besonderer Ausdruck einer Ausprägung unserer wahren Natur, der als innere Führung dient. Diese Führung führt die Seele auch zu einem unmittelbaren Verständnis einer Situation. Das hervortreten der essenziellen Aspekte verknüpft die Seele mit ihrer Essenz und öffnet diese für ihre innere, essenzielle Führung. Im Verlauf der Arbeit mit dem Diamond Approach erlernt die Seele die angemessene innere Haltung, die diese essenzielle Führung bietet, was die Seele dann zu einem tiefergehenden Untersuchen ihrer Erfahrung und ihres Lebens führt. Weitere essenzielle Aspekte treten dann auf, wenn die Erkenntnisse und das Verständnis durch das Hinterfragen zunehmen, bis die hauptsächlichen Ego-Strukturen klar erkennbar sind, angegangen werden und verstanden werden. Dieser Prozess führt die Seele in unendliche Dimensionen der wahren Natur ein, was der Seele ermöglicht, eine viel weitere Perspektive auf die Wirklichkeit einzunehmen. Mit dieser Perspektive gelangt die Seele zu einem objektiveren Verständnis des Selbst, der Beziehung der Seele zu wahrer Natur und Wirklichkeit. Somit ist der Prozess des Hinterfragens ein Weg zu Freiheit und innerer Selbstverwirklichung, der zu einem tieferen Verständnis und einer einfacheren Erkenntnis der wahren Natur führt.

Die Methode des Diamond Approach hinterfragt die Struktur der Wirklichkeit als Ganzes, sowie Egostrukturen, essenzielle Strukturen und Strukturen des Universums. Der Einstieg in die grenzenlosen Dimensionen der wahren Natur entblößt sie als notwendiger Untergrund für das wahre Hinterfragen, was es ermöglicht, die Muster und Strukturen der Wahrnehmung und des Seins objektiv zu verstehen und zu durchdringen. Dieses Hinterfragen ist Synthese aus modernem psychologischem Wissen und Meditationspraktiken – die essenzielle Ausprägung, die dieses Hinterfragen anführt, hat die Fähigkeit, das Wissen von Zeit und Zeitlosigkeit simultan zu nutzen.[515]

Im Gegensatz zu Warrens, Tolles und Cohens Ansätzen zur Egotranszendenz fügt der *Diamond Approach* starke psychologische Komponenten hinzu, die wesentlich sein können im Umgang mit psychosozialen Blockaden, wie wir sie im Abschnitt „Abschaffung psychologischer Blockaden" beschrieben haben. Der Nachteil hierbei ist, dass die meisten einen professionell ausgebildeten Führer brauchen werden, und außerdem viel Geduld, um diesen langen und herausfordernden Weg zu gehen.

Eine kleine Bemerkung am Rande: das Buch *Undefended Love* (Ungeschützte Liebe) von Jett Psaris und Marlena Lyons fußt in großen Teilen auf dem *Diamond Approach* und bietet eine wunderbare Grundlage für die psychologische Heilung und das Erwachen innerhalb des Kontexts einer Liebesbeziehung.

Bestimmungsmethoden-Typ 4: Egobestätigende Methoden

Im Gegensatz zu den egotranszendenten Methoden folgen egobestätigende Methoden der Annahme, dass wir bereits strahlende und mächtige Wesen sind, die lediglich die Schleier entfernen müssen, die uns davon abhalten, unser Licht in die Welt zu senden.

Befürworter der egobestätigenden Methoden konstatieren, dass wir alle, auf irgendeine Weise, „herausragende, talentierte, menschliche Wesen" sind, die „über alle Maßen mächtig sind und alles in unser Leben herbeiziehen können", es aber leider nicht wissen, unterdrücken oder davor Angst haben, weshalb wir unser „unendliches Potential" bzw. unsere „höhere Bestimmung" nicht leben.

Das Ergebnis dieser Ansätze ist, dass nicht besonders viel psychologischer Heilung, persönlichen Wachstums, spiritueller Erkenntnis oder zusätzlicher Entwicklung von Fähigkeiten nötig ist. Sie machen lediglich erforderlich, dass wir unser Ego mit Selbstbewusstsein auspolstern und unser Licht ungehindert in die Welt strahlen lassen. Diese Methoden eignen sich daher besonders gut für Menschen, die ihre natürlichen Talente schon durch Übung zu einem professionellen Level ausprägen konnten, die sich aber unsicher, beschämt, ängstlich oder unwürdig fühlen.

Wenn wir uns das mit unserer Baummetapher anschauen, so haben wir einen Baum, der perfekt gewachsen ist, aber, aus welchen Gründen auch immer, halten wir uns davon ab, die schönsten Blätter und die süßesten Früchte zu erschaffen. Das hat zur Konsequenz, dass wir nicht die schönsten Vögel anziehen, die uns die schönsten Lieder singen würden.

Egobestätigende Methoden nutzen oft „Das Gesetz der Anziehung", „Durchbrechen unserer einschränkenden Gedanken und Überzeugungen", „X Schlüssel oder Schritte zur Eröffnung unserer vielfältigen Kräfte", „Wiedererwachen unseres authentischen oder eigenen Selbst" oder sogenannte geheime Strategien (die logischerweise nicht mehr geheim sind, wenn sie einmal enthüllt wurden), die schnelle Ergebnisse durch „transformierende Wechsel" versprechen, indem man zu „höheren Kräften" schreitet, die in uns oder außerhalb liegen und uns „die Geschenke der Welt bieten", die uns dann im Überfluss mit allem bereichern, wovon wir je geträumt haben.

Diese Methoden können vernichtende Ergebnisse mit sich bringen, wenn sie zu aufgeblasenen Egos, New-Age-Narzissmus und spirituellem Bypassing führen. Allzu oft zerstören Anwender der egobestätigenden Methoden ihr Leben, und damit dann auch oft die von Anderen, wenn sie unrealistische Erwartungen haben oder ihre Fähigkeiten überschätzen. Vor allem dann, wenn sie sich dazu verleiten lassen, sich in Ponzi-Schema-Geschäfte[516] oder Netzwerk-Marketing einkaufen und die erwarteten Gewinne werden nicht wie erwünscht ausgezahlt. Die darauffolgende Enttäuschung kann zu Depression und sogar Selbstmord führen, wenn sie sich selbst verurteilen, nicht richtig zu denken oder sie haben nicht richtig gehandelt, um ihrer Bestimmung zu folgen, oder sie haben nicht das erhalten, was die Welt ihnen für das Ausleben der Bestimmung schuldet.

Light's Purpose (Bestimmung des Lichts)

Marianne Williamson ist eine starke Förderin von egobestätigenden Methoden und wir oft von anderen zitiert mit: **„Es ist nicht unsere größte Angst unzureichend zu sein. Unsere größte Angst ist es, über allen Maßen mächtig zu sein.“** Sie schreibt:

„Es ist unser Licht, was uns am meisten ängstigt. Nicht unser Dunkel. Wir fragen uns: ‚wer bin denn ich, dass ich herausragend, strahlend, talentiert, besonders, toll sein soll?‘ Aber: Wer bist du denn, dass du es nicht sein sollst? Du bist ein Kind Gottes. Dich kleinzureden hilft der Welt nicht. Es hat keine Ausstrahlung, keine Erleuchtung, wenn du dich kleiner machst, damit sich andere in deinem Umfeld nicht unsicher fühlen. Wir sind alle dazu da so zu strahlen, wie es Kinder tun. Wir wurden geboren, um die Herrlichkeit Gottes in uns und durch uns Wahrheit werden zu lassen. Das liegt nicht nur in manchen von uns; jeder hat es. Und, indem wir unser Licht strahlen lassen, erteilen wir unbewusst Dritten die Erlaubnis es auch zu tun. Indem wir uns von unserer eigenen Angst frei machen dient unsere Präsenz auch anderen.“

Da es in diesem Buch ja um das Teilen unserer *transzendentalen Bestimmung* geht, ist es durchaus sinnvoll noch Mal zu lesen, was Williamson über gegenderte externe und interne Kontexte schreiben.[517]

> Wenn wir an Macht und Stärke denken, denken wir für gewöhnlich an externe Macht. Denken wir an mächtige Menschen, so denken wir an jene, die wir als arriviert bezeichnen. Denken wir an eine mächtige, starke Frau, so heißt das nicht zwangsläufig, dass wir an eine Frau denken, die reich ist, aber sie wird eine gewisse Courage oder Aura haben, die wir als mächtig empfinden. Denken wir an einen mächtigen Mann, so wird er sicherlich in irgendeiner Form Überfluss kreieren, meistens des Geldes. Viele sagen, dass eine mächtige Frau am besten mit einem mächtigen Mann zusammenpasst, dass sie jemanden braucht, der die Größe ihrer Situation verstehen kann, ein Mann, der ihr auf derselben oder sogar auf einer höheren Ebene der Macht begegnen kann. Das ist wohl wahr, wenn man von Macht als materiellem Überfluss sprechen möchte. Eine Frau ist oftmals mit kulturellen Vorurteilen konfrontiert, wenn sie mehr Geld erwirtschaftet als der Mann – der Mann aber auch. Eine Frau, die Macht nach weltlichen Maßstäben erlangt, wird sich nur selten in den Armen eines Mannes, der sie nicht erreicht, entspannen können.
>
> Wird Macht allerdings als innere Angelegenheit verstanden, so ändert sich das Ganze auf drastische Weise. Innere Macht und Stärke hat weniger mit Geld und weltlicher Stellung zu tun, dafür mehr mit emotionaler Weite, Spiritualität und bewusstem Leben… Ich dachte immer, ich bräuchte einen mächtigen Mann, jemanden der mich vor der Schroffheit und dem

Übel der Welt beschützen könnte. Was ich aber im Verlauf der Zeit erkannt habe ist, dass der starke Mann, nach dem ich suchte, vor allem einer wäre, der mich dabei unterstützen würde, meinen spirituellen Pfad voranzuschreiten, und mir damit helfen, dass ich in mir die Klarheit beibehalten würde, wodurch die Welt sich weniger problematisch darstellen würde. Würde es schmerzhaft werden, so würde er mich dabei unterstützen, zu vergeben. Ich verlangte nun nicht mehr nach jemanden, der zu mir sagt: ‚Sorge dich nicht, Baby! Wenn sich jemand dir gegenüber falsch verhält, so werde ich sie schlagen oder unterbuttern.' Statt dessen möchte ich jemanden, der regelmäßig mit mir betet und meditiert, damit wenige Monster der äußeren Welt mich stören, und der, wenn sie es tun, mir dabei hilft, in meinem eigenen Bewusstsein nach Antworten zu suchen, anstatt mit falscher Stärke auf falsche Stärke zu reagieren. Es gibt einen Unterschied zwischen sanften und schwachen Männern. Schwache Männer machen uns Nervös. Sanfte Männer beruhigen.

Einerseits stimmt es wohl, dass die meisten sexuell attraktiven Frauen, wie Williamson und ihre weiblichen Kolleginnen, die eine „gewisse Courage oder Aura haben, die wir als mächtig empfinden", ebenso wie manche charismatischen Alpha-Männer, mit ihren Gaben eine Menge Geld machen, und sich nach mächtigen, erfolgreichen Partnern sehnen, die sie finanziell, materiell und strategisch unterstützen – und diese auch anziehen. Andererseits sind die meisten Frauen weniger sexuell attraktiv, couragiert oder talentiert, und die meisten Menschen haben das Bedürfnis, ihre wahren natürlichen Talente mit Hilfe anderer Mittel zu kennzeichnen, und sie müssen professionelle Fähigkeiten entwickeln um ihren realen Bedürfnissen zu entsprechen und einen realen Wert zu schöpfen, für den andere bereit sind zu bezahlen (siehe „Bedienen von Bedürfnissen und Wertschöpfung" weiter unten).

Universale Bestimmung

Auch Jean Houston empfiehlt egobestätigende Methoden zur Erkenntnis von Talenten und der Entfaltung unserer Bestimmung. In ihren Schriften und Webinaren beschreibt sie ihre Lehren und Praktiken wie folgt:

Dies ist für Menschen, die sich innerlich stark und fruchtbar fühlen, sich nach mehr sehnen, einen Ruf nach einem größeren Leben verspüren, das ihnen erlaubt, die ganze Bandbreite ihrer Menschlichkeit auszudrücken, einschließlich ihrer Kreativität und Gaben. Doch in ihrem Leben passiert nicht viel, außer dem gleichen alten, wie z.B. sich um andere zu kümmern. Sie können durch die Erkenntnis lebendig werden, dass sie mit phänomenalen Möglichkeiten, Kräften und Lebensweisen ausgestattet sind; dass sie das Universum in einem Mikrokosmos sind und über Quantenkräfte verfügen, die ihnen zur Verfügung stehen, indem sie ein neues Hochleistungs-Betriebssystem kennenlernen, das ihren Glauben und ihr Bewusstsein mit universellen Mustern in Einklang bringt.

In sieben wöchentlich stattfindenden, zweistündigen Sitzungen werde ich dir beibringen, wie du die inneren Dimensionen aktivieren kannst, die dein Leben und deinen Geist mit dem Licht erleuchten, das niemals erlischen wird; wie du dein einzigartiges spirituelles Wissen und deine Weisheit erneuern und vertiefen kannst; wie du aufregende neue kreative Fähigkeiten zum Verstehen und Handeln für höhere Zwecke beschleunigen kannst - nicht nur für dich selbst, sondern für die Welt im Jetzt; wie du die Fähigkeiten lernst, mit Flexibilität, Mut und exquisiter Anmut den Wind der Veränderung zu reiten und zu landen, wann immer wir wollen; wie du die wesentlichen Codes und archetypischen Muster und Führungen identifizieren kannst, die dein Leben beeinflussen; wie man die Zukunft überrascht, anstatt von der Zukunft überrascht zu werden; wie man die Phantasie entwickelt und ein Mitschöpfer in einer höheren Gestaltung wird, die sich viel mehr nach dir sehnt, als du dich danach sehnst; wie man kulturelle Konditionierung, niedrige Erwartungen, alte Gewohnheitsmuster überwindet; wie man Strategien entwickelt, die dich zu deiner höheren Bestimmung führen; und vor allem, wie man mit dem Universum und seinen Quantenkräften arbeitet und mit ihnen kokreativ wird, eine Intention hervorbringt und eine Beschleunigung seiner Manifestation auf eine Weise erfährt, die bis jetzt mehr ein Wunder als die Realität zu sein scheint, indem du ein Leben jenseits von Grenzen und deinen wildesten Träumen lebt.

Dies alles wird erreicht, indem man die Wahrnehmung der Natur der Realität verändert und das alte, begrenzte Betriebssystem loswird, indem man entdeckt, dass man Zugang zu Quantenkräften hat. Indem du mit dem Grundproblem deiner begrenzten Überzeugungen, wie das Leben und das Universum funktionieren, arbeitest, wird alles andere an seinem Platz sein und dich ein für alle Mal von deinen Lasten befreien. Du wirst die Macht haben, die Zeit zu erweitern, so dass das Üben von etwas in zwei Minuten gemessener Zeit einer Stunde entspricht, so dass du dich nicht länger überfordert fühlst und natürlich Leute und Ressourcen anziehst, die du für deine eigenen Projekte brauchst. Du kannst auch in ein tiefes Reservoir an Energie eindringen, das vom Kosmos bereitgestellt wird, das dich erfrischt und wieder erhellt, egal wie ausgelaugt du vorher warst.

Du kannst mehr Inspiration und Kreativität erleben, so dass du mehr auf optimalem Energieniveau erreichen kannst und nicht mehr die abnehmenden Erträge erfährst, die sich mit der Zeit einstellen, wenn deine Energie nachlässt. Kurz gesagt, du wirst ein großartiger Mensch werden. Die drei Schlüssel zu all dem sind: (1) Klarheit über die wahre Natur der Realität zu gewinnen, (2) das Leben jenseits von Grenzen zu erschließen und (3) auf die Quantenkräfte des Universums in deinem Kern zuzugreifen, so dass alles, was du dir für dein Leben vorgestellt hast, möglich wird. Diese drei Schlüssel befreien dich von den alltäglichen Beschränkungen von Zeit und Ressourcen und erlauben dir, die Fähigkeiten zu erlangen, die du brauchst, ohne Jahre in Schulen oder formalen Trainingsprogrammen zu verbringen, indem du dich an imaginäre Meister wendest, die dir alles beibringen, was du wissen musst.

Das sind ganz schön kühne Aussagen, die man mit einer guten Portion Skepsis aufnehmen sollte. Auch wenn Henry Ford durchaus richtig lag, als er sagte, „ob du nun denkst, du könntest etwas, oder ob du denkst, du könntest nicht – du hast recht", so wissen wir doch durch moderne Forschung, dass das magische Mantra des „du kannst alles sein was du willst, fokussiere dich darauf und glaub an dich" einfach nicht stimmt, auch wenn wir immer wieder mit denselben Erfolgsgeschichten einer Hand voll Leute gespeist werden, die es, allen Widrigkeiten zum Trotz, geschafft haben.[518]

Sei es wie es sei, diese egobestätigenden Herangehensweisen können für Menschen, die mit geringem Selbstwertgefühl, Mutlosigkeit und geringer Fantasie ausgestattet sind, aber dennoch über starke natürliche Talente und individuelle Fähigkeiten, die den Unterschied machen, verfügen, sich aber, aus Angst vor dem Scheitern, nie getraut haben, recht hilfreich sein bei der Erkundung und Entfaltung der *transzendentalen Bestimmung*. Williamson gibt auch ein paar Hinweise darauf, welcher Art die männlichen Partner sind, nach denen sich die Frauen sehnen, die egobestätigende Methoden anwenden, um ihre Bestimmung zu erkennen und zu entfalten – und warum diese Beziehungen oftmals kompliziert sind, da diese „Göttinnen“ die erfüllungsorientieren weiblichen „Offenbarten“ in das Zentrum des Universums und ihrer Beziehungen stellen und von ihrem erfolgsorientierten Partner erwarten, dass er sich in einer unterstützenden Rolle einfindet und sie hegt und pflegt, anstatt gemeinsam mit ihm kokreativ zu sein und ihn als gleichen und gegensätzlichen Partner zu schätzen.[519]

Vielfalt der Ausdrucksweisen

Auch wenn wir endlich unsere *transzendentale Bestimmung* mit einer oder mehrerer der genannten Methoden erkennen konnten, brauchen wir vielleicht noch Führung oder Inspiration, um uns darüber klar zu werden, in welchen Bereichen wir sie anwenden möchten um einen Einfluss zu haben.

Eine gute, grundsätzliche Frage, die uns erste Hinweise bieten kann, ist: „Wofür empfinde ich eine Leidenschaft, was beschäftigt mich am meisten?“

In dem Arbeitsbuch *What Were You Born To Do?* beschreibt Curtis Adney 7 Hauptkategorien mit etlichen Unterkategorien, insgesamt 33 Bereiche, in denen Menschen ihre natürlichen Talente anwenden:

1. Naturbezogen – Erde, Pflanzen oder Tiere
2. Menschenbezogen – Hilfestellung, Kommunikation, Heilung, Recht, Sprache oder Gruppen
3. Physische Bewegung – Geschicklichkeit, Athletik oder Abenteuer
4. Kreative Kunst – Gestaltung, Kunst, Schreiben, Musik, Tanzen, Schauspiel oder Humoristik
5. Technik – Mechanik, Biologie, Wissenschaft oder Mathematik
6. Wirtschaft – Wirtschaftswissenschaften, Vertrieb, Finanzen, Organisation, Unternehmerschaft oder Menschenführung
7. Introspektive – Sinnlichkeit, Analyse, Erkundung oder Vision.

Die Art und Weise, auf die du am effektivsten deine natürlichen Talente auf einem oder auf mehreren dieser Gebiete anwendest, wird vor allem dadurch bestimmt sein, welche Stärken du entwickeln konntest.

Der zuvor erwähnte *The Clifton Strengths Finder*™ bestimmt den Ausdruck von 34 Stärken bzw. Motiven. Ihren Erkenntnissen zufolge entsprechen die Stärkenmotive den natürlich wiederkehrenden Mustern des Denkens, des Fühlens und des Verhaltens, die produktiv genutzt werden können. Je mehr eine Stärke bei einer Person vorherrschend ist, umso größer wirkt sich das Motiv auf das Verhalten und die Leistung der Person aus. Die 34 Stärkenmotive haben allesamt Eigennamen die als Handelsmarke registriert sind (®™):

1. Anpassungsfähigkeit – Menschen, die im Motiv Anpassungsfähigkeit stark sind, ziehen es vor, „mit dem Strom zu schwimmen". Sie neigen dazu, Menschen im Jetzt zu sein, die die Dinge so nehmen, wie sie kommen und die Zukunft Tag für Tag entdecken.
2. Analytisch – Menschen, die stark im Analytischen Motiv sind, suchen nach Gründen und Ursachen. Sie haben die Fähigkeit, über alle Faktoren nachzudenken, die eine Situation beeinflussen könnten.
3. Arrangeur – Menschen, die stark im Arrangeur-Motiv sind, können sich organisieren, aber sie haben auch eine Flexibilität, die diese Fähigkeit ergänzt. Sie wollen herausfinden, wie alle Teile und Ressourcen für maximale Produktivität angeordnet werden können.
4. Autorität – Menschen, die im Motiv Autorität stark sind, sind präsent. Sie können die Kontrolle über eine Situation übernehmen und Entscheidungen treffen.
5. Bedeutsamkeit – Menschen, die im Motiv Bedeutsamkeit stark sind, wollen in den Augen anderer sehr wichtig sein. Sie sind unabhängig und wollen anerkannt werden.
6. Behutsamkeit – Menschen, die stark im Motiv Behutsamkeit sind, lassen sich am besten durch die ernsthafte Sorgfalt beschreiben, mit der sie Entscheidungen treffen. Sie nehmen die Hindernisse vorweg.
7. Bindungsfähigkeit – Menschen, die im Motiv Bindungsfähigkeit stark sind, genießen enge Beziehungen zu anderen. Sie finden es sehr befriedigend, mit Freunden zusammenzuarbeiten, um ein Ziel zu erreichen.
8. Disziplin – Menschen, die stark im Motiv Disziplin sind, genießen Routine und Struktur. Ihre Welt lässt sich am besten anhand der Ordnung beschreiben, die sie schaffen.
9. Einfühlungsvermögen – Menschen, die im Motiv Empathie stark sind, können die Gefühle anderer Menschen spüren, indem sie sich in das Leben anderer oder in die Situation anderer hineinversetzen.
10. Einzelwahrnehmung – Menschen, die stark im Motiv Einzelwahrnehmung sind, sind fasziniert von den einzigartigen Qualitäten eines jeden Menschen. Sie haben die Gabe herauszufinden, wie Menschen, die unterschiedlich sind, produktiv zusammenarbeiten können.
11. Entwicklung – Menschen, die stark im Motiv Entwicklung sind, erkennen und schätzen das Potenzial in anderen. Sie erkennen die Anzeichen für jede kleine Verbesserung und leiten daraus ihre eigene Zufriedenheit ab.
12. Fokus – Menschen, die stark im Motiv Fokus sind, können eine Richtung einschlagen, sich durchsetzen und die notwendigen Korrekturen vornehmen, um auf Kurs zu bleiben. Sie setzen dann Prioritäten und handeln entsprechend.

13. Gleichbehandlung – Menschen, die im Motiv Gleichbehandlung stark sind, sind sich der Notwendigkeit bewusst, Menschen gleich zu behandeln. Sie versuchen, jeden in der Welt gerecht zu behandeln, indem sie klare Regeln aufstellen und sich daran halten.
14. Harmoniestreben – Menschen, die im Motiv Harmoniestreben stark sind, suchen den Konsens. Sie sind nicht konfliktfreudig, sondern suchen nach Einvernehmen.
15. Höchstleistung – Menschen, die im Höchstleistungsmotiv stark sind, haben viel Durchhaltevermögen und arbeiten hart. Sie sind sehr zufrieden, wenn sie beschäftigt und produktiv sind.
16. Ideensammler – Menschen, die stark im Motiv Ideensammler sind, sind von Ideen fasziniert. Sie sind in der Lage, Zusammenhänge zwischen scheinbar ungleichen Phänomenen zu finden.
17. Integrationsbestreben – Menschen, die stark im Motiv Integrationsbestreben sind, akzeptieren andere. Sie zeigen Bewusstsein für diejenigen, die sich ausgeschlossen fühlen, und bemühen sich, sie einzubeziehen.
18. Intellekt – Menschen, die im Motiv Intellekt stark sind, zeichnen sich durch ihre intellektuelle Aktivität aus. Sie sind introspektiv und schätzen intellektuelle Diskussionen.
19. Kommunikationsfähigkeit – Menschen, die stark im Motiv Kommunikationsfähigkeit sind, fällt es in der Regel leicht, ihre Gedanken in Worte zu fassen. Sie sind gute Gesprächspartner und Moderatoren.
20. Kontaktfreudigkeit – Menschen, die im Motiv Kontaktfreudigkeit stark sind, lieben die Herausforderung neue Menschen kennenzulernen und für sich zu gewinnen. Sie sind zufrieden, wenn sie den ersten Schritt machen und eine Verbindung zu einer anderen Person herstellen.
21. Kontext – Menschen, die im Kontext stark sind, denken gerne an die Vergangenheit. Sie verstehen die Gegenwart, indem sie ihre Geschichte erforschen.
22. Leistungsorientierung – Menschen, die im Motiv Leistungsorientierung stark sind, setzen auf Stärken, um persönliche und gruppenweite Exzellenz zu fördern. Sie versuchen, etwas Starkes in etwas Großartiges zu verwandeln.
23. Positive Einstellung – Menschen, die im Motiv Positive Einstellung stark sind, haben eine Begeisterung, die ansteckend ist. Sie sind optimistisch und können andere für das begeistern, was sie tun werden.
24. Selbstbewusstsein – Menschen, die stark im Motiv Selbstbewusstsein sind, fühlen sich in ihrer Fähigkeit, ihr eigenes Leben zu führen, sicher. Sie besitzen einen inneren Kompass, der ihnen die Sicherheit gibt, dass ihre Entscheidungen richtig sind.

25. Strategie – Menschen, die im Motiv Strategie stark sind, schaffen alternative Vorgehensweisen. Bei jedem Szenario können sie schnell die relevanten Muster und Probleme erkennen.
26. Tatkraft – Menschen, die im Tatkraftmotiv stark sind, können Dinge verwirklichen, indem sie Gedanken in Taten umsetzen. Sie sind oft ungeduldig.
27. Überzeugung – Menschen, die im Motiv Überzeugung stark sind, haben bestimmte Kernwerte, die unveränderlich sind. Aus diesen Werten entsteht ein definierter Sinn für ihr Leben.
28. Verantwortungsgefühl – Menschen, die im Motiv Verantwortungsgefühl stark sind, übernehmen psychologische Verantwortung für das, was sie sagen, was sie tun werden. Sie verpflichten sich zu stabilen Werten wie Ehrlichkeit und Loyalität.
29. Verbundenheit – Menschen, die stark im Motiv Verbundenheit sind, glauben an die Verbindungen zwischen allen Dingen. Sie glauben, dass es nur wenige Zufälle gibt und dass fast jede Begebenheit einen Grund hat.
30. Vorstellungskraft – Menschen, die stark im Motiv Vorstellungskraft sind, haben einen großen Wunsch zu lernen und wollen sich kontinuierlich verbessern. Insbesondere der Lernprozess und nicht das Ergebnis begeistert sie.
31. Wettbewerbsorientierung – Menschen mit einer Stärke im Motiv Wettbewerbsorientierung messen ihren Fortschritt an der Leistung anderer. Sie streben danach, den ersten Platz zu erreichen und erfreuen sich an Wettbewerben.
32. Wiederherstellung – Menschen, die stark im Motiv Wiederherstellung sind, sind versiert im Umgang mit Problemen. Sie sind gut darin herauszufinden, was falsch ist und es zu lösen.
33. Wissbegier – Menschen, die im Motiv Wissbegier stark sind, wollen mehr wissen. Oftmals sammeln und archivieren sie gerne Informationen aller Art.
34. Zukunftsorientierung – Menschen, die im Motiv Zukunftsorientierung stark sind, werden von der Zukunft und dem, was sein könnte, inspiriert. Sie inspirieren andere mit ihren Zukunftsvisionen.

Verknüpfst du die 33 Bereiche, die Adney für die Anwendung der natürlichen Talente vorschlägt, mit den 34 oben genannten Stärken, kannst du eine individuelle Ausdrucksmöglichkeit für deine *transzendentale Bestimmung* bestimmen. Füge dazu deine genderspezifischen Präferenzen, deinen kulturellen und sozialen Hintergrund, deine Werte und deine Ansichten und deinen Persönlichkeitstyp hinzu und du wirst noch konkreter und fokussierter – und somit auch effizienter.

Sagen wir, beispielsweise, dein natürliches Talent sei Intelligenz. Der Ausdruck dessen geschieht durch Fremdsprachen. Die Sprachen, die dir liegen, die dich anziehen, sind

Japanisch und Mongolisch. Du reist gerne, daher arbeitest du als Übersetzer für einen Politiker, der auch noch deine Werte vertritt. Oder du arbeitest lieber von zu Hause aus, weshalb du als Übersetzer für technische Dokumente oder Romane arbeitest. Oder dich reizen eher die sozialen Themen und Probleme der Länder deren Sprachen du sprichst, weshalb du für NGOs vor Ort arbeitest.

Oder du hast ein kreatives natürliches Talent, dessen Ausdruck über die Musik geschieht. Du spielst am liebsten Rohrblattinstrumente. Du wählst die Oboe. Du spielst gerne mit anderen Menschen, weshalb du eine klassische Ausbildung erhältst, um in einem Kammerensemble zu spielen. Oder du arbeitest lieber zu Hause und wirst ein Privatmusiklehrer. Oder dich interessiert mehr das Instrument an sich, weshalb du Instrumentenbauer oder Verkäufer wirst.

Oder dein natürliches Talent liegt in der Empathie. Das findet Ausdruck darin, dass du dich um den Planeten kümmerst. Besonders besorgt dich die globale Erwärmung. Du studierst Soziologie. Du arbeitest für eine gemeinnützige Organisation, die den Menschen Methoden näher bringt um Strom zu sparen und Treibhausgasausstoß zu vermeiden.

Mindmap

Die sogenannte Mindmap, wie unten zu sehen, kann dir dabei helfen, die Verwirklichung deiner *transzendentalen Bestimmung* zu spezifizieren und dich darauf zu fokussieren, wie beispielsweise das Leisten eines Beitrags zur Lösung der Probleme der globalen Erwärmung indem du einer oder mehrerer der unten zu sehenden Verzweigungen folgst:

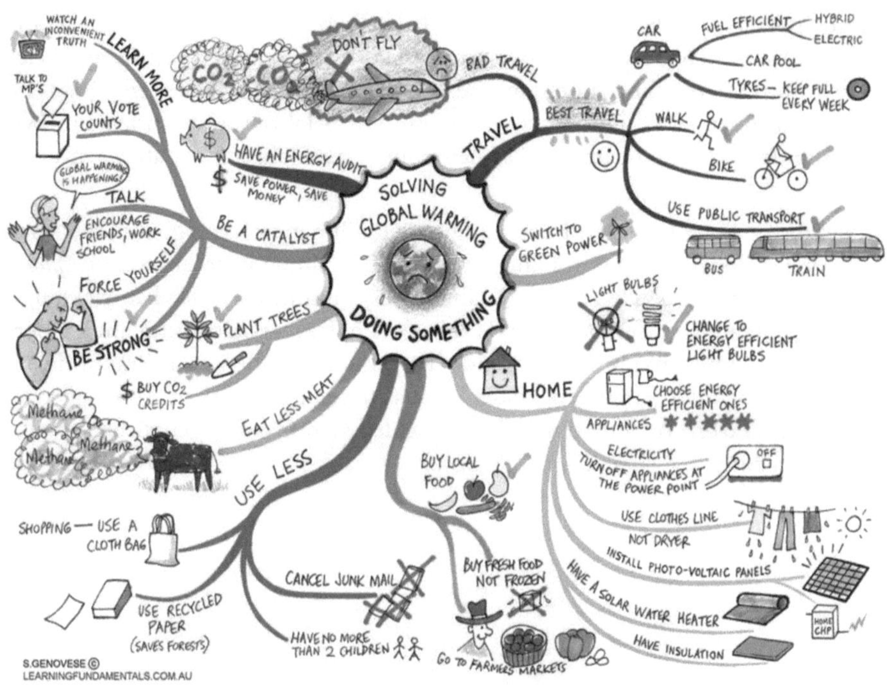

Grafik 43. Beispiel einer Mindmap

Schritt 4: Entwicklung von Fähigkeiten

Die Vielfalt der Meinungen bezüglich natürlicher Talente, Entwicklung von Fähigkeiten und der empfohlenen Übungsdauer bzw. -menge, die erforderlich ist, um ein hohes Niveau zu erreichen, mit dem man seine *transzendentale Bestimmung* verwirklichen kann, ist sehr unübersichtlich.

Viele Bestimmungsführer und spirituelle Lehrer des New Age propagieren die These, dass man frei sei, habe man einmal seine höhere Seelenbestimmung erkannt und alle Blockaden, die einen von ihrer Verwirklichung abhalten, überwunden; seinem Weg zu folgen, und eine weitere Entwicklung von Fähigkeiten oder Übung, sei nicht erforderlich. Das wird oftmals begründet mit der Annahme, dass das Bewusstsein bzw. eine „höhere Intelligenz" auf wundersame Weise durch sie hindurchfließen würde, oder dass alles durch das „Gesetz der Anziehung" und andere magische Annahmen ganz natürlich zu ihnen komme. Das kann oft in einer Katastrophe enden, wenn New Agern die nötigen Fähigkeiten und Qualifikationen und Referenzen fehlen, um realen Bedürfnissen zu entsprechen und Anderen ihre Werte zu vermitteln. Umgang mit Versagen erfolgt dann oftmals mit der Vorstellung einer Angst vor Erfolg, mit Tiefstapeln, oder mit der Begründung durch andere Blockaden, die einen davon abhalten, positive Energie (und Geld) im Fluss zu halten.

Aber auch die These, die durch Malcolm Gladwells Buch *Outliers* (Ausreißer) populär wurde, dass Menschen, die einen hohen Grad an Perfektion und Expertise, auf welchem Feld auch immer, erreichen möchten, dies erreichen können, indem sie 10.000 oder mehr Stunden üben (was über einen Zeitraum von 5 Jahren 40 Stunden pro Woche bzw. 10 Stunden pro Woche über einen Zeitraum von 20 Jahren bedeutet), wurde ebenfalls widerlegt.[520]

Was wir aber aus der neuesten Forschung lernen können ist, dass genetische Veranlagungen bei der Entwicklung von Fähigkeiten zur Entfaltung unserer *transzendentalen Bestimmung* eine wichtige Rolle spielen. Während es stimmt, dass die Entwicklung von Grundfertigkeiten, die unsere Schulen, Hochschulen, Universitäten und andere berechtigte Institutionen bieten, immer notwendig ist, variiert die Menge an Praxis, die erforderlich ist, um über die Grundfertigkeiten hinaus zu wachsen, stark in Abhängigkeit von Disziplin und Person, basierend auf den verschiedenen Graden genetisch veranlagter natürlicher Talente.[521]

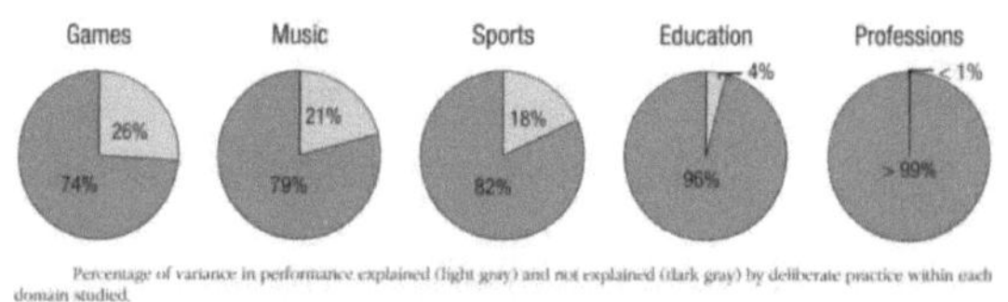

Grafik 44. Leistungsabweichung durch vorsätzliche Übung erklärt

Wie wir oben beschrieben haben, zeigt diese Forschung, dass, wenn wir in einer unterstützenden und nährenden Umgebung aufgewachsen sind, unsere genetischen, biologischen und psychologischen Veranlagungen uns als Kinder und später als Erwachsene inspiriert und motiviert haben, unsere natürlichen Talente zu trainieren und zu entwickeln und in etwas gut zu werden, und nicht umgekehrt, dass wir in allem gut werden können, was wir wollen, nur durch vorsätzliches Üben.

In *The Complexity of Greatness: Beyond Talent or Practice* (Die Komplexität der Großartigkeit: Über Talent und Übung hinaus) schreibt der Autor:

> Die Wahrheit ist, dass wir alle in einer Vielzahl von Dimensionen variieren und, im Positiven wie im Negativen, die Entwicklung dieser Dimensionen von einer Mischung aus Natur und Prägung beeinflusst wird. Es gibt ein breites Spektrum kognitiver und physikalischer Variablen, was durch verschiedene Methoden wie Zwillingsstudien, aber auch durch den direkten Blick auf die Gene und Mutationen und eine Reihe von Genen deutlich wird. Unsere angeborene Begabung beeinflusst unsere Entwicklung und die Umwelt spielt eine wesentliche Rolle bei der Gestaltung und der Bestimmung, welche Wege diese Gene gehen. Wenn wir diese individuellen Unterschiede ignorieren, so sind wir überzeugt, ignorieren wir, was es für einen bedeutet, ich zu sein. Ein rein vorsätzliches Übungsmodell ist für uns sehr mechanistisch; es behandelt uns wie Maschinen: Wenn wir einen bestimmten Input eingeben, erhalten wir einen bestimmten Output. Ich denke, es widerspricht unserer Menschlichkeit.[522]

Mit anderen Worten, wenn wir ein Talent für Empathie haben, waren wir geneigt, uns mit anderen zu verbinden und ihnen zu dienen; wenn wir einen hohen IQ haben, neigten wir dazu, Dinge zu lernen, die ein gutes Gedächtnis erfordern; wenn wir ein Talent für Kreativität haben, wurden wir zu künstlerischen Aktivitäten hingezogen; und wenn wir kinästhetische Fähigkeiten haben, haben wir Spaß daran, Sport und Handwerk zu betreiben.

Für das Leben und Teilen unserer *transzendentalen Bestimmung* bedeutet dies, dass die Entwicklung von Grundfertigkeiten immer notwendig ist, um unsere natürlichen Talente auszudrücken, aber die Menge an Übung, die nötig ist, um die notwendigen Fähigkeiten zu erlangen, um einen positiven Beitrag zu leisten, variiert stark zwischen den Menschen und ihrem jeweiligen gewählten Arbeitsbereich.

Schritt 5: Bedienen von Bedürfnissen und Wertschöpfung

Wie oben erwähnt, ist der Ausdruck unserer *transzendentalen Bestimmung* immer lebensbejahend und steht im Dienst und in der Erfüllung der biologischen Bestimmung und der Bedürfnisse von einem selbst und anderen. Es gibt jedoch einen sehr bedeutenden Unterschied zwischen legitimen gesunden Bedürfnissen und ungesunden Impulsen, hedonistischen Wünschen und Abhängigkeiten von Nahrung, Sex, Geld, Shoppen, Drogen, Emotionen usw., die sich zwar wie Bedürfnisse anfühlen können, aber in unserer eigenen Bedürftigkeit[523] verwurzelt sind und nicht dem langfristigen Wohlergehen anderer dienen.

Bedürfnisse werden definiert als Dinge, die wir für unser langfristiges Wohlbefinden haben müssen.[524]

Bedürftigkeit ist die Projektion unserer kurzfristigen Bedürfnisse und Wünsche auf andere Dinge, die nicht unserem langfristigen Wohlbefinden dienen. Bedürftigkeit drückt sich dadurch aus, dass wir von anderen Menschen erwarten unsere Bedürfnisse zu befriedigen, wir nörgeln, manipulieren an ihnen herum oder setzen sie unter Druck, und bestrafen sie mit Anschuldigungen, Ablehnung, Drohungen oder Gewalt, wenn sie es nicht tun.

Wir alle wissen wie Babys und Kleinkinder reagieren, wenn sie nicht bekommen, was sie brauchen. Natürlich stirbt ein Baby, wenn seine Eltern oder Betreuer seine Überlebensbedürfnisse (Nahrung, Wärme, Sicherheit, Körperkontakt) nicht erfüllen. Ein Kind, das etwas will, hat wenig bis gar keine Rücksicht auf die langfristigen Folgen oder die Bedürfnisse anderer. Ein wesentlicher Teil des Erwachsenwerdens ist es, die Bedürftigkeit zu mäßigen, indem wir Verantwortung für die Erfüllung unserer Bedürfnisse in der Kokreativität mit anderen übernehmen, anstatt Forderungen zu stellen oder uns Anspruchsberechtigt zu fühlen, und uns auf die Umwandlung von Bedürfnissen in Wünsche, Wünsche in Sehnsüchte, Sehnsüchte in Vorlieben und, in einem spirituellen Sinne, Vorlieben in keine Vorlieben zu verschieben.[525]

Gleichzeitig ist es nicht unsere *transzendentale Bestimmung*, der Bedürftigkeit anderer zu dienen oder sie auszunutzen. Wir würden dies zum Beispiel tun, wenn wir anderen Waren und Leistungen anbieten würden, die sie von unseren Leistungen abhängig machen und ihnen oder dem Planeten schaden würden, wie illegale Drogen, Luxusgüter, Tod bringende Waffen, ungesunde Lebensmittel, Nahrungsmittel, die durch nicht nachhaltige Methoden hergestellt werden, usw.

Die folgenden Wörter beschreiben Bedürfnisse.[526]

Anerkennung	*Mitwirkung*	*Integrität*
Zuneigung	*Zusammenarbeit*	*Intimität*
Lebendigkeit	*Kreativität*	*Freude*
Wertschätzung	*Erkundung*	*Lernen*
Authentizität	*Leichtigkeit*	*Freizeit*
Achtsamkeit	*Effizienz*	*Zurückhaltung*
Schönheit	*Effektivität*	*Wechselseitigkeit*
Zugehörigkeit	*Empathie*	*Pflege*
Lebensfreude	*Gleichheit*	*Ordnung*
Herausforderung	*Freiheit*	*Teilhabe*
Wahlfreiheit	*Lust*	*Frieden*
Eindeutigkeit	*Wachstum*	*Spiel*
Nähe	*Harmonie*	*Präsenz*
Zusammenkunft	*Ehrlichkeit*	*Schutz*
Gemeinschaft	*Humor*	*Bestimmung*
Kameradschaft	*Inklusion*	*Qualitätszeit*
Bewusstsein	*Unabhängigkeit*	
Rücksichtnahme	*Inspiration*	

Tabelle 4. Menschliche Bedürfnisse

Die meisten dieser Bedürfnisse wurden als universell eingestuft.

Der chilenische Ökonom und Umweltschützer Manfred Max Neef hat neun grundlegende und universelle menschliche Bedürfnisse identifiziert, die für unser Überleben und Wohlbefinden notwendig sind. Er unterscheidet sie von ökonomischen „Begehren“ und „Wünschen“, die unendlich und unersättlich und damit untragbar sind. Laut Neef sind erstere in allen menschlichen Kulturen und in allen historischen Epochen konsistent. In seinem Ansatz gibt es keine Hierarchie dieser Bedürfnisse, abgesehen vom Grundbedürfnis nach Überleben. Die neun Bedürfnisse sind: Lebensunterhalt, Schutz, Zuneigung, Verständnis, Teilnahme, Erholung (im Sinne von Freizeit zum

Nachdenken oder Aufladen), Kreativität, Identität und Freiheit. Jedes der neun Bedürfnisse wird weiter in vier existentielle Kategorien unterteilt, die er als Sein, Haben, Tun und Interagieren identifiziert. Die Kombination dieser vier Existenzkategorien mit den neun Wesensbedürfnissen ergibt eine 36-Zellen-Matrix, die mit Beispielen von Befriedigern für diese Bedürfnisse gefüllt werden kann, wie unten gezeigt.

Grundsätzliche menschliche Bedürfnisse	*Sein (Qualität)*	*Haben (Dinge)*	*Aktion (Handlungen)*	Interaktion (Umfeld)
Lebensunterhalt	Körperliche und geistige Gesundheit	Nahrung, Unterschlupf, Arbeit	Füttern, Einkleiden, Ausruhen, Arbeiten	Lebendiges Umfeld, soziales Umfeld
Schutz	Pflege, Anpassungsfähigkeit, Autonomie	Soziale Sicherheit, Gesundheitswesen, Arbeit	Kooperation, Planung, sich kümmern, helfen	Soziales Umfeld, Behausung
Zuneigung	Respekt, Sinn für Humor, Großzügigkeit, Großzügigkeit, Sinnlichkeit	Freundschaften, Familie, Naturverbundenheit	Teilen, sich kümmern, Liebe machen, Emotionen ausdrücken	Privatsphäre, Intime Räume des Zusammenseins
Verständnis	Kritikfähigkeit, Neugierde, Intuition	Literatur, Lehrer, Politik	Analysieren, Studieren, Meditieren, Untersuchen	Schulen, Familien, Universitäten, Gemeinschaften
Teilhabe	Aufgeschlossenheit, Hingabe, Sinn für Humor	Aufgaben, Pflichten, Arbeit, Rechte	Kooperieren, Dissens, Meinungen äußern	Vereine, Parteien, Kirchen, Nachbarschaften
Freizeit	Phantasie, Ruhe und Spontaneität	Spiele, Partys, Seelenfrieden	Tagträumen, erinnern, entspannen, Spaß haben	Landschaften, intime Räume, Orte zum Alleinsein
Erschaffen	Phantasie, Kühnheit, Ideenreichtum, Neugierde	Fähigkeiten, Fertigkeiten, Arbeit, Techniken	Erfinden, bauen, entwerfen, arbeiten, komponieren, interpretieren	Expressivitätsräume, Workshops, Zielgruppen
Identität	Zugehörigkeitsgefühl, Selbstwertgefühl, Konsequenz	Sprache, Religionen, Arbeit, Bräuche, Werte, Normen	Sich kennen lernen, wachsen, sich engagieren	Orte, zu denen man gehört, alltägliche Umgebungen
Freiheit	Autonomie, Leidenschaft, Selbstwertgefühl, Aufgeschlossenheit	Gleiche Rechte	Dissens, Wahlmöglichkeiten, Risiken eingehen, Bewusstsein entwickeln	Überall

Tabelle 5. Bedürfnisse und Befriedigungen

Befriediger können auch negative Konnotationen haben. Sie können Verletzer, Zerstörer, Pseudo-Zufriedenstellende, hemmende oder singuläre Befriedigende sein. Neef zeigt, dass bestimmte Befriediger, die als Befriedigung bestimmter Bedürfnisse angepriesen werden, tatsächlich die Möglichkeit der Befriedigung anderer Bedürfnisse hemmen oder zerstören können. Zum Beispiel das Wettrüsten, das angeblich das Schutzbedürfnis und die monetären und Machtinteressen der Politiker, des Militärkomplexes und der Waffenhersteller und -händler befriedigt, zerstört dann in der Tat den Lebensunterhalt, die Teilhabe, die Zuneigung und die Freiheit Anderer. Auch die liberale Demokratie, die das Bedürfnis nach Partizipation befriedigen soll, entmachtet und entfremdet Minderheiten oft, wenn die Mehrheit ihre Bedürfnisse nicht berücksichtigt, oder noch schlimmer, wenn eine Minderheit von Menschen Personen an die Macht wählt, die sich nicht um die Mehrheit kümmern.[527] Kommerzielles Fernsehen, das dazu dient, das Bedürfnis nach Erholung und schneller Information zu befriedigen, kann ein tieferes Verständnis (z.B. Lesen einer Zeitung oder eines Buches), Kreativität und Identität beeinträchtigen. Die Beispiele sind endlos und überall.

Synergistische Befriediger hingegen befriedigen nicht nur ein bestimmtes Bedürfnis, sondern führen auch zu Zufriedenheit in anderen Bereichen. Einige Beispiele sind das Stillen, die selbstorganisierte Produktion, freie Bildung, demokratische Gemeindeorganisationen, präventive Medizin, Achtsamkeitsmeditation, biologische Landwirtschaft, häufige Bewegung oder Lernspiele.

Max Neef und seine Kollegen haben festgestellt, dass ihre Methodik "einen tiefen Einblick in die Schlüsselprobleme ermöglicht, die die Verwirklichung grundlegender menschlicher Bedürfnisse in den Gesellschaften, Gemeinschaften oder Institutionen, die sie untersucht haben, behindern".[528]

Wir können diese Liste und seine Erkenntnisse als weitere Hinweise nutzen, um unsere *transzendentale Bestimmung* zu erkennen und sicherzustellen, dass sie wahrhaftig in lebensbejahender Weise zum Ausdruck kommt, die unseren eigenen Bedürfnissen und denen anderer dient. Andernfalls, wie bereits oben erwähnt, könnte unsere fälschliche Bestimmung in Wahrheit eine lebensverleugnende, zerstörerische und fehlgeleitete Wahnvorstellung oder ein selbstsüchtiges narzisstisches Unterfangen sein.

Wert schaffen

Wir können überprüfen, ob die Art und Weise, wie wir unsere natürlichen Talente zum Ausdruck bringen, tatsächlich unsere *transzendentale Bestimmung* ist, wenn sie von denen, denen wir dienen, geschätzt und belohnt wird. Diese Honorierung kann auf viele verschiedene Arten erfolgen. Wenn du bereits deine *biologische Bestimmung* erfüllt hast, und du auch deiner *transzendentalen Bestimmung* folgst, so können deine Kinder dich mit Liebe und wertvollen Lebenserfahrungen belohnen und dich in deinen späteren Jahren unterstützen. Wenn du die Bedürfnisse von Menschen außerhalb deiner Familie erfüllst, können sie dich mit Geld, Geschenken, Dienstleistungen, Anerkennung, Sicherheit oder anderen Dienstleistungen belohnen. Wenn du "Seva" leistest, das Sanskrit-Wort für selbstlosen Dienst oder Arbeit ohne Belohnung oder Rückzahlung, oder Altruismus lebst,[529] die Praxis der uneigennützigen und selbstlosen Sorge um das Wohlergehen anderer, dann können deine Belohnungen dauerhafte Freundschaften und tiefere authentische Verbindungen oder Liebe und Unterstützung von anderen sein, wenn du in Not bist, oder einfach nur dein eigenes Wohlergehen, wenn du „dich gut fühlst, Gutes zu tun“. Als Umweltschützer oder Friedensaktivist wirst du vielleicht mit einer gesünderen und sichereren Welt belohnt. Wenn du für soziale Gerechtigkeit kämpfst, kannst du damit belohnt werden, in einer friedlichen Gemeinschaft, Gesellschaft oder Welt zu leben.

Es kann verschiedene Gründe geben, warum das Leben in deiner *transzendentalen Bestimmung* von anderen auf eine oder mehrere Arten, wie oben beschrieben, nicht ausreichend geschätzt oder belohnt wird. Sie ist vielleicht noch nicht so weit gereift, dass sie einen Wert darstellt. Dein Engagement kann zu breit gefächert oder zu unklar sein, um einen echten Mehrwert zu bieten. Es ist vielleicht nicht einzigartig genug, so dass du mit anderen in deinem Bereich konkurrieren musst, die bereits etabliert sind und über bessere Fähigkeiten, mehr Erfahrung, bessere Referenzen, bessere Marketinginstrumente oder größere Netzwerke verfügen. Deine Hingabe kann über den Köpfen der Menschen liegen und sie sind nicht bereit, den Wert dessen zu sehen, was du tust – eine Idee, deren Zeit noch nicht gekommen ist, oder sie kann nicht weit genug herunterreichen, um Menschen auf den vorherigen Ebenen der Bewusstseinsentwicklung dienlich zu sein.

Möglicherweise musst du deine Fähigkeiten weiter verfeinern, laufende Arbeiten beenden, mehr Forschungsarbeit in deinem Bereich leisten, deine Darbietung anpassen, deine Bewerbungen aktualisieren, ein größeres Zielpublikum aufbauen, verschiedene Gruppen oder Arbeitgeber ansprechen, in ein anderes Gebiet oder sogar ein anderes Land ziehen, deinen Fokus darauf beschränken, ein Experte und Führer in deinem Bereich zu werden,[530] dein Angebot verkleinern, um ein breiteres Publikum zu erreichen, oder deinen Wertbeitrag auf andere Weise ändern. Während dieser Zeit kannst du von Ersparnissen, Zuschüssen, Investitionen oder Darlehen leben oder einen Partner haben, der dich finanziell unterstützt. Andernfalls musst du auf andere Weise deinen Lebensunterhalt verdienen, z.B. indem du einen alltäglichen Job annimmst.

Aber irgendwann sollten andere einen gewissen Wert in dem sehen, was du anbietest, und dich dafür belohnen. Anderenfalls ist der Ausdruck deiner natürlichen Talente nicht zur Befriedigung der Bedürfnisse anderer in deiner Gemeinschaft geeignet und somit nicht deine *transzendentale Bestimmung* – zumindest nicht an diesem Ort und zu dieser Zeit.

Wie wir unten sehen werden, kann das Teilen unserer Transzendentalen Bestimmung mit einem Partner in einer kokreativen Liebesbeziehung entscheidend sein, um Bedürfnisse zu erfüllen und Werte zu schaffen, für die andere dich belohnen.

Es gibt wunderbare Trainer wie Brian Whetten von https://sellingbygiving.com/ (eng) und www.corecoaching.org (eng), die professionelle Helfer bei der Wertschöpfung unterstützen.

Schritt 6: Zunehmende Wirkungskraft

Der Ausdruck unserer *transzendentalen Bestimmung* ist nicht statisch, sondern entwickelt sich wahrscheinlich durch zunehmende Höhe, Tiefe und Berufung. Zusammengenommen bestimmen diese drei Facetten, welchen Einfluss der Ausdruck unserer *transzendentalen Bestimmung* haben wird, wenn er in sichtbarer Form in unserem Leben verwirklicht wird. Kurz gesagt können wir sagen:

Wirkung = Höhe + Tiefe + Berufung

Höhe

Die Höhe ist ein Schlüsselfaktor für die Bedeutung, die unsere transzendentale Bestimmung für die Welt haben wird. Unter "Höhe" verstehen wir in diesem Zusammenhang eine Kombination unserer Bewusstseinsebene mit (1) dem Ausmaß unserer Überlegungen für andere, (2) dem Reichtum unseres historischen Bewusstseins in unseren Bemühungen, (3) der Reichweite unserer Anliegen in die Zukunft und (4) der intendierten Zuwendung für andere in unserer Arbeit.

Wir können enge Familienangehörige, lokale Kunden, unsere ganze Gemeinschaft, die gesamte Gesellschaft oder die gesamte Menschheit in der Gegenwart oder in ferner Zukunft berücksichtigen.

Die Höhe gibt auch an, wie weit wir in der Zeit zurückgehen können, um die Gegenwart vollständig zu verstehen – wie Carl Sagan sagte: „Man muss die Vergangenheit kennen, um die Gegenwart zu verstehen." Wir können nur im Jetzt sein oder die Geschichte in allen vier Quadranten berücksichtigen, die unser Leben, die geschriebene Menschheitsgeschichte, die gesamte Menschheitsgeschichte, die Zeit seit der Entstehung des Lebens oder den ganzen Weg zurück zum Urknall umfasst.

Und letztendlich gibt die Höhe an, wie weit in die Zukunft unsere Überlegungen gehen, wenn wir unserer *transzendentalen Bestimmung* Ausdruck verleihen. Nur ein paar Wochen, mehrere Jahre, unser Leben, das Leben unserer Kinder, mehrere Generationen oder Tausende von Jahren? Was wird unser individuelles Erbe und das Erbe unserer Generation sein?[531] Beispielsweise: Die Treibhausgase und andere Gifte, die wir heute in unsere Umwelt pumpen, die Anhäufung von Staatsschulden, das Aussterben von Arten, das Abholzen von Regenwäldern, die weltweite Bodenerosion, der Anstieg des Meeresspiegels usw. werden viele kommende Generationen betreffen. Die radioaktiven Abfälle, die wir heute produzieren, werden 10.000 bis 1.000.000 Jahre lang eine Gefahr darstellen.[532] Denken wir ernsthaft über die unmittelbaren Folgen unserer Entscheidungen nach? Kümmert es uns, wie sich unsere Entscheidungen auf unsere Enkelkinder und ihre Enkelkinder auswirken? Einige Wissenschaftler denken noch weiter. Sie arbeiten daran, Asteroiden davon abzuhalten, unseren Planeten in ferner Zukunft zu treffen, oder Technologien zu erfinden, die es Menschen in ferner Zukunft ermöglichen könnten, andere Planeten für ihr Überleben zu kolonisieren.[533]

Tiefe

Um die Tiefe zu definieren, verwenden wir die spirituellen Zustandsstufen, die wir in Teil 1 unter „Spirituelle Entwicklung" beschrieben haben. Die Tiefe bestimmt, wie das Entfalten unserer *transzendentalen Bestimmung* entweder die grobstofflichen bzw. physischen Bereiche, die subtilen Verstandes- und Absichtsebenen, die kausalen Bedeutungsstrukturen, die durch Gefühl und Intuition geprägt sind, das reine Bezeugen direkter oder unmittelbarer Erfahrung oder die Ebene des nicht-dualen Bewusstseins, die alle vorherigen Ebenen einschließlich des Selbst oder des reinen Bezeugens umfasst, beeinflusst.

Die Tiefenökologin und Philosophin Joanna Macy orientiert sich ebenfalls entlang dieser Linien für die ersten drei Stufen der Tiefe, was sie als die Große Wende bezeichnet, weshalb wir ihre Beschreibungen mit aufnehmen werden.[534]

Grob

Wenn wir unsere transzendentale Bestimmung auf der groben Stufe der Tiefe verordnen, schaffen wir mehr Güte, Wahrheit, Schönheit oder Funktionalität auf der konkret-operationalen physischen, verhaltensmäßigen oder materiellen Ebene. Wir können zum Beispiel mystische/religiöse Rituale und Praktiken schaffen, die das Gute im Menschen hervorheben; Experimente durchführen, um zu beobachten, wie materielle Objekte miteinander interagieren; Gesundheit durch bessere Ernährung, Bewegung, Medizin und medizinische Verfahren fördern; Kunst wie Gemälde und Skulpturen schaffen; oder das Leben durch bessere Infrastruktur und Technologie beeinflussen.

Macy nennt die Bemühungen auf dieser Ebene „Aktionen zur Verlangsamung des Schadens an der Erde und ihren Wesen". Sie schreibt:

> Die vielleicht sichtbarste Dimension von [meiner Lehre] der Großen Wende sind Aktivitäten, die alle politischen, legislativen und rechtlichen Arbeiten umfassen, die erforderlich sind, um die Zerstörung des Planeten zu reduzieren, sowie direkte Aktionen – Blockaden, Boykotte, ziviler Ungehorsam und andere Formen der Ablehnung. Einige Beispiele:
>
> Dokumentation der ökologischen und gesundheitlichen Auswirkungen der industriellen Wachstumsgesellschaft.
>
> Lobbyarbeit oder Protest gegen die Welthandelsorganisation und die internationalen Handelsabkommen, die unsere Ökosysteme gefährden und die soziale und wirtschaftliche Gerechtigkeit unterminieren.
>
> Das Anprangern illegaler und unethischer Geschäftspraktiken.
>
> Blockade und Abhalten von Mahnwachen an Orten der Umweltzerstörung, wie z.B. Altwäldern, die von Kahlschlag bedroht sind, oder an Atommülldeponien.
>
> Eine solche Arbeit verschafft Zeit. Sie rettet einige Leben, einige Ökosysteme, Arten und Kulturen sowie einen Teil des Genpools für die künftige nachhaltige Gesellschaft. Aber es reicht nicht aus, um diese Gesellschaft zu errichten.

Subtil

Wenn wir in unserer *transzendentalen Bestimmung* auf der subtilen Ebene der Tiefe leben, schaffen wir mehr Güte, Wahrheit, Schönheit oder Funktionalität aus der formal-operationalen Ebene des Geistes. Wir können zum Beispiel Ideologien, Strategien und Bildungsprogramme schaffen oder ändern, die Menschen besser dabei unterstützen, miteinander auszukommen und ihr Umfeld zu verwalten; mathematische Formeln entwickeln, die uns helfen, die physische Welt oder die soziale Dynamik besser zu verstehen; bewegende und inspirierende Musik und Poesie schaffen oder andere dabei unterstützen, durch psychologische Heilung besser zu funktionieren.

Macy beschreibt diese Tiefe wie folgt:

Die zweite Dimension der Großen Wende ist ebenso entscheidend. Um uns und unseren Planeten von den Schäden der industriellen Wachstumsgesellschaft zu befreien, müssen wir ihre Dynamik verstehen. Was sind die stillschweigenden Vereinbarungen, die für einige Wenige obszöne Reichtümer schaffen, während der Rest der Menschheit zunehmend verarmt wird? Welches Ineinandergreifen führt uns zu einer unersättlichen Wirtschaft, die unsere Erde als Versorgungshaus und Abwasserkanal nutzt? Es ist kein schönes Bild, und es erfordert Mut und Vertrauen in unseren eigenen gesunden Menschenverstand, die Welt, mit der wir konfrontiert sind, realistisch zu betrachten; aber wir entmystifizieren die Funktionsweise der Weltwirtschaft. Wenn wir sehen, wie dieses System funktioniert, sind wir weniger versucht, die Politiker und Firmenchefs zu verteufeln, die ihm verfallen sind. Und bei aller scheinbaren Macht der industriellen Wachstumsgesellschaft können wir auch ihre Zerbrechlichkeit sehen, wie abhängig sie von unserem Gehorsam ist und wie sehr sie dazu verdammt ist, sich selbst zu verschlingen. Wir lernen nicht nur, wie das gegenwärtige System funktioniert, sondern schaffen auch strukturelle Alternativen. In unzähligen Gemeinden entstehen neue soziale und wirtschaftliche Strukturen, vergleichbar mit grünen Sprösslingen, auf den Trümmern wachsen. Wir warten nicht darauf, dass unsere nationalen oder staatlichen Politiker uns einholen, wir schließen uns zusammen und handeln in unseren eigenen Gemeinschaften. Mögen diese Aktionen auch noch so marginal aussehen, sie sind die Keime für die Zukunft, ausgehend von unserer Kreativität und Zusammenarbeit für das Leben.

Einige der Initiativen in dieser Dimension sind:

- Lehr- und Lerngruppen zur industriellen Wachstumsgesellschaft;
- Strategien und Programme für gewaltfreie, bürgernahe Verteidigung;
- Reduzierung der Abhängigkeit von fossilen und nuklearen Brennstoffen und Umstellung auf erneuerbare Energien;
- Kollaborative Lebensgemeinschaften wie Wohngemeinschaften und Ökodörfer;
- Gemeinschaftsgärten, Konsumgenossenschaften, gemeindegestützte Landwirtschaft, Gewässersanierung, lokale Währungen.

Kausal

Wenn wir unserer *transzendentalen Bestimmung* auf der kausalen Ebene der Tiefe folgen, schaffen wir mehr Güte, Wahrheit, Schönheit oder Funktion, indem wir die Gefühle, Intuitionen und die daraus resultierenden Bedeutungsstrukturen der Menschen herausfordern und beflügeln. Wir können zum Beispiel idealistische dialektische Diskursansätze befördern; weitere Vorstellungen von bedingungsloser Liebe; neue Sichtweisen präsentieren, um Menschen von einschränkenden Dogmen, Ideologien oder anderen zugrunde liegenden ungesunden mentalen Konstrukten zu befreien; uns mit der Erforschung von Themen wie Spontanremission, Meditation, Bewusstsein, alternativen Heilpraktiken, bewusstseinsbasierter Gesundheitsvorsorge, Spiritualität, menschlichem Potential, psychischen Fähigkeiten und Psychokinese beschäftigen; oder konzeptuelle oder improvisierte Kunst produzieren (z.B. in der Jazz-Musik oder dem Improvisationstheater).[535]

Macy sagt es so:

> Die [subtilen] Strukturalternativen können ohne tief verankerte Werte nicht wurzeln und überleben. Sie müssen wiedergeben, was wir wollen und wie wir mit der Erde und miteinander umgehen. Mit anderen Worten, sie erfordern einen tiefgreifenden Wandel in unserer Wahrnehmung der Realität - und dieser Wandel vollzieht sich jetzt, sowohl als kognitive Revolution als auch als spirituelles Erwachen.
>
> Die Einsichten und Erfahrungen, die uns diesen Wandel ermöglichen, beschleunigen sich und nehmen viele Formen an. Sie entstehen als Kummer für unsere Welt, indem sie die alten Paradigmenvorstellungen des rauen Individualismus, der essentiellen Trennung des Selbst, Lügen strafen. Sie entstehen als Antwort auf bahnbrechende wissenschaftliche Erkenntnisse, wenn Reduktionismus und Materialismus dem Beweis eines lebendigen Universums weichen. Und sie entstehen im Wiederaufleben der Weisheitstraditionen und erinnern uns wieder daran, dass unsere Welt ein heiliges Ganzes ist, das der Anbetung und des Dienstes würdig ist.
>
> Zu den vielen Formen und Bestandteilen dieser Dimension gehören:
>
> - Allgemeine Lebenssystemtheorie
> - Tiefenökologie und die tiefe, langfristige Ökologiebewegung
> - Schöpfungsspiritualität und Befreiungstheologie
> - Engagierter Buddhismus und ähnliche Strömungen in anderen Traditionen
> - Das Wiederaufleben der schamanischen Traditionen
> - Ökofeminismus
> - Ökopsychologie
> - Die einfache Lebensbewegung.

Die Erkenntnisse, die wir in der dritten Dimension der Großen Wende machen, ersparen uns sowohl Panik als auch Lähmung. Sie helfen uns, der Versuchung zu widerstehen, unsere Köpfe in den Sand zu stecken oder uns gegeneinander als Sündenböcke, an denen wir unsere Angst und Wut auslassen können, auszuspielen.

Reines Bezeugen

Wenn wir in unserer *transzendentalen Bestimmung* auf der Ebene des reinen Zeugnisses der Tiefe leben, schaffen wir mehr Güte, Wahrheit, Schönheit oder Funktionalität, indem wir voll präsent sind und andere mit unmittelbaren oder direkten Zustandserfahrungen versorgen, die sie dann in dauerhaft zugängliche Stufen verwandeln können. Dies kann durch bestimmte Formen der Körperarbeit, spirituelle Praktiken, einnehmende Gespräche, poetisches Schreiben, heiligen Tanz, tantrische Sexualität, Augenbeobachtung, transpersonale Psychologie, Visionssuche, Naturerlebnisse, Konzentrationssport oder körperliche Bewegung erreicht werden.

Die Bereitstellung dieser transzendentalen Erfahrungen kann eine tiefe transformative Wirkung auf Menschen haben, die sie zu mehr Einfühlungsvermögen, Liebe, Freundlichkeit und Verantwortung gegenüber anderen und der ganzen Schöpfung erwachen lässt und sie dazu bringt, tiefer über ihre *transzendentale Bestimmung* nachzudenken.

Nicht-Dual

Wenn wir in unserer *transzendentalen Bestimmung* auf der nicht-dualen Ebene der Tiefe leben, schaffen wir mehr Güte, Wahrheit, Schönheit oder Funktion, indem wir alle vorherigen Ebenen integrieren. Wir bleiben nicht nur im ewigen und unendlichen Sinn der Einheit durch direkte oder unmittelbare Erfahrungen im vorherigen Zustand des Reinen Zeugnisses, sondern beschäftigen uns voll und ganz mit den sich ständig verändernden Formen von Materie, Lebensformen und Bewusstsein, die in Zeit und Raum entstehen und von denen unser Körper und Geist ein untrennbarer und integraler Bestandteil sind. Mit anderen Worten, wir bewegen uns in allen vier Quadranten vom Wesenszustand des reinen Zeugnisses zum zwischenmenschlichen Stadium der gesamten Schöpfung auf allen Ebenen (grob, subtil, kausal). Wie bereits erwähnt, ist das nichtduale Bewusstsein also kein Zustand an sich, sondern eine Umfassung und Verwirklichung unserer transzendentalen Bestimmung auf der Ebene aller vorherigen Ebenen der Tiefe.

Die Zusammenarbeit mit einem Partner, der unsere Tiefe teilt, wird die Wirkung der Verwirklichung unserer *transzendentalen Bestimmung* erhöhen.

Berufung

Das dritte Merkmal, das die Wirkung der Verwirklichung unserer *transzendentalen Bestimmung* beeinflusst, wird durch unsere Berufung bestimmt: entweder zu erhalten, zu verbessern oder zu erschaffen. Wir mögen uns berufen fühlen, etwas zu erhalten, das bereits existiert und mehr Güte, Wahrheit, Schönheit oder Funktionalität schafft, und wir tun dies, indem wir in die Fußstapfen eines anderen treten. Oder wir fühlen uns berufen, etwas zu verbessern, was bereits existiert. Oder wir fühlen uns berufen, in Neuland vorzustoßen, indem wir etwas völlig Neues schaffen.

Keine Berufung

Eine schockierend große Zahl von Menschen fühlt keine Berufung und keinen Sinn jenseits ihrer *biologischen Bestimmung* und stellt meist keine tieferen Fragen über den Sinn ihres Lebens und wie sie zum Wohlergehen anderer beitragen können. Sie denken eher an die Verbraucher als an die Mitwirkenden, vor allem, wenn sie sich nicht fortpflanzen und keine Kinder großgezogen haben.

Ohne das Empfinden einer höheren Berufung, anderen zu dienen und die Welt zu einem besseren Ort zu machen, ist es für die Menschen leicht, sich selbst als Opfer der Umstände zu betrachten, und dass sie in ihrem Leben wenig oder keine Wahl haben.

Das ist nicht ihre Schuld. Sie können in ärmlichen Verhältnissen geboren worden sein, hatten ungünstige Erziehungs- und Lebensbedingungen oder erlebten Missbrauch, Tragödien, Naturkatastrophen, Ungerechtigkeit, Diskriminierung oder Krankheiten, die sie alle nicht selbst gewählt haben. Das Leben mag sich für sie wie „eine nerviges Ereignis nach dem anderen" anfühlen.

Das hindert sie daran, die folgende von Eckhart Tolle beschriebene Kapazität zu entwickeln:

> Schauen Sie mal, ob Sie sich selbst dabei erwischen können, wie Sie sich über eine Situation beschweren, in der Sie sich befinden, über das, was andere Menschen tun oder sagen, Ihre Umgebung, Ihre Lebenssituation, oder sogar das Wetter. Sich zu beschweren ist immer eine Nichtakzeptanz dessen, was ist. Es trägt immer eine unbewusste negative Ladung. Wenn du dich beschwerst, machst du dich zum Opfer. Wenn ihr aussprecht, seid ihr in eurer Macht. Ändern Sie also die Situation, indem Sie Maßnahmen ergreifen oder, wenn nötig oder möglich, das Wort ergreifen; lassen Sie die Situation oder akzeptieren Sie sie. Alles andere ist Wahnsinn.[536]

Dies gibt Victor Frankls Erkenntnis wieder, die wir bereits erwähnt haben:

> Alles kann einem Menschen genommen werden, nur eines nicht: die letzte der menschlichen Freiheiten - seine Haltung im jeweiligen Kontext zu wählen, seinen eigenen Weg zu wählen. Wenn wir nicht mehr in der Lage sind, eine Situation zu ändern, sind wir herausgefordert, uns selbst zu ändern. Zwischen Reiz und Reaktion liegt ein Raum. In diesem Raum liegt unsere Macht, uns für unsere Reaktion zu entscheiden. In unserer Reaktion liegen unser Wachstum und unsere Freiheit.[537]

Anderen Menschen scheint es zu gelingen, ihre *biologische Bestimmung* zu leben, vor allem den hedonistischen Teil, aber sie empfinden eine Leere oder einen Mangel an Sinn. Sie haben oft kein tieferes moralisches oder ethisches Gewissen oder Interesse an der Komplexität der Wahrheit (außer ihrer eigenen), zeigen keine Sympathie für die weniger Glücklichen, Begabten oder Gesegneten und kümmern sich nicht um die Umwelt und größere sozioökonomische Herausforderungen.

Berufen, zu erhalten

Menschen, die sich berufen fühlen, etwas zu erhalten, was bereits existiert, treten oft in die Fußstapfen eines anderen, indem sie ihr Leben auf der Grundlage der Erwartungen von Eltern, Familie, Kultur und Gesellschaft leben, oder sie folgen den Möglichkeiten, die ihnen von anderen geboten werden. Sie können z.B. den gleichen Beruf wie ein oder beide Elternteile ausüben, den Rat eines Lehrers befolgen, ein Familienunternehmen übernehmen, eine religiöse oder spirituelle Tradition oder Abstammung aufrechterhalten oder kulturellen Erwartungen oder gesellschaftlichem Druck nachgeben, wie z.B. den „besten" Job annehmen, Status erlangen, jemanden aus einer bestimmten sozialen Schicht heiraten, eine Familie gründen, sich um die Eltern kümmern, etc. Sobald sie zu ihrer *transzendentalen Bestimmung* erwachen, durchlaufen sie einen grundlegenden Mentalitätswandel, indem sie ihre natürlichen Talente einsetzen, um die Tradition aufrechtzuerhalten, in die sie hineingewachsen sind und die sie übernommen haben, und um dem Wohl derjenigen zu dienen, die dieser Tradition angehören oder mit ihr verbunden sind.

Zur Erneuerung berufen

Auf dieser Ebene begnügen sich die Menschen nicht mit dem Status quo, halten sich nicht mit der Vergangenheit auf und sind bereit, kontrollierte Risiken einzugehen, indem sie die weniger ausgetrampelten Pfade beschreiten, um ihrer Leidenschaft nachzugehen oder ihrer Glückseligkeit zu folgen. Sie glauben, dass es besser ist, im eigenen Leben zu versagen, als im Leben eines anderen.

Wenn sie zu ihrer *transzendentalen Bestimmung* erwachen, fühlen sie sich normalerweise dazu berufen, mehr Güte, Wahrheit, Schönheit oder Funktionalität zu schaffen, indem sie Dinge verbessern, die bereits da sind. Sie können beispielsweise bestehende Gesetze, Verordnungen, Richtlinien, Hilfsprogramme oder Therapien ändern, andere Wege der Forschung und Verbreitung von Informationen aufzeigen, neue Variationen innerhalb bestehender Kunstformen schaffen oder Verfahren und Produkte verbessern.

Zur Erfindung berufen

Auf dieser Ebene empfinden die Menschen eine unwiderstehliche und dringende Berufung, Missstände oder Abwesenheiten durch neue Errungenschaften zu überwinden. Ihre Leidenschaften werden oft durch Schmerz, Frustration oder tiefe Sorge über Boshaftigkeit, Ungerechtigkeiten, Falschheit, Hässlichkeit und Dysfunktionalität genährt. Sie fühlen sich wohl, wenn sie radikal und grundlegend neue Lösungen finden, um das Leiden anderer durch mitfühlendes Handeln, tiefere Wahrheiten, bessere Ästhetik und funktionellere Werkzeuge und Systeme zu lindern, die das Leben der Menschen verbessern.

Es sind Erfinder, Revolutionäre, Kulturschaffende und Evolutionäre, die sich weigern, ihre Ideen an die Umstände anzupassen und stattdessen versuchen, die Umstände so zu ändern, dass sie ihren Idealen entsprechen. Dies erfordert oft das Eingehen von Risiken, da sie häufig Neuland betreten und am Rande der Evolution leben. Sie zeigen eine hohe Bereitschaft zu scheitern, aus Fehlern zu lernen und sind bereit, Lasten zu ertragen. Diese Visionäre fühlen sich berufen, jetzt zu handeln, weil die Evolution nicht warten kann. Bösartige Angriffe auf ihre Arbeit und Vision, und oft auch gegen sie persönlich, sind üblich, da sie versuchen, Probleme von einer höheren Bewusstseinsstufe aus zu lösen, als dort, wo sie entstanden sind, und dabei über den Tellerrand hinauszuschauen, was andere oft als Affront empfinden. Schnell als elitär, arrogant oder pompös verurteilt und abgelehnt, arbeiten sie unbeirrt und stark fokussiert an kreativen Lösungen. Wie Gandhi befand: „Erst ignorieren sie dich, dann lachen sie über dich, dann kämpfen sie gegen dich, dann gewinnst du..." Wenn du einmal „gewonnen" hast, werden die Leute oft versuchen, deine neuen Ideen als ihre eigenen zu verkaufen, ohne dir dafür die Loorberen zu geben. Schopenhauer beobachtete ähnlich: „Alle Wahrheit durchläuft drei Stufen: Zuerst wird sie verspottet. Danach wird sie heftig bekämpft. Zu guter Letzt wird sie als selbstverständlich akzeptiert."

Wie wir oben unter „Genetische Veranlagung" gesehen haben und in Teil 4 näher untersuchen werden, werden Neuerungen nur dann in den Mainstream aufgenommen und können sich bewähren, wenn sie die Überlebenschancen von Frauen erhöhen, ihren sozialen Status und Selbstwert steigern, ihre Lebensqualität erhöhen und Männer attraktiver für sie machen.

Schlussfolgerung

Unseren *transzendentalen Bestimmungen* zu folgen bietet die größte Wirkung, wenn wir danach streben, sie aus der größten Höhe und Tiefe zu verwirklichen, um sie zu erkennen, zu erneuern oder zu erfinden. Die drei letztgenannten sind alle notwendig, um funktionale Gesellschaften zu erschaffen. Die erste erhält die natürliche Umwelt, die Gesundheit der Menschen, die soziale Ordnung und stabile Beziehungen. Die zweite bringt die Verbesserung von Produkten, Systemen und Prozessen, so dass sie mehr Wert bieten, indem sie sicherer, effektiver, einfacher oder billiger zu produzieren sind. Und die dritte verbessert den Zustand des Menschen, indem sie radikal neue Ideen entwickelt und umsetzt, um die Herausforderungen zu lösen, vor denen die Menschheit steht. Wenn wir in einer Beziehung unsere *transzendentale Bestimmung* teilen, ist es wichtig, dass unser Partner die gleiche Berufung hat und mit uns in der gleichen Höhe und Tiefe zusammenarbeitet.

Schritt 7: Identifikation von Reifestufen

Das letzte Detail, das wir im Zusammenhang mit unserer *transzendentalen Bestimmung* untersuchen wollen, ist zu verstehen, in welchem Stadium der Reife sie sich befindet und was unsere künftigen Wachstumspotenziale sind. Dieses Verständnis erlaubt es uns, dass wir unsere *transzendentale Bestimmung* mit einem Partner teilen, der sich im gleichen Stadium der Reife wie wir befindet, und gemeinsam mit ihm oder ihr die Stufen durchwandern.

Reife bedeutet in diesem Zusammenhang die Fähigkeit, angemessen auf die Umwelt zu reagieren. Reife bedeutet, sich der richtigen Zeit und des richtigen Ortes bewusst zu sein und zu wissen, wann und wie zu handeln ist, je nach den Umständen und der Kultur der Gesellschaft, in der man lebt.[538]

Die Idee der Reifegrade ist von Bill Plotkin übernommen. Er verbrachte über 25 Jahre damit, acht seelenzentrische und ökozentrische Stadien der menschlichen Entwicklung bzw. Reife zu entwickeln.[539]

Diese acht Stufen sind nicht zu verwechseln mit den sieben Stufen der Bewusstseinsentwicklung oder Höhe (von archaisch bis transpersonal), die wir in diesem Buch verwenden! Sie haben vielmehr das Potenzial, sich auf jeder Ebene der vertikalen Bewusstseinsentwicklung von der Geburt bis zum Tod zu entfalten.

Plotkin ordnet die acht Stufen in einem Rad mit neun Übergängen an, die sie einklammern, um anzuzeigen, dass das geistige Reich, aus dem wir geboren sind, das gleiche ist, in das wir nach dem Tod zurückkehren (im Bild unten rechts (bzw. östlich) dargestellt). Die anderen sieben Übergänge sind im inneren Kreis dargestellt. Die aktuellen Stufen mit zusätzlichen Parametern für Aufgabe, Gabe und Schwerpunkt sind im äußeren Kreis dargestellt.

Die Entfaltung der acht Stadien mit ihren wesentlichen Merkmalen unterscheidet sich vom einfachen chronologischen Alter (frühe Kindheit bis hohes Alter). Plotkins Bezeichnungen, die jeweils eine suggestive Kombination aus menschlichen und weltlichen Archetypen darstellen, erinnern uns daran, dass sich die meisten Stadien in fast jedem Alter entfalten können.

Das Rad zeigt auch an, dass es keine echte Hierarchie gibt. Laut Plotkin ist keine Stufe „besser" als die andere - weder für den Einzelnen noch für die Gesellschaft. Jede Phase ist eine Erfüllung für den Einzelnen und ein unschätzbares Geschenk an die Gemeinschaft, wenn ein Mensch es auf eine gesunde Art und Weise ausdrückt.

Plotkin beobachtete, dass [wie alle Stadien der Entwicklung] „jeder Übergang zwischen den Lebensphasen schmerzhaft ist und mit Verlust verbunden ist und eine Krise des bewussten Selbst mit sich bringt. Nicht nur, dass man das Verlassen einer Stufe normalerweise bedauert, das Verlassen selbst birgt auch Herausforderungen und unangenehme Eigenschaften. Aber die nächste Stufe bringt immer neue und größere Möglichkeiten für die Erfüllung und für ein vollständigeres menschliches Wachstum, und bald genug verliebt man sich auch in diese Stufe."[540]

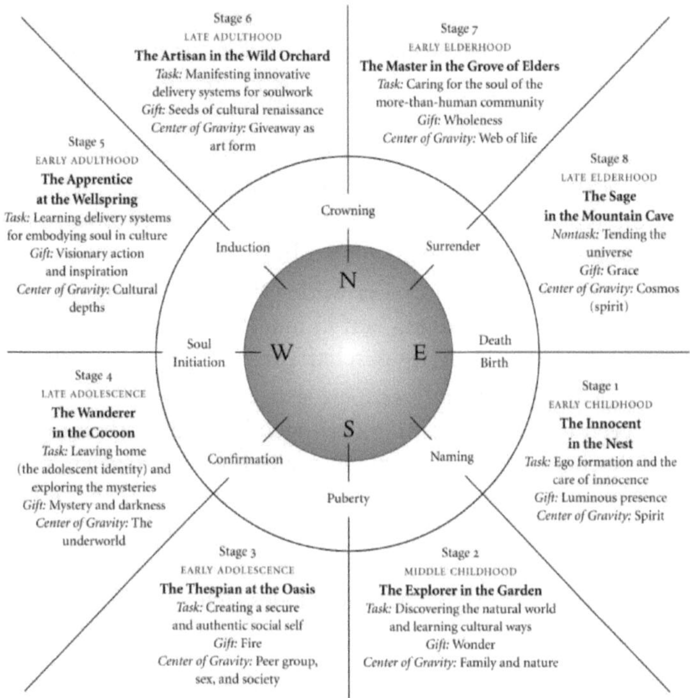

The Eight Soulcentric/ Ecocentric Stages of Human Development
From Nature and the Human Soul © Bill Plotkin (New World Library, 2008)
soulcraft@animas.org

Grafik 45. Plotkins acht seelenzentrierte Stufen der menschlichen Entwicklung

Plotkin beschreibt die acht Stufen im äußeren Teil wie folgt:

1. Die frühe Kindheit (das Nest) bildet die Grundlage für die spätere Entdeckung der Seele durch die Bewahrung unserer ursprünglichen Unschuld und unserer angeborenen Beziehungsintelligenz sowie durch die Entwicklung eines gesunden, kulturell verwurzelten Egos.
2. Die mittlere Kindheit (der Garten) bietet uns die Möglichkeit, den Zauber der natürlichen Welt (einschließlich der Sexualität in der Pubertät) sowie die komplizierten kulturellen Wege unseres Volkes kennenzulernen.
3. Die frühe Adoleszenz (die Oase) lehrt uns, Authentizität mit sozialer Akzeptanz in Einklang zu bringen, was uns erlaubt, in der Welt mit Integrität aufzutreten.

4. Die späte Adoleszenz (der Kokon) ist eine Zeit des Rückzugs aus der alltäglichen sozialen Welt, in der wir unsere jugendlichen Überzeugungen über uns und die Welt hinter uns lassen und unsere einzigartigen Gaben der Seele (natürliche Talente) suchen, um sie in unsere Gemeinschaft einzubringen.
5. Im frühen Erwachsenenalter (die Quelle) schätzen wir unsere Seelenarbeit in ihrer spezifischen Form (Identifizierung unserer natürlichen Talente) und lernen die Kunst, unsere besonderen Gaben in die Welt zu bringen (Verwirklichung unserer transzendentalen Bestimmung).
6. Im späten Erwachsenenalter (der wilde Obstgarten) lernen wir, unsere Seele (transzendentale Bestimmung) auf immer kreativere, reichhaltigere und generativere Weise durch selbst geschaffene Formen zu verkörpern.
7. Im frühen Alter (der Hain) verlagert sich unser Hauptaugenmerk auf das Mentorieren und die Initiierung der Jugend und die Erhaltung des empfindlichen Gleichgewichts zwischen der menschlichen, sozialen, und der natürlichen Welt, bevor die Ergebenheit die Freisetzung des zielorientierten Egos markiert, was den Weg für die Endstufe ebnet.
8. Spätes Alter (die Berghöhle), ist eine Zeit, in der wir dem Impuls nachgeben, uns der geheimnisvollen Tendenz des sich entwickelnden Universums selbst zuzuwenden.[541]

Im gleichen Stadium der „Seelenreife" zu sein, wenn wir mit einem Partner die *transzendentale Bestimmung* teilen und mit diesem Partner durch die verschiedenen Stufen zu gehen, ist wesentlich für eine erfolgreiche integrale Liebesbeziehung. Nur allzu oft ziehen Männer, die ihre *transzendentale Bestimmung* auf einer fortgeschrittenen Stufe kraftvoll und prominent verwirklichen, jüngere Frauen mit einer ähnlichen Bestimmung an, aber auf einer früheren Reifestufe. Diese Männer können diese Frauen zunächst unterrichten und begleiten und sich dann möglicherweise verführen lassen und sich in sie verlieben (oder sie begehren), nur um später zu erkennen, dass ihre unterschiedlichen Reifegrade sie daran hindern, eine gesunde, nachhaltige Liebesbeziehung kokreativ zu gestalten.

Zusammenfassung

In diesem Kapitel haben wir gesehen, dass wir die Erkenntnis haben können, dass wir eine *transzendentale Bestimmung* haben. Das geschieht entweder spontan oder allmählich, oft nach einer persönlichen Krise oder einer Spitzenerfahrung. Um unsere Bestimmung zu erkennen, müssen wir in der Regel zuerst psychologische Blockaden beseitigen, indem wir auf negative innere Stimmen hören und unsere natürliche Immunität gegenüber Veränderungen überwinden. Wir können dann eine oder mehrere von vier Methoden anwenden, die wir Autobiographisch, Abwesenheitsmethoden, Egotranszendent und Egobestätigend genannt haben. Sobald wir ein umfassendes Gespür für unsere Bestimmung in Art und Umfang gewonnen haben, können wir sie verfeinern und fokussieren, indem wir eine Vielzahl von Ausdrucksformen erforschen. In manchen Fällen müssen wir neue Fähigkeiten entwickeln. Um sicher zu sein, dass die Art und Weise, in der wir unsere Bestimmung zum Ausdruck bringen, nicht falsch ist, müssen wir überprüfen, ob sie den Bedürfnissen anderer dient, indem wir sicherstellen, dass sie ihrem langfristigen Wohlergehen zugutekommt, und dass sie dies tut, ohne sie von uns abhängig zu machen, und dass sie bereit sind, uns dafür zu honorieren (sofern nicht altruistischer Dienst verlangt ist). Dies führte uns zu einer Erkundung, wie wir unserer *transzendentalen Bestimmung* so Ausdruck verleihen können, dass sie durch eine Kombination aus Höhe bzw. Reichweite, Ausdruckstiefe und unserer spezifischen Berufung zu Erhaltung, Verbesserung oder Innovation, die größtmögliche Wirkung erzielt. Und schließlich haben wir acht Stufen oder Phasen der Seelenreife von der frühen Kindheit bis zum Tod abgedeckt, damit wir mit einem Partner, der sich auf derselben Stufe befindet, zusammenarbeiten und uns nicht in einen Partner verlieben, der sich zu uns hingezogen fühlt und von dem wir uns geschmeichelt und unterstützt fühlen, der uns aber schließlich davon abhält, unsere *transzendentale Bestimmung* vollständig auszuleben und uns dann zu verlassen.

KAPITEL 14

Teilen der transzendentalen Bestimmung

"Männer sind ständig damit beschäftigt, ziemlich erfolgreich ihre Ideen an die Umstände anzupassen, und auch, sehr viel weniger erfolgreich, die Umstände an ihre Ideen anzupassen."
~ H. C. Allen ~

Im letzten Kapitel haben wir den Grundstein gelegt für (1) die Feststellung, dass wir eine *transzendentale Bestimmung* haben, die über die *biologische Bestimmung* hinausgeht, (2) die Analyse, wie wir sie erkennen können, und (3) die Überprüfung der verschiedenen Arten und Phasen des Ausdrucks. In diesem Kapitel werden wir genau untersuchen, warum das Teilen unserer *transzendentalen Bestimmung* in einer gemeinsam geschaffenen integralen Liebesbeziehung Sinn macht und sich genauso aufregend anfühlt wie großartiger Sex.

Tatsächlich nennt Barbara Marx Hubbard das Teilen unserer Bestimmung mit anderen „Suprasexualität" oder „Berufungserregung". Sie sagt: „Es könnte gut sein, dass die Natur eine Leidenschaft erfindet, die ebenso bedeutend ist wie Sex. Ich nenne sie Suprasexualität. Es ist die Leidenschaft, deinen eigenen einzigartigen Genie-Code [natürliche Talente] zu erkennen, Partner in der gemeinsamen Kokreation zu finden, nicht [nur] deine Gene, sondern dein Genie im Ausdruck deiner Bestimmung zu verbinden."

In der Tat, wie wir oben gesehen haben, hat sie Recht. Wie die meisten von uns erfahren haben, sind wir genetisch veranlagt, uns sexuell zu Menschen hingezogen zu fühlen, die körperliche Eigenschaften haben, die wir attraktiv finden, wie bestimmte Körpermerkmale und Gerüche (Pheromone), da diese Eigenschaften auf eine gute genetische Verträglichkeit hinweisen. Darüber hinaus wissen wir aus der Forschung, dass wir die Tendenz haben, uns in andere zu verlieben, die ein wechselseitig kompatibles Unbewusstes haben, ähnliche kulturelle Hintergründe und Lebensweisen teilen und unsere weiblichen und männlichen Polaritäten am besten ausbalancieren und harmonisieren. Alle diese sexuellen Attraktoren zeigen die höchste Verträglichkeit für ein effektives Ausleben unserer *biologischen Bestimmung* (insbesondere die Zeugung und Erziehung gesunder Kinder) und werden uns durch die Freisetzung von starken und süchtig machenden Wohlfühlhormonen signalisiert, die unsere kokreativen und produktiven Wünsche auslösen, wie in Teil 1 unter „Zustände des Verliebens" beschrieben.

Ebenso werden wir suprasexuell oder sapiosexuell[542] von Menschen mit der gleichen *transzendentalen Bestimmung* angezogen, die unsere genetisch veranlagten natürlichen Talente als Gleiche und Gegensätzliche ergänzen. Dies führt zur Freisetzung der gleichen Wohlfühl- und Bindungshormone, die bei der Begegnung mit unseren primären Fantasien und komplementären unbewussten psychologischen Attraktoren entstehen, die uns dazu bringen, uns zu verlieben und Sex zu haben.[543] Das Teilen einer *transzendentalen*

Bestimmung bietet einen zusätzlichen mächtigen „suprasexuellen“ Attraktor, der weit über unsere (oft unrealistische) primäre Fantasie und emotionale Bedürftigkeit hinausgeht. Als solche schafft sie eine Verbindung auf einer viel tieferen Ebene als die sich ständig verändernden rein physischen, sozialen und unbewussten psychologischen Attraktoren, die in erster Linie unserer *biologischen Bestimmung* dienen. Eine gemeinsame *transzendentale Bestimmung*, die sich nicht in ihrer Art, sondern nur in ihrer Wirkung und Reife ändert, wird durch die Schaffung von Synergien zum starken Anziehungspunkt und Fundament für lebenslange, gesunde und erfüllende Liebesbeziehungen im 21. Jahrhundert.

Synergie schaffen

Wie erfolgreiche Paare, Teams, Gruppen, Unternehmen und Organisationen entdeckt haben, schaffen Menschen mit unterschiedlichen Stärken, die zusammen arbeiten, Synergien. Das bedeutet, dass das Ganze, was dabei entsteht, mehr ist als die Summe seiner Teile.[544] Das trifft auch auf die Entfaltung unserer *transzendentalen Bestimmung* zu.

Synergie zwischen den Quadranten

Wie wir oben festgestellt haben, ist unsere *transzendentale Bestimmung* durch eine Kombination von natürlichen Talenten, entwickelten Fähigkeiten, erfüllten Bedürfnissen und honoriertem Wert definiert. Die Schnittmenge dieser Elemente ist in der folgenden Grafik schön dargestellt, mit überlappenden Kreisen für das, was wir gerne tun (natürliches Talent), was wir gut machen (Fähigkeiten), was die Welt braucht (Wert) und wofür die Welt bezahlen wird (Honorierung).

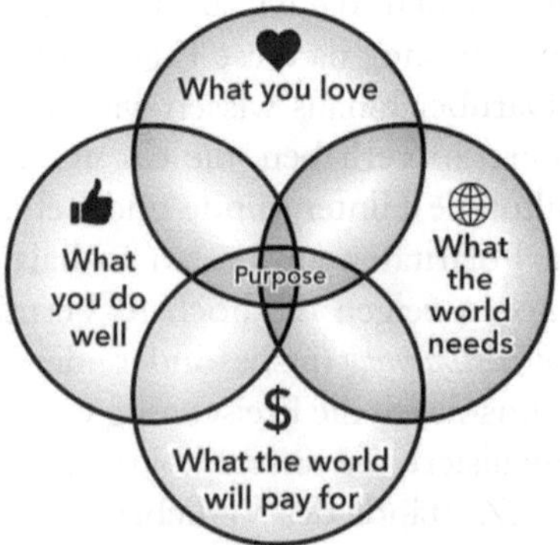

Grafik 46. Vier Dimensionen der transzendentalen Bestimmung

Gafik-Design: www.onbeyondmetamedia.com

Diese vier Dimensionen unserer transzendentalen Bestimmung bilden schön die vier Quadranten ab, die wir in Teil 1 behandelt haben:

- Was wir gerne machen im Oberen Linken „Ich“-Quadranten der inneren individuellen Talente und der Absicht.
- Was wir gut machen im Oberen Rechten „Es“-Quadranten der individuellen äußeren Fähigkeiten und des Verhaltens.
- Was die Welt braucht im Unteren Linken „Wir”-Quadranten der kollektiven inneren Kultur und des gemeinsamen Wohlseins.
- Wofür die Welt bereit ist zu bezahlen im Unteren Rechten „Es'se“-Quadranten der kollektiven sozialen Umwelt und materiellen Belohnung.

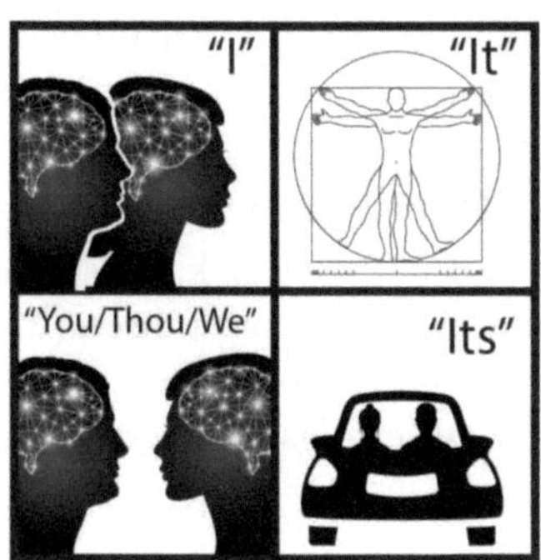

Grafik 47. Die vier Quadranten. Erneut betrachtet.

Auch wenn diese vier wesentlichen Dimensionen immer präsent sind, ist unsere Aufmerksamkeit oder unser Bewusstsein für gewöhnlich temporär nur auf eine oder zwei von ihnen gerichtet. Mit anderen Worten, wir neigen dazu, entweder nach innen oder nach außen gerichtet zu sein oder unsere Aufmerksamkeit auf uns selbst als Individuen oder andere als Kollektiv zu richten. Die meisten Menschen haben Vorlieben für bestimmte Quadranten (manchmal auch Quadranten-Absolutismus genannt), was beispielsweise dazu führt, dass sie sich mehr auf den Körper und die körperliche Gesundheit konzentrieren als auf den Geist und die Spiritualität, oder dass sie mehr Geld verdienen und soziale Möglichkeiten verfolgen als tiefe intime Beziehungen zu einem Partner, einer Familie oder Freunden. Um ein gesundes und produktives Leben zu führen, müssen wir in allen vier Quadranten ausgeglichen in Balance sein.

Dasselbe gilt für den Versuch, unsere *transzendentale Bestimmung* zu verwirklichen. Wenn wir uns zu sehr auf zwei Kreise konzentrieren, zum Beispiel, was die Welt braucht und wofür die Welt gut bezahlt, könnten wir versucht sein, das zu ignorieren, was wir gerne tun und gut machen. Wenn wir uns zu sehr auf das konzentrieren, was wir gerne tun und gut machen, können wir aus den Augen verlieren, was die Welt braucht und belohnt. Um unsere *transzendentale Bestimmung* in einer Weise zu leben, die das größte Gut für die größte Anzahl von Menschen bietet, müssen wir in allen vier Kreisen ausgeglichen in Balance sein.

Weil wir nicht in allen vier Quadranten oder Kreisen gleichzeitig unsere volle Aufmerksamkeit und Konzentration haben oder agieren können, sind wir viel effektiver, wenn wir Synergien mit einem Partner in einer integralen Liebesbeziehung schaffen, der die Bereiche abdeckt, die wir vorübergehend nicht priorisieren können. Ebenso haben wir oft mehr Spaß und sind effektiver beim gemeinsamen Arbeiten (und Spielen) in beliebig vielen der vier Dimensionen.

Manchmal suchen Menschen Partner, die ausschließlich die Bereiche abdecken, in denen sie Schwächen haben oder an denen sie nicht interessiert oder zu denen sie sich nicht hingezogen fühlen. Erfüllungsorientierte Menschen mit einer Vorliebe für das, was sie gerne tun und was sie glauben, dass die Welt braucht, wünschen sich oft erfolgsorientierte Partner, die das tun, was sie gut können und wofür die Welt bezahlt. Menschen, die ihre *transzendentale Bestimmung* noch nicht leben, können sich von Partnern angezogen fühlen, die das tun, was sie gerne tun und gut machen, und ihnen anbieten, sie mit ihrem Geld und ihren Fähigkeiten zu unterstützen, um ihr Herz zu gewinnen.

Diese Ungleichheit zwischen den Partnern kann schnell zu gewissen Spannungen, Machtkämpfen und ungesunder Abhängigkeit führen (wie wir in Teil 3 über die Liebe weiter unten näher untersuchen werden), besonders wenn sich der erfüllungsorientierte Partner nach dem Ausbrennen des erfolgsorientierten Partners nicht mehr unterstützt fühlt.

In einer idealen Partnerschaft mit einer gemeinsamen *transzendentalen Bestimmung* teilen beide Partner, was sie gerne tun, was sie gut können, was die Welt braucht und wofür die Welt bezahlt, und schaffen Synergien, indem sie sich abwechselnd auf bestimmte Bereiche konzentrieren und sich in einer oder mehreren der vier Dimensionen ergänzen.

Synergie zwischen femininen und maskulinen Polaritäten

Wir haben auch in Teil 1 festgestellt, dass wir Menschen, wie alle anderen individuellen Holons, nur dann langfristig aufblühen können, wenn wir unsere gleichzeitige Ganzheit und Partialität bewahren. Wir tun dies, indem wir gesunde weibliche „absteigende" und „gemeinschaftliche" Polaritäten mit gesunden männlichen „aufsteigenden" und „agentischen" Polaritäten in Beziehung zu anderen Menschen ausbalancieren und harmonisieren. Dieses Ausbalancieren und Harmonisieren wird am besten in integralen Liebesbeziehungen praktiziert und ist unerlässlich, um unsere *transzendentale Bestimmung* effektiv umzusetzen, indem wir sie mit einem gleichen und gegensätzlichen Partner teilen.

Im Zusammenhang mit unserer transzendentalen Bestimmung bedeuten die vier Polaritäten:

Aufsteigend (Selbsttranszendenz) ist der Drang zum Höheren, die Schaffung von größeren Ganzen, die Entwicklung von größeren und komplexeren Ideen/Konzepten, das größere Wohl und das Überwinden des beschränkten Selbst. Dieser Antrieb steht für die Fähigkeit zu Kreativität, Integration, Präsenz und die Vision, das Gesamtbild zu sehen. Die Tätigkeiten können die Entwicklung einer Vision, das Aufspüren verborgener oder die Verbesserung vorhandener Fähigkeiten, die Beschaffung von Startkapital, den Aufbau einer Geschäftsinfrastruktur, die Bildung kohärenter Teams, die Vermarktung der Angebote eines Unternehmens auf breiter Front, die Generierung neuer Ideen, die Bildung einer Gemeinschaft, das Schreiben innovativer Gesetze usw. umfassen. Wenn wir diesen Antrieb marginalisieren oder ignorieren, können wir unsere Bestimmung nicht vollständig verwirklichen.

In seiner ungesunden Form wird uns der aufsteigende Antrieb aus dem Kontakt mit den Menschen, denen wir zu dienen versuchen, drängen, uns zu viel mit dem Kopf arbeiten und zu wenig im Herzen fühlen lassen, zu einem Mangel an Mitgefühl führen und uns veranlassen, die Bedürfnisse unseres Partners und unseres Körpers zu vernachlässigen.

Absteigend (Selbstimmanenz) ist der Antrieb nach unten. Dieser Antrieb beinhaltet das Umfassen und Pflegen der Teile/Mitglieder, die das größere Ganze ausmachen. Es ist die selbstlose, altruistische und fürsorgliche Liebe, die nach unten reicht (Agape). Beispiele sind die Sorge um die Gesundheit und das Wohlbefinden unseres Körpers, unseres Partners, unserer Kunden, unserer Teammitglieder, der Gruppe oder der Gemeinschaft. Dieser Antrieb steht für die Fähigkeit, Mitgefühl zu zeigen, zu akzeptieren und zuzulassen, sich zu ergeben und anderen zu dienen. Es bedeutet, unsere *transzendentale Bestimmung* zu erfüllen, indem wir sie auf den Boden der Tatsachen bringen und uns um die Details unserer Arbeit kümmern, während wir unsere größere Vision und Mission umsetzen. Das Ignorieren oder Vernachlässigen dieses Antriebs führt zu Burnout, Krankheit, Erschöpfung, Konkurs, Leere und Verlust der Unterstützung durch die Basis.

In seiner ungesunden Form wird uns der absteigende Antrieb dazu bringen, den Kontakt zu unserer größeren Vision und Mission zu verlieren und uns in den Details der Manifestation unserer *transzendentalen Bestimmung* durch das Verschwitzen der kleinen Dinge zu verlieren.

Agenz (Selbsterhaltung) ist der Antrieb, ganz, vollständig und unabhängig zu bleiben – das autonome Funktionieren des Holons. Beispiele sind die Aufrechterhaltung und der Schutz der Integrität und des unabhängigen Funktionierens von uns selbst, unserer Partnerschaft, Familie, Gruppe, Team, Gemeinschaft und Organisation sowie die Verwirklichung unserer Vision und Mission angesichts von Widrigkeiten und Herausforderungen. Dieser Antrieb steht für unsere Fähigkeit zu Autonomie, Selbstständigkeit und Vertrauen, die Freiheit zu handeln und Macht auszuüben. Unsere *transzendentale Bestimmung* zu leben kann einfache pragmatische Maßnahmen erfordern, wie z.B. die Patentierung oder das Copyright unserer Werke, um sie vor Nachahmern zu schützen, zu lernen, wie man effektiv konkurrieren kann, oder ein eingeschworenes Team zusammenzuhalten. Wenn wir diesen Antrieb ignorieren, laufen wir Gefahr, überfallen, übernommen, verschmolzen, verbunden oder abhängig zu werden.

In seiner ungesunden Form wird die Agenz zu einer ungesunden Konkurrenz mit Menschen und Organisationen führen, mit denen wir Synergieeffekte erzielen könnten, und Andere, die unsere *transzendentale Bestimmung* unterstützen könnten, entfremden.

Kommunion (Selbstanpassung) ist der Antrieb, in Partnerschaft mit anderen zu handeln – zu verbinden, zu pflegen, sich anzuschließen, zu kommunizieren, teilzunehmen, sich anzupassen, zu überlegen, Kompromisse einzugehen, zusammenzuarbeiten und Verantwortung für die eigene Rolle in der Gruppe und in der Liebesbeziehung zu übernehmen. Dieser Antrieb steht für die Fähigkeit zu Verständnis, Einfühlungsvermögen, Vernetzung und Offenheit. Im Rahmen unserer *transzendentalen Bestimmung* bedeutet dies, mit unserem Partner oder Seelenverwandten, anderen Fachleuten, Experten, Teams, Gruppen, Gemeinschaften und Unternehmen, die unsere Vision und Mission teilen, zusammenzuarbeiten, um unseren Kunden oder Vorgesetzten durch die Umsetzung effektiver Vertriebs- und Marketingstrategien unsere Wertvorstellungen effektiv zu vermitteln und unsere Produkte oder Dienstleistungen Kunden, die davon profitieren können, anzubieten. Wenn wir diesen Antrieb ignorieren, werden wir entfremdet, isoliert, von anderen abgeschnitten und möglicherweise bankrottgehen.

In ihrer ungesunden Form wird die Kommunion zur Abhängigkeit von anderen führen, wenn es darum geht, unsere *transzendentale Bestimmung* zu verwirklichen, zu viel Zeit zu investieren, um Menschen zu helfen, die besser von anderen bedient werden oder unsere Empathie und Unterstützung nicht verdienen, unsere Vision und Mission nicht zu verteidigen oder auf dem richtigen Weg zu bleiben, und zu Angst, wenn notwendig, allein zu sein.

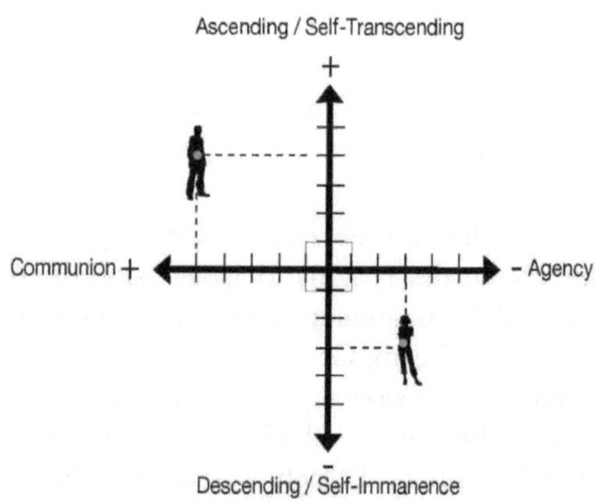

Grafik 48. Polaritäten und Balance

Balance und Harmonie

Wie wir in Teil 1 festgestellt haben und im Bild oben sehen, können wir nicht beide Polaritäten gleichzeitig vertreten, so wie wir nicht gleichzeitig ein- und ausatmen, führen und folgen, geben und nehmen, auf und ab gehen, leer und voll sein, zusammen und getrennt sein oder oben und unten sein können. Folglich haben wir Menschen ein natürliches Bedürfnis, von anderen in der entgegengesetzten Polarität ausgeglichen und harmonisiert zu werden, um Synergien zu schaffen, uns wohl zu fühlen und effektiv, inspiriert und produktiv zu sein.

Selbst wenn wir im Bewusstsein zweiten Grades lernen, alle vier Polaritäten in ihrem gesunden Ausdruck zu verkörpern, erfordert das Hin- und Herpendeln zwischen ihnen viel Mühe und kann so anstrengend und ermüdend werden, dass wir langsamer werden und schließlich stecken bleiben. Als Folge davon kann das Leben unserer *transzendentalen Bestimmung* zum Stillstand kommen und ins Leere laufen. Wir beschäftigen uns dann oft mit sekundären und oft sinnlosen Aktivitäten wie Surfen im Internet, Fernsehen, in den Kühlschrank starren oder mit Freunden chatten – Aktivitäten, die weder unserer *biologischen* noch unserer *transzendentalen Bestimmung* dienen, und schließlich werden wir entmutigt und deprimiert.

Dies ist einer der Hauptgründe, warum es wichtig ist, unsere transzendentale Bestimmung in einer Liebesbeziehung zu teilen!

Vor allem in den Reihen der Selbständigen ist es üblich, sich zwischen femininen und maskulinen Aufgaben zu verlieren. Kulturschaffende, Kreative und Personen in den helfenden Berufen befinden sich ständig im Spannungsfeld zwischen den erfüllungsorientierten Aufgaben der Wertschöpfung und den erfolgsorientierten Aufgaben des Aufbaus und der Erhaltung der Infrastruktur zur effektiven Produktion und Vermarktung ihrer Güter und Dienstleistungen. Auch wenn erfolgreiche Helfer und Künstler sich ein Personal leisten können (das sie immer noch einstellen, trainieren, managen, leiten, beaufsichtigen und bezahlen müssen und dem sie obendrein noch vertrauen müssen...), vermissen sie doch oft den Spaß und die Effektivität der Zusammenarbeit mit einem anderen und gleichberechtigten Partner und haben das tiefe Gefühl, dass sie nicht die größtmögliche Wirkung erzielen, wenn sie es alleine machen.

Besonders weibliche Singles im Bewusstsein ersten Grades, die keine gesunden maskulinen Polaritäten verkörpern (und das kann Männer oder Frauen betreffen), können versucht sein, Partner zu finden, um die eher männlichen Marketing-, Management- und Funktionalitätsaufgaben zu erfüllen, die sie oft verabscheuen. Wenn sie eine Partnerschaft eingehen, kann dies zu einer Abhängigkeit von der Empfängerseite und zu Ressentiments auf der Unterstützerseite führen, insbesondere wenn Werte und *transzendentale Bestimmung* nicht in Art, Grad und Reifegrad geteilt werden. Nur wenn es eine Gegenseitigkeit zwischen gleichen und gegensätzlichen Partnern gibt, kann ihre *transzendentale Bestimmung* in einer gesunden und nachhaltigen integralen Liebesbeziehung geteilt werden. Gegenseitigkeit bedeutet hier, dass beide die gleichen Rechte und Pflichten übernehmen, beide sind befähigt, erfolgs- und erfüllungsorientiert zu sein, und beide streben danach, ihre gesunden weiblichen und männlichen Polaritäten harmonisch in Einklang zu bringen. Und wenn sie das tun, wird das Teilen ihrer Bestimmung auch dazu führen, dass sie die Freude und Belohnung teilen, das größte Gut für die größte Anzahl von Menschen bereitzustellen.

Synergie zwischen sich ergänzenden natürlichen Talenten

Der letzte Grund, warum das Teilen unserer *transzendentalen Bestimmung* mit einem gleichen und gegensätzlichen Partner wichtig ist, ist, dass wir dadurch Synergien schaffen können, indem wir die EICK-Kurven, die wir zuvor beschrieben haben, ergänzen und verbessern.

Wie wir bereits erwähnt haben, haben wir alle ein unterschiedliches Maß an Empathie, Intelligenz, Kreativität und kinästhetischen Fähigkeiten entwickelt, basierend auf unseren genetischen Veranlagungen, der Pflege, die wir während unserer Kindheit und Jugend erhalten haben, und der Menge an Fähigkeiten, die wir durch Übung entwickelt haben. Sobald wir unsere *transzendentale Bestimmung* vollständig erkannt haben, bringen uns die Stärken unserer natürlichen Talente dazu, entweder mehr Güte, Wahrheit, Schönheit oder Funktionalität zu schaffen.

Ähnlich wie die Synergie zwischen Partnern, die ihre *transzendentale Bestimmung* in Art und Ausprägung teilen, indem jeder von ihnen sich auf zwei Quadranten gleichzeitig konzentriert und ihre weibliche und männliche Polarität ausgleicht und harmonisiert, erzielen wir die besten Ergebnisse, wenn wir uns mit einem gleichen und gegensätzlichen Partner zusammenschließen, der unsere vier natürlichen EICK-Talente ergänzt, indem er unsere Stärken verstärkt und unsere Schwächen ausgleicht. Im Management erfolgt diese Bewertung oft durch eine SWOT-Analyse, die uns auch hier helfen kann.[545]

Das ist wichtig, weil wir in der Regel die besten Ergebnisse erzielen, wenn sie auf einem soliden moralischen und ethischen Fundament stehen, mit dem höchsten Maß an Wissen und Weisheit durchgeführt werden, ästhetisch ansprechend sind und funktional oder praktisch sind.

Zum Beispiel kann das Finden neuer Wahrheiten, wie die Entwicklung neuer Methoden zur Erzeugung sauberer Energie, nicht wirklich dazu führen, dass man den Bedürfnissen anderer dient, wenn es nicht auch Güte durch Empathie, Schönheit durch Kreativität und Funktionalität durch die Anwendung praktischer Fähigkeiten bietet.

Wenn wir Gutes tun wollen, indem wir den Obdachlosen helfen, kommen wir vielleicht nicht weit, es sei denn: (2) wir verstehen die Wahrheit der zugrundeliegenden sozioökonomischen Dynamik, die die Krise überhaupt verursacht hat, (3) werden kreativ genug, um die Menschen, denen wir helfen wollen, in Kunstprojekte einzubinden, die ihnen neue Bedeutung und Motivation verleihen, und (4) nutzen unsere kinästhetischen Fähigkeiten, indem wir einige Einrichtungen aufbauen und praktische Betreuung anbieten.

Wenn wir Schönheit durch die Gestaltung eines Gemeinschaftsgartens schaffen wollen, wird es eine größere Akzeptanz finden, wenn wir auch (2) unser Einfühlungsvermögen einsetzen, um die Bedürfnisse aller Beteiligten zu berücksichtigen, (3) unsere

Intelligenz bei der Auswahl der richtigen Pflanzen und Gartentechniken einsetzen und (4) unsere kinästhetischen Fähigkeiten in die Aufgaben der Gestaltung und Pflege dieses Gartens einbringen.

Möchten wir wiederum einen neuen Spielplatz für Kinder in unserer Nachbarschaft bauen, brauchen wir nicht nur die kinästhetischen Fähigkeiten, um die Strukturen zu bauen, sondern wir werden es auch für notwendig halten, (2) unser Einfühlungsvermögen für die Bedürfnisse der Kinder und anderer Eltern einzusetzen, (3) unsere Intelligenz zu nutzen, um die beste Gestaltung zu finden und mögliche Gefahren zu vermeiden, und (4) unsere künstlerische Kreativität einzusetzen, um sie schön zu machen.

Wir können die Schaffung von Synergien zwischen Paaren mit unterschiedlich geformten metaphorischen EICK-Kurven visualisieren, indem wir für jeden Partner eine zeichnen und diese dann kombinieren.

Die Kurve eines Partners kann so aussehen:

Grafik 49. EICK-Kurve von Partner eins

Die Kurve des anderen Partners kann so aussehen:

Grafik 50. EICK-Kurve von Partner zwei

Die Kombination der beiden EICK-Kurven wird so ausgewogen und harmonisch mit gleichen Stärken in allen vier Talenten aussehen.

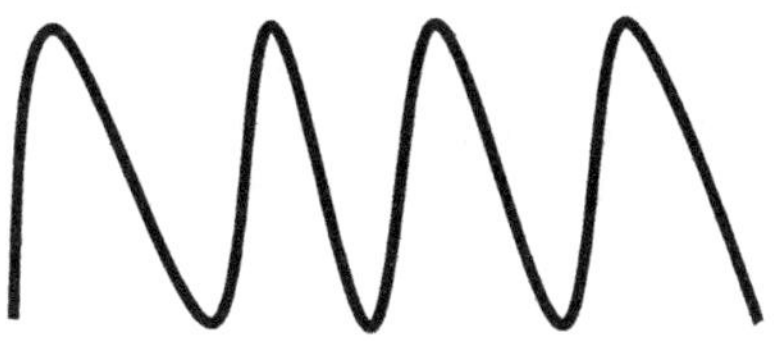

Grafik 51. Kombination beider EICK-Kurven

Gültige Ansprüche

Solange wir nur unsere *biologische Bestimmung* leben, insbesondere in der hedonistischen Lebensqualitäts-Suchphase, treten selten tiefere moralische, ethische und ästhetische Fragen über Güte, Wahrheit, Schönheit und Funktionalität auf, die über egozentrische oder persönliche Interessen und Wünsche hinausgehen. Wenn wir etwas in unserem Eigeninteresse finden, beurteilen wir es als gut, richtig, wahr oder fürsorglich; alles, was nicht in unserem Eigeninteresse liegt, beurteilen wir als schlecht, falsch, unangebracht oder vulgär – oder wir ignorieren oder verwerfen es einfach als irrelevant.

Es ist „unsere Wahrheit oder Realität", wie viele individualistische New-Age- und Erfolgslehrer behaupten, die das Individuum in den Mittelpunkt des Universums stellen, und niemand sonst darf diese Sicht der Realität in Frage stellen. Oder sie repräsentiert die differenziertere postmoderne Sichtweise, dass alle Werte, Wahrheiten, Ästhetiken und Verhaltensweisen entweder gleichwertig sind oder nicht beurteilt und bewertet werden können, weil sie alle relativ und kulturell konstruiert sind.[546]

Aber sobald wir unser Bewusstsein, unsere Aufmerksamkeit und unsere Verantwortung auf andere verlagern und unsere natürlichen Talente in den Dienst der Gestaltung einer besseren Welt für alle stellen, indem wir unsere *transzendentale Bestimmung* leben, treten wir aus unserer individuellen relativistischen Realität aus und treten in eine größere relationale Realität ein. Hier kommt es darauf an, Gültigkeitsansprüche zu erheben, was moralisch richtig, objektiv wahr, persönlich wahr und technisch, physisch oder sozial funktional ist, indem wir unsere Absichten gegenüber anderen rechtfertigen und uns mit allen, die direkt oder indirekt betroffen sind (einschließlich künftiger Generationen), einigen, bevor wir handeln.

Der bedeutende deutsche Sozial- und Moralphilosoph Jürgen Habermas, der 1929 in der NS-Zeit geboren wurde, widmete einen großen Teil seines Lebens der Entwicklung einer „pragmatischen Sinntheorie" mit einer „Theorie der kommunikativen Rationalität", die „Diskursethik" anwendet, um normative sozioökonomische und politische Systeme zu schaffen, die den Bedürfnissen und Interessen aller dienen.[547]

Das Thema seiner Sozial- und Moralphilosophie im Kontext von Liebesbeziehungen wird in Teil 4 dieses Buches näher beleuchtet.

Vorerst werden wir nur festhalten, dass das Teilen unserer *transzendentalen Bestimmung* mit einem gleichen und gegensätzlichen Partner einen dialektischen Prozess eröffnet, der nicht nur Habermas' pragmatische maskuline Gültigkeitsansprüche auf Wahrheit, Wahrhaftigkeit und (moralische) Richtigkeit, sondern auch absteigende und gemeinschaftliche feminine Ansprüche an Fürsorge, Mitgefühl, Gefühle und Intuition in Betracht zieht. Wenn die Verständigung auf dieser kleinsten Ebene eines sozialen Holons (des Paares) auf ethische Weise erreicht ist, kann das Paar seinen Konsens, und den Weg dorthin, in den dialektischen Prozess mit seiner Familie oder Gemeinschaft einbringen, um mit ihnen einen Konsens zu erreichen. Dieser dialektische Prozess von unten nach oben wird dann zur Grundlage für friedliche Gesellschaften, die eine nachhaltige Zukunft für die gesamte Menschheit schaffen, indem sie einvernehmliche Lösungen für die schwierigsten und drängendsten „bösartigen" Probleme der Welt finden, die wir in Teil 4 untersuchen werden.

Vision-Mission-Werte-Ziele-Strategie

Unsere *transzendentale Bestimmung* wird am effektivsten mit einem gleichen und gegensätzlichen Partner geteilt, wenn wir sie schriftlich festhalten. In der Tat kann es für dich und deinen Partner eine ziemlich starke Bindungserfahrung sein, wenn du dich hinsetzt und ein Dokument erstellst, das deine allgemeine gemeinsame Vision, Mission und Werte für deine Beziehung umreißt. Sobald du konkrete Projekte und spezifische Ziele im Sinn hast, ist die Erstellung einer Gesamtstrategie mit spezifischen Aktionspunkten und häufigen Kontrollpunkten sowie gewünschten Ergebnissen auf Papier, der erste Schritt zu ihrer Verwirklichung. Das ist vergleichbar mit der Bauzeichnung eines Architekten für das Haus in dem du lebst.

Vision

Zuerst stellst du dir eine ideale dauerhafte Situation oder einen Zustand vor, wie z.B. Weltfrieden, oder ein Ende der Armut, oder das Fehlen einer Krankheit, zu der du und dein Partner beitragen werden, um sie Wirklichkeit werden zu lassen. Zum Beispiel:

„Paare in gesunden, lebenslangen integralen Liebesbeziehungen erschaffen eine eudaimonische Welt."

„Es gibt keine unheilbaren Krankheiten mehr."

„Alle Menschen leben in einer friedlichen und nachhaltigen Umgebung."

„Schöne Kunst und Bildung steht allen Menschen zur Verfügung."

„Menschen schädigen keine Tiere oder zerstören keine natürlichen Lebensräume mehr."

„Alle Kinder in unserer Gemeinde haben gleichberechtigten Zugang zu hochwertiger Bildung."

Mission

In diesem Abschnitt definierst du eure Beiträge zur Verwirklichung dieser größeren Vision, zum Beispiel:

„Wir bieten Ressourcen wie Bücher, Online-Kurse, Coaching und Workshops, die Singles und Paare in die Lage versetzen, gesunde, lebenslange integrale Liebesbeziehungen aufzubauen."

„Wir arbeiten an der Entwicklung eines erschwinglichen Zugangs zur Gesundheitsversorgung in unterversorgten Gebieten des mittleren Westens."

„Wir arbeiten an besseren Bildungssystemen über nachhaltige Landwirtschaft in Ländern der Dritten Welt."

„Wir fördern die Kunstausbildung an öffentlichen Schulen in unserem Land."

„Wir schaffen eine Bewegung durch Spenden und Bewusstseinsbildung, um gefährdete Arten in unserem Land zu retten."

Werte

In diesem Abschnitt skizziert ihr gemeinsam vereinbarte Parameter und Grenzen, die die Grundlage für die Verwirklichung der gemeinsamen Vision und Mission bilden. Zum Beispiel:

1. Wir stellen unsere Beziehung in den Mittelpunkt unseres Lebens und respektieren gleichzeitig die Bedürfnisse des Einzelnen.
2. Wir respektieren das „Was", das wir gemeinsam und individuell tun wollen, und besprechen/vereinbaren das „Wie" und „Wann", um die Bedürfnisse jedes Einzelnen in unserer Beziehung zu wahren.
3. Wir gestalten unsere Freundschaften mit anderen Menschen so, dass wir unsere Beziehung pflegen, fördern und unterstützen. Unsere persönlichen Freunde akzeptieren und respektieren unseren Partner. Wenn Konflikte auftreten, werden wir sie durch gewaltfreie Kommunikation zwischen allen Beteiligten lösen.
4. Wir entscheiden uns, einander zu lieben, und sehen es nicht nur als ein Gefühl, das zwischen uns kommen und gehen kann.
5. Wir sehen die Tiefe unserer Verbindung von Herz und Seele sowie den Grad unserer Demut und Hingabe als Indikatoren für unsere körperliche Gesundheit und Tiefe und Verkörperung unserer spirituellen Verwirklichung.
6. Wir gehen bewusst über unsere primäre Fantasie hinaus und bauen unsere Beziehung auf der Grundlage unserer gemeinsamen Vision und Mission auf, anstatt materieller, sexueller oder emotionaler Bedürftigkeit.
7. Wir nutzen unsere Beziehung für wechselseitiges Lernen, Heilen, Wachsen und Erwachen, um unserer gemeinsamen Vision und Mission bestmöglich zu dienen.
8. Wir nehmen eine evolutionäre Perspektive ein und streben danach, gemeinsam im Bewusstsein voranzukommen.
9. Wir streben ständig danach, unsere gesunden femininen und maskulinen Polaritäten zu entwickeln, auszugleichen und zu harmonisieren und treffen uns als entgegengesetzte und gleiche Partner, um Synergien in allen vier Quadranten auf der Ebene aller sieben Chakren zu schaffen.
10. Wir teilen eine Vision von unserer Beziehung, die größer ist als jede einzelne und dem Wohl der meisten Menschen dient.

11. Wir betreiben eine integrale Lebenspraxis mit Modulen für die Gesundheit von Körper, Geist, Seele und Schatten sowie Ethik, Sexualität, Arbeit, Emotion und Beziehung.
12. Wir erklären uns ausdrücklich damit einverstanden, einander unsere jeweiligen Wahrheiten zu sagen und auf die des anderen zu hören, ohne dass unser Partner sie bestätigen oder akzeptieren muss. Wir übernehmen Verantwortung für unsere eigenen emotionalen Reaktionen auf die Realität unseres Partners.
13. Wir setzen gesunde Barrieren und respektieren die unseres Partners.
14. Wir teilen unsere materiellen Ressourcen und leben ökologisch und sozial verantwortlich.
15. Wir praktizieren heilige / tantrische Sexualität und wählen Monogamie statt Angst.
16. Wir würdigen und respektieren die Bedürfnisse unserer Kunden, solange sie im Einklang mit unseren Werten und unserem ethischen Kodex stehen.

Die folgende Liste von Werten kann hilfreich sein, um zu spezifizieren, was für dich und deinen Partner am wichtigsten ist, und sie dann zur Erstellung einer gemeinsamen Werteerklärung zu verwenden.

Werte	***Absolutes Muss***	***Nicht notwendig***	***Gerne***	***Tolerierbar***	***Möchte ich entwickeln***	***Muss besprochen werden***
Achtsamkeit						
Verfügbarkeit						
Schönheit						
Wohltätigkeit						
Einsatz						
Mitgefühl						
Kreativität						
Mühelosigkeit						
Ausgeglichenes Temperament						
Treue						
Großzügigkeit						
Höflichkeit						
Sinn für Humor						
Konsequenz						
Hoffnung						
Gastfreundschaft						
Integrität						
Freude						
Gerechtigkeit						
Freundlichkeit						
Liebe						
Barmherzigkeit						
Monogamie						
Geduld						
Perfektion						
Spielfreude						
Reichtum						
Selbstkontrolle						
Eigenständigkeit						
Dienst						
Schlichtheit						
Vertrauen						
Wahrheit						
Verständnis						
Einzigartigkeit						
Ganzheitlichkeit						

Grafik 6. Liste mit Fähigkeiten, Werten und Idealen

Ziele

In diesem Abschnitt listet ihr konkrete Etappenziele auf, die ihr innerhalb eines bestimmten Zeitraums und Ortes erreichen müsst, wie zum Beispiel:

„In fünf Jahren werden wir 10.000 Singles und Paare in den USA und Europa über die Vision der integralen Liebesbeziehung informiert haben."

„In drei Jahren werden wir in South Chicago, Illinois, eine genossenschaftliche Krankenversicherung mit 3.000 Mitgliedern gegründet haben."

„In zwei Jahren werden wir nachhaltige Landwirtschaftsprojekte in zehn öffentlichen Schulen für Flüchtlinge in Kenia etablieren."

„In zehn Jahren werden alle öffentlichen Schulen in North Dakota Kunstprogramme haben."

Strategie

In diesem Abschnitt skizziert ihr den Aktionsplan oder die Strategie zur Erreichung eurer Ziele. Zum Beispiel:

- Erstellung eines detaillierten Businessplans mit Hilfe eines Business-Coaches.
- Besorg dir einen Bankkredit oder finde Investoren.
- Gründe ein Unternehmen mit beschränkter Haftung.
- Finde geeignete Räume.
- Aufbau der Infrastruktur (Möbel, Telefone, Rechenzentrum, Software, etc.)
- Erstelle dir eine Webseite
- Einstellung und Schulung von zwei Mitarbeitern.
- Werbung auf Social Media.
- Bewerbe das Geschäft durch Partnerprogramme.
- Oder skizziere die Vision und Mission für ein Gemeinschaftsprojekt.
- Richte eine Facebook-Gruppe ein und lade lokale Freunde und Nachbarn ein.
- Gestalte einen Flyer und verteile ihn in der Nachbarschaft.
- Lokale Unternehmen einbinden.
- Finde einen Versammlungsraum und organisiere ein erstes Treffen.
- Wahl des Vorstandes.
- Spendensammeln.
- Mit Stiftungen über die Finanzierung sprechen.
- Mission umsetzen.

Aktionspunkte

In diesem Abschnitt wird beschrieben, welche konkreten Aktivitäten notwendig sind, um die Strategie mit Start- und Endterminen umzusetzen und wer was, wann, wie und warum macht. Dieser Teil kann durch detaillierte Projektpläne und Win-Win-Leistungsvereinbarungen ergänzt werden.[548]

Evaluierungsprüfpunkte

In diesem Abschnitt legst du fest, wann, wie und von wem der Fortschritt bewertet wird.

Konsequenzen

Und schließlich ist es hilfreich, die positiven und negativen Folgen des Erreichens oder Versäumens der Umsetzungsziele zu definieren und mögliche Alternativen und Ausstiegsstrategien zu benennen.

Und nun?

Bist du ein Single und hast deine *transzendentale Bestimmung* gefunden und erkannt, kannst du sie so vollständig wie möglich leben. Dies macht es wahrscheinlicher, dass du einen gleichen und gegensätzlichen Partner anziehst oder findest, der deine Leidenschaft und deine Bestimmung mit dir teilt. Alternativ kannst du dich zuerst darauf konzentrieren, deinen Seelenverwandten über das Internet zu finden (siehe *Integrale Beziehungen: Ein Ratgeber für Männer* für Tipps und besuche www.integralsingles.com (eng)), Online-Netzwerke über Facebook oder LinkedIn, erzähle Familie und Freunden von deiner Suche, schließe dich gleichgesinnten Gemeinschaften an oder besuche relevante Veranstaltungen. Bedenke, dass die meisten Singles bereit sind, umzuziehen, sobald sie einen Partner finden, der ihre Bestimmung in Art und Ausprägung teilt (oder du kannst eine Lebensweise erschaffen, die es dir erlaubt, umzuziehen) da *wie* und *mit wem* wir unsere *transzendentale Bestimmung* teilen und die integrale Liebesbeziehung viel wichtiger wird als der Ort.

Wenn du innere Blockaden, einen Partner zu finden, mit dem du deine *transzendentale Bestimmung* teilen kannst, spürst, benutze die Methoden, die wir unter „Psychologische Blockaden entfernen" ab Seite 235 beschrieben haben und/oder arbeite mit dem Buch *Calling in „The One"*, um sie zu überwinden.

Folgst du noch nicht deiner Bestimmung, könntest du tief mit jemandem resonieren, der es tut, und dich zu ihm oder ihr hingezogen fühlen. Es ist jedoch wichtig, zwischen der biologischen Primärphantasie und den psychologischen Sexualattraktoren einerseits und den supra- oder sapiosexuellen Attraktoren deiner *transzendentalen Bestimmung* andererseits zu unterscheiden. Es ist NICHT deine Bestimmung, die *transzendentale Bestimmung* von jemandem, in den du dich verliebt hast, anzunehmen oder zu unterstützen, wenn sie nicht in der gleichen Art, dem gleichen Grad, der gleichen Wirkung und dem gleichen Reifegrad in dir entstanden wäre, bevor ihr euch getroffen habt und euch gegenseitig ergänzt.

Wenn du in einer festen Beziehung bist und deine *transzendentale Bestimmung* erkannt hast und dein Partner sie mit dir als gleicher und entgegengesetzter kokreativer Partner teilt, ist das natürlich ideal. Wenn dein Partner sie nicht mit dir in Art und Grad teilt, kannst du einen kompatiblen Kooperationspartner außerhalb deiner Beziehung finden, mit dem du sie teilen kannst.

In einigen Fällen könntest du eine offene Beziehung eingehen, nachdem du einen neuen Partner gefunden hast, der mit dir deine *transzendentale Bestimmung* teilt, auch wenn dies nur für kurze Zeit funktioniert. Andernfalls müsstest du vielleicht die schwierige Entscheidung treffen, alleine deiner Bestimmung zu folgen, während du in deiner Beziehung bleibst, deine *transzendentale Bestimmung* aufzugeben oder dich bewusst von deinem Partner abzukoppeln, um deinen Seelenverwandten zu finden oder anzuziehen.

Zusammenfassung

Kokreativität mit einem Partner, der unsere *transzendentale Bestimmung* in Art, Grad, Wirkung und Reifegrad teilt, fühlt sich so aufregend an wie großartiger Sex. Denn Synergien entstehen durch den einen Partner, der sich auf die äußeren oder inneren Quadranten konzentriert, während der andere die individuellen oder kollektiven Dimensionen abdeckt. In ähnlicher Weise entstehen Synergieeffekte, indem feminine und maskuline Polaritäten zwischen Paaren ausgeglichen und harmonisiert werden. Dies schafft ein Gefühl von allumfassender Ganzheit und Fluss, das nicht von Individuen geschaffen werden kann; so wie Sex mit sich selbst sehr eindimensional ist.

Darüber hinaus ermöglicht uns die Zusammenarbeit mit einem Partner verschiedene natürliche Talente und Stärken (eure EICK-Kurven) für Empathie, Intelligenz, Kreativität und kinästhetische Fähigkeiten optimal zu kombinieren, um die besten Ergebnisse zu erzielen. Wenn ihr eure gemeinsame Vision, Mission, Werte, Ziele und Strategie schriftlich formuliert, werdet ihr die Absichten eurer gemeinsamen Leidenschaft und Bestimmung verdeutlichen und aufeinander abstimmen und den Fahrplan für die gewünschten Ergebnisse und Ziele erstellen.

Fazit Teil 2

Der Mensch hat eine *biologische Bestimmung*, die sich ähnlich wie bei anderen Lebewesen von der Zeugung bis zum Tod entfaltet, und eine *transzendentale Bestimmung*, mehr Güte, Wahrheit, Schönheit und Funktionalität zu schaffen, diese ist nur bei uns vorhanden. Beide sind genetisch veranlagt. Welche Bedeutung die Menschen ihrer Existenz geben und welche Bedeutung sie aus ihrer Bestimmung ziehen, hängt weitgehend davon ab, wo sie in Bezug auf Kreationismus, Evolutionstheorie oder intelligentes Design stehen. Als verbindende Alternative schlägt das ILB-Modell einen Kokreativen Impuls vor, der alles, was durch Kokreation entsteht, in die Realität treibt, die dann beobachtet, geliebt und geehrt, empirisch analysiert und studiert werden kann.

Wir Menschen empfinden den Kokreativen Impuls als unseren *Lebenswillen*, unseren Wunsch zu lieben und geliebt zu werden, und unseren sexuellen Drang kokreativ zu erschaffen und uns fortzupflanzen. Um zu erkennen, was unsere Bestimmung im Leben jenseits von Überleben, Kokreativität, Fortpflanzung und hedonistischer Lebensqualität ist, haben wir zunächst unseren biologischen und psychologischen Weg von der Zeugung bis zum Tod beobachtet, wobei wir uns auf genetische Veranlagungen, die Gehirnentwicklung, die Pflege, die wir in unseren frühen Jahren erhielten, und die Entwicklung von Fähigkeiten durch Übung konzentrierten, die alle die Grundlage für unsere *transzendentale Bestimmung* legten und die Voraussetzung dafür sind – sobald wir zu dieser erwachen.

Um ihre *transzendentale Bestimmung* zu identifizieren, müssen die meisten Menschen zunächst psychologische Blockaden beseitigen, die ihre Wahrnehmung beeinträchtigen und sie von Veränderungen abhalten. Sie können dann eine oder mehrere von vier Entdeckungsmethoden anwenden, die ihnen helfen sollen, Klarheit über ihre natürlichen Talente und die daraus resultierende *transzendentale Bestimmung* zu erlangen, und wie sie den Bedürfnissen anderer auf eine Art und Weise am besten dienen können, die sie dafür schätzen und belohnen werden. Dieser Dienst für andere wird am effektivsten erbracht, wenn er in einer integralen Liebesbeziehung zwischen gleichen und gegensätzlichen Partnern geteilt wird, die dieselbe Vision und dieselbe Mission teilen, und die Synergien schaffen, indem sie ihre gesunden femininen und maskulinen Polaritäten zwischen ihren vier Quadranten ausgleichen und harmonisieren und die Stärken der anderen ergänzen und ihre Schwächen ausgleichen.

Es ist wichtig zu beachten, dass Menschen auf allen Stufen der spirituellen und Bewusstseinsentwicklung zu ihrer *transzendentalen Bestimmung* erwachen und mehr Güte, Wahrheit, Schönheit und Funktionalität erschaffen können. Wie wir im weiteren Verlauf des Buches sehen werden, besteht der Weg für die Menschheit nicht nur darin, sich in höhere Bewusstseinsphasen zu begeben und zum non-dualen Bewusstsein zu gelangen, um die Probleme zu lösen, die in den vorherigen Phasen geschaffen wurden, sondern auch darin, dass mehr Menschen

zu ihrer *transzendentalen Bestimmung* in *transzendentalen Liebesbeziehungen,* auf welcher Ebene sie sich auch befinden, erwachen und diese teilen.

In diesem Sinne, und wie wir in Teil 4 sehen werden, ist nicht nur die Moderne ein unvollendetes Projekt, wie Habermas schreibt; alle Phasen sind unvollendet.

TEIL 3 – LIEBE

Manchmal mit dem Herzen
Selten mit der Seele
Weniger noch mit der Macht
Wenig – Liebe überhaupt.
~ Emily Dickinson ~

Nachdem wir unsere *transzendentale Bestimmung* erkannt haben, entsteht das Potential für das, was wir *transzendentale Liebesbeziehungen* nennen werden, für Paare und **jede Ebene der Bewusstseinsentwicklung**, und nicht nur für diejenigen, die sich auf integralen oder höheren Ebenen befinden. In diesen Beziehungen behalten wir die gesunden Aspekte unserer biologisch und psychologisch getriebenen Sexualattraktoren bei. Gleichzeitig transzendieren wir die nicht nachhaltigen, kulturell bedingten und sozial konstruierten Primärphantasien und unrealistischen sexuellen Wünsche von Männern und Frauen. Wie wir unten sehen werden, werden sie durch die viel aufregenderen suprasexuellen Attraktoren einer gemeinsamen *transzendentalen Bestimmung* ersetzt.

In diesem Teil des Buches werfen wir zunächst einen tieferen Blick auf die Dialektik der Liebe in *transaktionalen Beziehungen*, die unserer *biologischen Bestimmung* und den hedonistischen Wünschen von der archaischen bis zur integralen Stufe am besten dienen. Wir werden dann die aufregenden Beziehungspotentiale zwischen gleichen und gegensätzlichen Partnern auf jeder Ebene der Bewusstseinsentwicklung erforschen, die ihre *transzendentale Bestimmung* teilen und sich nicht nur verlieben und Beziehungen auf der Grundlage traditioneller Indikatoren und Attraktoren der sexuellen Fitness bilden, sondern die eine außergewöhnliche Intensität der Liebe erfahren für das, was einzigartig zwischen ihnen geschaffen wird, indem sie ihre femininen und maskulinen Polaritäten auf der Ebene aller sieben Chakren ausbalancieren und harmonisieren.

Unten findet ihr eine Übersicht über die Liebeskomponente des ILB-Modells zu eurer Orientierung.

<table>
<tr><th colspan="7">Liebe</th></tr>
<tr><td colspan="7">1. Liebe als Erfüllung unterschiedlicher männlicher/ weiblicher Bedürfnisse und Sehnsüchte</td></tr>
<tr><td colspan="7">2. Bedingte transaktionale asymmetrische Liebe</td></tr>
<tr><td colspan="7">3. Gefahr der Knechtschaftsbeziehungen</td></tr>
<tr><td colspan="7">4. Liebe für das, was auf der Ebene der 7 Chakren einzig kokreativ geschaffen werden kann:</td></tr>
<tr><td>Sakral</td><td>Wurzel</td><td>Solarple-xus</td><td>Herz</td><td>Hals</td><td>Stirn</td><td>Kronen</td></tr>
<tr><td colspan="7">5. Transzendentale Liebe</td></tr>
</table>

Grafik 52. Übersicht über die Liebeskomponente im ILB-Modell

KAPITEL 15

Die Dialektik der Begierde

„Deine Aufgabe ist nicht die Liebe zu suchen, sondern nur all die Hindernisse in dir zu suchen und zu finden, die du dagegen aufgebaut hast."
~ Jalaluddin Rumi ~

Der deutsche Philosoph Georg Friedrich Hegel (1770-1831) hat die Begierde als Teil seiner dialektischen Methode untersucht.[549] Nach Hegel können das menschliche Bewusstsein (im Oberen Linken Quadranten) und der physische Körper (im Oberen Rechten Quadranten) nicht isoliert voneinander bestehen. Bewusstsein und Körper verlangen nach Interaktion mit anderen bewussten, menschlichen Wesen (Unten Links) und der Umwelt (Unten Rechts) um sich davon abzugrenzen, da Menschen sich nur ihrer selbst bewusst werden, indem sie erkennen, was sie nicht sind. Somit sind andere menschliche Subjekte/Objekte etwas dem eigenen Selbst fremdes und dadurch eine Art Gegensatz. Wie Sartre es weitläufig bekannt formulierte: „Die Hölle, das sind die anderen."[550]

Dadurch entsteht eine besondere Art der Hassliebe bzw. Dialektik zwischen dem Ich und den außenstehenden bewussten Objekten, und diese Dialektik manifestiert sich in der Begierde.[551]

Etwas zu begehren (oder zu lieben) bedeutet den Wunsch zu verspüren es zu besitzen oder darüber verfügen zu können, und damit auch verbunden es nicht zu zerstören[552] – aber auch, es zu etwas zu machen, was einem gehört (mein Geld, mein Haus, mein Auto, mein Partner, mein*e Ehefrau/Ehemann, meine Kinder, etc.) und es aus der Fremdartigkeit herauszulösen. Gleichzeitig schränkt uns das was außerhalb von uns liegt ein, denn etwas zu begehren heißt auch, unzufrieden und unbefriedigt zu sein, und folglich unfrei. Sich des externen Subjekts bzw. Objekts zu entledigen, beziehungsweise die Begierde danach abzuschaffen um frei zu werden (wie der Buddhismus und andere spirituelle Praktiken nahelegen) ist keine Lösung für dieses Problem, denn damit würden wir das entfernen, was wir für unser Dasein benötigen. Demzufolge sah Hegel uns Menschen dazu verdammt, ewig nach materiellen Objekten, physischen Körpern und menschlichen Subjekten zu sehnen; Dingen, die wir benötigen, um unsere Identität zu definieren, in dem diese uns kontrastieren, wobei wir gleichzeitig immer der Angst gewahr werden, wir könnten sie verlieren, und dadurch unfrei sind.[553]

Um es etwas einfacher auszudrücken: Für die Erkenntnis des eigenen Selbst benötigt man einen Spiegel. Um sich als selbstbewusstes Wesen zu erkennen, muss man mit der Möglichkeit, ein anderes selbstbewusstes Wesen beobachten zu können, erkennen, was Selbstbewusstsein bedeutet. Wir ersehnen bzw. Begehren (oder lieben) den Spiegel einerseits, andererseits hängen wir von ihm ab um unserer Existenz gewahr zu werden, und folglich sind wir unfrei. Den Spiegel zu zerschlagen um frei zu werden würde das Problem nicht lösen, denn damit würden wir das zerstören, wovon unsere Existenz abhängt, und damit auch uns selbst.

In der Praxis heißt das, dass wir auf materieller und physischer Ebene definiert werden durch Objekte, die wir für unser Überleben, unsere Sicherheit und unseren Komfort benötigen, wie Nahrung, Behausung und die Gesellschaft anderer, und damit auch am meisten nach ihnen sehnen. In unserer modernen Welt bedeutet das folglich: Geld für Essen, ein Heim, Verkehrsmittel, Familie, Freunde und Menschen, die uns Dienstleistungen erbringen und uns unterstützen, bzw. mit denen wir zusammenarbeiten. Auf Ebene der Genderidentität definiert uns das andere Geschlecht, wonach unsere Sehnsucht somit am meisten verlangt. Auf Ebene der Psyche definiert uns das (und sehnen wir uns nach dem), was unserem Gefühl nach in uns fehlt, wie beispielsweise Fähigkeiten, die wir nicht besitzen[554] oder Erfahrungen, die wir nicht gemacht haben (einschließlich der Erleuchtung). Dieses psychische Verlangen beinhaltet das subtile und oft merkwürdige Hingezogensein zu dem, was das Unbewusste ergänzt, einschließlich des verborgenen und hervordringenden Unbewussten, was „über unserem Kopf aber nahezu in Reichweite" liegt – wie in Robert Brownings Gedicht „Andrea del Sarto" ausgedrückt, in dem es heißt: „Ach, eines Mannes Verlangen sollte seine Reichweite übertreffen, wofür sonst gibt es den Himmel?" Das, was wir begehren, liegt abseits unseres Erfahrungshorizonts und feuert unsere Neugierde an, treibt uns an und fasziniert uns.

Oder anders ausgedrückt: Wir sehnen uns nach engen Liebesbeziehungen um unser Bild unserer eigenen Identität auf allen Bewusstseinsebenen bzw. sieben Chakren zu bestätigen.[555] Solche Liebesbeziehungen sind somit absolut notwendig um auf den Ebenen des Körpers, des Verstands, des Herzens, der Seele und des Geistes zum vollständigen Menschen zu reifen. Leider handelt es sich hierbei um ein paradoxes Verhältnis, denn einerseits wollen wir mit dem Anderen verschmelzen, auf der anderen Seite wollen wir aber von dem Anderen nicht vereinnahmt werden, wodurch wir unsere eigene Identität verlieren würden. Diese Erkenntnis in Verbindung mit der oben beschriebenen Dialektik von Hegel führt uns zu transaktionalen Liebesbeziehungen, die wir im Folgenden genauer betrachten wollen.

Transaktionale Dialektik der Liebe

Wie wir in Teil 2 festgestellt haben, haben wir Menschen, wie alle anderen Lebewesen, eine angeborene, genetisch veranlagte *biologische Bestimmung* bzw. einen *biologischen Imperativ*, der uns antreibt zu überleben, uns fortzupflanzen, unsere Nachkommen aufzuziehen und nach einer optimalen Lebensqualität zu streben. Diese Bestimmung wird vom Kokreativen Impuls getrieben, oder von Gott / einem Geist, von evolutionären biologischen Prozessen, oder von Evolutionsabsichten oder Eros. Unsere *biologische Bestimmung* und die damit verbundenen Begierden werden am effektivsten erfüllt, wenn Männer konkurrieren, produzieren, schützen und erschaffen, und Frauen auswählen, reproduzieren, pflegen und führen. Diese Dialektik hat zu unterschiedlichen sexuellen Attraktoren und Geschlechterrollen zwischen Männern und Frauen geführt, die sich im Verlauf der Zeit weiterentwickelt haben.

Auf der grundlegendsten „archaischen" oder „ursprünglichen" Ebene unserer animalischen Natur begehren Erwachsene Angehörige des anderen Geschlechts, die körperlich in der Lage sind, den gesundesten Nachwuchs zu produzieren und die besten Überlebenschancen zu bieten. Frauen werden daher von starken und produktiven Männern angezogen, die die gesundesten Spermien und die besten laufenden materiellen Ressourcen wie Nahrung und Unterkunft (oder in modernen Gesellschaften Geld) zur Verfügung stellen können, um den Bedarf an Nahrung und Komfort für sie und ihre Kinder zu decken. Männer werden von jungen, attraktiven, fruchtbaren Frauen angezogen, die über gute Fortpflanzungsindikatoren, wie ein Taille-Hüft-Verhältnis von 0,7, glatte Haut, glänzendes Haar usw. verfügen. Dies wird durch die männlichen und weiblichen Primärfantasien repräsentiert, die, wie in Teil 1 beschrieben, tief in unserem Reptiliengehirn verankert wurden. Die Liebe, die kokreativ entsteht, wenn diese Begierden gegenseitig erfüllt werden, wird durch die rechte Seite von Sternbergs Dreieck der Liebe mit unterschiedlichen Intensitäten von hormonell induzierter Verliebtheit und sexueller Leidenschaft angezeigt.

Sobald die primären Fantasien von Männern und Frauen erfüllt sind, entstehen weitere Ansprüche an den Partner, die uns ein gutes Gefühl geben sollen, indem sie unsere Stress- und Wohlfühlhormone niedrig halten. Frauen werden von Männern mit Macht, Stärke und gesellschaftlichem Status[556] angezogen, die ihre Bedürfnisse nach körperlicher Sicherheit erfüllen, indem sie anderen gegenüber aggressiv auftreten und ihnen und ihren Kindern gegenüber wohlwollend sind, und die durch den sozialen Status, die Klassenzugehörigkeit, das Ansehen, die Popularität und die Macht ihres Partners das weibliche Bedeutungsgefühl steigern. Um auf dieser Ebene attraktiv zu sein, muss der Mann nicht nur physisch in der Lage sein, eine Partnerin gegen direkte Angreifer wie andere Männer und gegen reale und vermeintliche Bedrohungen wie Nagetiere im Haus oder ein Feuer oder, in der modernen Welt, den internationalen Terrorismus zu verteidigen. Der moderne Mann muss auch ein sicheres Zuhause in einer sicheren Nachbarschaft (und letztlich Nation), Zugang zu medizinischer Versorgung, sichere Verkehrsmittel (z.B. ein großes oder schnelles Auto), ausreichende Versicherung und Schutz vor möglichen Naturgefahren bieten.[557] Zusätzlich zu all diesen Anforderungen tragen Titel, Ausbildung, Karriere, Autorität und Vernetzung des Mannes dazu bei, ihre Sicherheit und ihr Selbstwertgefühl durch den Respekt und die Bewunderung anderer zu sichern, die sie mit ihm verbindet.

Männer hingegen wünschen sich Frauen, die nicht nur attraktiv sind, sondern sich auch körperlich und emotional um sie kümmern und ihren Beitrag zur Sicherheit und zum sozialen Status ihres Partners und ihrer Familie würdigen und wertschätzen.

Die Liebe, die kokreativ entsteht, wenn alle diese Anforderungen erfüllt werden, wird im unteren Teil des Dreiecks der Liebe angezeigt. Mehrere Ebenen der Abhängigkeit, von Co-Abhängigkeit zu Abhängigkeit, Unabhängigkeit, Interdependenz und Inter-Sein, die zu Verbindlichkeit führen.

Sobald die Bedürfnisse der Frau nach Überleben, Sicherheit, Komfort, Status und Bedeutsamkeit sowie die Bedürfnisse des Mannes nach Sex, Pflege und Wertschätzung erfüllt sind, entsteht der Wunsch nach Freude, Schönheit, Freizeitgestaltung, Abwechslung, Unterhaltung und Inspiration. Frauen beginnen, Männer zu begehren, die nicht nur versorgen und beschützen, sondern auch künstlerisch kreativ, ausdrucksstark, visionär und unterhaltsam sind. Es ist erstaunlich, wie viele moderne Frauen in ihren Dating-Profilen erwähnen, wie wichtig es für sie ist, mit einem Mann zusammen zu sein, der sie zum Lachen bringen kann. Auf der anderen Seite werden Männer von Frauen angezogen, die nicht nur attraktiv, fürsorglich und dankbar für ihre Beiträge zu ihrem Überleben, ihrer Sicherheit und ihrem Selbstverständnis sind, sondern die sie auch mit ihrer Weisheit inspirieren, die sie mit ihrer Intuition leiten, und die ihre Vision unterstützen, über ihre Witze lachen und sie herausfordern, bessere Männer um ihrer selbst willen zu werden und der Menschheit besser zu dienen, und sie nicht nur zur persönlichen Zufriedenheit der Frau „reparieren".[558] Diese höhere Form des Begehrens wird durch die linke Seite des Sternberger Dreiecks mit verschiedenen Ebenen der Intimität angezeigt.

Diese drei Paarungen von gegenseitig kompatiblen asymmetrischen Verlangen bzw. Liebe zwischen Männern und Frauen (im Austausch für Sex, Sicherheit im Austausch für Pflege und Kreativität im Austausch für Intuition und Weisheit) bilden die ersten sechs der sieben Chakren,[559] wie unten zusammengefasst, schön ab, wobei das siebte Chakra die differenzierte Einheit des Paares darstellt.[560]

Männliche Versorgung ersten Chakras im Austausch mit weiblicher Sexualität zweiten Chakras:

Diese Begierdenpaarung ist mit den instinktiven Prozessen in den Reptilienteilen unseres Gehirns verbunden, wo sich die lebenswichtigen Triebe für das Überleben und die Fortpflanzung befinden.

Männliche/r Schutz/Sicherheit/Status dritten Chakras im Austausch für weibliche Pflege vierten Chakras:

Dieses Paar von Wünschen ist mit den unbewussten limbischen Teilen unseres Gehirns[561] verknüpft, wo emotionale Erinnerungen an Verhaltensweisen, die uns sicher, geliebt und verbunden fühlen ließen, gespeichert sind, ebenso wie unsere traumatischen Erfahrungen.[562]

Männlicher Selbstausdruck und Kreativität des fünften Chakras, im Austausch gegen weibliche Intuition, Inspiration und Weisheit des sechsten Chakras:

Das höchste Paar von Begierden ist mit dem Neokortex unseres Gehirns verbunden und wird von ihm geleitet, was die Entwicklung von Selbstbewusstsein, menschlicher Sprache, autobiografischem Gedächtnis, abstraktem Denken und Phantasie ermöglicht.

Alle diese Transaktionen sind gesellschaftlich und kulturell bedingt, wie die Quadranten unten links und unten rechts zeigen.

Mit dem Chakra-System sehen wir, dass die weibliche Belohnung für den männlichen Beitrag immer im nächsthöheren Chakra liegt. Die Erfüllung der unterschiedlichen männlichen und weiblichen Wünsche führt zur *Asymmetrischen Dialektik der transaktionalen Liebe*, wie im Bild unten gezeigt.

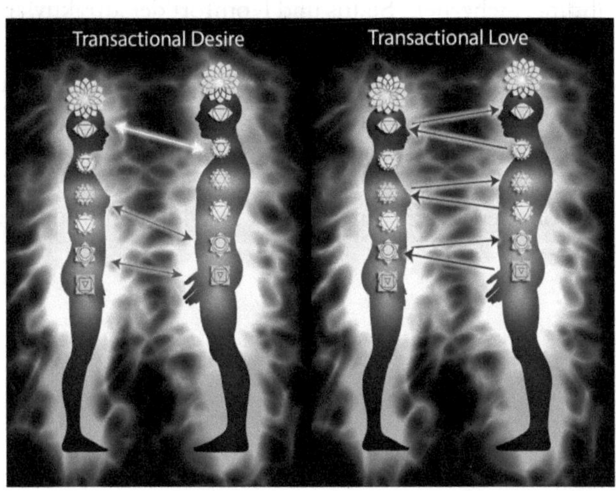

Grafik 53. Asymmetrische Dialektik der transaktionalen Liebe

Paare in diesen asymmetrischen transaktionalen Beziehungen haben eigentlich wenig bis keine Wahl bezüglich der Intensität der Leidenschaft, Abhängigkeit und Intimität, die sie gegenüber ihrem Partner empfinden, was die verschiedenen und unterschiedlichen Intensitäten des Verliebens und Verliebtseins erklärt, nachdem ein oder mehrere der Wünsche des Paares erfüllt werden.[563] Die meisten Menschen interpretieren diese natürlich auftretenden hormongetriebenen Liebesgefühle (oder Chemie) als natürlich induziert (was sie in der Tat auch sind), damit sie erkennen, dass sie „den Einen " oder ihren „Seelenverwandten" gefunden, angelockt oder angerufen haben, und sie erwarten, dass diese Chemie ewig hält (was sie nicht kann).[564]

In allen drei Bereichen ist die Liebe asymmetrisch und transaktional, weil sich beide Partner gegenseitig objektivieren und sich gegenseitig als Mittel zur Erfüllung ihrer biologisch und psychologisch programmierten und kulturell bedingten Bedürfnisse und Wünsche nutzen.[565] Wir sprechen daher auch von Wunsch- oder bedürfnisorientierten Liebesbeziehungen.

Das Chakra-Bewusstsein-Gitter

Wie wir in Kapitel 12 unter „Sexuelle Auslese“ und „Die Stufen und die natürlichen Talente“ gesehen haben, hat der einzigartige sexuelle Auswahlprozess, der in der Angst-Scham-Dynamik zwischen Männern und Frauen verwurzelt ist, die menschliche kulturelle Evolution von archaisch zu transpersonal durch Männer vorangetrieben, die immer bessere Lösungen gefunden haben, um die ständig wachsenden Bedürfnisse und Wünsche nach Nahrung, Sicherheit/Status und Komfort der attraktivsten, fürsorglichsten und einfühlsamsten Frauen zu erfüllen.

Wenn wir diese unterschiedlichen Wünsche von Männern und Frauen entlang der sechs Chakra-Paare plus dem siebten Einheitschakra auf eine vertikale Y-Achse und die sieben Ebenen des steigenden menschlichen Bewusstseins von archaisch bis integral auf eine horizontale X-Achse legen (wir werden im nächsten Kapitel das Transpersonale Stadium abdecken), kommen wir zu einer Matrix mit 49 Schnittpunkten, wie nachstehend dargestellt.[566]

Consciousness		Archaic	Magic	Egocentric	Mythic	Rational	Pluralistic	Integral
Chakras								
Crown male/female unity		A-dual, fused, content	Bonded	Empowered	Devoted	Emancipated	Surrendered	Non-Dual integrated and differentiated
Third Eye male desire		Improve chances of his offspring's survival	Further bonding and safety of the tribe	Increase his power and freedom	Create more stability and order by retaining and advancing rightful place in family and organization	Advance career and social status for good life of everyone	Deepen emotional intelligence and connect-ion to the feminine, animals and earth	Serve the greatest good for the largest number of people
Throat female desire		Animalistic sounds and simple language to coordinate hunting and gathering	Chanting, story-telling, and magical ritual to entertain and protect	Gaining control over others through intimidation and anger	Make authoritative, patriarchal, absolute mythic statements	Reasonable, rational, logical, sensible, entertaining, confident, charismatic,	Truthful, sensitive, considerable, pluralistic, mystical, emotional	A-perspectival, multifaceted, inclusive, critical, complex
Heart male desire		Appreciation	Participation	Submission and respect	Honoring	Support of his vision	Challenges (for his own good)	Complementing
Solarpl female desire		Brutality towards others	Superstitious rituals Sacrifices Appease ghosts and Spirits	Aggressive Fighter Warrior Combat Possessive Controlling Macho Shameless	Arms and weapons Law and Order Heroic Soldier Art of War Laws	Modern Weapons Collateral Damage Peacemaking missions Nation Building	Non-Violence Peaceful Warrior Protective Force	Moral considerations Spiral Wizardry
Sacrum male desire		Fertility	Youthfulness	Uninhibitedness	Faithfulness	Physical fitness, Elegance	Tantric Lover	Transcendental, kundalini awakening
Root female desire		Raw meat and other foods, Horde	Good cooked meat, Hunting, Tribe	Fast-food (Sugar, Fat Salt) Sub-stances, Gang	Carbs, Protein, Fruits, Vegetables Farming, Town, Family	Gourmet Food, Fine Wine, Dining Sub-urban Luxurious Living	Healthy Organic Foods No GMO Nature Communal Living	Sustainable foods and living Urban

Tabelle 7. Chakra-Bewusstsein-Gitter

Chakren, Ebenen und Quadranten

Wie wir weiter unten im Detail untersuchen werden, kann der Ausdruck jedes Chakras durch die Linsen des Oberen Linken subjektiven absichtsvollen „Ich“-, Oberen Rechten objektiven verhaltensbezogenen „Es“-, Unteren Linken intersubjektiven kulturellen „Wir“- und Unteren Rechten interobjektiven sozialen „Es'se“-Quadranten betrachtet werden.[567]

Und wie Wilber betont, ist die Evolution, und besonders die menschliche Evolution, in allen vier Quadranten gemeinsam aufgetreten, bzw. tetra-aufgestiegen, wie er es nennt.[568]

Wenn wir (1) die sieben Chakren, (2) die sieben Ebenen der menschlichen Evolution und (3) die vier Quadranten kombinieren, kommen wir zu dem Bild unten.

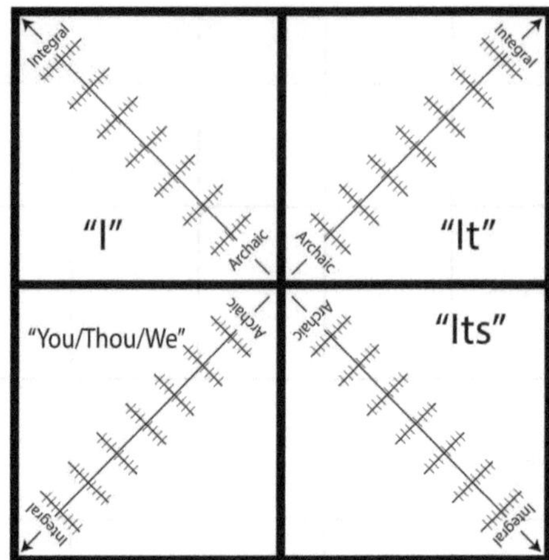

Grafik 54. Chakren, menschliche Evolution und Quadranten

Dieser facettenreiche Ansatz zur Untersuchung der Auswirkungen der männlich-weiblichen Interaktion führt uns zu 196 verschiedenen Perspektiven des Verlangens und der Liebe (7 Chakren x 7 Bewusstseinsebenen x 4 Quadranten = 196), die uns erlauben, die Dynamik von transaktionalen Liebesbeziehungen besser zu verstehen. Um die Beschreibungen der vier Perspektiven für jedes Chakra, die unten folgen, etwas schmackhafter zu machen, werden wir die sieben Stufen der menschlichen Evolution in präkonventionelle Magie und egozentrische, konventionelle mystische und rationale und postkonventionelle pluralistische und integrale Stufen kombinieren, was unsere Liste um 84 Differenzierungen (7 Chakren x 3 Stufen x 4 Quadranten = 84) reduziert.

Wenn dies im Moment verwirrend erscheint, so wird es in den folgenden Beschreibungen deutlicher, da man diese Dimensionen durch seine persönliche Erfahrung in seinem Liebesleben nachvollziehen kann.

Während du die gesamte Liste durchliest oder die zu dir und deinen Beziehungen gehörenden Chakren und Stufen auswählst, ist es wichtig, ein paar Dinge im Auge zu behalten:

Erstens, jeder Abschnitt beschreibt die Ideale der männlichen/weiblichen sexuellen Verlangen und Attraktoren, und nicht unbedingt die tatsächlichen Kapazitäten oder Realitäten der Beziehung zwischen Männern und Frauen. Natürlich haben die meisten modernen Frauen die Fähigkeit, Nahrung und Schutz für sich selbst (Muttertier) zu bieten und kreativ zu sein, und Männer können aufgrund ihrer sexuellen Attraktivität, ihrer mitfühlenden Art oder ihrer Intuition und Weisheit ausgewählt werden. Aber, diese Qualitäten sind normalerweise irrelevant, wenn es um das Verlangen und die Attraktoren im sexuellen Ausleseprozess biologisch und psychologisch getriebener transaktionaler Liebesbeziehungen geht, da Singles oft eine Art von hormonell erzeugtem Tunnelblick entwickeln, wenn es darum geht, einen Partner zu wählen, der auf der primären Fantasie basiert, unabhängig von ihrem Bewusstseinsgrad und verwandten Werten. Mit anderen Worten, eine stinkreiche Frau wünscht sich immer noch einen Partner, der mehr hat als sie, auch wenn sie sich mit weniger zufrieden geben kann. Jeder Mann, unabhängig von seinem Alter, Aussehen, Status und Reichtum, wird immer noch junge und sexy Frauen begehren, auch wenn er am Ende mit jemandem zusammenkommt, der nicht zu seinen sexuellen Idealen passt.

Zweitens kann es Rollentausch zwischen den Chakra-Paaren geben, zum Beispiel, wenn eine ausgebrannte, mächtige Karrierefrau einen sensiblen New-Age-Mann anzieht, der ihr Geld begehrt, oder wenn ein sexy aussehender Mann eine „Sugar Mommy" anzieht. Aber, wie wir im nächsten Kapitel sehen werden, **werden alle transaktionalen Liebesbeziehungen, die auf der Erfüllung unterschiedlicher Bedürfnisse und Wünsche basieren, irgendwann problematisch, wenn sie sich in Knechtschaftsbeziehungen verwandeln**.

Drittens gibt es subtile Überschneidungen in den differenzierenden Beschreibungen, da die Linken Innenquadranten die Wünsche, Ideale und Absichten einer Person oder Kultur beschreiben und die Rechten Quadranten die Realitäten und Erscheinungsformen. Zum Beispiel die Absicht oder Vision eines Mannes, eine Waffe herzustellen, zu kaufen oder zu benutzen, die im Oberen Linken angesiedelt ist; seine Fähigkeit, die Waffe herzustellen oder zu beschaffen und sie in der Oberen Rechten fachmännisch einzusetzen; kulturell bedingte Formen und Normen des Besitzes und Gebrauchs von Waffen in der Unteren Linken; und die Art von Waffen, die in seiner Gesellschaft in der Unteren Rechten tatsächlich existieren.

Viertens, wie wir in Teil 1 unter Transzendieren und Einschließen/Ausschließen beschrieben haben, neigen Frauen dazu, begrenzte Ansichten aus früheren Stadien beizubehalten, selbst wenn sie sich im Bewusstsein weiterentwickeln, was bedeutet, dass Ängste und Wünsche aus präkonventionellen, konventionellen und postkonventionellen Stadien in ihrem Unbewussten zurückbleiben können. Im Gegensatz dazu neigen Männer, wenn sie sich im Bewusstsein weiterentwickeln, dazu, gesunde Fähigkeiten von früheren Ebenen zu transzendieren und auszuschließen, was bedeutet, dass sie möglicherweise nicht bereit oder in der Lage sind, alle untergeordneten Bedürfnisse von Frauen zu erfüllen.

Fünftens. Beachte bitte, dass dies allgemeine Orientierungshilfen sind, die sich nur vielleicht auf das beziehen, was du erlebt oder nicht erlebt hast. Daher möchte ich dich nach jeder Beschreibung einladen, deine eigenen Bedürfnisse und Attraktoren in jedem Quadranten für jedes einzelne Chakra einzutragen. Jedem dieser „Persönlichkeits-Workshops" folgt eine kurze Beschreibung, wie die Angst-Scham-Dynamik zwischen Männern und Frauen und dem Unbewussten auf jeder Ebene zutrifft.

Am Ende jedes Chakra-Paares findest du eine Zusammenfassung der Faktoren, die für die erfolgreiche Kokreativität von transaktionalen Liebesbeziehungen bei diesem speziellen Paar entscheidend sind.

1. Wurzelchakra, weibliches Verlangen – Überleben

Wie wir im ganzen Buch gesehen haben, ist es aus evolutionärer Sicht sinnvoll, dass Männer „entbehrliche" produktive Versorger sind und Frauen „unentbehrliche" reproduktive Betreuerinnen, weil nur Frauen gebären und Neugeborene ernähren können. Das ursprüngliche weibliche Verlangen auf der Ebene des ersten Chakras gilt starken und fleißigen Männern, die ihnen das höchste Maß an körperlichem Wohlbefinden in Form von Nahrung, Schutz und Komfort bieten.

Im **Oberen Linken, inneren „Ich"-Quadranten** lokalisieren wir Gefühle, Gedanken und Werte rund um Nahrung, Geld, materielle Güter und körperliche Gesundheit. Viele Menschen haben tiefe Ängste vor Armut oder manchmal sogar vor Überfluss, vor der Sorge, nicht mit Müllers oder Schmidts mithalten zu können, vor Raubüberfällen oder vor dem Fehlen der intellektuellen Fähigkeiten, um für ihren Lebensunterhalt zu sorgen und Geld zu verdienen.

Frauen wünschen sich in der Regel Männer, die produktiv, beständig und zuverlässig sind, weil Frauen Angst haben, nicht auf sich selbst aufpassen zu können, besonders wenn sie schwanger werden und Kinder großziehen oder wenn sie alt werden.

In präkonventionellen Stufen bedeutet dies Angst vor dem Verhungern, wenn ein Mann nicht jagen oder andere Mittel finden kann, um täglich Nahrung mit hohem Eiweiß-, Fett-, Zucker- und Salzgehalt zu liefern, sowie eine Art Schutzraum zu finden, in dem sie sich aufhalten können.

In konventionellen Stadien befürchten Frauen, dass sie keinen Ehemann oder Partner haben, der ihnen einen dauerhaften und zuverlässigen Zugang zu nahrhaften und wohlschmeckenden Lebensmitteln, medizinischer und Versorgung und materiellen Ressourcen bietet, die ein komfortables oder sogar luxuriöses Leben in einem Dorf, einem Vorort oder einer Stadt garantieren.

In postkonventionellen Stufen fürchten die Frauen, keinen Zugang zu unbelasteten, natürlich und verantwortungsvoll produzierten, gesunden Bio-Lebensmitteln, alternativer Medizin und Heilmethoden zu haben, und eine ökologische Lebensweise in schönen Häusern, die in einer ländlichen, unberührten und natürlichen Umgebung liegen.

Der **Obere Rechte äußere „Es"-Quadrant** repräsentiert hormonelle Auslöser von Hunger und Angst und die Fähigkeit unseres Körpers, Arbeit zu leisten, die Nahrung liefert.

Frauen begehren im Allgemeinen Männer mit Körpern, die ihre Fähigkeit bekunden, gute Versorger zu sein, und die nachweislich ein konsistentes und zuverlässiges, großzügiges Verhalten gegenüber ihrem Partner und ihren Nachkommen zeigen.

In präkonventionellen Stadien bedeutet das: körperlich starke, agile, schlaue und gnadenlose Jäger, die sich gegen wilde Tiere und männliche Konkurrenten durchsetzen können, die einen sicheren Unterschlupf für ihre Familie finden oder bauen können, und die Werkzeuge für die Jagd herstellen können, und die ihre Kameraden bei der

Zubereitung von Nahrung und dem Zusammennähen von Kleidung aus Fellen und Pelzen unterstützen.

In konventionellen Stadien wollen Frauen große, fitte, körperlich fähige, fleißige und kluge Männer, die sich auf intelligente Weise verhalten, um durch die Landwirtschaft Nahrung zu produzieren, durch die Arbeit ihrer Hände angemessene Wohnungen zu bauen und materielle Güter für das gute Leben bereitzustellen. Im Gegenzug würden sich diese Frauen am liebsten mit Männern paaren, die genug Geld verdienen, um ihren Partnern die komfortable, luxuriöse und gesunde Lebensweise zu ermöglichen, die sie sich wünschen.

Auf postkonventionellen Stufen suchen die Frauen gesunde, ungewöhnliche und exotische Männer, die sich in der Lebensmittelproduktion durch ökologischen Landbau engagieren, ökologische Gebäude und Kleidung bevorzugen, grüne Technologien für die Energieerzeugung und den Transport nutzen, oder die durch Lehre, Aktivismus, alternative Medizin und vorkonventionelle Heilmethoden reich geworden sind, oder indem sie postmoderne Kunst mit ausreichendem Handelswert produzieren, um ihrem Partner eine luxuriöse, umweltfreundliche, grüne Lebensweise zu ermöglichen.

Im **Unteren Linken kulturellen „Wir"-Quadranten** finden wir Werte rund um die Nahrungsmittelproduktion (z.B. verehren wir heilige Kühe). Welche Tiere und Pflanzen essen wir? Vermeiden wir gentechnisch veränderte Organismen? Essen wir industriell hergestellte Lebensmittel?), Essgewohnheiten und übliche Diäten (wie Fasten, Vegetarismus, Alkoholkonsum, Essenszeiten usw.) und Weltanschauungen und Ideologien über Produktionsmittel und Wirtschaftssysteme wie Kapitalismus, Sozialismus oder Kommunismus, sowie kulturell bedingte Arbeits- und Berufsformen, die Männer und Frauen typischerweise in der Nahrungsmittelproduktion ausüben, und die Rolle des Hauptverdieners.

Frauen bevorzugen in der Regel Männer als gute, loyale, erfolgreiche und großzügige Partner und Väter für ihre Nachkommen, die von anderen in ihrer Gemeinschaft respektiert und unterstützt werden.

In präkonventionellen Phasen bedeutet dies einen Partner zu haben, mit dem andere Männer gerne jagen und mit dem sie ihre Beute teilen, einen Mann, der sich materielle Ressourcen wie Brennholz oder einfache Werkzeuge teilt, die Art von Mann, dem andere in Notfällen zu Hilfe kommen würden, und mit dem sie friedlich zusammenleben könnte.

In konventionellen Stadien sind das Männer, die ihren Frauen und Angehörigen treu und loyal sind und auf ehrenvolle Weise genug Geld verdienen, um für ihre Familien zu sorgen. Wünschenswerte Männer würdigen auch die Arbeit ihrer Ehepartnerin, sei es innerhalb oder außerhalb des Hauses.

In postkonventionellen Phasen bedeutet dies, dass es sich bei den Männern um wohlhabende, erfolgreiche und bewunderte Philanthropen und Aktivisten handelt, die sich um die Verbesserung der menschlichen Situation kümmern, während sie für ihre Familie sorgen und ihre Partner in ihrem Wunsch unterstützen, sich erfüllt, ermächtigt und unabhängig zu fühlen.

Im **Unteren Rechten sozialen „Es'se"-Quadranten** finden wir Produktionsmittel wie Landwirtschaft, Fabriken und Bürogebäude, Infrastruktur wie Straßen, Flughäfen, Brücken und Wasserstraßen sowie Institutionen wie Krankenhäuser, Bankensysteme, Börsen und Regierungsgebäude.

Frauen wünschen Männer, die die Mittel besitzen, um die Nahrung, das Haus und die Lebensqualität zur Verfügung zu stellen, die sie möchten, oder die ein Maximum an Geld verdienen, indem sie die Produktionsmittel und die notwendigen Infrastrukturen aufbauen, aufrechterhalten oder nutzen, die Nahrung und funktionierende Gesellschaften bieten.

In präkonventionellen Stufen bedeutet dies, über die notwendigen Waffen und den Zugang zu Jagdrevieren, Materialien für die Errichtung von Behausungen, Werkzeuge und Materialien für die Herstellung und Zubereitung von Lebensmitteln sowie die Herstellung von Schutzkleidung zu verfügen.

In konventionellen Stufen bedeutet es, Land zu besitzen, um Lebensmittel anzubauen, Zugang zu Einrichtungen zur Verarbeitung und Lagerung der Lebensmittel für den späteren Verzehr zu haben, und die Einrichtungen zur Aufzucht und Schlachtung von Tieren, oder das Geld und den Zugang zu Lebensmittelgeschäften zu haben, um hochwertige Lebensmittel zu kaufen; ein geräumiges Haus mit schönen Möbeln, Geräten, Unterhaltungselektronik, Garten/Pool usw. zu besitzen oder zu mieten, leistungsfähige und repräsentative Transportmittel (SUV, Luxuslimousine, Sportwagen, Motorboot, Flugzeug usw.); und die Fähigkeit, funktionelle und repräsentative Kleidung herzustellen oder zu kaufen.

In postkonventionellen Stufen hat der begehrenswerte Mann die Fähigkeit, gesunde, biologische, gentechnikfreie Lebensmittel anzubauen oder bereitzustellen, ein umweltfreundliches Haus in einer natürlichen Umgebung zu besitzen, Zugang zu energiebewussten Verkehrsmitteln (Hybrid- oder reine Elektrofahrzeuge, Segelboote, Hochgeschwindigkeitszüge, kraftstoffeffiziente Flugzeuge) zu haben und sich umweltfreundliche Fair-Trade-Kleidung zu leisten.

Trage deine Wünsche und Attraktoren des Ersten Chakras in jedem Quadranten ein:

OL:	
OR:	
UL:	
UR:	

Angst-Scham-Dynamik

Frauen fürchten, nicht in der Lage zu sein, für sich und ihre Kinder zu sorgen, wenn ihr Partner nicht produktiv ist oder sie im Stich lässt. Sie sorgen sich darum, dass sie keinen verlässlichen Zugang zu qualitativ hochwertigen Lebensmitteln, sauberem Wasser und Luft, einem komfortablen oder luxuriösen Zuhause haben, keine angemessenen Transportmittel, Werkzeuge, Geräte und Materialien für eine qualitativ hochwertige Haus- und Gartenarbeit, nicht genug Freizeit haben, um sich um sich selbst zu kümmern, und dass sie das gute Leben verpassen, das ihnen zusteht.

Männer empfinden um ihr Wurzel-Chakra Scham, wenn sie nicht groß, muskulös, in Form, gesund, intelligent, fleißig, klug, rücksichtslos, konkurrenzfähig, aggressiv und erfolgreich genug sind, um begehrenswerte und attraktive Frauen anzuziehen, und wenn sie die Bedürfnisse und Wünsche ihrer Partner nach angemessener Nahrung, Behausungen und Eigenheimen nicht erfüllen können, Geräte, Elektronik, Transportmittel, Gesundheitsfürsorge und Lebensqualität, die ihnen zustehen und die mit jeder Stufe der vertikalen Entwicklung von Höhlenmenschen über Jäger, Bauern und Krieger, moderne Fachleute bis hin zu postmodernen Aktivisten und besorgten Bürgern zunehmen. So fühlen sich Männer beschämt, wenn sie als Verlierer angesehen werden, nachdem sie mit Männern verglichen wurden, die besseren Versorger sind.

Trage deine Angst und deine Scham im ersten Chakra ein:

Das Unbewusste

Angst vor Armut oder Scham vor zu viel Besitz; ungesunde Bindung an materielle Dinge und Geld; zwanghaftes Einkaufen und Horten; Gier und das Gefühl, nie genug zu haben/immer mehr zu wollen; Bedenken und Schuldgefühle, mehr Ressourcen zu konsumieren, als man verdient und so andere zu berauben; extreme Sparsamkeit, Geiz oder ungesundes spartanisches Leben; Essstörungen, insbesondere im Zusammenhang mit Zucker, Salz und Fett; zu dünn oder zu dick sein; Besessenheit von Lebensmitteln und materiellen Dingen; Kleptomanie.

2. Sakralchakra, männliches Verlangen – Sex

Im Austausch für die Versorgung, verlangen Männer nach tollem Sex. Wie in Teil 1 beschrieben, fühlen sich Männer beschämt, wenn sie nicht gut genug sind, um von jüngeren, sexuell attraktiven, fruchtbaren Frauen, die sie von Natur aus begehren und um die sie konkurrieren, als Partner ausgewählt zu werden, oder wenn sie mit wünschenswerteren und stärkeren Männern mit größeren Vermögenswerten verglichen werden.

Im **Oberen Linken inneren „Ich"-Quadranten** finden wir Gedanken und Gefühle von Scham, Angst und Verlangen rund um Sexualität, sexuelle Orientierung, Körperscham und Leistungsangst.

Männer definieren ihr Selbstwertgefühl durch die reproduktiven Qualitäten der Frauen, die sie für den Sexualakt gewinnen können, d.h. durch Jugend- und Körpermerkmale, die auf Fruchtbarkeit und die Fähigkeit, gesunde Kinder zu gebären, hinweisen. Das Gefühl, von so einer körperlich attraktiven, (meist) jüngeren und attraktiven Frau geliebt zu werden, lässt Männer sich lebendig und erfolgreich fühlen.[569] Dieser Wunsch ist universell und konsistent in der gesamten Menschheitsgeschichte von präkonventionellen bis zu postkonventionellen Stadien der Bewusstseinsentwicklung. Nicht in der Lage zu sein, eine solche Frau anzuziehen, ist frustrierend und deprimierend für die meisten heterosexuellen Männer. Die meisten gebundenen Männer fürchten auch ständig die Scham, den Schmerz und die Demütigung, einen sexy Partner an einen attraktiveren, aggressiveren, stärkeren und erfolgreicheren Konkurrenten zu verlieren.

Im **Oberen Rechten äußeren „Es"-Quadranten** lokalisieren wir unser biologisches Geschlecht, Geschlechtsorgane, Sexualhormone, körperliche Aspekte wie Erektionen und feuchte Schleimhäute, Libido und Häufigkeit des Geschlechts, sexuelle Positionen und Praktiken wie Oral- oder Analverkehr, SM, Körperflüssigkeiten und Gerüche, körperliche sexuelle Aktivierungen, kosmetische Veränderungen wie Brustvergrößerungen, Rasieren von Schamhaaren, intime Piercings, Tätowierungen etc., und Medikamente, die erektile Dysfunktion oder vaginale Atrophie behandeln – die Verdünnung, Trocknung und Entzündung der Vaginalwände, weil der Körper weniger Östrogen und andere sexuelle Stimulanzien aufbringt.

Männer wünschen sich jüngere, treue Frauen (manchmal auch Jungfrauen) mit körperlichen Merkmalen, die auf gute Fortpflanzungseigenschaften hinweisen. Während die gesamten sexuellen Attraktoren wie glatte Haut, glänzendes Haar, ein vollständiges Gebiss mit gut ausgerichteten weißen Zähnen, symmetrische Gesichts- und Körperzüge, breite Hüften, schmale Taille (idealerweise mit einem Verhältnis von 0,7 Taille zu Hüfte) und kecke Brüste, alles Indikatoren für Fruchtbarkeit und die Fähigkeit, gesunde Kinder zu gebären, die in der Menschheitsgeschichte und jeder Entwicklungsphase natürlich gleich geblieben sind, die Menge an Körperfett und Hautfarbe, die als sexy angesehen wird, variiert jedoch zwischen den Kulturen und historischen Perioden. Wenn die Nahrung knapp ist, werden schwerere Frauen von Männern in der Regel bevorzugt, da ihre Fülle auf Gesundheits- und Fettreserven hinweist, aus denen sie bei Nahrungsmangel, insbesondere während der Stillzeit, schöpfen können. Wenn dunklere Haut mit einer ärmeren Klasse assoziiert wird, die gezwungen ist, harte Arbeit in der Sonne zu verrichten, werden hellere Teints bevorzugt. In modernen und postmodernen Kulturen bedeutet Schlankheit typischerweise Fitness und gesunde Ernährung, und Bräune suggeriert oft den Luxus der Freizeit in der Sonne und eine gesunde Lebensweise durch Bewegung im Freien und gilt daher als attraktiver.

Mit attraktiven jüngeren Frauen zusammen zu sein, die süße Pheromone aussenden, erhöht den Testosteronspiegel bei Männern, wodurch diese sich lebendiger, sexuell erregter, energetischer und weniger depressiv fühlen.[570] Männer können kontrollierend, manipulativ, besitzergreifend und eifersüchtig werden, wenn sich ihre Partnerin in herausfordernder oder bedrohlicher Weise verhält oder Interesse an anderen Männern zeigt. Um wünschenswert zu bleiben, erwarten Männer, dass Frauen durch Bewegung und gesunde Ernährung körperlich fit bleiben, dass sie mit Hilfe von Kosmetika, sexy Kleidung und möglicherweise plastischer Chirurgie sexuell attraktiv bleiben und dass sie talentierte Liebhaberinnen sind.

Im **Unteren Linken kulturellen „Wir"-Quadranten** finden wir Normen und Werte rund um Sexualität (z.B. wer den ersten Kontakt initiiert), Regeln und Bräuche rund um vorehelichen Sex, Darstellung von Sexualität in den Medien, akzeptables Maß an sexuell expliziter Kleidung und Nacktheit, öffentliche Darstellung von Zuneigung, sexueller Belästigung, Sexhandel sowie direkter und indirekter Prostitution.

Männer begehren in der Regel attraktive jüngere Frauen, die aus guten Familien kommen, treu sind, eine positive Einstellung zum Sex haben und sich an kulturelle Normen rund um das Flirten und Sexualverhalten halten.

In präkonventionellen Clans, Stämmen und Banden haben Alpha-Männer den häufigsten Zugang zu Frauen, die ihre Sexualität als Gegenleistung für Fürsorge und Schutz anbieten. Diese Männer sind oft nicht monogam. Wohlhabende oder mächtige Führer können Harems haben (jetzt auch in Russland allgegenwärtig). Schwächere Beta-Männer haben möglicherweise nicht viel Zugang zu Frauen, die sie sich wünschen, und geben sich oft mit weniger attraktiven und älteren Frauen zufrieden. In bestimmten indigenen Stämmen gibt es sexuelle Initiationsrituale und Zeremonien, an die sich die in Frage kommenden Singles und Paare halten müssen.

In konventionellen Phasen werden die sexuelle Selektion und das sexuelle Verhalten in der Regel durch religiöse Bräuche und staatliche Gesetze geregelt und ist dementsprechend monogamer und demokratischer, wodurch mehr Männer Zugang zu Frauen erhalten.[571] Weibliche Nicht-Monogamie ist in der Regel verurteilt und männliches Flirten neigt dazu, im Geheimen durchgeführt zu werden. Zölibat ist auch gesellschaftlich akzeptiert, und manchmal bewundert oder obligatorisch für bestimmte klösterliche und kirchliche Ränge, sowie strenge spirituelle Bahnen.

Auf der postkonventionellen Stufe werden die Monogamie, multiple Formen der Nicht-Monogamie (einschließlich Polyamorie) und das Zölibat aus persönlichen Gründen kulturell akzeptiert. Männer wünschen sich Frauen, die ihr oft weitreichendes sexuelles Verhalten und ihre Vorlieben akzeptieren und unterstützen. Sexuell befreite Frauen initiieren häufiger sexuellen Kontakt und werden offener nicht-monogam, was sich für einige Männer bedrohlich anfühlt, während es von anderen begrüßt wird.[572]

Der **soziale Untere Rechte „Es'se"- Quadrant** umfasst sozial akzeptierte Umgebungen für sexuelles Verhalten, Sexspielzeug und Dessous, Standorte von Swinger Clubs, Sexbars, Bordelle, Sexhandelsringe, Verbreitung von Pornografie durch Zeitschriften, Filme oder das Internet sowie Liebesromane und feministische Pornos.

Männer wünschen sich attraktive Frauen, die sich an soziale Normen halten, um ihre Sexualität auszudrücken und die sich auch um ihre Kinder und ihr Zuhause kümmern, indem sie kochen, putzen und dekorieren. Auf präkonventionellen Stufen ist Sexualität oft ein natürlicher Bestandteil des gesellschaftlichen Lebens, einschließlich der Haltung von Sexsklaven, Straßenprostitution und Vergewaltigung. Partielle Nacktheit ist entweder natürlich oder wird verwendet, um Mitglieder des anderen Geschlechts anzuziehen. Gruppen von älteren Frauen und Familienmitgliedern können jüngere Frauen vor Triebtätern schützen.

In konventionellen Stadien wird Sexualität viel privater im Haus oder in Bordellen betrieben. Wir können auch die Entstehung von Sex-Bars, Swinger-Clubs, Erotik-Centern, Pornografie sowie weitere Formen der Kommerzialisierung der Sexualität beobachten, wie beispielsweise Sextourismus und Katalog-Ehen. Frauenbekleidung bedeckt entweder den größten Teil ihrer Haut (und in manchen muslimischen Ländern auch die Gesichter) und ist nicht sexuell explizit, oder sie wird in der Moderne elegant und betont den Körperbau von Frauen auf verführerische Weise.

Auf postkonventionellen Stufen werden freie und gesunde Ausdrucksformen der Sexualität von Mann und Frau stärker in das Familien- und Gesellschaftsleben integriert, manchmal unterstützt durch Sexualtherapie, Workshops für eine Sexualität zwischen Liebe und Intimität,[573] tantrische und sakrale sexuelle Praktiken in spirituellen Gruppen, orgastischen Meditationsgruppen, Kuschelpartys, polyamourösen Kreisen und sexorientierten Zusammenkünften.

Trage deine Wünsche und Attraktoren im zweiten Chakra für jeden Quadranten ein:

OL:	
OR:	
UL:	
UR:	

Angst-Scham

Frauen fürchten, vergewaltigt zu werden oder anderweitig sexuell ausgenutzt zu werden, fürchten, nicht sexuell attraktiv genug zu sein, um einen erwünschten Mann („Alpha“) anzuziehen, ihre Anziehungskraft mit dem Alter zu verlieren oder als prüde oder promiskuitiv angesehen zu werden.

Männer empfinden Scham um ihr Sakralchakra herum, wenn sie körperlich nicht attraktiv und groß genug sind, um Zugang zu attraktiven Partnerinnen zu bekommen, zu kleine Penisse, Erektionsstörungen oder andere Schwierigkeiten sexueller Art haben, entweder sexuell als zu aggressiv und „notgeil“ oder als zu unsicher und schwach angesehen werden, wenn sie eifersüchtig oder besitzergreifend werden und wenn sie von Frauen entmannt werden.

Trage hier deine Angst und deine Scham im zweiten Chakra ein:

Das Unbewusste

Hier befindet sich unterdrückte Sexualität und Sexualflucht, Sexsucht, zu explizites Sexualverhalten, z.B. bei Menschen mit histrionischen Persönlichkeitsstörungen (siehe Teil 1), gestörtes Verhältnis zu Sexualorganen oder gar keine Scham (Exhibitionismus), der Missbrauch von Sexualität zur Manipulation, psychologisch bedingte Erektionsstörungen, Unfähigkeit zum Orgasmus, vorzeitige Ejakulation und andere sexuelle Traumata und Dysfunktionen.

Kokreativität von erstem und zweitem Chakra

In der Lage zu sein, die Bedürfnisse und Wünsche von Frauen nach körperlichem Wohlbefinden durch Ernährung und einen bequemen Aufenthalts- oder Wohnort auszugleichen und zu harmonisieren, und die sexuellen Bedürfnisse und Wünsche von

Männern nach körperlich attraktiven und sexuell verfügbaren Frauen in Art und Grad sind wesentlich für die Mitgestaltung funktioneller und gesunder Beziehungen bei diesem Chakra-Paar.

3. Solarplexuschakra, weibliche Bedürfnisse – Sicherheit und Bedeutsamkeit

Sind die unmittelbaren Bedürfnisse nach Überleben und Reproduktion befriedigt, verlangt es Frauen nach Männern, die in der Lage sind, AUCH für nachhaltige Sicherheit zu sorgen und ihnen das Gefühl von Bedeutung zu geben, indem sie mit den großen Führer, Bandenchef, Heiler, Schamane, Lehrer, Arzt, Rechtsanwalt, Richter, Professor, Politiker, Gemeinschaftsführer, Künstler, Präsident, Geschäftsführer, Autor, Erfinder, Athlet, etc. liiert sind.

Im inneren **Oberen Linken „Ich"-Quadranten** finden wir Gefühle von Macht und Ohnmacht, von Sicherheit und mangelnder Sicherheit, von Bedeutung und Bedeutungslosigkeit. Wie viel Kontrolle haben wir über unser eigenes Leben, und wie viel wird von unserem Körper, Anderen, der Natur und unserem sozialen Umfeld kontrolliert? In welchen Bereichen unseres Lebens sind wir frei zu wählen und haben wir die Kontrolle, und wo sind wir emotional und in unserer Macht eingeschränkt? Dieses Chakra ist auch das Zentrum der Wutausbrüche.

Auf präkonventionellen Stufen fürchten Frauen, von männlichen Eindringlingen aus anderen Banden oder Stämmen vergewaltigt und entführt, von gefährlichen Tieren angegriffen und getötet oder von mysteriösen Naturgewalten und Geistern verletzt zu werden. Sie fühlen sich von Männern angezogen, die körperlich stark, aggressiv gegenüber anderen und gütig gegenüber ihren Partnerinnen sind, fähig, andere Männer zu führen, die bereit wären, mit ihnen zu kämpfen, und die scheinbar magische Kräfte haben, böse Geister fernzuhalten und die Götter zu besänftigen.

Auf konventionellen Stufen fühlen sich Frauen durch Eindringlinge in ihre Städte und Häuser bedroht oder befürchten, bei Transportunfällen, konventionellen Kriegen oder unkontrollierbaren Naturgewalten wie Erdbeben oder Hurrikanen verletzt oder getötet zu werden. Sie neigen auch dazu, an ihre Herkunftsfamilie gebunden zu bleiben, wenn sie keine lebensfähigen, passenden Männer mit sozialem Status finden, die ihnen Schutz bieten und die sie heiraten können, um ihre Heimat zu verlassen.

Auf postkonventionellen Stufen haben Frauen oft Angst vor toxischen Umgebungen und Lebensmitteln, unkonventioneller Kriegsführung und Terrorismus sowie vor Krankheiten wie Krebs und Demenz. Sie sorgen sich auch um soziale Repressionen und Ungerechtigkeiten, z.B. begrenzte Berufswahl und -möglichkeiten und ungleiche Bezahlung. Sie fühlen sich von Männern angezogen, die die Macht und den Status haben, ihnen den besten Schutz vor realen und wahrgenommenen Bedrohungen moderner und postmoderner Gesellschaften zu bieten, die sie bei der Förderung ihrer Karriere unterstützen und ihnen eine erfüllungsorientierte Arbeit ermöglichen.

Im **Oberen Rechten „Es'se"-Quadranten** finden wir die körperlichen Fähigkeiten, Macht auszuüben, sich körperlich zu verteidigen, andere einzuschüchtern oder schnell zu entkommen, sowie die Vollmacht des Einzelnen, gewalttätiges Verhalten, die Kontrolle über den eigenen Körper (z.B. Ess- und Bewegungsgewohnheiten) und alle „Bauchgefühle", die mit dem Bauchbereich verbunden sind, wie Schmetterlinge, „Knoten" oder Verdauungsstörungen.

Frauen in allen Stadien bevorzugen große Männer, was im Allgemeinen auf Dominanz, Macht und Status hinweist. Männer, die unterdurchschnittlich groß sind, lassen sich manchmal chirurgisch[574] behandeln oder versuchen, ihre „Unzulänglichkeiten" durch übermäßig aggressives oder dominantes Verhalten zu kompensieren, die als „Napoleon-Komplex" oder „Zwergensyndrom" bezeichnet werden, mit der Schlussfolgerung, dass ein solches Verhalten die Statur des Subjekts kompensiert.[575]

Auf präkonventionellen Stufen sind große, kräftige, muskulöse und aggressive Männer ganz natürlich die besten Beschützer und gewinnen meist durch bedrohliches und gewalttätiges Verhalten gegenüber anderen Männern an Status.

Auf konventionellen Stufen werden Macht und Status oft durch einen schweren männlichen Körperbau angezeigt, da ein solcher körperlicher Überfluss ein offensichtlicher Beweis für einen ausreichenden Zugang zu Nahrungsmitteln ist und darauf hindeutet, dass dieser Mann keine körperlich harte und gefährliche Arbeit verrichten muss.

Auf postkonventionellen Stufen zeigt die Größe bei einem schlanken und gut trainierten männlichen Körper ein hohes Maß an Selbstdisziplin, Fitness und gesunder Lebensweise, die positive Faktoren bei der Gewinnung von Status und Macht sind und daher von Frauen bevorzugt werden. Allerdings können objektiver Status und Macht und die damit verbundene Fähigkeit, ihre Partnerin zu schützen, die Höhe und Größe von weniger erfolgreichen Männern bei der sexuellen Selektion kompensieren und übertrumpfen.

Kurzgewachsene Männer mit niedrigem Status schämen sich oft für ihre körperlichen Unzulänglichkeiten und entwickeln ungesunde Bewältigungsstrategien wie Drogen- und Alkoholmissbrauch oder Gewalt oder fallen in eine männliche Depression. Auf der anderen Seite leiden sexuell unattraktive Frauen, die nicht in der Lage sind mächtige Männer mit hohem Status, mit denen sie sich sicher und signifikant fühlen würden, anziehen können, leiden oft unter anhaltender Ausschüttung von Stresshormonen, sie neigen oft dazu, sich große Hunde zu ihrem Schutz anzuschaffen, und manchmal fallen sie in Depressionen und entwickeln Drogenabhängigkeiten.

Im **Unteren Linken, kulturellen „Wir"-Quadranten** finden wir implizite sowie kulturell geschaffene Machtstrukturen, zum Beispiel Männer, die Macht auf Frauen ausüben, Vorgesetzte auf Untergebene, Eltern und Lehrer auf Kinder, Herren auf Sklaven, bestimmte soziale Klassen auf andere, Polizei auf Bürger, Militär auf Nationen, Politiker/Regierungsparteien auf ihre Wahlkreise oder die Reichen auf die Armen und die Medien- und Unterhaltungsindustrie, die die Macht haben, Informationen über die Massen zu kontrollieren. Im Wesentlichen bedeutet dies „Macht ausüben" in Dominanzhierarchien gegenüber „Macht durch" natürliche Hierarchien, auf die wir in Kapitel 16 näher eingehen werden. Die meisten Menschen haben in bestimmten Bereichen Macht, aber in anderen sind sie machtlos. Diese Ohnmacht führt oft zu Machtmissbrauch in anderen Bereichen, zum Beispiel wenn ein Mann, der sich an seinem Arbeitsplatz machtlos fühlt, seine Frau und Kinder zu Hause kontrolliert, oder eine Frau, die sich in ihrer Ehe machtlos fühlt, mit anderen Männern flirtet, um auf sie Macht auszuüben.

Auf präkonventionellen Stufen sind begehrenswerte Männer typischerweise rücksichtslose Anführer von Stämmen, Clans, Banden, Kartellen und Mafias, die andere Männer dominieren und führen und ihren Frauen gegenüber wohlwollend sind.

Auf konventionellen Stufen fühlen sich Frauen sicher und bedeutsam, wenn sie von Männern mit höheren Rängen mit ihren jeweiligen Titeln in Dominator-Hierarchien geliebt und geschützt werden. Die Titel dieser hochrangigen Männer werden oft indirekt auf den Ehepartner übertragen. Durch ihre Bindung zu ihm wird sie Prinzessin, Herzogin, Königin oder First Lady. In europäischen Traditionen wird eine Frau, die einen Arzt, Professor, Pastor, Richter, Generaldirektor oder Direktor heiratet, auch durch seinen Titel angesprochen, z.B. die Frau von Herrn Professor Schmidt, wird automatisch Frau Professor Schmidt, ohne eine einzige Prüfung abzulegen. Reiche Männer mit Macht und Status können auch mehr Sicherheit durch die Menschen bieten, die sie befehligen oder beschützen.

Auf postkonventionellen Stufen fühlen sich Frauen sicher und bedeutsam mit vollendeten, gewaltfreien, bewussten, „entfalteten" Männern, die von Anderen als Denker und spirituelle Führer geliebt und verehrt werden. Diese Männer geben ihren Partnerinnen Sicherheit durch ihre Fähigkeit, aktiv zuzuhören, die Dinge neu zu gestalten, indem sie verschiedene oder weiter entwickelte Perspektiven anbieten, ohne daran festzuhalten, und vermitteln, dass „FEAR" oft „False Evidence Appearing Real".[576]

Im **Unteren Rechten sozialen „Es'se"-Quadranten** finden wir Waffen zur Durchsetzung der Macht wie Messer, Gewehre, Bomben, Panzer, Flugzeuge, Schiffe, Festungen, Militärkomplexe, etc. und Infrastruktur wie geschlossene Nachbarschaften, Alarmanlagen, Überwachungskameras, Netzsicherheitssysteme, Leibwachen, große Autos. Macht wird auch durch imposante Architektur von religiösen Organisationen (z.B. Petersdom, Masjid al-Haram usw.), Regierungen (US-Capitol, Pentagon, Versailles, Deutscher Reichstag, Gerichtsgebäude und Gefängniskomplexe usw.) und Unternehmen (Empire State Building oder One World Trade Center in New York City, Hancock Building und Sears Tower in Chicago, Burj Khalifa in Dubai oder The Shard in London) symbolisiert. Auf präkonventionellen Stufen begehren und lieben Frauen Männer, die ihre Macht und ihren Status durch Kleidung, die ihre Bande oder Gruppe repräsentiert (z.B. die Kutten der Hells Angels), Tattoos, aggressive (Haus-)Tiere, laute Motorräder und „Muscle Cars" etc. zur Schau tragen und sich durch ihre Fähigkeit zum Faustkampf und den Einsatz von „Nahkampfwaffen“ wie Keulen, Messern und Schwertern, „Fernkampfwaffen“ wie Speeren, Schleudern, Pfeil und Bogen sowie in modernen Gesellschaften mit Hilfe von Feuerwaffen sicher fühlen.

Auf konventionellen Stufen bieten Frauen großzügige Liebes- und Sexleistungen als Belohnung für finanziell erfolgreiche und mächtige Männer, die Status-Symbole wie ausgefallene Autos, extravagante Uhren, Luxus-Häuser, Penthouse-Wohnungen, Yachten, und die Mitgliedschaften in Elite-Clubs bieten, die Schutz mit Hilfe von sicheren Autos und Häusern mit Sicherheitssystemen in angesehenen Wohngebieten, und die sie mit modernen Waffen, von Pistolen und Gewehren bis hin zu Atombomben, beschützen können. In postkonventionellen Liebesbeziehungen fühlen sich Frauen zu Männern hingezogen, die durch erfolgreichen sozialen oder ökologischen Aktivismus Anerkennung erlangen. Diese Frauen wollen sich sicher fühlen, indem sie in friedlichen Gemeinschaften, natürlichen Umgebungen, gut geschützten Inseln und manchmal exotischen Ländern leben.Trage hier deine Wünsche und Attraktoren im dritten Chakra für jeden Quadranten ein:

OL:	
OR:	
UL:	
UR:	

Angst-Scham

Frauen haben Angst, in realen oder wahrgenommenen Gefahrensituationen allein zu sein, wenn sie den Eindruck haben, dass ihr Partner sie nicht beschützen kann oder will oder ihre Sorgen nicht ernst nimmt (sie auslacht). Sie fürchten auch, als unbedeutend, wertlos oder „Resteangebot“ angesehen zu werden, wenn es ihnen nicht gelingt, einen Ehemann oder Partner mit einem höheren sozialen Status als ihren eigenen zu gewinnen (das bereits erwähnte Aufwärts-Heiraten).

Die Scham der Männer dreht sich um Macht und Status, wenn sie arm, machtlos, arbeitslos, unwichtig, unbedeutend und wertlos wirken, besonders wenn sie von Frauen mit erfolgreicheren, bedeutenderen und mächtigeren Männern verglichen werden.

Trage hier deine Angst und Scham im dritten Chakra ein:

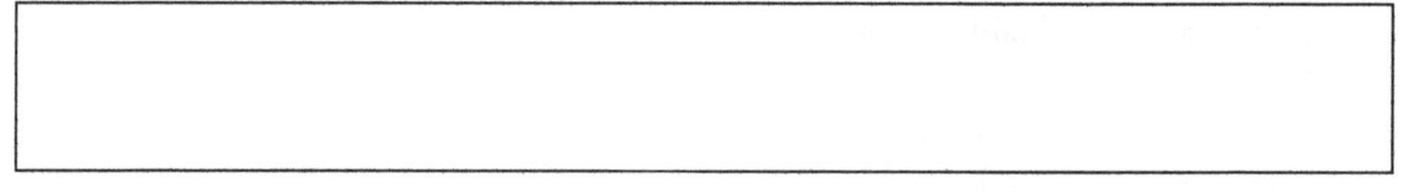

Das Unbewusste

Extrem ängstlich (vor allem, wenn es keine Bedrohungen gibt), übermäßig aggressiv (vor allem, wenn es nicht gerechtfertigt ist), übertrieben selbstbewusst, rücksichtslos, passiv-aggressiv, starr oder mit schwachen Grenzen. Aufgeblähtes Ego, Prahlerei mit Errungenschaften, Namensverlust und Verfolgung von Macht und Status um jeden Preis. Sich machtlos, wertlos oder als Opfer der Umstände fühlen und keine Wahlfreiheit zu empfinden. Extrem bescheiden und unscheinbar zu sein.

4. Herzchakra, männliches Verlangen – Mitgefühl und Wertschätzung

Im Austausch für die Bereitstellung von Macht, Sicherheit und Bedeutung für Frauen wollen Männer von liebenswürdigen, unterstützenden, mitfühlenden und vergebenden Partnerinnen geliebt werden, die ihre Bemühungen, Opfer und Leistungen mit einem fürsorglichen Wesen anerkennen, respektieren, schätzen, bestätigen und ehren. Männer empfinden Scham, wenn sie kritisiert, erniedrigt, in ihrer Männlichkeit hinterfragt, ignoriert oder nachteilig mit erfolgreicheren und mächtigeren Männern verglichen werden.

Im **Oberen Linken inneren „Ich"-Quadranten** finden wir die allgemeine emotionale Verfügbarkeit und die Fähigkeit zu lieben (offenherzig zu sein), die Fähigkeit zu selbstbestätigter Intimität und Verletzlichkeit, Empathie und Mitgefühl, die Fähigkeit, mit Herzschmerz umzugehen, und Gefühle bezüglich Güte, Wahrheit und Schönheit.

Männer wollen Frauen, die sie emotional „einfangen", freundlich und unterstützend sind, sie aber auch in Ruhe lassen, wenn sie Zeit brauchen.

Für präkonventionelle Männer bedeutet das, von Partnerinnen geliebt zu werden, die sie respektieren und ihnen vergeben, auch wenn sie von ihnen emotional oder körperlich misshandelt wurden, und die sie für ihr grobes Machtverhalten (sich nichts bieten lassen, für sich selbst eintreten) und den Schutz vor direkter Bedrohung und Körperverletzung der Partnerin loben und belohnen .

Konventionelle Männer wollen von ihren Partnerinnen für ihre Loyalität, ihr Wohlwollen, ihre harte Arbeit, ihre Beständigkeit, ihre Zufriedenheit und ihre beharrlichen Bemühungen, die hierarchische soziale Leiter innerhalb ihrer Gemeinschaften und Organisationen zu erklimmen, für Schutz durch die Schaffung von Grenzen und Entwicklung und angemessenem Einsatz moderner Waffen und anderer Verteidigungs- und Sicherheitssysteme geachtet werden.

Postkonventionelle Männer wollen von einer Partnerin geliebt werden, die empfindsam ist und ihre Gefühle frei zum Ausdruck bringen. Gleichzeitig wollen sie, dass ihre

Frauen stark, geerdet und sicher genug sind, um ein Gehör zu haben für die verletzlichen Gefühle ihrer Freunde (ACHTUNG! übermäßiges Teilen durch Männer kann jede Beziehung bedrohen, da fast alle Frauen irgendwann in Angst geraten, wenn sie ihren Partner als zu schwach, instabil und verletzlich empfinden, was schnell zu der in Teil 1 beschriebenen, absteigenden Angst-Scham-Spirale führt), ihre Partnerin soll sie in ihrer psychologischen Heilung unterstützen, Interesse für ihre Leidenschaften haben, geduldig bleiben, während sie ihre idealistischen Ziele verfolgen, bei ihnen bleiben, selbst wenn sie in ihren Bemühungen scheitern, und ihre Bemühungen, sie durch gewaltfreie Mittel zu schützen, schätzen.

Im **Oberen Rechten „Es"-Quadranten** lokalisieren wir körperliche Spannungen im Brustbereich, ungewöhnliche Herzrhythmen und Herzrasen, die durch Stress und komplizierte Gefühlslagen und Emotionen (oder andere psychosomatische Störungen), psychoaktive und stimmungsändernde legale und illegale Rauschmittel sowie die Fähigkeit zu freundlichem und fürsorglichem Verhalten verursacht werden.

Männer lieben Frauen, die sich um ihre körperlichen und seelischen Bedürfnisse kümmern, indem sie sie nach einem langen Arbeitstag zu Hause willkommen heißen, eine nährende und schmackhafte Mahlzeit anbieten, sich um ihre körperlichen Beschwerden kümmern und sie „festhalten", wie die Beatles in „A Hard Day's Night" sangen:

... Du gibst mir ein gutes Gefühl.
... wie du mich festhältst."
Lennon und McCartney, A Hard Day's Night (1964)[577]

Für präkonventionelle Männer bedeutet dies in der Regel, Frauen zu haben, die sie zu Hause willkommen heißen, sich um mögliche Wunden oder Verletzungen kümmern, die sie während ihrer Abwesenheit erlitten haben, eine herzhafte Mahlzeit auf den Tisch stellen, sich um die Kinder kümmern, ihnen je nach Stimmung Ruhe lassen oder ihnen zuhören, und alle Substanzen akzeptieren, die sie zum Entspannen verwenden möchten.

Für konventionelle Männer bedeutet dies in der Regel, liebevolle und fürsorgliche Ehefrauen zu haben, die für sie und ihre Familie schmackhafte, genüssliche Mahlzeiten zubereiten, ihre Kinder versorgen, Interesse an ihrer Arbeit zeigen, über ihren eigenen Tag berichten, Komfort bieten, damit sie ausruhen können und akzeptieren, dass sie ein oder zwei Drinks zu sich nehmen, fernsehen, ihren Hobbies frönen oder sich in ihre Höhle (Hobbyraum) zurückziehen.

Für postkonventionelle Männer bedeutet das oft, mit einer Partnerin zusammen zu sein, mit denen sie gemeinsam gesunde Bio-Mahlzeiten zubereiten und essen, gemeinsame körperliche Aktivitäten wie Spaziergänge, Radfahren, Schwimmen, Laufen oder gemeinsames Baden unternehmen, Massagen austauschen, über Bedürfnisse und Gefühle sprechen, kuscheln und gemeinsam in der Freizeit Rauschmittel genießen.

Im **Unteren Linken kulturelle „Wir"-Quadranten** finden wir akzeptable Ausdrucksformen von Gefühlen und Liebe im privaten und öffentlichen Raum, die Bedeutung, die emotionalen Ausdrucksformen in Relation zu rationalem Denken beigemessen wird, die Rechtfertigung von (un)ethischem oder (un)moralischem Verhalten, Entscheidungen auf der Grundlage von Gefühlen statt Rationalität, das Folgen des eigenen Herzens und das Finden von Wahrheit in dem, was sich richtig gegenüber Logik und Vernunft anfühlt.

Männer wollen Frauen, die von ihren Gemeinschaften als warmherzig, gutherzig und emotional sensibel, aber auch stabil mit gesunden Grenzen wahrgenommen werden. Männer werden von „Drama-Queens", zickigen oder abweisenden Ehepartnern in Verlegenheit gebracht.

Für präkonventionelle Männer bedeutet das Frauen, die loyal und respektvoll sind, die sie nicht hinterfragen, beschämen oder herausfordern – vor allem nicht vor anderen – und die unterwürfig und nicht zickig sind.

Konventionelle Männer wollen von Frauen geliebt werden, die dafür geachtet werden, treue Ehefrauen, gute Mütter, nette Nachbarn, besorgte Familienmitglieder und freundliche und rücksichtsvolle Mitwirkende in ihren Gemeinschaften und Organisationen zu sein, und die stolz ihre Partner vor Gleichaltrigen, Kollegen, Freunden und Gemeinschaftsmitgliedern loben und ehren.

Postkonventionelle Männer wünschen sich Frauen, die mitfühlend ihre Sorgen über große sozioökonomische, politische und ökologische Themen teilen, liberale feministische Werte haben und ihre Partner vor anderen für ihre altruistischen, sensiblen und mitfühlenden Beiträge zu Familie, Gemeinschaft und Gesellschaft bewundern.

Im **Unteren Rechten sozialen „Es'se"-Quadranten** finden wir Gebäude, Schauplätze, Räume, Orte, Zentren und Umgebungen sowie Gruppen und Organisationen, die zum Ausdruck von Gefühlen und Emotionen einladen, wie Kirchen und andere Orte der Andacht und des Feierns, Friedhöfe, Rückzugsräume, Therapiezentren und Krankenhäuser, geweihte Gärten, Veranstaltungszentren und Privathäuser, sowie authentische Beziehungs- oder 12-Steps-Gruppen, Managementmodelle wie „Theory U" oder Gruppen zur Auseinandersetzung mit Immunität gegen Veränderungen, die Gefühle und Emotionen in organisatorische Prozesse integrieren, politische Parteien, die die Gefühle der Wähler berücksichtigen, und die Darstellung von Gefühlen in den Medien.

Männer wünschen sich Frauen, die ein emotional warmes, einladendes, sicheres und angenehmes Zuhause würdigen und erhalten, die sich nach einem Arbeitstag um sie kümmern oder sich mit ihnen an sozialen Aktivitäten beteiligen und die den Ausdruck von Gefühlen ermöglichen.

Für präkonventionelle Männer bedeutet dies, dass ihr Partner jeden Lebensraum, den sie ihnen bieten können, zu schätzen weiß, indem er ihn sauber und einladend hält und mit ihnen Rituale durchführt, die es ihnen ermöglichen, ihre Gefühle und Emotionen, einschließlich Wut und Zorn, auszudrücken.

Konventionelle Männer lieben Frauen, die dankbar sind für die stabilen und sicheren Häuser, die sie ihrer Familie zur Verfügung stellen, und die „das Nest auspolstern", d.h. dazu beitragen, es zu dekorieren und zu verbessern, so dass sie und ihre ganze Familie und Freunde eine freundliche, warme und gastfreundliche „Wohlfühlumgebung" genießen können, auf die sie stolz sein können. Konventionelle Männer schätzen auch Frauen, die sie zu gesellschaftlichen Veranstaltungen, Gruppen, Gottesdiensten, Feiern und Aktivitäten, die den Ausdruck von Gefühlen und Emotionen ermöglichen, begleiten.

Postkonventionelle Männer wünschen sich Frauen, die ihre warmen, ökologisch nachhaltigen und geweihten Einzelhäuser in natürlichen Umgebungen oder Räume in Gemeinschaftshäusern oder Wohnprojekten schätzen und erhalten und die mit ihnen zu verschiedensten Orten und Kulturen auf der ganzen Welt reisen und mit ihnen da bleiben, wo sie humanistische Arbeit und Dienstleistungen anbieten.

Trage hier deine Wünsche und Attraktoren im vierten Chakra für jeden Quadranten ein:

OL:	
OR:	
UL:	
UR:	

Angst-Scham

Frauen empfinden Angst, wenn ihre Partner schwach, bedürftig, zu feminin und emotional von ihnen abhängig erscheinen, oder emotional instabil oder nicht verfügbar sind, oder wenn Männer zu viel über ihre verletzlichen Gefühle reden wollen.

Männer empfinden im Rahmen ihres Herzchakra Scham, wenn ihre Partner ihnen gegenüber kalt und gleichgültig sind, an ihnen rumnörgeln und sie kritisieren, missachten, demütigen, ignorieren oder bestrafen – vor allem vor anderen – anstatt ihnen das Gefühl zu geben sie zu sehen, zu verstehen, zu akzeptieren, zu ehren, zu unterstützen, zu pflegen, zu schätzen, zu loben und mit ihrem warmen, mitfühlenden und fürsorglichen Herzen zu belohnen.

Trage hier deine Angst und deine Scham im vierten Chakra ein:

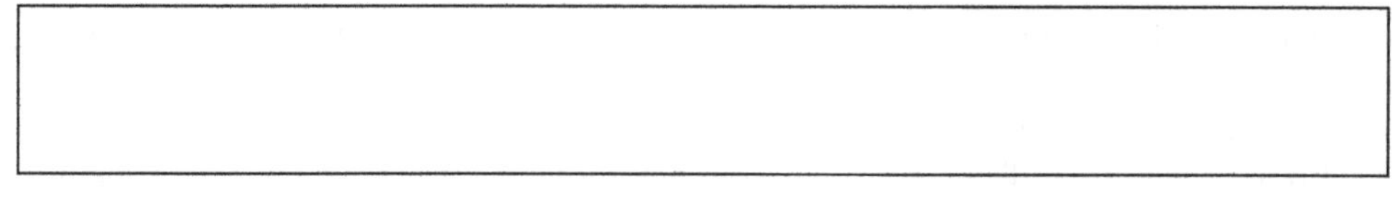

Das Unbewusste

Völlig mit irrationalen Gefühlen identifiziert und von ihnen getrieben zu werden, und nicht in der Lage zu sein, Gefühle und Emotionen als Leitfaden für eine rücksichtsvolle und fundierte Entscheidungsfindung zu benutzen, „idiotisches Mitgefühl", emotionale Erpressung und Manipulationen im Namen des eigenen Herzens, Unfähigkeit, Empathie für sich selbst oder andere zu zeigen, und nicht in der Lage zu sein, Kopf und Herz zu integrieren.

Kokreativität zwischen 3. und 4. Chakra

Die Fähigkeit, die Bedürfnisse und Wünsche von Frauen nach Sicherheit, Kraft und Bedeutung sowie die Bedürfnisse von Männern nach Wertschätzung, Fürsorge, Mitgefühl und „emotionaler Verfügbarkeit" ihres Partners auszugleichen und in Einklang zu bringen, ist wesentlich für die Mitgestaltung funktionaler und gesunder Beziehungen bei diesem Chakra-Paar.

Sich der Angst-Scham-Dynamik zwischen Männern und Frauen bewusst zu sein, wie sie in Teil 1 dieses Buches und tiefgehender in dem Buch *Schatz, wir müssen gar nicht reden!* beschrieben wird, kann wesentlich sein, um die verheerende Abwärtsspirale zu vermeiden, wenn Beziehungskonflikte zwischen dem dritten und vierten Chakra entstehen, da diese Dynamik Paare auf allen Ebenen des Bewusstseins betrifft und sich dabei lediglich in den Ausprägungen unterscheidet.

5. Halschakra, weibliches Verlangen – Kreativität

Wenn die Bedürfnisse der Frauen nach Überleben, Sicherheit und Bedeutung durch den Partner erfüllt sind, wollen sie von Männern geliebt werden, die ZUSÄTZLICH kreativ, ausdrucksstark, unterhaltsam, witzig und lustig sind.

Im **Oberen Linken inneren „Ich"-Quadranten** finden wir die Fähigkeit, Gedanken, Gefühle, Absichten und Beobachtungen verbal auszudrücken, Eloquenz, Genauigkeit, Kreativität, Logik und Sprachverständlichkeit, Selbstbewusstsein und Klarheit gepaart mit der Fähigkeit, vernünftige Argumente zu formulieren, die Fähigkeit, andere zum Lachen zu bringen, zu unterhalten und Menschen mit überzeugendem Geschichtenerzählen, Witz und Intelligenz zu begeistern.

Frauen wünschen sich Männer, die kreativ, selbstdarstellend, unterhaltsam, intelligent für sich selbst eintreten und – sehr wichtig – **sie zum Lachen bringen können.**

Auf präkonventionellen Stufen bedeutet dies, dass Männer, die ihre täglichen Pläne und Absichten teilen, ruhig mit ihren Partnerinnen sprechen, wenn sie in Not sind, unterhaltsame und lustige magische Geschichten über ihre Erfahrungen und über ihre sichtbare und imaginäre Umgebung erzählen und Frauen mit Witzen und Humor über die Missgeschicke anderer zum Lachen bringen.

Auf konventionellen Stufen lieben Frauen Männer, die ihre moralischen Werte und Visionen für die Zukunft teilen, autoritär sprechen, wenn ihre Partnerin besorgt ist, mystische Erzählungen über die sichtbare und übersinnliche (d.h. physische und metaphysische) Welt schaffen, die ihre Partnerin mit lustigen und intelligenten Geschichten, Weisheit, Wissen und Informationen unterhalten und beeindrucken, die sie interessieren, betreffen oder begünstigen, und die Frauen mit Witzen über Menschen und Situationen außerhalb ihrer eigenen Kultur zum Lachen bringen.

Postkonventionelle Frauen fühlen sich zu Männern hingezogen, die das, was in ihnen authentisch lebt, teilen - einschließlich des Austauschs empfindlicher Gefühle innerhalb der Einschränkungen ihrer eigenen Grenzen und des Eingeständnisses, wenn sie falsch liegen oder kein Wissen haben. Sie werden auch von Männern angezogen, die den Status quo, die Autoritäten und das etablierte Wissen in Frage stellen, Metamodelle verstehen und nutzen, um die bedeutenden Probleme der Menschheit anzugehen, ihre eigene Realität proaktiv definieren, anstatt sich von ihr definieren zu lassen, und Frauen mit selbstzerstörerischen Witzen und Humor über Menschen und Situationen in ihrer eigenen Kultur zum Lachen bringen.

Im **Oberen Rechten „Es"-Quadranten** finden wir den Sprechapparat, Stimmbänder und Lungen, die den Klang, die Lautstärke und den Ton der Stimme erzeugen (Frauen bevorzugen Männer mit tiefer resonanter Stimme),[578] körperliche Fähigkeiten, um sich kreativ auszudrücken, wie Singen, Malen, Modellieren, Spielen eines Musikinstruments oder Schreiben; und ganz allgemein die Funktionen der linken Gehirnhälfte.[579] Frauen fühlen sich zu Männern hingezogen, die Integrität ausstrahlen, indem sie tun, was sie sagen.

Frauen wünschen sich Männer, die ästhetisch ansprechende und funktionale Artefakte schaffen, Kunst ausüben, z.B. singen, ein Instrument spielen, schauspielern oder auf unterhaltsame, lustige und bewegende Weise tanzen, und die Probleme mit kreativen Lösungen lösen, die ihre Lebensqualität verbessern.

Auf präkonventionellen Stufen lieben Frauen hemmungslose, unberechenbare, wilde und heroische Männer, die Dinge schaffen, die laut, schnell, brennend, extravagant und chaotisch sind. Diese respektlose „Verrücktheit", wie sie durch den archetypischen Schwindler dargestellt wird, kann oft sehr unterhaltsam, spaßig und lustig sein (bis sie es nicht mehr ist), und zu „unbeabsichtigter" Kreativität führen, indem sie die Form bricht und auf eine neue Art und Weise ausprobiert.

Auf konventionellen Stufen werden Frauen von Männern angezogen, die realistisch, zuverlässig und berechenbar sind, die ihr Wort über längere Zeiträume halten (Taten sagen mehr als Worte) und durch Vernunft, empirische Evidenz und Forschung Dinge schaffen, die zu mehr Stabilität, Kontinuität und Funktionalität führen („Form folgt der Funktion").[580] Diese Männer unterhalten Frauen durch eine mystische, bewegende, temperamentvolle und ehrfurchtgebietende Kunst und einen Humor, der witzig, fröhlich und gelegentlich urkomisch ist.

Frauen auf postkonventionellen Stufen begehren Männer, die flexible Strukturen schaffen, indem sie femininen Fluss und maskuline Ausrichtung miteinander verweben, zugeben, wenn sie falsch liegen, bereuen, wenn ihre Handlungen anderen Schaden und Leid zugefügt haben, Gefühle statt rationalem Denken ausdrücken und schätzen und die Welt in einer multiperspektivischen oder aperspektivischen Weise sehen.[581] Dies wird durch postmoderne Kunst- und Unterhaltungsformen wie Improvisationstheater repräsentiert, die provozierend, verstörend oder urkomisch sein können.

Im **Unteren Linken kulturellen „Wir"-Quadranten** lokalisieren wir Sprachen und Dialekte, akzeptierte Ausdrucksformen (z.B. in Europa wird das Fluchen in der Öffentlichkeit und die Verwendung obszöner Wörter in den Medien weithin akzeptiert, während in den USA Wörter wie „Ficken", „Scheiße", „Pisse", „Fotze", „Schwanz", „Motherfucker" usw. oftmals ausge- bzw. überblendet werden),[582] grammatikalische Regeln, Semiotik, Hermeneutik, Diskursethik, Dialektik, Bedeutungsbildung und mathematische Formeln und Regeln, die alle von Kultur zu Kultur und Sprache zu Sprache variieren.

Frauen werden von Männern angezogen, die von ihrer Kultur wegen ihrer Kreativität, Intelligenz, Selbstdarstellung und Führung respektiert und bewundert werden.

Auf präkonventionellen Entwicklungsstufen finden Frauen Männer attraktiv, die magische Rituale wie Trommelzirkel ermöglichen, Mitglieder von wilden Rock- und Rapbands sind, Artefakte und Denkmäler entwerfen, die polytheistische und abergläubische Überzeugungen repräsentieren, und die andere durch Einschüchterung führen, oft durch verbreiten von Lügen und „Fake News" als Mittel zum eigenen Etablieren als diejenigen, die die wahre Wahrheit kennen („Glaubt mir!") und die ihre Anhänger in eine bessere Zukunft führen können.

In konventionellen Kulturen lieben Frauen Männer, die von der Gesellschaft als Geistliche, Gemeindeführer, Soldaten, Politiker, Akademiker, Visionäre, Unternehmer, Entertainer, Erfinder, Innovatoren, Architekten, Performer, Künstler und Sportler geehrt und respektiert werden.

Auf postkonventionellen Stufen lieben Frauen Männer, die international als evolutionäre und revolutionäre Agenten des kulturellen Wandels und als kreative, Sozial- und Umweltaktivisten, spirituelle Führer und Brückenbauer geschätzt werden.

Im **Unteren Rechten soziale „Es'se"-Quadranten** lokalisieren wir Artefakte, schriftliche Dokumente, Bibliotheken, das Internet und soziale Medien, Schulen und Universitäten, Museen und Ausstellungen, Konzertsäle und Kulturzentren, Kirchen, Tempel und Moscheen, die allesamt menschliche (vor allem männliche) Kreativität schätzen und zelebrieren. Frauen wünschen sich proaktive Männer, die ihre Lebensqualität verbessern und ihr soziales Umfeld durch ihre Kreativität verschönern.

Auf präkonventionellen Stufen wünschen sich Frauen kreative Männer, die Artefakte herstellen, die Gottheiten und Geister symbolisieren, anbeten oder besänftigen, Bauwerke erschaffen wie die Pyramiden, die Menschen- und Tieropfern und als Grabstätten dienen,[583] Ornamente und Figuren, die den lebensspendenden Körpern von Frauen huldigen, Kleidung und Kochgeschirr, die die Lebensfreude verbessern, und Gegenstände, die Wohnungen funktioneller und schöner machen.

Zu den kreativen Ausdrucksformen, die Frauen bei Männern begehrenswert finden, gehören klassische und moderne Musik, religiös, historisch oder politisch inspirierte Denkmäler, Skulpturen und Gemälde, die monotheistische Götter, bedeutende Persönlichkeiten, die Natur und das Leben auf realistische Weise darstellen, moderne Kunst, prächtige Gebäude wie Paläste, schöne Häuser, öffentliche Gebäude und Bürogebäude, formschön konzipiertes urbanes Design,[584] funktionale Möbel, Gerätschaften, industrielle und elektronische Geräte, Software, Medikamente und medizinische Verfahren, Fahrzeuge, Schiffe, Züge, Flugzeuge und Raumschiffe.

Auf postkonventionellen Stufen wünschen sich Frauen Männer, die erfolgreich postmoderne Kunst schaffen, die die weibliche und kulturelle Vielfalt ehrt, aber auch alternative Medizin und Heilmethoden, umweltfreundliche Gebäude, Energiequellen und Verkehrsmittel erschaffen.Trage hier deine Wünsche und Attraktoren im fünften Chakra für jeden Quadranten ein:

OL:	
OR:	
UL:	
UR:	

Angst-Scham

Frauen haben Angst davor, von depressiven und langweiligen Männern, die nicht originell, phantasievoll, kreativ, künstlerisch, erfinderisch, witzig, lustig und intelligent sind, zu Tode gelangweilt zu werden.

Männer empfinden Scham in Bezug auf das Halschakra, wenn sie von Frauen als unkommunikativ, unproduktiv, unkreativ, uninspirierend, stumpf, langweilig oder deprimiert wahrgenommen werden und somit die Lebensqualität ihrer Lebensgefährtin, Familie, Gemeinschaft oder Gesellschaft nicht durch sinnvolle Werke, Erfindungen oder Kunst verbessern und die Stimmung ihrer Lebensgefährtinnen und Mitmenschen nicht dadurch unterhalten und heben können, dass sie sich gut, inspiriert, stimuliert, glücklich und erfüllt fühlen.

Trage hier deine Angst und Scham im fünften Chakra ein:

Das Unbewusste

Ein Großmaul zu sein; immer im Mittelpunkt stehen zu müssen, indem man ständig redet und Anekdoten erzählt; immer Recht zu haben; übermäßig ruhig und unsicher zu sein; große Angst vor öffentlichen Reden oder Auftritten zu haben; nicht zu wissen, was man in privaten und sozialen Situationen sagen soll. Kreativität, die nicht zu Schönheit, Güte, Wahrheit oder Funktionalität führt; kein kreatives Ventil zu haben; sich wegen seiner eigenen schöpferischen Kraft und Fähigkeit unsicher zu fühlen.

6. Das Stirnchakra, männliches Verlangen – Weisheit und Intuition

Im Austausch für ihre Kreativität brauchen und wollen Männer die Weisheit und das intuitive Feedback ihrer Lebensgefährtinnen – auch wenn es negativ ist und eine Herausforderung darstellt – solange es sie ermutigt und anspornt, noch kreativer, inspirierender, unterhaltsamer und erfolgreicher zu sein. Wenn kreative Ideen und Erfindungen nicht das Überleben, das Wohlbefinden und die Lebensqualität von Frauen unterstützen und fördern, die von Natur aus die einzigen sind, die neues Leben in die Welt bringen können und somit eine tiefere Weisheit und Intuition als Männer haben, werden neue Ideen und Erfindungen schnell verschwinden und vergessen werden (oder als Kuriositäten in Museen landen). Am Ende wird nur das Gute, Wahre, Schöne und Funktionale, das durch den sexuellen Auswahlprozess von attraktiven, intuitiven und weisen Frauen, die sich fortpflanzen, übernommen und belohnt wird, an zukünftige Generationen weitergegeben und in die Zukunft getragen – bis der kreative Prozess es durch noch bessere Lösungen ersetzt.

Im **Oberen Linken inneren „Ich"-Quadranten** finden wir Weisheit, Vision und Intuition. Männer fühlen sich von weisen, wachen und intuitiven Frauen angezogen, die geistig scharf denken und auf dem Laufenden bleiben, um sich mit der Vision und der Arbeit ihres Lebensgefährten auseinanderzusetzen, Männer in ihrem kreativen Streben zu inspirieren und zu unterstützen, über ihre Leistungen nachzudenken und ihnen kritisches Feedback über den Wert und Nutzen ihrer kreativen Leistungen zu geben.

In präkonventionellen Beziehungen bedeutet dies, dass weise Frauen Männer lieben und belohnen, die kreative Ideen bezüglich Artefakten, Methoden zur besseren Versorgung und zum Schutz, Rituale und Wissen haben, die die Überlebenschancen und das Wohlbefinden ihres Clans oder Stammes verbessern.

Auf konventionellen Stufen lieben Männer intelligente Frauen, die gute Fragen stellen und sich mit ihren kreativen und visionären Predigten, Vorträgen, Prozessen, Forschungen, wissenschaftlichen Entdeckungen, Philosophien, Erfindungen und Kunst beschäftigen, die Fortschritt bringen und die Lebensbedingungen von Familien, Gemeinschaften und Nationen verbessern.

Postkonventionelle Männer wünschen sich wache, intuitive, selbstbewusste, provokative, herausfordernde spirituelle Frauen, die sich mit ihnen in dialektischen Prozessen engagieren, welche zur Emergenz durch Integration divergierender Bedürfnisse und Perspektiven führen.

Im **Oberen Rechten „Es"-Quadranten** finden wir weibliches Verhalten und Produktentscheidungen, die den Männern Feedback über den Wert ihrer Schöpfungen geben. Männer lieben Frauen, die die von ihnen geschaffenen Artefakte nutzen, ihr Verhalten auf der Grundlage neuer kreativer Ideen und Erkenntnisse anpassen, ihre kreativen Rituale und künstlerischen Leistungen beobachten und daran teilnehmen, **über ihre Witze lachen** und sich körperlich an der Unterstützung ihrer kreativen Prozesse und der Verwirklichung ihrer Vision beteiligen.

Auf präkonventionellen Stufen sind es Frauen, die magische Rituale zu schätzen wissen, die das Weibliche zelebrieren, die die von Männern geschaffenen Kunstobjekte tragen und die Körperverzierungen zeigen, die sie attraktiv und ehrenvoll finden, die die von Männern geschaffenen Werkzeuge zur Nahrungszubereitung und Stoffherstellung usw. erproben und nutzen, und die Rückmeldungen darüber geben, welche Auswirkungen magische Heilpraktiken und Zeremonien auf sie haben.

Auf konventionellen Stufen wünschen sich Männer Frauen, die Rückmeldung über die Lebensmittel geben, die sie in der Landwirtschaft oder industriellen Produktion hergestellt haben, Frauen, die modische Parfums, Kleidung und Schmuck, die von Männern für sie kreiert oder gekauft wurden, Frauen, die Rückmeldung über neue Technologien, Produkte, Prozesse, Kunstobjekte und Ideen geben, die von Männern kreiert wurden und die sie verwenden, wenn diese Kreationen das Leben der Frauen einfacher und unterhaltsamer machen, und Frauen, die über die Wirksamkeit von medizinischen Verfahren und Medikamenten berichten, die von Männern erfunden wurden. Auf postkonventionellen Stufen wünschen sich Männer Frauen, die Rückmeldung über die von ihnen produzierten gesunden Bio-Lebensmittel geben, die nachhaltig produzierte Bio-Naturkosmetik, Kleidung und Schmuck tragen und die Rückmeldung über alternative Lebens-, Heil- und Wohlfühlmethoden geben, die von Männern entwickelt wurden.

Im **Unteren Linken kulturellen „Wir"-Quadranten** werden Wissen und Intuition zu Moral und Ethik verortet.

Männer werden von Frauen angezogen, die dafür respektiert werden, dass sie wissen, was ihrer Kultur am besten dient.

Auf präkonventionellen Stufen lieben Männer intuitive und weise Frauen, die Einblicke in das haben, was ihren Clans und Stämmen am besten dient, indem sie gut mit anderen Frauen und Kindern verbunden sind und von anderen Männern als weise angesehen werden.

Auf konventionellen Stufen werden Männer von Frauen angezogen, die gut ausgebildet und über die lokalen und internationalen Angelegenheiten, Kunst und Wissenschaft informiert und gebildet sind und über ein breites Netzwerk von Kollegen und Freunden verfügen, aus denen sie Einsichten gewinnen können, um ihren Lebensgefährten fundiertes Feedback und Erkenntnisse über die Auswirkungen ihrer Werke und Innovationen zu geben. Auf postkonventionellen Stufen wünschen sich Männer kluge Frauen, die in ihren Gemeinschaften als soziale/ökologische Feministinnen und Kulturführerinnen anerkannt sind, die sich in Gruppenprozessen wie gewaltfreie Kommunikation oder Bohm-Dialog[585] engagieren und ihren Lebensgefährten Rückmeldungen zu ihrer Vision und ihrer Arbeit geben, um die Welt gerechter und nachhaltiger zu gestalten.

Im **Unteren Rechten sozialen „Es'se"-Quadranten** finden wir Institutionen, Organisationen und Netzwerke wie spirituelle Gruppen, Think-Tanks, Wissenszirkel, Diskussionsgruppen, politische Organisationen, Forschungszentren und Stiftungen sowie Systeme und Infrastrukturen wie das Internet und Universitäten, die es Frauen ermöglichen, Informationen zu sammeln und Männern Rückmeldungen zu geben.

Männer lieben kluge Frauen, die sich um soziale Fragen kümmern und die über die Intuition und das Wissen verfügen, um ihnen Rückmeldungen für ihre Vision und ihre Arbeit zur Verbesserung der sozialen Systeme und Infrastrukturen zu geben, die zur Verbesserung der Lebensbedingungen der Menschen beitragen. Auf präkonventionellen Stufen werden Männer von Frauen angezogen, die mit Erde und Natur verbunden sind, und den Männern Feedback über den besten Ort für die Errichtung von Behausungen, Lagerstätten und Dörfern in sicheren Gebieten mit reichlichen Nahrungs- und Wasservorräten, die Frauen und Kinder ernähren und frei von Schäden halten, bieten sowie bezüglich der Nützlichkeit von Kleidung, die sie schützen und dennoch Mobilität ermöglichen soll, Werkzeugen, die ihr gesamtes Leben leichter machen, und Artefakten, die soziale Identifikation und Zusammenhalt schaffen.

Auf konventionellen Stufen lieben Männer Frauen, die ihnen einen Einblick und Wissen über die Ergebnisse der landwirtschaftlichen und industriellen Methoden der Nahrungsmittelproduktion geben, die zu nahrhaften, wohlschmeckenden und sicheren Lebensmitteln führen, über die Funktionalität des Designs von Gebäuden und Städten, die ihren Bedürfnissen nach Sicherheit, Komfort und Luxus dienen, über die beste Nutzung ihrer Erfindungen von Maschinen und Transportmitteln und über die Wirksamkeit moderner Medikamente, medizinischer Verfahren und Krankenhäuser.

Auf postkonventionellen Stufen wünschen sich Männer weltoffene und kluge Frauen, die die Komplexität der Schaffung nachhaltiger und gerechter Sozialsysteme erkennen, die den Bedürfnissen der Menschen auf verschiedenen Entwicklungsebenen und kulturellen Hintergründen dienen, und ihren männlichen Partnern Feedback zu ihren Erfindungen und Entwürfen geben, die sich den dringendsten sozioökonomischen, politischen und ökologischen Herausforderungen der Menschheit stellen. Trage hier deine Wünsche und Attraktoren für das sechste Chakra für jeden Quadranten ein:

OL:	
OR:	
UL:	
UR:	

Angst-Scham

Frauen haben Angst davor, dass Männer nicht auf ihre Intuition und Klugheit hören und Produkte, Artefakte, Prozesse, Systeme und Ideologien schaffen, die auf persönlicher und kollektiver Ebene nicht in ihrem besten Interesse liegen oder schädlich, zerstörerisch, hässlich, falsch und dysfunktional sind.

Männer schämen sich im Bereich ihres Stirnchakras, wenn Frauen ihre Vision, Mission, Ideen und Kreationen nicht ernst nehmen und kein konstruktives Feedback geben, das sie entweder bestätigt, bestärkt und lobt oder ihnen erlaubt, ihre Arbeit und ihre Entwicklung zu verbessern und anzupassen.

Trage hier deine Angst und deine Scham für das sechste Chakra ein:

Das Unbewusste

Ein „Besserwisser" zu sein und von der Gewissheit besessen zu sein, oder völlig unsicher oder agnostisch in allem zu sein, unfähig zu sein, Werturteile und Entscheidungen zu treffen, die dem Wohl des Selbst und anderer dienen, spirituelles oder althergebrachtes Wissen über moderne pragmatische rationale Entscheidungen zu erheben, oder keine Weisheit in Spiritualität, Religionen und moralischer Philosophie zu sehen, oder ein Zyniker oder Nihilist zu sein.

Kokreativität von fünftem und sechstem Chakra

Auf der gleichen Ebene des Bewusstseins und der spirituellen Entwicklung zu sein und ähnliche Werte zu teilen, ist äußerst wichtig, um das fünfte und sechste Chakra in Art und Ausprägung auszugleichen und zu harmonisieren. Männer brauchen die Fähigkeit, offen auf das Feedback ihres Partners zu hören und zu erkennen, was für das Wohlbefinden anderer gilt. Männer müssen auch aufpassen, was aus ihren egoistischen Motiven, Schatten, unsichtbaren Wunden oder unbegründeten Ängsten kommen kann, und entweder ihre Gefühle darüber teilen, wenn das passiert, oder, wenn sie es können, es ignorieren, um Scham zu vermeiden. [586] Frauen müssen den Unterschied verstehen, ob sie einerseits ihren Partner dazu inspirieren, der beste Mann zu werden, indem sie sein volles Potenzial für sich selbst und die Vorteile anderer erkennen, und andererseits ihn nicht aus Bedürftigkeit, irrationalen Ängsten, emotionalen Wunden oder aus dem Wunsch heraus, sich selbst zu erheben, kritisieren.

7. Kronenchakra – Einigkeit

Das siebte Chakra wird traditionell als unsere spirituelle Verbindung zum reinen und ungeteilten Bewusstsein bzw. Gott erachtet. In einem rationaleren Sinne können wir es als unsere Verbindung zu dem Kokreativen Impuls verstehen, der alles im Universum durchdringt, einschließlich aller unteren Chakren, und von dem wir deshalb nicht abgekoppelt sind. Liebe im Sinne von Einigkeit oder Einheit mit einem Partner auf der Ebene des siebten Chakras kann nicht transaktional und damit nicht bedingt sein, sondern nur bedingungslos auf der jeweiligen Bewusstseinsebene, auf der sie sich manifestiert.

Wie wir in Teil 1 unter Spirituelle Entwicklung erkundet haben, bedeutet Einigkeit oder Einheit, eine unmittelbare oder direkte Erfahrung unserer inneren und äußeren Welt im gegenwärtigen Moment zu haben, ohne irgendeine Bezeichnung oder Interpretation durch den konditionierten Verstand. Dies vermittelt ein Gefühl der Nicht-Trennung von dem, was beobachtet oder erlebt wird, einschließlich unseres Partners. Das ist etwas anderes als Fusion oder A-Dualität, da es immer noch einen Menschen gibt, der sich des Selbst und des Anderen bewusst ist. Wie wir jedoch in der Persönlichkeitsmatrix in Teil 1 gesehen haben, wird auch diese Erfahrung später von der Bewusstseinsebene der Person interpretiert, die die Einigkeitserfahrung hatte, die per Definition bedingt ist. Mit anderen Worten, wir können auf der Ebene des siebten Chakras in den Zustand des Reinen Bezeugens eintreten und die Vereinigung oder bedingungslose Liebe erfahren, z.B. während eines intimen Gesprächs, wenn wir die Geburt eines Kindes miterleben, beim intensiven und ausdauernden Blick in die Augen oder beim Sex und Orgasmus, aber wenn wir die Erfahrung in Zeit und Raum später durch Erinnerung interpretieren, wie es unvermeidlich sein wird, können wir dies ganz anders als unser Partner tun, und die Liebe, die empfunden wurde, wird konditionell. Zum Beispiel können wir diese Spitzenerfahrung der bedingungslosen Liebe mit einem Liebhaber haben, der sie als sicheres Zeichen dafür interpretiert, dass beide zusammenbleiben und heiraten sollten, während wir sie als die Freisetzung von Hormonen interpretieren, die über die Begegnung hinaus keine tiefere Bedeutung hat, und wir ziehen weiter. Folglich wird der andere, der uns „bedingungslos geliebt“ hat, uns wahrscheinlich gar nicht mehr lieben.... oder noch schlimmer, uns hassen und alles tun, um uns zu verletzen und zu bestrafen.

Das Ignorieren der Tatsache, dass selbst die Erfahrung der bedingungslosen Liebe an Bedingungen geknüpft wird, wenn sie unweigerlich vom konditionierten Verstand interpretiert wird, würde bedeuten, auf den „Mythos des Gegebenen“ oder eine andere spirituelle Täuschung oder Selbstverleugnung hereinzufallen.

In einem pragmatischeren und weniger spirituellen, mystischen oder esoterischen Sinn bedeutet bedingungslose, nicht-transaktionale Liebe, die Bedürfnisse eines Partners zu erfüllen, ohne etwas im Gegenzug zu erwarten;[587] jemanden zu akzeptieren, *egal was mit ihm oder ihr passiert*, etwa Krankheit, Arbeitsausfall oder eine andere Notlage, oder, auf der positiven Seite, Beförderungen, Erbschaften oder anderes Glück, und die Beziehung immer an die erste Stelle zu setzen. Es bedeutet nicht, jemanden bedingungslos zu lieben, *egal was er oder sie dir antut.* Es bedeutet „Ich werde dich unter allen Bedingungen lieben, mit denen das Leben uns als Paar konfrontiert“, und nicht „Ich werde physischen oder emotionalen Missbrauch akzeptieren“, seien es Schläge, Lügen, unkontrollierte Wut, Schweigen, sexueller Missbrauch, sexuelle Zurückhaltung, finanzielle Verantwortungslosigkeit, einseitige Verletzung gegenseitiger Vereinbarungen oder jedes andere anhaltende missbräuchliche, schädliche, lebensverwehrende unethische oder unmoralische Verhalten. Dementsprechend lautet das traditionelle Ehegelübde „einander zu lieben, zu ehren und zu schätzen, sei es im Guten wie im Schlechten, in Krankheit und Gesundheit“, egal welche Bedingungen unsere Beziehung zu ertragen hat oder welchen Weg das Leben uns weist. Das Gelübde besagt nicht, „dich zu lieben, zu ehren und zu schätzen, selbst wenn du mich absichtlich verletzt oder missbrauchst.“

So endet für Menschen mit gesunden Grenzen die Vorstellung von bedingungsloser Liebe zu einem Partner und tiefer Hingabe an die Beziehung, wenn wiederholt Missbrauch oder Misshandlung eintritt oder wenn lebenswichtige Verpflichtungen gebrochen werden und keine Verbesserungen in Sicht sind. Unsere *biologische* und *transzendentale Bestimmung* zu verwirklichen, zum Beispiel Kinder zu haben und aufzuziehen, und den Bedürfnissen anderer und der Welt zu dienen, für die wir uns leidenschaftlich interessieren, hat immer Vorrang vor einer Beziehung mit einem Partner, der unsere Bestimmung nicht teilt, egal wie tief wir in ihn verliebt oder an ihn gebunden sein mögen. Nach dieser wichtigen Erkenntnis ändert sich auch das Ideal der "bedingungslosen Liebe", wenn ein Partner eine höhere Bewusstseinsstufe oder spirituelle Entwicklung betritt und die Wertesysteme, Weltanschauungen und Erkenntnisse, die das Paar dazu veranlasst haben, sich bedingungslos zu lieben, auf eine tiefe, nicht überbrückbare Weise auseinandergehen. Mit anderen Worten, die Person, die wir bedingungslos liebten, existiert nach einer solchen Verwandlung nicht mehr, so wie eine Raupe nicht mehr existiert, nachdem sie in ihrem Kokon zu einem Schmetterling geworden ist.

Andererseits bedeutet das nicht, dass es völlig in Ordnung ist, eine ansonsten gesunde Liebesbeziehung einseitig zu beenden, wenn wir nicht mehr "verliebt" sind (was per se eine vorübergehende Gefühlslage ist), oder wenn unser Partner uns nicht mehr glücklich macht (was in unserer eigenen Verantwortung liegt), oder wenn die oben beschriebenen Transaktionsbedingungen nicht mehr im gleichen oder höheren Maße erfüllt werden, wie wir es uns wünschen.

Im **oberen linken, inneren "Ich"-Quadranten** bezeichnet die spirituelle Zustandserfahrung der bedingungslosen Liebe oder Einigkeit das Wegfallen jeglicher Angst oder Scham zwischen einem Paar, was die Tür für ein tiefes Gefühl von Verbindung, Intimität, Vertrauen und Verletzlichkeit öffnet, das den individuellen Sinn des Selbst übersteigt. Jeder Partner fühlt sich vom anderen vollständig gehört, gesehen, verstanden und akzeptiert, ohne Beurteilung, Beschriftung, Projektionen, Fragen oder Annahmen. Diese Art von tiefer Verbindung in einer Liebesbeziehung wird möglich, wenn zwei Menschen, die sich sexuell zueinander hingezogen fühlen, das gleiche Bewusstsein und die gleiche spirituelle Entwicklung teilen, kompatible Lebenserfahrungen, Interessen, Sorgen und Wünsche haben und unterschiedliche Bewältigungsmechanismen für ähnliche Kindheitswunden und andere Strapazen entwickelt haben, wodurch sie sich einander vertraut fühlen - als ob sie sich ein Leben lang oder sogar in früheren Leben gekannt hätten.

Auf präkonventionellen Stufen wird das geheimnisvolle Gefühl der Anziehung, Einigkeit oder Verschmelzung oft als die magische Wiedervereinigung zweier verlorener Seelen oder Zwillingsflammen interpretiert, die in einem früheren Leben oder einer anderen Welt getrennt wurden oder die von Halbgöttern wie Eros oder Amor zusammengeführt wurden.[588] Ken Wilber schreibt in der Einleitung zu *Grace and Grit* (Anmut und Dreck): „Als [meine Frau] Treya und ich uns das erste Mal trafen, hatten wir das seltsamste Gefühl, dass wir uns ein Leben lang gesucht hatten, aber ich weiß nicht, ob das wahr ist."

Auf konventionellen Stufen wird die Erfahrung der Einigkeit entweder als göttlicher Beschluss, als „im Himmel gemachte Übereinstimmung" oder als ein Akt Gottes romantisiert, wie in Genesis 2:25 (NIV) beschrieben: „Adam und seine Frau waren beide nackt, und sie schämten sich nicht." Dies wird von modernen christlichen Theologen als „ein Ideal oder Traum von totaler Nacktheit, totaler Einigkeit, totaler Liebe und totaler sexueller Befriedigung in der Ehe" interpretiert.[589] Säkulare und einige spirituelle Menschen können diesen Zustand als ein vorübergehendes Phänomen betrachten, das psychologisch oder hormonell induziert wird, sie können ihn aber auch als Wahnvorstellung oder Psychose verwerfen, die ohne tiefere Bedeutung ist und dann nur zu Drama und Schmerz führt, wenn die von der Liebe geprägte Phase vorbei ist. Sie suggerieren daher, dass dieser romantische Zustand vermieden werden sollte. Einige spirituelle Lehrer sehen diesen Zustand als Ablenkung von ihrem eigenen spirituellen Weg und dem Weg ihrer Schüler und Anhänger, der sie vom Potential des Erwachens und der Erleuchtung abhalten würde, während andere Sex und tiefe tantrische Zustände als die besten Wege zur spirituellen Erkenntnis sehen.[590]

Auf postkonventionellen Stufen wird die Erfahrung der Einigkeit mit einem Partner oft als eine seltene Gabe, Segen oder Belohnung angesehen, die durch Gnade empfangen wird, oft als das Ergebnis langer tantrischer spiritueller Praktiken oder Meditation. Andere interpretieren es als ein direktes Erwachen, das Raum und Zeit transzendiert und damit ihre Vorstellung bestätigt, dass es letztlich nur „eine Liebe" gibt.[591] Auf jeden Fall wird die Erfahrung oft als ein Aufruf gesehen, in eine Praxis des Transzendierens des Dualismus im „Wir-Raum" einer Liebesbeziehung einzutreten oder sich in einen permanenten Zustand des Inter-Seins zu bewegen, der die Voraussetzung für das Inter-Werden und das nicht-duale Bewusstsein ist.

Dr. Thomas Habib[592] wies darauf hin, dass dieser Zustand mit dem prä-/trans-Irrtum einhergehen kann, wenn die hormonell induzierten starken vorpersönlichen Emotionen und Empfindungen, die erlebt werden, wenn unsere primären sexuellen Fantasien und psychologischen Bedürfnisse erfüllt werden, mit transpersonalen Formen der Liebe verwechselt werden, die durch anhaltende psychologische Heilung und persönliches Wachstum unterstützt werden, sowie mit spirituellen Praktiken des Erwachens durch Transzendenz des separaten Selbstgefühls und der Erlangung von nicht-dualem Bewusstsein verwechselt werden.[593]

Im **Oberen Rechten „Es"-Quadranten** führt die Erfahrung der Einigkeit zu „bedingungsloser Liebe" jenseits von Alter, Körpermerkmalen, Gesundheitszustand, Rasse, Hautfarbe und körperlicher Attraktivität. Es drückt sich dadurch aus, dass wir das Verhalten und die Realität unseres Partners voll akzeptieren und ihm gegenüber konsequent unterstützend und fürsorglich handeln, es sei denn, es liegt körperlicher Missbrauch vor. Einigkeit wird auf der körperlichen Ebene vor allem beim Sex und Orgasmus erlebt.

Auf präkonventionellen Stufen bedeutet dies, dass Männer bei ihrer Partnerin bleiben, auch wenn sie krank wird, nicht schwanger werden kann oder über das gebärfähige Alter hinaus altert. Für Frauen bedeutet es, Männer zu lieben, auch wenn sie schwach oder verletzt werden oder anderweitig nicht in der Lage sind, zu versorgen und zu schützen. Sexualität in diesem Stadium kann auch in Riten praktiziert werden, um vorübergehend höhere Bewusstseinszustände zu erreichen, zum Beispiel in tantrischen Praktiken mit geistlichen Prostituierten[594] und bei heiligen Hochzeitsritualen, die „hieros gamos" genannt werden.[595] Wissenschaftler halten solche Praktiken schon lange für üblich in der Antike.

Auf konventionellen Stufen kommt die „bedingungslose Liebe" zum Ausdruck, wenn Männer ihre Lebensgefährtin im Alter weiterhin lieben, auch wenn diese weniger attraktiv und körperlich unfähig werden, sich um sie zu kümmern. Frauen zeigen „bedingungslose Liebe", wenn sie bei ihrem Partner bleiben, auch wenn sein körperlicher Gesundheitszustand es ihm nicht mehr erlaubt, zu arbeiten und zu versorgen (Geld), oder wenn er ihren sozialen Status nicht mehr aufrechterhalten kann. Erfahrungen der sexuellen Einigkeit, besonders außerhalb der Ehe, werden als negativ angesehen, da sie den

Menschen vom Dienst an Gott trennen oder vom spirituellen Erwachen ablenken können.[596] Andere Interpretationen sehen Sexualität beispielsweise als gottgegeben an, wie in Matthäus 19,6 (NIV) beschrieben: „Sie sind also nicht mehr zwei, sondern ein Fleisch. Deshalb, was Gott zusammengefügt hat, soll niemand trennen." Christliche Gelehrte benutzen diesen Abschnitt aus der Bibel als Referenz, um Fragen über Ehe, Scheidung und Ehebruch zu beantworten.[597] Für andere kann die Verfolgung der sexuellen Vereinigung eine vorübergehende Flucht aus dem Alltag sein, wobei das hormonelle Hoch süchtig machen kann. Für Menschen mit Scham und anderen Blockaden rund um ihre Sexualität kann es eine unerreichbare Fantasie oder gar Illusion sein, Einigkeit oder Ganzheit auf körperlicher Ebene durch sexuelle Vereinigung oder tantrische Praktiken zu erfahren.

Auf postkonventionellen Stufen drückt sich „bedingungslose Liebe" dadurch aus, dass jedem Partner die Freiheit gegeben wird, sich in jeder Weise zu verhalten, wie er sein authentisches oder einzigartiges Selbst ausdrückt. Sie überschreitet geschlechtsspezifische Normen und Grenzen und beinhaltet oft Formen der Nicht-Monogamie. Jede Art von emotionalem Leid, das einem Partner zugefügt wird, der seine oder ihre Freiheit verfolgt, wird als Chance für weitere Heilung und Wachstum gesehen, wie im Buch und in der Praxis der *unverteidigten Liebe* vorgeschlagen. Weil es keine Regeln, Strukturen, Vereinbarungen oder Forderungen mehr um das Verhalten gibt (was als bedingte oder beschützte Liebe angesehen werden würde), sind diese oft nicht monogamen, schlecht definierten und grenzenlosen Liebesbeziehungen herausfordernd und werden, entgegen ihren Absichten, schnell instabil und bedingt. Ein Grund dafür ist, dass so genannte performative Widersprüche schnell entstehen, wenn z.B. die Vereinbarung zum Akzeptieren mit der Aussage konterkariert wird, dass man die Nichtakzeptanz akzeptieren muss, oder die berüchtigte Vereinbarung zum Nicht-Urteilen zerbricht, wenn ein Partner den anderen als urteilend beurteilt, oder wenn eine Vereinbarung von „keiner Erwartungshaltung" zusammenbricht, wenn ein Partner erwartet, dass ein Gespräch definiert, was keine Erwartung bedeutet und somit eine Erwartung erzeugt.

Im **Unteren Linken kulturellen „Wir"-Quadranten** wird „bedingungslose Liebe" oft in Märchen, Gedichten, Mythen, Büchern, Theaterstücken, Liedern und Filmen als „glücklich bis ans Lebensende" romantisiert. Die Liebenden sind bereit, persönliche Opfer zu bringen, wie z.B. in heldenhafte Kämpfe einzutreten, ihr Leben zu riskieren, kulturelle Normen zu brechen oder andere zu verlassen, um ihre unsterbliche Ergebenheit gegenüber ihrer Geliebten zu beweisen. Dies bedeutet in der Regel die Beseitigung aller Grenzen, auch derjenigen, die kulturell als gesund genormt sind.

Auf präkonventionellen Stufen ist „bedingungslose Liebe" meist (Halb-)Göttern und Göttinnen oder anderen mystischen Figuren vorbehalten. In den vielen Mythen, die diese Figuren umgeben, wird diese Liebe oft mit Drama, Verlust, Verwandlung und manchmal auch Erlösung in Verbindung gebracht.

Auf konventionellen Stufen wird „bedingungslose Liebe“ nur von Mitgliedern der Oberschicht, des Adels und des Hochadels, der Aristokratie und der Bourgeoisie empfunden, während Menschen der Unterschicht, des Proletariats und Bauernstands „bedingungslose Liebe“ nur für ihre nächsten Verwandten erfahren können, da ihre sexuellen Beziehungen typischerweise auf die Erfüllung von Überlebensbedürfnissen reduziert sind. Moderne rationale Menschen können Konzepte von „bedingungsloser Liebe“ und Einigkeit als hormonell induzierte, unhaltbare oder unrealistische romantische Täuschung und Fantasie verspotten und ablehnen.

Auf postkonventionellen Stufen ist „bedingungslose Liebe“ ein spirituelles, psychologisches oder verhaltensorientiertes Ideal oder Potential, das zwischen verheirateten und unverheirateten Paaren, die monogam, nicht-monogam oder zölibatär sein können, und von jedem gesetzlichen Alter oder jeder sexuellen Orientierung, von jedem kulturellen, religiösen, familiären oder sozialen Hintergrund, sozialer Klasse und Bildungsniveau, verfolgt und erfahren werden kann.

Im **Unteren Rechten sozialen „Es'se“-Quadranten** ist die „bedingungslose Liebe“ frei von gesellschaftlichen Bedingungen, Normen, Druck und Ängsten und drückt sich in der freien Teilhabe an materiellen Ressourcen und sozialen Verbindungen aus.

In präkonventionellen Beziehungen bedeutet dies, dass die Liebe die Grenzen von Nachbarschaften, Banden, Stämmen und Familienclans überschreiten kann und dass knappe Ressourcen wie Nahrung, Unterkunft und Haushaltsgegenstände frei mit einem Partner geteilt werden.

Auf konventionellen Stufen bedeutet dies, dass Verbindungen zwischen Partnern aus verschiedenen sozialen Schichten, unabhängig von Status und Einfluss, Familiengeschichte, Bildungsniveau, Einkommen, Reichtum, Herkunftsland und Lebensweise möglich sind und dass Einkommen, Ersparnisse, Rentenfonds, Wohnungen, Fahrzeuge und anderes Eigentum frei und bedingungslos zwischen den Partnern geteilt werden.

Auf postkonventionellen Stufen bedeutet es, soziale Anliegen und Verantwortlichkeiten zu teilen und eine materialistisch orientierte Lebensweise aufzugeben, um mit einem Partner spirituelles und persönliches Wachstum zu verfolgen. Paare kommen oft aus verschiedenen Städten, Staaten, Ländern oder sogar Kontinenten zusammen, nachdem sie Zustände „bedingungsloser Liebe“ zueinander erlebt haben.

Angst-Scham

Frauen fürchten, dass die Liebe des männlichen Partners nur bedingt und nicht bedingungslos sein kann. Frauen fürchten auch, sich emotional und spirituell von ihrem Partner isoliert zu fühlen, und dass er spirituelle Argumente wie „wir sind alle eins“ verwenden kann, um ungesundes Verhalten wie die Verletzung von Vereinbarungen und Grenzen zu rechtfertigen.

Männer empfinden Scham, wenn Frauen sie beschuldigen, ihrer Liebe Bedingungen aufzuerlegen, oder wenn sie Männer als lieblos, unfreundlich, entfernt, unverbunden, körperlos, egozentrisch, narzisstisch, selbstsüchtig und zu verkopft wahrnehmen. Mit anderen Worten, wenn Männer zu viel pathologisches Aufsteigen und Agenz zeigen, und nicht genug gesundes Absteigen und Kommunion.

Trage hier deine Wünsche und Attraktoren für jeden Quadranten im siebten Chakra ein:

OL:	
OR:	
UL:	
UR:	

Da es auf der Ebene des siebten Chakras keine Geschlechtsidentifikation gibt, gibt es auch keine Angst oder Scham.

Das Unbewusste

Verwechslung von A-Dualität mit Nicht-Dualität. Unkenntnis fortgeschrittener spiritueller Zustände. Alle Formen der spirituellen Selbstverleugnung (Bypassing), die bereits erwähnt wurden. New-Age-Narzissmus wie „Jeder erschafft seine eigene Realität". Spiritueller Materialismus oder die Behauptung, dass es nichts Reales gibt. Unkenntnis von performativen Widersprüchen, wie z.B. Nichtbeurteilung oder Ablehnung natürlicher Hierarchien und Wut oder Abwehr, wenn man sie in Frage stellt.

Kokreativität im siebten Chakra

Im Reinen Bezeugen oder einem*r nicht-dualen Zustand/Stufe der spirituellen Erkenntnis zu sein, eine spirituelle Praxis zu teilen, die die spirituelle Selbstverleugnung und den prä-/trans-Irrtum vermeidet, und gesunde Wege des Inter-Seins in allen anderen Chakren sind wesentlich für die Kokreativität auf der Ebene des siebten Chakras.

Ausgleich von femininen/maskulinen Polaritäten auf der Achse der sieben Chakren

Ähnlich wie bei den vier Quadranten kann jedes der sieben Chakren in männlicher aufsteigender und agentischer oder weiblicher absteigender und gemeinschaftlicher (Kommunion) Weise ausgedrückt werden.[598]

Damit asymmetrische transaktionale Liebesbeziehungen funktionieren, müssen Männer überwiegend männliche und Frauen überwiegend weibliche Polaritäten entlang der sieben Chakren einnehmen. Wie wir im ganzen Buch gesehen haben, wird die Mitgestaltung von Liebesbeziehungen oft problematisch, wenn sich die Polaritäten verschieben, z.B. wenn Frauen ihre männliche Seite auf der orangefarbenen Ebene betonen, oder wenn sich die Polaritäten auf der grünen Ebene völlig umkehren und die Männer zu ihrer femininen Seite übergehen.

Wurzelchakra – Das Überleben

Maskuline Überlebensenergie drückt sich aus durch die individuelle Konkurrenz um die besten Ressourcen, für das Überleben auf sich selbst angewiesen zu sein statt von anderen abhängig, die Unterdrückung von Gefühlen beim Töten und Eingehen von Risiken, die Vernachlässigung des Körpers im Überlebensmodus, den Einsatz des Geistes und der Vernunft, um größere und bessere Lösungen für das Überleben zu schaffen, Wettbewerb, um hierarchische Leitern zu erklimmen und Zugang zu mehr und besseren Ressourcen zu erhalten, Vermeidung von Rückschlägen oder sich in Details zu verlieren, Auswahl von materiellem Reichtum gegenüber persönlicher Erfüllung, Ausbeutung anderer für persönlichen Gewinn und Festlegung und Durchsetzung von Regeln für die Schaffung, Verteilung und Nutzung von Ressourcen, die für das Überleben notwendig sind.

Feminine Überlebensenergie wird ausgedrückt durch die Kommunikationsfähigkeit mit anderen, wenn es darum geht, Ressourcen zu finden oder zu entwickeln, zusammenzuarbeiten, um die erwünschten Ergebnisse zu erzielen, in Abhängigkeit von anderen zu überleben und im Gegenzug Verantwortung für sie zu übernehmen, auf Gefühle zu vertrauen und sich um Details zu kümmern, um zu überleben, auf Signale des Körpers zu achten, die Gesundheitsschäden auslösen und Risiken vermeiden können, Informationen zu teilen und großzügig mit Ressourcen umzugehen, Erfüllung statt Reichtum zu wählen und sich an entspannenden und erholsamen Aktivitäten zu beteiligen.

Sakralchakra – Das Sexuelle

Maskuline sexuelle Energie wird durch Verfolgen, Finden, Eindringen, Schenken, Dominieren und Leeren ausgedrückt.

Weibliche sexuelle Energie drückt sich durch Anziehen, Verführen, Eröffnen, Zulassen, Ergeben, Empfangen aus.

Es wurde viel über das Ausbalancieren und Harmonisieren von weiblichen und männlichen Polaritäten geschrieben, um sexuelle Anziehungskraft, Leidenschaft und Energie zu erzeugen.[599] Je größer die Polarität auf gesunde Weise, desto mehr sexuelle Energie fließt. Das Männliche repräsentiert die gerichtete, zielorientierte, fokussierte, leere Präsenz und Stille, die oft mit den Ufern eines Flusses oder Kanals verglichen wird. Das Weibliche zeichnet sich durch reine, grenzenlose Energie aus, die sich frei und ohne eine bestimmte Richtung bewegt. Die unerschütterlichen männlichen Ufer und der fließende weibliche Fluss erschaffen kokreativ den Fluss. Je stärker und höher die Ufer, desto mehr sexuelle Energie kann fließen. Wenn es ein Missverhältnis gibt, wird das Feminine entweder überfließen und die Ufer eines schwachen Mannes erodieren und sich dadurch unkontrolliert und ziellos fühlen; alternativ dazu kann das Feminine nicht genügend Fluss liefern, um das Flussbett zu füllen, was dazu führt, dass sich das Maskuline ungerührt und uninspiriert fühlt. Wenn beide Partner zu männlich sind, gibt es zu viel Starrheit; wenn beide zu weiblich sind, gibt es keine Eingrenzung und Richtung. In den östlichen Traditionen wird diese Dynamik oft als Yin (weiblich) und Yang (männlich) bezeichnet.

Solarplexuschakra – Die Macht

Männliche Macht drückt sich durch Unabhängigkeit aus, indem sie Gruppen und Organisationen gründet und leitet, von der Front und an der Spitze führt, andere dominiert und regiert, Gesetze definiert und durchsetzt, kämpft und sich nichts gefallen lässt, Statussymbole erwirbt und zeigt, und mutig, rücksichtslos, gnadenlos, unnachgiebig, unerbittlich, erbarmungslos, energisch, kämpferisch, kompromisslos, unversöhnlich und kaltblütig ist. Im Wesentlichen ist größer, höher und stärker besser, und der Erfolg wird letztlich daran gemessen, wie viel Macht gewonnen wird und wie viele Menschen geleitet, regiert, kontrolliert oder verfolgt werden.

Feminine Kraft drückt sich aus in der Verbindung mit anderen, in der Führung von unten und in der Führung von hinten, in der Sympathie, Akzeptanz, Verlässlichkeit, Verantwortung, Subtilität, Rücksichtnahme, Fürsorge, Kompromissbereitschaft und Flexibilität. Im Wesentlichen ist mehr, tiefer und breiter besser, seitliche Entscheidungen werden den Hierarchien vorgezogen, und geliebt zu werden ist besser als respektiert zu werden. Der Erfolg wird letztlich an der Anzahl der gepflegten Beziehungen gemessen. Titel wie Mutter, Schwester, Bruder, Teamplayer oder Gruppenmitglieder werden gegenüber solchen bevorzugt, die auf Überlegenheit hinweisen, wie Vater, Patriarch, Anführer, Kommandant, Kapitän, Präsident oder Chef. Feminine Macht lenkt durch kleine, subtile, sorgfältig geplante inkrementelle Veränderungen und kann listig, subversiv und manipulativ sein.

Herzchakra – Das Mitgefühl

Maskulines Mitgefühl drückt sich durch Liebe aus, die nach oben führt, analysiert, rationalisiert und an Gefühle und Herzensangelegenheiten vom Kopf oder von oben nach unten denkt, sie zusammenhält, sich nicht in Gefühlen verliert und sie (wenn überhaupt) alleine verarbeitet, selbst wenn die innere Unruhe, der Kummer oder das Leiden sehr stark sind. Das Maskuline betont, dass Gefühle durch Gedanken verursacht werden und neigt dazu, sie zu ignorieren. Abspalten, Verdrängen, Transzendieren oder Ignorieren ist die maskuline Strategie, mit unangenehmen Gefühlen umzugehen. Um die Gefühle und Leiden anderer zu verstehen und zu begreifen, versucht das Maskuline seine eigenen Gefühle und Erfahrungen als Bezugspunkt zu nutzen. Um Mitgefühl zu zeigen, zeigt das Maskuline oft zähe Liebe und empfiehlt, die kleinen Dinge nicht zu verdauen, die Gefühle zu rationalisieren und umzugestalten, und hilft anderen, die leiden, sich selbst zu helfen, indem sie Ratschläge zur Lösung ihrer Probleme geben.

Feminines Mitgefühl drückt sich durch Liebe aus, die nach unten reicht, sich mit den Gefühlen und Angelegenheiten des Herzens identifiziert und sie mit anderen teilt, gehört wird und Empathie empfängt. Um seine eigenen Gefühle zu verstehen, versucht das Weibliche, die Gefühle anderer zu verstehen und benutzt sie als Bezugspunkt. Das Feminine behauptet, dass Gefühle Gedanken erzeugen. Um Mitgefühl zu zeigen, kümmert sich das Feminine um andere, indem es ihren Gefühlen und damit verbundenen Geschichten lauscht, Wärme spendet und Verständnis ausdrückt und mit Einfühlungsvermögen, Freundlichkeit und Sorgfalt reagiert, ohne Ratschläge zu geben oder vorzuschlagen, dass sich jemand „anders fühlen sollte“.

Halschakra – Das Kreative

Maskuline Kreativität drückt sich in der Darstellung großer Ideen, dem Denken in großen Dimensionen und der Innovation aus, die mehr Güte, Wahrheit, Schönheit und Funktionalität schaffen und so die menschliche Situation verbessern. Sie tut dies, indem sie moralische, ethische und normative Regeln, Rechte und Gesetze schafft, die die Rechte des Einzelnen schützen. Sie setzt sie dann durch, indem sie Macht ausübt und Gerechtigkeit fordert, indem sie rationales Denken, Vernunft, Logik, Dialektik und empirische Beweise verwendet. Das Maskuline drückt sich aus, indem es Kunst schafft, die über das Alltägliche hinausgeht und den menschlichen Geist erhebt, und indem es hierarchische Systeme und fortschrittliche Technologien hervorbringt, die die bedeutenden Probleme der Menschheit angehen. Das Streben, zuerst verstanden zu werden, bevor man andere versteht, und das Gewinnen des Streitpunktes und Recht zu haben, ist für das Maskuline wichtiger als die Aufrechterhaltung von Beziehungen.

Feminine Kreativität drückt sich aus durch die Bewegung subtiler Energie auf der materiellen, physischen, intellektuellen, emotionalen und spirituellen Ebene durch die Verbindung mit anderen und der Erde, die Pflege von Details, die Aufrechterhaltung von Stabilität und die Erhaltung der Menschlichkeit. Sie schafft mehr Güte, Wahrheit, Schönheit und Funktionalität, indem sie sich um die Bedürfnisse von Menschen, Tieren, Pflanzen und der Erde kümmert, Konsens findet, indem sie auf die Feinheiten der Gedanken und Gefühle anderer hört, ästhetisch ansprechende, emotional bewegende Kunst schafft, die das Leben und die Erde feiert, laterale statt hierarchische Systeme etabliert und Dinge hervorbringt, die den menschlichen Körper und das Herz hegen und pflegen. Das Bemühen, zuerst zu verstehen, bevor man verstanden wird, und das Aufrechterhalten von Beziehungen sind für das Feminine wichtiger, als die Auseinandersetzung zu gewinnen und Recht zu behalten. Die richtigen Fragen zu stellen wird als wichtiger angesehen, als alle richtigen Antworten zu haben.

Sechstes Chakra – Die Weisheit

Maskuline Weisheit drückt sich durch die Integration von objektiver Information, Verständnis und Wissen mit den eigenen Erfahrungen aus, um die weisesten Entscheidungen zu treffen, indem man sich auf das Gesamtbild konzentriert und unabhängig entscheidet, was gut oder schlecht, richtig oder falsch oder besser oder schlechter für die Zukunft ist. Sie konzentriert sich auf die Rechte und Freiheiten des Einzelnen. Maskuline Weisheit ist wertend und hierarchisch. Dies wurde von Felix Frankfurter (1982-1965), Richter am Obersten Gerichtshof der USA (1939-1962), gut ausgedrückt: „Es war ein kluger Mann, der sagte, dass es keine größere Ungleichheit gibt als die Gleichbehandlung von Ungleichheiten."

Feminine Weisheit drückt sich durch Empfinden, Fühlen, Intuition, Kommunikation und Konzentration auf alle Details aus, um festzustellen, was gut oder schlecht, richtig oder falsch, oder besser oder schlechter ist, um das beste Ergebnis in der Gegenwart zu erzielen. Sie stellt die konventionelle Weisheit in Frage, beschäftigt sich mit Mysterien und berücksichtigt und kümmert sich um die Bedürfnisse der Schwachen, Machtlosen und Benachteiligten, wie Kinder und ältere Menschen, Tiere und die Erde, und betrachtet das größte Gut für die größte Zahl von Menschen. Feminine Weisheit würde Frankfurters Aussage so umdrehen, dass sie dann zu „Es gibt keine größere Ungleichheit als die Ungleichbehandlung von Gleichen" wird, denn aus femininer Sicht sind wir am Ende alle gleich.

Siebtes Chakra – Die Einheit

Maskuline Einheit wird durch Leere, Stille und Transzendenz erfahren. Zu den spirituellen Praktiken gehören Sitzmeditation, Rückzüge in die Stille und einsames Leben.

Feminine Einheit wird durch Fülle, Fluss und Immanenz erfahren. Spirituelle Praktiken umfassen gemeinsames Yoga, Gruppengesang, Seelenbewegungstanz und erdzentrierte Rituale.

In einigen spirituellen Traditionen sind die Zuordnungen zu dem, was als weiblich und männlich gilt, umgekehrt. Dabei geht es vor allem darum, dass die Kokreativität in Zeit und Raum und damit die Existenz durch Inter-Werden ohne die Balance und Harmonisierung der femininen und der maskulinen Polaritäten nicht möglich ist.

Fähigkeit zur Liebe

Durch das Verständnis der Dialektik der Begierde zwischen Männern und Frauen längs der ersten sechs Chakra-Paare können wir besser definieren, was der Unterschied zwischen dem Verliebtsein und unserer tatsächlichen Fähigkeit zur Liebe in transaktionalen Liebesbeziehungen ist. Wir können unsere Fähigkeit zu lieben als **unsere Fähigkeit und Bereitschaft beschreiben, die Bedürfnisse und Wünsche unseres Part-**

ners am besten zu erfüllen und die Gaben, die wir im Gegenzug erhalten, wohlwollend anzunehmen und zu schätzen, indem wir die femininen und maskulinen Polaritäten aller vier Quadranten ausbalancieren und harmonisieren.

Tatsächlich haben viele Beziehungsexperten auf den Unterschied zwischen dem Verliebtsein und unserer Fähigkeit zu lieben hingewiesen.

Erich Fromm schrieb: „Liebe ist kein angenehmes Gefühl, in das die Menschen zufällig hineingeraten sind, sondern eine Kunst, die Wissen und Anstrengung erfordert."

Scott Peck sagte, dass Liebe „der Wille ist, sich selbst zu erweitern, um das eigene oder das spirituelle Wachstum zu unterstützen."

Harville Hendrix sagte: „Liebe ist ein Tu-Wort. Es ist ein Verhalten, bei dem das Wohlergehen einer anderen Person die primäre Absicht und das Ziel ist."

Lena Gunnarsson beschreibt in ihrem Buch *The Contradicitons of Love* (Die Widersprüche der Liebe)ihre Theorie: „Was die Liebe auszeichnet, ist, dass sie die Kunst des Gebens nicht zu einer Kostenaufwendung, sondern zu einem Geschenk macht. Man könnte natürlich versuchen, auch die Liebe als eine Praxis zu begreifen, in der das Geben durch die erwarteten Belohnungen motiviert wird, die dies dem Geber bringen wird. Doch sobald wir ein solches Element der Instrumentalität einführen, sprechen wir nicht mehr von Liebe."

In der Psychology Today wird Liebe definiert als „Ausdruck von Zuneigung, sowohl körperlicher als auch emotionaler Art; der Wunsch, dem anderen Freude und Befriedigung zu bieten; Zärtlichkeit, Mitgefühl und Sensibilität für die Bedürfnisse des anderen; der Wunsch nach gemeinsamen Aktivitäten und Bestrebungen; ein angemessenes Maß an Teilen des Besitzes; und ein ständiger, ehrlicher Austausch persönlicher Gefühle."[600]

In einer 75-jährigen Langzeitstudie fanden der Harvard-Forscher Dr. George Vaillant und sein Team zwei wesentliche Bestandteile, die mit einer glücklichen Existenz korrelieren: „Der eine ist die Liebe. Der andere ist, einen Weg zu finden, mit dem Leben umzugehen, der die Liebe nicht verdrängt." Sie fanden heraus, dass wir viele Möglichkeiten haben, uns gegen die Liebe zu verteidigen, und dass wir mit Leichtigkeit, Offenheit und Verletzlichkeit kämpfen können, um Liebe zu geben und zu empfangen. In einem romantischen Kontext sind einige wesentliche Merkmale, die zur Beschreibung einer liebevollen Beziehung passen:

- Ausdruck von Zuneigung, sowohl körperlich als auch emotional.
- Der Wunsch, dem anderen Freude und Zufriedenheit zu bieten.
- Zärtlichkeit, Mitgefühl und Sensibilität für die Bedürfnisse des anderen.
- Der Wunsch nach gemeinsamen Aktivitäten und Zielen.
- Ein angemessenes Maß an Teilung des Besitzes.
- Ein ständiger, ehrlicher Austausch von persönlichen Gefühlen.

- Der Prozess des Anbietens von Interesse, Behaglichkeit und externer Hilfe für die Wünsche des Liebsten.

Als solche nährt die Liebe und wirkt sich positiv auf das Selbstwertgefühl und das Wohlbefinden eines jeden Menschen aus. Wenn wir über eine Liebesbeziehung nachdenken, die für uns von Bedeutung ist, müssen wir fragen:

- Verhalten wir uns beide so, dass wir uns gegenseitig bereichern?
- Ergreifen wir Maßnahmen, damit sich die andere Person gut fühlt?
- Überlegen wir uns, was diese Person, losgelöst von unseren eigenen Interessen, erhellt?

Die Harvard-Forscher kamen zu dem Schluss:

„Zu oft betrachten wir die Liebe als einen fast passiven Zustand des Seins, im Gegensatz zu einer bewussten Entscheidung, die wir treffen. Wir fallen dann in Rollen, anstatt uns gegenseitig als Individuen zu schätzen und die daraus resultierenden spannenden, liebevollen Gefühle zu erleben. Beziehungen neigen dazu, nach Süden zu gehen, wenn wir aufhören, Maßnahmen zu ergreifen, die unser Partner als liebevoll empfinden würde, und stattdessen anfangen, unseren Partner nur zu konsultieren, um unsere eigenen Bedürfnisse zu befriedigen. Wenn wir unseren Partner erreichen, kann es wertvoll sein, zu prüfen, ob unser Verhalten ihm oder uns selbst zugutekommt. Erwarten wir von ihm, dass er uns auf eine Weise erfüllt, die ihm gegenüber unfair ist? Hoffen wir, dass dadurch eine Leere oder eine Verletzung aus unserer Vergangenheit ausgeglichen wird?“[601]

Dr. Keith bietet uns die folgende *Five Star Practice for Creating Beautiful Relationships* (Fünf-Sterne-Übung für die Gestaltung schöner Beziehungen) seines *TEDx talk*:[602]

1. Gibt es eine erotische Polarität zwischen mir und dieser Person?
2. Hält diese Person ihre physische und psychische Gesundheit aufrecht?
3. Wenn wir in einer Beziehung wären und es einen Konflikt gäbe, wäre diese Person dann in der Lage und bereit, das zu tun, was nötig ist, um wieder zur Liebe zurückzukehren?
4. Ist (oder wäre) diese Person als Elternteil oder Familienmitglied tauglich?
5. Hat diese Person eine tiefe Seelenbestimmung, und, wenn ich diese habe, wird sie sie an mir schätzen und bewundern?

Und sechs Prinzipien für die Erziehung:

1. Erst die eigene Sauerstoffmaske aufsetzen: Achte auf dich selbst, physisch, psychisch, sozial, sexuell, beziehungsmäßig und finanziell. Seid ein gesundes Vorbild – Kinder übernehmen gute Gewohnheiten.

2. Bekenne dich zur Gewaltfreiheit: Erlerne, wie du deine angeborenen Neigungen zu emotionaler und körperlicher Gewalt erkennen und regulieren kannst, meist mehr gegenüber dir selbst als anderen. Gewalttätige Impulse rufen uns zum Handeln auf, aber wir können mitfühlende Handlungen wählen, um weniger Gewalt und mehr Liebe zu schaffen.
3. Sei kein Heuchler: Verdeutliche deine Werte und lebe sie. Kinder sind sehr empfindlich für Heuchelei. Vorbildliche Integrität oder Verlust der Glaubwürdigkeit.
4. Übernimm die volle Verantwortung: Wenn es um das Wohlergehen deines Kindes geht, bleibt der Schwarze Peter bei dir. Keine Ausreden. Wenn Probleme auftreten, liegt es in deiner Verantwortung, sie so anzugehen, dass sich dein Kind geschätzt und geschützt fühlt.
5. Kümmere dich um deine eheliche Liebe: Sex ist wichtig! Intimität braucht bewusste Sexualität. Lernt, wie man mit fokussierter Aufmerksamkeit spricht und berührt, um die erotische/intime Glückseligkeit zu erweitern, und hört niemals auf zu üben.
6. Bildet euch über gute Erziehung: Sammle grundlegendes Wissen darüber, wie du dein Kind bei jedem Entwicklungsschritt unterstützen kannst. Lerne Details über die Welten, die dein Kind von der Empfängnis bis zum Erwachsensein besiedelt, kommuniziere Interesse und Faszination und hilf diesen Welten, schöner und angenehmer zu werden - erinnere dich, dass diese Welten deine Kinder formen, wie deine Kinder sie formen.

Diese sechs Prinzipien sind lebenslange Projekte, und das ist es, was überlegene Eltern tun, sie widmen sich der lebenslangen Entwicklung, um ihre Kinder dabei zu unterstützen.[603]

Es gibt viele andere Definitionen der transaktionalen Liebe, die du in dieser Endnote und im Internet finden kannst.[604]

Knechtschaftsbeziehungen

Wir könnten jetzt denken, dass in einer idealen Liebesbeziehung, von der die meisten von uns träumen, Partner einander liebevoll anerkennen und einander geben würden, was sie brauchen und wünschen, und zwar entlang der Ebene der sechs Chakra-Paare und des siebten Chakras, wie oben beschrieben.

Doch bei näherem Hinsehen stellen wir fest, dass es zwei Probleme mit diesem Gedanken gibt:

Das erste Problem, wie wir aus unserem eigenen Liebesleben und den Geschichten anderer wissen, ist, dass die Bedürfnisse, die uns geliebt fühlen lassen, wenn sie von unserem Partner erfüllt werden, und all die Bedürfnisse und Wünsche unseres Partners, bei deren Erfüllung wir helfen, vielfältig sind und sich mit der Zeit verändern. Wir werden älter. Wir haben vielleicht Kinder. Und im Lauf der Zeit kann es passieren, dass sich Personen zur nächsthöheren Bewusstseinsebene entwickeln, oder dass sie in anderen Entwicklungslinien voranschreiten, zum Beispiel sexuell, spirituell, moralisch oder physisch. Oder wir machen große Veränderungen durch, indem wir uns einer psychologischen Heilung unterziehen, zum Beispiel rund um unseren Anima- oder Animus-Komplex oder andere Schatten und Wunden.

Die Bedürfnisse können sich auch durch eine bessere vertikale Übertragung und Integration auf bestimmten Bewusstseinsebenen ändern. Man denke zum Beispiel an all die Möglichkeiten, wie wir reifen und die verschiedenen Bedürfnisse, die sich in ihrer Dringlichkeit ändern, wenn wir durch Maslows berühmte „Hierarchie der Bedürfnisse" fortschreiten oder zurückgehen: (1) Physiologie, (2) Sicherheit, (3) Liebe/Zugehörigkeit, (4) Wertschätzung, (5) Selbstverwirklichung und (6) Selbsttranszendenz.[605] Oder bedenken wir, wie wir uns verändern, wenn wir zwischen den sechs menschlichen Grundbedürfnissen, wie sie von Tony Robbins definiert wurden, wechseln: (1) Sicherheit und Komfort, (2) Ungewissheit und Vielfalt, (3) Bedeutung, (4) Liebe und Verbundenheit, (5) Wachstum und (6) Beitrag.[606] Oder stellen wir uns all die inneren Veränderungen vor, die wir beim Übergang durch die seelenzentrischen Entwicklungsstadien erleben, wie sie von Bill Plotkin definiert und im Diagramm auf Seite 293 dargestellt werden.

Das zweite und noch größere Problem im Hegelschen Sinne ist, dass Empfänger, die alles bekommen, was sie wollen, sich entweder jetzt zu eigen gemacht oder zerstört hätten, was ihren Partner erstrebenswert machte und was sie brauchten, um sich zu differenzieren. Gleichzeitig wären die Geber kein Objekt der Begierde mehr, wenn sie freiwillig gäben oder verloren hätten, was sie erstrebenswert machte.

Als Ergebnis, wie Hegel betonte, sind diese Bedürfnis- und Wunschbeziehungen nicht stabil. Ein Mann, der alle seine materiellen Ressourcen und sein Einkommen einer Frau zur Verfügung stellt, damit sie im Gegenzug seinen Wunsch nach Sex erfüllt, ist vielleicht nicht mehr attraktiv für sie. Auch wenn sie durch ihn ihren Status zur Prinzessin oder Königin oder Frau Doktor erhöht hätte, wäre sein Status weniger attraktiv geworden. Dasselbe gilt, wenn er ihre Lebensqualität durch seine Kreativität, die all ihre Wünsche erfüllt, steigert. Er mag noch kreativ sein, aber sie kann es nicht mehr begehren und ihm somit nicht mehr ihre Unterstützung und Weisheit geben.

Andererseits kann eine Frau, die dem Wunsch ihres Partners nach Sex, Fürsorge und Weisheit/Intuition großzügig nachkommen würde, ihre Attraktivität verlieren und nicht mehr so versorgt, geschützt und inspiriert werden, wie sie es sich wünscht, denn der Mann könnte bekommen, was er will, ohne dafür ihre Wünsche erfüllen zu müssen. Mit anderen Worten, er würde sie besitzen und damit, wiederum im etwas obskuren Hegelschen Sinne, das zerstören, was er ursprünglich wollte und brauchte, um sich selbst zu definieren.

Um diesem Problem in transaktionalen Liebesbeziehungen zu entgehen, entsteht eine Dialektik, in der Frauen – aufgrund ihrer tief sitzenden Ängste vor dem Verlassen und dem Wunsch, ihre Lebensqualität zu verbessern – Männer durch Negation oder das, was Hegel Sublation[607] nannte, in den Domänen des Materiellen, der Macht und der Kreativität ständig herausfordern, sich zu steigern und immer mehr zu bieten. Männer erleben dies als „ja, aber", als Nörgelei und als Forderung, sich ständig zu verbessern und zu steigern, um begehrenswert zu bleiben.

Dies zwingt Männer – wegen ihrer Scham, nicht gut genug zu sein, um Sex, Fürsorge/Zustimmung und Intuition/Weisheit zu bekommen – zu immer besseren Lösungen, um Frauen mit immer mehr materiellen Ressourcen, Sicherheit, Status und Kreativität zu versorgen.

Andererseits fühlen sich Frauen oft unter enormem Druck, ihre sexuelle Attraktivität und Kompetenz zu erhalten, ihre Fähigkeit zur Fürsorge und ihre Fähigkeit, ständig mit Weisheit und Intuition attraktiv zu bleiben, um von Männern das zu bekommen, was sie sich wünschen.

Ein Blick auf Zeitschriften und Werbespots, die jeweils einem Geschlecht bzw. Gender gerecht werden, liefert reichlich anschauliche Beispiele für den Druck, der auf jedes Geschlecht ausgeübt wird, um als Partner begehrenswert zu werden und zu bleiben.

So sehen wir bei der weiteren Untersuchung von Bedürfnis- und Lustbeziehungen, dass sie zerbrechlich sind und aus mehreren Gründen schnell aus dem Gleichgewicht geraten können: Erstens, wenn sich die Bedürfnisse ändern und von den Partnern nicht mehr erfüllt werden können. Zweitens, wenn Liebende das, was sie anfangs für ihren Partner attraktiv machte, verweigern oder verlieren. Drittens, wenn die Attraktivität eines Partners z.B. steigt, wenn ein Mann anfängt, viel mehr Geld zu verdienen, oder seinen Status erhöht oder ein Star wird, oder wenn eine Frau ihre sexuelle Attraktivität, ihre Fähigkeit zur Pflege oder ihre Fähigkeit, Weisheit und Intuition zu vermitteln, erhöht. Der vierte Grund ist, wenn Bedürfnisse und Wünsche auf unterschiedliche Weise erfüllt werden, z.B. ein Mann mit einem attraktiveren Sexualpartner außerhalb der Beziehung oder eine Frau ihre eigene erfolgreiche Karriere beginnt oder ihre Fürsorge auf Kinder und/oder Tiere ausrichtet.[608]

Derjenige, dessen Wünsche nicht mehr erfüllt werden, könnte nun entweder die Beziehung verlassen oder sie zunichtemachen. Solange das Verlassen nicht aufgrund persönlicher Umstände (wie Kinder, finanzielle, emotionale oder sexuelle Abhängigkeit), gesellschaftlichem Druck (traditionelle Ehe, öffentliche Schuld, Diskriminierung usw.) oder Angst vor Verlassen und den daraus resultierenden emotionalen Schmerzen, die durch hormonelle Entzugserscheinungen hervorgerufen werden (gebrochenes Herz),[609] wird derjenige, der noch versorgt, aber nicht mehr erhält, der Knecht und der andere der Herr.

Eine Frau kann gezwungen sein, sexuell verfügbar zu sein, ohne angemessen versorgt zu werden, Anerkennung, Wertschätzung und Fürsorge zu zeigen, ohne sich sicher und geschützt zu fühlen, oder ihre Intuition und Weisheit anzubieten, während sie von ihrem Partner nicht mehr kreativ inspiriert und unterhalten wird. Ein Mann, der noch versorgt, beschützt und inspiriert, wird vielleicht nicht mehr mit Sex, Fürsorge und Intuition belohnt. **Das ist eine Falle für beide Liebenden.** Der Herr in transaktionalen „Liebesbeziehungen" gewinnt Autorität und Rechte ohne Verantwortung, wird aber abhängig vom Knecht, um seine Bedürfnisse und Wünsche zu erfüllen, während der Knecht die Bedürfnisse und Wünsche des Herren erfüllen muss, ohne Autorität oder Rechte zu haben und seine Bedürfnisse und Wünsche nicht mehr erfüllt bekommt. Nach Hegels Darstellung können wir sehen, dass es keinen tatsächlichen normativen Status für eine gesunde, nachhaltige Liebesbeziehung gibt, wenn Autorität oder Rechte und Pflichten nicht angemessen und gegenseitig sind.

So erfordert die Schaffung von transaktionalen Liebesbeziehungen die doppelte Arbeit. Zuerst müssen wir uns ein Bild von den Bedürfnissen und Wünschen unseres Partners machen, indem wir ihn oder sie als bedürftig, egoistisch oder sexistisch beurteilen. Nur so können wir erwarten, dass unsere Bedürfnisse und Wünsche von dem anderen erfüllt werden, auf den wir sie projizieren. Zweitens müssen wir die Erwartungen des anderen in unser Selbstverständnis integrieren, um nicht nur ein Objekt seiner Bedürfnisse, Wünsche und Erwartungen zu werden.

Während transaktionale Liebesbeziehungen eine großartige Gelegenheit sind, einerseits um zu lernen, zu heilen und zu wachsen und andererseits zu lernen, Liebe zu geben und zu empfangen (bedingungslos), werden sie oft anstrengend für Paare, die nicht in der Lage oder willens sind, diese Art von Arbeit zu leisten, und einfach die andauernde perfekte Romanze wollen. Sie fallen entweder in frustrierende Machtkämpfe, endlose Kämpfe oder passiv-aggressive Verhaltensweisen, die zu körperlichem und geistigem Missbrauch führen können, oder sie können versuchen, ihre unerfüllten Bedürfnisse und Wünsche außerhalb der Beziehung zu erfüllen. Beides führt in der Regel zu verheerenden und schmerzhaften Trennungen und Scheidungen. Folglich lassen sich immer mehr moderne und postmoderne Menschen scheiden und werden zu seriellen Datern, die „der Nächste, bitte" ausrufen und eine Romanze nach der anderen jagen und dann bewusst (oder hasserfüllt) voneinander losmachen, wenn ihr Partner nicht mehr begehrenswert erscheint, wie wir in den zerbrochenen Ehen von Hollywood-Starpaaren, weniger sichtbar in vielen Familiengerichtsräumen auf der ganzen Welt, und in den vielen Menschen, die Liebesbeziehungen aufgegeben haben, sehen können.

Dies zeigt sich auch in der Zunahme von unglücklichen Paarbeziehungen, zerbrochenen Familien, Alleinerziehenden-Haushalten, eingefleischten Singles, serieller Monogamie, verschiedenen Formen der Nicht-Monogamie (einschließlich der postmodernen Form der Polyamorie) und unrealistischen Erwartungen an den perfekten Partner als „Der Eine" oder „Seelenverwandte", der alle Sehnsüchte erfüllt, ohne etwas im Gegenzug zu erwarten oder sich mit dem, was ihm gegeben wird, zufrieden gibt.

Wir können daher sagen, dass bedürfnis- und lustgetriebene transaktionale Liebesbeziehungen zwei Phasen auf der Ebene jedes Chakra-Paares haben. Die erste Phase ist die unfreiwillige Entstehung von Liebesgefühlen in verschiedenen Graden sexueller Leidenschaft, emotionaler Abhängigkeit und verbaler Intimität, die in Kombination zu einer der acht Formen des Verliebtseins führen, wie die „Dreiecke der Liebe“ in Teil 1 zeigen. Die zweite Phase ist die eigentliche Fähigkeit zu lieben, d.h. die Fähigkeit und Bereitschaft jedes Partners, die Bedürfnisse und Wünsche des anderen nach der verliebten Phase zu erfüllen und seine Gaben mit Offenheit, Dankbarkeit und Wertschätzung entgegenzunehmen, anstatt sie abzulehnen oder für selbstverständlich zu halten. Beide Fähigkeiten, gut zu geben und zu empfangen, sind Teil der Transzendenz der Angst – die das Gegenteil von Liebe ist. Wie Rumi schrieb: „Unsere Aufgabe ist es nicht, nach Liebe zu suchen, sondern nur, alle Barrieren in uns selbst zu suchen und zu finden, die wir gegen sie errichtet haben.“

Zusammenfassung

Transaktionale Beziehungen zwischen gegensätzlichen Partnern sind das beste Mittel, um zu lernen, zu heilen, zu wachsen und zu erwachen und dabei zu lernen, Liebe zu geben und zu empfangen. Keine anderen Beziehungen, zum Beispiel zu besten Freunden, Eltern, Kindern, Kollegen, Coaches, Lehrern, Mentoren oder Therapeuten – und schon gar nicht zu Tieren – oder die in tiefgründigen „Wir-Raum“- oder „authentischen“ Gruppen geknüpften Verbindungen können als Ersatz dienen. Während all diese Beziehungen wichtig und lebensfördernd sein können, sind sie immer partiell und daher in ihrer Wirksamkeit begrenzt, da wir von diesen anderen Personen nicht rund um die Uhr auf allen Ebenen unseres Seins in allen vier Quadranten so gesehen werden, wie wir es von einem Partner in einer festen, lebensbegleitenden Liebesbeziehung sind. Unsere begrenzte Verfügbarkeit und Sichtbarkeit in all diesen anderen Beziehungen macht es viel einfacher, die Teile von uns selbst zu „verstecken“, vor denen wir uns am meisten fürchten, für die wir uns schämen oder derer wir unbewusst sind.[610] Nur in gebundenen Liebesbeziehungen sind wir gezwungen, unsere Vorsätze, unser Selbstverständnis und unsere Werte in den linken Quadranten mit unserem Verhalten und unseren realen Gegebenheiten in den rechten Quadranten in Einklang zu bringen – was Integrität genannt wird. Diese transaktionalen Liebesbeziehungen bereiten uns dann darauf vor, in transzendentale Liebesbeziehungen einzutreten, sobald wir unsere transzendentale Bestimmung erkannt haben. Wir werden diese Beziehungen im nächsten Kapitel behandeln.

KAPITEL 16

Transzendentale Liebe

„Es gibt kein Alleinsein im Universum, und so gibt es auch kein Alleinschaffen. Alles – jeder Impuls, jedes kreative Geschenk der Schönheit, alles ist eine Kokreation.“
~ Gary Zukav ~

Wie wir in Teil 2 festgestellt haben, haben die Menschen genetisch veranlagte natürliche Talente, um mehr Güte, Wahrheit, Schönheit und Funktionalität in der Welt zu erzeugen, was uns von anderen Lebewesen unterscheidet. Diese vier Fähigkeiten wurden in unserer DNA (oder Seele) durch Frauen kodiert, die Männer als Partner auswählten, die nicht nur gute Beschützer und Versorger waren, sondern auch Empathie gegenüber ihren Partnerinnen zeigten, ihre Intelligenz bewiesen, mit ihrer Kreativität ihre Frauen unterhielten und ihnen mit ihren praktischen kinästhetischen Fähigkeiten beistehen konnten. Herausragende Fähigkeiten in einem oder mehreren dieser Bereiche war oft die einzige Alternative für körperlich schwächere Beta-Männer, um effektiv um attraktive Partnerinnen zu konkurrieren.

Im Gegensatz zu unserer *biologischen Bestimmung*, die sich auf natürliche Weise in allen gesunden Menschen entfaltet, erkennen wir unsere *transzendentale Bestimmung* plötzlich, oder wenn wir anfangen, tiefere Fragen über den Sinn unseres Lebens, über die Erfüllung unserer *biologischen Bestimmung* hinaus, zu stellen. Wir leben unsere *transzendentale Bestimmung* erst dann voll aus, wenn wir uns mit unseren genetisch veranlagten natürlichen Talenten und Stärken in Einklang bringen, die notwendigen Fähigkeiten entwickeln, um sie auf berufliche Weise zur Geltung zu bringen und sie in den Dienst der Bedürfnisse anderer zu stellen – in lebensbejahender Weise, die von ihnen geschätzt und belohnt wird.

Wenn wir uns in einen gleichberechtigten und gegensätzlichen Partner verlieben, der unsere *transzendentale Bestimmung* in Art, Grad, Wirkung und Reifestadium teilt, findet eine große Veränderung statt. Wir lassen die allgemein nicht nachhaltigen Formen der Liebe hinter uns, die rein von physischen und psychischen Trieben und sozialen und kulturellen Erwartungen gesteuert werden, zu asymmetrischen Transaktionen zwischen den drei Chakrapaaren führen, und wir begeben uns in symmetrische *transzendentale Liebesbeziehungen*. Die Primäre Fantasie als Hauptattraktor zwischen dem ersten und zweiten Chakra, die oft unrealistisch ist und in vielen Fällen im Gegensatz zur Schaffung von mehr Güte, Wahrheit, Schönheit und Funktionalität in der Welt steht, wird als der primäre sexuelle Attraktor abgeschwächt oder sogar transzendiert und durch den suprasexuellen Attraktor des gemeinsamen Ziels ersetzt. Dasselbe gilt für die beiden anderen asymmetrischen Paare von männlichen und weiblichen Attraktoren, Macht im Tausch gegen Pflege und Kreativität im Tausch gegen Intuition und Weisheit.

Es ist noch einmal erwähnenswert, dass das entfalten unserer *transzendentalen Bestimmung*, die zu *transzendentalen Liebesbeziehungen* führen kann, ein Potenzial ist, das in jeder Phase der vertikalen Bewusstseinsentwicklung entstehen kann.

Paare in diesen Beziehungen werden nicht mehr von der Angst-Scham-Dynamik und der Erwartung getrieben, dass ihre hedonistischen Bedürfnisse und Wünsche von einem Partner erfüllt werden. Stattdessen nehmen sie einen eudaimonischen Zugang zu Liebe und Leben, indem sie sich auf gemeinsame Sinngebung, Selbstverwirklichung, Entfaltung und Teilhabe konzentrieren. Sie bewegen sich von der asymmetrischen Dialektik der Liebe, die von Mangel, Not und Verlangen getrieben wird, zu einer symmetrischen Dialektik der Liebe, die nicht nur von Zeugungsimpulsen und den Bedürfnissen der *biologischen Bestimmung*, sondern auch von ihrer *transzendentalen Bestimmung* inspiriert ist.

Während Menschen, die ihre *transzendentale Bestimmung* entfalten, nach wie vor von reiferen Partnern angezogen werden, die finanziell, körperlich, sexuell, geistig, emotional und spirituell fit und gesund sind, sind die Hauptattraktions- und sexuellen Auswahlkriterien, in die sie sich letztendlich verlieben, **das, was von ihnen kokreativ geschaffen und im Dienste der Welt durch die Kombination ihrer sich gegenseitig ergänzenden natürlichen Talente und die Balance und Harmonisierung ihrer gesunden femininen und maskulinen Polaritäten auf der Ebene aller sieben Chakren in einer Weise angeboten wird, wie sie es als Einzelpersonen nicht tun könnten.**

Das zeigt die folgende Abbildung, in der wir sehen, dass Verlangen und Liebe auf der Ebene aller Chakren symmetrisch sind.

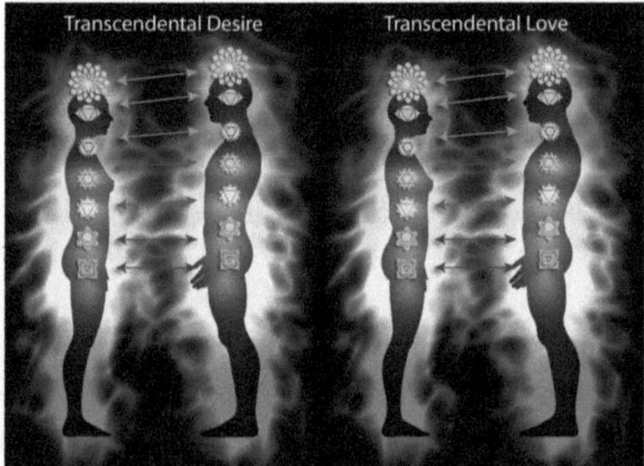

Grafik 55. Verbindung mit einem Partner auf allen Chakren

Erstes und zweites Chakra

Auf der Ebene des ersten Chakras übernehmen beide Partner die gleiche Verantwortung dafür, einen finanziellen Beitrag zu ihrer umweltverantwortliche und nachhaltigen Lebensweise zu leisten, indem sie sowohl erfolgs- als auch erfüllungsorientiert sind. Auch wenn es Zeiten gibt, in denen ein Partner mehr beiträgt als der andere, z.B. während der Schwangerschaft und der Kindererziehung, während der Schul- und Berufsausbildung, oder während einer Krankheit oder einer anderen Notlage, wird es auf

Dauer nie zu einer Einbahnstraße oder einem asymmetrischen Bedürfnis oder Verlangen.

Auf der Ebene des zweiten Chakras entwickeln beide Partner die Fähigkeit, gesunde (typischerweise monogame) Formen der Sexualität miteinander zu teilen, von denen beide profitieren. Dies kann bedeuten, körperlich fit und gesünder zu werden, psychische Blockaden zu beseitigen, emotionale Wunden um die eigene Sexualität zu heilen, tantrische Techniken zu erlernen und eine geheiligte Sexualität zu praktizieren. Sexualität wird nicht mehr als Tauschobjekt, Machtdemonstration oder Mittel zur gegenseitigen Manipulation oder Bestrafung durch Vorenthaltung benutzt, sondern wird von beiden gleichermaßen verfolgt und genossen, wobei die sexuelle Polarität erhalten bleibt, indem weibliche und männliche Polaritäten ausgeglichen werden.

Die Schaffung von Symmetrie auf diesen beiden Ebenen mildert oder beseitigt die Primäre Phantasie als Hauptattraktor und ersetzt sie durch gleiche Wünsche, Rechte und Pflichten, um auf der Ebene des ersten und zweiten Chakras als gleiche und entgegengesetzte Partner kokreativ zu sein. Dies kann sich zunächst unvernünftig oder unattraktiv für Männer anfühlen, die ihr Geld, ihre Macht und ihren Status nutzen, um Zugang zu jüngeren, attraktiven Frauen zu bekommen. Es kann sogar attraktive Frauen erzürnen, die ihr Aussehen und ihre Sexualität benutzen, um Zugang zu finanziell erfolgreichen und mächtigen Männern zu bekommen, oder um auf andere Weise das zu bekommen, was sie wollen und ihren Weg durch das Ausspielen der Sex-Karte und eine Trophäe zu werden. Aber sobald sie erst einmal die Freude, Befriedigung, Kraft und Sexualität erfahren haben, die das Teilen ihrer *transzendentalen Bestimmung* mit einem Partner mit sich bringt, werden sie nicht mehr zu der manipulativen, unhaltbaren transaktionalen Liebesbeziehung zurückkehren wollen, die sie zuvor eingegangen waren.

Drittes und viertes Chakra

Auf der Ebene des dritten Chakras bringen beide Partner ihre volle Kraft, Energie, Dynamik und sozialen Status in die jeweilige Gemeinschaft ein, um ihre gemeinsame *transzendentale Bestimmung* auf die effektivste Weise zu verwirklichen. Jeder von ihnen nutzt seine individuellen Stärken, um ein Höchstmaß an Synergie mit seinem gegensätzlichen und gleichen Partner zu erzeugen.

Auf der Ebene des vierten Chakras öffnen beide Partner ihre Herzen für die Liebe und das liebevolle Mitgefühl für sich selbst und andere. Sie erschaffen kokreativ immer tiefere Ebenen der Intimität zwischen beiden, indem sie ihre Gefühle austauschen und sich gegenseitig bei der Heilung ihrer emotionalen Wunden unterstützen. Das vierte Chakra ist auch die Ebene, auf der beide das Leiden der anderen am stärksten spüren. Ihr Mitgefühl für die Welt als Ganzes inspiriert und motiviert sie, ihre *transzendentale Bestimmung* mit einem Empfinden der Dringlichkeit zu teilen und zu entfalten, um den größtmöglichen Einfluss auf das Wohlbefinden anderer zu haben.

Die symmetrische Verbundenheit auf den Ebenen des dritten und des vierten Chakras ermöglicht es Frauen, *mit* ihrem Partner ihre volle Kraft zu entfalten, anstatt die Macht *durch* ihren Partner ausüben zu müssen oder sich Sorgen zu machen, von ihm überwältigt zu werden. Dieses neue Gefühl der Mitermächtigung hilft Frauen, ihre natürlichen Talente und Stärken auszudrücken, sich emotional sicher und anerkannt zu fühlen und zu erkennen, dass sie sich nicht auf Männer verlassen müssen, um ihr Selbstwertgefühl, ihre Identität, ihre Bedeutung oder ihren sozialen Status zu verbessern. Die Stärke dieser symmetrischen Verbindung gibt den Männern auch die Erlaubnis, ihre Schwächen sowie ihre Stärken zu offenbaren, zuzugeben, wenn sie falsch liegen, und ihre Gefühle auf ehrliche Weise auszudrücken, ohne sich zu schämen oder zu fürchten, dass ihre Lebensgefährtin Angst haben könnte, dass sie schwach sind, ihre männliche Kraft verloren hätten, nicht mehr vertrauenswürdig sind oder gepflegt werden müssten. Gerade auf dieser Ebene ist die Balance und Harmonisierung gesunder weiblicher und männlicher Polaritäten zwischen den vier Quadranten wichtig.

Fünftes und sechstes Chakra

Auf der Ebene des fünften Chakras bringen beide Partner ihre volle Kreativität und Selbstverwirklichung in die Beziehung ein und verbessern dadurch die Lebensbedingungen der Menschen in einer Weise, die einzigartig für sie ist. Durch den intensiven Dialog untereinander und mit anderen spornen sie sich gegenseitig zu mehr Kreativität an. Sie folgen den Regeln des guten Diskurses: Aktives Zuhören ist oberstes Gebot, alle Seiten werden gehört und alle Ansichten werden voll berücksichtigt. Hier werden die Integration weiblicher Gültigkeitsansprüche auf Fürsorge, Mitgefühl, Intuition und Beziehungspflege und männliche Ansprüche auf Gerechtigkeit, Wahrheitsrationalität und Autonomie (mehr dazu in Teil 4) integriert, um die besten Wege zu finden, ihre *transzendentale Bestimmung* effektiv mit der Welt zu teilen, indem sie der größten Zahl von Menschen dienen und gleichzeitig die Bedürfnisse des Einzelnen respektieren.

Auf der Ebene des sechsten Chakras bringen beide Partner ihre höchste Weisheit, ihr Verständnis, ihre Wahrnehmungen und ihre Intuition in die Beziehung ein. Dies gibt ihnen den sprichwörtlichen „sechsten Sinn" der Führung,[611] wo das Leben und das Teilen ihrer *transzendentalen Bestimmung* den größten Einfluss in Form ihrer kreativen Beiträge zur Lösung der Probleme der Welt haben wird. Dies ist das Chakra, aus dem die gemeinsame Vision und das gemeinsame Leitbild der Partner und der moralische Kompass hervorgehen.

Die Schaffung von Symmetrie auf diesen beiden Ebenen verpflichtet beide Partner, ihre gemeinsame Vision, Mission und Werte zu formulieren und zum Ausdruck zu bringen und die Integrität zu zeigen, ihre *transzendentale Bestimmung* gemeinsam mit ihrem entsprechenden Partner zu verwirklichen. Es erfordert, dass Männer, die von Natur aus zur Macht und zum Status sprechen, ihre Komfortzone verlassen und proaktiv mit offenem Herzen und Verstand auf ihre verbindungssuchenden Partnerinnen hören, sie ernst nehmen und sie nicht unterbrechen. Frauen werden ermutigt, Männern zu sagen, dass sie ihr Feedback schätzen, aber wenn sie unterbrochen werden, sagen Sie ihrem Partner, dass er sich zurückhalten soll, bis sie sich vollständig ausgedrückt haben.[612]

Siebtes Chakra

Auf der Ebene des siebten Chakras bewegen sich Paare in *transzendentalen Liebesbeziehungen* vom Zustand des Inter-Seins und der Erfahrungen bedingungsloser Liebe zum evolutionären Inter-Werden. Durch ihre spirituelle Praxis haben sie eine direkte oder unmittelbare Erfahrung des Kokreativen Impulses und dringen in Neuerungen im materiellen und immateriellen Bereich vor, indem sie ihre *transzendentale Bestimmung* entfalten und bedingungslos lieben, was zwischen ihnen auf der Ebene aller anderen Chakren kokreativ erschaffen oder ausgeprägt wird. Durch ihr Zusammenleben, ihre Liebe und ihr Handeln sind sie natürliche Vorbilder und inspirieren andere dazu, ihre eigene *transzendentale Bestimmung* zu leben und sie mit einem gleichen und gegensätzlichen Partner in einer *transzendentalen Liebesbeziehung* zu teilen.

Chakras/Consciousness	Transcendental Love
Crown male/female unity	Co-created, non-dual inter-becoming and advancements into novelty through direct/immediate experience of the co-creative impulse and enacting *Transcendental Purpose*.
Third Eye male/female co-creation	Co-created wisdom and vision how to best serve humanity and future generations as a couple by providing the greatest good for the largest number of people.
Throat male/female co-creation	Co-created innovation through empathetic morals, compassionate ethical discourse, moving art, and humanistic systems.
Heart male/female co-creation	Co-created care and emotional intelligence and depth through self-validated intimacy and sharing of vulnerable feelings by each partner.
Solarpl. male/female co-creation	Co-created "power with" versus "power over", social status, and safety through contributions from each partner.
Sacrum male/female co-creation	Co-created sacred sexuality that nurtures the health of body, mind, heart, and soul of both partners.
Root male/female co-creation	Co-created environmentally and socially responsible and sustainable lifestyle in which both partners assume equal rights and responsibilities for contribution, based on their abilities.

Tabelle 8. Chakren und transzendentale Liebe

Transzendentale Liebesbeziehungen mit einem gleichen und gegensätzlichen Partner sind das beste Mittel, um in allen vier Quadranten unser höchstes Potential zum Lernen,

Heilen, Wachsen und Erwachen zu entfalten, indem wir gesunde feminine und maskuline Polaritäten mit einem anderen Menschen auf der Ebene aller sieben Chakren ausgleichen und harmonisieren und so die Welt zu einem besseren Ort für kommende Generationen machen.

Diese symmetrischen Beziehungen, in denen geliebt wird, was zwischen den Partnern auf allen Ebenen kokreativ geschaffen wird, werden durch das Bild unten symbolisiert.

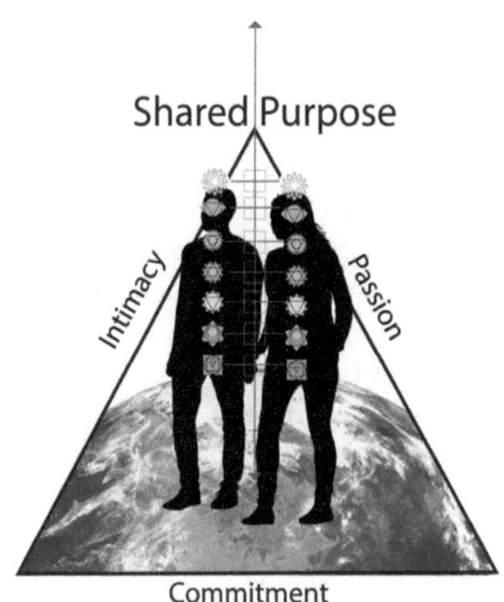

Grafik 56. Transzendentale Liebesbeziehungen

Zusammenfassung

Transzendente Liebe tritt auf, wenn Paare nicht nur einander lieben, sondern vor allem das, was zwischen ihnen auf der Ebene aller sieben Chakren einzigartig kokreativ geschaffen ist. Der Attraktor für die Schaffung solcher Liebesbeziehungen ist eine gemeinsame *transzendentale Bestimmung*. Sie inspiriert Paare dazu, die gleichen Rechte und Pflichten zu übernehmen, um zur materiellen, sexuellen, kraftvollen, mitfühlenden, kreativen, weisen und spirituellen Dimension ihrer Vereinigung in allen vier Quadranten beizutragen, indem sie ihre femininen und maskulinen Polaritäten ausgleichen und harmonisieren und der größten Anzahl von Menschen das größte Gut bieten, um die Welt zu einem besseren Ort zu machen.

Schlussfolgerung Teil 3

Solange Männer und Frauen Geschlechterrollen aufgeteilt hatten, mit Männern als Beschützer und Versorger mit den meisten Rechten und Pflichten in der Öffentlichkeit und Frauen als Verwalterinnen im häuslichen Bereich, war es selbstverständlich, dass der sexuelle Selektionsprozess und die sich daraus ergebenden Liebesbeziehungen diese Spaltungen widerspiegelten. Weil Paare in traditionellen Ehen für ihr Überleben und Wohlbefinden aufeinander angewiesen waren, dauerte ihre Zuneigung oft ein Leben lang.

Als moderne und postmoderne Frauen in der Öffentlichkeit die gleichen Rechte wie Männer erhielten und Kinder fakultativ wurden, verschwanden die meisten sozialen Abhängigkeiten, während die biologischen Primärfantasien und kulturromantischen Mythen über die Liebe in der traditionellen Form blieben. Diese neue Realität des modernen und postmodernen gesellschaftlichen Lebens veranlasste viele Paare, ihre Beziehungen zu beenden, wenn die Wünsche, die sie zueinander hingezogen hatten und auf deren Grundlage sie sich verliebten, nicht mehr erfüllt wurden. Die Antwort von vielen Liebes- und Beziehungsexperten auf dieses Problem ist, dass mehrere aufeinanderfolgende Beziehungen/Ehen und weit verbreitete Alleingänge die neue soziale Norm sind, besonders jetzt, da immer mehr Menschen immer länger leben. Tatsächlich hat sich eine Multimilliarden-Dollar-Industrie von teuren Scheidungsanwälten, Paartherapeuten, Beziehungscoaches, Dating-Websites und -Apps und in letzter Zeit hinzukommender Coaches für bewusstes Trennen etabliert, die von dieser neuen sozialen Realität profitieren, und keiner von ihnen hat ein berechtigtes Interesse daran, die „Auf- und Entladungs"-Zyklen der modernen Liebe zu beenden. Natürlich ist die Rückkehr zu traditionellen Geschlechterrollen und asymmetrischen Liebesbeziehungen keine Option für moderne und postmoderne Singles und Paare. Der einzige Ausweg aus den meist schmerzhaften, destabilisierenden, teuren, toxischen und traurigen Scheidungen und Trennungen von transaktionalen Liebesbeziehungen, den negativen sozioökonomischen, ökologischen und persönlichen Auswirkungen der Einzelgänger und den frustrierenden Zyklen der seriellen Partnersuche besteht darin, in symmetrische *transzendentale Liebesbeziehungen* mit einer gemeinsamen *transzendentalen Bestimmung*, wie zuvor in Teil 3 beschrieben, vorzudringen. Wie wir in Teil 4 unten sehen werden, ermöglichen diese *Integralen Liebesbeziehungen* nicht nur gesunde lebenslange Ehen als Grundlage für funktionierende Familien und blühende Gemeinschaften, sondern tragen auch dazu bei, die Welt zu einem besseren Ort zu machen, an dem jeder gedeihen kann.

TEIL 4 – MACHEN WIR DIE WELT ZU EINEM BESSEREN ORT

„Niemand verstand, worüber ich schrieb oder warum ich so schrieb. Ich war so klar, dass sie sagten, ich sei dämlich. Ich beschrieb die Neue Welt – leider ein wenig zu früh, weil sie noch nicht entdeckt worden war und niemand von ihrer Existenz überzeugt werden konnte. Es war eine Ovarialwelt, immer noch versteckt in den Eileitern. Natürlich war nichts klar formuliert: Es war nur der schwache Hinweis auf ein Rückgrat sichtbar, und schon gar keine Arme oder Beine, keine Haare, keine Nägel, keine Zähne."

~ Henry Miller ~[613]

Die größte Frage unserer Zeit ist, wie wir zu einer friedlichen und nachhaltigen „eudaimonischen Welt" gelangen können, in der jeder aufblüht. Die allgemeine Antwort von vielen Meinungsführern und spirituellen Lehrern ist auf die eine oder andere Weise, dass wir das menschliche Bewusstsein oder das spirituelle Bewusstsein erhöhen müssten,[614] oder, in wissenschaftlicher Hinsicht, die Komplexität unseres Denkens steigern müssten, um der Komplexität unserer Realität und den Herausforderungen, vor denen wir stehen, gerecht zu werden.

Einstein sagte: „Die großen Probleme, mit denen wir konfrontiert sind, können nicht auf der gleichen Ebene des Denkens (Bewusstseins) gelöst werden, auf der wir sie erschaffen haben."[615] David R. Hawkins schrieb: „Probleme lassen sich am besten nicht dort lösen, wo sie auftreten, sondern auf der nächsten Ebene darüber.... Probleme lassen sich am besten lösen, indem man sie transzendiert und von einem höheren Standpunkt aus betrachtet. Auf der höheren Ebene lösen sich die Probleme automatisch von selbst, oder man erkennt, dass es überhaupt kein Problem gab."[616]

In diesem letzten Teil des Buches werden wir sehen, wie dieses Bedürfnis nach der „nächsten Ebene" in der Geschichte der Menschheit bestand hatte, sofern die nächste Ebene Lösungen bot, die Männer für attraktive Frauen attraktiver machten, die Geburtenrate erhöhten und die Sterblichkeitsrate senkten. Wir werden weiterhin sehen, warum spirituelle und postmoderne Ansätze, die darauf abzielen, das Bewusstsein für die großen Probleme der Menschheit zu schärfen, uns ständig im Stich lassen. Sie sind Sackgassen, weil sie eher auf Hyperindividualismus als auf die erfinderische Synergie von mitschöpfenden, sich fortpflanzenden Paaren ausgerichtet sind.

In Teil 4 werden wir uns daher nicht nur darauf konzentrieren, wie wir eine gesunde, nachhaltige Liebesbeziehung aufbauen können, indem wir integral aufgeklärt sind. Wir werden auch untersuchen, warum Kokreativität und nachhaltige Fortpflanzungsraten zwischen gleichen und gegensätzlichen Partnern, die auf allen Entwicklungsebenen ihre transzendentale Bestimmung teilen, von Bedeutung sind, wenn wir eine eudaimonische Welt und eine friedliche und nachhaltige Zukunft für die Menschheit erschaffen wollen.

Nachfolgend ein Überblick über den Teil des ILB-Modells für eine bessere Welt.

<table>
<tr><th colspan="8">Bessere Welt</th></tr>
<tr><td colspan="8">1. Globale Herausforderungen und wie die sexuelle Auswahl sie bedingen</td></tr>
<tr><td colspan="8">2. Bedeutung integraler Paare</td></tr>
<tr><td colspan="8">3. Einvernehmliches Verständnis und Vereinbarung (Konsens)</td></tr>
<tr><td colspan="2">Moralisch/
ethisch korrekt</td><td colspan="2">Kritisch
wahr/richtig</td><td colspan="2">Ästhetisch schön</td><td colspan="2">Funktional praktisch</td></tr>
<tr><td colspan="8">4. Feminine/maskuline Geltungsansprüche im öffentlichen/privaten Bereich</td></tr>
<tr><td>Pflege</td><td>Mitgefühl</td><td>Emotionen</td><td>Beziehungen</td><td>Rechte</td><td>Gerechtigkeit</td><td>Rationalität</td><td>Autonomie</td></tr>
<tr><td colspan="8">5. Kommunikatives Handeln (sag, was du tust und tu, was du sagst)</td></tr>
</table>

Grafik 57. Überblick über die Verbesserung der Welt – die letzte Komponente des ILB-Modells

KAPITEL 17

Globale Herausforderung

„Die großen Probleme, mit denen wir konfrontiert sind, können nicht auf der gleichen Ebene des Denkens (Bewusstseins) gelöst werden, auf der wir uns befanden, als wir sie schufen."
~ Albert Einstein ~

Das folgende Bild zeigt die fünfzehn größten globalen Herausforderungen, vor denen die Menschheit zu Beginn des 21. Jahrhunderts steht, gemäß der Liste von *The Millennium Project*, die jährlich aktualisiert wird.[617]

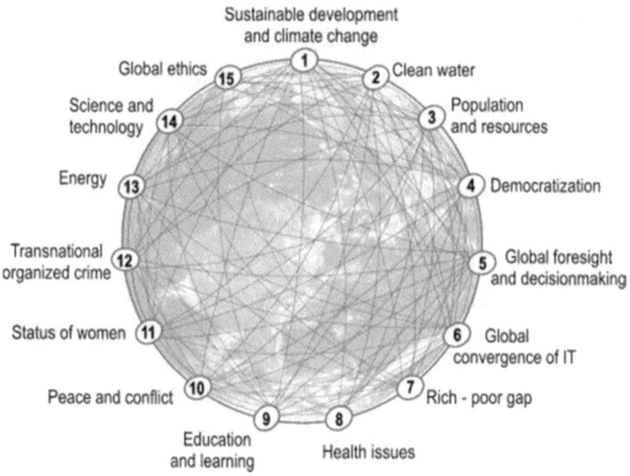

Grafik 58. Globale Herausforderungen unserer Zeit

Im Folgenden werden die einzelnen Herausforderungen kurz beschrieben. Diese können auch als Inspiration dienen, um deine *transzendentale Bestimmung* zu erkennen und zu entfalten und sie mit deinem Partner zu teilen, indem du feststellst, für welche von diesen du dich am leidenschaftlichsten, besorgtesten und kompetentesten fühlst.

1. Nachhaltige Entwicklung und Klimawandel

Laut der NASA hat sich das Klima der Erde im Lauf der Geschichte ständig verändert. Die meisten dieser Klimaveränderungen sind auf sehr kleine Schwankungen in der Erdumlaufbahn zurückzuführen, die die Menge an Sonnenenergie, die unser Planet erhält, verändern. Der gegenwärtige Erwärmungstrend ist von besonderer Bedeutung, da die meisten Ursachen sehr wahrscheinlich vom Menschen hervorgerufen werden und in einer Geschwindigkeit verlaufen, die in den letzten 1.300 Jahren beispiellos ist. Vor allem seit Beginn der industriellen Revolution im 19. Jahrhundert haben sich Kohlendioxid und andere Gase in der Erdatmosphäre rasch vermehrt. Die Beweise für den schnellen Klimawandel sind eindrücklich:

Der globale Meeresspiegel stieg im letzten Jahrhundert um etwa 17 Zentimeter. Im letzten Jahrzehnt ist die Rate jedoch fast doppelt so hoch wie vor einem Jahrhundert. Seit Beginn der industriellen Revolution ist der Säuregehalt der Meeresoberflächengewässer um etwa 30 Prozent gestiegen, was zunehmend Korallen, Schnecken und Muscheln schädigt oder zerstört.[618]

Alle drei großen globalen Rekonstruktionen der Oberflächentemperatur zeigen, dass die Erde seit 1880 wärmer geworden ist. Der größte Teil der Erwärmung fand in den letzten 35 Jahren statt, dabei waren 15 der 16 wärmsten Jahre in der Zeit nach 2001.

Die Ozeane haben viel von dieser erhöhten Hitze absorbiert, wobei die oberen 700 Meter des Ozeans seit 1969 eine Erwärmung von 0,1678°C aufweisen. Infolgedessen haben die Eisschilde Grönlands und der Arktis an Masse verloren. Gletscher ziehen sich fast überall auf der Welt zurück.

Die Zahl der Rekord-Hochtemperaturereignisse in den Vereinigten Staaten von Amerika ist gestiegen, während die Zahl der Rekord-Tieftemperaturereignisse seit 1950 zurückgegangen ist. Auch in den USA und in anderen Ländern der Welt gab es immer häufiger starke Regenfälle und längere Dürreperioden.

Der von 13 Bundesbehörden erstellte US-Klimabericht 2017 stellt fest, dass Tausende von Studien, die von Zehntausenden von Wissenschaftlern durchgeführt wurden, den Klimawandel an Land und in der Luft dokumentiert haben. „Viele Beweislinien zeigen, dass menschliche Aktivitäten, insbesondere der Ausstoß von Treibhausgasen, in erster Linie für den kürzlich beobachteten Klimawandel verantwortlich sind."[619]

2. Sauberes Wasser

Wasser ist lebenswichtig für alle Funktionen der Zivilisation. Da seine Verfügbarkeit zunehmend gefährdet ist, empfiehlt der vierte Weltwasserentwicklungsbericht der Vereinten Nationen viel breitere kooperative und integrative Wassermanagementansätze. Viele Innovationen werden notwendig sein, um zukünftige Konflikte um Wasser zwischen den Nationen und in den Nationen zwischen Bauern, Stadtbewohnern, Energieproduzenten, Umweltschützern und Industrien zu vermeiden.[620]

In seinem jüngsten jährlichen Risikobericht nennt das Weltwirtschaftsforum Wasserkrisen als größtes globales Risiko im Hinblick auf mögliche Konsequenzen. Die steigende Weltbevölkerung, der steigende Lebensstandard, veränderte Verbrauchsmuster und der Ausbau der Bewässerungslandwirtschaft sind die Hauptantriebskräfte für den weltweit steigenden Wasserbedarf.[621]

3. Weltbevölkerung und Ressourcen

Es wird erwartet, dass die Weltbevölkerung in nur 12 Jahren um eine weitere Milliarde Menschen wachsen wird, was zu einer beispiellosen Nachfrage von Nahrungsmitteln, Wasser, Energie und Beschäftigung führen wird. Am schnellsten wird das Bevölkerungswachstum in den 49 am wenigsten entwickelten Ländern erwartet, die sich von heute rund 900 Millionen auf 1,8 Milliarden im Jahr 2050 verdoppeln werden. Um mit dem Bevölkerungs- und Wirtschaftswachstum Schritt zu halten, müsste die Nahrungsmittelproduktion bis zum Jahr 2050 um 70% steigen. Der weltweite Fleischkonsum soll von 37 kg pro Person und Jahr im Jahr 2000 auf über 52 kg pro Person und Jahr bis 2050 steigen. Wenn ja, dann würden 50% der weltweiten Getreideproduktion in die Tierernährung fließen.

Die Bevölkerungsdynamik verändert sich von hoher Sterblichkeit und hoher Geburtenrate zu niedriger Sterblichkeit und niedriger Geburtenrate, wobei die Bevölkerung weltweit immer älter wird. Die weltweite Geburtenrate ist von 6 Kinder im Jahr 1900 und 5 im Jahr 1950 auf heute 2,5 gesunken. Wenn die Geburtenraten weiter sinken, könnte die Weltbevölkerung bis zum Jahr 2100 auf 6,2 Milliarden schrumpfen, was zu einer schwer zu tragenden gealterten Gesellschaft führen würde.[622]

4. Demokratisierung

In der Regel kämpfen die Demokratien nicht gegeneinander, und humanitäre Krisen sind unter demokratischen Regimen weitaus unwahrscheinlicher, weshalb die Ausweitung der Demokratie für den Aufbau einer friedlichen und gerechten Zukunft für alle unerlässlich ist. Leider leben nur 4,5% der Weltbevölkerung in Volldemokratien, 44,8% in mangelhaften Demokratien, 18% in hybriden Regimen und 32,7% in autoritären Regimen. In den letzten 10 Jahren waren diese Zahlen weltweit stabil mit einem potenziellen Abwärtstrend im Demokratieindex.[623]

5. Globale Weitsicht und Entscheidungsfindung

Die Menschheit braucht eine globale, facettenreiche, allgemeingültige und langfristige Zukunftsperspektive mit langfristigen Zielen, damit sie heute bessere Entscheidungen treffen kann, um eine bessere Zukunft aufzubauen. Die Landung auf dem Mond oder die Ausrottung der Pocken galt einst als unmöglich; das Erreichen solcher langfristigen Ziele inspirierte viele Menschen dazu, über egoistische, kurzfristige wirtschaftliche Interessen hinaus zu großen Erfolgen zu gelangen.[624]

6. Globale IT-Konvergenz

Über zwei Milliarden Internetnutzer, sechs Milliarden Mobilfunkteilnehmer und unzählige Hardwaregeräte kommunizieren in einem riesigen Echtzeit-Multinetzwerk, das alle Facetten menschlicher Aktivitäten unterstützt. Das explosive Wachstum des Internetverkehrs, vor allem durch Videostreaming, unterstreicht die Kapazitäten des Netzes und erfordert neue Ansätze, um mit der Bandbreitennachfrage Schritt zu halten, während die Allgegenwärtigkeit des Internets in der Gesellschaft seine Zuverlässigkeit von entscheidender Bedeutung macht. Menschen und Unternehmen vertrauen ihre Daten und Software dem „Cloud Computing" auf weit entfernten, netzgebundenen Servern und nicht ihren eigenen Computern an, was Fragen der Privatsphäre und Zuverlässigkeit aufwirft.

Obwohl Wikipedia zur weltweiten Enzyklopädie geworden ist, kämpft sie gegen Desinformationskampagnen, die über ihre Seiten ausgetragen werden. Regierungen und Webseiten für soziale Medien ringen um die Kontrolle gefährlicher Inhalte. Eine heftige Debatte über die Netzneutralität, die Doktrin, dass technische und wirtschaftliche Faktoren für die Netznutzer nicht durch Überlegungen zu Ausrüstung, Nutzertyp oder Kommunikationsinhalten beeinflusst werden sollten, geht weiter.

Der Cyberspace ist auch ein neues Medium der Desinformation zwischen konkurrierenden kommerziellen und politischen Interessen, ideologischen Gegnern, Regierungen und Extremisten und hat sich zu einem Schlachtfeld zwischen Cyberkriminellen und Strafverfolgungsbehörden entwickelt. Die Auswirkungen von Cyberkriminalität werden weltweit auf 1 Billion Dollar jährlich geschätzt. Ein grundlegendes Umdenken wird erforderlich sein, um sicherzustellen, dass die Menschen angemessenes Vertrauen in Informationen haben können. Eine weitere Bedrohung ist Ransomware, eine Art bösartiger Software, die den Zugriff auf die Daten des Opfers blockiert und damit droht, diese zu veröffentlichen oder zu löschen, bis ein Lösegeld gezahlt wird.[625]

7. Armutsschere

Während der Anteil der in extremer Armut lebenden Weltbevölkerung (definiert als Einkommen von weniger als 1,25 Dollar pro Tag) zwischen 1990 und 2015 von 37,1% auf 9,6% sank, müssen 59% der Weltbevölkerung (4,3 Milliarden) immer noch mit weniger als 5 Dollar pro Tag auskommen und können die Grundbedürfnisse nicht ausreichend decken. Gleichzeitig ist die sozial definierte relative Armut, gemessen an der Einkommensungleichheit zwischen Arm und Reich, dramatisch angestiegen, wobei die drei reichsten Individuen der Welt heute über ein Vermögen verfügen, das die der ärmsten 10 Prozent der Weltbevölkerung übersteigt. Die oberen 1% der Erwachsenen halten die Hälfte des gesamten Reichtums der Welt, die oberen 10% halten 85%, und die oberen 30% halten 97% des Reichtums der Welt, während die unteren 90% zusammen nur 15% halten. Diese Diskrepanz nimmt rapide zu, mit enormem Potenzial für soziale

Unruhen und Korruption durch die Reichen, da Geld die Politik und den Informationsfluss beeinflusst.[626] Daher braucht die Welt einen langfristigen strategischen Plan für eine globale Partnerschaft zwischen Arm und Reich. Ein solcher Plan könnte die Stärke der freien Märkte und der auf globaler Ethik basierenden Regeln nutzen.

8. Gesundheit

Insgesamt verbessert sich die Gesundheit der Menschheit weiter, da die Verbreitung von Infektionskrankheiten und die Mortalität durch solche Krankheiten sinkt, doch viele der alten Probleme bleiben bestehen und zukünftige Bedrohungen sind gravierend. Die dramatischen Verbesserungen im Gesundheitswesen und in der medizinischen Versorgung in den letzten 20 Jahren könnten durch die anhaltenden wirtschaftlichen Probleme verringert werden.[627]

9. Bildung und Lernen

Global Citizen listet 10 Hindernisse für die Bildung von Kindern in armen Ländern der Welt auf: (1) Fehlende Finanzierung von Bildung, (2) Fehlen eines Lehrers oder eines geschulten Lehrers, (3) kein Klassenzimmer, (4) Mangel an Lernmaterial, (5) Ausschluss von Kindern mit Behinderungen, (6) Weiblichkeit, (7) Leben in einem Konfliktland oder in einem Land mit hohem Konfliktpotenzial, (8) Entfernung zur nächsten Schule und (9) Kosten der Bildung durch formelle oder informelle Abgaben.[628]

Auf der ganzen Welt sind Bildung und Lernen eng mit den systemischen Entscheidungsträgern verbunden. Die Beschleunigung des Wandels und der Interdependenz, die Zunahme von Entscheidungen und die wachsende Zahl von Menschen und Kulturen, die an Entscheidungen beteiligt sind, erhöhen Unsicherheit, Unvorhersehbarkeit, Unklarheit und Überraschung. Diese zunehmende Komplexität von Weltgeschehen bis hin zur individuellen Berufswahl zwingt die Menschen dazu, sich mehr und mehr auf kompetente Beratung und ausgefeilte Computer zu verlassen. Viele der weltweiten Institutionen und Entscheidungsprozesse sind ineffizient, langsam und schlecht informiert. Die heutigen Herausforderungen können von Regierungen, Unternehmen, Nichtregierungsorganisationen, Universitäten und zwischenstaatlichen Gremien nicht allein bewältigt werden; daher müssen transinstitutionelle Entscheidungen entwickelt und gemeinsame Plattformen für transinstitutionelle strategische Entscheidungen und deren Umsetzung geschaffen werden. Ältere Wirtschaftsmodelle gehen trotz entgegengesetzten Forschungsergebnissen, fälschlicherweise davon aus, dass Menschen gut informierte, rationale Entscheidungsträger sind.[629]

10. Friede und Konflikte

Mit dem Verfassen dieses Buches, wird mit dem neuen Nationalismus von Donald Trump (und anderen) und der zunehmenden Instabilität in Asien (China, Nordkorea), dem Nahen Osten (Syrien, Türkei, Iran, Israel, Jemen) und Europa (Brexit, wirtschaftliche Unterschiede, Migration und Rechtspopulismus) die Aufrechterhaltung des Friedens angesichts möglicher Konflikte zu einem neuen Anliegen. Obwohl die überwiegende Mehrheit der Welt in Frieden lebt, ist die Hälfte der Welt weiterhin anfällig für soziale Instabilität und Gewalt aufgrund wachsender globaler und lokaler Ungleichheiten, sinkendem Grundwasserspiegel, steigender Energienachfrage, veralteter institutioneller Strukturen, unzureichender Rechtssysteme und steigender Kosten für Nahrungsmittel, Wasser und Energie. In lokalen Gebieten mit sich verschlechternden politischen, ökologischen und wirtschaftlichen Bedingungen ist mit zunehmender Migration zu rechnen, was wiederum zu neuen Konflikten führen kann.

11. Status der Frauen

Die Stärkung der Rolle der Frau war im vergangenen Jahrhundert einer der stärksten Treiber der sozialen Entwicklung in den Entwicklungsländern, und sie wird als wesentlich für die Bewältigung der globalen Herausforderungen anerkannt, vor denen die Menschheit steht. Doch ihr zunehmender Status und ihre Unabhängigkeit, die das Patriarchat herausfordert und Männer zu entmachten droht, übt einen größeren Druck auf Männer in Entwicklungsländern aus, damit sie mehr Erfolg als geeignete Partner erzielen. In den entwickelten Ländern beginnen der größere Status und die Unabhängigkeit der Frauen, ihnen eine gewisse Oberhand zu geben, wie die Zahl der Frauen, die das College absolvieren, die zunehmende Menge an Geld die Frauen zur Verfügung steht, die Zahl der Scheidungen, die von Frauen eingereicht werden, usw. zeigt. Gleichzeitig sind die Geburtenraten dramatisch gesunken, mit all den negativen Folgen, die in diesem Teil des Buches angesprochen werden.

12. Transnational organisierte Kriminalität

Das organisierte Verbrechen bedroht den Frieden und die menschliche Sicherheit, verletzt die Menschenrechte und untergräbt die wirtschaftliche, soziale, kulturelle, politische und zivile Entwicklung der Gesellschaften weltweit. Transnational organisierte Kriminalität manifestiert sich in vielen Formen, darunter der Handel mit Drogen, Schusswaffen und sogar Menschen. Die enormen Geldsummen können legitime Volkswirtschaften gefährden und öffentliche Prozesse direkt beeinflussen, indem sie Wahlen durch Korruption „kaufen". Sie bringt hohe Gewinne für die Täter und führt zu hohen Risiken für die Betroffenen. Jedes Jahr sterben unzählige Menschen durch Kriminelle, die in die organisierte Kriminalität verwickelt sind, durch drogenbedingte Gesundheitsprobleme oder Verletzungen durch Schusswaffen oder durch skrupellose Methoden von Menschenhändlern und Schmugglern von Migranten. Die organisierte Kriminalität hat sich diversifiziert, ist globalisiert und hat makroökonomische Ausmaße angenommen: illegale Waren können von einem Kontinent bezogen, über einen anderen gehandelt und in einem dritten vermarktet werden. Transnational organisierte Kriminalität kann Behörden und Institutionen durchdringen, die Korruption anheizen, Wirtschaft und Politik infiltrieren und die wirtschaftliche und soziale Entwicklung behindern. Und sie untergräbt die Regierungsgewalt und die Demokratie, indem sie diejenigen stärkt, die außerhalb des Gesetzes agieren.[630]

13. Energie

Shell prognostiziert bis 2050 eine Verdreifachung des weltweiten Energiebedarfs gegenüber dem Jahr 2000, was „eine Kombination aus außerordentlicher Nachfragedämpfung und außerordentlicher Produktionsbeschleunigung" erfordert.[631] Mehr als die Hälfte der zusätzlichen Energieerzeugung wird aus erneuerbaren Quellen stammen. Der Weltklimarat (Intergovernmental Panel on Climate Change) schätzt, dass erneuerbare Energien bis 2050 77% des Anstiegs des weltweiten Energiebedarfs decken könnten. Dennoch sind die weltweiten energiebedingten CO2-Emissionen im Jahr 2012 noch um 1,4 % gestiegen. Ohne große technologische Durchbrüche und Gewohnheitsänderungen wird der Großteil der weltweiten Energie im Jahr 2050 noch aus fossilen Brennstoffen stammen. In den letzten zehn Jahren hat Kohle weltweit 47% des gesamten Strombedarfs gedeckt. Unter der Annahme, dass die Länder ihre bestehenden Verpflichtungen zur Reduzierung der Emissionen (was zum Zeitpunkt dieses Schreibens unwahrscheinlich ist) und zur Senkung der Brennstoffsubventionen erfüllen, schätzt die Internationale Energieagentur, dass der weltweite Primärenergiebedarf von 2012 bis 2035 um mehr als ein Drittel steigen wird, wobei mehr als die Hälfte des Anstiegs auf fossile Brennstoffe entfällt. Die mit diesem Szenario verbundenen Emissionen entsprechen einem prognostizierten langfristigen kumulativen globalen Temperaturanstieg von 3,6°C.[632]

14. Wissenschaft und Technologie

Der kontinuierliche Fortschritt in Wissenschaft und Technik verändert das Mögliche grundlegend, und der Zugang zu Wissen, das die Zukunftsaussichten verändert, wird universell. Kostenlose Online-Hochschulkurse wuchern; Open-Source-Hardware und -Software teilen sich die Produktionsmittel. Die Fähigkeit, dieses Wissen zu erlernen, wird auch durch webbasierte asynchrone, hochmotivierende Bildungssysteme, adaptive Lernmodelle wie zelluläre Automaten, genetische Algorithmen, neuronale Netzwerke und neue Fähigkeiten kollektiver Intelligenzsysteme verbessert. Gleichzeitig bringt der wissenschaftliche und technologische Fortschritt manchmal das Trojanische Pferd der neuen Verpflichtungen mit sich, wie zum Beispiel die versteckten Risiken genetisch veränderter Organismen, die ursprünglich zur Lösung des Hungers in der Welt entwickelt wurden, oder die Verbreitung von nuklearen und chemischen Massenvernichtungswaffen, die sich aus dem Bemühen um eine reichhaltige Quelle sauberer Energie ergeben, oder die Automatisierung von Arbeitsprozessen, die zu Massenarbeitslosigkeit führen wird.

15. Globale Ethik

Demonstranten auf der ganzen Welt zeigen eine wachsende Unwilligkeit, unethische Entscheidungen von Machteliten zu tolerieren. Eine zunehmend gebildete und mit dem Internet verbundene Generation steht dem Machtmissbrauch auf der ganzen Welt gegenüber. Dies kann zu Rückschlägen führen, wie wir nach dem arabischen Frühling gesehen haben, oder es kann zum Aufstieg konservativer politischer Bewegungen führen, da Länder und ehemals verlässliche Wirtschaftssysteme destabilisiert werden und Menschen zurückgelassen werden.

Zusammenfassung

Die oben genannten globalen Herausforderungen führen zu unnötigem Leid für immer mehr Menschen. Sie bedrohen auch potentiell die menschliche Existenz. Im nächsten Kapitel werden wir untersuchen, warum und wie wir diese Probleme verursacht haben. Dieses Verständnis wird es uns ermöglichen, diese Herausforderungen effektiver anzugehen. Nicht nur von der nächsthöheren Ebene des Denkens, auf der sie erschaffen wurden, sondern auch auf der Ebene, auf der sie erschaffen wurden, um in Zukunft keine neuen Probleme zu schaffen.

KAPITEL 18

Sexuelle Auslese, Kokreativität und Prokreativität

„Ideen bewegen sich von Verstand zu Verstand, aber ich kann nicht sagen, dass diese Ideen immer in Bezug darauf ausgewählt werden, was den Zuhörern hilft, das Maximum an Sprösslingen in der nächsten Generation zu hinterlassen."

~ Holmes Rolston III ~

Um die persönlichen und globalen Herausforderungen der heutigen Zeit zu verstehen und die Chancen zu nutzen, sich diesen Herausforderungen zu stellen, werden wir einen weiteren Blick auf die dialektischen Prozesse zwischen den Geschlechtern werfen, die die Welt, in der wir heute leben, geschaffen haben. Dann werden wir nach tragfähigen Optionen für einen friedlichen und nachhaltigen Weg suchen.

Sexuelle Auslese – von neuem betrachtet

In einem Artikel, der von *Science Advances*[633] im Februar 2016 veröffentlicht wurde, haben Forscher die Ergebnisse von 72 Studien an 66 Tierarten zusammengetragen, um Darwins frühere Konzeption verschiedener Geschlechterrollen im gesamten Tierreich (einschließlich des Menschen) und deren Emergenz zu überprüfen. Die Ergebnisse bestätigen, was wir in diesem Buch beschrieben haben: Männchen sind begieriger zu kopulieren, während Weibchen wählerischer in Bezug auf ihren Partner sind.

Diese Dynamik drängt die Männer, untereinander um den Fortpflanzungserfolg oder einfach nur um Sex zu konkurrieren. Dieser Druck wiederum treibt die Entwicklung der konventionellen Geschlechterrollen und des sexuellen Dimorphismus voran – die Unterschiede in Aussehen und Verhalten zwischen Männern und Frauen. Nachfolgend ist eine Abbildung aus der Studie, die diese Dynamik veranschaulicht.

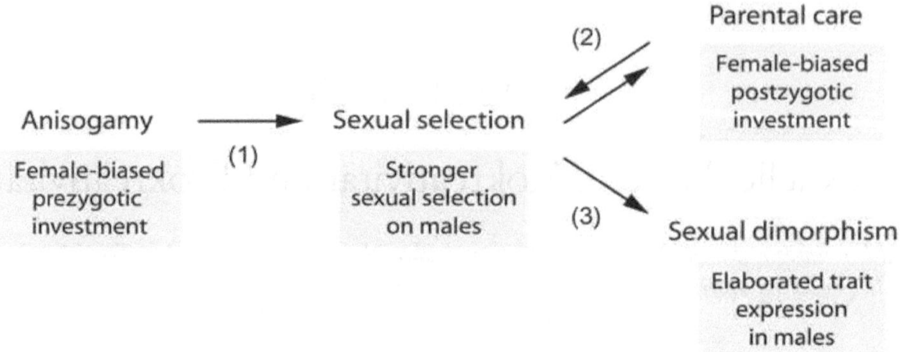

Grafik 59. Dynamik der sexuellen Auslese[634]

1. *Anisogamie* bedeutet Fortpflanzung durch die Kombination von Genen, was typischerweise zu stärkeren *sexuellen Selektionsanforderungen* von Frauen an Männer führt, als umgekehrt. Die Weibchen müssen wählerischer sein, da ihre Eier nur begrenzt vorhanden sind. Sie haben kürzere Fortpflanzungszyklen von nur wenigen fruchtbaren Tagen im Monat, und sie müssen ihre Nachkommen monatelang geduldig aus- und ertragen, während Männer sich frei bewegen können, sobald sie ihren genetischen Beitrag geleistet haben. Beim Menschen bedeutet dies, dass Männer mehr und stärkere Fitnessindikatoren wie gutes Aussehen, körperliche Stärke, überdurchschnittliche Körpergröße, tiefe Stimmen, Wohlstand, Status, überlegene Intelligenz, unterhaltsame Kreativität, praktische Fähigkeiten, Wohlwollen gegenüber Frauen und Kindern und Aggressivität gegenüber anderen Männern usw. aufweisen müssen, um als Partner ausgewählt zu werden. Im Gegenzug sind die sexuellen Selektionsanforderungen, die von Männern an Frauen gestellt werden, weniger anspruchsvoll. Grundlegende Attraktivität, eine fürsorgliche Haltung und die Unterstützung der Vision eines Mannes reichen in der Regel aus, um ein Weibchen zu einem begehrenswerten Partner zu machen.[635]

2. *Elterliche Fürsorge* bedeutet, die mütterlichen Züge der Erziehung von Kindern zum Ausdruck zu bringen.

3. *Sexueller Dimorphismus* bedeutet, die Eigenschaften auszudrücken, die Frauen bei Männern wie oben aufgeführt auswählen.

Die Studie liefert den konzeptionellen Rahmen, um zu verstehen, warum Frauen mehr auf die Entwicklung von Beziehungsmerkmalen der Fürsorge, des Mitgefühls und der Neigung ausgerichtet sind, und Männer mehr auf die aggressiven Merkmale des Wettbewerbs um Ressourcen und des Anhäufens von Status und Reichtum, um von attraktiven Frauen als Sexualpartner, Beschützer und Versorger ausgewählt zu werden.

Sex und Fortschritt

Wie wir in Teil 2 dargelegt haben, fanden die Phasen der menschlichen sozialen und kulturellen Evolution in allen vier Quadranten durch die Dynamik der weiblichen Angst und der männlichen Scham statt, wenn die Instrumente und Weltanschauungen einer Stufe die signifikanten Probleme, mit denen Einzelpersonen, Gemeinschaften und Gesellschaften konfrontiert waren, nicht mehr angemessen beantworteten. Die attraktivsten (d.h. die erotischsten und fruchtbarsten) Frauen begannen, Männer für die Fortpflanzung zu wählen, die das größte Versprechen hatten, ihr Überleben durch Bereitstellung, Schutz, Produktion, Unterhaltung und Steigerung ihrer Lebensqualität im Allgemeinen zu sichern.

Kürzlich haben Forscher des Rensselaer Polytechnic Institute wissenschaftlich bewiesen, was viele Progressive und New-Ager als den Effekt des „hundertsten Affen" bezeichnet hatten.[636]

Ihre Studie zeigte, dass, sobald 10% oder mehr der Bevölkerung eine neue Idee annahmen, sie anfing, sich auf den Rest der Bevölkerung zu verbreiten oder „durchzusickern".[637] Diese Schwelle von 10% scheint auch für die komplexeren, weitreichenderen dialektischen Prozesse zu gelten, die zu den Stufen der menschlichen und kulturellen Evolution geführt haben. Sobald 10% nicht nur eine Idee, sondern auch eine neue Weltanschauung oder Bewusstseinsebene übernahmen, „tröpfelte" diese auf die Bevölkerung in früheren Ebenen und zog eine Mehrheit der zukünftigen Generationen auf, die sie annahmen.

Jede höhere Ebene löst die Probleme der vorherigen Ebenen, schafft aber auch neue Belastungen, die an Intensität und Komplexität zunehmen. Habermas erklärt diese dialektische Dynamik in *Kommunikation und Evolution der Gesellschaft* wie folgt:

> Evolutionär wichtige Innovationen bedeuten nicht nur eine neue Ebene des Lernens, sondern auch eine neue Problemsituation, d.h. eine neue Kategorie von Belastungen, die die neue soziale Formation begleitet. Die Dialektik des Fortschritts zeigt sich darin, dass mit dem Erwerb von Problemlösungsfähigkeiten neue Problemsituationen ins Bewusstsein treten. Ein höherer Entwicklungsstand der Produktivkräfte und der sozialen Integration bringt Entlastung von den Problemen der verdrängten sozialen Formation. Aber die Probleme, die in der neuen Phase der Entwicklung auftreten – soweit sie überhaupt mit der alten vergleichbar sind – nehmen an Intensität zu.[638]

Wir werden nun in einem sehr groben und allgemeinen Überblick darlegen, wie der sexuelle Selektionsprozess, die Kokreativität und die Fortpflanzung diese Dialektik des Fortschritts vom archaischen Infrarot zum transpersonalen Türkis der kulturellen Evolution beeinflusst haben.

Archaisches Infrarot

Wie bereits erwähnt, entstand unsere Spezies (Homo Sapiens) in Afrika vor etwa 200.000 Jahren aus archaischen Horden von Hominiden, die nebeneinander oder nebenher lebten. Wie andere Menschenaffen und Tiere waren sie direkt in ihre natürliche

Umgebung eingebettet und ganz von ihrem Instinkt getrieben, ihrer *biologischen Bestimmung* nachzukommen. Sie hatten keine Selbsterkenntnis über ihr Geschlecht oder ihre femininen/maskulinen Polaritäten. Die verschiedenen Verhaltensweisen zwischen den Geschlechtern basierten rein auf biologischen Faktoren: bei Frauen die Fähigkeit, zu gebären, Nachkommen zu ernähren und Nahrung zu sammeln; und bei Männern die Körpergröße und Stärke, um am effektivsten um erotische Weibchen als Partner zu konkurrieren und sie zu beschützen, zu jagen und Fleisch zu liefern.

Problem

Neben der Suche nach Partnern für die Fortpflanzung war die größte Herausforderung das Überleben im Alltag.

Lösung: Magisches Magenta

Wie von Fellmann angeregt und in Teil 2 skizziert, wurden diese archaischen Vormenschen ihrer selbst bewusst, indem sie exklusive erotische Paarbindungen bildeten, die ihre Sexualität in den Eros ausdehnten, was zu einer emotionalen Selektion führte, die „Inneres" einschloss und später zum Auftreten von Sprache und symbolischer Kultur führte. Diese Paare, die nun „gemeinsam lebten" (statt „nebeneinander" oder „nebenher"), wurden zur Grundlage für die Bildung des Grundsatzes „Einer für alle, alle für einen" in magischen Stämmen und die Entstehung von matrifokalen Geschlechterrollen, die Frauen aufgrund ihrer „magischen" Fähigkeit, neues Leben in die Welt zu bringen und Männer mit sexuellem Vergnügen und Fürsorge zu versorgen, schützten und huldigten. Im Gegenzug boten die Männer ihren Lebensgefährtinnen ihre Opfer, ihren Schutz, ihre Aufmerksamkeit und ihre einfachen Geschenke an.

So begann die Erfolgsgeschichte der Menschen, die schließlich den gesamten Planeten bevölkern und beherrschen würden, mit Paaren, die die Promiskuität ihrer Vorgänger aufgaben und durch die exklusive Paarbindung mehr Tiefe bzw. Bewusstsein schufen.

Im Lauf der Zeit entstanden unter diesen Paaren differenziertere Formen der Sprache, um ihre jeweilige Umgebung zu beschreiben, sich gegenseitig und ihre Kinder zu beruhigen, ihre Absichten zu verdeutlichen, ihre Handlungen zu koordinieren, ihre Gedanken und Gefühle auszutauschen, durch den Austausch von Informationen und Erfahrungen voneinander zu lernen und sich gegenseitig zu unterhalten, indem sie Geschichten erzählten. Diese Kommunikation war am effektivsten, wenn die Äußerungen wahr, ehrlich, moralisch richtig und praktisch waren.

Weil Männer und Frauen in diesen Jäger- und Sammlerstammesgesellschaften zunehmend unterschiedliche Rollen bei der Nahrungsmittelproduktion, der Schaffung von Sicherheit, der Betreuung von Kindern und der Pflege ihrer nächsten Angehörigen und anderer Mitglieder ihrer Stämme übernahmen, entstand ein größeres Gefühl der Differenzierung zwischen dem, was später als öffentliche und private Sphären bezeichnet werden sollte, und zwischen femininen und maskulinen Polaritäten.[639]

Diese neue Form der Kommunikation und des Zusammenlebens als Paare in Stämmen und der Aufteilung der Verantwortung zwischen Männern und Frauen löste die unmittelbaren Probleme des individuellen Überlebens, die es in der Horde gegeben hatte. Mitglieder der Stämme jagten und versammelten sich, teilten ihre Nahrung, kümmerten sich um die Schwachen und Kranken und schützten sich gegenseitig vor wilden Tieren und feindlichen Eindringlingen.

Neue Probleme

Da diese Stämme auf der Suche nach Nahrung und Unterkunft in begrenzten Gebieten lebten, stießen sie unweigerlich an die Grenzen der ihnen zur Verfügung stehenden Ressourcen, um ihre wachsende Bevölkerung zu erhalten. Zu diesem Zeitpunkt traten neue Probleme in Form von Nahrungsmittelknappheit und zunehmender Konkurrenz und Feindseligkeit zwischen ihnen auf.

Lösung: Egozentrisches Rot

Die Lösung dieser Probleme wurde von einzelnen, jungen, starken, aggressiven und abenteuerlustigen egozentrischen Männern erarbeitet, die sich von ihren Stämmen mit attraktiven und körperlich geeigneten Frauen trennten, um neue Gebiete zum Jagen und Sammeln zu finden, während Paare mit vielen Kindern und älteren Mitgliedern zurückblieben. Unterwegs vermischten und vermehrten sie sich wahrscheinlich mit Angehörigen anderer Stämme, d.h. sie beschäftigten sich mit Exogamie, der Fortpflanzung mit eher „exotischen" oder entfernten Partnern.[640] Dies reduzierte die negativen Auswirkungen der Inzucht, indem die genetische Vielfalt ihrer Nachkommen durch die Vorteile der Heterose erhöht wurde.[641] Ihr reduziertes Risiko, zwei Kopien eines defekten Gens zu erben, verbesserte die Überlebenschancen ihrer Nachkommen, die sich dann wieder in größerer Zahl selbst vermehren konnten.

Sobald diese abtrünnigen Gruppen neue Gebiete mit weniger Konkurrenz und reichlich vorhandener Nahrung entdeckten, ließen sie sich nieder und vergrößerten sich, bis sich der Zyklus wiederholte, sobald die Größe ihrer Stämme die verfügbaren Ressourcen nach mehreren Generationen erschöpft hatte. Bis dahin löste sich eine weitere Gruppe von abenteuerlustigen jungen Männern und Frauen unter der Führung von Alpha-Männern ab, um sich noch weiter hinauszuwagen.

Da diese Entdecker die relative Sicherheit der homogenen matrifokalen Stämme verließen, die höhere Risiken und Herausforderungen mit sich brachten, können wir uns vorstellen, dass Männer außerhalb ihrer Lager mehr Macht erlangten, während sich die Verantwortung der Frauen weiterhin auf die Betreuung von Kindern zusammen mit anderen Müttern und älteren Menschen konzentrierte und sie sich um ihre Partner kümmerten, nachdem sie von gefährlichen Jagd- und Forschungsabenteuern zurückkehrten, die oft auch die Bekämpfung von Männern aus anderen Stämmen und das Überfallen ihrer Siedlungen umfassten.

Schließlich bevölkerten Menschen in nomadischen Stämmen den ganzen Planeten, wie auf der Karte unten gezeigt.

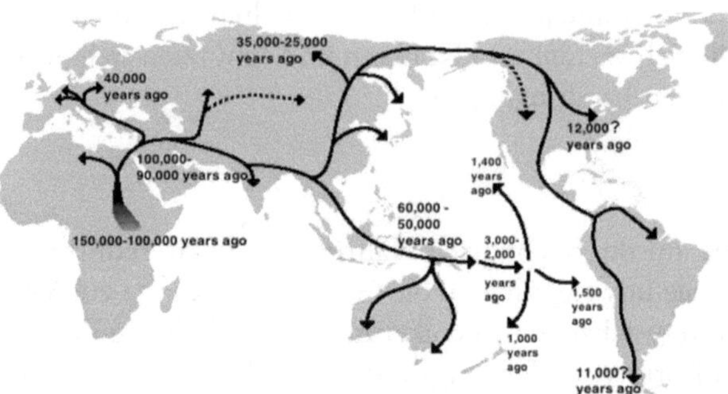

Grafik 60. Nomadische Stämme bevölkern die Welt

Als die Menschen weiter im Bewusstsein voranschritten und bessere Fähigkeiten für die Jagd und das Sammeln entwickelten, waren es höchstwahrscheinlich die Frauen, die entdeckten, wie man eine Vielzahl von Pflanzen auf kleinen fruchtbaren Flächen im Umfeld ihrer Behausungen kultivieren und Kleintiere wie Schweine, Hühner, Schafe, Ziegen und Gänse züchten konnte, die alle mit lokalen pflanzlichen Nahrungsmitteln gefüttert werden konnten.

Durch diese zusätzliche Aufteilung der Nahrungsmittelproduktion wurden Geschlechterrollen und feminine/maskuline Polaritäten ausgeprägter. Auch der Sprachgebrauch verlagerte sich, wobei sich die Frauen mehr auf Worte konzentrierten, die die Fürsorge und Beziehungen im privaten Bereich zum Ausdruck brachten, und die Männer mehr über ihre Autonomie und ihre Rechte und Pflichten im öffentlichen Bereich berichteten.

Die Verankerung und Aufteilung der Geschlechterrollen, die Frauen schützten und Männer opferten, erhöhte die Zahl der gesunden Kinder, die ihrerseits lange genug überlebten, um sich fortzupflanzen. Sobald diese neue Art der Aufgabenteilung von mehr als 10% der Menschen in diesen Stämmen angenommen wurde, sickerte sie in der früheren magischen Phase auf die Bevölkerung herunter und wurde zur Norm für die Mehrheit.

Neue Probleme:

Schließlich wurden einige Populationen so groß, dass sie keine zusätzlichen Jagdgründe und Sammelgebiete mehr finden konnten, ohne in Konflikt mit anderen Stämmen zu geraten. Auch einfache Anbautechniken reichten nicht mehr aus, um die wachsenden Stämme zu ernähren. Daraus ergaben sich neue Herausforderungen: die Bereitstellung ausreichender Nahrungsmittel, die Verteidigung ihrer wachsenden Stämme und die Koordination der Aktionen der Stammesmitglieder.

Lösung: Mystisches Bernstein

Die Lösungen für diese neuen Probleme wurden vor etwa 10.000 Jahren in verschiedenen Teilen unseres Planeten gefunden, als die Menschheit die Landwirtschaft erfand – den Anbau und die Bewirtschaftung von Pflanzen sowie die Zucht und Aufzucht von großen Nutztieren. Dadurch konnten sich die bisher umherwandernden Stämme in kleineren Gebieten niederlassen, zum Beispiel entlang der Täler des Nils, des Tigris und des Euphrats. Dort konnten die Bauern eine Fülle von Getreide und anderen Nutzpflanzen anbauen, während andere Männer die Industriezweige wie Weberei, Lederverarbeitung, Metallverarbeitung, Maurer- und Töpferhandwerk und teilweise auch den Handel entwickelten.[642]

Dieser Fortschritt in Richtung des mystischen Bernstein wurde auf natürliche Weise durch den sexuellen Selektionsprozess begünstigt, als die attraktivsten Weibchen sich entschieden haben, gemeinsam mit Männern, die die größten Besitztümer (Landwirtschaft, Tiere, Jagdgründe, Gebäude) und eine große Anzahl von Sklaven und Untergebenen besaßen, zu zeugen, um ihre Familien mit reichlich Nahrung, Sicherheit, Komfort und Status zu versorgen.

Dies gab den Männern die meisten Befugnisse, Rechte und Pflichten im öffentlichen Bereich und schränkte gleichzeitig die Rechte der Frauen im privaten Bereich ein. Infolgedessen wurde die Verantwortung der Frauen auf die Erziehung von Kindern, die Sorge um Haus und Garten, die Pflege der Ehemänner und manchmal auch die Unterstützung der Ehepartner bei ihrer Arbeit außerhalb des Hauses reduziert. Wie Aristoteles in der *Politik*, seinem Studium der menschlichen Angelegenheiten, feststellte: „Was die Geschlechter betrifft, so ist das Männchen von Natur aus überlegen und das Weibchen unterlegen, der Männliche Herrscher und das Weibliche Subjekt."

Im Lauf der Zeit führten diese natürlichen Eigentumsverhältnisse, Rechte und Verantwortlichkeiten zur Entwicklung dessen, was später Patriarchat oder „Vaterherrschaft" genannt werden sollte, dem System, in dem privilegierte freie Männer Gesetze schufen, Gesellschaften regierten, das Wahlrecht beanspruchten, mystische Religionen etablierten, Familienoberhäupter wurden und ihre Güter, Titel und Privilegien an ihre Söhne weitergaben. Gleichzeitig konnten die Ehefrauen privilegierter Männer eine wenige gefährliche und anstrengende häusliche Lebensweise als Eigentum ihrer Ehemänner genießen, während ihre Töchter zu Hause arbeiteten, bevor sie als Bräute an Söhne anderer Familien der gleichen oder höheren sozialen Schicht abgegeben wurden. Infolgedessen hatten die Nachkommen von Frauen in diesen Familien höhere Überlebensraten und vermehrten sich in größerer Zahl.

Neben den divergierenden Geschlechterrollen mit unterschiedlichen Rechten und Verantwortlichkeiten im privaten und öffentlichen Bereich entwickelten die Männer aggressivere und aufsteigende männliche Qualitäten und die Frauen eher kommunale und absteigende weibliche Qualitäten.

Mit diesen Spaltungen verlagerte sich die Sprache weiter, wobei die Männer Gültigkeitsansprüche auf das, was gut, wahr, schön und funktional ist, basierend auf Rechten, Gerechtigkeit, Rationalität und Autonomie, erhoben und die Frauen Gültigkeitsansprüche auf das, was sie als fürsorglich, mitfühlend, intuitiv und relational betrachteten.

Solange Frauen von den Leistungen erfolgreicher Männer in der Öffentlichkeit profitierten und diese belohnt haben und Männer die Bedürfnisse von Frauen und Kindern im häuslichen Bereich respektierten und unterstützten, war wenig Kommunikation zwischen den Geschlechtern notwendig, um einen Konsens in ihren jeweiligen Bereichen zu erreichen, damit ihre Beziehungen funktionieren.[643]

Das Bild unten zeigt feminine Frauen und maskuline Männer, die ihre Polaritäten als Paare im Gleichgewicht halten und harmonisieren. Da Männer und Frauen für ihr Wohlergehen aufeinander angewiesen waren und eine hohe Anzahl von Kindern Überlebensvorteile bot, indem sie beispielsweise auf ihren Bauernhöfen oder in ihren Familienbetrieben arbeiteten und sich später um ihre alternden Eltern kümmerten, wurden große Gemeinschaften gebildet, die hauptsächlich aus stabilen Mehrgenerationenfamilien und einer kleinen Anzahl von Singles bestanden, wie oben im Bild zu sehen ist.

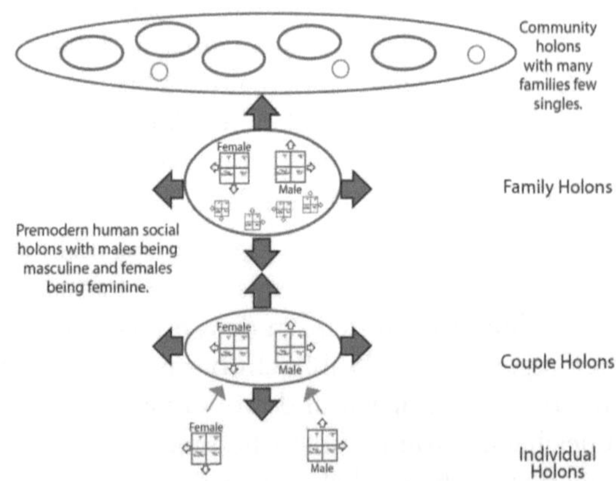

Grafik 61. Paare harmonisieren ihre Polaritäten im Gleichgewicht

Innerhalb weniger tausend Jahre wuchsen diese neuen Agrargesellschaften um das Zehnfache und sogar noch mehr.

Neue Probleme

Gegen Ende des letzten Jahrtausends konnte die Landwirtschaft, die nur männliche Kraft, tierische Kraft und natürliche Düngemittel einsetzte, nicht mehr genug Nahrung für die wachsende Bevölkerung in den Agrargesellschaften liefern, wie das Bild unten zeigt… bis zur wissenschaftlichen und industriellen Revolution.

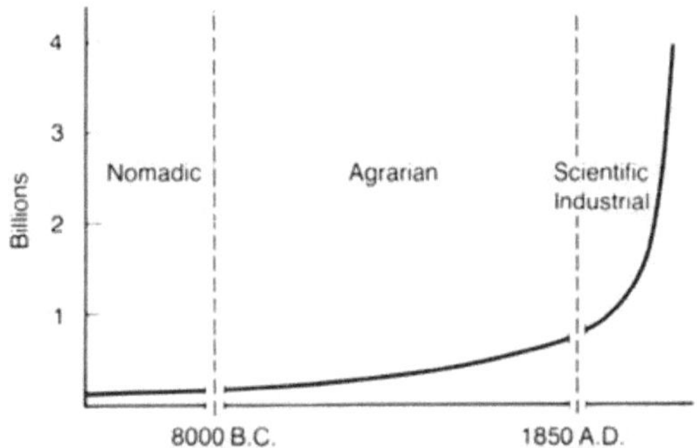

Grafik 62. Bevölkerungswachstum im Zeitablauf

Gleichzeitig forderten die Verteidigung und der Angriff im Mann-zu-Mann-Kampf mit Handwaffen zu viel Tribut, und die Menschen litten unter den immer missbräuchlicheren und anspruchsvolleren Feudalsystemen und dogmatischen Religionen, die sich etabliert hatten.

Lösung: Rationales Orange

Die Lösung dieser Probleme begann in Europa während der Aufklärung, der Mitte des 19. Jahrhunderts die kulturelle und industrielle Revolution folgte, die in Frankreich und England begann und sich schnell auf dem europäischen Kontinent, insbesondere im Norden, ausbreitete.

Der Aufstieg der Moderne brachte enorme Fortschritte und Vorteile für die Menschheit durch bedeutende Entdeckungen, Erfindungen und Fortschritte in vielen Bereichen: Die Nahrungsmittelproduktion brachte die Einführung der mechanisierten Landwirtschaft und den Einsatz von chemischen Düngemitteln, Pestiziden und der industriellen Viehzucht mit sich. Die Medizin befasste sich mit vielen Hauptursachen von Krankheit und Tod, einschließlich infektiöser, parasitärer und nicht übertragbarer Krankheiten und chronischer Erkrankungen. Im Krieg kamen moderne Massenvernichtungswaffen zum Einsatz, die zunächst zu globalen Kriegen, aber auch zur Abschreckung führten. Die Philosophie des Subjekts, die mit Descartes begann, der erklärte: „Ich zweifle, also denke ich, also bin ich", und dem unabhängig denkenden und handelnden Subjekt den Vorrang vor dem göttlich geführten oder einer höheren Autorität dienenden gab und so den menschlichen Verstand und Geist befreite, indem er das Dogma der Kirche und die Unterdrückung des Menschen durch feudale Systeme in Frage stellte. Zwei Jahrhunderte später erklärte Nietzsche: „Gott ist tot."

Diese Verlagerung in Richtung rationalem Orange wurde erneut durch den sexuellen Selektionsprozess vorangetrieben, als die attraktivsten und fruchtbarsten Frauen die wohlhabendsten, hochrangigsten und erfolgreichsten Führungskräfte in Industrie, Wirtschaft, Militär, Wissenschaft, Akademie, Politik, Kunst, Unterhaltung und Sport für die Kokreativität und Fortpflanzung auswählten, und ihre Nachkommen hatten außerordentlich höhere Überlebensraten als die Kinder von Paaren, die auf früheren Ebenen blieben.

Als dann mehr als 10% der Bevölkerung die moderne Weltanschauung übernahmen, sickerten die meisten der rationalen Errungenschaften und Vorteile auf die Menschen in früheren Stadien herunter, auch wenn sie ihre magischen, egozentrischen oder mystischen Weltanschauungen beibehielten und manchmal sogar den kulturellen Fortschritt bekämpften, den die Moderne gemacht hatte, während sie von ihren technischen und sozialen Innovationen profitierten.

Da die Geburtenraten in den frühen Industriegesellschaften hoch blieben und die Lebenserwartung dramatisch anstieg, begannen die Populationen zu explodieren, wie die beiden folgenden Grafiken zeigen.

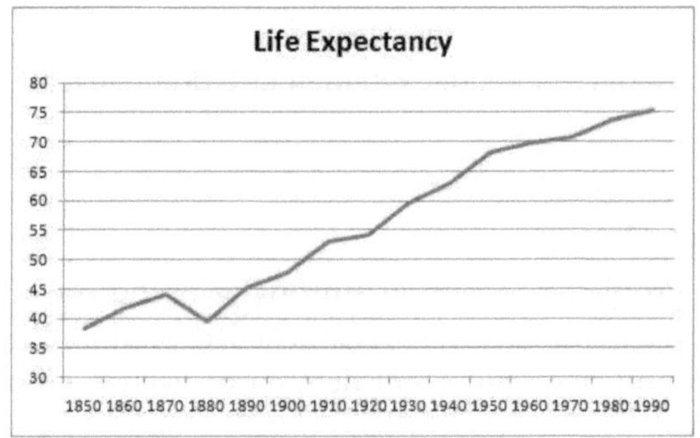

Grafik 63. Lebenserwartung im Zeitablauf

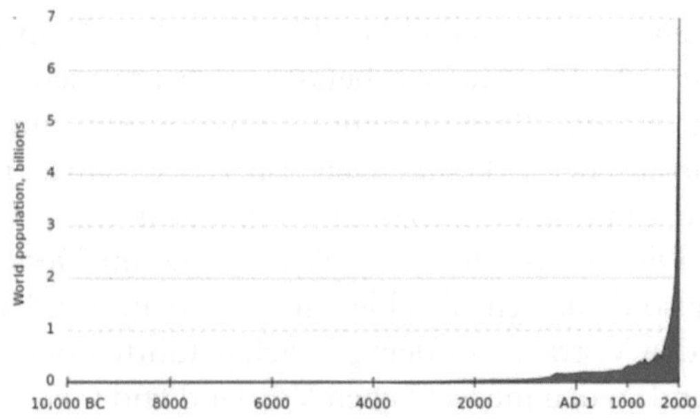

Grafik 64. Weltbevölkerung im Zeitablauf

In den Anfängen der industriellen Revolution waren die meisten Frauen wirtschaftlich und sozial noch immer von Männern abhängig, um ihren Lebensunterhalt und ihren sozialen Status zu sichern, und die traditionellen Geschlechtertrennungen und femininen/maskulinen Polaritäten blieben bestehen. Dies änderte sich, nachdem Frauen ein gewisses Maß an finanzieller und emotionaler Unabhängigkeit in der gereiften Moderne erfuhren, nachdem sie zu ihrer maskulinen Seite übergegangen waren und in die vierte Stufe ihrer komplexen Entwicklung von Animus eingetreten waren. Indem sie die Siege der Frauenbefreiung ausnutzten, machten Frauen nun rationale Ansprüche auf ihre Rechte, Gerechtigkeit und Autonomie im privaten und öffentlichen Bereich geltend und erlangten anschließend Stimmrecht, Zugang zu Hochschulausbildung, Zugang zu Arbeitsplätzen, die zuvor Männern vorbehalten waren, gleichen Lohn für gleiche Arbeit und liberalere Scheidungsgesetze.

Infolge dieser Veränderungen begannen die traditionellen Formen der Kokreativität zwischen Männern und Frauen zusammenzubrechen. Bis dahin hatten feminine Frauen ohne oder mit wenigen Rechten die Hauptverantwortung für die relative Sicherheit im häuslichen Bereich übernommen, während maskuline Männer die Verantwortung, die Rechte und die Macht in den gefährlicheren und anspruchsvolleren öffentlichen Bereichen hatten. Im 19. und 20. Jahrhundert änderte sich diese Arbeitsteilung, die der Menschheit bis dahin gut gedient hatte, da viele Frauen die Freiheit erhielten, die Menge an Verantwortung zu wählen, die sie im privaten und öffentlichen Bereich übernehmen wollten, während Männer in ihren traditionellen männlichen Geschlechterrollen als Beschützer und Versorger stecken blieben.

Wie es Warren Farrell beschrieb:

„In traditionellen Ehen ruderten Männer auf der einen Seite des Bootes und Frauen auf der anderen Seite. In (späteren) modernen und postmodernen Gesellschaften können befreite Frauen auf beiden Seiten des Bootes rudern, während die meisten Männer auf ihrer traditionellen Seite festsitzen. Deshalb sehen wir unsere Beziehungen oft im Kreis laufen."[644]

Auch die gesunde Balance zwischen femininen und maskulinen Polaritäten zwischen Paaren wurde dadurch immer schwieriger oder gar unmöglich.

Darüber hinaus hatten zwei Entwicklungen in der medizinischen Welt dramatische Auswirkungen auf die Entscheidungen moderner Frauen: Empfängnisverhütung und Abtreibungen. Nach 3,7 Milliarden Jahren biologischer Evolution und 250.000 Jahren menschlichen Fortschritts war der Mensch vor etwa 50 Jahren die erste Spezies, die zuverlässige Technologien entwickelte, um Sex ohne die Wahrscheinlichkeit einer Schwangerschaft zu haben, oder aber, wenn eine Schwangerschaft unbeabsichtigt erfolgte, eine Abtreibung sicher durchzuführen.[645]

Als im letzten Jahrhundert in vielen Teilen der modernen Welt verschuldensunabhängige Scheidungsgesetze verabschiedet wurden, stiegen die Scheidungsraten und die Zahl der Singles dramatisch an und die Geburtenrate fiel weit unter die nachhaltige Rate von 2,1 Kindern pro Frau.[646]

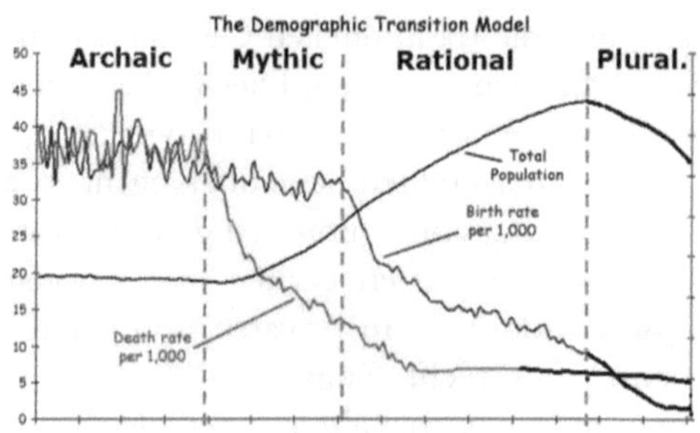

Grafik 65. Modell der demografischen Entwicklung

Infolgedessen sind alle modernen Nationen mit einem stetigen Anstieg der älteren Bevölkerung konfrontiert, während die Gesamtbevölkerung in einigen Ländern wie folgt schrumpft.[647]

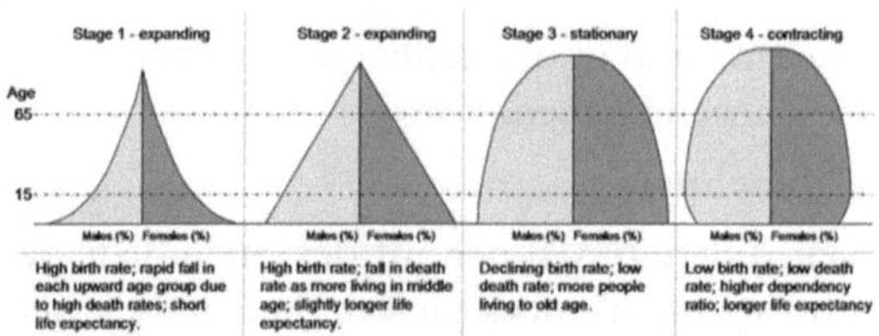

Grafik 66. Soziologische Modelle in Verbindung mit Geburtenraten

Andere Länder mit niedrigen Geburtenraten halten ihre Gesamtbevölkerung nur durch Einwanderung aufrecht, was das Problem der Überalterung der Gesellschaft, insbesondere in Europa, nicht löst, da die meisten Einwanderer bereits erwachsen sind und sich oft nicht fortpflanzen.

Der Einzug von immer mehr befreiten maskulinen Frauen in die Öffentlichkeit und die Berufswelt legte die Messlatte für Männer höher, um den Wünschen attraktiver Frauen in zweierlei Hinsicht gerecht zu werden. Von ihnen wurde immer noch erwartet, dass sie ihre Arbeitspartner übertreffen, und sie mussten nicht nur mit anderen Männern um Status und Erfolg konkurrieren, sondern auch mit ihren weiblichen Kollegen. Weil berufstätige Frauen, wie alle anderen Frauen, immer noch in sozialem Status und Reichtum mit „Qualitätsmännern" heiraten wollten, riefen viele verzweifelt aus: „Wo sind all die guten Männer?"

Die Zeiten änderten sich zum Teil, weil liberale Feministinnen und Politiker für „gleichen Lohn für (un)gleiche Arbeit" kämpften, auch wenn sie weniger Jahre Erfahrung hatten, weniger Stunden pro Woche arbeiteten, kürzere Wege zur Arbeit hatten und weniger Zeit auf Geschäftsreisen verbrachten. Die feministische Agenda stand jedoch im Widerspruch zum Interesse traditionellerer Frauen, die sich mit hochverdienenden Männern verheiraten wollten, um persönliche Erfüllung statt Karriereerfolg zu suchen, Teilzeit statt Vollzeit zu arbeiten und eine gesündere Work-Life-Balance zu genießen als ihre fleißigen Ehemänner.

Der extrem utilitaristische sexuelle Selektionsprozess, der aus dieser neuen Realität hervorgegangen ist, wird in der folgenden Grafik aus Teil I noch einmal veranschaulicht. Diese Männer sind in der Regel bereit, sich mit 80% von dem zufrieden zu geben, was sie sich von einem idealen Partner wünschen. Auf der rechten Seite zeigt sie attraktive Frauen (von denen es viele gibt), die sich finanziell erfolgreiche und mächtige Männer wünschen (von denen es nur sehr wenige gibt). Diese Frauen sind nicht bereit, sich mit weniger als 100% von dem zufrieden zu geben, was sie als ihr Recht auf einen Partner erachten.

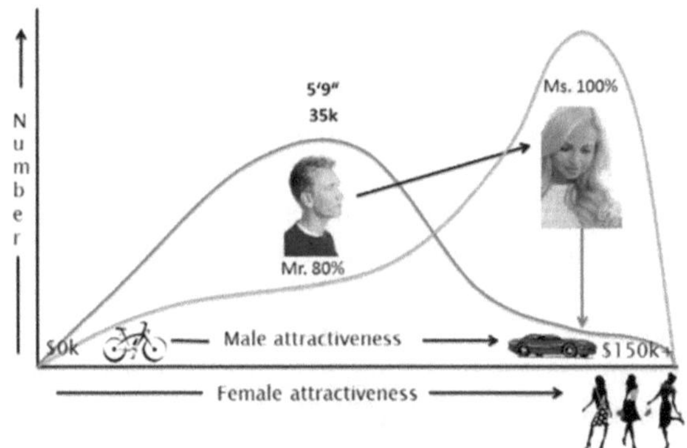

Grafik 67. Dynamik der primären sexuellen Fantasie

Infolgedessen führen gereifte moderne Gesellschaften zu weniger Zwei-Eltern-Familien, mehr karrieregetriebenen Singles und kinderlosen Paaren und einer steigenden Zahl von alleinerziehenden Müttern, wie das Bild unten zeigt, wobei Männer und Frauen weniger Familien mit weniger Kindern bilden.

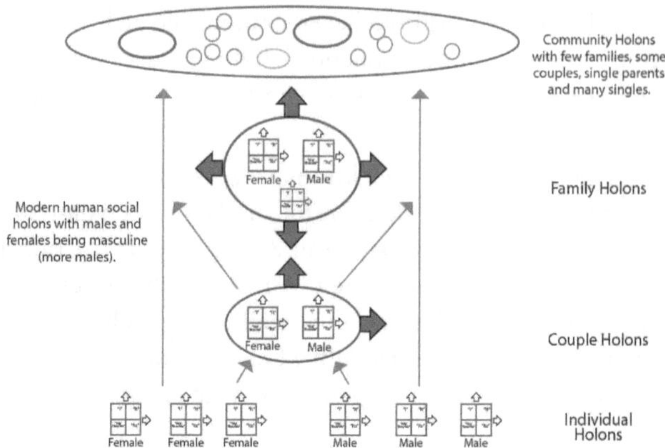

Grafik 68. Paare bilden weniger kokreative Familien mit weniger Kindern

Diese neue soziale Realität hat auch negative Auswirkungen auf die Gesundheit von Männern und Frauen. Bis die Frauen in die Arbeitswelt eintraten, konnten sie sich häufiger mit ihren Partnern, ihrer Familie und ihren Freunden einlassen und, wenn sie sich gestresst fühlten, auf pflegende und entspannende „Beziehungsstrategien" umstellen. Diese beruhigenden Aktivitäten führten zur Freisetzung des „Kuschelhormons" Oxytocin. Oxytocin wirkt auf natürliche Weise den schädlichen Stresshormonen Cortisol und Adrenalin entgegen, die den Blutdruck und den Blutzuckerspiegel erhöhen und das Immunsystem schwächen.[648] Männer hingegen griffen typischerweise auf maskuline Kampf- oder Fluchtstrategien zurück, um die für sie in der Öffentlichkeit und zu Hause entstandenen Stresshormone zu senken. Leider produziert Kampf oder Flucht die stressvermindernden Hormone in viel kleineren Mengen, und die Männer bekamen das kurze Ende zu spüren, es sei denn, sie erhielten von einem liebenden und unterstützenden Partner zu Hause regelmäßig Pflege und Sex.[649]

Da nun die meisten Frauen im häuslichen *und* öffentlichen Leben tätig waren, waren sie häufiger Stresssituationen ausgesetzt, die auch von ihnen Kampf- oder Fluchtreaktionen erforderten, und sie hatten weniger Möglichkeiten, sich an Oxytocin produzierenden Aktivitäten zu beteiligen. Männer litten auch indirekt, wenn ihre gestressten Partner weniger Zeit und Energie hatten, Empathie zu zeigen und Sex mit ihnen zu haben, was ihren Cortisol- und Adrenalinspiegel gesenkt hätte. Und wenn sie ledig sind, haben die Männer überhaupt keinen häufigen Zugang zu einem (Sexual-)Partner. Diese reduzierte Möglichkeit, Stress abzubauen, ist auch einer der Hauptgründe, warum Männer häufiger an koronaren Herzerkrankungen und im Durchschnitt sieben Jahre früher sterben als Frauen.

Neue Probleme

Während die Moderne viele Probleme löste, mit denen die Menschheit zuvor konfrontiert war, und uns zu den glücklichsten Menschen machte, die je gelebt haben, verursachte sie auch die meisten der Probleme, die wir auf Seite 381 unter Globale Herausforderungen aufgeführt haben, einschließlich Überbevölkerung, Umweltzerstörung, soziale Isolation, Verlust der Privatsphäre und Wohlstandskrankheiten wie Typ-2-Diabetes, Asthma, koronare Herzkrankheit, Übergewicht, Bluthochdruck, Krebs, Alkoholismus, Drogenmissbrauch, Depressionen und Demenz. Die Spätmoderne beendete auch die Art und Weise, wie Paare in der gesamten Menschheitsgeschichte für ihr Überleben und Wohlergehen in ihren Kernfamilien aufeinander angewiesen waren. Die vielen zerbrochenen Familien und die zunehmende Zahl von Singles schufen eine ungewisse Zukunft für unsere Spezies.

Lösung: Pluralistisches Grün

Die nächste Ebene, in der versucht wurde, die Probleme der zunehmenden Umweltzerstörung und sozialen Entfremdung anzugehen, begann in den sechziger und siebziger Jahren, als pluralistische, ganzheitliche Gruppen und Bewegungen Menschen- und Tierrechte, Umweltschutz und Nachhaltigkeit, Abrüstung und Frieden, radikalen Öko-Feminismus, Väterrechte und männliches Engagement, Gemeinschaftsleben und Gruppenbildung, Kinderlosigkeit und Polyamorie, humanistische Psychologie, fernöstliche Spiritualität, freie Liebe und multikulturelle Gesellschaften förderten.

Doch wie wir heute auf der ganzen Welt sehen, hat keine der vorgeschlagenen Lösungen die idealen neuen Realitäten hervorgebracht, die sich viele auf der grünen Ebene vorgestellt hatten. Grünes Leben reichte nicht aus, um die Umweltzerstörung aufzuhalten. Der Kampf gegen die Reichen und Mächtigen hat die negativen Auswirkungen der Wohlstandsverteilung und der Globalisierung nicht gebremst. Die Sicherheit wurde nicht durch Aufrufe zur Abrüstung und Gewaltlosigkeit oder den Slogan „make love not war" gewährleistet. Soziale Gerechtigkeit wurde nicht durch Chancengleichheit für alle und Berechtigungsprogramme geschaffen. Und die freie Liebe (Polyamorie) hat die Geschlechterkriege nicht beendet oder zu stabilen und blühenden Gemeinschaften geführt.

Dies ist vor allem der Tatsache zu verdanken, dass die grüne Bewusstseinsebene mit ihrem Pluralismus, Nicht-Urteilen und Alles-ist-möglich-Ansatz zu Liebe und Leben die erste Ebene der menschlichen Evolution wurde, die keine Normen für soziales Verhalten schuf und Entwicklungshierarchien ablehnte. Letztere schufen das Paradoxon, das Kritiker der Postmoderne wie Habermas und Wilber oft kritisieren: dass die bloße Ablehnung der Entwicklung Menschen daran hinderte, auf die grüne Ebene und darüber hinaus zu wachsen.

Darüber hinaus, und möglicherweise noch konsequenter, wurde Grün auch die erste Ebene, die keine direkten Verbesserungen zur Steigerung der Lebensqualität, des materiellen Komforts und der Sicherheit von Frauen durch Männer bot, und die wiederum nicht die sexuelle Attraktivität von Männern für Frauen erhöhte.

Während Männer und Frauen auf der grünen Ebene selbstverständlich mit der Vision, den Werten, Zielen und Praktiken ihrer Stufe übereinstimmten, änderte sich ihr Verhalten grundlegend, wenn es um ihren persönlichen sexuellen Auswahlprozess und die Erfüllung der primären Fantasien ging. Frauen in diesem Stadium wünschten sich weiterhin starke Versorger und Beschützer, die ihre Sicherheit und ihr Wohlbefinden deutlich erhöhen konnten, während Männer sich weiterhin nach jüngeren und reizvollen Liebhaberinnen sehnten. Auf der anderen Seite wollten Männer keine Erfolgsobjekte mehr sein und Frauen keine Sexobjekte mehr. Folglich hat die Zahl der Singles und kinderlosen Paare in ungebundenen Beziehungen weiter zugenommen und die Probleme, die Grün durch die Schaffung nachhaltiger, umweltbewusster, multikultureller und gewaltfreier Gemeinschaften zu lösen suchte, beibehalten.

Die Kokreativität und Fortpflanzung in Liebesbeziehungen verschlechterte sich noch weiter, als die Männer begannen, gemeinsame und absteigende feminine Polaritäten zu verkörpern und mehr Verantwortung für die Schaffung von Frieden und Nachhaltigkeit im privaten und öffentlichen Bereich übernahmen, während sie die meisten ihrer Rechte, Macht und Autonomie opferten. Gleichzeitig erkannten postmoderne Frauen, dass sie nur dann in ihre volle „feminine Macht" kommen konnten, wenn sie ihre unabhängigen Rechte und Gerechtigkeit einforderten (z.B. gleiche Bezahlung für Arbeit, auch wenn sie unterschiedlich in Art und Grad war), und ihre Abhängigkeit von Männern und dem patriarchalischen System beendeten, indem sie versuchten, Handlungsfähigkeit und Gemeinschaft auf eigene Faust auszugleichen und zu harmonisieren, während sie sich an absteigenden Praktiken beteiligten, um voll verkörperte Frauen zu werden. Grüne entmannende Öko-Feministinnen und New-Age-Göttinnen behaupteten Überlegenheit gegenüber Männern, während sie ihnen die Schuld für all die kulturellen, sozioökonomischen und ökologischen Übel gaben, die die gemeinsame Schaffung von Patriarchat zwischen Männern und Frauen in früheren Entwicklungsstadien geschaffen hatte, ohne praktikable Alternativen anzubieten.

Diese Umkehrung von Polaritäten und Macht sorgte für weitere Verwirrung bei der sexuellen Anziehung und dem sexuellen Auswahlprozess. Einige postkonventionelle Singles wählten präkonventionelle Partner, weil sie beide unkonventionell waren, und die Menschen auf der Grünen Ebene, die alle gleichbehandelten, solange sie unkonventionell waren, konnten den Unterschied nicht erkennen. Dies führte zu viel Drama und endloser Gefühlsverarbeitung, wenn grüne Partner von narzisstischen und egozentrischen Partnern auf der Magenta- und Rotebene missbraucht wurden.

Außerdem führte die postmoderne Vorstellung, das Individuum in den Mittelpunkt der Schöpfung zu stellen, zum New-Age-Narzissmus und spiritueller Selbstverleugnung, was kontraproduktiv für die Verbesserung der Beziehungen war.

Infolgedessen gingen nur sehr wenige Grüne Männer und Frauen feste Beziehungen ein, vermehrten sich und bildeten Kernfamilien, während die Mehrheit ledig oder in unverbindlichen Beziehungen und kinderlos blieb. Die Menschen auf der grünen Ebene erklärten Individualismus, Selbstliebe, Interdependenz, Gruppenbildung (wie z.B. Wahlverwandschaften und andere Interessengruppen) und authentische Verbindung im unteren rechten Quadranten, zum besten Weg der menschlichen Beziehung und Weiterentwicklung der Menschheit, während sie die traditionellen Wege der Kokreativität und Fortpflanzung in lebenslangen festen Liebesbeziehungen ablehnten oder aufgaben. Was folgte, waren voneinander abhängige, aber weitgehend unbeständige und nicht nachhaltige Gemeinschaften mit sehr wenigen Kernfamilien, einigen Alleinerziehenden, einigen kinderlosen Paaren und vielen Singles und Menschen in ungebundenen Beziehungen, wie das Bild unten zeigt.

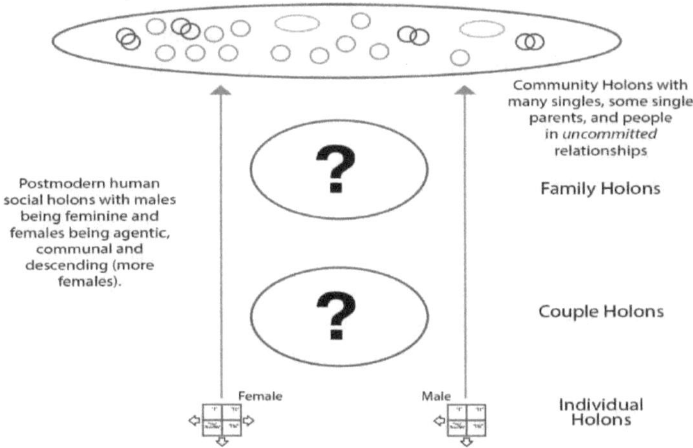

Grafik 69. Nicht nachhaltige Gemeinschaften

Wie wir jetzt sehen, wurde das postmoderne Grün mit seinen pluralistischen Idealen, der Ablehnung von Hierarchien, der Dekonstruktion von Normen, ohne sie zu ersetzen, und dem Versäumnis, die sexuelle Attraktivität von Männern und Frauen zu erhöhen, zur ersten Ebene der menschlichen Evolution, die nicht genügend Menschen aus den vorherigen Stufen anlockte, um auf ihr Niveau aufzusteigen, um die kritische 10%-Marke zu erreichen. Außerdem meidet Grün die Fortpflanzung mit dem Argument, dass es bereits zu viele Menschen auf dem Planeten gibt und dass Liebesbeziehungen unhaltbar sind, wodurch es nicht gelingt, genügend Nachkommen zu schaffen, um sich selbst wieder zu regenerieren oder seine Populationen zu vergrößern. In den seltenen Fällen, in denen sich grüne Singles und Paare fortpflanzten, zogen sie oft narzisstische Kinder auf, die weitgehend auf der magischen und egozentrischen Ebene blieben,[650] weil ihre Eltern und Gemeinschaften ihre Kinder nicht anleiten konnten, die gesunden

Fähigkeiten der mystischen und rationalen Ebenen (die ihre Eltern verachteten) zu entwickeln, die ihre Nachkommen schließlich als junge Erwachsene zu reifem Grün gebracht hätten.

Neue Probleme

Das Scheitern der Schaffung von Normen, die Ablehnung von Fortschritts- und Wachstumshierarchien, die Förderung von Hyperindividualismus und Pluralismus und das Ende der traditionellen männlich-weiblichen Kokreativität und Fortpflanzung führten zu instabilen und nun überalterten Alt-Hippies und narzisstischen New-Age-Gemeinschaften und ließen die Tür für Links- und Rechtsextremismus in früheren Ebenen weit offen. Weil Grün die Menschen daran gehindert hat, durch die Entwicklungsebenen zu wachsen, das Patriarchat abgelehnt hat, ohne eine tragfähige Alternative anzubieten, den Menschen gleiche Rechte ohne gleiche Verantwortung gewährt hat und vorrationale Weltanschauungen und Praktiken mit transnationalen Umsetzungen verwechselt hat, hat es unbeabsichtigt dazu beigetragen, die Probleme zu verschärfen, die es zu lösen versucht hatte.

Lösung: Integrales Petrol

Die integrale Ebene Petrol, mit ihrer beißenden Kritik an der postmodernen grünen Ebene, versuchte, die Probleme zu beheben, die von Grün durch (1) die Wiedereinführung der Ontologie (die Natur des Seins und des Bestehenden), (2) die Abgrenzung von natürlichen Hierarchien, (3) die Einführung epistemologischer normativer Strukturen (Entwicklungsstufen) und (4) die Betonung der Bedeutung des Aufstiegs (die Liebe, die nach oben reicht) und die Balance und Harmonisierung von gesunder Handlungsfähigkeit und Gemeinschaft in der männlich-weiblichen Kokreativität. Gleichzeitig vernachlässigte Petrol oft den gesunden Abstieg oder die Liebe, die nach unten reicht.

Leider zogen diese eher komplexen hierarchischen und stratifizierten Modelle kaum Frauen und nur wenige Männer von der Grünen Ebene an, die effektiv ein Bollwerk gegen das Wachstum geschaffen hatten und bereits an Größe verloren hatten. In einigen Fällen wurde Petrol mit der Anziehung von Orangemännern übergangen, die die Konzepte intellektuell begreifen und sie in ihrer Karriere und ihrem Privatleben anwenden konnten, um erfolgreicher zu sein, und es half Orangefrauen auf die grüne Ebene aufzusteigen.

Weil es so wenige Menschen auf der Petrol-Ebene gab, wurde es für integrale Männer und Organisationen schwierig, finanziell erfolgreich zu sein. Wie eine Person es ausdrückte, „Integral wurde zu einer selbstleckenden Eistüte."[651]

Kokreativität und Fortpflanzung fanden auf dieser Ebene selten statt, da es weit mehr Männer als Frauen gab und viele Petrol-Männer ledig blieben. Petrol-Männer rangen auch oft darum, Geld zu verdienen und wurden oft entkörperlicht, was sie für Frauen unattraktiv machte. Und die wenigen integralen Paare, die sich bildeten, waren entweder zu alt, um eigene Kinder zu haben, oder zu sehr auf ihre individuelle Heilung, ihr Wachstum, ihre Entwicklung und ihr Erwachen konzentriert, um eine Familie zu gründen.[652] Nur integrale Singles und Paare, die Kinder hatten, während sie sich in früheren Entwicklungsstadien befanden, oder die später Kinder adoptierten, waren in der Lage, sie durch integrale Elternschaft auf ein integrales Niveau und noch darüber hinaus zu bringen.[653]

Das Bild unten zeigt Menschen in der integralen Gemeinschaft, meist Singles, einige Alleinerziehende, sehr wenige Paare und noch weniger Familien.

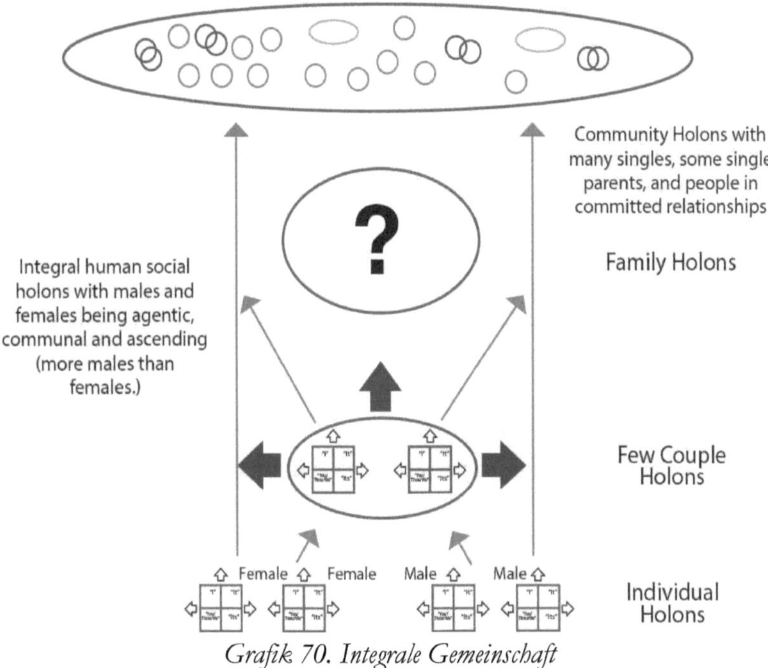

Grafik 70. Integrale Gemeinschaft

Infolgedessen erreichten weniger als 1% der Bevölkerung in bestimmten Regionen der USA und im Ausland die integrale Ebene und erreichten nicht einmal annähernd die notwendige kritische Masse von 10%, um einen Versickerungseffekt auf die Menschen auf früheren Ebenen zu erzielen.

Neue Probleme

Während Integral die meisten Probleme von Grün in der Theorie gelöst hat, indem es mehr Komplexität geschaffen hat, hat es weiterhin den höchsten Wert auf das Individuum und nicht auf das Paar gelegt. Weil Integral Grün vehement ablehnte und hauptsächlich von Orange übernommen wurde, trug es dazu bei, viele der Probleme zu erhalten, die die Moderne geschaffen hatte und die die Postmoderne erfolglos zu lösen versucht hatte.

Petrol sah und förderte auch nicht klar die Bedeutung einer nachhaltigen Kokreativität und Fortpflanzung auf allen Ebenen des Bewusstseins für die Evolution der Menschheit. Stattdessen ging es fälschlicherweise davon aus, dass einige Telos, Eros, evolutionäre Bestimmung, Dialektik des Fortschritts, oder die Notwendigkeit, die Probleme von einer Ebene auf der nächsthöheren Ebene zu lösen, schließlich genug Menschen anziehen oder überzeugen würden, sich selbst über die entscheidende 10%-Marke zu bringen und den Versickerungseffekt zu erzeugen, um die menschliche Evolution vorwärts und in eine bessere Zukunft zu treiben.

Adaption

Im Diagramm unten sehen wir, dass Habermas' und Wilbers Theorie von jeder höheren Stufe, die bessere Lösungen für die Probleme der vorherigen Stufen bietet, richtig war, solange attraktive Frauen Männer auf höheren Ebenen gegenüber denen auf niedrigeren Ebenen bevorzugten und die Geburtenraten und Überlebenschancen auf den höheren Ebenen stiegen. Als in der neuen Phase eine kritische Masse von 10% erreicht wurde, „versickerten" die Innovationen zu den Menschen auf dem bisherigen Niveau, und der Gesamtanteil wuchs.

Wir sehen auch, dass diese Kurve zusammenbricht und in eine Sackgasse führt, wenn höhere Stufen nicht zu mehr Kokreativität und Fortpflanzung führen.

Auf der rechten Seite des Diagramms sehen wir den ungefähren Prozentsatz der Menschen auf jeder Ebene in den heutigen westlichen Gesellschaften. Unten sehen wir die Zeitleiste der Entstehung jeder Ebene. Die sieben Kurven zeigen die Entstehung und den Verlauf jeder Ebene in der Geschichte der Menschheit an.

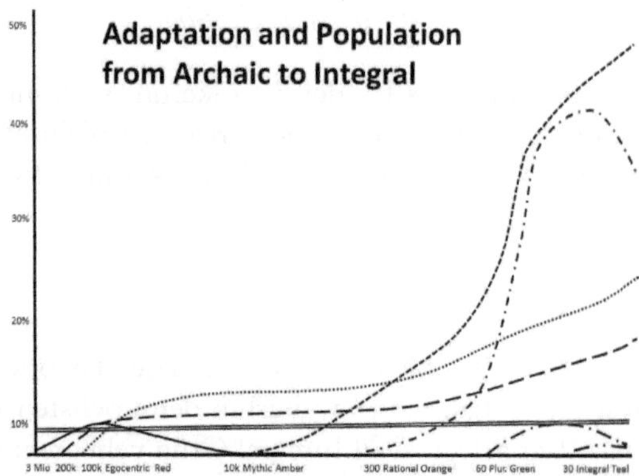

Grafik 71. Diagramm zur Veranschaulichung von Übernahme und Bevölkerung der Ebenen von Archaisch zu Integral

Die ersten Hominiden tauchten vor etwa drei Millionen Jahren auf und erwarben nicht die neuen Problemlösungsfähigkeiten des Homo sapiens, der vor etwa 200.000 Jahren auftauchte und ausstarb, wie die schwarze Linie unten links zeigt.

Die magische Ebene emergierte aus den archaischen Horden und wurde von mehr als 10% der Bevölkerung angenommen. Heute stellen die Menschen auf der magischen Ebene etwa 10-15% der Bevölkerung in westlichen Gesellschaften mit einem moderaten Wachstumspotenzial dar.

Die egozentrische Ebene ist vor etwa 100.000 Jahren aus der magischen Ebene hervorgegangen und hat sich als zusätzliche Lebensform etabliert. Sie macht heute etwa 20% der westlichen Bevölkerung aus und wächst, weil sich Menschen auf dieser Ebene über dem allgemeinen Reproduktionsniveau (z.B. durch Teenager-Schwangerschaften) fortpflanzen und von den Leistungen der höheren Ebenen profitieren. Siehe Anhang 1 auf Seite 451 für die entsprechenden Statistiken.

Vor etwa 10.000 Jahren entstand die mystische Ebene aus der egozentrischen Ebene und wurde zur vorherrschenden Lebensform in bestimmten Gebieten des Planeten. Die Geburtenrate und die Lebenserwartung der Menschen, die diese neue Ebene nicht angenommen haben, wurden erhöht, indem sie indirekt von den besseren Methoden der Nahrungsmittelproduktion, dem Bau von Gebäuden, der Herstellung von Gegenständen, der Schaffung von Recht und Ordnung und der Kriegsführung profitierten. Heute leben etwa 40% der Weltbevölkerung in dieser Ebene, und ihr Anteil wächst ständig, da sie die höchsten Geburtenraten haben (siehe Anhang 2).

Aus der mystischen Ebene heraus entstand vor etwa 300 Jahren die rationale Orange-Ebene mit ihren weit überlegenen Möglichkeiten, die Sterblichkeitsrate durch signifikante Verbesserungen der Lebensqualität zu senken. Die Bevölkerung explodierte, weil die Geburtenraten zunächst hoch blieben und die meisten Menschen auf früheren Ebenen von den Innovationen und Entdeckungen der rationalen Ebene profitierten. Heute können Menschen in vormodernen Ebenen moderne Waffen, Medikamente, Düngemittel, Maschinen, Autos, Flugzeuge und das Internet benutzen oder sich einer Herzoperation unterziehen. Gleichzeitig lehnen viele die modernen Freiheiten wie die Trennung von Staat und Kirche, moderne Scheidungsgesetze, Abtreibungsrechte, gleichgeschlechtliche Ehen und Rechte von Minderheiten ab und verurteilen moderne Formen des Hedonismus und Hyperindividualismus. Mit anderen Worten, es gibt eine Verwechslung zwischen den konservativen kulturellen Werten des Unteren Linken Quadranten und den Pathologien, die zu Unrecht der gesellschaftlichen Modernisierung der Unteren Rechten Seite zugeschrieben werden.[654] In den modernen Gesellschaften von heute liegt die Zahl der Menschen auf der Ebene von Orange aufgrund der niedrigen Geburtenraten auf diesem Entwicklungsniveau, wie in Anhang 1 dargestellt, bei 30% oder sogar darunter.

Die postmoderne Grüne Ebene entstand vor etwa 50 Jahren in bestimmten Gebieten des Planeten als Antwort auf die Pathologien der Moderne, erreichte aber nie die entscheidende 10%-Marke. Wie wir oben gesehen haben, war es die erste Phase, die keine

Fortschritte brachte, die die Attraktivität von Männern oder Frauen, die Geburtenrate, die Überlebensrate oder die Lebensqualität für die Massen erhöhten. In der Tat verlangten die grünen Werte oft nach dem Gegenteil – was sich für viele als Fehlschlag herausstellte. Infolgedessen begann die anfänglich wachsende grüne Bevölkerung in den 60er und 70er Jahren zu schrumpfen, vor allem als Orange begann, einige der Probleme anzugehen, die es selbst geschaffen hatte (z.B. Wasseraufbereitungsanlagen, Ozonvorschriften, Autokatalysatoren, sauberere Energie, nukleare Abrüstung, Elektroautos usw.) und die Moderne von den Kritikern der Postmoderne als ein unvollendetes Projekt angesehen wurde. Grün macht heute weniger als 10% der modernen Bevölkerung aus und schrumpft.

Das Gleiche gilt zum großen Teil für die hochintellektuelle und maskuline Integralstufe, die vor etwa 30 Jahren in nennenswertem Umfang entstanden ist und nur etwa 1% der Bevölkerung in bestimmten Gebieten der Erde erreicht hat und nun ebenfalls rückläufig ist.

Geburtenraten und Gravitationszentrum

Sinkende Fruchtbarkeitsraten auf der rationalen Orange-Ebene weit unter dem Erhaltungsniveau von 2,1 Kindern pro Frau und die noch geringere Fortpflanzung auf den aufkommenden pluralistischen Ebenen Grün und integrales Petrol, verbunden mit der fehlenden Aufwärtsbewegung von Menschen, die in vorrationalen Ebenen geboren wurden, führten nicht nur zu allen möglichen persönlichen Herausforderungen und sozioökonomischen und ökologischen Problemen, sondern auch zu einer allgemeinen Stagnation und sogar einer Umkehrung der kulturellen Entwicklung.

Schauen wir uns dieses Phänomen in der Grafik unten genauer an. Die Spitze der Glockenkurve, der so genannte Gravitationspunkt, ist der Höhepunkt, den wir erreichen, wenn wir die Anzahl der Menschen auf jeder Stufe von archaisch bis integral einer bestimmten Gemeinschaft oder Gesellschaft erfassen. Die gestrichelte Linie zeigt die Geburtenrate in jeder Ebene.

Frühere Graphen für Ebenen bis in die Moderne zeigen einen stetigen Verlauf des Schwerpunkts von links nach rechts, da Menschen in höheren Ebenen höhere Fruchtbarkeitsraten und niedrigere Sterberaten hatten.

Neu ist hier in den entstehenden spätmodernen und postmodernen Stadien eine Umkehrung. Das Zentrum der Schwerkraft hat begonnen, sich wieder nach links zu bewegen, anstatt sich nach rechts zu entwickeln, wie es in der gesamten Menschheitsgeschichte der Fall war.[655] Der Grund dafür wird deutlich, wenn wir den Rückgang der Fruchtbarkeitsraten auf höheren Bewusstseinsebenen betrachten. Daher werden die vielen Evolutionären und Progressiven, die oft ledig und kinderlos sind, immer ratloser, warum ihre Zahl nicht wächst und die progressive Menschheit scheinbar rückläufig ist.

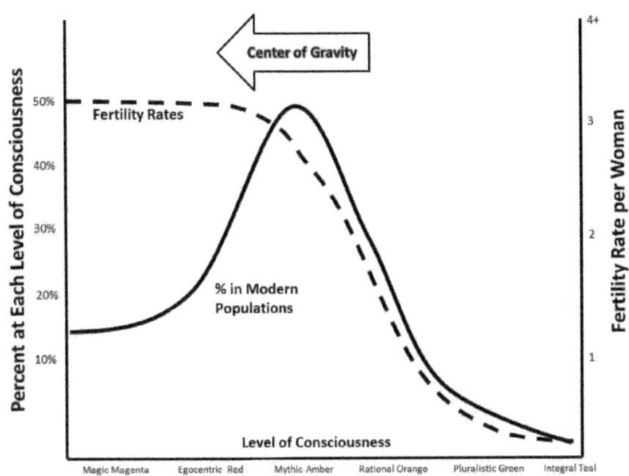

Grafik 72. Bevölkerung auf den verschiedenen Ebenen der Evolution

Es gilt zu bedenken, dass sich heute fast alle Gesellschaften aus einer Vielzahl von Menschen in allen Ebenen zusammensetzen. Wir dürfen also nicht davon ausgehen, dass sich alle Menschen in Gesellschaften mit einem magischen, egozentrischen, mystischen oder modernen Schwerpunkt auf dieser Ebene befinden. Zum Beispiel wäre die Annahme, dass sich alle Menschen aus überwiegend muslimischen oder christlichen Ländern auf einer mystischen Ebene befinden, ein Trugschluss. Die Grafik zeigt nur, dass sich der höchste Prozentsatz der Menschen auf einer bestimmten Ebene befindet und dass die meisten kulturellen Werte und sozialen Systeme/Normen von dieser Ebene aus geschaffen werden, auch wenn es Abweichungen geben kann, zum Beispiel wenn eine moderne rationale Verwaltung eine meist vormoderne mystische Gesellschaft regiert oder umgekehrt.

Da die kulturelle Evolution eine so lange Geschichte und eine konsequente Entwicklung hin zu höheren Ebenen hatte, ist es nicht verwunderlich, dass Menschen, die sie studiert haben, und besonders diejenigen, die die Fortschritte einer Form von evolutionärer Bestimmung, Eros, höherem Bewusstsein, Telos, Geist, Gott, dialektischem Idealismus oder sogar sozioökonomische Unabwendbarkeit zuschrieben, davon ausgingen, dass der Schwerpunkt weiter nach oben gehen würde. Aber das ist keine Selbstverständlichkeit. Leider sind Rückschritte möglich und eine zunehmende Realität, da die Geburtenraten von Menschen in höheren Ebenen sinken und Menschen in niedrigeren Ebenen nicht weiter im Bewusstsein aufsteigen, wie das heute in modernen und postmodernen Gesellschaften bereits der Fall ist. In Anhang 2, ab Seite 461, findet ihr zahlreiche Grafiken, die die Zusammenhänge zwischen Geburtenrate und Einkommen, Bildungsstand, Ethnizität, politischer und religiöser Zugehörigkeit sowie die Prüfungsergebnisse von Kindern aus Familien mit unterschiedlichem Einkommen, Bildung und ethnischem Hintergrund zeigen. Insgesamt geben sie Hinweise auf die Abwärtsverlagerung des Schwerpunkts in vielen modernen und postmodernen Gemeinschaften und Gesellschaften.

Bewusstseinssteigerung durch magisches Denken

Es gibt viele westliche New-Ager, Göttinnen und Evolutionäre, die oft Mitglieder fernöstlicher Tempel, spiritueller Zentren, Meditationsgruppen, Yogastudios, persönlicher Wachstums- und Erfolgsprogramme und tantrischer Subkulturen sind, die erleuchteten Lehrern, evolutionären Gurus, Erfolgscoaches, Praktizierenden der bedingungslosen Liebe, tantrischen Führern, Energieheilern, Bestimmungsführern, religiösen Aktivisten usw. folgen, die auf die eine oder andere Weise behaupten, dass die Konzentration ihres Verstandes, ihrer Herzen, Gebete, Mantras oder „Schwingungsenergie" zur „Bewusstseinserhöhung" für eine „planetarische Transformation", ein „globales Erwachen" oder eine „Bewusstseinsverschiebung" nach oben bewirken wird, die andere und die Welt auf magische Weise auf ihre Ebene des Bewusstseins oder der spirituellen Verwirklichung bringt. Diese verschiedenen Verfechter des evolutionären Denkens und des höheren Bewusstseins verewigen oft den Mythos der magischen Transformation mit allen möglichen Argumenten aus den Bereichen der Quantenphysik, wie Nichtlokalität oder Verstrickung – was Einstein als „gruselige Handlungen auf Distanz" bezeichnete[656] – Epigenetik[657] oder morphische Resonanz,[658] oft ohne ein tieferes Verständnis der zugrunde liegenden komplexen wissenschaftlichen Theorien und der anhaltenden Diskussionen unter Experten über ihre Gültigkeit.

Wie wir in Anhang 2 sehen können, liefern Statistiken über Religionszugehörigkeiten keine Beweise für ein weit verbreitetes Erwachen in der allgemeinen Bevölkerung, und dass die Behauptungen von New-Agern gültig sind und dass ihre Bemühungen Früchte tragen. Wir sehen auch kein Wachstum in der Größe dieser Gruppen selbst, und oft sogar einen Rückgang, wofür es zwei Gründe zu geben scheint: Die versprochenen Ergebnisse eines besseren persönlichen Lebens oder einer besseren Welt im Allgemeinen durch spirituelle Praktiken oder positives Denken werden selten erreicht, und die Menschen in diesen Gruppen vermehren sich entweder weniger oder, vielleicht auch andersherum, Menschen ohne Kinder fühlen sich häufiger zu diesen Gruppen hingezogen.

Es gibt noch einige andere Faktoren, die den Erfolg dieser Ansätze zu verhindern scheinen:

Erstens, die Lehrer und ihre Anhänger sind sich oft nicht bewusst oder verwechseln die Stufen des spirituellen Wahrnehmens (oder Erwachens) auf der einen Seite mit vertikalen Ebenen der Bewusstseinsentwicklung (oder des Erkennens) auf der anderen Seite, wie in Teil 1 beschrieben und in der Persönlichkeitsmatrix auf der Seite 118 dargestellt.

Zweitens verwechseln die Menschen in diesen Gruppen oft die Transformation zu einer höheren Bewusstseinsebene (die typischerweise Jahre dauert und einige signifikante Wachstumsschmerzen erfordert) einerseits mit einer besseren Übertragung oder Integration auf einer bestimmten Bewusstseinsebene andererseits. Beispiele für eine bessere Übertragung auf einer bestimmten Ebene sind das Vorrücken durch Maslows Hierarchie der Bedürfnisse, das Wachsen zur nächsten Stufe des Anima- oder Animus-

Komplexes, Verbesserungen durch psychologische Heilarbeit, das Erwachen zur eigenen Bestimmung des Lebens, alle Arten von spirituellen Erweckungen oder das Vorrücken durch Plotkins Reifestadien, die wir in Teil 2 auf Seite 293 behandelt haben. Alle diese besseren Übertragungen (die oft fälschlicherweise Transformationen genannt werden) treten auf der gleichen Bewusstseinsebene auf und sind keine Transformationen.

Drittens führen so genannte bewusstseinsbildende Praktiken oft zum berüchtigten New-Age-Narzissmus, zur spirituellen Selbstverleugnung oder zum Glauben an das „Gesetz der Anziehung", indem sie Personen, die ihre eigene Realität erschaffen, sich selbst lieben und das Leben in vollen Zügen leben, in den Mittelpunkt des Universums stellen. Dies hat zur Folge, dass diese Gruppen und Organisationen oft instabil und inkohärent sind und eine hohe Fluktuation ihrer Mitglieder aufweisen.

Viertens sind sich die Praktizierenden der Bewusstseinsbildung vielleicht nicht bewusst, dass jede höhere Ebene des Bewusstseins die Probleme der vorherigen Ebene löst, aber auch neue Probleme schafft, die an Komplexität zunehmen.

Und fünftens, wie die meisten Evolutionären, sehen die Menschen in diesen höchst individualistischen Gruppen und Organisationen nicht die lebenswichtige Verbindung zwischen der biologischen Evolution durch sexuelle Selektion und Fortpflanzung und der Evolution (oder Verlagerung) des Bewusstseins, und sind daher oft kinderlos.

Zu guter Letzt argumentieren Menschen, die an die Reinkarnation glauben, manchmal, dass sie und viele andere auf höheren Bewusstseinsebenen wiedergeboren werden (oder sich dafür entscheiden), so dass die Fortpflanzung in ihrem Leben für den Fortschritt des Bewusstseins irrelevant ist, zumindest solange zukünftige Generationen sich fortpflanzen. Natürlich haben sie in der Regel kein gutes Argument, woher diese zukünftigen Generationen kommen könnten, besonders wenn immer mehr der bewussten, erleuchteten oder wachen Menschen aufhören, sich fortzupflanzen... naja.[659]

Sozialer Atomismus und das Makrosubjekt

Wie bereits angedeutet, ist ein Hauptgrund für die steigende Zahl zerbrochener Familien, Singles und abnehmender Geburtenraten auf höheren Bewusstseinsebenen die weit verbreitete moderne und postmoderne Auffassung, dass Menschen unabhängig denken und handeln und dass ihre Beziehungen Gemeinschaften und Gesellschaften schaffen. Diese Auffassung von Gesellschaft wird als sozialer Atomismus bezeichnet. Sie verdrängte die traditionellere Sicht der Gesellschaft als Makrosubjekt, d.h. die von David Brooks in seinem gleichnamigen Buch vertretene Auffassung, dass der Mensch ein „soziales Tier" sei, oder dass wir „Beziehungswesen" seien, wie es Kenneth Gergen nannte. Diese Befürworter der Gesellschaft als Makrosubjekt vertreten die Auffassung, dass menschliches Verhalten nicht unabhängig, sondern weitgehend durch die Gesellschaft und das Unbewusste bedingt ist. James Gordon Finlayson erklärt den Unterschied zwischen den beiden Theorien in *Habermas: Eine sehr kurze Einführung* wie folgt.

Sozialer Atomismus: die Idee, die vielen sozialen und politischen Philosophien gemeinsam ist, dass einzelne Subjekte logisch, ontologisch und erklärend vor der sozialen, politischen oder ethischen Realität stehen. Aus dieser Sicht besteht die Gemeinschaft aus der Summe der, bzw. den Beziehungen zwischen diskreten, vollständig konstituierten, vorsozialen, vorpolitischen Subjekten. Der wesentliche Punkt des sozialen Atomismus besteht darin, dass einzelne Subjekte nicht durch ihre Beziehungen untereinander oder zur Gesellschaft als Ganzes konstituiert werden, sondern dass die Gesellschaft oder Gemeinschaft durch Beziehungen zwischen einzelnen Subjekten konstituiert wird. Dies hat zur Folge, dass die Gemeinschaft nicht als werthaltig und die Mitgliedschaft in ihr nicht als wertvoll angesehen wird. Vielmehr existiert die Gemeinschaft, um den bereits bestehenden Interessen und Wünschen der einzelnen Subjekte zu dienen, und die Mitgliedschaft in der Gemeinschaft ist immer nur instrumental wertvoll. Gesellschaft als Makrosubjekt: Die Idee, dass Gesellschaft eine Art Makrosubjekt ist, findet sich bei Platon, Rousseau, Schiller, Hegel, Marx and Durkheim. Die Idee dahinter ist, dass die Gesellschaft ein einheitliches organisches Ganzes ist; nicht nur eine Pluralität oder eine Ansammlung von Individuen, sondern eine Art kollektives Individuum.[660]

Lebenswelt und das System

Für Habermas ist „die Gesellschaft weder ein Sammelsurium einzelner Subjekte, noch eine organische Einheit, in der die Teile der Bestimmung des Ganzen dienen. Das Soziale ist nicht nur nicht, wie er sagt, ein Makrosubjekt, es ist nicht einmal einheitlich oder uniform. Es ist eine komplexe und vielschichtige intersubjektive Struktur, bestehend aus sich überlappenden Sphären, in denen die einzelnen Akteure interagieren. Die soziale Welt ist in uns, in der Art, wie wir denken, fühlen und handeln, genauso sehr wie wir in ihr sind."[661]

Für ihn besteht die Gesellschaft aus der „*Lebenswelt*" bzw. dem „Lebensumfeld" von Paaren, Familien und Haushalten, Gemeinschaft, Arbeitsplatz und Freiwilligenorganisationen (der Untere Linke „Wir"-Quadrant in der Integraltheorie, wenn man so will), aus dem unpersönliche und zunehmend unsichtbare soziale und politische „Systeme" von Macht und Geld entstehen (Unterer Rechter Quadrant), welche die Produktion und den Verkehr von Gütern und Dienstleistungen regeln und damit eine integrierende Wirkung durch die Koordination der Handlungen des Einzelnen bewirken. Funktionierende Gesellschaften bestehen aus einem fragilen Gleichgewicht der Lebenswelt und der Systeme.

Diese Balance gerät aus dem Gleichgewicht, wenn Liebesbeziehungen und Familien auseinanderbrechen, individuelle Freiheiten mit gesellschaftlichen Strukturen und Ordnungen konfrontiert werden und wenn das System, das in die Lebenswelt eingebettet ist und von ihr abhängt, in die Lebenswelt eingreift, sie kolonisiert, verdrängt und sogar zerstört.

Die daraus resultierenden fünf „Pathologien" sind:

1. Rückgang der gemeinsamen Meinungen und des gegenseitigen Verständnisses.
2. Erosion sozialer Bindungen (Auflösung von Gemeinschaften).

3. Steigerung des Gefühls der Hilflosigkeit und der mangelnden Zugehörigkeit.
4. Die daraus resultierende mangelnde Bereitschaft der Menschen, Verantwortung für ihr Handeln und für gesellschaftliche Phänomene zu übernehmen.
5. Destabilisierung und Zusammenbruch der sozialen Ordnung und Stabilität.

Da „das System" von einer funktionierenden Lebenswelt wie Paaren, gesunden Kernfamilien und stabilen Gemeinschaften abhängt, führen die obigen Pathologien schließlich zu Instabilität und Krisen des Systems selbst.[662] Wir sehen bereits die Auswirkungen weltweit in dysfunktionalen Regierungen, unpersönlichen Shareholder-Value-getriebenen Unternehmen, dem wachsenden militärisch-industriellen Komplex, zunehmend unüberschaubaren Sozial- und Gesundheitssystemen, bröckelnden Infrastrukturen und der Anfälligkeit des Internets und der sozialen Medien für Hacker, um nur einige zu nennen.

Das Missverständnis, dass Menschen isolierte, individuelle „soziale Atome" oder ein einmaliges oder wahres Selbst anstelle von Beziehungswesen sind, führt zu vielen der Herausforderungen im privaten und öffentlichen Bereich, die wir im ganzen Buch behandelt haben, und unterstreicht die Notwendigkeit von Paaren, die in gesunden Liebesbeziehungen kokreativ sind und sich fortpflanzen.

Bollwerk gegen Beeinträchtigungen

Ferdinand Fellmann sieht die Gesellschaft auch als intersubjektive Struktur und betont, dass Paare in gesunden Liebesbeziehungen grundlegend für die Schaffung funktionaler Gesellschaften sind. Er schreibt in seinem ausgezeichneten Buch *Das Paar: Eine erotische Rechtfertigung des Menschen*:

> Die erotische Rechtfertigung des Menschen vermittelt zwischen Individuum und Gesellschaft. Das Paar ist der Ort, an dem der Einzelne das falsche Selbstgefühl (Ego) aufgeben muss, um seine wahre Identität zu retten und frei zu werden. Das ist das Paradoxon der Liebesbeziehungen: Dass die wahre Identität des Individuums aus der Verschmelzung des Paares entsteht. Familie, Freundschaften, wirtschaftliche und rechtliche Beziehungen reichen nicht aus, um einen Menschen zu definieren, denn sie spiegeln nur einen Teil unserer Menschlichkeit wider und beginnen, ein eigenes Leben zu führen, wodurch eindimensionale Menschen entstehen. Nur in Liebesbeziehungen entwickeln sich Paare in alle Richtungen. Erotische Liebe unterscheidet sich auf diese Weise von Familien, die sich in Familienclans verwandeln, Freundschaften, die sich in einen Freundeskreis verwandeln, berufliche Beziehungen, die sich in berufliche Netzwerke verwandeln, spirituelle Verbindungen, die sich in spirituelle Kreise verwandeln, oder sogar sexuelle Beziehungen, die sich in polyamore Dreiecke oder mehr ausdehnen. Nur exklusive erotische Paarbindungen können nicht erweitert werden, was ihnen ihre einzigartige soziale, emotionale und spirituelle Bedeutung verleiht, die durch nichts anderes ersetzt werden kann. Um in einer exklusiven Liebesbeziehung zu expandieren, können wir nur tiefer und höher gehen, und durch diesen Prozess werden wir vollkommen menschlich. Wir können uns dann als Individuen und Paare auf immer breiteren, tieferen und höheren Ebenen mit anderen Menschen verbinden. So kann die Fähigkeit

des Einzelnen, zum Aufbau gesunder funktionaler Gesellschaften beizutragen, aus anthropologischer Sicht nur erklärt werden, wenn das Paar zwischen dem Individuum und der Gesellschaft vermittelt.

Mit anderen Worten, die Privatsphäre von Ehe, Familie und Gemeinschaft bietet den Ehegatten ein Refugium, wenn sie aus dem öffentlichen Raum zurückkehren. Dieser sakrale Privatraum wird zum Bollwerk gegen direkte Einwirkung und Abhängigkeit vom System, schützt vor der Instrumentalisierung von Individuen, schafft Schutz gegen den Einsatz von Menschen als Mittel und bietet eine Versicherung gegen den Eingriff des Systems in die Privatsphäre von Paaren und deren Kindern. Singles und Alleinerziehenden fehlt dieses Bollwerk nicht nur, sie werden so direkt dem System ausgesetzt. Sie werden im Alter wahrscheinlich auch für ihren Lebensunterhalt auf das System angewiesen sein, zum Beispiel durch den Bedarf an Sozialleistungen und Programmen wie Lebensmittelmarken, Sozialwohnungen, Notfallmedizin, Essen auf Rädern, Abendschule und dergleichen.

Das Bild unten zeigt die Verbindung und Abhängigkeiten zwischen der natürlichen Welt unten und dem Individuum, der Familie, der Gemeinschaft und dem System oben:

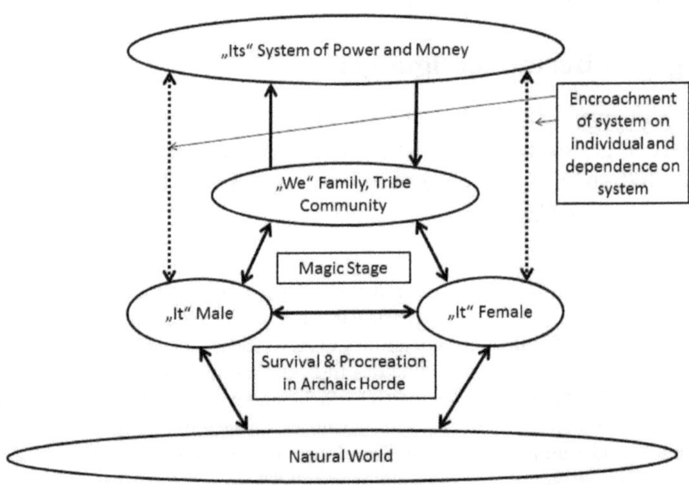

Grafik 73. Modell der Verbindung zwischen Individuen, Familien, Gemeinschaften und System

Unten sehen wir die natürliche Welt, aus der die Menschen im archaischen Stadium hervorgegangen sind, und die modernen Menschen sind weiterhin auf ihren Lebensunterhalt angewiesen, während sie ihn zunehmend zerstören. Urmenschen lebten nebeneinander oder Seite an Seite in der Horde mit dem Fokus auf Überleben und Fortpflanzung. Durch die Bildung von exklusiven Paarbindungen wurden Paare zur Grundlage für die Bildung von Kernfamilien, Stämmen und engen Gemeinschaften, wie im Bild zu sehen ist. Aus diesen „Lebenswelten“ entstanden, wie Habermas sagte, zunehmend unpersönliche „Systeme“ von Macht und Geld, die an der Spitze gezeigt werden.

Menschen in Liebesbeziehungen, Familien, Stämmen und engen Gemeinschaften waren diesen Systemen nicht direkt ausgesetzt, da sie ihre eigenen Unterstützungsnetzwerke bildeten, die ein Bollwerk gegen den direkten Eingriff des Systems bildeten. Dies änderte sich in den spätmodernen und postmodernen Gesellschaften, als hyperindividualistische Singles und Alleinerziehende dem System direkt ausgesetzt und abhängig wurden, wie die gestrichelten Linien auf der linken und rechten Seite des Bildes zeigen.[663]

Holons – von Neuem betrachtet

Um ein tieferes philosophisches Verständnis dafür zu gewinnen, warum Kokreativität und Fortpflanzung wichtig sind, werden wir Wilbers Entwurf holonischer Strukturen noch einmal durchgehen. Wie in Teil 1 und 2 erwähnt, hält die Integraltheorie fest, dass die Wirklichkeit aus Holons besteht.

Das einfachste Beispiel einer solchen holonischen Struktur sind Buchstaben, die Wörter bilden, Wörter, die Sätze bilden, Sätze, die Absätze bilden, Absätze, die Kapitel bilden, Kapitel, die Bücher bilden, Bücher, die Buchsammlungen bilden, und Buchsammlungen, die Bibliotheken bilden.

Dasselbe gilt für lebende Organismen wie den Menschen. Wie in Teil 2 skizziert, bestehen unsere physischen Körper aus subatomaren Partikeln, die sich „lieben“, um Atome (die vorher nicht vorhanden waren) zu kokreativ zu erschaffen, die sich „lieben“, um Moleküle kokreativ zu erschaffen, die sich (unter vielen anderen Dingen) „lieben“, um DNA kokreativ zu erschaffen, die sich „lieben“, um Gene kokreativ zu erschaffen, die sich „lieben“, um Proteine kokreativ zu erschaffen, die sich „lieben“, um Zellen kokreativ zu erschaffen, die sich „lieben“, um Gewebe kokreativ zu erschaffen, die sich „lieben“, um Organe kokreativ zu erschaffen, die sich „lieben“, um Organsysteme, wie männliche und weibliche Säugetiere, einschließlich des Menschen, kokreativ zu erschaffen. Diese fortwährende Kokreativität in unserem Körper geschieht automatisch ohne bewusstes Eingreifen unsererseits und außerhalb unserer direkten Kontrolle.

Diese aufsteigende „aufwärts reichende Liebe“ hört damit aber nicht auf. Einzelne Holons wie der Mensch werden durch den Kokreativen Impuls oder Eros dazu getrieben, sich gegenseitig zu „lieben“, um Paare kokreativ zu erschaffen, die sich gegenseitig „lieben“, um Nachkommen kokreativ zu erschaffen, die sich (zusammen mit ihren Eltern) „lieben“, um Familien kokreativ zu erschaffen, die sich „lieben“, um Gemeinschaften kokreativ zu erschaffen (oder im Falle von Tieren Herden, Kolonien, Rudel, usw.), die sich im Falle der Menschen „lieben“, um Gesellschaften kokreativ zu erschaffen, die sich „lieben“, um die Menschheit kokreativ zu erschaffen.

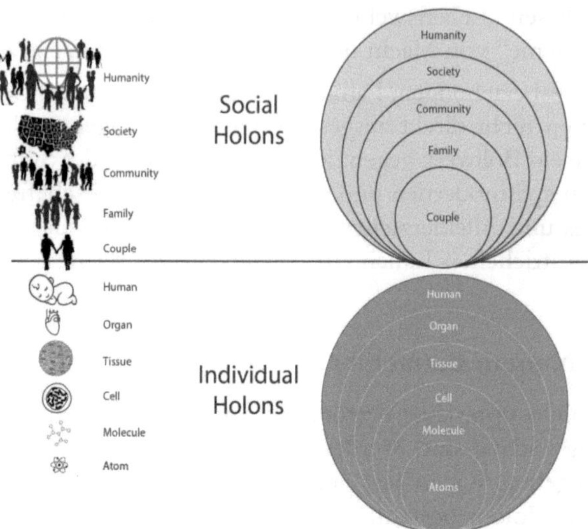

Grafik 74. Soziale und individuelle Holons

Jede höhere Ebene in holonischen Strukturen hängt von zwei Faktoren für ihre Existenz ab: (1) sie muss ihre Ganzheit (wie etwa eine Ehe) beibehalten UND (2) die niedrigere Ebene der Holons muss vorhanden sein (wie die einzelnen Ehegatten).

Wird die Ganzheit der Ehe z.B. nach einer Scheidung nicht mehr aufrechterhalten, „verschwindet" sie und lässt die Teile (der einzelne Ehepartner) zurück. Und selbstredend, wenn alle einzelnen Menschen verschwinden würden, gäbe es keine Paare, Familien, Gemeinschaften etc.

Ebenso kann eine Zelle ohne Organismen, aber nicht ohne Moleküle existieren; Sätze können ohne Absatz, aber nicht ohne Worte existieren; Partnerschaften können ohne Gemeinschaften, aber nicht ohne Individuen existieren.

Größe, Spannweite und Tiefe

Es gibt drei Eigenschaften, die alle Holons teilen.

1. Die physische Größe … wie groß ist das Holon.
2. Die Spannweite, d.h. die Anzahl der Holons auf einer bestimmten Ebene.
3. Die Tiefe, Komplexität oder Wertigkeit.[664]

Größe

Um bei unseren obigen Beispielen zu bleiben, sind Buchstaben die kleinste Größe in einem Buch, gefolgt von der Größe der Wörter, die kleiner als Sätze sind, und gefolgt von Absätzen, die kleiner als Kapitel sind, und so weiter.

Ebenso besteht unser Körper aus mehr Atomen, die kleiner sind als Moleküle, die kleiner sind als Organellen, die kleiner sind als Zellen, die kleiner sind als Organe, etc.

Wie die einzelnen Holons werden auch die sozialen Holons immer größer. Gemeinschaften sind größer als die Familien und Einzelpersonen, die sie bilden, und Gesellschaften sind größer als ihre Gemeinschaften, wie unten gezeigt.

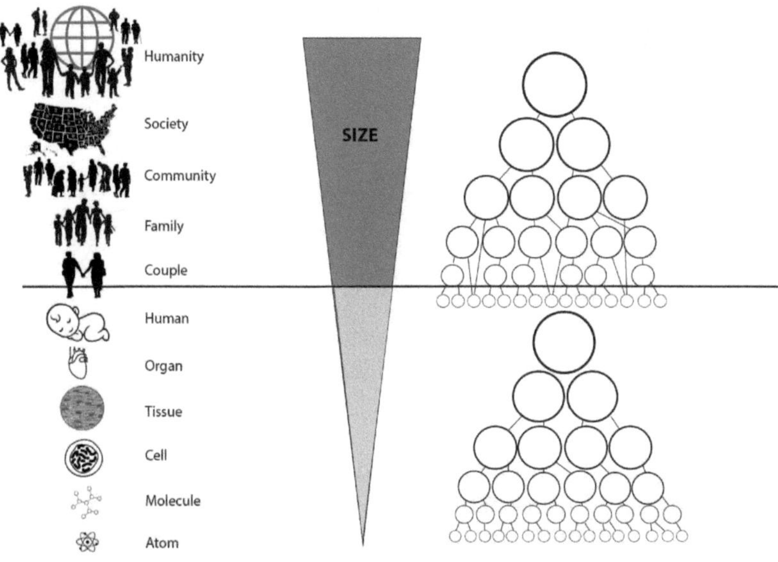

Grafik 75. Soziale Holons und Größe

Spannweite

Die Spannweite bezieht sich auf die Anzahl der Holons auf einer bestimmten Ebene. Zum Beispiel gibt es in diesem Buch mehr Buchstaben als Worte, und es gibt mehr einzelne Menschen als Gesellschaften. Deshalb ist die untere Ebene immer weiter und hat „mehr Spannweite". Unten ist ein Bild mit einer idealen Spannweite für menschliche soziale Holons, das der idealen Alterspyramide in menschlichen Gesellschaften sehr ähnlich sieht.

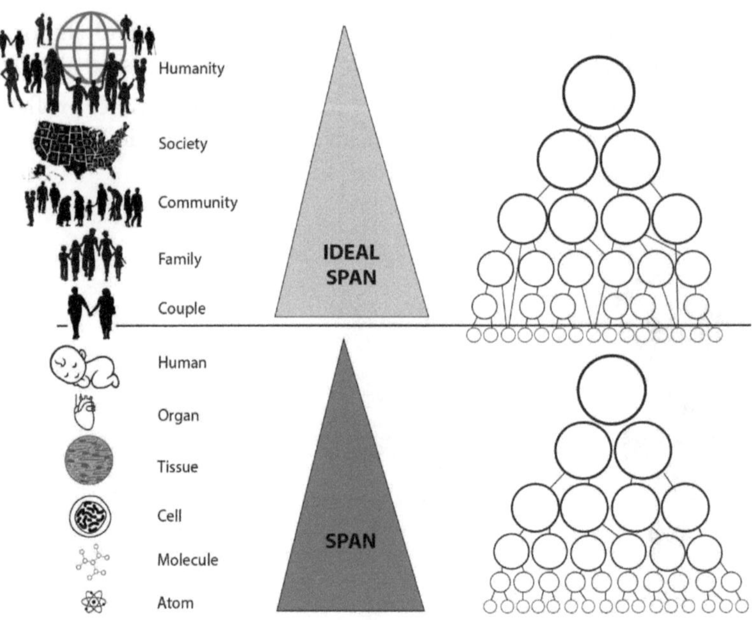

Grafik 76. Soziale Holons und Spannweite

Tiefe

Wenn Holons auf einer Ebene kokreativ sind oder einander „lieben“, entstehen durch die Emergenz ganz neue Eigenschaften, wie oben gezeigt. Diese neuen und umfangreicheren Eigenschaften können dann wiederum die nächste Stufe der Komplexität durch die Entstehung mitgestalten. Dies führt zur Bildung von natürlichen Wachstumshierarchien/Holarchien, in denen die höheren Ebenen immer integrativer (sie umfassen alle unteren Ebenen) und komplexer sind und daher mehr „Tiefe“ oder Wert haben – bis zu einem Punkt, wie im nächsten Abschnitt deutlich wird.

Ein Wort hat mehr Komplexität, Bedeutung, Signifikanz oder Wert - und damit mehr Tiefe – als ein einzelner Buchstabe. Dasselbe gilt für Sätze und Absätze, Kapitel und ganze Bücher, zumindest solange sie bestimmten grammatikalischen Konventionen und der Vernunft folgen.

Eine Zelle hat mehr Komplexität und Tiefe als ein Molekül, und Organe haben mehr Tiefe (sie sind wertvoller und vitaler) als Zellen.[665] Andererseits hängen Organe von der Existenz von Zellen ab, ebenso wie Sätze von der Existenz von Buchstaben. Nehmen Sie alle Zellen oder Buchstaben weg, und es gibt keine Organe oder Sätze mehr.

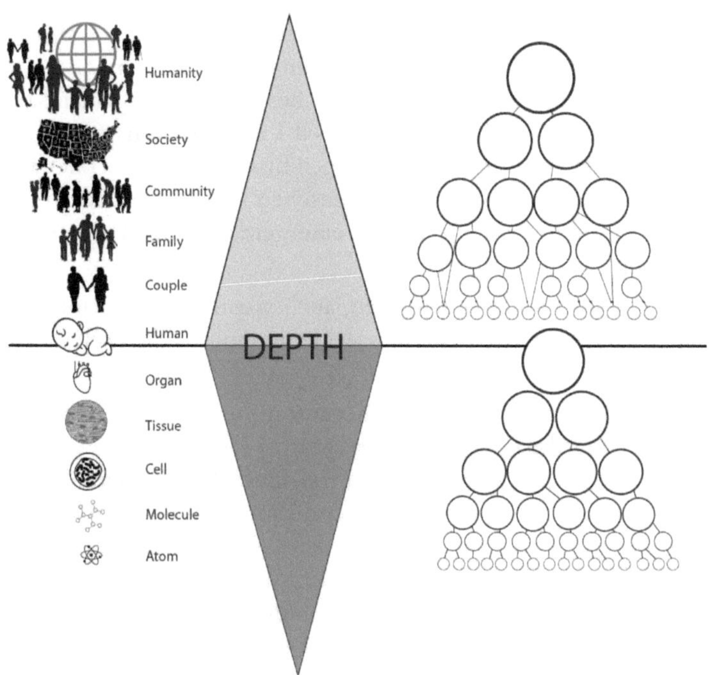

Grafik 77. Holons und Tiefe

Tiefe der individuellen und sozialen Holons

Die integrale Theorie vertritt die Ansicht, dass die Tiefe oder der Wert einzelner Holons mit ihrer Komplexität bzw. Größe zunimmt, wobei einzelne Menschen den größten Wert oder die größte Tiefe haben, weil sie die komplexesten und bewusstesten Organismen sind, die wir kennen (denke an unser Gehirn). Auf der anderen Seite vertritt das integrale Modell die Ansicht, dass soziale Holons mit ihrer Größe an Tiefe oder Wert verlieren, weil sie keine neuen einzigartigen Eigenschaften schaffen (wie es Moleküle tun, wenn sie Zellen mitschaffen), nicht an Komplexität zunehmen (die Interaktionen in einem einzelnen Körper oder sogar in einem Flugzeug sind wohl viel komplexer als die Interaktionen zwischen einem Paar oder einer Gruppe von Menschen), und soziale Holons nicht an Bewusstsein und Wirkung zunehmen, wenn einzelne Holons an Größe zunehmen.

Wilber behauptet daher, dass das Aufstapeln von sozialen Holons auf einzelne Holons, wie oben gezeigt, problematisch oder ein Trugschluss ist, weil die soziale Holarchie von Paaren, Familien, Gemeinschaften, Gesellschaften und der Menschheit nicht auf die gleiche Weise mitgeschaffen wird (oder entsteht), wie es einzelne Holons tun, wie Zellen, die Gewebe bilden, die Organe bilden, die Menschen bilden.

Die Begründung für den Trugschluss, soziale Holons auf einzelne Holons zu stapeln, ist dreiteilig:

Soziale Holons haben keine einzelne beherrschende Kraft, Willen, Bestimmung oder „Bewusstsein", die Wilber manchmal eine dominante Monade nennt, soziale Holons haben dabei keine dominante Monade, sondern bestenfalls eine gemeinsame Resonanz oder „Liebe" zwischen ihnen. Wie bereits in Teil 1 unter Holons erwähnt, müssen dir, wenn du in einer sozialen Gruppe von Menschen bist und auf die Toilette gehen musst, all deine Bestandteile folgen, während die Menschen im sozialen Holon nicht mitkommen müssen... es sei denn, sie alle fühlen eine gemeinsame Resonanz (Drang) und schließen sich dir an.

Größere soziale Holons können existieren, auch wenn wir die kleineren Holons, aus denen sie entstehen, beseitigen. Zum Beispiel kann eine Gemeinschaft ohne Familien existieren.

Einzelne Holons können mehr oder weniger autonom soziale Holons bilden, beitreten oder verlassen, während diese Bewegungsfreiheit für Holons, die Teil einzelner Holons sind, nicht gegeben ist. Deine Leber ist nicht frei, eines Tages deinen Körper zu verlassen und alleine zu leben. Auf der anderen Seite kannst du dich entscheiden, eine Liebesbeziehung zu knüpfen oder zu verlassen, deine Familie zu verlassen oder eine Arbeits- oder Sozialgemeinschaft zu gründen oder zu verlassen. Die Leichtigkeit, einem sozialen Holon beizutreten oder es zu verlassen, nimmt mit jedem größeren Holon zu, was bedeutet, dass es für Erwachsene einfacher ist, von einer Gruppe, Gemeinschaft oder Gesellschaft in eine andere zu wechseln, als eine Liebesbeziehung oder eine Familie zu verlassen. Mit anderen Worten, die Bindung oder gemeinsame Resonanz wird mit jeder höheren Ebene des sozialen Holons schwächer. Ebenso führt die Unterdrückung oder Umgehung des Kokreativen Impulses zu erhöhtem Leid mit jeder niedrigeren Ebene. Normalerweise vermissen wir einen Ehepartner, Kinder oder andere Nahestehende mehr als Freunde, Bekannte oder Mitarbeiter aus einer größeren Gruppe.

Anders ausgedrückt, in einzelnen Holons ist jede höhere Ebene absolut abhängig von der Existenz der unteren Ebenen (Atome sind absolut notwendig, um Moleküle zu bilden, die absolut notwendig sind, um Organellen zu bilden), was die unteren Ebenen grundlegend und instrumentell für die höheren Ebenen macht und deren erhöhten inneren Wert oder Tiefe sicherstellt.

Andererseits ist in sozialen Holons jede höhere Ebene nur relativ abhängig von der Existenz der unteren Ebenen – Paare sind für die Existenz von Familien oder Gemeinschaften nicht unbedingt notwendig – was die unteren Ebenen nur relativ fundamental und instrumental für die höheren Ebenen macht und ihren inneren Wert oder ihre Tiefe verringert.

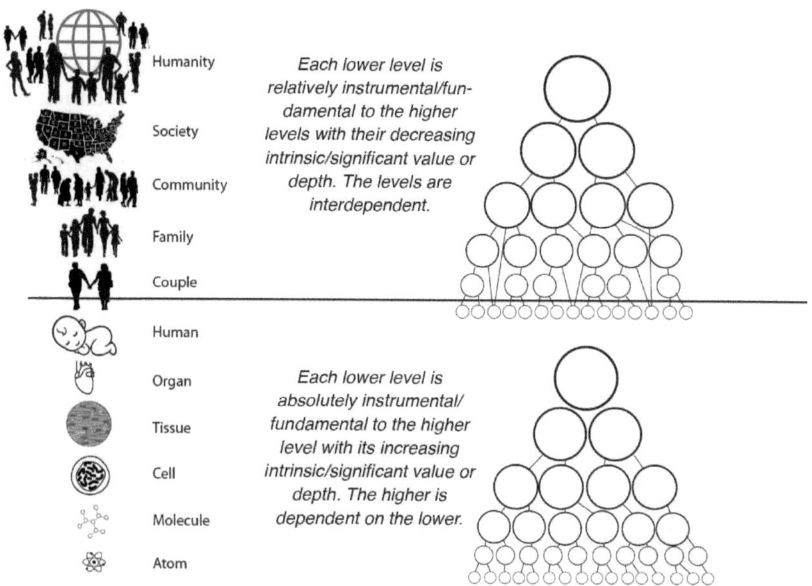

Grafik 78. Individuelle und soziale Holons der Welt

Diese Unterscheidung zwischen individuellen und sozialen Holons ist aus philosophischer und kurzfristiger Sicht sinnvoll. Aber es gibt auch einige gravierende Mängel, wenn man das alles zu eng betrachtet. **Zunächst einmal sind zwei erwachsene Menschen absolut elementar und instrumental, um ein Paar zu bilden,** auch wenn sie im Gegensatz zu deiner Leber das Holon aufbrechen und auflösen können.

Zweitens, weil nur Paare Kinder zeugen können, ist eine gewisse Anzahl von Paaren und Familien auf lange Sicht absolut notwendig und entscheidend, um Gemeinschaften zu schaffen, auch wenn man argumentieren könnte, dass Frauen und Sperma aus der Samenbank ausreichen, um in der modernen Welt Nachkommen zu zeugen. Aber auch dann noch, wenn alle Frauen aufhören würden, Kinder zu bekommen, würde die soziale Holarchie innerhalb einer Generation völlig zusammenbrechen, so wie eine individuelle Holarchie zusammenbrechen und aufhören würde zu existieren, wenn wir ihre grundlegenden Bestandteile entfernen würden.

Und drittens, auch wenn Gemeinschaften für eine Weile ohne Paare und Familien existieren können, haben wir oben gesehen, dass sie anfällig für Destabilisierung und Zerstörung durch „das System" werden, nachdem das System beispielsweise in sie eingreift, sie kolonisiert und verdrängt, durch Gentrifizierung, wenn Menschen aus einem alten Stadtviertel vertrieben und durch einen Zustrom von wohlhabenderen Singles und kinderlosen Paaren vertrieben werden, nachdem die verfallenen Häuser der früheren Bewohner durch teure Luxuswohnungen ersetzt wurden, oder wenn die Durchsetzung strenger Einwanderungs-gesetze Familien, die aus legalen und illegalen Immigranten bestehen, trennen.

Aus dieser Perspektive betrachtet ist es absolut sinnvoll (und eigentlich lebensnotwendig) zu sehen, dass funktionierende soziale Holons auch von der Anwesenheit von funktionierenden Teilen mit mehr Spannweite abhängen, auch wenn die Dynamik unterschiedlich ist. Auf lange Sicht sind florierende Gemeinschaften, prosperierende Gesellschaften und friedliche Nationen auf glückliche Familien angewiesen, die von gesunden Paaren in nachhaltigen Beziehungen gebildet werden.

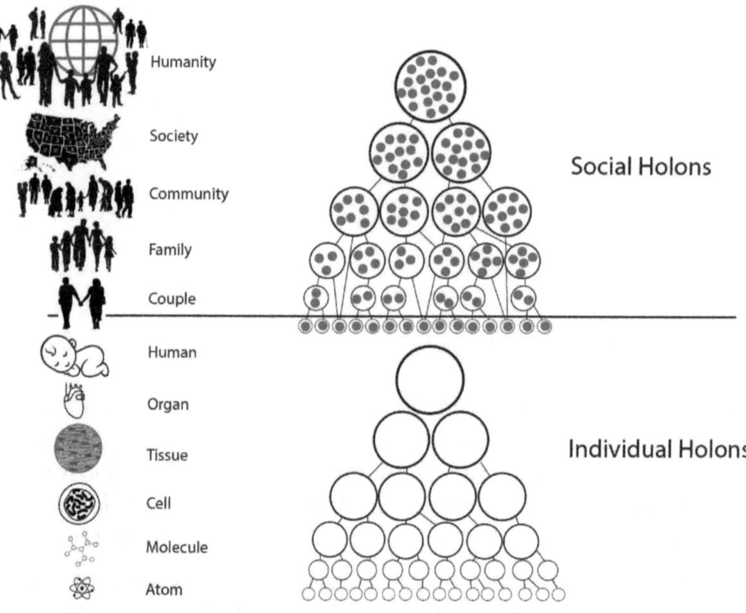

Grafik 79. Prosperierende soziale Holons

Zusammenbruch von Gesellschaften

Da die Zahl der Menschen in modernen und postmodernen Gesellschaften, die Paare und Familien bilden, rapide abnimmt, sinkt auch die Spannweite der sozialen Holons auf dieser Ebene.

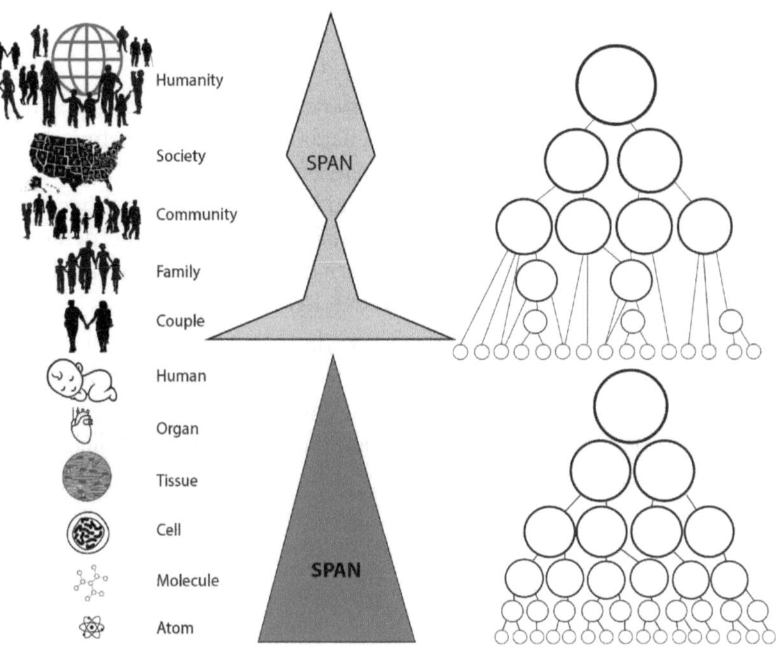

Grafik 80. Holons in zusammenbrechenden Gesellschaften

Infolgedessen sehen wir zunehmend sehr besorgniserregende Veränderungen in der Zusammensetzung und Denkweise ausgereifter moderner und postmoderner Gesellschaften auf der ganzen Welt, wie im Folgenden und im nächsten Kapitel beschrieben.

Zusammenfassung

Es gibt eine zunehmende Anzahl von alternden Singles, die dem System ausgeliefert und abhängig sind, weil sie keine Familien und Gemeinschaften haben, die sie unterstützen. Infolgedessen wird das System selbst größer und greift in die Lebenswelt ein und bricht schließlich zusammen, weil es auf der Lebenswelt parasitär wird. Und schließlich gibt es nicht genügend Kinder, die von Eltern auf höheren Bewusstseinsebenen geboren wurden. Als Ergebnis sehen wir eine kulturelle Entfremdung bzw. Herabsetzung des Schwerpunkts. Dies könnte dazu führen, dass wir über zu wenig Leute verfügen, um die erheblichen Probleme, die die Menschen auf früheren Ebenen geschaffen haben, wirksam anzugehen.

Um es unverblümt auszudrücken: Wenn diese Trends anhalten, werden Menschen auf vorrationalen Bewusstseinsebenen potenziell ausbrechen und Menschen auf rationaler und post-rationaler Ebene überstimmen. Wir sehen diesen Trend bereits weltweit mit konservativen, autokratischen und totalitären Regierungen mit populistischen Führern, zum Beispiel in der Türkei, Russland, Polen, Ägypten und seit kurzem auch in den Vereinigten Staaten.

Zusammen mit der allgemeinen Dezentralisierung des Bewusstseins sehen wir ein Wiederaufleben von Protektionismus oder Separatismus, das Aufheben von weltzentrischen politischen Maßnahmen und Regelungen und die rasche Verbreitung von gefälschten Nachrichten, „alternativen Fakten" und Verschwörungstheorien durch soziale Netzwerke und die Medien, die zunehmend auf bestimmte Wählerdemografien und spezielle Interessengruppen mit einseitiger Berichterstattung abzielen, die Informationsblasen erzeugen, welche unsere Demokratien bedrohen.

Der potenzielle Niedergang des Schwerpunkts des gesamten kulturellen Bewusstseins wird satirisch in dem Film *Idiocracy* gezeigt, in dem zwei durchschnittliche Amerikaner – ein Armeegefreiter und eine Prostituierte – in das Jahr 2505 geschickt werden, wo sie eine Zivilisation finden, die so abgestumpft ist, dass sie selber plötzlich die intelligentesten Menschen sind.[666]

KAPITEL 19

Integrale Paare erschaffen eine bessere Welt

Meine Vision für die Zukunft dreht sich immer um unsere Kinder – sie dreht sich immer um unsere Kinder. Wenn mich also jemand fragt, was die drei wichtigsten Themen des Kongresses sind, sage ich immer dasselbe: „Unsere Kinder, unsere Kinder, unsere Kinder".

~ Nancy Pelosi ~

Wenn wir die globalen Herausforderungen, vor denen die Menschheit steht, differenzierter betrachten, sehen wir, dass einige von ihnen effektiver angegangen werden als andere und dass einige der Lösungen neue Probleme schaffen.

Dinge, die besser werden, Dinge, die schlechter werden

Der State of the Future Report 2015-16 von Jerome C. Glenn, Elizabeth Florescu und *The Millennium Project* gibt einen detaillierten Überblick über die aktuelle Situation der Menschheit sowie über Herausforderungen, Chancen und Potenziale für die Zukunft.[667]

In der Zusammenfassung ihres Berichts verwenden sie zwei Diagramme, eines, das die Bereiche zeigt, in denen es scheinbar besser wird, und das andere, das zeigt, wo es schlechter wird.[668]

Wenn wir die beiden folgenden Diagramme sorgfältig vergleichen, bemerken wir drei Dinge:

- Die Dinge, die besser werden, wurden zunächst durch vormoderne und frühneuzeitliche Stadien verursacht und werden nun durch die Bemühungen von Männern und Frauen in der reifen Spätmoderne angegangen.
- Die Sachen, die schlechter werden, werden groß durch diese Bemühungen; häufig durch Alphamänner verursacht, die dann stattlich durch attraktive Frauen mit Geschlecht, Liebe, Firma und Bewunderung honoriert werden.[669]
- Die Dinge, die sich verschlechtern, werden von Veränderungsakteuren und Progressiven auf postmodernen und höheren Entwicklungsebenen nicht wirksam angegangen, weil diese potenziellen Veränderungsakteure von den Menschen in früheren Entwicklungsstadien zahlenmäßig übertroffen werden, und es gibt nicht genug von ihnen, um die kritische Masse von 10% zu erreichen und einen Versickerungseffekt auszulösen.

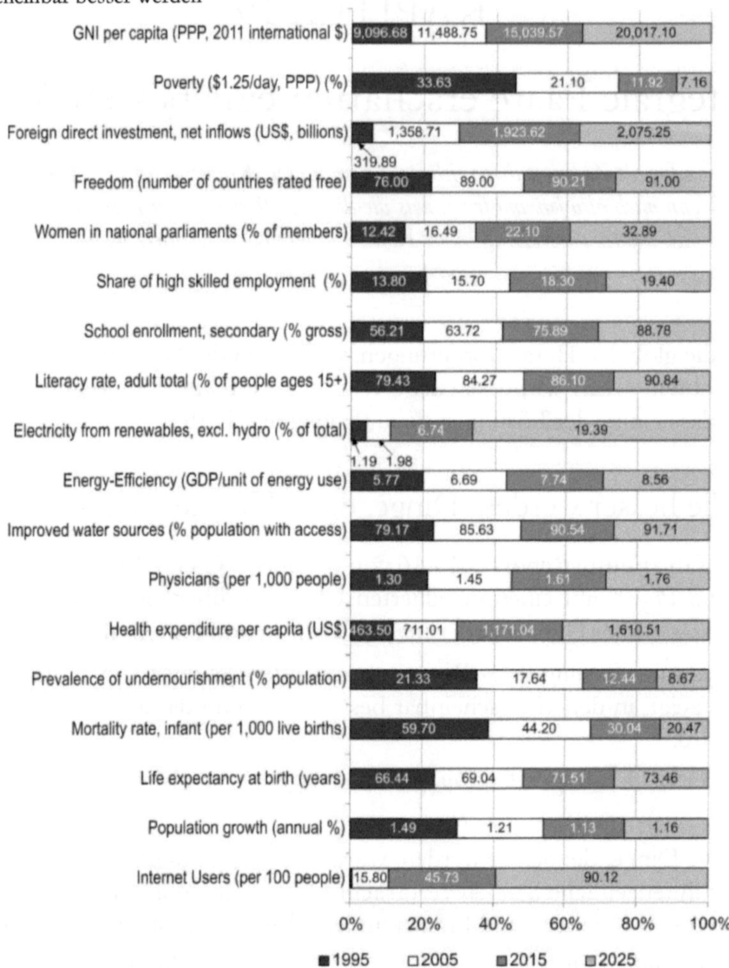

Grafik 81. Dinge, die besser werden (Glenn und Florescu)

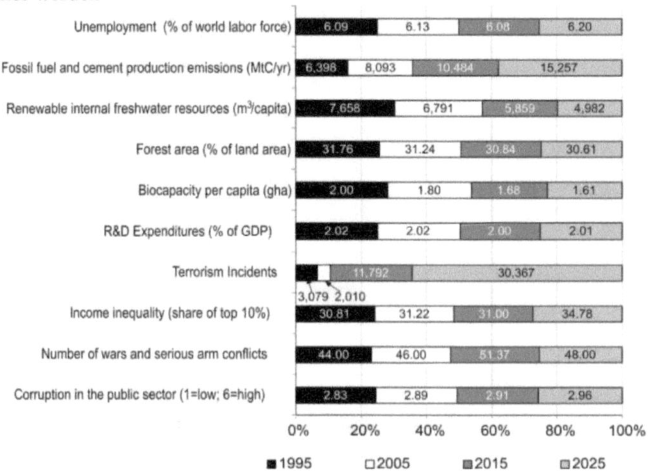

Grafik 82. Dinge, die schlimmer werden (Glenn und Florescu)

Zum Beispiel wird das heutige explosionsartige Bevölkerungswachstum, das auf vormodernen Ebenen entsteht, auf der modernen Orange-Ebene durch Familienplanung[670] und die Ausbildung und Ermächtigung von Frauen (z.B. Bill und Melinda Gates Foundation) angegangen. Diese Maßnahmen wiederum führen zu niedrigeren Geburtenraten und einem höheren Anteil älterer Menschen (siehe Anhang 1), mit vielen Alleinstehenden und einem Anstieg des Konsums und der Umweltzerstörung, die Grüne Einzelpersonen und kleine Gruppen erfolglos durch Öko-Leben und sozialen Wandel anzugehen versuchen.

Oder wir können sehen, wie egozentrischer roter Terrorismus und Bandenaktivitäten durch die mystische Bernst-Einebene durch militärische Intervention und den Versuch, Recht und Ordnung durchzusetzen, erstickt werden, was oft den unerwünschten Nebeneffekt hat, dass die Konflikte beschleunigt und vertieft werden. Die rationale Orange-Ebene versucht, diese Probleme durch Bildung, Demokratisierung und Aufhebung der Armut zu lösen, um sie zu produktiven Konsumenten zu machen, während die grüne Ebene versucht, Konflikte durch gewaltfreie Interventionen, Menschenrechtsaktivismus und Multikulturalismus zu lösen.

Oder wir können uns die kompliziertere Aufwärts- und Abwärtsverteilung des Reichtums ansehen, die von Orange ausgeht und den Armen in vorkonventionellen Schwellenländern zugutekommt, während viele in der konventionellen Mittelschicht finanziell stecken bleiben oder sich im Niedergang befinden (zum Beispiel traditionelle Fabrikarbeiter und Bergleute in den USA und anderen Orten) und die moderne Oberschicht weiter bereichern, wie die so genannte Elefantenkurve unten zeigt.[671]

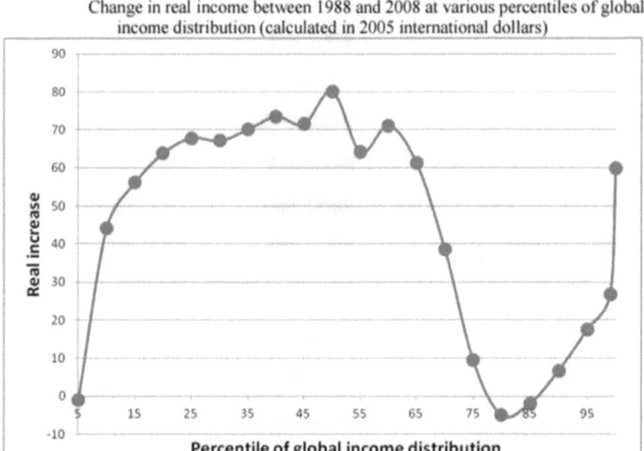

Grafik 83. Die „Elefantenkurve" – Einkommensverteilung im Zeitablauf

Primat der Kokreativität und Fortpflanzung von Paaren

Um die Probleme, die auf jeder Ebene menschlicher Evolution entstehen, effektiv anzugehen und sie auf der gleichen oder der nächsthöheren Ebene zu lösen (besonders die, die durch die Moderne geschaffen werden), müssen wir uns davon entfernen, einzelnen Individuen und ihren informellen Gruppen die größte Tiefe oder den größten Wert zuzuweisen, und sie in jeder Phase der Bewusstseinsentwicklung Paaren zuweisen, die ihre *transzendentale Bestimmung* teilen und sich in integralen Liebesbeziehungen fortpflanzen.

Neu definierte holonischen Strukturen

Diese Verschiebung, weg von der Zuweisung des höchsten Wertes für den Einzelnen und hin zu kokreativen Paaren, ergibt sich aus der Erkenntnis, dass die individuelle menschliche und kulturelle Evolution nicht „automatisch" in höhere und immer höhere Stufen des Bewusstseins vordringt durch eine evolutionäre Bestimmung, einen Telos, einen Gott, eine höhere Macht, idealistische dialektische Prozesse oder sogar technische Fortschritte, sondern durch Kokreativität und Fortpflanzung, und durch die Einsicht, dass wir unsere vollen menschlichen Potenziale nur auf der Ebene aller sieben Chakren (vollständig menschlich werden) in engagierten Liebesbeziehungen verwirklichen können. Wie wir gesehen haben, wurde der scheinbare Fortschritt, den die Menschheit in den letzten 250.000 Jahren gemacht hat, nicht durch metaphysische evolutionäre Kräfte gesteuert, sondern durch den neutralen Kokreativen Impuls, den wir als unseren Sexualtrieb erfahren, und den sexuellen Selektionsprozess, in dem Frauen mit Männern, die nicht nur körperlich geeignete Beschützer und Anbieter waren, sondern auch mehr

Güte, Wahrheit, Schönheit und Funktionalität schufen, um für Frauen attraktiv zu werden, die Überlebenschancen ihrer Nachkommen zu erhöhen und die Lebensqualität ihrer Partnerin zu verbessern.

Diese Einsicht in die sexuelle Selektion ermöglicht eine Dezentralisierung und Regression, wenn Frauen sich nicht für nicht-aggressive, umwelt- und sozialverantwortliche Männer entscheiden, die sich auf fortgeschrittenen Ebenen des Bewusstseins befinden, um mit ihnen kokreativ zu werden und sich fortzupflanzen. Wir wären sehr beunruhigt oder zumindest tief verwirrt, wenn wir eine ähnliche Dynamik in der Tierwelt erleben würden; nämlich, dass plötzlich die fittesten Mitglieder einer Spezies aufhören würden, sich miteinander zu paaren. Da Darwin dies als Möglichkeit sah, lehnte er den Begriff Evolution ab, da er einen kontinuierlichen automatischen Fortschritt impliziert und die Möglichkeit einer Regression nicht in Betracht zieht.

Das Integrale Beziehungsmodell behauptet daher aus zwei Gründen, dass die größte Tiefe nicht auf der Ebene des einzelnen Menschen liegt, sondern im kokreativen Raum zwischen Paaren in gesunden, lebenslangen Liebesbeziehungen. Erstens: nur Paare können die menschliche Rasse erhalten, und zweitens: nur in gesunden Liebesbeziehungen können wir vollständig menschlich werden, weil sie uns zwingen, Übereinstimmung zwischen unseren inneren Werten und dem äußeren Verhalten auf der Ebene aller sieben Chakren zu haben.

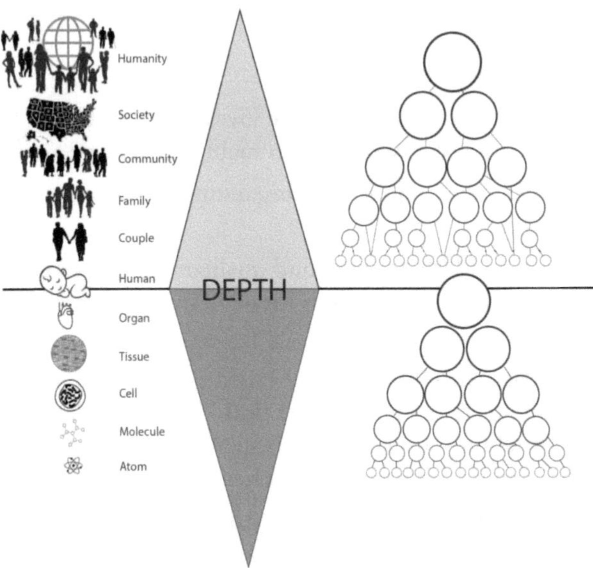

Grafik 84. Die größtmögliche Tiefe bei Paaren

Die Abbildungen oben und unten zeigen, dass die Neuzuweisung der größten Tiefe oder des größten Wertes an kokreative und fortpflanzende Paare (auf allen Ebenen des Bewusstseins) uns zu Gesellschaften mit nachhaltigen holonischen Strukturen in Größe, Spannweite und Tiefe zurückführen wird.

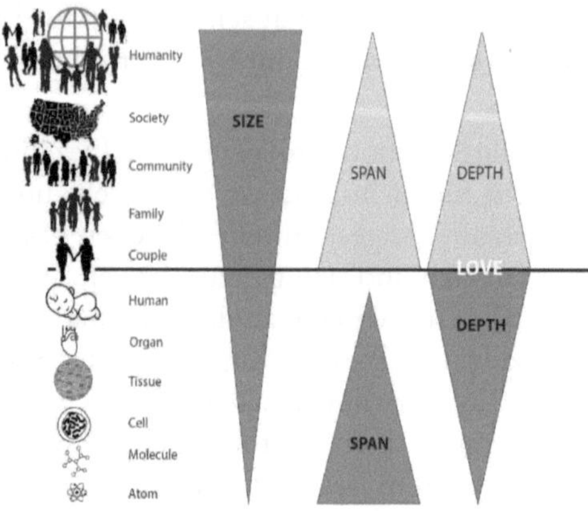

Grafik 85. Paare in holonischen Strukturen

Wie wir in Anhang 1 sehen werden, müssen wir, um die Fruchtbarkeitsraten in modernen und postmodernen Gesellschaften zu erhöhen, sozioökonomische Systeme und kulturelle Akzeptanz schaffen, die es Müttern und Vätern ermöglichen, die Arbeit im öffentlichen und häuslichen Bereich gleichermaßen zu teilen. Dies kann erreicht werden, indem Anreize für Familien mit Kindern geboten werden, wie zum Beispiel:

- Bezahlter Mutterschaftsurlaub.
- Steuerzahlerfinanzierte allgemeine Gesundheitsfürsorge für häusliche Eltern und ihre Kinder, wo sie noch nicht etabliert ist.
- Bezahlte Elternzeit und Rückkehrgarantie für Mütter und Väter bis zum Vorschulalter.
- Kostenlose Kinderbetreuung und qualitativ hochwertige Bildung vom Kindergarten bis zum Studium für alle Gesellschaftsschichten.

Es ist auch wichtig, dass wir schwangeren Frauen gesunde Ernährung und Lebensbedingungen zur Verfügung stellen und Mütter und Väter über die Bedeutung einer verantwortungsvollen Erziehung aufklären und begleiten, die besonders in den ersten Jahren der Entwicklung junger Gehirne von entscheidender Bedeutung ist.

Nicht zuletzt brauchen wir eine ausreichende Anzahl begehrenswerter und verantwortungsbewusster Männer, die Frauen als Ehemänner und Väter wählen wollen. Es ist völlig verständlich, dass Frauen nicht mit „Verlierer-Typen" kokreativ werden und sich fortpflanzen wollen, so wie Männer sich nicht zu körperlich unattraktiven Frauen hingezogen fühlen. Andererseits wird immer deutlicher, dass wir unsere übertriebenen romantischen Ideale und das allgegenwärtige Gefühl des Anspruchs auf 100%ige Erfüllung unserer primären Fantasien als einzige sexuelle Auswahlkriterien und Entschuldigung dafür, dass wir nicht kokreativ werden und uns fortpflanzen abschaffen. Auf den oder die immer schwerer fassbar werdende*n „Eine*n“ zu warten und allein zu bleiben, ist keine Lösung, um unser volles menschliches Potential auszuschöpfen und eine friedliche und nachhaltige Zukunft zu schaffen. Stattdessen müssen wir zuerst zu unserer *transzendentalen Bestimmung* erwachen und dann zulassen, dass sie als suprasexueller Attraktor für einen vernünftigen und ebenso attraktiven Partner dient, der unsere Bestimmung in Art, Grad und Reife teilt.

Das bedeutet in **keiner Weise**, dass wir den Frauen auf irgendeiner Bewusstseinsebene vorschreiben, mehr oder weniger Kinder zu haben, oder diejenigen zu beschämen, die sich entschieden haben, keine Kinder zu bekommen. Eine Mutter zu werden, muss für jede Frau eine freie, persönliche Entscheidung bleiben. Es bedeutet jedoch, dass wir das Bewusstsein für die negativen persönlichen und gesellschaftlichen Folgen von Ledigkeit und Kinderlosigkeit sowie für die Probleme, die durch die zunehmende Über-/Unterbevölkerung auf der ganzen Welt entstehen, schärfen.

Entwicklung von integralen Paaren

Zusätzlich zu den nachhaltigen Fortpflanzungsraten von Paaren auf allen Ebenen des Bewusstseins in integralen Liebesbeziehungen, die ihre *biologische Bestimmung* leben, brauchen wir auch eine höhere Anzahl von Menschen, die sich durch Wiedereingliederung von gesundem Absteigen (die Liebe, die nach unten reicht) mit gesundem Aufsteigen, Handeln und Kommunion aus der integralen und grünen Ebene in die türkisfarbene transpersonale Ebene transformieren.

Diese Emergenz wird durch die Integration von integraler Neugier und integralem Verständnis mit Weisheit und Mitgefühl erreicht. Diese Integration ermöglicht es Menschen auf türkiser Ebene, sich in Theorie und Praxis authentisch mit Menschen aller sozialen Schichten, Geschlechter, Rassen oder Ethnien zu verbinden (ohne sich in ihren begrenzten Ansichten und Dramen zu verlieren) und sie dabei zu unterstützen, ihre natürlichen Talente zu erkennen und ihre *transzendentale* wie auch ihre *biologische Bestimmung* auf gesunde Weise zu entfalten.[672]

Da sich Türkis mit Menschen auf allen vorherigen Ebenen verbindet, zieht es eine gleiche Anzahl von Männern und Frauen an, da Frauen oft Teile der „warmen“ oder nach innen gerichteten Rot-, Orange- oder Petrol-Ebenen umgehen, so wie Männer oft die „kühlen“, nach außen gerichteten Magenta-, Bernstein- oder Grün-Stufen überspringen. Diese übersprungenen Ebenen werden dann von beiden Geschlechtern durch weiteres Lernen, Heilen, Wachsen, Erwachen und Üben bei Türkis in ihren gesunden Formen integriert.

Ein Gefühl der Ganzheit oder Vollkommenheit entsteht aus dieser gesunden Integration aller vorherigen Stufen in allen vier Quadranten und dem Ausgleich und der Harmonisierung von Handlung und Gemeinschaft mit der Liebe, die auf der Ebene aller sieben Chakren nach oben und unten reicht. Diese Ganzheit oder Vollständigkeit kann nur durch die Mitgestaltung eines neuen „sozialen Holons“ in einer exklusiven monogamen integralen Liebesbeziehung mit einem gleichen und gegensätzlichen Partner und, wenn möglich, durch Fortpflanzung, wie im Bild unten gezeigt, erweitert werden.

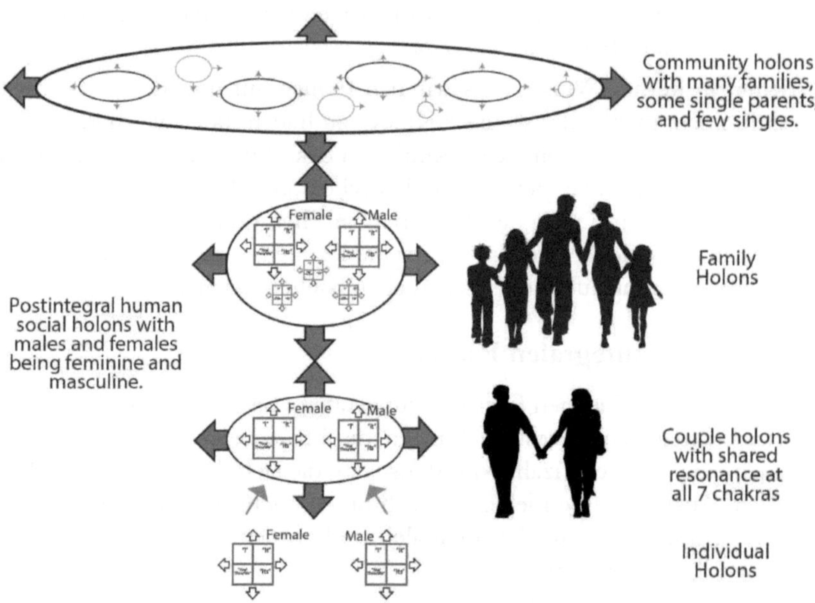

Grafik 86. Kokreative Bildung eines neuen „sozialen Holons” durch eine exklusive monogame integrale Liebesbeziehung

Da die türkisfarbene Bewusstseinsebene Männer und Frauen von der Grün- und Petrolebene direkt anzieht und sich mit Menschen in allen früheren Stadien verbindet, hat sie das Potenzial, schließlich die entscheidende 10%-Marke zu überschreiten und die postmoderne oder integrale Ebene zu werden, die die Probleme der Spätmoderne durch kommunikatives Handeln, das wir unten untersuchen werden, wirklich anspricht.

Kommunikatives Handeln

Um mit einem gleichberechtigten und entgegengesetzten Partner mit den gleichen Rechten und Pflichten, der unsere *transzendentale Bestimmung* teilt, kokreativ zu werden, müssen wir die Art und Weise, wie wir kommunizieren und unser Handeln im öffentlichen und privaten Bereich koordinieren, verfeinern.

Laut Habermas, der eine pragmatische Herangehensweise an die Sozialphilosophie verfolgt, lässt sich die Bedeutung von deskriptiven, propositionalen (Wahrheit) und performativen Sätzen (die nicht nur eine erlebte Realität oder Situation beschreiben, sondern auch die soziale Realität, die sie beschreiben, verändern) am besten verstehen, wenn man sich anschaut, was Worte tun, und nicht nur was sie sagen. Er behauptet, dass die Menschen, wenn sie ihre Handlungen mit der Sprache koordinieren, bestimmte

Verpflichtungen eingehen, um ihre Handlungen zu rechtfertigen. Für ihn besteht die Funktion der Sprache darin, ein gemeinsames Verständnis zu schaffen und einen intersubjektiven Konsens zwischen dem Sprecher und dem Zuhörer herzustellen. Dies geschieht durch die Angabe von guten Gründen oder das, was er „Gültigkeitsansprüche" nennt, in drei entscheidenden Bereichen:[673]

1. Dass das Gesagte objektiv wahr ist – dass es gute Gründe dafür gibt, vom Zuhörer geglaubt zu werden, oder dass er oder sie auf der Grundlage dieser Gründe überzeugt werden kann.
2. Das, was gesagt wird, ist subjektiv wahrheitsgemäß, was bedeutet, dass der Redner authentisch und aufrichtig über seine innere Erfahrung, wie Gefühle, Stimmungen, Wünsche, Überzeugungen und dergleichen ist.
3. Das, was gesagt wird, ist moralisch richtig und ethisch vertretbar.[674]

Im Gegensatz zur ersten und letzten Behauptung kann die zweite Behauptung, nämlich die Wahrhaftigkeit, nicht durch einen Diskurs beurteilt werden, sondern nur durch einen Vergleich der Worte des Sprechers mit seinem Verhalten. Zum Beispiel, wenn ein Mann behauptet, sich zutiefst um seine Frau zu kümmern, aber nicht viel auf ihre Bedürfnisse achtet, oder wenn eine Frau sagt, dass sie einen Mann bedingungslos liebt oder ihm vertraut, ihn aber ständig dazu bringt, sich zu ändern und ihn verbal entmannt, hätten wir Grund, an der Aufrichtigkeit/Gültigkeit ihrer Ansprüche zu zweifeln, auch wenn ihre Ansprüche eher eine Frage der Selbsttäuschung als der absichtlichen Lüge sind.

Mit anderen Worten, seine Theorie des kommunikativen Handelns und der Diskursethik verlangt von uns, dass wir unsere Worte durch Bewusstsein und Willen mit unseren Handlungen in Einklang bringen. Habermas unterscheidet zwischen erfolgsorientierten Argumenten und Verhaltensweisen, bei denen die Mächtigeren gewinnen, im Gegensatz zu konsensorientiertem Handeln oder kommunikativem Handeln – wo Paare oder Gruppen erst dann zu physischem Handeln übergehen, wenn ein Konsens durch ethischen Diskurs erreicht wird. Damit verwandelt Habermas die traditionelle Philosophie des unabhängigen Subjekts in eine Philosophie der kommunikativen Rationalität. Dies veranlasst ihn, eine Ethik zu beschreiben, in der „nur jene Handlungsnormen gelten, denen alle möglichen Betroffenen in Gegenwart und Zukunft als Teilnehmer am rationalen Diskurs zustimmen könnten".[675]

Finlayson schreibt dazu: „Der wesentliche Punkt von Habermas' Theorie ist, dass der Diskurs seine soziale und pragmatische Funktion umso besser erfüllen kann, als er ein dialogischer Prozess ist, ein Prozess, der Menschen zu sinnvollen Argumenten zusammenführt. Der Prozess der Rechtfertigung einer Norm betrifft immer mehr als eine Person, da es darum geht, dass eine Person die Norm für eine andere annehmbar macht."[676]

Es gibt mehrere Ergänzungen zu Habermas' Modell des kommunikativen Handelns, die für Liebesbeziehungen wichtig sind.

Fellmann betont, dass dort, wo sich isolierte Individuen treffen, bestenfalls Zweckgemeinschaften entstehen, denen das grundlegende Element der intersubjektiven und interobjektiven Gemeinsamkeit von Paaren fehlt (auf der Ebene aller sieben Chakren). Er stellt fest, dass die Kommunikation zwischen Paaren eine eigene Rationalität hat, die sich von der pragmatischen Theorie der sprachlichen Bedeutung unterscheidet und dass Habermas diese anthropologische Stufe überspringt und im Bereich der kommunikativen Rationalität bleibt. Habermas spricht von rationaler Krise, Legitimationskrise, Motivationskrise, aber nicht von kommunikativer Krise, wie es der Zustand moderner Ehen beweist, wo es immer Konfliktpotential in Inter-Subjektivität und Inter-Objektivität gibt, weil die innere Absicht der Oberen Linken und das äußere Verhalten der Oberen Rechten sowie die kulturellen Werte der Unteren Linken und die sozialen Realitäten der Unteren Rechten oft nicht aufeinander abgestimmt sind.

Ähnlich differenzierte Karl Jaspers 1932 die Kommunikation in „Daseinskommunikation“ und „existenzielle Kommunikation“ (intersubjektive „existenzielle Kommunikation“ in den Linken Quadranten). Er stellte fest, dass es Risiken gibt, sich der inneren existenziellen Kommunikation zu öffnen, da unser äußeres Verhalten oft nicht auf unsere inneren Werte ausgerichtet ist. „In öffentlichen und sogar intimen Gruppen können wir es vortäuschen, aber nicht in intimen Beziehungen, was sie so herausfordernd macht.“ Bereits 1948 plädierte er für „eine integrale Argumentation, in der die objektiven und subjektiven Seiten nicht auseinanderfallen“.[677]

Wiederum Fellmann: „Da Liebesbeziehungen im Eros verankert sind, der treibenden Kraft, die alle Lebensbereiche von der Freundschaft bis zur Wirtschaft durchdringt, unterscheiden sich Paare von anderen Formen sozialer kohärenzbildender Instrumente wie Sprache, gemeinsame Mythen oder Werte als verbindendes Element zwischen Individuum und Gesellschaft, weil Paare eine a priori oder präverbale direkte/unmittelbare Erfahrung voneinander teilen, wenn sie von kultureller Konditionierung befreit sind.“[678]

Und schließlich kritisiert Ernst Tugendhat Habermas, weil dessen Orientierung an der Vernunft (Gültigkeitsansprüche) nicht die intersubjektiven Gefühle und Emotionen (Affekte) berührt.

Tugendhat erklärt in seinen *Vorlesungen über Ethik*, wie Habermas' Konzept der Kommunikation unzureichend ist, da seine starke Orientierung an der Vernunft nicht die emotionale Seite der Interpersonalität berührt. Er sagte: „Laut Habermas ist 'Verständnis' unerlässlich für kommunikatives Handeln. Aber dies ist nur ein gegenseitiges Verständnis über die Interessen der Beteiligten, während die Kommunikation [....] *mit* dem Anderen ist, und dies ist eine Art der Kommunikation, die nur mit den Affekten des anderen möglich ist. Nicht nur die Interessen sind vereinbart, sondern auch die Auswirkungen. Das Ziel ist nicht nur ein Interessenausgleich, sondern eine Harmonie der Affekte.“[679]

Kokreativität in integralen Liebesbeziehungen erfordert die Integration beider Kommunikationsformen: Habermas' männliche Theorie des kommunikativen Handelns und die weibliche Form der mitfühlenden oder gewaltfreien Kommunikation,[680] bei der der Ausdruck von Gefühlen, Bedürfnissen und Wünschen genutzt wird, um eine authentische emotionale Verbindung herzustellen. Beide sind absolut lebenswichtig, denn letztere führt oft nicht zu äußeren Handlungen, nachdem die Kommunikation stattgefunden hat, während erstere die zugrundeliegenden Auswirkungen nicht berücksichtigt, die einen Großteil unseres Denkens und Verhaltens bestimmen.

Z.B. führen wahrheitsgemäß vermittelte innere Liebesgefühle, Bedürfnisse nach Nähe und romantische Wünsche nicht notwendigerweise zu einer äußeren Handlung des Verbleibens in einer Liebesbeziehung, wenn es Herausforderungen gibt, die Heilung und Wachstum erfordern würden, während gleichzeitig äußere Handlung nach rationalem und moralischem Denken allein, warum ein Paar zusammen sein sollte, nicht die notwendige Harmonie der Affekte schafft, damit eine Beziehung gedeiht.

Diese Integration erfolgt in Liebesbeziehungen, in denen gleiche und entgegengesetzte Partner mit gleichen Rechten und Pflichten im öffentlichen und privaten Bereich eine Diskursethik anwenden, die männliche und weibliche Gültigkeitsansprüche geltend macht und nach gegenseitigem Verständnis und Einverständnis zu Handlungen in beiden Bereichen führt.

Integriertes mitfühlendes rationales kommunikatives Handlungsmodell

Diese Erweiterung des kommunikativen Handelns ist nachfolgend dargestellt.

Das Modell beginnt an der Spitze mit dem sexuellen Auswahlprozess von Frauen, die Männer als Partner für Kokreativität und Fortpflanzung wählen, die Einfühlungsvermögen, Intelligenz, Kreativität und kinästhetische Fähigkeiten aufweisen und ihre *transzendentale Bestimmung* teilen.

Die zweite Reihe zeigt, dass die Wahl guter Übereinstimmungen in diesen Bereichen zu mehr Güte, Wahrheit, Schönheit und Funktionalität führt, die die Überlebensraten und die Lebensqualität verbessern.

Güte ist definiert als das, was moralisch richtig und ethisch gut ist, und berücksichtigt alle betroffenen Parteien, auch zukünftige Generationen.

Wahrheit ist definiert als das, was in der täglichen praktischen Auseinandersetzung mit der Realität konsistent und konfliktunbelastet zutrifft, bzw. tatsächliche Sachverhalte genau wiedergibt, oder, wenn Probleme auftreten, in kritischen Tests, wie sie in der wissenschaftlichen Untersuchung gesehen werden, die empirische Argumente mit praktischen Aktionen wie Feldstudien und Laborversuchen kombiniert.[681]

Schönheit wird definiert durch das, was den Sinnen Freude bereitet oder den Verstand oder Geist vergnügt, Glück bringt und kulturellen Zusammenhalt schafft.

Funktionalität ist definiert durch das, was richtig arbeitet oder funktioniert und nachhaltig ist.

In der dritten Reihe sehen wir die Gültigkeitsansprüche an das, was moralisch richtig und ethisch, objektiv wahr, subjektiv wahr und praktisch ist.

Die vierte Reihe zeigt, dass Frauen traditionell weibliche Gültigkeitsansprüche auf Fürsorge, Mitgefühl, Gefühle und Beziehungen erhoben, typischerweise auf der Ebene des zweiten, vierten und sechsten Chakras im privaten Bereich, und Männer auf der Ebene des ersten, dritten und fünften Chakras im öffentlichen Bereich männliche Ansprüche auf Recht, Gerechtigkeit, Rationalität und Autonomie.

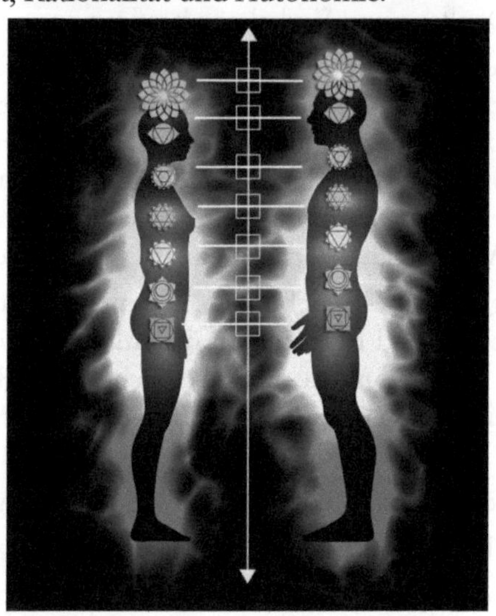

Grafik 87. Kommunikatives Handeln auf der Ebene der sieben Chakren

<table>
<tr><td colspan="8">Weibliche sexuelle Auslese:</td></tr>
<tr><td colspan="2">Mitgefühl</td><td colspan="2">Intelligenz</td><td colspan="2">Kreativität</td><td colspan="2">Kinästhetik</td></tr>
<tr><td colspan="8">Führt zu mehr:</td></tr>
<tr><td colspan="2">Güte</td><td colspan="2">Wahrheit</td><td colspan="2">Schönheit</td><td colspan="2">Funktionalität</td></tr>
<tr><td colspan="8">Gültigkeitsansprüche für:</td></tr>
<tr><td colspan="2">Moralisch/ethisch richtig</td><td colspan="2">Objektiv wahr</td><td colspan="2">Ehrlichkeit</td><td colspan="2">Praktisch</td></tr>
<tr><td colspan="4">Feminine/private Sphäre</td><td colspan="4">Maskuline/öffentliche Sphäre</td></tr>
<tr><td>Pflege</td><td>Mitgefühl</td><td>Emotion</td><td>Beziehungen</td><td>Recht</td><td>Gerechtigkeit</td><td>Rationalität</td><td>Autonomie</td></tr>
<tr><td colspan="8">Ausgleich und Harmonie auf Ebene der sieben Chakren</td></tr>
</table>

Grafik 88. Integriertes mitfühlendes rationales kommunikatives Handlungsmodell

Integrale Paare erschaffen gemeinsam, indem jedes von ihnen weibliche und männliche Gültigkeit beansprucht, was richtig, wahr, aufrichtig und praktisch in der öffentlichen und privaten Sphäre auf der Ebene aller sieben Chakren ist, wie die vier Quadranten unten zeigen.

Wie von Habermas statiert, berücksichtigen integrale Paare die Interessen aller Betroffenen – auch der Ungeborenen – und handeln erst, wenn die „Verständigung" zwischen ihnen erreicht ist.

Was im öffentlichen und privaten Bereich auf der Ebene jedes Chakras gut, wahr, schön und funktional ist, wird weder von einem unabhängigen Subjekt entschieden, das über und gegen eine Vielzahl anderer denkender und handelnder Subjekte und die Welt steht, wie es die Moderne der Postmoderne oder die „Philosophie des Bewusstseins" suggeriert, noch von Systemen, die von höheren Autoritäten in Wissenschaft, Philosophie, Kunst, Religion oder Regierung geschaffen wurden, die eine kritische Masse an Konsens erreicht haben, um sie anderen aufzuzwingen, wie es in mystischen Gesellschaften normalerweise der Fall ist. Stattdessen wird das Gute, Wahre, Schöne und Funktionelle durch die Kokreativität von Paaren definiert, die gesunde feminine und maskuline Polaritäten in ihren vier Quadranten auf der Ebene aller sieben Chakren in lebenslangen Beziehungen ausgleichen und harmonisieren. Wenn das Paar auf diese Weise einen Konsens erreicht hat, kann es in die gleiche Form des kommunikativen Handelns mit anderen eintreten und wird zur Grundlage für florierende Gemeinschaften, prosperierende Gesellschaften und friedliche Nationen.

Dies setzt voraus, dass wir vollständig menschlich werden, indem wir gesehen, erfüllt und inspiriert werden, unsere Werte mit unserem Verhalten in Einklang zu bringen und weiter zu lernen, zu heilen und auf der Ebene aller sieben Chakren zu erwachen, was nur in exklusiven intimen Liebesbeziehungen möglich ist. Dies gilt sowohl für heterosexuelle als auch für gleichgeschlechtliche Paare.

Das Schöne am integralen Liebesbeziehungsmodell ist, dass es nicht sofort eine kritische Masse von 10% der Bevölkerung benötigt, um den Versickerungseffekt auf frühere Ebenen zu erzeugen, da es nicht nur versucht, Menschen von Grün und Petrol zu Türkis hochzuziehen, sondern auch versucht, Menschen auf früheren Ebenen zu erreichen und sie dabei zu unterstützen, ihre *transzendentale Bestimmung* zu erkennen, die sie dann mit einem gleichen und gegensätzlichen Partner auf ihrer jeweiligen Ebene teilen können, um in einer gesunden, nachhaltigen Liebesbeziehung mehr Güte, Wahrheit, Schönheit und Funktionalität zu schaffen, während sie ihre *biologische Bestimmung*, einschließlich der Fortpflanzung, ausleben.

Wenn es uns nicht gelingt, diese Veränderungen vorzunehmen und dieser neuen Vision für unsere Liebesbeziehungen zu folgen, könnten wir eine der nächsten gefährdeten Spezies sein oder zumindest durch persönliche Vereinsamung, Umweltzerstörung, soziale Umwälzungen, die Verbreitung des Terrorismus, zunehmende Korruption und globale Kriege über Jahrhunderte oder Jahrtausende hinweg enorme Schwierigkeiten erleben.

Zusammenfassung

Um alle lokalen und globalen Herausforderungen, vor denen die Menschheit steht, effektiv anzugehen und eine eudaimonische Welt zu schaffen, in der jeder gedeihen kann, brauchen wir eine Mehrheit von Menschen auf allen Ebenen des Bewusstseins, die ihre *biologische Bestimmung* ausleben, einschließlich einer nachhaltigen Fortpflanzung, und mindestens 10%, die ihre *transzendentale Bestimmung* auch in gesunden, nachhaltigen Liebesbeziehungen entfalten, so dass Güte, Wahrheit, Schönheit und Funktionalität, die sie mitgestalten, auf andere Paare in ihrer Gemeinschaft und von dort in eine größere Gesellschaft und schließlich auf die ganze Menschheit übertragen werden können. Dies wird erreicht, indem einzelne Personen wieder dem Paar die größte Tiefe oder den größten Wert zuweisen.

Das Modell der Integralen Liebesbeziehung liefert den Fahrplan, der von Menschen auf allen Ebenen des Bewusstseins verstanden und verkörpert werden kann, um diese Vision Wirklichkeit werden zu lassen. Und selbst wenn wir nicht in einer solchen Beziehung enden, wird unser Weg dorthin uns und anderen in allem, was wir tun, unermesslich zugutekommen.

KAPITEL 20

Zusammenfassung und Schlussfolgerung

„Man kann nicht hoffen, die Welt zum Besseren zu wenden, wenn sich der Einzelne nicht zum Besseren wendet. Dazu sollte jeder von uns an seiner eigenen Vervollkommnung arbeiten und sich dessen bewusst werden, dass er die persönliche Verantwortung für alles trägt, was in dieser Welt geschieht, und dass es die direkte Pflicht eines jeden ist, sich dort nützlich zu machen, wo er sich am nützlichsten machen kann."

~ *Marie Curie* ~

Nochmals vielen Dank für dein Interesse an der Vision der Integralen Liebesbeziehung und dafür, dass du die Welt zu einem besseren Ort machst. Nun, da du es bis zum Ende des Buches geschafft hast oder hierher gesprungen bist, biete ich eine kurze Zusammenfassung an und lade dich ein, die nächsten Schritte zu unternehmen, um das Modell der Integralen Liebesbeziehung in deinem eigenen Leben umzusetzen.

Sex

In Teil 1 haben wir den Grundstein für eine Integrale Liebesbeziehung gelegt, indem wir uns über die Partnersuche und die Beziehung mit dem anderen Geschlecht informiert haben. Entscheidend ist es, die primären Fantasien von Männern und Frauen und die Angst-Scham-Dynamik zwischen ihnen zu verstehen, um realistische Erwartungen zu entwickeln und die Fallstricke der Abwärtsspirale zu vermeiden, in die so viele Liebesbeziehungen unnötigerweise nach der Romantikphase geraten. Anstatt deinen Partner zu beurteilen, ist es wichtig, neugierig und offen zu bleiben, warum er oder sie plötzlich anders handeln kann. Dies wird am besten erreicht, indem man die Prinzipien der Gewaltfreien Kommunikation praktiziert, die wir in der Endnote 118 kurz behandelt haben, oder indem man mit einem Integraltherapeuten zusammenarbeitet.

Bitte kontaktiere mich über www.integralrelationship.com für Unterstützung und Referenzen.

Darüber hinaus müssen wir uns **gesunder** femininer und maskuliner Polaritäten bewusst sein und diese entwickeln, wie auf Seite 53 beschrieben, um anhaltende Anziehungskraft und Synergien zu schaffen. Das Wichtigste für eine florierende integrale Liebesbeziehung ist, dass sich unser Partner auf der gleichen Ebene des Bewusstseins, der sexuellen, spirituellen und Anima/Animus-Entwicklung befindet. In meinem ersten Buch, *Integrale Beziehungen: Ein Ratgeber für Männer* findest du viele Fragen und Tipps für die Interpretation deiner Antworten um dich und deinen Partner zu untersuchen. Kontaktiere mich, wenn nötig, oder melde dich für einen meiner Workshops an, wo du das gesamte Integrale Liebesbeziehungsmodell inklusive der Identifizierung von Entwicklungsstufen direkt erleben kannst. Wenn du mit einem psychologisch gesunden Partner auf gleicher oder ähnlicher Ebene bist, kannst du gemeinsam mit ihm lernen, heilen, wachsen und erwachen. Dies wird eure Liebesbeziehung frisch und bereichernd halten. Wenn ihr auf Herausforderungen stoßt, kann es sein, dass du und dein Partner Inkompatibilitäten in euren Persönlichkeitstypen habt (die überwunden werden können), oder dass einer oder beide von euch Persönlichkeitsstörungen haben, die ausnahmslos jeden Versuch, eine gesunde Beziehung aufzubauen, sabotieren. Ich habe daher ein ganzes Kapitel zu diesem Thema eingefügt und möchte dich ermutigen, es erneut zu lesen, da hoch entwickelte Menschen wie du oft Partner anziehen oder von ihnen angezogen werden, die psychisch nicht einwandfrei sind. Es ist wichtig, diesen Teil zu verstehen, da diese Pathologien zu Beginn einer Partnerschaft oft nicht offensichtlich sind.

Unter Einbeziehung der anderen Elemente des Integralen Liebesbeziehungsmodells, wie Bewusstseinsebenen, verschiedene andere Entwicklungslinien und gemeinsame Werte, Interessen und Leidenschaften, wirst du in der Lage sein, entweder einen kompatiblen Partner anzuziehen oder zu finden, um eine Liebesbeziehung, in der du dich gerade befindest, erheblich zu verbessern, oder, wenn es dazu kommen muss, um eine unerfüllte Beziehung mit Liebe, Mitgefühl und Verständnis zu beenden. Wenn du Unterstützung bei letzterem brauchst, kannst du das ausgezeichnete Buch *Conscious Uncoupling* von Katherine Woodward Thomas konsultieren oder mich für andere Referenzen kontaktieren.

Wenn du Single bist, empfehle ich dir, dich unter www.integralsingles.com anzumelden und mich zu kontaktieren, um zu sehen, ob du dich für unseren „we deliver soulmates"-Service unter www.singles2couple.org qualifizierst.

Nachfolgend findest du eine Übersicht über Teil 1.

Sex			
1. Verstehe die primären sexuellen Fantasien und die Angst-Scham-Dynamik			
2. Realistischer sexueller Auswahlprozess			
3. Feminine und maskuline Polaritäten in Einklang bringen			
4. Sich auf dem selben Entwicklungsstand befinden in:			
Bewusstsein	*Sexualität*	*Spiritualität*	*Anima/Animus*
5. Weiter gemeinsam lernen, heilen, wachsen und erwachen			
6. Persönlichkeitstypen und -störungen kennen (sich ihrer bewusst sein)			
7. Gesund und nachhaltig eine sexuelle Beziehung gestalten.			

Grafik 89. Sex-Komponente des ILB-Modells

Bestimmung

Eine integrale Annäherung an die Partnersuche und Beziehung wird zweifellos dein Liebesleben enorm verbessern. Um jedoch wahres und dauerhaftes Glück und Erfüllung in einer integralen Liebesbeziehung zu finden, musst du auch deine *transzendentale Bestimmung* mit deinem Partner teilen.

Um mit einem gleichen und gegensätzlichen Partner kokreativ zu werden, der deine *transzendentale Bestimmung* in Art, Ausprägung, Wirkung und Reifegrad teilt, musst du zuerst zwischen deiner *biologischen Bestimmung*, die Überleben, Fortpflanzung und Lebensqualität beinhaltet, und deiner *transzendentalen Bestimmung*, mehr Güte, Wahrheit, Schönheit oder Funktionalität in der Welt zu erschaffen, unterscheiden. Letztere muss natürlich zur Unterstützung der ersteren dienen. Wie wir in Teil 2 beschrieben haben, gibt es viele Möglichkeiten, anderen zu dienen.

Auch wenn du dir bereits darüber im Klaren bist, was deine *transzendentale Bestimmung* ist, wird es hilfreich sein, bestimmte Abschnitte von Teil 2 erneut zu lesen, wenn du anfängst, sie mit deinem Partner zu teilen, da der Ausdruck deiner Bestimmung nicht statisch ist, sondern sich entwickelt. Daher ist es entscheidend, dass ihr auf der gleichen Ebene seid und ihr in eurer Entwicklung synchron bleibt, um kontinuierliche Synergien zu erzeugen.

Wenn du oder dein Partner nicht wisst, was eure *transzendentale Bestimmung* ist, dann müsst ihr zuerst zur Tatsache erwachen, dass ihr eine *transzendentale Bestimmung* habt und dann eure natürlichen Talente erkennen und Fähigkeiten entwickeln. Du kannst dann Synergien mit einem Partner schaffen, der deine Leidenschaft und deine Bestimmung teilt, aber unterschiedliche Stärken und Fähigkeiten entwickelt hat. Wenn du Unterstützung bei diesem Prozess benötigst, empfehle ich dir, zu den Ressourcen zurückzukehren, die in Kapitel 13 ab Seite **Fehler! Textmarke nicht definiert.** gegeben werden, oder kontaktiere mich für Beratung und Ressourcen.

Nachfolgend findest du eine Übersicht über Teil 1.

Bestimmung			
1. Unterschiede zwischen biologischer und transzendentaler Bestimmung erkennen			
2. Erkenne deine transzendentale Bestimmung			
3. Erkenne deine natürlichen Talente für:			
Empathie	*Intelligenz*	*Kreativität*	*Kinästhetik*
4. Entwicklung von Fähigkeiten zu Verbesserung von:			
Güte	*Wahrheit*	*Schönheit*	*Funktionalität*
5. Teile die Bestimmung mit einem Partner um Synergie und Liebe von lebenslanger Dauer zu schaffen			

Grafik 90. Bestimmungs-Komponente des ILB-Modells

Liebe

Wie du in Teil 3 gesehen hast, gibt es zwei große Theorien über die Liebe. Es wird entweder als ein Gefühl gesehen, das von schwankenden Hormonen angetrieben wird, das natürlich entsteht, wenn wir „dem Einen" begegnen, oder die Liebe wird als eine Kunst oder Handlung gesehen, die Übung, Anstrengung und Fähigkeiten erfordert. In beiden Fällen basieren diese Ansichten über die Liebe auf der gegenseitigen Erfüllung der Bedürfnisse und Wünsche jedes Menschen und sie sind daher transaktional und oft asymmetrisch. Wir nannten sie transaktionale Liebesbeziehungen. An dieser Art von Liebe ist nichts auszusetzen. Das Erleben der aufregenden Hormone und der sexuellen Leidenschaft und das Üben der „Kunst der Liebe" sind grundlegend für jede gesunde Liebesbeziehung. Aber es gibt auch das Potential, dass die Liebesgefühle und die Bereitschaft, die Wünsche unseres Partners zu erfüllen, verschwinden. Diese (ehemaligen) Liebesbeziehungen verwandeln sich dann oft in Knechtschaftsbeziehungen, die missbräuchlich werden und zu Trennungen führen. Es stört mich gewaltig, dass viele Beziehungsexperten jetzt behaupten, dass mehrere aufeinanderfolgende oder parallele Liebesbeziehungen nur die natürliche Lebensweise in unserer modernen und postmodernen Welt sind, und mehrere Zyklen der Einberufung des nächsten vorschlagen, um sich dann, sobald die Beziehung ihren Lauf genommen hat, bewusst zu entkoppeln.

Das Integrale Liebesbeziehungsmodell bietet eine gute Alternative! Unsere *transzendentale Bestimmung* zu teilen, um in nachhaltigen *transzendentalen Liebesbeziehungen* mitzugestalten, in denen wir unseren Partner nicht nur auf traditionelle Weise lieben, sondern mehr noch: Das was auf der Ebene aller sieben Chakren zwischen einem Paar einzigartig ist.

Diese Form der Liebe erlaubt es uns, die schädlichen „Auf und Ab"-Zyklen zu überwinden, die heute so viele Liebesbeziehungen durchlaufen und von vielen Beziehungsexperten als normal angesehen werden, mit verheerenden Auswirkungen auf Einzelpersonen, unsere Kinder, Familien und Gemeinschaften. Ich fordere euch von ganzem Herzen auf, Teil 3 des Buches über die Liebe zu lesen und zu lernen, zu heilen, zu wachsen und zu erwachen, bis ihr fest in einer gesunden, nachhaltigen, integralen Liebesbeziehung mit einem gemeinsamen Ziel verankert seid, das dem größten Nutzen für die größte Anzahl von Menschen dient. Bitte kontaktiere mich, wenn du Unterstützung und weitere Referenzen benötigst. Nachfolgend findest du einen Überblick über Teil 3.

<table>
<tr><th colspan="7">Liebe</th></tr>
<tr><td colspan="7">1. Liebe als Erfüllung unterschiedlicher männlicher/ weiblicher Bedürfnisse und Sehnsüchte</td></tr>
<tr><td colspan="7">2. Bedingte transaktionale asymmetrische Liebe</td></tr>
<tr><td colspan="7">3. Gefahr der Knechtschaftsbeziehungen</td></tr>
<tr><td colspan="7">4. Liebe für das, was auf der Ebene der 7 Chakren einzig kokreativ geschaffen werden kann:</td></tr>
<tr><td>Wurzel</td><td>Sakral</td><td>Solar Plexus</td><td>Herz</td><td>Hals</td><td>Stirn</td><td>Krone</td></tr>
<tr><td colspan="7">5. Transzendentale Liebe</td></tr>
</table>

Grafik 91. Liebeskomponente des ILB-Modells

Eine bessere Welt

Viele Menschen wollen die Welt als Einzelperson, Gruppen oder Organisationen besser machen. Leider wissen sie nicht, dass die Kokreativität und die Fortpflanzung von Paaren in gesunden, nachhaltigen, integralen Liebesbeziehungen mit einer gemeinsamen Bestimmung von grundlegender Bedeutung sind, um eine dauerhafte Veränderung zum Besseren und eine Welt zu schaffen, in der jeder gedeihen kann. Die Gründe, warum Paare Vorrang vor Individuen haben, habe ich in Teil 4 dargelegt. Ich verstehe einfach nicht, wie Menschen Frieden, Liebe und Nachhaltigkeit usw. schaffen wollen, wenn sie nicht einmal mit einer anderen Person in einer lebenslangen, exklusiven und liebevollen Beziehung zurechtkommen, sie lieben und mit ihr zusammen arbeiten können (oder wollen).

Um eine solche Beziehung mitzugestalten, brauchen wir das Wissen aus Teil 1-3 in diesem Buch. Wie von vielen anderen Beziehungsexperten erwähnt wurde, verbringen wir oft mehr Zeit damit, ein Auto zu fahren oder einen professionellen Abschluss zu erlangen, oder vor dem Fernseher zu sitzen oder Spiele zu spielen, als zu lernen, gesunde Beziehungen zu lieben und mitzugestalten. Gut, ich höre auf zu jammern. In Teil 4 haben wir dargelegt, dass wir, um eine bessere Welt zu schaffen, zuerst verstehen müssen, mit welchen Problemen die Menschheit konfrontiert ist und wie sie durch unseren sexuellen Selektionsprozess auf verschiedenen Ebenen der kulturellen Evolution entstanden sind. Dieses Wissen erlaubt es uns, **einen Partner zu wählen, der Teil der Lösungen sein will, anstatt die Probleme zu verewigen,** und mit ihm oder ihr in eine integrale Liebesbeziehung einzutreten. Wir können dann Probleme angehen, wenn wir uns in einem ethischen Diskurs engagieren, indem wir feminine und maskuline Gültigkeitsansprüche auf das erheben, was im privaten und öffentlichen Bereich gut, wahr, schön und funktional ist, um zu einem gegenseitigen Verständnis und einer Einigung über die besten Maßnahmen zu gelangen. Sobald dieser Konsens auf der Ebene des Paares gefunden ist, können wir andere Paare oder Mitglieder unserer Gemeinschaft ansprechen, die bereit sind, mit euch als Paar in den gleichen Prozess des ethischen

Diskurses einzutreten, der zum Handeln und damit zu einer positiven Wirkung in größerem Umfang führt. Auch hier bitte ich dich, mich zu kontaktieren, wenn du Unterstützung bei der Ausübung dieser neuen Form des integrierten mitfühlenden rationalen kommunikativen Handelns brauchst, die zur Schaffung einer besseren Welt führt.

Nachfolgend findest du eine Übersicht von Teil 4.

<table>
<tr><th colspan="8">Eine bessere Welt</th></tr>
<tr><td colspan="8">1. Globale Herausforderungen und wie die sexuelle Auswahl sie bedingen</td></tr>
<tr><td colspan="8">2. Bedeutung integraler Paare</td></tr>
<tr><td colspan="8">3. Einvernehmliches Verständnis und Vereinbarung (Konsens):</td></tr>
<tr><td colspan="2">Moralisch/ethisch korrekt</td><td colspan="2">Kritisch wahr/richtig</td><td colspan="2">Ästhetisch schön</td><td colspan="2">Funktional praktisch</td></tr>
<tr><td colspan="8">4. Feminine/maskuline Geltungsansprüche im öffentlichen/privaten Bereich</td></tr>
<tr><td>Pflege</td><td>Mitgefühl</td><td>Emotion</td><td>Beziehungen</td><td>Rechte</td><td>Gerechtigkeit</td><td>Rationalität</td><td>Autonomie</td></tr>
<tr><td colspan="8">5. Kommunikatives Handeln (sag, was du tust und tu, was du sagst)</td></tr>
</table>

Grafik 92. Die Welt zu einem besseren Ort machen – die Finale Komponente des ILB-Modells

Unten ist wieder das gesamte Modell. Du findest es auch unter www.integralrelationship.com/ILRM zum Download.

<table>
<tr><th colspan="8">Sex</th></tr>
<tr><td colspan="8">1. Verstehe die primären sexuellen Fantasien und die Angst-Scham-Dynamik</td></tr>
<tr><td colspan="8">2. Realistischer sexueller Auswahlprozess</td></tr>
<tr><td colspan="8">3. Feminine und maskuline Polaritäten in Einklang bringen</td></tr>
<tr><td colspan="8">4. Sich auf dem selben Entwicklungsstand befinden in:</td></tr>
<tr><td colspan="2">Bewusstsein</td><td colspan="2">Sexualität</td><td colspan="2">Spiritualität</td><td colspan="2">Anima/Animus</td></tr>
<tr><td colspan="8">5. Weiter gemeinsam lernen, heilen, wachsen und erwachen</td></tr>
<tr><td colspan="8">6. Persönlichkeitstypen und -störungen kennen (sich ihrer bewusst sein)</td></tr>
<tr><td colspan="8">7. Gesund und nachhaltig eine sexuelle Beziehung gestalten</td></tr>
<tr><th colspan="8">Bestimmung</th></tr>
<tr><td colspan="8">1. Unterschiede zwischen biologischer und transzendentaler Bestimmung erkennen</td></tr>
<tr><td colspan="8">2. Erkenne deine deine transzendentale Bestimmung</td></tr>
<tr><td colspan="8">3. Erkenne deine natürlichen Talente für:</td></tr>
<tr><td colspan="2">Empathie</td><td colspan="2">Intelligenz</td><td colspan="2">Kreativität</td><td colspan="2">Kinästhetik</td></tr>
<tr><td colspan="8">4. Entwicklung von Fähigkeiten zu Verbesserung von:</td></tr>
<tr><td colspan="2">Güte</td><td colspan="2">Wahrheit</td><td colspan="2">Schönheit</td><td colspan="2">Funktionalität</td></tr>
<tr><td colspan="8">5. Teile die Bestimmung mit einem Partner um Synergie und Liebe von lebenslanger Dauer zu schaffen</td></tr>
<tr><th colspan="8">Liebe</th></tr>
<tr><td colspan="8">1. Liebe als Erfüllung unterschiedlicher männlicher/weiblicher Bedürfnisse und Sehnsüchte</td></tr>
<tr><td colspan="8">2. Bedingte transaktionale asymmetrische Liebe</td></tr>
<tr><td colspan="8">3. Gefahr der Knechtschaftsbeziehungen</td></tr>
<tr><td colspan="8">4. Liebe für das, was auf der Ebene der 7 Chakren einzig kokreativ geschaffen werden kann:</td></tr>
<tr><td>Wurzel</td><td>Sak-ral</td><td>Solar Plexus</td><td>Herz</td><td>Hals</td><td>Stirn</td><td colspan="2">Krone</td></tr>
<tr><td colspan="8">5. Transzendentale Liebe</td></tr>
<tr><th colspan="8">Eine bessere Welt</th></tr>
<tr><td colspan="8">1. Globale Herausforderungen und wie die sexuelle Auswahl sie bedingen</td></tr>
<tr><td colspan="8">2. Bedeutung integraler Paare</td></tr>
<tr><td colspan="8">3. Einvernehmliches Verständnis und Vereinbarung (Konsens):</td></tr>
<tr><td colspan="2">Moralisch/ethisch korrekt</td><td colspan="2">Kritisch wahr/richtig</td><td colspan="2">Ästhetisch schön</td><td colspan="2">Funktional praktisch</td></tr>
<tr><td colspan="8">4. Feminine/maskuline Geltungsansprüche im öffentlichen/privaten Bereich</td></tr>
<tr><td>Pflege</td><td>Mitge-fühl</td><td>Emotio-nen</td><td>Beziehungen</td><td>Recht</td><td>Gerech-tigkeit</td><td>Rationalität</td><td>Auto-nomie</td></tr>
<tr><td colspan="8">5. Kommunikatives Handeln (sag, was du tust und tu, was du sagst)</td></tr>
</table>

Grafik 93. Das gesamte ILB-Modell

Für weitere Informationen und Updates über das Integrale Liebesbeziehungsmodell und die Vision, besuche www.integralrelationship.com

Um einen Partner für eine Integrale Liebesbeziehung zu finden, besuche www.integralsingles.com

Schlussfolgerung

Bell Hooks schrieb in *All About Love* (Alles über die Liebe): „Die Menschen schreiben oft über die Liebe durch die Fantasie, durch das, was sie sich vorstellen was möglich ist und nicht durch das, was sie konkret wissen. Aber, wie viele andere Frauen und Männer, möchte ich wissen, was Liebe jenseits der Fantasie bedeutet – über das hinaus, was wir uns vorstellen können. Ich will die Wahrheiten der Liebe kennen, so wie wir sie leben."

Ihre Aussage klingt für mich in beiden Fällen wahr. Einerseits müssen wir uns „vorstellen" und uns ausmalen, was in Integralen Liebesbeziehungen möglich ist, die über die traurige Realität heutiger Geschlechterkonflikte, liebloser und dysfunktionaler Ehen, zerbrochener Familien, serieller Partnersuche, kurzfristiger Beziehungen, serieller Monogamie, Nicht-Monogamie, New-Age-Narzissmus und der ständig wachsenden Zahl von Singles und kinderlosen Paaren, die wir kennen, hinausgehen. Ohne eine solche Vision können wir nicht einmal „sehen", welche Art von Liebesbeziehungen möglich und notwendig sind, um eine eudaimonische Welt aufzubauen, in der jeder gedeihen kann, und eine friedliche und nachhaltige Zukunft für die gesamte Menschheit möglich ist. Andererseits müssen wir handeln und in Liebesbeziehungen zusammenkommen, um diese Möglichkeiten Wirklichkeit werden zu lassen, denn auch ich möchte die Wahrheiten der Liebe kennen, wie wir sie leben.

Wenn du Single bist und gerne in einer solchen Beziehung wärst, aber deinen Integralen kokreativen Partner noch nicht gefunden oder angezogen hast, findest du vielleicht Inspiration in dem Zitat aus Robert Augusts Masters Buch *Transformation durch Intimität: Die Reise zur reifen Monogamie*, welches ich leicht abgeändert habe:

„Das Wachstum in Richtung [Integrale Liebesbeziehungen] ist nicht nur eine Reise der reifenden Intimität mit einem geliebten Anderen, sondern auch eine Reise in und durch Zonen von uns selbst, die sehr schwer zu navigieren sind, geschweige denn mit dem Rest unseres Seins intim zu werden und sich mit ihm zu integrieren. Aber so sehr dieses Wachstum uns auch fordert, es gibt uns noch mehr zurück und verwandelt uns, bis wir in der unerschütterlichen Liebe, der tiefen Leidenschaft und der radikal intimen Gegenseitigkeit, die [Integrale Liebesbeziehungen] verkörpern, etabliert sind. Und selbst wenn wir nicht in einer solchen Beziehung enden, wird unser Weg dorthin uns und anderen in allem, was wir tun, unermesslich zugutekommen." Ich danke dir nochmals, dass du dieses Buch gelesen hast. Möge es dich inspirieren, dein Integrales Verständnis und deine Praxis zu vertiefen, deine *transzendentale Bestimmung* in einer integralen Liebesbeziehung zu leben und zu teilen und die Welt zu einem besseren Ort zu machen.

Ich freue mich auf dein Feedback und auf deinen Besuch bei einer meiner nächsten Live- oder Online-Veranstaltungen. Bitte besuche www.integralrelationship.com um in Kontakt zu bleiben.

ANHANG 1

Geburtenraten und Gesellschaft

In diesem und dem nächsten Anhang werden wir uns mit Statistiken beschäftigen, die detailliert beschreiben, wie die Geburtenraten in den modernen und postmodernen Zeiten zurückgegangen sind, sowie mit Untersuchungen, die zeigen, wie sich diese sinkenden Raten negativ auf die Gesellschaften und die Entwicklung des Bewusstseins auswirken.

Aufgepasst: Die Statistiken sind äußerst kompliziert. Korrelation bedeutet nicht immer Ursache. Ursache und Wirkung können unklar oder vertauscht werden. Korrelationen können durch ein drittes, bisher unberücksichtigtes Phänomen verursacht werden, das als lauernde oder verwirrende Variable bezeichnet wird. Außerdem sollten statistische Durchschnittswerte NIEMALS verwendet werden, um einzelne Personen zu diskriminieren oder zu beurteilen.

Demographen, Anthropologen, Soziologen, Evolutionsbiologen und Ökonomen haben mehrere Erklärungen für den Geburtenrückgang in modernen und postmodernen Gesellschaften gegeben:[682]

- Wenn die Überlebensraten der Kinder steigen, sinken die Fruchtbarkeitsraten, da die meisten Paare nur eine bestimmte Anzahl von überlebenden Kindern haben wollen (oder brauchen), z.B. damit diese sich um sie zu kümmern, wenn sie älter werden.
- Wenn die Ressourcen reichlich vorhanden sind, werden weniger Kinder benötigt, um bei der Nahrungsmittelproduktion zu helfen.
- Wenn weniger oder gar keine Kriege geführt werden, sind weniger Menschen nötig, um Nationen zu verteidigen oder anzugreifen.
- Wenn sich Sozialversicherungssysteme und öffentliche Pensionsfonds etablieren, werden keine Kinder auf individueller Ebene für die spätere Versorgung und Betreuung älterer Menschen benötigt (natürlich werden Kinder kollektiv gebraucht).
- Die Kosten der Kindererziehung in modernen Gesellschaften sind dramatisch gestiegen.[683]

Andere Gründe, die moderne und postmoderne Frauen anführen, dass sie keine Kinder haben:

- Es ist eine zu große Belastung für mich.
- Es gibt bereits zu viele Menschen auf dem Planeten.
- Ich habe nicht den richtigen Partner gefunden. Es gibt keine guten Männer da draußen.
- Ich möchte keine Kinder in diese besch… Welt setzen.
- Die wichtigste Beziehung, die ich habe, ist die zu mir selbst.
- Ich muss erst lernen, mich selbst zu lieben, bevor ich jemand anderen lieben kann (und das wird oft zu einem lebenslangen Projekt).
- Ich bin nicht reif genug, um ein Kind großzuziehen.
- Ich traue weder Männern noch der Ehe.
- Ich möchte mich auf meine Karriere konzentrieren.
- Ich möchte mich auf die Bewusstseinsbildung in der Welt konzentrieren.
- Ich will die Welt retten und sie zu einem besseren Ort machen. Kinder würden diese Bemühungen behindern.
- Ich will mein Leben bis zum Äußersten genießen. Eine Beziehung zu Kindern ist ein Hindernis.
- Ich möchte die Welt bereisen und Erfüllung finden.
- Meiner evolutionären Leidenschaft und Bestimmung zu folgen ist wichtiger als eine Beziehung und Kinder.
- Ich bin auf einem spirituellen Weg.
- Ich bin von meiner eigenen Kindheit an zu traumatisiert, um Kinder großzuziehen.
- Ich hatte keine guten Vorbilder.

Forscher der Northwestern University in Chicago und der Universität Bonn in Deutschland, die den Geburtenrückgang in Europa untersucht haben, schrieben:

„Der Datensatz enthält eine Reihe von Fragen darüber, wer im Haushalt verschiedene Aufgaben im Zusammenhang mit Kindern erledigt, wie z.B. das Anziehen, das Zubettgehen oder die Hilfe bei den Hausaufgaben. Aus diesen Daten konstruieren wir einen Indikator für den durchschnittlichen Anteil der Männer an der Kinderbetreuung in jedem Land. In allen Ländern leisten Männer weniger als die Hälfte der Kinderbetreuung. In den Hochfruchtbarkeitsländern Belgien, Frankreich und Norwegen ist der Anteil der Männer mit 30-40% jedoch relativ hoch, während in den Niedrigfruchtbarkeitsländern der Anteil der Männer nur 22% beträgt. Die folgende Abbildung zeigt, dass in den Ländern, in denen Männer sich am wenigsten um Kinder kümmern, Frauen besonders wahrscheinlich mit dem Kinderwunsch ihres Mannes nicht einverstanden sind.“[684]

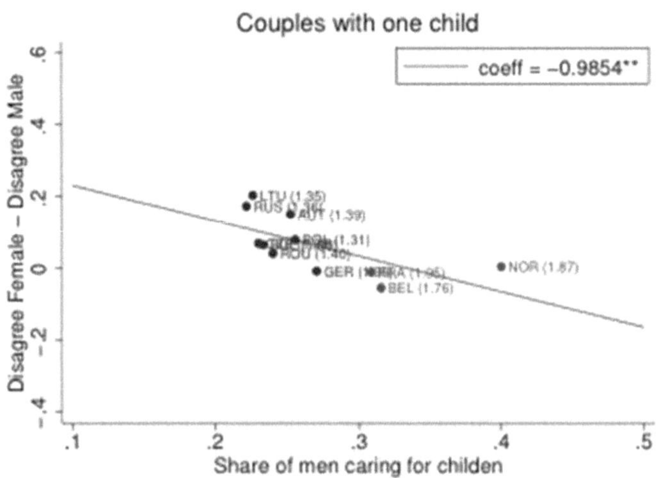

Grafik 94. Paare mit nur einem Kind in Korrelation mit der Verantwortungsübernahme der Männer

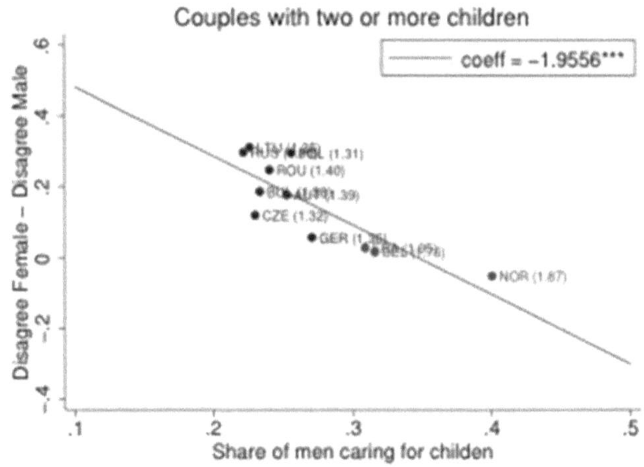

Grafik 95. Paare mit zwei oder mehr Kindern in Korrelation mit der Verantwortungsübernahme der Männer

Durch ihre Forschung können wir sehen, dass die Ursachen für den Rückgang der Geburtenraten darin liegen, dass moderne und postmoderne Frauen in den öffentlichen Raum eintreten, nachdem sie mehr maskuline Qualitäten des Aufsteigens und der Agenz verkörpern, und in die vierte Stufe ihrer Animuskomplexentwicklung eintreten. Gleichzeitig bleiben Männer maskulin und bewegen sich nicht im gleichen Tempo wie

Frauen, und das aus gutem Grund. Die meisten Frauen belohnen keine Männer, die ihre Karriere und ihren sozialen Status in der Öffentlichkeit opfern und dadurch weniger Geld verdienen, auch wenn ihre Absicht darin besteht, im Haus zu helfen und bei den Kindern Verantwortung zu übernehmen. Auf der anderen Seite wollen Frauen ihre Karriere nicht opfern und nach Hause zurückkehren, wenn sie schwanger werden. So müssten die meisten Frauen, die schwanger werden würden, die Lasten im öffentlichen und häuslichen Bereich tragen.

Weltbevölkerung

Einige Leute führen das Argument an, dass das allgemeine Bevölkerungswachstum eines der Hauptprobleme der Menschheit ist, ein Begriff, der im Roman *Inferno* von Dan Brown aus dem Jahr 2013 aufgegriffen wurde. Sie sehen keine Kinder (und damit oft keine feste Beziehung) als den besten Weg, dieses Problem zu lösen. In den letzten Jahren haben wir jedoch die negativen Auswirkungen des Bevölkerungsrückgangs in den westlichen Gesellschaften gesehen und eine differenziertere Sichtweise entwickelt.

Die Weltkarte unten, die auf dem CIA World Factbook von 2016 basiert, zeigt, dass Länder mit ausgereiften modernen und postmodernen Industriegesellschaften Geburtenraten unter zwei Kindern pro Frau haben (bis vor kurzem hatte China eine Ein-Kind-pro-Frau-Politik, um ihre Bevölkerungsexplosion zu dämpfen, aber die Grenze wurde Anfang 2016 angehoben, um zwei Kinder pro Frau zu erlauben, insbesondere um das negative Verhältnis von Frauen zu Männern zu verbessern und mit einer überalterten Bevölkerung umzugehen).

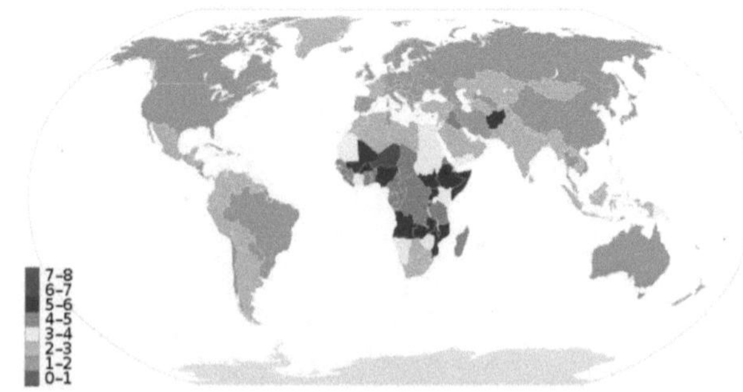

Grafik 96. Durchschnittliche Zahl der Kinder pro Frau weltweit[685]

Der prozentuale Höhepunkt des weltweiten Bevölkerungswachstums wurde um 1980 erreicht und ist seither stark rückläufig, wie die folgende Grafik zeigt.

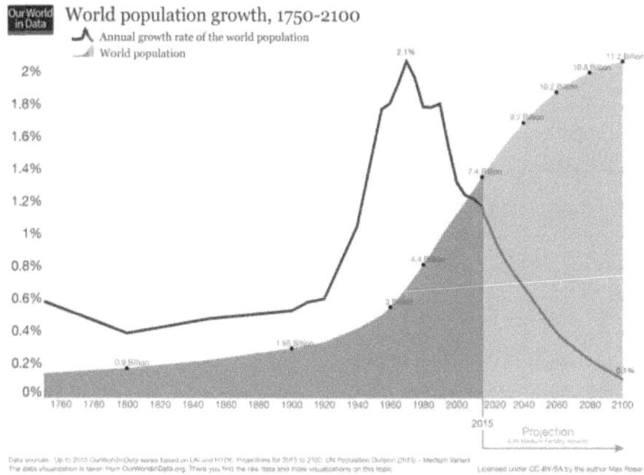

Grafik 97. Veränderung des weltweiten Bevölkerungswachstums im Zeitablauf[686]

Da unklar ist, ob sich dieser Trend weltweit fortsetzt, können die Vereinten Nationen die weitere Entwicklung der Weltbevölkerung nicht vorhersagen und geben nur drei mögliche Szenarien an.

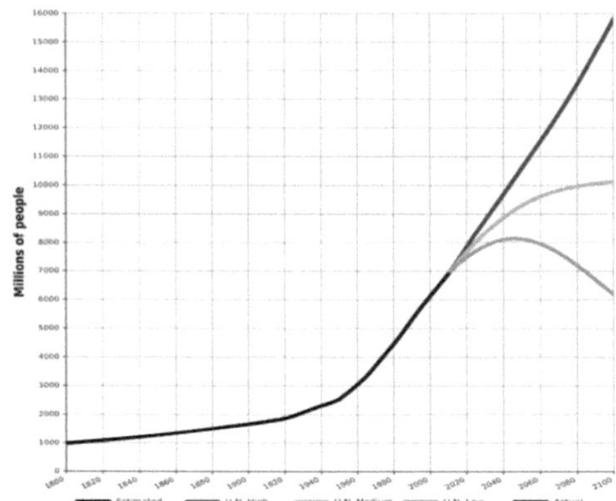

Grafik 98. Drei von den Vereinten Nationen vorgebrachte Szenarien für das künftige Bevölkerungswachstum

Die folgende logarithmische Grafik zeigt die vergangenen und zukünftigen (projizierten) Bevölkerungswachstumsraten in Prozent für die Welt und jeden Kontinent.

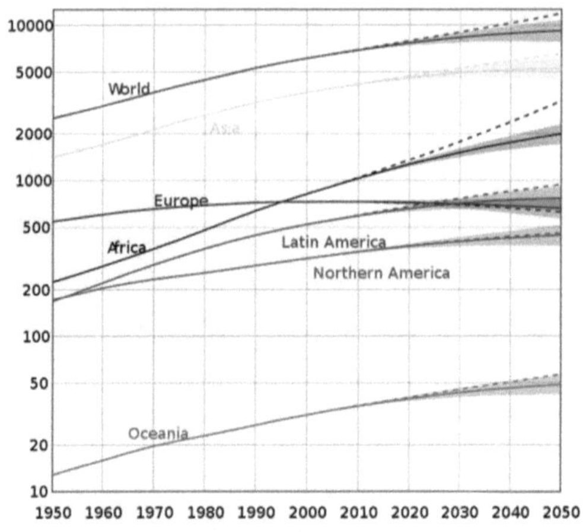

Grafik 99. Bevölkerungsentwicklung für jeden Kontinent im Zeitablauf

Besonders ausgeprägt ist der Rückgang in Europa, wo die Regierungen (bisher erfolglos) Gesetze und Programme zur Erhöhung der Geburtenrate erlassen haben, nachdem sie auf ein Niveau weit unterhalb der Nachhaltigkeit gesunken sind.

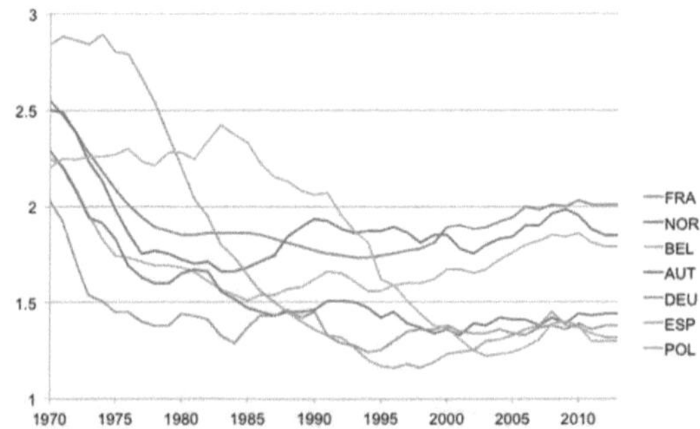

Grafik 100. Veränderung der Geburtenraten im Zeitablauf

Das folgende Diagramm zeigt den Rückgang der Fruchtbarkeitsraten in den USA nach Ethnie.

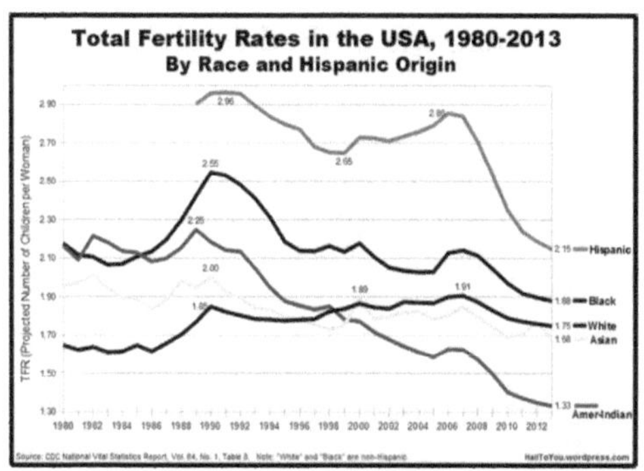

Grafik 101. Veränderung der Geburtenrate in den USA nach Ethnie im Zeitablauf

Die vorläufige Gesamtgeburtenrate (TFR (von total fertility rate)) für die Vereinigten Staaten von Amerika lag 2015 bei 1.843,0 Geburten pro 1.000 Frauen, ein Rückgang von 1 % gegenüber 2014 (1.862,5). Die Rate, die eine bestimmte Generation benötigt, um sich selbst zu ersetzen, beträgt 2.100 Geburten pro 1.000 Frauen. Die tatsächliche Rate in den USA liegt seit 1971 im Allgemeinen unter dem Erhaltungsniveau, und die Bevölkerung ist nur durch Einwanderung gewachsen.

Das Durchschnittsalter von Heirat und Geburt ist gestiegen, wie in der nachfolgenden Grafik für die Geburtenraten in den USA bei verschiedenen Altersgruppen von Frauen dargestellt. Wenn Frauen später heiraten, haben sie natürlich weniger oder gar keine Kinder.

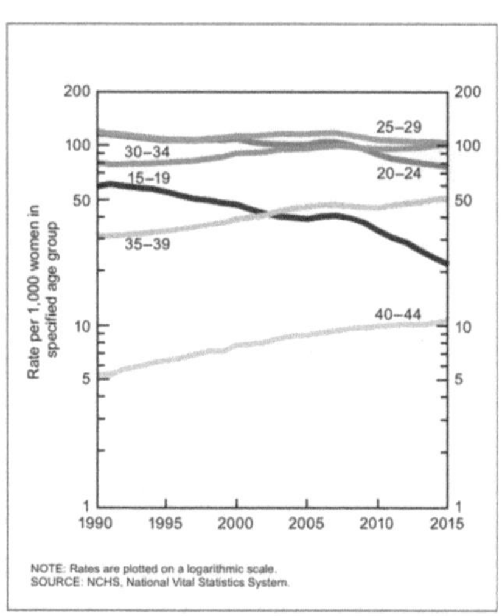

Grafik 102. Durchschnitt von Heirat und Geburt[687]

Wenn Geburtenkontrolle und Empfängnisverhütung, legale Abtreibungen und Kampagnen zur Senkung der Teenager-Schwangerschaft verfügbar und kulturell akzeptiert werden, sinken die Geburtenraten, wie im Bild oben für die Altersgruppe der 15- bis 19-Jährigen zu sehen ist.

Überalterte Gesellschaften

Im Folgenden findet ihr Beispiele für demografische Veränderungen in Japan, China, den USA und Deutschland, die im Wesentlichen zeigen, dass sich die traditionellen "Alterspyramiden" in "Altersdrachen" verwandeln:

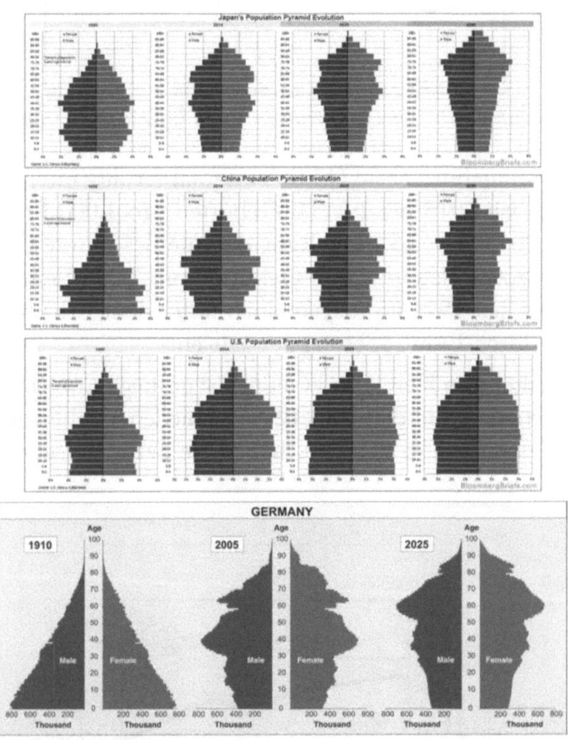

Grafik 103. Demografischer Wandel in verschiedenen Ländern im Zeitablauf[88]

Einige der Folgen der Überalterung der Gesellschaft sind explodierende Kosten im Gesundheitswesen und potenziell unüberschaubare Sozialversicherungskosten, die von weniger jungen Arbeitskräften getragen werden müssen.

Mögliche Lösungen für diese Probleme können technologische Fortschritte sein, die die Kosten der Altenpflege drastisch senken, Veränderungen unserer Moralvorstellungen, die aktive Sterbehilfe ermöglichen würden, oder die Erschließung anderer Einnahmequellen, um Kosten zu decken, wie etwa eine Automatisierungssteuer zum Ausgleich des Verlusts von Einkommenssteuern von entlassenen Arbeitnehmern, angemessene Kapitalertragssteuern, Steuern auf Kohlenstoffemissionen oder Steuern auf Kinderlosigkeit.

Studien über alternde Gesellschaften zeigen einen interessanten Zusammenhang zwischen niedrigen Geburtenraten und hohem Energieverbrauch und Konsum pro Kopf. Offensichtlich verbrauchen ältere Menschen und Single-Haushalte mehr Energie pro Kopf als eine fünfköpfige Familie mit gemeinsamen Ressourcen und kleinen Kindern, die noch nicht so viel fahren und konsumieren wie Erwachsene. Wir können auch davon ausgehen, dass die meisten Singles und kinderlosen Paare mehr Zeit und finanzielle Ressourcen haben, um zu reisen und sich in andere energieverbrauchende hedonistische Aktivitäten zu begeben. In der Abbildung unten sehen wir den Zusammenhang zwischen der Gesamtfruchtbarkeitsrate (TFR) auf der Y-Achse und Tonnen von Öläquivalent auf der X-Achse.[689]

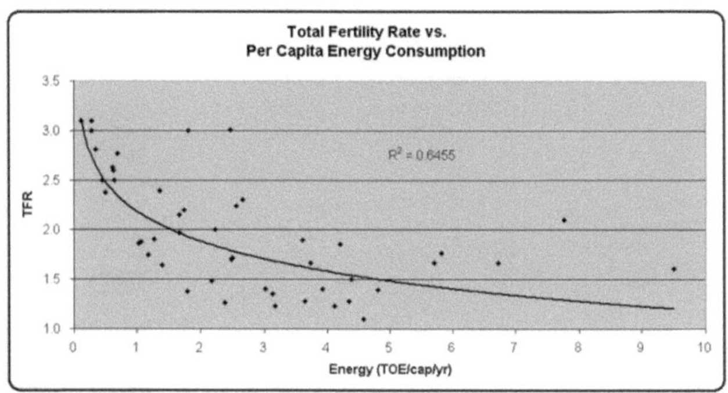

Grafik 104. Geburtenraten und Energieverbrauch

Das zeigt, dass weniger Kinder unsere Energiekrise nicht lösen. Das macht es möglicherweise noch schlimmer.

ANHANG 2

Geburtenrate und Bewusstseinsentwicklung

Dieser Anhang enthält Statistiken und Diagramme, die die Geburtenraten im Zusammenhang mit Einkommen, Bildung, Stimmverhalten und Religionszugehörigkeit sowie sozialer Auf- und Abwärtsmobilität zeigen. In der Summe liefern sie den Beweis, dass sich Menschen auf höheren Bewusstseinsebenen deutlich weniger fortpflanzen als Menschen auf niedrigeren Ebenen.

Wie im vorigen Anhang, aufpassen: Statistiken sind äußerst kompliziert und sollten NIE dazu benutzt werden, einzelne Personen zu diskriminieren oder zu beurteilen.

Alle statistischen Diagramme findet ihr in Farbe unter www.integralrelationship.com/splstatistics

Geburtenrate und Einkommen

Wir können das Einkommen als ersten Indikator für die Korrelation zwischen Fortpflanzung und Bewusstseinsebenen verwenden, indem wir davon ausgehen, dass Menschen in höheren Bewusstseinsphasen tendenziell wohlhabender sind. Auch das Alter spielt in dieser Statistik eine Rolle, da ältere Menschen oft ein höheres Einkommen haben und sich nicht mehr fortpflanzen.

Birth rate in the United States in 2014, by household income

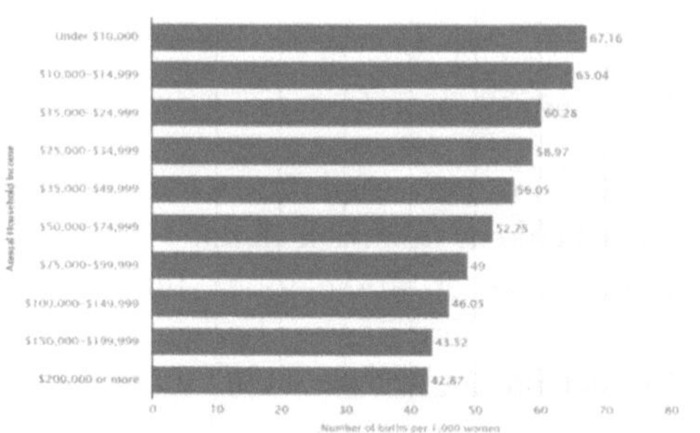

Geburtenrate 105. Geburtenrate in den USA, aufgeschlüsselt nach Einkommen [690]

Die beiden untenstehenden Diagramme des Pew Center und der Brookings Institution zeigen, dass Kinder, die in Familien mit niedrigem Einkommen geboren werden, eine hohe Wahrscheinlichkeit haben, dort zu bleiben, während Kinder, die in Familien mit hohem Einkommen geboren werden, höchstwahrscheinlich reich bleiben oder werden. Dies deutet darauf hin, dass die meisten Menschen, die von armen Eltern auf niedrigeren Entwicklungsebenen geboren werden, sehr wahrscheinlich dort bleiben und umgekehrt.

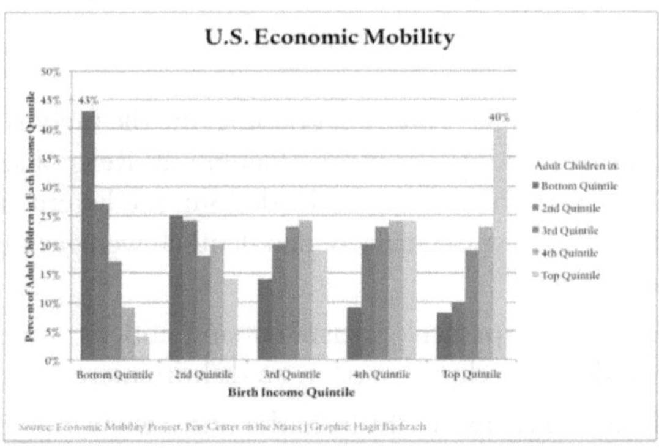

Grafik 106. Ökonomische Mobilität nach Einkommen[691]

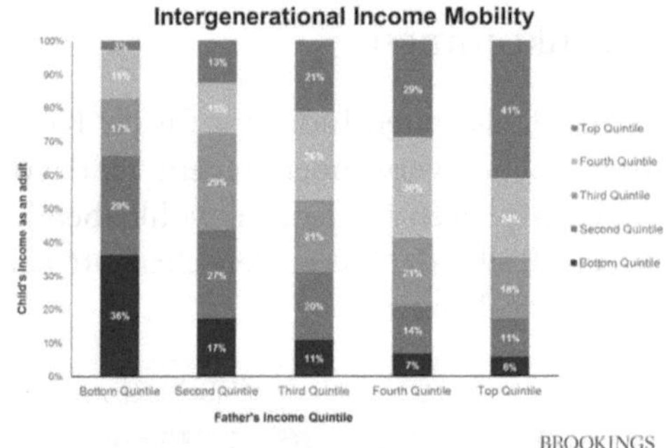

Grafik 107. Einkommensmobilität zwischen den Generationen[692]

Es gibt jedoch einen Geschlechterunterschied. Wie wir in den beiden Grafiken unten sehen, haben Töchter die Möglichkeit, finanziell durch Heirat aufzusteigen, wenn sie sexuell attraktiv sind. Ein weiterer Faktor für die höhere finanzielle und möglicherweise bewusste Aufstiegsmobilität von Töchtern ist, dass Frauen heute auf allen Bildungsebenen die Männer akademisch übertreffen, weil sie mehr Aufmerksamkeit und Unterstützung in Schulen (in denen zumeist weibliche Lehrer arbeiten) erhalten als Jungen.[693]

Söhne hingegen, vor allem in den USA, bleiben viel eher auf dem Einkommensniveau ihrer Väter.

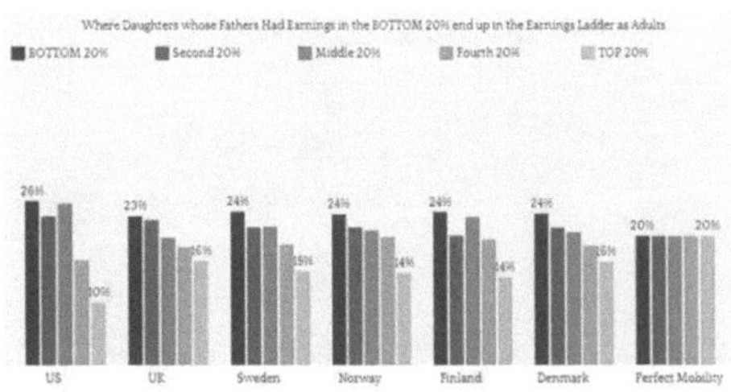

Grafik 108. Wirtschaftliche Mobilität der Töchter für einkommensschwächere Amerikaner

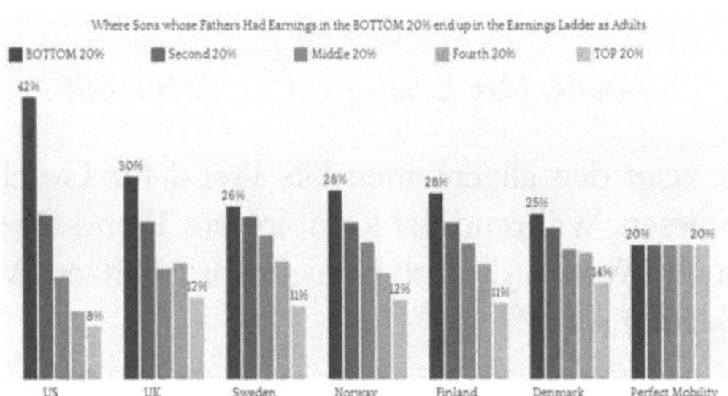

Grafik 109. Wirtschaftliche Mobilität der Söhne für einkommensschwächere Amerikaner

Bildung, IQ und Geburtenraten

Ein weiterer starker Hinweis auf eine Stagnation oder einen Rückgang des Schwerpunkts sind die Zusammenhänge zwischen dem Bildungsniveau der Eltern und der Geburtenrate sowie die Testergebnisse der Kinder von Eltern verschiedener Einkommen, Ethnie und Bildung. Beachte dabei, dass Intelligenz und Bildung nicht direkt mit der Ebene des Bewusstseins korrelieren. Leider können sich hochgebildete und kognitiv intelligente Menschen noch auf früheren Ebenen der Bewusstseinsentwicklung befinden. Auf der anderen Seite können sich Bauernschlaue oder Autodidakten mit einem breiten Spektrum an Lebenserfahrungen auf höheren Ebenen befinden.

Die folgende Grafik zeigt, dass Menschen mit einem höheren Bildungs- und Ausbildungsniveau sich freiwillig oder unfreiwillig weniger fortpflanzen.[694]

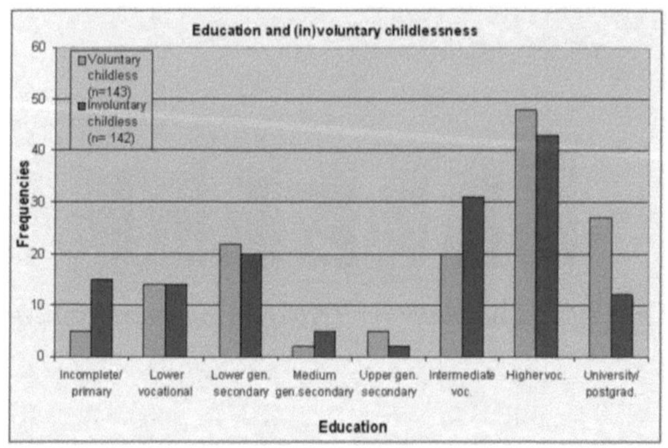

Grafik 110. Bildung und Kinderlosigkeit

Die folgende Grafik zeigt den allgemeinen US-Trend für Geschlecht und Ethnie in den ACT-SAT-Ergebnissen. Während der kombinierte Trend für alle Schüler fast flach ist, zeigen nur Asiaten und Weiße (die sich weniger fortpflanzen) Verbesserungen, während alle anderen rückläufig sind.[695]

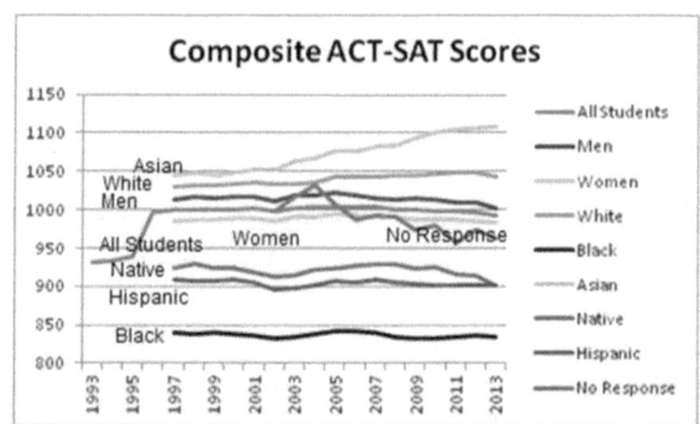

Grafik 111. Veränderung der SAT-Werte im Zeitablauf, aufgeschlüsselt nach Ethnie

Das folgende Diagramm zeigt, dass Schüler mit hochgebildeten oder wohlhabenden Eltern in SAT-Tests besser abschneiden als Schüler aus armen, bildungsfernen Familien. Der Hochschulrat, die Organisation, die das SAT beaufsichtigt, hält offenbar dicht bezüglich des Themas, aber manche Informationen sind durchgesickert.[696]

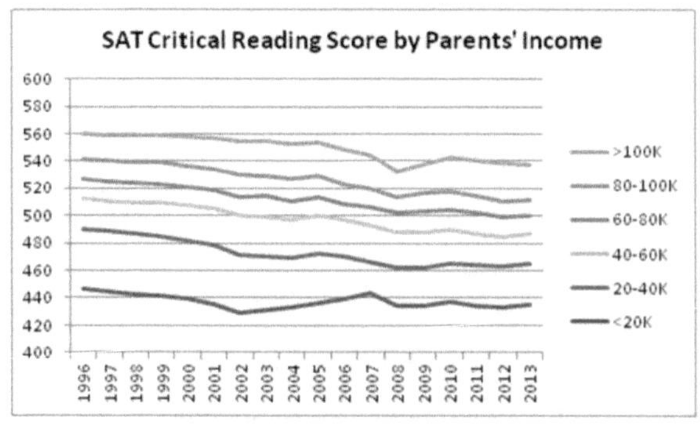

Grafik 112. SAT-Lesewert aufgeschlüsselt nach Einkommen der Eltern

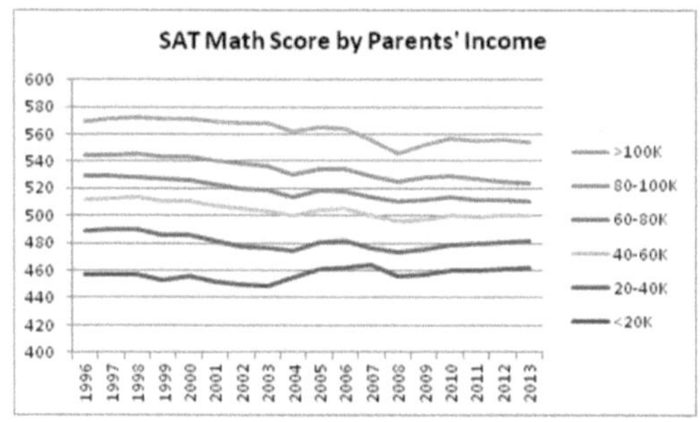

Grafik 113. SAT-Mathewert aufgeschlüsselt nach Einkommen der Eltern

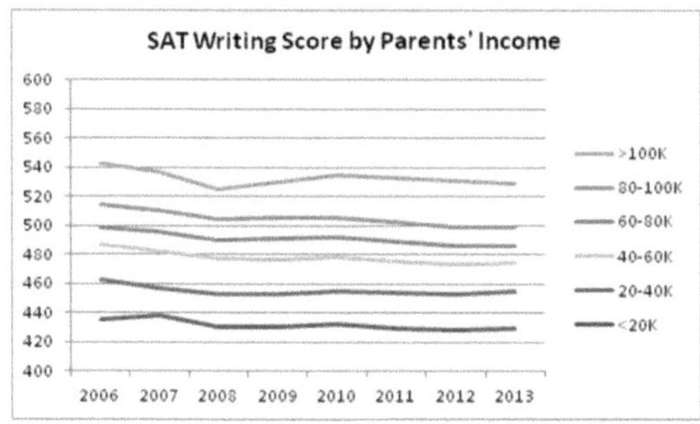

Grafik 114. SAT-Rechtschreibwert aufgeschlüsselt nach Einkommen der Eltern

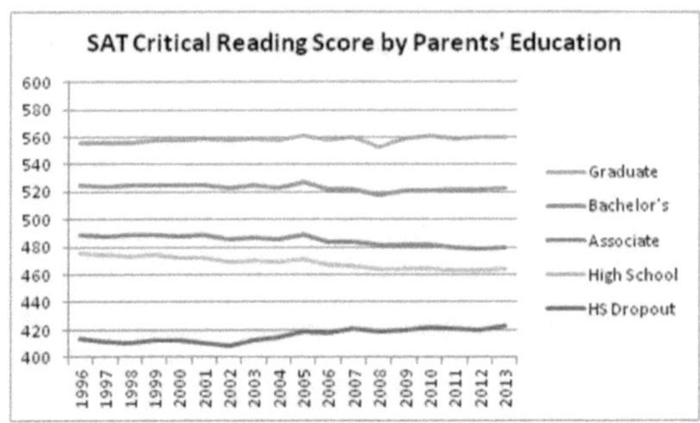

Grafik 115. SAT-Lesewert aufgeschlüsselt nach Bildungsgrad der Eltern

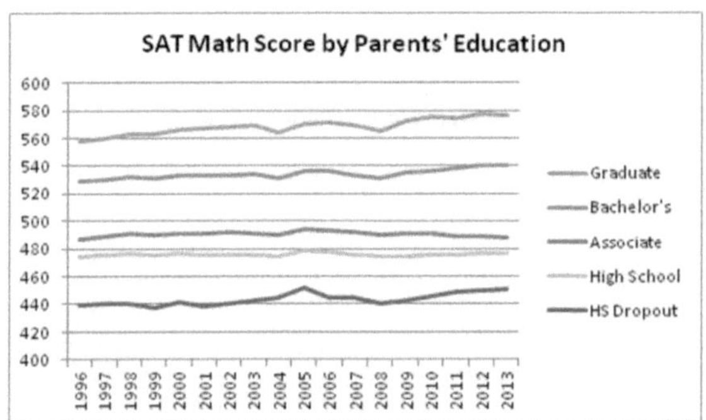

Grafik 116. SAT-Mathewert aufgeschlüsselt nach Bildungsgrad der Eltern

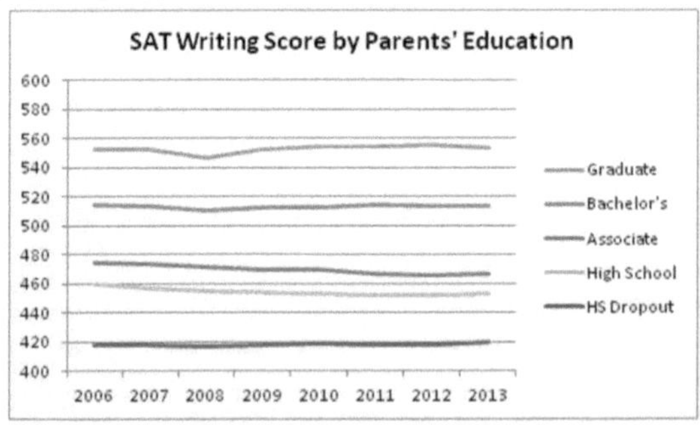

Grafik 117. SAT-Rechtschreibwert aufgeschlüsselt nach Bildungsgrad der Eltern

In seinem Buch aus dem Jahr 2017 *Dream Hoarders: How the American Upper Middle Class Is Leaving Everyone Else in the Dust, Why That Is a Problem, and What to Do* (Dream Hoarders: Wie die amerikanische obere Mittelschicht alle anderen im Staub zurücklässt, warum das ein Problem ist und was zu tun ist), beschreibt Richard Reeves die Abspaltung der oberen Mittelschicht, die sich weniger stark als der Rest der Gesellschaft fortpflanzt, und die Abspaltung der Kinder der oberen Mittelschicht von normalen amerikanischen

Kindern. Er befasst sich insbesondere mit drei Formen des Chancenhortens: der exkludierenden Gebietsaufteilung, der Ungerechtigkeit bei der Hochschulzulassung und der Vergabe unbezahlter Praktika. Er schreibt:

> Diese Ungleichheiten sind nicht vorrübergehend. Sie überdauern, und so verhärten sie sich, besonders wenn sie über Generationen hinweg anhaften. Die Zugehörigkeit zur oberen Mittelschicht Amerikas wird tatsächlich von einer Generation zur nächsten weitergegeben, mehr als in anderen Nationen und mit ziemlicher Sicherheit mehr als in der Vergangenheit. Das Problem, vor dem wir stehen, ist nicht nur die Klassentrennung, sondern die Aufrechterhaltung der Klasse.

Nachfolgend findet ihr Statistiken aus seinem Buch, die zeigen, dass Kinder reicher und hoch gebildeter Eltern in den oberen Klassen, die sich in der Regel auf der rationalen orangefarbenen Entwicklungsebene befinden, viel eher selbst hochgebildet (und wohlhabend) werden, während Kinder aus ärmeren und weniger gebildeten Familien, die sich eher in egozentrischen roten und mystischen Bernstein-Mittel- und Unterschichten aufhalten.

Für das folgende Diagramm wurden die Befragten gefragt: „Wenn Sie gebeten würden, einen dieser gebräuchlichen Namen für die sozialen Schichten zu verwenden – zu welcher würden Sie gehören? Die Oberschicht, die obere Mittelschicht, die Mittelschicht, die untere Mittelschicht oder die Unterschicht?“[697]

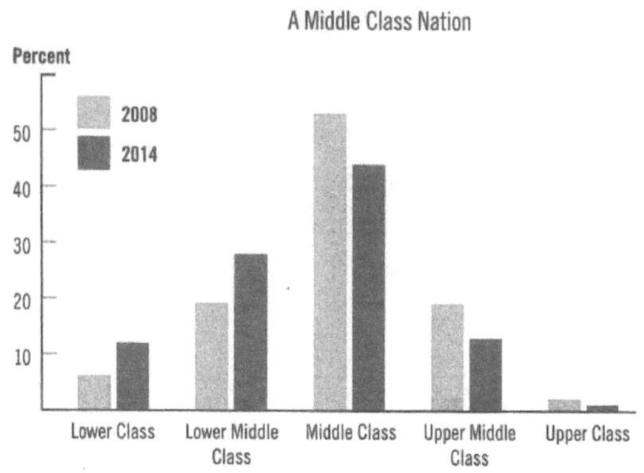

Grafik 118. Wie sich die Menschen selbst als der Mittelklasse zugehörig wahrnehmen

Es gibt auch eine beträchtliche „Erziehungslücke“ in der Einkommensskala, mit mehr Engagement und stärkerer Elternschaft in den Familien an der Spitze der Einkommensverteilung. Unter Verwendung eines zusammengesetzten Maßstabs der Erziehungsqualität, der HOME-Skala, fanden Howard und Reeves heraus, dass Eltern im obersten Fünftel der Einkommensverteilung viel eher als „gute“ Eltern eingestuft wurden.[698]

Die folgende Grafik zeigt Reeves' Berechnungen aus dem Datensatz des Social Genome Model, der auf dem Bureau of Labor Statistics' Children of the National Longitudinal Survey of Youth, 1979 (CNLSY) basiert. Die Merkmale der Eltern werden zum Zeitpunkt der Geburt des Kindes beobachtet. Das Einkommensfünftel basiert auf dem Familieneinkommen in Prozent der Armutsgrenze des Bundes.[699]

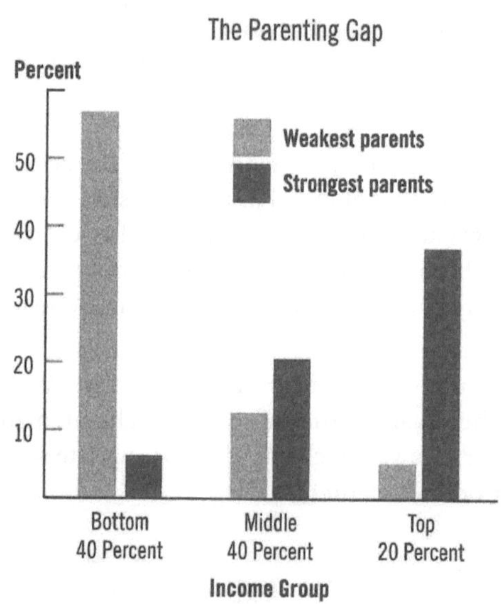

Grafik 119. Einkommen nach dem Einkommen der Eltern bei der Geburt ihrer Kinder

Die folgende Grafik zeigt die Berechnungen des Autors aus den Daten des American Community Survey 2014 und der Great Schools. Die Analyse kombiniert ACS-Daten über den Standort von Haushalten mit einer auf Testergebnissen basierenden Metrik der lokalen öffentlichen Schulleistungen.[700]

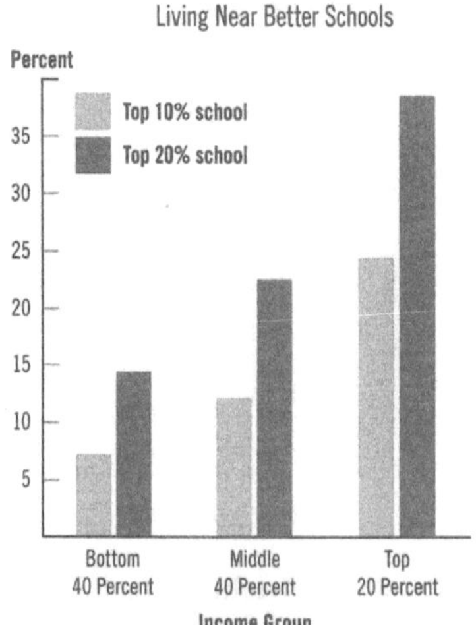

Grafik 120. Einkommen der Menschen, die in der Nähe guter Schulen aufwuchsen

Die folgende Grafik basiert auf Kathleen Ziol-Guests und Kenneth T. H. Lees, „Bildungschancenlücken auf Grundlage von Elterneinkommen: Die Kohorten übergreifenden Trends in den NLSYs und der PSID". Die Abschlussquoten sind für den Abschluss eines Studiums im Alter von 25 Jahren.[701]

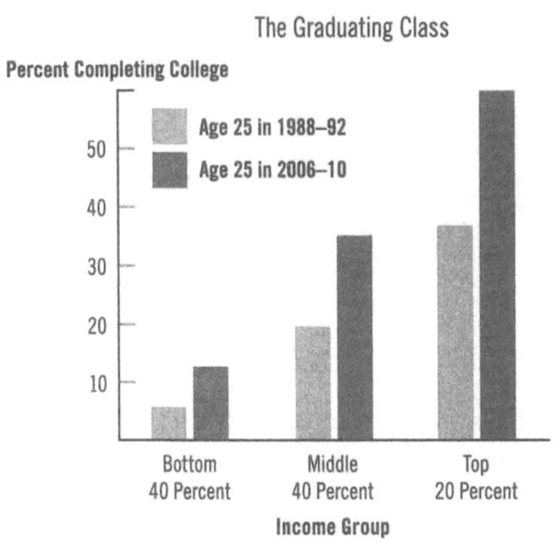

Grafik 121. Hochschulabschlussraten und Elterneinkommen

Die folgende Grafik zeigt die Hochschul-Besuche im Alter von 18 bis 21 Jahren in den Jahren 2010 bis 2013, gemessen für den Geburtenjahrgang 1991.[702]

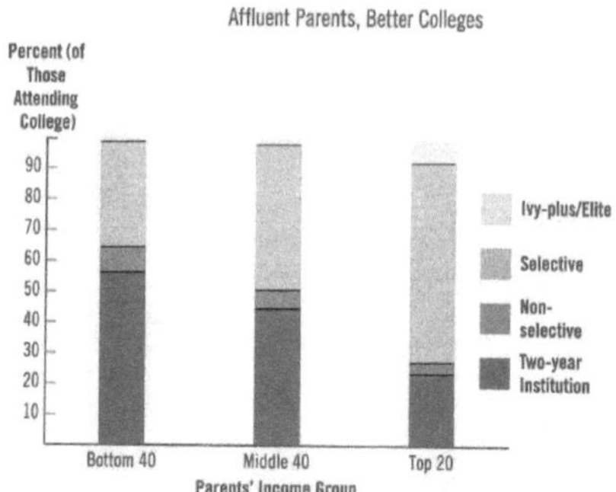

Grafik 122. Prozentsatz der Kinder, die die Hochschule besuchen, aufgeschlüsselt nach Elterneinkommensgruppen

Die Grafik unten zeigt, dass wie beim Reichtum fast die Hälfte der Kinder der Eltern im oberen Fünftel (46 Prozent) selbst im oberen Bildungsfünftel landete und drei von vier (76 Prozent) in einem der beiden oberen Fünftel blieben. Der hohe Bildungsstand ist noch „anhaftender" als der hohe Einkommensstand, wobei der Bildungserfolg der Nachkommen eng mit dem Bildungsstand der Eltern korreliert.[703]

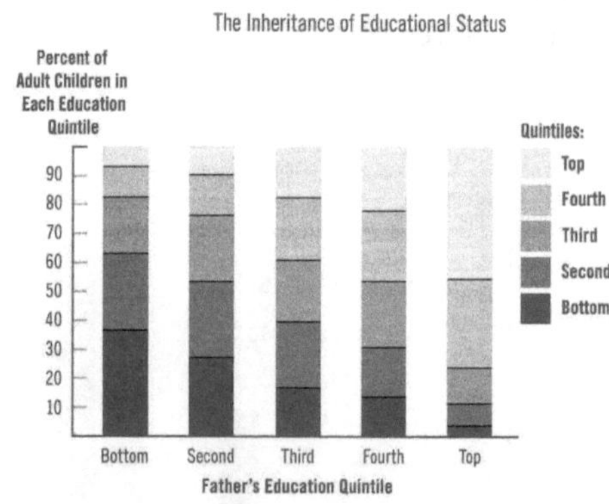

Grafik 123. Bildungsstatus der Kinder im Vergleich zum elterlichen Bildungsstatus

Die Grafik unten zeigt, dass die Kinder der Oberschicht viel höhere Chancen haben, an Elite-Unis zu kommen.[704]

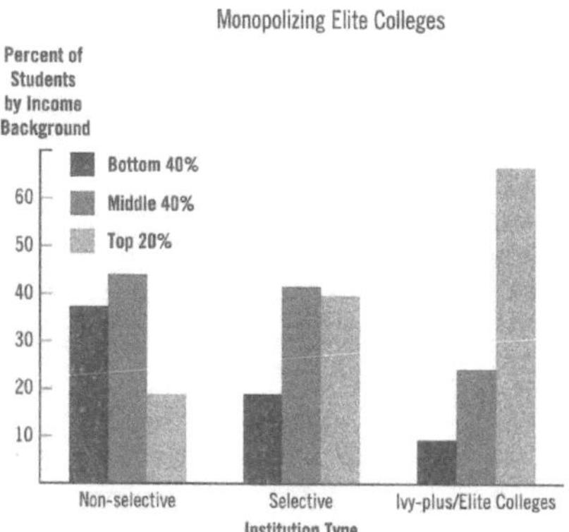

Grafik 124. Prozentsatz der Kinder, die Elite-Hochschulen besuchen, im Vergleich zum elterlichen Einkommen

Und schließlich werden Kinder von Eltern, die die Ivy League Schools absolviert haben, oft an den gleichen Schulen aufgenommen, gelegentlich unterstützt durch finanzielle Überzeugungsarbeit der Eltern.*[705]

---

* Die **Ivy League** ist eine Liga im US-amerikanischen Hochschulsport, die sich aus den meisten Sportmannschaften der acht Elite-Hochschulen im Nordosten der USA zusammensetzt.

Die Bezeichnung wird meist außerhalb des Hochschulsports verwendet und bezieht sich auf diese Gruppe von acht Universitäten: Brown, Columbia, Cornell, Dartmouth, Harvard, Princeton, Pennsylvania und Yale. Die acht Ivy-League-Universitäten werden als einige der prestigeträchtigsten Universitäten der Welt angesehen, da sie alle unter den besten 20 Universitäten der USA rangieren[1] und sehr selektive Aufnahmequoten, meist im einstelligen Prozentbereich, haben. Wikipedia: https://de.wikipedia.org/wiki/Ivy_League (1.8.2018, 23:15)

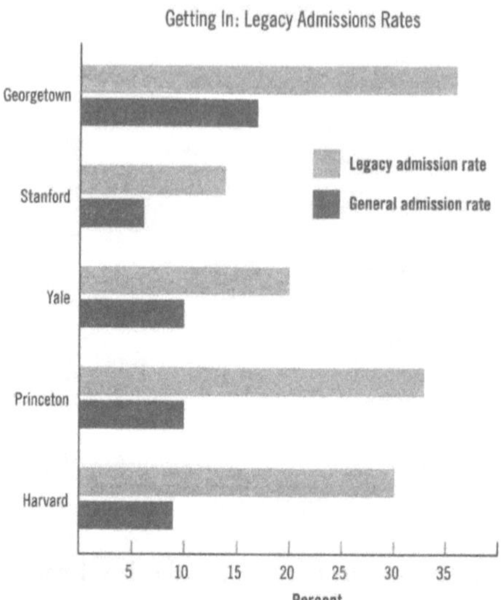

Grafik 125. Vererbte Zulassungsraten für Top-Schulen in den USA

All dies korreliert mit der geringen Aufwärtsmobilität der Bildungssysteme in anderen westlichen Ländern, wie unten dargestellt.[706]

The influence of socio-economic background on students' performance in PISA 2000, and the odds of someone whose parents have low levels of education of attending higher education (2009)

Grafik 126. Quoten von Kindern, die ein höheres Bildungsniveau erreichen als ihre Eltern, nach Ländern geordnet

Da es sehr wenig Aufwärtsmobilität bei Einkommen und Bildung gibt und eine zunehmende Konzentration von Wohlstand und Elite-Abschlussquoten an der Spitze, können wir mit Sicherheit davon ausgehen, dass es auch wenig Aufwärtsmobilität im Bewusstsein gibt.

Geburtenraten und politische/religiöse Zugehörigkeiten

Das untenstehende Streudiagramm zeigt, wie eng Bushs Anteil an der Wahl im Jahr 2000, im Vergleich zu dem seines Gegners Al Gore, mit der Anzahl der Babys pro weißer Frau korrelierte. Der blaue (dunklere) Punkt unten in der unteren linken Ecke repräsentiert Washington D.C. und (heller) der rote Punkt oben in der rechten Ecke ist Utah.[707]

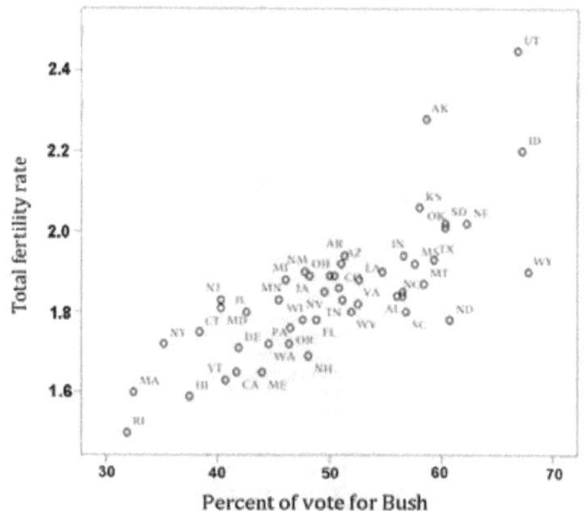

Grafik 127. Geburtenraten und konservative Werte

Die gleiche Art der Verteilung spiegelt sich in der folgenden Tabelle wider, die die Länge der Ehen weißer Frauen mit dem Prozentsatz der Stimmen für den konservativen Kandidaten Mitt Romney in jedem Bundesstaat bei den Präsidentschaftswahlen 2012 (die Romney an Barak Obama verloren hat) korreliert.

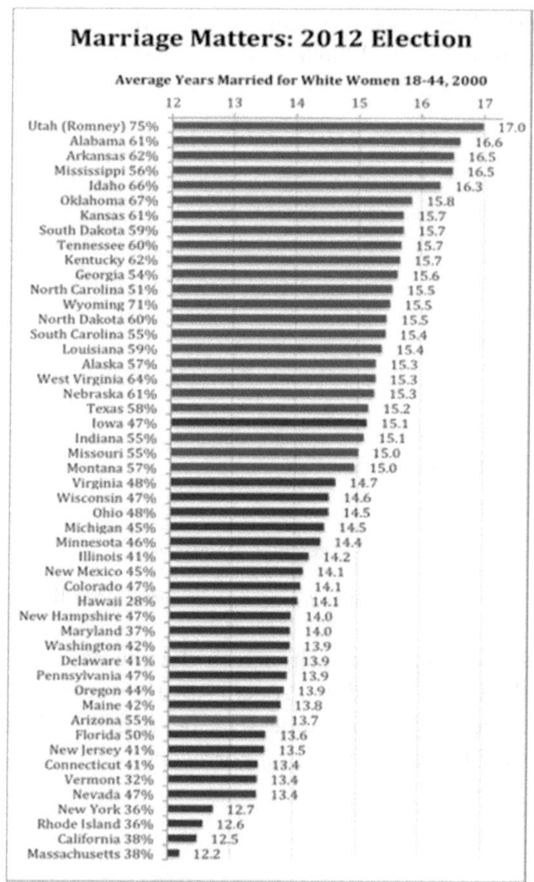

Grafik 128. Heiratsraten und konservative Werte[708]

In den beiden Grafiken unten sehen wir, dass Menschen mit konservativen Wahlmustern, die an einen mystischen Gott oder eine höhere Macht glauben und typischerweise auf einer mystischen Bewusstseinsebene sind, sich mehr fortpflanzen als Menschen, die liberal, agnostisch oder atheistisch sind, und somit eher auf einer rationalen oder höheren Ebene.[709]

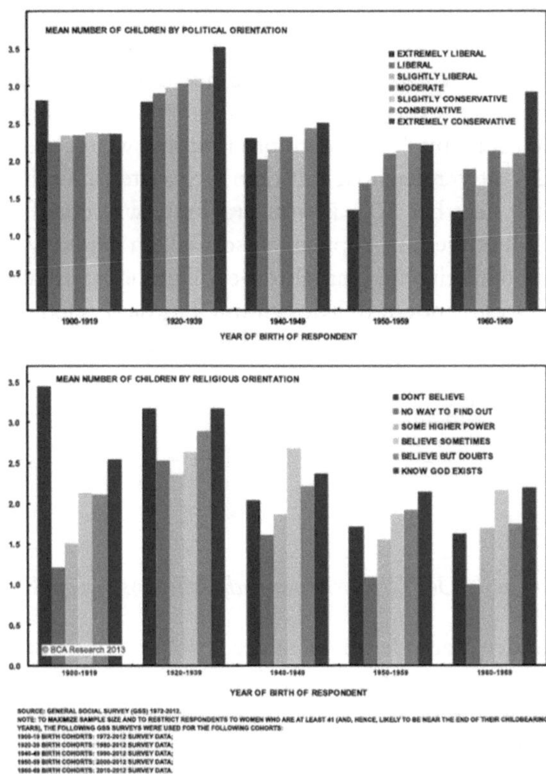

Grafik 129. Religiöse Werte und Geburtenraten

Donald Trump sicherte sich die Unterstützung von zwei Dritteln (67 Prozent) der Weißen ohne Hochschulabschluss, die dazu neigen, sich mehr fortzupflanzen, was ihm zu knappen Siegen in den „Swing-States" im Mittleren Westen der USA bei den Präsidentschaftswahlen 2016 verhalf.[710]

Der Beweis, dass sich Menschen auf der postmodernen grünen Ebene viel weniger fortpflanzen als Menschen auf früheren Ebenen, und dass es keine signifikante Aufwärtsmobilität gibt, wird noch stärker, wenn wir uns die Anzahl der Stimmen ansehen, die Kandidaten von grünen Parteien im Laufe der Zeit erhalten. Drei Beispiele:

Die US-Grünen erhielten 1996 0,71%, 2000 2,74%, 2004 0,10%, 2008 0,12%, 2012 0,36% und 2016 1,07% der Stimmen bei den Präsidentschaftswahlen.[711]

Die deutschen Grünen erhielten bei den Bundestagswahlen 1987 8,26% der Stimmen, 1990 5,6%, 1994 6,5%, 1998 5,0%, 2002 5,6%, 2005 5,4%, 2009 9,2%, 2013 7,3% und 2017 8,9%.

Die Mitgliederzahl der Grünen in England und Wales ging 2016 erstmals zurück.[712]

Wenn sich der Schwerpunkt in Richtung der postmodernen grünen Ebene bewegen würde, würden wir eine Zunahme der progressiven grünen Wähler sehen.

In der Grafik unten sehen wir, dass Muslime mit durchschnittlich 3,1 Kindern pro Frau weltweit die höchsten Fruchtbarkeitsraten haben - weit über dem Erhaltungsniveau von 2,1. Christen sind mit 2,7 Kindern pro Frau an zweiter Stelle. Die hinduistische Fruchtbarkeit von 2,4 ist vergleichbar mit dem weltweiten Durchschnitt von 2,5. Die jüdische Fruchtbarkeit liegt bei 2,3 Kindern pro Frau, was ebenfalls über dem Erhaltungsniveau liegt.[713] Alle anderen Gruppen (einschließlich der New-Age-Religionen) haben zu niedrige Fruchtbarkeitsraten, um ihre Bevölkerung zu erhalten: Volksreligionen mit 1,8 Kindern pro Frau, andere Religionen mit 1,7, die Freien (die als Anteil an der Bevölkerung abnehmen werden) mit 1,7 und Buddhisten mit 1,6.[714]

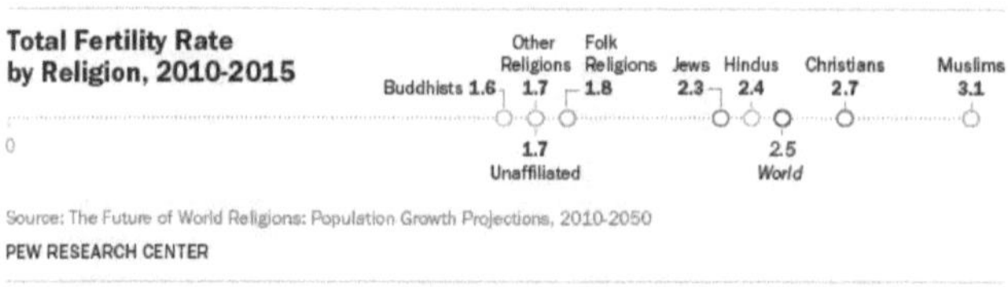

Grafik 130. Geburtenraten nach Religionszugehörigkeit

Dies führt zu folgenden Veränderungen in der absoluten und relativen Zahl der Menschen in der Weltbevölkerung aufgrund der Religionszugehörigkeit. Interessant ist die Zahl der Unabhängigen, die sich am ehesten in der rationalen Orange-Phase befinden, die ebenso prozentual parallel zur Weltbevölkerung rückläufig ist.

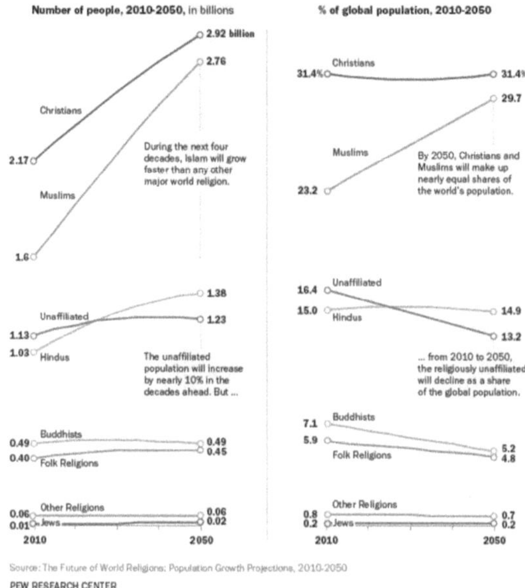

Grafik 131. Voraussichtliche Entwicklung des weltweiten Bevölkerungswachstums

Die religiösen Trends sehen für die USA ähnlich aus, auch wenn die absoluten Zahlen natürlich sehr unterschiedlich sind.[715] Wieder sehen wir, dass New-Age-orientierte und östliche Religionen (die auf höhere Bewusstseinsebenen der Menschen hindeuten) nicht auf dem Vormarsch oder gar rückläufig sind.

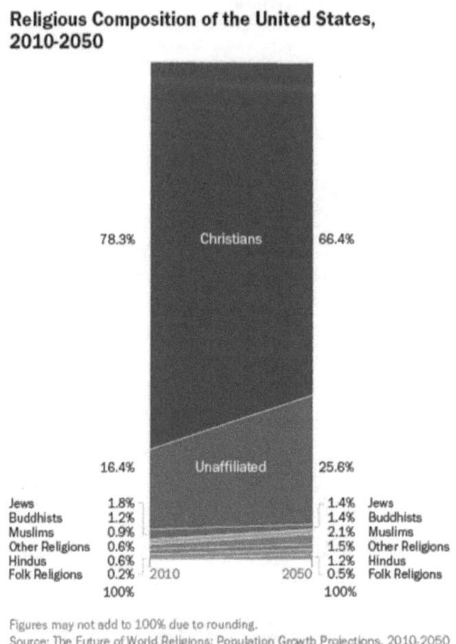

Grafik 132. Voraussichtliche Veränderung der US-Religionszugehörigkeit 2010-2050

Wenn wir uns diese Statistiken über Religionen ansehen, müssen wir bedenken, dass alle großen Weltreligionen unterschiedliche Konfessionen und verschiedene Zweige mit unterschiedlichen Ansichten über die Realität und das Selbst haben, die von Atheist zu Polytheist, Monotheist und Mystiker reichen und somit auf verschiedene Bewusstseinsebenen verweisen, wie das Bild unten zeigt.[716]

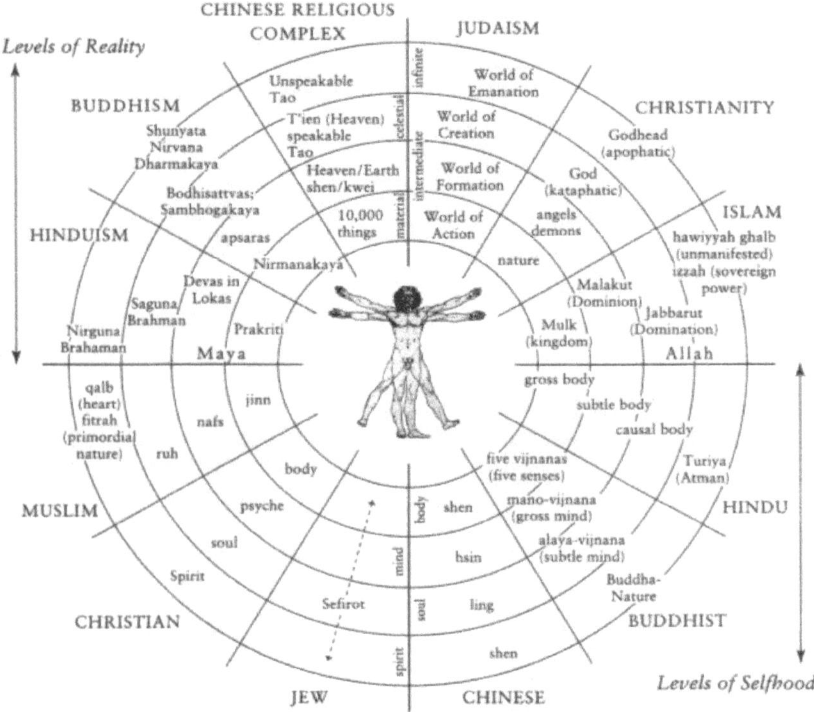

Grafik 133. Eine Zusammenfassung der spirituellen Ebenen der Weltreligionen

LITERATURVERZEICHNIS

Adney, Curtis. 2013. *What Were You Born to Do?* (Workbook). Natural Success Solutions.

Alice, Kathryn. 2007. Love Will Find You: 9 Magnets to Bring You and Your Soulmate Together. Marlow & Company.

Almaas, A.H. 1987. Diamond Heart Series Book One: Elements of the Real in Man. Diamond Books.

Almaas, A.H. 1998. Facets of Unity: The Enneagram of Holy Ideas. Diamond Books.

Amodeo, John. 2001. The Authentic Heart: An Eightfold Path to Midlife Love. Wiley.

Anand, Margo. 1989. The Art of Sexual Ecstasy: The Path of Sacred Sexuality for Western Lovers. Tarcher Putnam.

Andreas, Connirae and Steve. 1989. Heart of the Mind: Engaging Your Inner Power to Change with Neuro-Linguistic Programming. Real People Press.

Angier, Natalie. 1999. *Woman: An Intimate Geography.* Houghton Mifflin Harcourt.

Judith, Anodea PhD and Goodman, Lion. 2012. Creating on Purpose: The Spiritual Technology of Manifesting Through the chakras. Sounds True.

Armstrong, Alison. 2003. *Keys to the Kingdom.* Pax Programs.

*Armstrong, Alison. 2007. Making Sense of Men: A Woman's Guide to a Lifetime of Love, Care and Attention from All Men. Pax Programs.

Bacon, Michael. 2012. *Pragmatism: An Introduction.* Polity.

Bader, Michael J. 2002. *Arousal: The Secret Logic of Sexual Fantasy.* Thomas Dunne Books.

*Baer, Greg. 2003. Real Love: The Truth About Finding Unconditional Love & Fulfilling Relationships. Gotham Books.

Baren, Renee, and Wagele, Elizabeth. 1994. The Enneagram Made Easy: Discover the 9 Types of People. Harper.

Barnett, Rosalind and Rivers, Caryl. 2004. Same Difference: How Gender Myths Are Hurting Our Relationships, Our Children, and Our Jobs. Basic Books.

Baron-Cohen, Simon; Lombardo, Michael and Tager-Flusberg, Helen. 2013. *Understanding Other Minds: Perspectives from developmental social neuroscience.* Oxford University Press.

Battista, Marni. 2016. How to Find a Quality Guy: Without Going on 200 Dates. 90-Minute Books.

Baucum, Don. 1996. *Barron's EZ 101 Study Keys: Psychology.* Barron's Educational Series.

Beck, Aaron. 1988. Love Is Never Enough: How Couples Can Overcome Misunderstandings, Resolve Conflicts, and Solve Relationship Problems through Cognitive Therapy. Harper and Row.

Behrendt, Greg and Tuccillo, Liz. 2004. He's Just Not That Into You. The No-Excuses Truth to Understanding Guys. Simon Spotlight.

Beck, Don Edward and Cowan, Christopher. 2006. *Spiral Dynamics: Mastering Values, Leadership and Change.* Blackwell.

Bhaskar, Roy. 2012. Reflections on metaReality: Transcendence, Emancipation and Everyday Life. Taylor and Francis.

Bhaskar, Roy; Esbjörn-Hargens Sean; Hedlund Nicholas; Hartwig, Mervyn (Editors). 2015. *Metatheory for the Twenty-First Century: Critical Realism and Integral Theory in Dialogue.* Routledge.

Block, Joel D. and Neuman, Kimberly Dawn. 2009. The Real Reason Men Commit: Why He Will – or Won't – Love, Honor, and Marry You. Adams Media.

Bloom, Charlie and Linda. 2010. Secrets of Great Marriages: Real Truth from Real Couples about Lasting Love. New World Library.

Brandenburger, Adam M. and Nalebuff, Barry J. 1996. Co-Opetition: A Revolutionary Mindset That Combines Competition and Cooperation. Doubleday.

Brings, Felicia and Winter, Susan. 2000. *Older Women, Younger Men: New Options for Love and Romance.* New Horizon Press.

Brizendine, Louann. 2006. *The Female Brain.* Morgan Road Books.

Brooks, David. 2011. The Social Animal: The Hidden Sources of Love, Character, and Achievement. Random House.

Brown, Byron. 1999. Soul without Shame: A Guide to Liberating Yourself from the Judge Within. Shambala.
Bogunovic, Dragan, Dr. 2015. *Talent All In All.* AuthorHouse.
Buckingham, Will; Burnham, Douglas; King, Peter J.; Hill, Clive; Weeks, Marcus and Marenbon, John. 2011. *The Philosophy Book: Big Ideas Simply Explained.* DK; Reprint edition.
Buss, David M. 2003. The Evolution of Desire: Strategies of Human Mating. Basic Books.
Campbell, Susan. 2004. Truth in Dating: Finding Love by Getting Real. New World Library.
Campbell, Susan. 2005. Saying What's Real: 7 Keys to Authentic Communication and Relationship Success. New World Library.
Cercone, Jan M. 2013. Guys Guide to the Divine Feminine: What men need to know about the Divine Feminine to co-create the paradigm of peace. Create Space.
Chadha, Yogesh. 1997. *Gandhi.* John Wiley & Sons.
Chafetz Saltzman, Janet. 2006. *Handbook of the Sociology of Gender.* Springer.
Chapman, Gary. 1992. The Five Love Languages: How to Express Heartfelt Commitment to Your Mate. Northfield Publishing.
Chapman, Gary. 2004. *The Five Love Languages for Singles.* Northfield Publishing.
Chödrön, Pema. 2002. Comfortable With Uncertainty: 108 Teachings on Cultivating Fearlessness and Compassion. Shambhala.
Chögyam, Trungpa. 1973. Cutting through Spiritual Materialism. Shambhala.
*Chopra, Deepak. 1997. The Path to Love: Spiritual Strategies for Healing. Three Rivers Press.
Claremont de Castillejo, Irene. 1973. *Knowing Women: A Feminine Psychology.* Harper.
Cloke, Bill. 2008. Love-Making from the Inside Out: A New Approach to Creating and Maintaining a Loving Relationship: How to Transform Conflict, Complaint, and Criticism. Self.
Cloud, Henry and Townsend, John. 1999. Boundaries in Marriage: Understanding the Choices That Make or Break Loving Relationships. Zondervan.
Cohen, Andrew. 2011. Evolutionary Enlightenment: A New Path to Spiritual Awakening. Select Books.
Coleman, Emily and Edwards, Betty. 1980. Brief Encounters: How to Make the Most of Relationships That May Not Last Forever. Anchor Press.
Collins, Bryn C. 1997. Emotional Unavailability: Recognizing It, Understanding It, and Avoiding Its Traps. Contemporary Books.
Combs, Allan. 2009. Consciousness Explained Better: Towards an Integral Understanding of the Multifaceted Nature of Consciousness. Paragon House.
Covey, Stephen R. 1990. The 7 Habits of Highly Effective People: Powerful Lessons in Personal Change. Fireside.
DeAngelis, Barbara. 1992. Are You the One for Me: Knowing Who's Right & Avoiding Who's Wrong. Dell.
de Beauvoir, Simone. 1952/80/89. *The Second Sex.* Vintage.
de Quincey, Christian. 2005. Radical Knowing: Understanding Consciousness through Relationship. Park Street Press.
de Quincey, Christian. 2008. Consciousness from Zombies to Angels: The Shadow and the Light of Knowing Who You Are. Park Street Press.
Crenshaw, Theresa L. 1996. The Alchemy of Love and Lust: How Our Sex Hormones Influence Our Relationships. Pocket Books.
Damasio, Antonio. 2010. Self Comes to Mind: Constructing the Conscious Brain. Pantheon Books.
Davis, Murray S. 1975. *Intimate Relations.* Collier Macmillan.
Dawlabani, Said Elias. 2013. MEMEnomics: The Next-Generation Economic System. SelectBooks.
Deida, David. 1995. *Intimate Communion: Awakening Your Sexual Essence.* Health Communications, Inc.
*Deida, David. 1997. The Way of the Superior Man: A Spiritual Guide to Mastering the Challenges of Women, Work, and Sexual Desire. Sounds True.
Deida, David. 1997. It's a Guy Thing: An Owner's Manual for Women. Health Communications.
Deida, David. 2005. Blue Truth: A Spiritual Guide to Life & Death and Love & Sex. Sounds True.
Dyer, Wayne. 2004. The Power of Intention: Learning to Co-Create Your World Your Way. Hay House.

*Diamond, Carol. 2010. Relationship Roulette: Improve Your Odds at Lasting Love. Praeger.
Dowling, Colette. 1981. The Cinderella Complex: Women's Hidden Fear of Independence. Pocket Books.
Durant, Will. 1991. The Story of Philosophy: The Lives and Opinions of the World's Greatest Philosophers. Pocket Books.
Dynda, Russel, S. 1999. *Masculinity: The Hoax Enslaving Men.* Pulpless.Com, Inc.
Eisler, Riane PhD. 2003. The Power of Partnership: Seven Relationships that Will Change Your Life. New World Library.
Ellis, Thomas. 2005. The Rantings of a Single Male: Losing Patience with Feminism, Political Correctness,... and Basically Everything. Rannenberg Publishing.
Esbjorn-Hargens, Sean and Zimmerman, Michael E. 2009. *Integral Ecology: Uniting Multiple Perspectives On the Natural World.* Integral Books.
Eschner Hogan, Eve, with Hogan, Steve. 2000. *Intellectual Foreplay: Questions for Lovers and Lovers-to-Be.* Hunter House.
Etcoff, Nancy. 2000. Survival of the Prettiest: The Science of Beauty. Anchor Books.
Evans, Dylan. 2003. *Emotion: A Very Short Introduction.* Oxford University Press.
Faludi, Susan. 1991. Backlash: The Undeclared War Against American Woman. Anchor Books.
Faludi, Susan. 1999. Stiffed: The Betrayal of the American Man. Perennial.
Farrell, Bill and Pam. 2001. Men Are Like Waffles, Women Are Like Spaghetti: Understanding and Delighting in Your Differences. Harvest House Publishers.
Farrell, Warren. 1986. Why Men Are the Way They Are: The Male-Female Dynamic. Berkley Books.
Farrell, Warren. 1993. The Myth of Male Power: Why Men Are the Disposable Sex. Berkley Books.
Farrell, Warren. 2001. Women Can't Hear What Men Don't Say: Destroying Myths, Creating Love. Finch.
Farrell, Warren. 2001. Father and Child Reunion: How to Bring the Dads We Need to the Children We Love. Tarcher Putnam.
Farrell, Warren. 2005. Why Men Earn More: The Startling Truth Behind the Pay Gap—and What Women Can Do About It. Amacom.
Farrell, Warren and Sterba, James P. 2008. *Does Feminism Discriminate Against Men: A Debate.* Oxford University Press.
*Fein, Ellen and Schneider, Sherrie. 1995. *The Rules: Time-tested Secrets for Capturing the Heart of Mr. Right.* Warner Books.
*Feldhahn, Shaunti. 2004. For Women Only: What you need to know about the inner lives of men. Multnoma.
*Feldhahn, Shaunti and Jeff. 2006. For Men Only: A straightforward guide to the inner lives of women. Multnoma.
Fellmann, Ferdinand. 2005/2013. *Das Paar: Eine erotische Rechtfertigung des Menschen.* Verlag Karl Alber.
Fellmann, Ferdinand. 2013. *The Couple: Intimate Relations in a New Key* (Abbridged version of *Das Paar.* Verlag Karl Alber.
* Fenton, Bradley. 2008. Stumbling Naked In the Dark: Overcoming Mistakes that Men Make with Women. Simon & Brown.
Ferrini, Paul. 1998. Creating a Spiritual Relationship: A Guide to Growth and Happiness for Couples on the Path. Heartways Press.
Finlayson, Gordon. 2005. *Habermas: A Very Short Introduction.* Oxford University Press.
*Fisher, Helen. 2004. Why We Love: The Nature and Chemistry of Romantic Love. Henry Holt and Company.
Fisher, Helen. 2009. Why Him? Why Her? Finding Real Love by Understanding Your Personality Type. Henry Holt and Company.
Frankl, Victor. 1997. *Man's Search for Meaning.* Pocket.
*Fromm, Erich. 1956. *The Art of Loving.* Harper Perennial.
Gafni, Marc. 2012. Your Unique Self: The Radical Path to Personal Enlightenment. Integral Publishers.
Gendreau, Geralyn (Editor). 2006. *The Marriage of Sex & Spirit.* Elite Books.

Gergen, Kenneth, J. 2009. *Relational Being: Beyond Self and Community.* Oxford University Press.
Gerson, Mark. 1992. Coming Into Our Own: Understanding the Adult Metamorphosis. Delacorte Press.
Gibson, Valerie. 2001. Cougar: A Guide for Older Women Dating Younger Men. Key Porter Books.
Gilbert, Elizabeth. 2006. Eat, Pray, Love: One Woman's Search for Everything Across Italy, India and Indonesia. Penguin.
Gilbert, Elizabeth. 2010. Committed: A Skeptic Makes Peace with Marriage. Viking.
Gilligan, Carol. 1982, 1993. *In a Different Voice.* Harvard University Press.
Gilligan, Carol. 1992. Meeting At the Crossroads: The Landmark Book about the Turning Points in Girls' and Women's Lives. Ballantine.
Gilligan, Carol. 2002. *The Birth of Pleasure.* Knopf.
Gladwell, Malcom. 2007. Blink: The Power of Thinking without Thinking. Back Bay Books.
*Gold, Victor. 2008. The Potency Principles: Transforming Sexual Energy into Spiritual Power. iUniverse.
Goldich, Tim. 2011. Loving Men, Respecting Women: The Future of Gender Politics. Anima-Animus Publishing.
Goleman, Daniel. 1995. *Emotional Intelligence.* Bantam.
Goleman, Daniel. 2006. Social Intelligence: The Revolutionary New Science of Human Relationships. Bantam.
Gosse, Richard. 1997. You Can Hurry Love: An Action Guide for Singles Tired of Waiting. Marin Publications.
*Gottman, John and Silver, Nan. 1999. *The Seven Principals for Making Marriage Work.* Orion.
Gray, John. 1992. Men Are from Mars, Women Are from Venus: The Classic Guide to Understanding the Opposite Sex. Harper Collins.
Gray, John. 1993. Men, Women and Relationships: Making Peace with the Opposite Sex. Quil.
Gray, John. 1994. Mars and Venus Together Forever: Relationship Skills for Lasting Love. Harper Perennial.
Gray, John. 1997. Mars and Venus On a Date: A Guide for Navigating the 5 Stages of Dating to Create a Loving and Lasting Relationship. Harper Perennial.
*Gray, John. 2008. Why Mars and Venus Collide: Improving Relationships by Understanding How Men and Women Cope Differently with Stress. Harper.
Grayson, Henry. 2004. Mindful Loving: 10 Practices for Creating Deeper Connections. Avery.
Greene, Joshua. 2013. Moral Tribes: Emotion, Reason, and the Gap Between Us and Them. Penguin Press.
Greene, Robert. 2003. *The Art of Seduction.* Penguin Books.
Greenwald, Rachel. 2003. Find a Husband after 35: Using What I Learned at Harvard Business School. Ballantine Books.
Greenwald, Rachel. 2009. Why He Didn't Call You Back: 1000 Guys Reveal What They Really Thought about You after Your Date. Crown.
Gunnarsson, Lena. 2014. The Contradictions of Love: Towards a Feminist-Realist Ontology of Sociosexuality. Taylor and Francis.
Hanauer, Cathi. 2003. The Bitch In the House. 26 Women Tell the Truth about Sex, Solitude, Work, Motherhood, and Marriage. Perennial.
Harding, Esther M. 1970. *The Way of All Women.* Shambala.
Harris, Sam. 2014. Waking Up: A Guide to Spirituality Without Religion. Simon and Schuster Audiobook.
Hartman, Christie. It's Not Him, It's You: The Truth You May Not Want - but Need - to Hear. Adams Media.
Harvey, Andrew and Saade, Chris. 2017. Evolutionary Love Relationships: Passion, Authenticity, and Activism. Enrealment Press.
Hawkins, David R. 1995. Power Versus Force: The Hidden Determinants of Human Behavior. Hay House.

Hellinger, Bernd; Weber, Gunthard; and Beamount, Hunter. 1998. *Love's Hidden Symmetry: What Makes Love Work in Relationships.* Zeig, Tucker & Co.
Hendrick, Clyde and Susan S. 2000. *Close Relationships: A Sourcebook.* Sage.
Hendricks, Gay and Kathlyn. 1990. Conscious Loving: The Journey to Co-Commitment: A Way to Be Fully Together without Giving Up Yourself. Bantam.
Hendricks, Gay and Kathlyn. 2004. Lasting Love: The Five Secrets of Growing a Vital, Conscious Relationship. Rodale.
Hendricks, Gay and Kathlyn. 2004. Attracting Genuine Love: A step-by-step program to bring a loving and desirable partner into your life. Sounds True.
*Hendrix, Harville. 1988. Getting the Love You Want: A Guide for Couples. Owl Books.
Hendrix, Harville and LaKelly-Hunt, Helen. 2003. *Getting the Love You Want Workbook.* Atria Books.
Herrada, Gilles. 2013. The Missing Myth: A New Vision of Same-Sex Love. Select Books.
Hicks, Stephen, R.C. 2010. *Nietzsche and the Nazis.* Ockham's Razor.
Hill, Gareth S. 1992. Masculine and Feminine: The Natural Flow of Opposites and the Psyche. Shambala.
Hillman, James. 1996. The Soul's Code: In Search of Character and Calling. Grand Central Publishing.
Hoffman, Edward. 1988. The Right to Be Human: A Biography of Abraham Maslow. McGraw Hill.
Hoffman, Glynda-Lee. 2003. The Secret Dowry of Eve: Woman's Role in the Development of Consciousness. Parker Street Press.
Holstein, Lana L. 2001. How to Have Magnificent Sex: The Seven Dimensions of a Vital Sexual Connection. Harmony Books.
Hooks, Bell. 2001. *All About Love: New Visions.* Harper Perennial.
Hooks, Bell. 2002. *Communion: The Female Search for Love.* Harper Perennial.
Horman, John and Harman, Willis. 1990. Creative Work: The Constructive Role of Business in a Transforming Society. Knowledge Systems.
Horman, John and Harman, Willis. 1991. *Future Work: Trends für das Leben von morgen.* Moderne Verlags-Gesellschaft.
Howard, Lew. 2005. Introducing Ken Wilber: Concepts for an Evolving World. Author House.
*Johnson, Sue. 2008. Hold Me Tight: Seven Conversations for a Lifetime of Love. Little, Brown.
Joudry, Patricia and Pressman, Maurie. 1993. *Twin Souls: A Guide to Finding Your True Spiritual Partner.* Carol Souther Books.
Judith, Anodea. 1999. Wheels of Life: A User's Guide to the Chakra System. Llewellyn Publications.
Jung, Emma. 1957. *Animus and Anima: Two Essays.* Spring Publications.
Kahn, Peter H. Jr. 2001. The Human Relationship with Nature: Development and Culture. The MIT Press.
*Kasl, Charlotte. 1999. If the Buddha Dated: A Handbook for Finding Love On a Spiritual Path. Arkana.
Katie, Byron. 2002. Loving What Is: The Four Questions That Can Change Your Life. Three Rivers Press.
Katie, Byron. 2005. I Need Your Love – Is That True: How to Stop Seeking Love, Approval, and Appreciation and Start Finding Them Instead. Harmony Books.
Kaufman, Scott Barry. 2013. *The Complexity of Greatness: Beyond Talent or Practice.* Oxford University Press.
Kegan, Robert and Laskow Lahey, Lisa. 2009. Immunity to Change: How to Overcome It and Unlock the Potential in Yourself and Your Organization (Leadership for the Common Good). Harvard Business Review Press.
Keagan, Robert. 1994. In Over Our Heads: The Mental Demands of Modern Life. Harvard University Press.
Keen, Sam.1991. Fire In the Belly: On Being A Man. Bantam.
Kelley, Tim. 2009. True Purpose: 12 Strategies for Discovering the Difference You Are Meant to Make. Transcendent Solutions Press.
Kempton, Jared. 2008. *Men are Scum, Women are Stupid.* Partigen Publishing.
Kennedy, Barbara. 2009. *Baby Boomer Men: Looking for Love.* Madison Avenue Publishers.
Kingma, Daphne Rose. 1998. The Future of Love: The Power of the Soul in Intimate Relationships. Broadway.

Kingma, Daphne Rose. 2000. Coming Apart: Why Relationships End & How to Live Through the Ending of Yours. Conari Press.

*Kirshenbaum, Mira. 2006. Is He Mr. Right?: Everything You Need to Know Before You Commit. Harmony Books.

Klinenberg, Eric. 2013. Going Solo: The Extraordinary Rise and Surprising Appeal of Living Alone. Penguin Books.

Knight, Sue. 1995. NLP At Work: Neuro-Linguistic Programming: The Difference that Makes Difference in Business. Nicholas Brealey Publishing.

Koppel, Dale. 2008. The Intelligent Woman's Guide to Online Dating. Peterman Samuelson.

Krauss, Lawrenece M. 2013. A Universe from Nothing: Why There Is Something Rather than Nothing. Free Press.

Laske, Otto. 2015. Dialectical Thinking for Integral Leaders: A Primer. Integral Publishers.

Laske, Otto, E. 2011. Measuring Hidden Dimensions: The Art and Science of Fully Engaging Adults. Laske and Associates.

Leeds, Lilo and Gerard, with Real, Terrence. 2008. Wonderful Marriage: A Guide to Building a Great Relationship That Will Last a Lifetime. Benbella.

Lesser, Elizabeth. 2005. Broken Open: How Difficult Times Can Help Us Grow. Villard.

Levine, Amir and Heller, Rachel. 2011. Attached: The New Science of Adult Attachment and How It Can Help YouFind—and Keep—Love. Tarcher/Penguin.

Lewis, Thomas; Amini, Fari; and Lannon, Richard. 2000. *A General Theory of Love.* Vintage.

Logan, Dave; King John and Fischer-Wright Halee. 2008. Tribal Leadership: Leveraging Natural Groups to Build a Thriving Organization. Harper Business.

Louis, Ron and Copeland, David. 1998. *How to Succeed with Women.* Reward Books.

*Love, Patricia and Stosny, Steven. 2007. *How to Improve Your Marriage without Talking about It.* Broadway.

Luce, Irigaray. 1993. *An Ethics of Sexual Difference.* Cornell University Press.

Luce, Irigaray. 2008. *Sharing the World.* Bloomsbury Academic.

Luhmann, Niklas. 1982/86. *Love as Passion: The Codification of Intimacy.* Stanford University Press.

Lukacs, John. 1997. *The Hitler of History.* Vintage.

Luskin, Frederic. 2009. Forgive for Love: The Missing Ingredient for a Healthy and Lasting Relationship. Harper One.

Mackey, John. 2014. Conscious Capitalism, With a New Preface by the Authors: Liberating the Heroic Spirit of Business. Harvard Business Review Press.

Malach Pines, Ayala. 2005. Falling in Love: Why We Choose the Lovers We Choose. Routledge.

Maslow, Abraham H. 1971. *The Farther Reaches of Human Nature.* Penguin.

Masters, Robert Augustus. 2007. Transformation through Intimacy: The Journey toward Mature Monogamy. Tehmenos Press.

Masters, Robert Augustus. 2010. Spiritual Bypassing: When Spirituality Disconnects Us from What Really Matters. North Atlantic Books.

Masters, Robert Augustus. 2013. Emotional Intimacy: A Comprehensive Guide for Connecting with the Power of Your Emotions. Sounds True.

McEwan, Ian. 2014. The Children Act. Nan A. Talese.

McGraw, Phillip C. 2000. Relationship Rescue: A Seven-Step Strategy for Reconnecting with Your Partner. Hyperion.

McGraw, Phil. 2005. Love Smart: Find the One You Want—Fix the One You Got. Free Press.

McIntosh, Steve. 2012. Evolution's Purpose: An Integral Interpretation of the Scientific Story of Our Origins. Select Books.

McIntosh, Steve. 2007. Integral Consciousness and the Future of Evolution: How the Integral Model is Transforming Politics, Culture and Spirituality. Paragon House.

Merzel, Dennis Genpo. 2007. *Big Mind, Big Heart: Finding Your Way.* Big Mind Publishing.

Miller, Geoffrey. 2001. The Mating Mind: How Sexual Choice Shaped the Evolution of Human Nature. Anchor.

Miller, Patrick D and Needleman Jacob. 2013. Necessary Wisdom: Jacob Needleman Talks About God, Time, Money, Love, and the Need for Philosophy. Fearless Books.

Mitchell, Stephen. 1988. *Tao Te Ching.* Harper Perennial.

Moisi, Dominique. 2010. The Geopolitics of Emotion: How Cultures of Fear, Humiliation, and Hope are Reshaping the World. Anchor.

Moore, Thomas. 1994. Soulmates: Honoring the Mysteries of Love and Relationship. Harper.

Moore Lappe, Frances. 2011. Eco Mind: Changing the Way We Think, to Create the World We Want. Nation Books.

Morin, Edgar. 2008. On Complexity (Advances in Systems Theory, Complexity, and the Human Sciences). Hampton Press.

Morin, Edgar. 1999. Homeland Earth: A Manifesto for the New Millennium. Hampton Press.

Harold, Morowitz J. 2002. The Emergence of Everything: How the World Became Complex. Oxford University Press.

*Mystery – a.k.a. Markovik von, Erik. 2010. The Pickup Artist: The New and Improved Art of Seduction. Villard.

Nelson, Noelle. 1997. Dangerous Relationships: How to Identify and Respond to the Seven Warning Signs of a Troubled Relationship. DaCapo.

Nitzsche, Friedrich. *Also sprach Zarathustra.* Anaconda Verlag.

Norwood, Robin. 1985. Women Who Love Too Much: When You Keep Wishing and Hoping He'll Change. Pocket Books.

Nussbaum, Martha C. 1999. *Sex and Social Justice.* Oxford University Press.

Olver, Kim. 2011. Secrets of Happy Couples: Loving Yourself, Your Partner and Your Life. Inside Out Press.

Page, Susan. 1998. If I'm So Wonderful, Why Am I Still Single? Three Rivers Press.

Paget, Lou. 2000. How to Give Her Absolute Pleasure: Totally Explicit Techniques Every Woman Wants Her Man to Know. Broadway.

Palmer, Helen. 1995. The Enneagram in Love and Work: Understanding Your Intimate and Business Relationships. HarperOne.

Passerin d'Entrèves, Maurizio, and Seyla Benhabib. 1997. Habermas and the Unfinished Project of Modernity: Critical Essays on The Philosophical Discourse of Modernity. The MIT Press.

Patten, Terry; Wilber, Ken; Leonard Adam; Morelli Marco. 2008. Integral Life Practice: A 21st-Century Blueprint for Physical Health, Emotional Balance, Mental Clarity, and Spiritual Awakening. Integral Books.

Paul, Pamela. 2002. The Starter Marriage and the Future of Matrimony. Random House.

Peck, Scott M. 1997. The Road Less Traveled and Beyond: Spiritual Growth in an Age of Anxiety. Simon & Schuster.

Pickens, James W. 1989. The Art of Closing Any Deal: How to Be a Master Closer in Everything You Do. Warner Business Books.

Pinker, Steven. 2011. The Better Angels of Our Nature: Why Violence Has Declined. Penguin Books.

Plotkin, Bill. 2008. Nature and the Human Soul: Cultivating Wholeness and Community in a Fragmented World. New World Library.

*Popcak, Gregory K. 2000. The Exceptional Seven Percent: The Nine Secrets of the World's Happiest Couples. Citadel Press.

Primack, Joel R. and Abrams, Nancy Ellen. 2011. The New Universe and the Human Future: How a Shared Cosmology Could Transform the World. Yale University Press.

*Psaris, Jett and Lyons, S. Marlena. 2000. Undefended Love: The way you felt about yourself when you first fell in love is the way you can feel all the time. New Harbinger Publications.

Putnam, Robert D. 2015. *Our Kids: The American Dream in Crisis.* Simon & Schuster.

Rath, Tom. 2007. *StrengthsFinder 2.0.* Gallup Press.

Real, Terrence. 1997. I Don't Want to Talk about It: Overcoming the Secret of Male Depression. Scribner.

Real, Terrence. 2002. How Can I Get Through to You: Closing the Intimacy Gap between Men and Women. Fireside.
*Real, Terrence. 2007. The New Rules of Marriage: What You Need to Know to Make Love Work. Ballantine.
Reeves, Richard V. 2017. Dream Hoarders: How the American Upper Middle Class Is Leaving Everyone Else in the Dust, Why That Is a Problem, and What to Do about It. Brookings Institution Press.
René, Lucia. 2009. Unplugging the Patriarchy: A Mystical Journey into the Heart of a New Age. Crown Chakra.
Rengel, Peter. 1995. Living Life in Love: Integrating Western Psychology with Eastern Spirituality. Imagine Publications.
Reynolds, Brad. 2006. Where's Wilber AT?: Ken Wilber's Integral Vision in the New Millenium. Paragon House.
Richo, David. 2010. Daring to Trust: Opening Ourselves to Real Love and Intimacy. Shambhala.
*Richo, David. 2002. How to Be an Adult in Relationship: The Five Keys to Mindful Loving. Shambhala.
Rifkin, Jeremy. 2009. The Empathic Civilization: The Race to Global Consciousness in a World in Crisis. Tarcher.
Riso, Don Richard and Hudson, Russ. 1999. The Wisdom of the Enneagram: The Complete Guide to Psychological and Spiritual Growth for the Nine Personality Types. Bantam.
Rolston III, Holmes. 1999. Genes, Genesis, and God: Values and their Origins in Natural and Human History. Cambridge University Press.
Rolston III, Holmes. 2006. *Science and Religion: A Critical Survey.* Templeton Press.
Rolston III, Holmes. 2012. A New Environmental Ethics: The Next Millennium for Life on Earth. Routledge.
Rosenberg, Marshall. 2003. Nonviolent Communication: Create Your Life, Your Relationships, and Your World in Harmony with Your Values. Puddle Dancer.
Rudder, Christian. 2014. Dataclysm: *Who We Are (When We Think No One's Looking).* Crown/Archetype.
Rudman, Laurie A. and Glick, Peter. 2008. The Social Psychology of Gender: How Power and Intimacy Shape Gender Relations. Guilford Press.
Ruiz, Don Miguel. 1997. *The Four Agreements.* Amber-Allen.
Ruiz, Don Miguel. 1999. *The Mastery of Love.* Amber-Allen.
Ryan, Christopher. 2010. Sex at Dawn: How We Mate, Why We Stray & What It Means. Harper Perennial.
Salmon, Caterine and Symons, Donald. 2001. *Warrior Lovers: Erotic Fiction, Evolution and Female Sexuality.* Yale University Press.
Scantling, Sandra R. 1998. Extraordinary Sex Now: A Couple's Guide to Intimacy. Doubleday.
Scharmer, Otto and Kaufer, Katrin. 2013. Leading from the Emerging Future: From Ego-System to Eco-System Economies. Berrett-Koehler Publishers.
*Schnarch, David. 1997. Passionate Marriage: Keeping Love and Intimacy Alive in Committed Relationships. Owl Books.
Schucman, Helen and Thetford, William. 1975. *A Course in Miracles.* Viking.
Scruton, Roger. 1982, 2001. *Kant: A Very Short Introduction.* Oxford University Press.
Sheehan, Donna and Reffell, Paul. 2009. Redefining Seduction: Women Initiating Courtship, Partnership and Peace. Redefining Seduction.
Sheehy, Gail. 1998. Understanding Men's Passages: Discovering the New Map of Men's Lives. Ballantine Books.
Sheehy, Gail. 2006. Sex and the Seasoned Woman: Pursuing the Passionate Life. Ballantine Books.
Sheldrake, Rupert. 2009. Morphic Resonance: The Nature of Formative Causation. Park Street Press.
Sheldrake, Rupert. 2012. *Science Set Free: 10 Paths to New Discovery.* Crown Publishing Group.
Sherven, Judith and Sniechowski, James. 2001. Be Loved for Who You Really Are: How the Differences between Men and Women Can Be Turned into a Source of the Very Best Romance You'll Ever Know. St. Martin's Griffin.

Shimoff, Marci. 2010. Love For No Reason: 7 Steps to Creating a Life of Unconditional Love. Atria Books.
Siegel, Daniel, J. 2001. The Developing Mind: How Relationships and the Brain Interact to Shape Who We Are. The Guilford Press.
Siegel, Daniel. 2008. The Neurobiology of "We": How Relationships, the Mind, and the Brain Interact to Shape Who We Are. Sounds True Audiobook.
Siegel, Daniel J. 2017. *Mind: A Journey to the Heart of Being Human.* Norton & Company.
Silverstein, Judith and Lasky, Michael. 2004. Online Dating for Dummies: The Fun and Easy Way to Find That Special Someone On the Web. Wiley Publishing.
Singer, Irving. 2009. Philosophy of Love: A Partial Summing-Up. MIT Press.
Singer, Peter. 1983. *Hegel: A Very Short Introduction.* Oxford University Press.
Singer, Peter. 2001. *Marx: A Very Short Introduction.* Oxford University Press.
Smith, Huston. 1991. The World's Religions: Our Great Wisdom Traditions. Harper San Francisco.
Smith, Huston. 2001. Why Religion Matters: The Fate of the Human Spirit in an Age of Disbelief. Harper.
Sobel, Alan. 1989. Eros, Agape, and Philia: Readings in the Philosophy of Love. Paragon House.
Stanger, Patti. 2009. Become Your Own Matchmaker: 8 Easy Steps for Attracting Your Perfect Mate. Atria Books.
Stills, Judith. 1993. Excess Baggage: Getting Out of Your Way. Penguin Books.
Stills, Judith. 1996. *Loving Men More, Needing Men Less.* Penguin Books.
Sternberg, Robert J. and Weis, Karin. 2006. *The New Psychology of Love.* Yale University Press.
Stoeker, Fred and Stoeker, Jason. 2009. *Hero: Becoming the Man She Desires.* Water Brook.
Stosny, Steven. 2006. Love without Hurt: Turn Your Resentful, Angry or Emotionally Abusive Relationship into a Compassionate, Loving One. Da Capo Press.
Storr, Anthony. 2001. *Freud: A Very Short Introduction.* Oxford University Press.
*Strauss, Neil. 2005. The Game: Penetrating the Secret Society of Pickup Artists. William Morrow.
Stryker, Rod. 2011. The Four Desires: Creating a Life of Purpose, Happiness, Prosperity, and Freedom. Delacorte Press.
Symons, Donald. 1997. *The Evolution of Sexual Desire.* Oxford University Press.
Tannen, Deborah. 1990. You Just Don't Understand: Women and Men in Conversation. Ballantine Books.
Tarnas, Richard. 1993. The Passion of the Western Mind: Understanding the Ideas that Have Shaped Our World View. Ballantine Books.
Tate, Brett. 2007. The Professional Bachelor: How to Exploit Her Inner Psycho. TPB Publishing.
Tavris, Carol. 1992. The Mismeasure of Women: Why Women Are Not the Better Sex, the Inferior Sex, or the Opposite Sex. Simon & Schuster.
Taylor, John Maxwell. 2009. Eros Ascending: The Life-Transforming Power of Sacred Sexuality. Frog Books.
Taylor, Maurice and McGee, Seana. 2000. The New Couple: Why the Old Rules Don't Work and What Does. Harper.
Temple-Thurston, Leslie. 2000. The Marriage of Spirit: Enlightened Living in Today's World. Core Light Publications.
Tolle, Eckhart. 1999. The Power of Now: A Guide to Spiritual Enlightenment. New World Library.
Tolle, Eckhart. 2003. *Stillness Speaks.* New World Library.
Tolle, Eckhart. 2005. A New Earth: Awakening to Your Life's Purpose. Penguin.
Treas, Judith; Scott, Jacqueline and Richards, Martin. 2014. *The Wiley-Blackwell Companion to the Sociology of Families.* Wiley Blackwell.
Ulanov, Ann and Barry. 1994. Transforming Sexuality: The Archetypal World of Anima and Animus. Shambala.
Veronique, Mottier. 2008. *Sexuality: A Very Short Introduction.* Oxford University Press.
Vissell, Barry and Joyce. 1984. Shared Heart: Relationship Initiations and Celebrations. Ramira Publishing.

*Vissell, Joyce and Barry. 1999. The Heart's Wisdom: A Practical Guide to Growing through Love. Conari Press.
Weinberg, George. 2002. Why Men Won't Commit: Getting What You Both Want without Playing Games. Atria Books.
Wade, Jenny. 1996. Changes of Mind: A Holonomic Theory of the Evolution of Consciousness. State of New York University Press.
Wade, Jenny. 2004. Transcendent Sex: When Lovemaking Opens the Veil. Paraview Pocket Books.
Wallerstein, Judith S., Lewis, Julia M. and Blakeslee, Sandra. 2000. *The Unexpected Legacy of Divorce: A 25 Year Landmark Study*. Hyperion.
Walsh, Becky. 2010. *Intuitive Lovers*. Bedroom Books.
Walsh, Roger and Vaughan, Frances. 1993. *Paths Beyond Ego: The Transpersonal Vision*. Tarcher Putnam.
Warren, Neil Clark. 1992. Finding the Love of Your Life: Ten Principals for Choosing the Right Mate. Pocket Books.
Warren, Rick. 2002. The Purpose Driven Life: What on Earth Am I Here For? Zondervan.
Webb, Michael. 2000. The Romantic's Guide: Hundreds of Creative Tips for a Lifetime of Love. Hyperion.
Welwood, John. 1985. Challenge of the Heart: Love, Sex, and Intimacy in Changing Times. Shambala.
Welwood, John. 1990. Journey of the Heart: The Path of Conscious Love. Harper Perennial.
*Welwood, John. 1996. Love and Awakening: Discovering the Sacred Path of Intimate Relationship. Harper Perennial.
Welwood, John. 2000. Toward a Psychology of Awakening: Buddhism, Psychotherapy, and the Path of Personal and Spiritual Transformation. Shambala.
Welwood, John. 2006. Perfect Love, Imperfect Relationships: Healing the Wound of the Heart. Trumpeter.
Wilber, Ken. 1980. The Atman Project: A Transpersonal View of Human Development. Quest Books.
Wilber, Ken. 2000. Integral Psychology: Consciousness, Spirit, Psychology, Therapy. Shambhala.
Wilber, Ken. 1991, 2000. Grace and Grit: Spirituality and Healing in the Life and Death of Treya Killam Wilber. Shambhala.
Wilber, Ken. 2001. Sex, Ecology, Spirituality: The Spirit of Evolution, Second Edition. Shambhala.
Wilber, Ken. 2001. *A Brief History of Everything*. Shambhala.
Wilber, Ken. 2007. Integral Spirituality: A Startling New Role for Religion in the Modern and Postmodern World. Shambhala.
Wilber, Ken. 2007. The Integral Vision: A Very Short Introduction to the Revolutionary Integral Approach to Life, God, the Universe, and Everything. Shambhala.
Wilber, Ken. 2017. The Religion of Tomorrow: A Vision for the Future of the Great Traditions-More Inclusive, More Comprehensive, More Complete. Shambhala.
Williams, Joan C. 2010. Reshaping the Work-Family Debate: Why Men and Class Matter. Harvard University Press.
Witt, Keith. 2014. Integral Mindfulness: Clueless to Dialed in - How Integral Mindful Living Makes Everything Better. Integral Publishers.
* Woodward Thomas, Katherine, Harmony. 2004. *Calling in "The One": 7 Weeks to Attract the Love of Your Life*. Three Rivers Press.
Woodward Thomas, Katherine. 2015. Conscious Uncoupling: 5 Steps to Living Happily Even After. Harmony.
Wray, Robert A. 1999. The Guide: A Man's Field Guide to Dating. netImage.
Young, Ben and Adams, Samuel. 1990. The 10 Commandments of Dating: Time-Tested Laws for Building Successful Relationships. Nelson.
Young-Eisendrath, Polly and Wiedeman, Florence. 1987. *Female Authority: Empowering Women through Psychotherapy*. Guilford.
Young-Eisendrath, Polly. 1993. You're Not What I Expected: Love After the Romance Has Ended. Fromm International.
Zinczenko, David. 2006. Men, Love & Sex: The Complete User's Guide for Women. Rodale.

Zukav, Gary. 2010. Spiritual Partnership: The Journey to Authentic Power. Harper One.

* Reviewed in Appendix I of *Integral Relationships: A Manual for Men.*

INDEX

ENDNOTEN

[1] Aussage in einem Interview mit Bert Parlee, nachdem Adyashanti, ein verheirateter Zen-Lehrer, ein spirituelles Seminar mit seiner Frau durchgeführt hatte und erkannte, mit wie vielen psychologischen Herausforderungen und anderen Problemen seine Schüler in ihren Ehen zu kämpfen hatten.

[2] Soziale Beziehungen – sowohl Quantität als auch Qualität – beeinflussen die psychische Gesundheit, das Gesundheitsverhalten, die körperliche Gesundheit und das Mortalitätsrisiko.
www.ncbi.nlm.nih.gov/pmc/articles/PMC3150158/ (eng)
Im Jahr 1938 begann die Harvard University mit 724 Teilnehmern als Teil der längsten Studie über die menschliche Entwicklung in der Geschichte. Die Studie wurde entwickelt, um festzustellen, was uns glücklich macht. Die Studie untersuchte jeden Teil von dem, was wir sind, von physischen und psychischen Merkmalen bis hin zu sozialem Leben und IQ, um zu lernen, wie wir aufgehen können. Die Ergebnisse der Studie wurden im Buch *Triumphs of Experience* 2012 veröffentlicht, wobei die wichtigsten Ergebnisse zeigen, dass Glück und Gesundheit nicht das Ergebnis von Reichtum, Ruhm oder harter Arbeit sind, sondern aus unseren Beziehungen erwachsen.
www.mentalhealth.org.uk/publications/relationships-21st-century-forgotten-foundation-mental-health-and-well-being (eng)
Menschen mit einem Sinn für die Bestimmung hatten ein um 15 Prozent geringeres Sterberisiko, verglichen mit denen, die sagten, sie seien mehr oder weniger ziellos. Und es schien keine Rolle zu spielen, wann die Leute ihre Bestimmung erkennen. Es könnte in ihren 20ern, 50ern oder 70ern sein.
http://www.npr.org/sections/health-shots/2014/07/28/334447274/people-who-feel-they-have-a-purpose-in-life-live-longer (eng)

[3] Es gibt mehrere Metamodelle und unzählige andere komplexe Ansätze, die Visionen für die Bewältigung unserer globalen Herausforderungen liefern. Was bei den meisten dieser ansonsten brillanten und inspirierenden Versuche, unsere sozial-ökologische Krise in großem Maßstab zu lösen, auffallend fehlt, ist die Berücksichtigung der Auswirkungen, die unser tief verwurzelter menschlicher sexueller Selektionsprozess und die komplexe Dynamik, die der Kokreativität von Liebesbeziehungen und (mangelnder) Fortpflanzung zugrunde liegen, (insbesondere von Progressiven, die solche Modelle verstehen und umsetzen können) auf die globalen Herausforderungen haben, die sie zu lösen versuchen.
In der Einleitung zum ausgezeichneten und sehr empfehlenswerten Buch *Metatheory for the Twenty-First Century* (Metatheorie für das 21. Jahrhundert) schreiben die Autoren auf Seite 1 und 2:
„Das 21. Jahrhundert ist eine radikal neue Ära, beispiellos in der menschlichen Geogeschichte, geprägt von tiefen und komplexen, miteinander verbundenen globalen Krisen: ökologischen, ökonomischen, politischen, moralischen und existentiellen, um nur einige zu nennen. Diese komplexen Probleme oder Krisen stellen außergewöhnliche Gefahren und Fallstricke sowie große Chancen und Potenziale dar. Diese komplexen und hartnäckigen Krisen lassen sich aufgrund ihrer tiefgreifenden Interdependenzen und Rückkopplungsschleifen am besten als singuläre sozial-ökologische Krise, oder wie wir es nennen, als Metakrise verstehen. Diese Metakrise ist eindeutig die komplexeste und dringendste Herausforderung für das 21. Jahrhundert. Es ist ein allgegenwärtiges, reales Phänomen, dessen beispiellose Komplexität die Grenzen traditioneller akademischer Disziplinen und spezialisierter Forschungsmethoden zutiefst überschreitet. In der Tat ist die Metakrise ein komplexes, vielschichtiges Gesamtsystem, das weitaus komplexer ist, als es mit stückweisen, monodisziplinären Ansätzen und methodisch eingeschränkten Forschungsprogrammen adäquat angegangen werden kann. Solche Ansätze berücksichtigen nicht alle Facetten und ihre dynamischen, nichtlinearen Zusammenhänge und sind daher nicht in der Lage, eine adäquate ganzheitliche Darstellung der Metakrise zu liefern. In diesem Zusammenhang sind umfassende und anspruchsvolle integrative Rahmenbedingungen erforderlich ...“

„Um die Metakrise zu lösen, müssen wir die Reichweite unserer Vision und Fantasie erweitern, um Ideen darüber zu entwickeln, wozu Menschen fähig sind und was die Voraussetzungen für ihr universelles freies Gedeihen sind; die Metatheorie ist gut positioniert, um dabei zu helfen, indem sie eine integrierte deskriptive, normative und ästhetische Vision einer konkreten utopischen, eudaimonischen Welt und ein kohärentes Programm für die globale Transformation in den kommenden Jahrzehnten formuliert. Ohne eine solche Vision können wir nicht einmal sehen, welche Art von planetarer Gesellschaft möglich ist“, und schließen daraus: „Die Welt selbst scheint eine Transformation zu neuen intellektuellen Formationen und Bewusstseinsstrukturen zu fordern, die neue Formen der Praxis und des Engagements unterstützen können, die für unseren gegenwärtigen Kontext geeignet sind. Solche Formationen können nicht nur dazu beitragen, Biokatastrophen abzuwenden, sondern auch die evolutionären Potentiale und tiefgreifenden Möglichkeiten der menschlichen Entwicklung und geistigen Reifung auf dem Weg zur Entstehung einer frei blühenden Erdgemeinschaft zu verwirklichen.

Auf diese Weise kann die integrative Metatheorie zu einer „Lebensweltransformation" beitragen, in der illusorisch oder demi-real [ein Begriff, den Roy Bhaskar verwendet, um eine Sicht der Realität als „Uneinigkeit in der Differenz" zu beschreiben, die von Hass, Spaltung, Angst, Teilung und vor allem Entfremdung dominiert wird, statt „Einheit in Differenz" oder Nicht-Dualität] werden Denk- und Handlungsweisen abgelegt und ein tieferes Verständnis dessen, wer wir als Spezies sind, unsere Daseinsberechtigung [der wichtigste Grund (bzw. die Bestimmung) für die Existenz eines Menschen oder einer Sache], und unser Platz im Feld der Natur wird kultiviert. Die Art und Weise, wie wir uns selbst in der Welt verstehen, gibt Aufschluss darüber, wie wir in und durch die Aktivitäten, die unsere sozialen Strukturen reproduzieren oder transformieren, mit der Welt umgehen und sie gestalten. Das heißt, Metatheorien neigen dazu, unsere kollektiven Denkweisen und Visionen zu untermauern, um die herum wir unsere Gesellschaften organisieren. Wie Charles Taylor darlegte, zeigt ein sorgfältiges Studium der Geschichte, dass oft das, was als „Theorien" begann, die von einigen wenigen festgehalten wurden, schließlich dazu führt, dass das soziale Imaginäre, zuerst unter den intellektuellen Eliten und dann im öffentlichen Raum und in der Gesellschaft insgesamt, zutiefst prägend beeinflusst wird."

Leider, wie wir in der Weltpolitik von 2017 mit steigendem Nationalismus, Populismus, Fake-News und übermäßiger Vereinfachung komplexer Sachverhalte (zusammenfassend Trumpismus genannt) sehen, scheinen die meisten Weltführer und sicherlich auch die Massen ahnungslos zu sein, und daher von solchen Metatheorien unberührt. Statt eines Top-down-Ansatzes des sozialen Wandels schlägt das integrale Liebesmodell vor, diesen Metamodellen einen Bottom-up-Ansatz hinzuzufügen, der auch die zugrunde liegenden Motivatoren für unsere menschliche Evolution durch sexuelle Selektion, Kokreativität und Fortpflanzung betrachtet. Es bietet eine Lösung für unsere Metakrisen, die auf der Verschiebung dieser Dynamik beruht, die uns hierher gebracht hat und nun unsere Existenz bedroht, von einem sexuellen Auswahlprozess, der durch die Erfüllung unserer primären Fantasien motiviert ist, zu unserer *transzendentalen Bestimmung*, mehr Güte, Wahrheit, Schönheit und Funktionalität zu schaffen und sich auf allen Ebenen der Bewusstseinsentwicklung nachhaltig fortzupflanzen.

4 Der Stoizismus ist vor allem eine Philosophie der persönlichen Ethik, die von ihrem Logiksystem und ihren Ansichten über die natürliche Welt geprägt ist. Nach seinen Lehren liegt der Weg zum Glück für den Menschen darin, das zu akzeptieren, was uns im Leben gegeben wurde, indem wir uns nicht von unserem Verlangen nach Vergnügen oder unserer Angst vor Schmerz kontrollieren lassen, indem wir unseren Verstand nutzen, um die Welt um uns herum zu verstehen und unseren Teil zum Plan der Natur beizutragen, und indem wir zusammenarbeiten und andere auf faire und gerechte Weise behandeln.
https://de.wikipedia.org/wiki/Stoa

5 „Future Work: Trends für das Leben von morgen" ist der Titel der deutschen Übersetzung von „Creative Work: The Constructive Role of Business in a Transforming Society". Siehe Literaturverzeichnis.

6 Autogenes Training ist eine vom deutschen Psychiater Johannes Heinrich Schultz entwickelte und 1932 erstmals veröffentlichte Entspannungstechnik. Die Technik beinhaltet Wiederholungen einer Reihe von Visualisierungen, die einen Zustand der Entspannung induzieren, um viele stressbedingte psychosomatische Störungen zu lindern. Autogenes Training stellt das Gleichgewicht zwischen der Aktivität der sympathischen (Flucht oder Kampf) und der parasympathischen (Ruhe und Verdauung) Zweige des autonomen Nervensystems wieder her. Dies hat wichtige gesundheitliche Vorteile, da die parasympathische Aktivität die Verdauung und den Stuhlgang fördert, den Blutdruck senkt, die Herzfrequenz verlangsamt und die Funktionen des Immunsystems fördert. Jede Sitzung kann in einer Position geübt werden, die aus einer Reihe von empfohlenen Haltungen ausgewählt wird (z.B. Liegen, sitzende Meditation, Droschkenkutscherhaltung). https://de.wikipedia.org/wiki/Autogenes_Training

7 Zuflucht nehmen ist das Verfahren, mit dem man die Entscheidung trifft, ein entschiedener Buddhist zu werden. In Anwesenheit eines Vertreters der buddhistischen Sangha oder Gemeinschaft, d.h. eines geweihten buddhistischen Lehrers, Priesters, Mönchs oder einer Nonne, bittet der Einzelne um Aufnahme in die buddhistische Gemeinschaft. Dieses ist normalerweise vor einem Schrein mit Darstellungen der drei Juwelen (Buddha, Dharma und Sangha) einschließlich einer Statue von Buddha und Opfer von Nahrung, Blumen und traditionellen Schalen mit Wasser zusammen mit Weihrauch und einem Lichtopfer in Form einer Flamme. Eine Darstellung von angenehmen Klängen, meist dargestellt durch ein Beckenpaar, ist ebenfalls auf dem Schrein vorhanden. Der Lehrer erklärt, dass es 3 Objekte der Zuflucht gibt: Buddha, Dharma und Sangha. Er oder sie wird erklären, warum und wie sie geeignete Refugien sind. Dann kommen die Anforderungen, die sind: Du verstehst, was sie tun, du kommst aus freiem Willen (die Frage wird dir gestellt und du antwortest wahrheitsgemäß) und du musst normalerweise versprechen, das Gebot einzuhalten, kein Leben absichtlich zu nehmen.
Von www.khandro.net/Buddhist_becoming.htm (eng)

8 Ngöndro sind die vier vorläufigen Praktiken des Vajrayana-Buddhismus. Sie beinhalten (1) Niederwerfungen, um die mit dem Körper verbundenen Verdunkelungen zu entfernen, (2) das Rezitieren des hundertsilbigen Mantra, um die mit der Sprache verbundenen Verdunkelungen zu entfernen, (3) Mandala-Opfer, um die mit dem Geist verbundenen Verdunkelungen zu entfernen, und (4) Guru-Yoga, um die Verdunkelungen aller drei zu entfernen: Körper, Sprache

und Geist. Sie bereiten den Praktizierenden nicht nur auf den tiefen Weg des Vajrayana und die Lehren des Dzogchen vor, sondern führen ihn auch allmählich zur Erfahrung der Erleuchtung.
www.rigpawiki.org/index.php?title=Ng%C3%B6ndro (eng)

[9] Diese Feststellung basiert zum Teil auf empirischen Untersuchungen und sozialen Experimenten auf Online-Dating-Seiten (z.B. https://theblog.okcupid.com/archive (eng)), bei Speed-Dating-Veranstaltungen und in kontrollierten Gruppen (z.B. www.psychologicalscience.org/pdf/PSPI-online_dating-proof.pdf (eng)) und auf meinen eigenen subjektiven (und notwendigerweise voreingenommenen) Erfahrungen als geschiedener Vater.
Die Forschung zeigt immer wieder, dass die meisten alleinstehenden Frauen, unabhängig von dem, was sie sagen und in die Beziehung einbringen, Männer mit hohem sozialen Status wollen, die überdurchschnittlich groß, erfolgreich, in der oberen Einkommensklasse von 5% sind, ohne emotionales Gepäck (aber „böse Jungs"; gib mal in der Online-Suche ein:„warum Frauen böse Jungs lieben"), die ihnen gegenüber wohlwollend und aggressiv sind, emotional verfügbar, geistig entwickelt, volles Haar haben und sie zum Lachen bringen und glücklich machen. Alles andere würde als weniger als das angesehen werden, was eine moderne/postmoderne Frau verdient. Wie eine Frau es ausdrückte: „Ich bringe 100% in die Beziehung, also verdiene ich dasselbe." In der Tat zeigt die Forschung, dass moderne Frauen erwarten, dass sie 100% von dem bekommen, was sie in einem Partner suchen, während Männer viel kompromissbereiter sind.
www.evanmarckatz.com/blog/dating-tips-advice/more-and-more-men-are-settling-for-ms-good-enough/ (eng)
New-Age-Gedanken (z.B. *Gesetz der Anziehung*, *Calling in „the One"*, *Love will find you*) suggerieren, dass Frauen alles haben können, unabhängig von ihrem eigenen Aussehen, Alter, Sexualität, Charakter, emotionaler und körperlicher Gesundheit, geistiger Erfüllung und sozialem Status. Folglich bleiben viele Männer, auch ich selbst, auf der Strecke. Siehe auch *Marry Him: The Case for Setttling for Mr. Good Enough* von Lori Gottlieb für eine moderne Sicht auf dieses Phänomen.
Meine persönlichen Erfahrungen basieren auf Jahren des Online- und Offline-Datings, nachdem ich buchstäblich zehntausende von Frauen hatte, die mein Online-Profil angeschaut und mich selten kontaktiert haben, ich Hunderte von Alters- und anderweitig kompatiblen Frauen angeschrieben hatte und von weniger als 10% antworteten – was zu noch weniger Verabredungen führte – und einer sehr kleinen Anzahl von Frauen, die daran interessiert waren, eine gesunde, exklusive Liebesbeziehung mit mir einzugehen und einem höheren Gut zu dienen. Auf der anderen Seite hörte ich von den meisten Frauen mit denen ich sprach, dass viele Männer an ihnen interessiert waren (und die Forschung bestätigt das), und dass die meisten Männer, die sie trafen, nett und interessant waren, aber dass es nicht genügend Anziehungskraft/Chemie gab, um eine Beziehung einzugehen.
Ich nahm auch an einem 4500 Dollar teuren Training (plus Hotel- und Reisekosten) für 6 Monate mit über 90 modernen und postmodernen Frauen und 3 Männern aus der ganzen westlichen Welt als *Calling in „the One"*-Training teil. Es war ein echter Augenöffner – und oftmals schmerzhaft zu hören, welche Erwartungen die Teilnehmer*innen für sich und an „den Einen" (siehe oben) hatten, die ich und damit viele andere Männer nicht erfüllen konnten, und zu erfahren, worauf unsere Ansprechpartner „Anspruch haben" (genauer Wortlaut aus dem Training). Nicht zuletzt konnte ich seit 2002 viele Frauen in New-Age- und integralen Gruppen hören, viele Singles-Gruppen und Workshops leiten, Vorträge zu diesem Thema in den USA, Europa und Australien halten und eine Dating-Website betreiben (www.integralsingles.com), die mir Einblicke in den sexuellen Selektionsprozess moderner und postmoderner Frauen ermöglichte.

[10] Die traumatische Nachricht kam von einer trockenen demographischen Studie mit dem Titel „Marriage Patterns in the United States" (Heiratsmuster in den Vereinigten Staaten von Amerika). Aber die schlimmen Statistiken bestätigten, was alle schon immer vermuteten: dass viele Frauen, die scheinbar alles haben – gutes Aussehen und gute Jobs, höhere Abschlüsse und hohe Gehälter – niemals Partner haben werden. Dem Bericht zufolge haben weiße, hochschulgebildete Frauen, die Mitte der 50er Jahre geboren wurden und mit 30 noch alleinstehend sind, nur eine Chance von 20 Prozent zu heiraten. Im Alter von 35 Jahren sinken die Chancen auf 5 Prozent. Vierzigjährige werden eher von einem Terroristen getötet: Sie haben eine winzige Wahrscheinlichkeit von 2,6 Prozent, den Bund einzugehen.
Innerhalb weniger Tage nach ihrem Erscheinen löste diese Studie eine tiefe Vertrauenskrise unter Amerikas wachsenden Reihen alleinstehender Frauen aus. Jahrelang verfolgten kluge junge Frauen zielstrebig ihre Karriere, vorausgesetzt, dass sie, wenn es Zeit für einen Ehemann war, einen einstecken konnten. Sie lagen falsch. „Alle sprachen darüber und alle waren hysterisch", sagt Bonnie Maslin, eine New Yorker Therapeutin. „Eine Patientin sagte mir: ‚Ich habe das Gefühl, den erhobenen Finger meiner Mutter zu spüren, der mir sagt, ich hätte nicht warten sollen.'"
www.theatlantic.com/entertainment/archive/2016/06/more-likely-to-be-killed-by-a-terrorist-than-to-get-married/485171/ (eng)

[11] Auszüge aus www.german-way.com/how-to-tell-when-germans-are-really-being-rude-versus-just-being-german/ (eng)
Unnötiges Lächeln:

Europäer, vor allem Nordeuropäer (nicht nur Deutsche), lächeln nur, wenn sie wollen. Ein Lächeln für einen Fremden, den man noch nie zuvor gesehen hat, gilt als verrückt. Amerikaner, die jeden auf der Straße anlächeln, wirken vielleicht befremdlich.

Deutsche Offenheit:

Wenn du wirklich die Wahrheit hören willst, frag einen Deutschen. Wenn du einen Amerikaner fragst: „Sieht dieses Hemd/Kleid gut an mir aus", bekommst du normalerweise eine höfliche Antwort, auch wenn die Person denkt, dass es das Hässlichste ist, was sie je gesehen hat. Stell diese Frage einem Deutschen und du bekommst eine ehrliche, stumpfe Meinung – positiv oder negativ. Die Deutschen sind in der Regel direkt und sachlich. Sie betrachten Smalltalk und Höflichkeit als Zeitverschwendung. Amerikaner verwechseln deutsche Offenheit oft mit Unhöflichkeit.

Einige Leute benutzen den Vergleich von Kokosnuss und Pfirsich, um diesen Unterschied zu beschreiben (und das nicht nur für Deutsche und Amerikaner). Eine Kokosnuss ist außen hart, innen aber weich mit süßer Milch. Ein Pfirsich ist genau das Gegenteil: außen weich, mit einem harten Kern in der Mitte. Die Deutschen sind Kokosnüsse, mit einem harten Äußeren, das schwer zu knacken ist. Amerikaner sind Pfirsiche, sie geben sich offen, haben aber ein hartes Inneres.

[12] Manche sagen, du solltest drei Monatsgehälter für einen Verlobungsring ausgeben. Eventuell auch nur zwei. Oder zumindest einen. Im Laufe der Jahre sind diese Ring-Konto-Gleichungen zu einer Tradition geworden. www.bbc.com/news/magazine-27371208 (eng)

Siehe zu diesem Prinzip auch Endnote 326

[13] *Integrale Beziehungen: ein Ratgeber für Männer*, S. MU_Überprüfen176-177.

[14] Ein von Chögyam Trungpa Rinpoche geprägter Begriff, den Pema Chödron als „Ermöglichung, indem er den Menschen gibt, was sie wollen, weil wir es nicht ertragen können, sie leiden zu sehen" erklärt. Anstatt ihnen zu helfen, aus der Situation herauszukommen, indem wir einem Freund die bittere Medizin anbieten, „sich selbst zu helfen", füttern wir sie mit mehr Gift oder nehmen es ihnen zumindest nicht weg. Das, sagt sie, ist überhaupt kein Mitgefühl. Es ist Egoismus, da wir uns mehr um unsere eigenen Gefühle kümmern als um die tatsächlichen Bedürfnisse unseres Freundes.

http://bigthink.com/21st-century-spirituality/idiot-compassion-and-mindfulness (eng)

[15] Die allgemeine buddhistische Praxis beinhaltet die Vier Edlen Wahrheiten: (1) Das Leben ist Leiden; (2) der Grund für das Leiden ist Verlangen, Unwissenheit, Anhaftung und Hass; (3) es gibt einen Weg aus dem Leiden; (4) dieser führt durch Befolgung des Achtfachen Pfades heraus. Dieser Weg beinhaltet das richtige Verstehen, das richtige Denken, die richtige Rede, das richtige Handeln, den richtigen Lebensunterhalt, die richtige Anstrengung, die richtige Achtsamkeit und die richtige Konzentration. Das alles wird durch die richtige Assoziation erreicht.

[16] Wir können nie den ganzen Horizont sehen, da wir immer nur in eine Richtung schauen können.

[17] Der amerikanische Philosoph Wilfrid Sellars (1912 - 1989) war ein bekannter Kritiker der fundamentalistischen Erkenntnistheorie – der „Mythos des Gegebenen", wie er ihn nannte.

https://de.wikipedia.org/wiki/Wilfrid_Sellars (eng)

Ken Wilber liefert diese prägnante Beschreibung des Mythos des gegebenen in seinem Buch *Integral Spirituality* (dt: *Integrale Spiritualität*) auf den S. 175-176:

Wenn es einen gemeinsamen roten Faden in der allgemeinen postmodernen Strömung gibt, dann ist es eine radikale Kritik des monologischen Bewusstseins – anders als **Mythos des Gegebenen, monologischer Empirismus, Philosophie des Subjekts** und **Philosophie des Bewusstseins**, um nur einige zu nennen. Wie ich bereits sagte, bedeutet „monologisch" im Grunde „nicht dialogisch" – oder nicht intersubjektiv, nicht kontextuell, nicht konstruktivistisch, nicht die konstitutive Natur unserer kulturellen Hintergründe – im Grunde genommen, die Zonen #2 und #4 nicht erkennend [die Außenperspektive der Inneren Quadranten].

Der Mythos des Gegebenen oder monologischen Bewusstseins ist im Wesentlichen ein anderer Name für die Phänomenologie und den einfachen Empirismus in einer der vielen Formen – ob regelmäßiger Empirismus, radikaler Empirismus, innerer Empirismus, transpersonaler Empirismus, empirische Phänomenologie, transzendentale Phänomenologie, radikale Phänomenologie und so weiter. So wichtig sie auch sein mögen, was sie alle gemeinsam haben, ist der **Mythos des Gegebenen**, zu dem auch gehört: *der Glaube, dass mir die Realität einfach gegeben ist*, oder dass es eine einzige vorgegebene Welt gibt, die mir das Bewusstsein mehr oder weniger so liefert, wie sie ist, anstatt einer Welt, die auf verschiedene Weise mitkonstruiert wird, bevor sie jemals mein empirisches oder phänomenales Bewusstsein erreicht [wie die Erfahrung der bedingungslosen Liebe], *der Glaube, dass das Bewusstsein eines Individuums die Wahrheit liefern wird.* Deshalb nennt Habermas den Mythos des Gegebenen „die Philosophie des Bewusstseins" – und das ist es, was er kritisiert, weil er unter anderem für Intersubjektivität blind ist. Wie wir schon in diesem Buch gesagt haben, kann das Bewusstsein selbst die Zonen #2 und #4 einfach nicht sehen und ist daher in sich selbst unzulänglich (z.B. „Nicht durch Selbstbeobachtung, sondern durch Geschichte lernen wir uns selbst kennen"). Du kannst dir alles ansehen, was du willst, und du wirst diese Wahrheiten nicht sehen. Das Bewusstsein selbst ist also ein Mangel – ob persönlich oder transpersonell, ob rein oder nicht rein, essentiell oder relativ, hoch oder niedrig, großer Geist oder kleiner Geist, Vipassana, Basisaufmerksamkeit, zentrierendes Gebet, kontemplatives Bewusstsein – nichts davon kann diese anderen

Wahrheiten sehen, und deshalb kritisieren Habermas und die Postmodernisten „die Philosophie des Bewusstseins" aufs heftigste.

Ein Versagen zu verstehen, dass die Wahrheit, die das Subjekt liefert, zum Teil durch intersubjektive kulturelle Netzwerke konstruiert wird. Deshalb wird der Mythos des Gegebenen auch „die Philosophie des Subjekts" genannt – was wir aber auch brauchen, ist „die Philosophie des Intersubjekts, der Intersubjektivität", *der Glaube, dass der Spiegel der Natur* oder das Reflexionsparadigma eine adäquate Methodik ist. Die neue Bewegung in den geistigen Annäherungen ist, das Reflexionsparadigma (oder Phänomenologie) zu nehmen und einfach zu versuchen, es auszudehnen, um andere Wirklichkeiten (wie transpersonales, geistiges, metanormales, planetarisches Bewusstsein, Komplexitätsdenken, usw.) zu umfassen.

Dies ist im Wesentlichen der Glaube, dass das Reflexionsparadigma, oder monologischer Empirismus und monologische Phänomenologie, transpersonale und geistige Wirklichkeiten umfassen wird. Aber das Subjekt spiegelt nicht die Realität wider, es erschafft sie mit.

18 Damit meint Habermas nicht das Bewusstsein als Strukturstufen menschlicher und kultureller Entwicklung (z.B. von archaisch bis transpersonal), wie sie von Ken Wilber et al. in der integralen Philosophie verwendet werden. Nach Finlayson lehnt er vielmehr die folgenden einflussreichen und tief in der modernen Philosophie verwurzelten Vorstellungen vom Bewusstsein ab:

1. Kartesische Subjektivität: die vertraute Vorstellung, dass es etwas gibt, das das Subjekt (oder Selbst) genannt wird, das der Ort des Geistes ist, der als ein innerer mentaler Bereich von Ideen und Wahrnehmungen gedacht ist.

2. Dies geht oft einher mit dem metaphysischen Dualismus, der Vorstellung, dass es zwei verschiedene Arten von Substanz gibt – das Denken und das erweiterte Sein. Dies wird manchmal als kartesischer Dualismus oder Geist-Körper-Dualismus bezeichnet, weil Descartes den Geist und den Körper für grundlegend verschiedene Arten von Wesen hielt.

3. Subjekt-Objekt-Metaphysik: Dies ist die allgemeinere Auffassung, dass die Welt eine Gesamtheit von Objekten ist, die über und gegen eine Vielzahl von denkenden und handelnden Subjekten stehen. Charakteristisch für diese Idee ist, dass Subjekte nicht als Teil der Welt betrachtet werden, auf der sie operieren. (Nicht alle dieser Theorien sind Versionen des metaphysischen Dualismus. Zum Beispiel transformiert Hegel das Subjekt-Objekt-Paradigma von innen heraus, indem er die Welt als das Produkt eines einzigen selbstwissenden Subjektgeistes begreift. Er hat also eine monistische Subjekt-Objekt-Metaphysik.

4. Fundamentalismus: Im engeren Sinne bezieht sich der Fundamentalismus auf die epistemologische Lehre der Wiener Schule oder "logische" Positivisten, dass Wissen auf Sinnesdaten oder auf einer Klasse primitiver Beobachtungssätze beruht. Im weitesten Sinne bezieht sich der Fundamentalismus auf die epistemologische Suche nach Sicherheit, die einen Großteil der modernen Philosophie von Descartes an kennzeichnet.

5. Erste Philosophie: Dies ist die Idee, dass Philosophie, die nicht die von der Natur festgelegten Wahrheiten voraussetzt, erforderlich ist, um die Gültigkeit wissenschaftlicher Untersuchungsmethoden zu demonstrieren. Unter Philosophen, die Fundamentalisten im weiteren Sinne sind, wie z.B. Descartes und Kant, ist es üblich, dass die Hauptaufgabe der Philosophie darin besteht, Kriterien für richtiges Wissen festzulegen.

Siehe *Habermas: A Very Short Introducion* (Habermas: Eine sehr kurze Einführung), Seite 29.

19 Eudaimonia [eu̯dai̯mo'níaː], ist ein griechisches Wort, das gemeinhin als Glück oder Wohlergehen übersetzt wird; jedoch wurde als genauere Übersetzung „menschliches Gedeihen" vorgeschlagen. Etymologisch besteht sie aus den Worten „eu" („gut") und „daimōn" („Geist").
https://de.wikipedia.org/wiki/Eudaimonie

20 Aus www.integralworld.net/phases.html (eng)
Ken Wilbers Arbeit kann in fünf Phasen unterteilt werden:

Phase 1 (1977-1979), die er selbst als seine „romantisch-jungianische" Phase bezeichnet. Wie viele romantische Philosophen und jungsche Psychologen sieht er spirituelles Wachstum als eine (vollständige oder teilweise) Rückkehr zu einem Zustand, der in der Vergangenheit existierte, aber im Laufe des Erwachsenwerdens verloren gegangen ist, siehe Kulturgeschichte.

Phase 2 (1980-1982), in der er auf die Entwicklungspsychologie als größeren Kontext zur Integration der östlichen und westlichen Psychologie übergeht. Geistiges Wachstum sieht er jetzt als etwas, das nach dem Erwachsenwerden kommt. Mit anderen Worten, wir haben Gott nicht verloren, wir wachsen in Ihn hinein, durch einen allmählichen Entwicklungsprozess.

Phase 3 (1983-1987), in der er sein Entwicklungsmodell über die Jahre verfeinert. Entwicklung wird nicht mehr als ein homogener Prozess verstanden, in dem das Selbst jeweils mehrere Stufen durchläuft, sondern als ein komplexer Prozess, der aus mehreren Entwicklungslinien (kognitiv, emotional, sozial, spirituell, etc.) besteht und das Selbst irgendwie ein empfindliches Gleichgewicht zwischen diesen Linien aufrechterhalten muss.

In den Jahren 1987-1995 veröffentlicht er aus persönlichen Gründen nicht viel, vor allem, weil seine Frau krank wird und 1989 stirbt. 1991 wird diese Zeit in dem Buch *Grace and Grit* (Anmut und Dreck) beschrieben.

Phase 4 (1995-2001), in der er seinem Modell der individuellen Entwicklung eine soziokulturelle Dimension hinzufügt und den neurologischen Prozessen, die am Bewusstsein beteiligt sind, mehr Aufmerksamkeit schenkt. Mit seinem Bild der vier Quadranten (zielorientiert, neurologisch, kulturell und sozioökonomisch) zeigt er die Interdependenz dieser Dimensionen und die Einseitigkeit der Ansichten, die sich auf nur einen Quadranten stützen, und zweifelt an der Gültigkeit der anderen Quadranten.

Phase 5 (2001-heute), genannt „post-metaphysisch", in der Wilber seinen Fokus von einer metaphysischen Hintergrundphilosophie (Involution/Evolution, Ebenen des Seins) zu einer evolutionären Sichtweise verlagert, die auf Sheldrakes Vorstellung von der „Gegenwart der Vergangenheit" in allen vier Quadranten basiert. Er behält einige grundlegende Prinzipien der ewigen Philosophie bei, steht aber auf der Seite dieser weltlichen Ansichten der menschlichen Evolution, wie sie in der Spiraldynamik veranschaulicht werden. Sein Modell umfasst alle Quadranten, alle Ebenen, alle Linien, alle Zustände, alle Typen – oder in Stenografie: AQAL.

[21] Siehe https://de.wikipedia.org/wiki/Punktualismus für einen Vergleich zwischen der Darwin'schen Evolutionstheorie und der Cladogenese. Siehe auch Rupert Sheldrake, *Morphic Resonance* (dt: *Morphische Resonanz*), S. 131-143 für sein Modell der Formativen Kausation.

[22] Sexuelle Selektion (auch Überleben der Schönsten genannt) erfolgt durch Paarungsentscheidungen, bei denen sich männliche und weibliche Tiere mit den stärksten Fitnessindikatoren (z.B. Pfauenschwanz) miteinander paaren, um Nachkommen mit der höchsten Überlebenschance zu zeugen. Die natürliche Selektion erfolgt durch das Überleben des Stärksten nach der Geburt. Es gibt immer mehr Beweise (siehe Geoffrey Miller, *The Mating Mind* (dt: *Die sexuelle Evolution, Partnerwahl und die Entstehung des Geistes*)), dass die sexuelle Selektion eine viel größere Rolle in der Evolution der Arten spielt als die natürliche Selektion.

[23] Siehe www.archaeologyinfo.com/species.htm (eng) für einen tiefgehenden Einblick in die menschliche Evolution.

[24] Katharine Milton, eine Anthropologin an der Universität von Kalifornien in Berkeley, und Expertin für Primatenkost, erklärt, dass unsere menschlichen Vorfahren, die vor etwa 2 Millionen Jahren die trockenen und offenen Savannen Afrikas durchstreiften, routinemäßig begannen, Fleisch in ihre Ernährung aufzunehmen, um einen ernsthaften Qualitätsverlust bei pflanzlichen Lebensmitteln auszugleichen. Es war diese neue Fleischdiät, voll von dicht gepackten Nährstoffen, die den Katalysator für die menschliche Evolution, insbesondere das Wachstum des Gehirns, darstellte.

Ohne Fleisch, so Milton, wäre es unwahrscheinlich, dass sie genügend Energie und Nahrung aus den damals in ihrer afrikanischen Umgebung vorhandenen Pflanzen hätten gewinnen können, um sich zu jenen aktiven, geselligen und intelligenten Wesen zu entwickeln. Rückläufige Waldbestände hätten ihnen die nahrhaftesten Blätter und Früchte entzogen, von denen die waldbewohnenden Primaten leben, erklärt Milton.

Ihre These ergänzt die Entdeckung von UC-Berkeley-Professor Tim White und anderen, dass frühe menschliche Spezies schon vor 2,5 Millionen Jahren Tierfleisch geschlachtet und gegessen haben. Miltons Artikel integriert diätetische Strategie mit der Entwicklung der menschlichen Physiologie, um zu argumentieren, dass Fleischessen Routine war. Er wurde in der Zeitschrift Evolutionary Anthropology (Vol.8, #1) veröffentlicht.

Milton sagte, dass ihre Theorien nicht die heutige vegetarische Ernährung reflektieren, die angesichts der modernen Kenntnisse der Ernährung völlig ausreichend sein kann.

www.berkeley.edu/news/media/releases/99legacy/6-14-1999a.html (eng)

[25] Siehe Helen Fisher, *Why we Love* (dt: *Warum wir lieben … und wie wir besser lieben können*), S. 132, Daniel Goleman *Social Intelligence* (dt: *Soziale Intelligenz*), S. 198-210, Harville Hendrix, *Getting The Love You Want* (dt: *So viel Liebe wie du brauchst: Der Wegbegleiter für eine erfüllte Beziehung*), S. 6, Erich Fromm, *The Art of Loving* (dt: *Die Kunst des Liebens*), S. 1-2, John Gottman, *The Seven Principles For Making Marriage Work* (dt: *Sieben Geheimnisse der glücklichen Ehe*), S. 37-38.... (um nur einige zu nennen).

[26] Siehe Geoffrey Miller, *The Mating Mind* (dt: *Die sexuelle Evolution, Partnerwahl und die Entstehung des Geistes*), S. 258-291, Helen Fisher *Why we Love* (dt: *Warum wir lieben … und wie wir besser lieben können*), S. 143-145, und www.news.bbc.co.uk/2/hi/science/nature/733747.stm (eng)

[27] Patriarchat bedeutet wörtlich „Hierarchie der Priester" (die Väter genannt wurden) oder einfach „Vater regiert". Es ist die Strukturierung von Familien, Gemeinschaften und Gesellschaften, in denen Väter (Männer) die Hauptverantwortung für das Wohlergehen (Schutz und Versorgung) dieser Einheiten übernehmen.

Das Wort Patriarchat wird heute oft missbraucht, um auf missbräuchliche männliche Kontrolle und Herrschaft über Frauen und Kinder (und andere Männer) hinzuweisen, während es in Wirklichkeit ein für beide Seiten vorteilhaftes System für das Überleben von Männern, Frauen und ihren Nachkommen war. Das Gegenteil von Patriarchat ist ein Matriarchat. Theoretisch entstehen Matriarchate, wenn Menschen in einer friedlichen Umgebung mit reichlich Nahrung leben. Es wird heute angenommen, dass es Matriarchien nie gab. Einige Feministinnen romantisieren Matriarchien als die bessere Alternative zum Patriarchat. Das Matriarchat wird auch manchmal mit matrifokalen Gesellschaften verwechselt. Siehe Laurie A. Rudman und Peter Glick, *The Social Psychology of Gender* (Die soziale Psychologie von Gender), S. 32 und 33 und

https://de.wikipedia.org/wiki/Matriarchat

[28] Siehe Ken Wilber, *A Brief History of Everything* (dt: *Eine kurze Geschichte des Kosmos*), S. 47.

[29] Philosophie ist die Liebe zum Wissen. Die Disziplinen beschäftigen sich mit der Frage, wie man leben sollte (Moral/Ethik), welche Art von Dingen es gibt (Ontologie) und welche Natur/Grenzen des Wissens (Erkenntnistheorie).

[30] Die griechischen Philosophen Sokrates, Platon und Aristoteles haben viel zum Fundament des westlichen Denkens beigetragen, einschließlich der Moral, der Religionen und der daraus resultierenden Zivilisationen. Der Einfluss von Platon ist beständig und ungebrochen. Seine Akademie in Athen, die um 387 v. Chr. eröffnet wurde, war der Vorläufer der heutigen Hochschulen und Universitäten. Es war eine Schule, die sich der Philosophie, dem Recht und der wissenschaftlichen Forschung widmete – vor allem der Mathematik – und sie überdauerte als Institution bis 529 n. Chr. an, als sie und andere nichtchristliche Schulen vom Kaiser Justinian geschlossen wurden. Alfred North Whitehead schrieb in *Process and Reality* (dt: *Prozeß und Realität*) Seite 39: „Die sicherste allgemeine Charakterisierung der europäischen philosophischen Tradition ist, dass sie aus einer Reihe von Fußnoten zu Platon besteht."

[31] Siehe de.wikipedia.org/wiki/Liste_von_Erfindern Anmerkung: Praktisch alle von ihnen sind männlich. Dies gilt auch für Fortschritte in Kunst, Philosophie, Wissenschaft, Landwirtschaft, Religion etc. Wie wir im ganzen Buch sehen werden, ist der Grund nicht in erster Linie die Unterdrückung von Frauen, sondern der menschliche sexuelle Selektionsprozess und die besten Überlebensstrategien.

[32] 1792 veröffentlichte Mary Wollstonecraft *Zur Verteidigung der Frauenrechte*, was ein Aufruf zur Gleichstellung der Geschlechter in bestimmten Lebensbereichen wie Bildung und Moral war. Allerdings hat sie nicht ausdrücklich erklärt, dass Männer und Frauen gleich sind.

[33] Die verschiedenen Wellen und Formen des Feminismus sind:

Der **Feminismus der ersten Welle** forderte das gleiche Recht für Frauen auf Vertragsabschluss, Eigentum und Wahlrecht und lehnte das Eigentum verheirateter Frauen durch ihre Ehemänner ab.

Der **Feminismus der zweiten Welle** beschäftigte sich mit der Beendigung jeder Art von Diskriminierung von Frauen, mit der Tendenz, den Frauen zu diktieren, was gut und was schlecht für sie ist, was oft impliziert, dass Männer schlecht sind.

Der **Feminismus der dritten Welle** koexistiert mit dem Feminismus der zweiten Welle und begann eine Debatte zwischen Frauen darüber, ob sich Frauen von Männern unterscheiden oder nicht. Es stellte sich die Frage nach klassen- und rassenbezogenen Subjektivitäten.

Der **Postfeminismus** geht davon aus, dass Gleichberechtigung und Chancengleichheit erreicht wurden und dass jede Art von Sichtweise, die die Geschlechter trennt, anstatt sie zu vereinen, nicht feministisch, sondern sexistisch ist.

Der **liberale Feminismus** setzt die Gleichberechtigung von Männern und Frauen durch politische und rechtliche Reformen durch. Im Mittelpunkt steht die Fähigkeit der Frauen, ihre Gleichberechtigung durch eigene Handlungen und Entscheidungen zu demonstrieren und zu erhalten.

Der **radikale Feminismus** behauptet, dass eine männliche Autorität und Machtstruktur für die Unterdrückung der Frauen und ihre Ungleichheit verantwortlich ist und dass die Gesellschaft, solange es dieses System und seine Werte gibt, nicht wesentlich reformiert werden kann. Radikaler Feminismus ist grundsätzlich männerfeindlich.

Der **sozialistische Feminismus** verbindet die Unterdrückung von Frauen mit marxistischen Vorstellungen von Ausbeutung, Kapitalismus und Arbeit. Sozialistische Feministinnen sehen Frauen aufgrund ihrer ungleichen Stellung sowohl am Arbeitsplatz als auch im häuslichen Bereich unterdrückt.

Der **Ökofeminismus** glaubt, dass die Unterdrückung der Frauen von denselben Ideologien herrührt, die die Zerstörung der Umwelt bewirken. Ökofeministinnen argumentieren, dass Männer an der Macht das Land kontrollieren, es für ihren eigenen Profit und Erfolg ausbeuten und Frauen zu ihrem Vergnügen ausbeuten können. Wie radikale Feministinnen hassen auch Ökofeministinnen Männer und werden deshalb oft als **radikale Ökofeministinnen** bezeichnet.

[34] 1881 gab die Isle of Man Frauen, die Eigentum besaßen, das Wahlrecht. Es folgten die britische Kolonie Neuseeland 1893, Südaustralien 1894 und Westaustralien 1899, gefolgt von Finnland 1907, Norwegen 1913, Kanada 1917, Großbritannien 1918 und den Vereinigten Staaten von Amerika 1920. Zu den späteren gehören Spanien 1931, Frankreich 1944, Italien 1946, Griechenland 1952, Paraguay 1961 und die Schweiz 1971. Für eine vollständige Liste siehe https://de.wikipedia.org/wiki/Frauenwahlrecht

[35] Frauen erlangten zu Beginn des 20. Jahrhunderts 19 Prozent aller Hochschulabschlüsse. Bis 1984 waren es bereits 49 Prozent. Frauen haben ihren Anteil im Promotionsstudium ebenfalls erhöht. Mitte der 1980er Jahre erreichten Frauen 49 Prozent aller Masterabschlüsse und etwa 33 Prozent aller Doktorate. Im Jahr 1985 waren etwa 53 Prozent aller Student*innen Frauen, mit mehr als einem Viertel über 29 Jahren. Siehe auch www.wic.org/misc/history.htm (eng).

[36] Der Mythos, dass Frauen bei gleicher Arbeit geringer bezahlt werden, wurde von Warren Farrell in seinem Buch *Why Men Earn More: The Startling Truth Behind the Pay Gap—and What Women Can Do About It* (Warum Männer mehr verdienen: Die verblüffende Wahrheit hinter der Lohnlücke – und was Frauen dagegen tun können) aufgedeckt. Er warf die Frage auf, warum Unternehmen ihre Konkurrenten nicht durch die Einstellung von Frauen aus dem Geschäft drängen würden, wenn sie die gleiche Arbeit für viel weniger Geld leisten würden. Er fand heraus, dass Frauen im Durchschnitt weniger Stunden arbeiten und keine Jobs annehmen, die sehr stressig, umkämpft, anstrengend und riskant sind. Stattdessen sind sie eher erfüllungsorientiert. Am Ende stellte sich heraus, dass es eine Frage von Angebot und Nachfrage

war. Es ist auch ein gewisses Paradoxon, dass Frauen im Allgemeinen von ihren Männern erwarten, dass sie deutlich mehr Geld verdienen als sie selbst, aber in großem Umfang gleiche Bezahlung verlangen. Schließlich verdienen alleinstehende kinderlose Frauen heute durchschnittlich 20% mehr als ihre männlichen Kollegen.

37 Die Pille, so wie sie bekannt wurde, wurde von Dr. Gregory Pincus erfunden und 1960 von der US Food & Drug Administration zugelassen. Die Schwangerschaft war für verheiratete und später alleinstehende Frauen nicht mehr unvermeidlich (die Pille war in einigen Staaten zunächst illegal und wurde nur verheirateten Frauen verschrieben), sondern wurde zu einer Entscheidung, bei der die heutigen Männer oft kein oder nur wenig Mitspracherecht haben.

38 1969 vom damaligen Gouverneur von Kalifornien, Ronald Reagan, unterzeichnet, der bald in anderen US-Bundesstaaten eingeführt wird.

39 Siehe *These boots are made for walking: Why most divorce filers are women* (Diese Stiefel sind zum Wandern gemacht: Warum die meisten Scheidungsanwärterinnen Frauen sind), eine Studie von Margaret Brinig und Douglas Allen (American Law and Economics Review, Vol. 2, S. 126-169, 2000): „Aufgrund der finanziellen und sozialen Schwierigkeiten nach der Scheidung gehen die meisten Menschen davon aus, dass seit der Einführung der schuldlosen Scheidung in der Regel Ehemänner die Scheidung initiiert haben. Dennoch beantragen Frauen die Scheidung häufiger und sind oft die Initiatoren der Trennung, trotz ihrer tiefen Verbundenheit mit ihren Kindern und dem Nachweis, dass viele Scheidungen Kindern schaden. Darüber hinaus sind geschiedene Frauen viel glücklicher als zuvor in der Ehe.
Sie berichten von Erleichterung und der Gewissheit, dass sie richtig lagen, ihre Ehen zu verlassen. Dieses grundlegende Paradoxon legt nahe, dass die Anreize zur Scheidung einer erneuten Prüfung bedürfen und dass die Kräfte, die den Netto-Nutzen der Ehe beeinflussen, recht kompliziert und vielleicht asymmetrisch zwischen Männern und Frauen sein können. Dieses Papier betrachtet die Scheidungseinreichung von Frauen als rationales Verhalten, basierend auf der relativen Macht der Ehepartner in der Ehe, ihren Möglichkeiten nach der Scheidung und ihrer Erwartung des Sorgerechts.“
Siehe auch www.divorcereform.org/rates.html (eng)

40 https://ourworldindata.org/world-population-growth/ (eng)

41 Der Feminismus kämpfte für die Gleichberechtigung und Chancengleichheit von modernen und postmodernen Frauen im Vergleich zu Männern, setzte sich aber nicht für die gleichen Rechte von Männern im Vergleich zu Frauen ein. Er forderte auch nicht die gleiche Verantwortung für Frauen.
Feministinnen erwarten weiterhin, dass Männer erfolgsorientierte Versorger sind, ihr Leben am Arbeitsplatz und in Kriegen als Beschützer riskieren, das Risiko der Ablehnung eingehen, Frauen umwerben, Türen öffnen und den Diamantring kaufen, während Frauen ihr Recht behalten, erfüllungsorientiert zu sein und ihre innere emotionale Stärke und äußere sexuelle Macht zu nutzen, um Männer auszunutzen.

42 Bild aus Ken Wilbers Buch *Sex Ecology Spirituality* (dt: *Sex, Ökologie, Spiritualität*), S. 198, das die wichtigsten Meilensteine der Evolution bis in die Gegenwart zeigt. SF1-SF3 bezeichnen die „Strukturfunktionen" des menschlichen Gehirns, die den konkreten operativen, formalen operationellen und visionären Entwicklungsstadien entsprechen, die in Teil 2 unter Kindesentwicklung behandelt werden.

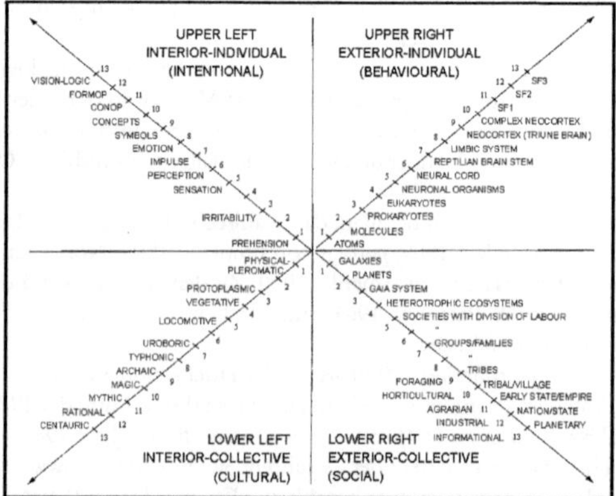

43 Beim Menschen sind drei dieser vier Dimensionen so wesentlich, dass sie in den Pronomen jeder Hauptsprache zum Ausdruck kommen – die subjektive erste Person „ich" (die Person, die spricht), die intersubjektive zweite Person „du/wir" (die Person, mit der gesprochen wird) und die objektive dritte Person „er/sie/*sie/es" (die Person oder Sache, von der gesprochen wird). Alte Philosophen entdeckten auch diese drei grundlegenden Dimensionen der menschlichen Existenz und nannten sie „das Gute (UL), das Wahre (OR) und das Schöne (OL)"; dargestellt durch (1) Moral (wie man sich „gut" verhält), (2) Wissenschaft (wie man weiß, was objektiv wahr ist) und (3) Kunst (wie man

Schönheit erschafft und wahrnimmt). Buddhisten identifizierten auch diese drei Dimensionen und nannten sie Buddha (OL - Sein), Dharma (OR - Wahrheit) und Sangha (UL - Gemeinschaft). Die vierte Dimension wurde hinzugefügt, um die neuere Entdeckung abzudecken, dass die Realität in komplexen Systemen verknüpft ist (durch Systemtheorie, Lebensnetz, Tiefenökologie, Soziologie, Quantenphysik usw.), und wird als interobjektive „Es'se"-Dimension bezeichnet.

44 Wir nennen dies objektives Äußeres, weil seine physikalischen Komponenten bis hin zu subatomaren Teilchen, die alle eine äußere Erscheinung haben, von Wissenschaftlern objektiv gemessen und analysiert werden können. Dazu gehören äußere Haut- und Körpermerkmale, innere Organe, Flüssigkeiten, Hormone, Nerven und elektrische Impulse im Gehirn.

45 Im Gegensatz zum objektiven Äußeren ist dein inneres Bewusstsein subjektiv und hat kein physisches „Äußeres". Es kann nur begrenzt, durch deine verbalen und physischen Expressionen gemessen und analysiert werden, möglicherweise auch empathisch (oder psychisch) durch das menschliche Spiegelneuronensystem oder andere unbekannte Mechanismen.

46 Siehe Roy Bhaskar: *Reflections on Meta Reality: Transcendence, Emancipation and Everyday Life* (Überlegungen zur Meta-Realität: Transzendenz, Emanzipation und Alltag), S. 137-139

47 Ego ist lateinisch für „Ich". Sigmund Freud verwendete in seinen Schriften das Wort „ich", das später im Englischen in „Ego" (anstelle des korrekten *I*) übersetzt wurde, um wissenschaftlicher zu wirken. Die Psychologie spricht vom Ego als dem selbstorganisierenden Prinzip und erkennt an, dass es wichtig ist, ein gesundes Selbstbewusstsein zu haben oder das Ego zu stärken. Der spirituelle Lehrer und Psychologe Jack Engler sagte: „Zuerst muss man *jemand* sein, dann kann man *niemand* werden." Frauen benutzen das Wort „Ego" oft negativ, um Männer zu beschreiben, die von sich selbst erfüllt sind, zu sehr auf sich bezogen, egozentrisch, narzisstisch, oder die feministische Sichtweise der Frauen auf die Welt nicht annehmen – ohne zu erkennen, dass sie selbst tatsächlich den gleichen Irrtum begehen und ihre eigene begrenzte Weltanschauung verteidigen.

In der Spiritualität wird der Begriff „Ego" oft verwendet, um ein falsches oder illusionäres Selbstgefühl zu beschreiben, das seine eigene Identität verteidigt, sich vollständig mit Objekten im Bewusstsein und seiner eigenen engen Sichtweise der Welt identifiziert – und sich daher von anderen abgrenzt und alles als Objekte sieht, die es zu seinem eigenen Vorteil nutzen kann.

Eckhart Tolle sagte: „Das Ego kann nicht lieben, es will immer etwas." Spirituelle Bücher wie Eckhart Tolles *Eine neue Erde* und *Jetzt! Die Kraft der Gegenwart*, die bei Frauen beliebt sind, A.H. Almaas' *Diamond*-Buchreihe und im Grunde alle östlichen Traditionen versuchen, auf ein authentisches und funktionales Selbst hinzuweisen, das jenseits des Egos liegt. Unter www.livereal.com/psychology_arena/what_is_ego.htm (eng) findet ihr einige Dutzend Definitionen für das Ego.

48 Natürlich gelten Babies oder Menschen im Koma immer noch als Menschen.

49 Ram Roy Bhaskar (15. Mai 1944 - 19. November 2014) war ein britischer Philosoph, bekannt als Initiator der philosophischen Bewegung des kritischen Realismus (CR). Er war Weltstipendiat am Institute of Education, University College London. Bhaskars Betrachtung der Wissenschafts- und Sozialphilosophien führte zur Entwicklung des Kritischen Realismus, eines philosophischen Ansatzes, der das kritische und emanzipatorische Potential rationaler (wissenschaftlicher und philosophischer) Forschung sowohl gegen positivistische, weit gefasste als auch ‚postmoderne' Herausforderungen verteidigt. Sein Konzept betont die Bedeutung der Unterscheidung zwischen erkenntnistheoretischen und ontologischen Fragen und die Bedeutung der Objektivität für ein kritisches Projekt. Seine Auffassung von Philosophie und Sozialwissenschaft ist eine sozial verortete, aber nicht sozial determinierte, die die Möglichkeit einer objektiven Kritik zur Motivierung des gesellschaftlichen Wandels aufrechterhält, mit dem letztendlichen Ziel, die menschliche Freiheit zu fördern.

Nach https://en.wikipedia.org/wiki/Roy_Bhaskar (eng)

Siehe auch https://centreforcriticalrealism.com/about-critical-realism/basic-critical-realism/ (eng)

50 Edgar Morin (1921 -) ist ein französischer Philosoph und Soziologe, der für seine Arbeiten über Komplexität und „komplexes Denken" sowie für seine wissenschaftlichen Beiträge in so unterschiedlichen Bereichen wie Medienwissenschaft, Politik, Soziologie, visuelle Anthropologie, Ökologie, Pädagogik und Systembiologie international anerkannt ist. Er besitzt Abschlüsse in Geschichte, Wirtschaft und Recht, ist UNESCO-Professor für Komplexes Denken und gilt als Begründer der Transdisziplinarität mit Ehrendoktorwürden in verschiedenen sozialwissenschaftlichen Bereichen von 21 Universitäten. Obwohl Morin in den Vereinigten Staaten von Amerika aufgrund der begrenzten Verfügbarkeit von englischen Übersetzungen seiner über 60 Bücher weniger bekannt ist, ist er in der französischsprachigen Welt, in Europa und Lateinamerika weitläufig bekannt.

https://de.wikipedia.org/wiki/Edgar_Morin

51 Jürgen Habermas (geb. 1929) ist ein deutscher Soziologe und Philosoph in der Tradition der kritischen Theorie und des Pragmatismus. Globale Umfragen haben ergeben, dass Habermas als einer der weltweit führenden Intellektuellen anerkannt ist. Verknüpft mit der Frankfurter Schule konzentriert sich Habermas' Arbeit auf die Grundlagen der Sozialtheorie und Epistemologie, die Analyse fortgeschrittener kapitalistischer Gesellschaften und der Demokratie, die

Rechtsstaatlichkeit in einem kritischen sozialevolutionären Kontext und die zeitgenössische Politik. Von 1971 bis 1983 war er Direktor des Max-Planck-Instituts für das Studium der wissenschaftlich-technischen Welt in Starnberg (bei München) und wurde 1984 zum ausländischen Ehrenmitglied der American Academy of Arts and Sciences gewählt. Habermas' theoretisches System widmet sich der Aufdeckung der Möglichkeit von Vernunft, Emanzipation und rational-kritischer Kommunikation in modernen Institutionen und in der menschlichen Fähigkeit, rationale Interessen zu beraten und zu verfolgen. Habermas ist bekannt für seine Arbeiten über den Begriff der Moderne, insbesondere im Hinblick auf die ursprünglich von Max Weber dargelegten Rationalisierungsdiskussionen. Er wurde vom amerikanischen Pragmatismus, der Handlungstheorie und sogar vom Poststrukturalismus beeinflusst. https://de.wikipedia.org/wiki/J%C3%BCrgen_Habermas

52 Die gängige Interpretation, des „ich-lasse-dich-in-mich-blicken" der Intimität, kann irreführend sein, da sie nicht wirklich einen Partner benötigt, um uns zu bestätigen oder zu „sehen", damit wir intim werden. Siehe David Schnarch, *Passionate Marriage: Keeping Love and Intimacy Alive in Committed Relationships* (Leidenschaftliche Ehe: Wie man Liebe und Intimität in festen Beziehungen am Leben hält), S. 112, „Intimität ist wie ein Orgasmus beim Geschlechtsverkehr – es braucht zwei Menschen, um sie zu erschaffen, aber nur einer darf sie erleben".

53 Um dein individuelles **OL**- vom kollektiven **UL**-Innenleben zu unterscheiden, stell dir für einen Moment vor, dass du nach deiner Geburt in einer Gefängniszelle eingesperrt worden wärst und nie eine menschliche Seele gesehen hättest, wie es bei Kaspar Hauser im frühen 19. Jahrhundert gewesen sein soll (was nie belegt werden konnte). Du hättest weder eine gemeinsame Sprache gelernt noch wärest du in irgendeiner Weise kulturell geprägt (Religion, passendes Verhalten, Geschlechtsidentität, Glauben usw.). Ohne diese kulturelle Dimension würdest du dein Inneres noch erleben, aber du hättest kein konditioniertes Selbstbewusstsein, Sprache, Gedanken, Werte oder Überzeugungen usw., die alle durch gemeinsame Erfahrungen mit anderen (Kultur) gebildet werden. Der Film *Jeder für sich und Gott gegen alle* von Werner Herzog illustriert dies anschaulich. Der Film basiert auf einem realen Ereignis, das damals gut dokumentiert war. Es stellt die (fragwürdige) Geschichte eines Jungen dar, der in einer 1m x 2m großen Zelle ohne menschlichen Kontakt bis zum Alter von 16 Jahren aufwuchs und dann freigelassen wurde und später sprechen lernte, um seine Geschichte zu erzählen (was eine offensichtliche Unmöglichkeit ist).

54 Das Grundformat der Wir-Raum-Praktiken ist: „Was lebt in meinem Jetzt?" „Was ist jetzt in dir lebendig?" „Was lebt jetzt zwischen uns beiden?"

55 Siehe Ken Wilber, *Integral Spirituality* (dt: *Integrale Spiritualität*), S. 202-205, und Ken Wilber, Terry Patten, Adam Leonard und Marco Morelli in *Integrale Lebenspraxis – körperliche Gesundheit, emotionale Balance, geistige Klarheit, spirituelles Erwachen.*

56 Ein Taillen-Hüft-Verhältnis (THV) von 0,7 bei Frauen und 0,9 bei Männern korreliert nachweislich stark mit der allgemeinen Gesundheit und Fruchtbarkeit. Frauen im Bereich von 0,7 haben einen optimalen Östrogenspiegel und sind weniger anfällig für schwere Krankheiten wie Diabetes, Herz-Kreislauf-Erkrankungen und Eierstockkrebs. Männer mit THV um 0,9 haben sich als gesünder und fruchtbarer, mit weniger Prostatakrebs und Hodenkrebs erwiesen. https://de.wikipedia.org/wiki/Taille-H%C3%BCft-Verh%C3%A4ltnis Siehe auch Helen Fisher *Why we Love* (dt: *Warum wir lieben*), S. 107, und Nancy Etcoff *Survival of the Prettiest* (dt: *Nur die schönsten überleben*), S. 140-143.

57 Siehe zum Beispiel Helen Fisher, *Why we Love* (dt: *Warum wir lieben*), S. 108-113, David Deida, *Intimate Communion* (Intime Gemeinschaft), S. 45, Alison A. Armstrong, *Making Sense of Men* (Männer verstehen), S. 18-33, Ayala Malach Pines, *Falling in Love* (Verlieben), Seiten 83-104, Harville Hendrix, *Getting The Love You Want* (dt: *So viel Liebe wie du brauchst: Der Wegbegleiter für eine erfüllte Beziehung*), S. 5.

58 Siehe Nancy Etcoff *Survival of the Prettiest* (dt: *Nur die schönsten Überleben*), S. 172-176. David Brooks (NY Times, PBS Newshour) zitiert in seinem Buch *The Social Animal* (dt: *Das soziale Tier*) auf der S. MU Seitenzahl fehlt im Original eine Studie: „Frauen neigen dazu, größere Männer zu heiraten (oder heiraten zu wollen), weil jeder Zentimeter Körpergröße in den Vereinigten Staaten derzeit etwa 2.300 Dollar Jahreseinkommen entspricht. Ein Mann, der 1,67 Meter misst, kann so viele Online-Date-Angebote bekommen wie ein Mann, der 1,83 Meter misst, solange er 172.000 US-Dollar pro Jahr mehr verdient." Malcom Gladwell schreibt in *Blink: The Power of Thinking Without Thinking* (dt: *Blink!: Die Macht des Moments*): „Es gibt viele Anzeichen dafür, dass Körpergröße – besonders bei Männern – eine Reihe sehr positiver, unbewusster Assoziationen auslöst." Gladwell befragte etwa die Hälfte der Fortune-500-Unternehmen und stellte fest, dass die Mehrheit ihrer CEOs große, weiße Männer waren:

„Der durchschnittliche CEO war um die 1,82 Meter groß (der durchschnittliche Amerikaner ist 1,80 Meter groß).
Unter den CEOs maßen 58 Prozent 1,83 m oder mehr.
In den Vereinigten Staaten von Amerika sind hingegen nur 14,5 Prozent der Männer 1,83 m und größer.
Rund 30 Prozent der CEOs waren dabei sogar über 1,88 Meter groß.
Dem gegenüber sind nur 3,9 Prozent der US-Männer 1,88 m oder größer."

„Körpergröße zählt für den beruflichen Erfolg", sagte Timothy Judge, ein Managementprofessor der University of Florida, der eine Studie zu diesem Thema durchgeführt hat.

59 In der Juli/August-Ausgabe aus dem Jahr 2017 von *The Atlantic* mit dem Titel *Power Causes Brain Damage* (Macht verursacht Hirnschäden) zitiert der Autor, Jerry Useem, Dacher Keltner, einen Psychologieprofessor an der UC Berkeley, der in Studien, die sich über zwei Jahrzehnte erstreckten, herausfand, dass Versuchspersonen unter dem Einfluss

der Macht eine traumatische Hirnverletzung erlitten hatten – sie wurden impulsiver, weniger risikobewusst und, was ziemlich wichtig ist, unfähig, Dinge aus der Sicht anderer Menschen zu betrachten.

„Wichtiger ist aber, so Keltner, dass die Mächtigen aufhören, andere zu spiegeln. Lachen, wenn andere lachen oder verspannen, wenn andere sich verspannen, ist mehr als schmeicheln. Es hilft, die gleichen Gefühle auszulösen, die auch andere erleben, und bietet einen Einblick, woher sie kommen. Mächtige Menschen ‚hören auf, die Erfahrung anderer zu simulieren', sagt Keltner, was zu einem ‚Empathiedefizit' führt.

Sukhvinder Obhi, ein Neurowissenschaftler an der McMaster University in Ontario, beschrieb kürzlich etwas Ähnliches. Im Gegensatz zu Keltner, der das Verhalten studiert, studiert Obhi das Gehirn. Und als er die Köpfe der Mächtigen und weniger Mächtigen unter eine transkraniell-magnetische Stimulationsmaschine stellte, stellte er fest, dass die Macht tatsächlich einen bestimmten neuronalen Prozess, das ‚Spiegeln', beeinträchtigt, der ein Eckpfeiler der Empathie ist. Das gibt eine neurologische Grundlage für das, was Keltner das ‚Machtparadoxon' genannt hat: Sobald wir die Macht haben, verlieren wir einige der Kapazitäten, die wir brauchten, um sie überhaupt zu gewinnen.

Dieser Kapazitätsverlust wurde auf verschiedene kreative Weise demonstriert. Eine Studie aus dem Jahr 2006 forderte die Teilnehmer auf, den Buchstaben E auf die Stirn zu zeichnen, damit andere ihn sehen können – eine Aufgabe, die es erfordert, sich selbst aus der Sicht eines Beobachters zu sehen. Wer sich mächtig fühlte, schrieb das E mit dreifacher Wahrscheinlichkeit aus seiner Sicht – und falsch herum für die anderen. Andere Experimente haben gezeigt, dass mächtige Menschen schlechter darin sind, zu erkennen, was jemand auf einem Bild fühlt, oder zu erraten, wie ein Kollege eine Bemerkung interpretieren könnte."

www.theatlantic.com/magazine/archive/2017/07/power-causes-brain-damage/528711/ (eng)

[60] Helen Fisher, *Why We Love* (dt: *Warum wir lieben*), S. 114-116, und David Deida *Intimate Communion* (Intime Gemeinschaft), S. 44.

[61] Mahatma Gandhi bemühte sich sein ganzes Erwachsenenleben lang, seine primäre Fantasie zu überwinden und teilte sein Bett mit viel jüngeren attraktiven weiblichen Anhängerinnen, um seine sexuellen Wünsche in seinen späteren Jahren zu ertragen. Siehe Seite 423 in *Gandhi, A Life* von Yogesh Chadha „.... Gandhi bekannte öffentlich, dass er in seinem Bestreben, seinen Sexualtrieb zu meistern, experimentiert hatte, indem er sein Bett mit Jüngerinnen teilte. Er war 77 Jahre alt."

[62] Es ist schwierig, den Gesamtumsatz der Pornobranche abzuschätzen. Die Zahlen liegen zwischen 5 und 10 Milliarden Dollar für die USA und ca. 40 Milliarden Dollar weltweit. Durch erschwingliche Videotechnik und das Internet sind viele kostenlose „Fan-Websites" entstanden, die mit dem Verkauf von Zeitschriften und DVDs konkurrieren. Pornografische Filme sind nach wie vor die Bestseller im Hotelzimmer-Entertainment.

[63] Nach Berichten wurde im Jahr 2008 mit romantischer Literatur ein Umsatz von 1,37 Milliarden Dollar erzielt und blieb mit 13,5 Prozent der größte Anteil am Konsumbuchmarkt. Bücher wie *Fifty Shades of Grey* (eine Studentin, die einen atemberaubend gutaussehenden Milliardär trifft und perversen Sex hat) sind zu einem sozialen Phänomen mit über 100 Millionen verkauften Exemplaren weltweit geworden. Was macht Romantik so beliebt? Die Vielfalt des Genres, Titel, die sich vor allem an Frauen richten, die 90,5 Prozent aller Romane lesen, und der niedrige Preis haben dazu beigetragen, dass Romantik die Nummer eins auf den Bestsellerlisten des Jahres 2008 wurde. Siehe www.rwanational.org/cs/the_romance_genre/romance_literature_statistics/industry_statistics (eng)

[64] Siehe Catherine Salmons und Donald Symons *Warrior Lovers*, indem sie umreißen, wie die starken Kontraste zwischen Liebesromanen und Pornografie verschiedene weibliche und männliche erotische Fantasien unterstreichen. Diese Unterschiede spiegeln die menschliche Evolutionsgeschichte und den unterschiedlichen Selektionsdruck wieder, dem Frauen und Männer ausgesetzt waren. Die Autoren untersuchen die grundlegende Bedeutung der Evolutionsgeschichte für die menschliche Psychologie, diskutieren, wie sich männliche und weibliche Sexualpsychologien unterscheiden, und zeigen dann, wie Geschlechtsunterschiede in der Erotik dies veranschaulichen. Dieser Unterschied zeigt sich auch bei homosexuellen Männern, die im Verlauf ihres Lebens zwischen 100 und mehreren 1000 Sexualpartnern haben, während lesbische Frauen selten mehr als 100 haben.

Siehe auch Nancy Etcoff *Survival of the Prettiest* (dt: *Nur die schönsten überleben*), S. 58, Donald Symon, *The Evolution of Human Sexuality* (Die Evolution der menschlichen Sexualität), David M. Buss, *The Evolution of Desire* (dt: *Die Evolution des Begehrens*), Robert J. Sternberg und Karin Weis (Herausgeber), *The New Psychology of Love* (Die neue Psychologie der Liebe), S. 65-86 und den weltweiten Erfolg von *Fifty Shades of Grey* mit über 125 Millionen verkauften Exemplaren bis Juni 2015.

[65] Siehe Ayala Malach Pines, *Falling in Love* (Verlieben), S. 79, Nancy Etcoff, *Nur die schönsten überleben*, und die vielen Filme, in denen der Mann zunächst verrückt nach ihr wird (und Sex haben will), während die Frau sich nicht so sicher ist und ihn besser kennen lernen will.

[66] Siehe Geoffrey Miller *The Mating Mind* (dt: *Die sexuelle Evolution, Partnerwahl und die Entstehung des Geistes*), S. 206: „Wenn eine Frau daran interessiert ist, die Persönlichkeit, Intelligenz und Erfahrungen eines Mannes zu beurteilen, kann es Wochen dauern, bis sie (unbewusst) alle Informationen gesammelt hat, die sie braucht, um sich zu verlieben.... während die sexuelle Entscheidungsfindung eines Mannes schneller erscheint, weil die körperliche Erscheinung viel schneller beurteilt werden kann als der Charakter", sowie Donald Symons *The Evolution of Sexual Desire* (dt: *Die Evolution des*

Begehrens), S. 166: „Da weibliche elterliche Investitionen in der Regel männliche Investitionen übersteigen, könnten Frauen wählerischer sein als Männer."

[67] Diese vorgetäuschte Kontaktanzeige illustriert den Punkt:

„Okay, ich habe es satt, um den heißen Brei herumzureden. Ich bin ein wunderschönes (herausragend schönes) 25-jähriges Mädchen. Ich bin redegewandt und stilvoll. Ich bin nicht aus New York. Ich will einen Mann heiraten, der mindestens eine halbe Million im Jahr verdient. Ich weiß, wie sich das anhört, aber denken Sie daran, dass eine Million pro Jahr in New York City Mittelklasse ist, also denke ich nicht, dass ich übertreibe. Gibt es hier irgendwelche Kerle, die 500.000 oder mehr verdienen? Irgendwelche Frauen? Könnten Sie mir ein paar Tipps geben? Ich war mit einem Geschäftsmann zusammen, der durchschnittlich 200 - 250.000 Dollar verdient. Aber da traf ich schon auf Grenzen. $250.000 bringen mich nicht zum Central Park West. Ich kenne eine Frau in meiner Yogaklasse, die mit einem Investmentbanker verheiratet war und in Tribeca lebt, und sie ist nicht so hübsch wie ich, noch ist sie ein großes Genie. Also, was macht sie richtig? Wie komme ich auf ihr Niveau? Hier sind speziell meine Fragen:

Wo hängt ihr alleinstehenden reichen Männer rum? Nennt mir die Einzelheiten – Bars, Restaurants, Fitnessstudios.Was suchst du als Partner? Seid ehrlich, Jungs, ihr verletzt meine Gefühle nicht.

Gibt es eine Altersgruppe, die ich anvisieren sollte (ich bin 25)?

Warum sind einige der Frauen, die in der Upper East Side leben, so schlicht? Ich habe wirklich langweilige, stinknormale Frauen gesehen, die nichts zu bieten haben, verheiratet mit unglaublich reichen Typen. Ich habe hinreißende Mädchen in Single-Bars in East Village gesehen. Was ist der Clue?

Jobs, nach denen ich Ausschau halten sollte? Jeder kennt sie – Anwalt, Investmentbanker, Arzt. Wie viel verdienen diese Typen wirklich? Und wo hängen sie rum? Wo hängen die Hedge-Fonds-Typen rum?

Wie entscheidest du dich für die Ehe und nicht bloß für eine Freundin? Ich suche NUR Heiratswillige. Bitte haltet euch mit Beleidigungen zurück – ich stelle mich auf ehrliche Weise dar. Die meisten schönen Frauen sind oberflächlich – zumindest gehe ich damit offen um. Ich würde nicht nach solchen Typen suchen, wenn ich nicht in der Lage wäre, ihnen auf Augenhöhe zu begegnen – in Aussehen, Kultur, Kultiviertheit und mit einem gepflegten Zuhause und Kamin."

Die Antwort eines Werbers:

„Liebe Pers-431649184:

Ich habe Ihren Beitrag mit großem Interesse gelesen und über Ihr Dilemma nachgedacht. Ich biete die folgende Analyse Ihrer misslichen Lage an. Erstens verschwende ich nicht Ihre Zeit, ich qualifiziere mich als ein Mann, der zu Ihnen passt; das heißt, ich verdiene mehr als 500.000 Dollar pro Jahr. Und so sehe ich die Sache. Ihr Angebot, von meiner Seite betrachtet, ist schlicht und einfach ein beschissenes Geschäft. Hier ist der Grund. Alles betrachtend, kann ich sagen: was Sie vorschlagen, ist ein einfacher Handel: Sie bringen Ihr Aussehen mit und ich bringe mein Geld ein. Schön, einfach. Aber hier ist der Haken: Ihr Aussehen wird verblassen und mein Geld wird wahrscheinlich ins unendliche wachsen ... in der Tat ist es sehr wahrscheinlich, dass mein Einkommen steigt, aber es ist eine absolute Gewissheit, dass Sie nicht noch schöner werden!

Also, aus wirtschaftlicher Sicht sind Sie ein abnehmender Vermögenswert und ich bin ein rentabler Vermögenswert. Sie sind nicht nur ein abwertendes Gut, Ihre Abwertung beschleunigt sich! Lassen Sie mich erklären, Sie sind jetzt 25 und werden wahrscheinlich für die nächsten 5 Jahre ziemlich heiß bleiben, aber jedes Jahr weniger. Dann beginnt das Schwinden ernsthaft. Mit 35 ist es vorbei!

Mit den Begriffen der Wall Street, würden wir Sie eine Handelsposition nennen, nicht ein Buy & Hold – somit keine Heirat. Es macht keinen Sinn, Sie zu „kaufen" (worum es Ihnen geht), also würde ich lieber leasen. Falls Sie denken, dass ich grausam bin, würde ich folgendes sagen. Wenn mein Geld weggehen würde, würden Sie es auch, und wenn Ihre Schönheit verblasst, brauche ich einen Ausweg. So einfach ist das. Ein Deal, der Sinn macht, ist also ein Date, nicht die Ehe.

Getrennt davon wurde ich schon früh in meiner Karriere über effiziente Märkte unterrichtet. Ich frage mich also, warum ein Mädchen wie Sie, „artikuliert, stilvoll und herausragend schön", noch keinen Sugardaddy gefunden hat. Ich finde es schwer zu glauben, dass, wenn Sie so schön sind, wie Sie sagen, dass die $500K Sie nicht gefunden haben, noch nicht mal nur für ein Tryout.

Übrigens, Sie können immer einen Weg finden, Ihr eigenes Geld zu verdienen, und dann müssten wir dieses schwierige Gespräch nicht führen.

Mit all dem muss ich sagen, dass Sie es richtig angehen. Klassisches „Geben und Nehmen".

Ich hoffe, das ist hilfreich, und wenn Sie einen Leasingvertrag abschließen wollen, lassen Sie es mich wissen."

[68] Siehe Helen Fisher, *Why We Love* (dt: *Warum wir lieben*), Seiten 116–118, und Geoffrey Miller *The Mating Mind* (dt: *Die sexuelle Evolution, Partnerwahl und die Entstehung des Geistes*), Seiten 85–87, wo er schreibt: „Robert Trivers erkannte, dass Frauen weniger Eizellen (typischerweise eine pro Monat) produzieren als Männer Sperma (300-500 Millionen pro Ejakulat). Daher ist es sinnvoll, dass Männer stärker um die Befruchtung von Eizellen konkurrieren als Frauen um

Spermien und dass Frauen wählerischer sein sollten als Männer. Die Männer konkurrieren um die Anzahl der Frauen, die Frauen um die Qualität der Männer."

[69] Warren Farrell plädiert in seinen Büchern *Father and Child Reunion* (Zusammenkunft von Vater und Kind) und *Does Feminism Discriminate Against Men* (Diskriminiert der Feminismus die Männer?) für ein ähnliches Engagement von Vätern, da sie möglicherweise ihre Lebensqualität und Langlebigkeit verringern müssen, indem sie härter arbeiten, um für ein Kind zu bezahlen, das sie vielleicht nicht gewollt haben, und das ist gegen sie gerichtet, wenn die Mutter ihn hasst. Das mag stimmen, aber es scheint ein eher rationales Argument zu sein und hält aus evolutionärer Sicht nicht gut stand.

[70] Siehe Ayala Malach Pines *Falling in Love* (Verlieben), S. 89.

[71] „Zeit, Geld und Sex" (TMS – manchmal auch „die großen Drei" genannt – nicht zu verwechseln mit „das Gute, das Wahre und das Schöne") wurden als die Hauptgründe für Paare identifiziert, sich zu treffen UND die Hauptursache für spätere Konflikte und Trennungen.

[72] Patricia Love und Steven Stosny schrieben ein ausgezeichnetes Buch über die Angst-Scham-Dynamik zwischen Männern und Frauen, genannt *How To Improve Your Marriage Without Talking About It* (dt: *Schatz, wir müssen gar nicht reden!*)

[73] http://brenebrown.com/ (eng)

[74] www.romankrznaric.com/outrospection/2012/10/16/1729 (eng)

[75] Siehe Theresa L. Crenshaws *The Alchemy of Love and Lust* (dt: *Die Alchemie von Liebe und Lust*) für eine detaillierte Analyse aller Hormone, die die Sexualität und Beziehungen zwischen Mann und Frau beeinflussen, sowie Harville Hendrix', *Getting The Love You Want* (dt: *So viel Liebe wie du brauchst: Der Wegbegleiter für eine erfüllte Beziehung*), S. 47. In *Is He Mr. Right* (Ist er Mr. Right?) definiert Mira Kirshenbaum „Chemie" als (1) komfortabel und nah, (2) sicher, (3) spaßig, (4) sexuell attraktiv, (5) respektabel durch Klugheit, Kraft und Erfolg – und respektvoll gegenüber ihrem Ehrgeiz und ihren Leistungen.

[76] Siehe Helen Fisher, *Why We Love* (dt: *Warum wir lieben*) im gesamten sowie konkret auf den Seiten 78 und 195-196.

[77] Ebd. S. 153–180.

[78] Als Beispiel schrieb eine Rezensentin bei Google Books:

„Der Teil über Geschlechterrollen ist schrecklich, völlig sexistisch, idiotisch und reduktionistisch. Ich empfehle Ihnen dringend, dieses Buch zu vergessen, es sei denn, Sie wollen sich mit uralten Klischees und essentiellen Geschlechterrollen auf sexueller Basis langweilen. Die Hauptbotschaft lautet: ‚Wenn du ein Mädchen bist, musst du hübsch und fickbar sein. Wenn du ein Mann bist, musst du reich sein.' Es ist ein kompletter Trugschluss, es sei denn, man hat den IQ und den EQ eines Zurückgebliebenen und ist tatsächlich NICHT Integral.

Männer und Frauen, die im Allgemeinen weiterentwickelt sind, befinden sich eher zwischen den Geschlechtern und müssen nicht in Extreme verfallen.

Da ich gehofft hatte, einen neuen Vorschlag für Geschlechterverhältnisse und Probleme in der Intimität zu finden, bin ich zutiefst enttäuscht und kann wegen der großen Menge an Scheiße nicht einmal mehr lesen, was dieser Autor schreibt.

Auch gibt es zu viel Mystifizierung, ‚soziale Holons'? Was gewinnen wir eigentlich durch all diese zusätzlichen Fachbegriffe an Verständnis.

Ich fühle, dass es selbst für Männer so gemein ist, dass sie auf wirklich einfache und dumme, sexbesessene Kreaturen reduziert werden. Ich bedauere den Autor, der zu fühlen scheint, wie einfach er ist. Meine Freunde sind nicht so."

Eine Frau, die meine Präsentation in der Bay Area Integral besuchte, griff mich ebenfalls an, weil ich sexistisch wäre, bis sie dann zugab, dass es schön wäre, wenn SIE einen Mann finden könnte, der gut ausgestattet ist' – woraufhin der Raum im Lachen ausbrach.

[79] https://de.wikipedia.org/wiki/Paradox_of_choice. Es gibt auch Maximizer und Satisficers. Ein Maximizer ist wie ein Perfektionist, jemand, der sicher sein muss, dass jeder Kauf oder jede Entscheidung das Beste war, was man machen konnte. Die Art und Weise, wie ein Maximizer sich sicher wird, ist alle Alternativen zu berücksichtigen, die er sich vorstellen kann. Dies führt zu einer psychologisch entmutigenden Aufgabe, die mit zunehmender Anzahl der Optionen noch entmutigender werden kann. Die Alternative zur Maximierung ist, ein Satisficer zu sein. Ein Satisficer hat Kriterien und Standards, aber ein Satisficer macht sich keine Sorgen über die Möglichkeit, dass es etwas Besseres geben könnte.

http://psy2.ucsd.edu/~nchristenfeld/DoG_Readings_files/Class%209%20-%20Iyengar%202000.pdf. (eng

[80] Männer sind eher bereit, sich festzulegen als Frauen.
www.thedailybeast.com/articles/2012/02/21/why-men-are-settling-for-mrs-good-enough.html (eng)

[81] Das Wort Holon wurde von Arthur Koestler in seinem Buch *The Ghost in the Machine* (dt: *Das Gespenst in der Maschine*)(1967, S. 48) geprägt. Siehe https://de.wikipedia.org/wiki/Holon

[82] Wie Aristoteles in seinen Schriften(später *Metaphysik* genannt) festhielt: „Das Ganze ist mehr als die Summe seiner Teile."

[83] Die vier Arten von Holons sind: (1) einzelne Holons, (2) soziale Holons, (3) Artefakte und (4) Haufen.

Einzelne Holons haben Bestandteile, aus denen sie zusammengesetzt sind, und ein einziges dominantes subjektives Innenleben, das eine gewisse Ebene der bewussten Wahl erlaubt. Menschen fallen in diese Kategorie.

Soziale Holons entstehen, wenn sich einzelne Holons zusammenschließen. Diese Holons haben auch ein definierendes Muster, aber es gibt kein einzelnes subjektives Bewusstsein, das Entscheidungen trifft; stattdessen haben soziale Holons bestimmte Eigenschaften, die sie aufgeteilt haben und/oder ein intersubjektives Bewusstsein.

Artefakte sind Holons, die von individuellen oder sozialen Holons produziert werden, wie z.B. ein Vogelnest oder ein Auto. Artefakte haben keine eigene innere oder bewusste Wahlmöglichkeit, sondern repräsentieren die Bewusstseinsebene ihres Schöpfers. Wenn Artefakte aus ihrer Umgebung entfernt werden, können ihre Schöpfer immer noch Wege zum Überleben finden.

Ein Haufen ist ein zufälliger Haufen von Holons, der nicht von einem einzelnen oder sozialen Holon geschaffen wurde. Ein Haufen hat kein bestimmtes Muster oder inneres Bewusstsein, wie ein Haufen toter Blätter, eine Wasserpfütze oder eine Sanddüne.

Für eine detailliertere Erforschung der Holons nach Ken Wilber siehe auch *Sex, Ecology, Spirituality* (Sex, Ökologie, Spiritualität), Seiten 25-114 mit den "20" Lehren (12 + einige Unterlehren).

Die Realität besteht aus Holons.

Holons haben vier grundlegende Fähigkeiten: (a) Selbsterhaltung, (b) Selbstanpassung, (c) Selbsttranszendenz, (e) Selbstauflösung.

Holons entstehen.

Holons entstehen holarchisch (bedeutet in natürlichen Hierarchien) durch Transzendenz mit steigendem Wert und Komplexität/Neuheit.

Jedes emergente Holon transzendiert und schließt seinen Vorgänger ein.

Je niedriger die Wahrscheinlichkeit der höheren, desto höher die Wahrscheinlichkeit der niedrigeren.

Die Anzahl der Ebenen, aus denen eine holonische Struktur besteht, bestimmt ihre Tiefe.

Jede weitere Ebene schafft mehr Tiefe und weniger Spannweite. Je größer die Tiefe, desto abhängiger von der Tiefe und desto bewusster.

Die Zerstörung der unteren Holons zerstört alles darüber und keines der Holons darunter.

Holarchien entwickeln sich im Austausch mit anderen Holons.

Das Mikro steht in Beziehung zum Makro auf allen Ebenen seiner Tiefe.

Evolution hat eine Ausrichtung auf zunehmende Differenzierung (Teilbarkeit)/Integration (Ganzheitlichkeit), Vielfalt, Komplexität (und Vereinfachung der Systemfunktion), Organisation, Autonomie und zunehmende Telos.

[84] Das Wort Monade stammt aus der Philosophie von Leibniz, der den Begriff geprägt hat, um eine unteilbare und damit letztlich einfache Einheit wie ein Atom oder eine Person zu beschreiben.

[85] Für mehr Eigenschaften von Holons nach Wilber, siehe auch seine zwanzig Lehren in *Sex, Ecology, Spirituality* (Sex, Ökologie, Spiritualität), S. 40–85, sowie eine Kritik der Lehren auf www.integralworld.net/meyerhoff-ba-toc.html (eng)

[86] Eine einfache Momentaufnahme der aufsteigenden oder absteigenden Polarität kann man erhalten, indem man jemanden bittet, an einen Wald zu denken. Wird der Wald von außen wahrgenommen, sind sie eher aufsteigend, wenn sie ihn von innen sehen, steigen sie ab.

[87] Der Aufstieg des postmodernen pluralistischen Relativismus, in dem Individuen sich selbst und alle anderen als einzigartig und besonders sehen (wir sind alle Götter/Göttinnen), hat einen New-Age-Narzissmus hervorgebracht, der sich auf die Selbstliebe statt die Liebe der anderen konzentriert, mit dem Argument, dass jeder seine eigene Realität erschafft und dass wir lernen müssen, uns selbst zu lieben, bevor wir andere lieben können. Dies verhindert oft die Bildung gesunder, nachhaltiger Liebesbeziehungen.

Siehe Sandy Hotchkiss und James F. Masterson, *Why Is It Always About You?: The Seven Deadly Sins of Narcissism* (Warum geht es immer um dich? Die sieben Todsünden des Narzissmus):

Schamlosigkeit: Scham ist das Gefühl, das unter allem Narzissmus lauert, da dieser die Unfähigkeit darstellt, Scham auf gesunde Weise zu verarbeiten.

Magisches Denken: Narzissten sehen sich selbst als perfekt, indem sie Verzerrungen und Illusionen verwenden, die als magisches Denken bekannt sind. Sie benutzen auch Projektionen, um andere mit Schande zu überhäufen.

Arroganz: Ein Narzisst, der sich entleert fühlt, kann sich durch Schwächung, Erniedrigung oder Herabstufung einer anderen Person wieder aufblasen.

Neid: Ein Narzisst kann ein Gefühl der Überlegenheit gegenüber der Fähigkeit einer anderen Person sichern, indem er Verachtung einsetzt, um die andere Person zu minimieren.

Anspruch: Narzissten haben unangemessene Erwartungen an eine besonders bevorzugte Behandlung und automatische Befolgung, weil sie sich als besonders erachten. Die Nichteinhaltung gilt als Angriff auf ihre Überlegenheit und der vermeintliche Täter als „ungeschickt“ oder „problematisch“. Die Missachtung ihres Willens ist eine narzisstische Verletzung, die narzisstischen Zorn auslöst.

Ausbeutung: Kann viele Formen annehmen, beinhaltet aber immer die Ausbeutung anderer, ohne Rücksicht auf ihre Gefühle oder Interessen. Oft befindet sich der andere in einer untergeordneten Position, in der Widerstand schwierig oder gar unmöglich wäre. Manchmal ist die Unterwerfung nicht so real wie angenommen.

Falsche Grenzen: Narzissten erkennen nicht, dass sie Begrenzungen haben und dass andere von ihnen getrennt existieren und nicht Erweiterungen ihrer selbst darstellen. Andere existieren entweder, um ihre Bedürfnisse zu befriedigen, oder auch gar nicht. Diejenigen, die den Narzissten mit narzisstischem Material versorgen, werden so behandelt, als ob sie Teil des Narzissten wären, und es wird von ihnen erwartet, dass sie diesen Erwartungen gerecht werden. Im Kopf eines Narzissten gibt es keine Grenze zwischen dem Selbst und dem Anderen.

Gesunde Form der Selbstliebe, Meister Eckhart:

„Hast du dich selbst lieb, so hast du alle Menschen lieb wie dich selbst. Solange du einen einzigen Menschen weniger lieb hast als dich selbst, so hast du dich selbst nie wahrhaft liebgewonnen. Aber wenn du alle gleich liebst, auch dich selbst, wirst du sie als eine Person lieben, und diese Person ist sowohl Gott als auch Mensch. So ist er ein großer und gerechter Mensch, der sich selbst liebt und alle anderen gleichermaßen liebt."

[88] In seinem Buch *Frames of Mind* (1983) (dt: *Abschied vom IQ. Die Rahmen-Theorie der vielfachen Intelligenzen*) schlug Howard Gardner vor, dass es nicht nur eine Intelligenz gibt, die auf eine einzige Zahl als IQ reduziert werden kann. Er listete 7 grundlegende Intelligenzen auf (und fügte später zwei weitere hinzu), die sich alle unabhängig voneinander entwickeln können:

1. Linguistische Intelligenz: Die Fähigkeit, Wörter effektiv zu verwenden, sei es mündlich (z.B. als Erzähler, Redner oder Politiker) oder schriftlich (z.B. als Dichter, Dramatiker, Redakteur oder Journalist).
2. Logisch-mathematische Intelligenz: Die Fähigkeit, Zahlen effektiv zu nutzen (z.B. als Mathematiker, Steuerberater oder Statistiker) und zu vernunftbasiertem Denken (z.B. als Wissenschaftler, Programmierer oder Logiker).
3. Räumliche Intelligenz: Die Fähigkeit, die visuell-räumliche Welt genau wahrzunehmen (z.B. als Jäger, Späher oder Führer) und diese Wahrnehmungen zu transformieren (z.B. als Innenarchitekt, Architekt, Künstler oder Erfinder).
4. Körperlich-kinästhetische Intelligenz: Kompetenz im Umgang mit dem ganzen Körper, um Ideen und Gefühle auszudrücken (z.B. als Schauspieler, Pantomime, Sportler oder Tänzer) und die Fähigkeit, mit den Händen Dinge zu produzieren oder zu transformieren (z.B. als Handwerker, Bildhauer, Mechaniker oder Chirurg).
5. Musikalische Intelligenz: Die Fähigkeit, musikalische Formen wahrzunehmen (z.B. als Musikliebhaber), zu differenzieren (z.B. als Musikkritiker), zu transformieren (z.B. als Komponist) und auszudrücken (z.B. als praktizierender Musiker).
6. Zwischenmenschliche Intelligenz: Die Fähigkeit, die Stimmungen, Absichten, Motivationen und Gefühle anderer Menschen wahrzunehmen und zu unterscheiden.
7. Intrapersönliche Intelligenz: Selbsterkenntnis und die Fähigkeit, auf der Grundlage dieses Wissens adaptiv zu handeln.
8. Naturalistische Intelligenz: Die Fähigkeit, Pflanzen, Tiere und andere Dinge in der Natur leicht zu erkennen und zu klassifizieren.
9. Spatiale Intelligenz: Die Fähigkeit, in drei Dimensionen zu denken. Zu den Kernkompetenzen gehören mentale Bildsprache, räumliches Denken, Bildmanipulation, grafische und künstlerische Fähigkeiten und eine aktive Imagination.

[89] Lew Howard führt in seinem Buch *Introducing Ken Wilber* (Vorgestellt: Ken Wilber), S. 23, 27 Linien von Entwicklung/Intelligenzen an, und Allan Combs bietet eine ähnliche Liste von 10 Linien in *Consciousness Explained Better* (Bewusstsein, leicht erklärt), S. 47-48.

[90] Unter www.wilderdom.com/personality/L4-1IntelligenceNatureVsNurture.html (eng) erfahrt ihr mehr über Natur contra Erziehung.

[91] In *Intellectual Foreplay* (Intellektuelles Vorspiel) ermitteln Eve Eschner-Hogan und Steven Hogan 29 Kategorien von Werten, Bedürfnissen, Qualitäten, Interessen und Leidenschaften und stellen viele Fragen zu jedem Thema, die du selbst oder mit einem Partner beantworten kannst.

In *If The Buddha Dated* (Was Buddha auf Partnersuche tun würde) listet Charlotte Kasl 9 Kategorien auf, die bei der Partnerwahl zu berücksichtigen sind, S. 62-68

[92] David M. Buss, *The Evolution of Desire* (dt: *Die Evolution des Begehrens*), S. 36, Helen Fisher, *Why We Love* (dt: *Warum wir lieben*), S. 103, Ayala Malach Pines *Falling in Love* (Verlieben), S. 48-60, und Nancy Etcoff *Survival of the Prettiest* (dt: *Nur die schönsten überleben*), S. 147-149.

[93] Siehe John Welwood *Towards a Psychology of Awakening* (Für eine Psychologie des Erwachens), S. 236-237: „Vollkommen menschlich zu werden bedeutet, mit der Gesamtheit dessen zu arbeiten, was wir sind – sowohl mit unserer konditionierten Natur (Erde) als auch mit unserer bedingungslosen Natur (Himmel). Einerseits haben wir eine Reihe von gewohnten Persönlichkeitsmustern entwickelt [Interessen, Lebensweise, Leidenschaften, Träume usw.]..., auf der anderen Seite ist das menschliche Herz eine bedingungslose wache Präsenz, eine fürsorgliche, neugierige Intelligenz und Aufgeschlossenheit gegenüber der Realität. Jeder von uns hat diese beiden Kräfte in sich."

[94] Aus *Immunity to Change: How to Overcome It and Unlock the Potential in Yourself and Your Organization* (Immunität gegenüber Veränderung: Wie man sie überwindet und das einem innewohnende Potential und das seiner Organisation entfaltet) von Robert Kegan und Lisa Laskow Lahey, S. 14: „Zwei Dinge sind aus der Grafik unten ersichtlich: Auf der Grundlage von dreißig Jahren Longitudinalforschung durch unsere Kollegen und uns – als Ergebnis einer gründlichen Analyse der Abschriften von Hunderten von Menschen, die in mehrjährigen Intervallen befragt und wieder befragt wurden – würde die Grafik so aussehen:

Age and mental complexity: The revised view today

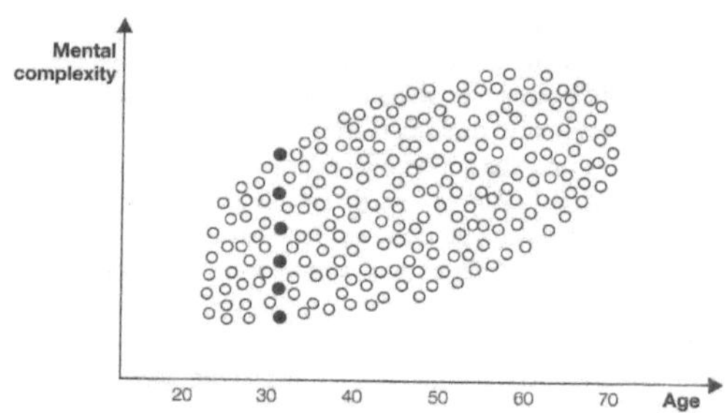

Zwei Dinge sind aus dieser Grafik ersichtlich:

Bei ausreichender Probengröße kann man eine leicht ansteigende Kurve erkennen. Das heißt, wenn man eine Bevölkerung als Ganzes betrachtet, neigt die mentale Komplexität dazu, im Laufe des Erwachsenenalters, zumindest bis ins hohe Alter, zu wachsen; daher ist die Entwicklung der mentalen Komplexität sicherlich keine Geschichte, die in unseren Zwanzigern endet.

In jedem Alter gibt es erhebliche Unterschiede. Z.B. konnten sechs Leute in ihren dreißiger Jahren (die fetten Punkte) an verschiedenen Punkten in ihrem Niveau der Geisteskomplexität sein, wobei einige komplexer als eine Person in ihren vierziger Jahren sein konnten.

[95] Es gibt eine Menge sorgfältig durchgeführter Forschung, die die Idee unterstützt, dass sich Menschen in sequentiellen Stadien in ALLEN Entwicklungslinien entwickeln, z.B. müssen sie zuerst Algebra lernen, bevor sie in der Kalkulation weitermachen können, oder in Stadien der moralischen Entwicklung von Egoismus zu Sorgsamkeit zu universeller Sorgsamkeit.

Männer müssen sensibel gegenüber Frauen sein, die Opfer patriarchaler Dominanzhierarchien geworden sind (oder sich so fühlen). Daher müssen natürliche Hierarchien von Dominator-Hierarchien unterschieden werden, die auftreten, wenn eine höhere Ebene in der Hierarchie eine ungerechtfertigte Kontrolle der unteren Ebenen übernimmt, z.B. ein dominanter Mann über eine Frau.

[96] Für einen umfassenden (überwältigenden) Überblick über Entwicklungssysteme und ihre Quellen siehe *Integral Psychology* (dt: *Integrale Psychologie*) von Ken Wilber, S. 197-217.

[97] Siehe Christian de Quincey *Radical Knowing* (Radikales Verständnis), S. 78.

[98] Bewusstsein bedeutet in der Medizin einfach Wachheit und Ansprechbarkeit und wird durch Beobachtung der Wachsamkeit und Reaktionsfähigkeit eines Patienten beurteilt. In der Psychologie bezieht sie sich gewöhnlich auf das menschliche Bewusstsein und die Erfahrungen, während sie in der Philosophie einen weiten Bereich abdeckt – von der Subjektivität bis zur Wahl, der Innerlichkeit, dem Willen, der Absicht oder der Prätension. „Wille" bedeutet „der Akt der Wahl oder Entscheidung; oder die Macht der Wahl oder Bestimmung". „Wahrnehmen" bedeutet „der Akt des Begreifens, Ergreifens oder Greifens; oder mentales Verstehen".

[99] Siehe Christian de Quincey *Radical Knowing* (Radikales Verständnis), S. 78-90, für eine kurze Einführung in das Bewusstsein mit den Unterschieden zwischen psychologischem, philosophischem und spirituellem Bewusstsein. Siehe auch Allan Combs *The Radiance of Being* (Die Ausstrahlung des Seins), S. 7-27, und Robert Kegan *In Over Our Heads* (Über unseren Köpfen), S. 32, mit seiner Erkenntnis, dass das „Subjekt (oder Bewusstsein) der vorherigen Stufe zum Objekt des Subjekts (Bewusstseins) der nächsten Stufe wird".

[100] Es wird das „harte Problem" genannt, weil noch nicht geklärt ist, wie das Immaterielle oder Transpersonale mit der Materie zusammenhängt und umgekehrt. Aus Christian de Quincey *Radical Knowing* (Radikales Verständnis), S. 22-24:

Es gibt 4 allgemeine Lösungsvorschläge für das schwierige Problem:

Die Materialisten behaupten, dass es nur Materie gibt und dass alles andere letztendlich durch mechanistische Wissenschaft erklärt wird, wir müssen nur lange genug dabeibleiben. Sie können jedoch Erfahrungen wie Sinn, Liebe, Bestimmung, Bewusstsein oder Geist nicht erklären, zumindest noch nicht.

Die Idealisten behaupten, dass alles Materielle letztlich eine Illusion des Verstandes ist oder aus dem Geist durch den Verstand erschaffen wird und daher nicht real ist, oder nur insoweit, als wir an ihn glauben oder ihn erschaffen. Filme wie *The Secret* (Das Geheimnis) und *What the bleep do we know* (Was zum Teufel wissen wir überhaupt) behaupten, dass wir unsere eigene physische Realität erschaffen. Sie können jedoch nicht erklären, wie die Verbindung wirklich funktioniert.

Die Dualisten erkennen an, dass es Leere und Form gibt und sagen, dass sich beides nicht auf das andere reduzieren lässt. Sie können jedoch nicht erklären, wie sie miteinander verbunden sind oder interagieren und sagen, dass sie einfach dasselbe sein könnten, nur aus verschiedenen Perspektiven gesehen, oder dass alles, was nicht materiell ist, übernatürlich ist.

Der Panpsychismus behauptet, dass Materie und Geist gleichermaßen real sind, dass keiner über dem anderen steht, dass alles empfindungsfähig ist (Vorahnung hat) und dass es entweder viele verschiedene Geister gibt, oder einen einzigen Geist, der alles vereint, was ist.

Siehe auch Rupert Sheldrake *Morphic Resonance* (Morphische Resonanz), S. 15-17.

[101] Das Wort „kreiert" bedeutet in diesem Zusammenhang nicht, dass unser Verstand oder Bewusstsein physische Objekte oder die Welt um uns herum erschafft (auch bekannt als Zusammenbruch der Schroedinger-Wellengleichung), wie es in New-Age-Filmen wie *What the bleep do we know* (Was zum Teufel wissen wir überhaupt) oder *The Secret* (Das Geheimnis) dargestellt wird.

Stattdessen suggeriert das Wort „kreiert", dass jeder Einzelne die Welt auf eine einzigartige Weise interpretiert und somit Teile seiner äußeren Realität durch Intentionen (oder Absichten) mitgestaltet. Diese Intentionen können physische Objekte (Artefakte) durch menschliche Handlungen (wie z.B. ein Haus oder ein Gemälde) erzeugen, uns an bestimmte Orte wie einen Supermarkt bringen oder uns für bestimmte Resultate anfällig machen, wie z.B. jemanden zum Heiraten zu gewinnen. Menschen verwechseln manchmal ihre eigene Rolle und Verantwortung mit der Rolle bestimmter Faktoren in diesem komplizierten Prozess der Kokreativität. Die Herausforderung besteht darin, zwischen dem, was gegeben ist (genannt kritischer Realismus), und dem, was durch unsere menschliche Interpretation (der Mythos des Gegebenen) geschaffen wird, zu unterscheiden und unseren Einflusskreis von unserem Sorgenkreis zu unterscheiden.

Siehe Ken Wilber *Integral Spirituality* (dt: *Integrale Spiritualität*), S. 175-178.

[102] Siehe die Pionierarbeit von Jean Gebser über die Evolution des menschlichen Bewusstseins und Jean Piaget oder Erik Erikson über die Entwicklungsstufen des Kindes (schön zusammengefasst von Allan Combs in *Consciousness Explained Better* (Bewusstsein, leicht erklärt), S. 21-34 und 49-76). Siehe auch Susanne Cook-Greuter, *Ego-Development: Nine Levels of Increasing Embrace* (Ego-Entwicklung: Neun Stufen der zunehmenden Umfassung), die kostenlos heruntergeladen werden können unter www.cook-greuter.com/ (eng)

[103] Siehe die Arbeiten von Abraham Maslow, Jenny Wade, Robert Kegan, Lawrence Kohlberg, Jane Loevinger, Carol Gilligan und Susanne Cook-Greuter, um nur einige Männer UND Frauen zu nennen, die Entwicklungsforschung betrieben und Entwicklungsmodelle entworfen haben.

[104] Roger Walsh erkannte, dass integral aufgeklärte Menschen das folgende aufweisen:

Fürsorge und Mitgefühl für die Menschen auf früheren Ebenen, denn das sind die Menschen, denen wir das Privileg haben zu helfen und zu dienen.

Liebe zu denen auf der gleichen Ebene, denn das sind unsere Ebenbürtigen, unsere Gemeinschaft und unsere Sangha.

Dankbarkeit an diejenigen, die sich auf einer höheren Ebene befinden, denn dies sind unsere Lehrer, Vorbilder und Wegbereiter. Siehe www.integrallife.com/node/54698 (eng)

[105] Zwei Beispiele für natürliche Hierarchien sind: (1) Buchstaben bilden Wörter, Wörter bilden Sätze, Sätze bilden Absätze; (2) Atome bilden Moleküle, Moleküle bilden Zellen, Zellen bilden Organismen und so weiter.

Niemand würde Buchstaben oder Atome als verdrängt oder dominiert sehen, weil sie „niedriger" oder „weniger tief/komplex" sind als die Wörter und Moleküle, die sie bilden.

Die meisten Menschen sehen auch den Wert von Hierarchien in Bezug auf akademische, musikalische oder sportliche Fähigkeiten, die objektiv bewertet und gemessen werden können, oder für das Funktionieren von Institutionen wie Krankenhäusern, Unternehmen, dem Militär oder Kirchen. Weil wir, und besonders Frauen, nur allzu vertraut sind mit Dominator-Hierarchien, Faschismus und fehlgeleitetem darwinistischem Denken (Überleben der Stärksten), wird das Baby von einigen Leuten mit dem Bade ausgeschüttet. In Dominator-Hierarchien zwingen Menschen auf höheren Ebenen mit mehr Macht ihre Werte (gewaltsam) anderen auf und dominieren sie, anstatt sich um sie zu kümmern. Das Wachstum des Bewusstseins führt dazu, dass Individuen ein höheres Maß an Fürsorge, Liebe, Mitgefühl und Verantwortung gegenüber anderen zeigen und ist daher das Gegenmittel zu Dominator-Hierarchien.

[106] Im integralen Modell werden diese Stadien oft als „Meme" (plural von Mem) bezeichnet. Während ein „Gen" die vererbbaren Eigenschaften eines Organismus enthält, enthält ein „Mem" kulturelle Informationen wie Praktiken, Ideen oder Werte, die verbal oder durch wiederholtes Handeln von einer Person zur anderen übertragen werden.

Meme oder Entwicklungsebenen sind oft farblich gekennzeichnet, um von Rangfolgen unterschieden zu werden und Verwechslungen zwischen Systemen, die eine unterschiedliche Anzahl von Ebenen und/oder Namen haben, zu vermeiden.

Das Farbsystem und die Entwicklungsebenen können auch mit den Sieben Chakren in Verbindung gebracht werden, die subtile Energiezentren in unserem Körper sind, die auf verschiedenen Ebenen aktiv sein können.
Spiral Dynamics (SD), Ken Wilber (KW) und das System der Sieben Chakren (CS) verwenden eine etwas andere Farbcodierung:
Stufe 1 - (SD) Beige = Überleben, (KW) Infrarot = Archaisch, (CS) Rot = Wurzelchakra
Stufe 2 - (SD) Lila = Kin-Spirits, (KW) Magenta = Magie, (CS) Orange = Sakralchakra
Stufe 3 - (SD) Rot = Power-Götter, (KW) Rot = egozentrisch, (CS) Gelb Solarplexuschakra
Stufe 4 - (SD) Blau = Wahrheitskraft, (KW) Bernstein = konformistisch/mystisch, (CS) Grün = Herzchakra
Stufe 5 - (SD) Orange = Streben-Antrieb, (KW) Orange = Rational, (CS) Blau = Selbstausdruckschakra
Stufe 6 - (SD) Grün = Menschliche Bindung, (KW) Grün = Pluralistisch, (CS) Indigo = Intuitionschakra
Stufe 7 - (SD) Gelb = Flex-Flow, (KW) Petrol = Integral, (CS) Violett = Chakra des reinen Bewusstseins
Stufe 8 - (SD) Türkis = Globale Betrachtung, (KW) Türkis = Höheres Bewusstsein (CS) Nicht vorhanden.

[107] Ken Wilber benutzt oft das Gleichnis einer Leiter oder eines Kletterers, und des jeweiligen Ausblicks (Höhe), um das Wachstum des Bewusstseins und seine Gefahren/Verpflichtungen darzustellen. Die **Leiter** stellt die potentiellen Stufen von archaisch bis transpersonell und darüber hinaus dar, die immer in der gleichen Reihenfolge von unten nach oben geklettert werden und die jeweils einen Schritt nach dem anderen gemacht werden müssen. Die Sprossen der Leiter zeigen die Kernfunktionen oder -fähigkeiten an, die für die gesunde Entwicklung des Selbst einbezogen werden müssen, z.B. der Toilettengang, sich behaupten können, gesunde Grenzen setzen, vernünftiges ethisches und moralisches Verhalten, rationales Denken, Einfühlungsvermögen und mitfühlendes Handeln, Werturteile fällen und einer höheren authentischen Bestimmung dienen. Der **Kletterer** repräsentiert das Selbst, in dem sich alles abspielt, mit seinen Quadranten, Antrieben, Linien, Typen und Zuständen. Der **Ausblick** bezeichnet die jeweiligen Weltanschauungen und die Anzahl der Perspektiven, die auf jeder Ebene eingenommen werden können und die mit jeder höheren Stufe, die errungen wird, transzendiert werden. Das Fehlen von Kernfunktionen und -kapazitäten führt zu unvollständigen oder gebrochenen Sprossen. Das Versagen, begrenzte Ausblicke zu **transzendieren**, führt dazu, dass Teile des Selbst bei niedrigeren Ausblicken mit falschen/verzerrten Überzeugungen stecken bleiben.

Mit jeder höheren Bewusstseinsebene steigt nicht nur die Fähigkeit zur Umfassung und Liebe, sondern auch die Anzahl der Möglichkeiten, bei der richtigen Integration und Differenzierung zu versagen. Emotionale Reaktionen (positiv und negativ) auf die Realität eines Partners deuten oft auf eine ungleichmäßige Entwicklung hin, die in einem der Stadien stattgefunden haben kann. Die zugrunde liegenden Wunden können nur geheilt werden, indem man das Verhalten (Beobachtung) von dem Affekt (Emotion), der entsteht, trennt und das Eigentum an ALLEN Gefühlen zurückfordert, anstatt sie auf ihn zu projizieren („Du hast mir das angetan" oder „Du machst mich so glücklich"). Der Unterschied zwischen der Projektion von Gefühlen auf andere und deren Besitz besteht darin, dass wir aufhören zu reagieren und Emotionen (das Wort „Bewegung", das zu „Motivation" führt, ist in das Wort „Emotion" eingebettet) als einen Aufruf zur Heilung und zum Erwachen unserer uneingeschränkten Fähigkeit, unsere wahre Bestimmung (Selbstverwirklichung) auf jeder Ebene der Entwicklung in einer gesunden Partnerschaft zu leben.

Gleichzeitig bedeutet das Besitzen der eigenen Gefühle nicht, ein rückgratloser Fußabtreter zu werden und alle Arten von irrationalen, pathologischen oder missbräuchlichen Verhaltensweisen zu akzeptieren, die nicht unserer tiefsten Bestimmung dienen. Es bedeutet vielmehr, gesunde Grenzen und Unterscheidungsvermögen zu entwickeln und damit aufzuhören, Forderungen zu stellen und/oder unseren Partner für seine Wahrheit/Wirklichkeit zu bestrafen/tadeln, wenn unsere Bedürfnisse nicht erfüllt werden. Wir können dann unsere eigenen UND die Bedürfnisse und Verhaltensweisen (es sei denn, sie sind missbräuchlich oder unethisch/unmoralisch) anderer akzeptieren und handeln (anstatt zu reagieren) in einer liebevollen Art und Weise eigener Wahlfreiheit, anstatt von unseren emotionalen Verletzungen und Ängsten, wieder verletzt zu werden.

Die Fähigkeit, eine Partnerschaft als Chance für die persönliche Entwicklung zu würdigen, setzt voraus, dass ein Paar eine ähnliche Bewusstseinsstufe und spirituelle Entwicklung hat und seine Konflikte als Chance sieht, durch Heilung und Wachstum seine wesentliche Natur/Seele zu entdecken. Wenn diese zu weit voneinander entfernt sind oder wenn ihre Pathologien zu unterschiedlich in Art und Ausmaß sind, wird ihre Beziehung entweder langweilig oder endet in unlösbaren Konflikten.

Intime Liebesbeziehungen zwischen kompatiblen Individuen werden daher von vielen Therapeuten und modernen westlichen spirituellen Lehrern als die beste Möglichkeit gesehen, die emotionalen Wunden, die unbewusste Bindungen und Dissoziationen hervorgerufen haben, aufzudecken und zu heilen und die Tiefe und Verkörperung der psychischen Gesundheit und spirituellen Verwirklichung jedes Partners zu testen.

Das Teilen eines Lebens auf allen Ebenen des Seins (materiell, physisch, intellektuell, emotional und spirituell) kann jeden Partner dabei unterstützen, seine begrenzten Ansichten aus früheren Ebenen, die nicht richtig überwunden wurden (wie „die Welt ist ein gefährlicher Ort" oder „Ich bin nicht verantwortlich für meine Handlungen"), loszulassen und das Eigentum an Kernfunktionen, die nicht richtig integriert waren (wie „Ich bin der Meister meines Körpers, nicht sein Sklave" oder "Ich bin der Mitschöpfer meiner Beziehungen und nicht ein Opfer anderer oder meiner Umstände"), zurückzufordern. Abhängig von der Entwicklungsebene, in der die Pathologie überhaupt auftrat, und ihrer

Art und ihrem Grad, können verschiedene Therapieformen (oder sogar Medikamente) und/oder spirituelle Praktiken den Heilungsprozess unterstützen, der das Unbewusste durch das Bewusstsein zu Tage bringt. Die Wahl der richtigen Therapieform und eines qualifizierten Therapeuten ist daher entscheidend für den Erfolg der Behandlung. Siehe hierzu auch *Integral Psychology* (dt: *Integrale Psychologie*) von Ken Wilber, S. 91-114 für eine vollständige Darstellung des Selbst und seiner Pathologien, Unterpersönlichkeiten und die vorgeschlagenen Therapieformen. Für eine ausführlichere Erklärung von Leiter, Kletterer und Ausblick, siehe Ken Wilber *A Brief History of Everything* (dt: *Eine kurze Geschichte des Kosmos*), S. 125-136. Bedenke, dass Wilber nicht zwischen weiblichem und männlichem Wachstum unterscheidet, außer dass er wiederholt auf Carol Gilligans Arbeit in ihrem Buch *In A Different Voice* (dt: *Die andere Stimme*) verweist, das laut Wilber darlegt, dass Frauen mit einem Schwerpunkt auf Fürsorge, Beziehungen und Verantwortung wachsen, während Männer mit einem Schwerpunkt auf Gerechtigkeit, Agenz und Rechtmäßigkeit wachsen.

Darüber hinaus wurden viele ausgezeichnete Beziehungsbücher für Laien mit Titeln wie *Perfect Love-Imperfect Relationships* (Perfekte Liebe-Unperfekte Beziehungen), *Love and Awakening* (Liebe und Erwachen), *Undefended Love* (Ungeschützte Liebe), *Real Love* (Wahre Liebe) oder *Love Without Hurt* (Liebe ohne Verletzung) von Therapeuten geschrieben, die sich mit diesem anspruchsvollen Thema befassen, das in vielen Partnerschaften zu sehen ist. Wir werden daher die weitere Erforschung von dysfunktionalem Verhalten, Persönlichkeitsstörungen, Traumata, Pathologie und emotionaler Heilung in ihren erfahrenen Händen lassen.

108 Menschen zu beurteilen, die urteilen, ist an sich schon urteilend und ein klassisches Beispiel für einen Leistungswiderspruch. Menschen können nur überleben, wenn sie ständig Situationen beurteilen, um Entscheidungen zu treffen, die unser Überleben und unsere Sicherheit gewährleisten. Dem stehen Unterscheidung (Wahrnehmen, Erkennen, Bewerten oder Unterscheiden) und Verurteilung gegenüber.

109 Pacific Integral in Seattle bietet Bewertungen, die deine Kernstufe der Entwicklung innerhalb seines STAGES-Modells, einer neuen Theorie und Bewertungsmethode für die menschliche Entwicklung, identifizieren. Das ist die Ebene, von der aus du konsequent die Erfahrungen deines Lebens interpretierst. Das Profil zeigt eine Vielzahl von gemeinsamen Themen, einschließlich Stärken und Herausforderungen. Zu diesen Themen gehören dein inneres Denken und deine Emotionen, deine Handlungen und kollektiven Erfahrungen, und wie du dich der Balance zwischen diesen Aspekten deines Lebens näherst. Die Beurteilung gibt auch praktische Empfehlungen für die weitere Entwicklung und das Lernen.

www.pacificintegral.com/new/homepages/stages/stages-assessment/ (eng)

110 Die unteren Stufen werden oft als nicht-dual aufgeklärt wahrgenommen, sind aber in Wirklichkeit a-dual verschmolzen und präkonventionell, was als nicht-dual postpostkonventionell erscheinen mag, da sie beide unkonventionell sind und „Einheit" anzeigen. In der A-Dualität ist jedoch kein „Selbst" entwickelt, das „sich selbst" in eine/n nicht-dualen Zustand oder Ebene transzendieren kann. Ein gutes Beispiel ist der Blick in einen Spiegel. In einem a-dualen Zustand ist dem Betrachter nicht bewusst, dass das, was im Spiegel gesehen wird, eine Reflexion ist, sondern er sieht es als Teil der Umgebung, die er betrachtet, einschließlich seiner selbst. Im nicht-dualen Zustand erkennt der Betrachter sein eigenes Spiegelbild und das, was sich hinter ihm im Spiegel befindet, aber nicht vom Bild getrennt ist. Es ist ein subtiler, aber grundlegender Unterschied. Zum Beispiel erkennt sich kein Baby oder Tier im Spiegelversuch als eigenständiges Subjekt. Siehe auch prä-/trans-Irrtum und nicht-duales Bewusstsein unter „spirituelle Entwicklung" in diesem Kapitel.

111 Ken Wilber prägte den Begriff „prä-/trans-Irrtum", um die Verwirrung zwischen prärationalen und transrationalen Entwicklungsebenen zu beschreiben, weil sie beide nicht-rational sind. Jede Verwechslung zwischen den Prä- und Transebenen wie prä- und postformal, präkonventionell und postkonventionell, präpersönlich und transpersonell usw. fällt unter das prä-/trans-Irrtum. Siehe Ken Wilber, *Integral Psychology* (dt: *Integrale Psychologie*), Endnoten, S. 244/245, *Integral Spirituality* (dt: *Integrale Spiritualität*), S. 51-53, und *Eye To Eye* (Auge in Auge), S. 332-373 (in *Collected Works* (Gesammelte Werke)).

112 Siehe Roger Fisher und William Ury *Getting To Yes Without Giving In* (dt: *Das Harvard-Konzept: Die unschlagbare Methode für beste Verhandlungsergebnisse*).

113 In dem Film *The Fog of War* sagt Robert McNamara: „Um Gutes zu tun, muss man sich auf das Böse einlassen", „die Effizienz maximieren", „die Daten bekommen", „sag niemals nie".

114 „Raff dich auf, schüttele den Staub ab und fang von vorne an" ist ein Zitat aus dem Oscarprämierten Musicalfilm *Swing Time* (1936), welches Barack Obama in seiner Rede anlässlich seiner Vereidigung am 20.1.2009 verwandte.

115 Siehe das Buch *Lean In: Frauen und der Wille zum Erfolg* von Facebooks COO Sheryl Sandberg.

116 Ein „performativer Widerspruch" ist ein Mangel an Übereinstimmung zwischen dem Inhalt und der Performance eines Sprechaktes. Die *Wahrheit* von Aussagen ist ein zentrales Element der Kommunikationsethik. Aussagen, die der Ausführung der Aussage widersprechen, gelten als performativer Widerspruch. Das Beispiel „alle Aussagen müssen falsch sein" ist ein performativer Widerspruch, weil der Sprecher die Handlung ausführt, etwas zu sagen, das der Wahrhaftigkeit des Sprechaktes widerspricht. Wir könnten uns auch Sprechakte vorstellen, deren Inhalt dem eigentlichen Akt widerspricht. Zum Beispiel würde jemand, der „Ich bin stumm" oder „Ich spreche kein Deutsch" sagt, einen performativen Widerspruch begehen. Das Querdenken über das hierarchische Denken zu erheben, ist ein weiteres Beispiel, da es eine eigene Hierarchie schafft.

[117] Sowohl die präkonventionellen Infrarot- bis Rotebenen, die auch als vormoderne oder vorrationale Stufen bezeichnet werden, als auch die postkonventionellen grünen und höheren Stufen, die auch als postmodern oder transrational bezeichnet werden, sind nicht-konventionell/nicht-rational und werden daher oft von Menschen, die nicht integral aufgeklärt sind, miteinander verwechselt. Sie neigen dazu, die vorrationale infantile Ebene der A-Dualität mit transrationalen Ebenen des nicht-dualen Bewusstseins zu verwechseln, oder präkonventionelles unkontrolliertes, aber letztendlich narzisstisch/egozentrisches Verhalten bei Kindern oder Erwachsenen mit verantwortungsvollen, authentischen Äußerungen postkonventioneller persönlicher Freiheit. So führt der prä-/post- oder prä-/trans-Irrtum zu vielen Missverständnissen in spirituellen Kreisen, Verwirrung in postmodernen Gruppen und Organisationen und unlösbaren Konflikten in Liebesbeziehungen zwischen prä- und postkonventionellen Partnern.

[118] Die Kernprinzipien der Gewaltfreien Kommunikation sind:
Vermeide:
Kritik und „sollte".
Verleugnung der Verantwortung.
Forderungen unter Androhung von Schuld oder Strafe.
Erklärungen, wer eine Belohnung oder Strafe verdient.
Eine Beobachtung nicht mit einer Bewertung verwechseln:
Eine Beobachtung wäre: „Ich sah dich dies oder jenes tun" oder "Was ich dich sagen höre, ist....".
Eine Bewertung/Entscheidung wäre: Wenn ich sehe, dass du X machst (wenn du X sagst), denke ich, du bist (ein) Y (Idiot, Idiot, unsensibel, Lügner usw.).
Machbare Bitten in weniger als 15 Worten:
Wenn ich X beobachte, fühle ich Y, weil ich ein Bedürfnis nach Z habe. Wären Sie bereit....
Hört zu und paraphrasiert, aber tut folgendes nicht:
Beraten, vergleichen, erziehen, beruhigen, erzählen, Nichtgefühle ausdrücken (ich fühle X nicht), sympathisieren oder Daten sammeln.
Konzentriert euch darauf, wie die Menschen sind und was sie wollen:
Was wurde beobachtet?
Fühlst du dich erschaffen?
Unerfülltes Bedürfnis?
Was kann ich tun?
Hinter jeder Botschaft steht eine Person mit unerfüllten Bedürfnissen (typischerweise geliebt, verstanden, akzeptiert, gehört usw.).
Konzentriere dich auf alle Gefühle, warte, bis alles ausgedrückt ist.
Wenn man kein Mitgefühl geben kann, braucht man Mitgefühl.
Empathisches Raten:
Wenn du X hörst/erfährst, fühlst du Y, weil du Z brauchst?
Möchtest du, dass ich … ?
Für weitere Informationen siehe *Integral Relationships* (dt: *Integrale Beziehungen*), S. 34-39, und *Gewaltfreie Kommunikation* von Marshall Rosenberg.

[119] Emotionale Erpressung und FOG, Begriffe, die von der Psychotherapeutin Susan Forward geprägt wurden, handeln von der Kontrolle von Menschen in Beziehungen und der Theorie, dass Angst, Verpflichtung und Schuld (Fear, Obligation and Guilt -> „FOG") die Transaktionsdynamik sind, die zwischen dem Beherrscher und der kontrollierten Person im Spiel ist. Diese Dynamik zu verstehen ist für jeden nützlich, der versucht, sich aus dem kontrollierenden Verhalten einer anderen Person zu befreien und sich mit ihrem eigenen Zwang zu befassen, Dinge zu tun, die für andere unangenehm, unerwünscht, belastend oder selbstaufopfernd sind.
https://en.wikipedia.org/wiki/Emotional_blackmail (eng)

[120] Mit Ausnahme von NOW, die von Betty Friedan gegründet wurde, sind alle diese Organisationen von Männern gegründet worden!

[121] Ken Wilber und andere behaupten oft, dass etwa 3-5% bei Petrol und über 1% bei Türkis sind. Ich denke, diese Zahlen sind überhöht und repräsentieren bestenfalls das kognitive Verständnis dieser Ebenen, aber nicht ihre reelle Verkörperung. Wie wir in Teil 4 dieses Buches sehen werden, schrumpft die Zahl der Menschen auf höheren Entwicklungsebenen.

[122] Supermodernität ist ein Schritt jenseits der ontologischen Leere der Postmoderne und beruht auf plausiblen heuristischen Wahrheiten (praktische Methoden sind nicht unter Garantie optimal oder perfekt.) Während die Moderne sich auf die Schaffung großer Wahrheiten konzentrierte (oder was Lyotard „Meistererzählungen" oder „Metanarrative" nannte), und die Postmoderne auf deren Zerstörung (Dekonstruktion) bedacht war; die Supermodernität arbeitet außerhalb der Meta-Wahrheit.
https://en.wikipedia.org/wiki/Hypermodernity (eng)

[123] Sri Aurobindo, ein indischer Nationalist und Freiheitskämpfer, Dichter, Philosoph und Yogi entwickelte seine Vision und Philosophie des menschlichen Fortschritts und einen spirituellen Weg, den er „Integrales Yoga" nannte. Er schrieb: „Der Mensch ist ein Übergangswesen. Er ist nicht endgültig. Der Schritt vom Menschen zum Supermenschen ist die nächste Errungenschaft in der Evolution der Erde. Es ist unvermeidlich, weil es gleichzeitig die Absicht des inneren Geistes und die Logik des Naturprozesses ist." Jean Gebser benutzte den Begriff, um die Entstehung einer neuen Bewusstseinsstruktur im Westen zu beschreiben, die er „Integral" nannte. Wilber nahm den Begriff „Integral" für seine Theorie an, die auf Aurobindo und Gebser (unter vielen anderen) in den späten 1990ern basiert.

[124] Clare Graves, Lawrence Kohlberg, Jane Loevinger, Susanne Cook-Greuter, Robert Kegan und Ken Wilber, um nur einige zu nennen.

[125] Ein von Kurt Goldstein benutzter und von Abraham Maslow popularisierter Begriff, der im Allgemeinen „die volle Verwirklichung des eigenen Potentials [auf jeder Ebene der Bewusstseinsentwicklung]" bedeutet.

[126] Bessere Translation bedeutet die gesunde Balance und Harmonisierung von Agenz und Kommunion in allen vier Quadranten in jeder Entwicklungsphase.

[127] Mehr zu Gültigkeitsansprüchen in den Kapiteln 13 auf Seite 309 und Kapitel 19, S. 456.

[128] Lange Zeit wurde die Integralebene von den Forschern als die höchste Ebene des menschlichen Bewusstseins angesehen, die alle unteren Ebenen integrierte. Später wurden höhere Stufen entdeckt, z.B. von Susanne Cook-Greuter, die nun manchmal Verwirrung stiften, da „Integral" nicht mehr für höchste oder am meisten integrierte steht. In einem Dialog mit Allan Combs gab Ken Wilber vier Definitionen für Integral: (1) das höchstmögliche Entwicklungsniveau, (2) die Integration aller unteren Ebenen, (3) eine horizontale Integration der vier Quadranten auf einer bestimmten Ebene, und (4) Integral unterrichtet zu werden.

[129] Transpersonale Ebenen werden manchmal als ganzheitlich bzw. holistisch, transzendent, postintegral, Einheitsstufe, implizite Ordnung, erleuchteter Verstand, Para-Verstand, höherer Verstand, Super-Verstand, Meta-Verstand, transglobaler Verstand oder intuitiver Verstand bezeichnet, abhängig von der jeweiligen Linie oder dem Entwicklungsmodell.

[130] Siehe A.H. Almaas *Diamond Heart: Book One* (Diamant-Herz: Erstes Buch): „‚In der Welt sein, aber nicht davon' bedeutet, dass du weiterhin das tust, was du tust, deine Karriere als Physiker, Gärtner, Mutter usw. fortsetzt, aber die ganze Zeit über erinnerst du dich und erkennst, dass es nur ein Spiegelbild von etwas anderem ist, dass du dir am meisten wünschst, einen Teil von dir selbst zu verwirklichen."

[131] Siehe F. Scott Fitzgerald: „Der Test einer erstklassigen Intelligenz ist die Fähigkeit, zwei gegensätzliche Ideen gleichzeitig im Auge zu behalten und dennoch die Fähigkeit zu erhalten, zu funktionieren."

[132] Siehe Susanne Cook-Greuters Dissertation *Postautonomous Ego Development: Ego Development: Nine Levels of Increasing Embrace* (Postautonome Selbstentwicklung: Ego-Entwicklung: Neun Stufen der zunehmenden Umfassung) (kostenlos im Download auf www.cook-greuter.com/ (eng)), sowie Jenny Wade *Changes of Mind* (Gesinnungswechsel), die einige der ersten systematischen Ansätze sind, um Ebenen höherer Bewusstseinsentwicklung, wie sie von Ken Wilber in *Integrale Psychologie* skizziert wurden, abzubilden.

[133] Für weitere Details über den Wachstumsprozess siehe Jenny Wade, *Changes of Mind* (Gesinnungswandel), S. 262-270, Beck/Cowan, *Spiral Dynamics* (dt: *Spiral Dinamics*), S. 71-103, Ken Wilber *A Brief History of Everything* (dt: *Eine kurze Geschichte des Kosmos*), S. 131, und Robert Kegan, *In Over Our Heads* (Über unseren Köpfen), S. 32, mit seiner tiefgreifenden Erkenntnis, dass das „Subjekt der vorherigen Stufe zum Objekt des Subjekts der nächsten Stufe wird".

[134] Siehe Jenny Wade, *Changes of Mind* (Gesinnungswandel), S. 268: „[Für Menschen im Bewusstsein der ersten Stufe] bedrohen Werteunterschiede das Ego bis zu einem gewissen Grad, so dass sie nicht in der Lage sind, tolerant zu sein oder Menschen auf einer anderen Bewusstseinsebene zu akzeptieren." Spiral Dynamics beinhaltet die These, dass Menschen 50% der Zeit von ihrer zentralen Entwicklungsstufe (Schwerpunkt), 25% von der unteren und 25% von der oberen Stufe aus operieren.

[135] Siehe Carol Gilligan *In A Different Voice* (dt: *Die andere Stimme*), Einführungsseite xx, wo sie das umreißt: „Männer denken, indem sie sich selbst [er]kennen, würden sie Frauen verstehen, während Frauen denken, indem sie andere kennen, würden sie sich selbst kennen lernen", sowie S. 16, auf der sie Virginia Woolf zitiert: „Es ist offensichtlich, dass sich die Werte der Frauen sehr oft von denen des anderen Geschlechts unterscheiden. Natürlich ist das so. Doch es sind die männlichen Werte, die vorherrschen" und fügt hinzu: „Dadurch kommen die Frauen dazu, die Normalität ihrer Gefühle in Frage zu stellen und ihre Urteile in Achtung vor der Meinung anderer zu verändern."

[136] Wie Abraham Maslow bekanntlich bemerkte: „Wenn du nur einen Hammer hast, siehst du jedes Problem als Nagel." (Er war nicht der Erste, der diese Empfindung zum Ausdruck gebracht hat, aber es wird ihm weitgehend zugeschrieben.)

[137] Ken Wilber wird nicht müde, Carol Gilligans Arbeit zu deuten (siehe ihr Buch *In a Different Voice* (dt: *Die andere Stimme*)), dass Frauen nicht hierarchisch denken, sondern sich hierarchisch entwickeln.

Alison Armstrong von PAX (www.understandmen.com (eng)) und ihre Moderatoren befürworten die These, dass Männer vier Entwicklungsstufen durchlaufen (1) Knappe, (2) Ritter, (3) Prinz und (4) König (was eher eine vertikale Translation als eine vertikale Transformation ist), während sie keine Entwicklungsstufen bei Frauen identifiziert und sogar explizit sagt, dass Frauen sich nicht entwickeln . Siehe auch ihr Buch *The Amazing Development of Men: Everyman's Journey from Knight to Prince to King* (Die Wundersame Entwicklung von Männern: Jedermanns Reise vom Ritter zum Prinzen zum König).

138 David Fonsbo aus Dänemark hat eine interaktive Grafik auf der Grundlage dieser Idee erstellt, die ihr unter www.the-masculineman.com/compatibility-matrix/ (eng) finden könnt.

139 Denke an jemanden, der gerade mit dem Rauchen aufgehört hat. Er oder sie ist normalerweise am intolerantesten gegenüber Menschen, die noch rauchen. Das Gleiche gilt für die Entwicklung der Ebenen. Da es einen enormen Aufwand erfordert, eine untere Stufe zu überwinden, ist es absolut sinnvoll, die Werte der unteren Stufe, die eine Person gerade zurückgelassen hat, abzulehnen. Ken Wilber stellt in einem Interview mit Roger Walsh fest, dass Individuen im Bewusstsein ersten Grades bestimmte Interpretationen (von archaisch bis pluralistisch) der Welt aufgreifen. Und weil diese Menschen nicht wissen, dass ihre begrenzten Ansichten nur Interpretationen der Welt sind, denken sie, dass sie die Realität selbst sehen. Und so denken sie kategorisch, dass Menschen, die sich auf anderen Entwicklungsebenen befinden absolut falsch liegen.

140 Ken Wilber schreibt in seinem Buch *Integrale Meditation* von 2016:

Martin Ucik verwendet den AQAL-Rahmen in seinem großartigen, für Männer geschriebenen Buch *Integrale Beziehungen*, um Beziehungen zu analysieren, besonders wenn sich Individuen auf verschiedenen Gebieten dieser grundlegenden Bereiche befinden.

Seine umfangreiche Erfahrung auf diesem Gebiet führte ihn zu dem Schluss (den die meisten Entwicklungsspezialisten teilen würden), dass Individuen, die sich in 4 der 5 wichtigsten AQAL-Elemente (nämlich Quadranten, Linien, Zustände und Typen) auf verschiedenen Gebieten befinden, immer noch ziemlich produktive Beziehungen haben können. Aber für diejenigen, die in diesem 5. Element verschieden sind – nämlich, die sich auf verschiedenen Ebenen befinden (unterschiedliche Strukturebenen des Wachsens) – ist seine einzige Bemerkung: „Sorry." Er stellt einfach fest, dass die Ebenen so unterschiedlich sind – unterschiedliche Wahrheiten, unterschiedliche Bedürfnisse, unterschiedliche Werte –, dass es für zwei Partner auf verschiedenen Ebenen fast unmöglich ist, genügend gegenseitiges Verständnis und gemeinsame Werte zu finden, um wirklich zusammen zu bleiben."

141 Lao Tzu, der erste taoistische Philosoph, schreibt in der ersten Zeile des Tao Te King (übersetzt von Richard Wilhelm): "Der SINN der sich aussprechen lässt\\ ist nicht der ewige SINN." Er sagt (56): "Der Wissende redet nicht.\\ Der Redende weiß nicht."

Rumi schrieb:

Jenseits der Vorstellungen von Fehlverhalten und Rechtschaffenheit, \\ gibt es ein Feld. Ich treffe dich dort. \\ Wenn die Seele im Gras liegt, \\ dann ist die Welt zu dicht, um darüber zu reden. \\ Ideen, Sprache, sogar der Begriff einander \\ ergeben keinen Sinn.

Eckhart Tolle schrieb in *Stillness Speaks* (dt: *Stille Spricht*):

„Du ‚hast' kein Leben, du ‚bist' Leben. Das Eine Leben, das eine Bewusstsein, das das ganze Universum durchdringt und eine vorübergehende Form annimmt, um sich selbst als Stein oder Grashalm, als Tier, Mensch, Stern oder Galaxie zu erfahren."

142 „Selbst wenn es nur eine mögliche einheitliche Theorie gibt, ist es nur ein Satz von Regeln und Gleichungen. Was ist es, das den Gleichungen Feuer einhaucht und ein Universum schafft, das sie beschreiben können? Der übliche Ansatz der Wissenschaft, ein mathematisches Modell zu konstruieren, kann nicht die Frage beantworten, warum es ein Universum geben sollte, das das Modell beschreiben soll. Warum macht sich das Universum die Mühe, zu existieren?" Stephen Hawking, dreißig Jahre (1979 - 2009) Professor für Mathematik an der University of Cambridge in *A Brief History of Time* (dt: *Eine kurze Geschichte der Zeit*), Kapitel 12.
https://de.wikipedia.org/wiki/Stephen_Hawking

143 Unsere tiefe Sehnsucht nach Liebe als Rückkehr zur Einheit oder Nicht-Trennung kann auch durch die Sehnsucht nach einer Rückkehr zu jener Fusion erklärt werden, die wir mit unserer Mutter vor der Geburt erlebt haben.

144 Siehe zum Beispiel Jenny Wade, *Transcendent Sex* (dt: *Transcendent Sex: In der Sexualität eine höhere Wirklichkeit erfahren*), S. 181: „Die Liebenden erzählen davon, dass sie den Kontakt zur alltäglichen Realität verlieren, um Eins zu werden mit einem unergründlichen, unaussprechlichen Geheimnis, das so groß und so frei von Inhalten ist, dass es erst realisiert werden kann, wenn die Person wieder [zur Dualität] zurückkehrt."

145 Ein wunderbares Buch, das genau dieses Thema behandelt, ist *Cutting through Spiritual Materialism* (dt: *Spirituellen Materialismus durchschneiden*) von Chogyam Trungpa.

146 „[Die Philosophen] Jean-François Lyotard, Jacques Derrida und sogar Michel Foucault entdeckten in den letzten Jahren ihres Lebens, dass es etwas geben muss, das die ontologische Grundlage der Dekonstruktion und der Sprachspiele bildet – etwas, das in einer aktiven Triebkraft des lebendigen Denkprozesses vor der Entstehung jeglicher Gedankeninhalte besteht. Was ihnen bewusst wurde, ist eine Art primordiale, nicht lokalisierte, aber schon auf einer gewissen Ebene selbstbewusste ‚Lebensenergie' des Denkens, Bewusstseins und der Wahrnehmung: etwas, das dem Geist des Denkers normalerweise entgeht, weil sich der denkende Geist immer mit seinen Inhalten identifiziert und die Prozesse, auf denen diese Inhalte basieren, vermisst, was eine aktive Geste der Schöpfung durch ‚Inspiration' ist.

Diese Inspiration muss etwas sein, das die Voraussetzung für alle Inhalte des Denkens ist, sozusagen seine Quelle: etwas, das nicht von vornherein konstruiert wurde, sondern als Voraussetzung aller Konstrukte funktioniert. Es muss ein prä-positiver Konstruktionsprozess sein, leer an sich, eine ‚produktive Leere' oder eine ‚abwesende Präsenz'. Es muss so etwas wie ein nicht identifizierbares Bewusstsein sein, oder sogar so etwas wie ‚reines Bewusstsein', wie es auch immer bezeichnet werden mag.

Die Frage, die sich nach der totalen (oder erfüllten) Dekonstruktion – oder anders ausgedrückt, nach dem Durchbruch zum totalen Nichts ‚aller bekannten Essenzen' – stellt, konnte jedoch von den späten dekonstruktiven Konstruktionen selbst nie beantwortet werden ...

Im Gegensatz zur postmodernen Dekonstruktion wird in verschiedenen hinduistischen, buddhistischen, christlichen und vielen anderen spirituellen Linien ‚nach der dunklen Nacht' der ‚Vernichtung von allem' die Verwirklichung der Essenz oder des nicht-dualen Bewusstseins möglich. Der Zeuge und der Bezeugte kommen in sat-chit-ananda, Nirvana, mystischer Vereinigung usw. zusammen, d.h. in einem Bewusstsein, das als dem höchsten Nichts oder der produktiven Leere gleichwertig betrachtet und erlebt wird, aber nicht in der Verzweiflung, sondern als Glück und Befreiung, und schließlich als das Ende der Verzweiflung durch das Ende des ‚niedrigen Selbst' und der Befreiung des ‚hohen Selbst', also durch eine ‚nicht lokale' Identifikation mit dem Ganzen über das Ego hinaus."

Seite 57, *Critical Realism and Spirituality* (Kritischer Realismus und Spiritualität), Essay von Roland Benedikter und Markus Molz.

147 Siehe Robert Kegans Buch *In Over Our Heads* (Über unseren Köpfen), S. 32, mit seiner Erkenntnis, dass das „Subjekt der vorherigen Stufe zum Objekt des Subjekts der nächsten Stufe wird", Douglas E. Hardings Klassiker *Die Entdeckung der Kopflosigkeit*, und Eckhart Tolle *A New Earth* (dt: *Eine neue Erde*), (Hardcover), S. 129-137.

148 Siehe Ken Wilber *Integral Spirituality* (dt: *Integrale Spiritualität*), S. 71-83, *A Brief History of Everything* (dt: *Eine kurze Geschichte des Kosmos*), S. 179-217, sowie Lew Howard *Introducing Ken Wilber* (Vorgestellt: Ken Wilber), S. 196-279, für weitere Details.

149 Emotionen sind Gefühle, die physisch durch den Körper ausgedrückt werden, z.B. Schreien, Weinen, Lachen, Jubeln, Schwitzen, Zurückschrecken, gerötetes Gesicht, Zittern oder ein Knoten im Hals. Sie unterscheiden sich von höher empfundenen Erfahrungen wie Intuition, Ganzheit, Präsenz, Sinn, Bestimmung, Empathie, Mitgefühl, Glaube, Demut, Widmung, Liebe oder Hingabe.

150 Viele New-Age- oder New-Thought-Ideen sind aus dieser Zustandsstufe entstanden, wie z.B. *Science of Mind* Kirchen (basierend auf der Arbeit von Ernest Holmes) und Filme/Bücher wie *The Secret*, *Ask and It is Given* (Abraham Hicks), und *What the bleep do we know* (Was zum Teufel wissen wir überhaupt), die alle das positive Denken mit der idealistischen Idee propagieren, dass Gedanken nicht nur unsere *Interpretation* der Realität und unserer Absichten sind (die dann vielleicht später bestimmte Realitäten schaffen), sondern die physische Realität selbst (wie Krankheiten, soziale Situationen, finanzielle Reichtümer, oder einen Partner, den wir *manifestieren* usw.).

Es ist zwar ein wichtiger erster Schritt zum Erwachen und kann die Menschen befähigen, mehr Verantwortung für ihr Leben zu übernehmen, anstatt sich als Opfer zu fühlen, aber es kann zu einer höchst problematischen und moralisch fragwürdigen Sichtweise werden, da es die Menschen für ihr eigenes Schicksal voll verantwortlich macht, unabhängig von ihrer ethnischen Herkunft, ihrem kulturellen Hintergrund und ihren Fähigkeiten. Wenn sie als universelle Wahrheit behauptet wird, kann sie den so genannten *Auschwitz-Test* nicht bestehen, da sie suggeriert, dass die sechs Millionen Juden, die von den Nazis getötet wurden (oder die zehn Millionen oder mehr Indianer, die von weißen Siedlern durch Krieg, Hunger und ihre Krankheiten getötet wurden), für ihr eigenes Schicksal verantwortlich sind, weil sie nicht „den richtigen Weg gefunden und ihr Schicksal angezogen haben". Diese Begriffe deuten nicht nur auf einen zutiefst verzerrten moralischen Kompass hin, sondern sind auch von ernsthaften Wissenschaftlern längst aufgegeben worden, zum Beispiel von Dr. David Albert auf *Disc One, Side Two of Down The Rabbit Hole*, der die tiefgründige Version/Fortsetzung von *What the Bleep do we Know* ist, oder Einsteins berühmter Bemerkung „Ich denke gerne, dass der Mond da ist, auch wenn ich ihn nicht ansehe".

151 Das Atmen, das normalerweise unfreiwillig ist, kann als Brücke zwischen der manifesten und der unmanifesten Welt dienen, wenn wir das Bewusstsein einbringen.

152 Süchte sind wiederkehrende Zwänge mit negativen Folgen für unseren Körper und unser soziales Leben, die Macht über uns haben und die wir nicht kontrollieren können. Siehe Eckhart Tolle, *The Power Of Now* (dt: *Jetzt! Die Macht der Gegenwart*), S. 127 (152 broschiert): „Jede Sucht entsteht aus einer unbewussten Weigerung, sich dem eigenen Schmerz zu stellen und sich durch ihn zu bewegen. Jede Sucht beginnt mit Schmerzen und endet mit Schmerzen. Was auch immer die Substanz ist, die Sie süchtig nach Alkohol, Essen (Sex, Glücksspiel, Arbeit, Partnersuche), legalen oder illegalen Drogen oder einer Person macht – Sie benutzen etwas oder jemanden, um Ihren Schmerz zu verdrängen."

153 „Übersinnlich" bezieht sich auf die Fähigkeit, Dinge wahrzunehmen, die vor den normalen Sinnen verborgen sind, die mit dem Körper verbunden sind (d.h. Dinge, die man sieht, hört, berührt, riecht, schmeckt).

154 Ein Begriff, den Carl Gustav Jung für die Erfahrung von zwei oder mehr unwahrscheinlichen Ereignissen geschaffen hat, die zusammen als bedeutsamer Zufall auftreten, wie z.B. einen Freund in einem fremden Land zu treffen, der nach einem Ort sucht, aus dem man gerade gekommen ist, oder über eine Person zu sprechen, die einen anruft und eine

Frage stellt, die sich auf das bezieht, was man gerade gesagt hat. Siehe Christian de Quincey, *Radical Knowing* (Radikales Verständnis), S. 91-122.

155 Ralph Waldo Emerson (1803-1882) war der einflussreichste amerikanische Schriftsteller über diese Ebene und wird von Wilber in *Sex, Ecology, Spirituality* (Sex, Ökologie, Spiritualität), S. 288-301, ausführlich zitiert.

156 Über männliche Depressionen siehe Terrence Real, *Mir geht's doch gut.*

157 Viele Bücher sind geschrieben worden um diese Zustandsstufe zu beschreiben *Ein Kurs in Wundern* von Helen Schucman, *Sei jetzt hier* von Ram Dass, oder kürzlich auch Eckhart Tolles Bestseller *Jetzt! Die Kraft der Gegenwart* und *Eine neue Welt*, die Millionen erreicht haben.

158 Klares Träumen bedeutet, dass du deinen Traum wie einen Film sehen kannst. In einer weniger erleuchteten Form kannst du den Traum manipulieren, in einer fortgeschrittenen Form siehst du ihn nur ohne Bindung an seinen Kontext. Siehe Roger Walsh, *Paths Beyond Ego* (Wege hinter das Ego), S. 71-86.

159 In den Upanishaden, den alten hinduistischen Schriften, steht geschrieben, dass Brahman (das Höchste Wesen) nicht das ist, was durch die Rede erleuchtet wird, sondern was die Rede erleuchtet; das, was nicht durch den Verstand gedacht werden kann, sondern durch das der Verstand denken kann; das, was nicht durch das Auge gesehen wird, sondern durch das das Auge sehen kann; das, was nicht durch das Ohr gehört werden kann, aber durch das das Ohr hören kann, und das, was nicht mit dem Atem atmet, sondern durch den Atem eingeatmet wird.

160 Daniel J. Siegel, *Mind: A Journey To The Heart of Being Human* (dt: *mind – Eine Reise ins Herz des Menschseins*), S. 127-130: „Zwei Begriffe, die anzeigen, wie Informationen in unseren Köpfen und Gehirnen verarbeitet werden, sind ‚Top-Down' und ‚Bottom-Up'. Während diese Begriffe manchmal für die anatomische Lage der Verarbeitung verwendet werden (die höhere Kortikalis oben, der untere Hirnstamm und die limbischen Bereiche unten), werden diese Begriffe auch für Schichten der Verarbeitung verwendet, die nicht mit der anatomischen Verteilung von oben und unten zusammenhängen. Stattdessen werden sie für den Grad der Informationsverarbeitung verwendet.

In der Ansicht, die wir hier verwenden werden, bezieht sich Top-Down auf die Art und Weise, wie wir die Dinge in der Vergangenheit erlebt und verallgemeinerte Zusammenfassungen oder mentale Modelle, auch bekannt als Schema, dieser Ereignisse erstellt haben. Zum Beispiel, wenn Sie viele Hunde gesehen haben, haben Sie ein allgemeines mentales Modell oder ein Bild eines generischen Hundes. Wenn Sie das nächste Mal einen pelzigen Hund vorbei schlendern sehen, kann Ihre Top-Down-Verarbeitung dieses mentale Modell verwenden, um eingehende visuelle Eingaben zu filtern, und Sie werden die Einzigartigkeit dieses Hundes vor sich nicht wirklich sehen. Sie haben Ihr verallgemeinerndes Hundebild über diesen hier und jetzt wahrnehmbaren Energiestrom gelegt, der die neuronale Darstellung von ‚Hund' erzeugt. Was Sie tatsächlich im Bewusstsein haben, ist die Amalgamierung der Top-Down-Filterung Ihrer Erfahrung. Hier bedeutet ‚top' also, dass vorherige Erfahrungen aktiviert werden, was es schwierig macht, die einzigartigen und lebendigen Details dessen, was hier und jetzt geschieht, wahrzunehmen. Der von oben nach unten verallgemeinerte Begriff des Hundes wird Ihre Wahrnehmung des eigentlichen Tieres vor Ihnen beschatten und einschränken.

Der Vorteil von Top-Down ist, dass es Ihr Leben effizienter macht. Das ist ein Hund, ich weiß, was es ist, ich brauche nicht mehr Energie als nötig für unbedeutende, nicht bedrohliche Dinge, also nehme ich meine begrenzten Ressourcen und wende sie woanders an. Es spart Zeit und Energie und ist daher kognitiv effizient. Das ist eine Top-Down-Verarbeitung. Auf der anderen Seite, wenn Sie noch nie einen stacheligen Ameisenbären gesehen haben, wird er Ihre ganze Aufmerksamkeit auf sich ziehen, indem er Ihre Bottom-Up-Verarbeitung aktiviert, so dass Sie mit Anfängeraugen sehen. Dies sind Augen, die zu Schaltkreisen im Gehirn führen, die die laufende Wahrnehmung nicht durch die Top-Down-Filter früherer Erfahrungen formen und verändern. Sie werden so viel reines Sehvermögen wie möglich aufnehmen, ohne dass der Top-Down-Filter das, was Sie jetzt sehen, basierend auf dem, was Sie vorher gesehen haben, verändert und einschränkt."

161 Es sollte eine Konferenz für Erleuchtete geben, und jeder, der daran teilnimmt, wird automatisch disqualifiziert.

162 Psychose (ein abnormaler Zustand des Geistes) ist ein allgemeiner psychiatrischer Begriff für einen psychischen Zustand, der oft als „Verlust des Kontaktes zur Realität" beschrieben wird. Menschen, die an Psychose leiden, gelten als psychotisch.

163 Siehe Eckhart Tolle, *The Power Of Now* (dt: *Jetzt! Die Kraft der Gegenwart*), S. 125 (S. 150, broschiert): „Auf der körperlichen Ebene bist du offensichtlich nicht ganz und wirst es auch nie sein: Du bist entweder ein Mann oder eine Frau, also die Hälfte des Ganzen. Auf dieser Ebene manifestiert sich die Sehnsucht nach Ganzheit – die Rückkehr zur Einheit – als maskulin-feminine Anziehungskraft, das Bedürfnis des Mannes nach einer Frau, das Bedürfnis der Frau nach einem Mann. Die Wurzel für diesen physischen Drang ist spirituell: die Sehnsucht nach einem Ende der Dualität, eine Rückkehr zum Zustand der Ganzheit. Die sexuelle Vereinigung ist diejenige, die diesem Zustand auf der physischen Ebene am nächsten kommt."

164 Roy Bhaskar, *Reflections on Metareality: Transcendence, Emancipation and Everyday Life* (Überlegungen zur Metarealität: Transzendenz, Emanzipation und Alltag), S. 265-266. „Nicht-Dualität ist eine Eigenschaft des Bewusstseins; Gegenseitigkeit ist eine Eigenschaft des belebten Seins, der Vitalität und des Lebens; Ko-Präsenz ist ein Prinzip der Eigenschaft allen Seins (einschließlich der Materie). Gegenseitigkeit funktioniert in der Tat über die Prinzipien der Ko-Präsenz. Denn was im Falle der Reziprozität geschieht, ist, dass irgendein Aspekt oder Teil des reziproken Wesens mit

einer ähnlichen, abgestimmten oder (man könnte sagen) auf der gleichen Wellenlänge, Frequenz oder Schwingungsebene wie die, zu der es sich hin- und herbewegt, mit dem Impuls schwingt, der es aktiviert. Da das sich hin- und herbewegende Wesen selbst ein konkretes Universum ist, hängt die Art der Resonanz davon ab, welches Merkmal dieses konkreten Universums beteiligt ist.

Es ist das psychische Wesen, das typischerweise die Ebenen der bewussten transzendentalen Identifikation und umhüllten Ko-Präsenz vermittelt und verkettet."

165 Der Begriff wurde Anfang der 1980er Jahre von John Welwood, einem buddhistischen Lehrer und Psychotherapeuten, eingeführt. Eine spirituelle Selbstverleugnung oder spirituelles Bypassing ist eine „Tendenz, spirituelle Ideen und Praktiken zu nutzen, um ungelöste emotionale Probleme, psychische Wunden und unerledigte Entwicklungsaufgaben zu umgehen oder zu vermeiden". Spirituelle Bypässe können mit verschiedenen Formen der Psychotherapie behandelt werden.

https://en.wikipedia.org/wiki/Spiritual_bypass (eng)

Robert Augustus Masters schreibt in seinem ausgezeichneten und sehr empfehlenswerten Buch *Spiritual Bypassing*: „Aspekte der spirituellen Selbstverleugnung sind übertriebene Distanz, emotionale Betäubung und Unterdrückung, Überbetonung des Positiven, Wutphobie, blindes oder zu tolerantes Mitgefühl, schwache oder zu poröse Grenzen, einseitige Entwicklung (kognitive Intelligenz ist oft der emotionalen und moralischen Intelligenz weit voraus), schwächendes Urteil über die eigene Negativität oder Schattenelemente, Abwertung des Persönlichen gegenüber dem Geistigen und Wahnvorstellungen, auf einer höheren Wesensebene angekommen zu sein." http://robertmasters.com/writings/spiritual-bypassing/ (eng)

166 Richard Ebstein und sein Team von der Hebräischen Universität in Jerusalem haben ein gemeinsames genetisches Merkmal gefunden, das einige von uns hungriger nach Sex machen könnte als andere. Das Team untersuchte ein Gen, den so genannten Dopamin-D4-Rezeptor (DRD4), der zum Teil die Reaktion des Gehirns auf Dopamin steuert, eine Chemikalie, die oft mit dem „Lustsystem" des Körpers in Verbindung gebracht wird. Wissenschaftler wissen, dass dieser Neurotransmitter das sexuelle Verhalten von Tieren und Menschen kontrollieren kann und dass Dopamin-Kreisläufe helfen, den Antrieb für Dinge wie Sex, Drogen und Nahrung zu schaffen.

http://www.nature.com/news/2006/060531/full/news060529-6.html (eng)

167 Siehe Gregory K. Popcak, *The Exceptional Seven Percent* (Die außergewöhnlichen sieben Prozent), S. 183-204, sowie David Schnarch, *Passionate Marriage* (Leidenschaftliche Ehe).

168 Siehe David Deida, *Intimate Communion* (Intime Gemeinschaft), S. 59.

169 Siehe www.webmd.com/sex-relationships/features/10-surprising-health-benefits-of-sex (eng). Forscher fanden heraus, dass Sex: (1) Stress lindert, (2) das Immunsystem stärkt, (3) Kalorien verbrennt (85 oder mehr in 30 Minuten), (4) die kardiovaskuläre Gesundheit verbessert, (5) das Selbstwertgefühl verbessert, (6) die Intimität verbessert, (7) Schmerzen reduziert (durch Freisetzung von Oxytocin), (8) das Risiko von Prostatakrebs reduziert, (9) die Beckenbodenmuskulatur stärkt und (10) das Schlafen verbessert. Siehe auch Patricia Love und Steven Stosnyin *How To Improve Your Marriage Without Talking About It* (dt: *Schatz, wir müssen gar nicht reden!*), S. 148-150.

170 Siehe David Deida, *Intimate Communion* (Intime Gemeinschaft), S. 59-60.

171 Siehe David Schnarch, *Passionate Marriage: Keeping Love and Intimacy Alive in Committed Relationships* (Leidenschaftliche Ehe: Wie man Liebe und Intimität in festen Beziehungen am Leben hält).

172 „Kundalini" bedeutet wörtlich übersetzt Wicklung, wie eine Feder oder Schlange, an der Basis der Wirbelsäule. Es vermittelt das Gefühl eines ungenutzten Energiepotenzials oder eines großen Reservoirs an Kreativität, das oft während der sexuellen Aktivität über die Wirbelsäule bewegt werden kann. Wenn sich die Kundalini-Energie durch den Körper bewegt, verändert sich das Bewusstsein zwangsläufig mit ihm. Aus psychologischer Sicht kann man es als eine reiche Quelle psychischer oder libidinöser Energie in unserem Unbewussten betrachten.

173 Siehe Dichter wie Rumi, Hafiz, Rainer Maria Rilke oder Emily Dickinson und David Deida, *Du bist Liebe*, ein Buch mit 29 wunderbaren Liebesbriefen, die jedes der kurzen Kapitel vorstellen.

174 Siehe David Deida, *Intimate Communion* (Intime Gemeinschaft), S. 60-61.

175 Emilio Ferrer, ein Psychologieprofessor der UC Davis, der eine Reihe von Studien über Paare in romantischen Beziehungen durchgeführt hat, fand mit Hilfe von Messgeräten zur Erfassung von Herzfrequenz und Atmung heraus, dass Paare ihre Herzfrequenz synchronisieren, und sie atmen in den gleichen Abständen ein und aus. www.ucdavis.edu/news/lovers-hearts-beat-sync-uc-davis-study-says/ (eng)

176 Siehe Margo Anand, *The Art of Sexual Ecstasy* (dt: *Tantra: oder Die Kunst der sexuellen Ekstase*), S. 387-421, für diese und andere tantrische Stellungen.

177 Siehe Victor Golds simples und teilweise repetitives Buch *The Potency Principles* sowie www.sexualhealingnow.com/ (eng). Für eine tiefergehende Einführung in Tantra: Margo Anand , *The Art of Sexual Ecstasy* (dt: *Tantra: oder Die Kunst der sexuellen Ekstase*) sowie *The Sexual Ecstasy Workbook* (Das Arbeitsbuch zur sexuellen Ekstase).

178 Der Beckenbodenmuskel oder Pubococcygeus-Muskel kommt bei Männern und Frauen vor. Er erstreckt sich vom Schambein bis zum Steißbein und bildet den Boden der Beckenhöhle. Es ist derselbe Muskel, den ihr benutzt, um den

Urinfluss zu stoppen. Er kann durch 30-50-maliges anspannen und Halten für einige Sekunden am Tag gestärkt werden.

[179] Siehe „Bindungstypen" weiter unten und Ayala Malach Pines *Falling in Love* (Verlieben), S. 109-120: „Die ‚Bindungstheorie' beschreibt, wie Kinder lernen, sich ihrer primären Bezugsperson (meist der Mutter) nahe zu fühlen und sich gleichzeitig sicher fühlen, ihre Individualität zu erforschen. Wenn die primäre Bezugsperson beständig, stabil, vertrauenswürdig und ansprechbar ist, entwickelt das Kleinkind ein Gefühl der Sicherheit in der Liebe und als Erwachsener wird es sich in Liebesbeziehungen wohl fühlen und zufrieden sein. Wenn nicht, wird ein Erwachsener ein Muster von Angst und Ambivalenz zeigen oder sogar intime Liebesbeziehungen ganz vermeiden."

[180] Siehe Ayala Malach Pines, *Falling in Love* (Verlieben), S. 98-100, für eine Theorie darüber, wie Männer ihre emotionale, aber nicht ihre körperliche (oder sexuelle) Bindung zu ihrer Mutter unterdrücken müssen, um sich mit ihrem Vater zu identifizieren. Diese Bindung wird dann im späteren Leben auf Frauen übertragen. Frauen müssen sich sexuell von ihrer Mutter lösen, aber nicht emotional, um sich mit dem Vater zu identifizieren. Diese Bindung wird dann im späteren Leben auf den Mann übertragen. Siehe auch John Welwood, *Love and Awakening* (dt: *Bewusst lieben: Ein Weg des Erwachens*), S. 182-184 sowie S. 199.

[181] Carl Gustav Jung (1875-1961) war ein Schweizer Psychiater, einflussreicher Denker und Begründer der analytischen Psychologie.

[182] Anima und Animus sind in Carl Jungs Schule der analytischen Psychologie die Gesamtheit der unbewussten weiblichen psychologischen Qualitäten, die ein Mann besitzt (Anima) und die männlichen, die die Frau besitzt (Animus). Jung war nicht klar, ob der Anima-/Animus-Archetyp völlig unbewusst ist, und nannte ihn „ein wenig bewusst und unbewusst". Jung gab als Beispiel einen Mann, der sich Hals über Kopf verliebt und später im Leben seine blinde Wahl bereut, als er feststellt, dass er seine eigene Anima geheiratet hat – die unbewusste Vorstellung der Weiblichkeit in seinem Kopf, nicht die Frau selbst. Die Anima ist in der Regel ein Aggregat der Mutter eines Mannes, kann aber auch Aspekte von Schwestern, Tanten und Lehrern beinhalten. Die Anima und Animus sind einer der bedeutendsten autonomen Komplexe überhaupt. Sie manifestieren sich durch das Auftreten als Figuren in Träumen sowie durch Einflüsse in den Wechselwirkungen zwischen den Geschlechtern. Jung sagte, dass die Konfrontation mit dem eigenen Schatten-Selbst ein „Lehrlingsstück" ist, während die Konfrontation mit dem eigenen Anima und Animus das „Meisterwerk" ist. Siehe https://de.wikipedia.org/wiki/Animus_und_Anima

[183] In der Psychologie bezieht sich ein Komplex auf unbewusste Assoziationen oder starke unbewusste Impulse, die dem Verhalten eines Individuums zugrunde liegen. Komplexe erklären, warum manche Menschen über eine Situation wütend oder traurig werden, während andere es nicht tun, oder warum eine Person emotional von der Aura und dem Verhalten einer bestimmten Person angezogen oder abgewiesen wird, während andere es nicht sind.

[184] Siehe Ayala Malach Pines, *Falling in Love* (Verlieben), S. 116-121. Die fünf Stufen der Anima-/Animus-Entwicklung, die in diesem Handbuch beschrieben werden, ähneln Otto Kernbergs Fünf-Punkte-Skala der Liebesfähigkeit, auch wenn er nicht zwischen Männern und Frauen unterscheidet und sich nur auf die Beziehung zur Mutter konzentriert (eine große Kritik), mit der Folge, dass seine Skala eher eine männliche Entwicklung widerzuspiegeln scheint:
Totale Unfähigkeit zu lieben.
Sexuelle Promiskuität.
Primitive Idealisierung der geliebten und kindlichen Abhängigkeit.
Fähigkeit, stabile Beziehungen zu schaffen, ohne die Fähigkeit, volle sexuelle Befriedigung zu genießen.
Tiefe intime Beziehungen mit einer gesunden Kombination aus Sexualität und Sensibilität für den anderen.

[185] Siehe Erich Fromm *The Art of Loving* (dt: *Die Kunst des Liebens*), S. 88-89.

[186] Siehe Robert Bly, *Eisenhans*, Sam Keen, *Feuer im Bauch*, und David Deida, der in *The Way of the Superior Man* (dt: *Der Weg des wahren Mannes*) schreibt, S. 51: „Eine Frau scheint oft die Fähigkeit ihres Mannes zu prüfen, in seiner Wahrheit und Bestimmung unbeirrt zu bleiben. Sie prüft ihn, um seine Freiheit und Tiefe der Liebe zu spüren, um zu wissen, dass er vertrauenswürdig ist. Ihre Tests können in Form von Beschwerden, Herausforderungen, Meinungswandel, Zweifel an ihm, Ablenkung oder sogar Untergrabung seiner Bestimmung in einer subtilen oder nicht so subtilen Weise geschehen. Ein Mann sollte nie denken, dass die Prüfung seiner Frau zu Ende geht und sein Leben einfacher sein wird. Vielmehr sollte er schätzen, dass sie diese Dinge tut, um seine Stärke, Integrität und Offenheit zu spüren. Ihr Wunsch gilt seiner tiefsten Wahrheit und Liebe. Wie er wächst, so wächst auch ihre Prüfung."

[187] Siehe Mark Gerzon, *Coming Into Our Own* (Zu unserem Recht kommen), sowie der Film *American Beauty*.

[188] Polyamorie bedeutet, mehr als eine liebevolle, intime Beziehung auf einmal mit dem vollen Wissen und Einverständnis aller Beteiligten zu haben. Polyamouröse Menschen haben oft eine primäre Partnerschaft als Wirtschafts- und Familienbasis und zusätzliche Liebhaber. Es wird als Alternative zu Betrug und Scheidung angesehen, wenn sich eine Person in einer festen Beziehung in eine andere verliebt. Ein weiteres Motiv ist es, eine primäre Beziehung frisch und lebendig zu halten, indem man die Aufregung der neuen Liebe in die bestehende Beziehung einbringt. „Poly"-Beziehungen können sehr herausfordernd, zeitaufwendig, verstörend und potenziell schädlich sein, und nur sehr wenige Paare waren über einen längeren Zeitraum erfolgreich und glücklich mit einer solchen Vereinbarung. Polyamore Beziehungen wer-

den oft mit offenen Beziehungen, Swinging oder einfachem Betrug verwechselt. Die Poly-Szene wurde von wohlmeinenden und reifen Grünen geschaffen und später von Rot infiltriert, was viele Probleme verursachte, die bis heute andauern.

[189] Siehe David Deidas provokantes Buch *Der Weg des wahren Mannes* für Einblicke in eine authentische und sensible männliche Sexualessenz, die für viele Frauen attraktiv ist.

[190] Autorität ist definiert als die Macht, den eigenen Gedanken, die eigene Meinung oder das eigene Verhalten als gut und wahr zu bestätigen oder zu beherrschen.

[191] Siehe Robert Augustus Masters *Transformation through Intimacy – The Journey Towards Mature Monogamy* (Transformation durch Intimität – Der Weg zur reifen Monogamie). In einer reifen monogamen Beziehung sind einander entgegengesetzte und gleiche Partner aus freien Stücken und nicht aus Angst treu.

[192] Siehe David Richo *How to be an Adult in Relationship* (dt: *Reif werden füreinander*), S. 113 und 153-155.

[193] Kodependenz entsteht, wenn eine Person (der Kodependente) ein kontrollierendes Verhalten gegenüber einer emotional, physisch oder wirtschaftlich abhängigen Person (der Abhängige) zeigt, um den Zustand der abhängigen Person zu verewigen, wegen ihres eigenen Wunsches, gebraucht zu werden und ihrer Angst, etwas zu tun, was die Beziehung verändern würde.

[194] Siehe Polly Young Eisendrath und Florence Wiedemann, *Female Authority* (Weibliche Autorität), S. 69-74

[195] Ebenda, S. 80-111

[196] Ebenda, S. 8: „Die Fähigkeit einer Frau, ihre eigenen Überzeugungen von Wahrheit, Schönheit und Güte in Bezug auf ihr Selbstverständnis und ihr Eigeninteresse zu bestätigen, ist das, was wir ‚weibliche Autorität' nennen."

[197] Ebenda, S. 112-120

[198] Siehe das Buch *Conscious Uncoupling* (dt: *Lass uns in Frieden auseinandergehen*) von Katherine Woodward Thomas, das hauptsächlich für Frauen geschrieben wurde, die ihre Partner verlassen oder verlassen wollen und die Konflikte und Gefühle von Schuld, Schmerz, Angst und Scham vermeiden, aber auch für Männer hilfreich sein kann, um zu verstehen, warum Frauen gehen und das Beste aus der Situation zu machen, sowie Elisabeth Kubler-Ross *On Death and Dying* (dt: *Interviews mit Sterbenden*), das fünf Zustände von Trauer (Leugnung, Wut, Verhandlung, Depression und Akzeptanz) beschreibt, die wir auch durchmachen können, nachdem wir von einem Partner verlassen wurden, in den wir verliebt waren. Siehe auch David Richo, *How to be an Adult in Relationship* (dt: *Reif werden füreinander*), S. 199-213, Helen Fisher, *Why We Love* (dt: *Warum wir lieben*), S. 153-180, Kathryn Alice *Love Will Find You* (Liebe wird dich finden), S. 69-100, sowie etliche spezifischere Bücher über den Umgang mit Trennungen mit Tipps zum Umgang mit „verlorener Liebe".

[199] In Elizabeth Gilberts Bestseller *Eat, Pray, Love* und Cathi Hanauers Sammlung von Geschichten über unglückliche Ehefrauen in *The Bitch in the House* (Die Schlampe im Haus) werden lebendige und beliebte Beispiele von Frauen in der vierten Entwicklungsphase dargestellt.

[200] Siehe Polly Young Eisendrath und Florence Wiedemann, *Female Authority* (Weibliche Autorität), S. 139-143, und berüchtigte Dating-Tipps, wie man einen „Qualitätsmann" findet, z.B. http://datingwithdignity.com/ (eng).

[201] Ebenda, S. 204.

[202] Ebenda, S. 222-223 sowie Gail Sheehy, *Sex and the Seasoned Woman* (dt: *Sex und Frauen über 50*). Auf Seite 159 schreibt sie: „Dr. Judith Wallerstein spottete über die Bemerkung von unverheirateten Frauen, dass ‚sie keinen Mann brauchen, um sich zu definieren' und argumentiert, dass sexuelle Attraktivität für das Selbstbild einer Frau zentral ist und niemand allein ein Selbstbild entwickelt."

[203] Interdependenz schafft Synergie, in der das Ganze mehr ist als die Summe seiner Teile. Mit anderen Worten, Frauen und Männer in dieser Phase sind in der Regel sowohl finanziell als auch emotional sicher und unabhängig. Sie können dann gemeinsam eine breitere wirtschaftliche Basis aufbauen, indem sie zusammenleben, Ressourcen teilen, sich gegenseitig in ihrem Wachstum unterstützen und dabei viel Spaß haben.

[204] Siehe Polly Young Eisendrath und Florence Wiedemann, *Female Authority* (Weibliche Autorität), S. 225.

[205] Siehe Allan Combs, *Consciousness Explained Better* (Bewusstsein, leicht erklärt), S. 49-61, für eine umfassendere Untersuchung der Bewusstseinszustände und wie sie sich von den Strukturstadien unterscheiden.

[206] Für eine umfassende Erklärung, wie Hormone unsere romantischen Erfahrungen beeinflussen, siehe Helen Fisher, *Warum wir lieben*, Theresa L. Crenshaw, *Die Alchemie von Liebe und Lust*, und John Gray *Why Mars And Venus Collide* (dt: *Männer sind anders, Frauen auch*), S. 53-75. In dem Film *What the bleep do we know* (Was zum Teufel wissen wir überhaupt) kann man eine unterhaltsame Animation sehen, die die Funktion der Hormone in unserer Sucht nach Liebe illustriert.

[207] Deepak Chopra listet vier Zustände in seinem Buch *The Path of Love* (Der Pfad der Liebe) auf, S. 62-131: Attraktion, Betörung, Balz und Intimität.

John Gray listet fünf Zustände in seinem Buch *Mars and Venus on a Date* (Mars und Venus haben ein Date) auf, S. 34-109: Anziehungskraft, Unsicherheit, Exklusivität, Intimität und Verbindlichkeit.

Geoffrey Miller listet mehrere Zustände in *The Mating Mind* (dt: *Die sexuelle Evolution, Partnerwahl und die Entstehung des Geistes*) auf, S. 179: Betörung, Verliebtheit, Ekstase, Eifersucht oder Liebeskummer, Langeweile und Bindung.

David Richo listet drei Phasen in seinem Buch *How to be an Adult in Relationship* (dt: *Reif werden füreinander*) auf: Romantik, S. 106-118, Konflikt, S. 126-141, und Engagement, S. 217-231.

Eine unbekannte Quelle listete sechs Zustände auf: (1) zwei getrennte Selbst, (2) Symbiose – exklusive Bindung (romantischer Zustand), (3) Differenzierung – Desillusionierung, Bedauern, Zweifel, Angst, (4) Übergang vom „Wir" zurück zum „Ich", (5) Annäherung: Hin und her zu Intimität und (6) Unabhängigkeit und Interdependenz im Kontext eines größeren „Wir".

208 Siehe Louann Brizendine, *The Female Brain* (dt: *Das weibliche Gehirn*), S. 91.

209 Siehe Theresa L. Crenshaw, *The Alchemy of Love and Lust* (dt: *Die Alchemie von Liebe und Lust*), S. 164-174 und 190.

210 Siehe Theresa L. Crenshaw, *The Alchemy of Love and Lust* (dt: *Die Alchemie von Liebe und Lust*), S. 213-217: „Wenn Sie mit einer Frau in oder nach der Menopause zusammen sind, ist es wichtig, für ihre veränderten emotionalen und körperlichen Bedürfnisse sensibel zu sein und Geschicklichkeit, Sorgfalt und (wenn nötig) viel gutes Gleitmittel anzuwenden, um den Sex für Sie beide angenehm, sicher und lohnend zu machen."

211 Siehe Nancy W. Collins und Mason Grigsby, *Love At Second Sight* (Liebe auf den zweiten Blick), S. 208-209. Ihre Forschungen zeigten, dass Männer in der ersten Ehe nach sexueller Attraktivität suchten (40%), während Frauen sich auf gute Versorger konzentrierten (30%). Alleinstehende Männer über 50 suchen nach gemeinsamen Interessen (34%) bei einem Partner und nur 13% nach Sex, während Sex die Liste der weiblichen Anforderungen mit 36% anführt. Die jüngste „Puma"-Bewegung ist ein weiterer Indikator für diesen Rollentausch, bei dem ältere Frauen jüngere Männer für Sex suchen.

Testosteron-Pflaster und vaginale Östrogen-Cremes können helfen, den Sexualtrieb bei Männern und die Empfänglichkeit und vaginale Gesundheit bei Frauen wiederherzustellen.

212 Siehe Helen Fisher, *Why We Love* (dt: *Warum wir lieben*), S. 80-83.

213 Ebd., S. 52-53. Auch Forscher an der Florida State University untersuchten die Natur der Liebe, indem sie die Gehirne und das Verhalten der männlichen Präriemäuse studierten, die für ihre Gewohnheit der lebenslangen Monogamie und Aggression gegenüber anderen Frauen ausgewählt wurden, sobald sie einen Partner gefunden haben. Die Wissenschaftler fanden heraus, dass sich die Männchen erst nach der Paarung den Weibchen widmeten. Die Bindung fiel mit einer riesigen Freisetzung der Wohlfühl-Chemikalie Dopamin in ihrem Gehirn zusammen. Brandon Aragona, der die Studie leitete, zeigte, dass Dopamin die Liebesdroge der Wühlmäuse war, indem er die Chemikalie in das Gehirn von Männern injizierte, die noch keinen Sex mit weiblichen Begleitern hatten. Sofort verloren sie das Interesse an anderen Weibchen und verbrachten alle Zeit mit ihrer Auserwählten. Weitere Experimente zeigten, dass Dopamin einen Teil des Gehirns der Wühlmaus, den so genannten Nucleus Accumbens, umstrukturiert hat, eine Region, die viele Tiere, darunter auch die Menschen, haben. Die Veränderung war so drastisch, dass die gepaarten Männchen beim Anblick neuer Weibchen kalt blieben, trotz dessen, dass ihr Gehirn Dopamin produzierte, diese Chemikalie wurde jedoch in einen anderen neuronalen Kreislauf geleitet.

214 Siehe Helen Fisher, *Why We Love* (dt: *Warum wir lieben*), S. 53-54.

215 Siehe Theresa L. Crenshaw, *The Alchemy of Love and Lust* (dt: *Die Alchemie von Liebe und Lust*), S. 131-132, und Helen Fisher, *Why We Love* (dt: *Warum wir lieben*), S. 54-55.

216 Siehe Helen Fisher, *Why We Love* (dt: *Warum wir lieben*), S. 188-190.

217 Siehe David Richo, *How to be an Adult in Relationship* (dt: *Reif werden füreinander*), S. 126-152, sowie die vielen anderen Beziehungsbücher (siehe Anhang I in *Integrale Beziehungen: Ein Ratgeber für Männer*), die sich mit Konfliktlösung befassen.

218 Siehe John Gray, *Why Mars And Venus Collide* (dt: *Männer sind anders, Frauen auch*), S. 221. „Frauen von heute sehnen sich nach Romantik, denn Romantik ist der mächtigste Oxytocin-Produzent. Es ist ein starkes Gegenmittel gegen den Stress der Arbeit in einer testosteronorientierten Arbeitswelt." Siehe auch www.womentowomen.com/sexualityandfertility/healthbenefitsofsex.aspx (eng)

219 Siehe Theresa L. Crenshaw, *The Alchemy of Love and Lust* (dt: *Die Alchemie von Liebe und Lust*), S. 102-105, und Helen Fisher *Why We Love* (dt: *Warum wir lieben*), S. 89-91.

Menschen verlassen sich auf ein zweites Bindungshormon neben Oxytocin, einer Chemikalie namens Vasopressin. Es hat sich gezeigt, dass Dopamin, Oxytocin und Vasopressin eine wichtige Rolle in der menschlichen Gesellschaft spielen, beispielsweise bei der Liebe, der sozialen Bindung und der Belohnung. Es gibt große Ähnlichkeiten zwischen Wühlmäusen und Menschen. Vasopressin wird mit dem territorialen Verhalten und der Aggressivität der männlichen Wühlmäuse gegenüber anderen in Verbindung gebracht, nachdem sie mit einem Weibchen Geschlechtsverkehr hatten. www.nationalzoo.si.edu/Publications/ZooGoer/2004/3/monogamy.cfm (eng)

220 Siehe John Gray, *Why Mars And Venus Collide* (dt: *Männer sind anders, Frauen auch*), mit vielen Tipps zum Abbau von romantiktötendem Stress, Helen Fisher, *Why We Love* (dt: *Warum wir lieben*), S. 181-208, mit Tipps, wie man Romantik dauerhaft belebt, *Passionate Marriage: Keeping Love and Intimacy Alive in Committed Relationships* (Leidenschaftliche Ehe: Wie man Liebe und Intimität in festen Beziehungen am Leben hält) von David Schnarch, für die Beseitigung emotionaler Blockaden, die ein zufriedenstellendes Sexleben verhindern, *The Exceptional Seven Percent* (Die außergewöhnlichen sieben Prozent) von Gregory K. Popcak, zu den neun Geheimnissen der glücklichsten Paare der Welt, sowie *What Makes Love Last: how to build trust and avoid betrayal* von John Gottman und Nan Silver, 2012.

221 Siehe *Stumbling Naked In the Dark: Overcoming Mistakes That Men Make with Women* (Stolpern im Dunkeln: Überwindung von Fehlern, die Männer mit Frauen machen), von Bradley Fenton, der NLP-Techniken wie die Spiegelung ihrer

Körpersprache und ihres Kommunikationsstils suggeriert(S. 48-60) oder Bücher für „Pickup-Artists" wie Neil Strauss' *The Game* und Mysterys *The Pickup Artist*, die NLP-Techniken beschreiben, um Frauen erfolgreich anzusprechen.

[222] Siehe NLP-Bücher wie Sue Knights *NLP at Work* (NLP am Arbeitsplatz) und Andreas und Steve Connirae, *Mit Herz und Verstand.*

[223] Siehe *Die fünf Sprachen der Liebe* von Gary Chapman. Chapman illustriert jede Sprache der Liebe mit realen Beispielen aus seiner Beratungspraxis und im Buch ist auch ein Selbsttest inkludiert.

[224] www.5lovelanguages.com/ (eng)

[225] Siehe A.H. Almaas, *Facets of Unity: The Enneagram of Holy Ideas* (Facetten der Einheit: Das Enneagramm der heiligen Ideen).

[226] Don Richard Riso und Russ Hudson integrieren in ihrem Buch *The Wisdom oft he Enneagram* (dt: *Die Weisheit des Enneagramms*) (S. 75-87) die horizontalen Typen (z.B. Enneagramm), das vertikale Wachstum (Ebenen/Stufen) und die „Zustände". Dieses Buch beinhaltet am Anfang einen einfachen Test, den du mit deinem Partner machen kannst. Ein einfaches, verspieltes und lustiges Buch für Paare und die ganze Familie ist auch *Das Enneagramm leichtgemacht* von Renee Baron und Elizabeth Wagele.

[227] Unter Stress und Zerfall verhält sich ein Typ 1 wie eine ungesunde 4, eine 4 wie eine 2, eine 2 wie eine 8, eine 8 wie eine 5, eine 5 wie eine 7 und eine 7 wie eine 1, ebenso gilt die Reihenfolge 9->6->3->9. Für Integration und Wachstum ist die Richtung umgekehrt, von 1->7->5->8->2->4->1 und 9->3->6->9. So neigt z.B. eine 7 (Enthusiast) zu ungesunden Typ-1-Einstellungen (Reformer) unter Stress, und zu 5 (Beobachter) für gesunde Integration und Wachstum. Weitere Informationen findet man unter www.enneagraminstitute.com/intro.asp (eng)

[228] Zwei Tests, die besonders nützlich zu sein scheinen, sind bei www.enneagraminstitute.com/ sowie www.9types.com/ (eng, beide) zu finden.

Unter www.enneagraminstitute.com/the-enneagram-type-combinations/ (eng) kannst du deinen Enneagrammtypen und den deines Partners eingeben und dir einen Überblick über die „Aktiva und Passiva" verschaffen, die deine Partnerschaft beinhaltet. Eine weitere tolle Seite ist www.enneagram.com/ (eng)

[229] www.enneagraminstitute.com/how-the-enneagram-system-works/ (eng)

[230] Siehe beispielsweise unter http://similarminds.com/variant.html (eng) oder http://personalitycafe.com/enneagram-personality-theory-forum/149408-instinctual-variant-test-final-version.html (eng)

[231] In der Psychologie wird der Begriff „extravertiert" dem orthographisch angeglichenen „extrovertiert" vorgezogen.

[232] Mindestens ein Drittel der Menschen, die wir kennen, sind introvertiert. Sie sind diejenigen, die das Zuhören dem Sprechen vorziehen, das Lesen dem Feiern; die innovativ und kreativ sind, aber keine Selbstdarstellung mögen; die lieber alleine als im Team arbeiten. Obwohl sie oft als „ruhig" bezeichnet werden, verdanken wir ihnen viele der großen Beiträge zur Gesellschaft – von den Sonnenblumen van Goghs bis zur Erfindung des PCs. Berühmte Introvertierte sind unter anderem:

1. Albert Einstein: „Die Monotonie und Einsamkeit eines ruhigen Lebens stimuliert den kreativen Geist."
2. Rosa Parks: Schüchtern und scheu mit dem Mut eines Löwen, der ‚radikale Demut' und ‚stille Stärke' zeigt.
3. Bill Gates: „Wenn du klug bist, lernst du, die Vorteile der Introvertiertheit zu nutzen, gehst für ein paar Tage weg und denkst über ein schwieriges Problem nach, liest alles, was du kannst, und dringst bist an den Abgrund. Wenn du dir etwas einfallen lässt, stellst du am besten ein paar Extrovertierte ein (wie Steve Ballmer) und nutzt beide Fertigkeiten, um ein Unternehmen zu gründen, das sowohl im Denken als auch im Aufbau von Teams gedeiht und in die Welt hinausgeht, um diese Ideen zu verkaufen."
4. Steven Spielberg: „Ich würde lieber Zeit damit verbringen, mich in Filmen zu verlieren."
5. Sir Isaac Newton: Bekannt als „ein zutiefst introvertierter Charakter und leidenschaftlicher Bewahrer seiner Privatsphäre".
6. Mark Zuckerberg: Schüchtern und introvertiert, kümmert sich aber um die Menschen, die bei Facebook arbeiten.
7. Larry Page: Mitbegründer von Google, „persönlich zurückhaltend, unverschämt geekig und introvertiert".
8. Al Gore: Erfolgreich, obwohl introvertiert.
9. Abraham Lincoln: Die introvertierten Führungsqualitäten des 16. US-Präsidenten wurden oft von Forschern und Pädagogen wegen seiner speziellen „Geekhaftigkeit", seiner Würde und seiner Ruhe studiert.
10. JK Rowling: „Als ich die Idee für Harry Potter in einem Zug hatte, hatte ich keinen Stift, der funktionierte, und ich war zu schüchtern, jemanden zu fragen, ob ich mir einen ausleihen könnte ..."
11. Warren Buffett: Teilnahme an Dale Carnegies *How to Win Friends and Influence People*-Seminaren, weil er keine Geschäftspersönlichkeit hatte.
12. Mahatma Gandhi: „Auf sanfte Weise kannst du die Welt erschüttern."
13. Elon Musk: „Ich bin vom introvertierten Ingenieur zum nächsten Steve Jobs geworden."
14. Steve Wozniak: „Ich werde dir einen Rat geben, der schwer zu befolgen sein könnte. Arbeite allein. Nicht in einem Komitee. Nicht in einem Team."

15. Barack Obama: „Von Barack Obama angeführt zu werden, ist wie von Miles Davis in einem Trompetenwettbewerb geschlagen zu werden. Er bringt dich dazu, dich hinsetzen und unterscheiden zu wollen."
www.inc.com/john-rampton/23-amazingly-successful-introverts-throughout-history.html (eng)

[233] Um einen Test zu machen, gehe auf www.humanmetrics.com/cgi-win/JTypes1.htm (eng) oder
www.typelogic.com (eng) oder google jeden anderen der vielen Online-Tests, die verfügbar sind.
Unter www.typelogic.com/products.html (eng) kannst du Software herunterladen, um die 256 möglichen Kombinationen zu vergleichen. Es kann dir helfen, deine allgemeine Lebensweise und dein Wesen in bestimmten Tätigkeitsbereichen zu erkennen.

[234] Drei Arten der Bindungstypen wurden von John Bowlby in der zweiten Hälfte des letzten Jahrhunderts entdeckt, als er das Verhalten von Babys nach einer belastenden Trennung von den Bezugspersonen (in der Regel die Eltern) beobachtete. Ein vierter Typ „desorganisiert/desorientiert" wurde auf der Grundlage von Forschungen der Entwicklungspsychologin Mary Ainsworth hinzugefügt.

[235] Siehe Endnote 118 zur Gewaltfreien Kommunikation.

[236] Um mehr darüber zu erfahren, wie man eine „kohärente Erzählung" schreibt und eine „erarbeitete sichere Bindung" entwickelt, siehe den Online-Kurs „Making Sense of Your Life: Understanding Your Past to Liberate Your Present and Empower Your Future" (Gib deinem Leben einen Sinn: Verstehe deine Vergangenheit, befreie deine Gegenwart und stärke deine Zukunft) mit Dr. Lisa Firestone und Dr. Daniel Siegel unter www.psychalive.org/what-is-your-attachment-style/ (eng).

[237] Siehe
www.humandesignhawaii.com/humandesignbasics/fourauratypes.html sowie www.humandesign4life.com/ (beide eng)

[238] Siehe Bert Hellingers Buch *Ordnungen der Liebe.*

[239] Siehe Helen Fisher, *Warum es funkt und wenn ja bei wem.* In ihrem Buch beschreibt sie vier Persönlichkeitstypen – den Entdecker, den Erbauer, den Direktor und den Verhandler – und wie sie miteinander kompatibel sind.

[240] Das von Dr. Taylor Hartman erstellte Color Code Personality Profile, auch bekannt als The Color Code oder The People Code, unterteilt Persönlichkeiten in vier Farben: Rot (motiviert durch Macht), Blau (motiviert durch Intimität), Weiß (motiviert durch Frieden) und Gelb (motiviert durch Spaß). Obwohl verschiedene Personengruppen unterschiedliche Zusammensetzungen haben, deutet die allgemeine Aufteilung darauf hin, dass die Roten 25 % der Bevölkerung ausmachen, die Blauen 35 %, die Weißen 20 % und die Gelben 20 %. Ein 45-Fragen-Test bewertet die eigene Farbe, basierend darauf, ob die Antwort A, B, C oder D ist.
www.colorcode.com/choose_personality_test/ (eng)

[241] Für weitere Persönlichkeitstests besucht
https://en.wikipedia.org/wiki/Personality_test (eng) oder
https://de.wikipedia.org/wiki/Pers%C3%B6nlichkeitstest

[242] Inspiriert von der „Wilber-Combs Gittermatrix", *Integral Spirituality* (dt: *Integrale Spiritualität*), S. 88-93, *The Integral Vision* (dt: *Integrale Vision*), S. 143, sowie Allan Combs, *Consciousness Explained Better* (Bewusstsein, leicht erklärt), S. 90-102.

[243] Ähnlich wie die Enneagramm- oder Myers-Briggs-Persönlichkeitstypen sieht Ken Wilber das Weibliche und das Männliche als feste Persönlichkeitstypen (CD 5 der Reihe *Kosmic Consciousness* (kosmisches Bewusstsein), sowie *Integral Spirituality* (dt: *Integrale Spiritualität*), S. 11-15), die während des gesamten Lebens einer Person konsistent sind, während wir sie als eine fließende Polarität betrachten, die das Potenzial hat, sich zu verschieben, wenn Männer und Frauen im Bewusstsein wachsen, und die von beiden Geschlechtern in höheren Entwicklungsstadien vollständig verkörpert werden kann. Dies bedeutet nicht, dass der Einzelne nicht über eine sexuelle Essenz verfügt, mit der er sich in jeder Entwicklungsphase am wohlsten fühlt.

[244] Siehe Erich Fromm, *The Art of Loving* (dt: *Die Kunst des Liebens*), S. 15: „Die Grundlage der [modernen] Aufklärungsphilosophie, *die Seele habe kein Geschlecht*, ist zur allgemeinen Praxis geworden. Die Polarität der Geschlechter verschwindet, und mit ihr die erotische Liebe, die auf dieser Polarität beruht. Männer und Frauen werden identisch, und nicht wie Gegenpole gleich." Zusätzlich empfehle ich, sehr detailliert, David Deida *Intimate Communion* (Intime Gemeinschaft), S. 47-55, und *The Way of the Superior Man* (dt: *Der Weg des wahren Mannes*), S. 86-91 und 117.

[245] Siehe Gail Sheehy, *Sex and the Seasoned Woman* (dt: *Sex und Frauen über 50*), S. 230, wo sie dies sehr dynamisch in einem „sexuellen Diamanten" zeigt, der sich aus ihrer Erkenntnis ableitet, dass „um die Mitte der fünfziger Jahre Frauen und Männer einander ähnlicher werden, mit der Tendenz, dass Männer weibliche [feminine] Attribute annehmen..... und Frauen männliche [maskuline] Attribute übernehmen."

[246] In dem Film *The Shift* erwähnt Wayne Dyer eine Studie, die die Verschiebung der Prioritäten aufzeigt, wenn Männer und Frauen von einer modernen zu einer postmodernen Weltanschauung übergehen:

	Prioritäten, Frauen		Prioritäten, Männer	
	Modern	Postmodern	Modern	Postmodern
1	Familie	Persönliche Stärke	Geld	Spiritualität
2	Unabhängigkeit	Selbstwertgefühl	Abenteuer	Frieden
3	Karriere	Spiritualität	Errungenschaften	Familie
4	Angepasstheit	Glück	Genuss	Gottes Wille
5	Attraktivität	Gnade	Respekt	Ehrlichkeit, Integrität

Man beachte, wie sich Frauen von der Kommunion zur Agenz und Männer von der Agenz zur Kommunion bewegen.

[247] Die Inspiration für die Gestaltung der Zustandsstufen der spirituellen, sexuellen und Anima-/Animus-Komplex-Entwicklung in Form eines Rasters entspringt der Wilber-Combs-Matrix. Sie zeigt, dass alle spirituellen Stadien von der individuellen Bewusstseinsebene aus interpretiert werden. Eine abergläubische Person kann es einem Geist oder spirituellen Wesen zuschreiben, der mit ihm oder ihr verbunden ist; eine egozentrische Person kann behaupten, auserwählt zu sein, einige magische Kräfte zu übertragen; eine konforme religiöse Person kann eine besondere Begegnung mit ihrem Erlöser oder Gott beanspruchen; eine rationale Person kann es als einen einzigartigen Gehirnzustand interpretieren (siehe *Zen And The Brain* (Zen und das Gehirn)); eine pluralistische Person kann es als die Einheit mit der ganzen Schöpfung erkennen; und eine Person in der zweiten Ebene als eine energetische Erleuchtung (Kundalini-Erfahrung) aller sieben Chakren. Siehe Ken Wilber, *Integral Spirituality* (dt: *Integrale Spiritualität*), S. 88-93, *Integral Vision* (dt: *Integrale Vision*), S. 143, und Allan Combs, *Consciousness Explained Better* (Bewusstsein, leicht erklärt), S. 90-102.

[248] Siehe Jenny Wade, *Transcendent Sex: In der Sexualität eine höhere Wirklichkeit erfahren*, in dem sie beschreibt, wie „gewöhnliche Menschen ohne besondere Ausbildung sich in verschiedenen spirituellen Bereichen wiederfinden können, wenn sie Liebe machen – eine Erfahrung, die so tiefgründig ist, dass nichts mehr so sein wird wie zuvor. Atheisten sind zu Gläubigen geworden, langjährige psychische Wunden sind geheilt, und die sexuell Missbrauchten sind wieder geheilt“ (Klappentext der Originalausgabe).

[249] Siehe Ken Wilber, *Integral Spirituality* (dt: *Integrale Spiritualität*), S. 69 und 249-266, wo er zunächst die Kosmische Adresse als Höhe (Bewusstseinsebene) + Perspektive definiert und später andere Dimensionen unserer Persönlichkeit wie Zustände und Typen hinzufügt.

[250] Siehe Ken Wilber, *Das Atman-Projekt*, Kapitel 11, „Arten des Unbewussten“.

[251] Der Begriff Unterbewusstsein wird in vielen verschiedenen Zusammenhängen verwendet und hat keine einheitliche oder genaue Definition. Dies schränkt seine Bedeutung als sinnstiftendes Konzept stark ein und führt dazu, dass das Wort im akademischen und wissenschaftlichen Umfeld eher vermieden wird. Wie das Sprichwort sagt, kann man nicht ein wenig schwanger sein, so wie man nicht ein wenig bewusst sein kann. Siehe https://de.wikipedia.org/wiki/Das_Unbewusste

[252] Siehe Deepak Chopra, *The Path of Love* (Der Pfad zur Liebe), S. 177, Marlena Lyons und Jett Psaris , *Undefended Love* (Ungeschützte Liebe), (ein Buch, das sich auf das untergetauchte Unbewusste in Beziehungen konzentriert und wie wir unsere wahre Essenz aufdecken können, siehe S. 57-59), John Welwood , *Love and Awakening* (dt: *Bewusst lieben: Ein Weg des Erwachens*), S. 31-48 und S. 196 (beim Aufbrechen unseres Zorns finden wir auch andere Gefühle darunter – Trauer, Angst oder Schmerz – die nach Aufmerksamkeit und Sorge rufen), und Harville Hendrix, *Getting The Love You Want* (dt: *So viel Liebe wie du brauchst: Der Wegbegleiter für eine erfüllte Beziehung*), S. 36-39.

[253] Der 3-2-1-Prozess, der Teil des *Integral Life Practice (ILP) Starter Kits* ist (erhältlich unter http://myilp.com/ (eng) oder www.amazon.de), ist eine Möglichkeit, den eigenen Schatten kennenzulernen.

[254] Siehe Dennis Genpo Merzel, *Big Mind - Big Heart* (dt: *Big Mind: Großer Geist – großes Herz*) zur Erforschung vieler (unbewusster) innerer Stimmen und wie man sie bewusst werden lässt, basierend auf der ursprünglichen Stimmdialogarbeit von Hal und Sidra Stone, auf die wir im folgenden Teil 2 näher eingehen werden.

[255] Das folgende Gedicht beschreibt unseren Wunsch, jenseits unserer Maske oder unseres falschen Selbst gesehen zu werden:

Die Maske, die ich trage:

Lass dich von mir nicht täuschen. \\ Lass dich nicht von meinem Gesicht täuschen. \\ Denn ich trage eine Maske. \\ Ich trage tausend Masken, die ich nicht abnehmen will, und keine davon bin ich. \\ Vortäuschen ist eine Kunst, die bei mir eine zweite Natur ist. \\ Aber lass dich nicht täuschen, um Gottes Willen, lass dich nicht täuschen. \\ Ich gebe dir den Eindruck, dass ich mich sicher fühle. \\ Dass bei mir alles rosig und ungetrübt ist, sowohl innen als auch außen. \\ dass Vertrauen mein Name und Coolness mein Spiel ist, \\ dass das Wasser ruhig ist und ich das am Ruder bin, \\ und dass ich niemanden brauche. \\ Aber glaubt mir nicht. Bitte! \\ Meine Oberfläche mag glatt sein, aber meine Oberfläche ist meine Maske, \\ Meine immer wechselnde und immer wieder verbergende Maske. \\ Darunter liegt keine Selbstgefälligkeit, keine Selbstzufriedenheit. \\ Darunter wohnt das wahre Ich in Verwirrung, in Angst, in Einsamkeit. \\ Aber ich verstecke das. \\ Ich will nicht, dass es jemand erfährt. \\ Ich gerate bei dem Gedanken an meine Schwächen in Panik und habe Angst, sie aufzudecken. \\ Deshalb erschaffe ich verzweifelt meine Masken, um mich dahinter zu verstecken. \\ Aber ich sage dir das nicht. Ich wage es nicht. Ich habe Angst davor. \\ Ich fürchte, du wirst weniger von mir halten, dass du lachen wirst und dein Lachen mich umbringen würde. \\ Ich fürchte, dass ich tief in mir nichts bin, dass ich einfach nicht gut bin, und du wirst das sehen und mich zurückweisen. \\ Ich plaudere untätig mit dir in sanften Tönen von oberflächlichem Gerede. \\ Ich sage dir alles, was nichts ist und nichts von dem, was alles ist, von dem, was in mir weint. \\ Also, wenn ich durch meine Routine gehe, lass dich nicht täuschen von dem, was ich sage. \\ Bitte lausche genau und versuche zu hören, was ich nicht sage. \\ Höre was ich sagen möchte, aber was ich nicht sagen kann. \\ Es wird nicht leicht für dich sein, lang empfundene Unzulänglichkeiten machen meine Mauer stark. \\ Je näher du dich mir näherst, desto blinder kann ich zurückschlagen. \\ Ungeachtet dessen, was Bücher über Menschen sagen, ich bin irrational; \\ Ich kämpfe gegen genau das, wonach ich schreie. \\ Du fragst dich, wer ich bin – solltest du nicht. Denn ich bin jeder Mann und jede Frau, die eine Maske trägt.

– Unbekannter Autor. Verschiedene Fassungen davon sind im Internet zu finden.

256 MRT-Scans haben gezeigt, dass die Hauptaktivität im Gehirn einer verliebten Person nicht im Kortex, dem Sitz des Bewusstseins und des logischen Denkens, sondern im Reptilien- und limbischen Gehirnsystem (dem Caudate Nucleus und dem Ventralen Tegmentalbereich), dem Sitz starker Emotionen und Langzeitgedächtnisse, stattfindet. Sie können uns anweisen, eine Person zu wählen, die uns helfen kann, ungelöste Probleme der Kindheit zu meistern.

Roy Bhaskar schreibt in *Reflections on Metareality: Transcendence, Emancipation and Everyday Life* (Überlegungen zur Metarealität: Transzendenz, Emanzipation und Alltag), S. 265-266: „Nicht-Dualität ist eine Eigenschaft des Bewusstseins; Gegenseitigkeit ist eine Eigenschaft des belebten Seins, der Vitalität und des Lebens; Ko-Präsenz ist ein Prinzip der Eigenschaft allen Seins (einschließlich der Materie). Gegenseitigkeit funktioniert in der Tat über die Prinzipien der Ko-Präsenz.

Denn was im Falle der Reziprozität geschieht ist, dass irgendein Aspekt oder Teil des reziproken Wesens mit einer ähnlichen, abgestimmten oder (man könnte sagen) auf der gleichen Wellenlänge, Frequenz oder Schwingungsebene wie die, zu der es sich hin- und herbewegt, mit dem Impuls schwingt, der es aktiviert. Da das sich hin- und herbewegende Wesen selbst ein konkretes Universum ist, hängt die Art der Resonanz davon ab, welches Merkmal dieses konkreten Universums beteiligt ist. Es ist das psychische Wesen, das typischerweise die Ebenen der bewussten transzendentalen Identifikation und umhüllten Ko-Präsenz vermittelt und verbindet."

Ein weiterer Beweis dafür, dass Liebende auf mysteriöse Weise miteinander resonieren, sind Experimente, die Zusammenhänge in der Gehirn- und Herzaktivität zwischen physisch isolierten Paaren erkennen lassen (siehe Dissertation *Correlated Heart-Rate Measures in the Study of Nonlocal Human Connectedness* (Korrelierte Herzfrequenzmessungen bei der Untersuchung der nicht-lokalen menschlichen Verbundenheit) auf http://gradworks.umi.com/32/51/3251928.html (eng).

Auch wenn sich Rupert Sheldrakes Forschung zur Morphischen Resonanz (die Hypothese, dass lebende Organismen auf ein kollektives Gedächtnis ihrer Spezies zurückgreifen und dazu beitragen) nicht direkt auf Liebhaber konzentriert, kann sie auch Antworten darauf enthalten, warum sich Menschen manchmal magisch „in Einklang" mit einem bestimmten Liebhaber fühlen, was nicht durch ihre reproduktive, kulturelle, soziale und psychologische Kompatibilität erklärt werden kann.

Siehe auch Ayala Malach Pines, *Falling in Love* (Verlieben), S. 178, sowie Helen Fisher, *Why We Love* (dt: *Warum wir lieben*), S. 69-72.

257 Siehe Ayala Malach Pines, *Falling in Love* (Verlieben), S. 105-159 und 181-204, John Welwood *Love and Awakening* (dt: *Bewusst lieben: Ein Weg des Erwachens*), S. 49-61 und 126-130, Thomas Moore, *Soulmates* (Seelenverwandte), und unten stehende Beschreibung zu Seelenverwandten.

„Seelenverwandte erkennt man fast immer, weil sie sich als Team gegenüber dem Einzelnen stärken! Das ist der erste Weg, deinen Seelenverwandten zu erkennen.

Wenn du in einer Beziehung bist, und du musst begründen, wie sehr diese andere Person dir hilft (oder dich behindert), dann seid ihr nicht Seelenverwandt. Nimm das Wort Seele, füge die Definition mit der Definition für Partner hinzu, und du hast eine starke Definition für einen Seelenverwandten: „Die zentrale spirituelle Natur, unsterblich, untrennbar mit dem Tod verbunden, um zusammen zu sein."

In Anbetracht dieser Definition betrachten wir auch den zweiten Weg, deinen Seelenverwandten zu finden:

Beide sind sich ihrer spirituellen Natur bewusst. In den meisten Fällen werden diese beiden ihre Augen zuerst auf diese höhere Berufung oder Kraft (Gott/Geist) richten, dann aufeinander, dann auf die gemeinsame Bestimmung. Die Familie, die Karriere und andere Dinge werden hinter diesen dreien hintenanstehen.

Der dritte Weg, einen Seelenverwandten zu erkennen, besteht darin, wahrzunehmen, wie die Pfade der beiden zusammenhängen. Alle Seelenverwandten sind auf einer spirituellen Lebensreise. Diese Reisen, verlaufen fast immer parallel oder fallen so zusammen, dass eine Beziehung entsteht, bei der es mehr um die Vereinigung oder das Team als um das Individuum geht, wenn der größte Effekt erzielt wird. Dabei stellst du die Team- und Partnerreise über deine individuelle Reise und Wünsche. Der Grund dafür ist, dass der Traum des Einzelnen komplementär zur Vereinigung in einer seelenverwandten Beziehung ist. Gleichzeitig funktioniert die Beziehung so, dass die individuelle Reise jedes Einzelnen voll unterstützt wird. Bei Seelenverwandten gibt es Vertrauen und Respekt. Mit Vertrauen und Respekt kommt die Fähigkeit, Bestrebungen zu verwirklichen – sowohl als Paar als auch als Individuum.

Der vierte Weg, deinen Seelenverwandten zu erkennen, ist zu erkennen, wie jeder Partner echte Liebe in das Leben des anderen bringt. Wenn eine Person dir keine wirkliche Liebe bringt, sondern stattdessen erhebliche Konflikte, Trauer, Angst, Mangel und Versagen verursacht, dann ist es höchst unwahrscheinlich, dass diese Person dein Seelenverwandter ist. Ein Seelenverwandter hilft dir, deine Seele zu erleuchten und macht es dir leichter, die Lektionen zu lernen, die du lernen sollst. Ein wesentlicher Unterschied ist, dass der Seelenverwandte nicht die Lektion ist, sondern dir hilft, deine Lektionen zu lernen und diesen Wachstumsprozess zu unterstützen.

Der fünfte Weg, einen Seelenverwandten zu erkennen, ist, dass er eine harmonische und komplementäre Natur besitzt. Manchmal, wenn Menschen vom Ego und nicht vom Geist kommen, wird die Beziehung eher zu dem, was sie haben (Besitz) als zu dem, was sie sind (Erfahrungen). Bei Seelenverwandten geht es um viel mehr als um Besitz, denn sie erkennen, dass sie ihren Besitz nicht mitnehmen können. Deine Seele besitzt nicht deinen Besitz, sondern deine Erfahrungen."

Nachdruck mit Genehmigung der Website www.aspirenow.com/ (eng)

258 Quelle: www.bbc.co.uk/relationships/couples/love_why.shtml (eng)

259 Siehe David Richo, *How to be an Adult in Relationship* (dt: *Reif werden füreinander*), S. 121.

260 Paartherapeutin, Professorin und Leiterin der Abteilung für Betriebswirtschaft an der School of Management der Ben-Gurion-Universität in Israel und Autorin von zehn Büchern.

261 Das untenstehende Gedicht von Rumi zeigt schön die unbewusste Passform und das Potential für ein Erwachen in einer langfristigen Partnerschaft:

Es ist die alte Regel, dass Betrunkene sich streiten und kämpfen müssen. \\ Der Liebhaber ist genauso schlimm. \\ Er fällt in ein Loch. \\ Aber unten in diesem Loch findet er etwas Glänzendes, \\ mehr wert als jede Menge Geld oder Macht. \\ Letzte Nacht kam der Mond und ließ seine Kleider auf die Straße fallen. \\ Ich nahm es als Zeichen, um zu singen, \\ und fiel in des Himmels Schale. \\ Die Schale zerbricht. Alles fällt überall hin. \\ Sonst nichts zu tun. \\ Hier ist die neue Regel: \\ zerbrich das Weinglas und falle dem Glasbläser in den Atem.

262 www.psychologytoday.com/blog/fulfillment-any-age/201306/two-warning-signs-your-relationship-may-not-last und www.ncbi.nlm.nih.gov/pmc/articles/PMC3569846/ (beide eng)

263 www.nimh.nih.gov/health/topics/borderline-personality-disorder/index.shtml (eng)

264 Um mehr über die Beziehungen zu Menschen, die eine BPS haben, zu erfahren, empfehle ich die folgenden Websites (alle eng):

https://bpdfamily.com/content/how-borderline-relationship-evolves

Für Frauen:

http://gettinbetter.com/casanova.html

Für Männer:

http://gettinbetter.com/anycost.html

Für Familien:

https://bpdfamily.com/

265 22 Stufen der Beziehungen zwischen Empathen und Menschen mit PS.

Der Empath fühlt sich von einer Person mit PS angezogen. Ihre Beziehung beginnt. Der Empath liebt tief und bedingungslos. Er oder sie fühlt sich emotional erfüllt, obwohl die Person mit der PS keine Bedeutung für die Entwicklung einer stärkeren Bindung hat. Der Empath fühlt sich zufrieden und denkt, dass seine Liebe nur dadurch erwidert wird, dass er in der Nähe der Person mit der PS ist.

Der Empath bekommt die falsche Vorstellung, dass er oder sie endlich die Art von Liebe gefunden hat, die man nur einmal findet. Die Person mit der PS bestätigt dies, indem sie eine Illusion schafft, die den Empathen dazu bringt, zu glauben, dass das, was sie haben, etwas Besonderes ist. Der Empath spürt eine tiefe Verbundenheit, die kaum zu überwinden ist.

Manchmal scheint es so, als würde die Person mit der PS diese Beziehung genauso sehr wollen wie das Einfühlungsvermögen. Eigentlich wollen sie jemanden, der seine Zeit, Energie und Liebe investiert und die volle Kontrolle hat.

Im Lauf der Zeit wird sich die Person mit der PS schwach, unsicher und ohne die Fähigkeit, auch die einfachen Dinge zu tun, fühlen. Die Person mit der PS wird niemals einen offenen Angriff starten, sondern Aussagen wie „ich will dich nicht verletzen, aber ..." verwenden, um auf einen Mangel hinzuweisen. Sie werden versuchen, alles zu übernehmen, was Kontrolle symbolisiert, wie z.B. den Umgang mit Rechnungen oder Kaufentscheidungen. Die Empathie wird anhand der Interessen und vieler anderer Dinge, die ihre Identität ausmachen, untersucht werden. Allmählich beginnt der Empath zu glauben, dass er weniger fähig ist und jemanden in seinem Leben „braucht". Sie haben den Eindruck, niemand würde sie wollen.

Für den Empath wird diese Beziehung alles sein, da sie diejenigen sind, die verliebt sind. Aus Liebe würden sie immer die Person mit der PS beruhigen und ermutigen wollen, mit ihr reden, ihr helfen und alles tun, was ihr gut tut. Die Personen mit der PS projizieren sich selbst als Opfer ihrer Vergangenheit, ihrer Beziehungen und der Umstände. Die Empathen sind Geber; sie versuchen, all die unglücklichen Dinge wiedergutzumachen, die der Person mit der PS je passiert sind.

Der Empath hat ein gutes und klares Herz und kann sich nicht vorstellen, dass die tiefen und ungelösten Wunden der Person mit der PS nicht die gleichen sind wie die eigenen. Diese Wunden zu heilen ist anders als die eigenen.
In der Beziehung dreht sich alles um die Person mit der PS. Der Empath erkennt dies langsam, und eine Zeit kommt, in der er Angst davor kriegt, für seine Bedürfnisse und Wünsche zu sprechen oder zu kämpfen. In seinem Versuch, es dem Gegenüber recht zu machen, will er seine wahren Bedürfnisse nicht zum Ausdruck bringen. Er wäre lieber sympathisch, als einen Grund zu geben, nicht gemocht zu werden. Aber insgeheim ist er nicht sehr glücklich.
Je mehr Hingabe, Liebe, Fürsorge, Zuneigung und Anstrengung der Empath in die Beziehung einbringt, desto mehr fühlt sich die Person mit der PS vollkommen in der Kontrolle über die Beziehung. Der Empath tanzt buchstäblich nach der Pfeife der Person mit der PS. Solange das Einfühlungsvermögen die Person mit der PS besänftigt, ist es unmöglich, ein Problem in der Beziehung zu erkennen. Das Problem tritt auf, wenn das Einfühlungsvermögen endlich den Bruchpunkt erreicht hat.
Schließlich erhebt der Empath seine Stimme, weil er nicht mehr mit der unterdrückenden Art des Partners mit der PS mithalten kann. Tag für Tag bleiben seine emotionalen Bedürfnisse unerfüllt. Dieses geschieht, weil er am Anfang der Beziehung geglaubt hat, dass die emotionalen Bedürfnisse seines Partners alles sind, was zählt. Wenn er endlich auch sein Wohlbefinden versteht und ausdrückt, wirkt er selbstsüchtig. Der Person mit der PS gefällt es nicht.
Menschen mit PS sind Aufmerksamkeitssuchende. Sie bekommen Befriedigung, wenn sich die Leute um sie herum aufregen. Ihre Bedürfnisse können nie erfüllt werden, sie können nie befriedigt werden. Sie können zu anderen Partnern ziehen, ein neues Geschäft eröffnen, um die Welt reisen, sich auf neue kreative Aktivitäten einlassen und so weiter und so fort, aber sie werden nie glücklich sein. Der Empath ist sich dieser Tatsache nicht bewusst.
Wenn der Empath schließlich mit etwas wie „Meine Gefühle sind auch wichtig" ausbricht, nennt die Person mit der PS den Empath schnell „verrückt". Sie nennt ihn überdramatisch, bedürftig, kontrollierend, eifersüchtig usw. und seine Bedenken als unbegründet. Diese Art von abweisendem Verhalten ist die Taktik, mit der sie die Kontrolle über den Verstand des Empath gewinnt.
Der Empath wird verwirrt. Warum der*die Andere sich so verhalten hat, übersteigt sein Verständnis. Er beginnt sich selbst die Schuld zu geben und fragt sich, ob er überhaupt würdig ist, von jemandem geliebt zu werden.
An diesem Punkt ist der Empath nicht in der Lage zu verstehen, dass er einfach nur manipuliert wird. Der Partner hat alles um sich herum gebogen, um einen verdrehten Blick auf die Umstände zu werfen. Es kann alles um sie herum sein, was ihr „recht" gibt, um sie „die Wahrheit" wissen zu lassen, dass sie diejenige ist, die „richtig" liegt, und es ist der Empath, der ungeheuer „falsch" und böse ist.
Der Empath wird versuchen, mit der Person mit der PS in aller Aufrichtigkeit zu kommunizieren. Die Person mit der PS wird jedoch ihr Verhalten rechtfertigen und die Schuld abwälzen.
Es ist an diesem Punkt normal, dass sich der Empath verloren, verwirrt und verletzt fühlt. Aber trotz all dem Herzschmerz muss der Empath ruhig bleiben und eine Selbsteinschätzung vornehmen, um herauszufinden, wie er so wehrlos geworden ist. So wird er anfangen, sich zu verwandeln.
Der Empath muss wissen, dass er naturgemäß Heiler ist. Er hat die innere Kraft, anderen auf die richtige Weise zu helfen, manchmal als Pflicht, manchmal, wenn das Leben ihn in solche Situationen bringt.
Der Empath muss die bittere Wahrheit erkennen, dass nicht jeder seine Liebe, Fürsorge und Zuneigung verdient. Nicht jeder, der verzweifelt und unglücklich erscheint, enthüllt sein wahres Selbst. Es gibt Menschen, die unheimliche Motive haben und eine ganz andere Einstellung zu Beziehungen und Menschen haben als er. Nicht jedem, in den er sich verliebt, kann man so schnell vertrauen.
In dieser Situation muss der Empath erkennen, dass auch er sich in einer sehr schlechten Situation befindet, von der die Person mit der PS in ihrem Leben immer gesprochen hat. Aber in seinem Fall wäre es anders. Er würde positive Anstrengungen unternehmen und sich selbst heilen. Die Person mit der PS wird das nicht tun.
Für den Empath wird das ein schmerzhaftes Erwachen sein. Er wird aus der Erfahrung lernen, um voranzukommen. Die Person mit der PS zieht weiter. Mit der Zeit wird sie ein weiteres Opfer finden.
Die Person mit der PS wird so weitermachen, als wäre nichts passiert und sie völlig unschuldig. Sie wird sich keinen Augenblick daran erinnern, dass jemand sie so sehr und intensiv geliebt hat. Sie wird sich nicht mehr an die starke Bindung erinnern, die sie einst mit jemandem hatte, und einfach weitermachen, um sie woanders neu zu finden. Eine Zeit wird kommen, in der sie weiß, dass sie sich weder mit sich selbst noch mit anderen Menschen verbinden kann.
Der Empath wird stärker, weiser und vorsichtiger damit sein, wem er seine Zeit, Zuneigung und Liebe schenkt.
https://themindsjournal.com/stages-relationship-empath-narcissist/ (eng)

[266] „Sie war eine seltsame Mischung aus unglaublicher Reife und Unreife, wie eine gespaltene Persönlichkeit", sagte eine ihrer Freundinnen. „Es war so außergewöhnlich, wie sie mit gewöhnlichen Menschen umgegangen ist, aber gleichzeitig hat sie dumme und kindliche Dinge getan. Sie war sehr impulsiv."
Tatsächlich trug Dianas instabiles Temperament alle Merkmale einer der schwer fassbaren psychischen Störungen: die Borderline-Störung. Dieser Zustand ist gekennzeichnet durch ein instabiles Selbstbild, starke Stimmungsschwankungen, Angst vor Ablehnung und Verlassenheit, Unfähigkeit, Beziehungen aufrechtzuerhalten, anhaltende Gefühle von

Einsamkeit, Langeweile und Leere, Depression und impulsives Verhalten wie Essstörung und Selbstverletzung. Zusammengenommen erklären diese Eigenschaften ein sonst unerklärliches Verhalten. Während ihres gesamten Erwachsenenlebens erlebte Diana diese Symptome stark und chronisch. Während sie wegen einiger ihrer Probleme – ihrer Essstörung und ihrer Depression – regelmäßig behandelt wurde, kam weder Diana noch jemand, der ihr nahestand, mit dem vollen Ausmaß ihrer Krankheit zurecht.

Doch sie neigte dazu, sich selbst im Sinne der Zustimmung anderer zu definieren. „Ich denke im Wesentlichen, dass sie eine kranke Person war", sagte Dr. Michael Adler vom National AIDS Trust. „Sie war sehr, sehr unsicher. Sie glaubte nicht an sich selbst. Es gab kein wirkliches Zentrum ihrer Persönlichkeit. Ihre Identität wurde für sie geschaffen, und sie geriet zunehmend in persönliche Probleme, was ihre Unzulänglichkeiten deutlich machte."

www.nytimes.com/books/first/s/smith-diana.html (eng)

267 Während Marilyn Monroe für viele eines der beständigsten Sexsymbole unserer Zeit ist, lag hinter ihren perfekten Kurven und ihrer temperamentvollen Persönlichkeit eine komplexe und unruhige Frau. Und mehr als das – es ist wahrscheinlich, dass die ikonische Schauspielerin an einer Borderline-Persönlichkeitsstörung litt, sagt die Wissenschaftsjournalistin Claudia Kalb. Sie erklärt: „Was klar ist, ist, dass Monroe unter schwerer psychischer Belastung litt. Ihre Symptome waren ein Gefühl der Leere, eine gespaltene oder verwirrte Identität, extreme emotionale Volatilität, instabile Beziehungen und eine Impulsivität, die sie zur Drogenabhängigkeit und zum Selbstmord trieb – alles Merkmale eines Zustandes, der Borderline-Persönlichkeitsstörung genannt wird."

www.dailymail.co.uk/news/article-3448841 (eng)

268 Der Integraltherapeut Dr. Mark Forman teilte in einem persönlichen Gespräch mit, dass es in einer Liebesbeziehung gut ist, sich gegenseitig gleichberechtigt im Heilungs- und Wachstumsprozess zu unterstützen. Es wird ungesund, wenn eine Person ständig in der Nebenrolle ist (als Laien- oder Berufstherapeut, Mentor, Lehrer, Coach usw.), und die andere ist der Rezipient. Dies wird besonders problematisch, wenn der „Geber" Feedback oder Unterstützung benötigt und von seinem Partner als bedürftig, unentwickelt, unreif etc. abgelehnt und beschämt wird.

269 https://de.wikipedia.org/wiki/Paranoide_Pers%C3%B6nlichkeitsst%C3%B6rung

270 https://de.wikipedia.org/wiki/Schizoide_Pers%C3%B6nlichkeitsst%C3%B6rung

271 https://de.wikipedia.org/wiki/Schizotypische_Pers%C3%B6nlichkeitsst%C3%B6rung

272 https://de.wikipedia.org/wiki/Dissoziale_Pers%C3%B6nlichkeitsst%C3%B6rung

273 https://de.wikipedia.org/wiki/Selbstunsicher-vermeidende_Pers%C3%B6nlichkeitsst%C3%B6rung

274 https://www.ncbi.nlm.nih.gov/pubmed/18557663 (eng)

275 https://de.wikipedia.org/wiki/Histrionische_Pers%C3%B6nlichkeitsst%C3%B6rung

276 https://www.ncbi.nlm.nih.gov/pmc/articles/PMC3864176/ (eng)

277 www.bpdcentral.com/faq/personality-disorders (eng)

278 Unter Verwendung von Daten aus einer großen, national repräsentativen Gemeinschaftsstichprobe fanden Whisman, Tolejko und Chatav (2007) heraus, dass jede der sieben untersuchten PS (Paranoid, Schizoid, Antisozial, Histrionisch, Vermeidend, Abhängig, Obsessiv-Kompulsiv) mit einem signifikant erhöhten Auftreten von Eheunterbrechungen verbunden war.

www.ncbi.nlm.nih.gov/pmc/articles/PMC3569846/ (eng)

279 www.statista.com/statistics/242284/percentage-of-single-person-households-in-the-us-by-state/ (eng)

280 www.psychologytoday.com/blog/hide-and-seek/201205/the-10-personality-disorders (eng)

281 Die Dreieckstheorie der Liebe ist eine von dem Psychologen Robert Sternberg entwickelte Theorie der Liebe. Sternberg wurde 1985 Mitglied der Abteilung für Psychologie an der Yale University. Während seiner Zeit als Professor betonte Sternberg seine Forschung in den Bereichen Intelligenz, Kreativität, Weisheit, Führung, Denkstile, ethisches Denken, Liebe und Hass. Im Kontext zwischenmenschlicher Beziehungen sind „die drei Komponenten der Liebe nach der Dreieckstheorie eine Intimitätskomponente, eine Leidenschaftskomponente und eine Entscheidungs-/Festlegungskomponente".

https://de.wikipedia.org/wiki/Dreieckstheorie_der_Liebe

282 Siehe *The New Psychology of Love* (Die neue Psychologie der Liebe), herausgegeben von Robert J. Sternberg und Karin Weis, S. 149-170, *Styles of Romantic Love* (Arten romantischer Liebe) von Clyde und Susan S. Hendrick, sowie Helen Fisher, *Why We Love* (dt: *Warum wir lieben*), S. 94, die folgende Arten auflisten:

Eros — eine leidenschaftliche körperliche und emotionale Liebe, die auf ästhetischem Genuss basiert; Stereotyp der romantischen Liebe

Ludus — eine Liebe, die als Spiel oder Wettstreit gespielt wird; Eroberung

Storge — eine liebevolle Liebe, die sich langsam aus der Freundschaft entwickelt, die auf Ähnlichkeit beruht

Pragma — Liebe, die vom Kopf getrieben wird, nicht vom Herzen; unaufdringlich

Mania — sehr flüchtige Liebe; Besessenheit; angetrieben von niedrigem Selbstwertgefühl

Agape — selbstlose altruistische Liebe; spirituelle; mütterliche Liebe

Siehe auch S. 184-199 in *A Duplex Theory of Love* (Doppel-Theorie der Liebe) von Robert J. Sternberg, der sie als Nicht-Liebe, Freundschaft, Verliebtheit, leere Liebe, romantische Liebe, kameradschaftliche Liebe, alberne Liebe (dumm, dämlich, lächerlich, sinnlos oder töricht), vollendete Liebe (vollumfänglich, perfekt und am höchsten) bezeichnet.

283 Siehe Ayala Malach Pines, *Falling in Love* (Verlieben), S. 3-11: „Wiederholter Kontakt ist eine weitere Voraussetzung dafür, dass sich ein romantischer Funke in die stetige Flamme einer Liebesbeziehung verwandelt. Wenn der erste Eindruck negativ ist, ist es am besten, den Kontakt abzubrechen", Helen Fisher, *Why Him Why Her?* (dt: *Warum es funkt und wenn ja bei wem*), S. 144-146, und der Service *Over 40 Dating* (www.dateoverforty.com, eng), bei dem sich Singles an mehreren aufeinanderfolgenden Wochenenden treffen, um sich in einer „natürlichen" Umgebung kennen zu lernen.

284 Liebende, die in einen Zustand geraten, der frei von jeder zweckdienlichen Unterscheidung ist oder von unvernünftiger Leidenschaft oder „Liebe", die zu süchtig machender Liebe führt, völlig mitgerissen wird.

285 Die drei Hauptursachen für Psychosen sind *funktional* (psychische Erkrankungen wie Schizophrenie und bipolare Störung), *organisch* (aus medizinischen, nicht-psychologischen Zuständen wie Hirntumoren oder Schlafentzug) und *psychoaktive Drogen* (z.B. Barbiturate, Amphetamine und Halluzinogene).

286 Unten ist eine Liste von Psychotherapien. Die Liste enthält einige Ansätze, die sich vielleicht nicht Psychotherapie nennen, aber ein ähnliches Ziel haben, die psychische Gesundheit und das Wohlbefinden durch Gespräche und andere Kommunikationsmittel zu verbessern. Die Wahl des besten Therapeuten und Praktikers ist entscheidend für den Erfolg der Behandlung. Siehe Ken Wilber, *Integral Psychology* (dt: *Integrale Psychologie*), S. 98-100, für weitere Informationen.

Adlertherapie, Analytische Psychologie, Kunsttherapie, Autogene Psychotherapie, Verhaltenstherapie, Biodynamische Psychotherapie, Bioenergetische Analyse, Biosynthese, Kurztherapie, Klassische Adler-Psychotherapie, Co-Counseling, Kognitive Analytische Psychotherapie, Kognitive Verhaltenspsychotherapie, Konzentrative Bewegungstherapie, Kontemplative Psychotherapie, Kernprozesspsychotherapie, Daseins-Analytische Psychotherapie, Tiefenpsychologie, Dialektische Verhaltenstherapie, Emotional Freedom Techniques (EFT), Begegnungsgruppen, Augenbewegung, Desensibilisierung und Wiederaufbereitung (EMDR), Existenzanalyse, Familiensystemtherapie, Feministische Therapie, Fokussierung, Freud'sche Psychotherapie, Gestalttherapie, Theoretische Psychotherapie, Gruppentherapie, Holotropische Atemarbeit, Humanistische Psychologie, Hypnotherapie, Integrative Psychotherapie, Internes Familienmodell, Jungsche Psychotherapie, Logotherapie, Multimodale Therapie, Narrative Therapie, Neurolinguistische Programmierung (NLP), Objektrelationstheorie, Personal construct psychology (PCP), Positive Psychotherapie, Haltungsintegration, Primalintegration, Prozessorientierte Psychologie, Primaltherapie, Provokative Therapie, Psychedelische Psychotherapie, Psychoanalyse, Psychodrama, Psychodynamische Psychotherapie, Psycho-Organische Analyse, Psychosynthese, Pulsing (Körperarbeit), Rationale emotionale Verhaltenspsychotherapie, Re-Evaluationsberatung, Reality-Therapie, Reichspsychotherapie, Rogersian (oder Rogerian) Psychotherapie, Rolfing, Sophia-Analyse, Self Relationship (oder Sponsoring) Therapie, Systemische Therapie, SHEN-Therapie, T(Raining) Gruppen, Transaktionsanalyse (TA), Transpersonale Psychologie.

287 Eine Borderline-Persönlichkeit ist oft hypochondrisch. Krankheiten und Beschwerden sind in der Regel die direkte Folge jahrelanger ungelöster emotionaler Traumata, die sich im physischen Körper manifestieren. Sie haben gelernt, dass Menschen in der Regel mit Sympathie auf Opfer reagieren – unabhängig davon, ob ihre unglückliche Notlage auf gesundheitliche oder finanzielle Rückschläge zurückzuführen ist. Du wirst dich schuldig fühlen, wenn du nicht alles tust, was du kannst, um dieser Person zu helfen, selbst wenn es darum geht, ihr eine Unterkunft, einen Job, Essen für ihr Kind oder ihren Hund zu finden, für ihre Autoreparaturen zu bezahlen, etc. Was du nicht verstehst, ist, dass die Liste nie endet! Du bist nie aus dem Schneider, weil du sie aus dem einen oder anderen Drama gerettet hast, und selbst wenn du schwörst, „das ist das letzte Mal", werden sie dich immer noch um Hilfe bitten, wenn es das nächste Mal nötig ist. Ein Trottel wird jeden Tag geboren – die brutale Realität ist, wenn du nicht zu ihrer Rettung kommst, dann der nächste. Die Grenzen sind extrem einfallsreich, und es gibt immer jemanden, der die Teile ihres erbärmlichen Lebens aufnimmt.http://gettinbetter.com/waif.html (eng)

288 „So behaupten wir, dass Persönlichkeit immer eine Tandem-Entwicklung von anderen Selbstverständnissen und niemals eine Entdeckung eines unabhängigen Selbst ist. Der Irrtum des Individualismus, eine irreführende Vorstellung, dass wir getrennte Einheiten sind, die in privaten Körpern wie Maschinen in kleinen Häusern enthalten sind, führt zu endloser Verwirrung über menschliche Beziehungen und zu einer allgemeinen Unterdrückung von Abhängigkeit und Verwundbarkeit. Wir haben viele Menschen – vor allem Frauen – getroffen, die buchstäblich glauben, dass das Alleinleben eine Voraussetzung für psychische Unabhängigkeit ist. Mit anderen Worten, sie haben die persönliche Agenz (Wahl, etc.) mit der sozialen Situation des Alleinlebens verwechselt. Die Idee des ‚Alleinlebens' ist selbst eine Verzerrung, die auf Missverständnissen über die Privatsphäre beruht, weil die Menschen nie allein leben. Als Organismen haben wir eine Vielzahl von biologischen und psychologischen Bedürfnissen, die uns daran hindern, isoliert zu überleben."

Polly Young Eisendrath und Florence Wiedemann, *Female Authority* (Weibliche Autorität), S. 222-223.

289 Siehe Christian de Quincey, *Radical Knowing* (Radikales Verständnis), S. 176-180: „Ich als Subjekt spiegele mich nie in Dingen (Objekten) nur in anderen ‚Ichs', wie dir." Die berühmte feministische Aktivistin Gloria Steinem, die Irina

Dunn zitiert hatte: „Eine Frau braucht einen Mann wie ein Fisch ein Fahrrad." Sie heiratete David Bale im Jahr 2000 im Alter von 66 Jahren.

290 Siehe www.integrallife.com/awaken/shadow/practice-3-2-1-shadow-process (eng)

291 Siehe Robert Kegan, *In Over Our Heads* (Über unseren Köpfen), S. 313: „Paare im Bewusstsein 4. Grades beginnen mit der Prämisse ihrer eigenen Vollständigkeit und sehen Konflikt als unvermeidliches Nebenprodukt der Interaktion zweier psychologisch ganzer Selbst, während Paare 5. [Integralen] Grades des Bewusstseins mit ihrer ‚eigenen Tendenz' beginnen, Vollständigkeit vorzutäuschen (während sie tatsächlich unvollständig sind) und Konflikt als das unvermeidliche, aber umsetzbare Nebenprodukt des Anspruchs auf Vollständigkeit ansehen."

292 Adyashanti, ein verheirateter Zen-Lehrer, sagte in einem Interview mit Bert Parlee: „Der Beweis für die Tiefe und Verkörperung deiner Verwirklichung ist in deiner Liebesbeziehung zu sehen. Da liegt der verborgene Hinweis. Wenn in deiner Beziehung alles zusammenbricht, hast du etwas zu tun. Und die Menschen haben viele Schwierigkeiten in ihren Beziehungen."

Eckhart Tolle, (in einer Beziehung mit Kim Eng) schreibt in *The Power Of Now* (dt: *Jetzt! Die Macht der Gegenwart*), S. 127 (S. 153 in der Taschenbuchausgabe): „Drei gescheiterte Beziehungen in ebenso vielen Jahren zwingen dich eher zum Erwachen als drei Jahre auf einer einsamen Insel", und auf S. 132 (S. 159 Taschenbuchausgabe): „Die Menschheit steht unter großem Entwicklungsdruck, weil die Weiterentwicklung unsere einzige Chance ist, als Spezies zu überleben. Dies wird sich auf jeden Aspekt deines Lebens und insbesondere auf enge Beziehungen auswirken. Noch nie waren Beziehungen so problematisch und konfliktgeladen wie heute. Wie du vielleicht bemerkt hast, sind sie nicht hier, um dich glücklich oder erfüllt zu machen. Wenn du weiterhin das Ziel der Erlösung durch eine Beziehung verfolgst, wirst du immer wieder enttäuscht sein. Aber wenn du akzeptierst, dass die Beziehung hier ist, um dir bei deiner Bewusstseinsentwicklung zu helfen, anstatt um glücklich zu sein, dann wird die Beziehung dir Erlösung bieten, und du wirst dich mit dem höheren Bewusstsein ausrichten, das in diese Welt geboren werden will. Für diejenigen, die an den alten Mustern festhalten, wird es immer mehr Schmerz, Gewalt, Verwirrung und Wahnsinn geben."

293 Siehe Robert Augustus Masters, *Transformation through Intimacy – The Journey Towards Mature Monogamy* (Transformation durch Intimität – Der Weg zur reifen Monogamie), auf der Seite vor der Einführung: „Der Übergang von der unreifen zur reifen Monogamie ist nicht nur eine Reise der reifenden Intimität mit einem geliebten Anderen, sondern auch eine Reise in und durch Zonen von uns selbst, die sehr schwer zu durchkreuzen sind, geschweige denn, sich mit dem Rest unseres Seins vertraut zu machen und zu integrieren. Aber so sehr diese Passage uns auch fordern mag, sie gibt uns noch mehr zurück und verwandelt uns, bis wir in der unerschütterlichen Liebe, der tiefen Leidenschaft und der radikal intimen Gegenseitigkeit, die die reife Monogamie verkörpern, etabliert sind. Und selbst wenn wir nicht in einer solchen Beziehung enden, wird unser Weg dorthin uns in allem, was wir tun, unermesslich nützen."

294 Siehe David Deida, *Intimate Communion* (Intime Gemeinschaft), S. 263-267, und „Der Mythos des Gegebenen" in der Einleitung dieses Buchs.

295 Siehe *The New Psychology of Love* (Die Neue Psychologie der Liebe), herausgegeben von Robert J. Sternberg und Karin Weis, S. 185, unter Intimität, über die Qualitäten von Integral informierten Beziehungen, die sie beschreiben:
Der Wunsch, das Wohlergehen des geliebten Menschen zu fördern.
Erlebtes Glück mit dem geliebten Menschen.
Hohe Achtung vor dem geliebten Menschen.
In Zeiten der Not auf den geliebten Menschen zählen zu können.
Gegenseitiges Verständnis mit dem geliebten Menschen.
Teilen des eigenen Selbst und des eigenen Besitzes mit dem geliebten Menschen.
Empfang von emotionaler Unterstützung durch den geliebten Menschen.
Emotionale Unterstützung für den geliebten Menschen.
Intime Kommunikation mit dem geliebten Menschen.
Wertschätzung des geliebten Menschen.

296 Sein oder Nichtsein; das ist hier die Frage:
Obs edler im Gemüt, die Pfeil und Schleudern
Des wütenden Geschicks erdulden oder,
Sich waffnend gegen eine See von Plagen,
Durch Widerstand sie enden? Sterben – Schlafen –
Nichts weiter! Und zu wissen, dass sein Schlaf
Das Herzweh und die tausend Stöße endet,
Die unsers Fleisches Erbteil, `s ist ein Ziel,
Aufs innigste zu Wünschen.
Übersetzung von August Wilhelm von Schlegel.

297 Siehe *Lass uns in Frieden auseinandergehen* von Katherine Woodward Thomas.

298 Lest unten einen gekürzten Auszug aus Ken Wilbers Gespräch mit Roger Walsh über seine Präsentation auf der Integral Conference 2008 (http://integrallife.com/node/54698 (eng), The State of the Integral):

„Beziehungen, die dem Wachstum gewidmet sind, können eines der besten Bollwerke gegen Stagnation sein. Wachstumsorientierte Beziehungen geben uns ehrliches Feedback, um unsere blinden Flecken auszugleichen. Schließlich ist es viel einfacher, die Grenzen anderer Menschen zu erkennen als unsere eigenen. Vor zweitausend Jahren fragte Jesus: ‚Warum siehst du den Fleck im Auge deines Nachbarn, aber nicht den Baumstamm in deinem eigenen?' Daher sind Beziehungen, die darauf abzielen, psychische, spirituelle und entwicklungsbedingte Einschränkungen zu erkennen und zu lösen, von unschätzbarem Wert. Es gibt keinen Ersatz für Dialog und Feedback. Es gibt viele Formen von Beziehungen, aber vielleicht ist die höchste Methode für den Erhalt von Rückmeldung intime Beziehungen und Ehe. Einer der besten Tests der Erleuchtung kann der des Psychiaters Arthur Deikman sein, der vorschlägt: ‚Fragen Sie den Ehepartner.' Eine der effektivsten Möglichkeiten, eine Beziehung in einen starken Wachstumsförderer zu verwandeln, besteht darin, eine ausdrückliche Vereinbarung zu treffen, die Beziehung zum gegenseitigen Lernen und Erwachen zu nutzen. Sobald die Vereinbarung getroffen ist, haben Sie einander die Erlaubnis gegeben, Ihre Wahrheit zu sagen, Feedback zu geben und alles zu tun, was dem gegenseitigen Lernen, Heilen, Wachstum und Erwachen am besten dient. Dieses kann ein reales Geschenk zu jedem möglichem Verhältnis sein, aber es verlangt viel von den Leuten, darunter das Wollen, wirklich zu lernen, wachsen, erwachen und einen Beitrag zu leisten. Es gibt etwas an dieser [Ebene der Wahrhaftigkeit], weil wir in unserer Kultur oft keine Möglichkeit haben, unsere Wahrheit zu sagen. Die meisten Beziehungen beruhen zumindest teilweise auf einer gemeinsamen geheimen Vereinbarung: ‚Ich werde dich nicht auf deine Tat ansprechen, wenn du mich nicht auf meine ansprichst.' Wenn Sie also eine Beziehung von einer gegenseitigen Bewunderungsvereinbarung in etwas verwandeln wollen, das Ihrem eigenen Wachstum und Ihrer eigenen Verwandlung dient, geben Sie sich gegenseitig die Erlaubnis, Ihre Wahrheit zu sagen und dann: ‚schnallen Sie sich an'. Es wird nicht unbedingt einfach sein, aber es wird wertvoll sein. Im Idealfall dient die Beziehung dann einer Bestimmung, die größer ist als das Individuelle, größer als das Selbst, und sie wird angeboten mit dem Zweck des Dienens als auch des Erwachens."

www.in.integralinstitute.org/holons/Walsh_State_of_the_Integral_Enterprise_Part_I.pdf (eng)

299 Die meisten Menschen haben immer noch Schmerzen, wenn Liebesbeziehungen enden. Aber es gibt einen Unterschied zwischen Schmerz und Leid. Emotionale Schmerzen werden durch hormonelle Veränderungen in unserem Gehirn verursacht, die unseren ganzen Körper betreffen. Die Symptome sind ähnlich wie bei Alkohol-, Nikotin- oder Drogenentzug. Das Leiden wird durch negative Geschichten und Urteile verursacht, die wir um das Erleben des Schmerzes schaffen, was oft zu emotionaler und körperlicher Gewalt oder anderen schädlichen Verhaltensweisen (z.B. Trinken, Überkonsum, sozialer Rückzug, sexueller und emotionaler Missbrauch von anderen) führt, die nur den Schmerz aufrechterhalten.

300 Biologische Imperative:

Territorialismus:

Der Territorialismus ist ein ziemlich grundlegendes Merkmal aller lebenden Organismen, da wir in einem physikalischen Universum leben. Bakterien erwerben offensichtlich Territorium, wenn sie sich in einer Petrischale ausbreiten. Die Beobachtung lebender Organismen in der Natur legt nahe, dass der Schritt vor der Fortpflanzung darin besteht, ein Gebiet zu schaffen, in dem sie jagen, brüten und das Wachstum ihrer Nachkommen sichern können.

Wettbewerb:

Der Wettbewerb ist einer der Umweltfaktoren, die die natürliche Auslese ausmachen. Einzelne Organismen konkurrieren um Nahrung und Partner; Gruppen von lebenden Organismen konkurrieren um die Kontrolle von Territorium und Ressourcen; Arten konkurrieren jedoch nicht so sehr, sondern passen sich passiv ihrer Umwelt an.

Fortpflanzung:

Damit die Arten fortbestehen können, müssen sie sich per definitionem vermehren, um den Fortbestand ihrer Arten zu gewährleisten. Ohne Fortpflanzung hört die Art auf zu existieren. Die Fähigkeit zur Fortpflanzung und der Drang, dies zu tun, wenn es die physiologischen und ökologischen Bedingungen zulassen, sind unter den lebenden Organismen universell und werden in vielfältiger Weise durch das Spektrum der lebenden Organismen ausgedrückt.

Lebensqualität suchen:

Das Bedürfnis eines lebenden Organismus, seine Lebensqualität zu verbessern, scheint dem Zweck zu dienen, seine Überlebenschancen zu verbessern. Die Suche nach Lebensqualität beinhaltet auch die Reduzierung des Stressniveaus eines einzelnen Organismus. Stress kann sowohl physiologische als auch psychische Erkrankungen verursachen. Stress kann auf Kriminalität zurückzuführen sein: Bedrohung und Handlungen gegen die Person; Bedrohung und Handlungen gegen das Eigentum. Gesundheit im Allgemeinen fällt unter diese Kategorie: Einzelne Organismen, die ihre Gesundheit erhalten und verbessern wollen, verbessern ihre Überlebenschancen.

Gruppenbildung:

Es ist zu beobachten, dass die meisten Organismen Gruppen bilden, um ihre Überlebenschancen zu erhöhen. Gruppen können einfach aus zwei oder mehreren Personen bestehen. Gruppenbildung ist komplex und beinhaltet Territorialismus, Identitätsvorstellungen und Kultur. Gruppenbildung ist es, was uns als Menschen dazu bringt, Familien, Clans, Stämme und Nationen zu bilden.

Diese Gruppenbildung beim Menschen ist das Ergebnis der Biologie: Aufgrund der Größe unseres Gehirns sind Kinder viel länger von ihren Eltern abhängig als die meisten Tiere; dadurch bleiben die für die Fortpflanzung notwendigen biologischen Bindungen erhalten, so dass die Eltern das Überleben der Nachkommen sichern können. Diese notwendige elterliche Investition und größere Gehirngröße, gepaart mit unserer Fähigkeit zu kommunizieren, führt zur Entwicklung sozialer Konstruktionen wie der Familie. Nach mehreren Generationen gibt es viele weitere Familien mit unterschiedlichen Verbindungen zueinander; eine gemeinsame Abstammung, die durch ihren Phänotyp belegt ist, vereint diese Clans.

Aus Familienclans entstehen mehrere Generationen später Stämme. Dadurch kann eine nichtbiologische Gruppenbildung stattfinden, bei der sich Stämme aufgrund von Geographie und Ressourcenbedarf spalten können.

http://psychology.wikia.com/wiki/Biological_imperative (eng)

301 „Das Gute ist das Gegenteil von Bösem. Das Böse ist der bewusste Wunsch, Leiden zu erzeugen, wo Leiden nicht notwendig ist. Die Verletzlichkeit anderer Menschen selbstbewusst ausnutzen und ihr Leid über das hinaus erhöhen, was sie oder andere nicht ertragen können. Die Wahrheit existiert im Dienste eines Ideals. Das Streben nach Impulsfreude und das Dienen der Sprache ist eine Wurzel des Totalitarismus und der Sklaverei, denn du bist die Marionette einer Ideologie, oder eines anderen Denkers oder deiner eigenen impulsiven Wünsche." (Jordan P. Peterson)

302 In der klassischen Philosophie kommt Transzendenz bzw. transzendent von klettern oder überwinden. Sie wurde ursprünglich mit Bezug auf Gott als völlig außerhalb und jenseits der Welt verwendet, im Gegensatz zur Immanenz, zu Gott, der sich in der Welt manifestierte.

Im zweiten Sinn, der aus der mittelalterlichen Philosophie stammt, ist Transzendentalität eine Eigenschaft des Seins, die sich nicht auf irgendeine tatsächlich existierende Sache stützen kann, soweit sie existiert. Primäre Beispiele der Transzendenz sind Einheit, Wahrheit und Güte, die zusammengenommen zu Schönheit und Funktionalität führen.

In der modernen Philosophie nannte Kant „alles Wissen transzendental, wenn es sich nicht mit Objekten beschäftigt, sondern mit der Art und Weise, wie wir Objekte möglicherweise schon kennen, bevor wir sie erfahren". Er setzte auch das Transzendente mit dem gleich, was „....in Bezug auf die Erkenntnisfähigkeit des Subjekts ist". Etwas ist transzendent, wenn es eine Rolle dabei spielt, wie der Verstand Objekte „konstituiert" und es uns ermöglicht, sie überhaupt als Objekte zu erleben. Gewöhnliches Wissen ist Wissen über Objekte; transzendentales Wissen ist Wissen darüber, wie es uns möglich ist, diese Objekte als Objekte zu erleben. Kant plädiert für eine tiefe Verbindung zwischen der Fähigkeit zum Selbstbewusstsein und der Fähigkeit, eine Welt der Objekte zu erleben. Durch einen Prozess der Synthese erzeugt der Verstand sowohl die Struktur der Objekte als auch seine eigene Einheit.

In der Phänomenologie ist das „Transzendente" das, was unser eigenes Bewusstsein transzendiert – das ist objektiv und nicht nur ein Phänomen des Bewusstseins.

Auch Jean-Paul Sartre spricht in seinen Werken von Transzendenz. In *Sein und Nichts* nutzt Sartre die Transzendenz, um die Beziehung des Selbst zur objektorientierten Welt sowie unsere konkreten Beziehungen zu anderen zu beschreiben.

In der Alltagssprache bedeutet „Transzendenz" „darüber hinausgehen", und „Selbsttranszendenz" bedeutet, über eine frühere Form oder einen früheren Zustand von sich selbst hinauszugehen. Mystische Erfahrung wird als ein besonders fortgeschrittener Zustand der Selbsttranszendenz betrachtet, in dem der Sinn eines eigenen Selbst aufgegeben wird.

Übernommen von https://en.wikipedia.org/wiki/Transcendence_(philosophy) (eng) (Verweis für die deutsche Fassung: https://de.wikipedia.org/wiki/Transzendenz#Allgemeines)

303 Eine genetische Veranlagung ist ein genetisches Merkmal, das die mögliche phänotypische Entwicklung eines einzelnen Organismus innerhalb einer Art oder Population unter dem Einfluss von Umweltbedingungen beeinflusst. https://en.wikipedia.org/wiki/Genetic_predisposition (eng)

304 A-priori-Wissen ist unabhängig von allen besonderen Erfahrungen, im Gegensatz zu a-posteriori-Wissen, das aus Erfahrung stammt. Die lateinischen Sätze a priori („von dem, was vorher ist") und a posteriori („von dem, was danach ist") wurden in der Philosophie ursprünglich verwendet, um zwischen Argumenten von Ursachen und Argumenten von Wirkungen zu unterscheiden.

https://en.wikipedia.org/wiki/A_priori_and_a_posteriori (eng)

305 Siehe *The Complexity of Greatness: Beyond Talent or Practice* (Kaufman)(Die Komplexität der Großartigkeit: Über Talent und Übung hinaus), S. 3:

„Gene dienen dazu, Menschen dazu zu bewegen, nach Erfahrungen zu suchen, die ein hohes Maß an Fähigkeiten und Wissen aufbauen, das wiederum kreative Leistungen fördert. Gene sind eng in die Manifestation einer exzellenten Leistung eingebunden. Leistung findet durch die genetische Expression auf jeder Ebene statt, und es gibt gute Beweise für strukturelle und funktionelle Veränderungen, wenn sich die Fähigkeiten entwickeln, die für eine exzellente Leistung erforderlich sind. Diese Veränderungen erfolgen durch erweiterte Anpassungen der genetischen Expression an die ständige Belastung durch das Training. Die Aussage, dass die genetischen Expressionsmuster, die beim Training entstehen, unausweichlich sind oder von den Genen bestimmt werden, ist jedoch alles andere als konkurrenzlos.

Wenn überhaupt, werden die genetischen Expressionsmuster selbst durch die Umweltexposition oder das Training bestimmt, aber auch dieses Bild wird durch die Möglichkeit, dass es die Gene sind, die die Exposition gegenüber dem

Training antreiben, verfälscht. Im Grunde genommen heißt das, dass Gen-Umwelt-Interaktion und Korrelation die Ursache für individuelle Leistungsunterschiede sind."

[306] Eine Gallup-Umfrage von 2014 berichtet: „Mehr als vier von zehn Amerikanern glauben nach wie vor, dass Gott vor 10.000 Jahren den Menschen in seiner jetzigen Form erschaffen hat, eine Ansicht, die sich in den letzten drei Jahrzehnten kaum verändert hat. Die Hälfte der Amerikaner glaubt, dass sich die Menschen entwickelt haben, wobei die Mehrheit dieser Menschen sagt, dass Gott den evolutionären Prozess geleitet hat. Aber der Prozentsatz, der sagt, dass Gott nicht beteiligt war, steigt."

Die Debatte wird manchmal so dargestellt, als würde sie zwischen Wissenschaft und Religion stattfinden, aber wie die United States National Academy of Sciences sagt: „Heute akzeptieren viele Religionsgemeinschaften, dass die biologische Evolution die Vielfalt der Lebewesen in Milliarden von Jahren Erdgeschichte hervorgebracht hat. Viele haben Erklärungen abgegeben, in denen sie feststellten, dass die Evolution und die Grundsätze ihres Glaubens miteinander vereinbar sind. Wissenschaftler und Theologen haben eloquent über ihre Ehrfurcht und ihr Staunen über die Geschichte des Universums und des Lebens auf diesem Planeten geschrieben und erklärt, dass sie keinen Konflikt zwischen ihrem Glauben an Gott und den Beweisen für die Evolution sehen. Religiöse Konfessionen, die das Auftreten der Evolution nicht akzeptieren, sind in der Regel diejenigen, die an streng wörtliche Interpretationen religiöser Texte glauben."

http://en.wikipedia.org/wiki/Creation%E2%80%93evolution_controversy (eng)

307 Intelligentes Design (ID) ist die Ansicht, dass es möglich ist, aus empirischen Erkenntnissen zu schließen, dass „bestimmte Merkmale des Universums und der Lebewesen am Besten durch eine intelligente Ursache und nicht durch einen ungerichteten Prozess wie die natürliche Selektion erklärt werden"

www.newworldencyclopedia.org/entry/Intelligent_design (eng)

[308] 8.-11. Mai 2014, Gallup-Umfrage zu Evolution, Kreationismus, Intelligentem Design, www.gallup.com/poll/21814/evolution-creationism-intelligent-design.aspx (eng).

[309] Nach dem Mythos schuf Gott den Himmel und die Erde in sechs Tagen, beginnend mit Dunkelheit und Licht am ersten Tag und endend mit der Erschaffung der Menschheit nach seinem Bilde, und er wies sie an, sich zu vermehren und Verwalter über alles andere zu sein, was Gott geschaffen hatte. Gott ruhte dann am siebten Tag. Im zweiten Teil der Genesis modelliert Gott Adam aus dem Staub und stellt ihn in den Garten Eden, um ihn zu bearbeiten und zu pflegen. Adam wird gesagt, dass er den Boden bestellen und frei von allen Bäumen im Garten essen kann, außer von einem Baum der Erkenntnis von Gut und Böse. Anschließend wird Eva aus einer der Rippen Adams erschaffen, um Adams Begleiter zu sein. Sie sind unschuldig und schamlos in ihrer Nacktheit. Doch eine Schlange verführt Eva dazu, Früchte vom verbotenen Baum zu essen, und sie gibt Adam etwas von der Frucht. Diese Taten geben ihnen zusätzliches Wissen, aber auch die Fähigkeit, negative und zerstörerische Begriffe wie Scham und Böses zu vermitteln. Dann verbannt Gott sie aus dem Garten Eden. Die Geschichte von Adam und Eva ist zentral für den Glauben, dass Gott die Menschen geschaffen hat, um in einem Paradies auf Erden zu leben, obwohl sie von diesem Zustand abgefallen sind und die heutige Welt voller Leid und Ungerechtigkeit geformt haben. Sie bildet die Grundlage für den Glauben, dass die Menschheit im Wesentlichen eine einzige Familie ist, wobei jeder von einem einzigen Paar ursprünglicher Vorfahren abstammt. https://de.wikipedia.org/wiki/Adam_und_Eva

[310] Loyal Rue, zweifacher Preisträger des Templeton Award, Professor der Philosophie und Religion am Luther College in Decorah, Iowa. *Religion is Not about God: How Spiritual Traditions Nurture our Biological Nature and What to Expect When They Fail* (In der Religion geht es nicht um Gott: Wie spirituelle Traditionen unsere biologische Natur pflegen und was zu erwarten ist, wenn sie scheitern).

Buchzusammenfassung: Tausende von religiösen Traditionen sind im Verlauf der Menschheitsgeschichte entstanden, aber nur wenige haben überdauert. Einige sprechen von einer Myriade von Göttern, andere von nur einem, und einige erkennen überhaupt keine Götter an. Bände wurden geschrieben, um die Existenz oder Nicht-Existenz von übernatürlichen Wesen zu beweisen. Also, wenn es bei der Religion nicht um Gott geht, worum geht es dann? In diesem provokanten Buch behauptet Loyal Rue, dass es bei der Religion im Grunde um uns geht.

Erfolgreiche Religionen sind narrative (Mythos-)Traditionen, die die menschliche Natur beeinflussen, so dass wir in einer Weise denken, fühlen und handeln können, die sowohl individuell als auch kollektiv gut für uns ist. Durch die Verwendung von Bildern, Symbolen und Ritualen fördert die Religion die reproduktive Fitness und das Überleben durch die Förderung harmonischer sozialer Beziehungen. Anhand von Beispielen aus den großen Traditionen – Judentum, Christentum, Islam, Hinduismus und Buddhismus – zeigt sich, wie jede Religion auf ihre Weise das menschliche Verhalten geleitet hat, um die beiden Ziele der persönlichen Erfüllung und des sozialen Zusammenhalts zu fördern. Da alle Religionen zunehmend mit einer Krise intellektueller Plausibilität und moralischer Relevanz konfrontiert sind, bietet dieses Buch eine überzeugende und positive Sicht auf die Zentralität und Bedeutung von Religion.

[311] Atome interagieren miteinander und erzeugen so emergente Ergebnisse, entsprechend zweier allgemeiner Merkmale: ihrer Energie und ihrer Form. Die Thermodynamik beschreibt die Energie und die Entropieparameter einer Wechselwirkung, aber auch kritisch das, was wir lose, aber bequem als Formeinflüsse bezeichnen können. Thermodynamisch interagieren zwei Wasserstoffatome zu H_2, weil Energie freigesetzt wird. Natriumchlorid löst sich im Wasser auf, weil

Energie freigesetzt wird und die Entropie zunimmt. Doch Chemie ist mehr als nur Thermodynamik. H2 bildet sich auch deshalb, weil die Elektronenschalen von Wasserstoffatomen zu einer „Einpassung" zwischen ihnen beitragen, und die Formen von Wassermolekülen und ihre daraus resultierende Dipolarität (Ladungsseparation) zur Trennung und Verteilung der Atome von NaCl beitragen. Diese Deskriptoren und andere, die unten angeboten werden, können einem wissenschaftlich herausgeforderten Leser als zu „schwer" und einem wissenschaftlich anspruchsvollen Leser als zu „einfach" erscheinen. Wir bitten Sie beide um Verständnis, denn hier geht es um die Konzepte und nicht um die Details. Der Grundgedanke: Beginnt man mit so etwas wie einem Wassermolekül, sind es nur zwei Wasserstoffatome und ein Sauerstoffatom, aber jedes Molekül hat andere Eigenschaften, die weder dem Wasserstoff allein noch dem Sauerstoff allein zugeschrieben werden können. Die Wechselwirkung zwischen den drei Atomen bewirkt eine Rekonfiguration der Elektronenorbitale und erzeugt ein trapezförmiges Gebilde, das auf der einen Seite elektrisch positiver und auf der anderen Seite negativer ist. Im Vergleich zu Wasserstoff- und Sauerstoffatomen hat ein Wassermolekül noch nie da gewesene Eigenschaften, denn die Verbindung dieser Atome hat die Formen verzerrt und eine zusammengesetzte Form mit eigenen Eigenschaften hervorgebracht. In der Chemie zählt die Form.

Jetzt können wir überlegen, was passiert, wenn Wassermoleküle miteinander interagieren. Hier treffen wir auf die interessante Tatsache, dass es auf die verschiedensten Faktoren ankommt. Eis bildet sich, wenn die kinetische Energie des durchschnittlichen Moleküls niedrig ist und die Klebrigkeit der Moleküle (Fähigkeit, Wasserstoffbrücken zu bilden) ihre Bewegung überwindet; flüssiges Wasser bildet sich, wenn ihre Bewegung gerade ausreicht, um die Klebrigkeit zu überwinden und sie übereinander gleiten zu lassen, und es bilden sich Wasserstoffbrücken mit Pikosekundenlaufzeiten; und Dampf bildet sich, wenn ihre relative Geschwindigkeit hoch genug ist, dass Kollisionen nur selten ein Verkleben erlauben. Die Bildung jeder Phase und die Übergänge zwischen den Phasen werden durch Thermodynamik und Form erzeugt, und die Ergebnisse sind zahlreich. So zeigt Eis Auftrieb, kristalline Organisation und Härte; Wasser zeigt Oberflächenspannung und Viskosität. Keine dieser Eigenschaften wird durch einzelne Wassermoleküle dargestellt; entscheidend sind dynamische Gesetzmäßigkeiten in der Art und Weise, wie viele dieser Moleküle miteinander interagieren. Und so haben wir hier unser erstes von unzähligen Beispielen, in denen eine Verbundstruktur, die „etwas mehr" ist (ein Wassermolekül, aus Wasserstoff und Sauerstoff), sich umdreht und als „nichts als" (für die entstehenden Eigenschaften von Eis und flüssigem Wasser) dient. Eigenschaften höherer Ordnung sind durch die Regelmäßigkeit der Wechselwirkungen zwischen ihren Bestandteilen entstanden. Alle Arten von Molekülen außer Wasser können abwechselnde Phasen annehmen, und in jedem Fall sind die daraus resultierenden Emergenzeigenschaften leicht unterschiedlich: Die Härte des kristallinen Quarzes unterscheidet sich von der des Eises, und die Viskosität des flüssigen Quecksilbers unterscheidet sich von der des flüssigen Wassers, da sowohl thermodynamische Wechselwirkungen als auch Formeffekte dazu beitragen, leicht unterschiedliche Emergenzergebnisse zu erzeugen. Allerdings haben Phasen der Materie charakteristische Merkmale – Härte, Viskosität – unabhängig von ihren spezifischen Mikroeigenschaften, Merkmale, die sich aus globalen Gesetzmäßigkeiten in den Wechselwirkungen ergeben, die dazu neigen, die Details auszuwaschen.

Ursula Goodenough und Terrence W. Deacon: *The Oxford Handbook of Religion and Science* (Das Oxford-Handbuch zu Religion und Wissenschaft), S. 855-856.

312 Alle modernen Organismen erzeugen ihre Eigenschaften im Wesentlichen auf die gleiche Weise, was bedeutet, dass der gemeinsame Vorfahre aller modernen Organismen, der vor mehr als 3 Milliarden Jahren auftrat, auch diese Strategien anwandte. Die Kernidee ist, dass Gene Proteine kodieren, die sich unter der Ägide der Thermodynamik in nützliche Formen entfalten. Einige dieser Proteine, wie Aktin und Myosin, vermitteln die Zellorganisation und das Verhalten; andere, wie Laktase, katalysieren den Stoffwechsel und vermitteln damit die Energietransduktion; andere, wie Insulin, vermitteln die Zell-zu-Zell-Kommunikation, wobei Verhalten, Stoffwechsel und Kommunikation alles emergente Eigenschaften sind. Das Ergebnis von Thermodynamik, Morphodynamik und Teleodynamik, mit unzähligen Variantenmanifestationen. Besonders interessante Proteine vermitteln einen emergenten Prozess, die Regulation der Genexpression. Jedes Gen ist mit einem benachbarten Schaltelement ausgestattet, das ebenfalls aus DNA besteht. Wenn der Schalter eingeschaltet ist, wird das Gen „exprimiert" oder „transkribiert", und das von diesem Gen kodierte Protein wird von der Zelle produziert; wenn der Schalter ausgeschaltet wird, wird das Protein nicht hergestellt (das Gen wird „nicht exprimiert" oder „nicht transkribiert"). Die Schalter werden von Proteinen betrieben, die als „Transkriptionsfaktoren" bezeichnet werden, von denen einige als Aktivatoren und andere als Repressoren der Genexpression dienen, die oft gemeinsam auf ein bestimmtes Schaltelement wirken – das heißt, der Befehl „Ein" oder „Aus" ist das Ergebnis komplexer Wechselwirkungen zwischen diesen Reglern und den Komponenten des Schalters.

Jeder Transkriptionsfaktor wird von einem Gen kodiert, das ebenfalls einen eigenen Schalter hat, der durch zusätzliche Transkriptionsfaktoren reguliert wird. Das Ergebnis ist ein ausgeklügeltes System von Rückkopplungsschleifen, bei dem die Gene als passive Elemente betrachtet werden können, die auf Proteinbefehle reagieren. Aufgrund dieser komplexen Interaktionsdynamik werden emergente Muster der Genexpression erzeugt, die zu emergenten molekularen und zellulären Interaktionen führen. Im wahrsten Sinne des Wortes regieren also Proteine und nicht Gene (obwohl

Gene vorhanden sein müssen, um die Proteine zu kodieren), und die aufkommenden Folgen dieser Proteinwechselwirkungen untereinander und zu den Genen gehören die ultimativen Determinanten der Eigenschaften des Organismus.
Ursula Goodenough und Terrence W. Deacon: *The Oxford Handbook of Religion and Science* (Das Oxford-Handbuch zu Religion und Wissenschaft), S. 860-861

[313] Eros ist einer der vier alten griechisch-christlichen Begriffe, die als „Liebe" ins Deutsche übertragen werden können. Eros wurde auch in der Philosophie und Psychologie im weitesten Sinne verwendet, fast als Äquivalent zur „Lebensenergie".
Der antike Philosoph Platon entwickelte ein idealistisches Konzept des Eros, das sich in der Neuzeit als sehr einflussreich erweisen sollte. Im Allgemeinen hielt Platon die physische Anziehung nicht für einen notwendigen Teil des Eros. „Platonische Liebe" in diesem ursprünglichen Sinn kann durch die intellektuelle Reinigung des Eros von der fleischlichen in die ideale Form erreicht werden. Dieser Prozess wird in Platons Dialog, dem Symposium, untersucht. Platon argumentiert dort, dass Eros zunächst für einen Menschen empfunden wird, aber mit der Kontemplation kann er zu einer Wertschätzung für die Schönheit in diesem Menschen werden, oder sogar zu einer Wertschätzung für die Schönheit selbst im idealen Sinne. Wie Platon es ausdrückt, kann Eros der Seele helfen, die Schönheit in ihrer reinen Form zu „erinnern". Daraus folgt für Platon, dass Eros zum Verständnis der Wahrheit beitragen kann. Für Platon ist Eros weder rein menschlich noch rein göttlich: Es ist ein Zwischenprodukt, das er einen Daimon nennt. Sein Hauptmerkmal ist das permanente Streben und Verlangen. Diese Liebe unterscheidet sich von einer rein sinnlichen Liebe, indem sie die Liebe ist, die zum Erhabenen tendiert. Eros ist also der Weg, der den Menschen zur Göttlichkeit führt.
Freud sah Eros als Lebenskraft – den Willen zu leben –, der seinen sichtbarsten Ausdruck in unserer Sexualität findet. Es ist der Wunsch, Leben zu schaffen, und begünstigt Produktivität und Konstruktivität. Bestimmung und Ziel des Eros ist es, das Leben durch Vereinigung und gemeinsame Schöpfung zu erhalten. Libido (die Energie des Sexualtriebs als Bestandteil des Lebensinstinktes) ist die psycho-physische Energie, die die Quelle der Lebenskraft ist, die nach Freud im unbewussten „Es" liegt. Er erwähnt auch den Philosophen Schopenhauer als Einfluss.
F. M. Cornford hält die Standpunkte von Platon und Freud jedoch für „diametral entgegengesetzt" zum Eros. Bei Platon ist Eros zunächst eine spirituelle Energie, die dann nach unten „abfällt", während bei Freud Eros eine physische Energie ist, die nach oben „sublimiert" wird.
Im Wesentlichen ist Jungs Konzept des Eros dem platonischen nicht unähnlich. Eros ist letztlich das Verlangen nach Ganzheit, und obwohl es zunächst die Form einer leidenschaftlichen Liebe annehmen mag, ist es eher ein Verlangen nach „psychischer Verwandtschaft", ein Verlangen nach Verbindung und Interaktion mit anderen fühlenden Wesen.
https://de.wikipedia.org/wiki/Eros_(Philosophie)
Fellmann schreibt in *The Couple: An Erotic Justification of the Human* (dt: *Das Paar: Eine erotische Rechtfertigung des Menschen*): „Das macht Eros zu dem, was Rudof Bilz ‚Biologisches Radikal' nannte. Der Begriff ‚Radikal' verweist auf die tief verwurzelten primären biologischen Eigenschaften unserer Sexualität, die ‚a priori' sind und dann durch emotionale Konditionierung verstärkt oder verändert werden. Die emotionale Dynamik kann nicht genug betont werden. Die Welt ist weitgehend durch Emotionen geordnet, und soweit es die Logik betrifft, wird sie gewöhnlich zur Rechtfertigung unserer Emotionen oder Triebe verwendet. Eros erfordert daher eine Sexualtheorie, die biologische, psychologische und soziale Aspekte verbindet. Eros ist immer die Grundlage der Darstellung und Artikulation der Beziehung. Liebe kann nicht rational geplant werden. Im besten Fall können Paare die Bedingungen schaffen, aus denen Liebe zu einer partnerschaftlichen Lebensweise werden kann. Liebe erfordert das Vertrauen des Selbst, des Anderen, der Welt und den Glauben an die Zukunft der Beziehung."

[314] „Platonische Liebe" in diesem ursprünglichen Sinn kann durch die intellektuelle Reinigung des Eros von der fleischlichen in die ideale Form erreicht werden. Dieser Prozess wird in Platons Dialog, dem Symposium, untersucht. Platon argumentiert dort, dass Eros zunächst für einen Menschen empfunden wird, aber mit der Kontemplation kann er zu einer Wertschätzung für die Schönheit in diesem Menschen werden, oder sogar zu einer Wertschätzung für die Schönheit selbst im idealen Sinne. Wie Platon es ausdrückt, kann Eros der Seele helfen, die Schönheit in ihrer reinen Form zu „erinnern". Daraus folgt für Platon, dass Eros zum Verständnis der Wahrheit beitragen kann. Für Platon ist Eros weder rein menschlich noch rein göttlich: Es ist ein Zwischenprodukt, das er einen Daimon nennt.
Sein Hauptmerkmal ist das permanente Streben und Verlangen. Auch wenn er zu geben scheint, bleibt Eros ein „Wunsch zu besitzen", aber dennoch unterscheidet er sich von einer rein sinnlichen Liebe, indem er die Liebe ist, die zum Erhabenen tendiert. Laut Platon lieben die Götter nicht, weil sie keine Begierden erfahren, da ihre Begierden alle erfüllt sind. Sie können also nur ein Objekt, nicht ein Subjekt der Liebe sein. Aus diesem Grund haben sie keine direkte Beziehung zum Menschen; erst die Vermittlung des Eros ermöglicht die Verbindung einer Beziehung. Eros ist also der Weg, der den Menschen zur Göttlichkeit führt, aber nicht umgekehrt.
Dennoch bleibt Eros für Platon immer eine egozentrische Liebe: Er neigt dazu, das Objekt zu erobern und zu besitzen, das einen Wert für den Menschen darstellt. Das Gute zu lieben bedeutet, es für immer besitzen zu wollen. Liebe ist daher immer ein Verlangen nach Unsterblichkeit.

[315] http://prasoondiwakar.com/wordpress/trivia/origin-of-the-word-evolution (eng)

[316] NASA, 13. Okt. 2016. Eine der grundlegendsten Fragen in der Astronomie ist die, wie viele Galaxien das Universum umfasst. Das wegweisende Hubble Deep Field, in Betrieb genommen Mitte der 1990er Jahre, gab den ersten wirklichen Einblick in die Galaxienpopulation des Universums. Nachfolgende empfindliche Beobachtungen wie Hubble Ultra Deep Field zeigten eine Vielzahl von schwach leuchtenden Galaxien. Dies führte zu einer Schätzung, dass das beobachtbare Universum etwa 200 Milliarden Galaxien enthielt. Die neue Studie zeigt, dass diese Schätzung mindestens zehnmal zu gering ist.
www.nasa.gov/feature/goddard/2016/hubble-reveals-observable-universe-contains-10-times-more-galaxies-than-previously-thought (eng)

[317] http://en.wikipedia.org/wiki/Formation_and_evolution_of_the_Solar_System (eng)

[318] Der Begriff Metaphysik wurde von den Anhängern des Aristoteles, wohl dem Vater der westlichen Wissenschaft, verwendet, um sein substantielles Werk zu beschreiben, das über seine Forschungen über die physische Welt hinausging, die er „das Wissen des immateriellen Seins" nannte. Heute wird sie typischerweise als „Dinge jenseits der Wissenschaft" wie Werte, Ethik, Moral, Ästhetik und die Erklärung übernatürlicher Phänomene interpretiert.
Aus http://undsci.berkeley.edu/article/0_0_0/whatisscience_12 (eng)

Die Wissenschaft trifft keine moralischen Urteile:
Wann ist Euthanasie das Richtige? Welche universellen Rechte sollten Menschen haben? Sollten andere Tiere Rechte haben? Fragen wie diese sind wichtig, aber die wissenschaftliche Forschung wird sie nicht beantworten. Die Wissenschaft kann uns helfen, über unheilbare Krankheiten und die Geschichte der Menschen- und Tierrechte zu lernen – und dieses Wissen kann unsere Meinungen und Entscheidungen beeinflussen. Aber letztendlich müssen die einzelnen Menschen moralische Urteile fällen. Die Wissenschaft hilft uns zu beschreiben, wie die Welt ist, aber sie kann nicht beurteilen, ob dieser Zustand richtig, falsch, gut oder schlecht ist.
Wissenschaft trifft keine ästhetischen Urteile:
Die Wissenschaft kann die Frequenz eines G-Dur offenbaren und wie unsere Augen Informationen über Farbe an unser Gehirn weitergeben, aber die Wissenschaft kann uns nicht sagen, ob eine Beethoven-Symphonie, eine Kabuki-Performance oder ein Jackson Pollock-Gemälde schön oder schrecklich ist. Der Einzelne trifft diese Entscheidungen nach seinen eigenen ästhetischen Kriterien.
Die Wissenschaft sagt Ihnen nicht, wie Sie wissenschaftliche Erkenntnisse nutzen sollen:
Obwohl sich die Wissenschaftler oft sehr darum kümmern, wie ihre Entdeckungen genutzt werden, zeigt die Wissenschaft selbst nicht an, was mit wissenschaftlichen Erkenntnissen geschehen soll. Die Wissenschaft kann Ihnen zum Beispiel sagen, wie Sie die DNA auf neue Weise rekombinieren können, aber sie gibt nicht an, ob Sie dieses Wissen nutzen sollten, um eine genetische Krankheit zu korrigieren, einen widerstandsfähigen Apfel zu entwickeln oder ein neues Bakterium zu konstruieren. Für fast jeden wichtigen wissenschaftlichen Fortschritt kann man sich sowohl positive als auch negative Wege vorstellen, wie das Wissen genutzt werden könnte. Auch hier hilft uns die Wissenschaft, zu beschreiben, wie die Welt ist, und dann müssen wir entscheiden, wie wir dieses Wissen nutzen.

Die Wissenschaft zieht keine Schlüsse auf übernatürliche Erklärungen:
Gibt es Götter? Greifen übernatürliche Wesen in menschliche Angelegenheiten ein? Diese Fragen mögen wichtig sein, aber die Wissenschaft wird Ihnen nicht helfen, sie zu beantworten. Fragen, die sich mit übernatürlichen Erklärungen beschäftigen, liegen definitionsgemäß jenseits der Natur – und damit auch jenseits dessen, was die Wissenschaft studieren kann. Für viele sind solche Fragen eine Frage des persönlichen Glaubens und der Spiritualität.
Metaphysik wird auch mit dem magischen Denken des Neuen Zeitalters in Verbindung gebracht, wie z.B. „das Gesetz der Anziehung", „Energieheilung", „Wiedergeburt" usw., und der westlichen Spiritualität im Allgemeinen.

Den Begriff Post-Metaphysik hat Ken Wilber von Jürgen Habermas übernommen. Habermas verwendet den Begriff, um seine Analyse der tiefen Strukturen der Sprache zu beschreiben, die sich nicht auf die Ontologie stützt, sondern sich in erster Linie auf die Verwendung von Wissen in Sprache und Handeln bezieht, und nicht auf eine Eigenschaft des Wissens. Wilber benutzt es anders, um sich auf seine spirituelle Wissenschaft zu beziehen, die über religiöse Überzeugungen (den Mythos des Gegebenen) hinausgeht, indem er sie in Praktiken begründet, die zu wiederholbaren und überprüfbaren Erfahrungen nicht-dualen Bewusstseins führen, unabhängig von den metaphysischen Überzeugungen des Forschers.
Roy Bhaskar kam zu ähnlichen Schlussfolgerungen, als er zum ersten Mal Ideen über spirituelle Werte äußerte, die als der Beginn seiner so genannten „spirituellen" Wende angesehen wurden, die zur Endphase seiner Philosophie des kritischen Realismus führte, die er „Transzendentaler Dialektischer Kritischer Realismus" nennt, der von vielen Anhängern des frühen Kritischen Realismus kritisiert wurde, weil er von den grundlegenden Positionen abgewichen war, die ihn wichtig und interessant machten, ohne aber für seine neuen Ideen philosophische Unterstützung zu leisten.

[319] Wurmlöcher sind Verzerrungen der Raumzeitgeometrie – beschrieben durch Einsteins Gravitationsgleichungen. Sie mit Quantenverschränkung zu identifizieren, würde eine Verbindung zwischen Gravitation und Quantenmechanik herstellen. www.sciencenews.org/blog/context/new-einstein-equation-wormholes-quantum-gravity (eng)

[320] http://blogs.scientificamerican.com/brainwaves/2013/12/02/why-life-does-not-really-exist/ (eng)

[321] Die aktuelle wissenschaftliche Hypothese über die Entstehung des Lebens auf der Erde vor etwa 3,8-3,5 Milliarden Jahren gliedert sich in drei Hauptstadien: (siehe https://de.wikipedia.org/wiki/Chemische_Evolution) (1) die Synthese von Aminosäuren, (2) die Katalyse in chemischen Systemen zu Grundorganismen und (3) die Ankunft von komplexeren organischen Molekülen, einschließlich RNA-Vorläufern, durch Meteoroiden, Asteroiden, Kometen und Planetoiden, genannt Panspermie, die Hypothese, dass das Leben im gesamten Universum existiert. Siehe https://de.wikipedia.org/wiki/Panspermie. Während ich dies schreibe, setzte die Raumsonde Rosetta ihre Philae-Sonde ein, um am 12. November 2014 auf dem Kometen 67P/Churyumov-Gerasimenko zu landen, um wissenschaftliche Experimente durchzuführen, unter anderem um einfache Lebensformen zu finden, die die Hypothese bestätigen, dass außerirdische komplexe organische Moleküle sowohl im interstellaren Raum als auch im Sonnensystem relativ häufig sind und bei der Entwicklung komplexerer Chemikalien auf der Erde geholfen haben könnten.

[322] Der letzte universelle gemeinsame Vorfahre – oder Urvorfahr – (englisch: last universal common ancestor, kurz: LUCA), ist der jüngste gemeinsame Vorfahre allen gegenwärtigen Lebens auf der Erde. Der Urvorfahr ist nicht der erste lebende Organismus auf der Erde. Der Urvorfahr hat vor schätzungsweise 3,5 bis 3,8 Milliarden Jahren gelebt. Die Zusammensetzung des Urvorfahr ist als Fossil nicht direkt zugänglich, kann aber durch den Vergleich der Genome seiner Nachkommen, der heute lebenden Organismen, untersucht werden. Auf diese Weise identifizierte eine Studie aus dem Jahr 2016 einen Satz von 355 Genen, die im Urvorfahr vorhanden gewesen sein sollen.

Der früheste Beweis für das Leben auf der Erde ist biogener Graphit, der in 3,7 Milliarden Jahre alten metamorphosierten Sedimentgesteinen in Westgrönland und mikrobiellen Mattenfossilien in 3,48 Milliarden Jahre alten Sandsteinen in Westaustralien gefunden wurde. Eine Studie aus dem Jahr 2015 fand potentiell biogenen Kohlenstoff von vor 4,1 Milliarden Jahren in alten Gesteinen in Westaustralien, aber solche Ergebnisse würden auf die Existenz anderer Bedingungen auf der Erde während dieses Zeitraums hinweisen, als heute allgemein angenommen werden, und auf einen früheren Ursprung des Lebens hinweisen. Im Jahr 2017 wurde eine Beschreibung von vermutlich versteinerten Mikroorganismen veröffentlicht, die mindestens 3,77 Milliarden und möglicherweise 4,28 Milliarden Jahre alt sind, gefunden in eisenhaltigen Sedimentgesteinen in Quebec, Kanada.

https://de.wikipedia.org/wiki/Urvorfahr

[323] https://de.wikipedia.org/wiki/Chemische_Evolution

[324] https://de.wikipedia.org/wiki/Vielzeller

[325] Die Zellteilung in Eukaryonten unterscheidet sich von der in Organismen ohne Zellkern (Prokaryot). Es gibt zwei Arten von Teilungsprozessen. Bei der Mitose teilt sich eine Zelle zu zwei genetisch identischen Zellen. Bei der Meiose, die bei der sexuellen Fortpflanzung erforderlich ist, wird eine diploide Zelle (mit zwei Instanzen jedes Chromosoms, eine von jedem Elternteil) rekombiniert und dann zwei Stadien der Zellteilung durchlaufen, was zu vier haploiden Zellen (Gamete) führt. Jeder Gamet hat nur ein Chromosomen-Komplement, jedes eine einzigartige Mischung aus dem entsprechenden Paar von Elternchromosomen.

[326] Das Handicap-Prinzip legt nahe, dass zuverlässige Signale für den Signalgeber kostspielig sein müssen und den Signalgeber etwas kosten, was sich eine Person mit weniger Eigenschaften nicht leisten kann. Am Beispiel der sexuellen Selektion suggeriert die Theorie, dass Tiere mit größerer biologischer Fitness diesen Status durch ein behinderndes Verhalten oder eine Morphologie signalisieren, die diese Qualität effektiv verringert. Die zentrale Idee ist, dass sexuell ausgewählte Merkmale wie auffälliger Konsum funktionieren und damit die Fähigkeit signalisieren, eine Ressource zu verschwenden. Empfänger wissen, dass das Signal Qualität anzeigt, weil es sich minderwertige Signalgeber nicht leisten könnten, solche verschwenderisch extravaganten Signale zu erzeugen.

Ein Beispiel beim Menschen wurde von Geoffrey Miller beschrieben, der ausdrückte, dass Veblen-Güter (siehe https://de.wikipedia.org/wiki/Veblen-Effekt) wie Luxusautos und andere Formen des auffälligen Konsums Manifestationen des Handicap-Prinzips sind, die dazu benutzt werden, potenziellen Partnern „Fitness" in Form von Reichtum und Status zu vermitteln.

Adipositas, ein Zeichen für die Fähigkeit, sich reichlich Nahrung zu beschaffen oder zu leisten, geht auf Kosten der Gesundheit, der Beweglichkeit und in fortgeschrittenen Fällen sogar der Stärke; in Kulturen, in denen Nahrungsmittelknappheit herrscht, zeigt sie dem anderen Geschlecht „Fitness" an und wird oft auch mit Reichtum in Verbindung gebracht. Die jüngsten kulturellen Veränderungen haben diese Wahrnehmung vor allem in den westlichen Gesellschaften verändert.

https://de.wikipedia.org/wiki/Handicap-Prinzip

[327] https://www.eurekalert.org/pub_releases/2010-02/uol-srd022510.php (eng)

[328] http://discovermagazine.com/2014/march/12-mutation-not-natural-selection-drives-evolution (eng)

[329] https://de.wikipedia.org/wiki/Stammesgeschichte_des_Menschen

[330] Die nordafrikanische Stätte von Jebel Irhoud enthält eine der frühesten direkt datierten mittelsteinzeitlichen Ansammlungen, und die damit verbundenen menschlichen Überreste sind die ältesten Nachweise für den Homo sapiens. Ein gewichteter Altersdurchschnitt legt diese mittelalterlichen Artefakte und Fossilien auf 315 ± 34 Tausend Jahre zurück. www.nature.com/nature/journal/v546/n7657/full/nature22335.html (eng)

331 Andere Interpretationen unterscheiden sich vor allem in der Taxonomie und geografischen Verteilung der Hominidenarten. Aus Wikipedia, https://de.wikipedia.org/wiki/Stammesgeschichte_des_Menschen

332 Holmes Rolston III, schreibt in *Environmental Ethics: Duties to and values in the Natural World*, S. 108-109 (zitiert nach Steve McIntosh, *Evolutions Purpose* (Evolutionäre Bestimmung), S. 50)

„Pflanzen und Insekten haben ein Wohlbefinden, und sie reagieren mit einem (nicht gefühlten) Interesse an diesem Wohlbefinden, wie wenn ein Baum Wurzeln tiefer ans Wasser schickt oder eine Ameise mit einem Krümel davonläuft. Escherichia coli, ein häufiges Bakterium, das sich sowohl mit Laktose als auch mit Glukose ernährt, bevorzugt Glukose und frisst Laktose erst, wenn die Glukose aufgebraucht ist.

Die Mikrobe hat vermutlich keine Meinung in dieser Präferenz; die voreingestellte Präferenz ist fest mit den Genen verbunden. Aber das ist die Art und Weise, wie genetische Präferenzen funktionieren, im Gegensatz zu den sich später entwickelnden neuronalen und bewusst ausgedrückten Präferenzen..... Solche [einfachen] Organismen sind, zwar nervenlose, wirklich autonome (=selbstgetriebene) Bewertungssysteme, auch wenn man der Annahme folgt, dass ihr Verhalten durch genetische Programme, Biochemie, Instinkte oder Reizreaktionsmechanismen funktioniert. Sie haben vielleicht keine autonomen Wahlmöglichkeiten, aber sie verteidigen ihr Leben als ein Gut ihrer Art. Es gibt also ein Objekt mit Wille, auch wenn es kein Subjekt mit Wille ist...... Der Punkt ist, dass unterhalb der Schwelle der Subjektivität das Leben bleibt."

333 Wir können dies auch in Experimenten mit Kleinkindern sehen, wenn sie etwa 18 Monate alt sind und sich ihrer selbst bewusst werden. Schaut euch das Einkaufskarten-Experiment unter https://www.youtube.com/watch?v=k-rWB1jOt9s an

334 Siehe http://en.wikipedia.org/wiki/Animal_consciousness (eng)

335 Anhang, S. 315-316

336 Ferdinand Fellmann (geb. 1939) ist ein deutscher Philosoph und Anthropologe. Er studierte an den Universitäten Münster (Deutschland) und Pavia (Italien) und schloss 1959 sein Studium der Anglistik und Romanistik ab. Von 1962-1965 setzte Fellmann sein Studium der Philosophie an der Universität Gießen fort. 1967 promovierte er in Bochum und begann 1973 an der Universität Münster zu lehren, wo er 1980 zum Professor für Philosophie ernannt wurde. Seit 1985 ist er Gastprofessor an der Universität von Neapel, Italien. 1994 wurde er zum Gründungsprofessor für Philosophie an die Technische Universität Chemnitz berufen, wo er an der Synthese idealistischer und materialistischer Denkformen arbeitete. Nach seiner Emeritierung 2005 war Fellmann Gastprofessor in Wien (Österreich) und Trient (Italien). Derzeit lebt er in Münster. Als unkonventioneller Denker gehört er keiner bestimmten philosophischen Gemeinschaft an. Auf seiner Homepage bezeichnet er sich selbst ironischerweise als „Accademico di nulla accademia", den „Akademiker ohne Akademie".

337 https://books.google.com/books/about/The_Couple.html?id=D46CDQAAQBAJ (eng), gekürzte Fassung seines Buchs *Das Paar: Eine erotische Rechtfertigung des Menschen.*

338 http://serendip.brynmawr.edu/exchange/node/513 (eng)

339 Siehe Fellmann, *The Couple: Intimate Relations in a New Key* (dt: *Das Paar: Eine erotische Rechtfertigung des Menschen*), S. 89-90.

340 Ebd., S. 67 und 84 und das deutsche Original, S. 75.

341 Eine wachsende Zahl von Beweisen deutet darauf hin, dass Menschen von Anfang an einen rudimentären moralischen Begriff haben. Mit Hilfe ausgeklügelter Experimente kann man schon im ersten Lebensjahr Schimmer von moralischem Denken, moralischem Urteilsvermögen und moralischem Empfinden sehen. Ein gewisser Sinn für Gut und Böse scheint uns in den Knochen zu stecken.

Vor nicht allzu langer Zeit beobachtete ein Forscherteam, wie ein 1-jähriger Junge Gerechtigkeit in seine eigenen Hände nahm. Der Junge hatte gerade ein Puppenspiel gesehen, bei dem eine Puppe mit einem Ball spielte, während sie mit zwei anderen Puppen interagierte. Die mittlere Marionette schob den Ball zur rechten Marionette, die ihn zurückgab. Die mittlere Marionette schob den Ball zur linken Marionette.... die mit ihr davonlief.

Dann wurden die beiden äußeren Marionetten von der Bühne heruntergeholt und vor das Kleinkind gestellt. Jede wurde neben einem Stapel von Leckereien platziert. An diesem Punkt wurde das Kleinkind gebeten, einer Puppe einen Bonbon wegzunehmen. Wie die meisten Kinder in dieser Situation nahm der Junge es vom Stapel des „Unartigen". Aber diese Strafe war nicht genug – er beugte sich dann hinüber und schlug der Puppe auf den Kopf.

Schaut euch das Video an:
www.youtube.com/watch?v=FRvVFW85IcU

Was nicht heißen soll, dass es falsch ist, sich mit der moralischen Entwicklung zu beschäftigen, oder dass dein Umgang mit deinen Kindern Zeitverschwendung ist. Sozialisierung ist von entscheidender Bedeutung. Aber nicht, weil es Babys und Kleinkindern an einem Sinn für Recht und Unrecht mangelt, sondern weil das Gefühl für Recht und Unrecht, das sie natürlicherweise besitzen, in vielerlei Hinsicht von dem abweicht, was wir Erwachsenen uns wünschen würden.
www.nytimes.com/2010/05/09/magazine/09babies-t.html (eng)

342 Ein Telos (aus dem Griechischen τέλος für „Ende", „Zweck" oder „Ziel") ist ein Ende oder eine Bestimmung, in einem von Philosophen wie Aristoteles ziemlich eingeschränkten Sinn. Sie ist die Wurzel des Begriffs „Teleologie",

etwa das Studium der Zweckmäßigkeit oder das Studium von Objekten im Hinblick auf ihre Ziele, Zweckbestimmungen oder Absichten. Die Teleologie spielt eine zentrale Rolle in Aristoteles' Biologie und in seiner Theorie der Ursachen. Sie ist zentral für fast alle philosophischen Theorien der Geschichte, wie die von Hegel und Marx. Eine laufende Debatte in der zeitgenössischen Philosophie der Biologie ist, inwieweit teleologische Sprache (wie in den „Zwecken" verschiedener Organe oder Lebensprozesse) unvermeidlich ist, oder einfach eine Abkürzung für Ideen, die sich letztlich nicht teleologisch ausdrücken lassen.
https://en.wikipedia.org/wiki/Telos_(philosophy) (eng)

[343] Ken Wilber nennt jede Perspektive Flachland, die nicht alle vier Quadranten und ihre Wachstumspotentiale berücksichtigt und integriert, da sie wichtige Aspekte der Realität ignoriert und somit eine flache, ein- oder zweidimensionale Welt schafft.

[344] Quantenverschränkung ist ein physikalisches Phänomen, das auftritt, wenn Paare oder Gruppen von Teilchen erzeugt werden oder so interagieren, dass der Quantenzustand jedes Teilchens nicht unabhängig beschrieben werden kann – stattdessen kann ein Quantenzustand für das gesamte System angegeben werden.
https://de.wikipedia.org/wiki/Quantenverschr%C3%A4nkung

[345] In den Medien und der Populärwissenschaft wird die Quanten-Nichtlokalität oft als gleichwertig zur Verschränkung dargestellt. Es stimmt zwar, dass ein zweiseitiger Quantenzustand verschränkt sein muss, damit er nicht-lokale Zusammenhänge erzeugen kann, aber es gibt verschränkte Zustände, die solche Zusammenhänge nicht erzeugen.

[346] In der Physik ist die Stringtheorie ein theoretischer Rahmen, in dem die punktförmigen Teilchen der Teilchenphysik durch eindimensionale Objekte, sogenannte Strings, ersetzt werden. Die Stringtheorie zielt darauf ab, alle Arten von beobachteten Elementarteilchen anhand von Quantenzuständen dieser Strings zu erklären.

[347] Pantheismus ist der Glaube, dass die ganze Realität mit der Göttlichkeit identisch ist, bzw. dass Gott aus allem besteht, wodurch ein allumfassender, immanenter Gott entsteht. Pantheisten glauben also nicht an einen bestimmten personifizierten oder anthropomorphen Gott.
https://de.wikipedia.org/wiki/Pantheismus

[348] Das teleologische oder physikalisch-theologische Argument, auch bekannt als das Argument des Designs, oder das Argument des intelligenten Designs, ist ein Argument für die Existenz Gottes oder, allgemeiner gesagt, für einen intelligenten Schöpfer, „basierend auf dem wahrgenommenen Beweis des bewussten Designs in der natürlichen oder physischen Welt". Sie ist historisch eng mit dem Konzept der Natürlichen Theologie verbunden.
https://en.wikipedia.org/wiki/Teleological_argument (eng)

[349] Panpsychismus ist die Ansicht, dass Bewusstsein, Geist oder Seele (Psyche) ein universelles und ursprüngliches Merkmal aller Dinge ist. Panpsychisten verstehen sich als Geist in einer Welt des Geistes.
https://de.wikipedia.org/wiki/Panpsychismus

[350] Selbstverwirklichung ist ein Ausdruck, der in der Psychologie, Philosophie, Spiritualität und den östlichen Religionen verwendet wird. Es ist definiert als die „Erfüllung der Möglichkeiten des eigenen Charakters oder der eigenen Persönlichkeit".
https://en.wikipedia.org/wiki/Self-realization (eng)

[351] Kant schrieb in *Prolegomena* (1783, zwei Jahre nach der *Kritik der reinen Vernunft*): „Raum und Zeit, samt allem, was sie in sich enthalten, sind nicht die Dinge, oder deren Eigenschaften an sich selbst, sondern gehören bloß zu Erscheinungen derselben; bis dahin bin ich mit jenen Idealisten auf einem Bekenntnisse. Allein diese, und unter ihnen vornehmlich Berkeley, sahen den Raum vor eine bloße empirische Vorstellung an, die ebenso, wie die Erscheinungen in ihm, uns nur vermittelst der Erfahrung oder Wahrnehmung, zusamt allen seinen Bestimmungen bekannt würde; ich dagegen zeige zuerst: dass der Raum (und ebenso die Zeit, auf welche Berkeley nicht achtgab) samt allen seinen Bestimmungen a priori von uns erkannt werden könne, weil er sowohl, als die Zeit uns vor aller Wahrnehmung, oder Erfahrung, als reine Form unserer Sinnlichkeit beiwohnt, und alle Anschauung derselben, mithin auch alle Erscheinungen möglich macht."

[352] Aus dem *The Philosophy Book*, S. 188.

[353] *The Oxford Handbook of Religion and Science*, S. 855

[354] In der Demographie und Biologie ist die Fekundität die tatsächliche Fortpflanzungsrate eines Organismus oder einer Population, gemessen an der Anzahl der Keimzellen (Eier), der Samenmenge oder der asexuellen Vermehrung. Die Fekundität ist vergleichbar mit der Fertilität, der natürlichen Fähigkeit, Nachkommen zu produzieren.

[355] Siehe Nicholas Hedlund in *Metatheory for the Twenty-First Century* (Metatheorie für das 21. Jahrhundert), S. 195

[356] Selbst einfachste Lebensformen, wie einzellige Bakterien, erzeugen kokreativ durch Zellteilung genetisch identische Zellen. Sie zeigen auch bestimmte funktionale Vorlieben für „Lebensfreude" und „Wohlbefinden". Zum Beispiel kann das Bakterium E. coli Laktose verdauen, indem es sie in Glukose und Laktose spaltet, aber es zieht es vor, Glukose zuerst zu essen, wenn beide vorhanden sind und diese erst dann zu sich zu nehmen, wenn die andere aufgebraucht ist. Pflanzen, die scheinbar das Helle dem Dunkel „vorziehen" und „frei wählen", ihre Wurzeln ins Wasser zu lenken; Tiere „schätzen" bestimmte Lebensräume, Lebensmittel und Qualitäten ihrer Gefährten mehr als andere und „wählen"

entsprechend. Auch wenn es aus einer menschlichen „anthropomorphen" Perspektive so aussehen mag, dass sie bewusst handeln, sind ihre „Entscheidungen" fest verankerte, instinktive, unfreiwillige Reaktionen auf ihre Umwelt, die durch genetische Programmierung, Signaltransduktion, Biochemie und Reizreaktionsmechanismen funktionieren, über die die Handelnden keine bewusste Kontrolle haben, weil es kein selbstbewusstes Subjekt gibt. Holmes Rolston wies darauf hin, dass unterhalb der Schwelle der Subjektivität – unterhalb unseres bewussten Verstandes – der sich im Neokortex unseres Gehirns befindet und bewusste Gedanken, Beobachtungen und Erfahrungen ermöglicht – das Leben bleibt.

[357] Der (menschliche) Lebenswille ist ein psychologischer Trieb zum Überleben und wird als wichtiger und aktiver Prozess des bewussten und unbewussten Denkens gesehen. Dieser Prozess tritt in den Vordergrund, wenn das eigene Leben durch eine schwere Verletzung oder Krankheit bedroht ist. Jemand, der an der Schwelle zum Tod steht, kann bewusst oder unbewusst versuchen, am Leben zu bleiben, motiviert durch einen tief sitzenden Glauben, dass er einen Grund zum Leben hat, etwas, wofür er leben kann .... Es gibt signifikante Zusammenhänge zwischen dem Willen zu leben und existentiellen, psychologischen, sozialen und physischen Quellen der Not. Das Konzept des Lebenswillens kann als direkt von der Hoffnung beeinflusst angesehen werden. Viele, die Nahtoderfahrungen ohne Erklärung überwinden, haben Konzepte wie den Willen zu leben als direkten Bestandteil ihres Überlebens beschrieben. Der Unterschied zwischen dem Wunsch zu sterben und dem Wunsch zu leben ist somit auch ein einzigartiger Risikofaktor bei Selbstmorden.

Während der Wille zum Leben als ein sehr grundlegender Antrieb beim Menschen gilt, ist er nicht unbedingt die Hauptantriebskraft. In der Psychotherapie bezeichnete Sigmund Freud diese Kraft als das Vergnügungsprinzip, d.h. die Suche nach Vergnügen und die Vermeidung von Schmerzen.

Viktor Frankl entwickelte nach einem Aufenthalt in einem deutschen Konzentrationslager eine Form der Psychotherapie, die er Logotherapie oder den Willen zur Sinnhaftigkeit nannte. Maslows Hierarchie der Bedürfnisse hebt den angeborenen Appetit hervor, den die Menschen auf Liebe und Zugehörigkeit haben, aber vor allem gibt es den sehr grundlegenden und mächtigen Willen zu leben.

https://en.wikipedia.org/wiki/Will_to_live (eng)

[358] Einsamkeit ist mit allem verbunden, von der Herzerkrankung bis zur Alzheimer-Krankheit. Depressionen sind unter den Einsamen weit verbreitet. Krebserkrankungen durchwuchern ihren Körper schneller, und Viren treffen sie härter und häufiger. Kurzfristig hat man das Gefühl, dass die Einsamkeit einen umbringt. Eine Studie deutet darauf hin, dass der Schmerz der Einsamkeit das Immunsystem einer primordialen Reaktion aktiviert, die allgemein als Kampf oder Flucht bekannt ist.

www.npr.org/sections/health-shots/2015/11/29/457255876/loneliness-may-warp-our-genes-and-our-immune-systems (eng)

[359] Siehe Carlo Strengers Buch *Die Angst vor der Bedeutungslosigkeit*, in dem er umreißt, dass Menschen, egal wie viel sie erreichen, im ständigen Zweifel daran leben, dass ihr Leben von Bedeutung ist. Er fordert eine tiefe, intellektuelle Auseinandersetzung mit grundlegenden existentiellen Fragen, die vielen einen Weg zu einem stabileren Sinn geben kann.

[360] http://philosophycourse.info/lecsite/lec-schop-will.html (eng)

[361] A. Schopenhauer, *The World as Will and Idea* (dt: *Die Welt als Wille und Vorstellung*). Dover Publications, Vol. 1, S. 518.

[362] Fellmann, *The Couple* (dt: *Das Paar*), S. 140.

[363] Jordan B. Peterson schreibt in *Maps of Meaning: The Architecture of Belief* (Karten der Bedeutung: Die Architektur des Glaubens), S. 17-18: „Vor der Zeit von Descartes, Bacon und Newton lebte der Mensch in einer lebendigen, spirituellen Welt, die von Bedeutung gesättigt und von moralischen Bestimmungen erfüllt war. Die Natur dieser Bestimmung zeigte sich in den Geschichten, die sich die Menschen erzählten – Geschichten über die Struktur des Kosmos und den Platz des Menschen. Aber jetzt denken wir empirisch (zumindest denken wir, dass wir empirisch denken), und die Geister, die einst das Universum bewohnten, sind verschwunden. Die Kräfte, die durch das Aufkommen des Experiments freigesetzt wurden, haben in der mythischen Welt Chaos angerichtet.

Jung sagt:

‚Wie völlig anders sah die Welt für den mittelalterlichen Menschen aus! Für ihn war die Erde ewig fixiert und ruhte im Zentrum des Universums, umgeben vom Lauf einer Sonne, die sorgsam ihre Wärme schenkte. Alle Menschen waren Kinder Gottes unter der liebevollen Fürsorge des Allerhöchsten, die sie auf die ewige Seligkeit vorbereiteten; und alle wussten genau, was sie tun sollten und wie sie sich verhalten sollten, um von einer korrupten Welt zu einer unbestechlichen und freudigen Existenz aufzusteigen. Ein solches Leben erscheint uns auch in unseren Träumen nicht mehr real. Die Naturwissenschaft hat diesen schönen Schleier längst zerrissen.'

Auch wenn der mittelalterliche Mensch nicht in allen Fällen von seinen religiösen Überzeugungen liebevoll und völlig hingerissen war (er war zum Beispiel ein großer Höllengläubiger), so war er doch sicher nicht von der Fülle rationaler Zweifel und moralischer Unsicherheiten geplagt, die sein modernes Gegenüber heimsuchten. Religion für den vorexperimentellen Verstand war nicht so sehr eine Frage des Glaubens als vielmehr der Tatsache – was bedeutet, dass die vorherrschende religiöse Sichtweise nicht bloß eine zwingende Theorie unter vielen war."

Englische Fassung des Buches ist frei verfügbar unter: https://jordanbpeterson.com/wp-content/uploads/2016/11/Peterson-JB-Maps-of-Meaning-Routledge-1999.pdf

[364] Søren Aabye Kierkegaard (5. Mai 1813 - 11. November 1855) war ein dänischer Philosoph, Theologe, Dichter, Sozialkritiker und religiöser Autor, der allgemein als der erste existenzialistische Philosoph gilt. Er schrieb kritische Texte über organisierte Religion, Christentum, Moral, Ethik, Psychologie und Religionsphilosophie und zeigte eine Vorliebe für Metapher, Ironie und Gleichnisse. Ein großer Teil seiner philosophischen Arbeit beschäftigt sich mit der Frage, wie man als „einzelnes Individuum" lebt, wobei er der konkreten menschlichen Realität Vorrang vor dem abstrakten Denken einräumt und die Bedeutung der persönlichen Entscheidung und Hingabe betont. https://de.wikipedia.org/wiki/Kierkegaard

[365] Existentialismus ist eine Philosophie, die die individuelle Existenz, die Freiheit und die Entscheidungsfreiheit hervorhebt. Es ist die Ansicht, dass Menschen selbst ihres Lebens Sinn definieren und versuchen, rationale Entscheidungen zu treffen, obwohl sie in einem irrationalen Universum existieren. Sie konzentriert sich auf die Frage der menschlichen Existenz und das Gefühl, dass es keinen Sinn und keine Erklärung im Kern der Existenz gibt. Da es keinen Gott oder eine andere transzendente Kraft gibt, ist der einzige Weg, diesem Nichts entgegenzuwirken (und somit einen Sinn im Leben zu finden), die Umfassung der Existenz. Während der vorherrschende Wert des existentialistischen Denkens allgemein als Freiheit anerkannt wird, ist seine primäre Tugend die Authentizität. Aus der Sicht des Existenzialisten ist der Ausgangspunkt des Individuums geprägt von einer so genannten „existenziellen Haltung" oder einem Gefühl der Orientierungslosigkeit, Verwirrung oder Angst vor einer scheinbar sinnlosen oder absurden Welt.

[366] Jean-Paul Charles Aymard Sartre (21. Juni 1905 - 15. April 1980) war ein französischer Philosoph, Dramatiker, Schriftsteller, politischer Aktivist, Biograph und Literaturkritiker. Er war eine der Schlüsselfiguren in der Philosophie des Existenzialismus und der Phänomenologie und eine der führenden Persönlichkeiten der französischen Philosophie und des Marxismus des 20. Jahrhunderts. Seine Arbeit hat auch die Soziologie, die kritische Theorie, die postkoloniale Theorie und die Literaturwissenschaft beeinflusst und tut dies auch weiterhin.

[367] Viktor Emil Frankl (26. März 1905 - 2. September 1997) war österreichischer Neurologe und Psychiater sowie Holocaust-Überlebender. Frankl war der Begründer der Logotherapie, einer Form der Existenzanalyse, der „Dritten Wiener Schule für Psychotherapie". Sein Bestseller *...trotzdem ja zum Leben sagen* (1946) beschreibt seine Erfahrungen als KZ-Häftling, die ihn dazu brachten, die Bedeutung der Sinnfindung in allen Lebensformen, auch in den brutalsten, zu entdecken und damit auch einen Grund für ihn, weiterzuleben. Frankl wurde zu einer der Schlüsselfiguren der Existenzialtherapie und zu einer bedeutenden Inspirationsquelle für humanistische Psycholog*innen.

[368] Der Vitalismus ist eine Theorie, deren Wurzeln bis ins alte Ägypten zurückreichen und die im 17. Jahrhundert große Bekanntheit erlangte. Sie besagt, dass sich lebende Organismen grundlegend von nicht-lebenden Wesen unterscheiden, weil sie eine nicht-physische, unermessliche, intelligente Kraft oder Energie enthalten, die von verschiedenen Prinzipien (wie einem Geist oder einer Seele) gesteuert wird, die sie begründen und aufrechterhalten. https://de.wikipedia.org/wiki/Vitalismus

[369] Élan Vital ist ein Begriff, den der französische Philosoph Henri Bergson in seinem 1907 erschienenen Buch *Schöpferische Evolution* geprägt hat, in dem er die Frage der Selbstorganisation und der spontanen Morphogenese der Dinge auf immer komplexere Weise behandelt. https://de.wikipedia.org/wiki/%C3%89lan_vital

[370] Die Orthogenese, ein Begriff, den der Biologe Wilhelm Haacke 1893 erstmals verwendete und der auch als orthogenetische Evolution bezeichnet wird, ist eine veraltete biologische Hypothese, dass Organismen aufgrund eines inneren Mechanismus oder einer „treibenden Kraft" eine angeborene Tendenz haben, sich richtungsorientiert, zielorientiert und unilinear zu entwickeln.

[371] Teilhard de Chardin, ein führender Verfechter der Orthogenese, legt in *Der Mensch im Kosmos* einen umfassenden Bericht über die Entfaltung des Kosmos und die Entwicklung der Materie zur Menschheit bis hin zur Wiedervereinigung mit Christus vor. In dem Buch verzichtete Teilhard auf wörtliche Interpretationen der Schöpfung im Buch Genesis zugunsten allegorischer und theologischer Interpretationen. Die Entfaltung des materiellen Kosmos wird von den Ur-Teilchen über die Entwicklung des Lebens, des Menschen und der Noosphäre bis hin zu seiner Vision des Omega-Punktes in der Zukunft beschrieben, der die ganze Schöpfung zu sich zieht. https://de.wikipedia.org/wiki/Pierre_Teilhard_de_Chardin

[372] In seiner natürlichen Umgebung ermöglicht das lac-Operon die effektive Verdauung von Laktose. Laktose-Permease, die in die Zytoplasmamembran eingebettet ist, transportiert Laktose in die Zelle. β-Galaktosidase, ein zytoplasmatisches Enzym, spaltet anschließend Laktose in Glukose und Galaktose. Es wäre jedoch verschwenderisch, die Enzyme zu produzieren, wenn keine Laktose zur Verfügung steht oder wenn es eine bessere Energiequelle wie Glukose gibt. Die Genregulation des lac-Operons war der erste genetische Regulationsmechanismus, der klar verstanden wurde, so dass er zu einem der wichtigsten Beispiele prokaryontischer Genregulation geworden ist. Aus diesem Grund wird sie oft in einführenden molekular- und zellbiologischen Vorlesungen an Universitäten behandelt. http://en.wikipedia.org/wiki/Lac_operon

373 Anthropomorphismus ist die Zuordnung von menschlichen Eigenschaften, Emotionen und Absichten zu nichtmenschlichen Entitäten und wird als eine angeborene Tendenz der menschlichen Psychologie angesehen. Personifizierung ist die damit verbundene Zuordnung von menschlicher Form und Eigenschaften zu abstrakten Begriffen wie Nationen, Emotionen und Naturgewalten wie Jahreszeiten und Wetter. Beide haben alte Wurzeln als Erzähl- und Kunstmittel, und die meisten Kulturen kennen traditionelle Fabeln mit anthropomorphisierten Tieren als Figuren. Menschen haben auch routinemäßig menschliche Emotionen und Verhaltensmerkmale sowohl wilden als auch domestizierten Tieren zugeschrieben.
https://de.wikipedia.org/wiki/Anthropomorphismus

374 Signaltransduktion ist der Prozess, bei dem ein chemisches oder physikalisches Signal durch eine Zelle als eine Reihe von molekularen Ereignissen, meist Proteinphosphorylierung, übertragen wird, die letztlich zu einer Reaktion führen.

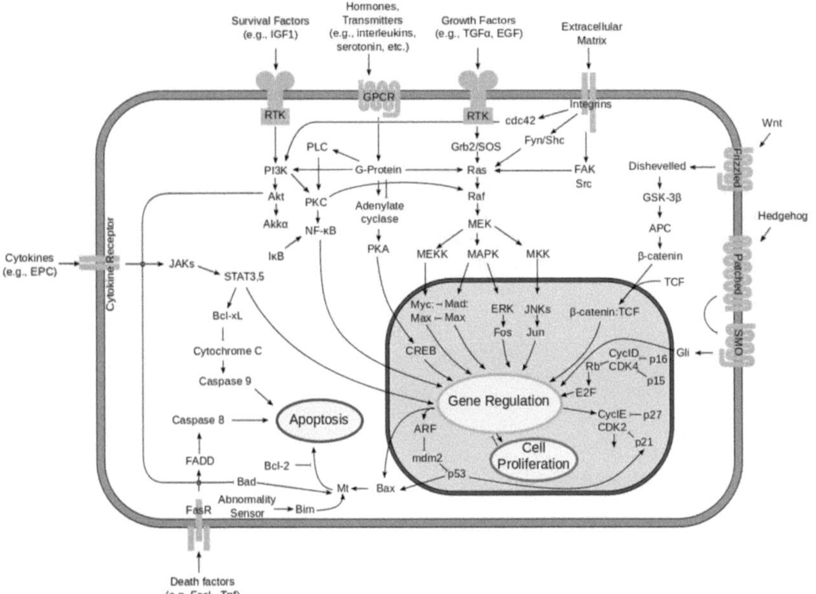

https://de.wikipedia.org/wiki/Signaltransduktion

375 Siehe *Coopetition: kooperativ konkurrieren* von Brandenburger und Nalebuff.

376 Eine Urkeimzelle ist jede biologische Zelle, die die Keimzellen eines Organismus hervorbringt, der sich sexuell vermehrt. Bei vielen Tieren stammen die Keimzellen aus dem primitiven Streifen und wandern über den Darm eines Embryos zu den sich entwickelnden Keimdrüsen. Dort durchlaufen sie eine Meiose, gefolgt von einer zellulären Differenzierung in reife Keimzellen, entweder Eizellen oder Spermien. Im Gegensatz zu Tieren haben Pflanzen keine Keimzellen in der frühen Entwicklung. Stattdessen können Keimzellen aus somatischen Zellen des Erwachsenen entstehen (z.B. das Blütenmeristem von blühenden Pflanzen).
https://de.wikipedia.org/wiki/Urkeimzelle

377 Der Begriff Keimbahn bezieht sich auf eine Linie von Zellen, die viele Generationen von Individuen umfasst – zum Beispiel die Keimbahn, die jedes lebende Individuum mit dem hypothetischen Urvorfahren verbindet, von dem alle Pflanzen und Tiere abstammen. https://de.wikipedia.org/wiki/Keimbahn

378 Siehe Endnote 322.

379 Eine Gamet ist eine reife haploide männliche oder weibliche Keimzelle, die in der Lage ist, sich mit einem anderen Geschlecht in der sexuellen Fortpflanzung zu einer Zygote oder einem befruchteten Ei zu vereinigen. Keimzellen sind hochspezialisierte Zellen, die Gamete bilden. Sie sind die einzigen Zellen innerhalb eines Organismus, die Gene für die Nachkommen liefern.
Keimbahn-Stammzellen unterstützen die Gametproduktion, sowohl die Oogenese (Eiproduktion) als auch die Spermatogenese (Spermienproduktion), in vielen Organismen, auch beim Menschen. Es ist möglich, dass Keimzellen einzigartige Strategien besitzen, um die darin enthaltene genetische Information auf unbestimmte Zeit zu schützen und zu übertragen.
www.ncbi.nlm.nih.gov/pubmed/17917132 (eng)

[380] Die In-vitro-Fertilisation (IVF) ist eine komplexe Reihe von Verfahren zur Behandlung von Fruchtbarkeits- oder genetischen Problemen und zur Unterstützung bei der Empfängnis eines Kindes. Während der IVF werden reife Eizellen aus den Eierstöcken der Frau entnommen und in einem Labor befruchtet. Dann werden das befruchtete Ei (Embryo) oder die Eizellen in die Gebärmutter implantiert. Ein Zyklus der IVF dauert etwa zwei Wochen.
www.mayoclinic.org/tests-procedures/in-vitro-fertilization/home/ovc-20206838 (eng)

[381] In dem Roman *The Children Act* von Ian McEwan fällt seine Hauptfigur, die erfolgreiche Londoner Rechtsanwältin Fiona, immer wieder auf ihr anhaltendes Bedauern über Kinderlosigkeit und Selbstvorwürfe zurück (S. 49).... Sie empfindet sich als selbstsüchtig, verdrießlich, trocken und zu ehrgeizig, ihre eigenen Ziele zu verfolgen, sich vorzumachen, dass ihre Karriere nicht im Wesentlichen Selbstbefriedigung war, und zwei oder drei warmen und talentierten Menschen eine Existenz zu verwehren. **Hätten ihre Kinder gelebt, wäre es erschreckend gewesen zu denken, sie hätten es nicht getan.**

[382] Meiose ist eine spezielle Form der Zellteilung, die die Chromosomenzahl in menschlichen Zellen um die Hälfte reduziert. Menschliche Zellen enthalten 23 X-förmige Chromosomenpaare (nicht zu verwechseln mit dem 23. X- oder Y-Chromosomenteil bei Männern, der das Geschlecht definiert), die aus 46 Chromatiden bestehen (die beiden Linien, aus denen das X besteht). Die Hälfte der 46 Chromatiden ist mütterlicher und die andere Hälfte väterlicher Herkunft. Meiose produziert haploide Keimzellen (Eizellen oder Spermien), die einen Satz von 23 einzelnen Chromosomen enthalten (die Hälfte der 46 Chromatiden, die sozusagen die 23 Xs ausmachen). Wenn zwei Keimzellen (eine Eizelle und ein Sperma) verschmelzen, ist die resultierende Zygote wieder diploid (23 + 23 Chromatiden zu 23 X-förmigen Chromosomenpaaren), wobei Mutter und Vater jeweils 23 Chromatiden beitragen. Das gleiche Muster, wenn auch mit unterschiedlicher Anzahl von Chromosomen, tritt bei allen Organismen auf, die Meiose nutzen.

Die Meiose wird in der Regel in neun Stadien oder Phasen unterteilt. Diese werden zwischen der ersten Zellteilung (Meiose I) und der zweiten Zellteilung (Meiose II) aufgeteilt:

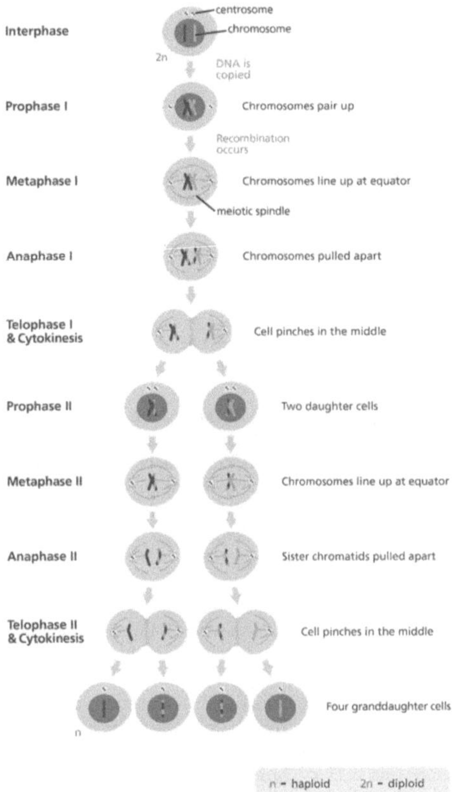

Meiose I

1. Interphase:

Die DNA in der Zelle wird in zwei identische vollständige Sätze der 48 Chromosomen (96 insgesamt) in einer Zelle kopiert.

2. Prophase I:

Die kopierten Chromosomen kondensieren zu X-förmigen Strukturen (nicht zu verwechseln mit dem Y-Chromosom, das das Geschlecht definiert), die unter dem Mikroskop gut sichtbar sind. Jedes X-förmige Chromosom besteht aus zwei Schwesterchromatiden (dargestellt durch die beiden Linien, aus denen das X besteht), die identische genetische Informationen enthalten. Die X-förmigen Chromosomen paaren sich so, dass beide Kopien von Chromosom 1 zusammen sind, beide Kopien von Chromosom 2 zusammen, und so weiter bis zum 46ten.

Die beiden X-förmigen Chromosomenpaare können dann in einem Prozess, der Rekombination oder Kreuzung genannt wird, DNA-Stücke austauschen. Am Ende der Prophase I löst sich die Membran um den Zellkern herum auf und setzt die X-förmigen Chromosomen frei. Die meiotische Spindel, bestehend aus Mikrotubuli und anderen Proteinen, erstreckt sich über die Zelle zwischen den Zentriolen.

3. Metaphase I:

Die beiden X-förmigen Chromosomenpaare reihen sich nebeneinander im Zentrum (Äquator) der Zelle aneinander. Die Zentriolen befinden sich nun an gegenüberliegenden Polen der Zelle, von denen die meiotischen Spindeln ausgehen. Die meiotischen Spindelfasern hängen an einem X-förmigen Chromosom jedes Paares.

4. Anaphase I:

Das Paar der X-förmigen Chromosomen wird dann von der meiotischen Spindel auseinandergezogen, die ein X-förmiges Chromosom zu einem Pol der Zelle und das andere Chromosom zum gegenüberliegenden Pol zieht.

5. Telophase I und Zytokinese:

Die X-förmigen Chromosomen vollenden ihre Bewegung zu den entgegengesetzten Polen der Zelle. An jedem Pol der Zelle versammelt sich ein kompletter Satz von 23 X-förmigen Chromosomenpaaren (insgesamt 46). Um jeden Chromosomensatz bildet sich eine Membran, die zwei neue Kerne bildet. Die einzelne Zelle wird in der Mitte gequetscht, um zwei separate Tochterzellen zu bilden, die jeweils einen vollständigen Satz von 23 X-förmigen Chromosomenpaaren (insgesamt 46) in einem Kern enthalten. Dieser Vorgang wird als Zytokinese bezeichnet.

Meiose II

6. Prophase II:

Jetzt gibt es zwei Tochterzellen mit jeweils 23 X-förmigen Chromosomenpaaren (46 Chromatiden). Die Membran um den Kern in jeder Tochterzelle löst sich auf und gibt die Chromosomen frei. Die meiotische Spindel bildet sich wieder.

7. Metaphase II:

In jeder der beiden Tochterzellen reihen sich die 23 X-förmigen Chromosomenpaare der Schwesterchromatiden entlang des Äquators der Zelle aneinander. Meiotische Spindelfasern an jedem Pol der Zelle verbinden sich mit jedem der Schwesterchromatiden.

8. Anaphase II:

Die 46 Schwesterchromatiden (dargestellt durch die 2 Linien des X) werden dann durch die Wirkung der meiotischen Spindel zu entgegengesetzten Polen gezogen. Die 2 x 23 getrennten Chromatiden sind nun einzelne Chromosomen.

9. Telophase II und Zytokinese:

Die Chromosomen vervollständigen ihre Bewegung zu den entgegengesetzten Polen der Zelle. An jedem Pol der Zelle versammelt sich ein kompletter Satz von 23 einzelnen (nicht X-förmigen) Chromosomen. Um jeden Satz von 23 Chromosomen bildet sich eine Membran, die zwei neue Zellkerne bildet. Nach Abschluss der Zytokinese gibt es vier Enkelzellen mit jeweils einem halben Satz der 23 Chromosomenpaare (Haploide), die typisch für menschliche Zellen sind, die keine Gamete sind. Bei Männern werden diese vier Zellen Samenzellen, bei Frauen, jeweils eine der Zellen eine Eizelle, die anderen drei sind Polkörper (kleine Zellen, die sich nicht zu Eiern entwickeln).

Siehe www.yourgenome.org/facts/what-is-meiosis (eng) und

https://de.wikipedia.org/wiki/Meiose

[383] Bei der Empfängnis wird das Geschlecht durch Chromosomenmerkmale bestimmt – und es ist im männlichen Spermium definiert, ob das Baby ein Junge oder ein Mädchen sein wird. Vor der Empfängnis trägt die unbefruchtete Eizelle ein X-Chromosom, während die Spermien entweder ein X- oder ein Y-Chromosom tragen können. Das Geschlecht des Babys hängt von einem einfachen Ereignis ab:

Wenn das Spermium, das ein X-Chromosom trägt, die Eizelle befruchtet, wird ein Mädchen gezeugt. Wenn das Spermium, das ein Y-Chromosom trägt, die Eizelle befruchtet, wird ein Junge gezeugt.

Studien zeigen, dass die Spermien mit dem X-Chromosom – oder weiblichen Chromosom – eine längere Lebensdauer haben als die männlichen Spermien (mit dem Y-Chromosom). Dennoch scheinen die männlichen Spermien eine höhere Beweglichkeit zu haben. Man sagt, dass das Spermium, das das Y-Chromosom trägt, schneller Energie verbraucht als das Spermium, das das X-Chromosom trägt. Die Energieausbeute soll auf die Geschwindigkeit hinweisen, mit der die Spermien schwimmen. Vermutlich ist das Y-Spermium schneller oder enthält weniger Mitochondrien, während das X-Spermium langsamer ist oder mehr Mitochondrien trägt. Mitochondrien sind die energieerzeugenden zellulären Komponenten, die für das Leben absolut notwendig sind. Das Spermium kann nur dementsprechend Treibstoff für seine Reise produzieren.

www.baby2see.com/gender/boy_or_girl.html (eng)

[384] DNA, DNS bzw. Desoxyribonukleinsäure, ist das Erbgut des Menschen und fast aller anderen Organismen. Fast jede Zelle im Körper eines Menschen hat die gleiche DNA. Die meiste DNA befindet sich im Zellkern (wo sie als Kern-DNA bezeichnet wird), aber eine kleine Menge an DNA kann auch in den Mitochondrien gefunden werden (eine spezialisierte Untereinheit in den meisten Zellen, wo sie als mitochondriale DNA oder mtDNA bezeichnet wird).

Die Informationen in der DNA werden als ein Code gespeichert, der aus vier chemischen Basen besteht: Adenin (A), Guanin (G), Cytosin (C) und Thymin (T). Die menschliche DNA besteht aus etwa 3 Milliarden Basen, und mehr als 99 Prozent dieser Basen sind bei allen Menschen gleich. Die Reihenfolge dieser Basen bestimmt die Informationen, die für den Aufbau und die Pflege eines Organismus zur Verfügung stehen, ähnlich der Art und Weise, wie Buchstaben des Alphabets in einer bestimmten Reihenfolge erscheinen, um Wörter und Sätze zu bilden.

DNA-Basen bilden miteinander Paarungen, A mit T und C mit G, Einheiten, die als Basenpaare bezeichnet werden. Jede Base ist auch an ein Zuckermolekül und an ein Phosphatmolekül gebunden. Zusammen werden Base, Zucker und Phosphat als Nukleotid bezeichnet. Nukleotide sind in zwei langen Strängen angeordnet, die eine Spirale bilden, die als Doppelhelix bezeichnet wird. Die Struktur der Doppelhelix ähnelt einer Leiter, wobei die Basenpaare die Sprossen der Leiter und die Zucker- und Phosphatmoleküle die vertikalen Seitenteile der Leiter bilden.

Eine wichtige Eigenschaft der DNA ist, dass sie sich selbst replizieren oder kopieren kann. Jeder DNA-Strang in der Doppelhelix kann als Muster für die Vervielfältigung der Basenfolge dienen. Dies ist entscheidend, wenn sich Zellen teilen, da jede neue Zelle eine exakte Kopie, der in der alten Zelle vorhandenen DNA haben muss.

https://ghr.nlm.nih.gov/primer/basics/dna (eng)

385 Zum Zeitpunkt dieser Veröffentlichung wurden 19.313 Gene durch das Humangenomprojekt identifiziert. Die Schätzung der Anzahl der menschlichen Gene wurde von anfänglichen Voraussagen von 100.000 oder mehr wiederholt überarbeitet, da sich die Qualität der Genomsequenz und die Methoden zur Genfindung verbessert haben und die Forscher weiter vordringen konnten.
https://de.wikipedia.org/wiki/Humangenomprojekt

386 Die Zellpotenz ist die Fähigkeit einer Zelle, sich in andere Zelltypen zu entwickeln. Je mehr Zelltypen eine Zelle differenzieren kann, desto größer ist ihre Potenz. Potenz wird auch als das Genaktivierungspotential innerhalb einer Zelle bezeichnet, das wie ein Kontinuum mit der Totipotenz beginnt, um eine Zelle mit dem größten Differenzierungspotential, Pluripotenz, Multipotenz, Oligopotenz und schließlich Unipotenz zu bezeichnen.
https://en.wikipedia.org/wiki/Cell_potency (eng)

387 Stammzellen sind undifferenzierte biologische Zellen, die sich in spezialisierte Zellen differenzieren und sich (durch Mitose) teilen können, um mehr Stammzellen zu produzieren.
https://de.wikipedia.org/wiki/Stammzelle

388 Nicht-kodierende DNA-Sequenzen sind Bestandteile der DNA eines Organismus, die keine Proteinsequenzen kodieren. Einige nicht-kodierende DNA wird in funktionelle nicht-kodierende RNA-Moleküle transkribiert.
https://de.wikipedia.org/wiki/Nichtcodierende_Desoxyribonukleins%C3%A4ure

389 Epigenetik ist die Untersuchung zellulärer und physiologischer phänotypischer Merkmalsvariationen, die sich aus externen oder Umweltfaktoren ergeben, die Gene ein- und ausschalten und beeinflussen, wie Gene in Zellen ausgedrückt werden. Die epigenetische Forschung versucht daher, dynamische Veränderungen im transkriptionellen Potential einer Zelle zu beschreiben. Diese Veränderungen können vererbbar sein oder auch nicht, obwohl die Verwendung des Begriffs Epigenetik zur Beschreibung vererbbarer Prozesse umstritten ist. Im Gegensatz zur Genetik, die auf Veränderungen der DNA-Sequenz (des Genotyps) beruht, haben die Veränderungen der Genexpression oder des zellulären Phänotyps der Epigenetik andere Ursachen.
Aufgrund der frühen Stadien der Epigenetik als Wissenschaft und des sie umgebenden Sensationalismus warnen viele Wissenschaftler davor, falsche und pseudowissenschaftliche Schlussfolgerungen, wie die von New-Age-Autoren wie Deepak Chopra und Bruce Lipton, zu ziehen und zu verbreiten.
https://de.wikipedia.org/wiki/Epigenetik

390 Eine Zygote ist eine eukaryotische Zelle (Zelle von Organismen wie z.B. Menschen, deren Zellen einen von einer Membran umgebenen Kern enthalten und deren DNA durch Proteine (Histone) zu Chromosomen zusammengebunden ist), die durch ein Befruchtungsereignis zwischen zwei Gamete gebildet werden.
https://de.wikipedia.org/wiki/Zygote

391 Das Leben, wie wir es kennen, ist derzeit in sechs Reiche unterteilt: Pflanzen, Tiere, Pilze, Protisten, Eubakterien und Archaebakterien. Die ersten vier gehören zur Domäne der Eukaryonten, den Zellen mit ausgeprägten Kernen. Die beiden anderen Reiche, Eubakterien und Archaebakterien, sind einzellige Organismen ohne eigenen Kern. Alle von ihnen entwickelten sich aus einem einzelligen Vorfahren, der vor etwa 4 Milliarden Jahren lebte, als die Erde eine kosmische Neugeborene war. Nach all den Milliarden Jahren des Wandels sind die Fingerabdrücke des Urvorfahren immer noch in den Genen moderner Organismen sichtbar.
www.smithsonianmag.com/smart-news/behold-luca-last-universal-common-ancestor-life-earth-180959915/?no-ist (eng)

392 Dominanz in der Genetik ist eine Beziehung zwischen Allelen eines Gens, bei der die Wirkung eines Allels auf den Phänotyp den Beitrag eines zweiten Allels am gleichen Ort überlagert.
https://de.wikipedia.org/wiki/Dominanz_(Genetik)

393 Zwei kritische Ereignisse bei der Bildung von Fingerabdrücken (sog. FRS für Friction Ridge Skin) kollidieren in den Wochen 10 bis 15. Föten entwickeln glatte, Polster – erhöhte Polster an den Fingern, Handflächen und Füßen – wegen der Schwellung des mesenchymalen Gewebes, das ein Vorläufer der Blutgefäße und des Bindegewebes ist. Um die 10. Woche hören diese Polster auf zu wachsen, aber die Hand wächst weiter. Dadurch wird in den nächsten Wochen das Polster wieder in die Hand aufgenommen. In diesem kritischen Stadium beginnen die ersten Anzeichen von Rillen auf der Haut der Polster zu erscheinen.
Der Abstand und die Anordnung dieser frühen Grate (so genannte Primärgrate) ist ein zufälliger Prozess, der jedoch von der Gesamtgeometrie und Topographie des Volarpolsters bestimmt wird. Wenn die primären Grate erscheinen, während das Polster noch recht ausgeprägt ist (eine Eigenschaft, die als Hochvolarpolster bezeichnet wird), dann entwickelt das Individuum ein Wirbelmuster. Wenn die primären Rippen erscheinen, während das volare Polster weniger ausgeprägt ist (als intermediäres volares Polster bezeichnet), dann entwickelt das Individuum ein Schlaufenmuster. Schließlich, wenn die primären Rippen erscheinen, während das volare Polster fast absorbiert wird (ein sogenanntes niedriges volares Polster), wird das Individuum ein Bogenmuster entwickeln.
Das Timing dieser beiden Ereignisse (volare Polster-Regression und primäres Rillen-Erscheinungsbild) ist genetisch verknüpft: Der Mustertyp wird durch das genetische Timing (geerbt von Mutter und Vater) beeinflusst. Die genauen

Anordnungen der Grate, Minutien und anderen identifizierenden Merkmale sind jedoch zufällig und nicht genetisch verknüpft (und somit nicht vererbbar).
www.scientificamerican.com/article/are-ones-fingerprints-sim/ (eng)

394 Siehe https://de.wikipedia.org/wiki/Humangenetik

395 Eine Genmutation ist eine dauerhafte Veränderung in der DNA-Sequenz, die ein Gen ausmacht, so dass sich die Sequenz von derjenigen der meisten Menschen unterscheidet. Mutationen reichen von einem einzelnen DNA-Baustein (Basenpaar) bis hin zu einem großen Segment eines Chromosoms, das mehrere Gene enthält.
Genmutationen können auf zwei Arten klassifiziert werden:
Hereditäre Mutationen werden von einem Elternteil vererbt und sind im Verlauf des Lebens in praktisch jeder Zelle des Körpers vorhanden. Diese Mutationen werden auch Keimbahnmutationen genannt, weil sie in den Ei- oder Samenzellen der Eltern vorhanden sind, die Keimzellen genannt werden. Wenn sich eine Eizelle und eine Samenzelle vereinigen, erhält die befruchtete Eizelle die DNA von beiden Elternteilen. Wenn diese DNA eine Mutation aufweist, hat das Kind, das aus dem befruchteten Ei wächst, die Mutation in jeder seiner Zellen.
Erworbene (oder somatische) Mutationen treten irgendwann im Leben eines Menschen auf und sind nur in bestimmten Zellen, nicht in jeder Zelle des Körpers vorhanden. Diese Veränderungen können durch Umweltfaktoren wie UV-Strahlung von der Sonne verursacht werden, oder sie können auftreten, wenn ein Fehler auftritt, da sich die DNA während der Zellteilung selbst kopiert. Erworbene Mutationen in somatischen Zellen (andere Zellen als Spermien und Eizellen) können nicht an die nächste Generation weitergegeben werden.
https://ghr.nlm.nih.gov/primer/mutationsanddisorders/genemutation (eng)

396 Die Menge der beobachtbaren Merkmale eines Individuums, die sich aus der Interaktion seines Genotyps mit der Umwelt ergeben.
Siehe www.ncbi.nlm.nih.gov/pmc/articles/PMC2817137/ (eng) für eine ausführlichere Erörterung der Gen-Phänotyp-Karten.

397 Wichtig dabei ist, dass das Genom in keiner Weise eine „Blaupause" für einen mehrzelligen Organismus darstellt – es gibt keine Top-Down-Design-Entität, die sich mit dem Bauplan eines Architekten vergleichen lässt. Auch ist der Organismus nicht aus bereits existierenden „Teilen" zusammengesetzt, wie ein Haus oder ein Auto.
Vielmehr baut sich der Organismus buchstäblich von unten nach oben auf, indem er winzige Teile zusammensetzt, die den Zusammenbau des nächsten Satzes von winzigen Teilen modulieren, wobei die gleichen alten Proteinfamilien in neuartigen kombinatorischen Mustern entlang des Weges verwendet werden, alles unter der Ägide der Ausgangsbedingungen und Randbedingungen, die durch die in den Hauswirtschaftsgenen kodierten Informationen festgelegt und erhalten werden. Thermodynamik, Morphodynamik und Teleodynamik stellen die Zwänge und Möglichkeiten dar, aber Organismen sind nicht vorgegeben – auch wenn sie auf bemerkenswert vorhersehbare Weise entstehen. Ihre Merkmale entstehen vorhersehbar, weil diese auftauchenden Merkmale durch die Hierarchie der Verzerrungen der auftauchenden Merkmale niedrigerer Ordnung fast unvermeidlich werden.
Ursula Goodenough und Terrence W. Deacon: *The Oxford Handbook of Religion and Science* (Das Oxford-Handbuch zu Religion und Wissenschaft), S. 861-862
www.edtechpost.ca/readings/Ursula%20Goodenough-%20The%20Sacred%20Emergence%20of%20Nature.pdf (eng)

398 Einen detaillierten Überblick über die prä- und postnatale Gehirnentwicklung findet ihr unter
www.ncbi.nlm.nih.gov/pmc/articles/PMC2989000/ (eng)

399 Chemikalien in der täglichen Körperpflege und andere Produkte rund um den Haushalt können die Gehirnentwicklung von Föten und Kindern gefährden, so ein Bericht aus dem Jahr 2016 in der Zeitschrift *Environmental Health Perspectives*. Zu den besorgniserregendsten gehören Phthalate, die in vielen Schönheitsprodukten, Toilettenartikeln und Kunststoffen enthalten sind; Blei; Quecksilber; bestimmte Pestizide, die in Erzeugnissen und in häuslichen Gärten verwendet werden; Luftschadstoffe und Flammschutzmittel.

400 Eine neuronale oder Nervenzelle ist eine elektrisch erregbare Zelle, die Informationen durch elektrische und chemische Signale verarbeitet und weiterleitet. Diese Signale zwischen Neuronen entstehen über Synapsen, spezialisierte Verbindungen mit anderen Zellen. Neuronen können sich miteinander verbinden, um neuronale Netze zu bilden. Neuronen sind die Kernkomponenten des Gehirns und des Rückenmarks des Zentralnervensystems (ZNS) und der Ganglien des peripheren Nervensystems (PNS). Spezialisierte Arten von Neuronen umfassen: (1) Sinnesneuronen, die auf Berührung, Schall, Licht und alle anderen Reize reagieren, die die Zellen der Sinnesorgane beeinflussen und dann Signale an das Rückenmark und das Gehirn senden.
(2) Motoneuronen, die Signale vom Gehirn und Rückenmark empfangen, um Muskelkontraktionen zu verursachen und die Drüsenausgänge zu beeinflussen. (3) Interneuronen, die Neuronen mit anderen Neuronen innerhalb der gleichen Region des Gehirns oder des Rückenmarks in neuronalen Netzwerken verbinden.
https://de.wikipedia.org/wiki/Nervenzelle

401 Kurze, verzweigte, baumartige Fortsätze, durch die Impulse von anderen Zellen an den Zellkörper der Synapsen weitergeleitet werden.

Dendriten sind die verzweigten Fortsätze eines Neurons, die die elektrochemische Stimulation, die von anderen neuronalen Zellen empfangen wird, auf den Zellkörper, oder Soma, des Neurons, von dem die Dendriten ausgehen, übertragen. Die elektrische Stimulation wird über Synapsen, die sich an verschiedenen Stellen des dendritischen Baumes befinden, auf die Dendriten übertragen. Dendriten spielen eine entscheidende Rolle bei der Integration dieser synaptischen Inputs und bei der Bestimmung des Ausmaßes, in dem Aktionspotenziale vom Neuron produziert werden.
https://en.wikipedia.org/wiki/Dendrite

402 Auch Nervenfaser genannt; ein langer, schlanker Fortsatz eines Neurons, der normalerweise elektrische Impulse vom Zellkörper des Neurons wegleitet. Die Funktion des Axons ist es, Informationen an verschiedene Neuronen, Muskeln und Drüsen zu übertragen. Bei bestimmten sensorischen Neuronen (pseudounipolaren Neuronen), z.B. für Berührung und Wärme, wandert der elektrische Impuls entlang eines Axons von der Peripherie zum Zellkörper und vom Zellkörper zum Rückenmark entlang eines anderen Zweiges desselben Axons. Die Axon-Dysfunktion verursacht viele vererbte und erworbene neurologische Störungen, die sowohl die peripheren als auch die zentralen Neuronen betreffen können.
https://de.wikipedia.org/wiki/Axon

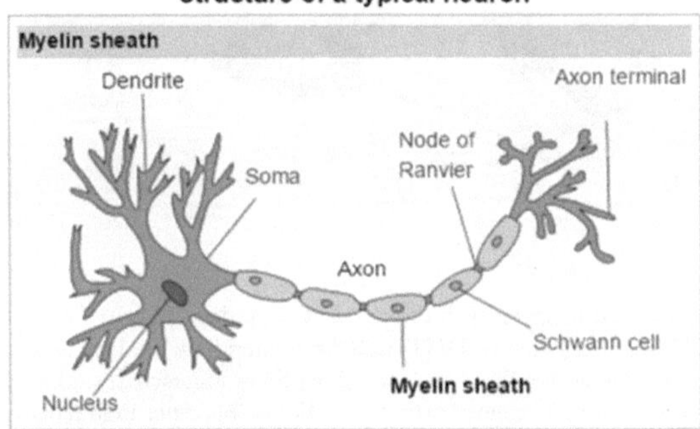

403 Nachrichten werden zwischen Neuronen an Verbindungen, die Synapsen genannt werden, weitergeleitet. Die Neuronen berühren sich jedoch nicht wirklich. Es gibt eine mikroskopische Lücke – den synaptischen Spalt – zwischen dem Axon-Terminal eines Neurons und dem Dendriten eines anderen. Die Kommunikation zwischen Neuronen beinhaltet komplexe elektrische und chemische Prozesse, deren Grundlagen aber einfach skizziert werden können: Wenn ein Neuron A ein chemisches Signal von einem anderen Neuron empfängt, wird Neuron A in Bezug auf die umgebende Flüssigkeit außerhalb seiner Membran elektrisch geladen. Diese Ladung wandert durch das Axon, weg vom Zellkörper, bis sie das Ende des Axons erreicht. Im Inneren der Axonterminals wartet eine Gruppe von Lagerplätzen, die Vesikel genannt werden und Chemikalien enthalten, die vom Zellkörper hergestellt und geliefert werden. Wenn die elektrische Ladung am Axon-Terminal ankommt, verschmelzen diese Vesikel mit der Zellmembran des Terminals und verschütten ihren Inhalt aus der Zelle in den synaptischen Spalt.
Wenn Neuron A in seinen Ruhezustand zurückkehrt, gelangen die von ihm ausgeschütteten Moleküle – die so genannten Neurotransmitter – über den synaptischen Spalt zum Dendriten von Neuron B. Wenn sie ankommen, binden sie sich an Rezeptorstellen in der Dendritenmembran. Jedes Mal, wenn ein Neurotransmittermolekül von Neuron A an einen Rezeptor von Neuron B bindet, gelangen Ionen aus der die Zellen umgebenden Flüssigkeit über den entsperrten Rezeptor in Neuron B. Infolgedessen entwickelt Neuron B eine elektrische Ladung, die Ladung wandert über sein Axon, und der Prozess geht weiter.

404 From https://en.wikipedia.org/wiki/Human_brain

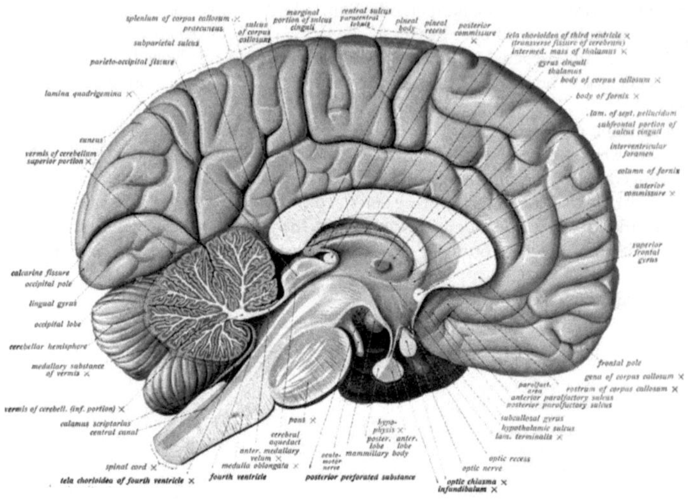

[405] Fötale Keimdrüsen entwickeln sich hauptsächlich durch das Vorhandensein oder Fehlen von Androgenhormonen, hauptsächlich Testosteron, Dihydrotestosteron (DHT) und Androstendion; die Produktion von Testosteron und die Umwandlung in Dihydrotestosteron in den Wochen 6 bis 12 der Schwangerschaft sind Schlüsselfaktoren für die Produktion von Penis, Hodensack und Prostata eines männlichen Fötus. Bei einer Frau hingegen führt das Fehlen dieser Androgenspiegel zur Entwicklung typischer weiblicher Genitalien.
https://en.wikipedia.org/wiki/Prenatal_hormones_and_sexual_orientation (eng)

[406] www.webmd.com/brain/features/how-male-female-brains-differ#2 (eng)

[407] Um diese Frage zu beantworten, widmeten sich Melissa Hines, damals an der City University London, und Gerianne M. Alexander von der Texas A&M University den Affen, einem unserer nächsten tierischen Vettern. Die Forscher präsentierten einer Gruppe von Vervet-Affen eine Auswahl an Spielzeug, darunter Stoffpuppen, Lastwagen und einige geschlechtsneutrale Gegenstände wie Bilderbücher. Sie fanden heraus, dass männliche Affen mehr Zeit damit verbrachten, mit dem „maskulinen" Spielzeug zu spielen als ihre weiblichen Pendants, und weibliche Affen verbrachten mehr Zeit damit, mit Mädchen zugeschriebenen Spielsachen zu interagieren. Beide Geschlechter verbrachten die gleiche Zeit mit den Bilderbüchern und anderen geschlechtsneutralen Spielzeugen. Da es unwahrscheinlich ist, dass Vervet-Affen durch den sozialen Druck der menschlichen Kultur beeinflusst werden, implizieren die Ergebnisse, dass Spielzeugpräferenzen bei Kindern zumindest teilweise auf angeborene biologische Unterschiede zurückzuführen sind. Diese Divergenz, und zwar alle anatomischen Geschlechtsunterschiede im Gehirn, sind vermutlich auf selektiven Druck während der Evolution zurückzuführen. Im Falle der Spielzeugstudie bevorzugen Männer – sowohl der Menschen als auch der Primaten – Spielzeug, das durch den Raum geschleudert werden kann und Grob- und Feinmotorik fördert. Diese Eigenschaften, diese Spekulation erscheint vernünftig, könnten sich auf die Verhaltensweisen beziehen, die für die Jagd und die Sicherung eines Partners nützlich sind. Ähnlich könnte man auch annehmen, dass Frauen auf der anderen Seite, Spielzeug auswählen, das ihnen erlaubt, die Fähigkeiten zu verfeinern, die sie eines Tages brauchen werden, um ihre Jungen zu ernähren. *SCIENTIFIC AMERICAN Special Collector's Edition "His Brain, Her Brain"* (Sein Gehirn, ihr Gehirn), 2012, S. 7.

[408] Wissenschaftler, die sich für genetische Unterschiede und Unterschiede im Gehirn einsetzen, argumentieren, dass es unwahrscheinlich ist, dass die Evolution männliche und weibliche Körper geschaffen hat, ohne Auswirkungen auf unsere Gene und Gehirne zu haben. Weibliche Körper können gebären und säugen, und Frauen sind prädisponiert, Kinder aufzuziehen; es ist wahrscheinlich, dass es genetische Faktoren gibt, die Frauen helfen, diese Aufgaben zu erfüllen und sie angenehmer zu machen. Frauen neigen dazu, ein erhöhtes Maß an Einfühlungsvermögen zu zeigen und gefährliche Konfrontationen zu vermeiden, bei denen sie verwundet werden könnten, und mehr soziale Integration zu suchen – all das hilft ihnen zu überleben und Kinder zu zeugen, die dann auch diese Eigenschaften aufweisen. Unter Stress ziehen es Frauen vor, mit anderen Menschen zusammen zu sein, während die meisten Männer allein sein wollen. Es gibt auch genetische Einflüsse auf geschlechtsneutrale Merkmale wie IQ, Alkoholismus und andere Merkmale.

https://www.youtube.com/watch?v=p5LRdW8xw70 (eng)

409 In der postnatalen Phase ist die Neurogenese noch sehr begrenzt; in der subventrikulären Zone treten jedoch weiterhin neue Neuronen auf und wandern in den Riechkolben, und auch im dentalen Gyrus des Hippocampus werden Neuronen gebildet, die von der subgranularen Schicht nur bis in die nahe gelegene Granulatschicht wandern. Diese außergewöhnlichen Formen der Neurogenese scheinen sich während des gesamten Erwachsenenlebens fortzusetzen, produzieren aber nur einen kleinen Prozentsatz der neuronalen Bevölkerung.

410 Früher dachte man, dass wir im Verlauf unseres Lebens Tag für Tag Neuronen verloren haben, aber Forschungsstudien haben das widerlegt. In der Tat ist die Konservierung von Gehirnzellen im Alter weit verbreitet – Neuronen sterben nicht mit dem normalen Altern ab. Sie durchlaufen tatsächlich subtilere Veränderungen.

Wenn wir älter werden, setzt sich die Entwicklung neuer Zellen in Teilen des Gehirns, einschließlich der Gedächtniszentren des Gehirns, fort. Aber die Art und Weise, wie die Neuronen kommunizieren, sowohl elektrisch als auch chemisch, ändert sich. Man kann eine verminderte Anzahl von Synapsen oder Verbindungen zwischen Zellen sehen.

Es sind Veränderungen in den Neurotransmittersystemen zu sehen, den Chemikalien, die zwischen den Zellen kommunizieren. Möglicherweise ändert sich auch der Signalweg innerhalb des Neurons, so dass Wege, die früher zur Förderung des neuronalen Wachstums und Lernens genutzt wurden, deaktiviert werden können, während die eigentlichen Überlebensmittel intakt bleiben.

https://www.sharecare.com/health/healthy-aging/do-brain-cells-die-age (eng)

Altersbedingte neuronale Morphologie

Es gibt weltweit konvergierende Hinweise von kognitiven Neurowissenschaftlern, dass altersbedingte kognitive Defizite nicht auf neuronalen Verlust oder Zelltod zurückzuführen sind, sondern auf kleine regionsspezifische Veränderungen in der Morphologie von Neuronen.https://en.wikipedia.org/wiki/Aging_brain (eng)

411 Wenn wir uns die Menge der instinktiven Programmierung aller Tiere ansehen, sehen wir, dass wir im Verlauf der Evolution immer weniger instinktives Verhalten erkennen können. An diese Verhaltensänderung gebunden ist die zunehmende Größe des Gehirns des Tieres im Vergleich zu seiner Körpergröße (Gehirn-Körper-Verhältnis) und die zunehmende Zeit, die die Tiere mit der Aufzucht ihrer Jungen verbringen. Wenn wir uns Fische, Amphibien und Reptilien (die sich lange vor den Säugetieren entwickelt haben) ansehen, können die meisten ihrer Jungen, ob aus Eiern geschlüpft oder lebend geboren, ohne Hilfe ihrer Eltern ganz alleine aufwachsen. Sie wissen instinktiv, was sie essen müssen, wie sie ihre Nahrung finden und fangen und wie sie Raubtieren entkommen können. Ihre Gehirngrößen sind klein und im Vergleich zu Säugetieren wenig lernfähig. Da ihre Eltern nicht in der Nähe sind, um sie großzuziehen, haben die Nachkommen keine Zeit zu lernen, wie sie überleben können. Sie müssen mit diesen Fähigkeiten geboren werden. Wenn wir Säugetiere betrachten, sehen wir weniger instinktives Verhalten und mehr gelerntes Verhalten. Wir sehen auch ein erhöhtes Gehirn-Körper-Verhältnis und wir sehen, dass die meisten Säugetiere einige Zeit damit verbringen, ihre Jungen aufzuziehen. Während dieser Zeit können die Eltern helfen, ihre Jungen zu ernähren und zu schützen. Während die Jungen wachsen, lernen sie die Fähigkeiten, die sie brauchen, um alleine zu überleben.

Auch bei Säugetieren kann zwischen Beute- und Raubtierarten unterschieden werden. Im Allgemeinen werden Beutetiere mit mehr Instinkten geboren, wie z.B. dem Wissen, wie man steht/geht/läuft. Man sieht, wie vorteilhaft das ist. Wenn die Beutetiere nicht laufen könnten, würden sie nicht lange in der Wildnis überleben. Raubtiere hingegen werden in der Regel mit weniger Instinkten geboren. Vermutlich liegt das daran, dass die Jagd ein komplexeres Verhalten als das Laufen ist und Zeit zum Lernen erfordert.

www.madsci.org/posts/archives/1999-02/917290423.Ns.r.html (eng)

412 www.brainfacts.org/sensing-thinking-behaving/senses-and-perception/articles/2013/the-senses-a-primer-part-i/ (eng)

413 www.ncbi.nlm.nih.gov/pmc/articles/PMC4456887/ (eng)

414 Einige Neuronen im Gehirn scheinen auf die Verarbeitung von Gesichtern spezialisiert zu sein. Gesichter werden meist aufrecht gesehen. Auf den Kopf gestellt, erkennt das Gehirn ein Gesicht nicht mehr als Gesicht, sondern als Objekt. Neuronen, die Objekte verarbeiten, unterscheiden sich von Neuronen zur Gesichtserkennung und sind nicht so spezialisiert. Infolgedessen reagieren diese Neuronen auch nicht auf Gesichtsverformungen. Das erklärt, warum wir die komischen Augen übersehen, wenn das Gesicht umgedreht ist.

Aus https://sharpbrains.com/blog/2010/10/27/test-your-brain-with-these-top-10-visual-illusions/2/ (eng)

415 http://developingchild.harvard.edu/science/deep-dives/gene-environment-interaction/ (eng)

416 http://developingchild.harvard.edu/science/key-concepts/brain-architecture/ (eng)

417 www.zerotothree.org/resources/1366-which-plays-a-more-important-role-in-brain-development-nature-genes-or-nurture-environment (eng)

418 https://blogs.kent.ac.uk/parentingculturestudies/files/2011/09/Special-briefing-on-The-Myth.pdf (eng)

419 www.unicef.org/sowc01/1-2.htm (eng)

420 Die Phospholipide in den Hirnmembranen enthalten viele verschiedene Fettsäuren. Jedoch ist eine solche Verbindung, die mehrfach ungesättigte Omega-3-Fettsäure Docosahexaensäure (DHA), sowohl besonders häufig unter ihnen

als auch besonders wichtig für die Entwicklung und Aufrechterhaltung der den kognitiven Funktionen zugrunde liegenden Gehirnmechanismen.

So wird die kognitive Entwicklung bei gestillten Säuglingen oder bei Säuglingen, die eine zusätzliche DHA-Behandlung erhalten, als besser beschrieben als bei Säuglingen, die eine Ernährung ohne DHA einnehmen; und der Verzehr einer Zusammensetzung, die mit DHA (plus der Omega-6-Fettsäure Arachidonsäure[AA]) während der ersten 17 Wochen des Lebens ergänzt wurde, hat die Testergebnisse auf dem Mental Development Index verbessert, der ein Jahr oder später bewertet wurde.

Am anderen Ende des Lebens sind die DHA-Werte in Plasma-Phosphatidylcholin (PC) umgekehrt, mit dem Risiko der Entwicklung von Demenz korrelierend, wie bei älteren Teilnehmern (Durchschnitt: 76 Jahre), die in die Framingham Heart Study aufgenommen und 9 Jahre lang beobachtet wurden, und hohe Verzehrraten von Fischen oder DHA wurden von den meisten Forschern als Schutz vor altersbedingter kognitiver Verschlechterung und dem Risiko der Alzheimer-Krankheit beschrieben. Die positiven Auswirkungen der DHA-Verabreichung wurde auch bei verschiedenen Versuchstieren für dosisbezogene Verbesserungen der kognitiven Funktionen nachgewiesen.

www.ncbi.nlm.nih.gov/pmc/articles/PMC2578826/ (eng)

421 www.sciencemag.org/news/2015/01/childhood-neglect-erodes-brain (eng) oder google „Studie zu rumänischen Waisenkindern", um mehr darüber zu erfahren.

422 Eine Meta-Analyse von sechzehn verschiedenen Studien bestätigte, dass das Hören von Musik zu einer vorübergehenden Verbesserung der Fähigkeit führt, Formen mental zu manipulieren, aber der Nutzen ist kurzlebig und macht uns nicht intelligenter.

www.bbc.com/future/story/20130107-can-mozart-boost-brainpower (eng)

423 Unterm Strich ist das Fernsehen nicht gut für Babys, egal ob sie sich eine Kindersendung ansehen oder eine Erwachsenensendung im Hintergrund läuft. Dinge, die gut für Babys sind: Vorgelesen bekommen, angesprochen werden, Musik hören (siehe oben), draußen spielen (Bewegung!), mit anderen Kindern oder einem Erwachsenen spielen, selbstständig spielen.

https://scienceofmom.com/2011/10/19/babies-and-tv-new-media-use-guidelines-from-the-aap/ (eng)

424 https://de.wikipedia.org/wiki/Neuronale_Plastizit%C3%A4t

425 https://de.wikipedia.org/wiki/Synapseneliminierung

426 https://www.newscientist.com/article/dn20803-brains-synaptic-pruning-continues-into-your-20s/ (eng)

427 Obwohl die Entwicklung neuronaler Netzwerke die Bildung präziser Verbindungen zwischen sich entwickelnden Neuronen und ihren Targets erfordert, ist es gut dokumentiert, dass die ersten Muster der Konnektivität im sich entwickelnden Gehirn sowohl hinsichtlich der Anzahl der gebildeten Verbindungen als auch hinsichtlich ihrer Topographie überbordend sind.

Dieser Überschwang kann auf zwei sehr unterschiedlichen Zeitskalen beobachtet werden, die verschiedene Aspekte des Prozesses der entstehenden Konnektivität im sich entwickelnden Gehirn zu unterstützen scheinen. Auf makroskopischer Ebene lassen sich Überschwang und Beschneidung in großen Hirnarealen und -wegen über Monate oder sogar Jahre hinweg beobachten. Aber auf mikroskopischer Ebene kann man auf der Ebene der einzelnen Neuronen über Minuten oder Stunden eine sehr schnelle Bildung und Rückbildung von Verbindungen beobachten. Auf makroskopischer Ebene haben Studien an Affen und Menschen in der frühen postnatalen Periode eine weit verbreitete überbordende Produktion von Verbindungen in allen Gehirnregionen dokumentiert (Zecevic et al. 1989; Bourgeois und Rakic 1993; Bourgeois et al. 1994; Huttenlocher und de Courten 1987; Huttenlocher und Dabholkar 1997). In allen Hirnarealen ist die Anzahl der Synapsen auf einem fast doppelt so hohen Niveau wie im erwachsenen Gehirn und sinkt dann im Laufe der Kindheit und Jugend langsam auf ein normales Erwachsenenniveau ab (siehe Abb. 10a und b). Aber der Überfluss an Konnektivität geht über die bloße Anzahl von Verbindungen innerhalb einer Gehirnregion hinaus. Früh in der Entwicklung bilden sich im gesamten Gehirn transiente Verbindungen, die bei Erwachsenen nicht beobachtet werden. Überbordende Konnektivität wurde in so unterschiedlichen Bahnen wie dem Corpus callosum, den thalamokortikalen Bahnen, dem Corticospinaltrakt und den Bahnen zwischen dem Temporallappen und dem limbischen System dokumentiert (Stanfield et al. 1982; Stanfield und O'Leary 1985; Innocenti und Price 2005). Viele Faktoren beeinflussen den Erhalt oder die Eliminierung von Pfaden. Der Wettbewerb um Ressourcen wie neurotrophe Faktoren spielt bei der Auswahl der Wege eine wichtige Rolle. Wichtig ist, dass der afferente Input eine entscheidende Rolle bei der Modulation der Stabilisierung oder Eliminierung von Bahnen spielt. Neuere Studien mit Hilfe von Echtzeit-Bildgebung haben begonnen, die Prozesse von Überschwang und Schnitt auf mikroskopischer Ebene zu dokumentieren.

Diese Studien deuten darauf hin, dass Axone, wenn sie ihre Ziele suchen, sehr schnell den umgebenden Raum, der synaptische Verbindungen bildet und zurückzieht, in einer dynamischen, kontinuierlichen und ausgewogenen Weise abtasten (Hua und Smith 2004). Auf der Ebene der einzelnen Neuronen sorgen die mit der überbordenden Produktion und dem Rückzug der Verbindungen verbundenen Prozesse für eine schnelle Abtastung der lokalen Umgebung und dienen der Unterstützung der Axonführung und der Zielerfassung.

www.ncbi.nlm.nih.gov/pmc/articles/PMC2989000/ (eng)

[428] https://vanwinkles.com/what-to-know-about-synaptic-pruning (eng)

[429] www.sciencedaily.com/releases/2016/05/160502161118.htm (eng)

[430] Das Muskelgedächtnis oder Körpergedächtnis wurde synonym mit dem motorischen Lernen verwendet, einer Form des prozeduralen Gedächtnisses, bei der eine bestimmte motorische Aufgabe durch Wiederholung in das Gedächtnis konsolidiert wird. Wenn eine Bewegung im Lauf der Zeit wiederholt wird, wird für diese Aufgabe ein Langzeit-Muskelgedächtnis geschaffen, das es schließlich erlaubt, sie ohne bewusste Anstrengung auszuführen. Dieser Prozess verringert den Bedarf an Aufmerksamkeit und schafft maximale Effizienz in den Motor- und Speichersystemen [des Gehirns]. Beispiele für Muskelgedächtnis finden sich in vielen alltäglichen Aktivitäten, die automatisch werden und sich durch Übung verbessern, wie z.B. Fahrradfahren, Tippen auf der Tastatur, Eintippen einer PIN, Spielen eines Musikinstruments, Kampfsport oder sogar Tanzen.
https://en.wikipedia.org/wiki/Muscle_memory (eng)
Siehe auch www.psychologytoday.com/blog/the-fallible-mind/201608/muscle-memory-it-s-in-your-head-not-your-limbs (eng)

[431] Zusammenfassung der Faktoren frühkindlicher Entwicklung:

1. Es ist einfacher und effektiver, die Dinge beim ersten Mal richtig zu machen, als sie später zu korrigieren.
2. Die frühe Kindheit ist wichtig, weil Erfahrungen im frühen Leben einen nachhaltigen Einfluss auf das spätere Lernen, Verhalten und die Gesundheit haben können.
3. Hochspezialisierte Eingriffe sind bei Kindern mit toxischem Stress so früh wie möglich erforderlich.
4. Frühe Lebenserfahrungen gehen buchstäblich unter die Haut und in den Körper, mit lebenslangen Auswirkungen auf die körperliche und geistige Gesundheit von Erwachsenen.
5. Die gesamte Gesellschaft profitiert von Investitionen in frühkindliche Programme.

http://developingchild.harvard.edu/resources/five-numbers-to-remember-about-early-childhood-development/ (eng)

[432] Jean Piaget (1896 - 1980) war ein schweizerischer klinischer Psychologe, der für seine Pionierarbeit in der Entwicklung von Kindern bekannt war. https://de.wikipedia.org/wiki/Jean_Piaget

[433] Piaget hat das sensomotorische Stadium von der Geburt bis zum Alter von zwei Jahren wie folgt in sechs Teilstadien abgebildet:

I. Einfache Reflexe;
Von der Geburt bis zum Alter von einem Monat. Zu dieser Zeit verwenden Säuglinge Reflexe wie Greifen und Saugen.

II. Erste Gewohnheiten und primäre Kreisreaktionen;
Von einem Monat bis vier Monate. Während dieser Zeit lernen Kleinkinder das Wahrnehmungsvermögen zu koordinieren und zwei Arten von Schemata (Gewohnheit und zirkuläre Reaktionen). Eine primäre zirkuläre Reaktion ist, wenn das Kind versucht, ein zufälliges Ereignis zu reproduzieren (z.B.: Daumen saugen).

III. Sekundäre Kreisreaktionen;
Von vier bis acht Monate. In dieser Zeit werden sie sich der Dinge jenseits ihres eigenen Körpers bewusst; sie sind eher objektorientiert. Zu diesem Zeitpunkt könnten sie unbeabsichtigt eine Rassel schütteln und es dann, der Befriedigung halber, fortführen.

IV. Koordination von sekundären Kreisreaktionen;
Von acht bis zwölf Monate. In dieser Phase können sie Dinge absichtlich tun. Sie können nun Schemata kombinieren und rekombinieren und versuchen, ein Ziel zu erreichen (z.B. mit einem Stock etwas zu bewegen). Sie begreifen in dieser Phase auch die Objektpermanenz. Das heißt, sie verstehen, dass Objekte weiterhin existieren, auch wenn sie sie nicht sehen können.

V. Tertiäre Kreisreaktionen, Neuheit und Neugierde;
Von zwölf bis achtzehn Monate. In dieser Phase erforschen Kleinkinder neue Möglichkeiten von Objekten; sie probieren verschiedene Dinge aus, um unterschiedliche Ergebnisse zu erzielen.

VI. Internalisierung von Schemata.
Im Alter von 18 bis 24 Monaten entwickeln Kleinkinder die Fähigkeit, primitive Symbole zu verwenden und dauerhafte mentale Repräsentationen zu bilden. Diese Phase ist in erster Linie mit den Anfängen der Erkenntnis oder der wahren Kreativität verbunden. Dies markiert den Übergang in die Voroperationsphase.

[434] https://de.wikipedia.org/wiki/Jean_Piaget#Stadium_der_Formal-operationalen_Intelligenz

[435] Siehe *Going Solo* (Alleinsein) von Eric Klinenberg.

[436] Eudaimonia ist ein griechisches Wort, das gemeinhin als Glück oder Wohlergehen übersetzt wird; jedoch wurde „menschliches Gedeihen" als genauere Übersetzung vorgeschlagen. In der altertumswissenschaftlichen Fachliteratur wird „Eudaimonie" oft unübersetzt gelassen. Ausgehend von den klassischen griechischen Philosophien Sokrates, Platon, Aristoteles und den Stoikern wird der Eudaimonismus heute als „ein tugendhaftes, moralisches und ethisches Leben in Übereinstimmung mit der Natur" definiert. Er betont Gerechtigkeit, Ehrlichkeit, Mäßigung, Einfachheit, Selbstdisziplin, Entschlossenheit, Stärke und Mut im Dienste des Wohlergehens der menschlichen moralischen Akteure, im Gegensatz zum Hedonismus, dem egoistischen Streben nach Vergnügen und der Vermeidung von Schmerz.

Die Psychologin C. D. Ryff hob die Unterscheidung zwischen dem eudaimonischen Wohlbefinden, das sie als psychisches Wohlbefinden identifizierte, und dem hedonischen Wohlbefinden oder Vergnügen hervor. Aufbauend auf aristotelischen Idealen der Zugehörigkeit und des Nutzens für andere, der Blüte, des Gedeihens und der Ausübung von Exzellenz, konzipierte sie Eudaimonia als eine Sechs-Faktoren-Struktur: Autonomie, persönliches Wachstum, Selbstakzeptanz, Lebensinhalt, Beherrschung der Umwelt und positive Beziehungen zu anderen. Diese beschreiben die sechs Aspekte des positiven Funktionierens, die ein Mensch, der ein erfülltes Leben führen will, mittragen muss.
Sie erklärt, dass das Erstreben und der Erwerb positiver Beziehungen ein intrinsisch motivierter Wunsch ist, der kulturübergreifend als Weg zur Abwesenheit von Krankheit und zu einem sinnvollen Leben unterstützt wird. Eine Anfang der 90er Jahre durchgeführte Studie, die den Zusammenhang zwischen Wohlbefinden und den im Ryff'schen Modell dargelegten Aspekten positiver Funktionalität untersucht, zeigt, dass Personen, die im Verhältnis mehr Wert auf finanziellen Erfolg gegenüber der Zugehörigkeit zu anderen oder ihrer Gemeinschaft legten, bei verschiedenen Untersuchungen zum Wohlbefinden schlechter abgeschnitten haben.
Personen, die nach einem Leben streben, das durch Zugehörigkeit, Vertrautheit und Beitrag zur eigenen Gemeinschaft definiert ist, kann man als im Einklang mit ihrem natürlichen Bestreben, ihre intrinsischen psychologischen Bedürfnisse zu erfüllen, beschreiben. Im Gegensatz dazu können Personen, die nach Reichtum und materiellem Wohlstand, sozialer Anerkennung, Ruhm, Image oder Attraktivität streben, als Personen beschrieben werden, die ihre extrinsischen psychologischen Bedürfnisse erfüllen wollen. Die Stärke der intrinsischen (im Verhältnis zu den extrinsischen) Bestrebungen eines Individuums, bewertet durch Bedeutungsrankings, korreliert mit einer Reihe von psychologischen Ergebnissen. Positive Zusammenhänge wurden mit Hinweisen auf psychisches Wohlbefinden gefunden: positive Wirkung, Vitalität und Selbstverwirklichung. Negative Korrelationen wurden mit Indikatoren für psychisches Unwohlsein gefunden: negative Auswirkungen, Depressionen und Ängste.
Neuere Studien bestätigten Ryffs Annahme, dass Personen, deren Handlungen eudaimonische Tendenzen zugrunde lagen, im Vergleich zu Teilnehmern, die dies nicht taten, höhere subjektive Wohlbefindens- und Lebenszufriedenheitswerte besaßen.
Selbstakzeptanz ist ein Indikator und ein Maß für das psychische Wohlbefinden. Zu den Vorteilen gehören eine Stimmungsregulierung, eine Abnahme der depressiven Symptome und eine Zunahme der positiven Emotionen, die aus einem erhöhten Gefühl der Freiheit, einer Abnahme der Angst vor dem Scheitern, einer Zunahme des Selbstwertgefühls, einer Zunahme der Unabhängigkeit (Autonomie), einer Zunahme des Selbstbewusstseins, weniger Abhängigkeit von der Akzeptanz anderer, weniger Selbstkritik und mehr Selbstliebe, wenn Fehler auftreten, mehr Wunsch, das Leben für sich selbst (und nicht für andere) zu leben, und die Fähigkeit, mehr Risiken einzugehen, ohne sich um die Folgen zu sorgen.
Der *Sinn des Lebens* bezieht sich weitgehend auf das Streben nach Lebenszufriedenheit. Es wurde auch festgestellt, dass diejenigen mit einer höher gestellten Bestimmung im Leben klare Ziele und Richtung empfinden. Sie haben das Gefühl, dass ihr vergangenes und gegenwärtiges Leben einen Sinn hat, und sie haben Überzeugungen, die ihrem Leben weiterhin einen Sinn geben. In der Vergangenheit konzentrierte sich die Forschung auf das, was im Leben furchtbar, schwierig oder absurd ist. In letzter Zeit hat sich die Forschung auf die Rolle der Bestimmung in der persönlichen Erfüllung und Selbstverwirklichung verlagert.
Individuelle Unterschiede in der Eudaimonie, vereinfacht mit Selbstbeherrschung gleichgesetzt, sind vererbbar. Belege aus einer Studie (siehe https://www.ncbi.nlm.nih.gov/pubmed/22432931 (eng)) unterstützen 5 unabhängige genetische Mechanismen, die den Ryff-Facetten dieses Merkmals zugrunde liegen, was zu einem genetischen Konstrukt von Eudaimonia in Bezug auf die allgemeine Selbstkontrolle führt, und vier untergeordnete biologische Mechanismen, die die psychologischen Fähigkeiten von Bestimmung, Wirkung, Wachstum und positiven sozialen Beziehungen ermöglichen.
https://de.wikipedia.org/wiki/Eudaimonie

[437] www.positivepsychology.org.uk/pp-theory/eudaimonia/34-the-concept-of-eudaimonic-well-being.html (eng)

[438] Das ultimative Statussymbol für Millionärsmütter an der New Yorker Upper East Side (und anderen wohlhabenden Teilen des Landes) ist eine ganze Menge von Kindern. In einem Artikel in der New York Post wurde 2011 der Trend zu Großfamilien in Manhattan hervorgehoben und eine Studie des Council on Contemporary Families zitiert, die einen „signifikanten" Anstieg bei Familien mit drei oder vier Kindern unter den Top-2% der Wohlhabenden US-Haushalte festgestellt hatte.
Es macht Sinn, dass eine große Familie einem großen Statussymbol gleichkommt: Es ist überall teuer, Kinder aufzuziehen, besonders aber in New York City, wo Kindermädchen, Privatschule und Sommercamp zu den Standardausgaben gehören. In den USA liegen die durchschnittlichen Kosten für die Erziehung eines Kindes laut einem aktuellen Regierungsbericht bei 245.340 US-Dollar. Aber diese Zahl steigt auf 540.514 US-Dollar, mehr als das Doppelte, wenn dieses Kind in Manhattan aufgezogen wird.
Einige der besten Vorschulen der Stadt berechnen bis zu 40.000 Dollar pro Jahr an Schulgeldern, und der Unterricht für private Schulen kann sogar noch teurer sein. Man denke an eine Familie mit sechs Kindern, die jeweils zwei Jahre

Vorschule und 13 Jahre Schule besuchen, das sind Millionen von Dollar allein für die grundlegende Bildung, die Inflation einmal beiseitegelegt.
www.businessinsider.com/the-ultimate-status-symbol-is-a-big-family-2015-5 (eng)

[439] www.nytimes.com/2016/11/04/opinion/dalai-lama-behind-our-anxiety-the-fear-of-being-unneeded.html?smid=fb-share&_r=0 (eng)

[440] www.huffingtonpost.com/ashton-applewhite/purpose-in-life-brain_b_8555918.html
www.alzheimers.net/1-25-16-how-purpose-impacts-your-brain/ (beide eng)

[441] https://www.purposeguides.org/ (eng)

[442] Eine wachsende Anzahl veröffentlichter Bücher zu diesem Thema deutet darauf hin, dass die Ehe eine Vielzahl von Vorteilen haben kann, einschließlich der Verbesserung des wirtschaftlichen Wohlstands, der psychischen und physischen Gesundheit und des Wohlbefindens der Kinder.
https://aspe.hhs.gov/report/effects-marriage-health-synthesis-recent-research-evidence-research-brief (eng)
Eine großangelegte Umfrage unter 127.545 amerikanischen Erwachsenen ergab, dass verheiratete Männer gesünder sind als Männer, die nie verheiratet waren oder deren Ehen in Scheidung oder Verwitwung endeten. Männer, die Ehepartner haben, leben auch länger als Männer ohne Ehepartner; Männer, die nach dem 25. Lebensjahr heiraten, erhalten mehr Schutz als Männer, die den Bund in einem jüngeren Alter schließen, und je länger ein Mann verheiratet bleibt, desto größer ist sein Überlebensvorteil gegenüber seinen unverheirateten Altersgenossen. www.health.harvard.edu/newsletter_article/marriage-and-mens-health (eng)

[443] Aus https://betsysbeat.com/tag/writing/ (eng)

[444] Gene scheinen eine große Rolle bei unseren musikalischen, künstlerischen, sportlichen und intellektuellen Talenten zu spielen. Forscher an der Washington University School of Medicine in St. Louis haben ein spezifisches Gen identifiziert, das uns helfen kann, unsere Fähigkeiten zur logischen Organisation der Dinge zu verbessern. Diese Art der Entdeckung kann helfen zu erklären, warum frühe Studien in Bezug auf Intelligenz die Genetik der Umwelt vorzuziehen scheinen, wenn es um den IQ geht.
Diese Studien zeigten, dass, auch wenn einige Adoptivkinder in einer von ihren biologischen Eltern völlig getrennten Umgebung aufwuchsen, ihr IQ mehr mit dem ihrer Eltern übereinstimmte als mit dem der Adoptiveltern. Aber das ist noch nicht das Ende der Geschichte. Wie bereits erwähnt, ist das Gen, das mit der logischen Organisation der Dinge verbunden ist, ein Teil eines viel größeren Puzzles. Das gilt auch für Intelligenz und andere Talente. Wenn die Gesellschaft jemanden als ein Genie ansieht, dann ist es meistens auf Grund mehrerer Eigenschaften – Persönlichkeit, kognitive Fähigkeiten, Motivation – die zusammenwirken. Wie sich herausstellt, sind diese und andere Eigenschaften mit starken Erbanlagen verbunden.
Auch wenn diese beliebten Eigenschaften eine Grundlage in der Genetik haben, bedeutet das nicht, dass sie in Stein gemeißelt sind. Schließlich kann ein Merkmal die Zusammenarbeit mehrerer Gene erfordern. Laut dem Kognitionspsychologen Scott Barry Kaufman ist ein erblicher Vorteil für eine Eigenschaft, die uns zu großen Dingen führen könnte, keine sichere Sache. Gene entwickeln sich auf ihrer eigenen Zeitachse. Das bedeutet, dass jemand ein Wunderkind sein könnte, wenn alles früh zusammenkommt, aber das Genie könnte erst später im Leben auftreten – und es kann sogar abklingen. Hier treffen Genetik und Umwelt aufeinander.
http://science.howstuffworks.com/life/genetic/genius-genetic.htm (eng)

[445] „Empathie ist kein einheitliches Konstrukt, und die meisten theoretischen Berichte legen die Existenz von mindestens zwei Faktoren nahe, nämlich kognitive Empathie (einschließlich ‚Theorie des Geistes') und affektive Empathie (einschließlich ‚emotionaler Ansteckung'). Eine dritte Komponente, die prosoziales Verhalten beinhaltet, wurde ebenfalls angeregt." „Es ist wichtig festzustellen, dass die genetische Zusammensetzung eines Individuums zu seinem Einfühlungsvermögen beiträgt." *Understanding Other Minds* (Andere Denkweisen verstehen), S. 326-327.
www.unz.com/pfrost/a-genetic-marker-for-empathy/ (eng)

[446] Der allgemeine Faktor für die Erblichkeit des IQ, ist einem maßgeblichen Bericht der American Psychological Association zufolge 0,45 für Kinder, und steigt für Jugendliche und Erwachsene auf etwa 0,75. Die Erblichkeit des IQ steigt mit dem Alter und erreicht mit 18-20 Jahren eine Asymptote und setzt sich auf dieser Ebene bis ins Erwachsenenalter fort. Neuere Studien deuten darauf hin, dass Familien- und Elternmerkmale nicht signifikant zur Variation der IQ-Werte beitragen; jedoch können eine schlechte pränatale Umgebung, Unterernährung und Krankheiten schädliche Auswirkungen haben.
https://en.wikipedia.org/wiki/Heritability_of_IQ (eng)

[447] Die Mehrheit der Mathematiker stammt aus nur 24 wissenschaftlichen „Familien".
www.nature.com/news/majority-of-mathematicians-hail-from-just-24-scientific-families-1.20491 (eng)
Etwa die Hälfte der Gene, die beeinflussen, wie gut ein Kind lesen kann, spielen auch eine Rolle bei ihren mathematischen Fähigkeiten, sagen Wissenschaftler des UCL, der University of Oxford und des King's College London, die eine Studie über die genetischen Grundlagen kognitiver Merkmale durchgeführt haben.
www.ucl.ac.uk/news/news-articles/0714/080714_Same_genes_drive_maths_and_reading_ability (eng)

[448] Die Analyse, wie sich genetische und ökologische Einflüsse auf das Lernen auswirken, ist hilfreich für die Maximierung der Rechen- und Lesefähigkeit. Hier zeigen wir anhand von Doppel- und genomweiten Analysen, dass es eine wesentliche genetische Komponente der Lese- und Mathematikfähigkeit von Kindern gibt, und schätzen, dass etwa die Hälfte der beobachteten Korrelation in diesen Merkmalen auf gemeinsame genetische Effekte (sogenannte Generalistengene) zurückzuführen ist.
www.nature.com/ncomms/2014/140708/ncomms5204/full/ncomms5204.html (eng)

[449] Nach neuen Forschungen von Wissenschaftlern der Universität Helsinki ist das Ausmaß, in dem die Kreativität durch unsere DNA bestimmt wird, größer als je erahnt.
www.geneticliteracyproject.org/2013/09/20/is-creative-ability-determined-by-our-dna/ (eng)
„Kreativität hängt mit der Vernetzung großer Gehirnnetzwerke zusammen", sagt Szabolcs Keri vom National Institute of Psychiatry and Addictions in Budapest. „Wie Gehirnareale miteinander kommunizieren, ist entscheidend, wenn es um Originalität, Geläufigkeit und Flexibilität geht."
Bei hochkreativen Menschen ist diese Konnektivität im Gehirn besonders weit verbreitet, was auf Gene zurückzuführen sein kann, die bei der Entwicklung von Wegen zwischen verschiedenen Bereichen eine Rolle spielen. Diese Gene reduzieren die Hemmung von Emotionen und Gedächtnis, was bedeutet, dass mehr Informationen die Ebene des Bewusstseins erreichen.
www.theguardian.com/science/blog/2013/sep/19/born-creative-study-brain-hemingway (eng)

[450] Die Forscher sind sich einig, dass sowohl genetische als auch ökologische Faktoren zur breiteren Verwirklichung der Musikfähigkeit beitragen.
www.ncbi.nlm.nih.gov/pmc/articles/PMC4073543/ (eng)
Neue Forschungen unter der Leitung des Psychologieprofessors David Z. Hambrick der Michigan State University legen nahe, dass der Erfolg für viele von uns leider nicht ausschließlich ein Produkt der Entschlossenheit ist – dass trotz der absolut hermetischen Übungsroutine unsere Gene immer noch dafür sorgen, dass wir keine Exzellenz erreichen. Seine Ergebnisse deuten darauf hin, dass die Art und Weise, wie unsere Gene und unsere Umwelt miteinander interagieren, entscheidend für die musikalische Leistung ist. Hambricks Daten zeigen, dass der genetische Einfluss auf den musikalischen Erfolg bei denjenigen, die mehr üben, weitaus größer war. Früher dachte man, dass man mit einer negativen genetischen Ausgangslage eine bestimmte Aktivität beginnen könnte, und diese durch die Praxis gewonnene Fähigkeit könnte schließlich alle genetischen Tendenzen ausgleichen. „Unsere Ergebnisse deuten darauf hin, dass es umgekehrt ist", erklärt Hambrick, „dass Gene mehr und nicht weniger wichtig für die Differenzierung von Menschen werden, wenn sie üben.... genetische Potenziale für qualifizierte Leistung werden am besten durch die Übung ausgedrückt und gefördert." Mit anderen Worten, Menschen haben verschiedene genetisch bedingte Grundfähigkeiten oder Talente, die sie bei bestimmten Fähigkeiten besser oder schlechter machen, die aber durch Umwelteinflüsse genährt werden können. Daher ist Hambrick weit davon entfernt, sich nicht festzulegen: „Wenn du ein besserer Musiker sein willst, übe! Wenn du ein besserer Golfer sein willst, übe!"
www.scientificamerican.com/article/what-do-great-musicians-have-in-common-dna/ (eng)

[451] Die größte Auswirkung, die ein einzelner Faktor auf die sportliche Leistung hat, ist genetisch: das biologische Geschlecht.
http://sportsscientists.com/2011/08/training-talent-10000-hours-and-the-genes/ (eng)

[452] Alfred Nobel (1833-1896) war ein schwedischer Chemiker, Ingenieur und Erfinder. Nobel erwirtschaftete zu seinen Lebzeiten ein Vermögen, den größten Teil seines Reichtums durch seine 355 Erfindungen, von denen das Dynamit die berühmteste ist. 1888 war Nobel überrascht, seinen eigenen Nachruf mit dem Titel *Der Kaufmann des Todes ist tot*, in einer französischen Zeitung zu lesen. Da es Alfreds Bruder Ludvig war, der gestorben war, kam der Nachruf acht Jahre zu früh. Der Artikel verunsicherte Nobel und machte ihn besorgt darüber, wie man sich an ihn erinnern würde. Dies veranlasste ihn, sein Testament ein Jahr vor seinem Tod zu ändern, womit er festlegte, dass sein Vermögen dazu verwendet werden sollte, eine Reihe von Preisen denjenigen zu verleihen, die den „größten Nutzen für die Menschheit" in Physik, Chemie, Medizin oder Physiologie, Literatur und Frieden schaffen. 1968 feierte die Schwedische Nationalbank ihr 300-jähriges Bestehen, indem sie der Nobel-Stiftung einen großen Geldbetrag für die Einrichtung eines Nobelpreises spendete. Im folgenden Jahr wurde erstmals der Nobelpreis für Wirtschaftswissenschaften verliehen.

[453] Ein phänotypisches Merkmal ist ein offensichtliches, beobachtbares und messbares Merkmal; es ist die Expression von Genen in einer beobachtbaren Weise. Ein Beispiel ist die Haarfarbe; die zugrunde liegenden Gene, die den Genotyp ausmachen, „kontrollieren" die Haarfarbe, aber die eigentliche Haarfarbe, der Teil, den wir sehen, ist der Phänotyp.
https://de.wikipedia.org/wiki/Ph%C3%A4notyp

[454] Siehe https://en.wikipedia.org/wiki/Mate_choice (eng) und https://de.wikipedia.org/wiki/Sexuelle_Selektion

[455] Ein schroffes Gesicht soll den Frauen auf der Suche nach hochwertigen Genen, die sie an ihre Kinder weitergeben können, einen optimal erhöhten Testosteronspiegel signalisieren. Wissenschaftler haben eine tatsächliche Messung zur Beurteilung dieser Eigenschaften bei Männern gefunden: das Verhältnis von Gesichtsbreite zu oberer Gesichtshöhe. Männer mit höheren Werten haben einen höheren Testosteronspiegel und sind vergleichsweise gewalttätiger, ausbeuterischer und wohlhabender. In diesem Sinne prognostiziert der Wert intuitiv wahrgenommene Kraft und Erfolg. Z.B.

weisen CEOs mit höheren Werten in diesem Bereich eine größere finanzielle Leistungsfähigkeit auf, und Militäroffiziere mit dominanteren Gesichtern erhielten während ihrer Dienstzeit höhere Dienstgrade. Außerdem sind Männer mit breiteren Gesichtern beeindruckendere Gegner:

Die Wahrscheinlichkeit, dass sie an körperlicher Gewalt sterben, ist geringer, was darauf hindeutet, dass sie entweder wildere Kämpfer sind oder dass ihre Schädel widerstandsfähiger gegen Verletzungen sind. Das macht auch Sinn: Maskuline Merkmale wie ein massiver Kiefer und eine massive Stirn können sich entwickelt haben, um die Schläge eines Konkurrenten aushalten zu können – ein gebrochener Kiefer hätte in der Urzeit den Tod bedeuten können.

www.psychologytoday.com/blog/head-games/201412/are-alpha-males-myth-or-reality (eng)

456 www.menshealth.com/sex-women/the-anatomy-of-an-alpha-male (eng)

457 Es gibt viele andere Hypothesen, wie die verbale Sprache vor etwa 200.000 Jahren entstanden ist. https://de.wikipedia.org/wiki/Sprachursprung

458 Symbolische Kultur hängt ausschließlich vom kollektiven Glauben ab und existiert nur so lange, wie die Menschen daran glauben. Beispiele sind das, was als gut und schlecht, wahr und falsch, schön und hässlich, nützlich und nutzlos, wertvoll oder wertlos angesehen wird. Ein modernes Beispiel ist unser Währungssystem, das nur existiert, solange die Menschen daran glauben. Wenn das Vertrauen in monetäre Fakten wie „Ich kann ein Stück Papier, das von der Regierung mit 5 Dollar oder Euro bedruckt wurde, gegen ein Brot eintauschen" verschwindet, verschwinden auch die Fakten selbst (in diesem Fall hat das Geld einen Wert, der über dem Wert des Papiers liegt, auf dem es gedruckt ist, oder über dem Wert des Metalls einer Münze). Ein weiteres Beispiel sind Kunstobjekte, die für eine Vielzahl des materiellen Wertes verkauft werden, aus dem sie entstehen. Dasselbe gilt für moderne kulturell konstruierte Mythen von Staatsbürgerschaft, Regierung, Sozialsysteme und Ideologien wie Kapitalismus oder Marxismus, Ehe, Religion und viele andere Überzeugungen, die die Menschen in unserer Kultur als „real" betrachten, die aber in Wirklichkeit Mythen oder Geschichten sind und deshalb „Mythos des Gegebenen" genannt werden, ein Begriff, der vom Philosophen Wilfrid Sellars (1912-1989) geprägt wurde.

459 In der heutigen Welt werden diese männlichen und weiblichen Ideale durch Models, Pornostars, Schauspieler, Romanfiguren oder Videospiele repräsentiert. In modernen und postmodernen Kulturen und zunehmend weltweit über Internet und Satellitenfernsehen werden beide Geschlechter ständig mit Idealbildern des anderen Geschlechts bombardiert, denen kaum jemand gerecht werden kann. Für Frauen bedeutet das, dass ich, wenn ich auf eine bestimmte Weise durch das Leben gehe, den Traummann haben kann, der sich um mich kümmert und mich in meinem Wunsch nach Selbstverwirklichung unterstützt. Für Männer bedeutet das, wenn ich groß, gutaussehend, aggressiv und erfolgreich bin, kann ich meine Traumfrau anlocken, die an meinem Arm gut aussieht, meine sexuellen Wünsche erfüllt, mein Bedürfnis nach Gesellschaft befriedigt und mich in meiner Bestimmung/Mission unterstützt. Siehe auch Geoffrey Miller, *The Mating Mind* (dt: *Die sexuelle Evolution, Partnerwahl und die Entstehung des Geistes*), S. 8-12.

460 Richard Dawkins prägte das Wort Mem in seinem Buch *The Selfish Gene* (dt: *Das egoistische Gen*) von 1976, auch wenn die Möglichkeit, dass Ideen dem gleichen Evolutionsdruck ausgesetzt waren wie biologische Attribute, bereits zu Darwins Zeiten diskutiert wurde. T. H. Huxley behauptete, „dass der Kampf um die Existenz sowohl in der intellektuellen als auch in der physischen Welt gilt. Eine Theorie ist eine Art des Denkens, und ihr Existenzrecht ist koextensiv mit ihrer Kraft, dem Aussterben durch ihre Rivalen zu widerstehen".

Ein Mem ist eine Einheit, die kulturelle Ideen, Symbole oder Praktiken transportiert, die durch Schreiben, Sprechen, Gesten, Rituale oder andere imitierbare Phänomene von einem Geist zum anderen übertragen werden können. Befürworter des Konzepts betrachten Meme als kulturelle Analogien zu Genen, die sie sich selbst replizieren, mutieren und auf selektiven Druck reagieren.

Die Befürworter vermuten, dass Meme ein virales Phänomen sind, das sich durch natürliche Selektion analog zur biologischen Evolution entwickeln kann. Meme tun dies durch die Prozesse der Variation, Mutation, Konkurrenz und Vererbung, die jeweils den Fortpflanzungserfolg eines Mems beeinflussen. Meme verbreiten sich durch das Verhalten, das sie in ihren Wirten erzeugen. Meme, die sich weniger stark vermehren, können aussterben, während andere überleben, sich ausbreiten und (zum Guten wie zum Schlechten) mutieren. Meme, die sich am effektivsten replizieren, genießen mehr Erfolg, und einige können sich auch dann effektiv replizieren, wenn sie sich als schädlich für das Wohlergehen ihrer Gastgeber erweisen.

Dawkins schrieb, dass die Evolution nicht von der besonderen chemischen Basis der Genetik abhängt, sondern nur von der Existenz einer sich selbst reproduzierenden Einheit der Übertragung – im Falle der biologischen Evolution, dem Gen.

Für Dawkins repräsentiert das Mem eine weitere selbstreplizierende Einheit mit potenzieller Bedeutung für das menschliche Verhalten und die kulturelle Evolution. Meme, analog zu Genen, variieren in ihrer Fähigkeit, sich zu vermehren; erfolgreiche Meme bleiben und verbreiten sich, während ungeeignete Meme stehen bleiben und vergessen werden. So werden im Meme-Pool Meme ausgewählt, die sich als effektiver beim Replizieren und Überleben erweisen. Kinder reagieren besonders empfänglich auf die Ideen ihrer Eltern, und so werden sich Ideen, die direkt oder indirekt eine höhere Geburtenrate fördern, mit einer höheren Rate replizieren als solche, die eine höhere Geburtenrate verhindern. Ideen, die den Proselytismus eines Mems fördern, wie er in vielen religiösen oder politischen Bewegungen zu

beobachten ist, können Meme horizontal über eine bestimmte Generation hinweg replizieren und sich schneller verbreiten als Eltern-Kind-Memoübertragungen.
Im Buch *Genes, Mind, and Culture: The Co-ecolutionary Process* (Gene, Verstand und Kultur: Der Koevolutionäre Prozess) aus dem Jahr 1981 von Charles J. Lumsden und E. O. Wilson unterbreiten die Autoren die Theorie, dass sich Gene und Kultur gemeinsam entwickeln und dass die grundlegenden biologischen Einheiten der Kultur neuronalen Netzwerken entsprechen müssen, die als Knoten des semantischen Gedächtnisses funktionieren.
Dawkins betont, dass der Prozess der Evolution immer dann natürlich stattfindet, wenn diese Bedingungen nebeneinander existieren, und dass Evolution nicht nur für organische Elemente wie Gene gilt. Er betrachtet die Meme auch als die Eigenschaften, die für die Evolution notwendig sind, und sieht die Mem-Evolution daher nicht nur als eine Analogie zur genetischen Evolution, sondern als ein reales Phänomen, das den Gesetzen der natürlichen Selektion unterliegt. Dawkins bemerkte, dass verschiedene Ideen, wenn sie von einer Generation zur nächsten übergehen, entweder das Überleben der Menschen, die diese Ideen erhalten, verbessern oder beeinträchtigen oder das Überleben der Ideen selbst beeinflussen können. Zum Beispiel kann eine bestimmte Kultur einzigartige Designs und Methoden des Werkzeugbaus entwickeln, die ihr einen Wettbewerbsvorteil gegenüber einer anderen Kultur verschaffen. Jedes Werkzeugdesign verhält sich also ähnlich wie ein biologisches Gen, da einige Populationen es haben und andere nicht, und die Funktion des Mems wirkt sich direkt auf das Vorhandensein des Designs in zukünftigen Generationen aus. Entsprechend der These, dass man Organismen in der Evolution einfach als geeignete „Wirte" für die Reproduktion von Genen betrachten kann, argumentiert Dawkins, dass man Menschen als „Wirte" für die Replikation von Memen betrachten kann. Folglich kann es sein, dass ein erfolgreiches Mem seinem Wirt einen Nutzen bringen muss oder auch nicht.
Im Gegensatz zur genetischen Evolution kann die memetische Evolution sowohl darwinistische als auch lamarck'sche Merkmale aufweisen. Kulturelle Meme haben die Eigenschaft der lamarck'schen Vererbung, wenn ein Wirt danach strebt, das gegebene Mem durch Inferenz zu replizieren, anstatt es genau zu kopieren. Als Beispiel der Fall der Übertragung einer einfachen Fertigkeit wie das Hämmern eines Nagels, eine Fertigkeit, die ein Lernender beim Betrachten imitiert, ohne notwendigerweise jede einzelne Bewegung zu imitieren, die der Lehrer vorgemacht hat. Susan Blackmore unterscheidet zwischen den beiden Vererbungsmodi in der Evolution der Meme und charakterisiert den darwinistischen Modus als „Kopieren der Anweisungen" und den lamarck'schen als „Kopieren des Produkts".
https://de.wikipedia.org/wiki/Mem

461 In einem Interview mit www.womenontheedgeofevolution.com (Stichwort „Frauen") antwortete Barbara Marx Hubbard auf die Frage nach der Rolle der Frauen in der Evolution der Männer: „Männer tun, was Frauen wollen. Frauen ziehen den männlichen Wechsel vom Patriarchat in die eigene innere Essenz an. Frauen sind die treibende Kraft bei der Befreiung der Männer. Wir lehnen Männer nicht ab oder sehen sie als minderwertig oder bedrückend an. Männer können befreit und durch Frauen geführt werden. Ich liebe Männer und habe mich immer von Männern inspirieren lassen, indem ich viele der Impulse von Männern annahm, indem ich eine Frau war und ich ihr Genie sah. Ich bin logischerweise von den Vorstellungen großer Männer ‚besamt' worden. Ich habe mich immer von den großen Männern inspirieren lassen, die Evolutionäre waren. Sie waren alle Männer! Ich fühlte mich von ihren Ideen und ihrem Samen angezogen, und es weckte in mir die weibliche Kokreative. Und dann wurde ich ein Führer für die Männer, die noch nicht evolutionär waren, aber brillant."

462 Magisches Denken ist ein in der Anthropologie und Psychologie verwendeter Begriff, der die trügerische Zuordnung von kausalen Zusammenhängen zwischen Handlungen und Ereignissen bezeichnet, mit subtilen Bedeutungsunterschieden zwischen den beiden Bereichen. In der Anthropologie bezeichnet er die Zuordnung von Kausalität zwischen Entitäten, die miteinander verbunden sind (Zufall) oder einander ähnlich sind.
In der Psychologie werden die Entitäten, zwischen denen ein kausaler Zusammenhang gesetzt werden muss, strenger abgegrenzt; hier bezeichnet dieser Begriff den Glauben, dass die eigenen Gedanken selbst Wirkungen in der Welt hervorrufen können oder dass das Denken etwas damit zu tun hat. In beiden Fällen kann der Glaube eine Person dazu veranlassen, Angst zu erleben, die einem Beobachter außerhalb des Glaubenssystems scheinbar nicht rational zu rechtfertigen ist, bestimmte Handlungen auszuführen oder bestimmte Gedanken zu haben, weil ein Zusammenhang zwischen dem Tun und drohenden Katastrophen angenommen wird.
https://de.wikipedia.org/wiki/Magisches_Denken

463 Die Venus von Willendorf ist eine 11,1 Zentimeter hohe Venusfigur, die vor etwa 30.000 und 27.000 Jahren hergestellt wurde. Es gibt einen weit verbreiteten Glauben, dass Darstellungen von nackten Frauen mit übertriebenen sexuellen Merkmalen einen frühen Fruchtbarkeitsfetisch oder vielleicht eine Muttergöttin darstellen.

https://de.wikipedia.org/wiki/Venus_von_Willendorf

[464] Beachtet, wie acht der zehn jüdisch-christlichen Gebote mit der Schaffung von Stabilität in Familie und Gemeinschaft zusammenhängen:

Du sollst den Feiertag heiligen.
Du sollst deinen Vater und deine Mutter ehren.
Du sollst nicht töten.
Du sollst nicht ehebrechen.
Du sollst nicht stehlen.
Du sollst nicht falsch Zeugnis reden wider deinen Nächsten.
Du sollst nicht begehren deines Nächsten Haus.
Du sollst nicht begehren deines Nächsten Weib, Knecht, Magd, Vieh noch alles, was dein Nächster hat.

[465] Siehe Endnote 547 für eine Unterscheidung zwischen Moral und Ethik und Details zum ethischen Diskurs.

[466] Richard J. Bernstein unterscheidet wünschenswerte Formen des Pluralismus von denen, die er für die beste Lösung hält. Was er „fragmentierten Pluralismus" nennt, ist der Pluralismus, in dem verschiedene Gruppen auseinandergedrängt werden und keine Kommunikation zwischen ihnen stattfindet. Eine zweite Form des „schlaffen Pluralismus" ist die oberflächliche Akzeptanz anderer Ideen ohne ernsthaften Versuch, sie zu verstehen. Ein dritter Punkt ist der „polemische Pluralismus", bei dem es darum geht, die Vielfalt zu respektieren, bis man in der Lage ist, sie beiseite zu legen, um die eigene Perspektive als die einzige Wahrheit zu installieren. Schließlich verlangt der „defensive Pluralismus" die Freiheit, so zu handeln, wie man es sich wünscht, ohne anderen gegenüber verantwortlich oder rechenschaftspflichtig zu sein.

In ihren unterschiedlichen Ausprägungen ist jedes dieser Verständnisse von Pluralismus nicht offen für Alternativen. Sie alle beschränken ihr Interesse auf eine bestimmte Gruppe aus dem Glauben heraus, dass es nichts Wertvolles gibt, das man von anderen lernen kann. Im Gegensatz zu ihnen allen argumentiert Bernstein für das, was er „engagierten fallibilistischen Pluralismus" nennt, der uns auffordert, einander zu verstehen und dabei unsere eigenen Ansichten und die, denen wir begegnen, zu kritisieren.

„Es verlangt, dass wir uns ernsthaft bemühen, das Andere wirklich zu verstehen und uns von uns zu unterscheiden. Es erfordert, dass wir uns mit der Kritik an unseren eigenen Ansichten und denen der Menschen, denen wir begegnen, beschäftigen." Ein engagierter fallibilistischer Pluralismus erfordert die Kultivierung spezifischer Untersuchungsgewohnheiten, unter denen Bernstein insbesondere von zwei spricht: (1) die der Offenheit und Fairness und der Bereitschaft, unsere Meinung zu ändern, und (2) die der Phantasie. Wir sollten uns nicht an die Tradition gebunden sehen, sondern ermutigt werden, offen für Alternativen zu sein. Nur durch die Kultivierung dieser beiden Gewohnheiten, schreibt er, kann man unser Wissen erweitern und die menschliche Erfahrung so rekonstruieren, dass sie mit Sinn, Freiheit und ästhetischer Kohärenz ausgestattet wird.

Zitiert aus *Pragmatism: An Introduction* (Pragmatismus: Eine Einführung), Michael Bacon, S. 137-138

[467] Siehe www.alexgrey.com (eng)

[468] Vielversprechende Organisationen wie Integral Life, Integral Institute oder META Integral sind mehr oder weniger gescheitert. Integrale Programme an Universitäten wie der JFK und an Schulen wie der ID Academy in Dänemark wurden nach einigen Jahren abgebrochen, während sie an anderen Instituten nicht einmal begonnen wurden. Integrale Bücher und Workshops verkauften sich nicht sehr gut, Integrale Lehrer konnten nicht von ihren Einnahmen leben, und Gruppen auf der ganzen Welt haben sich verkleinert oder sind verschwunden. Roy Bhaskar erwähnte einmal, dass eine der größten Überraschungen in seinem Leben war, dass er kein anständiges Leben als Philosoph führen konnte.

Es gibt nur wenige Gruppen wie Pacific Integral und Integral Coaching Canada (beide von Frauen geleitet!), die zu gedeihen scheinen.

469 Eine Zusammenfassung der Metamodelle von Wilber, Bhaskar und Morin findet ihr in *Metatheory for the Twenty-First Century* (Metatheorie für das 21. Jahrhundert) von Nicholas Hedlund, Sean Hargens, Mervyn Hartwig, Roy Bhaskar. Siehe auch den riesigen Bestand an Einzelwerken von Wilber, Bhaskar und Morin.

470 Jenny Wade schreibt in ihrem Buch *Changes of Mind* (Gesinnungswandel), dass einige Frauen die orange-rationale Ebene übergehen und direkt ins pluralistische Grün aufsteigen. Dasselbe scheint für die petrolfarbene integrale Ebene zu gelten. Einige grüne Frauen überspringen Petrol und ziehen direkt weiter zur transpersonalen Türkis. Das ist natürlich nicht unproblematisch, da sie entweder riesige Schatten und „Entwicklungslöcher" um diese Ebenen herum entwickeln, in die sie entweder ständig fallen oder die sie von anderen (Männern???) aufgefüllt bekommen müssen, die die gesunden Aspekte in ihre Entwicklung einbezogen haben.

471 Für eine tiefere Untersuchung der sexuellen versus natürlichen Auslese siehe Geoffrey Miller *The Mating Mind* (dt: *Die sexuelle Evolution, Partnerwahl und die Entstehung des Geistes*)

472 In der Psychologie-Forschungsliteratur wird der Begriff Wunderkind als Person unter zehn Jahren definiert, die in irgendeinem Bereich eine sinnvolle Leistung auf dem Niveau eines erwachsenen Experten erbringt. Wunderkinder sind selten, und in manchen Bereichen gibt es überhaupt keine Wunderkinder. Das Wesen des Wunderkindes qua definitionem sagt nicht immer Bedeutung als Erwachsener voraus. https://en.wikipedia.org/wiki/List_of_child_prodigies (eng)

473 Einige Forscher glauben, dass ungeheuerliche Talente durch das angeborene Talent des Kindes und die energetische und emotionale Investition, die das Kind wagt, entstehen. Andere glauben, dass die Umwelt die dominierende Rolle spielt, oft auf offensichtliche Weise. László Polgár zum Beispiel wollte seine Kinder zu Schachspielern erziehen, und alle drei Töchter wurden zu Weltklasse-Spielern (zwei von ihnen sind Großmeister), wobei er betonte, welche Kraft die Umgebung eines Kindes haben kann, um zu bestimmen, in welche Richtung die Energie eines Kindes gelenkt wird, und zeigte, dass durch eine geeignete Ausbildung eine unglaubliche Menge an Fähigkeiten entwickelt werden kann.

Aber auf der anderen Seite war Georg Friedrich Händel ein Beispiel für das Naturtalent. „Er hatte eine so starke Neigung zur Musik entdeckt, dass sein Vater, der ihn immer für das Studium des Zivilrechts vorgesehen hatte, Grund zur Sorge hatte. Er verbot ihm strikt, sich in irgendein Musikinstrument zu vertiefen, aber Händel fand Mittel, um ein kleines Clavichord heimlich in einen Raum unterm Dach zu bringen. In diesen Raum stahl er sich ständig, wenn die Familie schlief." Trotz des Widerstandes seines Vaters wurde Händel ein geschickter Interpret auf dem Cembalo und der Pfeifenorgel.

https://de.wikipedia.org/wiki/Wunderkind

474 Begabt, Wunderkind, Genie und Savant.

Alles, was es bedeutet, begabt zu sein, ist, dass dein IQ über dem 98. Perzentil der erwachsenen Bevölkerung liegt. Ein Kind ist begabt, wenn sein IQ über dem 98. Prozentsatz der erwachsenen Bevölkerung liegt, nicht nur der eigenen Altersgruppe. Begabt zu sein, ein Genie oder Wunderkind zu sein, ist normalerweise nur ein Zufall, aber nicht ein Savant. Es ist der am wenigsten „formale" Begriff und wird frei verwendet, meist um ein Wunderkind zu beschreiben. Ein Wunderkind ist in der Regel ein Kind, das in einem Bereich außergewöhnlich herausragend ist. Nicht zu verwechseln mit Savant, die beiden sind sich sehr ähnlich. Das Wunderkind wächst in der Regel sehr gut in diesem Bereich der Exzellenz. Ein Wunderkind mag begabt sein, aber es ist weder ein Genie noch ein Savant.

Savants sind sehr gut in bestimmten Bereichen oder Fähigkeiten. Sie sind meist geistig behindert und können ihre Talente meist nicht einsetzen und auf Situationen anwenden. Einige Menschen die autistisch sind, sind Savants, aber nicht alle Menschen mit Autismus sind Savants. Genau wie ein Apfel eine Frucht ist, aber nicht alle Früchte Äpfel sind. Ein Savant ist nicht begabt, ein Wunderkind oder ein Genie.

http://twpsychology.blogspot.com/2015/05/genius-gifted-prodigy-and-savant.html (eng)

475 www.sicotests.com/psyarticle.asp?id=77 (eng)

476 www.theatlantic.com/technology/archive/2012/08/we-thought-female-athletes-were-catching-up-to-men-but-theyre-not/260927/ (eng)

477 Nehmen wir an, eine Gruppe von 10.000 Männern und Frauen schickt jeweils 5.000 in die Schlacht, und eine ähnliche Gruppe schickt ihre 10.000 Mitglieder. Die Hälfte der Soldaten beider Gruppen stirbt. Die erste wird 7.500 Frauen zur Fortpflanzung haben, während die zweite 10.000 hat. Wenn jede Frau 3 Kinder zur Welt bringt und es keine Todesfälle gibt, wird der erste Stamm schließlich 37.500 Einwohner haben, der andere 45.000. Wenn sie mit der gleichen Strategie und den daraus resultierenden Geburtenraten wieder in den Krieg ziehen, werden die ersten 70.313, die zweiten 101.250 Einwohner haben. Wenn sie das noch zwei Mal wiederholen, wird der Stamm, der die Frauen rettet, die anderen zwei zu eins übertreffen. Man kann leicht sehen, wohin das führt ... ein paar Generationen später wird der erste Stamm verschwunden sein. Höchstwahrscheinlich ist der Schutz von Frauen und die Opferung von Männern genetisch kodiert.

[478] Männer sind eher bereit, Risiken einzugehen als Frauen. Dieser Befund wurde im Verlauf der Jahre in verschiedenen Studien wiederholt, wobei die Forscher auf wirtschaftliche und evolutionäre Gründe hinwiesen. Eine aktuelle Studie von Mara Mather und Nichole R. Lighthall ergab, dass sich die Geschlechterunterschiede unter Stress noch weiter verstärken. Männliche Risikobereitschaft nimmt unter Stress zu, während weibliche Risikobereitschaft unter Stress abnimmt. Ein Grund dafür sind geschlechtsspezifische Unterschiede in der Hirnaktivität, die bei der Risikoberechnung und der Vorbereitung auf die Handlung eine Rolle spielen.
https://hbr.org/2013/02/do-women-take-as-many-risks-as (eng)
Stress verstärkt geschlechtsspezifische Unterschiede in den Strategien, die bei riskanten Entscheidungen verwendet werden, da Männer mehr Risiko eingehen und Frauen weniger Risiko eingehen. Diese geschlechtsspezifischen Unterschiede im Verhalten sind mit Unterschieden in der Aktivität in der Insula und im dorsalen Striatum, Hirnregionen, die an der Berechnung des Risikos und der Vorbereitung auf Maßnahmen beteiligt sind, verbunden.
http://journals.sagepub.com/doi/abs/10.1177/0963721411429452 (eng)

[479] Insgesamt waren höhere Ebenen der menschlichen Entwicklung – darunter ein langes und gesundes Leben, gleicher Zugang zu Wissen und Bildung und wirtschaftlicher Wohlstand – die wichtigsten nationalen Prädiktoren für größere geschlechtsspezifische Unterschiede in der Persönlichkeit. Veränderungen in den Persönlichkeitsmerkmalen der Männer schienen die Hauptursache für Geschlechtsunterschiede zwischen den Kulturen zu sein. Es wird vermutet, dass ein erhöhter Grad an sexuellem Dimorphismus darauf zurückzuführen ist, dass die Persönlichkeitsmerkmale von Männern und Frauen in den entwickelten Ländern weniger eingeschränkt und in der Lage sind, auf natürliche Weise zu divergieren. In weniger glücklichen sozialen und wirtschaftlichen Verhältnissen können angeborene Persönlichkeitsunterschiede zwischen Männern und Frauen gemildert werden. Journal of Personality and Social Psychology, Band 94(1), Jan 2008, S. 168-182.
http://psycnet.apa.org/?fa=main.doiLanding&doi=10.1037/0022-3514.94.1.168 (eng)

[480] http://reports.weforum.org/global-gender-gap-report-2015/rankings/ (eng)

[481] www.theglobeandmail.com/opinion/do-women-really-have-it-better-in-sweden/article15552596/ (eng)

[482] In *Integral Ecology* (dt: *Integrale Ökologie*) schreiben Sean Esbjorn-Hargens und Michael Zimmerman auf S. 220: „[Der renommierte Sozialökologe und Autor von The Value of Life: Biological Diversity and Human Society Stephen Kellert] hat entdeckt, dass es geschlechtsspezifische Unterschiede in der Wertschätzung der Natur gibt. Dies steht im Einklang mit Carol Gilligans suggestiver Forschung zur moralischen Entwicklung von Frauen. Kellert fand heraus, dass Frauen humanistische Werte hervorhoben und eine starke emotionale Bindung und moralische Neigung zeigten, Teile der Natur, insbesondere Tiere, zu schützen. Auch bei den negativen Werten (Angst vor der Natur) hatten Frauen mäßig hohe Werte. Auch dies steht im Einklang mit Gilligans Feststellung, dass Frauen starke Beziehungen zu Freunden und Familie haben, aber nicht an entfernten Beziehungen interessiert sind. Männer hingegen waren mäßig niedrig bei den humanistischen und moralischen Werten, mäßig hoch bei den utilitaristischen und dominanten Werten und niedrig bei den negativen Werten (weniger Angst vor der Natur). Die Männer waren eher geneigt, die Logik zu benutzen, die Beherrschung und den pragmatischen Gebrauch der Natur zu betonen und die Natur in einem abstrakten Sinn zu verstehen. Gleichzeitig waren die Männer weniger geneigt, sich emotional mit Tieren oder Naturräumen zu verbinden. Kellert behauptet, dass solche Erkenntnisse zwar vorläufig bleiben, uns aber helfen können, die Arten von Werten zu verstehen, die in traditionell männlichen Organisationen (z.B. Wildtiermanagement) und Frauenorganisationen (z.B. verschiedene Tierschutzorganisationen) vorherrschen."

[483] Aus *The Complexity of Greatness: Beyond Talent or Practice* (Die Komplexität der Großartigkeit: Über Talent und Übung hinaus), herausgegeben von Barry Kaufman, in dem sich über 20 der führenden Forscher auf diesem Gebiet mit Fragen wie: Was ist Großartigkeit und wie kommen Menschen dorthin? Ist Großartigkeit angeboren oder erlangt? Ist Großartigkeit das Ergebnis von Talent oder Übung?

[484] Aus *The Complexity of Greatness: Beyond Talent or Practice* (Die Komplexität der Großartigkeit: Über Talent und Übung hinaus), herausgegeben von Barry Kaufman:
Was sind die Ursprünge der Größe, der Großartigkeit? Kaum eine andere Frage hat eine so intensive Debatte, Kontroverse und Meinungsvielfalt ausgelöst. In den letzten Jahren hat sich eine Vielzahl von Forschungen angesammelt, die darauf hindeuten, dass die Ursprünge der Größe außerordentlich komplex sind. Statt Talent oder Übung ist es Talent und Übung. Statt Natur oder Prägung ist es Natur und Prägung. Statt Üben, ist es vorsätzliche Übung. Statt der Ursachen der Größe im Allgemeinen sind es die Determinanten der Größe, die für ein Feld spezifisch sind. Dieses Buch vereint eine Vielzahl von Perspektiven und die modernste Forschung über Gene, Talent, Intelligenz, Fachwissen, vorsätzliche Übung, Kreativität, Wunderkinder, Savants, Leidenschaft und Ausdauer. Eine Vielzahl von verschiedenen Bereichen sind vertreten, darunter Wissenschaft, Mathematik, Expertengedächtnis, Schauspiel, bildende Kunst, Musik und Sport, was zeigt, dass die Wahrheit über Größe viel nuancierter, komplexer und faszinierender ist, als es ein einziger Standpunkt oder ein Paradigma vermuten lässt. In der Tat deutet dies darauf hin, dass die Zeit gekommen ist, über Talent oder Übung hinauszugehen. Größe ist viel, viel mehr.
https://books.google.com/books/about/The_Complexity_of_Greatness.html?id=tF4VVre_I4MC (eng)

[485] „In Situationen, in denen es keine Möglichkeit zur Kommunikation gibt, wie z.B. bei drohender Gefahr, müssen wir möglicherweise auf die schützende Anwendung von Gewalt zurückgreifen. Die Absicht hinter der schützenden Anwendung von Gewalt ist es, Verletzungen oder Ungerechtigkeiten zu verhindern, niemals Menschen zu bestrafen oder dazu zu bringen, zu leiden, zu bereuen oder zu verändern. Die Anwendung von Gewalt führt tendenziell zu Feindseligkeiten und verstärkt den Widerstand gegen das von uns angestrebte Verhalten. Bestrafung schadet dem guten Willen und dem Selbstwertgefühl und verlagert unsere Aufmerksamkeit vom inneren Wert einer Handlung auf äußere Konsequenzen. Schuldzuweisungen und Bestrafungen tragen nicht zu den Motiven bei, die wir in anderen inspirieren möchten." Zusammenfassung Kapitel 10: *Gewaltfreie Kommunikation* von Marshall B. Rosenberg.

[486] Siehe Robert Kegan und Lisa Laskow Lahey, *Immunity to Change: How to Overcome It and Unlock the Potential in Yourself and Your Organization* (Immunität gegenüber Veränderung: Wie man sie überwindet und das einem innewohnende Potential und das seiner Organisation entfaltet), S. 12.

[487] Ziel einer breit angelegten Studie war es, die Prävalenz der Vermeidung oder Einstellung des Rauchens, der gesunden Ernährung und der regelmäßigen körperlichen Aktivitäten von Personen mit einer koronaren Herzkrankheit (KHK) oder einem Schlaganfall zu untersuchen.

Die Daten zeigten, dass die Prävalenz der Befolgung der drei wichtigen gesunden Lebensgewohnheiten bei Personen nach ihrem KHK- oder Schlaganfallereignis gering war. Diese Muster wurden weltweit, vor allem aber in ärmeren Ländern beobachtet. Dies erfordert die Entwicklung einfacher, effektiver und kostengünstiger Strategien zur Sekundärprävention, die weltweit einsetzbar sind.

http://jamanetwork.com/journals/jama/fullarticle/1679401 (eng)

[488] Siehe *True Purpose*, S. 39, unten

[489] http://delos-inc.com/FAQ/What_is_the_role_of_the_Aware_Ego.htm (eng)

[490] Siehe *True Purpose*, S. 39-69

[491] A *Universe from Nothing* (dt: *Ein Universum aus dem Nichts: ... und warum da trotzdem etwas ist*): S. 181.

[492] *The Oxford Handbook of Religion and Science* (Das Oxford-Handbuch zu Religion und Wissenschaft), S. 866

[493] Siehe www.joannamacy.net/ (eng)

[494] www.accomplishmentcoaching.com/ (eng)

[495] *Entwickle deine Stärken: mit dem StrengthsFinder*, S. 13

[496] Siehe *Entwickle deine Stärken: mit dem StrengthsFinder*, S. 28, sowie im Kapitel „Vielfalt der Ausdrucksweisen", S. 273

[497] Tim Kelly, der Urheber zweier Methoden, die er als indirekte (autobiographische) und direkte (Abwesenheits-)Methoden bezeichnet, schreibt in seinem Buch *True Purpose: 12 Strategies for Discovering the Difference You Are Meant to Make* (Wahre Bestimmung: 12 Strategien, um den Unterschied zu entdecken, den Sie machen wollen), S. 25-27: „Indirekte Zugriffsmethoden werden indirekt genannt, weil sie das Ego dazu bringen, über den Inhalt von [Talent] ohne direkte Kenntnis davon zu spekulieren, abzuziehen und abzuleiten. Das bedeutet, dass Sie Hinweise und Beweise auf der Oberfläche Ihrer Psyche verwenden, um festzustellen, was Ihre [natürlichen Talente] sein könnten. Trotz der viel größeren Klarheit, die direkte Zugriffsmethoden bieten, ist der indirekte Zugriff bei weitem die häufigste Art der Zielsuche. Dies liegt daran, dass indirekte Zugriffsmethoden für fast alle funktionieren, während direkte Zugriffsmethoden für nur 10% der Personen, die sie versuchen, funktionieren."

[498] Siehe *The Psychospiritual Clinician's Handbook: Alternative Methods for Understanding and Treating Mental Disorders* (Das Handbuch für Psychospirituelle Ärzte: Alternative Methoden zum Verständnis und zur Behandlung psychischer Störungen), herausgegeben von Sharon G. Mijares, Ph.D., und Gurucharan Singh Khalsa, Ph.D. The Haworth Press, Binghamton, N.Y., 2005

In der Geschichte der Psychologie und Psychiatrie wurde der Schwerpunkt auf die negativen Aspekte der psychischen Gesundheit gelegt, einschließlich der Diagnose und Behandlung von Krankheiten und Störungen. In den letzten Jahren hat es jedoch einen Trend zur „Positiven Psychologie" gegeben, bei der (wie der Name schon sagt) die positiven Aspekte der psychischen Gesundheit im Vordergrund stehen.

Psychologische Veränderungen und Symptome während der gesamten Lebenszeit werden als Potenzial für ein positives Wachstum gesehen, das in den Behandlungsprozess integriert werden kann und nicht als ein pathologischer Prozess, der eliminiert oder unterdrückt werden muss. In den letzten Jahrzehnten sehen die Praktiker immer mehr Menschen, die vielleicht keine klinische Diagnose haben, aber das Gefühl haben, dass in ihrem Leben etwas „fehlt". Zu lange galten Geist und Körper als getrennte Einheiten, aber in den letzten Jahrzehnten wurden große Fortschritte gemacht, um die Zusammenhänge zwischen Geist und Körper in Krankheit und Gesundheit zu erkennen. Viele Praktizierende vernachlässigen jedoch immer noch ein drittes Wesen – die Rolle der Spiritualität in Gesundheit und Heilung. Neuere Forschungen zeigen, dass Spiritualität eine wichtige Rolle für Gesundheit und Langlebigkeit spielt. Dennoch ist Spiritualität in der Therapiesitzung selten präsent.

Aus www.ncbi.nlm.nih.gov/pmc/articles/PMC1470654/ (eng)

[499] Siehe beispielsweise *Ein unerwartetes Gespräch mit Gott* von Neale Donald Walsch.

[500] Indem du regelmäßig deine inneren Gedanken und Erkenntnisse festhältst, bekommst du ein Gefühl für deine Genauigkeit und kannst auch deine Ich-Gedanken ausmerzen.

Wenn du zurück gehst und die Einträge in einem Tagebuch durchsiehst, kannst du anfangen, bestimmte Muster oder Gefühle aufzuspüren, die dir helfen können zu erkennen, ob das, was du für deine Intuition gehalten hast, richtig war. Es ist eine Methode, um zu lernen, deinen intuitiven Sinnen zu vertrauen. www.intuitivejournal.com/how-to-keep-an-intuitive-journal/ (eng)

501 Ökotherapie (auch bekannt als Grüne Therapie, Naturtherapie und erdzentrierte Therapie) ist ein Begriff, den der Seelsorger Howard Clinebell in seinem gleichnamigen Buch von 1996 geprägt hat. Es umfasst gärtnerische Therapie, tiergestützte Therapie, Zeitstress-Management und Management von „Öko-Angst".

502 https://www.purposeguides.org/ (eng)

503 Die Achse mundi (auch kosmische Achse, Weltachse, Weltsäule, Weltzentrum, Weltbaum) ist in bestimmten Überzeugungen und Philosophien das Weltzentrum oder die Verbindung zwischen Himmel und Erde. https://de.wikipedia.org/wiki/Weltachse

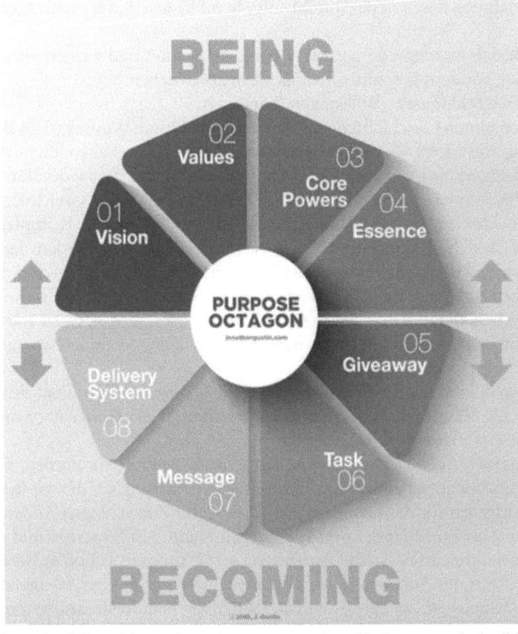

504

505 In Scharmers Theorie U hat das Wort Absencing eine etwas andere Bedeutung als in Bhaskars kritischem dialektischem Realismus. Ersteres sind die gegensätzlichen, destruktiven oder negativen Muster, Energien oder Handlungen, die das Entstehen neuer Formen durch „Presencing" verhindern oder dem entgegenwirken.
In letzterem bedeutet es entweder Abwesenheit durch die Entstehung dessen, was vorher abwesend war (durch Vergegenwärtigung), oder Abwesenheit in Bhaskars Dialektik, die behauptet, dass die Welt nicht ohne Abwesenheit begriffen werden kann, auf die wir uns ständig beziehen und die wir voraussetzen. Die Abwesenheit im Kritischen Realismus ist also nicht unbedingt negativ, z.B. die Abwesenheit von Krankheit oder Dysfunktion oder Umweltverschmutzung im Vergleich zu ihrer Anwesenheit. Bhaskars Konzept der Abwesenheit steht in engem Zusammenhang mit der Veränderung und damit mit der Ursache, denn eine Veränderung in etwas ist die Abwesenheit von etwas, das vorher vorhanden war (z.B. Haarausfall, Gesundheit oder Geld), oder die Anwesenheit von etwas, das vorher nicht vorhanden war (z.B. ein Neugeborenes, ein Gebäude oder eine neue Theorie über etwas). Etwas zu bewirken bedeutet, etwas zu verändern, entweder von der ersten Art, die Bhaskar „abwesend" nennt, oder von der zweiten Art, die Bhaskar „Absenz von abwesendem" nennt. So oder so, etwas zu verursachen bedeutet, etwas – entweder eine Anwesenheit oder eine Abwesenheit – abwesend zu machen.

506 Im Tao-Te-King erklärt Lao Tzu, dass sich Wesen (oder Phänomene), die ganz im Einklang mit dem Tao stehen, auf eine völlig natürliche, ungekünstelte Weise verhalten. Das Ziel der spirituellen Praxis für den Menschen ist, so Lao Tzu, das Erreichen dieser rein natürlichen Verhaltensweise, wie wenn sich die Planeten um die Sonne drehen. Die Planeten tun dies mühelos, ohne jegliche Kontrolle, Kraft oder den Versuch, sich selbst zu drehen, anstatt sich mühelos und spontan zu bewegen.

507 *The Purpose Driven Life* (dt: *Leben mit Vision*), S. 32-33

[508] https://www.eckharttolle.com/newsletter/may-2011/ (eng)

[509] *A New Earth* (dt: *Eine neue Welt*), S. 277, Paperback

[510] Ebd., S. 304-305.

[511] *Evolutionary Enlightenment: A New Path to Spiritual Awakening* (Evolutionäre Erleuchtung: Ein neuer Weg zu spiritueller Erkenntnis), S. 174

[512] *Nature and the Human Soul: Cultivating Wholeness and Community in a Fragmented World* (dt: *Natur und Menschenseele: Das Lebensrad und die Mysterien eines seelenzentrieten Erwachsenseins*), S. 3.

[513] Ebd., S. 43

[514] Ebd., S. 9-10

[515] Übernommen von www.ahalmaas.com/articles/the-diamond-approach (eng)

[516] Benannt nach dem Geschäftsmann bzw. Betrüger Charles Ponzi. Bei dieser Art von Geschäften werden frühere Anteilseigner mit den Einnahmen durch neue Anteilskäufer bezahlt, anstatt mit realen Gewinnen durch wirtschaftliche Normgeschäfte.

[517] Williamson, die oft als Beziehungsexpertin auftritt, war nie verheiratet und weigert sich, den Vater ihrer Tochter zu benennen oder zu sprechen, sondern beschloss, Emma allein aufzuziehen.
https://en.wikipedia.org/wiki/Marianne_Williamson (eng)

[518] Die oft und wiederholt genannten Geschichten von Personen wie Oprah Winfrey, Erin Brockovich, Jim Carrey, Rudy Ruettiger, Steven Spielberg, Steve Jobs oder Richard Branson, die die Widrigkeiten überwanden und reich und berühmt wurden, indem sie groß dachten und hartnäckig blieben, beweisen nicht, dass jeder durch einfaches Wunschdenken oder andere magische oder metaphysische Techniken alles werden kann, was er will.
Wendy Johnson schreibt in *The Complexity of Greatness: Beyond Talent or Practice* (Die Komplexität der Großartigkeit: Über Talent und Übung hinaus), auf S. 5 (Position 525 der Kindle-Edition): „Außerdem leidet das, was wir aus diesen Geschichten machen können, unweigerlich unter einer Verzerrung der Muster: das sind die Geschichten derer, die es geschafft haben, die für ihre außergewöhnlichen Leistungen berühmt wurden. Wir lernen auf diese Weise nicht von der großen Zahl der Menschen, deren Eltern sie dazu trieben, träumten davon, es zu schaffen, oder sogar von denen, die sich wirklich bemühten, es zu schaffen, aber es irgendwie nie taten. So finden wir nie heraus, was ihnen im Weg stand."

[519] Siehe Jan M Cercone, *Guys Guide to the Divine Feminine: What men need to know about the Divine Feminine to co-create the paradigm of peace* (Ratgeber für Männer über des Göttlich-Feminine: Was Männer über das Göttlich-Feminine wissen müssen, um das Paradigma des Friedens mitzugestalten).

[520] John B. Watson, der Begründer des Behaviorismus, fasste diese Ansicht zusammen, als er um 1930 erklärte, dass „intensiver als Andere zu üben wahrscheinlich die vernünftigste Erklärung ist, die wir heute nicht nur für den Erfolg in irgendeiner Linie, sondern sogar für das Genie haben". In jüngerer Zeit schlugen Anders Ericsson, ein schwedischer Psychologe, der international als Forscher der psychologischen Natur von Expertise und menschlicher Leistung anerkannt ist, und seine Kollegen ihre einflussreiche Auffassung von Expertenleistung in Bereichen wie Musik, Sport und Spiel vor. Diese Ansicht vertritt die Auffassung, dass die Leistung von Experten weitgehend die akkumulierte Menge an vorsätzlicher Übung widerspiegelt, die Ericsson et al. als Engagement in strukturierten Aktivitäten definiert haben, die speziell zur Verbesserung der Leistung in einem Bereich geschaffen wurden. In zwei Studien wurden Musiker mit unterschiedlichem Leistungsniveau herangezogen und gebeten, für jedes Jahr ihrer musikalischen Laufbahn den Umfang ihrer vorsätzlichen Übung pro Woche zu schätzen. Im Durchschnitt war die kumulierte Menge an vorsätzlicher Übung für die erfolgreichsten Gruppen von Musikern viel höher als für die weniger erfolgreichen Gruppen. So lag der Durchschnitt der „besten" Geiger im Alter von 20 Jahren bei mehr als 10.000 Stunden, während der Durchschnitt bei den „guten" Geigern bei etwa 7.800 Stunden und bei der am wenigsten erfolgreichen Gruppe bei etwa 4.600 Stunden. Ericsson et al. kamen zu dem Schluss, dass „ein hohes Maß an vorsätzlicher Übung notwendig ist, um eine Leistungsfähigkeit auf Expertenniveau zu erreichen". Diese Ansicht wurde weitgehend entkräftet, als Brooke Macnamara von der Princeton University, David Z. Hambrick von der Michigan State University und Frederick L. Oswald von der Rice University eine Meta-Analyse durchführten, die alle wichtigen Bereiche abdeckte, in denen vorsätzliche Übung untersucht worden war. Sie fanden heraus, dass vorsätzliche Übung 26% der Varianz in der Leistung für Spiele, 21% für Musik, 18% für Sport, 4% für Bildung und weniger als 1% für (andere) Berufe erklärt.
Sie kommen zu dem Schluss, dass vorsätzliche Übung wichtig ist, aber nicht so wichtig, wie behauptet wurde. Aus *Deliberate Practice and Performance in Music, Games, Sports, Education, and Professions: A Meta-Analysis* (Vorsätzliche Übung und Leistungsfähigkeit bei Musik, Spielen, Sport, Bildung und Professionalität: Eine Metaanalyse) http://scottbarrykaufman.com/wp-content/uploads/2014/07/Macnamara-et-al.-2014.pdf (eng)

[521] In *The Complexity of Greatness: Beyond Talent or Practice* (Die Komplexität der Großartigkeit: Über Talent und Übung hinaus), schreibt Wendy Johnson, S. 9-10:
Die Leistungssteigerungen sind sukzessive, und sie beginnen relativ langsam, wenn sich Hintergrundwissen ansammelt, beschleunigen sich mit zunehmender Automatisierung schnell und pendeln sich dann ein, wenn die Spitzenleistung erreicht ist. Selbst für die „talentiertesten" Menschen scheint die Entwicklung wirklich exzellenter Leistungen

mindestens 10 Jahre vorsätzlicher Übung zu erfordern. Viele Studien haben zelluläre, muskuläre, skelettartige und vaskuläre Veränderungen als Reaktion auf Ausdauertraining dokumentiert und andere Studien haben gezeigt, dass diese Veränderungen durch Veränderungen in der Genexpression stattfinden. **Nur wenige dieser Gene unterscheiden sich von Mensch zu Mensch**. Das heißt, viele individuelle Unterschiede in der sportlichen Leistung sind ganz und gar eine Frage der Übung und des Trainings, aber einige Personen haben **aus Gründen der genetischen Unterschiede** bessere physiologische Reaktionen auf die Übung und das Training als andere. Aber vorsätzliche sportliche und musikalische Übung, die zu herausragender Großartigkeit führt, ist viel mehr als nur wiederholte Anstrengung. Es handelt sich um ein kalkuliertes Gleichgewicht, das über einen längeren Zeitraum aufrechterhalten wird, indem man sich bewusst über die derzeitige Komfortzone hinaus drängt, so dass ein Scheitern eintritt, welches sorgfältig analysiert wird. Es folgen Kalibrierung der Aktivität zur Behebung des Scheiterns, Wiederholung zur Stärkung und Automatisierung eines neuen Leistungsniveaus, das den vorherigen Fehlschlag überwindet, und Ruhe und Erholung zur Vermeidung von Burnout. Sie erfordert daher eine starke, ja sogar forcierte Motivation zum Erreichen der Ziele, eine einfühlsame Selbstbeobachtung der Reaktion, Beharrlichkeit angesichts von Frustration und Misserfolg und die bedingungslose Annahme, dass das Ziel in seiner anvisierten Größe an und für sich erreichbar und sinnvoll ist.

522 http://scottbarrykaufman.com/society-hungry-single-success-predicting-formula-complex-science-expertise/ (eng)

523 Wie das Sprichwort sagt: „Tu weniger von den Dingen, die im Moment Freude bereiten, aber in der Zukunft schaden, und mehr von den Dingen, die jetzt Anstrengung und Zurückhaltung erfordern, sich aber in der Zukunft auszahlen (wie z.B. kalte Duschen, regelmäßige Bewegung, verantwortungsbewusstes Essen usw.)."

524 11 Dimensionen des Wohlbefindens:

Starke positive Emotionen (hohe Frequenz und Intensität von positiven Stimmungen und Emotionen)

Geringe negative Emotionen (niedrige Frequenz und Intensität negativer Stimmungen und Emotionen)

Lebenszufriedenheit (eine positive subjektive Bewertung des eigenen Lebens unter Verwendung aller Informationen, die die Person für relevant hält)

Autonomie (Unabhängig sein und dem sozialen Druck standhalten können)

Umweltbeherrschung (Fähigkeit, Umgebungen nach den eigenen Bedürfnissen und Wünschen zu gestalten)

Persönliches Wachstum (Weiterentwicklung statt Festzustand)

Positive Beziehungen (Warme und vertrauensvolle zwischenmenschliche Beziehungen)

Selbstakzeptanz (Positive Einstellung zu sich selbst)

Sinn und Bestimmung des Lebens (Eine klare Richtung und Sinn in den Bemühungen oder eine Verbindung zu etwas Größerem als sich selbst)

Beteiligung am Leben (Geborgenheit, Interesse und Beteiligung an Aktivitäten und dem Leben)

Leistung (Zielfortschritt und Zielerreichung, Gefühl der Beherrschung, Wirksamkeit und Kompetenz) https://blogs.scientificamerican.com/beautiful-minds/which-personality-traits-are-most-predictive-of-well-being/ (eng)

525 Siehe *Undefended Love* (Ungeschützte Liebe), von Marlena Lyons und Jett Psaris, S. 139-150.

Ein „Bedürfnis" ist etwas, das du gerade jetzt für dein Überleben oder Wohlbefinden brauchst. Wenn der Bedarf nicht gedeckt ist, wirst du es höchstwahrscheinlich zu deiner höchsten Priorität machen, es so schnell wie möglich zu erfüllen. Die Erfüllung von Bedürfnissen erfordert in der Regel etwas Äußeres, wie Luft, Nahrung, Wasser oder ein bestimmtes Verhalten oder eine Leistung von anderen.

Ein „Wunsch" ist etwas, das du haben willst, so wie „ich will geliebt werden", „ich will reisen".

Eine „Sehnsucht" ist etwas, nach dem man sich sehnt, ohne das man aber leben kann. Du bist offen, um es zu empfangen, hast aber nicht das Gefühl, dass du es aktiv verfolgen oder von anderen verlangen musst, z.B. „ich habe die Sehnsucht, in einer gesunden Partnerschaft zu sein".

Eine „Vorliebe" ist eine Neigung oder Tendenz in eine bestimmte Richtung, aber die Alternative ist genauso gut, wie ich eine Vorliebe für Reis anstelle von Nudeln oder warmes Wetter gegenüber Kälte vorziehe.

„Keine Präferenz" ist ein spiritueller Zustand der Akzeptanz und Nicht-Wahl, der ein hohes Maß an Präsenz und Hingabe für das, was ist, erfordert.

Es ist fraglich, ob jemand ganz ohne Bedürfnisse, Wünsche, Sehnsüchte oder Vorlieben sein kann, wenn er oder sie sich ohne Unterdrückung oder Dissoziation voll und ganz dem Leben widmet.

526 Aus *Nonviolent Communication* (dt: *Gewaltfreie Kommunikation*) von Marshall Rosenberg, S. 54-55 und Abraham Maslows Hierarchie der Bedürfnisse.

527 Die Tyrannei der Mehrheit ist die Befürchtung, dass eine direktdemokratische Regierung, die die Ansicht der Mehrheit wiederspiegelt, Maßnahmen ergreifen kann, die eine bestimmte Minderheit unterdrücken. Einige Marxisten, Kommunisten, Sozialisten und Anarchisten argumentieren, dass die liberale Demokratie unter der kapitalistischen Ideologie konstitutiv klassenbasiert ist und daher niemals demokratisch oder partizipativ sein kann. https://de.wikipedia.org/wiki/Liberal-demokratisch

528 www.rainforestinfo.org.au/background/maxneef.htm (eng)

[529] Wahrer Altruismus ist definiert als das Geben an Menschen, die wir nicht kennen, mit Empfängern, die nicht wissen, von wem sie empfangen haben, sowie die Unterstützung des Empfängers in seiner Unabhängigkeit, anstatt ihn dadurch abhängiger zu machen.

[530] Der Deutsche Wolfgang Mewes entwickelte die EKS Strategie ® Engpaßkonzentrierte Strategie. EKS besagt, dass dein Wert in einem Wirtschaftssystem nicht davon abhängt, wie du dich selbst oder dein Produkt bewertest. Er wird durch den Wert bestimmt, den andere Menschen deinem Produkt oder deiner Dienstleistung beimessen. Daher ist die Bewertung, die du erhältst, nicht persönlich. Sie ergibt sich indirekt aus dem Wert oder Nutzen, den du deiner „Zielgruppe" – den Empfängern deiner Arbeit – bringst.

Deine individuelle Leistungsfähigkeit kann großartig sein. Aber um vom Gesamtsystem genutzt zu werden, musst du für das Gesamtsystem relevant sein und zu dessen Bedürfnissen beitragen. Und um das zu tun, musst du deinen schmalen, selbstorientierten Fokus aufgeben und dich stattdessen wie ein Laser auf die Ziele des Gesamtsystems konzentrieren. Deshalb sagt EKS: „Ihre Strategie sollte sein, Ihrer Zielgruppe den größten Nutzen zu bringen. Befriedigen Sie ihre Bedürfnisse besser; und dementsprechend verbessern sich Ihre eigene Attraktivität, Umsatz, Gewinn und Sicherheit automatisch."

„a) Zuerst machen Sie Ihr „eigenes Ding". Bauen Sie Ihre Kernkompetenzen auf dem auf, was Sie wirklich gerne tun, und machen Sie es besser als andere (wir nennen es *transzendentale Bestimmung*).

b) Als nächstes sollten Sie Ihre unverwechselbaren Fähigkeiten mit den Möglichkeiten, die in Ihrem Umfeld bestehen oder entstehen, in Einklang bringen.

c) Integrieren Sie dann Ihr Spezialwissen in die aktuelle Problemsituation einer konkreten Zielgruppe, damit Sie nicht irrelevant werden.

Phase 1: Analysieren Sie Ihre eigenen Stärken und Kompetenzen.

Phase 2: Fokussierung auf die aussichtsreichste und erfolgreichste Zielgruppe bzw. Geschäftsfeld.

Phase 3: Lösen Sie das schwerste oder drängendste Problem der Zielgruppe.

Phase 4: Ständige Innovation und Verbesserung Ihrer Dienstleistungen und Produkte durch Einholung von detailliertem Kundenfeedback.

Phase 5: Zusammenarbeit mit anderen, die Kompetenzen haben, die Sie benötigen, aber nicht haben, um Kundenprobleme zu lösen.

Phase 6: Konzentrieren Sie sich auf konstante soziale Bedürfnisse, die Sie für Ihre Zielgruppe, Ihre Kunden oder Ihr Unternehmen erfüllen können, und arbeiten Sie auf dem Weg zur Marktführerschaft, indem Sie es besser als Ihre Konkurrenz machen.

Je größer der Wert für die Zielgruppe und das Umfeld, desto größer der eigene Erfolg. Hier gewinnen beide Seiten."

„Eine Wirtschaft, in der jeder Einzelne seinen Nutzen zum Wohle der Umwelt steigert und seinen eigenen Erfolg maximiert, wird eine völlig andere Wirtschaft und Gesellschaft entwickeln als die vorherrschende." (Wolfgang Mewes)

[531] Im Buch *Der Wolkenatlas* webt der Autor David Mitchell sechs verschachtelte Geschichten zusammen, die 1850 beginnen und weit in der Zukunft in einer postapokalyptischen Gesellschaft enden. Jede Geschichte wird von einer Hauptfigur der nächsten Geschichte gelesen (oder beobachtet) und zeigt, wie sich jede ihrer Handlungen auf zukünftige Generationen auswirkt.

[532] https://de.wikipedia.org/wiki/Radioaktiver_Abfall

[533] Einige Kosmologen wie Lawrence M. Kraus (Autor von *Ein Universum aus dem Nichts: … und warum da trotzdem etwas ist*) und Joel Primack (*The View from the Center of the Universe* (Das Panorama vom Mittelpunkt des Universums)) gehen noch weiter. Sie haben berechnet, dass unsere Generation (sehr grob) am Wendepunkt unseres Sonnensystems steht, das vor etwa 4,6 Milliarden Jahren geschaffen wurde und, soweit wir es heute wissen, enden wird, wenn die Sonne in etwa 5 Milliarden Jahren zu einem Roten Riesen und in 7 Milliarden Jahren zu einem Weißen Zwerg wird. Aktuelle Berechnungen gehen jedoch davon aus, dass die Erde in etwa 1,1 Milliarden Jahren unbewohnbar wird, wenn sie sich außerhalb der zirkumstellaren habitablen oder Goldilocks-Zone bewegt, und Mars und später der Saturnmond Titan bewohnbar werden könnten.

https://en.wikipedia.org/wiki/Formation_and_evolution_of_the_Solar_System (eng)

[534] Siehe www.joannamacy.net/thegreatturning/three-dimensions-of-the-great-turning.html (eng) und ihren Film auf www.joannamacyfilm.org/ (eng)

[535] Konzeptkunst, manchmal auch einfach Konzeptualismus genannt, ist Kunst, bei der das Konzept oder die Idee(n), die an der Arbeit beteiligt sind, Vorrang vor traditionellen ästhetischen und materiellen Belangen haben. In der Konzeptkunst ist die Idee oder das Konzept der wichtigste Aspekt der Arbeit. Wenn ein Künstler eine konzeptuelle Kunstform verwendet, bedeutet das, dass alle Planungen und Entscheidungen im Voraus getroffen werden und die Ausführung eine oberflächliche Angelegenheit ist. Die Idee wird zu einer Maschine, die die Kunst macht.

https://de.wikipedia.org/wiki/Konzeptkunst

Ein passendes musikalisches Beispiel sind die Auftritte von Keith Jarret, insbesondere seine improvisierten Solokonzerte.

[536] *The Power of Now* (dt: *Jetzt! Die Macht der Gegenwart*), S. 68 (Hardcover)

[537] *Man's Search for Meaning* (dt: *...trotzdem ja zum Leben sagen*), S. 86
[538] https://en.wikipedia.org/wiki/Maturity_(psychological) (eng)
[539] Plotkin schöpfte aus seinen eigenen Erfahrungen und zwanzig anderen Kategorien von Quellen, die ihn inspirierten. Für weitere Details siehe *Nature and the Human Soul: Cultivating Wholeness and Community in a Fragmented World* (dt: *Natur und Menschenseele: Das Lebensrad und die Mysterien eines seelenzentrieten Erwachsenseins*), S. 56-58.
[540] Ebd., S. 60
[541] Ebd., S. 49-74, für eine präzise Beschreibung.
[542] Ein Sapiosexueller ist eine Person, die sexuell von der Intelligenz oder dem menschlichen Verstand angezogen wird, bevor man sich sieht.
[543] Für diese Aussage gibt es noch keine wissenschaftlichen Belege, so dass es sich um Indizien handelt, die auf den Berichten anderer und meinen eigenen Erfahrungen beruhen.
[544] Synergie ist ein Begriff, der von Ruth Benedict geprägt und später von Abraham Maslow popularisiert wurde. Er war im Sommer 1938 unter der Schirmherrschaft von Benedict an einer Feldstudie über die nördlichen Schwarzfüße beteiligt, um die „Sicherheitsbedürfnisse" des Stammes zu untersuchen. Dieses Projekt spiegelt Benedicts langfristiges Interesse an ihrem Konzept synergistischer und nicht-synergistischer Gesellschaften wider, das 1934 in der Veröffentlichung von Patterns of Culture gipfelte. Es war Benedicts These, dass synergistische Gesellschaften, wie die Zuni, die meisten ihrer psychologischen Sicherheitsbedürfnisse befriedigt hatten, während niedrig synergistische Gesellschaften, wie die Dobu, dies nicht taten. Diese Erfahrung hatte nachhaltige Auswirkungen auf Maslows spätere Entwicklung von Konzepten wie „Selbstverwirklichung", „Spitzenerfahrungen" und „Hierarchie der Bedürfnisse".
Benedicts und Maslows Beobachtung war, dass Einzelne, die sich, indem sie sich auf ihre Stärken konzentrieren, selbstverwirklichen und zu ihrer Gemeinschaft beitragen, eine viel höhere Chance haben, dass ihre Bedürfnisse erfüllt werden, als diejenigen, die versuchen, ihre Schwächen zu kompensieren und aus Eigeninteresse zu handeln, wie von Ayn Rand behauptet.
[545] SWOT-Analyse (alternativ SWOT-Matrix) ist das englische Akronym für Stärken (Strenghts), Schwächen (Weaknesses), Chancen (Opportunities) und Risiken (Threats) und ist eine strukturierte Planungsmethode, die diese vier Elemente einer Organisation, eines Projekts oder eines Unternehmens bewertet. Eine SWOT-Analyse kann für ein Unternehmen, ein Produkt, einen Ort, eine Branche oder eine Person durchgeführt werden. Es geht darum, das Ziel des Unternehmens oder Projekts zu spezifizieren und die internen und externen Faktoren zu identifizieren, die günstig und ungünstig sind, um dieses Ziel zu erreichen.
Der Grad, in dem das interne Umfeld des Unternehmens oder der Person mit dem externen Umfeld übereinstimmt, wird durch das Konzept der strategischen Anpassung ausgedrückt.
Stärken: Eigenschaften des Unternehmens oder Projekts, die ihm einen Vorteil gegenüber anderen verschaffen.
Schwächen: Merkmale des Unternehmens, die das Unternehmen oder Projekt im Vergleich zu anderen benachteiligen.
Chancen: Elemente im Umfeld, die das Unternehmen oder Projekt zu seinem Vorteil nutzen könnte.
Bedrohungen: Elemente in der Umgebung, die Probleme für das Unternehmen oder das Projekt verursachen können.
Die Identifizierung von SWOTs ist wichtig, da sie spätere Planungsschritte zur Zielerreichung aufzeigen. Erstens sollten die Entscheidungsträger prüfen, ob das Ziel angesichts der SWOTs erreichbar ist. Ist das Ziel nicht erreichbar, müssen sie ein anderes Ziel auswählen und den Vorgang wiederholen.
https://de.wikipedia.org/wiki/SWOT-Analyse
[546] Siehe Endnote 466 zu fragmentierte, schlaffe, polemische oder defensive Formen des Pluralismus.
[547] Aus *Habermas: A Very Short Introducion* (Habermas: Eine sehr kurze Einführung), S. 92-95:
Was ist ein ethischer Diskurs?
Der Begriff „Ethik", wie Habermas oft sagt, hat sowohl eine alte als auch eine moderne Verwendung. Es stammt aus dem altgriechischen Wort ethos, das sich sowohl auf die Bräuche der Polis, des Stadtstaates, als auch auf die Gewohnheiten und den Charakter der Menschen oder Bürger bezieht. Hegel verwendet in der Neuzeit den Begriff Sittlichkeit, um die konkrete Lebensweise einer Gemeinschaft zu bezeichnen, die mit ihren Werten, Idealen und Selbstverständnissen auf der einen Seite und Praktiken, Institutionen und Gesetzen auf der anderen Seite erfüllt ist.
Habermas' Konzept des ethischen Diskurses zeichnet sich durch mehrere Merkmale aus.
1. Der ethische Diskurs ist „teleologisch" in dem Sinne, dass er „die Wahl der Ziele" und die „rationale Bewertung der Ziele" betrifft. Wo der pragmatische Diskurs die gewünschten Ziele als gegeben betrachtet und die besten Mittel zu ihrer Verwirklichung erwägt, bewertet der ethische Diskurs diese Ziele.
2. Der ethische Diskurs bewertet das, was „gut für mich" oder „gut für uns" ist. Das sind spezifische, nicht universelle Güter. (Moral hingegen beschäftigt sich mit Fragen von Recht und Unrecht, die, soweit sie gut (oder schlecht) sind, allgemein gut (oder schlecht) sein sollen, da sie jeden auf die gleiche Weise betreffen. Der Begriff des Guten, den der ethische Diskurs ins Spiel bringt, bezieht sich sowohl auf die individuelle Lebensgeschichte der Person als auch auf das kollektive Leben der Gemeinschaft. Habermas nennt Diskurse über ein individuelles Leben „ethisch-existentiell" und solche über das Kollektiv oder die Gruppe „ethisch-politisch".

3. Der ethische Diskurs ist umsichtig: Er betrifft die Art und Weise, wie wir die Befriedigung unserer Wünsche organisieren und endet nicht nur mit Blick auf die Gegenwart, sondern auch auf das zukünftige Glück und auf unser Glück.
4. Der ethische Diskurs verdeutlicht die Werte, die für die Lebensgeschichte eines Individuums und für die jeweilige Tradition oder kulturelle Gruppe, zu der das Individuum gehört, relevant sind. Habermas hat ein sehr spezifisches Konzept eines Wertes. Ein Wert ist ein grundlegender symbolischer Bestandteil der Kultur oder des ethischen Lebens. Zu sagen, dass Werte grundlegend sind, bedeutet, dass man sie nicht einfacher analysieren und in einem primitiveren Vokabular, z.B. von Vorlieben, Wünschen, Bedürfnissen oder Gründen, erklären kann. Werte bestimmen Präferenzen, nicht umgekehrt. Sie prägen unsere Bedürfnisse, Wünsche und Interessen, die, so Habermas, nicht vollständig durch unsere Biologie oder unser soziales Erbe geprägt sind, sondern immer interpretierungsbedürftig sind. Da Werte eng mit dem Gefüge einer bestimmten Gemeinschaft verbunden sind, wird jeder Einzelne im Zuge seiner Sozialisation in den Institutionen und Praktiken dieser Gemeinschaft ihre Grundwerte aufnehmen und verinnerlichen.
Daher werden diese Werte zu einem Kernbestandteil der Identität des Individuums. Werte sind also nicht äußerlich, wie natürliche Fakten, die unabhängig von uns existieren. Sie sind in uns verwurzelt und wir stecken mittendrin. Folglich sind einzelne Werte zwar anfällig für Interpretationen und allmähliche Veränderungen, aber sie sind nicht etwas, von dem sich der Mensch sehr leicht lösen oder abstrahieren kann. Schließlich sind Werte von Natur aus graduell, während Normen absolut sind: Werte lassen höhere und niedrigere Grade zu, während Normen entweder gültig sind oder nicht. Während es wenig Sinn macht zu sagen, dass eine Handlung moralisch falscher ist als eine andere, macht es vollkommen Sinn zu sagen, dass eine Wahl besser ist als eine andere.
5. Habermas' Verständnis der Begriffe gut und wertvoll beruht auf einem logischen Merkmal des ethischen Diskurses. Die Ratschläge, Urteile und Präferenzordnungen, in denen ethische Diskurse ergehen, haben nur „relative“ oder „bedingte“ Gültigkeit. (Im Gegensatz dazu sind die Normen, in denen erfolgreiche moralische Diskurse herausgegeben werden, universell und bedingungslos gültig. Während eine gültige moralische Norm über verschiedene und konkurrierende kulturelle Traditionen hinweg gelten soll, gelten Werte nur innerhalb einer bestimmten Tradition oder Kulturgruppe.
6. Der ethische Diskurs betrifft das Selbstverständnis des Einzelnen oder der Gruppe. Ob Einzelperson oder Gruppe, ethische Fragen sind weit gefasste hermeneutische Fragen. Sie zielen auf Selbstaufklärung, Selbstfindung und zum Teil auch Selbstkonstitution. Im Erfolgsfall geben sie in Urteilen oder Ratschlägen an, welche Ziele, Werte oder Interessen sie zum Wohle des Ganzen verfolgen sollen.
7. Der ethische Diskurs erhebt einen Gültigkeitsanspruch auf Authentizität (DEA, 41). Es ist nicht sehr klar, wie dieser Gültigkeitsanspruch mit den anderen drei Gültigkeitsdimensionen Wahrheit, Richtigkeit und Wahrhaftigkeit übereinstimmt. Authentizität scheint ein Analogon der Wahrhaftigkeit im Praktischen zu sein. Es passt nicht zu Habermas' ordentlichem triadischem Schema, denn als er diese Revision in die Diskursethik einführt, ist es ihm nicht so wichtig, sie mit seiner pragmatischen Bedeutungstheorie rückwärtskompatibel zu machen. Dieser Mangel an Übereinstimmung zeigt, dass unsere moralischen Vorstellungen viel chaotischer sind, als Habermas' saubere konzeptionelle Unterscheidungen sie aussehen lassen.

Synopsis des Unterschieds zwischen ethischem und moralischem Diskurs		
	Ethik	Moral
Grundkonzept	Gut/schlecht	Richtig/falsch gerecht/ungerecht
Grundeinheit	Werte	Normen
Grundfrage	Was ist gut für mich/uns	Was ist gerecht? Was sollte ich tun und warum? Was ist richtig?
Gültigkeit	Relativ und bedingt	Absolut und unkonventionell
Arten der Theorien	Prudenziell, teleologisch	Deontologisch* (Pflicht, Verpflichtung oder Regel)
Ziele	Empfehlung, bewertendes Präferenz-Ranking	Etablierte, gültige Normen; Pflichten ermitteln

* Die Deontologie ist das Studium dessen, was eine „Verpflichtung oder Pflicht“ ist, und die daraus resultierende moralische Beurteilung des Handelnden, ob er oder sie sich daran gehalten hat. Siehe: https://de.wikipedia.org/wiki/Deontologische_Ethik

548 WIN-WIN-LEISTUNGSVEREINBARUNG
Zwischen Teammitgliedern/Partnern: ____________ und ______________
Gewünschte Ergebnisse
Übergreifende organisatorische Aufgabe / Ziele / Strategie / Werte mit persönlichen Werten / Zielsetzungen / Bedürfnisse – einschließlich Zeitrahmen.

Richtlinien:
Welche Schlüsselkriterien, Standards, Richtlinien oder Verfahren sollten eingehalten werden, einschließlich der zu vermeidenden Kriterien?
Ressourcen:
Welche Personen, Budgets und Instrumente stehen zur Verfügung?
Verantwortlichkeit:
Wer und wie wird die Leistung bewertet? Wie werden wir Feedback geben? Wie oft?
Konsequenzen:
Was sind die Belohnungen, wenn die Vereinbarung erfüllt wird?
Was sind die Folgen, wenn die Vereinbarung nicht eingehalten wird?
Datum: _________ Unterschrieben:______________ ______________
Teammitglieder/Partner

549 Mit der dialektischen Methode in ihrer ursprünglichen Form beschreibt man den Diskurs zwischen zwei oder mehr Personen mit unterschiedlichen Standpunkten zu einem Gegenstand (Thema) mit dem gemeinsamen Wunsch, die Wahrheit durch durchdachte Argumente herauszufinden. Im Marxismus (siehe unten) wird die Dialektik durch Einbeziehung von materiellen Objekten sowie gesellschaftlichen und kulturellen Strukturen erweitert.

Der Begriff der Dialektik ist nicht Synonym zur „Debatte“ anwendbar. Während Debattierende in der Theorie nicht unbedingt emotional mit ihrem Standpunkt verbunden sein müssen, weisen sie in der Praxis oft eine emotionale Hingabe auf, die eine nüchterne Betrachtung der Dinge erschwert. Ebenso ist er nicht Synonym zur „Rhetorik“, einer Form des Diskurses, welche darauf abzielt, eine Zielgruppe zu überzeugen, von etwas in Kenntnis zu setzen oder zu bewegen.

Hegelsche Dialektik wird in der Regel in dreifacher Weise dargestellt: eine *These* oder Wahrheitsaussage, die ihre Reaktion hervorruft, die *Antithese*, die der *These* widerspricht oder sie negiert, und die Spannung zwischen den beiden, die durch eine *Synthese* gelöst wird.

Allerdings hat Hegel diese spezielle Formulierung (die Immanuel Kant zugeschrieben wird) nie verwendet, weil sie nicht erklärt, warum die These eine Antithese erfordert. Stattdessen verwendete Hegel ein dreiwertiges logisches Modell, das dem Antithesenmodell sehr ähnlich ist, aber die Begriffe ***abstrakt*** (oder ***verständig***), ***dialektisch*** (oder ***negativ-vernünftig***) und ***spekulativ*** (oder ***positiv-vernünftig***) verwendet. Diese Formel deutet darauf hin, dass es einen Fehler oder vielleicht eine Unvollständigkeit in einer anfänglichen These gibt, da sie zu abstrakt ist (im Denken oder als Idee vorhanden, aber keine physische oder konkrete Existenz hat) und das Negativ von Versuch, Irrtum und Erfahrung fehlt. Für Hegel muss das Konkrete, die Synthese, das Absolute, immer die Phase des Negativen durchlaufen, auf dem Weg zur Vollendung. Das ist die Essenz dessen, was im Volksmund Hegelsche Dialektik genannt wird.

Um die Aktivität der Überwindung des Negativen zu beschreiben, benutzte Hegel Wort Aufhebung. Im Deutschen hat „Aufheben“ drei Bedeutungen: (1) Konservieren, Aufbewahren, Erhalten oder Speichern von etwas für eine längere Zeit, (2) Annullieren, zum Beispiel in einer mathematischen Formel, in der +5 plus -5 gleich Null oder 4 Stimmen für einen Antrag und 4 Stimmen dagegen sind, und (3) Aufheben von etwas vom Boden. **Grob ausgedrückt bedeutet der Begriff, dass der nützliche Teil einer Idee, eines Dings oder einer Beziehung usw. erhalten bleibt, während er über ihre Grenzen hinausgeht.**

Für Hegel ist etwas nur das, was es in seiner Beziehung zu einem anderen ist, aber durch die Verneinung der Verneinung nimmt dieses etwas das andere in sich auf. Die dialektische Bewegung beinhaltet zwei Momente, die sich gegenseitig negieren, etwas und das andere. Durch die Verneinung der Verneinung wird „etwas zu seinem Anderen; dieser Andere ist selbst etwas; deshalb wird er ebenfalls zu einem Anderen, und so weiter, ad infinitum“. Im (Inter-)Werden gibt es zwei Momente: Werden und Aufhören-zu-sein: durch Aufhebung oder Verneinung der Verneinung geht das „Sein“ ins Nichts über, es hört auf zu sein, aber es entsteht etwas Neues. Was auf der einen Seite aufgehoben wird, hört auf zu sein und wird beendet, aber auf der anderen Seite wird das, was erhalten bleibt, Teil der Synthese oder des Konkreten. In der Dialektik verwandelt sich eine Ganzheit; sie ist selbstbezogen, dann selbstvergessen und löst die ursprüngliche Spannung.

Ein wichtiges dialektisches Prinzip für Hegel ist der Übergang von der Quantität zur Qualität. Kurz gesagt, zwei anfänglich singuläre und gegnerische Einheiten werden eins mit einer höheren Qualität, zum Beispiel zwei Singles, die ein Paar werden. Wie Ken Wilber zehn Jahre nach dem Tod seiner Frau Treya in der Einleitung zur zweiten Ausgabe von *Grace and Grit* (Anmut und Dreck) auf Seite ix schrieb: „Ich bin unendlich mehr und unendlich weniger, dank ihrer Erscheinung. Unendlich mehr, weil ich sie gekannt habe, und unendlich weniger, weil ich sie verloren habe.”

Karl Marx und Friedrich Engels vertraten die Auffassung, dass Hegel die Philosophie zu abstrakt idealisiert habe und präsentierten den dialektischen Materialismus (marxistische Dialektik), das direkte Gegenteil. Marx schrieb: „Für Hegel ist der Lebensprozess des menschlichen Gehirns, d.h. der Prozess des Denkens, der sich unter dem Begriff ‚die Idee’ sogar in ein eigenständiges Subjekt verwandelt, der Demiurgos [eine handwerkliche Figur, die für die Gestaltung und Erhaltung des physikalischen Universums der realen Welt verantwortlich ist], und die reale Welt ist nur die äußere, phänomenale Form von ‚die Idee'. Bei mir ist das Ideal nichts anderes als die materielle Welt, die vom menschlichen Verstand reflektiert und in Gedankenformen übersetzt wird."

Im Marxismus wurde die dialektische Methode des historischen Studiums mit dem historischen Materialismus, der Denkschule am Beispiel der Werke von Marx, Engels und Lenin, verflochten, eine Theorie, die (1) den Primat der materiellen Lebensweise, (2) die soziale „Praxis" über alle Formen des sozialen Bewusstseins und (3) den sekundären, abhängigen Charakter des „Ideals" betont. Für Lenin war das Hauptmerkmal von Marx' „dialektischem Materialismus" (Lenins Terminus) die Anwendung der materialistischen Philosophie auf die Geschichte und die Sozialwissenschaften.

Lenins Hauptinput in der Philosophie des dialektischen Materialismus war seine Reflexionstheorie, die das menschliche Bewusstsein als eine dynamische Reflexion der objektiven materiellen Welt präsentierte, die ihren Inhalt und ihre Struktur vollständig prägt.

In *Dialektik der Natur* schrieb Engels:

„Wahrscheinlich werden dieselben Herren, die bisher die Umwandlung von Quantität in Qualität als Mystik und unverständlichen Transzendentalismus angeprangert haben, nun erklären, dass es sich tatsächlich um etwas ganz Selbstverständliches, Triviales und Alltägliches handelt, das sie seit langem einsetzen, und so wurde ihnen nichts Neues beigebracht. Aber zum ersten Mal in seiner allgemein gültigen Form ein allgemeines Gesetz der Entwicklung von Natur, Gesellschaft und Denken zu formulieren, wird immer ein Akt von historischer Bedeutung bleiben." Er fährt fort, dass „der große Grundgedanke, dass die Welt nicht als ein Komplex von vorgefertigten Dingen zu verstehen ist, sondern als ein Komplex von Prozessen, in dem die Dinge, die scheinbar nicht weniger stabil sind als ihre Gedankenbilder in unseren Köpfen, die Konzepte, einen ununterbrochenen Wandel des Entstehens und Vergehens durchlaufen.... dieser große Grundgedanke hat, besonders seit der Zeit von Hegel, das gewöhnliche Bewusstsein so gründlich durchdrungen, dass es in seiner Allgemeinheit kaum noch widersprochen wird."

„Aber, diesen Grundgedanken in Worten anzuerkennen und ihn in der Realität im Detail auf jeden Bereich der Untersuchung anzuwenden, sind zwei verschiedene Dinge...... Für die dialektische Philosophie ist nichts endgültig, absolut und heilig. Es offenbart den vergänglichen Charakter von allem und in allem; nichts kann vor ihm bestehen, außer dem ununterbrochenen Prozess des Werdens und Vergehens, des endlosen Aufstiegs von unten nach oben. Und die dialektische Philosophie selbst ist nichts anderes als die bloße Reflexion dieses Prozesses im denkenden Gehirn." Laut Marx ist die Dialektik also „die Wissenschaft von den allgemeinen Bewegungsgesetzen sowohl der äußeren Welt als auch des menschlichen Denkens".

Lenin beschreibt auf diese Weise sein dialektisches Verständnis des Entwicklungsbegriffs:

„Eine Entwicklung, die sozusagen Stufen wiederholt, die bereits durchlaufen wurden, aber auf einer höheren Ebene (‚Negation der Negation'), eine Entwicklung, die sozusagen spiralförmig und nicht geradlinig verläuft; eine Entwicklung durch Sprünge, Katastrophen und Revolutionen; ‚Brüche in der Kontinuität'; die Umwandlung von Quantität in Qualität; innere Entwicklungsimpulse, vermittelt durch den Widerspruch und Konflikt der verschiedenen Kräfte und Tendenzen, die auf einen bestimmten Körper oder innerhalb eines bestimmten Phänomens oder innerhalb einer bestimmten Gesellschaft wirken; die Interdependenz und die engste und unlösbare Verbindung zwischen allen Aspekten eines Phänomens (die Geschichte offenbart immer wieder neue Aspekte), eine Verbindung, die einen einheitlichen und universellen Bewegungsprozess ermöglicht, der bestimmten Gesetzen folgt – das sind einige der Merkmale der Dialektik als einer Entwicklungslehre, die reicher ist als die konventionelle."

550 Ein Verweis in Sartres Stück Geschlossene Gesellschaft auf seine Vorstellungen über das Aussehen und den fortwährenden ontologischen Kampf, sich selbst als Objekt aus der Sicht eines anderen Bewusstseins zu sehen. https://de.wikipedia.org/wiki/Geschlossene_Gesellschaft

551 Ein Bedürfnis ist etwas, das wir für unser Überleben und Wohlbefinden brauchen. Das Verlangen ist es, dieses Bedürfnis durch ein externes Objekt oder Subjekt erfüllen zu lassen. Ich brauche Essen, ich will Erdbeeren. Ich brauche Sex; ich wünsche mir einen gewissen Liebhaber. Ich brauche Gesellschaft; ich möchte mit einer bestimmten Person oder Gruppe zusammen sein.

552 Wenn wir sagen, wir lieben Eis und essen alles Eis, das wir im Kühlschrank haben, auf, tun wir das nur, weil wir wissen, dass wir mehr bekommen können. Wenn es das letzte Eis wäre, das es je auf der Erde gab, würden wir es höchstwahrscheinlich nicht ganz zerstören, sondern bewahren, so wie wir wertvolle Artefakte erhalten.

553 Übernommen aus *Hegel, A Very Short Introduction* von Peter Singer, S. 74-78.

554 Es gibt vier Stufen der Kompetenz:

1. Unbewusst inkompetent sein, d.h. wir wissen nicht, was wir nicht wissen, und können es uns daher nicht wünschen.
2. Bewusst inkompetent sein, d.h. wir wissen, was wir nicht wissen, z.B. Gehirnoperationen durchführen, Mandarin sprechen oder ein Programm in C++ schreiben (es sei denn, du bist ein Gehirnchirurg, ein Mandarin-Sprecher oder C++-Programmierer).
3. Bewusst kompetent sein, das heißt, man kann etwas tun, wenn man sich darauf konzentriert.
4. Unbewusst kompetent sein, d.h. man kann etwas tun, ohne darüber nachzudenken, z.B. Auto fahren oder seine Sprache sprechen.

555 In der indischen Philosophie sind Chakren die sieben Energiezentren des Körpers, von denen jedes mit einem Schlüsselaspekt des Lebens verbunden ist. Durch diese Zentren fließt alle Lebensenergie oder wird in einigen Fällen blockiert. Von besonderem Interesse ist für uns, wie diese Lebensenergie zwischen einem Mann und einer Frau fließt und was diese Interaktion uns über die Natur ihrer Beziehung sagt.

556 Nach Ansicht des Soziologen Max Weber kann es bei mindestens drei komplexen Variablen zu einer [sozialen] Schichtung kommen: (1) Eigentum (Klasse): Die wirtschaftliche Stellung einer Person in einer Gesellschaft, basierend auf der Geburt und der individuellen Leistung. (2) Prestige (Status): Das Ansehen einer Person oder die Popularität in einer Gesellschaft. Dies könnte durch die Art der Arbeit dieser Person oder Reichtum bestimmt werden. (3) Macht (z.B. politische Partei): Die Fähigkeit eines Menschen, sich trotz des Widerstands anderer durchzusetzen. Z.B. können Einzelpersonen in den staatlichen Ämtern, wie ein Angestellter des Bundeskriminalamtes oder ein Mitglied des Bundestags, wenig Eigentum oder Status halten, aber sie haben immer noch immense Macht.
https://de.wikipedia.org/wiki/Soziologie

557 Eine Naturgefahr ist ein Naturereignis, das sich negativ auf Mensch und Umwelt auswirken kann. Naturereignisse lassen sich in zwei große Kategorien einteilen. Geophysikalische Gefahren umfassen geologische und meteorologische Phänomene wie Erdbeben, Vulkanausbrüche, Waldbrände, Wirbelstürme, Überschwemmungen, Dürren und Küstenerosion. Biologische Gefahren können sich auf eine Vielzahl von Krankheiten und Verseuchungen beziehen.
https://en.wikipedia.org/wiki/Natural_hazard (eng)
Der amerikanische Psychothriller/Drama *Ein Sturm zieht auf* von 2011 ist ein gutes Beispiel für einen paranoiden Mann, der versucht, seine Familie vor geophysikalischen Gefahren (Stürmen) zu schützen.

558 Es gibt einen großen Unterschied, ob wir „Kritik" von einem Partner um ihrer selbst willen erhalten, besonders wenn wir uns in Richtung Unfreiheit heruntergezogen fühlen, anstatt in Richtung mehr Freiheit gehoben zu werden, oder von jemandem, der uns so akzeptiert, wie wir sind und unrealisierte Potentiale sieht, die uns und der Welt nützen würden, und uns die Wahl lässt, das Feedback anzunehmen oder es ohne Urteil oder Strafe zu lassen. Wie Jack Nicholson als Melvin Udall zu Carol im Film *Besser geht's nicht* sagt: „Du bringst mich dazu, ein besserer Mensch zu sein."

559 Chakren 1 - 7
1 – Wurzel- oder Basischakra = Lebenskraft, Erdung, Wurzeln, Körper, Nahrung, Materie, Ursprung
2 – Sakralchakra = Sexualität, Gefühle, Empfindungen, Emotion, Bewegung, Genuss, Pflege, geschlechtliche Polaritäten.
3 – Solar-Plexus-Chakra = Stärke, Autonomie, Wille, Identität, Vertrauen, Selbstdisziplin.
4 – Herzchakra = Pflege, Wärme, Empathie, Mitgefühl, Freude, Liebenswürdigkeit, Großzügigkeit, Heilung.
5 – Halschakra = Kreativität, Selbstentfaltung, Klang, Kommunikation, Vernunft, Wissen, Wahrheit.
6 – Stirnchakra = Intuition, Vision, Sehen, Imagination, Visualisierung, Selbstreflexion, Meditation.
7 – Kronenchakra = Mystische Einigkeit und Einheit, Gelassenheit, Transzendenz, Immanenz, Nicht-Dualität.

560 Das Konzept der Differenzierten Einheit entstand in der klassischen griechischen Philosophie mit Platon, bei dem die verschiedenen Tugenden des Philosophen als Teil einer Seele (oder Gott, wenn man so will) betrachtet werden. In der modernen Soziologie wird der Begriff oft verwendet, um einzelne Menschen als Teile der Einheit eines Paares oder der Einheit von Gesellschaften zu beschreiben. In der Integraltheorie bedeutet dies, dass jedes einzelne Ganze Teil eines größeren Ganzen oder einer Einheit ist.

561 Das limbische System ist kein separates System, sondern eine Sammlung von Strukturen, die die olfaktorischen Knospen (Geruch ist sehr wichtig bei der sexuellen Selektion), Hippocampus, Hypothalamus, Amygdala, etc. umfasst. Das limbische System unterstützt eine Vielzahl von Funktionen wie Emotion, Verhalten, Motivation, Langzeitgedächtnis und Geruchssinn. Emotionales Verhalten ist größtenteils im limbischen System angesiedelt und es hat viel mit der Bildung von Erinnerungen zu tun.

562 „Was wir wirklich suchen, ist Vertrautheit – was alle unsere Pläne zum Glück erschweren kann. Wir wollen in unseren Erwachsenenbeziehungen die Gefühle wiederherstellen, die wir in der Kindheit so gut kannten. Die Liebe, die die meisten von uns schon früh gekostet haben, wurde oft mit anderen, destruktiveren Dynamiken verwechselt: das Gefühl, einem Erwachsenen helfen zu wollen, der außer Kontrolle war, die Wärme eines Elternteils zu verlieren oder Angst vor seiner Wut zu haben, sich nicht sicher genug zu fühlen, um unsere Wünsche mitzuteilen. Wie folgerichtig ist es also, dass wir als Erwachsene bestimmte Heiratskandidaten nicht deshalb ablehnen, weil sie falsch sind, sondern weil sie zu richtig – zu ausgewogen, reif, verständnisvoll und zuverlässig – sind, weil sie sich in unseren Herzen fremd anfühlen. Wir heiraten die falschen Leute, weil wir die Liebe nicht mit Glück verbinden."
www.nytimes.com/2016/05/29/opinion/sunday/why-you-will-marry-the-wrong-person.html (eng)

563 Es gibt sicherlich Methoden, die die Wahrscheinlichkeit von Leidenschaft, Abhängigkeit und Intimität erhöhen können, wie z.B. Blicke, körperliche Berührung, verletzliches Teilen von Gefühlen, psychologische Heilung und Schattenarbeit (*Calling In ,The One'* (,Den/Die Eine' herbeirufen) und *Lass uns in Frieden auseinandergehen* sind zwei großartige Bücher und Methoden für Frauen, um Blockaden zu beseitigen, die sie daran hindern, sich für Männer und Beziehungen zu öffnen), Mirroring, gemeinsame Aktivitäten, Schaffung neuer Erfahrungen und spirituelle Praktiken wie Medi-

tation. Aber diese allein sind keine Garantie, besonders wenn sie mit magischem Denken und unrealistischen Erwartungen verbunden sind. Die Erkenntnis, dass „Erleuchtung ein Zufall ist und Besinnung uns zu Unfällen verleitet", gilt auch für das Verlieben.

564 Wie in *Integrale Beziehungen: Ein Ratgeber für Männer* beschrieben, müssen wir unterscheiden zwischen biologisch festverdrahteten Attraktoren, die im Verlauf der Menschheitsgeschichte bestanden haben, wie bestimmte Körpermerkmale, die auf Fruchtbarkeit und die Fähigkeit hinweisen, gesunde Kinder zu gebären oder zu schützen und zu versorgen, und persönlichen Vorlieben, die mit positiven und traumatischen Erfahrungen in der Kindheit und bei Erwachsenen zu tun haben, sowie solchen, die eindeutig kulturell konstruiert sind, z.B. amerikanische Frauen, die von Männern erwarten, einen teuren Diamantring zu kaufen, wenn sie einen Antrag stellen und ein Gefühl des Anspruchs haben, was wir bei europäischen Frauen nicht so stark finden. Auf der anderen Seite unternehmen amerikanische Frauen mehr Anstrengungen, um ihre sexuelle Attraktivität zu steigern. Diese amerikanischen Arten der Anziehung werden zunehmend durch Filme und das Internet auf der ganzen Welt verbreitet.

565 Um nur eines von vielen Beispielen über diese Dynamik zu nennen; die in Los Angeles ansässige Beziehungsexpertin Alison Armstrong schreibt in ihrem beliebten Buch *Making Sense of Men: A Woman's Guide to a Lifetime of Love, Care and Attention from All Men* (Männer verstehen: Ratgeber für Frauen für ein Leben voller Liebe, Fürsorge und Aufmerksamkeit von allen Männern) vier Qualitäten bei Frauen (glänzendes Haar, formschöner Körper, Sinnlichkeit und sexuelle Energie) zögen Männer an, die mit ihnen Sex haben wollen. Sobald Frauen Männer mit ihrem Selbstvertrauen, ihrer Authentizität, Leidenschaft und Aufnahmefähigkeit bezaubert und verzaubert haben, werden sich die Männer in sie verlieben und sie glücklich machen, indem sie Zeit damit verbringen, sich um sie zu kümmern, sie zu beschützen und zu unterstützen.

	Sexual Attraction	Charmed and Enchanted
CAUSE	④ Shiny Hair	① Self-Confidence
	③ Shapely Body	② Authenticity
	② Sensuality	③ Passion
	① Sexual Energy	④ **Receptivity**
RESPONSE	▶ Want to have sex.	▶ Spend time with
	▶	▶ Take care of
	▶	▶ Protect
	▶	▶ Contribute to
	▶	▶ Make happy
	▶	▶ Fall in love with

Abbildung von S. 56

566 Diese Matrix ist inspiriert von der Wilber-Combs-Matrix, die wir in Teil 1 behandelt haben. Sie folgt der gleichen Idee; dass die sieben Chakren seit archaischen Zeiten vorhanden und identifiziert sind, genauso wie geistige Zustände von grob bis nicht-dual von bestimmten Menschen während der gesamten menschlichen Evolution verfügbar und erfahrbar waren und dann von ihrer jeweiligen Ebene der Bewusstseinsentwicklung interpretiert wurden.

567 Man beachte, dass die Chakren selbst keine Quadranten haben, da sie keine einzelnen Holons sind und keine dominante Monade haben. Aber wir können ihre individuelle Ausprägung durch die Linse der vier Quadranten betrachten.

568 Siehe Endnote 42 für die Tetra-Evolution in den vier Quadranten.

569 Eine umfassende Datenanalyse auf der Dating-Website OKCupid.com zeigt, dass Frauen in den meisten Altersgruppen eine Vorliebe für Männer haben, die bis zu acht Jahre älter oder acht Jahre jünger sind. Männer zeigen eine entschiedene Vorliebe für jüngere Frauen, besonders wenn die Männer älter werden. Dabei schreiben sie im Schnitt Frauen an, die noch jünger sind als die von ihnen angegebene Präferenz. Aus https://thesocietypages.org/socimages/2015/07/03/ok-cupid-data-on-sex-desirability-and-age/ (eng)

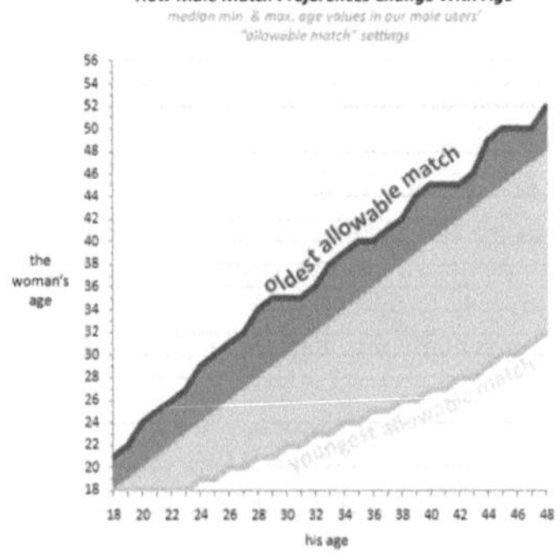

570 Die Anwesenheit von Frauen, insbesondere von neuen Frauen, fördert das männliche Testosteron. Es wird vermutet, dass junge Frauen den Testosteronspiegel bei Männern mehr in die Höhe treiben als ältere Frauen. Sex spielt dabei keine Rolle. Der Effekt wird durch Pheromone im Schweiß der Frau ausgelöst. [Um einen richtigen Schub zu kriegen] treibe Sport [reinen Sport], mit einem Team aus schwitzenden jungen Frauen.
https://en.wikibooks.org/wiki/Relationships/Hormones#cite_ref-23 (eng)

571 Der Professor der University of British Columbia, Joseph Henrich, nutzte seine Fachgebiete – Psychologie, Anthropologie und Ökonomie –, um den sozialen Schaden zu demonstrieren, der mit Männern verbunden ist, die mehrere Ehefrauen haben. Implizit in seinem Argument ist eine Befürwortung der Monogamie, die, wie er in einer 64-seitigen eidesstattlichen Erklärung schrieb, dass „die Fokussiereung der männlichen Motivationen auf eine Weise erfolgt, die niedrigere Kriminalitätsraten, ein höheres Pro-Kopf-BIP und bessere Ergebnisse für Kinder bewirkt".

In der westlichen Tradition können wir die ersten Gesetze zur Monogamie bis nach Athen zurückverfolgen, als die ersten Vorstellungen von Demokratie eingeführt wurden. Das Hauptargument ist, dass es dazu gedacht ist, die Gleichheit zwischen den Bürgern zu schaffen, so dass es im Wesentlichen Frauen gibt, die allen Athener Männern zur Verfügung stehen, anstatt dass alle reichen Männer viele Frauen nehmen. Wir können es als eine erste Art von Bemühung betrachten, das Spielfeld zu ebnen. Wenn man sagt, dass sowohl der König als auch der Bauer jeweils nur eine Frau haben können, ist das der erste Schritt, um zu sagen, dass alle Männer gleich geschaffen wurden. Auch wenn es den Männern immer noch erlaubt war, Sklavenkonkubinen zu haben, solange es sich um nicht-Athenische Frauen handelte.

Der Kern des Arguments ist, dass Polygynie – wenn Männer mehrere Frauen heiraten – alle Frauen absorbiert und eine Unterschicht von Männern geschaffen wird, die keinen Zugang zu Partnern haben, und diese Kerle verursachen Ärger. Sie begehen Verbrechen und betreiben Drogenmissbrauch.

Ein Wirtschaftswissenschaftler der University of Stanford argumentiert, dass, wenn Männer nicht in das Finden einer Frau investieren können, sie dann mehr in ihre eigene Produktivität investieren. Anstatt grundsätzlich zu sparen, um eine zweite Frau oder eine dritte Frau zu bekommen, investieren sie mehr in die Kinder der einen Frau, die sie haben, und in andere Arten der wirtschaftlichen Produktion.

Es gibt auch weniger Gleichberechtigung für Frauen und mehr Streit im Haushalt. Frauen sind Mangelware, was die männliche Konkurrenz erhöht, und so wenden Männer Gewalt gegen Frauen an, um den Haushalt zu kontrollieren. Auch wenn man einen Mann mit vielen Frauen hat, gibt es allerlei Stiefmütter und unverwandte Erwachsene im selben Haushalt, ebenso wie Kinder, und das erhöht die Wahrscheinlichkeit von Gewalt. Der größte Risikofaktor für Ehepartner, die sich gegenseitig umbringen, ist ein großer Altersunterschied, und in polygamen Haushalten kommt es unweigerlich zu einem großen Altersunterschied zwischen zumindest einigen der Ehepartner.

www.salon.com/2011/07/23/monogamy_4/ (eng)

572 Jede Stufe der Bewusstseinsentwicklung scheint ihre eigenen Formen der Monogamie und Nicht-Monogamie hervorgebracht zu haben.

Auf archaischen Infrarot- und magischen Magenta-Ebenen, die sich auf grundlegende Überlebensbedürfnisse und Familienclans konzentrieren, scheinen die Grenzen zwischen Monogamie und Nicht-Monogamie verschwommen und etwas unklar zu sein. Männer mit hohem Status können mehrere „Ehefrauen" haben, die gezwungen sind, treu zu sein und hart bestraft werden, wenn sie Ehebruch begehen. Männer mit niedrigerem Status können nur eine Frau haben und monogam sein, müssen auf Formen der Vergewaltigung zurückgreifen oder ohne Partner sein. Wir können auch die seltene Form der Polyandrie in diesen beiden Stadien sehen.

Auf der egozentrischen Roten Ebene wird Monogamie oft aus Angst vor der Bestrafung durch einen Partner oder einen Stamm/eine Gang/einen Kult praktiziert. Die Nicht-Monogamie (außerhalb der Polygamie und der seltenen Fälle von Polyandrie) nimmt die Form des Betrugs an, ohne Rücksicht auf spätere Folgen (Geschlechtskrankheiten, Schwangerschaft, emotionaler Schaden, Marginalisierung usw.).

Auf der mystischen Bernstein-Ebene wird die Monogamie durch religiöse Überzeugungen und moralische Gesetze geprägt und durchgesetzt, die die Kernfamilie begründen und schützen und die Gesellschaften stabilisieren, indem sie jedem Mann eine faire Chance geben, eine Frau zu finden (die weit verbreitete Polygamie lässt viele Männer zwangsläufig ohne Partner) und für Frauen und Kinder zu sorgen. Ehen gelten „bis dass der Tod uns scheidet". Die Nicht-Monogamie (außerhalb der Polygamie, die bei Bernstein verblasst) findet in Form von Betrug, Geliebten und Puff-Besuchen statt. Wenn es von Männern im Verborgenen getan wird, wird es von der Gesellschaft oft stillschweigend toleriert oder sogar geduldet. Nicht-Monogamie von Frauen wird von der Gesellschaft verurteilt.

Auf der rationalen Orange-Ebene spielt das Geschlecht weniger eine Rolle, wenn es um sexuelles Verhalten geht, und die Monogamie wird für Männer und Frauen zu einer praktischen Wahl in ihrem Streben nach dem guten Leben in materieller Fülle und persönlicher Freiheit. Nicht-Monogamie beinhaltet immer noch Betrug, nimmt aber auch akzeptierte Formen von offenen „es wird nicht darüber gesprochen"-Beziehungen, Swinging, Gelegenheitssex, Sexpartys, die Puma-Bewegung, Escorts, Sextourismus, Erwachsenenclubs, etc. an. (was in Vegas passiert, bleibt in Vegas).

Das Bild unten zeigt die gängigsten Formen der Nicht-Monogamie auf freche Art und Weise.

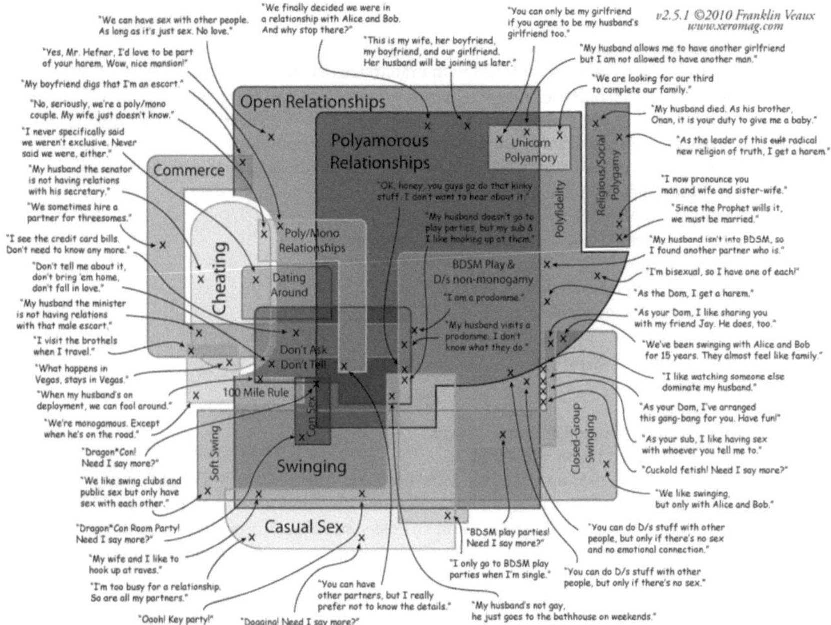

http://tacit.livejournal.com/333842.html (eng)

Auf der pluralistischen Grünen Ebene verlagern sich die Beziehungen in Richtung Selbstverwirklichung und die Geschlechterrollen verschwimmen und werden manchmal sogar umgekehrt. Monogamie und Zölibat können als spirituelle Praxis und zur psychologischen Heilung gewählt werden. Die Nicht-Monogamie nimmt die Form von Polyamorie an, was „viele Lieben" bedeutet. In ihrer reinsten Form bieten Poly-Beziehungen Alternativen zu den primär sexuell motivierten Nicht-Monogamie-Optionen von Orange (wenn Orange sich wirklich in einen anderen Partner verliebt, führt das meistens zur Trennung) und dem sozialen Stigma von Bernstein (wo Scheidung oft keine Option ist), indem sie offen lieben und mit mehr als einem Partner sexuell werden.

Die Polyamorie wird chaotisch und schmerzhaft, wenn Rot (das Grün nicht von sich selbst unterscheiden kann und nicht marginalisieren oder ausschließen will) in die Poly-Szene eintritt und die verschiedenen Ethiken, Vereinbarungen, Regeln und Prozesse von echter Polyamorie unter dem Vorwand, „Poly" zu sein, verletzt, während es lediglich eine Rechtfertigung für Betrug und Ausnutzung ihrer Partner ist, die es dann als „Polyagonie" erleben. Obwohl Polyamorie theoretisch geschlechtsneutral ist, gibt es in der Regel mehr Männer mit mehreren Partnern als Frauen, und ich habe oft festgestellt, dass Männer glücklich Poly sind, bis ihre Partnerinnen es ihnen an Liebhabern gleichtun.

Auf integraler und höherer Ebene scheinen die meisten Männer langfristige monogame Beziehungen und Ehen zu bevorzugen, vielleicht um ihrer früheren Promiskuität und seriellen Monogamie in Orange und Grün entgegenzuwirken (siehe zum Beispiel Robert Augustus Masters' Ideen zu reifer oder erwachter Monogamie, oder David Deida, der „den meisten Menschen Monogamie dringend empfiehlt", auf seiner Website), während Frauen in diesen Phasen weniger an solchen exklusiven und langfristigen Vereinbarungen interessiert sind und mehr sexuelle Freiheit und weniger Festlegung wünschen, was einige Integrale Männer vor eine Herausforderung stellt. Diese Dynamik kann auch mit gesenkten Testosteronwerten bei Männern mittleren Alters und hormonellen Veränderungen bei Frauen zusammenhängen.

573 Ihr findet eine Vielfalt an tollen Workshops unter www.hai.org (eng).

574 Es gibt Grenzen, was Männer tun können, um immer begehrenswerter zu werden, da die meisten Frauen von großen Männern mit vollem Haar, Status und Reichtum angezogen werden. Einige Männer investieren jetzt in die Chirurgie, um Haare nachwachsen zu lassen und ihre Körpergröße zu erhöhen. Eine Beinverlängerung mit einem orthopädischen Chirurgen kostet etwa 85.000 Dollar. Das hat ein Mann getan. Er streckte sich von 1,68m auf 1,88m! Er sagt, es lohne sich. Bei 1,88m hat sich sein Dating-Leben exponentiell verbessert!
www.anewdayanewme.com/2020-barbara-walters-cosmetic-surgery-men-trends-grow-taller-by-6-inches/ (eng)

[575] „Napoleon-Komplex" ist ein Begriff, der einen theoretischen Zustand beschreibt, der bei Menschen von kurzer Statur auftritt. Der Begriff wird auch allgemeiner verwendet, um Menschen zu beschreiben, die von einer vermeintlichen Behinderung angetrieben werden, um andere Aspekte ihres Lebens zu überkompensieren.
Der Napoleon-Komplex ist nach Kaiser Napoleon I. von Frankreich benannt. Die gängige Meinung ist, dass Napoleon seinen Mangel an Höhe durch Macht, Krieg und Eroberung kompensiert hat. Obwohl er lange Zeit bei nur 1,57 m (5 Fuß 2 Zoll) gestanden haben soll, haben Historiker jetzt vermutet, dass Napoleon tatsächlich 1,68 m (5 Fuß 6 Zoll) groß war, größer als der durchschnittliche Franzose seiner Zeit. Napoleon wurde oft mit seiner kaiserlichen Garde gesehen, was dazu beitrug, dass er kurz war, weil die kaiserliche Garde überdurchschnittlich groß war. In der Psychologie gilt der Napoleon-Komplex als abfälliges soziales Klischee.
https://de.wikipedia.org/wiki/Napoleon-Komplex

[576] *"FEAR", "False Evidence Appearing Real" ... Falsche Beweise, die wahr erscheinen.*

[577] Du weißt , ich arbeite jeden Tag,
um Geld zu verdienen , um dir etwas kaufen zu können.
Und es ist schon viel wert dich sagen zu hören,
du gibst mir alles , was ich will.
Also warum zum Teufel soll ich stöhnen,
denn wenn ich dich alleine kriege,
weißt du , dass es mir gut geht.
Wenn ich zuhause bin , scheint alles in Ordnung zu sein,
wenn ich zuhause bin , fühl ich , du hälts mich fest,
https://www.songtexte.com/uebersetzung/the-beatles/a-hard-days-night-deutsch-53d6ab0d.html

[578] Bei vielen Primaten, einschließlich Menschen, unterscheiden sich die Stimmen von Männern und Frauen dramatisch, wobei die männlichen Stimmen und die Stimmanatomie oft die scheinbare Körpergröße zu erhöhen scheinen. Diese Eigenschaften können durch sexuelle Selektion begünstigt werden, da niederfrequente männliche Stimmen Rivalen einschüchtern und/oder Frauen anziehen.
http://rspb.royalsocietypublishing.org/content/283/1829/20152830 (eng)
Ein Kommentar von einer Frau unter einem Barry-White-Song auf YouTube: „Wenn ich nur diese Stimme höre, könnte ich schon schwanger werden."

[579] Siehe https://de.wikipedia.org/wiki/Lateralisation_des_Gehirns

[580] Die Form folgt der Funktion ist ein Prinzip, das mit der modernistischen Architektur und dem Industriedesign des 20. Jahrhunderts verbunden ist. Das Prinzip ist, dass die Form eines Gebäudes oder Objektes in erster Linie auf seine beabsichtigte Funktion oder seinen Verwendungszweck ausgerichtet sein sollte.
https://de.wikipedia.org/wiki/Form_follows_function

[581] Ken Wilber erläutert in *The Marriage of Sense and Soul* (dt: *Naturwissenschaft und Religion*), S. 124-125, dass „die ersten beiden wichtigen Wahrheiten der Postmoderne [dass wir Realität konstruieren und dass Bedeutung kontextabhängig ist] einen multiperspektivischen Zugang zur Realität erfordern. Jede einzelne Perspektive ist wahrscheinlich partiell, begrenzt, vielleicht sogar verzerrt, und nur wenn man mehrere Perspektiven und mehrere Kontexte einnimmt, kann die Suche nach Wissen fruchtbar vorangetrieben werden. Und diese ‚Vielfalt' ist die dritte wichtige Wahrheit der allgemeinen Postmoderne.
Jean Gebser prägte den Begriff **integral-aperspektivisch**, um sich auf diese pluralistische oder multiperspektivische Sichtweise zu beziehen, die ich auch als Visionslogik oder Netzwerklogik bezeichne. „Aperspektivisch" bedeutet, dass keine einzige Perspektive übermäßig privilegiert ist, und deshalb brauchen wir, um eine ganzheitliche oder integrale Sichtweise zu erhalten, einen aperspektivischen Ansatz.
Gebser kontrastierte integral-aperspektivische Erkenntnis mit formaler Rationalität, die dazu neigt, eine einzige, monologische Perspektive einzunehmen und die ganze Realität durch diese enge Linse zu betrachten. Wo die perspektivische Vernunft die ausschließliche Perspektive des jeweiligen Subjekts privilegiert, addiert die Visionslogik alle Perspektiven, privilegiert keine und versucht so, das Integrale, das Ganze, die vielfältigen Kontexte innerhalb der Kontexte zu erfassen, die den Kosmos endlos offenbaren, nicht in einer starren oder absolutistischen Weise, sondern in einer fließenden holonischen und multidimensionalen Bildsprache.
Gebser glaubte, dass die Visionslogik eine evolutionäre Entwicklung jenseits monologischer Rationalität sei. Viele Schulen der transpersonalen Psychologie und Soziologie sehen die dialektische Visionslogik als einen höheren und umfassenderen Modus der Vernunft."

[582] Die FCC (staatliche Behörde der USA zur Regelung der Medien, übernimmt in diesem Fall die Aufgaben vergleichbar mit der FSK in Deutschland, siehe
https://de.wikipedia.org/wiki/Federal_Communications_Commission) hat nie eine spezifische Liste der Wörter veröffentlicht, die von den Radiosendern während des Zeitraums von 6 Uhr morgens bis 10 Uhr abends verboten werden, aber sie hat behauptet, dass ihre eigenen Richtlinien ausreichend sind, um festzustellen, was sie für obszön hält.
https://de.wikipedia.org/wiki/Seven_Dirty_Words

583 Menschenopfer wurden bei vielen verschiedenen Gelegenheiten und in vielen verschiedenen Kulturen praktiziert. Die verschiedenen Gründe für Menschenopfer sind die gleichen, die religiöse Opfer im Allgemeinen motivieren. Menschenopfer sollen Glück bringen und die Götter befrieden, zum Beispiel im Rahmen der Einweihung eines fertiggestellten Gebäudes wie eines Tempels oder einer Brücke. Es gibt eine chinesische Legende, dass Tausende von Menschen in der Großen Mauer von China eingemauert sind.

Im alten Japan sprechen Legenden von Hitobashira („menschliche Säule"), in der Jungfrauen lebendig an der Basis oder in der Nähe einiger Konstruktionen begraben wurden, um die Gebäude vor Katastrophen oder feindlichen Angriffen zu schützen, und ein fast identisches Motiv erscheint im serbischen Epos *Die Legende von Rozafa*, wo das Opfer einer jungen Mutter, die noch ihr Kind stillt, die Stadt Skadar (heute Shkodër in der Nordspitze Albaniens) vor Bösen bewahren wird.

Für die Wiedereinweihung der Großen Pyramide von Tenochtitlan im Jahre 1487 berichteten die Azteken, dass sie innerhalb von vier Tagen etwa 80.400 Gefangene getötet haben. Laut Ross Hassig, Autor der Aztekenkriegsführung, wurden bei der Zeremonie zwischen 10.000 und 80.400 Personen geopfert.

https://de.wikipedia.org/wiki/Menschenopfer

584 Urban Design ist der Prozess der Gestaltung von Städten und Dörfern. Im Gegensatz zur Architektur, die sich auf die Gestaltung einzelner Gebäude konzentriert, befasst sich die Stadtgestaltung mit dem größeren Maßstab von Gebäudegruppen, Straßen und öffentlichen Räumen, ganzen Quartieren und Stadtteilen und ganzen Städten, mit dem Ziel, städtische Räume funktional, attraktiv und nachhaltig zu gestalten.

https://de.wikipedia.org/wiki/St%C3%A4dtebau

585 Bohm-Dialog oder „Dialog nach David Bohm" ist ein frei fließendes Gruppengespräch, in dem die Teilnehmer versuchen, zu einem gemeinsamen Verständnis zu gelangen, indem sie den Standpunkt eines jeden voll, gleich und unvoreingenommen erfahren. Dies kann zu einem neuen und tieferen Verständnis führen. Das Ziel ist es, die Kommunikationskrisen zu lösen, mit denen die Gesellschaft, aber auch die gesamte menschliche Natur und das Bewusstsein konfrontiert sind. Es nutzt ein theoretisches Verständnis der Art und Weise, wie sich Gedanken auf die universelle Realität beziehen. Sie ist nach dem Physiker David Bohm benannt, der diese Form des Dialogs ursprünglich vorgebracht hat.

https://de.wikipedia.org/wiki/Dialog#Dialog_nach_David_Bohm

586 In HAI-Workshops (www.hai.org (eng)) wird dies anhand einer Frau gezeigt, die eine Taschentuch-Schachtel auf einen Mann wirft, der unterschiedliche Reaktionen zeigt:

Er fängt die Schachtel auf und wirft sie (wütend) auf sie zurück, ohne auf ihren Inhalt zu achten.

Er lässt sich davon treffen und wird das arme Ich-Opfer.

Er lässt es direkt von sich fallen, ohne davon betroffen zu sein.

Er duckt sich, damit die Kiste ihn verfehlt.

Er fängt die Kiste auf, schaut neugierig auf ihren Inhalt und entscheidet, welche Taschentücher für ihn von Wert sind und welche nicht. Dann führt er mit seinem Partner ein produktives Gespräch über sie.

587 Siehe hierzu beispielsweise die fünf Begriffe (im Englischen die fünf As für Attention, Acceptance, Appreciation, Affection, Allowing) Aufmerksamkeit, Akzeptanz, Wertschätzung, Zuneigung, Zulassen, aus David Richos *Reif werden füreinander*.

Aufmerksamkeit bezieht sich darauf, sich anderer bewusst zu sein, sich selbst bewusst zu sein und im Mittelpunkt der liebevollen Aufmerksamkeit zu stehen. Laut Richo brauchen wir alle jemanden, der wirklich auf unsere tiefsten Gefühle und Bedürfnisse hört, der unsere Bemühungen bestätigen kann und der unsere Absichten und Bedürfnisse und Ängste versteht. Um dies zu praktizieren, solltest du bemerken, was du sagst und tust, während du deine täglichen Aktivitäten ausführst. Bist du die Person, die du sein willst? Lebst du das Leben, das du leben willst? Bist du in liebevollen, fürsorglichen Beziehungen, in denen du dich gesehen und gehört fühlst? Wenn nicht, warum erträgst du weniger, als du verdienst? Jeder verdient liebevolle Aufmerksamkeit, und wir alle brauchen diese Art von Aufmerksamkeit, um zu gedeihen und das Beste zu sein, was wir sein können.

Akzeptanz bedeutet, mit Barmherzigkeit, Liebe, Respekt und Verständnis gesehen zu werden. Um intim zu sein, müssen wir uns sicher, akzeptiert, entspannt und würdig fühlen. Wenn wir uns ängstlich, bedürftig, vorsichtig, selbstbewusst oder eingeschüchtert fühlen, erhalten wir nicht die Akzeptanz, die wir brauchen, um zu funktionieren. Dieser Mangel an Akzeptanz kann von anderen und/oder von uns kommen. Akzeptanz des Selbst ist es, was uns Selbstvertrauen, gutes Selbstwertgefühl, Hoffnung und Anerkennung gibt. Die Akzeptanz von anderen gibt uns ein Gefühl von Stabilität, Sicherheit und Ruhe.

Unsere Fähigkeit, andere zu akzeptieren, ist ebenfalls wichtig. Allzu oft interpretieren wir Akzeptanz jedoch als Zustimmung oder Duldung von unannehmbarem oder verletzendem Verhalten anderer. Akzeptanz bedeutet, dass wir die Wahrheit der anderen Person sehen, die Wahrheit unserer Beziehung zu ihnen, und dann auf der Grundlage dieser Wahrheit handeln, anstatt vorzugeben, dass die Person und die Beziehung das sind, was sie nicht sind. Das bedeutet, dass, wenn jemand liebevoll, oder verletzend, oder wütend, oder nachtragend, oder fürsorglich, oder freundlich ist, dass wir das Verhalten als das anerkennen, was es ist, nicht als das, was wir wollen, es zu sein. Indem wir die realen

Interaktionen, die wir erleben, anerkennen, können wir herausfinden, wie wir unsere Beziehungen interpretieren und wie wir auf sie aus der Perspektive eines Erwachsenen reagieren können. Wir haben das Recht, andere zu bitten, uns freundlich zu behandeln, aber wir haben nicht das Recht, von anderen zu verlangen oder sie zu zwingen, das zu sein, was wir wollen. Akzeptanz bedeutet, die Wahrheit zu sehen und zu handeln.

Wertschätzung ist für unser Gefühl, geliebt und akzeptiert zu werden, unerlässlich. Zu oft geben wir anderen nicht die Wertschätzung, die die Beziehung befriedigend erscheinen lassen würde. Die Anerkennung unserer Dankbarkeit und die Bestätigung der Bemühungen anderer in unserem Namen festigt gute Beziehungen. Wenn wir uns unwürdig fühlen oder uns selbst nicht würdigen, kann es sehr schwierig werden, es anderen zu geben.

Die meisten negativen Gefühle in Beziehungen wie Wut, Schmerzen und Ressentiments entstehen aus einem Mangel an und einem Bedürfnis nach mehr Wertschätzung. Sich selbst zu schätzen und andere zu schätzen, gibt uns ein gutes Gefühl und erhöht unsere Liebe und Verbindung zu anderen.

Wenn wir uns in unseren Beziehungen unbeachtet fühlen, können wir schauen, ob es eine allgemeine Einstellung gibt, nicht aufzupassen oder einander zu akzeptieren. Ist die andere Person in der Lage, uns die Wertschätzung zu geben, die wir brauchen und wollen? Wird es aus irgendeinem Grund zurückgehalten? Gibt es ungelöste Schmerzen und Ärger, die behoben werden müssen? Können diese überwunden werden? Löst unsere Wertschätzung eine positive oder negative Reaktion aus? Ohne gegenseitige Wertschätzung verkümmern die Beziehungen, werden ressentimentgeladen und vergehen schließlich.

Zuneigung ist auch gleichzusetzen mit Affektion, das kommt vom Wort „Affekt" oder Gefühl. Als Menschen brauchen wir emotionale, spirituelle und körperliche Zuneigung. Kleinkinder, die keine Zuneigung erhalten, können sterben. Zuneigung umfasst die drei Kernpunkte Aufmerksamkeit, Akzeptanz und Wertschätzung, aber sie erfordert auch einige direkte Verhaltensweisen, die uns den Nachweis für diese Dinge erbringen. Zuneigung ist oft ein Codewort für Sex, aber es kann Sex ohne jegliche Zuneigung geben.

Fühlen sich unsere Beziehungen intim, fürsorglich, warm, sicher, anziehend und liebevoll an? Wenn ja, dann wird die Zuneigung mit einbezogen. Viele Menschen haben Beziehungen, die sich distanziert, rücksichtslos, unfreundlich und manipulativ anfühlen. In diesen Fällen wird liebevolle Zuneigung fehlen, und keine Dosis Sex kann die fehlende Intimität ausgleichen.

Zulassen bedeutet, sich selbst und andere Menschen sein zu lassen, wer sie sind. Zu viele Regeln, Anforderungen und Erwartungen drängen uns dazu, zu dem zu werden, was andere von uns brauchen, anstatt wir selbst zu sein. Zulassen bedeutet, dass wir nicht versuchen, andere Menschen zu kontrollieren, und wir erlauben anderen nicht, uns zu kontrollieren. Wir leugnen nicht die Individualität einer der beiden Personen. Zulassen hat viele Gemeinsamkeiten mit Akzeptanz. Wir versuchen nicht, die Gefühle anderer Menschen zu ändern oder sie dazu zu zwingen, Dinge zu tun, die sie für unerträglich oder demütigend halten. Wir versuchen nicht, ihre Persönlichkeit oder ihren Glauben zu ändern, oder sie für Fehler oder Unterschiede zu verurteilen. Zulassen ist die Essenz bedingungsloser Liebe.

Zulassen heißt nicht, dass wir in Beziehungen keine Grenzen setzen können. Das Setzen von Grenzen für unerträgliches Verhalten ist nicht dasselbe wie der Versuch, eine andere Person zu kontrollieren. Das Setzen von Grenzen geschieht, um uns selbst zu schützen; während Kontrolle dazu dient, einen anderen dazu zu bringen, das zu tun, was wir wollen.

Was tun wir dann, wenn wir uns in einer Beziehung befinden, in der die andere Person sehr kontrollierend ist, oder wenn wir verzweifelt brauchen, dass die andere Person anders ist, als sie ist? Das ist der Moment, um unsere Beziehungen wirklich zu bewerten. Können wir mit gutem Gewissen den obigen fünf Begriffen folgen oder sind die Beziehungen zu einer nicht liebenden, nicht fürsorglichen, nicht rücksichtsvollen Interaktion zerfallen? Können beide Partner die fünf Grundsätze erfüllen oder ist die Beziehung nicht mehr reparabel? An diesem Punkt können wir nur individuell entscheiden. Manchmal ist die liebevollste Sache, die man in einer Sackgasse der Beziehung tun kann, sie loszulassen.

[588] Eros, der griechische Gott der Liebe und Vorläufer des römischen Gotts Amor/Cupido, der auch in der Renaissance von Bedeutung war, ist der Sohn von Aphrodite, der griechischen Göttin der Liebe, Schönheit, Freude und Zeugung. Seine schelmischen Eingriffe in die Angelegenheiten von Göttern und Sterblichen ließen magische und geheimnisvolle Liebesbande entstehen, die oft illegitim waren. Irgendwann war Aphrodite eifersüchtig auf die Schönheit der sterblichen Prinzessin Psyche und befahl ihrem Sohn Eros, dass er dafür Sorge trug, dass sie sich in die hässlichste Kreatur der Welt verliebte. Doch stattdessen verliebt sich Eros in Psyche selbst und entführt sie in seine Heimat. Der zerbrechliche Frieden wird durch den Besuch von Psyches eifersüchtigen Schwestern ruiniert, die Psyche dazu bringen, das Vertrauen ihres Mannes zu missbrauchen. Verletzt verlässt Eros seine Frau, und Psyche wandert auf der Suche nach ihrer verlorenen Liebe über die Erde. Schließlich nähert sie sich Aphrodite und sie bittet sie um ihre Hilfe. Aphrodite erlegt der Psyche eine Reihe von schwierigen Aufgaben auf, die sie durch übernatürliche Hilfe zu bewältigen vermag. Nach erfolgreichem Abschluss dieser Aufgaben, ergibt sich Aphrodite und Psyche wird auf ewig neben ihrem Mann Eros leben.

[589] www.christianitytoday.com/iyf/hottopics/sexabstinence/gods-plan-for-sex.html (eng)

590 Marc Gafni, mutmaßlicher Triebtäter und Unique-Self-Lehrer, wirbt nun für „Mystic Sexing". Er ist überzeugt, dass die Religion ihre ursprüngliche erotische Vitalität verloren hat, und dass, wenn das Sexuelle befreit und ethisch ausgedrückt wird [was auch immer das für ihn bedeutet], es das Geheimnis der Rückkehr zum viel größeren als dem sexuellen Eros offenbaren wird.
https://en.wikipedia.org/wiki/Marc_Gafni (eng)

591 Ken Wilber schreibt in *Grace and Grit* (Anmut und Dreck): „Aber was Treya mit ‚Spiritualität' meinte, war kontemplative oder meditative Spiritualität, was eine andere Art ist, von ewiger Philosophie zu sprechen. Wie sich herausstellte, war dieses Interesse an Psychologie und Religion auch eines, das ich zutiefst teilte."
Treya erzählte von ihrem ersten Date: „Irgendwann gingen wir alle in die Küche, um etwas Tee zu trinken. Ken hat seinen Arm um mich gelegt. Ich fühlte mich etwas unwohl, da ich ihn kaum kannte, aber langsam legte ich meinen Arm um ihn. Dann bewegte mich etwas, meinen anderen Arm um ihn zu legen und ich schloss meine Augen.

Damals fühlte ich etwas Unbeschreibliches. Eine Wärme, eine Art Verschmelzung, ein Gefühl des Zusammenpassens, des Verschmelzens, des Einsseins. Ich ließ mich einen Moment damit treiben, dann öffnete ich die Augen, überrascht. Meine Freundin hat mich direkt angesehen. Ich fragte mich, ob sie sehen konnte, ob sie sagen konnte, was gerade passiert war.
Was war soeben geschehen? Eine Art von Erkenntnis, eine Erkenntnis jenseits der heutigen Welt. Es hatte nichts damit zu tun, wie viele Worte wir geteilt hatten. Es war gruselig, unheimlich, ein einmaliges Gefühl. Als ich schließlich um 4:00 Uhr morgens ging, hielt mich Ken fest, bevor ich in mein Auto stieg. Er sagte, er war überrascht, er fühlte sich, als wolle er mich nie gehen lassen. Das war genau das, was ich fühlte, als ob ich in einem fast esoterischen Sinn in seine Arme gehöre." Und später: „[Ken] ist vierunddreißig Jahre alt, 1,93m, dünn, mit einem schönen und sehr klaren Gesicht und einem wunderbaren Körper. Wir haben das Gefühl, dass wir uns schon einmal gekannt haben und uns in diesem Leben wieder gesucht haben. ... Ich weiß nicht, ob ich diese Art der Beschreibung der Dinge wirklich glaube, aber es ist eine genaue Metapher dafür, wie wir uns fühlen. Er fühlt sich wie mein Seelenverwandter an, so kitschig wie das Wort auch klingt."
Und Ken schrieb: „[Aber] als ich meinen Arm um sie legte, fühlte ich, wie sich alle Trennung und Distanz auflöste. Es war, als wären Treya und ich ein Leben lang zusammen gewesen. Das schien sehr real und sehr offensichtlich, aber ich wusste nicht, was ich davon halten sollte. Treya und ich hatten noch nicht einmal miteinander gesprochen, also wusste keiner von uns, dass das Gleiche mit dem anderen geschah. Ich erinnere mich, dass ich dachte: Oh, großartig, es ist vier Uhr morgens und ich habe eine Art seltsame mystische Erfahrung direkt in der Küche eines meiner besten Freunde, nur indem ich eine Frau berühre, die ich noch nie zuvor getroffen habe. Das wird nicht einfach zu erklären sein. Aber was genau war es? Es gab eine Energie, die buchstäblich von ihr in alle Richtungen zu strahlen schien; eine sehr ruhige und beruhigende Energie, aber enorm stark und kraftvoll; eine Energie, die sehr intelligent war und von außergewöhnlicher Schönheit durchdrungen, aber vor allem eine Energie, die lebendig war. Diese Frau sagte LEBEN mehr als jeder andere, den ich je kannte. Die Art, wie sie sich bewegte, wie sie ihren Kopf hielt, das bereitwillige Lächeln, das das offenste und transparenteste Gesicht zierte, das ich je gesehen hatte – Gott, sie lebte!"

592 Thomas A. Habib, Ph.D., ist ein zugelassener (integraler) klinischer Psychologe, der sich darauf spezialisiert hat, lange gestörte Ehen zu verbessern und Eltern mit Kindern zu helfen, die zu schüchtern oder aggressiv sind, akademisch leistungsschwächer oder zurückgezogen.
www.mpccares.com/Meet-the-Doctors.html (eng)

593 Habib, T. (2014) *Intimate couples. Regression and lower right supporting structures* (Intime Paare. Regression und Stützkonstruktionen unten rechts. Journal of Integral Theory and Practice) Journal of Integral Theory and Practice. Dez, 9 (2), S. 44-61.

594 Heilige Prostitution, Tempelprostitution, Kultprostitution oder religiöse Prostitution ist ein sexuelles Ritual, das aus Geschlechtsverkehr oder anderen sexuellen Aktivitäten besteht, die im Rahmen der religiösen Verehrung, vielleicht als eine Form des Fruchtbarkeitsritus und der göttlichen Ehe (hieros gamos), durchgeführt werden. Einige Gelehrte bevorzugen den Begriff des heiligen Sex gegenüber der heiligen Prostitution, wenn es sich nicht um bezahlte Dienstleistungen handelt.
Der griechische Begriff Hierodoulos oder Hierodul wurde manchmal als heilige geweihte Frau verstanden, aber er bezieht sich eher auf einen ehemaligen Sklaven, der von der Sklaverei befreit wurde, um einem Gott geweiht zu werden. Der hebräische Begriff qedesha wird oft wörtlich übersetzt als heiliger Tempel.
https://de.wikipedia.org/wiki/Tempelprostitution

595 Hieros gamos oder Hierogamie (griechisch „heilige Ehe") ist ein sexuelles Ritual, das symbolisch eine Ehe zwischen einem Gott und einer Göttin vollzieht, besonders wenn es in einem symbolischen Ritual durchgeführt wird, in dem menschliche Teilnehmer die Gottheiten repräsentieren.
https://de.wikipedia.org/wiki/Hierogamie

596 Die Gründe für das Zölibat nennt der Apostel Paulus in I Korinther 7,7-8; 32-35: „Aber ich möchte, dass ihr ohne Sorge seid. Wer ohne Frau ist, ist um die Dinge besorgt, die dem Herrn gehören, wie er Gott gefallen kann. Wer aber

mit einer Frau ist, der ist um die Dinge der Welt besorgt, wie er seiner Frau gefallen kann; und er ist gespalten. Und die unverheiratete Frau und die Jungfrau denken an die Dinge des Herrn, auf dass sie heilig sei in Leib und Seele. Aber sie, die verheiratet ist, denkt an die Dinge dieser Welt, wie sie ihrem Mann gefallen kann. Und das sage ich zu eurem Nutzen, nicht um euch eine Falle zu stellen, sondern für das, was anständig ist und euch die Macht gibt, dem Herrn ungehindert beizustehen."

https://de.wikipedia.org/wiki/Z%C3%B6libat

Der Evolutionary-Enlightenment-Lehrer Andrew Cohen bat seine älteren Schüler, ledig und zölibatär zu sein, nachdem er bemerkt hatte, dass sie nicht in höheren Zuständen des Einheitsbewusstseins bleiben konnten, nachdem sie romantisch oder sexuell involviert waren.

[597] Focus on the Family schreibt:

„Viele Christen sind sich nicht einig, ob die Bibel Scheidung und/oder Wiederverheiratung erlaubt. Wenn Sie darüber besorgt sind, ob Sie biblische Gründe für eine Scheidung haben, sollte Sie die Angelegenheit zum Gebet und Studium verpflichten. Sie sollten sich auch von Ihrem eigenen Pastor und idealerweise von einem lizenzierten christlichen Berater beraten lassen. Die Frage der Sünde darf nicht auf die leichte Schulter genommen werden. Aber es kann biblische Gründe geben:

Wenn der Partner der sexuellen Unmoral schuldig ist und nicht bereit ist, Buße zu tun und treu mit dem Ehepartner zu leben. Jesu Worte in Matthäus 19,8-9 deuten darauf hin, dass Scheidung (und Wiederverheiratung) unter diesen Umständen akzeptabel ist. In diesem Abschnitt steht:

‚Warum dann', [fragten die Pharisäer], ‚hat Mose befohlen, dass ein Mann seiner Frau eine Scheidungsurkunde gibt und sie wegschickt?' Jesus antwortete: ‚Mose hat euch erlaubt, euch von euren Frauen scheiden zu lassen, weil eure Herzen hart waren. Aber es war nicht von Anfang an so. Ich sage euch, dass jeder, der sich von seiner Frau scheiden lässt, außer wegen ehelicher Untreue, und eine andere Frau heiratet, Ehebruch begeht.'

Eine Scheidung ist jedoch nicht erforderlich. Wenn Ihr Ehepartner Ehebruch begangen hat, ist die Scheidung moralisch erlaubt, aber nicht erforderlich. Viele Paare konnten ihre Ehen auch nach so einem verheerenden Schlag wieder aufbauen."

www.focusonthefamily.com/marriage/divorce-and-infidelity/should-i-get-a-divorce/how-should-a-christian-view-marriage-and-divorce (eng)

[598] Ich möchte noch einmal darauf hinweisen, dass die einzelnen Chakren keine femininen und maskulinen Polaritäten in sich selbst haben, da sie keine individuellen Holons mit einer dominanten Monade sind und keine Quadranten haben. Aber sie können auf feminine und maskuline Weise ausgedrückt werden.

[599] Siehe beispielsweise David Deidas Bücher im Literaturverzeichnis, sowie online.

[600] www.psychologytoday.com/blog/compassion-matters/201312/what-it-really-means-be-in-love (eng)

[601] Übernommen aus www.psychologytoday.com/blog/compassion-matters/201312/what-it-really-means-be-in-love (eng)

[602] https://www.youtube.com/watch?v=6Ok-1exJobI (eng)

[603] Witt, Keith, (2015), *Integral Mindfulness: from clueless to dialed-in* (Integrale Achtsamkeit: von ahnungslos bis eingeschaltet), Integral Publishers: Tucson, AZ.

[604] Zusätzliche Definitionen von Liebe:

Merriam-Webster bietet uns die folgenden Definitionen von Liebe:

a (1): starke Zuneigung zu einem anderen, die aus Verwandtschaft oder persönlichen Bindungen entsteht < mütterliche Liebe zu einem Kind >

a (2): Anziehung durch sexuelles Verlangen: Zuneigung und Zärtlichkeit der Liebenden

a (3): Zuneigung, die auf Bewunderung, Wohlwollen oder gemeinsamen Interessen beruht <Liebe für seine alten Mitschüler>.

b: eine Zusicherung der Zuneigung < sag ihr, dass ich an sie denke >

2 : warme Bindung, Begeisterung oder Hingabe < Liebe des Meeres >

3 a: das Objekt der Bindung, Hingabe oder Bewunderung < Baseball war seine erste Liebe >

b (1): eine geliebte Person: Liebling – oft als Kosename verwendet

b (2) Britisch [„love"] – als informelle Anrede verwendet

4 a: uneigennützige, treue und wohlwollende Sorge um das Wohl eines anderen: wie (1): die väterliche Sorge Gottes um die Menschheit (2): brüderliche Sorge um andere

b: die Anbetung Gottes durch eine Person

5: ein Gott oder eine Personifizierung der Liebe

6: eine Liebesepisode: Liebesaffäre

7: die sexuelle Umfassung: Kopulation

www.merriam-webster.com/dictionary/love (eng)

„Liebe ist, wenn du dich jemanden anderen an deine Stelle setzt – freiwillig – und du fängst an, diese andere Person zu sehen, anstatt dich zu sehen." Unbekannt

„Liebe ist ein aktives Streben nach Wachstum und Glück des geliebten Menschen, das in seiner eigenen Fähigkeit zu lieben wurzelt." Erich Fromm, *The Art of Loving* (dt: *Die Kunst des Liebens*), S. 55.
„Eros ist die Liebe des Unteren zum Höheren (Aufstieg); Agape ist die Liebe des Höheren zum Unteren (Abstieg). In der individuellen Entwicklung steigt man über den Eros auf (oder erweitert sich zu einer höheren und breiteren Identität), und integriert sich dann über Agape (oder reicht hinunter, um alle niederen Holons mit Sorgfalt zu umarmen), so dass eine ausgewogene Entwicklung transzendiert, aber mit einschließt." Ken Wilber, *Sex, Ecology, Spirituality* (Sex, Ökologie, Spiritualität), S. 338-340.
Unten findet ihr Zitate aus https://realtruelove.wordpress.com (eng)
„Wenn du jemanden wirklich liebst, kümmerst du dich um ihn oder sie, und zwar nicht nur abstrakt ‚als Person', sondern auf eine sehr persönliche und verantwortungsvolle Weise. Du sorgst dich sehr um diese Person als deine Geliebte, deinen Partner, deinen Lebensgefährten, deinen Seelenfreund usw., und du willst, dass das Glück und die Güte und das Wachstum und das Wohlbefinden der anderen Person durch deine Anwesenheit in ihrem Leben gesteigert (und nicht beeinträchtigt oder vermindert) werden."
„Es ist eine sehr persönliche (spezifisch für diese Person) und sehr praktische und konsequent und häufig aktualisierte (gezeigte) Art der Fürsorge, nicht irgendeine Art von abstrakter und theoretischer über-den-Wolken seiende, idealisierter, luftiger ‚Fürsorge'."
„Wenn wir einen anderen Menschen wirklich lieben und uns um ihn kümmern, zeigt das, wie wir ihn betrachten, wie wir ihn behandeln, wie wir uns für ihn einsetzen und wie wir mit dem umgehen, was für ihn das Schlimmste und Schwächste in uns selbst ist (und auch für uns selbst – das Beste in uns). Eine der wichtigsten Arten, wie sich echte Liebe und Fürsorge manifestiert, ist also, dass wir unseren eigenen Output überwachen und hinterfragen – was wir beitragen oder in die Beziehung einbringen oder der anderen Person geben."
„Wenn wir eine andere Person wirklich lieben, sind wir uns sehr bewusst, wie und womit wir die die Liebe zur anderen Person nähren, die Qualität unserer eigenen Persönlichkeit und die Qualität dessen, was wir der anderen Person (unserer ‚Geliebten') geben. Wenn wir einen anderen Menschen wirklich lieben, zeigt es sich, weil wir es zeigen – wir zeigen es auf eine Vielzahl von Wegen, die für den anderen Menschen von Bedeutung sind, auf eine Vielzahl von Wegen, die dem anderen Menschen Liebe und Zuneigung und Treue vermitteln."

[605] Die höhere (Selbstachtung und Selbstverwirklichung) und niedrigere (Physiologie, Sicherheit und Liebe) Ordnung der Bedürfnisse von Maslow ist nicht universell und kann zwischen den Kulturen und Geschlechtern variieren, aufgrund individueller Unterschiede und der Verfügbarkeit von Ressourcen in der Region oder geopolitischen Einheit/Land.
https://de.wikipedia.org/wiki/Maslowsche_Bed%C3%BCrfnishierarchie
In der Integralen Theorie werden sie als bessere horizontale Übersetzung auf jeder Ebene der Bewusstseinsentwicklung angesehen, anstatt als eine vertikale Hierarchie.

[606] Aus www.entrepreneur.com/article/240441 (eng). Beachtet, wie diese Bedürfnisse auf die ersten sechs der sieben Chakren passen.
Bedürfnis 1: Sicherheit/Komfort
Das erste menschliche Bedürfnis ist das Bedürfnis nach Sicherheit. Es ist unser Bedürfnis, die Kontrolle zu haben und zu wissen, was als nächstes kommt, damit wir uns sicher fühlen können. Es ist das Bedürfnis nach grundlegendem Komfort, das Bedürfnis, Schmerzen und Stress zu vermeiden und auch Freude zu schaffen. Unser Bedürfnis nach Sicherheit ist ein Überlebensmechanismus. Es beeinflusst, wie viel Risiko wir bereit sind, im Leben einzugehen – in unseren Jobs, in unseren Investitionen und in unseren Beziehungen. Je höher das Bedürfnis nach Sicherheit, desto geringer das Risiko, das du bereit bist einzugehen oder emotional zu tragen. Übrigens, hier kommt deine eigentliche „Risikobereitschaft" her.
Bedürfnis 2: Unsicherheit/Vielfalt
Lass mich dir eine Frage stellen: Magst du Überraschungen? Wenn du „ja" antwortest, machst du dir was vor! Du magst die Überraschungen, die du willst. Die, die du nicht willst, nennst du Probleme! Aber du brauchst sie immer noch, um deine Muskeln in deinem Leben spielen zu lassen. Man kann weder Muskeln noch Charakter entwickeln, es sei denn, man hat etwas, gegen das man sich wehren kann.
Bedürfnis 3: Bedeutung
Wir alle müssen uns wichtig, besonders, einzigartig oder gebraucht fühlen. Also, wie bekommen einige von uns Bedeutung? Du kannst sie erreichen indem du Milliarden von Dollar verdienst, oder indem du akademische Abschlüsse anhäufst – und dich mit einem Master oder einem Dr. schmückst. Du kannst eine riesige Twitter-Fangemeinde aufbauen. Oder du wirst *Der Bachelor* oder *Bauer sucht Frau*. Einige tun es, indem sie Tätowierungen und Piercings tragen, an Orten, von denen wir nichts wissen wollen. Man kann Bedeutung erlangen, indem man mehr oder größere Probleme hat als jeder andere. („Du denkst, dein Mann ist ein Drecksack, nimm meinen für einen Tag!") Natürlich kannst du es auch bekommen, indem du spiritueller bist (oder vorgibst zu sein).
Wenn du viel Geld ausgibst, kannst du dich bedeutend fühlen, du kannst genauso gut sehr wenig ausgeben. Wir alle kennen Menschen, die ständig mit ihren Schnäppchen prahlen oder sich besonders fühlen, weil sie ihre Häuser mit Kuhdung und Sonnenlicht heizen. Einige sehr wohlhabende Menschen gewinnen an Bedeutung, indem sie ihren

Reichtum verstecken. Wie der verstorbene Sam Walton, der Gründer von Wal-Mart und eine Zeit lang der reichste Mann in Amerika, der in seinem alten Pickup durch Bentonville, Arkansas, fuhr und demonstrierte, dass er keinen Bentley brauchte – aber natürlich hatte er seine eigene private Flotte von Jets bereit stehen.

Bedeutung ist auch ein Geldverdiener – dort hat mein lieber Freund Steve Wynn sein Glück gemacht. Der Mann, der Las Vegas zu dem gemacht hat, was es heute ist, weiß, dass die Menschen für alles bezahlen werden, was sie für „das Beste" halten, alles, was ihnen das Gefühl gibt, besonders, einzigartig oder wichtig zu sein, alles, was sie von der Masse abhebt. Er bietet die exklusivsten und luxuriösesten Erlebnisse, die man sich in seinen Casinos und Hotels vorstellen kann – sie sind wirklich großartig und unübertroffen in der Welt.

Bedürfnis 4: Liebe & Verbundenheit

Das vierte Grundbedürfnis ist Liebe und Verbundenheit. Liebe ist der Sauerstoff des Lebens, das ist es, was wir alle am meisten wollen und brauchen. Wenn wir ganz lieben, fühlen wir uns lebendig, aber wenn wir die Liebe verlieren, ist der Schmerz so groß, dass sich die meisten Menschen auf die Verbundenheit, die Krümel der Liebe, einigen. Du kannst dieses Gefühl der Verbundenheit oder Liebe durch Intimität, Freundschaft, Gebet oder Wandern in der Natur bekommen. Wenn nichts anderes funktioniert, holst du dir einen Hund.

Diese ersten vier Bedürfnisse sind das, was ich die Bedürfnisse der Persönlichkeit nenne. Wir alle finden Wege, diesen zu begegnen – sei es, indem wir härter arbeiten, uns ein großes Problem einfallen lassen oder Geschichten erschaffen, um sie zu rationalisieren. Die letzten beiden sind die Bedürfnisse des Geistes. Diese sind seltener – nicht jeder trifft sie. Wenn diese Bedürfnisse erfüllt sind, fühlen wir uns wirklich erfüllt.

Verwandt: *The 7 Triggers of Business Crisis* (Die 7 Auslöser der Unternehmenskrise) (LinkedIn)

Bedürfnis 5: Wachstum

Wenn du nicht wächst, stirbst du. Wenn eine Beziehung nicht wächst, wenn ein Unternehmen nicht wächst, wenn du nicht wächst, spielt es keine Rolle, wie viel Geld du auf der Bank hast, wie viele Freunde du hast, wie viele Menschen dich lieben – du wirst keine wirkliche Erfüllung erfahren. Und der Grund, warum wir wachsen, ist, glaube ich, dass wir etwas Wertvolles zu geben haben.

Bedürfnis 6: Beitrag

So kitschig es klingen mag, das Geheimnis des Lebens ist das Geben. Im Leben geht es nicht um mich, sondern um uns. Überleg mal, was du als erstes machst, wenn du gute oder aufregende Neuigkeiten bekommst? Du rufst jemanden an, den du liebst, und teilst es ihm mit. Das Teilen verbessert alles, was du erlebst.

Im Leben geht es wirklich darum, eine Bedeutung zu schaffen. Und Bedeutung kommt nicht von dem, was man bekommt, sondern von dem, was man gibt. Letztlich ist es nicht das, was du bekommst, was dich langfristig glücklich macht, sondern wer du wirst und was du beisteuerst.

[607] Siehe Endnoten **Fehler! Textmarke nicht definiert.** und 549

[608] Leute sind äußerst leidenschaftlich für ihre Haustiere: 70 Prozent der Tierhalter sagen, dass sie manchmal mit ihren Haustieren schlafen; 65 Prozent kaufen Weihnachtsgeschenke für ihre Haustiere; 23 Prozent kochen spezielle Mahlzeiten für ihre Haustiere; und 40 Prozent der verheirateten Frauen mit Haustieren sagen, dass sie mehr emotionale Unterstützung von ihren Haustieren als von ihren Ehemännern erhalten. Menschen könnten sogar bereit sein, für ihre Haustiere zu sterben. „In Studien darüber, warum die Menschen sich weigerten, New Orleans während Katrina zu evakuieren", sagte Dr. Herzog, „sagte eine überraschende Zahl, dass sie ihre Haustiere nicht zurücklassen konnten."

Haustiere sind stets zuverlässig, und sie lassen sich nicht in Verlegenheit bringen oder beleidigen, egal was du sagst oder wie viel Gewicht du zugenommen hast. Du kannst nicht so mit deiner jugendlichen Tochter reden, wie du es tatst, als sie drei Jahre alt war, aber deine Katze wird immer dein Quieken nehmen. Und solltest du die Bedeutung des Schwanzschlages oder des unnachgiebigen Blicks deines Haustieres überinterpretieren, nun, wer wird dich darauf ansprechen?

www.nytimes.com/2011/03/15/science/15why.html (eng)

und www.psychologytoday.com/blog/because-im-the-mom/201305/why-do-some-women-get-more-comfort-pets-men (eng)

„Tiere können nichts dagegen haben, wenn wir sie in unseren Köpfen missverstehen", sagte Lori Gruen, Professorin für Philosophie an der Wesleyan University. „Das hat etwas sehr Tröstliches an sich."

[609] Siehe Katherine Woodward Thomas' Buch *Lass uns in Frieden auseinandergehen* oder Helen Fishers Buch *Warum wir lieben* um zu erfahren, warum die Trennung so schmerzhaft und oft so verheerend ist, dass sie zu psychischen und physischen Krankheiten und sogar zu Selbstmord führt.

[610] Im Jahr 2016 schrieb Alain de Botton, Autor des Romans *Der Lauf der Liebe*, in der New York Times: „Das Problem ist, dass wir uns vor der Heirat selten in unsere Komplexitäten einarbeiten. Wenn zufällige Beziehungen drohen, unsere Fehler aufzudecken, geben wir unseren Partnern die Schuld und nennen es einen schlechten Tag. Was unsere Freunde angeht, sie kümmern sich nicht genug um die harte Arbeit, uns zu erleuchten. Eines der Privilegien des Alleinseins ist daher der aufrichtige Eindruck, dass man mit uns ganz einfach leben kann."

www.nytimes.com/2016/05/29/opinion/sunday/why-you-will-marry-the-wrong-person.html (eng)

Mit anderen Worten, wir können Teile von uns in Freundschaften verstecken. Wir können sie leicht beenden, wenn unsere Fehler offensichtlich werden oder wenn wir aus der Integrität fallen. Erst wenn wir rund um die Uhr beobachtet werden, wird klar, wo unsere Worte nicht zu unseren Taten passen und wo wir blinde Flecken haben.

611 Der sechste Sinn ist ein weiterer Begriff für extrasensorische Wahrnehmung. Extrasensorische Wahrnehmung bedeutet die Aufnahme von Informationen, die nicht durch die anerkannten Sinne gewonnen werden und nicht intern entstanden sind. Nach Angaben der National Science Foundation ist die außersinnliche Wahrnehmung als Pseudowissenschaft gelistet.

Der Ausdruck „sechster Sinn" ist eine falsche Bezeichnung, die fälschlicherweise suggeriert, dass es neben den traditionellen fünf Sinnen von Sehen, Hören, Tasten, Riechen und Schmecken nur einen zusätzlichen Sinn gibt, eine Klassifizierung, die Aristoteles zugeschrieben wird.

Der Mensch hat mindestens fünf zusätzliche Sinne: Nozizeption (Schmerz); Equilibriozeption (Gleichgewicht); Propriozeption und Kinästhesie (Gelenkbewegung und Beschleunigung); Zeitgefühl; Thermozeption (Temperaturunterschiede); und möglicherweise eine zusätzliche schwache Magnetozeption (Richtung).

https://de.wikipedia.org/wiki/Sinn_(Wahrnehmung)#Der_%E2%80%9Esechste_Sinn%E2%80%9C

612 Laut der weltbekannten Gender-Kommunikationsexpertin Deborah Tannen sprechen Männer, um Macht und Status zu bestimmen und zu erreichen. Frauen sprechen, um eine Verbindung herzustellen. Da in der amerikanischen Gesellschaft das Sprechen als Machtposition angesehen wird, ist es kein Wunder, dass Männer häufiger unterbrechen, um das Wort zu ergreifen. Bei der Verwendung von Gesprächen, um die Verbindung zu verbessern, werden Frauen viel seltener unterbrechen, da es als respektlos angesehen wird.

Zahlreiche Studien belegen die Behauptung von Frauen in der Belegschaft, dass Männer sie viel häufiger unterbrechen als umgekehrt. In einer Studie von 2014 an der George Washington University wurde gezeigt, dass Männer, die mit Frauen sprachen, 33 Prozent häufiger unterbrachen, als wenn sie mit Männern sprachen. Die Männer unterbrachen ihre weiblichen Gesprächspartner 21 mal während eines dreiminütigen Gesprächs. Diese Zahl fiel auf 1,8, als sie mit anderen Männern sprachen. Die Frauen in der Studie unterbrachen selten ihre männlichen Kollegen – durchschnittlich einmal in einem dreiminütigen Gespräch.

Männer, denkt zweimal nach, bevor ihr stört. Unterbrichst du, um Sprecher zu werden und Macht zu gewinnen? Wie wirst du auf alle anderen im Raum wirken? Unterbrichst du, um Klarheit zu bekommen? In diesem Fall muss man eine klare Frage stellen und dem Redner erlauben, das Wort wieder zu ergreifen. Unterbrichst du, weil du denkst, du wirst vergessen, was du sagen willst? Notiere dir Schlüsselwörter auf deinem Merkzettel, um sie später zu verwenden, anstatt sie zu unterbrechen.

Frauen, wenn ihr aus einem anderen Grund als dem, der um Aufklärung bittet, unterbrochen werdet, sagt zum Unterbrecher: „Es gibt noch ein paar wesentliche Punkte, die ich erwähnen muss. Kannst du einen Moment warten, während ich das tue?" oder „Ich weiß, ich schätze dein Feedback, aber kannst du warten, bis ich fertig bin?" Verwendet Strategien, die Männer bereits anwenden. Verwendet kürzere Sätze, damit eure Atemzüge zwischendurch nicht so lang sind, was es schwieriger macht, zu unterbrechen, und sprecht aus Überzeugung mit Worten wie „wissen" statt „glauben" und „wollen" statt „vielleicht". Die Studie von Carol Kennedy und Carl Camden über „Unterbrechungen und nonverbale Geschlechterunterschiede" ergab, dass Männer dazu neigen, Frauen häufiger zu unterbrechen, wenn sie sich weglehnen, lächeln und nicht auf die Person schauen, mit der sie sprechen. Also schaut ihnen in die Augen, lehnt euch vor und nehmt euch selbst ernst, wenn ihr gehört werden wollt.

Gönnt euch einander mal eine Pause. Unterbrechungen sind selten persönlich gemeint. Wichtig ist, dass unsere Kommunikationsnormen unterschiedlich sind, also lasst uns lernen, was das bedeutet, und helfen wir einander durch die schwierigen Passagen des zivilen Diskurses und Zuhörens navigieren.

www.forbes.com/sites/womensmedia/2017/01/03/gal-interrupted-why-men-interrupt-women-and-how-to-avert-this-in-the-workplace/#715c76d45fba (eng)

613 *Tropic of Capricorn* (dt: *Wendekreis des Steinbocks*), S. 286

614 Auf dem Treffen des Weltwirtschaftsforums 2006 in Davos, Schweiz, sagte Präsident Bill Clinton: „Wenn normale Menschen nicht wahrnehmen, dass unsere großen Ideen in ihrem Leben funktionieren, dann können sie nicht die höhere Bewusstseinsebene entwickeln, um einen Begriff zu verwenden, über den der amerikanische Philosoph Ken Wilber ein ganzes Buch geschrieben hat. Er sagte, das Problem ist, dass die Welt stärker integriert werden muss, aber es erfordert ein Bewusstsein, das hier oben ist, und die Fähigkeit, über die Unterschiede zwischen uns hinaus zu sehen."

www.youtube.com/watch?v=GEjKr2gA8Wk (eng)

615 In einem Telegramm von 1946, das vom Emergency Committee of Atomic Scientists mit Albert Einstein als Vorsitzendem unterzeichnet wurde, hieß es:

„Unsere Welt steht vor einer Krise, die von denjenigen, die die Macht haben, große Entscheidungen für Gut und Böse zu treffen, noch nicht wahrgenommen wird. Die entfesselte Kraft des Atoms hat alles verändert, außer unseren Denkweisen, und so treiben wir in eine beispiellose Katastrophe. Wir Wissenschaftler, die wir diese immense Macht freigesetzt haben, tragen eine überwältigende Verantwortung in diesem weltweiten Kampf um Leben und Tod, um das Atom zum Wohle der Menschheit und nicht für die Zerstörung der Menschheit zu nutzen.

Wir brauchen zweihunderttausend Dollar auf einmal für eine landesweite Kampagne, um die Menschen wissen zu lassen, **dass eine neue Art des Denkens unerlässlich ist, wenn die Menschheit überleben und sich in Richtung höherer Ebenen bewegen soll**. Dieser Appell wird Ihnen erst nach langem Nachdenken über die immense Krise, mit der wir konfrontiert sind, zugesandt. ... Wir bitten Sie um Hilfe in diesem schicksalhaften Moment als Zeichen dafür, dass wir Wissenschaftler nicht allein stehen." (Quelle: New York Times - 25. Mai 1946, S.13 -'Atomic Education Urged by Einstein')
http://icarus-falling.blogspot.ca/2009/06/einstein-enigma.html (eng)

616 David R. Hawkins, Healing and Recovery (dt: Heilung und Genesung), S. 176

617 Das Millennium Project wurde 1996 nach einer dreijährigen Machbarkeitsstudie mit der United Nations University, Smithsonian Institution, Futures Group International und dem American Council for the United Nations University gegründet. Es ist heute ein unabhängiger, gemeinnütziger Think Tank für Zukunftsforschung, der sich aus Futuristen, Wissenschaftlern, Wirtschaftsplanern und politischen Entscheidungsträgern zusammensetzt, die für internationale Organisationen, Regierungen, Unternehmen, NGOs und Universitäten arbeiten. Das Millennium Project verwaltet einen kohärenten und kumulativen Prozess, der die Urteile von über 2.500 Personen seit Beginn des Projekts, das von seinen 40 Knotenpunkten auf der ganzen Welt ausgewählt wurde, sammelt und bewertet. Die Arbeit wird in den jährlichen Reihen *State of the Future*, *Futures Research Methodology* und Spezialstudien aufbereitet.
www.millennium-project.org/millennium/challeng.html (eng)

618 https://climate.nasa.gov/evidence/ (eng)

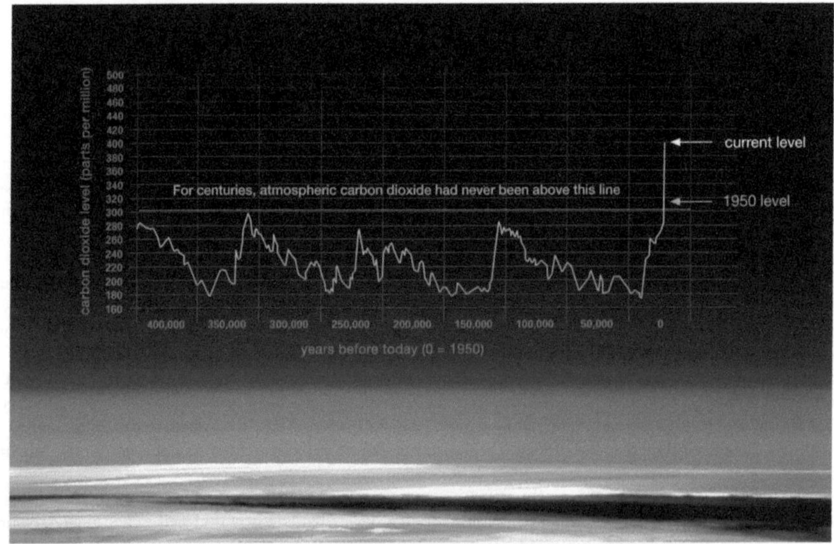

619 www.nytimes.com/2017/08/07/climate/climate-change-drastic-warming-trump.html (eng)

620 www.millennium-project.org/millennium/Global_Challenges/chall-02.html (eng)

621 http://advances.sciencemag.org/content/2/2/e1500323.full (eng)

622 www.millennium-project.org/millennium/Global_Challenges/chall-03.html (eng)

623 Der Index basiert auf 60 Indikatoren, die in verschiedene Kategorien unterteilt sind, die den Pluralismus, die bürgerlichen Freiheiten und die politische Kultur messen. https://de.wikipedia.org/wiki/Demokratieindex

624 www.millennium-project.org/millennium/Global_Challenges/chall-05.html (eng)

625 Werner Herzogs Dokumentarfilm *Wovon träumt das Internet?* von 2016 beschäftigt sich mit den existenziellen Auswirkungen von Internet, Robotik, Künstlicher Intelligenz, Internet der Dinge und mehr auf das menschliche Leben.

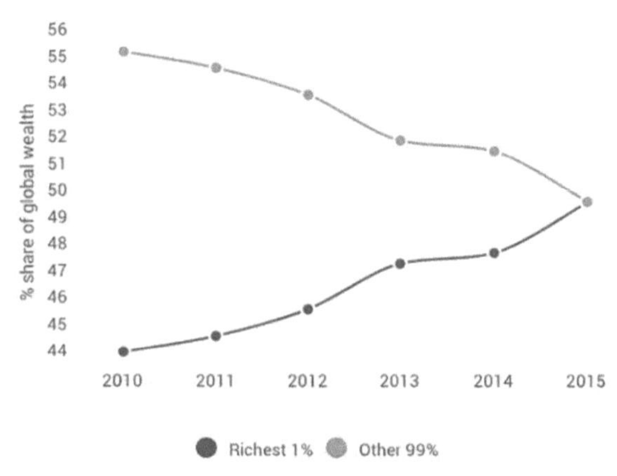

626 https://en.wikipedia.org/wiki/Distribution_of_wealth (eng)

627 www.millennium-project.org/millennium/Global_Challenges/chall-08.html (eng)

628 www.globalcitizen.org/en/content/10-barriers-to-education-around-the-world-2/ (eng)

629 www.millennium-project.org/millennium/Global_Challenges/chall-09.html (eng)

630 www.unodc.org/unodc/ar/organized-crime/index.html (eng)

631 www.millennium-project.org/millennium/Global_Challenges/chall-13.html (eng)

632 Ebenda

633 American Association For The Advancement Of Science (Amerikanische Vereinigung für die Förderung der Wissenschaften) http://advances.sciencemag.org/content/2/2/e1500983.full (eng)

634 Schematische Darstellung der konventionellen Geschlechterrollen, die die drei Hauptergebnisse dieser Studie zusammenfasst: (1) Die sexuelle Selektion ist bei Männern stärker als bei Frauen, die definitionsgemäß in der Anisogamie verwurzelt sein müssen. Stärkere sexuelle Selektion bei Männern bedeutet (2) weibliche Elternvorsorge und (3) männliche Ausarbeitung von Merkmalen. Pfeilspitzen zeigen die Richtung der Kausalität auf der Grundlage der aktuellen Theorie an.
http://advances.sciencemag.org/content/2/2/e1500983.full (eng)

635 Anisogamie ist ein grundlegendes Konzept des sexuellen Dimorphismus, das hilft, phänotypische Unterschiede zwischen den Geschlechtern zu erklären. Bei den meisten Arten gibt es ein männliches und ein weibliches Geschlecht, die beide für das Fortpflanzungspotential optimiert sind. Aufgrund ihrer unterschiedlich großen und geformten Keimzellen haben sowohl Männer als auch Frauen physiologische und Verhaltensunterschiede entwickelt, die die Fruchtbarkeit des Individuums optimieren. Da die meisten Eizellen produzierenden Weibchen typischerweise die Nachkommenschaft austragen müssen und einen begrenzteren Fortpflanzungszyklus haben, ist dies in der Regel ein limitierender Faktor für den Fortpflanzungserfolg von Männchen in einer Art. Dieser Prozess gilt auch für Frauen, die Männer auswählen, und unter der Annahme, dass Männer und Frauen sich für verschiedene Eigenschaften bei Partnern entscheiden, führt dies zu phänotypischen Unterschieden zwischen den Geschlechtern über viele Generationen hinweg. Diese Hypothese, bekannt als das Bateman-Prinzip, wird verwendet, um den evolutionären Druck zu verstehen, der durch die Anisogamie auf Männer und Frauen ausgeübt wird. Obwohl diese Annahme kritisiert wird, ist sie ein allgemein anerkanntes Modell für die sexuelle Selektion innerhalb anisogamer Arten. Die Auswahl für verschiedene Merkmale je nach Geschlecht innerhalb derselben Art wird als geschlechtsspezifische Auswahl bezeichnet und berücksichtigt die unterschiedlichen Phänotypen zwischen den Geschlechtern derselben Art. Diese geschlechtsspezifische Selektion zwischen den Geschlechtern führt im Laufe der Zeit auch zur Entwicklung sekundärer Geschlechtsmerkmale, die Männer und Frauen beim Fortpflanzungserfolg unterstützen.
https://de.wikipedia.org/wiki/Anisogamie

636 Der Effekt des hundertsten Affen ist ein hypothetisches Phänomen, bei dem ein neues Verhalten oder eine neue Idee von einer Gruppe auf unerklärliche Weise schnell auf alle verwandten Gruppen übertragen wird, sobald eine kritische Anzahl von Mitgliedern einer Gruppe das neue Verhalten zeigt oder die neue Idee anerkennt. Einer der wichtigsten

Faktoren bei der Verbreitung der Geschichte ist, dass viele Autoren sekundäre, tertiäre oder post-tertiäre Quellen zitieren, die selbst die ursprünglichen Beobachtungen falsch dargestellt haben.
https://de.wikipedia.org/wiki/Hundertster_Affe

[637] „Wenn die Zahl der überzeugten Meinungsbildner unter 10 Prozent liegt, gibt es keine sichtbaren Fortschritte bei der Verbreitung von Ideen. Es würde buchstäblich die Zeit in Anspruch nehmen, die mit dem Alter des Universums vergleichbar ist, um die Mehrheit zu erreichen", sagte SCNARC-Direktor Boleslaw Szymanski, „wenn diese Zahl über 10 Prozent steigt, verbreitet sich die Idee wie eine Flamme."
http://scnarc.rpi.edu/drupal6/content/minority-rules-scientists-discover-tipping-point-spread-ideas (eng)

[638] Kommunikation und Evolution der Gesellschaft, S. 164.

[639] Getrennte Sphären oder die häuslich-öffentliche Dichotomie ist eine Ideologie, die getrennte Sphären für Frauen und Männer definiert und vorschreibt. Kulturell in Europa und Nordamerika angesiedelt, entwickelte sie sich während der industriellen Revolution zu einer eigenständigen Ideologie, obwohl die Grundidee der geschlechtsspezifischen Trennung von Sphären viel älter ist.
Der Begriff der getrennten Sphären bestimmt, dass die Männer, vor allem aufgrund ihrer biologischen Zusammensetzung und des Willens Gottes, die öffentliche Sphäre besetzen – die Welt der Politik, der Wirtschaft, des Handels und des Rechts. Die „ richtige Sphäre" der Frauen ist nach der Ideologie der private Bereich des häuslichen Lebens, der Kindererziehung, der Hauswirtschaft und des Religionsunterrichts.
Die Idee, dass Frauen eine eigene häusliche Sphäre einnehmen sollten, ist im westlichen Denken seit Jahrhunderten vorhanden und reicht bis in die Antike zurück. In seiner *Politik* beschrieb Aristoteles zwei getrennte Bereiche der griechischen Gesellschaft, das *Heim* (oikos) und die *Stadt* (polis). Frauen waren auf den privaten Bereich beschränkt, während Männer den öffentlichen Bereich der Polis besetzten.
In den Jäger- und Sammlergemeinschaften sind Männer meist die Jäger und Krieger (die in die „Öffentlichkeit" gehen), wo sie Werkzeuge wie Speere, Bögen und Messer benutzen, während Frauen ihre Jungen pflegen, Werkzeuge zur Nahrungszubereitung benutzen und sich um ihre Behausungen versammeln.
https://en.wikipedia.org/wiki/Separate_spheres (eng)

[640] Exogamie ist ein soziales Arrangement, bei dem die Ehe nur außerhalb einer sozialen Gruppe erlaubt ist. Die sozialen Gruppen definieren den Umfang und das Ausmaß der Exogamie sowie die Regeln und Durchsetzungsmechanismen, die ihre Kontinuität gewährleisten. In der Sozialkunde wird Exogamie als eine Kombination zweier verwandter Aspekte betrachtet: biologisch und kulturell. Biologische Exogamie ist die Ehe von nicht-blutsverwandten Wesen, geregelt durch Formen des Inzestrechts. Eine Form der Exogamie ist die Doppel-Exogamie, bei der sich zwei Gruppen im ständigen Frauenaustausch befinden. Kulturelle Exogamie ist das Heiraten außerhalb einer bestimmten kulturellen Gruppe; das Gegenteil ist Endogamie, Heirat innerhalb einer sozialen Gruppe.
https://de.wikipedia.org/wiki/Exogamie

[641] Heterosis, hybride Vitalität oder Verbesserung der Ausbreitung, ist die verbesserte oder erhöhte Funktion jeder biologischen Qualität in einem hybriden Nachwuchs. Ein Nachwuchs zeigt Heterosis, wenn seine Eigenschaften durch die Vermischung der genetischen Beiträge seiner Eltern verstärkt werden.
https://de.wikipedia.org/wiki/Heterosis-Effekt

[642] https://en.wikipedia.org/wiki/List_of_ancient_great_powers (eng)

[643] https://en.wikipedia.org/wiki/Women_in_the_Middle_Ages (eng)

[644] Während seines Vortrags auf dem Integral Spiritual Experience/The Future of Love Event in Asilomar, California, 31. Dezember 2010.
„Vor der Frauenbewegung lernten Frauen nur von der rechten Seite des Familienbootes zu rudern (Kinder großziehen); Männer nur von links (Geld sammeln). Die Frauenbewegung half Mädchen, zu Frauen zu werden, die von beiden Seiten rudern konnten; aber ohne eine entsprechende Kraft für Jungen wurden Jungen zu Männern, die das Rudern nur von links gelernt hatten.
Das Problem? Wenn eine Frau versucht, ihre neu entdeckte Fähigkeit, von links zu rudern, auszuüben, und der Mann kann immer noch nur von links rudern, fährt das Boot im Kreis."
http://warrenfarrell.com/the-evolution-of-love-from-role-mates-to-soul-mates/ (eng)

[645] Der ägyptische Ebers-Papyrus von 1550 v. Chr. und der Kahun-Papyrus von 1850 v. Chr. enthalten einige der frühesten dokumentierten Beschreibungen der Empfängnisverhütung: die Verwendung von Honig, Akazienblättern und Fusseln, die in die Scheide gelegt werden, um Sperma zu blockieren. Es wird vermutet, dass im antiken Griechenland Silphium zur Empfängnisverhütung verwendet wurde, das aufgrund seiner Wirksamkeit und damit seiner Zweckmäßigkeit bis zur Auslöschung geerntet wurde.
Im mittelalterlichen Europa wurde jeder Versuch, die Schwangerschaft zu stoppen, von der katholischen Kirche als unmoralisch eingestuft, obwohl man glaubt, dass Frauen der damaligen Zeit noch eine Reihe von Maßnahmen zur Empfängnisverhütung ergriffen haben, wie Koitus interruptus und das Einführen von Lilienwurzel und -rinde in die Vagina. Frauen im Mittelalter wurden auch ermutigt, während des Geschlechtsverkehrs Wieselhoden um ihre Oberschenkel zu binden, um eine Schwangerschaft zu verhindern. Die ältesten bisher entdeckten Kondome wurden in den

Ruinen von Dudley Castle in England gefunden und gehen auf das Jahr 1640 zurück. Sie wurden aus tierischem Darm hergestellt und wurden höchstwahrscheinlich verwendet, um die Ausbreitung sexuell übertragbarer Krankheiten während des englischen Bürgerkriegs zu verhindern. Casanova, der im 18. Jahrhundert in Italien lebte, beschrieb die Verwendung einer Lammfellabdeckung, um eine Schwangerschaft zu verhindern; Kondome wurden jedoch erst im 20. Jahrhundert verbreitet.

Die Empfängnisverhütung entwickelte sich im 19. und frühen 20. Jahrhundert. Die Malthusian League, basierend auf den Ideen von Thomas Malthus, wurde 1877 im Vereinigten Königreich gegründet, um die Öffentlichkeit über die Bedeutung der Familienplanung aufzuklären und sich für die Abschaffung von Strafen zur Förderung der Empfängnisverhütung einzusetzen. Sie wurde während des „ Knowlton-Prozesses" von Annie Besant und Charles Bradlaugh gegründet, die wegen Veröffentlichung verschiedener Methoden der Empfängnisverhütung verfolgt wurden.

In den Vereinigten Staaten von Amerika verbreiteten Margaret Sanger und Otto Bobsein 1914 den Begriff der „Geburtenkontrolle" für die Empfängnisverhütung. Sanger war hauptsächlich in den Vereinigten Staaten tätig, hatte sich aber bereits in den 1930er Jahren einen internationalen Ruf erworben. Damals, nach dem Comstock-Gesetz, war die Verbreitung von Informationen zur Empfängnisverhütung illegal. Sie kam 1914 nach ihrer Verhaftung wegen Verbreitung von Informationen zur Empfängnisverhütung auf Kaution frei und verließ die Vereinigten Staaten, um 1915 in das Vereinigte Königreich zurückzukehren. Sanger gründete 1916 eine kurzlebige Klinik für Empfängnisverhütung im Stadtteil Brownville in Brooklyn, New York, die nach elf Tagen geschlossen wurde und zu ihrer Verhaftung führte. Die Öffentlichkeit, die die Verhaftung, den Prozess und die Berufung umgibt, löste in den Vereinigten Staaten einen Empfängnisverhütungsaktivismus aus.

Die erste dauerhafte Klinik für Empfängnisverhütung wurde 1921 in Großbritannien von Marie Stopes in Zusammenarbeit mit der Malthusian League gegründet. Die Klinik, die von Hebammen geleitet und von Gastärzten unterstützt wurde, bot Frauen Beratung bei der Empfängnisverhütung und lehrte sie den Gebrauch einer Zervikalmütze. Ihre Klinik machte die Empfängnisverhütung in den 1920er Jahren durch wissenschaftliche Darstellung akzeptabel. 1921 gründete Sanger die American Birth Control League, die später zur Planned Parenthood Federation of America wurde. Im Jahre 1924 wurde die Gesellschaft für die Einrichtung von Geburtenkontrollkliniken gegründet, um für kommunale Kliniken zu werben; dies führte 1926 zur Eröffnung einer zweiten Klinik in Greengate, Salford. Während der 1920er Jahre spielten Stopes und andere feministische Pioniere, darunter Dora Russell und Stella Browne, eine wichtige Rolle beim Abbau von Tabus über Sex. Im April 1930 versammelte die Birth Control Conference 700 Delegierte und brachte erfolgreich Empfängnisverhütung und Abtreibung in die Politik – drei Monate später erlaubte das britische Gesundheitsministerium den lokalen Behörden, Beratung zur Empfängnisverhütung in Sozialzentren anzubieten. Im Jahr 1936 urteilte der amerikanische Bundesgerichtshof in den USA, dass die ärztliche Verschreibung von Verhütungsmitteln zur Rettung des Lebens oder des Wohlergehens einer Person nach dem Comstock-Gesetz nicht illegal war; nach dieser Entscheidung widerrief das American Medical Association Committee on Contraception seine Erklärung von 1936, in der es die Empfängnisverhütung verurteilte.

Eine nationale Umfrage im Jahr 1937 ergab, dass 71 Prozent der erwachsenen Bevölkerung die Verwendung von Verhütungsmitteln befürworten. Bis 1938 gab es in den Vereinigten Staaten 347 Verhütungskliniken, obwohl deren Werbung immer noch illegal war. First Lady Eleanor Roosevelt unterstützte öffentlich die Empfängnisverhütung und Familienplanung. Im Jahr 1966 begann Präsident Lyndon B. Johnson, die öffentliche Finanzierung von Familienplanungsdiensten zu unterstützen, und die Bundesregierung begann, die Empfängnisverhütung für einkommensschwache Familien zu subventionieren. Der Affordable Care Act, der am 23. März 2010 unter Präsident Barack Obama in Kraft getreten ist, verlangt, dass alle Pläne auf dem Krankenversicherungsmarkt für Verhütungsmittel gelten. Dazu gehören Barriereverfahren, hormonelle Verfahren, implantierte Hilfsmittel, Notfallverhütungsmittel und Sterilisationsverfahren.

1909 entwickelte Richard Richter das erste Intrauterinpessar aus Seidenraupendarm, das Ende der 1920er Jahre von Ernst Gräfenberg in Deutschland weiterentwickelt und vermarktet wurde. Gregory Pincus und John Rock entwickelten mit Hilfe der Planned Parenthood Federation of America in den 1950er Jahren die ersten Antibabypillen wie Mestranol/Noretynodrel, die in den 1960er Jahren durch die Food and Drug Administration unter dem Namen Enovid öffentlich zugänglich wurden. Mit der Verfügbarkeit von Prostaglandin-Analoga in den 70er Jahren und Mifepriston in den 80er Jahren wurde die medizinische Abtreibung zu einer Alternative zur chirurgischen Abtreibung.

https://de.wikipedia.org/wiki/Empf%C3%A4ngnisverh%C3%BCtung

[646] Holmes Rolston III, Templeton Prize Preisträger 2003, sagte in einem YouTube-Interview:

„Es wird für mich immer deutlicher, dass viele Unternehmen der Wissenschaft und Theologie nicht unmittelbar dazu beitragen, mehr Kinder in die nächste Generation zu bringen. Das neodarwinistische Paradigma besagt im Wesentlichen, dass die Dinge ausgewählt werden, die die meisten Nachkommen in der nächsten Generation hinterlassen. Und ich denke, das ist in der natürlichen Welt völlig richtig, und es gibt ein gewisses Maß an Wahrheit in der menschlichen Welt. Aber in der Welt der Menschen geht vieles vor sich, was wenig damit zu tun hat, dass mehr Nachkommen in der nächsten Generation zurückbleiben. Im Wesentlichen geht es darum, dass kulturelle und technologische Innovationen mit großer Geschwindigkeit über die genetischen Grenzen springen, während die Genetik ein anderer Prozess der

Reproduktion von Generation zu Generation ist. Ideen bewegen sich von Geist zu Geist, aber ich bin mir nicht sicher, dass diese Ideen immer in Bezug darauf ausgewählt werden, was **den Menschen hilft, die meisten Nachkommen in der nächsten Generation zu hinterlassen.** Heute bin ich in der Gesellschaft von Astronomen, Kosmologen, Philosophen und anderen, und es ist schwer für mich zu glauben, dass alle ihre Argumente darauf ausgerichtet sind, dass sie selbst mehr Nachkommen hinterlassen. **Das bedeutet nicht, dass die Evolutionstheorie falsch ist, sondern nur, dass sie unvollständig und unbefriedigend ist, zumindest in Bezug auf die kulturelle Evolution.**"
www.youtube.com/watch?v=5RlPFcQLkvw&feature=youtu.be (eng)

[647] https://de.wikipedia.org/wiki/Liste_der_L%C3%A4nder_nach_Geburtenrate

[648] In der modernen Welt ist man verschiedenen Stressbedingungen ausgesetzt. Stress kann zu Veränderungen im Serumspiegel vieler Hormone wie Glukokortikoide, Katecholamine, Wachstumshormone und Prolaktin führen. Einige dieser Änderungen sind für den Kampf oder die Fluchtreaktion notwendig, um sich selbst zu schützen. Einige dieser Stressreaktionen können zu endokrinen Störungen wie Morbus Basedow, Gonadenfunktionsstörungen, psychosexuellem Zwergwuchs und Fettleibigkeit führen. Stress kann auch den klinischen Status vieler vorbestehender endokriner Erkrankungen, wie z.B. Nebennierenkrise und Thyreotoxische Krise, verändern.
https://www.ncbi.nlm.nih.gov/pmc/articles/PMC3079864/ (eng)

[649] www.webmd.com/women/features/stress-women-men-cope#2 (eng)

[650] Es ist wichtig, dafür zu sorgen, dass Kinder „glücklich" sind oder sich „wohlfühlen" oder „sich geliebt fühlen", aber sie in dem Glauben zu erziehen, dass sie immer im Mittelpunkt stehen sollten und dass Lob auch dann verdient ist, wenn es nicht verdient wird, ist für den Einzelnen oder die Gesellschaft nicht vorteilhaft.
Aus *Are you Raising Narcissistic Children?* (Ziehst du Narzisstische Kinder groß?)
www.psychologytoday.com/blog/lifetime-connections/201602/are-you-raising-narcissistic-children (eng)

[651] Im politischen Jargon im angloamerikanischen Raum ist eine selbstleckende Eistüte ein sich selbst verewigendes System, das keine andere Bestimmung hat, als sich selbst zu erhalten. Der Satz erschien erstmals 1992 in On Self-Licking Ice Cream Cones, einem Artikel von Pete Worden über die Bürokratie der NASA.
https://en.wikipedia.org/wiki/Self-licking_ice_cream_cone

[652] In einer persönlichen E-Mail, die mir Ken Wilber am 31.1.2017 schrieb, hebt er hervor, dass die geringen Geburtenraten auf den höheren Entwicklungsebenen kaum bis keinen Effekt auf die Abwärtsverlagerung des Bewusstseins in westlichen Gesellschaften habe. Er schrieb:
„Also, ich denke, deine allgemeinen Vorstellungen über biologische Fortpflanzung, die dazu neigen, mit einigen schlechten Nachrichten zu korrelieren, sind grundsätzlich in Ordnung. Aber Korrelation ist nicht Ursache, also würde ich gerade deine Ansicht justieren und verfeinern, und präziser damit umgehen, wie die sozialen (und personalen) Holons definiert und gemessen werden. (Wenn du versuchst, integrale theoretische Ansichten über Holons zu korrigieren, so verwechselst du im Grunde alle diese verschiedenen Typen, die hier erklärt werden, und versuchst dann, das zu klären, ohne völlig klar damit umzugehen. Auch was die Abwärtsverlagerung des Gesamtschwerpunkts des weltweiten sozialen Holons betrifft – was dein Hauptanliegen ist –, ist die Tatsache, dass die tatsächlichen Realitäten der integralen Entwicklung selbst nirgendwo auf dem Planeten Teil einer großen soziokulturellen Weisheit sind. Der Mensch MUSS einfach als zentrales Feedback in seiner eigenen Evolution die Fakten über die Entwicklung selbst haben. Wenn wir nicht gemeinsam wissen und anerkennen, dass diese Entwicklung z.B. von egozentrisch zu ethnozentrisch zu weltzentrisch geht, dann werden wir nicht wissen, dass wir das in unserer eigenen kulturellen Entfaltung tatsächlich anstreben. Besonders katastrophal ist der ‚aperspektivische Wahnsinn', der alle Werte und Ergebnisse als gleichermaßen wahr und wichtig behandelt – dieser Fehler allein ist eine kulturelle Katastrophe ersten Ranges (er leugnet und dekonstruiert alle Wachstumshierarchien – er dekonstruiert alles Wachstum – was genau der Grund ist, warum die Evolution ins Stocken geraten ist und nach unten rutscht). Solange diese Information nicht Teil einer kulturellen Weisheit ist, wird eine Veränderung der Geburtenrate die Situation nicht grundlegend verbessern. Das ist also meine Hauptsorge hier...... Jede schlechte Nachricht, auf die du verweist, ist zumindest zum großen Teil darauf zurückzuführen, dass es keinen allgemein akzeptierten übergeordneten Wert der Entwicklung selbst gibt: Da dies in keiner Kultur auf diesem Planeten Teil einer Feedback-Struktur ist, wird es natürlich weiter bergab gehen, bis es soweit ist. Wir tun nichts dagegen, weil wir nichts über die Entwicklung selbst wissen, und so bleibt die Hauptursache der Katastrophe unbemerkt und unbehandelt, und es gibt keine guten Nachrichten ...Zufällig steigende Geburtenraten am oberen Ende werden das Problem hier nicht grundlegend verändern, das glaube ich wirklich nicht.
Was ich also als das zentrale Problem sehe, ist genau das, was ich im Trumpfstück skizziert habe. Wir haben in den letzten Jahrzehnten einen Rückgang des Schwerpunkts des weltweiten kulturellen Holons gesehen (Messung des sozialen Holons mit der Metrik des höchsten zu erwartenden Niveaus der einzelnen Holons in der Mitgliedschaft – das weltweite „Menschheit"-Holon ist sehr viel größer geworden, während sein Schwerpunkt deutlich geringer geworden ist), und das einzige Element, das dafür am meisten verantwortlich ist, ist der aperspektivische Wahnsinn, der es geschafft hat, die gesamte globale Kultur mit seiner Dummheit zu durchdringen. Als Orange das Sagen hatte, gab es zumindest die Traktion einer wünschenswerten vertikalen Meritokratie – höhere Niveaus, wie auch immer betrachtet, wurden wirklich für besser gehalten als niedrigere Niveaus. Aber mit dem extremen Grün ist auch das weg; man sieht

nur den Magneten der übergeordneten Wachstumshierarchien, der ganz vom oberen Ende der Evolution entfernt ist, so dass die Evolution selbst schlecht steht - was genau das ist, was passiert ist, und sie nach unten abfallen lässt. Dies schließt einen langsamen Verlust von Integral ein, wie du sagst (obwohl ich definitiv im selben Atemzug darauf hinweisen würde, dass der Einfluss von Integral unter den Meinungsführern während dieser Zeit stark zugenommen hat und in den letzten fünf Jahren explodiert ist. Ich hatte noch nie so viele Anfragen von so vielen Mainstream-Gedankenführern, an ihren Projekten teilzunehmen, und die Integral selbst sehr enthusiastisch begrüßten – es war wirklich umwerfend, einfach umwerfend). Aber bis dieser übergeordnete Magnet der Spitzenintelligenz wieder in Betrieb genommen wird, werden die Dinge weiter zum Stillstand kommen und langsam nach unten rutschen, egal was mit den Geburtenraten passiert."

Obwohl ich seiner grundsätzlichen Feststellung zustimme, behaupte ich immer noch, dass niedrigere Fruchtbarkeitsraten von Menschen auf höheren Bewusstseinsebenen einen enormen Einfluss auf die westlichen Zivilisationen haben, insbesondere in Japan, Europa und zunehmend auch in den USA, ebenso wie hohe Geburtenraten einen offensichtlichen Einfluss auf die Entwicklungsländer haben. Und wenn es stimmt, dass wir etwa 10% der Bevölkerung auf einer sich entwickelnden Bewusstseinsebene brauchen, um eine gewisse Traktion zu erreichen (z.B. die Grünen in Deutschland), dann haben niedrigere Geburtenraten auf höheren Bewusstseinsebenen in modernen und postmodernen Gesellschaften einen negativen Einfluss auf die Entwicklung, auch wenn sie sich nur indirekt auf den Rest der Welt auswirken können. Insgesamt scheint es, dass die Menschheit weltweit in einen mystischen/rationalen Schwerpunkt gerückt wird, indem sich die Schwellenländer nach oben und die entwickelten Länder nach unten bewegen - mit potenziell katastrophalen Ergebnissen, über die Ken und ich uns einig sind.

653 Siehe http://integralparenting.com/ (eng)

654 Habermas verweist darauf, dass dieser Neokonservativismus in seinem Verständnis der Beziehung zwischen Kultur und Gesellschaft durcheinander gebracht wird. Er führt all diese pathologischen oder dysfunktionalen Syndrome wie Hedonismus, Narzissmus, Mangel an sozialer Identität, Rückzug aus dem Status und Leistungswettbewerb, die in Wirklichkeit das Ergebnis einer erfolgreichen kapitalistischen Modernisierung von Wirtschaft und Gesellschaft sind, der kulturellen Moderne zu. Die veränderte Einstellung zu Arbeit, Konsum, Leistung und Freizeit wurzelt in tiefgreifenden Reaktionen auf *gesellschaftliche Modernisierungsprozesse.*

Die systemischen Imperative einer expandierenden Wirtschaft und eines von den Medien Geld und Macht gesteuerten bürokratisierten Staates sind tief in die kommunikative Infrastruktur der Lebenswelt eingedrungen und gefährden die Prozesse der kulturellen Reproduktion, der sozialen Integration und Sozialisation. Die Syndrome des Bedeutungsverlustes, der Anomie (das Fehlen der üblichen sozialen oder ethischen Standards in einem Individuum oder einer Gruppe) und der Persönlichkeitsstörungen sowie die Dynamik des Protestes entstehen als Reaktion auf den kolonisierenden Druck der Wirtschaft und des Staates gegenüber der Lebenswelt. Aber neokonservative Lehren lenken unsere Aufmerksamkeit gerade von solchen gesellschaftlichen Prozessen ab: das Projekt die Ursachen, die sie nicht ans Licht bringen, auf die Ebene der subversiven Kultur und ihrer Verfechter.

Indem Habermas die Unterscheidung zwischen gesellschaftlicher Modernisierung und kultureller Modernisierung macht und zeigt, wie erstere für jene pathologischen Syndrome verantwortlich ist, die fälschlicherweise letzteren zugeschrieben werden, kann er die Behauptungen neokonservativer Kritiker der Moderne widerlegen. Gleichzeitig ist er in der Lage, eine bessere Diagnose der aus dem Bereich der Moderne selbst stammenden Pathologien zu stellen. Er argumentiert, dass die gesellschaftliche Modernisierung durch die wachsende Autonomie von Teilsystemen zweckrationalen Handelns gekennzeichnet ist, die von den Medien Geld und Macht (Marktwirtschaft und Verwaltungsstaat) gesteuert werden, deren ungehinderte Expansion zur Kolonisierung der Lebenswelt führt, während die kulturelle Modernisierung durch eine zunehmende Differenzierung der kulturellen Wertebereiche (Wissenschaft, Moral, Kunst) gekennzeichnet ist, die von unterschiedlichen Gültigkeitsansprüchen (Wahrheit, Richtigkeit, Authentizität) und unterschiedlichen Rationalitätsstrukturen (kognitiv-instrumental, moralisch-praktisch, ästhetisch-expressiv) bestimmt sind. Diese unterschiedlichen Wertebereiche sind zum Gegenstand professioneller Diskurse (z.B. Wissenschaftstheorien, Moral- und Rechtstheorien, Kunst und ästhetische Kritik) geworden, die den Kulturexperten vorbehalten sind. Die elitäre Abspaltung der Expertenkulturen vom Alltagsverständnis der Akteure und die unerbittliche Erosion der Traditionen erzeugen bestimmte kulturelle Pathologien, die Habermas mit den Schlüsselbegriffen „Verödung" und „Verarmung" beschreibt.

Maurizio Passerin d'Entrèves, *Habermas and the Unfinished Project of Modernity* (Habermas und das unvollendete Projekt der Moderne), S. 3-4

655 Es gibt andere Gründe für höhere oder niedrigere Schwerpunkte in bestimmten Regionen, zum Beispiel, wenn viele postmoderne Menschen in Gebiete wie Boulder in Colorado, New Mexico oder Nordkalifornien ziehen, oder moderne Menschen in Großstädte wie New York oder Los Angeles, und pensionierte mystische Menschen nach Florida.

656 In den Medien und der Populärwissenschaft wird die Quanten-Nichtlokalität oft als gleichwertig zur Verschränkung dargestellt. Während es wahr ist, dass ein reiner zweigeteilter Quantenzustand verschränkt werden muss, um nichtlokale Korrelationen zu erzeugen, gibt es verschränkte (gemischte) Zustände, die solche Korrelationen nicht erzeugen, und es gibt nichtverschränkte (nämlich trennbare) Zustände, die eine Art nichtlokales Verhalten erzeugen.

https://de.wikipedia.org/wiki/Lokalit%C3%A4t_(Physik)#Nichtlokalit%C3%A4t_der_Quantentheorie

[657] Aufgrund der frühen Stadien der Epigenetik als Wissenschaft und des sie umgebenden Sensationalismus warnen der chirurgische Onkologe David Gorski und der Genetiker Adam Rutherford vor falschen und pseudowissenschaftlichen Schlussfolgerungen von New-Age-Autoren wie Deepak Chopra und Bruce Lipton.
https://de.wikipedia.org/wiki/Epigenetik

[658] Rupert Sheldrake formulierte eine morphische Resonanzhypothese, die davon ausgeht, dass „das Gedächtnis der Natur inhärent ist" und dass „natürliche Systeme, wie Termitenkolonien oder Tauben oder Orchideenpflanzen oder Insulinmoleküle, ein kollektives Gedächtnis von allen früheren Dingen ihrer Art erben". Sheldrake schreibt, dass sie auch für „telepathische Verbindungen zwischen Organismen" verantwortlich ist. Sein Eintreten für die Idee umfasst paranormale Themen wie Präkognition, Telepathie und den psychischen Starreffekt ebenso wie unkonventionelle Erklärungen von Standardthemen der Biologie wie Entwicklung, Vererbung und Erinnerung.
https://de.wikipedia.org/wiki/Rupert_Sheldrake

[659] Wie wir in Teil 2 ausführlich gesehen haben, werden Gene seit 3,5 Milliarden Jahren von Generation zu Generation weitergegeben. Die 23 menschlichen Chromosomen bestehen aus DNA mit über 3 Milliarden Basenpaaren. Zwischen 8-15% der DNA enthält die derzeit geschätzten 20.000-25.000 menschlichen Protein-codierenden Gene. Die Rolle, die die verbleibenden 85-92% der so genannten nichtkodierenden „Junk-DNA" spielen, ist zum Zeitpunkt dieses Schreibens noch unklar. Wenn es eine Wiedergeburt gibt, ist es wahrscheinlicher, dass wir durch die Weitergabe unserer Gene an zukünftige Generationen wiedergeboren werden, als durch einen mysteriösen Zyklus der Wiedergeburt. Menschen, die aufhören, sich fortzupflanzen, haben smit dann wohl kein Glück.

[660] Siehe *Habermas: A Very Short Introduction* (Habermas: Eine sehr kurze Einführung), S. 30

[661] Ebd., S. 31

[662] Ebd., S. 57

[663] Siehe Prof. Ferdinand Fellmann, *Das Paar*. „Individualität und Gesellschaft stehen in Opposition als zwei Perspektiven, die sich nicht in Einklang bringen lassen. Psychologie und Soziologie (und Spiritualität) kämpfen für den (individuellen) Menschen. Als kleinstes soziales Konstrukt nehmen Paare eine besondere Rolle zwischen Individuum und Gesellschaft ein. Es ist die Realität, die das Innere mit dem Äußeren verbindet."

[664] Für eine detaillierte Beschreibung der Holons nach Ken Wilber siehe *Sex, Ecology, Spirituality* (Sex, Ökologie, Spiritualität), S. 25-114, mit seinen 20 Lehren (12 + Sublehren).
Oder Sean Esbjorn-Hargens und Michael Zimmerman, *Integral Ecology* (dt: *Integrale Ökologie*), S. 95-99, die die Grafiken in diesem Kapitel beeinflusst haben.

[665] Bei Integral wird betont, dass Holons mit höherem Wert oder größerer Tiefe auch komplexer sind. Aber das wurde in Frage gestellt, da eine Zelle in ihrer spezifischen Struktur komplexer ist als, sagen wir, ein Herz. Aber das Herz, das natürlich aus Zellen besteht, ist lebenswichtiger oder wichtiger für das Funktionieren und Überleben des größeren Holons (des Menschen) als jede einzelne Zelle.

[666] www.imdb.com/title/tt0387808/ (eng)
Siehe https://www.youtube.com/watch?v=hL1-340ODCM (eng) (2 Minuten) um eine Vorstellung zu kriegen. Es ist auch fraglich, ob das Fehlen von Kindern zu einem Wachstum des Bewusstseins führt, oder ob das Wachstum des Bewusstseins zu weniger Kindern führt. Aber der allgemeine Trend und die Konsequenzen sind eindeutig.

[667] Der Bericht „Zustand der Zukunft 2015-16" bietet einen überzeugenden Überblick über die gegenwärtige Situation der Menschheit, ihre Herausforderungen und Chancen, ihre Potenziale für die Zukunft sowie über Maßnahmen und Politiken, die die Perspektiven der Menschheit verbessern könnten – in einem klaren, präzisen und lesbaren Text von beispielloser Tragweite und Tiefe. „Es ist Zeit für Intoleranz gegenüber irrelevanten Reden und Nicht-Handeln von Führern. Es steht zu viel auf dem Spiel, um ein ‚business as usual' zu tolerieren", warnt die Zusammenfassung des Berichts.
www.millennium-project.org/millennium/201516SOF.html (eng)

[668] www.millennium-project.org/millennium/2015-SOF-ExecutiveSummary-English.pdf (eng)

[669] Siehe beispielsweise Melania Trump oder die schöne Frau Bashar al-Assads, Asma al-Assad.

[670] Die Praxis, die Anzahl der Kinder in einer Familie und die Intervalle zwischen ihren Geburten zu kontrollieren, insbesondere durch künstliche Verhütung oder freiwillige Sterilisation.
Siehe beispielsweise www.unfpa.org/family-planning (eng)

[671] Die Grafik wurde von den Entwicklungsökonomen Branko Milanovic und Christoph Lakner erstellt. Sie zeigt, wie sich die Einkommensniveaus, die die Perzentile der weltweiten Einkommensverteilung definieren, seit die Globalisierung um 1980 in Gang gekommen sind. Die Kurve, die der Form eines Elefanten ähnelt, mit dem Rüssel nach oben rechts weisend, zeigt die Gewinner und Verlierer der Globalisierung auf der Grundlage der Einkommensverteilung im Jahr 1988 im Vergleich zu 2008. Sie zeigt (1) einen Boom für die globale Mittelschicht, der in der Regel den Schwellenländern vor allem in Asien und Lateinamerika und insbesondere China zugeschrieben wird, (2) eine Einkommensstagnation für die Mittelschicht in den Industrieländern (Europa, USA), die etwa 80 Prozent der globalen Einkommen ausmachen, und (3) einen enormen Anstieg für das globale Spitzenprozent.

Für eine differenziertere Untersuchung und Kritik siehe
www.resolutionfoundation.org/app/uploads/2016/09/Examining-an-elephant.pdf (eng)

672 In einem Interview mit der New York Times über sein neues Buch *The Alternative: Most of What You Believe About Poverty Is Wrong* (Die Alternative: Das meiste, was Sie über Armut glauben, ist falsch), sagte Mauricio Lim Miller: „Diejenigen, die am Kampf gegen die Armut beteiligt waren, haben die Kapazitäten in den Gemeinden selbst unterdrückt, auch wenn wir versucht haben, hilfreich zu sein.

Als ich den Sozialdienst leitete, wurde ich nicht finanziert, wenn ich nicht die Wohltätigkeit nachweisen konnte. Wir haben uns bemüht, die Bedürftigsten zu präsentieren. Und Familien kamen zu uns und sahen, dass sie, je bedürftiger sie sind, desto mehr Berechtigung haben Sie. Also zwingt das System sie, ihr Talent und ihre Eigeninitiative zu unterdrücken. Dadurch entsteht ein Wettlauf abwärts. Unsere Gesellschaft arbeitet mit Stereotypen, sei es Rasse, Geschlecht oder Ethnizität. Wenn du dein Talent versteckst, wird das zum Klischee. [Unsere] Daten zeigten, dass die Familien bessere Ergebnisse erzielten, wenn wir ein ermutigendes Umfeld zur Verfügung stellten, aber keine Dienste anboten.

Was passiert, ist, dass einige Familien mit Lösungen aufwarten. Sie sind die ‚positiven Abweichler' oder ‚Early Adopters'. Die Diffusionstheorie zeigt, dass, sobald man genügend Early Adopters hat, andere folgen. Wir fanden heraus, dass Familien mit Ideen aufkamen, indem wir ihnen Daten darüber gaben, was alle Familien taten. Und während es sechs oder sieben Monate dauern kann, bis etwas passiert, breitet es sich aus, wenn eine Lösung auf natürliche Weise zustande kommt.

Wir müssen weg von Systemen, die sich auf den Einzelnen konzentrieren, und hin zu den kollektiven Aktionen, die die Menschen ergreifen. Man überlebt nicht mit 20.000 Dollar pro Jahr in der Bay Area, wenn man nicht mit anderen Familien zusammenarbeitet und sich gegenseitig hilft. Wir müssen ein Umfeld schaffen, das Menschen ehrt, die sich gegenseitig helfen, miteinander teilen und gut miteinander umgehen und erkennen, wo diese Bemühungen stattfinden."

www.nytimes.com/2017/08/15/opinion/poverty-family-independence-initiative.html (eng)

673 Einen vollständigen Überblick über Habermas' „pragmatischen Sinn" findet ihr in *Habermas: A Very Short Introduction* (Habermas: Eine sehr kurze Einführung), S. 28-46.

674 Siehe Endnote 547 für einen detaillierten Blick auf Habermas' Theorie des ethischen Diskurses und der Gültigkeitsansprüche auf moralische Richtigkeit.

675 *Habermas: A Very Short Introduction* (Habermas: Eine sehr kurze Einführung), S. 79.

676 Ebd. S. 79

677 *The Couple* (dt: *Das Paar*), S. 86

678 Ebd. S. 48

679 Ebd. S. 92-93

680 Siehe Endnote 118 zur Gewaltfreien Kommunikation

681 Habermas empfiehlt einen „pragmatischen epistemologischen Realismus". Seine Theorie der Wahrheit ist realistisch, wenn er behauptet, dass die objektive Welt und nicht der ideale Konsens der Wahrheitsstifter ist. Wenn eine Lehre (oder Satz, Aussage), für die wir die Wahrheit beanspruchen, tatsächlich wahr ist, dann deshalb, weil sie sich genau auf existierende Objekte bezieht oder tatsächliche Zustände von Sachverhalten darstellt – wenn auch nur von Objekten und Zuständen, über die wir Fakten nur unter Beschreibungen angeben können, die von unseren linguistischen Ressourcen abhängen. Die Unausweichlichkeit der Sprache diktiert den pragmatischen epistemologischen Charakter seines Realismus. Insbesondere vermeidet Habermas den Versuch, die Beziehung zwischen Aussage und Welt metaphysisch zu erklären (z.B. wie in Korrespondenztheorien). Vielmehr erklärt er pragmatisch die Bedeutung einer exakten Darstellung im Hinblick auf ihre Auswirkungen auf die alltägliche Praxis und den Diskurs. Insofern wir in unserer täglichen praktischen Auseinandersetzung mit der Realität Aussagen als unproblematisch wahrnehmen, handeln wir selbstbewusst auf der Basis von fundierten Überzeugungen über Objekte in der Welt. Was Habermas „theoretisch-empirischen" oder „theoretischen" Diskurs nennt, wird notwendig, wenn Überzeugungen durch praktische Schwierigkeiten ihren unproblematischen Status verlieren oder wenn neue Umstände Fragen zur Natur aufwerfen. Solche Fälle erfordern eine empirische Untersuchung, bei der Wahrheitsansprüche über die Welt einer kritischen Prüfung unterzogen werden. Obwohl Habermas dazu neigt, Aktion und Diskurs scharf zu trennen, erscheint es plausibler, solche kritischen Tests als Kombination von Diskurs und experimentellem Handeln zu betrachten – wie wir in der wissenschaftlichen Untersuchung sehen, die empirische Argumente mit praktischen Aktionen, d.h. Feldstudien und Laborversuchen, kombiniert.

Aus https://plato.stanford.edu/entries/habermas/ (eng)

682 Es ist die „individuelle Entscheidung", die sich an den veränderten Kosten und Nutzen von Kindern orientiert (Becker, 1991), die (teilweise) die heute in westlichen Ländern beobachteten Reproduktionsmuster erklärt (Morgan & King, 2001). Die Entscheidung, in einer radikalisierten modernen Gesellschaft Eltern zu werden, erfordert langfristige finanzielle und emotionale Investitionen (van de Kaa, 2004). Einzelpersonen können sich dafür entscheiden, keine solche Verpflichtung einzugehen und kein (oder kein weiteres) Kind zu haben. In radikalisierten modernen Gesellschaften sind die Menschen aufgrund der Verfügbarkeit von Empfängnisverhütung „frei" zu entscheiden, wie viele Kinder sie haben oder ob sie überhaupt Kinder haben (McAllister & Clarke, 1998; van de Kaa, 2004). Die Forschung

hat gezeigt, dass es einen zunehmenden Trend gibt, in radikalisierten modernen Gesellschaften kinderlos zu sein (DeOllos & Kapinus, 2002; Park, 2005).
www.ethesis.net/Childlessness/Childlessness.htm (eng)

683 Die durchschnittlichen Kosten für die Erziehung eines Kindes in den USA bis zum Alter von 18 Jahren belaufen sich im August 2014 auf 245.000 Dollar. http://money.cnn.com/2014/08/18/pf/child-cost/ (eng)
Durchschnittliche Kosten für die Erziehung eines Kindes in Deutschland bis zum Alter von 18 Jahren: 130.000 Euro. www.familie.de/eltern/wie-viel-kosten-kinder-536481.html
Die durchschnittlichen Kosten für die Erziehung eines Kindes im Vereinigten Königreich bis zum Alter von 21 Jahren betragen 231.843 £ = 258.364 €.
https://en.wikipedia.org/wiki/Cost_of_raising_a_child (eng)

684 http://voxeu.org/article/why-european-women-have-few-babies (eng)

685 Siehe www.cia.gov/library/publications/the-world-factbook/rankorder/2127rank.html (eng) sowie https://de.wikipedia.org/wiki/Liste_der_L%C3%A4nder_nach_Geburtenrate

686 https://ourworldindata.org/world-population-growth/ (eng)

687 www.cdc.gov/nchs/data/nvsr/nvsr65/nvsr65_03.pdf (eng)

688 Siehe www.ernestoamaral.com/docs/rand-dem16/Slides01.pdf (eng) für eine detaillierte Bildershow über globale Bevölkerungsentwicklung, Demografie und exponentielles Wachstum. Eine Übersicht über die Altersverteilung in den einzelnen europäischen Ländern findet ihr hier:
www.viewsoftheworld.net/wp-content/uploads/2014/11/EuropePopulationPyramids.jpg (eng)

689 www.paulchefurka.ca/DTMandEnergy.html (eng)

690 www.statista.com/statistics/241530/birth-rate-by-family-income-in-the-us/ (eng)

691 www.cfr.org/united-states/income-inequality-debate/p29052 (eng)

692 www.brookings.edu/blog/social-mobility-memos/2014/10/27/the-inheritance-of-education/ (eng)

693 Siehe Thomas DiPrete und Claudia Buchmann, *The Rise of Women: The Growing Gender Gap in Education and What It Means for American Schools* (Der Aufstieg der Frauen: Die wachsende geschlechtsspezifische Kluft in der Bildung und ihre Bedeutung für amerikanische Schulen).
„Frauen übertreffen jetzt Männer akademisch auf allen Ebenen der Ausbildung, und es ist wahrscheinlicher, dass sie die Hochschulreife erwerben und sich an einer Hochschule einschreiben. Die Autoren betrachten die geschlechtsspezifischen Auswirkungen von Faktoren wie Familien, Schulen, Gleichaltrigen, Rasse und Klasse. Schon im Kindergarten zeigen sich wichtige Unterschiede, wo Mädchen ein höheres Maß an essentiellen Lernfähigkeiten wie Ausdauer und Selbstbeherrschung aufweisen. Mädchen erhalten auch mehr innere Befriedigung durch gute Leistungen im Alltag, ein entscheidender Vorteil im Lernprozess. Im Gegensatz dazu müssen Jungen oft einen Konflikt zwischen ihrer aufkommenden männlichen Identität und einer starken Bindung an die Schule meistern. Familien und Gleichaltrige spielen dabei eine entscheidende Rolle. Die Autoren zeigen, dass die geschlechtsspezifischen Unterschiede im Bildungsstand der Kinder in den gleichen Familien tendenziell geringer sind, wenn der Vater anwesend und besser ausgebildet ist. Ein starkes akademisches Klima, sowohl unter Freunden als auch zu Hause, neigt auch dazu, Stereotypen abzubauen, die akademische Fähigkeiten und eine gesunde, männliche Identität trennen. Ebenso reduzieren Gymnasien mit starken naturwissenschaftlichen Lehrplänen die Macht von Geschlechterstereotypen in Bezug auf Wissenschaft und Technik und ermutigen Mädchen, sich in naturwissenschaftlichen Fächern zu spezialisieren."
www.russellsage.org/publications/rise-women (eng)

694 www.ethesis.net/Childlessness/Childlessness.htm (eng)

695 http://theunsilencedscience.blogspot.com/2012/09/the-sat-zombie-apocalypse.html (eng)

696 http://theunsilencedscience.blogspot.com/2013/10/black-suits-gowns-skin-sat-scores-by.html (eng)

697 Dream Hoarders, S. 21. Quelle: www.people-press.org/files/legacy-questionnaires/1-23-14%20Poverty_Inequality%20topline%20for%20release.pdf (eng)

698 Richard Reeves, Isabel Sawhill und Kimberly Howard schreiben in *The Parenting Gap*, Democracy Journal 30 (Herbst 2013): „ Wohlhabende Paare unternehmen einige Anstrengungen, um es richtig zu machen: heiraten (normalerweise später als der Durchschnitt, aber besser als nie), ein oder zwei Kinder zu haben und stark in ihren Nachwuchs zu investieren – nicht nur in finanzieller Hinsicht, sondern auch auf andere Weise." http://democracyjournal.org/magazine/30/the-parenting-gap/ (eng)

699 *Dream Hoarders*, S. 44.

700 Ebd. S. 48. Weitere Informationen zur Methodik findet ihr unter www.brookings.edu/research/asian-american-success-and-the-pitfalls-of-generalization/ (eng)

701 Ebd. S. 52.

702 Ebd. S. 53. Raj Chetty, John N. Friedman, Emmanuel Saez, Nicholas Turner und Danny Yagan. Online-Tabelle 4. *Mobility Report Cards: The Role of Colleges in Intergenerational Mobility* (Mobility Report Cards: Die Rolle der Hochschulen in der intergenerationellen Mobilität), The Equal Opportunity Project (Das Projekt Chancengleichheit), 2017.

703 Ebd. S. 64. www.brookings.edu/blog/social-mobility-memos/2014/10/27/the-inheritance-of-education/ (eng)

[704] Ebd. S. 87.

[705] Ebd. S. 109-110. Jared Kushner, der Schwiegersohn von Präsident Donald Trump, wurde an der Harvard University aufgenommen, kurz nachdem sein Vater 2,5 Millionen Dollar an die Schule gespendet hatte. Ein Beamter an Kushners Gymnasium sagte, es gäbe „niemanden im Verwaltungsbüro der Schule, der glaubte, dass er in Harvard aufgenommen werden würde. Sein Notendurchschnitt rechtfertigte es nicht, seine Testergebnisse rechtfertigten es nicht."

[706] www.theatlantic.com/business/archive/2012/09/report-its-better-to-be-a-poor-student-in-almost-any-rich-country-but-the-us/262336/ (eng)

[707] www.unz.com/isteve/how-the-marriage-gap-painted-the-map-Red-or-blue-from-2000-thru-2012/ (eng)

[708] Ebd.

[709] https://blog.bcaresearch.com/the-coming-baby-boom-in-developed-economies (eng)

[710] Siehe Richard Reeves, *Dream Hoarders*, Kindle-Position 74-75.

[711] https://de.wikipedia.org/wiki/Green_Party_(Vereinigte_Staaten)

[712] https://de.wikipedia.org/wiki/Green_Party_of_England_and_Wales

[713] Menschen, die ihre Religion in Umfragen als jüdisch bezeichnen, werden voraussichtlich von geschätzten 1,8% der US-Bevölkerung im Jahr 2010 auf 1,4% im Jahr 2050 zurückgehen. Diese Zahlen beinhalten jedoch keine „kulturellen" oder „ethnischen" Juden – Menschen, die jüdischer Abstammung sind, aber ihre gegenwärtige Religion nicht als jüdisch bezeichnen. Wenn die projizierten jüdischen Zahlen um kulturelle oder ethnische Juden erweitert werden, ist es möglich, dass die Größe der weiter gefassten jüdischen Bevölkerung größer sein könnte als die projizierte Zahl der US-Muslime im Jahr 2050.

[714] www.pewforum.org/2015/04/02/religious-projections-2010-2050/#fn-22652-10 (eng)

[715] www.pewforum.org/2015/04/02/religious-projections-2010-2050/ (eng)

[716] Siehe Diagramm in Huston Smiths *Why Religion Matters* (Warum Religionen zählen), S. 224 und Kapitel 15 „Spiritual Personality Types (spirituelle Persönlichkeitstypen)", S. 234-254, wo er vier verschiedene Spiritualitätstypen definiert, die alle großen Religionen durchdringen; (1) Atheisten, die nur an die Materie und die subjektiven Erfahrungen von biologischen Organismen glauben; (2) Polytheisten, die Geister und Seelen in vielen Objekten und Erscheinungen finden; (3) Monotheisten, die an ein erhabenes Wesen oder Schöpfer all dessen glauben, was ist, und (4) Mystiker, die nur an Gott glauben. Siehe auch Ken Wilber *Integral Spirituality* (dt: *Integrale Spiritualität*), S. 215, und Eckhart Tolle, *A New Earth* (dt: *Eine neue Welt*), S. 16.

GANZES INHALTSVERZEICHNIS